מחזור ליום כיפור

מוגה ומבואר

בידי

דניאל גולדשמידט

הוצאת קורן ירושלים

מחזור יום כיפור קורן
תשע״ב © 2012
הוצאת קורן ירושלים
ת״ד 4044 ירושלים 91040
טל׳: 02-6330533 פקס: 02-6330534

www.korenpub.com

© כל הזכויות שמורות על גופן תנ״ך קורן, 1962. הוצאת קורן ירושלים בע״מ, 2012
© כל הזכויות שמורות על גופן סידור קורן, 1981. הוצאת קורן ירושלים בע״מ, 2012

אין לשכפל, להעתיק, לצלם, להקליט, לאחסן במאגר מידע, לשדר או לקלוט בכל דרך או בכל אמצעי אלקטרוני, אופטי, מכני או אחר כל חלק שהוא מן החומר שבספר זה. שימוש מסחרי מכל סוג שהוא בחומר הכלול בספר זה אסור בהחלט אלא ברשות מפורשת בכתב מהמו״ל.

Printed in Israel

אשכנז, מהדורה אישית, כריכה קשה, מסת״ב: 978-965-301-090-1.

במהדורה זאת של המחזור לימים הנוראים

השתדלנו לחדש כמה דברים שהמתפלל צריך להם מאד:

נוסח תפילות הקבע הוא כנוסח התפילות בסידור התפילה "דע לפני מי אתה עומד" שבהוצאתנו. נוסח זה סודר מתוך יחס מיוחד לתפילה ולתכניה בעזרתו ובהדרכתו של ר' מאיר מדן ז"ל. ידיעותיו המרובות בענייני תפילה ולשונותיה עשו את הנוסח למושלם, עד כמה שהיד מגעת.

הפיוטים ופירושם במחזור זה סודרו מחדש בהתאם למחזור המדעי שיצא לאור בהוצאתנו עבור מכון ליאו בק בניו־יורק בעריכת ד' גולדשמידט ז"ל. נוסח זה נקבע, כידוע, לאחר בדיקה בעשרות כתבי יד ודפוסים עתיקים. ד' גולדשמידט ז"ל פירש פירוש ממצה את כל פיוטי הימים הנוראים במהדורתו הנ"ל ואנו הבאנו פירוש זה לפיוטים שבמהדורתנו.
ניקוד הפיוטים עבר הגהה נוספת בידי ש' בהט. אברהם פרנקל בדק את הפירוש כדי להתאימו למהדורה זאת.
בעריכת המחזור לפי הנהוג היום בקהילות ישראל השתתף יונה פרנקל.
תודתנו נתונה להם על עבודתם הרבה.

המחזור סודר באות קוֹרֶן, הידועה במקוריותה, אשר בה נדפס התנ"ך במהדורת קוֹרֶן.

עניין מיוחד הראוי להדגשה הוא דרך הדפסתם של הפיוטים:

יש פיוטים, אשר יש בהם שני חלקים בכל בית. פיוטים כאלה מתאימים להאמר ע״י החזן והציבור בחילופין — החזן פותח בטור הראשון והקהל עונה בטור השני, כגון: החזן פותח ״אתה הוא אלהינו״ והקהל עונה את סוף המשפט ״בשמים ובארץ״, וכן צריך להיות בכל שאר בתי הפיוט.

בגלל ענייני ניגון וסבות אחרות נשתבשה צורת אמירה זאת ונהגו היום, כמעט בכל בתי הכנסת, שהקהל אומר את סופו של הבית עם תחילתו של הבית הבא (כגון ״בשמים ובארץ גיבור ונערץ״), דבר שמנוגד להגיון, כי כך מצרפים את הטעון הפרדה ומפרידים את הטעון צירוף (וכן קרה, לדאבוננו, גם בפיוטים אחרים כגון, ״לאל עורך דין״ או ״האוחז ביד מדת משפט״). כדי לתקן פגמים אלה ערכנו את הפיוטים כשסדר הדפסתם יבהיר כיצד על הציבור והחזן לאומרם.

פיוטים רבים אינם נאמרים היום בשלמותם. יש פיוטים שפגעה בהם הצנזורה הנוצרית (או שפחד מפני מלשינים גרם לקהילות להשמיט קטעים המדברים על הגויים) ויש פיוטים שקוצרו מטעמים אחרים. במהדורה זאת הבאנו פיוטים אלה בשלמותם (על פי מהדורת גולדשמידט, כאמור לעיל). כדי לא לבלבל את המתפלל, הדפסנו על רקע אפור את הקטעים שנהגו להשמיטם, וכך יוכל המתפלל לדלג ולמצוא בקלות את הנאמר על פי המנהג המקובל בבתי הכנסת בימינו.

א. קוֹרֶן

11	סדר כפרות
13	**מנחה לערב יום כיפור**
27	הדלקת נרות ברכת הבנים
31	תפילה זכה
36	**כל נדרי**
39	תפילת ערבית
131	תפילת שחרית
289	הזכרת נשמות
298	**תפילת מוסף**
441	תפילת מנחה
499	תפילת נעילה
552	תפילת ערבית למוצאי יום כיפור
562	קידוש לבנה
566	הבדלה
568	**פיוטים שנוהגים לומר בקצת קהילות**

סדר כפרות

תפילת מנחה
לערב יום כיפור

הדלקת נרות
ברכת הבנים

סדר כפרות

לוקחים תרנגול (אשה לוקחת תרנגולת) ואומרים שלוש פעמים:

בְּנֵי אָדָם, יֹשְׁבֵי חֹשֶׁךְ וְצַלְמָוֶת, אֲסִירֵי עֳנִי וּבַרְזֶל.
יוֹצִיאֵם מֵחֹשֶׁךְ וְצַלְמָוֶת, וּמוֹסְרוֹתֵיהֶם יְנַתֵּק.
אֱוִלִים מִדֶּרֶךְ פִּשְׁעָם, וּמֵעֲוֹנֹתֵיהֶם יִתְעַנּוּ.
כָּל אֹכֶל תְּתַעֵב נַפְשָׁם, וַיַּגִּיעוּ עַד שַׁעֲרֵי מָוֶת.
וַיִּזְעֲקוּ אֶל יי בַּצַּר לָהֶם, מִמְּצוּקוֹתֵיהֶם יוֹשִׁיעֵם.
יִשְׁלַח דְּבָרוֹ וְיִרְפָּאֵם, וִימַלֵּט מִשְּׁחִיתוֹתָם.
יוֹדוּ לַיי חַסְדּוֹ, וְנִפְלְאוֹתָיו לִבְנֵי אָדָם.
אִם יֵשׁ עָלָיו מַלְאָךְ מֵלִיץ אֶחָד מִנִּי אָלֶף, לְהַגִּיד לְאָדָם יָשְׁרוֹ.
וַיְחֻנֶּנּוּ וַיֹּאמֶר פְּדָעֵהוּ מֵרֶדֶת שַׁחַת מָצָאתִי כֹפֶר.

האיש מסובב את התרנגול סביב ראשו ואומר:

זֶה חֲלִיפָתִי, זֶה תְּמוּרָתִי, זֶה כַּפָּרָתִי.
זֶה הַתַּרְנְגוֹל יֵלֵךְ לְמִיתָה
וַאֲנִי אֵלֵךְ וְאֶכָּנֵס לְחַיִּים טוֹבִים אֲרֻכִּים וּלְשָׁלוֹם.

האשה מסובבת את התרנגולת סביב ראשה ואומרת:

זֹאת חֲלִיפָתִי, זֹאת תְּמוּרָתִי, זֹאת כַּפָּרָתִי.
זֹאת הַתַּרְנְגֹלֶת תֵּלֵךְ לְמִיתָה
וַאֲנִי אֵלֵךְ וְאֶכָּנֵס לְחַיִּים טוֹבִים אֲרֻכִּים וּלְשָׁלוֹם.

סדר מנחה

יש נוהגים לומר לפני תפילת מנחה סדר הקרבנות ופרשת הכיור, פרשת התמיד, סדר הקטרת עד אחרי "אנא בכח".

אַשְׁרֵי יוֹשְׁבֵי בֵיתֶךָ עוֹד יְהַלְלוּךָ סֶּלָה:
אַשְׁרֵי הָעָם שֶׁכָּכָה לּוֹ אַשְׁרֵי הָעָם שֶׁיהוה אֱלֹהָיו:
קמה תְּהִלָּה לְדָוִד אֲרוֹמִמְךָ אֱלוֹהַי הַמֶּלֶךְ וַאֲבָרְכָה שִׁמְךָ לְעוֹלָם וָעֶד:
בְּכָל־יוֹם אֲבָרְכֶךָּ וַאֲהַלְלָה שִׁמְךָ לְעוֹלָם וָעֶד:
גָּדוֹל יהוה וּמְהֻלָּל מְאֹד וְלִגְדֻלָּתוֹ אֵין חֵקֶר:
דּוֹר לְדוֹר יְשַׁבַּח מַעֲשֶׂיךָ וּגְבוּרֹתֶיךָ יַגִּידוּ:
הֲדַר כְּבוֹד הוֹדֶךָ וְדִבְרֵי נִפְלְאוֹתֶיךָ אָשִׂיחָה:
וֶעֱזוּז נוֹרְאוֹתֶיךָ יֹאמֵרוּ וּגְדוּלָּתְךָ אֲסַפְּרֶנָּה:
זֵכֶר רַב־טוּבְךָ יַבִּיעוּ וְצִדְקָתְךָ יְרַנֵּנוּ:
חַנּוּן וְרַחוּם יהוה אֶרֶךְ אַפַּיִם וּגְדָל־חָסֶד:
טוֹב־יהוה לַכֹּל וְרַחֲמָיו עַל־כָּל־מַעֲשָׂיו:
יוֹדוּךָ יהוה כָּל־מַעֲשֶׂיךָ וַחֲסִידֶיךָ יְבָרְכוּכָה:
כְּבוֹד מַלְכוּתְךָ יֹאמֵרוּ וּגְבוּרָתְךָ יְדַבֵּרוּ:
לְהוֹדִיעַ לִבְנֵי הָאָדָם גְּבוּרֹתָיו וּכְבוֹד הֲדַר מַלְכוּתוֹ:
מַלְכוּתְךָ מַלְכוּת כָּל־עֹלָמִים וּמֶמְשַׁלְתְּךָ בְּכָל־דּוֹר וָדֹר:
סוֹמֵךְ יהוה לְכָל־הַנֹּפְלִים וְזוֹקֵף לְכָל־הַכְּפוּפִים:
עֵינֵי־כֹל אֵלֶיךָ יְשַׂבֵּרוּ וְאַתָּה נוֹתֵן־לָהֶם אֶת־אָכְלָם בְּעִתּוֹ:
פּוֹתֵחַ אֶת־יָדֶךָ וּמַשְׂבִּיעַ לְכָל־חַי רָצוֹן:
צַדִּיק יהוה בְּכָל־דְּרָכָיו וְחָסִיד בְּכָל־מַעֲשָׂיו:
קָרוֹב יהוה לְכָל־קֹרְאָיו לְכֹל אֲשֶׁר יִקְרָאֻהוּ בֶאֱמֶת:
רְצוֹן־יְרֵאָיו יַעֲשֶׂה וְאֶת־שַׁוְעָתָם יִשְׁמַע וְיוֹשִׁיעֵם:
שׁוֹמֵר יהוה אֶת־כָּל־אֹהֲבָיו וְאֵת כָּל־הָרְשָׁעִים יַשְׁמִיד:
תְּהִלַּת יהוה יְדַבֶּר פִּי וִיבָרֵךְ כָּל־בָּשָׂר שֵׁם קָדְשׁוֹ לְעוֹלָם וָעֶד:
וַאֲנַחְנוּ נְבָרֵךְ יָהּ מֵעַתָּה וְעַד־עוֹלָם הַלְלוּיָהּ:

הש"ץ אומר: יִתְגַּדַּל וְיִתְקַדַּשׁ שְׁמֵהּ רַבָּא
בְּעָלְמָא דִּי בְרָא כִרְעוּתֵהּ וְיַמְלִיךְ מַלְכוּתֵהּ
בְּחַיֵּיכוֹן וּבְיוֹמֵיכוֹן וּבְחַיֵּי דְכָל בֵּית יִשְׂרָאֵל
בַּעֲגָלָא וּבִזְמַן קָרִיב, וְאִמְרוּ אָמֵן.
יְהֵא שְׁמֵהּ רַבָּא מְבָרַךְ לְעָלַם וּלְעָלְמֵי עָלְמַיָּא.
יִתְבָּרַךְ וְיִשְׁתַּבַּח וְיִתְפָּאַר וְיִתְרוֹמַם וְיִתְנַשֵּׂא
וְיִתְהַדָּר וְיִתְעַלֶּה וְיִתְהַלָּל שְׁמֵהּ דְּקֻדְשָׁא, בְּרִיךְ הוּא
לְעֵלָּא לְעֵלָּא מִכָּל בִּרְכָתָא וְשִׁירָתָא תֻּשְׁבְּחָתָא וְנֶחֱמָתָא
דַּאֲמִירָן בְּעָלְמָא, וְאִמְרוּ אָמֵן.

כִּי שֵׁם יי אֶקְרָא הָבוּ גֹדֶל לֵאלֹהֵינוּ
אֲדֹנָי, שְׂפָתַי תִּפְתָּח וּפִי יַגִּיד תְּהִלָּתֶךָ

בָּרוּךְ אַתָּה יי, אֱלֹהֵינוּ וֵאלֹהֵי אֲבוֹתֵינוּ, אֱלֹהֵי אַבְרָהָם, אֱלֹהֵי יִצְחָק, וֵאלֹהֵי יַעֲקֹב, הָאֵל הַגָּדוֹל הַגִּבּוֹר וְהַנּוֹרָא, אֵל עֶלְיוֹן, גּוֹמֵל חֲסָדִים טוֹבִים, וְקוֹנֵה הַכֹּל, וְזוֹכֵר חַסְדֵי אָבוֹת וּמֵבִיא גוֹאֵל לִבְנֵי בְנֵיהֶם לְמַעַן שְׁמוֹ בְּאַהֲבָה.

זָכְרֵנוּ לְחַיִּים, מֶלֶךְ חָפֵץ בַּחַיִּים
וְכָתְבֵנוּ בְּסֵפֶר הַחַיִּים, לְמַעַנְךָ אֱלֹהִים חַיִּים.
מֶלֶךְ עוֹזֵר וּמוֹשִׁיעַ וּמָגֵן. בָּרוּךְ אַתָּה יי, מָגֵן אַבְרָהָם.

אַתָּה גִּבּוֹר לְעוֹלָם אֲדֹנָי, מְחַיֵּה מֵתִים אַתָּה, רַב לְהוֹשִׁיעַ
בא"י: מוֹרִיד הַטָּל.
מְכַלְכֵּל חַיִּים בְּחֶסֶד, מְחַיֵּה מֵתִים בְּרַחֲמִים רַבִּים, סוֹמֵךְ נוֹפְלִים, וְרוֹפֵא חוֹלִים, וּמַתִּיר אֲסוּרִים, וּמְקַיֵּם אֱמוּנָתוֹ לִישֵׁנֵי עָפָר. מִי כָמוֹךָ בַּעַל גְּבוּרוֹת וּמִי דוֹמֶה לָּךְ, מֶלֶךְ מֵמִית וּמְחַיֶּה וּמַצְמִיחַ יְשׁוּעָה.

מִי כָמוֹךָ אַב הָרַחֲמִים, זוֹכֵר יְצוּרָיו לְחַיִּים בְּרַחֲמִים. וְנֶאֱמָן אַתָּה לְהַחֲיוֹת מֵתִים. בָּרוּךְ אַתָּה יְיָ, מְחַיֵּה הַמֵּתִים.

קדושה: נְקַדֵּשׁ אֶת שִׁמְךָ בָּעוֹלָם, כְּשֵׁם שֶׁמַּקְדִּישִׁים אוֹתוֹ בִּשְׁמֵי מָרוֹם כַּכָּתוּב עַל יַד נְבִיאֶךָ, וְקָרָא זֶה אֶל זֶה וְאָמַר
קָדוֹשׁ, קָדוֹשׁ, קָדוֹשׁ יְיָ צְבָאוֹת מְלֹא כָל הָאָרֶץ כְּבוֹדוֹ.
לְעֻמָּתָם בָּרוּךְ יֹאמֵרוּ
בָּרוּךְ כְּבוֹד יְיָ מִמְּקוֹמוֹ.
וּבְדִבְרֵי קָדְשְׁךָ כָּתוּב לֵאמֹר
יִמְלֹךְ יְיָ לְעוֹלָם, אֱלֹהַיִךְ צִיּוֹן לְדֹר וָדֹר, הַלְלוּיָהּ.

הש״ץ: לְדוֹר וָדוֹר נַגִּיד גָּדְלֶךָ, וּלְנֵצַח נְצָחִים קְדֻשָּׁתְךָ נַקְדִּישׁ, וְשִׁבְחֲךָ אֱלֹהֵינוּ מִפִּינוּ לֹא יָמוּשׁ לְעוֹלָם וָעֶד, כִּי אֵל מֶלֶךְ גָּדוֹל וְקָדוֹשׁ אָתָּה. בָּרוּךְ אַתָּה יְיָ, הַמֶּלֶךְ הַקָּדוֹשׁ.

"אתה חונן"

אַתָּה קָדוֹשׁ וְשִׁמְךָ קָדוֹשׁ, וּקְדוֹשִׁים בְּכָל יוֹם יְהַלְלוּךָ סֶּלָה. בָּרוּךְ אַתָּה יְיָ, הַמֶּלֶךְ הַקָּדוֹשׁ.

אַתָּה חוֹנֵן לְאָדָם דַּעַת וּמְלַמֵּד לֶאֱנוֹשׁ בִּינָה. חָנֵּנוּ מֵאִתְּךָ דֵּעָה בִּינָה וְהַשְׂכֵּל. בָּרוּךְ אַתָּה יְיָ, חוֹנֵן הַדָּעַת.

הֲשִׁיבֵנוּ אָבִינוּ לְתוֹרָתֶךָ, וְקָרְבֵנוּ מַלְכֵּנוּ לַעֲבוֹדָתֶךָ, וְהַחֲזִירֵנוּ בִּתְשׁוּבָה שְׁלֵמָה לְפָנֶיךָ. בָּרוּךְ אַתָּה יְיָ, הָרוֹצֶה בִּתְשׁוּבָה.

סְלַח לָנוּ אָבִינוּ כִּי חָטָאנוּ, מְחַל לָנוּ מַלְכֵּנוּ כִּי פָשָׁעְנוּ, כִּי מוֹחֵל וְסוֹלֵחַ אָתָּה. בָּרוּךְ אַתָּה יְיָ, חַנּוּן הַמַּרְבֶּה לִסְלֹחַ.

רְאֵה בְעָנְיֵנוּ, וְרִיבָה רִיבֵנוּ, וּגְאָלֵנוּ מְהֵרָה לְמַעַן שְׁמֶךָ, כִּי גּוֹאֵל חָזָק אָתָּה. בָּרוּךְ אַתָּה יְיָ, גּוֹאֵל יִשְׂרָאֵל.

רְפָאֵנוּ יְיָ וְנֵרָפֵא, הוֹשִׁיעֵנוּ וְנִוָּשֵׁעָה, כִּי תְהִלָּתֵנוּ אָתָּה, וְהַעֲלֵה רְפוּאָה שְׁלֵמָה לְכָל מַכּוֹתֵינוּ, כִּי אֵל מֶלֶךְ רוֹפֵא נֶאֱמָן וְרַחֲמָן אָתָּה. בָּרוּךְ אַתָּה יְיָ, רוֹפֵא חוֹלֵי עַמּוֹ יִשְׂרָאֵל.

בָּרֵךְ עָלֵינוּ יְיָ אֱלֹהֵינוּ אֶת הַשָּׁנָה הַזֹּאת וְאֶת כָּל מִינֵי תְבוּאָתָהּ לְטוֹבָה, וְתֵן בְּרָכָה עַל פְּנֵי הָאֲדָמָה וְשַׂבְּעֵנוּ מִטּוּבָהּ, וּבָרֵךְ שְׁנָתֵנוּ כַּשָּׁנִים הַטּוֹבוֹת. בָּרוּךְ אַתָּה יְיָ, מְבָרֵךְ הַשָּׁנִים.

תְּקַע בְּשׁוֹפָר גָּדוֹל לְחֵרוּתֵנוּ, וְשָׂא נֵס לְקַבֵּץ גָּלֻיּוֹתֵינוּ, וְקַבְּצֵנוּ יַחַד מֵאַרְבַּע כַּנְפוֹת הָאָרֶץ. בָּרוּךְ אַתָּה יְיָ, מְקַבֵּץ נִדְחֵי עַמּוֹ יִשְׂרָאֵל.

הָשִׁיבָה שׁוֹפְטֵינוּ כְּבָרִאשׁוֹנָה, וְיוֹעֲצֵינוּ כְּבַתְּחִלָּה, וְהָסֵר מִמֶּנּוּ יָגוֹן וַאֲנָחָה, וּמְלֹךְ עָלֵינוּ אַתָּה יְיָ לְבַדְּךָ בְּחֶסֶד וּבְרַחֲמִים, וְצַדְּקֵנוּ בַּמִּשְׁפָּט. בָּרוּךְ אַתָּה יְיָ, הַמֶּלֶךְ הַמִּשְׁפָּט.

וְלַמַּלְשִׁינִים אַל תְּהִי תִקְוָה, וְכָל הָרִשְׁעָה כְּרֶגַע תֹּאבֵד, וְכָל אוֹיְבֵי עַמְּךָ מְהֵרָה יִכָּרֵתוּ, וְהַזֵּדִים מְהֵרָה תְעַקֵּר וּתְשַׁבֵּר וּתְמַגֵּר וְתַכְנִיעַ בִּמְהֵרָה בְיָמֵינוּ. בָּרוּךְ אַתָּה יְיָ, שׁוֹבֵר אוֹיְבִים וּמַכְנִיעַ זֵדִים.

עַל הַצַּדִּיקִים וְעַל הַחֲסִידִים, וְעַל זִקְנֵי עַמְּךָ בֵּית יִשְׂרָאֵל, וְעַל פְּלֵיטַת סוֹפְרֵיהֶם, וְעַל גֵּרֵי הַצֶּדֶק וְעָלֵינוּ, יֶהֱמוּ רַחֲמֶיךָ יְיָ אֱלֹהֵינוּ, וְתֵן שָׂכָר טוֹב לְכָל הַבּוֹטְחִים בְּשִׁמְךָ בֶּאֱמֶת, וְשִׂים חֶלְקֵנוּ עִמָּהֶם, וּלְעוֹלָם לֹא נֵבוֹשׁ כִּי בְךָ בָטָחְנוּ. בָּרוּךְ אַתָּה יְיָ, מִשְׁעָן וּמִבְטָח לַצַּדִּיקִים.

וְלִירוּשָׁלַיִם עִירְךָ בְּרַחֲמִים תָּשׁוּב, וְתִשְׁכּוֹן בְּתוֹכָהּ כַּאֲשֶׁר דִּבַּרְתָּ, וּבְנֵה אוֹתָהּ בְּקָרוֹב בְּיָמֵינוּ בִּנְיַן עוֹלָם, וְכִסֵּא דָוִד מְהֵרָה לְתוֹכָהּ תָּכִין. בָּרוּךְ אַתָּה יְיָ, בּוֹנֵה יְרוּשָׁלָיִם.

אֶת צֶמַח דָּוִד עַבְדְּךָ מְהֵרָה תַצְמִיחַ, וְקַרְנוֹ תָּרוּם בִּישׁוּעָתֶךָ, כִּי לִישׁוּעָתְךָ קִוִּינוּ כָּל הַיּוֹם. בָּרוּךְ אַתָּה יְיָ, מַצְמִיחַ קֶרֶן יְשׁוּעָה.

שְׁמַע קוֹלֵנוּ יְיָ אֱלֹהֵינוּ, חוּס וְרַחֵם עָלֵינוּ, וְקַבֵּל בְּרַחֲמִים וּבְרָצוֹן אֶת תְּפִלָּתֵנוּ, כִּי אֵל שׁוֹמֵעַ תְּפִלּוֹת וְתַחֲנוּנִים אָתָּה, וּמִלְּפָנֶיךָ מַלְכֵּנוּ רֵיקָם אַל תְּשִׁיבֵנוּ, כִּי אַתָּה שׁוֹמֵעַ תְּפִלַּת עַמְּךָ יִשְׂרָאֵל בְּרַחֲמִים. בָּרוּךְ אַתָּה יְיָ, שׁוֹמֵעַ תְּפִלָּה.

רְצֵה יְיָ אֱלֹהֵינוּ בְּעַמְּךָ יִשְׂרָאֵל וּבִתְפִלָּתָם, וְהָשֵׁב אֶת הָעֲבוֹדָה לִדְבִיר בֵּיתֶךָ, וְאִשֵּׁי יִשְׂרָאֵל וּתְפִלָּתָם בְּאַהֲבָה תְקַבֵּל בְּרָצוֹן, וּתְהִי לְרָצוֹן תָּמִיד עֲבוֹדַת יִשְׂרָאֵל עַמֶּךָ. וְתֶחֱזֶינָה עֵינֵינוּ בְּשׁוּבְךָ לְצִיּוֹן בְּרַחֲמִים. בָּרוּךְ אַתָּה יְיָ, הַמַּחֲזִיר שְׁכִינָתוֹ לְצִיּוֹן.

מוֹדִים אֲנַחְנוּ לָךְ שָׁאַתָּה הוּא יי אֱלֹהֵינוּ וֵאלֹהֵי אֲבוֹתֵינוּ לְעוֹלָם וָעֶד, צוּר חַיֵּינוּ, מָגֵן יִשְׁעֵנוּ אַתָּה הוּא לְדוֹר וָדוֹר. נוֹדֶה לְּךָ וּנְסַפֵּר תְּהִלָּתֶךָ עַל חַיֵּינוּ הַמְּסוּרִים בְּיָדֶךָ וְעַל נִשְׁמוֹתֵינוּ הַפְּקוּדוֹת לָךְ, וְעַל נִסֶּיךָ שֶׁבְּכָל יוֹם עִמָּנוּ, וְעַל נִפְלְאוֹתֶיךָ וְטוֹבוֹתֶיךָ שֶׁבְּכָל עֵת, עֶרֶב וָבֹקֶר וְצָהֳרָיִם.

מודים דרבנן:

מוֹדִים אֲנַחְנוּ לָךְ שָׁאַתָּה הוּא יי אֱלֹהֵינוּ וֵאלֹהֵי אֲבוֹתֵינוּ, אֱלֹהֵי כָל בָּשָׂר, יוֹצְרֵנוּ יוֹצֵר בְּרֵאשִׁית. בְּרָכוֹת וְהוֹדָאוֹת לְשִׁמְךָ הַגָּדוֹל וְהַקָּדוֹשׁ עַל שֶׁהֶחֱיִיתָנוּ וְקִיַּמְתָּנוּ. כֵּן תְּחַיֵּנוּ וּתְקַיְּמֵנוּ וְתֶאֱסֹף גָּלֻיּוֹתֵינוּ לְחַצְרוֹת קָדְשֶׁךָ לִשְׁמֹר חֻקֶּיךָ וְלַעֲשׂוֹת רְצוֹנֶךָ וּלְעָבְדְּךָ בְּלֵבָב שָׁלֵם, עַל שֶׁאֲנַחְנוּ מוֹדִים לָךְ, בָּרוּךְ אֵל הַהוֹדָאוֹת.

הַטּוֹב כִּי לֹא כָלוּ רַחֲמֶיךָ, וְהַמְרַחֵם כִּי לֹא תַמּוּ חֲסָדֶיךָ מֵעוֹלָם קִוִּינוּ לָךְ.

וְעַל כֻּלָּם יִתְבָּרַךְ וְיִתְרוֹמַם שִׁמְךָ מַלְכֵּנוּ תָּמִיד לְעוֹלָם וָעֶד.

וּכְתֹב לְחַיִּים טוֹבִים כָּל בְּנֵי בְרִיתֶךָ.

וְכֹל הַחַיִּים יוֹדוּךָ סֶּלָה, וִיהַלְלוּ אֶת שִׁמְךָ בֶּאֱמֶת, הָאֵל יְשׁוּעָתֵנוּ וְעֶזְרָתֵנוּ סֶלָה. בָּרוּךְ אַתָּה יי, הַטּוֹב שִׁמְךָ וּלְךָ נָאֶה לְהוֹדוֹת.

שָׁלוֹם רָב עַל יִשְׂרָאֵל עַמְּךָ תָּשִׂים לְעוֹלָם, כִּי אַתָּה הוּא מֶלֶךְ אָדוֹן לְכָל הַשָּׁלוֹם. וְטוֹב בְּעֵינֶיךָ לְבָרֵךְ אֶת עַמְּךָ יִשְׂרָאֵל בְּכָל עֵת וּבְכָל שָׁעָה בִּשְׁלוֹמֶךָ.

בְּסֵפֶר חַיִּים, בְּרָכָה וְשָׁלוֹם, וּפַרְנָסָה טוֹבָה, נִזָּכֵר וְנִכָּתֵב לְפָנֶיךָ,
אֲנַחְנוּ וְכָל עַמְּךָ בֵּית יִשְׂרָאֵל, לְחַיִּים טוֹבִים וּלְשָׁלוֹם.*
בָּרוּךְ אַתָּה יְיָ, הַמְבָרֵךְ אֶת עַמּוֹ יִשְׂרָאֵל בַּשָּׁלוֹם.

* בחו״ל מסיימים: בָּרוּךְ אַתָּה יְיָ, עוֹשֵׂה הַשָּׁלוֹם.

עד כאן חזרת הש״ץ.

אֱלֹהֵינוּ וֵאלֹהֵי אֲבוֹתֵינוּ
אָנָּא תָּבֹא לְפָנֶיךָ תְּפִלָּתֵנוּ, וְאַל תִּתְעַלַּם מִתְּחִנָּתֵנוּ
שֶׁאֵין אֲנַחְנוּ עַזֵּי פָנִים וּקְשֵׁי עֹרֶף לוֹמַר לְפָנֶיךָ, יְיָ אֱלֹהֵינוּ וֵאלֹהֵי אֲבוֹתֵינוּ
צַדִּיקִים אֲנַחְנוּ וְלֹא חָטָאנוּ
אֲבָל אֲנַחְנוּ וַאֲבוֹתֵינוּ חָטָאנוּ.

אָשַׁמְנוּ. בָּגַדְנוּ. גָּזַלְנוּ. דִּבַּרְנוּ דֹפִי.
הֶעֱוִינוּ. וְהִרְשַׁעְנוּ. זַדְנוּ. חָמַסְנוּ. טָפַלְנוּ שֶׁקֶר.
יָעַצְנוּ רָע. כִּזַּבְנוּ. לַצְנוּ. מָרַדְנוּ. נִאַצְנוּ. סָרַרְנוּ.
עָוִינוּ. פָּשַׁעְנוּ. צָרַרְנוּ. קִשִּׁינוּ עֹרֶף.
רָשַׁעְנוּ. שִׁחַתְנוּ. תִּעַבְנוּ. תָּעִינוּ. תִּעְתָּעְנוּ.

סַרְנוּ מִמִּצְוֹתֶיךָ וּמִמִּשְׁפָּטֶיךָ הַטּוֹבִים וְלֹא שָׁוָה לָנוּ.
וְאַתָּה צַדִּיק עַל כָּל הַבָּא עָלֵינוּ
כִּי אֱמֶת עָשִׂיתָ וַאֲנַחְנוּ הִרְשָׁעְנוּ.

מַה נֹּאמַר לְפָנֶיךָ יוֹשֵׁב מָרוֹם, וּמַה נְּסַפֵּר לְפָנֶיךָ שׁוֹכֵן שְׁחָקִים
הֲלֹא כָּל הַנִּסְתָּרוֹת וְהַנִּגְלוֹת אַתָּה יוֹדֵעַ.

אַתָּה יוֹדֵעַ רָזֵי עוֹלָם וְתַעֲלוּמוֹת סִתְרֵי כָּל חָי.
אַתָּה חוֹפֵשׂ כָּל חַדְרֵי בָטֶן וּבוֹחֵן כְּלָיוֹת וָלֵב.
אֵין דָּבָר נֶעְלָם מִמֶּךָּ וְאֵין נִסְתָּר מִנֶּגֶד עֵינֶיךָ.
וּבְכֵן, יְהִי רָצוֹן מִלְּפָנֶיךָ, יי אֱלֹהֵינוּ וֵאלֹהֵי אֲבוֹתֵינוּ
שֶׁתִּסְלַח לָנוּ עַל כָּל חַטֹּאתֵינוּ
וְתִמְחַל לָנוּ עַל כָּל עֲוֹנוֹתֵינוּ
וּתְכַפֵּר לָנוּ עַל כָּל פְּשָׁעֵינוּ.

עַל חֵטְא שֶׁחָטָאנוּ לְפָנֶיךָ בְּאֹנֶס וּבְרָצוֹן
וְעַל חֵטְא שֶׁחָטָאנוּ לְפָנֶיךָ בְּאִמּוּץ הַלֵּב

עַל חֵטְא שֶׁחָטָאנוּ לְפָנֶיךָ בִּבְלִי דָעַת
וְעַל חֵטְא שֶׁחָטָאנוּ לְפָנֶיךָ בְּבִטּוּי שְׂפָתָיִם

עַל חֵטְא שֶׁחָטָאנוּ לְפָנֶיךָ בְּגָלוּי וּבַסָּתֶר
וְעַל חֵטְא שֶׁחָטָאנוּ לְפָנֶיךָ בְּגִלּוּי עֲרָיוֹת

עַל חֵטְא שֶׁחָטָאנוּ לְפָנֶיךָ בְּדִבּוּר פֶּה
וְעַל חֵטְא שֶׁחָטָאנוּ לְפָנֶיךָ בְּדַעַת וּבְמִרְמָה

עַל חֵטְא שֶׁחָטָאנוּ לְפָנֶיךָ בְּהַרְהוֹר הַלֵּב
וְעַל חֵטְא שֶׁחָטָאנוּ לְפָנֶיךָ בְּהוֹנָאַת רֵעַ

עַל חֵטְא שֶׁחָטָאנוּ לְפָנֶיךָ בְּוִדּוּי פֶּה
וְעַל חֵטְא שֶׁחָטָאנוּ לְפָנֶיךָ בִּוְעִידַת זְנוּת

עַל חֵטְא שֶׁחָטָאנוּ לְפָנֶיךָ בְּזָדוֹן וּבִשְׁגָגָה
וְעַל חֵטְא שֶׁחָטָאנוּ לְפָנֶיךָ בְּזִלְזוּל הוֹרִים וּמוֹרִים

עַל חֵטְא שֶׁחָטָאנוּ לְפָנֶיךָ בְּחֹזֶק יָד
וְעַל חֵטְא שֶׁחָטָאנוּ לְפָנֶיךָ בְּחִלּוּל הַשֵּׁם

עַל חֵטְא שֶׁחָטָאנוּ לְפָנֶיךָ בְּטִפְשׁוּת פֶּה
וְעַל חֵטְא שֶׁחָטָאנוּ לְפָנֶיךָ בְּטֻמְאַת שְׂפָתָיִם

עַל חֵטְא שֶׁחָטָאנוּ לְפָנֶיךָ בְּיֵצֶר הָרָע
וְעַל חֵטְא שֶׁחָטָאנוּ לְפָנֶיךָ בְּיוֹדְעִים וּבְלֹא יוֹדְעִים

וְעַל כֻּלָּם אֱלוֹהַּ סְלִיחוֹת סְלַח לָנוּ, מְחַל לָנוּ, כַּפֶּר לָנוּ.

עַל חֵטְא שֶׁחָטָאנוּ לְפָנֶיךָ בְּכַפַּת שֹׁחַד
וְעַל חֵטְא שֶׁחָטָאנוּ לְפָנֶיךָ בְּכַחַשׁ וּבְכָזָב

עַל חֵטְא שֶׁחָטָאנוּ לְפָנֶיךָ בְּלָשׁוֹן הָרָע
וְעַל חֵטְא שֶׁחָטָאנוּ לְפָנֶיךָ בְּלָצוֹן

עַל חֵטְא שֶׁחָטָאנוּ לְפָנֶיךָ בְּמַשָּׂא וּבְמַתָּן
וְעַל חֵטְא שֶׁחָטָאנוּ לְפָנֶיךָ בְּמַאֲכָל וּבְמִשְׁתֶּה

עַל חֵטְא שֶׁחָטָאנוּ לְפָנֶיךָ בְּנֶשֶׁךְ וּבְמַרְבִּית
וְעַל חֵטְא שֶׁחָטָאנוּ לְפָנֶיךָ בִּנְטִיַּת גָּרוֹן

עַל חֵטְא שֶׁחָטָאנוּ לְפָנֶיךָ בְּשִׂקּוּר עָיִן
וְעַל חֵטְא שֶׁחָטָאנוּ לְפָנֶיךָ בְּשִׂיחַ שִׂפְתוֹתֵינוּ

עַל חֵטְא שֶׁחָטָאנוּ לְפָנֶיךָ בְּעֵינַיִם רָמוֹת
וְעַל חֵטְא שֶׁחָטָאנוּ לְפָנֶיךָ בְּעַזּוּת מֵצַח

וְעַל כֻּלָּם אֱלוֹהַּ סְלִיחוֹת סְלַח לָנוּ, מְחַל לָנוּ, כַּפֶּר לָנוּ.

עַל חֵטְא שֶׁחָטָאנוּ לְפָנֶיךָ בִּפְרִיקַת עֹל
וְעַל חֵטְא שֶׁחָטָאנוּ לְפָנֶיךָ בִּפְלִילוּת

עַל חֵטְא שֶׁחָטָאנוּ לְפָנֶיךָ בִּצְדִיַּת רֵעַ
וְעַל חֵטְא שֶׁחָטָאנוּ לְפָנֶיךָ בְּצָרוּת עָיִן

עַל חֵטְא שֶׁחָטָאנוּ לְפָנֶיךָ בְּקַלּוּת רֹאשׁ
וְעַל חֵטְא שֶׁחָטָאנוּ לְפָנֶיךָ בְּקַשְׁיוּת עֹרֶף

עַל חֵטְא שֶׁחָטָאנוּ לְפָנֶיךָ בְּרִיצַת רַגְלַיִם לְהָרַע
וְעַל חֵטְא שֶׁחָטָאנוּ לְפָנֶיךָ בִּרְכִילוּת

עַל חֵטְא שֶׁחָטָאנוּ לְפָנֶיךָ בִּשְׁבוּעַת שָׁוְא
וְעַל חֵטְא שֶׁחָטָאנוּ לְפָנֶיךָ בְּשִׂנְאַת חִנָּם

עַל חֵטְא שֶׁחָטָאנוּ לְפָנֶיךָ בִּתְשׂוּמֶת יָד
וְעַל חֵטְא שֶׁחָטָאנוּ לְפָנֶיךָ בְּתִמְהוֹן לֵבָב

וְעַל כֻּלָּם אֱלוֹהַּ סְלִיחוֹת סְלַח לָנוּ, מְחַל לָנוּ, כַּפֶּר לָנוּ.

וְעַל חֲטָאִים שֶׁאָנוּ חַיָּבִים עֲלֵיהֶם עוֹלָה
וְעַל חֲטָאִים שֶׁאָנוּ חַיָּבִים עֲלֵיהֶם חַטָּאת
וְעַל חֲטָאִים שֶׁאָנוּ חַיָּבִים עֲלֵיהֶם קָרְבָּן עוֹלֶה וְיוֹרֵד
וְעַל חֲטָאִים שֶׁאָנוּ חַיָּבִים עֲלֵיהֶם אָשָׁם וַדַּאי וְתָלוּי
וְעַל חֲטָאִים שֶׁאָנוּ חַיָּבִים עֲלֵיהֶם מַכַּת מַרְדּוּת
וְעַל חֲטָאִים שֶׁאָנוּ חַיָּבִים עֲלֵיהֶם מַלְקוּת אַרְבָּעִים
וְעַל חֲטָאִים שֶׁאָנוּ חַיָּבִים עֲלֵיהֶם מִיתָה בִּידֵי שָׁמַיִם
וְעַל חֲטָאִים שֶׁאָנוּ חַיָּבִים עֲלֵיהֶם כָּרֵת וַעֲרִירִי

וְעַל חֲטָאִים שֶׁאָנוּ חַיָּבִים עֲלֵיהֶם אַרְבַּע מִיתוֹת בֵּית דִּין
סְקִילָה, שְׂרֵפָה, הֶרֶג, וְחֶנֶק.
עַל מִצְוַת עֲשֵׂה וְעַל מִצְוַת לֹא תַעֲשֶׂה.
בֵּין שֶׁיֵּשׁ בָּהּ קוּם עֲשֵׂה וּבֵין שֶׁאֵין בָּהּ קוּם עֲשֵׂה.
אֶת הַגְּלוּיִים לָנוּ וְאֶת שֶׁאֵינָם גְּלוּיִים לָנוּ
אֶת הַגְּלוּיִים לָנוּ כְּבָר אֲמַרְנוּם לְפָנֶיךָ וְהוֹדִינוּ לְךָ עֲלֵיהֶם
וְאֶת שֶׁאֵינָם גְּלוּיִים לָנוּ, לְפָנֶיךָ הֵם גְּלוּיִים וִידוּעִים
כַּדָּבָר שֶׁנֶּאֱמַר
הַנִּסְתָּרֹת לַיי אֱלֹהֵינוּ וְהַנִּגְלֹת לָנוּ וּלְבָנֵינוּ עַד עוֹלָם
לַעֲשׂוֹת אֶת כָּל דִּבְרֵי הַתּוֹרָה הַזֹּאת.
כִּי אַתָּה סָלְחָן לְיִשְׂרָאֵל
וּמָחֳלָן לְשִׁבְטֵי יְשֻׁרוּן בְּכָל דּוֹר וָדוֹר
וּמִבַּלְעָדֶיךָ אֵין לָנוּ מֶלֶךְ מוֹחֵל וְסוֹלֵחַ אֶלָּא אָתָּה.

אֱלֹהַי
עַד שֶׁלֹּא נוֹצַרְתִּי אֵינִי כְדַאי
וְעַכְשָׁיו שֶׁנּוֹצַרְתִּי כְּאִלּוּ לֹא נוֹצַרְתִּי.
עָפָר אֲנִי בְּחַיַּי, קַל וָחֹמֶר בְּמִיתָתִי.
הֲרֵי אֲנִי לְפָנֶיךָ כִּכְלִי מָלֵא בוּשָׁה וּכְלִמָּה.

יְהִי רָצוֹן מִלְּפָנֶיךָ, יי אֱלֹהַי וֵאלֹהֵי אֲבוֹתַי
שֶׁלֹּא אֶחֱטָא עוֹד.
וּמַה שֶּׁחָטָאתִי לְפָנֶיךָ מְחֹק בְּרַחֲמֶיךָ הָרַבִּים
אֲבָל לֹא עַל יְדֵי יִסּוּרִים וָחֳלָיִם רָעִים.

24 תפילת מנחה לערב יום כיפור

אֱלֹהַי, נְצֹר לְשׁוֹנִי מֵרָע וּשְׂפָתַי מִדַּבֵּר מִרְמָה, וְלִמְקַלְלַי נַפְשִׁי תִדֹּם, וְנַפְשִׁי כֶּעָפָר לַכֹּל תִּהְיֶה. פְּתַח לִבִּי בְּתוֹרָתֶךָ, וּבְמִצְוֹתֶיךָ תִּרְדֹּף נַפְשִׁי. וְכָל הַחוֹשְׁבִים עָלַי רָעָה, מְהֵרָה הָפֵר עֲצָתָם וְקַלְקֵל מַחֲשַׁבְתָּם. עֲשֵׂה לְמַעַן שְׁמֶךָ, עֲשֵׂה לְמַעַן יְמִינֶךָ, עֲשֵׂה לְמַעַן קְדֻשָּׁתֶךָ, עֲשֵׂה לְמַעַן תּוֹרָתֶךָ. לְמַעַן יֵחָלְצוּן יְדִידֶיךָ הוֹשִׁיעָה יְמִינְךָ וַעֲנֵנִי. יִהְיוּ לְרָצוֹן אִמְרֵי פִי וְהֶגְיוֹן לִבִּי לְפָנֶיךָ, יי צוּרִי וְגֹאֲלִי. עֹשֶׂה הַשָּׁלוֹם בִּמְרוֹמָיו, הוּא יַעֲשֶׂה שָׁלוֹם עָלֵינוּ וְעַל כָּל יִשְׂרָאֵל, וְאִמְרוּ אָמֵן.

יְהִי רָצוֹן מִלְּפָנֶיךָ יי אֱלֹהֵינוּ וֵאלֹהֵי אֲבוֹתֵינוּ, שֶׁיִּבָּנֶה בֵּית הַמִּקְדָּשׁ בִּמְהֵרָה בְיָמֵינוּ, וְתֵן חֶלְקֵנוּ בְּתוֹרָתֶךָ. וְשָׁם נַעֲבָדְךָ בְּיִרְאָה כִּימֵי עוֹלָם וּכְשָׁנִים קַדְמֹנִיּוֹת. וְעָרְבָה לַיי מִנְחַת יְהוּדָה וִירוּשָׁלָיִם כִּימֵי עוֹלָם וּכְשָׁנִים קַדְמֹנִיּוֹת.

קדיש שלם:

יִתְגַּדַּל וְיִתְקַדַּשׁ שְׁמֵהּ רַבָּא
בְּעָלְמָא דִּי בְרָא כִרְעוּתֵהּ
וְיַמְלִיךְ מַלְכוּתֵהּ
בְּחַיֵּיכוֹן וּבְיוֹמֵיכוֹן וּבְחַיֵּי דְכָל בֵּית יִשְׂרָאֵל
בַּעֲגָלָא וּבִזְמַן קָרִיב
וְאִמְרוּ אָמֵן.

יְהֵא שְׁמֵהּ רַבָּא מְבָרַךְ לְעָלַם וּלְעָלְמֵי עָלְמַיָּא.

יִתְבָּרַךְ וְיִשְׁתַּבַּח וְיִתְפָּאַר וְיִתְרוֹמַם וְיִתְנַשֵּׂא
וְיִתְהַדָּר וְיִתְעַלֶּה וְיִתְהַלָּל שְׁמֵהּ דְּקֻדְשָׁא
בְּרִיךְ הוּא
לְעֵלָּא לְעֵלָּא מִכָּל בִּרְכָתָא וְשִׁירָתָא
תֻּשְׁבְּחָתָא וְנֶחֱמָתָא דַּאֲמִירָן בְּעָלְמָא
וְאִמְרוּ אָמֵן.

תִּתְקַבַּל צְלוֹתְהוֹן וּבָעוּתְהוֹן
דְּכָל יִשְׂרָאֵל
קֳדָם אֲבוּהוֹן דִּי בִשְׁמַיָּא
וְאִמְרוּ אָמֵן.

יְהֵא שְׁלָמָא רַבָּא מִן שְׁמַיָּא
וְחַיִּים עָלֵינוּ
וְעַל כָּל יִשְׂרָאֵל
וְאִמְרוּ אָמֵן.

עֹשֶׂה הַשָּׁלוֹם בִּמְרוֹמָיו
הוּא יַעֲשֶׂה שָׁלוֹם עָלֵינוּ
וְעַל כָּל יִשְׂרָאֵל
וְאִמְרוּ אָמֵן.

עָלֵינוּ לְשַׁבֵּחַ לַאֲדוֹן הַכֹּל, לָתֵת גְּדֻלָּה לְיוֹצֵר בְּרֵאשִׁית
שֶׁלֹּא עָשָׂנוּ כְּגוֹיֵי הָאֲרָצוֹת, וְלֹא שָׂמָנוּ כְּמִשְׁפְּחוֹת הָאֲדָמָה
שֶׁלֹּא שָׂם חֶלְקֵנוּ כָּהֶם וְגוֹרָלֵנוּ כְּכָל הֲמוֹנָם.
שֶׁהֵם מִשְׁתַּחֲוִים לְהֶבֶל וָרִיק וּמִתְפַּלְּלִים אֶל אֵל לֹא יוֹשִׁיעַ.
וַאֲנַחְנוּ כּוֹרְעִים וּמִשְׁתַּחֲוִים וּמוֹדִים לִפְנֵי מֶלֶךְ מַלְכֵי הַמְּלָכִים
הַקָּדוֹשׁ בָּרוּךְ הוּא
שֶׁהוּא נוֹטֶה שָׁמַיִם וְיוֹסֵד אָרֶץ וּמוֹשַׁב יְקָרוֹ בַּשָּׁמַיִם מִמַּעַל
וּשְׁכִינַת עֻזּוֹ בְּגָבְהֵי מְרוֹמִים. הוּא אֱלֹהֵינוּ, אֵין עוֹד.
אֱמֶת מַלְכֵּנוּ, אֶפֶס זוּלָתוֹ, כַּכָּתוּב בְּתוֹרָתוֹ
וְיָדַעְתָּ הַיּוֹם וַהֲשֵׁבֹתָ אֶל לְבָבֶךָ
כִּי יי הוּא הָאֱלֹהִים בַּשָּׁמַיִם מִמַּעַל וְעַל הָאָרֶץ מִתָּחַת, אֵין עוֹד.

עַל כֵּן נְקַוֶּה לְךָ יי אֱלֹהֵינוּ
לִרְאוֹת מְהֵרָה בְּתִפְאֶרֶת עֻזֶּךָ, לְהַעֲבִיר גִּלּוּלִים מִן הָאָרֶץ
וְהָאֱלִילִים כָּרוֹת יִכָּרֵתוּן לְתַקֵּן עוֹלָם בְּמַלְכוּת שַׁדַּי.
וְכָל בְּנֵי בָשָׂר יִקְרְאוּ בִשְׁמֶךָ לְהַפְנוֹת אֵלֶיךָ כָּל רִשְׁעֵי אָרֶץ.
יַכִּירוּ וְיֵדְעוּ כָּל יוֹשְׁבֵי תֵבֵל כִּי לְךָ תִּכְרַע כָּל בֶּרֶךְ, תִּשָּׁבַע כָּל לָשׁוֹן.
לְפָנֶיךָ יי אֱלֹהֵינוּ יִכְרְעוּ וְיִפֹּלוּ וְלִכְבוֹד שִׁמְךָ יְקָר יִתֵּנוּ
וִיקַבְּלוּ כֻלָּם אֶת עֹל מַלְכוּתֶךָ וְתִמְלֹךְ עֲלֵיהֶם מְהֵרָה לְעוֹלָם וָעֶד.
כִּי הַמַּלְכוּת שֶׁלְּךָ הִיא וּלְעוֹלְמֵי עַד תִּמְלֹךְ בְּכָבוֹד
כַּכָּתוּב בְּתוֹרָתֶךָ, יי יִמְלֹךְ לְעֹלָם וָעֶד.
וְנֶאֱמַר, וְהָיָה יי לְמֶלֶךְ עַל כָּל הָאָרֶץ
בַּיּוֹם הַהוּא יִהְיֶה יי אֶחָד וּשְׁמוֹ אֶחָד.

קדיש יתום בעמוד הבא

יש נוהגים לומר אחרי ״עלינו״ פסוקים אלה:

אַל תִּירָא מִפַּחַד פִּתְאֹם וּמִשֹּׁאַת רְשָׁעִים כִּי תָבֹא.
עֻצוּ עֵצָה וְתֻפָר, דַּבְּרוּ דָבָר וְלֹא יָקוּם, כִּי עִמָּנוּ אֵל.
וְעַד זִקְנָה אֲנִי הוּא, וְעַד שֵׂיבָה אֲנִי אֶסְבֹּל, אֲנִי עָשִׂיתִי וַאֲנִי אֶשָּׂא וַאֲנִי אֶסְבֹּל וַאֲמַלֵּט.

קדיש יתום: יִתְגַּדַּל וְיִתְקַדַּשׁ שְׁמֵהּ רַבָּא
בְּעָלְמָא דִּי בְרָא כִרְעוּתֵהּ
וְיַמְלִיךְ מַלְכוּתֵהּ
בְּחַיֵּיכוֹן וּבְיוֹמֵיכוֹן
וּבְחַיֵּי דְכָל בֵּית יִשְׂרָאֵל
בַּעֲגָלָא וּבִזְמַן קָרִיב
וְאִמְרוּ אָמֵן.

יְהֵא שְׁמֵהּ רַבָּא מְבָרַךְ
לְעָלַם וּלְעָלְמֵי עָלְמַיָּא.

יִתְבָּרַךְ וְיִשְׁתַּבַּח וְיִתְפָּאַר
וְיִתְרוֹמַם וְיִתְנַשֵּׂא וְיִתְהַדָּר וְיִתְעַלֶּה
וְיִתְהַלָּל שְׁמֵהּ דְּקֻדְשָׁא בְּרִיךְ הוּא
לְעֵלָּא לְעֵלָּא מִכָּל בִּרְכָתָא
וְשִׁירָתָא תֻּשְׁבְּחָתָא וְנֶחֱמָתָא
דַּאֲמִירָן בְּעָלְמָא
וְאִמְרוּ אָמֵן.

יְהֵא שְׁלָמָא רַבָּא מִן שְׁמַיָּא
וְחַיִּים עָלֵינוּ וְעַל כָּל יִשְׂרָאֵל
וְאִמְרוּ אָמֵן.

עֹשֶׂה הַשָּׁלוֹם בִּמְרוֹמָיו
הוּא יַעֲשֶׂה שָׁלוֹם עָלֵינוּ וְעַל כָּל יִשְׂרָאֵל
וְאִמְרוּ אָמֵן.

הדלקת נרות

בָּרוּךְ אַתָּה יי אֱלֹהֵינוּ מֶלֶךְ הָעוֹלָם, אֲשֶׁר קִדְּשָׁנוּ בְּמִצְוֹתָיו וְצִוָּנוּ לְהַדְלִיק נֵר שֶׁל /בשבת: שַׁבָּת וְשֶׁל/ יוֹם הַכִּפּוּרִים.

בָּרוּךְ אַתָּה יי אֱלֹהֵינוּ מֶלֶךְ הָעוֹלָם
שֶׁהֶחֱיָנוּ וְקִיְּמָנוּ וְהִגִּיעָנוּ לַזְּמַן הַזֶּה.

ברכת הבנים

לזכר:
יְשִׂמְךָ אֱלֹהִים כְּאֶפְרַיִם וְכִמְנַשֶּׁה.

לנקבה:
יְשִׂימֵךְ אֱלֹהִים כְּשָׂרָה רִבְקָה רָחֵל וְלֵאָה.

יְבָרֶכְךָ יי וְיִשְׁמְרֶךָ.
יָאֵר יי פָּנָיו אֵלֶיךָ וִיחֻנֶּךָּ.
יִשָּׂא יי פָּנָיו אֵלֶיךָ וְיָשֵׂם לְךָ שָׁלוֹם.

וִיהִי רָצוֹן מִלִּפְנֵי אָבִינוּ שֶׁבַּשָּׁמַיִם, שֶׁיִּתֵּן בְּלִבְּךָ אַהֲבָתוֹ וְיִרְאָתוֹ וְתִהְיֶה יִרְאַת הַשֵּׁם עַל פָּנֶיךָ כָּל יָמֶיךָ שֶׁלֹּא תֶחֱטָא, וּתְהִי חֶשְׁקְךָ בַּתּוֹרָה וּבְמִצְוֹת, עֵינֶיךָ לְנֹכַח יַבִּיטוּ, פִּיךָ יְדַבֵּר חָכְמוֹת וְלִבְּךָ יֶהְגֶּה אֵימוֹת, יָדֶיךָ יַעַסְקוּ בְּמִצְוֹת, רַגְלֶיךָ יָרוּצוּ לַעֲשׂוֹת רְצוֹן אָבִיךָ שֶׁבַּשָּׁמַיִם. יִתֵּן לְךָ בָּנִים וּבָנוֹת צַדִּיקִים וְצִדְקָנִיּוֹת עוֹסְקִים בַּתּוֹרָה וּבְמִצְוֹת כָּל יְמֵיהֶם, וִיהִי מְקוֹרְךָ בָּרוּךְ, וְיַזְמִין לְךָ פַּרְנָסָתְךָ בְּהֶתֵּר בְּנַחַת וּבְרֶוַח מִתַּחַת יָדוֹ הָרְחָבָה וְלֹא עַל יְדֵי מַתְּנַת בָּשָׂר וָדָם, כְּדֵי שֶׁתִּהְיֶה פָּנוּי לַעֲבוֹדַת הַשֵּׁם, וְתִכָּתֵב וְתֵחָתֵם לְחַיִּים טוֹבִים וַאֲרֻכִּים בְּתוֹךְ כָּל צַדִּיקֵי יִשְׂרָאֵל, אָמֵן.

ובעשור לחדש השביעי הזה
מקרא קדש יהיה לכם

במדבר כט

כי
יום כפורים
הוא
לכפר עליכם
לפני ה׳ אלהיכם

ויקרא כג

תפלה זכה

רִבּוֹן כָּל הָעוֹלָמִים אָב הָרַחֲמִים וְהַסְּלִיחוֹת אֲשֶׁר יְמִינְךָ פְּשׁוּטָה לְקַבֵּל שָׁבִים, וְאַתָּה בָּרָאתָ אֶת הָאָדָם לְהֵטִיב לוֹ בְּאַחֲרִיתוֹ, וּבָרָאתָ לוֹ שְׁנֵי יְצָרִים, יֵצֶר טוֹב וְיֵצֶר רָע, כְּדֵי שֶׁתִּהְיֶה הַבְּחִירָה בְּיָדוֹ לִבְחֹר בַּטּוֹב אוֹ בָּרָע וּכְדֵי לִתֵּן לוֹ שָׂכָר טוֹב עַל טוּב בְּחִירָתוֹ, כִּי כֵן גָּזְרָה חָכְמָתְךָ, כְּמוֹ שֶׁכָּתוּב, רְאֵה נָתַתִּי לְפָנֶיךָ הַיּוֹם אֶת הַחַיִּים וְאֶת הַטּוֹב, וְאֶת הַמָּוֶת וְאֶת הָרָע, וּבָחַרְתָּ בַּחַיִּים.

וְעַתָּה, אֱלֹהַי, לֹא שָׁמַעְתִּי לְקוֹלְךָ וְהָלַכְתִּי בַּעֲצַת יֵצֶר הָרָע וּבְדַרְכֵי לִבִּי וּמָאַסְתִּי בַּטּוֹב וּבָחַרְתִּי בָּרָע, וְלֹא דַי לִי שֶׁלֹּא קִדַּשְׁתִּי אֶת אֵבָרַי אֶלָּא טִמֵּאתִי אוֹתָם.

בָּרָאתָ בִּי מֹחַ וָלֵב וּבָהֶם חוּשׁ הַמַּחֲשָׁבָה לַחְשֹׁב מַחֲשָׁבוֹת טוֹבוֹת וְהִרְהוּרִים טוֹבִים, וְלֵב לְהָבִין דִּבְרֵי קָדְשֶׁךָ, וּלְהִתְפַּלֵּל וּלְבָרֵךְ כָּל הַבְּרָכוֹת בְּמַחֲשָׁבָה טְהוֹרָה, וַאֲנִי טִמֵּאתִי אוֹתָם בְּהִרְהוּרִים רָעִים וּמַחֲשָׁבוֹת זָרוֹת. וְלֹא דַי בָּזֶה, אֶלָּא שֶׁעַל יְדֵי הַהִרְהוּרִים רָעִים בָּאתִי לִידֵי הוֹצָאוֹת זֶרַע לְבַטָּלָה, פַּעַם בְּרָצוֹן וּפַעַם בְּאֹנֶס, בְּטֻמְאַת קֶרִי הַמְטַמֵּא אֶת כָּל הַגּוּף, וּמֵהֶם בָּרָאתִי מַשְׁחִיתִים וּמְחַבְּלִים הַנִּקְרָאִים נִגְעֵי בְּנֵי אָדָם.

אוֹי לִי כִּי תַּחַת מַחֲשָׁבוֹת טוֹבוֹת שֶׁיָּכֹלְתִּי לִבְרֹא עַל יְדֵיהֶן מַלְאָכִים קְדוֹשִׁים, שֶׁיִּהְיוּ סַנֵּגוֹרִים וּפְרַקְלִיטִים טוֹבִים עָלַי, תַּחְתֵּיהֶם בָּרָאתִי מַשְׁחִיתִים לְחַבֵּל בְּעַצְמִי, כְּמוֹ שֶׁכָּתוּב, וְהֹכַחְתִּיו בְּשֵׁבֶט אֲנָשִׁים וּבְנִגְעֵי בְּנֵי אָדָם.

בָּרָאתָ בִּי עֵינַיִם וּבָהֶן חוּשׁ הָרְאוּת לִרְאוֹת בָּהֶן מַה שֶּׁכָּתוּב בַּתּוֹרָה, וּלְקַדֵּשׁ אוֹתָן בִּרְאִיַּת כָּל דָּבָר שֶׁבִּקְדֻשָּׁה. הִזְהַרְתָּ בְּתוֹרָתְךָ, וְלֹא תָתוּרוּ אַחֲרֵי לְבַבְכֶם וְאַחֲרֵי עֵינֵיכֶם. אוֹי לִי כִּי הָלַכְתִּי אַחֲרֵי עֵינַי וְטִמֵּאתִי אוֹתָן לְהִסְתַּכֵּל בְּכָל דָּבָר טָמֵא.

בָּרָאתָ בִּי אָזְנַיִם לִשְׁמֹעַ דִּבְרֵי קְדֻשָּׁה וְדִבְרֵי תוֹרָה, אוֹי לִי כִּי טִמֵּאתִי אוֹתָן לִשְׁמֹעַ דִּבְרֵי נְבָלָה וּלְשׁוֹן הָרָע וּדְבָרִים אֲסוּרִים. אוֹי לְאָזְנַיִם שֶׁכָּךְ שׁוֹמְעוֹת.

בָּרָאתָ בִּי פֶּה וְלָשׁוֹן וְשִׁנַּיִם וְחֵיךְ וְגָרוֹן, וְנָתַתָּ בָּהֶם כֹּחַ לְדַבֵּר בָּהֶם חָמֵשׁ מוֹצָאוֹת הָאוֹתִיּוֹת הַקְּדוֹשׁוֹת שֶׁל אָלֶף בֵּית, אֲשֶׁר בָּהֶן בָּרָאתָ שָׁמַיִם וָאָרֶץ וּמְלוֹאָם, וּבָהֶן אָרַגְתָּ תּוֹרָתְךָ הַקְּדוֹשָׁה, וּבְכֹחַ הַדִּבּוּר הִבְדַּלְתָּ אֶת הָאָדָם מִן הַבְּהֵמָה, וַאֲפִלּוּ כַּבְּהֵמָה לֹא הָיִיתִי, כִּי טִמֵּאתִי פִּי בְּדִבְרֵי נְבָלָה, בִּלְשׁוֹן הָרָע, בִּשְׁקָרִים, לֵיצָנוּת, רְכִילוּת, מַחֲלֹקֶת, מַלְבִּין פְּנֵי חֲבֵרוֹ, מְקַלֵּל אֶת חֲבֵרוֹ, מִתְכַּבֵּד בִּקְלוֹן חֲבֵרוֹ, דִּבְרֵי מַשָּׂא וּמַתָּן בְּשַׁבָּת וְיוֹם טוֹב, בִּשְׁבוּעוֹת וּנְדָרִים.

בָּרָאתָ בִּי יָדַיִם וְחוּשׁ הַמִּשּׁוּשׁ לַעֲסֹק בָּהֶן בְּמִצְוֹת, וַאֲנִי טִמֵּאתִי אוֹתָן בְּמִשְׁמוּשִׁין שֶׁל אִסּוּר, לְהַכּוֹת בְּאֶגְרוֹף רֶשַׁע וּלְהָרִים יָד לְהַכּוֹת בֶּן אָדָם וּלְטַלְטֵל דְּבָרִים הַמֻּקְצִים בְּשַׁבָּת וְיוֹם טוֹב.

תפילה זכה 32

בָּרָאתָ בִּי רַגְלַיִם לַהֲלֹךְ לְכָל דְּבַר מִצְוָה, וַאֲנִי טִמֵּאתִי אוֹתָן בְּרַגְלַיִם מְמַהֲרוֹת לָרוּץ לָרָעָה.
מִשַּׁשְׁתִּי אֶת כָּל אֵבָרַי וּמְצָאתִי אוֹתָם בַּעֲלֵי מוּמִין, מִכַּף רַגְלִי וְעַד רֹאשִׁי אֵין בִּי מְתֹם. בֹּשְׁתִּי וְנִכְלַמְתִּי לְהָרִים אֱלֹהַי פָּנַי אֵלֶיךָ, כִּי בָאֵלֶּה הָאֵבָרִים וְהַחוּשִׁים שֶׁחֲנַנְתַּנִי בָּהֶם, וּבְכֹחַ הַחַיִּים שֶׁהִשְׁפַּעְתָּ עֲלֵיהֶם תָּמִיד, בָּהֶם נִשְׁתַּמַּשְׁתִּי לַעֲשׂוֹת הָרַע בְּעֵינֶיךָ וְלַעֲבֹר עַל רְצוֹנֶךָ.
אוֹי לִי וְאוֹי לְנַפְשִׁי.
וּלְהְיוֹת שֶׁיָּדַעְתִּי שֶׁכִּמְעַט אֵין צַדִּיק בָּאָרֶץ אֲשֶׁר לֹא יֶחֱטָא בֵּין אָדָם לַחֲבֵרוֹ בְּמָמוֹן אוֹ בְּגוּפוֹ, בְּמַעֲשֶׂה אוֹ בְּדִבּוּר פֶּה, וְעַל זֶה דָּוֶה לִבִּי בְּקִרְבִּי, כִּי עַל חֵטְא שֶׁבֵּין אָדָם לַחֲבֵרוֹ אֵין יוֹם הַכִּפּוּרִים מְכַפֵּר עַד שֶׁיְּרַצֶּה אֶת חֲבֵרוֹ, וְעַל זֶה נִשְׁבַּר לִבִּי בְקִרְבִּי וְרָחֲפוּ עַצְמוֹתַי, כִּי אֲפִלּוּ יוֹם הַמִּיתָה אֵינוֹ מְכַפֵּר, לָכֵן אֲנִי מַפִּיל תְּחִנָּתִי לְפָנֶיךָ שֶׁתְּרַחֵם עָלַי וְתִתְּנֵנִי לְחֵן וּלְחֶסֶד וּלְרַחֲמִים בְּעֵינֶיךָ וּבְעֵינֵי כָל בְּנֵי אָדָם. וְהִנְנִי מוֹחֵל בִּמְחִילָה גְמוּרָה לְכָל מִי שֶׁחָטָא נֶגְדִּי, בֵּין בְּגוּפוֹ וּבֵין בְּמָמוֹנוֹ אוֹ שֶׁדִּבֵּר עָלַי לָשׁוֹן הָרָע, וַאֲפִלּוּ הוֹצָאַת שֵׁם רָע, וְכֵן לְכָל מִי שֶׁהִזִּיק לִי בְּגוּפִי אוֹ בְּמָמוֹנִי, וּלְכָל חַטֹּאות הָאָדָם אֲשֶׁר בֵּין אָדָם לַחֲבֵרוֹ, חוּץ מִמָּמוֹן אֲשֶׁר אוּכַל לְהוֹצִיא עַל פִּי דִין, וְחוּץ מִמִּי שֶׁחָטָא כְּנֶגְדִּי וְאָמַר אֶחֱטָא לוֹ וְהוּא יִמְחַל לִי, חוּץ מֵאֵלּוּ, אֲנִי מוֹחֵל בִּמְחִילָה גְמוּרָה וְלֹא יֵעָנֵשׁ שׁוּם אָדָם בְּסִבָּתִי. וּכְשֵׁם שֶׁאֲנִי מוֹחֵל לְכָל אָדָם כֵּן תִּתֵּן אֶת חִנִּי בְּעֵינֵי כָל אָדָם שֶׁיִּמְחֲלוּ לִי בִּמְחִילָה גְמוּרָה.
וְעַתָּה, יי אֱלֹהַי, גָּלוּי וְיָדוּעַ לְפָנֶיךָ, שֶׁלֹּא נִתְכַּוַּנְתִּי בְּכָל הַחֲטָאִים וְהָעֲוֹנוֹת לְהַכְעִיסְךָ וְלִמְרֹד כְּנֶגְדְּךָ, אַךְ הָלַכְתִּי בַּעֲצַת יֵצֶר הָרָע, אֲשֶׁר תָּמִיד בְּכָל יוֹם פּוֹרֵשׂ רֶשֶׁת לְרַגְלַי לְלָכְדֵנִי. וַאֲנִי עָנִי וְאֶבְיוֹן תּוֹלַעַת וְלֹא אִישׁ, כָּשַׁל כֹּחִי לַעֲמֹד כְּנֶגְדּוֹ, וַעֲמַל הַפַּרְנָסָה לְפַרְנֵס אֶת בְּנֵי בֵיתִי וְטִרְדַּת הַזְּמַן וּמִקְרָיו הֵם הָיוּ בְּעוֹכְרָי. וּלְפִי שֶׁכָּל זֶה גָּלוּי וְיָדוּעַ לְפָנֶיךָ, כִּי אָדָם אֵין צַדִּיק בָּאָרֶץ אֲשֶׁר יַעֲשֶׂה טּוֹב וְלֹא יֶחֱטָא, לָכֵן בְּרַחֲמֶיךָ הָרַבִּים נָתַתָּ לָנוּ יוֹם אֶחָד בַּשָּׁנָה, יוֹם אַדִּיר וְקָדוֹשׁ, יוֹם הַכִּפּוּרִים הַזֶּה הַבָּא עָלֵינוּ לְטוֹבָה, לָשׁוּב לְפָנֶיךָ וּלְכַפֵּר אֶת כָּל עֲוֹנוֹתֵינוּ וּלְטַהֵר אוֹתָנוּ מִטֻּמְאוֹתֵינוּ, כְּמוֹ שֶׁכָּתוּב, כִּי בַיּוֹם הַזֶּה יְכַפֵּר עֲלֵיכֶם לְטַהֵר אֶתְכֶם, מִכֹּל חַטֹּאתֵיכֶם לִפְנֵי יי תִּטְהָרוּ.
וְעַתָּה רְאֵה עַמְּךָ יִשְׂרָאֵל אֲשֶׁר לָקַחְתָּ אוֹתָם לְךָ לְעָם, מִי כְּעַמְּךָ יִשְׂרָאֵל טְהוֹרִים וּקְדוֹשִׁים הַמְיַחֲלִים וּמְצַפִּים לִמְחִילָתְךָ. בָּאנוּ בְּלֵב נִשְׁבָּר וְנִדְכֶּה, כַּעֲנִיִּים וְדַלִּים וְרָשִׁים, לְבַקֵּשׁ מִמְּךָ מְחִילָה וּסְלִיחָה וְכַפָּרָה עַל כָּל מַה שֶּׁחָטָאנוּ וְעָוִינוּ וּפָשַׁעְנוּ לְפָנֶיךָ. יָדַעְנוּ יי רִשְׁעֵנוּ וַעֲוֹן אֲבוֹתֵינוּ. בּוֹשְׁנוּ וְנִכְלַמְנוּ לְהָרִים פָּנֵינוּ אֵלֶיךָ כְּבֹשֶׁת גַּנָּב

כִּי יִמָּצֵא. וְאֵיךְ נִפְתַּח פֶּה וְנָרִים רֹאשׁ, כִּי בְּרֹב עֲוֹנֵינוּ הֶעֱבַרְנוּ מֵעָלֵינוּ הַצֶּלֶם הַקָּדוֹשׁ אֲשֶׁר הוּא מַלְבִּישׁ אוֹתָנוּ, אֲשֶׁר כָּל הַמַּזִּיקִים וְהַמְקַטְרְגִים אֵינָם יְכוֹלִים לְהַבִּיט בְּפָנָיו, כְּמָה שֶׁכָּתוּב, וְרָאוּ כָּל עַמֵּי הָאָרֶץ, כִּי שֵׁם יי נִקְרָא עָלֶיךָ וְיָרְאוּ מִמֶּךָּ. וְהֶחֱלַפְנוּ אוֹתוֹ בְּצֶלֶם טָמֵא, וְלָבַשְׁנוּ בְּגָדִים צוֹאִים, וְאֵיךְ נָבוֹא בְּשַׁעַר הַמֶּלֶךְ בִּלְבוּשׁ שַׂק מְלֻכְלָךְ בְּצוֹאָה. מִתְמִיהִים אֲנַחְנוּ עַל נַפְשֵׁנוּ אֵיךְ נַעֲשְׂתָה הַתּוֹעֵבָה הַזֹּאת, כִּי הוֹצֵאנוּ נַפְשֵׁנוּ וְרוּחֵינוּ מֵהָעוֹלָם הַקָּדוֹשׁ וּבָרַחְנוּ לִמְקוֹם מִדְבַּר צִיָּה וְצַלְמָוֶת, לִמְקוֹם טֻמְאַת הַקְּלִפּוֹת.

וְאַתָּה יי אֱלֹהֵינוּ, הָרוֹצֶה בִּתְשׁוּבַת רְשָׁעִים, כְּמָה שֶׁכָּתוּב, שׁוּבוּ שׁוּבוּ מִדַּרְכֵיכֶם הָרָעִים וְלָמָּה תָמוּתוּ בֵּית יִשְׂרָאֵל. וְנֶאֱמַר, הֶחָפֹץ אֶחְפֹּץ מוֹת רָשָׁע, נְאֻם אֲדֹנָי יֱהֹוִה, הֲלוֹא בְּשׁוּבוֹ מִדְּרָכָיו וְחָיָה. עַתָּה שַׂמְנוּ אֶל לִבֵּנוּ לָשׁוּב, וְלָבוֹא לְפָנֶיךָ בְּבֹשֶׁת פָּנִים. אָבִינוּ מַלְכֵּנוּ, רַחֵם עָלֵינוּ כְּרַחֵם אָב עַל בְּנוֹ שֶׁמָּרַד בְּאָבִיו וְיָצָא מִבֵּיתוֹ וּבְשׁוּבוֹ אֶל אָבִיו בְּבֹשֶׁת פָּנִים וּבְכִי וּצְעָקָה וּמִתְנַפֵּל לְפָנָיו, מִדֶּרֶךְ הָאָב לְרַחֵם עַל בְּנוֹ. וְאִם עֲבָדִים אֲנַחְנוּ, הַמַּכֶּה אֶת עַבְדּוֹ בְּיִסּוּרִים כְּשֶׁמָּרַד בּוֹ, הִנֵּה כְּבָר לָקִינוּ בְּשִׁעְבּוּד מַלְכֻיּוֹת וְיִסּוּרִין שֶׁבְּגוּף, אוֹ עֲנִיּוּת וְצַעַר גִּדּוּל בָּנִים וּשְׁאָר מַכְאוֹבִים. רַחֵם עָלֵינוּ וְצַוֵּה לְמַלְאָכֶיךָ הַקְּדוֹשִׁים הַמְמֻנִּים עַל הַטָּהֳרָה לְהַפְשִׁיט אֶת הַבְּגָדִים הַצּוֹאִים מֵעָלֵינוּ וּלְטַהֲרֵנוּ מִכָּל חַטֹּאתֵינוּ כְּמָה שֶׁכָּתוּב, הָסִירוּ הַבְּגָדִים הַצֹּאִים מֵעָלָיו, וְהַלְבֵּשׁ אוֹתָנוּ מַחֲלָצוֹת. וְכִתְפִלַּת דָּוִד הַמֶּלֶךְ עָלָיו הַשָּׁלוֹם. הָשִׁיבָה לִּי שְׂשׂוֹן יִשְׁעֶךָ, וְרוּחַ נְדִיבָה תִסְמְכֵנִי. לֵב טָהוֹר בְּרָא לָנוּ אֱלֹהִים, וְרוּחַ חֲדָשָׁה תִּתֵּן בְּקִרְבֵּנוּ. וְאִם פָּשַׁעְנוּ וּמָרַדְנוּ כְּמִדַּת בָּשָׂר וָדָם, אַתָּה עֲשֵׂה כְּמִדָּתְךָ לִמְחֹל וְלִסְלֹחַ. וְאַל יְעַכְּבוּ עֲוֹנוֹתֵינוּ מִלָּשׁוּב לְפָנֶיךָ, כְּמִדָּתְךָ לְקַבֵּל שָׁבִים. וְחַזֵּק לִבֵּנוּ בְּתוֹרָתְךָ וּבְיִרְאָתֶךָ, שֶׁתִּהְיֶה יִרְאָתְךָ תָּמִיד קְבוּעָה בְּלִבֵּנוּ. וְטַהֵר רַעְיוֹנֵינוּ וּמַחְשְׁבוֹתֵינוּ לַעֲבוֹדָתֶךָ. וּרְאֵה בְּשִׁבְרוֹן לִבִּי כִּי מִתְנַחֵם אֲנִי עַל מַעֲשַׂי הָרָעִים שֶׁעָשִׂיתִי עַד הַיּוֹם הַזֶּה, וּבוֹכֶה וּמִתְאוֹנֵן וּמִתְוַדֶּה עֲלֵיהֶם, וְאוֹמֵר, חָטָאתִי עָוִיתִי פָּשַׁעְתִּי לְפָנֶיךָ. וְקַבֵּל תְּשׁוּבָתִי בְּתוֹךְ תְּשׁוּבַת כָּל עַמְּךָ יִשְׂרָאֵל הַשָּׁבִים לְפָנֶיךָ בְּכָל לִבָּם, כִּי גַם אֲנִי מִבְּנֵי אַבְרָהָם יִצְחָק וְיַעֲקֹב. וְאַל יְעַכְּבוּ עֲוֹנוֹתַי הָרַבִּים מִלָּשׁוּב לְפָנֶיךָ בְּכָל לֵב. וְזַכֵּנִי שֶׁאָשׁוּב לְפָנֶיךָ בְּלֵב שָׁלֵם וּלְהִתְחָרֵט עַל עֲוֹנוֹתַי חֲרָטָה גְמוּרָה, וְלַעֲזֹב מַעֲשַׂי הָרָעִים עֲזִיבָה עוֹלָמִית, וְרַחֵם עָלַי וְהַצִּילֵנִי עַד עוֹלָם מִכָּל חֵטְא וְעָוֹן. כִּי לוּלֵא רַחֲמֶיךָ וַחֲסָדֶיךָ, אִי אֶפְשָׁר לַעֲמֹד נֶגֶד הַיֵּצֶר הָרָע אֲשֶׁר הוּא בּוֹעֵר כָּאֵשׁ בְּעַצְמוֹתַי. וְלָכֵן רַחֵם עָלַי וְתֵן בִּי כֹּחַ לַעֲמֹד כְּנֶגְדּוֹ. כְּמוֹ שֶׁאָמְרוּ הַחֲכָמִים וְהַצַּדִּיקִים בְּדִבְרֵי קָדְשָׁם, הַבָּא לִטַּהֵר מְסַיְּעִין אוֹתוֹ. וְהִנֵּה אֲנִי מְקַבֵּל עָלַי קְדֻשַּׁת יוֹם הַכִּפּוּרִים וּלְהִתְעַנּוֹת בּוֹ בַּחֲמִשָּׁה עִנּוּיִים שֶׁצִּוִּיתָ לָנוּ עַל יְדֵי מֹשֶׁה עַבְדְּךָ בְּתוֹרָתְךָ

הַקְּדוֹשָׁה, אֲכִילָה וּשְׁתִיָּה, רְחִיצָה, סִיכָה, נְעִילַת הַסַּנְדָּל, תַּשְׁמִישׁ הַמִּטָּה, וְלִשְׁבֹּת בְּיוֹם הַקָּדוֹשׁ הַזֶּה מִכָּל מְלָאכָה. וְעַל יְדֵי עִנּוּי מֵאֲכִילָה וּשְׁתִיָּה תְּכַפֵּר לָנוּ מַה שֶּׁחָטָאנוּ בַּאֲכִילוֹת וּשְׁתִיּוֹת אֲסוּרוֹת. וְעַל יְדֵי עִנּוּי מֵרְחִיצָה וְסִיכָה תְּכַפֵּר לָנוּ מַה שֶּׁחָטָאנוּ בְּתַעֲנוּגִים בִּימֵי הַחֹל וּבִפְרָט תַּעֲנוּגִים הָאֲסוּרִים. וְעַל יְדֵי עִנּוּי מִנְּעִילַת הַסַּנְדָּל תְּכַפֵּר לָנוּ מַה שֶּׁחָטָאנוּ בְּרַגְלַיִם הַמְּמַהֲרוֹת לָרוּץ לָרָע, וְאֵת אֲשֶׁר עָבַרְנוּ עַל עֶשְׂרִים וְאַרְבָּעָה דְּבָרִים שֶׁבֵּית דִּין מְנַדִּין עֲלֵיהֶם, וְנִתְחַיַּבְנוּ לִהְיוֹת יְחֵפֵי רַגְלַיִם כִּמְנֻדִּים. וְעַל יְדֵי עִנּוּי מִתַּשְׁמִישׁ הַמִּטָּה תְּכַפֵּר לָנוּ מַה שֶּׁחָטָאנוּ וּפָגַמְנוּ בִּבְרִית קֹדֶשׁ בְּטֻמְאַת קֶרִי וּבְהוֹצָאַת זֶרַע לְבַטָּלָה (וּמַה שֶּׁבָּעַלְנוּ בְּעִילוֹת אֲסוּרוֹת). וְעַל יְדֵי חָמֵשׁ תְּפִלּוֹת וּתְחִנּוֹת וּבַקָּשׁוֹת יְתֻקַּן מַה שֶּׁפָּגַמְנוּ בְּחָמֵשׁ מוֹצָאוֹת הַפֶּה, הַחֵיךְ, וְהַגָּרוֹן, וְהַלָּשׁוֹן, וְהַשִּׁנַּיִם, וְהַשְּׂפָתַיִם, שֶׁמֵּהֶם יוֹצֵא הַדִּבּוּר, וְטִמֵּאתִי אוֹתָם בְּכָל הַדְּבָרִים הָאֲסוּרִים וּנְדָרִים וּשְׁבוּעוֹת. וְעַל יְדֵי חִבּוּק וְנִשּׁוּק סֵפֶר הַתּוֹרָה וְעַל יְדֵי זְכוּת הַתְּפִלּוֹת שֶׁנִּתְפַּלֵּל בְּיוֹם הַקָּדוֹשׁ הַזֶּה, יַעֲלוּ וְיָבוֹאוּ וְיַגִּיעוּ וְיִצְטָרְפוּ עִמָּהֶן כָּל הַתְּפִלּוֹת שֶׁהִתְפַּלַּלְנוּ בְּכָל הַשָּׁנָה בְּלֹא כַוָּנָה וְיִהְיוּ כֻּלָּן נִכְלָלוֹת בִּתְפִלּוֹת הַיּוֹם הַזֶּה, וְיַגִּיעוּ לְרֹאשְׁךָ לִהְיוֹת עֲטָרָה לְרֹאשְׁךָ בִּכְלַל תְּפִלּוֹת יִשְׂרָאֵל. וְעַל יְדֵי דִּמְעוֹת עֵינַי יְתֻקַּן מַה שֶּׁפָּגַמְנוּ בִּרְאִיַּת עֵינַיִם בְּכָל דָּבָר טָמֵא. וְעַל יְדֵי רְתִיחַת גּוּפֵנוּ עַל יְדֵי הַתַּעֲנִית וְהַתְּפִלּוֹת יְתֻקַּן מַה שֶּׁהִרְתַּחְנוּ רמ״ח אֵבָרֵינוּ וּשְׁסֶ״ה גִּידֵינוּ בְּאֵשׁ שֶׁל יֵצֶר הָרָע. וּבְמִעוּט חֶלְבֵּנוּ וְדָמֵינוּ עַל יְדֵי הַתַּעֲנִית יְכֻפַּר כָּל מַה שֶּׁחָטָאנוּ וְשֶׁעָוִינוּ וְשֶׁפָּשַׁעְנוּ לְפָנֶיךָ, וּתְהִיֶּה נֶחְשֶׁבֶת לְפָנֶיךָ הַתַּעֲנִית כְּאִלּוּ הִקְרַבְנוּ אֶת גּוּפֵנוּ עַל גַּבֵּי הַמִּזְבֵּחַ וּתְקַבֵּל לְפָנֶיךָ לְרֵיחַ נִיחוֹחַ כְּקָרְבָּן וּכְעוֹלָה.

וְהִנֵּה יָדַעְנוּ כִּי אֲנַחְנוּ מְחֻיָּבִים לְהִתְעַנּוֹת עַל פִּי תִּקּוּנֵי הַתְּשׁוּבָה עַל כָּל חֵטְא וּלְסַגֵּף אֶת גּוּפֵנוּ בִּתְשׁוּבַת הַמִּשְׁקָל נֶגֶד מַה שֶּׁהִתְעַנַּגְנוּ בַּעֲבֵרוֹת. אַךְ גָּלוּי וְיָדוּעַ לְפָנֶיךָ, שֶׁאֵין בָּנוּ כֹּחַ לְהִתְעַנּוֹת אֲפִלּוּ עַל חֵטְא אֶחָד וּמִכָּל שֶׁכֵּן עַל כָּל עָוֹן וְעָוֹן, כִּי רַבּוּ עֲוֹנוֹתֵינוּ מִלִּסְפֹּר וְכָשַׁל כֹּחֵנוּ. וְלָכֵן יְהִי רָצוֹן מִלְּפָנֶיךָ יי אֱלֹהֵינוּ, שֶׁיִּהְיֶה צוֹם הַתַּעֲנִית בְּיוֹם הַקָּדוֹשׁ הַזֶּה, יוֹם הַכִּפּוּרִים הַבָּא עָלֵינוּ לְטוֹבָה, כַּפָּרָה עַל כָּל עֲוֹנוֹתֵינוּ.

יְהִי רָצוֹן מִלְּפָנֶיךָ, אֵל מֶלֶךְ יוֹשֵׁב עַל כִּסֵּא רַחֲמִים, הָרוֹצֶה בִּתְשׁוּבַת רְשָׁעִים, שֶׁתִּתֵּן בְּלִבֵּנוּ וּבְלֵב כָּל עַמְּךָ בֵּית יִשְׂרָאֵל, אַהֲבָתְךָ וְיִרְאָתְךָ לְיִרְאָה אוֹתְךָ כָּל הַיָּמִים. וּבְתוֹכָם תְּרַחֵם עַל פּוֹשְׁעֵי עַמְּךָ בֵּית יִשְׂרָאֵל, וְתֵן בְּלִבָּם פַּחַד הֲדַר גְּאוֹנֶךָ, וְהַכְנַע לִבָּם הָאֶבֶן וְיָשׁוּבוּ לְפָנֶיךָ בְּלֵב שָׁלֵם כְּמוֹ שֶׁהִבְטַחְתָּ עַל יְדֵי נְבִיאֶיךָ לְבַל יִדַּח מִמֶּנּוּ נִדָּח. גַּם כִּי הִרְבּוּ אַשְׁמָה לְפָנֶיךָ, עַד שֶׁנִּנְעֲלוּ בִּפְנֵיהֶם דַּרְכֵי תְשׁוּבָה, אַתָּה בְּרַחֲמֶיךָ הָרַבִּים, חֲתֹר לָהֶם חֲתִירָה מִתַּחַת כִּסֵּא כְּבוֹדֶךָ וְקַבְּלֵם בִּתְשׁוּבָה, וְרַחֵם עָלֵינוּ וְתֵן בָּנוּ כֹּחַ

לַעֲבֹד אוֹתְךָ כָּל הַיָּמִים. וְהָסֵר מִמֶּנּוּ כָּל הַמְּנִיעוֹת וְהַסִּבּוֹת הַמּוֹנְעוֹת אוֹתָנוּ מִלַּעֲבֹד אוֹתְךָ, כִּי אַתָּה יָצַרְתָּנוּ וְתֵדַע כָּל מַחְסוֹרֵי בְּנֵי אָדָם וְטִבְעָם הַמְבַלְבְּלִים אוֹתָם מֵעֲבוֹדָתְךָ, וּבְיָדְךָ לַהֲסִירָם וּלְמָנְעָם. וְלֹא תִטְרֹף עָלֵינוּ אֶת הַשָּׁעָה עַד שֶׁנָּשׁוּב לְפָנֶיךָ בְּלֵב שָׁלֵם, וְנִהְיֶה כָּל יָמֵינוּ בִּתְשׁוּבָה וּמַעֲשִׂים טוֹבִים, עַד סוֹף הָרֶגַע הָאַחֲרוֹן, אֲשֶׁר יִהְיֶה לְרָצוֹן לְפָנֶיךָ לֶאֱסֹף אֶת נִשְׁמוֹתֵינוּ אֵלֶיךָ, אָז יִהְיוּ כָּל מַחְשְׁבוֹתֵינוּ דְּבוּקוֹת בַּשֵּׁם, וְאָז תֵּצֵא נִשְׁמָתֵנוּ בִּקְדֻשָּׁה וּבְטָהֳרָה, וְאָז נִזְכֶּה לַעֲלוֹת מִמַּטָּה לְמַעְלָה וּלְהַשְׁפִּיעַ שֶׁפַע בְּכָל הָעוֹלָמוֹת מִמַּעְלָה לְמַטָּה. וְתֵן בָּנוּ כֹּחַ לְהִתְעַנּוֹת בְּיוֹם הַקָּדוֹשׁ הַזֶּה, וּלְהַשְׁלִים הַתַּעֲנִית בְּכָל חֲמֵשֶׁת הָעִנּוּיִים, וְשֶׁלֹּא יִגְרְמוּ מַעֲשֵׂינוּ לִהְיוֹת נִכְשָׁלִים חַס וְשָׁלוֹם בְּשׁוּם אֶחָד מִן חֲמֵשֶׁת הָעִנּוּיִים, כִּי כֻלָּנוּ בְּנֵי אַבְרָהָם יִצְחָק וְיַעֲקֹב יְדִידֶיךָ. וְזַכֵּנוּ לְגַדֵּל בָּנֵינוּ לְתוֹרָה וּלְמַעֲשִׂים טוֹבִים, וְלֹא יִתָּפְסוּ חַס וְשָׁלוֹם בַּעֲוֹנוֹתֵינוּ. וְחָתְמֵנוּ בְּסֵפֶר חַיִּים טוֹבִים שֶׁל יִרְאֵי שְׁמֶךָ, חַיִּים שֶׁנַּעֲבֹד אוֹתְךָ בְּלֵב שָׁלֵם, חַיִּים שֶׁלֹּא נִכָּשֵׁל חַס וְשָׁלוֹם בְּשׁוּם חֵטְא וְעָוֹן וְאַשְׁמָה, חַיִּים שֶׁל פַּרְנָסָה בְּנַחַת וּבְכָבוֹד וּבְהֶתֵּר, וְלֹא תַטְרִידֵנוּ הַפַּרְנָסָה בְּטִרְדַּת הַזְּמַן, וְתֵן לָנוּ פַּרְנָסָה בְּהַשְׁקֵט וְשַׁלְוָה, כְּדֵי שֶׁיִּהְיֶה לִבֵּנוּ פָּנוּי לַעֲבוֹדָתְךָ. וְטַהֵר רַעְיוֹנֵינוּ וּמַחְשְׁבוֹתֵינוּ כְּדֵי שֶׁנִּהְיֶה דְּבוּקִים בְּךָ תָּמִיד.

וּבְכֵן יַעֲלוּ וְיָבוֹאוּ וְיַגִּיעוּ וְיֵרָאוּ וְיֵרָצוּ וְיִשָּׁמְעוּ תְּפִלּוֹתֵינוּ. קַבֵּל רִנַּת עַמְּךָ שַׂגְּבֵנוּ טַהֲרֵנוּ נוֹרָא. וְתוֹצִיא כָּל הַנִּיצוֹצוֹת הַקְּדוֹשִׁים שֶׁנָּפְלוּ לַקְּלִפָּה עַל יְדֵי חַטֹּאותֵינוּ. וְעַל יְדֵי קְדֻשַּׁת יוֹם הַכִּפּוּרִים יִתְעוֹרְרוּ מִדּוֹתֶיךָ, הַגְּדֻלָּה וְהַגְּבוּרָה וְהַתִּפְאֶרֶת וְהַנֵּצַח וְהַהוֹד כִּי כֹל בַּשָּׁמַיִם וּבָאָרֶץ, לְךָ יי הַמַּמְלָכָה, אוֹר זָרֻעַ לַצַּדִּיק וּלְיִשְׁרֵי לֵב שִׂמְחָה. וְתִתְפַּשֵּׁט עֲלֵיהֶם קְדֻשַּׁת יוֹם הַכִּפּוּרִים לְכַפֵּר עָלֵינוּ, כְּמָה שֶׁכָּתוּב בְּתוֹרַת מֹשֶׁה עַבְדֶּךָ. כִּי בַיּוֹם הַזֶּה יְכַפֵּר עֲלֵיכֶם לְטַהֵר אֶתְכֶם מִכֹּל חַטֹּאתֵיכֶם לִפְנֵי יי תִּטְהָרוּ. וִיהִי נֹעַם אֲדֹנָי אֱלֹהֵינוּ עָלֵינוּ, וּמַעֲשֵׂה יָדֵינוּ כּוֹנְנָה עָלֵינוּ וּמַעֲשֵׂה יָדֵינוּ כּוֹנְנֵהוּ. וְתַעֲבִיר מֶמְשֶׁלֶת זָדוֹן מִן הָאָרֶץ וּמְלֹךְ עַל כָּל הָעוֹלָם כֻּלּוֹ בִּכְבוֹדֶךָ וְהִנָּשֵׂא עַל כָּל הָאָרֶץ בִּיקָרֶךָ, וְתֵן שִׂמְחָה לְאַרְצֶךָ וְשָׂשׂוֹן לְעִירֶךָ וּצְמִיחַת קֶרֶן לְדָוִד עַבְדֶּךָ.

יִהְיוּ לְרָצוֹן אִמְרֵי פִי, וְהֶגְיוֹן לִבִּי לְפָנֶיךָ, יי צוּרִי וְגֹאֲלִי.

אָמֵן, כֵּן יְהִי רָצוֹן.

מוציאים שני ספרי תורה ומוסרים אותם לשני אנשים המתיצבים משני צידי הש״ץ.

הש״ץ אומר שלוש פעמים:

אוֹר זָרֻעַ לַצַּדִּיק וּלְיִשְׁרֵי לֵב שִׂמְחָה.

הש״ץ אומר שלוש פעמים:

עַל דַּעַת הַמָּקוֹם, וְעַל דַּעַת הַקָּהָל
בִּישִׁיבָה שֶׁל מַעְלָה וּבִישִׁיבָה שֶׁל מַטָּה
אָנוּ מַתִּירִין לְהִתְפַּלֵּל עִם הָעֲבַרְיָנִים.

הש״ץ אומר שלוש פעמים:

כָּל נִדְרֵי..

וֶאֱסָרֵי וּשְׁבוּעֵי וַחֲרָמֵי וְקוֹנָמֵי וְקִנּוּסֵי וְכִנּוּיֵי
דְּאִנְדַּרְנָא, וּדְאִשְׁתַּבַּעְנָא, וּדְאַחֲרִימְנָא וּדְאָסַרְנָא עַל נַפְשָׁתָנָא
מִיּוֹם כִּפּוּרִים שֶׁעָבַר עַד יוֹם כִּפּוּרִים זֶה
וּמִיּוֹם כִּפּוּרִים זֶה עַד יוֹם כִּפּוּרִים הַבָּא עָלֵינוּ לְטוֹבָה.
בְּכֻלְּהוֹן אִחֲרַטְנָא בְהוֹן, כֻּלְּהוֹן יְהוֹן שָׁרָן.
שְׁבִיקִין, שְׁבִיתִין, בְּטֵלִין וּמְבֻטָּלִין
לָא שְׁרִירִין, וְלָא קַיָּמִין.
נִדְרָנָא לָא נִדְרֵי, וֶאֱסָרָנָא לָא אֱסָרֵי
וּשְׁבוּעָתָנָא לָא שְׁבוּעוֹת.

כל נדרי 37

השׁ״ץ אומר שלוש פעמים והקהל חוזר:

וְנִסְלַח לְכָל עֲדַת בְּנֵי יִשְׂרָאֵל וְלַגֵּר הַגָּר בְּתוֹכָם

כִּי לְכָל הָעָם בִּשְׁגָגָה.

סְלַח נָא לַעֲוֹן הָעָם הַזֶּה כְּגֹדֶל חַסְדֶּךָ

וְכַאֲשֶׁר נָשָׂאתָה לָעָם הַזֶּה

מִמִּצְרַיִם וְעַד הֵנָּה.

וְשָׁם נֶאֱמַר

והקהל אומרים שלוש פעמים:

וַיֹּאמֶר יי סָלַחְתִּי כִּדְבָרֶךָ.

היחיד אומר ״שהחיינו״ בלחש ומסיים לפני השׁ״ץ ויענה אמן.

בָּרוּךְ אַתָּה יי אֱלֹהֵינוּ מֶלֶךְ הָעוֹלָם

שֶׁהֶחֱיָנוּ וְקִיְּמָנוּ וְהִגִּיעָנוּ לַזְּמַן הַזֶּה.

1 **כל נדרי** נוסח זה בא כדי לבטל מעיקרא נדרים וכדומה שאדם מקבל על עצמו, ואינו חל על מה שנדר בינו לבין חברו. **נדרי** כל הנדרים, היינו **ואסרי** נדרי איסור (ל׳ במד׳ ל ג לאסר אסר על נפשו), **ושבועי** נדרים שקיבלנו עלינו בשבועה. **וחרמי** נדרי המחרים משהו להקדש **וקונמי** נדרי האוסר משהו על עצמו שיהא עליו קונם (ר״ל כקרבן). **וקינוסי** נדרים בנוסח קונס (ל׳ המשנה, נדר׳ א׳ א׳). **וכינויי** ר״ל כינויי נדרים שהם כנדרים (נדר׳ שם). 2 **דאנדרנא...** שנדרנו ושנשבענו ושהחרמנו ושאסרנו על נפשנו: ניסוח זה מתאים למנהג העתיק להתיר את נדרי השנה שעברה כדי להימלט מהעונש, כמו שהמשיכו (ויש שממשיכין עד היום): מיום כפורים שעבר עד יום כפורים זה. אבל לאחר תיקון רבנו תם אחר אביו (עי׳ ס׳ הישר לר״ת, מהד׳ שלזינגר, סי׳ ק) שנוהגין היום, להעביר את ביטול נדרים להבא ולומר 4 **ומיום כפורים זה עד יום כפורים הבא עלינו לטובה**, הנוסח אינו מסודר מבחינת הדקדוק, ומה שהציעו לומר במקומו (עי׳ טור וב״י סי׳ תרי״ט שהציעו ע״פ ר״ת לומר די נדירנא ודמשתבענא, ועי׳ ג״כ בפתיחת רוו״ה לכל נדרי) לא נתקבל בקהלות. 5 **בכולהון אחרטנא בהון** שהתרת נדרים דורשת חרטה מצד הנודר. 6 **שביקין** כלשון חז״ל, עי׳ ויק״ר ה׳ ח׳ ע׳ קכ״ו הא שרי והא שביק לך (ר״ל מותר ומחול לך). סנהד׳ דף ק״ז א׳ שביקי לך. **שביתין** מלה זו נבנית דוגמת ׳שביקין׳, ולא מצאתיה בדברי חז״ל. כנראה פירושה ׳מחויים ומחוקים׳, ל׳ השבתה (כגון תהל׳ ח ג להשבית אויב ומתנקם). **בטלין ומבוטלין** כלשון המשנה, כגון נדר׳ ג׳ א׳ כל נדר שאני עתיד לידור הוא בטל. 7 **לא שרירין ולא קיימין** ׳שריר וקיים׳ הוא הנוסח הרגיל לאישור ולחיזוק של שטרות, ע׳ ב״ב דף ק״ס א׳.

סדר קבלת שבת 38

אם חל יום הכפורים בשבת מתחילים כאן:

צב מִזְמוֹר שִׁיר לְיוֹם הַשַּׁבָּת: טוֹב לְהֹדוֹת לַיהוָה וּלְזַמֵּר לְשִׁמְךָ עֶלְיוֹן: לְהַגִּיד בַּבֹּקֶר חַסְדֶּךָ וֶאֱמוּנָתְךָ בַּלֵּילוֹת: עֲלֵי־עָשׂוֹר וַעֲלֵי־נָבֶל עֲלֵי הִגָּיוֹן בְּכִנּוֹר: כִּי שִׂמַּחְתַּנִי יהוה בְּפָעֳלֶךָ בְּמַעֲשֵׂי יָדֶיךָ אֲרַנֵּן: מַה־גָּדְלוּ מַעֲשֶׂיךָ יהוָה מְאֹד עָמְקוּ מַחְשְׁבֹתֶיךָ: אִישׁ־בַּעַר לֹא יֵדָע וּכְסִיל לֹא־יָבִין אֶת־זֹאת: בִּפְרֹחַ רְשָׁעִים כְּמוֹ עֵשֶׂב וַיָּצִיצוּ כָּל־פֹּעֲלֵי אָוֶן לְהִשָּׁמְדָם עֲדֵי־עַד: וְאַתָּה מָרוֹם לְעֹלָם יהוה: כִּי הִנֵּה אֹיְבֶיךָ יהוה כִּי־הִנֵּה אֹיְבֶיךָ יֹאבֵדוּ יִתְפָּרְדוּ כָּל־פֹּעֲלֵי אָוֶן: וַתָּרֶם כִּרְאֵים קַרְנִי בַּלֹּתִי בְּשֶׁמֶן רַעֲנָן: וַתַּבֵּט עֵינִי בְּשׁוּרָי בַּקָּמִים עָלַי מְרֵעִים תִּשְׁמַעְנָה אָזְנָי: צַדִּיק כַּתָּמָר יִפְרָח כְּאֶרֶז בַּלְּבָנוֹן יִשְׂגֶּה: שְׁתוּלִים בְּבֵית יהוָה בְּחַצְרוֹת אֱלֹהֵינוּ יַפְרִיחוּ: עוֹד יְנוּבוּן בְּשֵׂיבָה דְּשֵׁנִים וְרַעֲנַנִּים יִהְיוּ: לְהַגִּיד כִּי־יָשָׁר יהוָה צוּרִי וְלֹא־עַוְלָתָה בּוֹ:

צג יהוה מָלָךְ גֵּאוּת לָבֵשׁ לָבֵשׁ יהוה עֹז הִתְאַזָּר אַף־תִּכּוֹן תֵּבֵל בַּל־תִּמּוֹט: נָכוֹן כִּסְאֲךָ מֵאָז מֵעוֹלָם אָתָּה: נָשְׂאוּ נְהָרוֹת יהוה נָשְׂאוּ נְהָרוֹת קוֹלָם יִשְׂאוּ נְהָרוֹת דָּכְיָם: מִקֹּלוֹת מַיִם רַבִּים אַדִּירִים מִשְׁבְּרֵי־יָם אַדִּיר בַּמָּרוֹם יהוה: עֵדֹתֶיךָ נֶאֶמְנוּ מְאֹד לְבֵיתְךָ נַאֲוָה־קֹדֶשׁ יהוה לְאֹרֶךְ יָמִים:

קדיש יתום:

יִתְגַּדַּל וְיִתְקַדַּשׁ שְׁמֵהּ רַבָּא
בְּעָלְמָא דִּי בְרָא כִרְעוּתֵהּ וְיַמְלִיךְ מַלְכוּתֵהּ
בְּחַיֵּיכוֹן וּבְיוֹמֵיכוֹן וּבְחַיֵּי דְכָל בֵּית יִשְׂרָאֵל
בַּעֲגָלָא וּבִזְמַן קָרִיב
וְאִמְרוּ אָמֵן.
יְהֵא שְׁמֵהּ רַבָּא מְבָרַךְ לְעָלַם וּלְעָלְמֵי עָלְמַיָּא.
יִתְבָּרַךְ וְיִשְׁתַּבַּח וְיִתְפָּאַר וְיִתְרוֹמַם וְיִתְנַשֵּׂא
וְיִתְהַדָּר וְיִתְעַלֶּה וְיִתְהַלָּל שְׁמֵהּ דְּקֻדְשָׁא
בְּרִיךְ הוּא

לְעֵלָּא לְעֵלָּא מִכָּל בִּרְכָתָא וְשִׁירָתָא
תֻּשְׁבְּחָתָא וְנֶחֱמָתָא דַּאֲמִירָן בְּעָלְמָא
וְאִמְרוּ אָמֵן.
יְהֵא שְׁלָמָא רַבָּא מִן שְׁמַיָּא
וְחַיִּים עָלֵינוּ וְעַל כָּל יִשְׂרָאֵל
וְאִמְרוּ אָמֵן.
עֹשֶׂה הַשָּׁלוֹם בִּמְרוֹמָיו
הוּא יַעֲשֶׂה שָׁלוֹם עָלֵינוּ וְעַל כָּל יִשְׂרָאֵל
וְאִמְרוּ אָמֵן.

שליח הציבור: **בָּרְכוּ**

אֶת יְיָ הַמְבֹרָךְ.

הקהל: בָּרוּךְ יְיָ הַמְבֹרָךְ לְעוֹלָם וָעֶד.

שליח הציבור: בָּרוּךְ יְיָ הַמְבֹרָךְ לְעוֹלָם וָעֶד.

בָּרוּךְ אַתָּה יְיָ אֱלֹהֵינוּ מֶלֶךְ הָעוֹלָם
אֲשֶׁר בִּדְבָרוֹ מַעֲרִיב עֲרָבִים
בְּחָכְמָה פּוֹתֵחַ שְׁעָרִים וּבִתְבוּנָה מְשַׁנֶּה עִתִּים וּמַחֲלִיף אֶת הַזְּמַנִּים
וּמְסַדֵּר אֶת הַכּוֹכָבִים בְּמִשְׁמְרוֹתֵיהֶם בָּרָקִיעַ כִּרְצוֹנוֹ.
בּוֹרֵא יוֹם וָלַיְלָה, גּוֹלֵל אוֹר מִפְּנֵי חֹשֶׁךְ וְחֹשֶׁךְ מִפְּנֵי אוֹר
וּמַעֲבִיר יוֹם וּמֵבִיא לַיְלָה
וּמַבְדִּיל בֵּין יוֹם וּבֵין לַיְלָה
יְיָ צְבָאוֹת שְׁמוֹ.
אֵל חַי וְקַיָּם תָּמִיד יִמְלֹךְ עָלֵינוּ לְעוֹלָם וָעֶד.
בָּרוּךְ אַתָּה יְיָ, הַמַּעֲרִיב עֲרָבִים.

אַהֲבַת עוֹלָם בֵּית יִשְׂרָאֵל עַמְּךָ אָהָבְתָּ
תּוֹרָה וּמִצְוֹת חֻקִּים וּמִשְׁפָּטִים אוֹתָנוּ לִמַּדְתָּ
עַל כֵּן יְיָ אֱלֹהֵינוּ בְּשָׁכְבֵנוּ וּבְקוּמֵנוּ נָשִׂיחַ בְּחֻקֶּיךָ
וְנִשְׂמַח בְּדִבְרֵי תוֹרָתֶךָ וּבְמִצְוֹתֶיךָ לְעוֹלָם וָעֶד
כִּי הֵם חַיֵּינוּ וְאֹרֶךְ יָמֵינוּ וּבָהֶם נֶהְגֶּה יוֹמָם וָלַיְלָה.
וְאַהֲבָתְךָ אַל תָּסִיר מִמֶּנּוּ לְעוֹלָמִים.
בָּרוּךְ אַתָּה יְיָ, אוֹהֵב עַמּוֹ יִשְׂרָאֵל.

תפילת ערבית

(יחיד אומר: אֵל מֶלֶךְ נֶאֱמָן)

דברים ו שְׁמַע יִשְׂרָאֵל יהוה אֱלֹהֵינוּ יהוה | אֶחָד:

בקול: בָּרוּךְ שֵׁם כְּבוֹד מַלְכוּתוֹ לְעוֹלָם וָעֶד.

וְאָהַבְתָּ אֵת יהוה אֱלֹהֶיךָ בְּכָל־לְבָבְךָ וּבְכָל־נַפְשְׁךָ וּבְכָל־
מְאֹדֶךָ: וְהָיוּ הַדְּבָרִים הָאֵלֶּה אֲשֶׁר אָנֹכִי מְצַוְּךָ הַיּוֹם עַל־לְבָבֶךָ:
וְשִׁנַּנְתָּם לְבָנֶיךָ וְדִבַּרְתָּ בָּם בְּשִׁבְתְּךָ בְּבֵיתֶךָ וּבְלֶכְתְּךָ בַדֶּרֶךְ
וּבְשָׁכְבְּךָ וּבְקוּמֶךָ: וּקְשַׁרְתָּם לְאוֹת עַל־יָדֶךָ וְהָיוּ לְטֹטָפֹת בֵּין
עֵינֶיךָ: וּכְתַבְתָּם עַל־מְזֻזוֹת בֵּיתֶךָ וּבִשְׁעָרֶיךָ:

דברים יא וְהָיָה אִם־שָׁמֹעַ תִּשְׁמְעוּ אֶל־מִצְוֹתַי אֲשֶׁר אָנֹכִי מְצַוֶּה אֶתְכֶם
הַיּוֹם לְאַהֲבָה אֶת־יהוה אֱלֹהֵיכֶם וּלְעָבְדוֹ בְּכָל־לְבַבְכֶם וּבְכָל־
נַפְשְׁכֶם: וְנָתַתִּי מְטַר־אַרְצְכֶם בְּעִתּוֹ יוֹרֶה וּמַלְקוֹשׁ וְאָסַפְתָּ
דְגָנֶךָ וְתִירֹשְׁךָ וְיִצְהָרֶךָ: וְנָתַתִּי עֵשֶׂב בְּשָׂדְךָ לִבְהֶמְתֶּךָ וְאָכַלְתָּ
וְשָׂבָעְתָּ: הִשָּׁמְרוּ לָכֶם פֶּן־יִפְתֶּה לְבַבְכֶם וְסַרְתֶּם וַעֲבַדְתֶּם
אֱלֹהִים אֲחֵרִים וְהִשְׁתַּחֲוִיתֶם לָהֶם: וְחָרָה אַף־יהוה בָּכֶם וְעָצַר
אֶת־הַשָּׁמַיִם וְלֹא־יִהְיֶה מָטָר וְהָאֲדָמָה לֹא תִתֵּן אֶת־יְבוּלָהּ
וַאֲבַדְתֶּם מְהֵרָה מֵעַל הָאָרֶץ הַטֹּבָה אֲשֶׁר יהוה נֹתֵן לָכֶם:
וְשַׂמְתֶּם אֶת־דְּבָרַי אֵלֶּה עַל־לְבַבְכֶם וְעַל־נַפְשְׁכֶם וּקְשַׁרְתֶּם
אֹתָם לְאוֹת עַל־יֶדְכֶם וְהָיוּ לְטוֹטָפֹת בֵּין עֵינֵיכֶם: וְלִמַּדְתֶּם
אֹתָם אֶת־בְּנֵיכֶם לְדַבֵּר בָּם בְּשִׁבְתְּךָ בְּבֵיתֶךָ וּבְלֶכְתְּךָ בַדֶּרֶךְ
וּבְשָׁכְבְּךָ וּבְקוּמֶךָ: וּכְתַבְתָּם עַל־מְזוּזוֹת בֵּיתֶךָ וּבִשְׁעָרֶיךָ:
לְמַעַן יִרְבּוּ יְמֵיכֶם וִימֵי בְנֵיכֶם עַל הָאֲדָמָה אֲשֶׁר נִשְׁבַּע יהוה
לַאֲבֹתֵיכֶם לָתֵת לָהֶם כִּימֵי הַשָּׁמַיִם עַל־הָאָרֶץ:

במדבר טו וַיֹּאמֶר יְהוָה אֶל־מֹשֶׁה לֵּאמֹר: דַּבֵּר אֶל־בְּנֵי יִשְׂרָאֵל וְאָמַרְתָּ אֲלֵהֶם וְעָשׂוּ לָהֶם צִיצִת עַל־כַּנְפֵי בִגְדֵיהֶם לְדֹרֹתָם וְנָתְנוּ עַל־צִיצִת הַכָּנָף פְּתִיל תְּכֵלֶת: וְהָיָה לָכֶם לְצִיצִת וּרְאִיתֶם אֹתוֹ וּזְכַרְתֶּם אֶת־כָּל־מִצְוֹת יְהוָה וַעֲשִׂיתֶם אֹתָם וְלֹא תָתוּרוּ אַחֲרֵי לְבַבְכֶם וְאַחֲרֵי עֵינֵיכֶם אֲשֶׁר־אַתֶּם זֹנִים אַחֲרֵיהֶם: לְמַעַן תִּזְכְּרוּ וַעֲשִׂיתֶם אֶת־כָּל־מִצְוֹתָי וִהְיִיתֶם קְדֹשִׁים לֵאלֹהֵיכֶם: אֲנִי יְהוָה אֱלֹהֵיכֶם אֲשֶׁר הוֹצֵאתִי אֶתְכֶם מֵאֶרֶץ מִצְרַיִם לִהְיוֹת לָכֶם לֵאלֹהִים אֲנִי יְהוָה אֱלֹהֵיכֶם   אֱמֶת

וֶאֱמוּנָה כָּל זֹאת וְקַיָּם עָלֵינוּ
כִּי הוּא יְיָ אֱלֹהֵינוּ וְאֵין זוּלָתוֹ וַאֲנַחְנוּ יִשְׂרָאֵל עַמּוֹ.
הַפּוֹדֵנוּ מִיַּד מְלָכִים, מַלְכֵּנוּ הַגּוֹאֲלֵנוּ מִכַּף כָּל הֶעָרִיצִים
הָאֵל הַנִּפְרָע לָנוּ מִצָּרֵינוּ, וְהַמְשַׁלֵּם גְּמוּל לְכָל אוֹיְבֵי נַפְשֵׁנוּ.
הָעוֹשֶׂה גְדוֹלוֹת עַד אֵין חֵקֶר, וְנִפְלָאוֹת עַד אֵין מִסְפָּר.
הַשָּׂם נַפְשֵׁנוּ בַּחַיִּים, וְלֹא נָתַן לַמּוֹט רַגְלֵנוּ.
הַמַּדְרִיכֵנוּ עַל בָּמוֹת אוֹיְבֵינוּ, וַיָּרֶם קַרְנֵנוּ עַל כָּל שׂוֹנְאֵינוּ.
הָעוֹשֶׂה לָּנוּ נִסִּים וּנְקָמָה בְּפַרְעֹה.
אוֹתוֹת וּמוֹפְתִים בְּאַדְמַת בְּנֵי חָם.
הַמַּכֶּה בְעֶבְרָתוֹ כָּל בְּכוֹרֵי מִצְרָיִם
וַיּוֹצֵא אֶת עַמּוֹ יִשְׂרָאֵל מִתּוֹכָם לְחֵרוּת עוֹלָם.
הַמַּעֲבִיר בָּנָיו בֵּין גִּזְרֵי יַם סוּף
אֶת רוֹדְפֵיהֶם וְאֶת שׂוֹנְאֵיהֶם בִּתְהוֹמוֹת טִבַּע
וְרָאוּ בָנָיו גְּבוּרָתוֹ, שִׁבְּחוּ וְהוֹדוּ לִשְׁמוֹ
וּמַלְכוּתוֹ בְּרָצוֹן קִבְּלוּ עֲלֵיהֶם

מֹשֶׁה וּבְנֵי יִשְׂרָאֵל לְךָ עָנוּ שִׁירָה בְּשִׂמְחָה רַבָּה
וְאָמְרוּ כֻלָּם

מִי כָמֹכָה בָּאֵלִם יי
מִי כָּמֹכָה נֶאְדָּר בַּקֹּדֶשׁ
נוֹרָא תְהִלֹּת עֹשֵׂה פֶלֶא.

מַלְכוּתְךָ רָאוּ בָנֶיךָ, בּוֹקֵעַ יָם לִפְנֵי מֹשֶׁה
זֶה אֵלִי עָנוּ וְאָמְרוּ

יי יִמְלֹךְ לְעֹלָם וָעֶד.

וְנֶאֱמַר, כִּי פָדָה יי אֶת יַעֲקֹב וּגְאָלוֹ מִיַּד חָזָק מִמֶּנּוּ.
בָּרוּךְ אַתָּה יי, גָּאַל יִשְׂרָאֵל.

הַשְׁכִּיבֵנוּ יי אֱלֹהֵינוּ לְשָׁלוֹם
וְהַעֲמִידֵנוּ מַלְכֵּנוּ לְחַיִּים
וּפְרֹשׂ עָלֵינוּ סֻכַּת שְׁלוֹמֶךָ, וְתַקְּנֵנוּ בְּעֵצָה טוֹבָה מִלְּפָנֶיךָ
וְהוֹשִׁיעֵנוּ לְמַעַן שְׁמֶךָ.
וְהָגֵן בַּעֲדֵנוּ וְהָסֵר מֵעָלֵינוּ אוֹיֵב, דֶּבֶר וְחֶרֶב וְרָעָב וְיָגוֹן
וְהָסֵר שָׂטָן מִלְּפָנֵינוּ וּמֵאַחֲרֵינוּ, וּבְצֵל כְּנָפֶיךָ תַּסְתִּירֵנוּ.
כִּי אֵל שׁוֹמְרֵנוּ וּמַצִּילֵנוּ אָתָּה.
כִּי אֵל מֶלֶךְ חַנּוּן וְרַחוּם אָתָּה.
וּשְׁמֹר צֵאתֵנוּ וּבוֹאֵנוּ לְחַיִּים וּלְשָׁלוֹם מֵעַתָּה וְעַד עוֹלָם.
וּפְרֹשׂ עָלֵינוּ סֻכַּת שְׁלוֹמֶךָ.
בָּרוּךְ אַתָּה יי
הַפּוֹרֵשׂ סֻכַּת שָׁלוֹם עָלֵינוּ וְעַל כָּל עַמּוֹ יִשְׂרָאֵל וְעַל יְרוּשָׁלָיִם.

בקצת קהילות אומרים את הפסוקים הבאים.

בשבת:

וְשָׁמְרוּ בְנֵי־יִשְׂרָאֵל אֶת־הַשַּׁבָּת לַעֲשׂוֹת אֶת־הַשַּׁבָּת לְדֹרֹתָם בְּרִית עוֹלָם: בֵּינִי וּבֵין בְּנֵי יִשְׂרָאֵל אוֹת הִוא לְעֹלָם כִּי־שֵׁשֶׁת יָמִים עָשָׂה יהוה אֶת־הַשָּׁמַיִם וְאֶת־הָאָרֶץ וּבַיּוֹם הַשְּׁבִיעִי שָׁבַת וַיִּנָּפַשׁ:

כִּי־בַיּוֹם הַזֶּה יְכַפֵּר עֲלֵיכֶם לְטַהֵר אֶתְכֶם מִכֹּל חַטֹּאתֵיכֶם לִפְנֵי יהוה תִּטְהָרוּ.

הש״ץ אומר:

יִתְגַּדַּל וְיִתְקַדַּשׁ שְׁמֵהּ רַבָּא
בְּעָלְמָא דִּי בְרָא כִרְעוּתֵהּ וְיַמְלִיךְ מַלְכוּתֵהּ
בְּחַיֵּיכוֹן וּבְיוֹמֵיכוֹן וּבְחַיֵּי דְכָל בֵּית יִשְׂרָאֵל
בַּעֲגָלָא וּבִזְמַן קָרִיב
וְאִמְרוּ אָמֵן.
יְהֵא שְׁמֵהּ רַבָּא מְבָרַךְ לְעָלַם וּלְעָלְמֵי עָלְמַיָּא.
יִתְבָּרַךְ וְיִשְׁתַּבַּח וְיִתְפָּאַר וְיִתְרוֹמַם וְיִתְנַשֵּׂא
וְיִתְהַדַּר וְיִתְעַלֶּה וְיִתְהַלָּל שְׁמֵהּ דְּקֻדְשָׁא
בְּרִיךְ הוּא
לְעֵלָּא לְעֵלָּא מִכָּל בִּרְכָתָא וְשִׁירָתָא
תֻּשְׁבְּחָתָא וְנֶחֱמָתָא דַּאֲמִירָן בְּעָלְמָא
וְאִמְרוּ אָמֵן.

אֲדֹנָי, שְׂפָתַי תִּפְתָּח וּפִי יַגִּיד תְּהִלָּתֶךָ

בָּרוּךְ אַתָּה יי, אֱלֹהֵינוּ וֵאלֹהֵי אֲבוֹתֵינוּ
אֱלֹהֵי אַבְרָהָם, אֱלֹהֵי יִצְחָק, וֵאלֹהֵי יַעֲקֹב
הָאֵל הַגָּדוֹל הַגִּבּוֹר וְהַנּוֹרָא, אֵל עֶלְיוֹן
גּוֹמֵל חֲסָדִים טוֹבִים, וְקֹנֵה הַכֹּל
וְזוֹכֵר חַסְדֵי אָבוֹת וּמֵבִיא גוֹאֵל לִבְנֵי בְנֵיהֶם
לְמַעַן שְׁמוֹ בְּאַהֲבָה.
זָכְרֵנוּ לְחַיִּים, מֶלֶךְ חָפֵץ בַּחַיִּים
וְכָתְבֵנוּ בְּסֵפֶר הַחַיִּים, לְמַעַנְךָ אֱלֹהִים חַיִּים.
מֶלֶךְ עוֹזֵר וּמוֹשִׁיעַ וּמָגֵן.
בָּרוּךְ אַתָּה יי, מָגֵן אַבְרָהָם.

אַתָּה גִּבּוֹר לְעוֹלָם אֲדֹנָי
מְחַיֵּה מֵתִים אַתָּה, רַב לְהוֹשִׁיעַ
בא"י: מוֹרִיד הַטָּל.
מְכַלְכֵּל חַיִּים בְּחֶסֶד
מְחַיֵּה מֵתִים בְּרַחֲמִים רַבִּים
סוֹמֵךְ נוֹפְלִים, וְרוֹפֵא חוֹלִים
וּמַתִּיר אֲסוּרִים, וּמְקַיֵּם אֱמוּנָתוֹ לִישֵׁנֵי עָפָר.

תפילת ערבית

מִי כָמוֹךָ בַּעַל גְּבוּרוֹת וּמִי דּוֹמֶה לָּךְ
מֶלֶךְ מֵמִית וּמְחַיֶּה וּמַצְמִיחַ יְשׁוּעָה.
מִי כָמוֹךָ אַב הָרַחֲמִים
זוֹכֵר יְצוּרָיו לְחַיִּים בְּרַחֲמִים.
וְנֶאֱמָן אַתָּה לְהַחֲיוֹת מֵתִים.
בָּרוּךְ אַתָּה יי, מְחַיֵּה הַמֵּתִים.

אַתָּה קָדוֹשׁ וְשִׁמְךָ קָדוֹשׁ
וּקְדוֹשִׁים בְּכָל יוֹם יְהַלְלוּךָ סֶּלָה.

וּבְכֵן תֵּן פַּחְדְּךָ יי אֱלֹהֵינוּ עַל כָּל מַעֲשֶׂיךָ
וְאֵימָתְךָ עַל כָּל מַה שֶּׁבָּרָאתָ
וְיִירָאוּךָ כָּל הַמַּעֲשִׂים
וְיִשְׁתַּחֲווּ לְפָנֶיךָ כָּל הַבְּרוּאִים
וְיֵעָשׂוּ כֻלָּם אֲגֻדָּה אֶחָת
לַעֲשׂוֹת רְצוֹנְךָ בְּלֵבָב שָׁלֵם
כְּמוֹ שֶׁיָּדַעְנוּ יי אֱלֹהֵינוּ
שֶׁהַשָּׁלְטָן לְפָנֶיךָ
עֹז בְּיָדְךָ וּגְבוּרָה בִּימִינֶךָ
וְשִׁמְךָ נוֹרָא עַל כָּל מַה שֶּׁבָּרָאתָ.

וּבְכֵן תֵּן כָּבוֹד יי לְעַמֶּךָ
תְּהִלָּה לִירֵאֶיךָ וְתִקְוָה טוֹבָה לְדוֹרְשֶׁיךָ
וּפִתְחוֹן פֶּה לַמְיַחֲלִים לָךְ
שִׂמְחָה לְאַרְצֶךָ, וְשָׂשׂוֹן לְעִירֶךָ
וּצְמִיחַת קֶרֶן לְדָוִד עַבְדֶּךָ
וַעֲרִיכַת נֵר לְבֶן יִשַׁי מְשִׁיחֶךָ בִּמְהֵרָה בְיָמֵינוּ.

וּבְכֵן צַדִּיקִים יִרְאוּ וְיִשְׂמָחוּ, וִישָׁרִים יַעֲלֹזוּ
וַחֲסִידִים בְּרִנָּה יָגִילוּ, וְעוֹלָתָה תִּקְפָּץ פִּיהָ
וְכָל הָרִשְׁעָה כֻּלָּהּ כֶּעָשָׁן תִּכְלֶה
כִּי תַעֲבִיר מֶמְשֶׁלֶת זָדוֹן מִן הָאָרֶץ.

וְתִמְלֹךְ אַתָּה יי לְבַדֶּךָ
עַל כָּל מַעֲשֶׂיךָ
בְּהַר צִיּוֹן מִשְׁכַּן כְּבוֹדֶךָ
וּבִירוּשָׁלַיִם עִיר קָדְשֶׁךָ
כַּכָּתוּב בְּדִבְרֵי קָדְשֶׁךָ
יִמְלֹךְ יי לְעוֹלָם, אֱלֹהַיִךְ צִיּוֹן לְדֹר וָדֹר, הַלְלוּיָהּ.

קָדוֹשׁ אַתָּה וְנוֹרָא שְׁמֶךָ, וְאֵין אֱלוֹהַּ מִבַּלְעָדֶיךָ
כַּכָּתוּב
וַיִּגְבַּהּ יי צְבָאוֹת בַּמִּשְׁפָּט
וְהָאֵל הַקָּדוֹשׁ נִקְדַּשׁ בִּצְדָקָה.
בָּרוּךְ אַתָּה יי, הַמֶּלֶךְ הַקָּדוֹשׁ.

אַתָּה בְחַרְתָּנוּ מִכָּל הָעַמִּים
אָהַבְתָּ אוֹתָנוּ וְרָצִיתָ בָּנוּ, וְרוֹמַמְתָּנוּ מִכָּל הַלְּשׁוֹנוֹת
וְקִדַּשְׁתָּנוּ בְּמִצְוֹתֶיךָ, וְקֵרַבְתָּנוּ מַלְכֵּנוּ לַעֲבוֹדָתֶךָ
וְשִׁמְךָ הַגָּדוֹל וְהַקָּדוֹשׁ עָלֵינוּ קָרָאתָ.

וַתִּתֶּן לָנוּ יי אֱלֹהֵינוּ בְּאַהֲבָה אֶת יוֹם
בשבת: הַשַּׁבָּת הַזֶּה לִקְדֻשָּׁה וְלִמְנוּחָה וְאֶת יוֹם
הַכִּפּוּרִים הַזֶּה, לִמְחִילָה וְלִסְלִיחָה וּלְכַפָּרָה
וְלִמְחָל בּוֹ אֶת כָּל עֲוֹנוֹתֵינוּ /בשבת: בְּאַהֲבָה/
מִקְרָא קֹדֶשׁ, זֵכֶר לִיצִיאַת מִצְרָיִם.

אֱלֹהֵינוּ וֵאלֹהֵי אֲבוֹתֵינוּ
יַעֲלֶה וְיָבוֹא וְיַגִּיעַ, וְיֵרָאֶה וְיֵרָצֶה וְיִשָּׁמַע
וְיִפָּקֵד וְיִזָּכֵר זִכְרוֹנֵנוּ וּפִקְדוֹנֵנוּ וְזִכְרוֹן אֲבוֹתֵינוּ
וְזִכְרוֹן מָשִׁיחַ בֶּן דָּוִד עַבְדֶּךָ, וְזִכְרוֹן יְרוּשָׁלַיִם עִיר קָדְשֶׁךָ
וְזִכְרוֹן כָּל עַמְּךָ בֵּית יִשְׂרָאֵל, לְפָנֶיךָ
לִפְלֵיטָה לְטוֹבָה, לְחֵן וּלְחֶסֶד וּלְרַחֲמִים, לְחַיִּים וּלְשָׁלוֹם
בְּיוֹם הַכִּפּוּרִים הַזֶּה.
זָכְרֵנוּ יי אֱלֹהֵינוּ בּוֹ לְטוֹבָה, וּפָקְדֵנוּ בוֹ לִבְרָכָה
וְהוֹשִׁיעֵנוּ בוֹ לְחַיִּים.
וּבִדְבַר יְשׁוּעָה וְרַחֲמִים
חוּס וְחָנֵּנוּ וְרַחֵם עָלֵינוּ וְהוֹשִׁיעֵנוּ
כִּי אֵלֶיךָ עֵינֵינוּ
כִּי אֵל מֶלֶךְ חַנּוּן וְרַחוּם אָתָּה.

אֱלֹהֵינוּ וֵאלֹהֵי אֲבוֹתֵינוּ
מְחַל לַעֲוֹנוֹתֵינוּ בְּיוֹם /בשבת: הַשַּׁבָּת הַזֶּה וּבְיוֹם/
הַכִּפּוּרִים הַזֶּה
מְחֵה וְהַעֲבֵר פְּשָׁעֵינוּ וְחַטֹּאתֵינוּ מִנֶּגֶד עֵינֶיךָ
כָּאָמוּר
אָנֹכִי אָנֹכִי הוּא מֹחֶה פְשָׁעֶיךָ לְמַעֲנִי, וְחַטֹּאתֶיךָ לֹא אֶזְכֹּר.
וְנֶאֱמַר
מָחִיתִי כָעָב פְּשָׁעֶיךָ וְכֶעָנָן חַטֹּאתֶיךָ, שׁוּבָה אֵלַי כִּי גְאַלְתִּיךָ.
וְנֶאֱמַר
כִּי בַיּוֹם הַזֶּה יְכַפֵּר עֲלֵיכֶם לְטַהֵר אֶתְכֶם, מִכֹּל חַטֹּאתֵיכֶם
לִפְנֵי יי תִּטְהָרוּ.

בשבת: אֱלֹהֵינוּ וֵאלֹהֵי אֲבוֹתֵינוּ, רְצֵה בִמְנוּחָתֵנוּ

קַדְּשֵׁנוּ בְּמִצְוֹתֶיךָ וְתֵן חֶלְקֵנוּ בְּתוֹרָתֶךָ
שַׂבְּעֵנוּ מִטּוּבֶךָ וְשַׂמְּחֵנוּ בִּישׁוּעָתֶךָ

בשבת: וְהַנְחִילֵנוּ, יי אֱלֹהֵינוּ, בְּאַהֲבָה וּבְרָצוֹן שַׁבַּת קָדְשֶׁךָ
וְיָנוּחוּ בָהּ יִשְׂרָאֵל מְקַדְּשֵׁי שְׁמֶךָ

וְטַהֵר לִבֵּנוּ לְעָבְדְּךָ בֶּאֱמֶת
כִּי אַתָּה סָלְחָן לְיִשְׂרָאֵל
וּמָחֳלָן לְשִׁבְטֵי יְשֻׁרוּן בְּכָל דּוֹר וָדוֹר
וּמִבַּלְעָדֶיךָ אֵין לָנוּ מֶלֶךְ מוֹחֵל וְסוֹלֵחַ אֶלָּא אָתָּה.
בָּרוּךְ אַתָּה יי, מֶלֶךְ מוֹחֵל וְסוֹלֵחַ לַעֲוֹנוֹתֵינוּ וְלַעֲוֹנוֹת עַמּוֹ בֵּית יִשְׂרָאֵל
וּמַעֲבִיר אַשְׁמוֹתֵינוּ בְּכָל שָׁנָה וְשָׁנָה
מֶלֶךְ עַל כָּל הָאָרֶץ, מְקַדֵּשׁ /בשבת: הַשַּׁבָּת וְ/
יִשְׂרָאֵל וְיוֹם הַכִּפּוּרִים.

רְצֵה יי אֱלֹהֵינוּ בְּעַמְּךָ יִשְׂרָאֵל וּבִתְפִלָּתָם
וְהָשֵׁב אֶת הָעֲבוֹדָה לִדְבִיר בֵּיתֶךָ
וְאִשֵּׁי יִשְׂרָאֵל וּתְפִלָּתָם בְּאַהֲבָה תְקַבֵּל בְּרָצוֹן
וּתְהִי לְרָצוֹן תָּמִיד עֲבוֹדַת יִשְׂרָאֵל עַמֶּךָ.
וְתֶחֱזֶינָה עֵינֵינוּ בְּשׁוּבְךָ לְצִיּוֹן בְּרַחֲמִים.
בָּרוּךְ אַתָּה יי, הַמַּחֲזִיר שְׁכִינָתוֹ לְצִיּוֹן.

מוֹדִים אֲנַחְנוּ לָךְ
שָׁאַתָּה הוּא יי אֱלֹהֵינוּ וֵאלֹהֵי אֲבוֹתֵינוּ לְעוֹלָם וָעֶד
צוּר חַיֵּינוּ, מָגֵן יִשְׁעֵנוּ אַתָּה הוּא לְדוֹר וָדוֹר.
נוֹדֶה לְּךָ וּנְסַפֵּר תְּהִלָּתֶךָ עַל חַיֵּינוּ הַמְּסוּרִים בְּיָדֶךָ
וְעַל נִשְׁמוֹתֵינוּ הַפְּקוּדוֹת לָךְ
וְעַל נִסֶּיךָ שֶׁבְּכָל יוֹם עִמָּנוּ
וְעַל נִפְלְאוֹתֶיךָ וְטוֹבוֹתֶיךָ שֶׁבְּכָל עֵת, עֶרֶב וָבֹקֶר וְצָהֳרָיִם.
הַטּוֹב כִּי לֹא כָלוּ רַחֲמֶיךָ, וְהַמְרַחֵם כִּי לֹא תַמּוּ חֲסָדֶיךָ
מֵעוֹלָם קִוִּינוּ לָךְ.
וְעַל כֻּלָּם יִתְבָּרַךְ וְיִתְרוֹמַם שִׁמְךָ מַלְכֵּנוּ
תָּמִיד לְעוֹלָם וָעֶד.
וּכְתֹב לְחַיִּים טוֹבִים כָּל בְּנֵי בְרִיתֶךָ.
וְכֹל הַחַיִּים יוֹדוּךָ סֶּלָה
וִיהַלְלוּ אֶת שִׁמְךָ בֶּאֱמֶת
הָאֵל יְשׁוּעָתֵנוּ וְעֶזְרָתֵנוּ סֶלָה.
בָּרוּךְ אַתָּה יי, הַטּוֹב שִׁמְךָ וּלְךָ נָאֶה לְהוֹדוֹת.

שָׁלוֹם רָב עַל יִשְׂרָאֵל עַמְּךָ תָּשִׂים לְעוֹלָם
כִּי אַתָּה הוּא מֶלֶךְ אָדוֹן לְכָל הַשָּׁלוֹם.
וְטוֹב בְּעֵינֶיךָ לְבָרֵךְ אֶת עַמְּךָ יִשְׂרָאֵל
בְּכָל עֵת וּבְכָל שָׁעָה בִּשְׁלוֹמֶךָ.
בְּסֵפֶר חַיִּים, בְּרָכָה וְשָׁלוֹם, וּפַרְנָסָה טוֹבָה
נִזָּכֵר וְנִכָּתֵב לְפָנֶיךָ אֲנַחְנוּ וְכָל עַמְּךָ בֵּית יִשְׂרָאֵל
לְחַיִּים טוֹבִים וּלְשָׁלוֹם.*
בָּרוּךְ אַתָּה יי, הַמְבָרֵךְ אֶת עַמּוֹ יִשְׂרָאֵל בַּשָּׁלוֹם.

* בחו"ל מסיימים: בָּרוּךְ אַתָּה יי, עוֹשֵׂה הַשָּׁלוֹם.

אֱלֹהֵינוּ וֵאלֹהֵי אֲבוֹתֵינוּ
אָנָּא תָּבֹא לְפָנֶיךָ תְּפִלָּתֵנוּ, וְאַל תִּתְעַלַּם מִתְּחִנָּתֵנוּ
שֶׁאֵין אֲנַחְנוּ עַזֵּי פָנִים וּקְשֵׁי עֹרֶף לוֹמַר לְפָנֶיךָ
יי אֱלֹהֵינוּ וֵאלֹהֵי אֲבוֹתֵינוּ צַדִּיקִים אֲנַחְנוּ וְלֹא חָטָאנוּ
אֲבָל אֲנַחְנוּ וַאֲבוֹתֵינוּ חָטָאנוּ.

אָשַׁמְנוּ. בָּגַדְנוּ. גָּזַלְנוּ. דִּבַּרְנוּ דֹפִי.
הֶעֱוִינוּ. וְהִרְשַׁעְנוּ. זַדְנוּ. חָמַסְנוּ. טָפַלְנוּ שֶׁקֶר.
יָעַצְנוּ רָע. כִּזַּבְנוּ. לַצְנוּ. מָרַדְנוּ. נִאַצְנוּ. סָרַרְנוּ.
עָוִינוּ. פָּשַׁעְנוּ. צָרַרְנוּ. קִשִּׁינוּ עֹרֶף.
רָשַׁעְנוּ. שִׁחַתְנוּ. תִּעַבְנוּ. תָּעִינוּ. תִּעְתָּעְנוּ.

סַרְנוּ מִמִּצְוֹתֶיךָ וּמִמִּשְׁפָּטֶיךָ הַטּוֹבִים וְלֹא שָׁוָה לָנוּ.
וְאַתָּה צַדִּיק עַל כָּל הַבָּא עָלֵינוּ
כִּי אֱמֶת עָשִׂיתָ וַאֲנַחְנוּ הִרְשָׁעְנוּ.

מַה נֹּאמַר לְפָנֶיךָ יוֹשֵׁב מָרוֹם
וּמַה נְּסַפֵּר לְפָנֶיךָ שׁוֹכֵן שְׁחָקִים
הֲלֹא כָּל הַנִּסְתָּרוֹת וְהַנִּגְלוֹת אַתָּה יוֹדֵעַ.

אַתָּה יוֹדֵעַ רָזֵי עוֹלָם וְתַעֲלוּמוֹת סִתְרֵי כָּל חָי.
אַתָּה חוֹפֵשׂ כָּל חַדְרֵי בָטֶן וּבוֹחֵן כְּלָיוֹת וָלֵב.
אֵין דָּבָר נֶעְלָם מִמֶּךָּ וְאֵין נִסְתָּר מִנֶּגֶד עֵינֶיךָ.
וּבְכֵן, יְהִי רָצוֹן מִלְּפָנֶיךָ, יי אֱלֹהֵינוּ וֵאלֹהֵי אֲבוֹתֵינוּ
שֶׁתִּסְלַח לָנוּ עַל כָּל חַטֹּאתֵינוּ
וְתִמְחַל לָנוּ עַל כָּל עֲוֹנוֹתֵינוּ
וּתְכַפֵּר לָנוּ עַל כָּל פְּשָׁעֵינוּ.

עַל חֵטְא שֶׁחָטָאנוּ לְפָנֶיךָ בְּאֹנֶס וּבְרָצוֹן
וְעַל חֵטְא שֶׁחָטָאנוּ לְפָנֶיךָ בְּאִמּוּץ הַלֵּב
עַל חֵטְא שֶׁחָטָאנוּ לְפָנֶיךָ בִּבְלִי דָעַת
וְעַל חֵטְא שֶׁחָטָאנוּ לְפָנֶיךָ בְּבִטּוּי שְׂפָתָיִם
עַל חֵטְא שֶׁחָטָאנוּ לְפָנֶיךָ בְּגָלוּי וּבַסָּתֶר
וְעַל חֵטְא שֶׁחָטָאנוּ לְפָנֶיךָ בְּגִלּוּי עֲרָיוֹת
עַל חֵטְא שֶׁחָטָאנוּ לְפָנֶיךָ בְּדִבּוּר פֶּה
וְעַל חֵטְא שֶׁחָטָאנוּ לְפָנֶיךָ בְּדַעַת וּבְמִרְמָה
עַל חֵטְא שֶׁחָטָאנוּ לְפָנֶיךָ בְּהַרְהוּר הַלֵּב
וְעַל חֵטְא שֶׁחָטָאנוּ לְפָנֶיךָ בְּהוֹנָאַת רֵעַ
עַל חֵטְא שֶׁחָטָאנוּ לְפָנֶיךָ בְּוִדּוּי פֶּה
וְעַל חֵטְא שֶׁחָטָאנוּ לְפָנֶיךָ בִּוְעִידַת זְנוּת

עַל חֵטְא שֶׁחָטָאנוּ לְפָנֶיךָ בְּזָדוֹן וּבִשְׁגָגָה
וְעַל חֵטְא שֶׁחָטָאנוּ לְפָנֶיךָ בְּזִלְזוּל הוֹרִים וּמוֹרִים
עַל חֵטְא שֶׁחָטָאנוּ לְפָנֶיךָ בְּחֹזֶק יָד
וְעַל חֵטְא שֶׁחָטָאנוּ לְפָנֶיךָ בְּחִלּוּל הַשֵּׁם
עַל חֵטְא שֶׁחָטָאנוּ לְפָנֶיךָ בְּטִפְשׁוּת פֶּה
וְעַל חֵטְא שֶׁחָטָאנוּ לְפָנֶיךָ בְּטֻמְאַת שְׂפָתָיִם
עַל חֵטְא שֶׁחָטָאנוּ לְפָנֶיךָ בְּיֵצֶר הָרָע
וְעַל חֵטְא שֶׁחָטָאנוּ לְפָנֶיךָ בְּיוֹדְעִים וּבְלֹא יוֹדְעִים
וְעַל כֻּלָּם אֱלוֹהַּ סְלִיחוֹת סְלַח לָנוּ, מְחַל לָנוּ, כַּפֶּר לָנוּ.

עַל חֵטְא שֶׁחָטָאנוּ לְפָנֶיךָ בְּכַפַּת שֹׁחַד
וְעַל חֵטְא שֶׁחָטָאנוּ לְפָנֶיךָ בְּכַחַשׁ וּבְכָזָב
עַל חֵטְא שֶׁחָטָאנוּ לְפָנֶיךָ בְּלָשׁוֹן הָרָע
וְעַל חֵטְא שֶׁחָטָאנוּ לְפָנֶיךָ בְּלָצוֹן
עַל חֵטְא שֶׁחָטָאנוּ לְפָנֶיךָ בְּמַשָּׂא וּבְמַתָּן
וְעַל חֵטְא שֶׁחָטָאנוּ לְפָנֶיךָ בְּמַאֲכָל וּבְמִשְׁתֶּה
עַל חֵטְא שֶׁחָטָאנוּ לְפָנֶיךָ בְּנֶשֶׁךְ וּבְמַרְבִּית
וְעַל חֵטְא שֶׁחָטָאנוּ לְפָנֶיךָ בִּנְטִיַּת גָּרוֹן
עַל חֵטְא שֶׁחָטָאנוּ לְפָנֶיךָ בְּשִׂקּוּר עָיִן
וְעַל חֵטְא שֶׁחָטָאנוּ לְפָנֶיךָ בְּשִׂיחַ שִׂפְתוֹתֵינוּ
עַל חֵטְא שֶׁחָטָאנוּ לְפָנֶיךָ בְּעֵינַיִם רָמוֹת
וְעַל חֵטְא שֶׁחָטָאנוּ לְפָנֶיךָ בְּעַזּוּת מֵצַח
וְעַל כֻּלָּם אֱלוֹהַּ סְלִיחוֹת סְלַח לָנוּ, מְחַל לָנוּ, כַּפֶּר לָנוּ.

עַל חֵטְא שֶׁחָטָאנוּ לְפָנֶיךָ בִּפְרִיקַת עֹל
וְעַל חֵטְא שֶׁחָטָאנוּ לְפָנֶיךָ בִּפְלִילוּת
עַל חֵטְא שֶׁחָטָאנוּ לְפָנֶיךָ בִּצְדִיַּת רֵעַ
וְעַל חֵטְא שֶׁחָטָאנוּ לְפָנֶיךָ בְּצָרוּת עָיִן
עַל חֵטְא שֶׁחָטָאנוּ לְפָנֶיךָ בְּקַלּוּת רֹאשׁ
וְעַל חֵטְא שֶׁחָטָאנוּ לְפָנֶיךָ בְּקַשְׁיוּת עֹרֶף
עַל חֵטְא שֶׁחָטָאנוּ לְפָנֶיךָ בְּרִיצַת רַגְלַיִם לְהָרַע
וְעַל חֵטְא שֶׁחָטָאנוּ לְפָנֶיךָ בִּרְכִילוּת
עַל חֵטְא שֶׁחָטָאנוּ לְפָנֶיךָ בִּשְׁבוּעַת שָׁוְא
וְעַל חֵטְא שֶׁחָטָאנוּ לְפָנֶיךָ בְּשִׂנְאַת חִנָּם
עַל חֵטְא שֶׁחָטָאנוּ לְפָנֶיךָ בִּתְשׂוּמֶת יָד
וְעַל חֵטְא שֶׁחָטָאנוּ לְפָנֶיךָ בְּתִמְהוֹן לֵבָב

וְעַל כֻּלָּם אֱלוֹהַּ סְלִיחוֹת סְלַח לָנוּ, מְחַל לָנוּ, כַּפֶּר לָנוּ.

וְעַל חֲטָאִים שֶׁאָנוּ חַיָּבִים עֲלֵיהֶם עוֹלָה
וְעַל חֲטָאִים שֶׁאָנוּ חַיָּבִים עֲלֵיהֶם חַטָּאת
וְעַל חֲטָאִים שֶׁאָנוּ חַיָּבִים עֲלֵיהֶם קָרְבָּן עוֹלֶה וְיוֹרֵד
וְעַל חֲטָאִים שֶׁאָנוּ חַיָּבִים עֲלֵיהֶם אָשָׁם וַדַּאי וְתָלוּי
וְעַל חֲטָאִים שֶׁאָנוּ חַיָּבִים עֲלֵיהֶם מַכַּת מַרְדּוּת
וְעַל חֲטָאִים שֶׁאָנוּ חַיָּבִים עֲלֵיהֶם מַלְקוּת אַרְבָּעִים
וְעַל חֲטָאִים שֶׁאָנוּ חַיָּבִים עֲלֵיהֶם מִיתָה בִּידֵי שָׁמַיִם
וְעַל חֲטָאִים שֶׁאָנוּ חַיָּבִים עֲלֵיהֶם כָּרֵת וַעֲרִירִי
וְעַל חֲטָאִים שֶׁאָנוּ חַיָּבִים עֲלֵיהֶם אַרְבַּע מִיתוֹת בֵּית דִּין
סְקִילָה, שְׂרֵפָה, הֶרֶג, וְחֶנֶק.

עַל מִצְוַת עֲשֵׂה וְעַל מִצְוַת לֹא תַעֲשֶׂה.
בֵּין שֶׁיֵּשׁ בָּהּ קוּם עֲשֵׂה וּבֵין שֶׁאֵין בָּהּ קוּם עֲשֵׂה.
אֶת הַגְּלוּיִים לָנוּ וְאֶת שֶׁאֵינָם גְּלוּיִים לָנוּ
אֶת הַגְּלוּיִים לָנוּ כְּבָר אֲמַרְנוּם לְפָנֶיךָ וְהוֹדִינוּ לְךָ עֲלֵיהֶם
וְאֶת שֶׁאֵינָם גְּלוּיִים לָנוּ
לְפָנֶיךָ הֵם גְּלוּיִים וִידוּעִים
כַּדָּבָר שֶׁנֶּאֱמַר
הַנִּסְתָּרֹת לַיי אֱלֹהֵינוּ
וְהַנִּגְלֹת לָנוּ וּלְבָנֵינוּ עַד עוֹלָם
לַעֲשׂוֹת אֶת כָּל דִּבְרֵי הַתּוֹרָה הַזֹּאת.
כִּי אַתָּה סָלְחָן לְיִשְׂרָאֵל
וּמָחֳלָן לְשִׁבְטֵי יְשֻׁרוּן
בְּכָל דּוֹר וָדוֹר
וּמִבַּלְעָדֶיךָ אֵין לָנוּ מֶלֶךְ מוֹחֵל וְסוֹלֵחַ
אֶלָּא אָתָּה.

אֱלֹהַי
עַד שֶׁלֹּא נוֹצַרְתִּי אֵינִי כְדַאי
וְעַכְשָׁיו שֶׁנּוֹצַרְתִּי כְּאִלּוּ לֹא נוֹצַרְתִּי.
עָפָר אֲנִי בְּחַיַּי
קַל וָחֹמֶר בְּמִיתָתִי.
הֲרֵי אֲנִי לְפָנֶיךָ כִּכְלִי מָלֵא בוּשָׁה וּכְלִמָּה.

יְהִי רָצוֹן מִלְּפָנֶיךָ
יי אֱלֹהַי וֵאלֹהֵי אֲבוֹתַי
שֶׁלֹּא אֶחֱטָא עוֹד.
וּמַה שֶּׁחָטָאתִי לְפָנֶיךָ מְחֹק בְּרַחֲמֶיךָ הָרַבִּים
אֲבָל לֹא עַל יְדֵי יִסּוּרִים וָחֳלָיִם רָעִים.

אֱלֹהַי, נְצֹר לְשׁוֹנִי מֵרָע וּשְׂפָתַי מִדַּבֵּר מִרְמָה, וְלִמְקַלְלַי נַפְשִׁי תִדֹּם, וְנַפְשִׁי כֶּעָפָר לַכֹּל תִּהְיֶה. פְּתַח לִבִּי בְּתוֹרָתֶךָ, וּבְמִצְוֹתֶיךָ תִּרְדֹּף נַפְשִׁי. וְכָל הַחוֹשְׁבִים עָלַי רָעָה, מְהֵרָה הָפֵר עֲצָתָם וְקַלְקֵל מַחֲשַׁבְתָּם. עֲשֵׂה לְמַעַן שְׁמֶךָ, עֲשֵׂה לְמַעַן יְמִינֶךָ, עֲשֵׂה לְמַעַן קְדֻשָּׁתֶךָ, עֲשֵׂה לְמַעַן תּוֹרָתֶךָ. לְמַעַן יֵחָלְצוּן יְדִידֶיךָ הוֹשִׁיעָה יְמִינְךָ וַעֲנֵנִי. יִהְיוּ לְרָצוֹן אִמְרֵי פִי וְהֶגְיוֹן לִבִּי לְפָנֶיךָ, יי צוּרִי וְגֹאֲלִי. עֹשֶׂה הַשָּׁלוֹם בִּמְרוֹמָיו, הוּא יַעֲשֶׂה שָׁלוֹם עָלֵינוּ וְעַל כָּל יִשְׂרָאֵל, וְאִמְרוּ אָמֵן.

יְהִי רָצוֹן מִלְּפָנֶיךָ יי אֱלֹהֵינוּ וֵאלֹהֵי אֲבוֹתֵינוּ, שֶׁיִּבָּנֶה בֵּית הַמִּקְדָּשׁ בִּמְהֵרָה בְיָמֵינוּ, וְתֵן חֶלְקֵנוּ בְּתוֹרָתֶךָ. וְשָׁם נַעֲבָדְךָ בְּיִרְאָה כִּימֵי עוֹלָם וּכְשָׁנִים קַדְמֹנִיּוֹת. וְעָרְבָה לַיי מִנְחַת יְהוּדָה וִירוּשָׁלָיִם כִּימֵי עוֹלָם וּכְשָׁנִים קַדְמֹנִיּוֹת.

כשחל יום כיפור בשבת אומרים:

וַיְכֻלּוּ הַשָּׁמַיִם וְהָאָרֶץ וְכָל־צְבָאָם:
וַיְכַל אֱלֹהִים בַּיּוֹם הַשְּׁבִיעִי מְלַאכְתּוֹ אֲשֶׁר עָשָׂה
וַיִּשְׁבֹּת בַּיּוֹם הַשְּׁבִיעִי מִכָּל־מְלַאכְתּוֹ אֲשֶׁר עָשָׂה:
וַיְבָרֶךְ אֱלֹהִים אֶת־יוֹם הַשְּׁבִיעִי וַיְקַדֵּשׁ אֹתוֹ
כִּי בוֹ שָׁבַת מִכָּל־מְלַאכְתּוֹ אֲשֶׁר בָּרָא אֱלֹהִים לַעֲשׂוֹת:

שליח הציבור:

בָּרוּךְ אַתָּה יי, אֱלֹהֵינוּ וֵאלֹהֵי אֲבוֹתֵינוּ, אֱלֹהֵי אַבְרָהָם, אֱלֹהֵי יִצְחָק, וֵאלֹהֵי יַעֲקֹב, הָאֵל הַגָּדוֹל הַגִּבּוֹר וְהַנּוֹרָא, אֵל עֶלְיוֹן, קוֹנֵה שָׁמַיִם וָאָרֶץ.

שליח הציבור והקהל:

מָגֵן אָבוֹת בִּדְבָרוֹ, מְחַיֵּה מֵתִים בְּמַאֲמָרוֹ
הַמֶּלֶךְ הַקָּדוֹשׁ שֶׁאֵין כָּמוֹהוּ
הַמֵּנִיחַ לְעַמּוֹ בְּיוֹם שַׁבַּת קָדְשׁוֹ
כִּי בָם רָצָה לְהָנִיחַ לָהֶם.
לְפָנָיו נַעֲבֹד בְּיִרְאָה וָפַחַד
וְנוֹדֶה לִשְׁמוֹ בְּכָל יוֹם תָּמִיד מֵעֵין הַבְּרָכוֹת.
אֵל הַהוֹדָאוֹת, אֲדוֹן הַשָּׁלוֹם
מְקַדֵּשׁ הַשַּׁבָּת וּמְבָרֵךְ שְׁבִיעִי
וּמֵנִיחַ בִּקְדֻשָּׁה לְעַם מְדֻשְּׁנֵי עֹנֶג
זֵכֶר לְמַעֲשֵׂה בְרֵאשִׁית.

שליח הציבור ממשיך:

אֱלֹהֵינוּ וֵאלֹהֵי אֲבוֹתֵינוּ, רְצֵה בִמְנוּחָתֵנוּ. קַדְּשֵׁנוּ בְּמִצְוֹתֶיךָ וְתֵן חֶלְקֵנוּ בְּתוֹרָתֶךָ, שַׂבְּעֵנוּ מִטּוּבֶךָ וְשַׂמְּחֵנוּ בִּישׁוּעָתֶךָ, וְטַהֵר לִבֵּנוּ לְעָבְדְּךָ בֶּאֱמֶת. וְהַנְחִילֵנוּ יי אֱלֹהֵינוּ בְּאַהֲבָה וּבְרָצוֹן שַׁבַּת קָדְשֶׁךָ, וְיָנוּחוּ בָהּ יִשְׂרָאֵל מְקַדְּשֵׁי שְׁמֶךָ. בָּרוּךְ אַתָּה יי, מְקַדֵּשׁ הַשַּׁבָּת.

פותחים את ארון הקודש

סימן: תסר״ק.

יַעֲלֶה תַּחֲנוּנֵנוּ מֵעֶרֶב / וְיָבֹא שַׁוְעָתֵנוּ מִבֹּקֶר
וְיֵרָאֶה רִנּוּנֵנוּ עַד עָרֶב.

יַעֲלֶה קוֹלֵנוּ מֵעֶרֶב / וְיָבֹא צִדְקָתֵנוּ מִבֹּקֶר
וְיֵרָאֶה פִּדְיוֹנֵנוּ עַד עָרֶב.

יַעֲלֶה עִנּוּיֵנוּ מֵעֶרֶב / וְיָבֹא סְלִיחָתֵנוּ מִבֹּקֶר
וְיֵרָאֶה נַאֲקָתֵנוּ עַד עָרֶב.

יַעֲלֶה מְנוּסֵנוּ מֵעֶרֶב / וְיָבֹא לְמַעֲנוּ מִבֹּקֶר
וְיֵרָאֶה כִּפּוּרֵנוּ עַד עָרֶב.

יַעֲלֶה יִשְׁעֵנוּ מֵעֶרֶב / וְיָבֹא טָהֳרֵנוּ מִבֹּקֶר
וְיֵרָאֶה חִנּוּנֵנוּ עַד עָרֶב.

יַעֲלֶה זִכְרוֹנֵנוּ מֵעֶרֶב / וְיָבֹא וִעוּדֵנוּ מִבֹּקֶר
וְיֵרָאֶה הֲדְרָתֵנוּ עַד עָרֶב.

יַעֲלֶה דָּפְקֵנוּ מֵעֶרֶב / וְיָבֹא גִּילֵנוּ מִבֹּקֶר
וְיֵרָאֶה בַּקָּשָׁתֵנוּ עַד עָרֶב.

יַעֲלֶה אֶנְקָתֵנוּ מֵעֶרֶב / וְיָבֹא אֵלֶיךָ מִבֹּקֶר
וְיֵרָאֶה אֵלֵינוּ עַד עָרֶב.

סוגרים את ארון הקודש

1 **יעלה** ר״ל מה שמתפללים מערב ומבקר עד הערב (ל׳ ויק׳ כג לב) יעלה ויבא ויראה (לשון התפלה הידועה) לפני כסא הכבוד (ומחמת מבנה הפיוט לא דייק להבחין בין ל׳ זכר ונקבה אלא סידר הכל בל׳ זכר.) **ויראה,** ר״ל וירצה ויהא מקובל לפניך. 3 **עינוינו** ע״ש ויק׳ כג כז ועניתם את נפשותיכם. 4 **מנוסנו,** שהתפלה תהיה מנוס לנו אם תקובל. **למענו** למען ה׳. וי״ג למעננו, ומסתבר. 5 **חינוננו,** וי״ג חיפושנו, ר״ל שנהיה חפשים וחפים מפשע. 6 **ויעודנו,** פי׳ שאנו מתועדים בתפלה לפניו. **הדרתנו,** ע״ש תהל׳ כט ב השתחוו לה׳ בהדרת קדש. 7 **דפקנו** שאנו דופקים דלתיו בתפלה.

שֹׁמֵעַ תְּפִלָּה, עָדֶיךָ כָּל בָּשָׂר יָבֹאוּ.
יָבוֹא כָל בָּשָׂר לְהִשְׁתַּחֲוֹת לְפָנֶיךָ יי.
יָבֹאוּ וְיִשְׁתַּחֲווּ לְפָנֶיךָ אֲדֹנָי, וִיכַבְּדוּ לִשְׁמֶךָ.
בֹּאוּ נִשְׁתַּחֲוֶה וְנִכְרָעָה, נִבְרְכָה לִפְנֵי יי עֹשֵׂנוּ.
בֹּאוּ שְׁעָרָיו בְּתוֹדָה חֲצֵרֹתָיו בִּתְהִלָּה
הוֹדוּ לוֹ בָּרְכוּ שְׁמוֹ.
הִנֵּה בָּרְכוּ אֶת יי כָּל עַבְדֵי יי
הָעֹמְדִים בְּבֵית יי בַּלֵּילוֹת.
שְׂאוּ יְדֵכֶם קֹדֶשׁ, וּבָרְכוּ אֶת יי.
נָבוֹאָה לְמִשְׁכְּנוֹתָיו, נִשְׁתַּחֲוֶה לַהֲדֹם רַגְלָיו.
רוֹמְמוּ יי אֱלֹהֵינוּ וְהִשְׁתַּחֲווּ לַהֲדֹם רַגְלָיו
קָדוֹשׁ הוּא.
רוֹמְמוּ יי אֱלֹהֵינוּ וְהִשְׁתַּחֲווּ לְהַר קָדְשׁוֹ
כִּי קָדוֹשׁ יי אֱלֹהֵינוּ.
הִשְׁתַּחֲווּ לַיי בְּהַדְרַת קֹדֶשׁ, חִילוּ מִפָּנָיו כָּל הָאָרֶץ.
וַאֲנַחְנוּ בְּרֹב חַסְדְּךָ נָבוֹא בֵיתֶךָ
נִשְׁתַּחֲוֶה אֶל הֵיכַל קָדְשְׁךָ בְּיִרְאָתֶךָ.
נִשְׁתַּחֲוֶה אֶל הֵיכַל קָדְשְׁךָ
וְנוֹדֶה אֶת שְׁמֶךָ עַל חַסְדְּךָ וְעַל אֲמִתֶּךָ
כִּי הִגְדַּלְתָּ עַל כָּל שִׁמְךָ אִמְרָתֶךָ.
יי אֱלֹהֵי צְבָאוֹת מִי כָמוֹךָ חֲסִין יָהּ
וֶאֱמוּנָתְךָ סְבִיבוֹתֶיךָ.
כִּי מִי בַשַּׁחַק יַעֲרֹךְ לַיי, יִדְמֶה לַיי בִּבְנֵי אֵלִים.
כִּי גָדוֹל אַתָּה וְעֹשֵׂה נִפְלָאוֹת, אַתָּה אֱלֹהִים לְבַדֶּךָ.
כִּי גָדֹל מֵעַל שָׁמַיִם חַסְדֶּךָ, וְעַד שְׁחָקִים אֲמִתֶּךָ.

גָּדוֹל יי וּמְהֻלָּל מְאֹד, וְלִגְדֻלָּתוֹ אֵין חֵקֶר.
כִּי גָדוֹל יי וּמְהֻלָּל מְאֹד, נוֹרָא הוּא עַל כָּל אֱלֹהִים.
כִּי אֵל גָּדוֹל יי, וּמֶלֶךְ גָּדוֹל עַל כָּל אֱלֹהִים.
אֲשֶׁר מִי אֵל בַּשָּׁמַיִם וּבָאָרֶץ אֲשֶׁר יַעֲשֶׂה כְמַעֲשֶׂיךָ וְכִגְבוּרֹתֶיךָ.
מִי לֹא יִרָאֲךָ מֶלֶךְ הַגּוֹיִם כִּי לְךָ יָאָתָה
כִּי בְכָל חַכְמֵי הַגּוֹיִם וּבְכָל מַלְכוּתָם מֵאֵין כָּמוֹךָ.
מֵאֵין כָּמוֹךָ יי, גָּדוֹל אַתָּה וְגָדוֹל שִׁמְךָ בִּגְבוּרָה.
לְךָ זְרוֹעַ עִם גְּבוּרָה, תָּעֹז יָדְךָ תָּרוּם יְמִינֶךָ.
לְךָ יוֹם אַף לְךָ לָיְלָה, אַתָּה הֲכִינוֹתָ מָאוֹר וָשָׁמֶשׁ.
אֲשֶׁר בְּיָדוֹ מֶחְקְרֵי אָרֶץ, וְתוֹעֲפוֹת הָרִים לוֹ.
מִי יְמַלֵּל גְּבוּרוֹת יי, יַשְׁמִיעַ כָּל תְּהִלָּתוֹ.
לְךָ יי הַגְּדֻלָּה וְהַגְּבוּרָה וְהַתִּפְאֶרֶת וְהַנֵּצַח וְהַהוֹד כִּי כֹל בַּשָּׁמַיִם וּבָאָרֶץ
לְךָ יי הַמַּמְלָכָה וְהַמִּתְנַשֵּׂא לְכֹל לְרֹאשׁ.
לְךָ שָׁמַיִם אַף לְךָ אָרֶץ, תֵּבֵל וּמְלֹאָהּ אַתָּה יְסַדְתָּם.
אַתָּה הִצַּבְתָּ כָּל גְּבוּלוֹת אָרֶץ, קַיִץ וָחֹרֶף אַתָּה יְצַרְתָּם.
אַתָּה רִצַּצְתָּ רָאשֵׁי לִוְיָתָן, תִּתְּנֶנּוּ מַאֲכָל לְעַם לְצִיִּים.
אַתָּה בָקַעְתָּ מַעְיָן וָנָחַל, אַתָּה הוֹבַשְׁתָּ נַהֲרוֹת אֵיתָן.
אַתָּה פוֹרַרְתָּ בְעָזְּךָ יָם, שִׁבַּרְתָּ רָאשֵׁי תַנִּינִים עַל הַמָּיִם.
אַתָּה מוֹשֵׁל בְּגֵאוּת הַיָּם, בְּשׂוֹא גַלָּיו אַתָּה תְשַׁבְּחֵם.
גָּדוֹל יי וּמְהֻלָּל מְאֹד, בְּעִיר אֱלֹהֵינוּ הַר קָדְשׁוֹ.
יי צְבָאוֹת אֱלֹהֵי יִשְׂרָאֵל יֹשֵׁב הַכְּרֻבִים אַתָּה הוּא הָאֱלֹהִים לְבַדֶּךָ.
אֵל נַעֲרָץ בְּסוֹד קְדוֹשִׁים רַבָּה, וְנוֹרָא עַל כָּל סְבִיבָיו.
וְיוֹדוּ שָׁמַיִם פִּלְאֲךָ יי, אַף אֱמוּנָתְךָ בִּקְהַל קְדוֹשִׁים.
לְכוּ נְרַנְּנָה לַיי, נָרִיעָה לְצוּר יִשְׁעֵנוּ.
נְקַדְּמָה פָנָיו בְּתוֹדָה, בִּזְמִרוֹת נָרִיעַ לוֹ.

צֶדֶק וּמִשְׁפָּט מְכוֹן כִּסְאֶךָ, חֶסֶד וֶאֱמֶת יְקַדְּמוּ פָנֶיךָ.
אֲשֶׁר יַחְדָּו נַמְתִּיק סוֹד, בְּבֵית אֱלֹהִים נְהַלֵּךְ בְּרָגֶשׁ.
אֲשֶׁר לוֹ הַיָּם וְהוּא עָשָׂהוּ, וְיַבֶּשֶׁת יָדָיו יָצָרוּ.
אֲשֶׁר בְּיָדוֹ נֶפֶשׁ כָּל חָי, וְרוּחַ כָּל בְּשַׂר אִישׁ.
הַנְּשָׁמָה לָךְ / וְהַגּוּף פָּעֳלָךְ / חוּסָה עַל עֲמָלָךְ.
הַנְּשָׁמָה לָךְ / וְהַגּוּף שֶׁלָּךְ / יי עֲשֵׂה לְמַעַן שְׁמֶךָ.
אָתָאנוּ עַל שִׁמְךָ יי / עֲשֵׂה לְמַעַן שְׁמֶךָ.
בַּעֲבוּר כְּבוֹד שִׁמְךָ / כִּי אֵל חַנּוּן וְרַחוּם שְׁמֶךָ.
לְמַעַן שִׁמְךָ יי / וְסָלַחְתָּ לַעֲוֹנֵנוּ כִּי רַב הוּא.

ש״ץ וקהל:

דַּרְכְּךָ אֱלֹהֵינוּ לְהַאֲרִיךְ אַפֶּךָ
לָרָעִים וְלַטּוֹבִים
וְהִיא תְהִלָּתֶךָ.
לְמַעַנְךָ אֱלֹהֵינוּ עֲשֵׂה
וְלֹא לָנוּ
רְאֵה עֲמִידָתֵנוּ דַּלִּים וְרֵיקִים.

דרכך אלהינו להאריך אפך לרעים ולטובים, שנאמר ארך אפים (שמות לד ו), ודרשוהו (עירובין דף כ״ב א׳) מאי דכתיב ארך אפים ארך אף מבעי ליה, אלא ארך אפים לצדיקים ארך אפים לרשעים. **ראה עמידתנו דלים וריקים** ר״ל שהיא עמידת דלים וריקים.

סימן: א״ב. [מחבר: יוסי בן יוסי].

אָמְנָם אֲשָׁמֵינוּ עָצְמוּ מִסַּפֵּר / אַנְחוֹת דּוֹרֵנוּ רַבּוּ מִלְּדַבֵּר
אֲשֶׁר לֹא הִקְשַׁבְנוּ גְּעָרָה כְּמֵבִין / אֲפָפוּנוּ מַכּוֹת כִּכְסִיל הֱזַדְנוּ.

דַּרְכְּךָ אֱלֹהֵינוּ לְהַאֲרִיךְ אַפֶּךָ / לָרָעִים וְלַטּוֹבִים, וְהִיא תְהִלָּתֶךָ.

בִּדְבָרְךָ לָנוּ שׁוּבָה פָּנֵינוּ הִסְתַּרְנוּ
בְּמִרְמָה בִּקַּשְׁנוּךָ וְאֵלֶיךָ לֹא שַׁבְנוּ
בְּטוֹב לֹא דְרַשְׁנוּךָ בְּרֹב כֹּל שְׁכַחְנוּךָ / בְּעֵת הַצַּר לָנוּ אֵיךְ תִּמָּצֵא.

לְמַעַנְךָ אֱלֹהֵינוּ עֲשֵׂה וְלֹא לָנוּ / רְאֵה עֲמִידָתֵנוּ דַּלִּים וְרֵיקִים.

גְּבוּרוֹת אֵין בָּנוּ אֲשֶׁר בָּם נָבֹא
גְּדוּעֵי זְרוֹעַ בְּפֹעַל בְּתֵת שָׂכָר בֹּשְׁנוּ
גָּמַרְנוּ וְאָכַלְנוּ צִדְקַת אֲבוֹתֵינוּ / גַּם קֶרֶן גַּם פְּרִי לֹא מָלְאוּ שָׂפֶק.

דַּרְכְּךָ אֱלֹהֵינוּ לְהַאֲרִיךְ אַפֶּךָ / לָרָעִים וְלַטּוֹבִים, וְהִיא תְהִלָּתֶךָ.

1 **אמנם אשמינו עצמו מספר** (ל׳ תהל׳ מ ו), והענין ע״פ עזרא ט ו כי עונותינו רבו למעלה ראש וכו׳. **אנחות דורנו רבו** ע״ש איכה א כב כי רבות אנחותי. 2 **אשר לא הקשבנו גערה כמבין** ע״ש משלי יג א ולץ לא שמע גערה, יג ח ורש לא שמע גערה, ובמיוחד משלי יז י תחת גערה במבין מהכות כסיל מאה, ר״ל לא קיימנו את זאת, ולכן **אפפונו מכות ככסיל הזדנו** לפי הנ״ל. 4 **ברב כל שכחנוך** לשון דבר׳ כח מז מרב כל. **בעת הצר לנו** ל׳ דה״ב כח כב ובעת הצר לו. **איך תימצא** ל׳ דה״א כח ט אם תדרשנו ימצא לך, ועוד. 5 **גבורות אין בנו אשר בם נבוא** ע״ש תהל׳ עא טז אבוא בגבורות ה׳ אלהים. **גדועי זרוע** (ע״ש ש״א ב לא וגדעתי את זרועך) **בפועל בתת שכר בושנו** כנראה יש לפרש: כפועל גדוע זרוע שאינו מסוגל לפעול וצריך לבוש כשנותנים שכר. 6 **גמרנו ואכלנו צדקת אבותינו** כבר סמכנו יותר מדי על זכות אבות, שהיא כעין קרן בידינו. **גם קרן גם פרי לא מלאו ספק** אבל גם הקרן גם הריבית שלה לא הספיקו לצרכינו.

דָּכְאוּ מְנוּ שְׂכִיּוֹת הַחֶמְדָּה / דּוֹפְקֵי דְלָתֶיךָ בְּכֹחַ וּגְבוּרָה
דּוֹבְרֵי בְגַאֲוָה נַעֲשִׂינוּ עֲשֵׂה לָנוּ כְּרַחֲמֶיךָ
דְּחֵה מִשְׁפַּט חֶרֶב הַמִּתְהַפֶּכֶת.

לְמַעַנְךָ אֱלֹהֵינוּ עֲשֵׂה וְלֹא לָנוּ / רְאֵה עֲמִידָתֵנוּ דַּלִּים וְרֵיקִים.

הוּרַקְנוּ וְהֻצַּגְנוּ כְּקַשׁ מִדָּגָן / הָיִינוּ כַּמֹּץ וְאֵין דּוֹרֵשׁ לְאָסְפוֹ
הֲלֹא בְהִלָּקַח דָּגָן בְּעִתּוֹ / הֻצַּת לְשׁוֹן אֵשׁ בְּקַשׁ הַיָּבֵשׁ.

דַּרְכְּךָ אֱלֹהֵינוּ לְהַאֲרִיךְ אַפֶּךָ / לָרָעִים וְלַטּוֹבִים, וְהִיא תְהִלָּתֶךָ.

וּמַה נְּדַבֵּר וּמַה נִּצְטַדָּק / וּמַה נֹּאמַר וְיוּצַק חֵן בְּשִׂפְתוֹתֵינוּ
וּמִי בַעַל דְּבָרִים יְדַבֵּר צָחוֹת / וּבְפִתְחוֹן פִּיו לֹא יִכָּלֵם.

לְמַעַנְךָ אֱלֹהֵינוּ עֲשֵׂה וְלֹא לָנוּ / רְאֵה עֲמִידָתֵנוּ דַּלִּים וְרֵיקִים.

זֶה דַּרְכֵּנוּ כֶּסֶל נָחַלְנוּ אִוֶּלֶת / זֵדִים חוֹטְאִים זוֹלְלִים וְסֹבְאִים
זִכִּיתִי לִבִּי מִי יוּכַל שִׂיחַ / זֶרַע קְבוּרַת רֶחֶם בָּא וְהוֹלֵךְ בַּהֶבֶל.

דַּרְכְּךָ אֱלֹהֵינוּ לְהַאֲרִיךְ אַפֶּךָ / לָרָעִים וְלַטּוֹבִים, וְהִיא תְהִלָּתֶךָ.

7 **דוכאו מנו שכיות החמדה** ל׳ ישע׳ ב טז, ר״ל הצדיקים שנמשלו לשכיות החמדה בפי הפייטן. **דופקי דלתיך בכח וגבורה** על סמך צדקתם. 8 **דוברי בגאוה** ע״ש תהל׳ יז י דברו בגאות, ר״ל כמו רשעים. **חרב המתהפכת** ל׳ברא׳ ג כד. 9 **הורקנו והוצגנו כקש מדגן** ע״ש ישע׳ מז יד הנה היו כקש. **היינו כמוץ** ע״ש תהל׳ א ד לא כן הרשעים כי אם כמוץ. 10 **הוצת לשון אש בקש היבש** ע״ש ישע׳ ה כד כאכל קש לשון אש... 11 **ומה נדבר ומה נצטדק** ברא׳ מד טז. **ויוצק חן בשפתותינו** ע״ש תהל׳ מה ג. 12 **ומי בעל דברים** שמות כד יד. **ידבר צחות** ע״ש ישע׳ לב ד. **ובפתחון פיו לא יכלם** ע״ש יחזק׳ טז סג ולא יהיה לך עוד פתחון פה מפני כלמתך. 13 **זה דרכנו כסל** ע״ש תהל׳ מט יד זה דרכם כסל למו, וכסל פי׳ שטות. **נחלנו אולת** ע״ש משלי יד יח נחלו פתאים אולת. **זוללים וסובאים** ע״ש דבר׳ כא כ. 14 **זכיתי לבי מי יוכל שיח** ע״ש משלי כ ט מי יאמר זכיתי לבי. **זרע קבורת רחם בא והולך בהבל** האיש שיצא מרחם אמו (הנמשל לקבר)

חָזוּת וּמוֹפֵת הִתְוִינוּ בָּאָרֶץ / חֲתוּמֵי בְּאוֹת בְּרִית וְחֻקִּים יְשָׁרִים
חֲשַׁבְנוּ זֶרַע קֹדֶשׁ בָּנִים לְאֵל חָי
חִלַּלְנוּ וְנִקְרֵאנוּ אִם טְמֵאַת הַשֵּׁם.

לְמַעַנְךָ אֱלֹהֵינוּ עֲשֵׂה וְלֹא לָנוּ / רְאֵה עֲמִידָתֵנוּ דַּלִּים וְרֵיקִים.

טְהוֹר עֵינַיִם מֵרְאוֹת בְּרָע / טֶרֶם לֹא רָאָה עָמָל בְּיַעֲקֹב
טֶרֶף לֹא לָנוּ נִכְסְפָה נַפְשֵׁנוּ / טֻבַּחְנוּ רַב וְצָעִיר כְּבְלִיעַת דָּגִים.

דַּרְכְּךָ אֱלֹהֵינוּ לְהַאֲרִיךְ אַפֶּךָ / לָרָעִים וְלַטּוֹבִים, וְהִיא תְהִלָּתֶךָ.

יָהּ בְּדַלּוּתֵנוּ צְדָקָה חֲנַנְתָּנוּ / יָד בָּנוּ הֶחֱזַקְתָּ בְּעֵת מָטָה יָדֵנוּ
יָדַעְתָּנוּ זֹאת עֲשׂוּ וִחְיוּ / יָדַיִם לֹא חָלוּ בָנוּ כַּהֲפוּכַת רָגַע.

לְמַעַנְךָ אֱלֹהֵינוּ עֲשֵׂה וְלֹא לָנוּ / רְאֵה עֲמִידָתֵנוּ דַּלִּים וְרֵיקִים.

כַּחוֹתָם עַל לֵב שַׂמְתָּנוּ מַלְכֵּנוּ
כְּנֶפֶשׁ קְשׁוּרָה בְּנֶפֶשׁ בַּעֲבוֹתוֹת אַהֲבָה
כִּי נִתְרוֹעַע חֲבוּר עֲצַבִּים / כְּעֵת חָלַק לִבֵּנוּ אָשַׁמְנוּ מֵעָתָּה.

דַּרְכְּךָ אֱלֹהֵינוּ לְהַאֲרִיךְ אַפֶּךָ / לָרָעִים וְלַטּוֹבִים, וְהִיא תְהִלָּתֶךָ.

בהבל בא (קהל׳ ו ד), וכל ימיו הולך בהבל. **15 חזות ומופת התוינו בארץ** חזות (ישע׳ כא ב) פ׳ חזון, וייתכן שהפייטן משתמש בו במשמעות מראה, דוגמת התלמוד (יומא דף ע׳ א׳ להראות חזותו ברבים). התוינו, ע״ש יחזק׳ ט ד והתוית תו. **חתומי באות ברית** ברא׳ יז יא. **וחקים ישרים** ע״ש נחמי׳ ט יג ותתן להם משפטים ישרים ותורות אמת, חקים ומצות טובים. **16 חושבנו זרע קדש** ישע׳ ו יג. **בנים לאל חי** ע״ש דבר׳ יד א בנים אתם לה׳ אלהיכם. **טמאת השם** ע״ש יחזק׳ כב ה. **17 טהור עינים מראות ברע** חבק׳ א יג, ושם הוא ממשיך: והביט אל עמל לא תוכל. **טרם לא ראה עמל ביעקב** ע״ש במד׳ כג כא, ר״ל מקודם לא היה שם עמל. **18 טרף לא לנו נכספה נפשנו** (ל׳ תהל׳ פד ג) התאוינו לטרף שלא היה מתאים לנו. **טובחנו רב וצעיר כבליעת דגים** כמו שבולע דג גדול את הקטנים. **19 בעת מטה ידינו** ל׳ ויק׳ כה לה. **20 ידעתנו** הודעת לנו.

לְהֵיטִיב אֲמָרַתְ אֹמֶר לֹא הִפְלַתְ / לֹא שִׁקֵּר בָּנוּ דְּבַר אֱמוּנָתֶךָ
לֵב וּפֶה לֹא הִשְׁוִינוּ כְּכֶסֶף עַל חָרֶשׂ
לַעַג שְׂפַת חֲלָקוֹת בְּלֵב וָלֵב דִּבַּרְנוּ.

לְמַעַנְךָ אֱלֹהֵינוּ עֲשֵׂה וְלֹא לָנוּ / רְאֵה עֲמִידָתֵנוּ דַּלִּים וְרֵיקִים.

מַכַּת הוֹלֵךְ עַל גָּחוֹן הִקְדַּמְתָּ / מוּסָר לְמַדְתָּ לְבַעֲלֵי לָשׁוֹן
מְעֻנַּשׁ לֵץ לֹא יֶחְכַּם פֶּתִי / מַכֵּה רֵעַ בַּסֵּתֶר דַּנְתָּ בְּגַחֲלֵי רְתָמִים.

דַּרְכְּךָ אֱלֹהֵינוּ לְהַאֲרִיךְ אַפֶּךָ / לָרָעִים וְלַטּוֹבִים, וְהִיא תְהִלָּתֶךָ.

נָתַתָּ מוֹרָא עַל לֵב אֲנָשִׁים / נֶדֶר וּשְׁבוּעַת שֵׁם בֵּין שְׁנֵיהֶם חוֹקַקְתָּ
נִמַּתָּ הוֹצֵאתִיהָ עַל נִשְׁבָּעִים לַשָּׁקֶר / נִפְרַצְנוּ בְּאָלָה עַד אָבְלָה הָאָרֶץ.

לְמַעַנְךָ אֱלֹהֵינוּ עֲשֵׂה וְלֹא לָנוּ / רְאֵה עֲמִידָתֵנוּ דַּלִּים וְרֵיקִים.

זאת עשו וחיו ל׳ברא׳ מב יח, ר״ל היתה לנו תקוה לחיות. **ידים לא חלו בנו כהפוכת רגע** אבדנו כסדום שנהפכה כמו רגע ולא חלו בה ידים (איכה ד ו). **21 כחותם על לב שמתנו מלכנו** ע״ש שה״ש ח ו שימני כחותם על לבך. **כנפש קשורה בנפש** ל׳ ברא׳ מד ל. **בעבותות אהבה** הושע יא ד. **22 כי נתרועע חבור עצבים** ישראל נתרועע ונתפורר מפני שהיה חבור עצבים, פי׳ חבור לע״ז (הושע ד יז). **כעת חלק לבנו** היה חלק, נטה לחלקלקות, ע״ש תהל׳ נה כב חלקו מחמאת פיו וקרב לבו. **23 להיטיב אמרת** דבר׳ ח טז. **אומר לא הפלת** ל׳ אסתר ו י אל תפל דבר. **לא שקר בנו דבר אמונתך** ע״ש תהל׳ פט לד ולא אשקר באמונתי. **24 לב ופה לא השוינו** לא היה תוכנו כברנו. **ככסף על חרש** ע״ש משלי כו כג כסף סיגים מצופה על חרש. **לעג שפת חלקות בלב ולב דברנו** ע״ש תהל׳ יב ג שוא ידברו איש את רעהו שפת חלקות בלב ולב ידברו. **25 מכת הולך על גחון הקדמת** הקדמת למכת הנחש (ההולך על גחון, ברא׳ ג יד), והוא יצר הרע המסית. **26 מעונש לץ לא יחכם פתי** בתמיה, ע״ש משלי כא י בענש לץ יחכם פתי. **מכה רע בסתר** ע״ש דבר׳ כז כד ארור מכה רעהו בסתר. **דנת בגחלי רתמים** ל׳ תהל׳ קכ ד. **27 נדר ושבועת שם בין שניהם חוקקת** חוקקת ביניהם תורת נדר ושבועות, ע״ש שמות כב י שבועת ה׳ תהיה בין שניהם. **28 נמת הוצאתיה על נשבעים לשקר** ע״ש זכר׳ ה ד הוצאתיה נאם ה׳ צבאות

סָבְלַתְּ עוֹלָם כְּרַגְלַיִם לְפֶסַח / סְמַכְתּוֹ בֶּאֱמֶת וּמִשְׁפָּט וְשָׁלוֹם
סִלַּפְנוּ מִשְׁפָּט וְגַם כָּשְׁלָה אֱמֶת / סוֹבַבְנוּ לְבַקֵּשׁ שָׁלוֹם וָאָיִן.

דַּרְכְּךָ אֱלֹהֵינוּ לְהַאֲרִיךְ אַפֶּךָ / לָרָעִים וְלַטּוֹבִים, וְהִיא תְהִלָּתֶךָ.

עֶלְיוֹן אַתָּה בְּכִסֵּא רָם וְנִשָּׂא / עֵינֶיךָ מַבִּיטוֹת שָׁפָל וְדַכָּא
עֲנָוָה בַּקְּשׁוּ פַּצְתָּ וְתִסָּתְרוּ מֵאָף / עַזּוּנוּ בְּגַבְהוּת לֵב וְרָמוּ עֵינֵינוּ.

לְמַעַנְךָ אֱלֹהֵינוּ עֲשֵׂה וְלֹא לָנוּ / רְאֵה עֲמִידָתֵנוּ דַּלִּים וְרֵיקִים.

פָּנֶיךָ תָמִיד בְּחֶמְדַּת אֲרָצוֹת / פָּקַדְתָּ וַתְּשׁוֹקְקֶהָ וַתַּצְמִיחַ מִגְדֶיהָ
פֶּן יִקְבַּע אָדָם אֱלֹהִים / פְּרִי יְבוּלָהּ תַּתָּה לְמַעֲשֵׂר וְכִחֲשׁוּ מִגְדֶיהָ.

דַּרְכְּךָ אֱלֹהֵינוּ לְהַאֲרִיךְ אַפֶּךָ / לָרָעִים וְלַטּוֹבִים, וְהִיא תְהִלָּתֶךָ.

ובאה אל בית הגנב ואל בית הנשבע בשמי לשקר, ר״ל הנשבעים לשקר לא יהיו נקיים, כי ה׳ הוציא את האלה (שם ה ג) להעניש את הארץ. **נפרצנו באלה** היינו פרוצים בענין שבועות. **עד אבלה הארץ** ע״ש ירמ׳ כג י כי מפני אלה אבלה הארץ. **29 סבלת עולם כרגלים לפסח** ל׳ איוב כט טו, ר״ל נשאת את העולם. **סמכתו באמת ומשפט ושלום** כדברי רז״ל אבות א יח על שלשה דברים העולם עומד על האמת ועל הדין ועל השלום, שנא׳ (זכר׳ ח טז) אמת ומשפט שלום שפטו בשעריכם. **30 סילפנו משפט** ל׳ שמות כג ח ויסלף דברי צדיקים. **כשלה אמת** ל׳ ישע׳ נט יד. **סובבנו** הסתובבנו. **לבקש שלום ואין** ע״ש יחזק׳ ז כה ובקשו שלום ואין. **31 בכסא רם ונשא** ל׳ ישע׳ ו א, ועי׳ ג״כ ישע׳ נז טו כי כה אמר רם ונשא... **עיניך מביטות שפל ודכא** שם: ואת דכא ושפל רוח וכו׳. **32 ענוה בקשו פצת** (פי׳ אמרת) **ותסתרו מאף** ע״ש צפנ׳ ב ג בקשו צדק בקשו ענוה אולי תסתרו ביום אף ה׳. **עזונו** התנהגנו בעזות מצח. **בגבהות לב** עי׳ משלי טז ה תועבת ה׳ כל גבה לב. **ורמו עינינו** ע״ש משלי ל יג דור מה רמו עיניו. **33 פניך תמיד בחמדת ארצות** ענין דבר׳ יא יב ארץ אשר ה׳ אלהיך דורש אותה תמיד עיני ה׳ אלהיך בה וכו׳. **פקדת ותשוקקה** התגעגעת אליה. **34 פן יקבע אדם אלהים** ע״ש מלאכי ג ח היקבע אדם אלהים ואתם קובעים (פי׳ מרמים) אותי. **פרי יבולה תתה למעשר** ובמעשר רימינו אותך. **וכחשו מגדיה** ע״ש הושע ט

צִיָּה יָצַרְתָּ לִמְלֶאכֶת שָׁנִים
צָבָא לֶאֱנוֹשׁ עֲלֵי אֶרֶץ לִמְלֶאכֶת יָמִים
צִוִּיתָ לְמַרְגּוֹעַ שְׁבִיעִי וְלֹא נַחְנוּ
צְבִי לִשְׁמוֹט שְׁבִיעִית וְהִיא לֹא שָׁבָתָה.

לְמַעַנְךָ אֱלֹהֵינוּ עֲשֵׂה וְלֹא לָנוּ / רְאֵה עֲמִידָתֵנוּ דַּלִּים וְרֵיקִים.

קִדַּמְנוּ פָנֶיךָ כִּמְחִיר בְּיַד כְּסִיל / קְנוֹת צִדְקוֹתֶיךָ בְּתוֹדָה בְּלִי לֵב
קַבֵּל כְּנִיחֹחַ מְעַט בִּצְדָקָה / קַח נָא אֲמָרֵינוּ כְּקֹמֶץ מִנְחַת דָּל.

דַּרְכְּךָ אֱלֹהֵינוּ לְהַאֲרִיךְ אַפֶּךָ / לָרָעִים וְלַטּוֹבִים, וְהִיא תְהִלָּתֶךָ.

רַדְנוּ לוֹא נָבוֹא בְּמָרְיֵנוּ אָמַרְנוּ / רָם בָּנוּ הִכְפַּפְתָּ כִּבְרוֹשׁ רַעֲנָן
רִחַקְתָּ בִשְׂמֹאל קָרֵב בְּיָמִין / רְאֵה שְׂאֹר לְבָבֵנוּ יֵצֶר הַנְּעוּרִים.

לְמַעַנְךָ אֱלֹהֵינוּ עֲשֵׂה וְלֹא לָנוּ / רְאֵה עֲמִידָתֵנוּ דַּלִּים וְרֵיקִים.

ב גרן ויקב לא ירעם ותירוש יכחש בה. **35 ציה יצרת למלאכת שנים** יצרת ארץ ציה להשקות אותה במשך שנים. **צבא לאנוש עלי ארץ** יצרת סדר למלאכת בני אדם לששה ימי השבוע, ע״ש איוב ז א הלא צבא לאנוש עלי ארץ. **36 צוית למרגוע שביעי ולא נחנו** לא שמרנו חוקי שבת. **צבי לשמוט שביעית** צוית את הארץ שהיא צבי לכל הארצות (יחזק׳ כ ו) לשמור על שמיטה בשנה השביעית, **והיא לא שבתה** ע״ש ויק׳ כו לה את אשר לא שבתה בשבתותיכם בשבתכם עליה. **37 קידמנו פניך** ע״ש תהל׳ צה ב נקדמה פניו בתודה. **כמחיר ביד כסיל** ע״ש משלי יז טז למה זה מחיר ביד כסיל לקנות חכמה ולב אין, ולפי״ז אמר הפייטן: אנו באים כאילו בכסף לקנות את חנינתך ובלי לבב שלם. ובכל זאת אנו מבקשים **38 קבל כניחוח מעט בצדקה** (ל׳ משלי טז ח), קבל את תפלתנו, שהוא מעט בצדקה, כריח ניחוח. **קח נא אמרינו כקומץ מנחת דל** שהדל מביא מנחה לחטאת, והכהן קומץ ממנה מלא קומצו, ויק׳ ה יא־יב. **39 רדנו לוא נבוא במרינו אמרנו** ירמ׳ ב לא מדוע אמרו עמי רדנו לוא נבוא עוד אליך. **רם בנו הכפפת** הרם שבנו הטית למטה **כברוש רענן** ל׳ הושע יד ט. **40 ריחקת בשמאל קרב בימין** לפי מאמר חז״ל לעולם תהא שמאל דוחה וימין מקרבת (סוטה דף מ״ז א׳). **ראה שאור לבבנו** יצר הרע הנקרא

67 תפילת ערבית

41 שֵׁבֶט לְגֵו כְּסִיל וְכַעַס בְּחֵיק אֱוִיל / שׁוֹט כְּלִמַּת עֹנִי עָלָה בְּחֶלְקֵנוּ
שׁוּר נָא וְחַלְּצֵנוּ כְּעָנִי בְעָנְיוֹ / שַׁחַת אִם נֵרֵד יְקַדְּמוּנוּ רַחֲמֶיךָ.

דַּרְכְּךָ אֱלֹהֵינוּ לְהַאֲרִיךְ אַפֶּךָ / לָרָעִים וְלַטּוֹבִים, וְהִיא תְהִלָּתֶךָ.

43 תַּעֲלֶה אֲרוּכָה לְעָלֶה נִדָּף
תְּנָחֵם עַל עָפָר וָאֵפֶר
44 תַּשְׁלִיךְ חֲטָאֵינוּ
וְתָחוֹן מַעֲשֶׂיךָ
תֵּרֶא כִּי אֵין אִישׁ
עֲשֵׂה עִמָּנוּ צְדָקָה.

לְמַעַנְךָ אֱלֹהֵינוּ עֲשֵׂה
וְלֹא לָנוּ
רְאֵה עֲמִידָתֵנוּ דַּלִּים וְרֵיקִים.

שאור שבעיסה (ירו׳ ברכות ד׳ ב׳ דף ז׳ ד׳ ועוד). **41 שבט לגו כסיל** משלי כו ג. **וכעס בחיק אויל** ע״ש משלי כז ג וכעס אויל, וקהל׳ ז ט כעס בחיק כסילים ינוח. **שוט כלימת עוני עלה בחלקנו** כנראה ר״ל כשבט לגו כסיל באה עלינו כלימת עוני. **42 שור** הבט. **וחלצנו כעני בעניו** ע״ש איוב לו טו. **שחת אם נרד** ל׳ תהל׳ ל י ברדתי אל שחת. **יקדמונו רחמיך** תהל׳ עט ח. **43 תעלה ארוכה** ל׳ ירמ׳ ל יז ועוד. **לעלה נדף** ל׳ ויק׳ כו לו, ר״ל לישראל. **תנחם על עפר ואפר** ל׳ ברא׳ יח כז. **44 תשליך חטאינו** ע״ש מיכה ז יט ותשליך במצולות ים כל חטאתם. **תרא כי אין איש** ל׳ שמות ב יב

אֵל מֶלֶךְ יוֹשֵׁב עַל כִּסֵּא רַחֲמִים / מִתְנַהֵג בַּחֲסִידוּת
מוֹחֵל עֲוֹנוֹת עַמּוֹ / מַעֲבִיר רִאשׁוֹן רִאשׁוֹן
מַרְבֶּה מְחִילָה לְחַטָּאִים וּסְלִיחָה לְפוֹשְׁעִים
עוֹשֶׂה צְדָקוֹת עִם כָּל בָּשָׂר וָרוּחַ, וְלֹא כְּרָעָתָם תִּגְמֹל.
אֵל הוֹרֵיתָ לָּנוּ לוֹמַר שְׁלֹשׁ עֶשְׂרֵה
וּזְכֹר לָנוּ הַיּוֹם בְּרִית שְׁלֹשׁ עֶשְׂרֵה
כְּמוֹ שֶׁהוֹדַעְתָּ לֶעָנָו מִקֶּדֶם, כְּמוֹ שֶׁכָּתוּב
וַיֵּרֶד יי בֶּעָנָן וַיִּתְיַצֵּב עִמּוֹ שָׁם, וַיִּקְרָא בְשֵׁם יי.

1 מלך יושב על כסא רחמים דוגמת משלי כ ח מלך יושב על כסא דין, וכדרשת חז״ל ויקרא רבה כ״ט כ״ד (ע׳ תרעה) כשהקב״ה עולה לישב על כסא בדין בראש השנה לדין הוא עולה. הה״ד עלה אלהים בתרועה. וכיון שישראל נוטלין שופרותיהן תוקעין מיד ה׳ בקול שופר, מה הקב״ה עושה, עומד מכסא הדין ויושב על כסא רחמים ומתמלא עליהם רחמים והופך להם מדת הדין למדת הרחמים. אימתי בראש השנה, עכ״ל. וייתכן שפיסקא זו נוסדה לכתחלה לשם עשרת ימי תשובה. **מתנהג בחסידות** דכתיב (ש״ב כב כו, תהל׳ יח כו) עם חסיד תתחסד, ודרשוהו חז״ל (ויקרא רבה י״א ה׳ [ע׳ רכג מהד׳ מרגליות] ומדרש תהלים י״ח [דף ע״ה מהד׳ בובר] האחד על אברהם אבינו והאחד על משה רבנו: בשעה שבא בחסידות הקב״ה בא עמו בחסידות...אימתי בא בחסידות? בשעה שאמר הראני נא את כבודך (כ״ה בדפוסים, עי׳ הערת ר״מ מרגליות שם). וייתכן שמסדר פיסקא זו רומז לכך. **2 מוחל עונות עמו** כדרשת חז״ל (ר״ה דף י״ז ב׳) כל זמן שישראל חוטאין יעשו לפני כסדר הזה ואני מוחל להם. **מעביר ראשון ראשון** לשון התלמוד (ר״ה דף י״ז א׳), ופירש״י שם שממעט הקב״ה את משקל העונות ע״י העברת הראשון שבהם הבא להישקל במאזנים. **4 עושה צדקות** תהל׳ קג ו. **עם כל בשר ורוח** עם כל בני אדם, היינו עם כל בשר אשר בו רוח חיים (ברא׳ ו יז). **ולא כרעתם** כך היא כנראה הגירסא המקורית, וכאן סוף השורה שהיא מצטרפת להמשך ״הורית לנו לומר״ וכו׳. ומה שהוסיפו (׳תגמול׳ וכדומה, עי׳ שנויי הנוסחאות) משנה את טיב המשפט לרעה. **5 אל הורית לנו לומר שלש עשרה** כדרשת חז״ל ר״ה דף י״ז ב׳. **6 וזכר לנו היום ברית שלש עשרה** כמאמר חז״ל (שם) ברית כרותה לי״ג מדות וכו׳. **7 כמו שהודעת לענו מקדם** כמו שלימדת את משה רבנו הנקרא ענו (במד׳ יב ג) לפי דרשתם שם, הבנויה על תפיסת הכתוב ויעבור ה׳ על פניו ויקרא כאילו הקב״ה קרא את י״ג מדות (תפיסה שונה מתבטאת בגירסת קצת טכסטים: שחל ענו לפניך מקדם, כאילו משה רבנו קראן).

וַיַּעֲבֹר יי עַל פָּנָיו וַיִּקְרָא

יי יי אֵל רַחוּם וְחַנּוּן, אֶרֶךְ אַפַּיִם וְרַב חֶסֶד וֶאֱמֶת.
נֹצֵר חֶסֶד לָאֲלָפִים, נוֹשֵׂא עָוֹן וָפֶשַׁע וְחַטָּאָה, וְנַקֵּה
וְסָלַחְתָּ לַעֲוֹנֵנוּ וּלְחַטָּאתֵנוּ וּנְחַלְתָּנוּ.
סְלַח לָנוּ אָבִינוּ כִּי חָטָאנוּ, מְחַל לָנוּ מַלְכֵּנוּ כִּי פָשָׁעְנוּ
כִּי אַתָּה אֲדֹנָי טוֹב וְסַלָּח וְרַב חֶסֶד לְכָל קֹרְאֶיךָ.

הַאֲזִינָה יי תְּפִלָּתֵנוּ וְהַקְשִׁיבָה בְּקוֹל תַּחֲנוּנוֹתֵינוּ.
הַקְשִׁיבָה לְקוֹל שַׁוְעֵנוּ מַלְכֵּנוּ וֵאלֹהֵינוּ כִּי אֵלֶיךָ נִתְפַּלָּל.
תְּהִי נָא אָזְנְךָ קַשֶּׁבֶת וְעֵינֶיךָ פְּתוּחוֹת
לִשְׁמֹעַ אֶל תְּפִלַּת עֲבָדֶיךָ עַמְּךָ יִשְׂרָאֵל.
וְשָׁמַעְתָּ הַשָּׁמַיִם מְכוֹן שִׁבְתְּךָ אֶת תְּפִלָּתָם וְאֶת תְּחִנָּתָם
וְעָשִׂיתָ מִשְׁפָּטָם.
וְסָלַחְתָּ לְעַמְּךָ אֲשֶׁר חָטְאוּ לָךְ.

כְּרַחֵם אָב עַל בָּנִים, כֵּן תְּרַחֵם יי עָלֵינוּ.
לַיי הַיְשׁוּעָה עַל עַמְּךָ בִרְכָתֶךָ סֶּלָה.
יי צְבָאוֹת עִמָּנוּ, מִשְׂגָּב לָנוּ אֱלֹהֵי יַעֲקֹב סֶלָה.
יי צְבָאוֹת, אַשְׁרֵי אָדָם בֹּטֵחַ בָּךְ.
יי הוֹשִׁיעָה, הַמֶּלֶךְ יַעֲנֵנוּ בְיוֹם קָרְאֵנוּ.

סְלַח נָא לַעֲוֹן הָעָם הַזֶּה כְּגֹדֶל חַסְדֶּךָ
וְכַאֲשֶׁר נָשָׂאתָה לָעָם הַזֶּה מִמִּצְרַיִם וְעַד הֵנָּה.
וְשָׁם נֶאֱמַר
וַיֹּאמֶר יי סָלַחְתִּי כִּדְבָרֶךָ.

הַטֵּה אֱלֹהַי אָזְנְךָ וּשְׁמָע
פְּקַח עֵינֶיךָ וּרְאֵה שֹׁמְמֹתֵינוּ וְהָעִיר אֲשֶׁר נִקְרָא שִׁמְךָ עָלֶיהָ
כִּי לֹא עַל צִדְקֹתֵינוּ אֲנַחְנוּ מַפִּילִים תַּחֲנוּנֵינוּ לְפָנֶיךָ, כִּי עַל רַחֲמֶיךָ הָרַבִּים.
אֲדֹנָי שְׁמָעָה, אֲדֹנָי סְלָחָה, אֲדֹנָי הַקְשִׁיבָה, וַעֲשֵׂה אַל תְּאַחַר
לְמַעַנְךָ אֱלֹהַי, כִּי שִׁמְךָ נִקְרָא עַל עִירְךָ וְעַל עַמֶּךָ.

פותחים את ארון הקודש

אֱלֹהֵינוּ וֵאלֹהֵי אֲבוֹתֵינוּ

סימן: א״ב.

סְלַח נָא אֲשָׁמוֹת וּפְשָׁעֵי לְאֻמֶּךָ
לַעֲוֹן בָּנֶיךָ בַּל יֶחֱרֶה זַעְמֶךָ.
סְלַח נָא גְּאוּלִים וִיחִיו מִמְּקוֹר עִמָּךְ
לַעֲוֹן דְּגָלֶיךָ שָׂא וְתִנָּחֵם כִּנְאֻמֶךָ.
סְלַח נָא הֶבֶל מוֹדִים וְעוֹזְבִים כִּרְשׁוּמֶךָ
לַעֲוֹן וָפֶשַׁע מְחַל לְמַעַן שְׁמֶךָ.
סְלַח נָא זְדוֹנוֹת וּשְׁגָגוֹת לִבְרוּאֵי לִשְׁמֶךָ
לַעֲוֹן חֲטָאֵימוֹ חַטֵּא בִּנְדִיבַת גִּשְׁמֶךָ.

1 סלח נא אשמות... לעון בניך בל יחרה זעמך אל יחרה אפך בעוונותיהם. **3 ויחיו ממקור עמך** ע״ש תהל׳ לו י כי עמך מקור חיים. **4 דגליך** דגלי ישראל, ר״ל שבטי ישראל, ע״ש במד׳ ב ב. **ותנחם** ע״ש שמות לב יד וינחם ה׳. **5 הבל** ע״ש ירמ׳ ב ה וילכו אחרי ההבל ויהבלו, הגהה נחוצה במקום גירסת כי״י ׳הכל׳ שאין לה שחר. **מודים ועוזבים כרשומך** ע״ש משלי כח יג מכסה פשעיו לא יצליח ומודה ועוזב ירוחם. **זדונות ושגגות** לשון התלמוד, יומא דף ל״ו. **לברואי לשמך** ע״ש ישע׳ מג ז כל הנקרא בשמי לכבודי בראתיו. **8 חטא** כפר, ע״ש שמות כט לו וחטאת על המזבח, ועוד. **בנדיבת גשמך** ע״ש תהל׳ סח י גשם נדבות תניף אלהים. **9 טפש טפלות** טפשות הטפל שברשע, לפי מאמר חז״ל (סוטה דף ג׳ א׳) אין אדם עובר עבירה אא״כ

סְלַח נָא טֶפֶשׁ טִפְלוּת רִשְׁעֵי אֻמֶּךָ
לַעֲוֹן יְדִידֶיךָ יְבֻקַּשׁ וְאֵינֶנּוּ כִּנְאֻמֶךָ.

סְלַח נָא כַּחַשׁ כּוֹרְעִים וּמִשְׁתַּחֲוִים לְעֻמֶּךָ
לַעֲוֹן לְקוּחֶיךָ כַּפֵּר בְּטוּב טַעְמֶךָ.

סְלַח נָא מְרִי מְיַחֲלֶיךָ וּמְיַחֲדֶיךָ בְּעוֹלָמֶךָ
לַעֲוֹן נִדָּחִים מְחֵה וּבְנֵה אוּלַמֶּךָ.

סְלַח נָא סִלּוּפָם וְגוֹנְנֵם בְּסֻכַּת שְׁלוֹמֶךָ
לַעֲוֹן עֲבָדֶיךָ עַלֵּם וּכְבוֹשׁ בְּעִלּוּמֶךָ.

סְלַח נָא פֶּן יֵעָנְשׁוּ מִמְּרוֹמֶךָ
לַעֲוֹן צֹאנְךָ שַׁבַּח וְהִיא תְּהִלָּתְךָ וְרוֹמְמֶךָ.

סְלַח נָא קְלוֹנָם וַחֲמֹל עָלֵימוֹ מִמְּרוֹמֶךָ
לַעֲוֹן רְחוּמֶיךָ תִּשָּׂא מִלְּצוּדָם בְּחֶרְמֶךָ.

סְלַח נָא שֶׁמֶץ תַּעְתּוּעַ תִּעוּב רְחוּמֶיךָ
לַעֲוֹן תְּמִימֶיךָ הַעֲבֵר כְּגֹדֶל רַחֲמֶיךָ.

סוגרים את ארון הקודש

נכנסה בו רוח שטות. **10 לעון ידידיך יבוקש ואיננו כנאמך** ע״ש ירמ׳ נ כ בימים ההם ובעת ההיא נאם ה׳ יבוקש את עון ישראל ואיננו וכו׳. **11 כחש** מל׳ וכחש בעמיתו (ויק׳ ה כא). **12 לקוחיך** שלקחת לך לעם (דבר׳ ד כ). **בטוב טעמך** ל׳ תהל׳ קיט סו. **14 נדחים** ישראל הנדחים בארצות (דבר׳ ל ד ועוד). **15 סילופם** השקר שבהם, מל׳ ויסלף דברי צדיקים (שמות כג ח). **וגוננם בסוכת שלומך** לקוח מנוסח ברכת השכיבנו. **16 עלם** העלם. **וכבוש** ע״ש מיכה ז יט יכבוש עונותינו. **בעילומך** שאתה נעלם מכל. **17 סלח נא** (כנראה חסרה כאן מלה, כגון ׳פיגולם׳). **19 קלונם** כי החטא מביא לידי קלון (משלי יא ב בא זדון ויבא קלון). **20 מלצודם בחרמך** כדי שלא ייתפסו במצודים וחרמים (קהל׳ ז כו). **21 שמץ** חשד, וכנראה תופס אותו הפייטן כשמצה ודופי. **תעתוע** ע״ש ירמ׳ י טו מעשה תעתועים, ר״ל ליצנות וזדון. **תיעוב** ל׳ תועבה.

אֵל מֶלֶךְ יוֹשֵׁב עַל כִּסֵּא רַחֲמִים / מִתְנַהֵג בַּחֲסִידוּת
מוֹחֵל עֲוֹנוֹת עַמּוֹ / מַעֲבִיר רִאשׁוֹן רִאשׁוֹן
מַרְבֶּה מְחִילָה לְחַטָּאִים וּסְלִיחָה לְפוֹשְׁעִים
עוֹשֶׂה צְדָקוֹת עִם כָּל בָּשָׂר וָרוּחַ, וְלֹא כְרָעָתָם תִּגְמֹל.
אֵל הוֹרֵיתָ לָּנוּ לוֹמַר שְׁלֹשׁ עֶשְׂרֵה
וּזְכֹר לָנוּ הַיּוֹם בְּרִית שְׁלֹשׁ עֶשְׂרֵה
כְּמוֹ שֶׁהוֹדַעְתָּ לֶעָנָו מִקֶּדֶם, כְּמוֹ שֶׁכָּתוּב
וַיֵּרֶד יי בֶּעָנָן וַיִּתְיַצֵּב עִמּוֹ שָׁם, וַיִּקְרָא בְשֵׁם יי.
וַיַּעֲבֹר יי עַל פָּנָיו וַיִּקְרָא
יי יי אֵל רַחוּם וְחַנּוּן, אֶרֶךְ אַפַּיִם וְרַב חֶסֶד וֶאֱמֶת.
נֹצֵר חֶסֶד לָאֲלָפִים, נֹשֵׂא עָוֹן וָפֶשַׁע וְחַטָּאָה, וְנַקֵּה
וְסָלַחְתָּ לַעֲוֹנֵנוּ וּלְחַטָּאתֵנוּ וּנְחַלְתָּנוּ.
סְלַח לָנוּ אָבִינוּ כִּי חָטָאנוּ, מְחַל לָנוּ מַלְכֵּנוּ כִּי פָשָׁעְנוּ
כִּי אַתָּה אֲדֹנָי טוֹב וְסַלָּח וְרַב חֶסֶד לְכָל קֹרְאֶיךָ.

אַל תָּבוֹא בְמִשְׁפָּט עִמָּנוּ, כִּי לֹא יִצְדַּק לְפָנֶיךָ כָל חָי.
מַה נֹּאמַר לְפָנֶיךָ יי אֱלֹהֵינוּ, מַה נְּדַבֵּר וּמַה נִּצְטַדָּק.
אֱלֹהֵינוּ בּוֹשְׁנוּ בְּמַעֲשֵׂינוּ וְנִכְלַמְנוּ בַּעֲוֹנֵינוּ.
אֱלֹהֵינוּ בּוֹשְׁנוּ וְנִכְלַמְנוּ לְהָרִים, אֱלֹהֵינוּ, פָּנֵינוּ אֵלֶיךָ.
יָדַעְנוּ כִּי חָטָאנוּ וְאֵין מִי יַעֲמֹד בַּעֲדֵנוּ, שִׁמְךָ הַגָּדוֹל יַעֲמָד לָנוּ בְּעֵת צָרָה.
כְּרַחֵם אָב עַל בָּנִים, כֵּן תְּרַחֵם יי עָלֵינוּ.
לַיי הַיְשׁוּעָה עַל עַמְּךָ בִרְכָתֶךָ סֶּלָה.
יי צְבָאוֹת עִמָּנוּ, מִשְׂגָּב לָנוּ אֱלֹהֵי יַעֲקֹב סֶלָה.
יי צְבָאוֹת, אַשְׁרֵי אָדָם בֹּטֵחַ בָּךְ.
יי הוֹשִׁיעָה, הַמֶּלֶךְ יַעֲנֵנוּ בְיוֹם קָרְאֵנוּ.

ויש נוהגים להוסיף:

סְלַח נָא לַעֲוֹן הָעָם הַזֶּה כְּגֹדֶל חַסְדֶּךָ, וְכַאֲשֶׁר נָשָׂאתָה לָעָם הַזֶּה מִמִּצְרַיִם וְעַד הֵנָּה. וְשָׁם נֶאֱמַר, וַיֹּאמֶר יי סָלַחְתִּי כִּדְבָרֶךָ.

הַטֵּה אֱלֹהַי אָזְנְךָ וּשְׁמָע, פְּקַח עֵינֶיךָ וּרְאֵה שֹׁמְמֹתֵינוּ וְהָעִיר אֲשֶׁר נִקְרָא שִׁמְךָ עָלֶיהָ, כִּי לֹא עַל צִדְקֹתֵינוּ אֲנַחְנוּ מַפִּילִים תַּחֲנוּנֵינוּ לְפָנֶיךָ, כִּי עַל רַחֲמֶיךָ הָרַבִּים. אֲדֹנָי שְׁמָעָה, אֲדֹנָי סְלָחָה, אֲדֹנָי הַקְשִׁיבָה, וַעֲשֵׂה אַל תְּאַחַר, לְמַעַנְךָ אֱלֹהַי, כִּי שִׁמְךָ נִקְרָא עַל עִירְךָ וְעַל עַמֶּךָ.

פותחים את ארון הקודש

סימן: יום טוב [בן יצחק] ח״ג.

נוהגים לדלג על הבית הפותח

יוֹם יוֹם / יִדְרוֹשׁוּן / לָךְ

טוֹב לְמָעוֹז / יְהִי עֹז / מִלּוּלָךְ סָלַחְתִּי.

אֱלֹהֵינוּ וֵאלֹהֵי אֲבוֹתֵינוּ

אָמְנָם כֵּן / יֵצֶר סוֹכֵן / בָּנוּ

בְּךָ לְהַצְדִּיק / רַב צֶדֶק / וַעֲנֵנוּ סָלַחְתִּי.

גְּעֹל מַרְגֵּל / וְגַם פַּגֵּל / סִפְרוֹ

דּוֹד שׁוֹאֵג בְּקוֹל / יִתֵּן קוֹל / דְּבָרוֹ סָלַחְתִּי.

הַס קָטֵגוֹר / וְקַח סָנֵגוֹר / מְקוֹמוֹ

וִיהִי יי לְמִשְׁעָן / לוֹ לְמַעַן / נְאֻמוֹ סָלַחְתִּי.

יום יום ידרושון לך ע״ש ישע׳ נח ב ואותי יום יום ידרושון. **טוב למעוז** ע״ש נחום א ז טוב ה׳ למעוז ביום צרה.

1 אמנם כן באמת. **יצר סוכן בנו** יצר הרע כעין מנהיג ומנהל בנו, כי יצר לב האדם רע מנעוריו (ברא׳ ח כא), ולכן **2 בך להצדק** רק בך הכח להצדיק אותנו בדין. **3 געול מרגל** תמאס בשטן המרגל ברכילות. **וגם פגל ספרו** תפסול את כתב ההאשמה שלו. **4 דוד שואג בקול יתן קול** ע״ש ירמ׳ כה ל ה׳ ממרום ישאג וממעון קדשו יתן קולו. **5 הס קטגור** שתוק (כמו צפנ׳ א ז ועוד) מלשין. **6 ויהי ה׳ למשען לו** ל׳ תהל׳ יח יט. **7 זכות אזרח** זכותו של אברהם הנקרא איתן האזרחי (תהל׳ פט א) ע״פ דרשת חז״ל ב״ב דף ט״ו א׳. **גם יפרח לשושנה** תעמוד לישראל

זְכוּת אֶזְרָח / גַּם יִפְרַח / לְשׁוֹשַׁנָּה
חֵטְא הָעֶבֶר / וְקוֹל הַגֶּבֶר / מִמְּעוֹנָה סָלַחְתִּי.

טוֹב וְסַלָּח / מְחַל וּסְלַח / אֲשָׁמִים
יָהּ הַקְשֵׁב / וְגַם הָשֵׁב / מִמְּרוֹמִים סָלַחְתִּי.

כְּאֵב תַּחֲבֹשׁ / וּבְצוּל תִּכְבֹּשׁ / עֲוֹנִי
לְךָ תְהִלָּה / אֱמוֹר מִלָּה / לְמַעֲנִי סָלַחְתִּי.

מְחֵה פֶּשַׁע / וְגַם רֶשַׁע / בְּנֵי בְרִית
נְהֹג חַסְדְּךָ / וְתֵן הוֹדְךָ / לִשְׁאֵרִית סָלַחְתִּי.

סְכוּת רַחֲשִׁי / וְגַם לַחֲשִׁי / תִּרְצֶה
עָוֹן נוֹשֵׂא / לְמַעַנְךָ עֲשֵׂה / וְתִפְצֶה סָלַחְתִּי.

פְּנֵה לְעֶלְבּוֹן / מְקוֹם עָוֹן / לְהָשִׂים
צַחַן הָסֵר / וְגַם תְּבַשֵּׂר / לְבָךְ חוֹסִים סָלַחְתִּי.

קוֹלִי שְׁמַע / וּרְאֵה דֶּמַע / עֵינִי
רִיב רִיבִי / שְׁעֵה נִיבִי / וַהֲשִׁיבֵנִי סָלַחְתִּי.

שֶׁמֶץ טַהֵר / כְּעָב מַהֵר / כְּנֶאֱמַר
תִּמְחֶה פֶּשַׁע / לְעַם נוֹשַׁע / וְתֹאמַר סָלַחְתִּי.

סוגרים את ארון הקודש

הנקראת שושנה (ע״פ שה״ש ב ב). **11 כאב תחבוש** ע״ש איוב ה יח כי הוא יכאיב ויחבש. **ובצול תכבוש עוני** ע״ש מיכה ז יט יכבש עונותינו ותשליך במצולות ים כל חטאתם. **12 לך תהלה אמור מלה** תהלתך בזה שתאמר מלה **למעני סלחתי** ע״ש ישע׳ מג כה אנכי אנכי הוא מחה פשעיך למעני. **14 נהוג חסדך / ותן הודך / לשארית** ישראל. **15 סכות** הסכת ושמע **רחשי** הגיון לבי, ע״ש תהל׳ מה ב רחש לבי דבר טוב. **16 עון נושא** ע״ש מיכה ז יח ועוד. **17 פנה לעלבון** שאנו עלובים ובושים **מקום עון להשים** כדי לשים אותו במקום העון, ותחשוב אותו לנו לזכות. **18 צחן** סרחון (במקום צחנה, ע״ש יואל ב כ ותעל צחנתו). **לבך חוסים** לכל החוסים בך. **20 שעה ניבי** תפנה אל ניב שפתי. **21 שמץ** (במקום שמצה), דופי. **כעב מהר כנאמר** (ישע׳ מד כב) מחיתי כעב פשעיך וכו׳. **22 תמחה פשע** שם. **לעם נושע** ע״ש דבר׳ לג כט עם נושע בה׳.

אֵל מֶלֶךְ יוֹשֵׁב עַל כִּסֵּא רַחֲמִים / מִתְנַהֵג בַּחֲסִידוּת
מוֹחֵל עֲוֹנוֹת עַמּוֹ / מַעֲבִיר רִאשׁוֹן רִאשׁוֹן
מַרְבֶּה מְחִילָה לְחַטָּאִים וּסְלִיחָה לְפוֹשְׁעִים
עוֹשֶׂה צְדָקוֹת עִם כָּל בָּשָׂר וָרוּחַ, וְלֹא כְרָעָתָם תִּגְמֹל.
אֵל הוֹרֵיתָ לָנוּ לוֹמַר שְׁלֹשׁ עֶשְׂרֵה
וּזְכֹר לָנוּ הַיּוֹם בְּרִית שְׁלֹשׁ עֶשְׂרֵה
כְּמוֹ שֶׁהוֹדַעְתָּ לֶעָנָו מִקֶּדֶם, כְּמוֹ שֶׁכָּתוּב
וַיֵּרֶד יי בֶּעָנָן וַיִּתְיַצֵּב עִמּוֹ שָׁם, וַיִּקְרָא בְשֵׁם יי.
וַיַּעֲבֹר יי עַל פָּנָיו וַיִּקְרָא
יי יי אֵל רַחוּם וְחַנּוּן, אֶרֶךְ אַפַּיִם וְרַב חֶסֶד וֶאֱמֶת.
נֹצֵר חֶסֶד לָאֲלָפִים, נֹשֵׂא עָוֹן וָפֶשַׁע וְחַטָּאָה, וְנַקֵּה
וְסָלַחְתָּ לַעֲוֹנֵנוּ וּלְחַטָּאתֵנוּ וּנְחַלְתָּנוּ.
סְלַח לָנוּ אָבִינוּ כִּי חָטָאנוּ, מְחַל לָנוּ מַלְכֵּנוּ כִּי פָשָׁעְנוּ
כִּי אַתָּה אֲדֹנָי טוֹב וְסַלָּח וְרַב חֶסֶד לְכָל קֹרְאֶיךָ.

פותחים את ארון הקודש — סימן: ח״ב.

1 כִּי הִנֵּה כַּחֹמֶר בְּיַד הַיּוֹצֵר / בִּרְצוֹתוֹ מַרְחִיב וּבִרְצוֹתוֹ מְקַצֵּר
כֵּן אֲנַחְנוּ בְיָדְךָ חֶסֶד נוֹצֵר / לַבְּרִית הַבֵּט וְאַל תֵּפֶן לַיֵּצֶר.

כִּי הִנֵּה כָּאֶבֶן בְּיַד הַמְסַתֵּת / בִּרְצוֹתוֹ אוֹחֵז וּבִרְצוֹתוֹ מְכַתֵּת
כֵּן אֲנַחְנוּ בְיָדְךָ מְחַיֶּה וּמְמוֹתֵת / לַבְּרִית הַבֵּט וְאַל תֵּפֶן לַיֵּצֶר.

1 כי הנה כחומר ע״ש ירמ׳ יח ו הנה כחמר ביד היוצר כן אתם בידי בית ישראל, והפייטן מביא דוגמאות דומות. **מרחיב... מקצר** את הכלי הנוצר מהחומר. **חסד נוצר** שמות לד ז. **לברית הבט** תהל׳ עד כ, ר״ל על ברית י״ג מדות שאינן חוזרות ריקם (ר״ה דף י״ז ב׳). **2 המסתת** המעבד את

כִּי הִנֵּה כַּגַּרְזֶן בְּיַד הֶחָרָשׁ / בִּרְצוֹתוֹ דִּבֵּק לָאוּר וּבִרְצוֹתוֹ פֵּרַשׁ
כֵּן אֲנַחְנוּ בְּיָדְךָ תּוֹמֵךְ עָנִי וָרָשׁ / לַבְּרִית הַבֵּט וְאַל תֵּפֶן לַיֵּצֶר.

כִּי הִנֵּה כַּהֶגֶה בְּיַד הַמַּלָּח / בִּרְצוֹתוֹ אוֹחֵז וּבִרְצוֹתוֹ שִׁלַּח
כֵּן אֲנַחְנוּ בְּיָדְךָ אֵל טוֹב וְסַלָּח / לַבְּרִית הַבֵּט וְאַל תֵּפֶן לַיֵּצֶר.

כִּי הִנֵּה כִּזְכוּכִית בְּיַד הַמְזַגֵּג / בִּרְצוֹתוֹ חוֹגֵג וּבִרְצוֹתוֹ מְמוֹגֵג
כֵּן אֲנַחְנוּ בְּיָדְךָ מַעֲבִיר זָדוֹן וְשֶׁגֶג / לַבְּרִית הַבֵּט וְאַל תֵּפֶן לַיֵּצֶר.

כִּי הִנֵּה כַּיְרִיעָה בְּיַד הָרוֹקֵם/ בִּרְצוֹתוֹ מְיַשֵּׁר וּבִרְצוֹתוֹ מְעַקֵּם
כֵּן אֲנַחְנוּ בְּיָדְךָ אֵל קַנֹּא וְנוֹקֵם / לַבְּרִית הַבֵּט וְאַל תֵּפֶן לַיֵּצֶר.

כִּי הִנֵּה כַּכֶּסֶף בְּיַד הַצּוֹרֵף / בִּרְצוֹתוֹ מְסַגְסֵג וּבִרְצוֹתוֹ מְצָרֵף
כֵּן אֲנַחְנוּ בְּיָדְךָ מַמְצִיא לְמָזוֹר תֶּרֶף / לַבְּרִית הַבֵּט וְאַל תֵּפֶן לַיֵּצֶר.

סוגרים את ארון הקודש

אֵל מֶלֶךְ יוֹשֵׁב עַל כִּסֵּא רַחֲמִים / מִתְנַהֵג בַּחֲסִידוּת
מוֹחֵל עֲוֹנוֹת עַמּוֹ / מַעֲבִיר רִאשׁוֹן רִאשׁוֹן
מַרְבֶּה מְחִילָה לְחַטָּאִים וּסְלִיחָה לְפוֹשְׁעִים
עוֹשֶׂה צְדָקוֹת עִם כָּל בָּשָׂר וָרוּחַ
וְלֹא כְרָעָתָם תִּגְמֹל.

האבנים לפסול אותן ולתת להן צורה. **אוחז** האבן בעיבודו, וי"ג בודל, כנראה מחלקה לשנים. **מכתת** משבר (ל׳ יכתות, ויק׳ כב כד). **וממותת** וממית (ש"א יד יג). **3 כגרזן** כלי ברזל, דבר׳ יט ה, ועוד. **דבק לאור** כדי לעבדו. **פירש** מהאור. **עני ורש** ל׳ תהל׳ פב ג. **4 כהגה** מלה שמשמעותה איננה ברורה: יש אומרים משוט, י"א עוגן, ויש מפרשים: הקרש שאחורי האניה להטותה הנה והנה. **טוב וסלח** תהל׳ פו ה. **5 חוגג** לפי ההמשך כנראה בנין פולל משרש חוג (איוב כו י חק חג עלי פני מים), ומשמעותו לקבוע במחוגה את ההיקף. **ממוגג** ממסמס (ל׳ תתמוגגנה, עמוס ט יג). **6 אל קנוא ונוקם** נחום א ב. **7 מסגסג** (משגשג, עי׳ ישע׳ יז יא ביום נטעך תשגשגי) פי׳ מערבב את הסיגים בכסף. **ממציא למזור תרף** ממציא תרופה לפצע (מזור ע"ש הושע ה יג).

אֵל הוֹרֵיתָ לָּנוּ לוֹמַר שְׁלֹשׁ עֶשְׂרֵה
וּזְכֹר לָנוּ הַיּוֹם בְּרִית שְׁלֹשׁ עֶשְׂרֵה
כְּמוֹ שֶׁהוֹדַעְתָּ לֶעָנָו מִקֶּדֶם, כְּמוֹ שֶׁכָּתוּב
וַיֵּרֶד יי בֶּעָנָן וַיִּתְיַצֵּב עִמּוֹ שָׁם, וַיִּקְרָא בְשֵׁם יי.
וַיַּעֲבֹר יי עַל פָּנָיו וַיִּקְרָא
יי יי אֵל רַחוּם וְחַנּוּן, אֶרֶךְ אַפַּיִם וְרַב חֶסֶד וֶאֱמֶת.
נֹצֵר חֶסֶד לָאֲלָפִים, נֹשֵׂא עָוֹן וָפֶשַׁע וְחַטָּאָה, וְנַקֵּה
וְסָלַחְתָּ לַעֲוֹנֵנוּ וּלְחַטָּאתֵנוּ וּנְחַלְתָּנוּ.
סְלַח לָנוּ אָבִינוּ כִּי חָטָאנוּ, מְחַל לָנוּ מַלְכֵּנוּ כִּי פָשָׁעְנוּ
כִּי אַתָּה אֲדֹנָי טוֹב וְסַלָּח וְרַב חֶסֶד לְכָל קֹרְאֶיךָ.

זְכֹר רַחֲמֶיךָ יי וַחֲסָדֶיךָ, כִּי מֵעוֹלָם הֵמָּה.
אַל תִּזְכָּר לָנוּ עֲוֹנוֹת רִאשׁוֹנִים, מַהֵר יְקַדְּמוּנוּ רַחֲמֶיךָ כִּי דַלּוֹנוּ מְאֹד.
זָכְרֵנוּ יי בִּרְצוֹן עַמֶּךָ, פָּקְדֵנוּ בִּישׁוּעָתֶךָ.
זְכֹר עֲדָתְךָ קָנִיתָ קֶּדֶם גָּאַלְתָּ שֵׁבֶט נַחֲלָתֶךָ, הַר צִיּוֹן זֶה שָׁכַנְתָּ בּוֹ.
זְכֹר יי חִבַּת יְרוּשָׁלָיִם, אַהֲבַת צִיּוֹן אַל תִּשְׁכַּח לָנֶצַח.
זְכֹר יי לִבְנֵי אֱדוֹם אֵת יוֹם יְרוּשָׁלָיִם הָאֹמְרִים עָרוּ עָרוּ, עַד הַיְסוֹד בָּהּ.
אַתָּה תָקוּם תְּרַחֵם צִיּוֹן, כִּי עֵת לְחֶנְנָהּ כִּי בָא מוֹעֵד.
זְכֹר לְאַבְרָהָם לְיִצְחָק וּלְיִשְׂרָאֵל עֲבָדֶיךָ, אֲשֶׁר נִשְׁבַּעְתָּ לָהֶם בָּךְ,
וַתְּדַבֵּר אֲלֵיהֶם אַרְבֶּה אֶת זַרְעֲכֶם כְּכוֹכְבֵי הַשָּׁמָיִם
וְכָל הָאָרֶץ הַזֹּאת אֲשֶׁר אָמַרְתִּי אֶתֵּן לְזַרְעֲכֶם וְנָחֲלוּ לְעֹלָם.
זְכֹר לַעֲבָדֶיךָ לְאַבְרָהָם לְיִצְחָק וּלְיַעֲקֹב
אַל תֵּפֶן אֶל קְשִׁי הָעָם הַזֶּה וְאֶל רִשְׁעוֹ וְאֶל חַטָּאתוֹ.

אַל נָא תָשֵׁת עָלֵינוּ חַטָּאת אֲשֶׁר נוֹאַלְנוּ וַאֲשֶׁר חָטָאנוּ.
חָטָאנוּ צוּרֵנוּ, סְלַח לָנוּ יוֹצְרֵנוּ.

סימן: א״ב (משולש) שמעון בר יצחק.

אוֹתְךָ אֶדְרֹשׁ וְאֵלֶיךָ אֶתְוַדָּע / גָּדוֹל בִּיהוּדָה וּבְיִשְׂרָאֵל נוֹדָע
הֵן אַתָּה חֲקַרְתָּנוּ וַתֵּדָע / כִּי פְשָׁעַי אֲנִי אֵדָע.

אֵדַע אֲבָל אֲשֵׁמִים אֲנַחְנוּ / וּמֵהֲמוֹן רַחֲמֶיךָ לֹא זֻנַּחְנוּ
הֵן אֵלָיו כַּפַּיִם שִׁטַּחְנוּ / כִּי בְשֵׁם קָדְשׁוֹ בָטָחְנוּ.

חָטָאנוּ צוּרֵנוּ, סְלַח לָנוּ יוֹצְרֵנוּ.

בָּטַחְנוּ בְשִׁמְךָ לְנֶפֶשׁ תַּאֲוָה / וְהֵפַקְנוּ מָגֵן בְּלִי גַאֲוָה
הֵן בְּמָעֻזְּךָ לַדַּל תִּקְוָה / כִּי הִשְׁפִּילוּ וַתֹּאמֶר גֵּוָה.

גֵּוָה גֵּאִים עָלַי מַגְדִּילִים / רֹגֶז שְׂבֵעִים וְלֹא נֶחְדָּלִים
הֵן גָּלַל הַמֵּצִיק מִתְדַּלְדְּלִים / כִּי רִצַּץ עָזַב דַּלִּים.

חָטָאנוּ צוּרֵנוּ, סְלַח לָנוּ יוֹצְרֵנוּ.

1 אותך אדרוש ע״ש ישע׳ נה ו דרשו ה׳ וכדומה. **ואליך אתודע** אתגלה, ע״ש במד׳ יב ו במראה אליו אתודע, ר״ל בוידוי פשעי. **גדול ביהודה ובישראל נודע** ע״ש תהל׳ עו ב נודע ביהודה אלהים, בישראל גדול שמו. **2 הן אתה חקרתנו ותדע** ע״ש תהל׳ קלט א ה׳ חקרתני ותדע. **כי פשעי אני אדע** תהל׳ נא ה. **3 אבל אשמים אנחנו** בראש׳ מב כא. **ומהמון רחמיך** ע״ש ישע׳ סג טו המון מעיך ורחמיך. **4 הן אליו כפים שטחנו** ע״ש תהל׳ פח י שטחתי אליך כפי. **כי בשם קדשו בטחנו** תהל׳ לג כא. **5 לנפש תאוה** לתאות נפש, ע״ש ישע׳ כו ח לשמך ולזכרך תאות נפש. **והפקנו מגן בלי גאוה** ע״ש איוב מא ז גאוה אפיקי מגנים סגור חותם צר, ומה שדרשו חז״ל עירובין דף ס״ה א׳ כל המפיק (ולפי סברת ר״י כל שאינו מפיק) מגן בשעת תאותו סוגרין וחותמין צרות בעדו (ועי׳ פירוש ר׳ חננאל שם) ר״ל כל המעביר מגן לכסות את יצרו כדי שלא יתגבר עליו (או — לפי הגירסא השניה — מי שאינו נותן לו להתגבר עליו). לפי זה אומר כנראה הפייטן: השגנו מגן ממך, אבל לא מתוך גאוה אלא בלי גאוה. **6 הן במעוזך לדל תקוה** ע״ש ישע׳ כה ד כי היית מעוז לדל. **כי השפילו ותאמר גוה** איוב כב כט, ר״ל אם בני אדם משפילים את עצמם לפניך אתה מרומם אותם. **7 גוה גאים עלי מגדילים** הגאים (הגוים) מתנהגים בנו בגאוה. **רוגז שבעים** ע״ש איוב יד א קצר ימים ושבע רגז. **ולא נחדלים** ע״ש איוב ג יז שם רשעים חדלו רגז,

דַּלִּים דִּינְךָ פָּחֲדוּ וְרָהוּ / בָּאִים כְּמוֹדֶה וְעוֹזֵב לְרַחֲמֵהוּ
הֵן דַּפִּים הַיּוֹם תְּכַפְּרֵהוּ / כִּי יוֹם כִּפֻּרִים הוּא.

הוּא הוֹד וְהָדָר יִלְבַּשׁ / יָשׁוּב יְרַחֵם וְעָוֹן יִכְבֹּשׁ
הֵן הַמְּתַק בְּפִי כִּדְבַשׁ / כִּי הוּא יַכְאִיב וְיֶחְבָּשׁ.

חָטָאנוּ צוּרֵנוּ, סְלַח לָנוּ יוֹצְרֵנוּ.

וְיֶחְבַּשׁ וּלְשְׁמוֹ כֹּל יוֹדוּ / כִּי יָסִיר מַשְׂאוֹת כְּבֵדוּ
הֵן וְעַמּוֹ לְפָנָיו יִתְוַדּוּ / כִּי בַדָּבָר אֲשֶׁר זָדוּ.

זָדוּ זְדוֹנוֹת וּשְׁגָגוֹת שְׁגוּיִים / סְלַח נָא בְּפִימוֹ הֲגוּיִים
הֵן זַכֵּם לְתֶחִי אֲחוּיִים / כִּי עִמְּךָ מְקוֹר חַיִּים.

חָטָאנוּ צוּרֵנוּ, סְלַח לָנוּ יוֹצְרֵנוּ.

חַיִּים חוֹן לְעַם מְנַטְּלֶךָ / לֵבָב עִקֵּשׁ מֵהֶם בְּבַטְּלֶךָ
הֵן חַשְׁרַת מֵי טֹהַר בְּהַטִּילֶךָ / כִּי טַל אוֹרוֹת טַלֶּךָ.

ר״ל מרבים רוגז עלינו בלי הפסק. **8 הן גלל המציק מתדלדלים** ישראל מתדלדל בגלל המציק (ל׳ ישע׳ נא יג) **כי רצץ עזב דלים** איוב כ יט, ר״ל הוא רוצץ את ישראל. **9 דלים דינך פחדו ורהו** (ל׳ ישע׳ מד ח אל תפחדו ואל תרהו), ורהו ל׳ פחד. **באים כמודה ועוזב לרחמהו** ע״ש משלי כח יג ומודה ועזב ירוחם. **10 כי יום כפורים הוא** ויק׳ כג כח. **11 הוא הוד והדר ילבש** ל׳ תהל׳ קד א ועוד. **ישוב ירחם ועון יכבש** ע״ש מיכה ז יט. **12 הן הומתק בפי כדבש** ע״ש יחזק׳ ג ג ותהי בפי כדבש למתוק. **כי הוא יכאיב ויחבש** איוב ה יח, ר״ל זה שהוא יכאיב ויחבש יומתק בפי כדבש. **13 כי יסיר משאות כבדו** העונות הן כמשא כבד, ע״ש תהל׳ לח ה כי עונותי עברו ראשי כמשא כבד יכבדו ממני. **14 כי בדבר אשר זדו** שמות יח יא. **15 שגויים** רבים וגדולים (מל׳ ישגה, תהל׳ צב יג). **בפימו הגויים** אומרים בהגה שלהם סלח נא. **16 לתחי אחויים** לתחייה מאוחדים (וי״ג נחויים, וגם זה מסתבר). **כי עמך מקור חיים** תהל׳ לו י. **17 לעם מנטלך** לעם המנשא אותך. **לבב עקש מהם בבטלך** ע״ש תהל׳ קא ד לבב עקש יסור ממני. **18 חשרת מי טוהר בהטילך** ע״ש ש״ב כב יב חשרת מים, ויחזק׳ לו כה וזרקתי עליכם

טַלֶּךָ טְלָאֶיךָ בּוֹ לְהִתְכַּפֵּר / הָעֵת תַּמְצִיאֵם סְלִיחָה וָכֹפֶר
הֵן טַהֵרֵם כָּאָמוּר בַּסֵּפֶר / כִּי בַיּוֹם הַזֶּה יְכַפֵּר.

חָטָאנוּ צוּרֵנוּ, סְלַח לָנוּ יוֹצְרֵנוּ.

יְכַפֵּר יִרְצֶה כְּאָז בְּהַעֲלָיוֹתַי / בִּהְיוֹת אֲרִיאֵל בְּבֹחַן עֲלִיּוֹתַי
הֵן יָדַעְתָּ פִּקּוּק חֻלְיוֹתַי / כִּי אַתָּה קָנִיתָ כִלְיוֹתָי.

כִּלְיוֹתַי כְּטוּחַי אָכִין לְעָבְדוֹ / וְתֶעֱרַב לְפָנָיו תְּחִנַּת עַבְדּוֹ
הֵן כַּבֵּד יְכַבֵּד מְכַבְּדוֹ / כִּי נִשְׂגָּב שְׁמוֹ לְבַדּוֹ.

חָטָאנוּ צוּרֵנוּ, סְלַח לָנוּ יוֹצְרֵנוּ.

לְבַדּוֹ לוֹ לְהִתְחוֹלֵל כָּל אֱנוֹשׁ / אָוֶן לֹא יִתְבּוֹנֵן לֶאֱנוֹשׁ
הֵן לֹא טוֹב לַצַּדִּיק לַעֲנוֹשׁ / כִּי יִרְבֶּה אֱלוֹהַ מֵאֱנוֹשׁ.

מֵאֱנוֹשׁ מִמַּעֲשָׂיו יָגֹרְתִּי וְאֵיַמְתִּי / פֶּן אֶכָּשֵׁל כַּאֲשֶׁר אָשַׁמְתִּי
הֵן מְיַחֵל שִׁוִּיתִי וְדוֹמַמְתִּי / כִּי אַחֲרֵי שׁוּבִי נִחַמְתִּי.

חָטָאנוּ צוּרֵנוּ, סְלַח לָנוּ יוֹצְרֵנוּ.

מים טהורים. **כי טל אורות טלך** ישע׳ כו יט. 19 **טלאיך בו להתכפר** שיתכפרו בו צאנך ישראל. 20 **כי ביום הזה יכפר** ויק׳ טז ל. 21 **בהעליותי** בקרבנותי. **בהיות אריאל בבוחן עליותי** בהיות המזבח בנוי במבצר עליות (בוחן, וי״ג בַּחַן ע״פ ישע׳ לב יד, פירושו מבצר או מגדל). 22 **פיקוק חוליותי** השתחוויות, שבהן שחים עד שיתפקקו כל חוליות שבשדרה (ברכות דף כ״ח ב׳). **כי אתה קנית כליותי** תהל׳ קלט יג. 23 **כליותי כטוחי** (במקום: כטוחותי, ע״ש איוב לח לו מי שת בטוחות חכמה). **ותערב לפניו תחנת עבדו** ע״ש תהל׳ קד לד יערב עליו שיחי. וי״ג יערב, ושמא זה עיקר, והפייטן לא דקדק, אלא הלך אחר הכתוב. 24 **כבד יכבד מכבדו** ע״ש ש״א ב ל כי מכבדי אכבד. **כי נשגב שמו לבדו** תהל׳ קמח יג. 25 **לו להתחולל כל אנוש** ע״ש תהל׳ לז ז דום לה׳ והתחולל לו, פי׳ הוחל לו. **און לא יתבונן לאנוש** ע״ש איוב יא יא וירא און ולא יתבונן. 26 **לא טוב לצדיק לענוש** ע״ש משלי יז כו גם ענוש לצדיק לא טוב, ודרשוהו על הקב״ה, עי׳ ברכות דף ז׳ א׳ ורחמיו על כל מעשיו כתיב, וכתיב גם ענוש לצדיק לא טוב. **כי ירבה אלוה מאנוש** איוב לג יב. 27 **מאנוש ממעשיו יגורתי ואויימתי** ממעשי בני אדם הרגשתי פחד. 28 **מיחל שויתי ודוממתי** שויתי את עצמי מיחל לה׳, ע״ש איכה ג כו טוב ויחיל ודומם לתשועת

נִחַמְתִּי נֶפֶשׁ נַעֲנָה לְהָשֵׁם / הִתְוַדּוּת הַיּוֹם נִסְתָּר וּמְפֻרְסָם
הֵן נֶצַח לְכִפּוּר הוּשַׂם / כִּי בְּרִית עוֹלָם שָׂם.

שָׂם סְלִיחָה לְהוֹעִיל לְלַמְּדִי / תְּשׁוּבָה מְכַפֶּרֶת כְּזִבְחֵי תְמִידִי
הֵן סִימָהּ בְּצִלּוֹ לְהַעֲמִידִי / כִּי יָדַע דֶּרֶךְ עִמָּדִי.

חָטָאנוּ צוּרֵנוּ, סְלַח לָנוּ יוֹצְרֵנוּ.

עִמָּדִי עֲשׂוֹת חֶסֶד בְּהַפְלִיאָךְ / כִּי תְבַקֵּר צֹאנְךָ וּטְלָאֶיךָ
הֵן עָלֶיךָ יַעֲזֹב חֵילֶךָ / כִּי אֶזְכְּרָה מִקֶּדֶם פִּלְאֶךָ.

פִּלְאֲךָ פֹּעַל יְרֵאֶיךָ לְנָצְרָם / הֱיוֹת יִרְאַת יי אוֹצָרָם
הֵן פְּלִילֵינוּ לֵידַע בְּהִתְבַּצְּרָם / כִּי לֹא כְצוּרֵנוּ צוּרָם.

חָטָאנוּ צוּרֵנוּ, סְלַח לָנוּ יוֹצְרֵנוּ.

צוּרָם צוּר יִשְׂרָאֵל וּקְדוֹשׁוֹ / יֹאמְרוּ בַגּוֹיִם לְעֵינֵיהֶם בְּהִתְקַדְּשׁוֹ
הֵן צָמְחָה יְשׁוּעָה לְמַקְדִּישׁוֹ / כִּי הִשְׁקִיף מִמְּרוֹם קָדְשׁוֹ.

ה׳. **כי אחרי שובי נחמתי** ירמ׳ לא יח, ר״ל התחרטתי על החטאים. **29 נפש נענה** (ל׳ ישע׳ נח י) **להשם** להשים את נפשי לנפש נענה ומצטערת ע״י העינוי. **30 נצח לכיפור הושם** היום הזה הושם ליום כפורים לנצח. **כי ברית עולם שם** ש״ב כג ה. **31 להועיל ללמדי** ע״ש ישע׳ מח יז אני... מלמדך להועיל. **32 סיימה בצלו להעמידי** הוא סימן את התשובה כדי להעמיד אותי בצלו. **כי ידע דרך עמדי** איוב כג י, ר״ל ה׳ יודע את דרכי ויצרי. **33 כי תבקר את צאנך** ע״ש יחזק׳ לד יב כן אבקר את צאני. **34 הן עליך יעזוב חילך** חילך, היינו עמך, יעזב הענין אצלך (וייתכן שהפייטן שינה בכוונה לשון הכתוב תהל׳ י יד עליך יעזב חלכה, ר״ל החלש והעני, וייתכן ג״כ ששינוי המעתיקים הוא). **כי אזכרה מקדם פלאך** תהל׳ עז יב. **35 פלאך פעול יראיך לנצרם** עשה פלאים ליראיך כדי לנצור אותם (כך כנראה תחביר השורה שאינו ברור). **היות יראת ה׳ אוצרם** ע״ש ישע׳ לג ו יראת ה׳ היא אוצרו. **36 פלילינו** (ר״ל אויבינו, דבר׳ לב לא) **לידע בהתבצרם** כדי שידעו זאת ויאמרו **כי לא כצורנו צורם** דבר׳ שם. **37 צור ישראל וקדושו** דוגמת ישע׳ מט ז גואל ישראל קדושו. **יאמרו בגוים לעיניהם בהתקדשו** ע״ש יחזק׳ לו כג וידעו הגוים כי אני ה׳... בהקדשי בכם לעיניהם. **28 צמחה ישועה למקדישו** ר״ל לעם המקדיש

קָדְשׁוּ קוֹמֵם קָדָשָׁיו לְהַקְרִיבָם / לְהַצִּיב הוֹד שְׁכִינָתוֹ בְּקִרְבָּם
הֵן קוֹמוּ יֵחַתּוּ מְרִיבָם / כִּי יי יָרִיב רִיבָם.

חָטָאנוּ צוּרֵנוּ, סְלַח לָנוּ יוֹצְרֵנוּ.

רִיבָם רִיב שׁוֹטְנֵיהֶם לִבְלוֹם / יִדְּמוּ קָטֵגוֹרִים פֶּה לֶאֱלוֹם
הֵן רַעְיָתְךָ תְּהַלֶּלְךָ לְעֵלוֹם / כִּי אַחֲרִית לְאִישׁ שָׁלוֹם.

שָׁלוֹם שְׁפוֹת לְהַזְרִיחַ נְהָרָה / הֲגִיגֵנוּ בִּין כְּמִנְחָה טְהוֹרָה
הֵן שִׁכְנְךָ תַּגִּיהַּ בְּאוֹרָה / כִּי מִצִּיּוֹן תֵּצֵא תוֹרָה.

חָטָאנוּ צוּרֵנוּ, סְלַח לָנוּ יוֹצְרֵנוּ.

תּוֹרָה שָׁמְעוּ נֶאֱמָנֶיךָ בְּסִינַי / רָצוּהָ יְצָרוּהָ חֲקָרוּהָ לְעֵינָי
הֵן הַיּוֹם יְכַפֵּר לָאֱמוּנַי / כִּי אֵל רַחוּם יי.

יי יְנַהֲלֵנוּ עַלְמוּת לְנַהֲגָה / וְיָסִיר מִמֶּנּוּ אַף וְתוּגָה
הֵן יַעֲבִיר זָדוֹן לִמְשׁוּגָה / כִּי לְכָל הָעָם בִּשְׁגָגָה.

חָטָאנוּ צוּרֵנוּ, סְלַח לָנוּ יוֹצְרֵנוּ.

אותו **כי השקיף ממרום קדשו** תהל׳ קב כ. **39 קדשו קומם** הקים. **40 קומו יחתו מריבם** ע״ש ש״א ב י ה׳ יחתו מריביו. **כי ה׳ יריב ריבם** משלי כב כג. **41 לבלום** לחסום (ל׳ תהל׳ לב ט עדיו לבלום). **פה לאלום** להשתיק את פיהם. **42 רעיתך** ישראל. **לעילום** לעולם (ל׳ דה״ב לג ז). **כי אחרית לאיש שלום** תהל׳ לז לז. **43 שלום שפות** ע״ש ישע׳ כו יב ה׳ תשפת שלום לנו. **להזריח נהרה** להזריח אור (ל׳ איוב ג ד). **הגיגנו בין** ע״ש תהל׳ ה ב בינה הגיגי. **44 שכנך תגיה כאורה** (שכנך, ל׳ דבר׳ יב ה לשכנו תדרשו, תגיה ל׳ ש״ב כב כט יגיה חשכי) תחדש את נוגה בית המקדש. **כי מציון תצא תורה** מיכה ד ב. **46 כי אל רחום ה׳** דבר׳ ד לא. **47 ה׳ ינהלנו עלמות לנהגה** ע״ש תהל׳ מח טו הוא ינהגנו על מות, שפירושו לא ברור, ויש שמפרשים אותו ׳עולמית׳, וכנראה תפס הפייטן במשמעות זו. **ותוגה** דאגה (ל׳ תהל׳ קיט כח). **48 יעביר זדון למשוגה** יעביר הזדונות לשגגות (משוגה, דוגמת איוב יט ד, פי׳ שגיון) ע״פ דרשת חז״ל (יומא דף ל״ו ה׳) בשעה שישראל חוטאין לפניך ועושין תשובה עשה להם זדונות כשגגות. **כי לכל העם בשגגה** במד׳ טו כו.

זְכֹר לָנוּ בְּרִית אָבוֹת כַּאֲשֶׁר אָמַרְתָּ
וְזָכַרְתִּי אֶת בְּרִיתִי יַעֲקוֹב, וְאַף אֶת בְּרִיתִי יִצְחָק
וְאַף אֶת בְּרִיתִי אַבְרָהָם אֶזְכֹּר וְהָאָרֶץ אֶזְכֹּר.
זְכֹר לָנוּ בְּרִית רִאשׁוֹנִים כַּאֲשֶׁר אָמַרְתָּ
וְזָכַרְתִּי לָהֶם בְּרִית רִאשׁוֹנִים
אֲשֶׁר הוֹצֵאתִי אֹתָם מֵאֶרֶץ מִצְרַיִם לְעֵינֵי הַגּוֹיִם
לִהְיוֹת לָהֶם לֵאלֹהִים אֲנִי יְיָ.
עֲשֵׂה עִמָּנוּ כְּמָה שֶׁהִבְטַחְתָּנוּ
וְאַף גַּם זֹאת בִּהְיוֹתָם בְּאֶרֶץ אֹיְבֵיהֶם לֹא מְאַסְתִּים וְלֹא גְעַלְתִּים לְכַלֹּתָם
לְהָפֵר בְּרִיתִי אִתָּם, כִּי אֲנִי יְיָ אֱלֹהֵיהֶם.
רַחֵם עָלֵינוּ וְאַל תַּשְׁחִיתֵנוּ כְּמָה שֶׁכָּתוּב
כִּי אֵל רַחוּם יְיָ אֱלֹהֶיךָ לֹא יַרְפְּךָ וְלֹא יַשְׁחִיתֶךָ
וְלֹא יִשְׁכַּח אֶת בְּרִית אֲבֹתֶיךָ אֲשֶׁר נִשְׁבַּע לָהֶם.
וּמוֹל אֶת לְבָבֵנוּ לְאַהֲבָה אֶת שְׁמֶךָ כְּמָה שֶׁכָּתוּב
וּמָל יְיָ אֱלֹהֶיךָ אֶת לְבָבְךָ וְאֶת לְבַב זַרְעֶךָ
לְאַהֲבָה אֶת יְיָ אֱלֹהֶיךָ בְּכָל לְבָבְךָ וּבְכָל נַפְשְׁךָ לְמַעַן חַיֶּיךָ.
הָשֵׁב שְׁבוּתֵנוּ וְרַחֲמֵנוּ כְּמָה שֶׁכָּתוּב
וְשָׁב יְיָ אֱלֹהֶיךָ אֶת שְׁבוּתְךָ וְרִחֲמֶךָ
וְשָׁב וְקִבֶּצְךָ מִכָּל הָעַמִּים אֲשֶׁר הֱפִיצְךָ יְיָ אֱלֹהֶיךָ שָׁמָּה.
קַבֵּץ נִדָּחֵינוּ כְּמָה שֶׁכָּתוּב
אִם יִהְיֶה נִדַּחֲךָ בִּקְצֵה הַשָּׁמָיִם, מִשָּׁם יְקַבֶּצְךָ יְיָ אֱלֹהֶיךָ וּמִשָּׁם יִקָּחֶךָ.
הִמָּצֵא לָנוּ בְּבַקָּשָׁתֵנוּ כְּמָה שֶׁכָּתוּב
וּבִקַּשְׁתֶּם מִשָּׁם אֶת יְיָ אֱלֹהֶיךָ וּמָצָאתָ
כִּי תִדְרְשֶׁנּוּ בְּכָל לְבָבְךָ וּבְכָל נַפְשֶׁךָ.
מְחֵה פְשָׁעֵינוּ לְמַעַנְךָ כַּאֲשֶׁר אָמַרְתָּ
אָנֹכִי אָנֹכִי הוּא מֹחֶה פְשָׁעֶיךָ לְמַעֲנִי, וְחַטֹּאתֶיךָ לֹא אֶזְכֹּר.

מְחֵה פְשָׁעֵינוּ כָּעָב וְכֶעָנָן כְּמָה שֶׁכָּתוּב
מָחִיתִי כָעָב פְּשָׁעֶיךָ וְכֶעָנָן חַטֹּאתֶיךָ, שׁוּבָה אֵלַי כִּי גְאַלְתִּיךָ.
הַלְבֵּן חֲטָאֵינוּ כַּשֶּׁלֶג וְכַצֶּמֶר כְּמָה שֶׁכָּתוּב, לְכוּ נָא וְנִוָּכְחָה יֹאמַר יי
אִם יִהְיוּ חֲטָאֵיכֶם כַּשָּׁנִים כַּשֶּׁלֶג יַלְבִּינוּ, אִם יַאְדִּימוּ כַתּוֹלָע כַּצֶּמֶר יִהְיוּ.
זְרֹק עָלֵינוּ מַיִם טְהוֹרִים וְטַהֲרֵנוּ כְּמָה שֶׁכָּתוּב, וְזָרַקְתִּי עֲלֵיכֶם מַיִם טְהוֹרִים
וּטְהַרְתֶּם, מִכֹּל טֻמְאוֹתֵיכֶם וּמִכָּל גִּלּוּלֵיכֶם אֲטַהֵר אֶתְכֶם.
כַּפֵּר חֲטָאֵינוּ בַּיּוֹם הַזֶּה וְטַהֲרֵנוּ כְּמָה שֶׁכָּתוּב
כִּי בַיּוֹם הַזֶּה יְכַפֵּר עֲלֵיכֶם לְטַהֵר אֶתְכֶם, מִכֹּל חַטֹּאתֵיכֶם לִפְנֵי יי תִּטְהָרוּ.
תְּבִיאֵנוּ אֶל הַר קָדְשֶׁךָ וְשַׂמְּחֵנוּ בְּבֵית תְּפִלָּתֶךָ כְּמָה שֶׁכָּתוּב
וַהֲבִיאוֹתִים אֶל הַר קָדְשִׁי וְשִׂמַּחְתִּים בְּבֵית תְּפִלָּתִי
עוֹלֹתֵיהֶם וְזִבְחֵיהֶם לְרָצוֹן עַל מִזְבְּחִי
כִּי בֵיתִי בֵּית תְּפִלָּה יִקָּרֵא לְכָל הָעַמִּים.

פותחים את ארון הקודש

שְׁמַע קוֹלֵנוּ, יי אֱלֹהֵינוּ, חוּס וְרַחֵם עָלֵינוּ
וְקַבֵּל בְּרַחֲמִים וּבְרָצוֹן אֶת תְּפִלָּתֵנוּ.
הֲשִׁיבֵנוּ יי אֵלֶיךָ וְנָשׁוּבָה, חַדֵּשׁ יָמֵינוּ כְּקֶדֶם.
אַל תַּשְׁלִיכֵנוּ מִלְּפָנֶיךָ, וְרוּחַ קָדְשְׁךָ אַל תִּקַּח מִמֶּנּוּ.
אַל תַּשְׁלִיכֵנוּ לְעֵת זִקְנָה, כִּכְלוֹת כֹּחֵנוּ אַל תַּעַזְבֵנוּ.

סוגרים את ארון הקודש

אַל תַּעַזְבֵנוּ יי, אֱלֹהֵינוּ אַל תִּרְחַק מִמֶּנּוּ.
עֲשֵׂה עִמָּנוּ אוֹת לְטוֹבָה וְיִרְאוּ שׂוֹנְאֵינוּ וְיֵבֹשׁוּ
כִּי אַתָּה יי עֲזַרְתָּנוּ וְנִחַמְתָּנוּ.
אֲמָרֵינוּ הַאֲזִינָה יי בִּינָה הֲגִיגֵנוּ.
יִהְיוּ לְרָצוֹן אִמְרֵי פִינוּ וְהֶגְיוֹן לִבֵּנוּ לְפָנֶיךָ, יי צוּרֵנוּ וְגוֹאֲלֵנוּ.
כִּי לְךָ יי הוֹחָלְנוּ, אַתָּה תַעֲנֶה אֲדֹנָי אֱלֹהֵינוּ.

אֱלֹהֵינוּ וֵאלֹהֵי אֲבוֹתֵינוּ
אַל תַּעַזְבֵנוּ, וְאַל תִּטְּשֵׁנוּ, וְאַל תַּכְלִימֵנוּ, וְאַל תָּפֵר בְּרִיתְךָ אִתָּנוּ
קָרְבֵנוּ לְתוֹרָתֶךָ, לַמְּדֵנוּ מִצְוֹתֶיךָ
הוֹרֵנוּ דְרָכֶיךָ, הַט לִבֵּנוּ לְיִרְאָה אֶת שְׁמֶךָ
וּמוֹל אֶת לְבָבֵנוּ לְאַהֲבָתֶךָ, וְנָשׁוּב אֵלֶיךָ בֶּאֱמֶת וּבְלֵב שָׁלֵם
וּלְמַעַן שִׁמְךָ הַגָּדוֹל תִּמְחוֹל וְתִסְלַח לַעֲוֹנֵינוּ
כַּכָּתוּב בְּדִבְרֵי קָדְשֶׁךָ
לְמַעַן שִׁמְךָ יְיָ, וְסָלַחְתָּ לַעֲוֹנִי כִּי רַב הוּא.

אֱלֹהֵינוּ וֵאלֹהֵי אֲבוֹתֵינוּ
סְלַח לָנוּ, מְחַל לָנוּ, כַּפֶּר לָנוּ.

כִּי אָנוּ עַמֶּךָ וְאַתָּה אֱלֹהֵינוּ אָנוּ בָנֶיךָ וְאַתָּה אָבִינוּ
אָנוּ עֲבָדֶיךָ וְאַתָּה אֲדוֹנֵינוּ אָנוּ קְהָלֶךָ וְאַתָּה חֶלְקֵנוּ
אָנוּ נַחֲלָתֶךָ וְאַתָּה גוֹרָלֵנוּ אָנוּ צֹאנֶךָ וְאַתָּה רוֹעֵנוּ
אָנוּ כַרְמֶךָ וְאַתָּה נוֹטְרֵנוּ אָנוּ פְעֻלָּתֶךָ וְאַתָּה יוֹצְרֵנוּ
אָנוּ רַעְיָתֶךָ וְאַתָּה דוֹדֵנוּ אָנוּ סְגֻלָּתֶךָ וְאַתָּה אֱלֹהֵינוּ
אָנוּ עַמֶּךָ וְאַתָּה מַלְכֵּנוּ אָנוּ מַאֲמִירֶךָ וְאַתָּה מַאֲמִירֵנוּ.

כי אנו עמך מקור פיוט זה הוא שה״ש רבה ב׳ ט״ז דודי לי ואני לו. הוא לי לאלהים, ואני לו לאומה. הוא לי לאלהים (שמות כ ב) אנכי ה׳ אלהיך, ואני לו לעם ואומה, שנא׳ (ישע׳ נא ד) הקשיבו אלי עמי ולאומי אלי האזינו. הוא לי לאב ואני לו לבן. הוא לי לאב (שנא׳) (ירמ׳ לא ח) כי הייתי לישראל לאב, ואני לו לבן (שמות ד כב) בני בכורי ישראל (דבר׳ יד א) בנים אתם לה׳ אלהיכם. הוא לי לרועה (תהל׳ פ ב) רועה ישראל האזינה, ואני לו לצאן (יחזק׳ לד לא) ואתן צאני צאן מרעיתי. הוא לי לשומר (תהל׳ קכא ד) הנה לא ינום ולא יישן שומר ישראל, ואני לו לכרם, שנ׳ (ישע׳ ה ז) כי כרם ה׳ צבאות בית ישראל... עכ״ל. הפייטן הוסיף נופך משלו, ורבו בשיר זה השינויים במסורת. 2 **עבדיך** ע״ש ויק׳ כה נה כי לי בני ישראל עבדים... **חלקנו** ע״ש תהל׳ קיט נז חלקי ה׳ אמרתי. 3 **נחלתך** ע״ש ישע׳ יט כה ונחלתי ישראל. 4 **פעולתך** ע״ש ישע׳ מה יא קדוש ישראל ויוצרו...על בני ועל פועל ידי. 5 **רעיתך**...דודנו ע״ש שה״ש ב י ענה דודי ואמר לי קומי

אָנוּ עַזֵּי פָנִים וְאַתָּה רַחוּם וְחַנּוּן
אָנוּ קְשֵׁי עֹרֶף וְאַתָּה אֶרֶךְ אַפַּיִם
אָנוּ מְלֵאֵי עָוֹן וְאַתָּה מָלֵא רַחֲמִים
אָנוּ יָמֵינוּ כְּצֵל עוֹבֵר וְאַתָּה הוּא וּשְׁנוֹתֶיךָ לֹא יִתָּמּוּ.

אֱלֹהֵינוּ וֵאלֹהֵי אֲבוֹתֵינוּ
אָנָּא תָּבֹא לְפָנֶיךָ תְּפִלָּתֵנוּ, וְאַל תִּתְעַלַּם מִתְּחִנָּתֵנוּ
שֶׁאֵין אֲנַחְנוּ עַזֵּי פָנִים וּקְשֵׁי עֹרֶף לוֹמַר לְפָנֶיךָ, יי אֱלֹהֵינוּ וֵאלֹהֵי אֲבוֹתֵינוּ
צַדִּיקִים אֲנַחְנוּ וְלֹא חָטָאנוּ, אֲבָל אֲנַחְנוּ וַאֲבוֹתֵינוּ חָטָאנוּ.

אָשַׁמְנוּ. בָּגַדְנוּ. גָּזַלְנוּ. דִּבַּרְנוּ דֹפִי.
הֶעֱוִינוּ. וְהִרְשַׁעְנוּ. זַדְנוּ. חָמַסְנוּ. טָפַלְנוּ שֶׁקֶר.
יָעַצְנוּ רָע. כִּזַּבְנוּ. לַצְנוּ. מָרַדְנוּ. נִאַצְנוּ. סָרַרְנוּ.
עָוִינוּ. פָּשַׁעְנוּ. צָרַרְנוּ. קִשִּׁינוּ עֹרֶף.
רָשַׁעְנוּ. שִׁחַתְנוּ. תִּעַבְנוּ. תָּעִינוּ. תִּעְתָּעְנוּ.

סַרְנוּ מִמִּצְוֹתֶיךָ וּמִמִּשְׁפָּטֶיךָ הַטּוֹבִים וְלֹא שָׁוָה לָנוּ.
וְאַתָּה צַדִּיק עַל כָּל הַבָּא עָלֵינוּ, כִּי אֱמֶת עָשִׂיתָ וַאֲנַחְנוּ הִרְשָׁעְנוּ.

הִרְשַׁעְנוּ וּפָשַׁעְנוּ, לָכֵן לֹא נוֹשָׁעְנוּ
וְתֵן בְּלִבֵּנוּ לַעֲזֹב דֶּרֶךְ רֶשַׁע, וְחִישׁ לָנוּ יֶשַׁע
כַּכָּתוּב עַל יַד נְבִיאֶךָ
יַעֲזֹב רָשָׁע דַּרְכּוֹ וְאִישׁ אָוֶן מַחְשְׁבֹתָיו, וְיָשֹׁב אֶל יי וִירַחֲמֵהוּ
וְאֶל אֱלֹהֵינוּ כִּי יַרְבֶּה לִסְלוֹחַ.

לך רעיתי יפתי... ועוד. **סגולתך** ע״ש שמות יט ה והייתם לי סגולה מכל העמים. **6 מאמיריך... מאמירנו** ע״ש דבר׳ כו יז־יח את ה׳ האמרת היום... וה׳ האמירך היום...
אנו ימינו כצל עובר ע״ש תהל׳ קמד ד ימיו כצל עובר. **ואתה הוא ושנותיך...** שם קב כח.

אֱלֹהֵינוּ וֵאלֹהֵי אֲבוֹתֵינוּ
סְלַח וּמְחַל לַעֲוֹנוֹתֵינוּ בְּיוֹם /בשבת: הַשַּׁבָּת הַזֶּה וּבְיוֹם/
הַכִּפּוּרִים הַזֶּה
וְהֵעָתֵר לָנוּ בִּתְפִלָּתֵנוּ
מְחֵה וְהַעֲבֵר פְּשָׁעֵינוּ וְחַטֹּאתֵינוּ מִנֶּגֶד עֵינֶיךָ
וְכֹף אֶת יִצְרֵנוּ לְהִשְׁתַּעְבֵּד לָךְ
וְהַכְנַע עָרְפֵּנוּ לָשׁוּב אֵלֶיךָ בֶּאֱמֶת
וְחַדֵּשׁ כִּלְיוֹתֵינוּ לִשְׁמֹר פִּקּוּדֶיךָ
וּמוֹל אֶת לְבָבֵנוּ לְאַהֲבָה וּלְיִרְאָה אֶת שְׁמֶךָ
כַּכָּתוּב בְּתוֹרָתֶךָ
וּמָל יי אֱלֹהֶיךָ אֶת לְבָבְךָ וְאֶת לְבַב זַרְעֶךָ
לְאַהֲבָה אֶת יי אֱלֹהֶיךָ בְּכָל לְבָבְךָ וּבְכָל נַפְשְׁךָ לְמַעַן חַיֶּיךָ.
הַזְּדוֹנוֹת וְהַשְּׁגָגוֹת אַתָּה מַכִּיר
הָרָצוֹן וְהָאֹנֶס, הַגְּלוּיִים וְהַנִּסְתָּרִים
לְפָנֶיךָ הֵם גְּלוּיִים וִידוּעִים.
מָה אָנוּ
מֶה חַיֵּינוּ, מֶה חַסְדֵּנוּ
מַה צִּדְקוֹתֵינוּ, מַה יְשׁוּעָתֵנוּ
מַה כֹּחֵנוּ, מַה גְּבוּרָתֵנוּ
מַה נֹּאמַר לְפָנֶיךָ יי אֱלֹהֵינוּ וֵאלֹהֵי אֲבוֹתֵינוּ
הֲלֹא כָּל הַגִּבּוֹרִים כְּאַיִן לְפָנֶיךָ, וְאַנְשֵׁי הַשֵּׁם כְּלֹא הָיוּ
וַחֲכָמִים כִּבְלִי מַדָּע, וּנְבוֹנִים כִּבְלִי הַשְׂכֵּל
כִּי רֹב מַעֲשֵׂיהֶם תֹּהוּ, וִימֵי חַיֵּיהֶם הֶבֶל לְפָנֶיךָ
וּמוֹתַר הָאָדָם מִן הַבְּהֵמָה אָיִן, כִּי הַכֹּל הָבֶל.

מַה נֹּאמַר לְפָנֶיךָ יוֹשֵׁב מָרוֹם, וּמַה נְּסַפֵּר לְפָנֶיךָ שׁוֹכֵן שְׁחָקִים
הֲלֹא כָּל הַנִּסְתָּרוֹת וְהַנִּגְלוֹת אַתָּה יוֹדֵעַ.

סימן: א״ב (כפול).

אַתָּה מֵבִין תַּעֲלוּמוֹת לֵב / אֶפֶס לְךָ נִגְלוֹת וְגַם נִסְתָּרוֹת.
בָּאנוּ בִדְבָרִים לְפַתּוֹתְךָ בָּם / בְּרִשְׁעֵנוּ אַל תֵּפֶן וְלֹא בְמַעֲלָלֵינוּ.
גִּשְׁתֵּנוּ בְיוֹם זֶה כִּירֵא וְחָרֵד / גֵּאֶה כְּרַחוּם לְמַעַנְךָ עֲשֵׂה חֶסֶד.
דִּין אַל תְּמַתַּח מוּל עָפָר וָאֵפֶר / דַּע אַחֲרִיתֵנוּ רִמָּה וְתוֹלֵעָה.
הַאִם שָׁגַגְנוּ וְנֶעְלַם מִמֶּנּוּ / הֲלֹא אַתָּה לְבַד מֵבִין שְׁגִיאוֹת
וְאַל תַּחְשֹׁב לָנוּ כְּעוֹשֶׂה בְזָדוֹן / וִדּוּי שְׂפָתֵינוּ שְׁעֵה בְּעֵת רָצוֹן.
זֶה כַּפֶּר לָנוּ הוּדַע וְלֹא הוּדַע / זָדוֹן וְנֶעְלָם עֲשֵׂה וְלֹא תַעֲשֶׂה.
חַלְּצֵנוּ מֵעֹנֶשׁ כָּרֵת וּמִיתָה / חֲמֹל עַל חֹמֶר מַעֲשֵׂה יָדֶיךָ.
טָפַשְׁנוּ בְּרֹעַ יֵצֶר אֲשֶׁר מִנְּעוּרֵינוּ / טָמוּן בְּקִרְבֵּנוּ כְּרֶשֶׁת לִפְעָמֵינוּ.
יוֹצְרֵנוּ וְעוֹשֵׂנוּ יוֹדֵעַ יִצְרֵנוּ / יֶהֱמוּ רַחֲמֶיךָ וְאַל תַּשְׁחִיתֵנוּ.
כִּי מִלְּפָנֶיךָ מִי יִסָּתֵר / כֹּל גָּלוּי לְךָ כָּאוֹר וְכַצָּהֳרָיִם.
לְבֵית דִּין הוֹרֵיתָ אַרְבַּע מִיתוֹת / לְמַעַנְךָ עֲשֵׂה וּמֵהֶם חַלְּצֵנוּ.

1 תעלומות לב ע״ש תהל׳ מד כב. **אפס לך נגלות וגם נסתרות** רק לך (״אפס״ במשמעות ״רק״ דוגמת במד׳ כג יג אפס קצהו תראה) שייכות נגלות וגם נסתרות, ושתיהן ברשותך, ולנו רק הנגלות, ע״ש דבר׳ כט כח הנסתרות לה׳ אלהינו והנגלות לנו ולבנינו וכו׳. **2 ברשענו אל תפן** נוסח דומה בתפלת ׳עננו׳ בעמידת התענית: אל תפן אל רשענו. **3 כירא וחרד** ע״ש שופט׳ ז ג. **4 דין אל תמתח** ר״ל אל תמתח את קו המשפט בקיצוניות **מול עפר ואפר** ע״ש בראׁ יח כז. **דע אחריתנו רמה ותולעה** כנוסח הוידוי בנעילת יום הכפורים: ואתה יודע שאחריתנו רמה ותולעה, ע״ש איוב כה ו אף כי אנוש רמה ובן אדם תולעה. **5 מבין שגיאות** ע״ש תהל׳ יט יג שגיאות מי יבין. **7 הודע ולא הודע** או שהודע אלינו החטאת (ע״ש ויק׳ ד כח או הודע אליו את חטאתו אשר חטא) או שלא הודע. **זדון ונעלם** זדונות ושגגות. **עשה ולא תעשה** ר״ל חטא במצות עשה ולא תעשה. **9 טפשנו** ע״ש תהל׳ קיט ע טפש כחלב לבם. **ברוע יצר אשר מנעורינו** ע״ש בראׁ ח כא כי יצר לב האדם רע מנעוריו. **טמון בקרבנו כרשת לפעמינו** כי נוהגין לטמון את הרשת כדי להכשיל ולתפוס, עי׳ תהל׳ ט טז ברשת זו טמנו נלכדה רגלם. שם לא ה. לה ז־ח. **10 יודע יצרנו** ע״ש תהל׳ קג יד כי הוא ידע יצרנו. **יהמו רחמיך** ע״ש ירמ׳ לא יט על כן המו מעי לו (וכן נוסח ברכת הצדיקים בעמידה: על הצדיקים ועל החסידים... יהמו רחמיך). **11 כי מלפניך מי**

מֵאָז יְצַרְתָּנוּ חֲקַרְתָּנוּ וַתֵּדַע / מַעֲשֵׂינוּ כִּי הֵמָּה עָמָל וָאָוֶן.
נְצֹר נַפְשׁוֹתֵינוּ כִּי בְיָדְךָ כָּל נֶפֶשׁ / נָא תִיקַר נֶפֶשׁ מְמַעֲנֵי לְךָ נָפֶשׁ.
סְקִילָה שְׂרֵפָה הֶרֶג וְחֶנֶק / סוֹדָם גִּלִּיתָ לְיוֹדְעֵי אֲמִתֶּךָ.
עַל כָּל פְּשָׁעֵינוּ אֱלוֹהַּ כַּפֶּר לָנוּ / עַל יָדוּעַ לָנוּ וְעַל נֶעְלָם מִמֶּנּוּ.
פְּשָׁעֵינוּ הוֹדִינוּ לְךָ חוֹקֵר לֵב / פְּדֵנוּ מֵחֵטְא נַקֵּנוּ מֵעָוֹן.
צוּר אַל תֵּפֶן בֶּאֱנוֹשׁ חָצִיר / צְדָקָה עֲשֵׂה עִמָּנוּ כְּעָשִׂיתָ עִם כָּל חָי.
קִדַּמְנוּ בְנֶשֶׁף קָרַבְנוּ בְשֶׁוַע / קָרְבֵנוּ אֵלֶיךָ קְשֹׁב קְרִיאָתֵנוּ.
רִשְׁעֵנוּ אַל תֵּפֶן רַחֲמֵנוּ וְנִצְטַדְּקָה / רַחֲמֶיךָ יְבֹאוּנוּ רַחוּם וְחַנּוּן.

21 שִׁמְךָ מֵעוֹלָם עוֹבֵר עַל פֶּשַׁע
שַׁוְעָתֵנוּ תַּאֲזִין בְּעָמְדֵנוּ לְפָנֶיךָ בִּתְפִלָּה
22 תַּעֲבֹר עַל פֶּשַׁע לְעַם שָׁבֵי פֶשַׁע
תִּמְחֶה פְּשָׁעֵינוּ מִנֶּגֶד עֵינֶיךָ.

יסתר ע״ש בראי ד יד ומפניך אסתר, ועי׳ גם איוב יג כ. **12 לבית דין הורית ארבע מיתות** כלשון המשנה (סנהד׳ ז׳ א׳) ארבע מיתות נמסרו לבית דין, סקילה שריפה הרג וחנק. **13 חקרתנו ותדע** ע״ש תהל׳ קלט א ה׳ חקרתני ותדע. **מעשינו כי המה עמל ואון** ע״ש תהל׳ צ י ורהבם עמל ואון. **14 נצור נפשותינו** ע״ש משלי כד יב ונוצר נפשך הוא ידע. **כי בידך כל נפש** ע״ש איוב יב י אשר בידו נפש כל חי. **נא תיקר נפש** ע״ש מ״ב א יד ועתה תיקר נפשי בעיניך. **ממעני לך נפש** ישראל המענים נפשם ביום הכפורים (ע״ש ויק׳ כג כז). **15 סקילה שריפה הרג וחנק. סודם גלית ליודעי אמתך** ר״ל מסרת אותן לבית דין, כלשון המשנה הנ״ל. **17 חוקר לב** ירמ׳ יז י. **18 באנוש חציר** ע״ש תהל׳ קג טו אנוש כחציר ימיו. **19 קדמנו בנשף קרבנו בשוע** ע״ש תהל׳ קיט קמז קדמתי בנשף ואושעה. **20 רשענו אל תפן** אל רשענו אל תפן, ועי׳ לעיל שורה 2. **רחמיך יבואנו** ע״ש תהל׳ קיט עז יבואני רחמיך ואחיה. **21 שמך מעולם עובר על פשע** ע״ש מיכה ז יח מי אל כמוך נושא עון ועובר על פשע לשארית נחלתו. **22 לעם שבי פשע** ע״ש ישע׳ נט כ ובא לציון גואל ולשבי פשע ביעקב נאם ה׳. **תמחה פשעינו** ע״ש ישע׳ מג כה. תהל׳ נא ג. יא ועוד.

אַתָּה יוֹדֵעַ רָזֵי עוֹלָם וְתַעֲלוּמוֹת סִתְרֵי כָּל חָי.
אַתָּה חוֹפֵשׂ כָּל חַדְרֵי בָטֶן וּבוֹחֵן כְּלָיוֹת וָלֵב.
אֵין דָּבָר נֶעְלָם מִמֶּךָּ וְאֵין נִסְתָּר מִנֶּגֶד עֵינֶיךָ.
וּבְכֵן, יְהִי רָצוֹן מִלְּפָנֶיךָ, יי אֱלֹהֵינוּ וֵאלֹהֵי אֲבוֹתֵינוּ
שֶׁתִּסְלַח לָנוּ עַל כָּל חַטֹּאתֵינוּ
וְתִמְחַל לָנוּ עַל כָּל עֲוֹנוֹתֵינוּ
וּתְכַפֵּר לָנוּ עַל כָּל פְּשָׁעֵינוּ.

עַל חֵטְא שֶׁחָטָאנוּ לְפָנֶיךָ בְּאֹנֶס וּבְרָצוֹן
וְעַל חֵטְא שֶׁחָטָאנוּ לְפָנֶיךָ בְּאִמּוּץ הַלֵּב

עַל חֵטְא שֶׁחָטָאנוּ לְפָנֶיךָ בִּבְלִי דָעַת
וְעַל חֵטְא שֶׁחָטָאנוּ לְפָנֶיךָ בְּבִטּוּי שְׂפָתָיִם

עַל חֵטְא שֶׁחָטָאנוּ לְפָנֶיךָ בְּגָלוּי וּבַסָּתֶר
וְעַל חֵטְא שֶׁחָטָאנוּ לְפָנֶיךָ בְּגִלּוּי עֲרָיוֹת

עַל חֵטְא שֶׁחָטָאנוּ לְפָנֶיךָ בְּדִבּוּר פֶּה
וְעַל חֵטְא שֶׁחָטָאנוּ לְפָנֶיךָ בְּדַעַת וּבְמִרְמָה

עַל חֵטְא שֶׁחָטָאנוּ לְפָנֶיךָ בְּהַרְהוּר הַלֵּב
וְעַל חֵטְא שֶׁחָטָאנוּ לְפָנֶיךָ בְּהוֹנָאַת רֵעַ

עַל חֵטְא שֶׁחָטָאנוּ לְפָנֶיךָ בְּוִדּוּי פֶּה
וְעַל חֵטְא שֶׁחָטָאנוּ לְפָנֶיךָ בִּוְעִידַת זְנוּת

עַל חֵטְא שֶׁחָטָאנוּ לְפָנֶיךָ בְּזָדוֹן וּבִשְׁגָגָה
וְעַל חֵטְא שֶׁחָטָאנוּ לְפָנֶיךָ בְּזִלְזוּל הוֹרִים וּמוֹרִים

עַל חֵטְא שֶׁחָטָאנוּ לְפָנֶיךָ בְּחֹזֶק יָד
וְעַל חֵטְא שֶׁחָטָאנוּ לְפָנֶיךָ בְּחִלּוּל הַשֵּׁם

עַל חֵטְא שֶׁחָטָאנוּ לְפָנֶיךָ בְּטִפְשׁוּת פֶּה
וְעַל חֵטְא שֶׁחָטָאנוּ לְפָנֶיךָ בְּטֻמְאַת שְׂפָתָיִם

עַל חֵטְא שֶׁחָטָאנוּ לְפָנֶיךָ בְּיֵצֶר הָרָע
וְעַל חֵטְא שֶׁחָטָאנוּ לְפָנֶיךָ בְּיוֹדְעִים וּבְלֹא יוֹדְעִים

וְעַל כֻּלָּם אֱלוֹהַּ סְלִיחוֹת סְלַח לָנוּ, מְחַל לָנוּ, כַּפֶּר לָנוּ.

עַל חֵטְא שֶׁחָטָאנוּ לְפָנֶיךָ בְּכַפַּת שֹׁחַד
וְעַל חֵטְא שֶׁחָטָאנוּ לְפָנֶיךָ בְּכַחַשׁ וּבְכָזָב

עַל חֵטְא שֶׁחָטָאנוּ לְפָנֶיךָ בְּלָשׁוֹן הָרָע
וְעַל חֵטְא שֶׁחָטָאנוּ לְפָנֶיךָ בְּלָצוֹן

עַל חֵטְא שֶׁחָטָאנוּ לְפָנֶיךָ בְּמַשָּׂא וּבְמַתָּן
וְעַל חֵטְא שֶׁחָטָאנוּ לְפָנֶיךָ בְּמַאֲכָל וּבְמִשְׁתֶּה

עַל חֵטְא שֶׁחָטָאנוּ לְפָנֶיךָ בְּנֶשֶׁךְ וּבְמַרְבִּית
וְעַל חֵטְא שֶׁחָטָאנוּ לְפָנֶיךָ בִּנְטִיַּת גָּרוֹן

עַל חֵטְא שֶׁחָטָאנוּ לְפָנֶיךָ בְּשִׂקּוּר עָיִן
וְעַל חֵטְא שֶׁחָטָאנוּ לְפָנֶיךָ בְּשִׂיחַ שִׂפְתוֹתֵינוּ

עַל חֵטְא שֶׁחָטָאנוּ לְפָנֶיךָ בְּעֵינַיִם רָמוֹת
וְעַל חֵטְא שֶׁחָטָאנוּ לְפָנֶיךָ בְּעַזּוּת מֵצַח

וְעַל כֻּלָּם אֱלוֹהַּ סְלִיחוֹת סְלַח לָנוּ, מְחַל לָנוּ, כַּפֶּר לָנוּ.

עַל חֵטְא שֶׁחָטָאנוּ לְפָנֶיךָ בִּפְרִיקַת עֹל
וְעַל חֵטְא שֶׁחָטָאנוּ לְפָנֶיךָ בִּפְלִילוּת

עַל חֵטְא שֶׁחָטָאנוּ לְפָנֶיךָ בִּצְדִיַּת רֵעַ
וְעַל חֵטְא שֶׁחָטָאנוּ לְפָנֶיךָ בְּצָרוּת עָיִן

עַל חֵטְא שֶׁחָטָאנוּ לְפָנֶיךָ בְּקַלּוּת רֹאשׁ
וְעַל חֵטְא שֶׁחָטָאנוּ לְפָנֶיךָ בְּקַשְׁיוּת עֹרֶף

עַל חֵטְא שֶׁחָטָאנוּ לְפָנֶיךָ בְּרִיצַת רַגְלַיִם לְהָרַע
וְעַל חֵטְא שֶׁחָטָאנוּ לְפָנֶיךָ בִּרְכִילוּת

עַל חֵטְא שֶׁחָטָאנוּ לְפָנֶיךָ בִּשְׁבוּעַת שָׁוְא
וְעַל חֵטְא שֶׁחָטָאנוּ לְפָנֶיךָ בְּשִׂנְאַת חִנָּם

עַל חֵטְא שֶׁחָטָאנוּ לְפָנֶיךָ בִּתְשׂוּמֶת יָד
וְעַל חֵטְא שֶׁחָטָאנוּ לְפָנֶיךָ בְּתִמְהוֹן לֵבָב

וְעַל כֻּלָּם אֱלוֹהַּ סְלִיחוֹת סְלַח לָנוּ, מְחַל לָנוּ, כַּפֶּר לָנוּ.

וְעַל חֲטָאִים שֶׁאָנוּ חַיָּבִים עֲלֵיהֶם עוֹלָה
וְעַל חֲטָאִים שֶׁאָנוּ חַיָּבִים עֲלֵיהֶם חַטָּאת
וְעַל חֲטָאִים שֶׁאָנוּ חַיָּבִים עֲלֵיהֶם קָרְבַּן עוֹלֶה וְיוֹרֵד
וְעַל חֲטָאִים שֶׁאָנוּ חַיָּבִים עֲלֵיהֶם אָשָׁם וַדַּאי וְתָלוּי
וְעַל חֲטָאִים שֶׁאָנוּ חַיָּבִים עֲלֵיהֶם מַכַּת מַרְדּוּת
וְעַל חֲטָאִים שֶׁאָנוּ חַיָּבִים עֲלֵיהֶם מַלְקוּת אַרְבָּעִים
וְעַל חֲטָאִים שֶׁאָנוּ חַיָּבִים עֲלֵיהֶם מִיתָה בִּידֵי שָׁמָיִם
וְעַל חֲטָאִים שֶׁאָנוּ חַיָּבִים עֲלֵיהֶם כָּרֵת וַעֲרִירִי
וְעַל חֲטָאִים שֶׁאָנוּ חַיָּבִים עֲלֵיהֶם אַרְבַּע מִיתוֹת בֵּית דִּין
סְקִילָה, שְׂרֵפָה, הֶרֶג, וְחֶנֶק.

עַל מִצְוַת עֲשֵׂה וְעַל מִצְוַת לֹא תַעֲשֶׂה.
בֵּין שֶׁיֵּשׁ בָּהּ קוּם עֲשֵׂה וּבֵין שֶׁאֵין בָּהּ קוּם עֲשֵׂה.
אֶת הַגְּלוּיִים לָנוּ וְאֶת שֶׁאֵינָם גְּלוּיִים לָנוּ
אֶת הַגְּלוּיִים לָנוּ כְּבָר אֲמַרְנוּם לְפָנֶיךָ וְהוֹדִינוּ לְךָ עֲלֵיהֶם, וְאֶת שֶׁאֵינָם גְּלוּיִים לָנוּ, לְפָנֶיךָ הֵם גְּלוּיִים וִידוּעִים, כַּדָּבָר שֶׁנֶּאֱמַר, הַנִּסְתָּרֹת לַיי אֱלֹהֵינוּ וְהַנִּגְלֹת לָנוּ וּלְבָנֵינוּ עַד עוֹלָם, לַעֲשׂוֹת אֶת כָּל דִּבְרֵי הַתּוֹרָה הַזֹּאת.

וְאַתָּה רַחוּם מְקַבֵּל שָׁבִים
עַל הַתְּשׁוּבָה מֵרֹאשׁ הִבְטַחְתָּנוּ וְעַל הַתְּשׁוּבָה עֵינֵינוּ מְיַחֲלוֹת לָךְ.

וְדָוִד עַבְדְּךָ אָמַר לְפָנֶיךָ
שְׁגִיאוֹת מִי יָבִין, מִנִּסְתָּרוֹת נַקֵּנִי.
נַקֵּנוּ יי אֱלֹהֵינוּ מִכָּל פְּשָׁעֵינוּ, וְטַהֲרֵנוּ מִכָּל טֻמְאוֹתֵינוּ
וּזְרֹק עָלֵינוּ מַיִם טְהוֹרִים וְטַהֲרֵנוּ
כַּכָּתוּב עַל יַד נְבִיאֶךָ
וְזָרַקְתִּי עֲלֵיכֶם מַיִם טְהוֹרִים וּטְהַרְתֶּם·
מִכֹּל טֻמְאוֹתֵיכֶם וּמִכָּל גִּלּוּלֵיכֶם אֲטַהֵר אֶתְכֶם.
מִיכָה עַבְדְּךָ אָמַר לְפָנֶיךָ
מִי אֵל כָּמוֹךָ נֹשֵׂא עָוֹן וְעֹבֵר עַל פֶּשַׁע לִשְׁאֵרִית נַחֲלָתוֹ
לֹא הֶחֱזִיק לָעַד אַפּוֹ כִּי חָפֵץ חֶסֶד הוּא.
יָשׁוּב יְרַחֲמֵנוּ יִכְבֹּשׁ עֲוֹנֹתֵינוּ, וְתַשְׁלִיךְ בִּמְצֻלוֹת יָם כָּל חַטֹּאתָם.
וְכָל חַטֹּאת עַמְּךָ בֵּית יִשְׂרָאֵל תַּשְׁלִיךְ בִּמְקוֹם אֲשֶׁר לֹא יִזָּכְרוּ וְלֹא יִפָּקְדוּ וְלֹא יַעֲלוּ עַל לֵב לְעוֹלָם.
תִּתֵּן אֱמֶת לְיַעֲקֹב חֶסֶד לְאַבְרָהָם
אֲשֶׁר נִשְׁבַּעְתָּ לַאֲבוֹתֵינוּ מִימֵי קֶדֶם.

דָּנִיֵּאל אִישׁ חֲמוּדוֹת שִׁוַּע לְפָנֶיךָ
הַטֵּה אֱלֹהַי אָזְנְךָ וּשְׁמָע
פְּקַח עֵינֶיךָ וּרְאֵה שֹׁמְמֹתֵינוּ וְהָעִיר אֲשֶׁר נִקְרָא שִׁמְךָ עָלֶיהָ
כִּי לֹא עַל צִדְקוֹתֵינוּ אֲנַחְנוּ מַפִּילִים תַּחֲנוּנֵינוּ לְפָנֶיךָ
כִּי עַל רַחֲמֶיךָ הָרַבִּים.
אֲדֹנָי שְׁמָעָה אֲדֹנָי סְלָחָה אֲדֹנָי הַקְשִׁיבָה וַעֲשֵׂה אַל תְּאַחַר
לְמַעַנְךָ אֱלֹהַי כִּי שִׁמְךָ נִקְרָא עַל עִירְךָ וְעַל עַמֶּךָ.

עֶזְרָא הַסּוֹפֵר אָמַר לְפָנֶיךָ
אֱלֹהַי, בֹּשְׁתִּי וְנִכְלַמְתִּי לְהָרִים אֱלֹהַי פָּנַי אֵלֶיךָ
כִּי עֲוֹנֹתֵינוּ רָבוּ לְמַעְלָה רֹּאשׁ וְאַשְׁמָתֵנוּ גָּדְלָה עַד לַשָּׁמָיִם.
וְאַתָּה אֱלוֹהַּ סְלִיחוֹת חַנּוּן וְרַחוּם אֶרֶךְ אַפַּיִם וְרַב חֶסֶד וְלֹא עֲזַבְתָּנוּ.

אַל תַּעַזְבֵנוּ אָבִינוּ, וְאַל תִּטְּשֵׁנוּ בּוֹרְאֵנוּ
וְאַל תַּזְנִיחֵנוּ יוֹצְרֵנוּ, וְאַל תַּעַשׂ עִמָּנוּ כָּלָה כְּחַטֹּאתֵינוּ
וְקַיֵּם לָנוּ יי אֱלֹהֵינוּ אֶת הַדָּבָר שֶׁהִבְטַחְתָּנוּ בְּקַבָּלָה
עַל יְדֵי יִרְמְיָהוּ חוֹזָךְ, כָּאָמוּר
בַּיָּמִים הָהֵם וּבָעֵת הַהִיא נְאֻם יי, יְבֻקַּשׁ אֶת עֲוֹן יִשְׂרָאֵל וְאֵינֶנּוּ
וְאֶת חַטֹּאת יְהוּדָה וְלֹא תִמָּצֶאינָה
כִּי אֶסְלַח לַאֲשֶׁר אַשְׁאִיר.

עַמְּךָ וְנַחֲלָתְךָ, רְעֵבֵי טוּבְךָ
צְמֵאֵי חַסְדֶּךָ, תְּאֵבֵי יִשְׁעֶךָ
יַכִּירוּ וְיֵדְעוּ, כִּי לַיי אֱלֹהֵינוּ הָרַחֲמִים וְהַסְּלִיחוֹת.

כשחל יום כיפור בשבת יש שנוהגים לדלג ולהמשיך "לדוד מזמור" בעמ' 102.

אֵל רַחוּם שְׁמֶךָ. אֵל חַנּוּן שְׁמֶךָ.
בָּנוּ נִקְרָא שְׁמֶךָ. יי עֲשֵׂה לְמַעַן שְׁמֶךָ.

סימן: א״ב.

עֲשֵׂה לְמַעַן אֲמִתָּךְ.	עֲשֵׂה לְמַעַן בְּרִיתָךְ.
עֲשֵׂה לְמַעַן גָּדְלָךְ וְתִפְאַרְתָּךְ.	עֲשֵׂה לְמַעַן דָּתָךְ.
עֲשֵׂה לְמַעַן הוֹדָךְ.	עֲשֵׂה לְמַעַן וְעוּדָךְ.
עֲשֵׂה לְמַעַן זִכְרָךְ.	עֲשֵׂה לְמַעַן חַסְדָּךְ.
עֲשֵׂה לְמַעַן טוּבָךְ.	עֲשֵׂה לְמַעַן יִחוּדָךְ.
עֲשֵׂה לְמַעַן כְּבוֹדָךְ.	עֲשֵׂה לְמַעַן לִמּוּדָךְ.
עֲשֵׂה לְמַעַן מַלְכוּתָךְ.	עֲשֵׂה לְמַעַן נִצְחָךְ.
עֲשֵׂה לְמַעַן סוֹדָךְ.	עֲשֵׂה לְמַעַן עֻזָּךְ.
עֲשֵׂה לְמַעַן פְּאֵרָךְ.	עֲשֵׂה לְמַעַן צִדְקָתָךְ.
עֲשֵׂה לְמַעַן קְדֻשָּׁתָךְ.	עֲשֵׂה לְמַעַן רַחֲמֶיךָ הָרַבִּים.
עֲשֵׂה לְמַעַן שְׁכִינָתָךְ.	עֲשֵׂה לְמַעַן תְּהִלָּתָךְ.

פיוט עתיק אלפביתי, לקוח מתפלת התעניות שגזרו בימי עצירת גשמים מימי הקדמונים (אולי חובר עוד בזמן הבית השני) בצורה ספרותית שקורין בשפת העמים ליטאניה. אותו הנוסח מופיע גם בהושענות במלים ׳הושענא למען אמתך׳ וכו׳. בסוף האלפבית באות הוספות שכנראה אינן שייכות לפיוט המקורי. רוב השורות מובנות בלי באור; לחלקן יש מקור במקרא.

אל רחום שמך אל חנון שמך לפי שמות לד ו. **בנו נקרא שמך** דבר׳ כח י ועוד, ר״ל שם ה׳ כלול בשם ישראל, ועי׳ מאמר חז״ל ירו׳ תענית ב׳ ו׳ (דף ס״ה ד׳) שיתף הב״ה שמו הגדול בישראל... **יי עשה למען שמך** ירמ׳ יד ז. **ע״ל אמתך** וכו׳ אין נראה כל עיקרון לסדר התכונות אלא הא״ב. **ע״ל דתך** תורתך. **ע״ל הודך** זה וחבריו שנזכרו בפסוק דה״א כט יא לך ה׳ הגדולה והגבורה וכו׳. **ע״ל ועודך** בית ויעודך, שעליו נאמר ונועדתי לך שם (שמות כה כב), היינו בית המקדש. **ע״ל זכרך** מקביל ל״שמך״, ע״ש שמות ג טו. **ע״ל חסדך** תהל׳ ו ה. **ע״ל יחודך** למען שמך המיוחד. **ע״ל למודך** ישראל שהן למודי ה׳ (ישע׳ נד יג). **ע״ל סודך** ע״ש תהל׳ כה יד. **ע״ל אוהביך**

עֲשֵׂה לְמַעַן אוֹהֲבֶיךָ שׁוֹכְנֵי עָפָר.
עֲשֵׂה לְמַעַן אַבְרָהָם יִצְחָק וְיַעֲקֹב.
עֲשֵׂה לְמַעַן מֹשֶׁה וְאַהֲרֹן.
עֲשֵׂה לְמַעַן דָּוִד וּשְׁלֹמֹה.
עֲשֵׂה לְמַעַן יְרוּשָׁלַיִם עִיר קָדְשֶׁךָ.
עֲשֵׂה לְמַעַן צִיּוֹן מִשְׁכַּן כְּבוֹדֶךָ.
עֲשֵׂה לְמַעַן שְׁמָמוֹת הֵיכָלֶךָ.
עֲשֵׂה לְמַעַן הֲרִיסוּת מִזְבְּחֶךָ.
עֲשֵׂה לְמַעַן הֲרוּגִים עַל שֵׁם קָדְשֶׁךָ.
עֲשֵׂה לְמַעַן טְבוּחִים עַל יִחוּדֶךָ.
עֲשֵׂה לְמַעַן בָּאֵי בָאֵשׁ וּבַמַּיִם עַל קִדּוּשׁ שְׁמֶךָ.
עֲשֵׂה לְמַעַן יוֹנְקֵי שָׁדַיִם שֶׁלֹּא חָטְאוּ.
עֲשֵׂה לְמַעַן גְּמוּלֵי חָלָב שֶׁלֹּא פָשְׁעוּ.
עֲשֵׂה לְמַעַן תִּינוֹקוֹת שֶׁל בֵּית רַבָּן.
עֲשֵׂה לְמַעַנְךָ אִם לֹא לְמַעֲנֵנוּ.
עֲשֵׂה לְמַעַנְךָ וְהוֹשִׁיעֵנוּ.

שוכני עפר מכאן ואילך באה שורת תוספות, ואם חובר השיר בזמן הבית, אלה חוברו אחר החורבן. **שוכני עפר** ע״ש ישע׳ כו יט. **ירושלים עיר קדשך** דני ט טז. כד. **משכן כבודך** תהל׳ כו ח. ע״ל **שממות** (הלשון ע״פ ירמי׳ נא כו) **היכלך... הריסות** (הלשון ע״פ ישע׳ מט יט) **מזבחך** חורבן בית המקדש. ע״ל **הרוגים... טבוחים... באי באש...** לשונות אלה (שנוספו גם לתפלת אבינו מלכנו) אפייניות הן לתקופת רדיפות תתנ״ו. **יונקי שדים** יואל ב טז. **גמולי חלב** ישע׳ כח ט. **תינוקות של בית רבן** לשון התלמוד (שבת קי״ט ב׳ ועוד), ר״ל למען העוסקים בתורה בכל דור, ואין בהם חטא.

עֲנֵנוּ יי עֲנֵנוּ. עֲנֵנוּ אֱלֹהֵינוּ עֲנֵנוּ.

סימן: א״ב.

עֲנֵנוּ אָבִינוּ עֲנֵנוּ.
עֲנֵנוּ בּוֹרְאֵנוּ עֲנֵנוּ.
עֲנֵנוּ גּוֹאֲלֵנוּ עֲנֵנוּ.
עֲנֵנוּ דּוֹרְשֵׁנוּ עֲנֵנוּ.
עֲנֵנוּ הָאֵל הַנֶּאֱמָן עֲנֵנוּ.
עֲנֵנוּ וָתִיק וְחָסִיד עֲנֵנוּ.
עֲנֵנוּ זַךְ וְיָשָׁר עֲנֵנוּ.
עֲנֵנוּ חַי וְקַיָּם עֲנֵנוּ.
עֲנֵנוּ טוֹב וּמֵטִיב עֲנֵנוּ.
עֲנֵנוּ יוֹדֵעַ יֵצֶר עֲנֵנוּ.
עֲנֵנוּ כּוֹבֵשׁ כְּעָסִים עֲנֵנוּ.
עֲנֵנוּ לוֹבֵשׁ צְדָקוֹת עֲנֵנוּ.
עֲנֵנוּ מֶלֶךְ מַלְכֵי הַמְּלָכִים עֲנֵנוּ.
עֲנֵנוּ נוֹרָא וְנִשְׂגָּב עֲנֵנוּ.
עֲנֵנוּ סוֹלֵחַ וּמוֹחֵל עֲנֵנוּ.
עֲנֵנוּ עוֹנֶה בְּעֵת רָצוֹן עֲנֵנוּ.
עֲנֵנוּ פּוֹדֶה וּמַצִּיל עֲנֵנוּ.
עֲנֵנוּ צַדִּיק וְיָשָׁר עֲנֵנוּ.
עֲנֵנוּ קָרוֹב לְקוֹרְאָיו עֲנֵנוּ.
עֲנֵנוּ רַחוּם וְחַנּוּן עֲנֵנוּ.
עֲנֵנוּ שׁוֹמֵעַ אֶל אֶבְיוֹנִים עֲנֵנוּ.
עֲנֵנוּ תּוֹמֵךְ תְּמִימִים עֲנֵנוּ.

פיוט עתיק אלפביתי, בנוי על תפלת אליהו הנביא בהר הכרמל ענני ה׳ ענני (מ״א יח לז), וגם הוא לקוח כנראה מסדר תפלת התעניות. אותם הכינויים נאמרים בהושענות בתפלה: הושענא למענך אלהינו הושענא, שמסתמא גם היא היתה פיוט אלפביתי שלם. **אבינו** ישע׳ סד ז ועוד. **בוראנו** ישע׳ מג א. **גואלנו** ישע׳ מז ד. **דורשינו** ע״ש יחזק׳ לד יא. **האל הנאמן** דבר׳ ז ט. **ותיק** נאמן וקיים, מלה תלמודית (תלמיד ותיק, ירו׳ פאה ב׳ ו׳ דף י״ז א׳), וייחסוה הפייטנים להקב״ה, ביחוד בצירוף החסד, כמו בפיוט לאל עורך דין: לותיק ועושה חסד. **זך וישר** איוב ח ו, משלי כ יא. **חי וקים** דני׳ ו כז. **טוב ומטיב** תהל׳ קיט סח. **יודע יצר** תהל׳ קג יד. **כובש כעסים** כלשון התלמוד (ברכות דף ז׳ א׳ שיכבשו רחמי את כעסי, ועוד). **לובש צדקות** ישע׳ נט יז. **מלך מלכי המלכים** לשון המשנה (אבות ג׳ א׳ ועוד). **נורא ונשגב** תהל׳ מז ג. קמח יג ועוד. **עונה בעת רצון** ע״ש ישע׳ מט ח. תהל׳ סט יד. **פודה ומציל** ע״ש תהל׳ לד כג. יח. **צדיק וישר** דבר׳ לב ד. **קרוב לקוראיו** תהל׳ קמה יח. **רחום וחנון** שמות לד ו. **שומע אל אביונים** תהל׳ סט לד. **קשה לכעוס** — **רך לרצות** (במקום נוח לרצות) לשון המשנה (אבות ה׳ י״א) ורגיל אצל הפייטנים. **אלהי**

עֲנֵנוּ קָשֶׁה לִכְעֹס עֲנֵנוּ.
עֲנֵנוּ רַךְ לִרְצוֹת עֲנֵנוּ.
עֲנֵנוּ אֱלֹהֵי אֲבוֹתֵינוּ עֲנֵנוּ.
עֲנֵנוּ אֱלֹהֵי אַבְרָהָם עֲנֵנוּ.
עֲנֵנוּ פַּחַד יִצְחָק עֲנֵנוּ.
עֲנֵנוּ אֲבִיר יַעֲקֹב עֲנֵנוּ.
עֲנֵנוּ עֶזְרַת הַשְּׁבָטִים עֲנֵנוּ.
עֲנֵנוּ מִשְׂגַּב אִמָּהוֹת עֲנֵנוּ.
עֲנֵנוּ עוֹנֶה בְּעֵת רָצוֹן עֲנֵנוּ.
עֲנֵנוּ אֲבִי יְתוֹמִים עֲנֵנוּ.
עֲנֵנוּ דַּיַּן אַלְמָנוֹת עֲנֵנוּ.

מִי שֶׁעָנָה לְאַבְרָהָם אָבִינוּ בְּהַר הַמּוֹרִיָּה, הוּא יַעֲנֵנוּ.
מִי שֶׁעָנָה לְיִצְחָק בְּנוֹ כְּשֶׁנֶּעֱקַד עַל גַּבֵּי הַמִּזְבֵּחַ, הוּא יַעֲנֵנוּ.
מִי שֶׁעָנָה לְיַעֲקֹב בְּבֵית אֵל, הוּא יַעֲנֵנוּ.
מִי שֶׁעָנָה לְיוֹסֵף בְּבֵית הָאֲסוּרִים, הוּא יַעֲנֵנוּ.
מִי שֶׁעָנָה לַאֲבוֹתֵינוּ עַל יַם סוּף, הוּא יַעֲנֵנוּ.
מִי שֶׁעָנָה לְמֹשֶׁה בְּחוֹרֵב, הוּא יַעֲנֵנוּ.
מִי שֶׁעָנָה לְאַהֲרֹן בַּמַּחְתָּה, הוּא יַעֲנֵנוּ.

אבותינו... אלהי אברהם... פחד יצחק בראי לא מב. **אביר יעקב** ישע׳ מט כו ועוד. **עזרת השבטים... משגב אמהות** שני הכינויים חודשו ע״י הפייטן, ואמהות ר״ל שרה ורבקה רחל ולאה. **אבי יתומים... דיין אלמנות** תהל׳ סח ו.

פיוט (שוב בצורה ליטאניה) בנוי על טופס חותמי הברכות השנויים במשנה (תענית ב׳ ד׳) בתפלת התעניות האחרונות שגוזרין על הציבור בעת עצירת גשמים. שורת שבעה הנענים השנויים שם (אברהם בהר המוריה, אבותינו על ים סוף, יהושע בגלגל, שמואל במצפה, אליהו בהר הכרמל, יונה ממעי הדגה, דוד ושלמה בירושלם) הורחבה בהוספת כמה דוגמאות מהמקרא, ומספרם ניסוחם וסידורם שונה במנהגים השונים. נוסח האשכנזים שלפנינו קרוב למקור במשנה (רק פניית הש״ץ אל הקהל ׳הוא יענה אתכם׳ הועברה לנוסח ׳הוא יעננו׳). במנהגים אחרים — צרפת, רומא, טריפולי, תימן — מופיע כל הפיוט בלשון נוכח ׳כשענית... כן עננו׳ או — כמו במנהג הספרדים — בתרגום ארמי.

הענין מובן בלי קושי, בין אם נזכרה תפלת הנענים או צעקתם בפירוש במקרא — כגון של אבותינו על ים סוף, של יונה, של אליהו — בין אם לא נזכרה תפלה כזו אלא במדרש, או מסדר הטופס מניח שהיתה. **מי שענה לאברהם** במקום ׳את אברהם׳ שבמשנה, בהשפעת השפה הארמית המדוברת. **למשה בחורב** דבר׳ ט יט. כו. **ליהושע בגלגל** כל זמן שבתו בגלגל, בעיקר ביריחו שנענה בשופרות (יהושע ו), כך פירש רש״י בפירוש התלמוד; לדעת אחרים גם כשהעלה עפר על ראשו (ז ו) וכשהתפלל שהשמש ידום בגבעון (י יב). **לשמואל במצפה** ש״א ז ה-ט. **לדוד**

מִי שֶׁעָנָה לְפִינְחָס בְּקוּמוֹ מִתּוֹךְ הָעֵדָה, הוּא יַעֲנֵנוּ.

מִי שֶׁעָנָה לִיהוֹשֻׁעַ בַּגִּלְגָּל, הוּא יַעֲנֵנוּ.

מִי שֶׁעָנָה לִשְׁמוּאֵל בַּמִּצְפָּה, הוּא יַעֲנֵנוּ.

מִי שֶׁעָנָה לְדָוִד וְלִשְׁלֹמֹה בְנוֹ בִּירוּשָׁלָיִם, הוּא יַעֲנֵנוּ.

מִי שֶׁעָנָה לְאֵלִיָּהוּ בְּהַר הַכַּרְמֶל, הוּא יַעֲנֵנוּ.

מִי שֶׁעָנָה לֶאֱלִישָׁע בִּירִיחוֹ, הוּא יַעֲנֵנוּ.

מִי שֶׁעָנָה לְיוֹנָה בִּמְעֵי הַדָּגָה, הוּא יַעֲנֵנוּ.

מִי שֶׁעָנָה לְחִזְקִיָּהוּ מֶלֶךְ יְהוּדָה בְּחָלְיוֹ, הוּא יַעֲנֵנוּ.

מִי שֶׁעָנָה לַחֲנַנְיָה מִישָׁאֵל וַעֲזַרְיָה בְּתוֹךְ כִּבְשַׁן הָאֵשׁ, הוּא יַעֲנֵנוּ.

מִי שֶׁעָנָה לְדָנִיֵּאל בְּגוֹב הָאֲרָיוֹת, הוּא יַעֲנֵנוּ.

מִי שֶׁעָנָה לְמָרְדְּכַי וְאֶסְתֵּר בְּשׁוּשַׁן הַבִּירָה, הוּא יַעֲנֵנוּ.

מִי שֶׁעָנָה לְעֶזְרָא בַּגּוֹלָה, הוּא יַעֲנֵנוּ.

מִי שֶׁעָנָה לְכָל הַצַּדִּיקִים וְהַחֲסִידִים וְהַתְּמִימִים וְהַיְשָׁרִים, הוּא יַעֲנֵנוּ.

רַחֲמָנָא דְּעָנֵי לַעֲנִיֵּי עֲנֵינָן.

רַחֲמָנָא דְּעָנֵי לִתְבִירֵי לִבָּא עֲנֵינָן.

רַחֲמָנָא דְּעָנֵי לְמַכִּיכֵי רוּחָא עֲנֵינָן.

רַחֲמָנָא עֲנֵינָן. רַחֲמָנָא חוּס. רַחֲמָנָא פְּרֹק. רַחֲמָנָא שְׁזִיב.

רַחֲמָנָא רְחַם עֲלָן הַשְׁתָּא בַּעֲגָלָא וּבִזְמַן קָרִיב.

ולשלמה בנו לדוד כשהיה הרעב (ש״ב כא א. יד) לשלמה בחנוכת בית המקדש (מ״א ח כב והלאה. ט ג). **לאליהו בהר הכרמל** מ״א יח לו-לח. **לאלישע ביריחו** מ״ב ב יח-כב. **ליונה במעי הדגה** יונה ב ב-יא. **לחזקיה בחליו** מ״ב כ ב-ו. **לחנניה מישאל ועזריה** וכו׳ דני׳ ג כא-כז. **לדניאל בגוב האריות** דני׳ ו יז-כה. גוב אריות, שם: גובא די אריותא, פי׳ בור אריות. **לעזרא בגולה** בצום על נהר אהוא (עזרא ח כא-כג), וייתכן שהכונה אל תפלת עזרא בירושלם בפני אנשי הגולה (עזרא ט).

רחמנא קטע של בקשה שבעיקרה היא תרגום הפיוט הקודם לארמית ונמצאת בשלמות במחזור הספרדים כדלקמן: דעני לעשיקי ענינן. דעני לתבירי לבא ענינן... דעני לאברהם בהר המוריה ענינן. דעני ליצחק על גבי מדבחא ענינן... (כל השורה עד) דעני לצדיקי וחסידי ותמימי די בכל דר ודר ענינן. רחמנא ענינן. רחמנא שזיב. רחמנא פרוק... ובמנהגי אשכנז וצרפת נשארו השורות הראשונות והאחרונות בלבד.

דעני לעניי ע״ש תהל׳ לד ז. **לתבירי לבא... למכיכי רוחא** תרגום יונתן ישע׳ נז טו.

בשבת אין אומרים "אבינו מלכנו"

פותחים את ארון הקודש

אָבִינוּ מַלְכֵּנוּ, חָטָאנוּ לְפָנֶיךָ.

אָבִינוּ מַלְכֵּנוּ, אֵין לָנוּ מֶלֶךְ אֶלָּא אָתָּה.

אָבִינוּ מַלְכֵּנוּ, עֲשֵׂה עִמָּנוּ לְמַעַן שְׁמֶךָ.

אָבִינוּ מַלְכֵּנוּ, חַדֵּשׁ עָלֵינוּ שָׁנָה טוֹבָה.

אָבִינוּ מַלְכֵּנוּ, בַּטֵּל מֵעָלֵינוּ כָּל גְּזֵרוֹת קָשׁוֹת.

אָבִינוּ מַלְכֵּנוּ, בַּטֵּל מַחְשְׁבוֹת שׂוֹנְאֵינוּ.

אָבִינוּ מַלְכֵּנוּ, הָפֵר עֲצַת אוֹיְבֵינוּ.

אָבִינוּ מַלְכֵּנוּ, כַּלֵּה כָּל צַר וּמַשְׂטִין מֵעָלֵינוּ.

אָבִינוּ מַלְכֵּנוּ, סְתֹם פִּיוֹת מַשְׂטִינֵנוּ וּמְקַטְרְגֵינוּ.

אָבִינוּ מַלְכֵּנוּ, כַּלֵּה דֶּבֶר וְחֶרֶב וְרָעָב וּשְׁבִי וּמַשְׁחִית וְעָוֹן וּשְׁמַד מִבְּנֵי בְרִיתֶךָ.

אָבִינוּ מַלְכֵּנוּ, מְנַע מַגֵּפָה מִנַּחֲלָתֶךָ.

אָבִינוּ מַלְכֵּנוּ, סְלַח וּמְחַל לְכָל עֲוֹנוֹתֵינוּ.

אָבִינוּ מַלְכֵּנוּ, מְחֵה וְהַעֲבֵר פְּשָׁעֵינוּ וְחַטֹּאתֵינוּ מִנֶּגֶד עֵינֶיךָ.

אָבִינוּ מַלְכֵּנוּ, מְחֹק בְּרַחֲמֶיךָ הָרַבִּים כָּל שִׁטְרֵי חוֹבוֹתֵינוּ.

אָבִינוּ מַלְכֵּנוּ, הַחֲזִירֵנוּ בִּתְשׁוּבָה שְׁלֵמָה לְפָנֶיךָ.

אָבִינוּ מַלְכֵּנוּ, שְׁלַח רְפוּאָה שְׁלֵמָה לְחוֹלֵי עַמֶּךָ.

אָבִינוּ מַלְכֵּנוּ, קְרַע רֹעַ גְּזַר דִּינֵנוּ.

אָבִינוּ מַלְכֵּנוּ, זָכְרֵנוּ בְּזִכָּרוֹן טוֹב לְפָנֶיךָ.

אָבִינוּ מַלְכֵּנוּ, כָּתְבֵנוּ בְּסֵפֶר חַיִּים טוֹבִים.

אָבִינוּ מַלְכֵּנוּ, כָּתְבֵנוּ בְּסֵפֶר גְּאֻלָּה וִישׁוּעָה.

אָבִינוּ מַלְכֵּנוּ, כָּתְבֵנוּ בְּסֵפֶר פַּרְנָסָה וְכַלְכָּלָה.

אָבִינוּ מַלְכֵּנוּ, כָּתְבֵנוּ בְּסֵפֶר זְכֻיּוֹת.

אָבִינוּ מַלְכֵּנוּ, כָּתְבֵנוּ בְּסֵפֶר סְלִיחָה וּמְחִילָה.
אָבִינוּ מַלְכֵּנוּ, הַצְמַח לָנוּ יְשׁוּעָה בְּקָרוֹב.
אָבִינוּ מַלְכֵּנוּ, הָרֵם קֶרֶן יִשְׂרָאֵל עַמֶּךָ.
אָבִינוּ מַלְכֵּנוּ, הָרֵם קֶרֶן מְשִׁיחֶךָ.
אָבִינוּ מַלְכֵּנוּ, מַלֵּא יָדֵינוּ מִבִּרְכוֹתֶיךָ.
אָבִינוּ מַלְכֵּנוּ, מַלֵּא אֲסָמֵינוּ שָׂבָע.
אָבִינוּ מַלְכֵּנוּ, שְׁמַע קוֹלֵנוּ, חוּס וְרַחֵם עָלֵינוּ.
אָבִינוּ מַלְכֵּנוּ, קַבֵּל בְּרַחֲמִים וּבְרָצוֹן אֶת תְּפִלָּתֵנוּ.
אָבִינוּ מַלְכֵּנוּ, פְּתַח שַׁעֲרֵי שָׁמַיִם לִתְפִלָּתֵנוּ.
אָבִינוּ מַלְכֵּנוּ, זְכֹר כִּי עָפָר אֲנָחְנוּ.
אָבִינוּ מַלְכֵּנוּ, נָא אַל תְּשִׁיבֵנוּ רֵיקָם מִלְּפָנֶיךָ.
אָבִינוּ מַלְכֵּנוּ, תְּהֵא הַשָּׁעָה הַזֹּאת שְׁעַת רַחֲמִים וְעֵת רָצוֹן מִלְּפָנֶיךָ.
אָבִינוּ מַלְכֵּנוּ, חֲמֹל עָלֵינוּ וְעַל עוֹלָלֵינוּ וְטַפֵּנוּ.
אָבִינוּ מַלְכֵּנוּ, עֲשֵׂה לְמַעַן הֲרוּגִים עַל שֵׁם קָדְשֶׁךָ.
אָבִינוּ מַלְכֵּנוּ, עֲשֵׂה לְמַעַן טְבוּחִים עַל יִחוּדֶךָ.
אָבִינוּ מַלְכֵּנוּ, עֲשֵׂה לְמַעַן בָּאֵי בָאֵשׁ וּבַמַּיִם עַל קִדּוּשׁ שְׁמֶךָ.
אָבִינוּ מַלְכֵּנוּ, נְקֹם לְעֵינֵינוּ נִקְמַת דַּם עֲבָדֶיךָ הַשָּׁפוּךְ.
אָבִינוּ מַלְכֵּנוּ, עֲשֵׂה לְמַעַנְךָ אִם לֹא לְמַעֲנֵנוּ.
אָבִינוּ מַלְכֵּנוּ, עֲשֵׂה לְמַעַנְךָ וְהוֹשִׁיעֵנוּ.
אָבִינוּ מַלְכֵּנוּ, עֲשֵׂה לְמַעַן רַחֲמֶיךָ הָרַבִּים.
אָבִינוּ מַלְכֵּנוּ, עֲשֵׂה לְמַעַן שִׁמְךָ הַגָּדוֹל הַגִּבּוֹר וְהַנּוֹרָא, שֶׁנִּקְרָא עָלֵינוּ.
אָבִינוּ מַלְכֵּנוּ, חָנֵּנוּ וַעֲנֵנוּ, כִּי אֵין בָּנוּ מַעֲשִׂים
עֲשֵׂה עִמָּנוּ צְדָקָה וָחֶסֶד וְהוֹשִׁיעֵנוּ.

סוגרים את ארון הקודש

בקהילות שאומרים "לדוד מזמור" משאירים את הארון פתוח עד אחרי "הכבוד סלה".

בקצת קהילות אין אומרים את המזמור הבא.
הש"ץ והקהל אומרים פסוק בפסוק:

לְדָוִד מִזְמוֹר לַיהוה הָאָרֶץ וּמְלוֹאָהּ תֵּבֵל וְיֹשְׁבֵי בָהּ:
כִּי־הוּא עַל יַמִּים יְסָדָהּ וְעַל־נְהָרוֹת יְכוֹנְנֶהָ:
מִי־יַעֲלֶה בְהַר־יהוה וּמִי־יָקוּם בִּמְקוֹם קָדְשׁוֹ:
נְקִי כַפַּיִם וּבַר־לֵבָב אֲשֶׁר לֹא־נָשָׂא לַשָּׁוְא נַפְשִׁי וְלֹא נִשְׁבַּע לְמִרְמָה:
יִשָּׂא בְרָכָה מֵאֵת יהוה וּצְדָקָה מֵאֱלֹהֵי יִשְׁעוֹ:
זֶה דּוֹר דֹּרְשָׁו מְבַקְשֵׁי פָנֶיךָ יַעֲקֹב סֶלָה:
שְׂאוּ שְׁעָרִים רָאשֵׁיכֶם וְהִנָּשְׂאוּ פִּתְחֵי עוֹלָם וְיָבוֹא מֶלֶךְ הַכָּבוֹד:
מִי זֶה מֶלֶךְ הַכָּבוֹד יהוה עִזּוּז וְגִבּוֹר יהוה גִּבּוֹר מִלְחָמָה:
שְׂאוּ שְׁעָרִים רָאשֵׁיכֶם וּשְׂאוּ פִּתְחֵי עוֹלָם וְיָבֹא מֶלֶךְ הַכָּבוֹד:
מִי הוּא זֶה מֶלֶךְ הַכָּבוֹד יהוה צְבָאוֹת הוּא מֶלֶךְ הַכָּבוֹד סֶלָה:

קדיש שלם:

יִתְגַּדַּל וְיִתְקַדַּשׁ שְׁמֵהּ רַבָּא, בְּעָלְמָא דִּי בְרָא כִרְעוּתֵהּ, וְיַמְלִיךְ מַלְכוּתֵהּ, בְּחַיֵּיכוֹן וּבְיוֹמֵיכוֹן וּבְחַיֵּי דְכָל בֵּית יִשְׂרָאֵל, בַּעֲגָלָא וּבִזְמַן קָרִיב, וְאִמְרוּ אָמֵן.
יְהֵא שְׁמֵהּ רַבָּא מְבָרַךְ לְעָלַם וּלְעָלְמֵי עָלְמַיָּא.
יִתְבָּרַךְ וְיִשְׁתַּבַּח וְיִתְפָּאַר וְיִתְרוֹמַם וְיִתְנַשֵּׂא, וְיִתְהַדָּר וְיִתְעַלֶּה וְיִתְהַלָּל שְׁמֵהּ דְּקֻדְשָׁא בְּרִיךְ הוּא, לְעֵלָּא לְעֵלָּא מִכָּל בִּרְכָתָא וְשִׁירָתָא, תֻּשְׁבְּחָתָא וְנֶחֱמָתָא דַּאֲמִירָן בְּעָלְמָא, וְאִמְרוּ אָמֵן.
תִּתְקַבַּל צְלוֹתְהוֹן וּבָעוּתְהוֹן דְּכָל יִשְׂרָאֵל, קֳדָם אֲבוּהוֹן דִּי בִשְׁמַיָּא, וְאִמְרוּ אָמֵן. יְהֵא שְׁלָמָא רַבָּא מִן שְׁמַיָּא, וְחַיִּים עָלֵינוּ וְעַל כָּל יִשְׂרָאֵל, וְאִמְרוּ אָמֵן. עֹשֶׂה הַשָּׁלוֹם בִּמְרוֹמָיו, הוּא יַעֲשֶׂה שָׁלוֹם עָלֵינוּ וְעַל כָּל יִשְׂרָאֵל, וְאִמְרוּ אָמֵן.

עָלֵינוּ לְשַׁבֵּחַ לַאֲדוֹן הַכֹּל, לָתֵת גְּדֻלָּה לְיוֹצֵר בְּרֵאשִׁית
שֶׁלֹּא עָשָׂנוּ כְּגוֹיֵי הָאֲרָצוֹת, וְלֹא שָׂמָנוּ כְּמִשְׁפְּחוֹת הָאֲדָמָה
שֶׁלֹּא שָׂם חֶלְקֵנוּ כָּהֶם וְגוֹרָלֵנוּ כְּכָל הֲמוֹנָם.
שֶׁהֵם מִשְׁתַּחֲוִים לְהֶבֶל וָרִיק וּמִתְפַּלְּלִים אֶל אֵל לֹא יוֹשִׁיעַ.

וַאֲנַחְנוּ כּוֹרְעִים וּמִשְׁתַּחֲוִים וּמוֹדִים לִפְנֵי מֶלֶךְ מַלְכֵי הַמְּלָכִים
הַקָּדוֹשׁ בָּרוּךְ הוּא, שֶׁהוּא נוֹטֶה שָׁמַיִם וְיוֹסֵד אָרֶץ
וּמוֹשַׁב יְקָרוֹ בַּשָּׁמַיִם מִמַּעַל, וּשְׁכִינַת עֻזּוֹ בְּגָבְהֵי מְרוֹמִים.
הוּא אֱלֹהֵינוּ, אֵין עוֹד.
אֱמֶת מַלְכֵּנוּ, אֶפֶס זוּלָתוֹ, כַּכָּתוּב בְּתוֹרָתוֹ
וְיָדַעְתָּ הַיּוֹם וַהֲשֵׁבֹתָ אֶל לְבָבֶךָ
כִּי יי הוּא הָאֱלֹהִים בַּשָּׁמַיִם מִמַּעַל וְעַל הָאָרֶץ מִתָּחַת, אֵין עוֹד.
עַל כֵּן נְקַוֶּה לְּךָ יי אֱלֹהֵינוּ לִרְאוֹת מְהֵרָה בְּתִפְאֶרֶת עֻזֶּךָ
לְהַעֲבִיר גִּלּוּלִים מִן הָאָרֶץ, וְהָאֱלִילִים כָּרוֹת יִכָּרֵתוּן
לְתַקֵּן עוֹלָם בְּמַלְכוּת שַׁדַּי.
וְכָל בְּנֵי בָשָׂר יִקְרְאוּ בִשְׁמֶךָ לְהַפְנוֹת אֵלֶיךָ כָּל רִשְׁעֵי אָרֶץ.
יַכִּירוּ וְיֵדְעוּ כָּל יוֹשְׁבֵי תֵבֵל, כִּי לְךָ תִּכְרַע כָּל בֶּרֶךְ, תִּשָּׁבַע כָּל לָשׁוֹן.
לְפָנֶיךָ יי אֱלֹהֵינוּ יִכְרְעוּ וְיִפֹּלוּ, וְלִכְבוֹד שִׁמְךָ יְקָר יִתֵּנוּ
וִיקַבְּלוּ כֻלָּם אֶת עֹל מַלְכוּתֶךָ, וְתִמְלֹךְ עֲלֵיהֶם מְהֵרָה לְעוֹלָם וָעֶד.
כִּי הַמַּלְכוּת שֶׁלְּךָ הִיא וּלְעוֹלְמֵי עַד תִּמְלוֹךְ בְּכָבוֹד
כַּכָּתוּב בְּתוֹרָתֶךָ, יי יִמְלֹךְ לְעֹלָם וָעֶד.
וְנֶאֱמַר, וְהָיָה יי לְמֶלֶךְ עַל כָּל הָאָרֶץ, בַּיּוֹם הַהוּא יִהְיֶה יי אֶחָד וּשְׁמוֹ אֶחָד.

קדיש יתום:

יִתְגַּדַּל וְיִתְקַדַּשׁ שְׁמֵהּ רַבָּא
בְּעָלְמָא דִּי בְרָא כִרְעוּתֵהּ
וְיַמְלִיךְ מַלְכוּתֵהּ
בְּחַיֵּיכוֹן וּבְיוֹמֵיכוֹן
וּבְחַיֵּי דְכָל בֵּית יִשְׂרָאֵל
בַּעֲגָלָא וּבִזְמַן קָרִיב
וְאִמְרוּ אָמֵן.
יְהֵא שְׁמֵהּ רַבָּא מְבָרַךְ לְעָלַם וּלְעָלְמֵי עָלְמַיָּא.
יִתְבָּרַךְ וְיִשְׁתַּבַּח וְיִתְפָּאַר וְיִתְרוֹמַם וְיִתְנַשֵּׂא
וְיִתְהַדָּר וְיִתְעַלֶּה וְיִתְהַלָּל שְׁמֵהּ דְּקֻדְשָׁא
בְּרִיךְ הוּא

לְעֵלָּא לְעֵלָּא מִכָּל בִּרְכָתָא וְשִׁירָתָא
תֻּשְׁבְּחָתָא וְנֶחֱמָתָא
דַּאֲמִירָן בְּעָלְמָא
וְאִמְרוּ אָמֵן.
יְהֵא שְׁלָמָא רַבָּא מִן שְׁמַיָּא
וְחַיִּים עָלֵינוּ וְעַל כָּל יִשְׂרָאֵל
וְאִמְרוּ אָמֵן.
עֹשֶׂה הַשָּׁלוֹם בִּמְרוֹמָיו
הוּא יַעֲשֶׂה שָׁלוֹם עָלֵינוּ
וְעַל כָּל יִשְׂרָאֵל
וְאִמְרוּ אָמֵן.

כז לְדָוִד יהוה אוֹרִי וְיִשְׁעִי מִמִּי אִירָא יהוה מָעוֹז־חַיַּי מִמִּי
אֶפְחָד: בִּקְרֹב עָלַי מְרֵעִים לֶאֱכֹל אֶת־בְּשָׂרִי צָרַי וְאֹיְבַי לִי
הֵמָּה כָשְׁלוּ וְנָפָלוּ: אִם־תַּחֲנֶה עָלַי מַחֲנֶה לֹא־יִירָא לִבִּי אִם־
תָּקוּם עָלַי מִלְחָמָה בְּזֹאת אֲנִי בוֹטֵחַ: אַחַת שָׁאַלְתִּי מֵאֵת־
יהוה אוֹתָהּ אֲבַקֵּשׁ שִׁבְתִּי בְּבֵית־יהוה כָּל־יְמֵי חַיַּי לַחֲזוֹת
בְּנֹעַם־יהוה וּלְבַקֵּר בְּהֵיכָלוֹ: כִּי יִצְפְּנֵנִי בְּסֻכֹּה בְּיוֹם רָעָה
יַסְתִּרֵנִי בְּסֵתֶר אָהֳלוֹ בְּצוּר יְרוֹמְמֵנִי: וְעַתָּה יָרוּם רֹאשִׁי עַל
אֹיְבַי סְבִיבוֹתַי וְאֶזְבְּחָה בְאָהֳלוֹ זִבְחֵי תְרוּעָה אָשִׁירָה וַאֲזַמְּרָה
לַיהוה: שְׁמַע־יהוה קוֹלִי אֶקְרָא וְחָנֵּנִי וַעֲנֵנִי: לְךָ אָמַר לִבִּי
בַּקְּשׁוּ פָנָי אֶת־פָּנֶיךָ יהוה אֲבַקֵּשׁ: אַל־תַּסְתֵּר פָּנֶיךָ מִמֶּנִּי אַל
תַּט־בְּאַף עַבְדֶּךָ עֶזְרָתִי הָיִיתָ אַל־תִּטְּשֵׁנִי וְאַל־תַּעַזְבֵנִי אֱלֹהֵי
יִשְׁעִי: כִּי־אָבִי וְאִמִּי עֲזָבוּנִי וַיהוה יַאַסְפֵנִי: הוֹרֵנִי יהוה דַּרְכֶּךָ
וּנְחֵנִי בְּאֹרַח מִישׁוֹר לְמַעַן שׁוֹרְרָי: אַל־תִּתְּנֵנִי בְּנֶפֶשׁ צָרָי כִּי
קָמוּ־בִי עֵדֵי־שֶׁקֶר וִיפֵחַ חָמָס: לוּלֵא הֶאֱמַנְתִּי לִרְאוֹת
בְּטוּב־יהוה בְּאֶרֶץ חַיִּים: קַוֵּה אֶל־יהוה חֲזַק וְיַאֲמֵץ לִבֶּךָ
וְקַוֵּה אֶל־יהוה:

קדיש יתום:

יִתְגַּדַּל וְיִתְקַדַּשׁ שְׁמֵהּ רַבָּא, בְּעָלְמָא דִּי בְרָא כִרְעוּתֵהּ וְיַמְלִיךְ מַלְכוּתֵהּ, בְּחַיֵּיכוֹן וּבְיוֹמֵיכוֹן וּבְחַיֵּי דְכָל בֵּית יִשְׂרָאֵל, בַּעֲגָלָא וּבִזְמַן קָרִיב וְאִמְרוּ אָמֵן.

יְהֵא שְׁמֵהּ רַבָּא מְבָרַךְ לְעָלַם וּלְעָלְמֵי עָלְמַיָּא.

יִתְבָּרַךְ וְיִשְׁתַּבַּח וְיִתְפָּאַר וְיִתְרוֹמַם וְיִתְנַשֵּׂא, וְיִתְהַדָּר וְיִתְעַלֶּה וְיִתְהַלָּל שְׁמֵהּ דְּקֻדְשָׁא בְּרִיךְ הוּא, לְעֵלָּא לְעֵלָּא מִכָּל בִּרְכָתָא וְשִׁירָתָא, תֻּשְׁבְּחָתָא וְנֶחֱמָתָא, דַּאֲמִירָן בְּעָלְמָא וְאִמְרוּ אָמֵן.

יְהֵא שְׁלָמָא רַבָּא מִן שְׁמַיָּא, וְחַיִּים עָלֵינוּ וְעַל כָּל יִשְׂרָאֵל וְאִמְרוּ אָמֵן.

עֹשֶׂה הַשָּׁלוֹם בִּמְרוֹמָיו, הוּא יַעֲשֶׂה שָׁלוֹם עָלֵינוּ וְעַל כָּל יִשְׂרָאֵל וְאִמְרוּ אָמֵן.

בקצת קהילות נוהגים לומר מזמורים אלו:

א אַ֥שְֽׁרֵי־הָאִ֗ישׁ אֲשֶׁ֤ר ׀ לֹ֥א הָלַךְ֮ בַּעֲצַ֪ת רְשָׁ֫עִ֥ים וּבְדֶ֣רֶךְ חַ֭טָּאִים
לֹ֥א עָמָ֑ד וּבְמוֹשַׁ֥ב לֵ֝צִ֗ים לֹ֣א יָשָֽׁב׃ כִּ֤י אִ֥ם בְּתוֹרַ֥ת יהוה חֶ֫פְצ֥וֹ
וּֽבְתוֹרָת֥וֹ יֶהְגֶּ֗ה יוֹמָ֥ם וָלָֽיְלָה׃ וְֽהָיָ֗ה כְּעֵץ֮ שָׁת֪וּל עַֽל־פַּ֫לְגֵ֥י מָ֥יִם
אֲשֶׁ֤ר פִּרְי֨וֹ ׀ יִתֵּ֬ן בְּעִתּ֗וֹ וְעָלֵ֥הוּ לֹֽא־יִבּ֑וֹל וְכֹ֖ל אֲשֶׁר־יַעֲשֶׂ֣ה
יַצְלִֽיחַ׃ לֹא־כֵ֥ן הָרְשָׁעִ֑ים כִּ֥י אִם־כַּ֝מֹּ֗ץ אֲֽשֶׁר־תִּדְּפֶ֥נּוּ רֽוּחַ׃ עַל־
כֵּ֤ן ׀ לֹא־יָקֻ֣מוּ רְ֭שָׁעִים בַּמִּשְׁפָּ֑ט וְ֝חַטָּאִ֗ים בַּעֲדַ֥ת צַדִּיקִֽים׃
כִּֽי־יוֹדֵ֣עַ יהוה דֶּ֣רֶךְ צַדִּיקִ֑ים וְדֶ֖רֶךְ רְשָׁעִ֣ים תֹּאבֵֽד׃

ב לָ֭מָּה רָגְשׁ֣וּ גוֹיִ֑ם וּ֝לְאֻמִּ֗ים יֶהְגּוּ־רִֽיק׃ יִ֥תְיַצְּב֨וּ ׀ מַלְכֵי־אֶ֗רֶץ
וְרוֹזְנִ֥ים נֽוֹסְדוּ־יָ֑חַד עַל־יהוה וְעַל־מְשִׁיחֽוֹ׃ נְֽ֭נַתְּקָה אֶת־
מ֣וֹסְרוֹתֵ֑ימוֹ וְנַשְׁלִ֖יכָה מִמֶּ֣נּוּ עֲבֹתֵֽימוֹ׃ יוֹשֵׁ֣ב בַּשָּׁמַ֣יִם יִשְׂחָ֑ק
אֲ֝דֹנָ֗י יִלְעַג־לָֽמוֹ׃ אָ֤ז יְדַבֵּ֣ר אֵלֵ֣ימוֹ בְאַפּ֑וֹ וּֽבַחֲרוֹנ֥וֹ יְבַהֲלֵֽמוֹ׃ וַ֭אֲנִי
נָסַ֣כְתִּי מַלְכִּ֑י עַל־צִ֝יּ֗וֹן הַר־קָדְשִֽׁי׃ אֲסַפְּרָ֗ה אֶֽ֫ל חֹ֥ק יהוה אָמַ֘ר
אֵלַ֥י בְּנִ֥י אַ֑תָּה אֲ֝נִ֗י הַיּ֥וֹם יְלִדְתִּֽיךָ׃ שְׁאַ֤ל מִמֶּ֗נִּי וְאֶתְּנָ֣ה ג֭וֹיִם
נַחֲלָתֶ֑ךָ וַ֝אֲחֻזָּתְךָ֗ אַפְסֵי־אָֽרֶץ׃ תְּ֭רֹעֵם בְּשֵׁ֣בֶט בַּרְזֶ֑ל כִּכְלִ֖י יוֹצֵ֣ר
תְּנַפְּצֵֽם׃ וְ֭עַתָּה מְלָכִ֣ים הַשְׂכִּ֑ילוּ הִ֝וָּסְר֗וּ שֹׁ֣פְטֵי אָֽרֶץ׃ עִבְד֣וּ אֶת־
יהוה בְּיִרְאָ֑ה וְ֝גִ֗ילוּ בִּרְעָדָֽה׃ נַשְּׁקוּ־בַ֡ר פֶּן־יֶאֱנַ֤ף ׀ וְתֹ֬אבְדוּ דֶ֗רֶךְ
כִּֽי־יִבְעַ֣ר כִּמְעַ֣ט אַפּ֑וֹ אַ֝שְׁרֵ֗י כָּל־ח֥וֹסֵי בֽוֹ׃

ג מִזְמוֹר לְדָוִד בְּבָרְחוֹ מִפְּנֵי ׀ אַבְשָׁלוֹם בְּנוֹ: יְהוָה מָה־רַבּוּ צָרָי רַבִּים קָמִים עָלָי: רַבִּים אֹמְרִים לְנַפְשִׁי אֵין יְשׁוּעָתָה לּוֹ בֵאלֹהִים סֶלָה: וְאַתָּה יְהוָה מָגֵן בַּעֲדִי כְּבוֹדִי וּמֵרִים רֹאשִׁי: קוֹלִי אֶל־יְהוָה אֶקְרָא וַיַּעֲנֵנִי מֵהַר קָדְשׁוֹ סֶלָה: אֲנִי שָׁכַבְתִּי וָאִישָׁנָה הֱקִיצוֹתִי כִּי יְהוָה יִסְמְכֵנִי: לֹא־אִירָא מֵרִבְבוֹת עָם אֲשֶׁר סָבִיב שָׁתוּ עָלָי: קוּמָה יְהוָה ׀ הוֹשִׁיעֵנִי אֱלֹהַי כִּי־הִכִּיתָ אֶת־כָּל־אֹיְבַי לֶחִי שִׁנֵּי רְשָׁעִים שִׁבַּרְתָּ: לַיהוָה הַיְשׁוּעָה עַל־עַמְּךָ בִרְכָתֶךָ סֶּלָה:

ד לַמְנַצֵּחַ בִּנְגִינוֹת מִזְמוֹר לְדָוִד: בְּקָרְאִי עֲנֵנִי ׀ אֱלֹהֵי צִדְקִי בַּצָּר הִרְחַבְתָּ לִּי חָנֵּנִי וּשְׁמַע תְּפִלָּתִי: בְּנֵי־אִישׁ עַד־מֶה כְבוֹדִי לִכְלִמָּה תֶּאֱהָבוּן רִיק תְּבַקְשׁוּ כָזָב סֶלָה: וּדְעוּ כִּי־הִפְלָה יְהוָה חָסִיד לוֹ יְהוָה יִשְׁמַע בְּקָרְאִי אֵלָיו: רִגְזוּ וְאַל־תֶּחֱטָאוּ אִמְרוּ בִלְבַבְכֶם עַל־מִשְׁכַּבְכֶם וְדֹמּוּ סֶלָה: זִבְחוּ זִבְחֵי־צֶדֶק וּבִטְחוּ אֶל־יְהוָה: רַבִּים אֹמְרִים מִי־יַרְאֵנוּ טוֹב נְסָה־עָלֵינוּ אוֹר פָּנֶיךָ יְהוָה: נָתַתָּה שִׂמְחָה בְלִבִּי מֵעֵת דְּגָנָם וְתִירוֹשָׁם רָבּוּ: בְּשָׁלוֹם יַחְדָּו אֶשְׁכְּבָה וְאִישָׁן כִּי־אַתָּה יְהוָה לְבָדָד לָבֶטַח תּוֹשִׁיבֵנִי:

יִגְדַּל

אֱלֹהִים חַי וְיִשְׁתַּבַּח, נִמְצָא וְאֵין עֵת אֶל מְצִיאוּתוֹ.
אֶחָד וְאֵין יָחִיד כְּיִחוּדוֹ, נֶעְלָם וְגַם אֵין סוֹף לְאַחְדוּתוֹ.
אֵין לוֹ דְּמוּת הַגּוּף וְאֵינוֹ גוּף, לֹא נַעֲרֹךְ אֵלָיו קְדֻשָּׁתוֹ.
קַדְמוֹן לְכָל דָּבָר אֲשֶׁר נִבְרָא, רִאשׁוֹן וְאֵין רֵאשִׁית לְרֵאשִׁיתוֹ.
הִנּוֹ אֲדוֹן עוֹלָם, וְכָל נוֹצָר יוֹרֶה גְדֻלָּתוֹ וּמַלְכוּתוֹ.
שֶׁפַע נְבוּאָתוֹ נְתָנוֹ אֶל אַנְשֵׁי סְגֻלָּתוֹ וְתִפְאַרְתּוֹ.
לֹא קָם בְּיִשְׂרָאֵל כְּמֹשֶׁה עוֹד נָבִיא וּמַבִּיט אֶת תְּמוּנָתוֹ.
תּוֹרַת אֱמֶת נָתַן לְעַמּוֹ אֵל עַל יַד נְבִיאוֹ נֶאֱמַן בֵּיתוֹ.
לֹא יַחֲלִיף הָאֵל וְלֹא יָמִיר דָּתוֹ לְעוֹלָמִים לְזוּלָתוֹ.
צוֹפֶה וְיוֹדֵעַ סְתָרֵינוּ, מַבִּיט לְסוֹף דָּבָר בְּקַדְמָתוֹ.
גּוֹמֵל לְאִישׁ חֶסֶד כְּמִפְעָלוֹ, נוֹתֵן לְרָשָׁע רָע כְּרִשְׁעָתוֹ.
יִשְׁלַח לְקֵץ יָמִין מְשִׁיחֵנוּ לִפְדּוֹת מְחַכֵּי קֵץ יְשׁוּעָתוֹ.
מֵתִים יְחַיֶּה אֵל בְּרֹב חַסְדּוֹ, בָּרוּךְ עֲדֵי עַד שֵׁם תְּהִלָּתוֹ.

שירי היחוד

ליום ראשון

חזן אָשִׁירָה וַאֲזַמְּרָה לֵאלֹהַי בְּעוֹדִי, הָאֱלֹהִים הָרֹעֶה אֹתִי מֵעוֹדִי.

קהל עַד הַיּוֹם הַזֶּה הֶחֱזַקְתָּ בְּיָדִי, חַיִּים וָחֶסֶד עָשִׂיתָ עִמָּדִי.

חזן בָּרוּךְ יי וּבָרוּךְ שֵׁם כְּבוֹדוֹ, כִּי עַל עַבְדּוֹ הִפְלִיא חַסְדּוֹ.

קהל אֱלֹהֵי מָרוֹם בַּמָּה אֲקַדֵּם, וּבַמָּה אִכַּף לֵאלֹהֵי קֶדֶם.

חזן אִלּוּ הָרִים הֵם לַמַּעֲרָכָה, וְכָל עֲצֵי לְבָנוֹן בְּכֹל עֲרוּכָה.

קהל וְאִם כָּל בְּהֵמוֹת וְחַיּוֹת קְרוּצִים, נְתָחִים עֲרוּכִים עַל הָעֵצִים.

חזן וְאַף זָוִיּוֹת מִזְבֵּחַ מְבוּסִים, דָּם כַּמַּיִם לַיָּם מְכַסִּים.

קהל וְכַחוֹל סֹלֶת דָּשֵׁן וְשָׁמֵן, בָּלוּל בְּרִבְבוֹת נַחֲלֵי שָׁמֶן.

חזן וּלְאַזְכָּרָה לְבוֹנָה וְסַמִּים, לִקְטֹרֶת וְכָל רָאשֵׁי בְשָׂמִים.

קהל וְאִלּוּ נֵרוֹת עַל הַמְּנוֹרוֹת, יִהְיוּ מְאִירוֹת כִּשְׁנֵי הַמְּאוֹרוֹת.

חזן וּכְהַרְרֵי אֵל לֶחֶם הַפָּנִים, עַל שֻׁלְחָנוֹת עֲרוּכִים בִּפְנִים.

קהל וְיַיִן כְּמוֹ מְטַר הַשָּׁמַיִם, וְשֵׁכָר לְנֶסֶךְ כְּעֵינוֹת מָיִם.

חזן וְאִלּוּ כָּל בְּנֵי אָדָם כֹּהֲנִים, לְוִיִּם מְשׁוֹרְרִים כִּכְנַף רְנָנִים.

קהל וְכָל עֲצֵי עֵדֶן וְכָל עֲצֵי יְעָרִים, כִּנּוֹרוֹת וּנְבָלִים לַשָּׁרִים.

חזן וְכָל בְּנֵי אֱלֹהִים בְּקוֹל תְּרוּעָתָם, וְהַכּוֹכָבִים מִמְּסִלּוֹתָם.

קהל וְכָל הַלְּבָנוֹן וְחַיָּה כֻּלָּה, אֵין דֵּי בָעֵר וְאֵין דֵּי עוֹלָה.

חזן הֵן בְּכָל אֵלֶּה אֵין דֵּי לַעֲבוֹד, וְאֵין דֵּי לְקַדֵּם אֶל הַכָּבוֹד.

קהל כִּי נִכְבַּדְתָּ מְאֹד מַלְכֵּנוּ, וּבַמָּה נִכַּף לַאֲדוֹנֵנוּ.

חזן אָמְנָם לֹא יוּכְלוּ כַּבְּדֶךָ כָּל חָי, אַף כִּי אֲנִי עַבְדֶּךָ.

קהל וַאֲנִי נִבְזֶה וַחֲדַל אִישִׁים, נִמְאָס בְּעֵינַי וּשְׁפַל אֲנָשִׁים.

חזן וְאֵין לַעֲבָדְךָ כֹּל לְכַבְּדָךְ, לְהָשִׁיב לְךָ גְּמוּל עַל חֲסָדֶיךָ.

קהל כִּי הִרְבֵּיתָ טוֹבוֹת אֵלַי, כִּי הִגְדַּלְתָּ חַסְדְּךָ עָלָי.

חזן וְרַב שִׁלּוּמִים לְךָ חִיַּבְתִּי, כִּי עָשִׂיתָ טוֹבוֹת אִתִּי.

קהל וְלֹא חִיַּבְתָּ לִי גְּמוּלֶיךָ, כָּל טוֹבָתִי בַּל עָלֶיךָ.

חזן עַל הַטּוֹבוֹת לֹא עֲבַדְתִּיךָ, אַחַת לְרִבּוֹא לֹא גְמַלְתִּיךָ.

קהל אִם אָמַרְתִּי אֲסַפְּרָה נָּא כְמוֹ, לֹא יָדַעְתִּי סְפֹרוֹת לָמוֹ.

חזן וּמָה אָשִׁיב לְךָ וְהַכֹּל שֶׁלָּךְ, לְךָ שָׁמַיִם אַף אֶרֶץ לָךְ.

קהל יַמִּים וְכָל אֲשֶׁר בָּם בְּיָדֶךָ, וְכֻלָּם יִשְׂבְּעוּן מִיָּדֶךָ.

חזן וַאֲנַחְנוּ עַמְּךָ וְצֹאנֶךָ, וַחֲפֵצִים לַעֲשׂוֹת רְצוֹנֶךָ.

קהל וְאֵיךְ נַעֲבֹד וְאֵין לְאֵל יָדֵנוּ, וְלִשְׂרֵפַת אֵשׁ בֵּית קָדְשֵׁנוּ.

חזן וְאֵיךְ נַעֲבֹד וְאֵין זֶבַח וּמִנְחָה, כִּי לֹא בָאנוּ אֶל הַמְּנוּחָה.

קהל וּמַיִם אַיִן לְהַעֲבִיר טֻמְאָה, וַאֲנַחְנוּ עַל אֲדָמָה טְמֵאָה.

חזן שָׂשׂ אָנֹכִי עַל אֲמָרֶיךָ, וַאֲנִי בָאתִי בִּדְבָרֶיךָ.

קהל כִּי כָתוּב, לֹא עַל זְבָחֶיךָ וְעוֹלֹתֶיךָ אוֹכִיחֶךָ.

חזן עַל דִּבְרֵי זֶבַח וְעוֹלוֹתֵיכֶם, לֹא צִוִּיתִי אֶת אֲבוֹתֵיכֶם.

קהל מַה שָּׁאַלְתִּי וּמָה דָּרַשְׁתִּי מִמְּךָ, כִּי אִם לְיִרְאָה אוֹתִי.

חזן לַעֲבוֹד בְּשִׂמְחָה וּבְלֵבָב טוֹב, הִנֵּה שְׁמֹעַ מִזֶּבַח טוֹב.

קהל וְלֵב נִשְׁבָּר מִמִּנְחָה טְהוֹרָה, זִבְחֵי אֱלֹהִים רוּחַ נִשְׁבָּרָה.

חזן זֶבַח וּמִנְחָה לֹא חָפַצְתָּ, חַטָּאת וְעוֹלָה לֹא שָׁאָלְתָּ.

קהל מִזְבֵּחַ אֶבְנֶה בְּשִׁבְרוֹן לִבִּי, וַאֲשַׁבְּרָה אַף רוּחִי בְּקִרְבִּי.

חזן רוּם לֵב אַשְׁפִּיל וְאֶת רוּם עֵינַי, וְאֶקְרַע לְבָבִי לְמַעַן אֲדֹנָי.

קהל שִׁבְרֵי רוּחִי הֵם זְבָחֶיךָ, יַעֲלוּ לְרָצוֹן עַל מִזְבְּחֶךָ.

חזן וְאַשְׁמִיעַ בְּקוֹל הוֹדָיוֹתֶיךָ, וַאֲסַפְּרָה כָּל נִפְלְאוֹתֶיךָ.

קהל אֲשֶׁר יָדְעָה נַפְשִׁי אַחְבִּירָה, אֲמַלֵּל גְּבוּרוֹת וַאֲדַבֵּרָה.

חזן וּמָה אֶעֱרוֹךְ וְלֹא יָדַעְתִּי מָה, הֲיָכוֹל אוּכַל דַּבֵּר מְאוּמָה.

קהל כִּי אֵין חֵקֶר לִגְדֻלָּתוֹ, וְגַם אֵין מִסְפָּר לִתְבוּנָתוֹ.

חזן חֲכַם לֵבָב הוּא מִי כָמוֹהוּ, שַׂגִּיא כֹחַ לֹא מְצָאנוּהוּ.

קהל עוֹשֶׂה גְדוֹלוֹת וְרַב נוֹרָאוֹת, גָּדוֹל אַתָּה וְעֹשֵׂה נִפְלָאוֹת.

חזן עַד אֵין מִסְפָּר וְעַד אֵין חֵקֶר, וְלֹא נוֹדַע כִּי לֹא יֵחָקֵר.

קהל אֵיזוֹ עַיִן אֲשֶׁר תְּעִידֶךָ, וְאֵיזֶה פֶּה אֲשֶׁר יַגִּידֶךָ.

חזן חַי לֹא רָאֲךָ וְלֵב לֹא יְדָעֲךָ, וְאֵיזֶה שֶׁבַח אֲשֶׁר יַגִּיעֲךָ.

קהל גַּם מְשָׁרְתֶיךָ לֹא רָאוּךָ, וְכָל חַכְמֵי לֵב לֹא מְצָאוּךָ.

חזן אַתָּה לְבַדְּךָ מַכִּיר שִׁבְחֶךָ, וְאֵין זוּלָתְךָ יוֹדֵעַ כֹּחֶךָ.

קהל וְאֵין יוֹדֵעַ בִּלְעָדֶיךָ, שְׁבָחוֹת רְאוּיוֹת לִכְבוֹדֶךָ.

חזן עַל כֵּן תְּבֹרַךְ כָּרָאוּי לָךְ, כְּפִי קָדְשְׁךָ כְּבוֹדְךָ וְגָדְלָךְ.

קהל וּמִפִּי הַכֹּל בְּכָל אֱיָלוּתָם, כְּפִי מַדָּע אֲשֶׁר אַתָּה חֲנַנְתָּם.

חזן יוֹדוּ פִלְאֲךָ הַשָּׁמַיִם, וְיַאְדִּירוּךָ קוֹלוֹת מַיִם.

קהל וְיָרִיעוּ לְךָ כָּל הָאָרֶץ, יוֹדוּךָ כָּל מַלְכֵי אָרֶץ.

חזן אַף יוֹדוּךָ כָּל הָעַמִּים, וִישַׁבְּחוּךָ כָּל הָאֻמִּים.

קהל כָּל זֶרַע יַעֲקֹב עֲבָדֶיךָ, כִּי עֲלֵיהֶם גָּבְרוּ חֲסָדֶיךָ.

חזן אֶת שֵׁם יי יְהַלְלוּ כֻלָּם, אֵל אֱלֹהִים אֱמֶת וּמֶלֶךְ עוֹלָם.

בָּרוּךְ אַתָּה יָחִיד וּמְיֻחָד, יי אֶחָד וּשְׁמוֹ אֶחָד.

ליום שני

חזן וַאֲנִי עַבְדְּךָ בֶּן אֲמָתֶךָ, אֲדַבֵּר אֲמַלֵּל גְּבוּרוֹתֶיךָ.

קהל דַּרְכֵי שִׁבְחֲךָ קְצָתָם אֲסַפְּרָה, מַעֲשֶׂיךָ מַה נּוֹרָא אוֹמְרָה.

חזן אֵין אֵלֶיךָ עֲרוֹךְ בְּסֵפֶר, אַגִּידָה עָצְמוּ מִסַּפֵּר.

קהל חֵקֶר אֱלוֹהַּ לֹא יִמָּצֵא, וְתַכְלִית שַׁדַּי לֹא תִקָּצֶה.

חזן וְלִתְבוּנָתוֹ הֲלֹא אֵין חֵקֶר, וּמִסְפַּר שָׁנָיו לֹא יֵחָקֵר.

קהל וְגַם אֵין מִסְפָּר לִגְדוּדֶיךָ, בְּצִבְאוֹתֶיךָ אוֹת כְּבוֹדֶךָ.

חזן אֵיזוֹ עַיִן אֲשֶׁר תְּעִידֶךָ, וְחַי לֹא רָאָה פְּנֵי כְבוֹדֶךָ.

קהל נָבוֹן וְחָכָם הֵן לֹא יָדַע, וְאֵיךְ אֶעֱרוֹךְ עַל אֲשֶׁר לֹא אֵדָע.

חזן וְאִם יֹאמַר אִישׁ, עַד תַּכְלִיתוֹ אֶעֱרוֹךְ אֵלָיו וּבְמַתְכֻּנְתּוֹ.

קהל אָבֹא וְאֶמְצָא תַּכְלִית שִׁבְחוֹ, לֹא נֶאֶמְנָה אֶת אֵל רוּחוֹ.

חזן יְבֻלַּע כִּי לֹא יָדַע עֶרְכּוֹ, אַחֲרִית פִּיהוּ רֵאשִׁית דַּרְכּוֹ.

קהל וְעִמָּדִי לֹא כֵן אָנֹכִי, וּפִי לֹא אֶתֵּן לַחֲטוֹא וְחִכִּי.

חזן אֲסַפְּרָה לְאֶחָי קְצוֹת דַּרְכֵי אֵל, וּלְיִשְׂרָאֵל מַה פָּעַל אֵל.

קהל כַּכָּתוּב, אִמְרוּ לֵאלֹהִים, מַה נּוֹרָא מַעֲשֶׂיךָ אֱלֹהִים.

חזן וְאָמַרְתָּ עַם זוּ יָצַרְתִּי לִי, יְסַפְּרוּ שְׁמִי וּתְהִלָּתִי.

קהל בְּמִצְרַיִם שַׂמְתִּי עֲלִילוֹתַי, לְמַעַן תְּסַפֵּר אֶת אוֹתוֹתַי.

חזן וַאֲנִי עַבְדְּךָ עַל כֵּן אֲסַפֵּר, כַּאֲשֶׁר אֶדְרוֹשׁ מֵעַל סֵפֶר.

קהל תְּהַלֵּל נַפְשִׁי כֹּחַ מַעֲשֶׂיךָ, וְכָל קְרָבַי אֶת שֵׁם קָדְשֶׁךָ.

חזן וַאֲבָרֶכְכָה בְּכָל עִנְיָנַי, וּבְכָל לִבִּי אוֹדֶה אֶת אֲדֹנָי.

קהל גַּם בִּגְרוֹנִי רוֹמְמוֹתֶיךָ, וְאֶת פִּי אֲמַלֵּא תְּהִלָּתֶךָ.

חזן כִּי פִי יַגִּיד תְּהִלָּתֶךָ, כָּל הַיּוֹם אֶת תִּפְאַרְתֶּךָ.

קהל וְאֹמְרָה נָּא עֱזוּז נוֹרְאוֹתֶיךָ, וְאָשִׂיחָה דִּבְרֵי נִפְלְאוֹתֶיךָ.

חזן וְאַזְכִּיר טוּבְךָ וְצִדְקוֹתֶיךָ, חֲסָדֶיךָ וּגְבוּרוֹתֶיךָ.

קהל יָדַעְתִּי כִּי גָדוֹל אַתָּה, עַל כָּל אֱלֹהִים מְאֹד גָּדַלְתָּ.

חזן כִּי כָל אֱלֹהֵי הָעַמִּים הֵם אֱלִילִים אִלְּמִים, רוּחַ אֵין בָּהֶם.

קהל הֵן לְעוֹבְדֵיהֶם גְּמוּל אֵין מְשִׁיבִים, וְלָמָּה לָהֶם הֵמָּה מְטִיבִים.

חזן וּבְעֵת צָרָה אָז יִתְפַּלְּלוּ, וְלֹא יַעֲנוּם כִּי לֹא יוֹעִילוּ.

קהל דּוֹרְשִׁים בְּכָל לֵב לְרוּחַ אֵין בּוֹ, וְקָרוֹב יי אֵל עַם קְרוֹבוֹ.

חזן הַיּוֹצֵר כֹּל הוּא אֱלֹהֵינוּ, הוּא עָשָׂנוּ וְלוֹ לְבַד אֲנַחְנוּ.

קהל עַם מַרְעִיתוֹ וְצֹאן יָדוֹ, נְבָרֵךְ שְׁמוֹ כִּי לְעוֹלָם חַסְדּוֹ.

חזן בְּצַר לָנוּ מְאֹד נִמְצֵאתָ, כִּי דֹרְשֶׁיךָ לֹא עָזַבְתָּ.

קהל וְתָמִיד בְּפִינוּ תְּהִלָּתֶךָ, וּמְהַלְלִים לְשֵׁם תִּפְאַרְתֶּךָ.

חזן עַד אַתָּה בְּךָ וּבִכְבוֹדֶךָ, וּמְשָׁרְתֶיךָ אַף עֲבָדֶיךָ.
קהל אֲשֶׁר כְּבוֹדְךָ מְלֹא כָּל הָאָרֶץ, וּכְבוֹדְךָ עַל כָּל הָאָרֶץ.
חזן וַאֲבוֹתֵינוּ בָּחֲרוּ אוֹתְךָ לְבַדְּךָ לַעֲבוֹד, וְאֵין לְזָר אִתָּךְ.
קהל גַּם אֲנַחְנוּ אוֹתְךָ לְבַדְּךָ נַעֲבוֹד, כְּבֵן אֶת אָב נְכַבְּדֶךָ.
חזן וְהִנְנוּ עַל יִחוּדֶךָ, יוֹמָם וָלַיְלָה עֵדֶיךָ.
קהל בְּפִי כֻלָּנוּ וּבִלְבָבֵנוּ, שֶׁאַתָּה לְבַדְּךָ אֱלֹהֵינוּ.
חזן אֱלֹהֵינוּ עַל יִחוּדֶךָ, עֵדִים אֲנַחְנוּ וַעֲבָדֶיךָ.
קהל אֵין תְּחִלָּה אֶל רֵאשִׁיתֶךָ, וְאֵין קֵץ וְתִכְלָה לְאַחֲרִיתֶךָ.
חזן רִאשׁוֹן וְאַחֲרוֹן מִבְּלִי רֵאשִׁית וּמִבְּלִי אַחֲרִית, וְאֵין לֵב לְהָשִׁית.
קהל אֵין קֵצֶה אֶל גַּבְהוּתֶךָ, וְאֵין סוֹף לְעֹמֶק מִדּוֹתֶיךָ.
חזן אֵין לְךָ סוֹבֵב וְאֵין לְךָ פֵּאָה, עַל כֵּן אוֹתְךָ חַי לֹא רָאָה.
קהל אֵין צַד וְצֵלָע יַצְלִיעוּךָ, וְרֹחַב וְאֹרֶךְ לֹא יְמַצְּעוּךָ.
חזן אֵין פֵּאָה לִסְבִיבוֹתֶיךָ, וְאֵין תּוֹךְ מַבְדִּיל בֵּינוֹתֶיךָ.
קהל אֵין חָכְמָה אֲשֶׁר תֵּדָעֶךָ, וְאֵין מַדָּע אֲשֶׁר יַגִּיעֶךָ.
חזן וְלֹא יַשִּׂיג אוֹתְךָ כָּל מַדָּע, וְאֵין שֵׂכֶל אֲשֶׁר יָבִין וְיֵדָע.
קהל מִמְּךָ מְאוּמָה וְאֵיכָה אַתָּה, וְאֵיךְ בְּלִי מְאוּמָה כֹּל בָּרָאתָ.

ליום שלישי

חזן אָמְנָם יָדַעְתִּי כִּי אַתָּה אֱלֹהֵי יַעֲקֹב כֹּל יָצַרְתָּ.
קהל אַתָּה בוֹרֵא וְלֹא נִבְרֵאתָ, אַתָּה יוֹצֵר וְלֹא נוֹצַרְתָּ.
חזן אַתָּה מֵמִית וְאֶת כֹּל תְּבַלֶּה, אַתָּה מוֹרִיד שְׁאוֹל וְאַף תַּעֲלֶה.
קהל וְנֶאֱמָן לְהַחֲיוֹת מֵתִים אָתָּה, וְעַל יְדֵי נְבִיאֶךָ כֵּן הוֹדַעְתָּ.
חזן וְלֹא תְמוּת אֵל חַי וְלֹא מֵתָּה, מֵעוֹלָם וְעַד עוֹלָם אָתָּה.
קהל מַשְׁבִּיר וּמוֹלִיד וְלֹא נוֹלַדְתָּ, מוֹחֵץ וְרוֹפֵא וְלֹא חָלִיתָ.

חזן מָוֶת וּמַדְוֶה אֵין לְפָנֶיךָ, תְּנוּמָה וְשֵׁנָה אֵין לְעֵינֶיךָ.

קהל הֲלֹא מִקֶּדֶם אֵל חַי אַתָּה, מֵאֲשֶׁר בְּךָ לֹא נִשְׁתַּנֵּיתָ.

חזן וְעַד הָעוֹלָם לֹא תִשְׁתַּנֶּה, מֵאֱלָהוּתְךָ לֹא תִתְגַּנֶּה.

קהל חָדָשׁ וְנוֹשָׁן לֹא נִמְצֵאתָ, חִדַּשְׁתָּ כֹּל וְלֹא חֻדַּשְׁתָּ.

חזן לֹא יָחוּלוּ זִקְנָה וּבַחֲרוּת עָלֶיךָ, גַּם שֵׂיבָה וְשַׁחֲרוּת.

קהל וְלֹא חָלוּ בְךָ שִׂמְחָה וְעֶצֶב, וְדִמְיוֹן נוֹצָר וְכָל דְּבַר קֶצֶב.

חזן כִּי לֹא יְסוֹבֵב אוֹתְךָ גֶּשֶׁם, אַף לֹא תִדְמֶה אֶל כָּל נֹשֶׁם.

קהל כָּל הַיְּצוּרִים גְּבוּל סִבַּבְתָּם, אֶל רֵאשִׁיתָם וּלְאַחֲרִיתָם.

חזן כִּי הַבְּרוּאִים בִּגְבוּל שַׂמְתָּם, וְלִימֵי צְבָאָם גְּבוּל הִקַּפְתָּם.

קהל וּלְךָ אֵין גְּבוּל וּלְיָמֶיךָ וְלִשְׁנוֹתֶיךָ וּלְעָצְמֶךָ.

חזן עַל כֵּן אֵינְךָ צָרִיךְ לַכֹּל, לְיָדְךָ וּלְחַסְדְּךָ צְרִיכִים הַכֹּל.

קהל הַכֹּל צְרִיכִים לְצִדְקוֹתֶיךָ, וְאֵינְךָ צָרִיךְ לִבְרִיּוֹתֶיךָ.

חזן כִּי טֶרֶם כָּל יְצִיר הָיִיתָ לְבַדְּךָ, מְאוּמָה לֹא נִצְרַכְתָּ.

קהל רֵאשִׁית וְאַחֲרִית בְּיָדְךָ עֲרוּכִים, אַתָּה בָם וְהֵם בְּרוּחֲךָ שְׂרוּכִים.

חזן כֹּל אֲשֶׁר הָיָה בָּרִאשׁוֹנָה, וַאֲשֶׁר יִהְיֶה בָּאַחֲרוֹנָה.

קהל כָּל הַיְּצוּרִים וְכָל מַעֲשֵׂיהֶם, וְכָל דִּבְרֵיהֶם וּמַחְשְׁבוֹתֵיהֶם.

חזן מֵרֹאשׁ וְעַד סוֹף תֵּדַע כֻּלָּם וְלֹא תִשְׁכַּח, כִּי אַתָּה אֶצְלָם.

קהל אַתָּה בְרָאתָם וּלְבַדְּךָ עֲרַכְתָּם, לְבַדְּךָ תֵּדַע מְקוֹמָם וְדַרְכָּם.

חזן הֵן אֵין דָּבָר מִמְּךָ נֶעְלָם, כִּי לְפָנֶיךָ נְכוֹנִים כֻּלָּם.

קהל אֵין חֹשֶׁךְ וְאֵין מָנוֹס וְסֵתֶר, לָנוּס שָׁמָּה וּלְהִסָּתֵר.

חזן אֵת אֲשֶׁר תְּבַקֵּשׁ אַתָּה מוֹצֵא, בְּלִי נְטוֹת אֲלֵיהֶם בְּעֵת שֶׁתִּרְצֶה.

קהל כִּי אֶת הַכֹּל כְּאַחַת תִּרְאֶה, לְבַדְּךָ תַעֲשֶׂה וְאֵינְךָ נִלְאֶה.

חזן כִּי עַל גּוֹי וְעַל אָדָם יַחַד, עַל כֹּל תְּדַבֵּר בְּרֶגַע אֶחָד.

קהל תִּשְׁמַע בְּרֶגַע כָּל הַקּוֹלוֹת, זַעַק וְלַחַשׁ וְכָל הַתְּפִלּוֹת.

חזן אַף תָּבִין אֶל כָּל מַעֲשֵׂיהֶם, בְּרֶגַע תַּחְקוֹר כָּל לְבָבֵיהֶם.

קהל וְלֹא תַאֲרִיךְ עַל מַחְשְׁבוֹתֶיךָ, וְלֹא תִתְמַהְמַהּ עַל עֲצָתֶךָ.

חזן אֵצֶל עֲצָתְךָ גְּזֵרָתְךָ, לְקֵץ וּלְמוֹעֵד קְרִיאָתֶךָ.

קהל וְכֻלָּם בֶּאֱמֶת בְּתֹם וּבְיֹשֶׁר, מִבְּלִי עֹדֶף וּמִבְּלִי חֶסֶר.

חזן מִמְּךָ דָּבָר לֹא יֹאבַד, וְדָבָר מִמְּךָ לֹא יִכְבַּד.

קהל כֹּל אֲשֶׁר תַּחְפּוֹץ תּוּכַל לַעֲשׂוֹת, וְאֵין מִי מוֹחֶה בְיָדְךָ מֵעֲשׂוֹת.

חזן יְכֹלֶת יי בְּחֶפְצוֹ קְשׁוּרָה, וּבִרְצוֹת יי לֹא אַחֶרָה.

קהל אֵין דְּבַר סֵתֶר מִמְּךָ נִכְחָד, עֲתִידוֹת וְעוֹבְרוֹת לְךָ הֵם יָחַד.

חזן אֲשֶׁר מֵעוֹלָם וְעַד הָעוֹלָם, הֵם כֻּלָּם בְּךָ וְאַתָּה בְכֻלָּם.

קהל חֲדָשׁוֹת תַּגִּיד וְסוֹד דְּרָכֶיךָ, אֶל עֲבָדֶיךָ וּמַלְאָכֶיךָ.

חזן וְאֵינְךָ צָרִיךְ לְהַשְׁמִיעָךְ, דְּבַר סוֹד וְסֵתֶר לְהוֹדִיעָךְ.

קהל כִּי מִמְּךָ כָּל סוֹד יִגָּלֶה, בְּטֶרֶם עַל לֵב כָּל יְצִיר יַעֲלֶה.

חזן בְּלֵב כָּל נִבְרָא לֹא תִמָּצֵא, מִפִּינוּ עָתָק לֹא יֵצֵא.

קהל בְּאֵין לוֹ קָצֶה וְלֹא יֶחֱצֶה, לֵב לֹא יָתוּר וְאֵין פֶּה פוֹצֶה.

חזן בְּאֵין לוֹ רוּחוֹת וְאֵין בּוֹ רְוָחוֹת, אֵין לוֹ שִׂיחוֹת בּוֹ מוֹכִיחוֹת.

קהל לְמֵרָחוֹק מִי יִשָּׂא דֵעוֹ, לְלֹא תְחִלָּה וְלֹא סוֹף לְהַגִּיעוֹ.

חזן אֲגוּדִים אֲחוּדִים תּוֹךְ וָסוֹף וָרֹאשׁ, פֶּה וָלֵב אֶבְלוֹם מִדְּרוֹשׁ וּמֵחֲרוֹשׁ.

קהל גֹּבַהּ וְעֹמֶק נְעוּצִים כְּסוֹבֵב, חֲכַם לֵב וְנָבוֹן לֹא יְלֻבָּב.

חזן סוֹבֵב הַכֹּל וּמָלֵא אֶת כֹּל, וּבִהְיוֹת הַכֹּל אַתָּה בַכֹּל.

קהל אֵין עָלֶיךָ וְאֵין תַּחְתֶּיךָ, אֵין חוּץ וְאֵין בֵּינוֹתֶיךָ.

חזן אֵין מַרְאֶה וְגַב לְאַחוּדֶךָ, וְאֵין גּוּף לְעֹצֶם יִחוּדֶךָ.

קהל וְאֵין בְּתָוֶךְ מִמְּךָ נִבְדָּל, וְאֵין מָקוֹם דַּק מִמְּךָ נֶחְדָּל.

חזן וְאֵינְךָ נֶאֱצָל מִכֹּל וְנִבְדָּל, וְאֵין מָקוֹם רֵק מִמְּךָ וְנֶחְדָּל.

קהל מִקְרֶה וְשִׁנּוּי אֵין בְּךָ נִמְצָא, וְלֹא זְמַן וְעֵרָעֵר וְלֹא כָּל שִׁמְצָה.

חזן כָּל זְמַן וְכָל עֵת אַתָּה מְכִינָם, אַתָּה עוֹרְכָם וְאַתָּה מְשַׁנָּם.

קהל כָּל מַדָּע לֹא יַשִּׂיג אוֹתָךְ, אֵין שֵׂכֶל אֲשֶׁר יִמְצָא אוֹתָךְ.

חזן כְּמִדָּתְךָ כֵּן חָכְמָתְךָ, כְּגָדְלָתְךָ תְּבוּנָתְךָ.

קהל חָכָם אַתָּה מֵאֵלֶיךָ, חַי מֵעַצְמְךָ וְאֵין כְּגִילְךָ.

חזן זוּלָת חָכְמָתְךָ אֵין חָכְמָה, בִּלְתִּי בִינָתְךָ אֵין מְזִמָּה.

קהל חָלַקְתָּ בְּלֵב חֲכָמִים שֵׂכֶל, וְרוּחֲךָ תְּמַלְּאֵם וְדַעְתָּם תַּשְׂכֵּל.

חזן מִבַּלְעֲדֵי כֹחֲךָ אֵין גְּבוּרָה, וּמִבַּלְעֲדֵי עֻזְּךָ אֵין עֶזְרָה.

קהל אֵין נִכְבָּד כִּי אִם כִּבַּדְתּוֹ, וְאֵין גָּדוֹל כִּי אִם גִּדַּלְתּוֹ.

חזן כָּל יְקָר וְכָל טוּב מִיָּדֶךָ, לַאֲשֶׁר תַּחְפּוֹץ לַעֲשׂוֹת חֲסָדֶיךָ.

קהל אֵין חֵקֶר לִגְדֻלָּתֶךָ, וְאֵין מִסְפָּר לִתְבוּנָתֶךָ.

חזן אֵין עוֹד זוּלַת הֱוָיָתֶךָ, חַי וְכֹל תּוּכַל וְאֵין בִּלְתֶּךָ.

קהל וְלִפְנֵי הַכֹּל כֹּל הָיִיתָ, וּבִהְיוֹת הַכֹּל כֹּל מִלֵּאתָ.

חזן לֹא לְחָצוּךָ וְלֹא הַטּוּךְ יְצוּרֶיךָ, אַף לֹא מִעֲטוּךָ.

קהל בַּעֲשׂוֹתְךָ כֹּל לֹא נִבְדַּלְתָּ, מִתּוֹךְ מְלַאכְתְּךָ לֹא נֶחְדַּלְתָּ.

חזן בַּעֲשׂוֹתְךָ אֶת הַשָּׁמַיִם, וְאֶת הָאָרֶץ וְאֶת הַמָּיִם.

קהל לֹא קֵרְבוּךָ וְלֹא רִחֲקוּךָ, כִּי כָל קִירוֹת לֹא יַחְלְקוּךָ.

חזן זֶרֶם מַיִם לֹא יִשְׁטְפֶךָ, וְרוּחַ כַּבִּיר לֹא יֶהְדְּפֶךָ.

קהל אַף כָּל טִנֹּפֶת לֹא תְטַנְּפֶךָ, אֵשׁ אוֹכְלָה אֵשׁ לֹא תִשְׂרְפֶךָ.

חזן לַהֲוָיָתְךָ אֵין חִסָּרוֹן, וְלִיחוּדְךָ אֵין יִתָּרוֹן.

קהל כְּמוֹ הָיִיתָ לְעוֹלָם תִּהְיֶה, חֹסֶר וְעֹדֶף בְּךָ לֹא יִהְיֶה.

חזן וְשִׁמְךָ מְעִידְךָ כִּי הָיִיתָ, וְהֹוֶה וְתִהְיֶה וּבַכֹּל אָתָּה.

קהל הֹוֶה לְעוֹלָם וְכֵן נוֹדַעְתָּ, נְעִידְךָ וְכֵן בְּךָ הָעֵידוֹתָ.

חזן שְׁאַתָּה הוּא וְהֹוֶה בַּכֹּל, שֶׁלְּךָ הַכֹּל וּמִמְּךָ הַכֹּל.

קהל שְׁמוֹת יְקָרְךָ יַעֲנוּ וְיָעִידוּ, בְּתֹקֶף יְקָרְךָ בְּךָ יַסְהִידוּ.

ליום רביעי

חזן אֲרוֹמֵם אֱלֹהֵי אָבִי וְאֵלִי, אֲנַוֶּה אֱלֹהֵי צוּרִי וְגֹאֲלִי.

קהל אֲיַחֵד אֱלֹהֵי הַשָּׁמַיִם וְהָאָרֶץ בְּכָל יוֹם פַּעֲמַיִם.

חזן אֵל חַי אֶחָד הוּא בְרָאָנוּ, אֲבִיר יִשְׂרָאֵל אָב לְכֻלָּנוּ.

קהל אֲדוֹנֵנוּ אֲדוֹן כָּל הָאָרֶץ, אַדִּיר שִׁמְךָ בְּכָל הָאָרֶץ.

חזן אֵין כָּאֵל אֵשׁ אוֹכְלָה וְקַנָּא, לְעוֹלָם יי אֱמֶת אֵל אֱמוּנָה.

קהל אוֹרִי וְיִשְׁעִי מָעוֹז חַיַּי, עָלָיו תְּלוּיִם כָּל מַאֲוַיַּי.

חזן אֱלֹהִים אֱמֶת הוּא אֱלֹהִים חַיִּים, לֹא יָכִילוּ זַעְמוֹ גּוֹיִם.

קהל אַדִּיר וְאַמִּיץ כֹּחַ וְרַב אוֹנִים, אֱלֹהֵי הָאֱלֹהִים וַאֲדֹנֵי הָאֲדוֹנִים.

חזן אֱלוֹהַּ עוֹשִׂי אִישִׁי וּבוֹעֲלִי, אַלּוּף נְעוּרַי שׁוֹמְרִי וְצִלִּי.

קהל בּוֹרֵא כֹל וְיִשְׂרָאֵל גּוֹאֵל, בָּרוּךְ אֱלֹהִים אֱלֹהֵי יִשְׂרָאֵל.

חזן בּוֹרֵא רוּחַ הָרִים יוֹצֵר, מִמְּךָ מְזִמָּה לֹא יִבָּצֵר.

קהל גֵּאֶה מֵשִׁיב גְּמוּל עַל גֵּאִים, עַל הָרָמִים וְעַל הַנִּשָּׂאִים.

חזן גִּבּוֹר בְּקוּמוֹ לַעֲרוֹץ בְּעֶבְרָה, מֵהֲדַר גְּאוֹנוֹ מִי לֹא יִירָא.

קהל גָּבוֹהַּ כָּל אֲשֶׁר תַּחְתָּיו נוֹשֵׂא, וּגְדָל כֹּחַ גְּדוֹלוֹת עוֹשֶׂה.

חזן גָּדוֹל הוּא וּשְׁמוֹ בִּגְבוּרָה, אַרְיֵה שָׁאַג מִי לֹא יִירָא.

קהל דּוֹדִי דָּגוּל הוּא מֵרְבָבָה, אֵל נַעֲרָץ בְּסוֹד קְדֹשִׁים רַבָּה.

חזן דַּיָּן יָתִיב כְּעַתִּיק יוֹמִין, וּצְבָאוֹ עַל שְׂמֹאל וְעַל יָמִין.

קהל הֲדָרוֹ וְהוֹדוֹ עַל בְּנֵי עֲבָדָיו, הָדוּר הָדָר הוּא לְכָל חֲסִידָיו.

חזן הוּא אֵל אֱלֹהֵי הָרוּחוֹת לְכָל בָּשָׂר, שׁוֹמֵעַ תְּפִלָּה מִכֹּל.

קהל וַדַּי וָתִיק יוֹדֵעַ וָעֵד, יי יִמְלֹךְ לְעוֹלָם וָעֶד.

חזן וַאֲשֶׁר חֶרֶב גַּאֲוָתֵנוּ, עֶזְרֵנוּ וּמָגִנֵּנוּ.

קהל זוֹכֵר לְעוֹלָם בְּרִית רִאשׁוֹנִים, כְּיוֹם אֶתְמוֹל לוֹ אֶלֶף שָׁנִים.

חזן זֶה אֱלֹהֵינוּ וְלוֹ קִוִּינוּ, וְזִמְרָת יָהּ הוּא יוֹשִׁיעֵנוּ.

קהל חֵלֶק יַעֲקֹב יוֹצֵר הַכֹּל, חַנּוּן יי וְחָסִיד בַּכֹּל.

חזן חֵי הָעוֹלָם יי חֶלְקִי, חֲכַם הָרָזִים יי חִזְקִי.

שיר היחוד ליום רביעי 117

קהל טוב וּמֵטִיב הַמְלַמֵּד דֵּעָה, טְהוֹר עֵינַיִם מֵרְאוֹת בְּרָעָה.

חזן יָשָׁר יי וְיָשָׁר דְּבָרוֹ, יְדִידֵי יְדִידוּת מִשְׁכְּנוֹת דְּבִירוֹ.

קהל יוֹעֵץ וְגוֹזֵר מִי יְפִירֶנָּה, וַיַּחְתֹּף וְיִפְעַל מִי יְשִׁיבֶנָּה.

חזן יָפֶה דוֹדִי יָפְיוֹ וְטוּבוֹ, יִרְאוּ וְיֶחֱזוּ צִיּוֹן בְּשׁוּבוֹ.

קהל כְּגִבּוֹר יֵצֵא כְּאִישׁ מִלְחָמוֹת, יָעִיר קִנְאָה לַעֲשׂוֹת נְקָמוֹת.

חזן כְּנֶשֶׁר עַל כַּנְפֵי נְשָׁרִים, נָשָׂא עֲבָדָיו וְיִשֵּׁר הֲדוּרִים.

קהל כְּדֹב שַׁכּוּל וּכְנָמֵר שַׁחַל, כְּרָקָב וּכְעָשׁ וְרוּחוֹ כַּנָּחַל.

חזן כְּדֹב שַׁכּוּל וּכְנָמֵר שׁוֹקֵד, דְּבָרוֹ לַעֲשׂוֹת כְּמַקֵּל שָׁקֵד.

קהל כַּבִּיר כֹּחַ לֵב כְּמוֹ שָׁחַל, כְּלָבִיא וְכַאֲרִי וְרוּחוֹ כְּנָחַל.

חזן כְּאֶרֶז בָּחוּר בִּגְדֻלָּתוֹ, כִּבְרוֹשׁ רַעֲנָן עַנְוְתָנוּתוֹ.

קהל כְּתַפּוּחַ בְּרֵיחוֹ עֹז אַהֲבָתוֹ, עַל עַם יִשְׂרָאֵל גַּאֲוָתוֹ.

חזן כְּתַפּוּחַ בַּעֲצֵי הַיַּעַר, כֵּן דּוֹדִי עִם יוֹשְׁבֵי שָׁעַר.

קהל כַּבִּיר כֹּחַ לְמַרְגִּיזֵי אֵל נוֹקֵם, וְכַטַּל הוּא לְיִשְׂרָאֵל.

חזן כּוֹסִי מְנָת חֶלְקִי וְגוֹרָלִי, אֲנִי לְדוֹדִי נַחֲלָה וְדוֹדִי לִי.

קהל כְּבוֹדִי יי לֹא אֲמִירֵנוּ, הֶאֱמַרְנוּהוּ וְהֶאֱמִירָנוּ.

חזן כְּאַרְיֵה יִשְׁאַג וְכַכְּפִיר יִנְהֹם, אַל יְהִיֶה כְּגֵר וּכְאִישׁ נִדְהָם.

קהל כְּרוֹעֶה גִּבּוֹר אֲשֶׁר לֹא יוּכַל צֹאנוֹ לְהַצִּיל, וְהָיָה לְמַאֲכָל.

חזן כְּגִבּוֹר אֵין אֱיָל וּכְאוֹרֵחַ, נָס וּבוֹרֵחַ מַר צוֹרֵחַ.

קהל כְּאַרְיֵה מַשְׁחִית וְכַכְּפִיר לְעֹזְבָיו, כְּרָקָב גַּם כָּעָשׁ לְאוֹיְבָיו.

חזן כַּבִּיר כֹּחַ כְּשָׁמִיר וָשַׁיִת, וְלֹא יַשְׁאִיר כְּנֹקֶף זַיִת.

קהל כְּשָׁמִיר וְשַׁיִת צָרִים יְמַגֵּן, כְּצִפֳּרִים עָפוֹת לְעִירוֹ יָגֵן.

חזן כְּגִשְׁמֵי נְדָבָה לָנוּ יָבֹא, כְּמַלְקוֹשׁ וְכַטַּל לְדָבֵקִים בּוֹ.

קהל כְּנֶשֶׁר יְרַחֵף עַל גּוֹזָלָיו, וּבְצֵל כְּנָפָיו יֶחֱסוּ מְיַחֲלָיו.

חזן כְּצִפֳּרִים עַל עִירוֹ יָגֵן, וּבְצֵל כְּנָפָיו רְנָנוֹת נְנַגֵּן.

קהל לְבַדּוֹ הוּא, וְנִפְלָאוֹת גְּדוֹלוֹת עוֹשֶׂה אֵל נוֹרָא עֲלִילוֹת.

חזן לִצְבִי וְעֹפֶר דּוֹמֶה דוֹדִי, כִּי יְקַדְּמֵנִי אֱלֹהֵי חַסְדִּי.

קהל לְפָנֵי עַמּוֹ יְיַשֵּׁר הֲדוּרִים, וַיִּנַשְּׂאֵם עַל כַּנְפֵי נְשָׁרִים.

חזן לְעוֹלָם חֶלְקִי הוּא וְצוּר לְבָבִי, כָּלָה שְׁאֵרִי לְךָ וּלְבָבִי.

קהל לְבַדּוֹ יי הוּא, וְנִפְלָאוֹת גְּדוֹלוֹת עוֹשֶׂה וְרַב נוֹרָאוֹת.

חזן מָקוֹם וּמָעוֹן לְעוֹלָמֶךָ, וְאֵין יוֹדֵעַ אֶת מְקוֹמֶךָ.

קהל מוֹרָאִי אֵל רוֹעִי וְיוֹצְרִי, צוּר יְלָדַנִי מְחוֹלְלִי וְצוּרִי.

חזן מָרוֹם וּמָעוֹז הוּא לִי וּמַחְסִי, מִגְדַּל עֹז שֵׁם יי מְנוּסִי.

קהל מֶלֶךְ יַעֲקֹב מִשְׂגָּב לָנוּ, הוּא מְחוֹקְקֵנוּ וּמוֹשִׁיעֵנוּ.

חזן מִגְדּוֹל יְשׁוּעוֹת מִשְׁעָן יְהִי לִי, מִבְטָח אֱלֹהִים יי חֵילִי.

קהל מוֹשֵׁל עוֹלָם מַלְכוּתֶךָ, בְּכָל דּוֹר וָדֹר מֶמְשַׁלְתֶּךָ.

חזן מִי יִתֶּנְךָ כְּאָח לִי לְצָרָה, הוֹשַׁע כִּי יָדְךָ לֹא קָצָרָה.

קהל מְקוֹר חַיִּים מִקְוֵה יִשְׂרָאֵל לֹא אֶעֱזוֹב כִּי מָעֻזִּי אֵל.

חזן מָגֵן יִשְׁעִי וְחֶרֶב גַּאֲוָה, לְשִׁמְךָ וּלְזִכְרְךָ נֶפֶשׁ תַּאֲוָה.

קהל מָגֵן הוּא לְכֹל הַחוֹסִים בּוֹ, אַשְׁרֵי אָדָם אֲשֶׁר עוֹז לוֹ בוֹ.

חזן נָבָר וְנָעִים נָאוֹר וְנוֹרָא, נֶאְדָּר וְנֶאְזָר שְׁמוֹ בִּגְבוּרָה.

קהל נֶאֱמָן נֵצַח יִשְׂרָאֵל וְגוֹאֲלוֹ לֹא יְשַׁקֵּר, אַשְׁרֵי כָּל חוֹכֵי לוֹ.

חזן נֵצַח יְשֻׁרוּן הָאֵל הַנֶּאֱמָן, מֵאֱלֹהָיו יְהוּדָה לֹא אַלְמָן.

קהל נִפְלָא עַל כָּל הַנִּפְלָאִים, וּמִתְנַשֵּׂא לְכֹל הַנְּשָׂאִים.

חזן נִקְדָּשׁ וְנַעֲרָץ אֱלֹהֵי קְדוֹשִׁי, נָכוֹן וְנִשְׂגָּב יי נִסִּי.

קהל נוֹקֵם וְנוֹטֵר וּבַעַל חֵמָה לְצָרָיו, לְאוֹיְבָיו אִישׁ מִלְחָמָה.

חזן נֵרִי יי בְּהִלּוֹ נֵרוֹ עֲלֵי רֹאשִׁי, וְנֵר לְרַגְלֵי דְּבָרוֹ.

קהל סוֹמֵךְ וְסוֹעֵד יי סַלְעִי, סוֹבֵל וְסוֹלֵחַ וְנוֹשֵׂא פִשְׁעִי.

חזן סַהֲדִי יי סַלְעִי וְסִתְרִי, סוֹלֵחַ וְסוֹבֵל סַעֲדִי וְסִבְרִי.

קהל סַלְעֵנוּ וּמְצוּדָתֵנוּ, עֶזְרָתֵנוּ וּמְפַלְטֵנוּ.

חזן עִזּוּז וְגִבּוֹר עֻזִּי וְעֶזְרִי, עֶלְיוֹן עֹז לִי אַל יְהִי עָרִי.

קהל עִיר וְקַדִּישׁ שָׁת סְבִיבָיו סֵתֶר, אָכֵן אַתָּה אֵל מִסְתַּתֵּר.

חזן עֵד מְמַהֵר לְשַׁלֵּם גְּמוּל לְאוֹיְבָיו, שׁוֹמֵר הַבְּרִית וְחֶסֶד לְאֹהֲבָיו.

קהל פָּדָה אֶת אַבְרָהָם יְדִידוֹ, הוּא יִפְדֶּה יִשְׂרָאֵל עַבְדּוֹ.

חזן פַּחַד יִצְחָק יִתֵּן פַּחְדוֹ, עַל צָרֵי בְּנֵי יַעֲקֹב עַבְדוֹ.

קהל פּוֹעֲלִי חוֹקֵר וְדוֹרֵשׁ וּבוֹדֵק כָּל לְבָבוֹת, לוֹ אֶתֵּן צֶדֶק.

חזן צְרוֹר הַמֹּר אֶשְׁכּוֹל הַכֹּפֶר, נוֹתֵן לְעַמּוֹ צָרָיו כֹּפֶר.

קהל צַח וְאָדוֹם דּוֹד בִּצְבָאָיו אוֹת, עַל כֵּן נִקְרָא יי צְבָאוֹת.

חזן צַדִּיק יי הַצּוּר תָּמִים, אֶבְטַח עֲדֵי עַד בְּצוּר עוֹלָמִים.

קהל צְבָא הַשָּׁמַיִם מִשְׁתַּחֲוִים לוֹ, שְׂרָפִים עֹמְדִים מִמַּעַל לוֹ.

חזן קָדוֹשׁ הוּא בְּכָל מִינֵי קְדֻשּׁוֹת, כִּתּוֹת שָׁלֹשׁ קָדוֹשׁ מְשַׁלְּשׁוֹת.

קהל קַיָּם לְעָלְמִין אֱלָהָא חַיָּא, מָרֵא דִי אַרְעָא וְדִי שְׁמַיָּא.

חזן קוֹנִי מְרַחֵם מְקַנֵּא לְשׂוֹנְאָיו, קֶרֶן יִשְׁעִי קָרוֹב לְקוֹרְאָיו.

קהל רָחוֹק מִכֹּל וְאֶת כֹּל רוֹאֶה, כִּי רָם יי וְשָׁפָל יִרְאֶה.

חזן רוֹעִי יי לֹא אֶחְסַר כֹּל, וְרַב כֹּחַ וְרַב חֶסֶד לַכֹּל.

קהל רַחוּם יי רוֹפֵא וּמְחַבֵּשׁ לִשְׁבוּרֵי לֵב, וְעָוֹן כּוֹבֵשׁ.

חזן רֵעִי כֻּלּוֹ הוּא מַחֲמַדִּים, מִשְׁפָּטָיו אֱמֶת מְתוּקִים וַחֲמוּדִים.

קהל רִאשׁוֹן וְאַחֲרוֹן מֵעוֹלָם וְעַד עוֹלָם, אַתָּה אֵל שׁוֹכֵן עַד.

חזן שַׁלִּיט מֶלֶךְ שְׁמַיָּא בְּכָל דָּר וְדָר, לֵהּ אֲנָא מְשַׁבַּח מְרוֹמֵם וּמְהַדֵּר.

קהל שֶׁמֶשׁ וּמָגֵן יי אֱלֹהִים, שׁוֹפֵט צֶדֶק וּמַשְׁפִּיל גְּבוֹהִים.

חזן שַׂגִּיא כֹּחַ לֹא מְצָאנוּהוּ, יַשְׂגִּיב בְּכֹחוֹ וּמִי כָמוֹהוּ.

קהל שְׁלֹמֹה שְׁמוֹ כִּי שֶׁלּוֹ שָׁלוֹם, כִּי יְדַבֵּר אֶל חֲסִידָיו שָׁלוֹם.

חזן שֵׁם יי אֶהְיֶה אֲשֶׁר אֶהְיֶה, כְּתוֹעֲפֹת רְאֵם לוֹ כִּכְפִיר וּכְאַרְיֵה.

קהל שַׁדַּי מְאוֹרִי מַלְכִּי וְאֵלִי, הַלְלוּיָהּ שְׁמוֹ נַפְשִׁי הַלְלִי.

חזן תִּתַּמָּם עִם יוֹשְׁבֵי נְטָעִים, הַשַּׂרִיגִים שְׁלֹשֶׁת הָרוֹעִים.

קהל תִּתְחַסָּד תִּתָּבַר עִמָּם, וְעִם עִקְּשִׁים תִּתְפַּל לְהֻמָּם.

חזן תָּמִים דַּרְכְּךָ תַּקִּיף מִכֹּל, תּוּכַל לְבַדְּךָ לַעֲשׂוֹת אֶת כֹּל.

קהל תּוֹחַלְתִּי וְסִבְרִי וְתִקְוָתִי, תַּאֲוַת נַפְשִׁי וּתְשׁוּקָתִי.

חזן תְּהִלָּתִי וְתִפְאַרְתִּי וְעֻזִּי, מִמְּעֵי אִמִּי גוֹחִי וְגוֹזִי.

קהל תְּמִים דֵּעִים אֵל דֵּעוֹת אֶחָד, כָּל הַלְּבָבוֹת דּוֹרֵשׁ יָחַד.

ליום חמישי

חזן מִי כָמוֹךָ דֵּעָה מוֹרֶה, נִיב שְׂפָתַיִם אַתָּה בּוֹרֵא.

קהל מַחְשְׁבֹתֶיךָ עָמְקוּ וָרָמוּ, וּשְׁנוֹתֶיךָ לֹא יִתָּמּוּ.

חזן לֹא לְמַדּוּךָ חָכְמָתֶךָ, וְלֹא הֱבִינוּךָ תְּבוּנָתֶךָ.

קהל לֹא קִבַּלְתָּ מַלְכוּתֶךָ, וְלֹא יָרַשְׁתָּ מֶמְשַׁלְתֶּךָ.

חזן לְעוֹלָם יְהִי לְךָ לְבַדְּךָ, וְלֹא לַאֲחֵרִים כְּבוֹד הוֹדֶךָ.

קהל וְלֹא תִתֵּן לֵאלֹהִים אֲחֵרִים, תְּהִלָּתְךָ לַפְּסִילִים וְזָרִים.

חזן וְכָבוֹד וְגַם כָּל יְקָר מֵאִתָּךְ, וּכְבוֹדְךָ לֹא לְזָרִים אִתָּךְ.

קהל אַתָּה תָעִיד בְּיִחוּדֶךָ, וְתוֹרָתֶךָ וַעֲבָדֶיךָ.

חזן אֱלֹהֵינוּ עַל יִחוּדֶךָ, אַתָּה עֵד אֱמֶת וַאֲנַחְנוּ עֲבָדֶיךָ.

קהל לְפָנֶיךָ לֹא אֵל הִקְדִּימָךְ, וּבִמְלַאכְתְּךָ אֵין זָר עִמָּךְ.

חזן לֹא נוֹעַצְתָּ וְלֹא לָמַדְתָּ, בְּחַדֶּשְׁךָ בְּרִיּוֹת כִּי נְבוּנוֹתָ.

קהל מִמַּעֲמַקֵּי מַחְשְׁבוֹתֶיךָ, וּמִלִּבְּךָ כָּל פְּעֻלּוֹתֶיךָ.

חזן קְצוֹת דְּרָכֶיךָ הֲלֹא הִכַּרְנוּ, וּמִמַּעֲשֶׂיךָ הֵן יָדַעְנוּ.

קהל שֶׁאַתָּה אֵל כֹּל יָצַרְתָּ, לְבַדְּךָ מְאוּמָה לֹא נִגְרַעְתָּ.

חזן לַעֲשׂוֹת מְלַאכְתְּךָ לֹא לְחַצְתָּ, וְגַם לְעֵזֶר לֹא נִצְרַכְתָּ.

קהל כִּי הָיִיתָ לִפְנֵי הַכֹּל, וְאָז בְּאֵין כֹּל לֹא נִצְרַכְתָּ כֹּל.

חזן כִּי מֵאַהֲבָתְךָ עֲבָדֶיךָ, כֹּל בָּרָאתָ לִכְבוֹדֶךָ.

קהל וְלֹא נוֹדַע אֵל זוּלָתֶךָ, וְאֵין כָּמוֹךָ וְאֵין בִּלְתֶּךָ.

חזן וְלֹא נִשְׁמַע מִן אָז וָהָלְאָה, וְלֹא קָם וְלֹא נִהְיָה וְלֹא נִרְאָה.

קהל וְגַם אַחֲרֶיךָ לֹא יִהְיֶה אֵל, רִאשׁוֹן וְאַחֲרוֹן אֵל יִשְׂרָאֵל.

חזן בָּרוּךְ אַתָּה יָחִיד וּמְיֻחָד, יי אֶחָד וּשְׁמוֹ אֶחָד.

קהל אֲשֶׁר מִי יַעֲשֶׂה כִּמְלַאכְתֶּךָ, כְּמַעֲשֶׂיךָ וְכִגְבוּרוֹתֶיךָ.

חזן אֵין יְצִיר זוּלַת יְצִירָתֶךָ, וְאֵין בְּרִיאָה כִּי אִם בְּרִיאָתֶךָ.

קהל כָּל אֲשֶׁר תַּחְפּוֹץ תַּעֲשֶׂה בַכֹּל, כִּי אַתָּה נַעֲלֵיתָ עַל כֹּל.

שיר היחוד ליום חמישי 121

חזן אֵין כָּמוֹךָ וְאֵין בִּלְתֶּךָ, כִּי אֵין אֱלֹהִים זוּלָתֶךָ.

קהל **אַתָּה הָאֵל עוֹשֵׂה פֶלֶא, וְדָבָר מִמְּךָ לֹא יִפָּלֵא.**

חזן מִי כָמוֹךָ נוֹרָא תְהִלּוֹת, אֱלֹהִים לְבַדְּךָ עוֹשֶׂה גְדוֹלוֹת.

קהל **אֵין אוֹתוֹת כְּמוֹ אוֹתוֹתֶיךָ, אַף אֵין מוֹפֵת כְּמוֹ מוֹפְתֶיךָ.**

חזן אֵין תְּבוּנָה כִתְבוּנָתֶךָ, אֵין גְּדֻלָּה כִּגְדֻלָּתֶךָ.

קהל **כִּי מְאֹד עָמְקוּ מַחְשְׁבוֹתֶיךָ, וְגָבְהוּ דַּרְכֵי אָרְחוֹתֶיךָ.**

חזן אֵין גַּאֲוָה כְּמוֹ גַאֲוָתֶךָ, אַף אֵין עֲנָוָה כְּעַנְוָתֶךָ.

קהל **אֵין קְדֻשָּׁה כִּקְדֻשָּׁתֶךָ, אֵין קְרֵבוּת כְּמוֹ קְרֵבוּתֶךָ.**

חזן אֵין צְדָקָה כְּמוֹ צִדְקָתֶךָ, אֵין תְּשׁוּעָה כִתְשׁוּעָתֶךָ.

קהל **אֵין זְרוֹעַ כִּזְרוֹעוֹתֶיךָ, אֵין קוֹל כְּרַעַם גְּבוּרוֹתֶיךָ.**

חזן אֵין רַחֲמִים כְּרַחֲמָנוּתֶךָ, אֵין חֲנִינוּת כַּחֲנִינוּתֶךָ.

קהל **אֵין אֱלָהוּת כֶּאֱלָהוּתֶךָ, וְאֵין מַפְלִיא כְּשֵׁם תִּפְאַרְתֶּךָ.**

חזן כִּי שְׁמוּתֶיךָ אֵלִים מְרוּצִים, בְּזָכְרְךָ לְחוּצִים לְהַפְלִיא נְחוּצִים.

קהל **וְאַשָּׁף וְחַרְטֹם לֹא יְלַחֲצוּךָ, וְכָל שֵׁם וְלַהַט לֹא יְנַצְּחוּךָ.**

חזן לֹא יְנַצְּחוּךָ כָּל הַחֲכָמִים, כָּל הַקּוֹסְמִים וְהַחַרְטֻמִּים.

קהל **אַתָּה מֵשִׁיב לְאָחוֹר חֲכָמִים, לֹא יוּכְלוּ לְךָ עֲרוּמִים וְקוֹסְמִים.**

חזן לְהָשִׁיב לְאָחוֹר מְזִמּוֹתֶיךָ, לְהָפֵר עֲצַת סוֹד גְּזֵרָתֶךָ.

קהל **מֵרְצוֹנְךָ לֹא יַעֲבִירוּךָ, לֹא יְמַהֲרוּךָ וְלֹא יְאַחֲרוּךָ.**

חזן עֲצָתְךָ תָּפֵר עֲצַת כָּל יוֹעֲצִים, וְעֻזְּךָ מַחֲלִישׁ לֵב אַמִּיצִים.

קהל **אַתָּה מְצַוֶּה וּפַחְדְּךָ מַשְׁוֶה, וְאֵין עָלֶיךָ פָּקִיד וּמְצַוֶּה.**

חזן אַתָּה מְקַוֶּה וְאֵינְךָ מְקַוֶּה, לְךָ כָל מְקַוֶּה נֶפֶשׁ תְּרַוֶּה.

קהל **וְכָל הַיְצוּרִים וְכָל עִנְיָנָם, וְכָל יְקָר אֲשֶׁר בְּךָ אֵין דִּמְיוֹנָם.**

חזן לֹא מַחְשְׁבוֹתָם מַחְשְׁבוֹתֶיךָ, כִּי אֵין בּוֹרֵא זוּלָתֶךָ.

קהל **לְאֵין דִּמְיוֹן נִפְלָא אֱלֹהֵינוּ, לְאֵין חֵקֶר נִשְׂגָּב אֲדוֹנֵנוּ.**

חזן סָתוּר מִכָּל סָתוּר, וְעָמוּס מִכָּל עָמוּס וּמִכָּל כָּמוּס.

קהל **דַּק מִכָּל דַּק, וְצָפוּן מִכָּל צָפוּן, וְיָכוֹל מִכָּל יָכוֹל.**

חזן נִשְׂגָּב מִכֹּל נִשְׂגָּב, וְנֶעְלָם מִכֹּל נֶעְלָם, וּשְׁמוֹ לְעוֹלָם.

קהל גָּבוֹהַּ מִכָּל גָּבוֹהַּ, וְעֶלְיוֹן מִכָּל עֶלְיוֹן וּמִכָּל חֶבְיוֹן.

חזן חָבוּי וְעָמוֹק מִכָּל עָמוֹק, לֵב כָּל דַּעַת עָלָיו חָמוֹק.

קהל שֶׁאֵין שֵׂכֶל וּמַדָּע וְחָכְמָה יְכוֹלִים לְהַשְׁווֹת לוֹ כָּל מְאוּמָה.

חזן לֹא מַשִּׂיגִים לוֹ אֵיךְ וְכַמָּה, לֹא מוֹצְאִים לוֹ דָּבָר דּוֹמֶה.

קהל מִקְרֶה וְעִרְעֵר וְשִׁנּוּי וְטָפֵל, וְחִבֵּר וּמִסְמַךְ אוֹר וְגַם אֹפֶל.

חזן וְלֹא מוֹצְאִים לוֹ מַרְאֶה וְצֶבַע, וְלֹא כָּל טֶבַע אֲשֶׁר שֵׁשׁ וָשֶׁבַע.

קהל לָכֵן נְבוֹכוֹת כָּל עֶשְׁתּוֹנוֹת, וְנִבְהָלוֹת כָּל הַחֶשְׁבּוֹנוֹת.

חזן וְכָל שַׂרְעַפִּים וְכָל הַרְהוֹרִים, נִלְאִים לָשׂוּם בּוֹ שִׁעוּרִים.

קהל מִלְּשַׁעֲרֵהוּ וּמִלְּהַגְבִּילֵהוּ, מִלְּתָאֲרֵהוּ וּמִלְּפַרְסְמֵהוּ.

חזן בְּכָל שִׂכְלֵנוּ חִפַּשְׂנוּהוּ, בְּמַדָּעֵנוּ לִמְצוֹא מַה הוּא.

קהל לֹא מְצָאנוּהוּ וְלֹא יְדַעְנוּהוּ, אַךְ מִמַּעֲשָׂיו הִכַּרְנוּהוּ.

חזן שֶׁהוּא לְבַדּוֹ יוֹצֵר אֶחָד, חַי וְכֹל יוּכַל וְחָכָם מְיֻחָד.

קהל כִּי הוּא הָיָה לַכֹּל קֶדֶם, עַל כֵּן נִקְרָא אֱלֹהֵי קֶדֶם.

חזן בַּעֲשׂוֹתוֹ בְּלִי כֹל אֶת הַכֹּל, יָדַעְנוּ כִּי הוּא כֹל יָכוֹל.

קהל בַּאֲשֶׁר מַעֲשָׂיו בְּחָכְמָה כֻּלָּם, יָדַעְנוּ כִּי בְּבִינָה פְּעָלָם.

חזן בְּכָל יוֹם וָיוֹם בְּחַדְּשׁוֹ כֻּלָּם, יָדַעְנוּ כִּי הוּא אֱלֹהֵי עוֹלָם.

קהל בַּאֲשֶׁר הָיָה קֹדֶם לְכֻלָּם, יָדַעְנוּ כִּי הוּא חַי לְעוֹלָם.

חזן וְאֵין לְהַרְהֵר אַחַר יוֹצְרֵנוּ, בְּלִבֵּנוּ וְלֹא בְּסִפּוּרֵנוּ.

קהל לְמֶמֶשׁ וְגֹדֶשׁ לֹא נְשַׁעֲרֵהוּ, לְטָפֵל וְתֹאַר לֹא נְדַמֵּהוּ.

חזן וְלֹא נַחְשְׁבֵהוּ לְעִקָּר וְנִצָּב, וְלֹא לְמִין וְכָל אוֹן וּלְכָל נִקְצָב.

קהל כָּל הַנִּרְאִים וְהַנִּשְׂכָּלִים, וְהַמַּדָּעִים בְּעֶשֶׂר כְּלוּלִים.

חזן וְשֶׁבַע כַּמִּיּוֹת וְשֵׁשֶׁת נָדוֹת, וְשָׁלֹשׁ גְּזֵרוֹת וְעִתּוֹת וּמִדּוֹת.

קהל הֵן בַּבּוֹרֵא אֵין גַּם אֶחָד, כִּי הוּא בְּרָאָם כֻּלָּם יָחַד.

חזן כֻּלָּם יִבְלוּ אַף יַחֲלוֹפוּ, הֵם יֹאבֵדוּ וְאַף יָסוּפוּ.

קהל וְאַתָּה תַעֲמֹד וּתְבַלֶּה כֻּלָּם, כִּי חַי וְקַיָּם אַתָּה לְעוֹלָם.

ליום ששי

חזן אַתָּה לְבַדְּךָ יוֹצֵר כֹּל הוּא, וְלֹא יִדְמֶה מַעֲשֶׂה לְעוֹשֵׂהוּ.
קהל כָּל הָאֲרָצוֹת לֹא יְכִילוּךָ, וְאַף שָׁמַיִם לֹא יְכַלְכְּלוּךָ.
חזן אָז יָחִילוּ מַיִם חַיִּים, מִפָּנֶיךָ אֱלֹהִים חַיִּים.
קהל רָעֲשָׁה אֶרֶץ וְנָסוּ מַיִם, וְנָטְפוּ מַיִם אַף שָׁמַיִם.
חזן נוֹטֶה לְבַדְּךָ הַשָּׁמַיִם, רוֹקַע הָאָרֶץ עַל הַמָּיִם.
קהל עָשִׂיתָ כָל חֶפְצְךָ לְבַדְּךָ, וְלֹא נִצְרַכְתָּ עֵזֶר כְּנֶגְדֶּךָ.
חזן סוֹעֵד אֵין מִי יִסְעָדֶךָ, הַכֹּל מִמְּךָ וּמִיָּדֶךָ.
קהל כְּכֹחֲךָ אָז כֵּן עַתָּה וְדַעְתְּךָ, וּלְעוֹלָם כָּל כְּבוֹדְךָ אִתָּךְ.
חזן וְלֹא יָעַפְתָּ וְלֹא יָגַעְתָּ, כִּי בִמְלַאכְתְּךָ לֹא עָמָלְתָּ.
קהל כִּי בִדְבָרְךָ כָּל יְצוּרֶיךָ, וּמַעֲשֵׂה חֶפְצְךָ בְּמַאֲמָרֶיךָ.
חזן וְלֹא אִחַרְתּוֹ וְלֹא מִהַרְתּוֹ, הַכֹּל עֲשִׂיתוֹ יָפֶה בְּעִתּוֹ.
קהל מִבְּלִי מְאוּמָה כֹּל חִדַּשְׁתָּ, וְאֵת הַכֹּל כְּלִי פָּעָלְתָּ.
חזן וְעַל לֹא יְסוֹד הַכֹּל יָסַדְתָּ, בִּרְצוֹן רוּחֲךָ כֹּל תָּלִיתָ.
קהל זְרוֹעוֹת עוֹלָם אֶת כֹּל נוֹשְׂאוֹת, מֵרֹאשׁ וְעַד סוֹף וְאֵינָם נִלְאוֹת.
חזן בְּעֵינֶיךָ לֹא דָבָר הִקְשָׁה, רְצוֹנְךָ כָּל דְּבַר רוּחֲךָ עוֹשֶׂה.
קהל לִפְעֻלָּתְךָ לֹא דָמִיתָ, אֶל כָּל תֹּאַר לֹא שָׁוִיתָ.
חזן וְלֹא קָדְמָה לִמְלַאכְתְּךָ מְלָאכָה, חָכְמָתְךָ הִיא הַכֹּל עָרְכָה.
קהל לִרְצוֹנְךָ לֹא קִדְּמוּ וְאֵחֲרוּ, וְעַל חֶפְצְךָ לֹא נוֹסְפוּ וְחָסְרוּ.
חזן מִכָּל חֶפְצְךָ לֹא שָׁכַחְתָּ, וְדָבָר אֶחָד לֹא חִסַּרְתָּ.
קהל לֹא הֶחְסַרְתָּ וְלֹא הֶעְדַּפְתָּ, וְדָבָר רֵק בָּם לֹא פָעָלְתָּ.
חזן אַתָּה תְשַׁבְּחֵם וּמִי הִתְעִיבָם, וְשֵׁמֶץ דָּבָר לֹא נִמְצָא בָם.
קהל הַחִלּוֹתָ בְחָכְמָה עֲשִׂיתָם, בִּתְבוּנָה וּבְדַעַת כִּלִּיתָם.
חזן מֵרֵאשִׁית וְעַד אַחֲרִית עֲשׂוּיִם, בֶּאֱמֶת וּבְיֹשֶׁר וְטוֹב רְאוּיִם.
קהל הִקְדַּמְתָּ בְּמַעֲשֵׂי יָדֶיךָ, רֹב רַחֲמֶיךָ וַחֲסָדֶיךָ.

חזן כִּי רַחֲמֶיךָ וַחֲסָדֶיךָ, הֲלֹא מֵעוֹלָם עַל עֲבָדֶיךָ.
קהל וְעַד לֹא כָל חַי הוּכַן לְכַלְכֵּל, לִפְנֵי אוֹכֵל תִּתֵּן אֹכֶל.
חזן וּמָזוֹן וּמָכוֹן תַּעֲשֶׂה בִּפְי כֹּל, צָרְכֵי הַכֹּל כַּאֲשֶׁר לַכֹּל.
קהל שְׁלֹשֶׁת יָמִים הָרִאשׁוֹנִים, אָז הֱכִינוֹתָם לָאַחֲרוֹנִים.
חזן אָז עָטִיתָ אוֹר כַּשַּׂלְמָה, אֶדֶר מְאוֹרוֹת מִמּוּל שַׂלְמָה.
קהל בְּטֶרֶם כָּל יְצוּר מְאֹד גָּדַלְתָּ, וְאַחַר כֹּל מְאֹד נִתְגַּדַּלְתָּ.
חזן אָז בְּאֵין לְבוּשׁ הוֹד וְהָדָר לוֹבֵשׁ, עַד לֹא אָרַג גֵּאוּת לָבֵשׁ.
קהל אוֹר כַּשַּׂלְמָה וְכִמְעִיל עֹטֶה, שָׁמַיִם כַּיְרִיעָה נוֹטֶה.
חזן עָשִׂיתָ בָּם לְאוֹרִים דְּרָכִים, וְרָצוֹא וָשׁוֹב בְּנַחַת מַהֲלָכִים.
קהל הִבְדַּלְתָּ בֵּין מַיִם לְמָיִם, בְּמְתִיחַת רְקִיעַ הַשָּׁמָיִם.
חזן מְזוֹנוֹת מְעוֹנוֹת לְשֶׁרֶץ מַיִם, וְעוֹף יְעוֹפֵף עַל הַשָּׁמָיִם.
קהל עֵשֶׂב וְחָצִיר לְבַשָּׁה אֲדָמָה, מַאֲכָל לְחַיָּה וּלְכָל בְּהֵמָה.
חזן בְּקֶרֶן שֶׁמֶן גַּן נָטַעְתָּ, אֶל הָאָדָם אֲשֶׁר עָשִׂיתָ.
קהל עֵזֶר כְּנֶגְדּוֹ עָשִׂיתָ לוֹ, דֵּי מַחְסוֹרוֹ אֲשֶׁר יֶחְסַר לוֹ.
חזן כָּל מַעֲשֶׂיךָ בְּיָדוֹ תַּתָּה, וְתַחַת רַגְלָיו הַכֹּל שַׁתָּה.
קהל לְהַעֲלוֹת מֵהֶם בָּקָר וָצֹאן, עַל מִזְבַּחֲךָ יַעֲלוּ לְרָצוֹן.
חזן עָשִׂיתָ לוֹ כְּתֹנֶת לְשָׁרֵת, לְהַדְרַת קֹדֶשׁ וּלְתִפְאֶרֶת.
קהל שַׂמְתָּ בְּקִרְבּוֹ חָכְמַת אֱלֹהִים, כִּי יְצַרְתּוֹ לְךָ בְּצֶלֶם אֱלֹהִים.
חזן לֹא מָנַעְתָּ עַל פְּנֵי אֲדָמָה, צָרְכֵי אָדָם וְכֻלָּם בְּחָכְמָה.
קהל מַעֲשֶׂיךָ מְאֹד רַבּוּ וְגָדְלוּ, וְשִׁמְךָ יי כֻּלָּם יְהַלְלוּ.
חזן רַבּוּ וְגָדְלוּ מְאֹד מַעֲשֶׂיךָ, יוֹדוּךָ יי כָּל מַעֲשֶׂיךָ.
קהל כָּל פָּעַלְתָּ לְמַעֲנֶךָ, וְלִכְבוֹדְךָ כָּל קִנְיָנֶךָ.

ליום השבת

חזן אָז בַּיּוֹם הַשְּׁבִיעִי נַחְתָּ, יוֹם הַשַּׁבָּת עַל כֵּן בֵּרַכְתָּ.

קהל וְעַל כָּל פֹּעַל תְּהִלָּה עֲרוּכָה, חֲסִידֶיךָ בְּכָל עֵת יְבָרְכוּכָה.

חזן בָּרוּךְ יי יוֹצֵר כֻּלָּם, אֱלֹהִים חַיִּים וּמֶלֶךְ עוֹלָם.

קהל כִּי מֵעוֹלָם עַל עֲבָדֶיךָ, רַב רַחֲמֶיךָ וַחֲסָדֶיךָ.

חזן וּבְמִצְרַיִם הַחִלּוֹתָ לְהוֹדִיעַ, כִּי מְאֹד נַעֲלֵיתָ.

קהל עַל כָּל אֱלֹהִים, בַּעֲשׂוֹת בָּהֶם שְׁפָטִים גְּדֹלִים וּבֵאלֹהֵיהֶם.

חזן בְּבָקְעֲךָ יָם סוּף עַמְּךָ רָאוּ הַיָּד הַגְּדוֹלָה וַיִּירָאוּ.

קהל נִהַגְתָּ עַמְּךָ לַעֲשׂוֹת לְךָ, שֵׁם תִּפְאֶרֶת לְהֵרָאוֹת גָּדְלֶךָ.

חזן וְדִבַּרְתָּ עִמָּם מִן הַשָּׁמַיִם, וְגַם הֶעָבִים נָטְפוּ מָיִם.

קהל יָדַעְתָּ לֶכְתָּם הַמִּדְבָּר, בְּאֶרֶץ צִיָּה אִישׁ לֹא עָבָר.

חזן תַּתָּה לְעַמְּךָ דְּגַן שָׁמַיִם, וְכַעֲפַר שְׁאֵר וּמִצּוּר מָיִם.

קהל תְּגָרֵשׁ גּוֹיִם רַבִּים עַמִּים, יִירְשׁוּ אַרְצָם וַעֲמַל לְאֻמִּים.

חזן בַּעֲבוּר יִשְׁמְרוּ חֻקִּים וְתוֹרוֹת, אִמְרוֹת יי אֲמָרוֹת טְהוֹרוֹת.

קהל וַיִּתְעַדְּנוּ בְּמִרְעֶה שָׁמֵן, וּמֵחַלְמִישׁ צוּר פַּלְגֵי שָׁמֶן.

חזן בְּנוּחָם בָּנוּ עִיר קָדְשֶׁךָ, וַיְפָאֲרוּ בֵּית מִקְדָּשֶׁךָ.

קהל וַתֹּאמֶר פֹּה אֵשֵׁב לְאֹרֶךְ יָמִים, צִיָּדָהּ בָּרֵךְ אֲבָרֵךְ.

חזן כִּי שָׁם יִזְבְּחוּ זִבְחֵי צֶדֶק, אַף כֹּהֲנֶיךָ יִלְבְּשׁוּ צֶדֶק.

קהל וּבֵית הַלֵּוִי נְעִימוֹת יְזַמְּרוּ, לְךָ יִתְרוֹעֲעוּ אַף יָשִׁירוּ.

חזן בֵּית יִשְׂרָאֵל וְיִרְאֵי יי, יְכַבְּדוּ וְיוֹדוּ שִׁמְךָ יי.

קהל הֱטִיבוֹתָ מְאֹד לָרִאשׁוֹנִים, כֵּן תֵּיטִיב גַּם לָאַחֲרוֹנִים.

חזן יי תָּשִׂישׂ נָא עָלֵינוּ, כַּאֲשֶׁר שַׂשְׂתָּ עַל אֲבוֹתֵינוּ.

קהל אוֹתָנוּ לְהַרְבּוֹת וּלְהֵיטִיב, וְנוֹדֶה לְךָ לְעוֹלָם כִּי תֵיטִיב.

חזן יי תִּבְנֶה עִירְךָ מְהֵרָה, כִּי עָלֶיהָ שִׁמְךָ נִקְרָא.

קהל וְקֶרֶן דָּוִד תַּצְמִיחַ בָּהּ, וְתִשְׁכּוֹן לְעוֹלָם יי בְּקִרְבָּהּ.

חזן זִבְחֵי צֶדֶק שָׁמָּה נִזְבְּחָה, וְכִימֵי קֶדֶם תֶּעֱרַב מִנְחָה.

קהל וּבָרֵךְ עַמְּךָ בְּאוֹר פָּנֶיךָ, כִּי חֲפֵצִים לַעֲשׂוֹת רְצוֹנֶךָ.

חזן וּבִרְצוֹנְךָ תַּעֲשֶׂה חֶפְצֵנוּ, הַבֵּט נָא עַמְּךָ כֻלָּנוּ.

קהל בְּחַרְתָּנוּ הֱיוֹת לְךָ לְעַם סְגֻלָּה, עַל עַמְּךָ בִרְכָתֶךָ סֶּלָה.

חזן וְתָמִיד נְסַפֵּר תְּהִלָּתֶךָ, וּנְהַלֵּל לְשֵׁם תִּפְאַרְתֶּךָ.

קהל וּמִבִּרְכָתְךָ עַמְּךָ יְבֹרָךְ, כִּי אֶת כֹּל אֲשֶׁר תְּבָרֵךְ מְבֹרָךְ.

חזן וַאֲנִי בְּעוֹדִי אֲהַלְלָה בוֹרְאִי, וַאֲבָרְכֵהוּ כָּל יְמֵי צְבָאִי.

קהל יְהִי שֵׁם יי מְבֹרָךְ לְעוֹלָם, מִן הָעוֹלָם וְעַד הָעוֹלָם.

כַּכָּתוּב

בָּרוּךְ יי אֱלֹהֵי יִשְׂרָאֵל מִן הָעוֹלָם וְעַד הָעוֹלָם.

וַיֹּאמְרוּ כָל הָעָם אָמֵן וְהַלֵּל לַיי.

עָנֵה דָנִיֵּאל וְאָמַר

לֶהֱוֵא שְׁמֵהּ דִּי אֱלָהָא מְבָרַךְ מִן עָלְמָא וְעַד עָלְמָא

דִּי חָכְמְתָא וּגְבוּרְתָא דִּי לֵהּ הִיא.

וְנֶאֱמַר

וַיֹּאמְרוּ הַלְוִיִּם יֵשׁוּעַ וְקַדְמִיאֵל בָּנִי חֲשַׁבְנְיָה שֵׁרֵבְיָה הוֹדִיָּה שְׁבַנְיָה פְתַחְיָה קוּמוּ בָּרְכוּ אֶת יי אֱלֹהֵיכֶם מִן הָעוֹלָם עַד הָעוֹלָם וִיבָרְכוּ שֵׁם כְּבֹדֶךָ וּמְרוֹמַם עַל כָּל בְּרָכָה וּתְהִלָּה.

וְנֶאֱמַר

בָּרוּךְ יי אֱלֹהֵי יִשְׂרָאֵל מִן הָעוֹלָם וְעַד הָעוֹלָם

וְאָמַר כָּל הָעָם אָמֵן הַלְלוּיָהּ.

וְנֶאֱמַר

וַיְבָרֶךְ דָּוִיד אֶת יי לְעֵינֵי כָּל הַקָּהָל וַיֹּאמֶר דָּוִיד

בָּרוּךְ אַתָּה יי אֱלֹהֵי יִשְׂרָאֵל אָבִינוּ מֵעוֹלָם וְעַד עוֹלָם.

שיר הכבוד

פותחים את ארון הקודש

שְׂאוּ שְׁעָרִים רָאשֵׁיכֶם וְהִנָּשְׂאוּ פִּתְחֵי עוֹלָם וְיָבוֹא מֶלֶךְ הַכָּבוֹד.
מִי זֶה מֶלֶךְ הַכָּבוֹד יי עִזּוּז וְגִבּוֹר יי גִּבּוֹר מִלְחָמָה.
שְׂאוּ שְׁעָרִים רָאשֵׁיכֶם וּשְׂאוּ פִּתְחֵי עוֹלָם וְיָבֹא מֶלֶךְ הַכָּבוֹד.
מִי הוּא זֶה מֶלֶךְ הַכָּבוֹד יי צְבָאוֹת הוּא מֶלֶךְ הַכָּבוֹד סֶלָה.

חזן אַנְעִים זְמִירוֹת וְשִׁירִים אֶאֱרֹג, כִּי אֵלֶיךָ נַפְשִׁי תַעֲרֹג.
קהל נַפְשִׁי חִמְּדָה בְּצֵל יָדֶךָ, לָדַעַת כָּל רָז סוֹדֶךָ.

חזן מִדֵּי דַבְּרִי בִּכְבוֹדֶךָ, הוֹמֶה לִבִּי אֶל דּוֹדֶיךָ.
קהל עַל כֵּן אֲדַבֵּר בְּךָ נִכְבָּדוֹת, וְשִׁמְךָ אֲכַבֵּד בְּשִׁירֵי יְדִידוֹת.

חזן אֲסַפְּרָה כְבוֹדְךָ וְלֹא רְאִיתִיךָ, אֲדַמְּךָ אֲכַנְּךָ וְלֹא יְדַעְתִּיךָ.
קהל בְּיַד נְבִיאֶיךָ בְּסוֹד עֲבָדֶיךָ, דִּמִּיתָ הֲדַר כְּבוֹד הוֹדֶךָ.

חזן גְּדֻלָּתְךָ וּגְבוּרָתֶךָ, כִּנּוּ לְתֹקֶף פְּעֻלָּתֶךָ.
קהל דִּמּוּ אוֹתְךָ וְלֹא כְּפִי יֶשְׁךָ, וַיְשַׁוּוּךָ לְפִי מַעֲשֶׂיךָ.

חזן הִמְשִׁילוּךָ בְּרֹב חֶזְיוֹנוֹת, הִנְּךָ אֶחָד בְּכָל דִּמְיוֹנוֹת.
קהל וַיֶּחֱזוּ בְךָ זִקְנָה וּבַחֲרוּת, וּשְׂעַר רֹאשְׁךָ בְּשֵׂיבָה וְשַׁחֲרוּת.

חזן זִקְנָה בְּיוֹם דִּין וּבַחֲרוּת בְּיוֹם קְרָב, כְּאִישׁ מִלְחָמוֹת יָדָיו לוֹ רָב.
קהל חָבַשׁ כּוֹבַע יְשׁוּעָה בְּרֹאשׁוֹ, הוֹשִׁיעָה לּוֹ יְמִינוֹ וּזְרוֹעַ קָדְשׁוֹ.

חזן טַלְלֵי אוֹרוֹת רֹאשׁוֹ נִמְלָא, קְוֻצּוֹתָיו רְסִיסֵי לָיְלָה.
קהל יִתְפָּאֵר בִּי כִּי חָפֵץ בִּי, וְהוּא יִהְיֶה לִּי לַעֲטֶרֶת צְבִי.

חזן כֶּתֶם טָהוֹר פָּז דְּמוּת רֹאשׁוֹ, וְחַק עַל מֵצַח כְּבוֹד שֵׁם קָדְשׁוֹ.
קהל לְחֵן וּלְכָבוֹד צְבִי תִפְאָרָה, אֻמָּתוֹ לוֹ עִטְּרָה עֲטָרָה.

חזן מַחְלְפוֹת רֹאשׁוֹ כְּבִימֵי בְחוּרוֹת, קְוֻצּוֹתָיו תַּלְתַּלִּים שְׁחוֹרוֹת.

קהל נְוֵה הַצֶּדֶק צְבִי תִפְאַרְתּוֹ, יַעֲלֶה נָּא עַל רֹאשׁ שִׂמְחָתוֹ.

חזן סְגֻלָּתוֹ תְּהִי בְיָדוֹ עֲטֶרֶת, וּצְנִיף מְלוּכָה צְבִי תִפְאֶרֶת.

קהל עֲמוּסִים נְשָׂאָם, עֲטֶרֶת עִנְּדָם, מֵאֲשֶׁר יָקְרוּ בְעֵינָיו כִּבְּדָם.

חזן פְּאֵרוֹ עָלַי וּפְאֵרִי עָלָיו, וְקָרוֹב אֵלַי בְּקָרְאִי אֵלָיו.

קהל צַח וְאָדוֹם לִלְבוּשׁוֹ אָדֹם, פּוּרָה בְדָרְכוֹ בְּבוֹאוֹ מֵאֱדוֹם.

חזן קֶשֶׁר תְּפִלִּין הֶרְאָה לֶעָנָו, תְּמוּנַת יי לְנֶגֶד עֵינָיו.

קהל רוֹצֶה בְעַמּוֹ עֲנָוִים יְפָאֵר, יוֹשֵׁב תְּהִלּוֹת בָּם לְהִתְפָּאֵר.

חזן רֹאשׁ דְּבָרְךָ אֱמֶת קוֹרֵא מֵרֹאשׁ דּוֹר וָדוֹר, עַם דּוֹרֶשְׁךָ דְּרֹשׁ.

קהל שִׁית הֲמוֹן שִׁירַי נָא עָלֶיךָ, וְרִנָּתִי תִּקְרַב אֵלֶיךָ.

חזן תְּהִלָּתִי תְּהִי לְרֹאשְׁךָ עֲטֶרֶת, וּתְפִלָּתִי תִּכּוֹן קְטֹרֶת.

קהל תִּיקַר שִׁירַת רָשׁ בְּעֵינֶיךָ, כַּשִּׁיר יוּשַׁר עַל קָרְבָּנֶיךָ.

חזן בִּרְכָתִי תַעֲלֶה לְרֹאשׁ מַשְׁבִּיר, מְחוֹלֵל וּמוֹלִיד, צַדִּיק כַּבִּיר.

קהל וּבְבִרְכָתִי תְנַעֲנַע לִי רֹאשׁ, וְאוֹתָהּ קַח לְךָ כִּבְשָׂמִים רֹאשׁ.

חזן יֶעֱרַב נָא שִׂיחִי עָלֶיךָ, כִּי נַפְשִׁי תַעֲרֹג אֵלֶיךָ.

סוגרים את ארון הקודש

לְךָ יי הַגְּדֻלָּה וְהַגְּבוּרָה וְהַתִּפְאֶרֶת וְהַנֵּצַח וְהַהוֹד
כִּי כֹל בַּשָּׁמַיִם וּבָאָרֶץ
לְךָ יי הַמַּמְלָכָה וְהַמִּתְנַשֵּׂא לְכֹל לְרֹאשׁ.
מִי יְמַלֵּל גְּבוּרוֹת יי, יַשְׁמִיעַ כָּל תְּהִלָּתוֹ.

תפילת שחרית

לבישת טלית

לפני שלובש טלית קטן מברך:

בָּרוּךְ אַתָּה יְיָ אֱלֹהֵינוּ מֶלֶךְ הָעוֹלָם אֲשֶׁר קִדְּשָׁנוּ בְּמִצְוֹתָיו וְצִוָּנוּ עַל מִצְוַת צִיצִית.

אחרי שלבש אומר:

יְהִי רָצוֹן מִלְּפָנֶיךָ, יְיָ אֱלֹהַי וֵאלֹהֵי אֲבוֹתַי, שֶׁתְּהֵא חֲשׁוּבָה מִצְוַת צִיצִית לְפָנֶיךָ כְּאִלּוּ קִיַּמְתִּיהָ בְּכָל פְּרָטֶיהָ וְדִקְדּוּקֶיהָ וְכַוָּנוֹתֶיהָ, וְתַרְיַ"ג מִצְוֹת הַתְּלוּיוֹת בָּהּ, אָמֵן סֶלָה.

עטיפת טלית

בָּרְכִי נַפְשִׁי אֶת יְיָ, יְיָ אֱלֹהַי גָּדַלְתָּ מְאֹד, הוֹד וְהָדָר לָבָשְׁתָּ. עֹטֶה אוֹר כַּשַּׂלְמָה, נוֹטֶה שָׁמַיִם כַּיְרִיעָה.

לשם יחוד קודשא בריך הוא ושכינתיה בדחילו ורחימו, ליחד שם י"ה בו"ה ביחודא שלים בשם כל ישראל.

הֲרֵינִי מִתְעַטֵּף בְּצִיצִית. כֵּן תִּתְעַטֵּף נִשְׁמָתִי וּרְמַ"ח אֵבָרַי וְשַׁסָּ"ה גִידַי בְּאוֹר הַצִּיצִית הָעוֹלָה תַּרְיַ"ג. וּכְשֵׁם שֶׁאֲנִי מִתְכַּסֶּה בְּטַלִּית בָּעוֹלָם הַזֶּה, כָּךְ אֶזְכֶּה לַחֲלוּקָא דְרַבָּנָן וּלְטַלִּית נָאָה לָעוֹלָם הַבָּא בְּגַן עֵדֶן. וְעַל יְדֵי מִצְוַת צִיצִית תִּנָּצֵל נַפְשִׁי רוּחִי וְנִשְׁמָתִי וּתְפִלָּתִי מִן הַחִיצוֹנִים. וְהַטַּלִּית תִּפְרֹשׂ כְּנָפֶיהָ עֲלֵיהֶם וְתַצִּילֵם, כְּנֶשֶׁר יָעִיר קִנּוֹ עַל גּוֹזָלָיו יְרַחֵף. וּתְהֵא חֲשׁוּבָה מִצְוַת צִיצִית לִפְנֵי הַקָּדוֹשׁ בָּרוּךְ הוּא, כְּאִלּוּ קִיַּמְתִּיהָ בְּכָל פְּרָטֶיהָ וְדִקְדּוּקֶיהָ וְכַוָּנוֹתֶיהָ וְתַרְיַ"ג מִצְוֹת הַתְּלוּיוֹת בָּהּ, אָמֵן סֶלָה.

לפני העטיפה מברך:

בָּרוּךְ אַתָּה יְיָ אֱלֹהֵינוּ מֶלֶךְ הָעוֹלָם אֲשֶׁר קִדְּשָׁנוּ בְּמִצְוֹתָיו וְצִוָּנוּ לְהִתְעַטֵּף בַּצִּיצִית.

מתעטף בטלית ואומר:

מַה יָּקָר חַסְדְּךָ אֱלֹהִים וּבְנֵי אָדָם בְּצֵל כְּנָפֶיךָ יֶחֱסָיוּן.

יִרְוְיֻן מִדֶּשֶׁן בֵּיתֶךָ וְנַחַל עֲדָנֶיךָ תַשְׁקֵם.

כִּי עִמְּךָ מְקוֹר חַיִּים, בְּאוֹרְךָ נִרְאֶה אוֹר.

מְשֹׁךְ חַסְדְּךָ לְיֹדְעֶיךָ וְצִדְקָתְךָ לְיִשְׁרֵי לֵב.

אֲדוֹן עוֹלָם

אֲשֶׁר מָלַךְ בְּטֶרֶם כָּל יְצִיר נִבְרָא.

לְעֵת נַעֲשָׂה בְחֶפְצוֹ כֹּל אֲזַי מֶלֶךְ שְׁמוֹ נִקְרָא.

וְאַחֲרֵי כִּכְלוֹת הַכֹּל לְבַדּוֹ יִמְלֹךְ נוֹרָא.

וְהוּא הָיָה וְהוּא הֹוֶה וְהוּא יִהְיֶה בְּתִפְאָרָה.

וְהוּא אֶחָד וְאֵין שֵׁנִי לְהַמְשִׁיל לוֹ לְהַחְבִּירָה.

בְּלִי רֵאשִׁית בְּלִי תַכְלִית וְלוֹ הָעֹז וְהַמִּשְׂרָה.

וְהוּא אֵלִי וְחַי גֹּאֲלִי וְצוּר חֶבְלִי בְּעֵת צָרָה.

וְהוּא נִסִּי וּמָנוֹס לִי מְנָת כּוֹסִי בְּיוֹם אֶקְרָא.

בְּיָדוֹ אַפְקִיד רוּחִי בְּעֵת אִישַׁן וְאָעִירָה.

וְעִם רוּחִי גְּוִיָּתִי יי לִי וְלֹא אִירָא.

יִגְדַּל

אֱלֹהִים חַי וְיִשְׁתַּבַּח, נִמְצָא וְאֵין עֵת אֶל מְצִיאוּתוֹ.
אֶחָד וְאֵין יָחִיד כְּיִחוּדוֹ, נֶעְלָם וְגַם אֵין סוֹף לְאַחְדוּתוֹ.
אֵין לוֹ דְּמוּת הַגּוּף וְאֵינוֹ גוּף, לֹא נַעֲרֹךְ אֵלָיו קְדֻשָּׁתוֹ.
קַדְמוֹן לְכָל דָּבָר אֲשֶׁר נִבְרָא, רִאשׁוֹן וְאֵין רֵאשִׁית לְרֵאשִׁיתוֹ.
הִנּוֹ אֲדוֹן עוֹלָם, וְכָל נוֹצָר יוֹרֶה גְדֻלָּתוֹ וּמַלְכוּתוֹ.
שֶׁפַע נְבוּאָתוֹ נְתָנוֹ אֶל אַנְשֵׁי סְגֻלָּתוֹ וְתִפְאַרְתּוֹ.
לֹא קָם בְּיִשְׂרָאֵל כְּמֹשֶׁה עוֹד נָבִיא וּמַבִּיט אֶת תְּמוּנָתוֹ.
תּוֹרַת אֱמֶת נָתַן לְעַמּוֹ אֵל עַל יַד נְבִיאוֹ נֶאֱמַן בֵּיתוֹ.
לֹא יַחֲלִיף הָאֵל וְלֹא יָמִיר דָּתוֹ לְעוֹלָמִים לְזוּלָתוֹ.
צוֹפֶה וְיוֹדֵעַ סְתָרֵינוּ, מַבִּיט לְסוֹף דָּבָר בְּקַדְמָתוֹ.
גּוֹמֵל לְאִישׁ חֶסֶד כְּמִפְעָלוֹ, נוֹתֵן לְרָשָׁע רָע כְּרִשְׁעָתוֹ.
יִשְׁלַח לְקֵץ יָמִין מְשִׁיחֵנוּ לִפְדּוֹת מְחַכֵּי קֵץ יְשׁוּעָתוֹ.
מֵתִים יְחַיֶּה אֵל בְּרֹב חַסְדּוֹ, בָּרוּךְ עֲדֵי עַד שֵׁם תְּהִלָּתוֹ.

בָּרוּךְ אַתָּה יי אֱלֹהֵינוּ מֶלֶךְ הָעוֹלָם
אֲשֶׁר קִדְּשָׁנוּ בְּמִצְוֹתָיו וְצִוָּנוּ לַעֲסֹק בְּדִבְרֵי תוֹרָה.

וְהַעֲרֶב נָא יי אֱלֹהֵינוּ אֶת דִּבְרֵי תוֹרָתְךָ
בְּפִינוּ וּבְפִי עַמְּךָ בֵּית יִשְׂרָאֵל
וְנִהְיֶה אֲנַחְנוּ וְצֶאֱצָאֵינוּ
וְצֶאֱצָאֵי עַמְּךָ בֵּית יִשְׂרָאֵל
כֻּלָּנוּ יוֹדְעֵי שְׁמֶךָ וְלוֹמְדֵי תוֹרָתְךָ לִשְׁמָהּ.
בָּרוּךְ אַתָּה יי, הַמְלַמֵּד תּוֹרָה לְעַמּוֹ יִשְׂרָאֵל.

בָּרוּךְ אַתָּה יי אֱלֹהֵינוּ מֶלֶךְ הָעוֹלָם
אֲשֶׁר בָּחַר בָּנוּ מִכָּל הָעַמִּים וְנָתַן לָנוּ אֶת תּוֹרָתוֹ.
בָּרוּךְ אַתָּה יי, נוֹתֵן הַתּוֹרָה.

יְבָרֶכְךָ יי וְיִשְׁמְרֶךָ.
יָאֵר יי פָּנָיו אֵלֶיךָ וִיחֻנֶּךָּ.
יִשָּׂא יי פָּנָיו אֵלֶיךָ וְיָשֵׂם לְךָ שָׁלוֹם.

אֵלּוּ דְבָרִים שֶׁאֵין לָהֶם שִׁעוּר
הַפֵּאָה וְהַבִּכּוּרִים וְהָרֵאָיוֹן וּגְמִילוּת חֲסָדִים וְתַלְמוּד תּוֹרָה.
אֵלּוּ דְבָרִים שֶׁאָדָם אוֹכֵל פֵּרוֹתֵיהֶם בָּעוֹלָם הַזֶּה
וְהַקֶּרֶן קַיֶּמֶת לוֹ לָעוֹלָם הַבָּא
וְאֵלּוּ הֵן
כִּבּוּד אָב וָאֵם, וּגְמִילוּת חֲסָדִים
וְהַשְׁכָּמַת בֵּית הַמִּדְרָשׁ שַׁחֲרִית וְעַרְבִית
וְהַכְנָסַת אוֹרְחִים, וּבִקּוּר חוֹלִים
וְהַכְנָסַת כַּלָּה, וּלְוָיַת הַמֵּת
וְעִיּוּן תְּפִלָּה, וַהֲבָאַת שָׁלוֹם בֵּין אָדָם לַחֲבֵרוֹ
וְתַלְמוּד תּוֹרָה כְּנֶגֶד כֻּלָּם.

תפילת שחרית

בָּרוּךְ אַתָּה יי אֱלֹהֵינוּ מֶלֶךְ הָעוֹלָם
אֲשֶׁר נָתַן לַשֶּׂכְוִי בִינָה לְהַבְחִין בֵּין יוֹם וּבֵין לָיְלָה.

בָּרוּךְ אַתָּה יי אֱלֹהֵינוּ מֶלֶךְ הָעוֹלָם
שֶׁלֹּא עָשַׂנִי גּוֹי.

בָּרוּךְ אַתָּה יי אֱלֹהֵינוּ מֶלֶךְ הָעוֹלָם
שֶׁלֹּא עָשַׂנִי עָבֶד.

בָּרוּךְ אַתָּה יי אֱלֹהֵינוּ מֶלֶךְ הָעוֹלָם
לאנשים שֶׁלֹּא עָשַׂנִי אִשָּׁה. /לנשים שֶׁעָשַׂנִי כִּרְצוֹנוֹ/.

בָּרוּךְ אַתָּה יי אֱלֹהֵינוּ מֶלֶךְ הָעוֹלָם
פּוֹקֵחַ עִוְרִים.

בָּרוּךְ אַתָּה יי אֱלֹהֵינוּ מֶלֶךְ הָעוֹלָם
מַלְבִּישׁ עֲרֻמִּים.

בָּרוּךְ אַתָּה יי אֱלֹהֵינוּ מֶלֶךְ הָעוֹלָם
מַתִּיר אֲסוּרִים.

בָּרוּךְ אַתָּה יי אֱלֹהֵינוּ מֶלֶךְ הָעוֹלָם
זוֹקֵף כְּפוּפִים.

בָּרוּךְ אַתָּה יי אֱלֹהֵינוּ מֶלֶךְ הָעוֹלָם
רוֹקַע הָאָרֶץ עַל הַמָּיִם.

בָּרוּךְ אַתָּה יי אֱלֹהֵינוּ מֶלֶךְ הָעוֹלָם
שֶׁעָשָׂה לִי כָּל צָרְכִּי.

בָּרוּךְ אַתָּה יי אֱלֹהֵינוּ מֶלֶךְ הָעוֹלָם
הַמֵּכִין מִצְעֲדֵי גָבֶר.

בָּרוּךְ אַתָּה יי אֱלֹהֵינוּ מֶלֶךְ הָעוֹלָם
אוֹזֵר יִשְׂרָאֵל בִּגְבוּרָה.

בָּרוּךְ אַתָּה יְיָ אֱלֹהֵינוּ מֶלֶךְ הָעוֹלָם
עוֹטֵר יִשְׂרָאֵל בְּתִפְאָרָה.

בָּרוּךְ אַתָּה יְיָ אֱלֹהֵינוּ מֶלֶךְ הָעוֹלָם
הַנּוֹתֵן לַיָּעֵף כֹּחַ.

בָּרוּךְ אַתָּה יְיָ אֱלֹהֵינוּ מֶלֶךְ הָעוֹלָם, הַמַּעֲבִיר שֵׁנָה מֵעֵינַי וּתְנוּמָה מֵעַפְעַפָּי. וִיהִי רָצוֹן מִלְּפָנֶיךָ יְיָ אֱלֹהֵינוּ וֵאלֹהֵי אֲבוֹתֵינוּ, שֶׁתַּרְגִּילֵנוּ בְּתוֹרָתֶךָ, וְדַבְּקֵנוּ בְּמִצְוֹתֶיךָ, וְאַל תְּבִיאֵנוּ לֹא לִידֵי חֵטְא וְלֹא לִידֵי עֲבֵרָה וְעָוֹן, וְלֹא לִידֵי נִסָּיוֹן וְלֹא לִידֵי בִזָּיוֹן, וְאַל תַּשְׁלֶט בָּנוּ יֵצֶר הָרָע, וְהַרְחִיקֵנוּ מֵאָדָם רָע וּמֵחָבֵר רָע, וְדַבְּקֵנוּ בְּיֵצֶר הַטּוֹב וּבְמַעֲשִׂים טוֹבִים, וְכֹף אֶת יִצְרֵנוּ לְהִשְׁתַּעְבֶּד לָךְ, וּתְנֵנוּ הַיּוֹם וּבְכָל יוֹם לְחֵן וּלְחֶסֶד וּלְרַחֲמִים בְּעֵינֶיךָ וּבְעֵינֵי כָל רוֹאֵינוּ, וְתִגְמְלֵנוּ חֲסָדִים טוֹבִים. בָּרוּךְ אַתָּה יְיָ, גּוֹמֵל חֲסָדִים טוֹבִים לְעַמּוֹ יִשְׂרָאֵל.

יְהִי רָצוֹן מִלְּפָנֶיךָ יְיָ אֱלֹהַי וֵאלֹהֵי אֲבוֹתַי, שֶׁתַּצִּילֵנִי הַיּוֹם וּבְכָל יוֹם מֵעַזֵּי פָנִים וּמֵעַזּוּת פָּנִים, מֵאָדָם רָע, וּמֵחָבֵר רָע, וּמִשָּׁכֵן רָע, וּמִפֶּגַע רָע, וּמִשָּׂטָן הַמַּשְׁחִית, מִדִּין קָשֶׁה, וּמִבַּעַל דִּין קָשֶׁה בֵּין שֶׁהוּא בֶן בְּרִית וּבֵין שֶׁאֵינוֹ בֶן בְּרִית.

יש מדלגים:

אֱלֹהֵינוּ וֵאלֹהֵי אֲבוֹתֵינוּ, זָכְרֵנוּ בְּזִכָּרוֹן טוֹב לְפָנֶיךָ, וּפָקְדֵנוּ בִּפְקֻדַּת יְשׁוּעָה וְרַחֲמִים מִשְּׁמֵי שְׁמֵי קֶדֶם, וּזְכָר לָנוּ יְיָ אֱלֹהֵינוּ אַהֲבַת הַקַּדְמוֹנִים, אַבְרָהָם יִצְחָק וְיִשְׂרָאֵל עֲבָדֶיךָ, אֶת הַבְּרִית וְאֶת הַחֶסֶד וְאֶת הַשְּׁבוּעָה, שֶׁנִּשְׁבַּעְתָּ לְאַבְרָהָם אָבִינוּ בְּהַר הַמּוֹרִיָּה, וְאֶת הָעֲקֵדָה שֶׁעָקַד אֶת יִצְחָק בְּנוֹ עַל גַּבֵּי הַמִּזְבֵּחַ, כַּכָּתוּב בְּתוֹרָתֶךָ:

בראשית כב וַיְהִי אַחַר הַדְּבָרִים הָאֵלֶּה וְהָאֱלֹהִים נִסָּה אֶת־אַבְרָהָם וַיֹּאמֶר אֵלָיו אַבְרָהָם וַיֹּאמֶר הִנֵּנִי: וַיֹּאמֶר קַח־נָא אֶת־בִּנְךָ אֶת־יְחִידְךָ אֲשֶׁר־אָהַבְתָּ אֶת־יִצְחָק וְלֶךְ־לְךָ אֶל־אֶרֶץ הַמֹּרִיָּה וְהַעֲלֵהוּ שָׁם לְעֹלָה עַל אַחַד הֶהָרִים אֲשֶׁר אֹמַר אֵלֶיךָ: וַיַּשְׁכֵּם

אַבְרָהָם בַּבֹּקֶר וַיַּחֲבֹשׁ אֶת־חֲמֹרוֹ וַיִּקַּח אֶת־שְׁנֵי נְעָרָיו אִתּוֹ
וְאֵת יִצְחָק בְּנוֹ וַיְבַקַּע עֲצֵי עֹלָה וַיָּקָם וַיֵּלֶךְ אֶל־הַמָּקוֹם אֲשֶׁר־
אָמַר־לוֹ הָאֱלֹהִים: בַּיּוֹם הַשְּׁלִישִׁי וַיִּשָּׂא אַבְרָהָם אֶת־עֵינָיו
וַיַּרְא אֶת־הַמָּקוֹם מֵרָחֹק: וַיֹּאמֶר אַבְרָהָם אֶל־נְעָרָיו שְׁבוּ־לָכֶם
פֹּה עִם־הַחֲמוֹר וַאֲנִי וְהַנַּעַר נֵלְכָה עַד־כֹּה וְנִשְׁתַּחֲוֶה וְנָשׁוּבָה
אֲלֵיכֶם: וַיִּקַּח אַבְרָהָם אֶת־עֲצֵי הָעֹלָה וַיָּשֶׂם עַל־יִצְחָק בְּנוֹ
וַיִּקַּח בְּיָדוֹ אֶת־הָאֵשׁ וְאֶת־הַמַּאֲכֶלֶת וַיֵּלְכוּ שְׁנֵיהֶם יַחְדָּו:
וַיֹּאמֶר יִצְחָק אֶל־אַבְרָהָם אָבִיו וַיֹּאמֶר אָבִי וַיֹּאמֶר הִנֶּנִּי בְנִי
וַיֹּאמֶר הִנֵּה הָאֵשׁ וְהָעֵצִים וְאַיֵּה הַשֶּׂה לְעֹלָה: וַיֹּאמֶר אַבְרָהָם
אֱלֹהִים יִרְאֶה־לּוֹ הַשֶּׂה לְעֹלָה בְּנִי וַיֵּלְכוּ שְׁנֵיהֶם יַחְדָּו: וַיָּבֹאוּ
אֶל־הַמָּקוֹם אֲשֶׁר אָמַר־לוֹ הָאֱלֹהִים וַיִּבֶן שָׁם אַבְרָהָם אֶת־
הַמִּזְבֵּחַ וַיַּעֲרֹךְ אֶת־הָעֵצִים וַיַּעֲקֹד אֶת־יִצְחָק בְּנוֹ וַיָּשֶׂם אֹתוֹ
עַל־הַמִּזְבֵּחַ מִמַּעַל לָעֵצִים: וַיִּשְׁלַח אַבְרָהָם אֶת־יָדוֹ וַיִּקַּח
אֶת־הַמַּאֲכֶלֶת לִשְׁחֹט אֶת־בְּנוֹ: וַיִּקְרָא אֵלָיו מַלְאַךְ יְהוָה
מִן־הַשָּׁמַיִם וַיֹּאמֶר אַבְרָהָם אַבְרָהָם וַיֹּאמֶר הִנֵּנִי: וַיֹּאמֶר אַל־
תִּשְׁלַח יָדְךָ אֶל־הַנַּעַר וְאַל־תַּעַשׂ לוֹ מְאוּמָה כִּי עַתָּה יָדַעְתִּי
כִּי־יְרֵא אֱלֹהִים אַתָּה וְלֹא חָשַׂכְתָּ אֶת־בִּנְךָ אֶת־יְחִידְךָ מִמֶּנִּי:
וַיִּשָּׂא אַבְרָהָם אֶת־עֵינָיו וַיַּרְא וְהִנֵּה־אַיִל אַחַר נֶאֱחַז בַּסְּבַךְ
בְּקַרְנָיו וַיֵּלֶךְ אַבְרָהָם וַיִּקַּח אֶת־הָאַיִל וַיַּעֲלֵהוּ לְעֹלָה תַּחַת
בְּנוֹ: וַיִּקְרָא אַבְרָהָם שֵׁם־הַמָּקוֹם הַהוּא יְהוָה יִרְאֶה אֲשֶׁר
יֵאָמֵר הַיּוֹם בְּהַר יְהוָה יֵרָאֶה: וַיִּקְרָא מַלְאַךְ יְהוָה אֶל־אַבְרָהָם
שֵׁנִית מִן־הַשָּׁמָיִם: וַיֹּאמֶר בִּי נִשְׁבַּעְתִּי נְאֻם־יְהוָה כִּי יַעַן אֲשֶׁר
עָשִׂיתָ אֶת־הַדָּבָר הַזֶּה וְלֹא חָשַׂכְתָּ אֶת־בִּנְךָ אֶת־יְחִידֶךָ: כִּי־
בָרֵךְ אֲבָרֶכְךָ וְהַרְבָּה אַרְבֶּה אֶת־זַרְעֲךָ כְּכוֹכְבֵי הַשָּׁמַיִם וְכַחוֹל
אֲשֶׁר עַל־שְׂפַת הַיָּם וְיִרַשׁ זַרְעֲךָ אֵת שַׁעַר אֹיְבָיו: וְהִתְבָּרְכוּ
בְזַרְעֲךָ כֹּל גּוֹיֵי הָאָרֶץ עֵקֶב אֲשֶׁר שָׁמַעְתָּ בְּקֹלִי: וַיָּשָׁב אַבְרָהָם
אֶל־נְעָרָיו וַיָּקֻמוּ וַיֵּלְכוּ יַחְדָּו אֶל־בְּאֵר שָׁבַע וַיֵּשֶׁב אַבְרָהָם
בִּבְאֵר שָׁבַע:

יש מדלגים:

רִבּוֹנוֹ שֶׁל עוֹלָם

כְּמוֹ שֶׁכָּבַשׁ אַבְרָהָם אָבִינוּ אֶת רַחֲמָיו לַעֲשׂוֹת רְצוֹנְךָ בְּלֵבָב שָׁלֵם
כֵּן יִכְבְּשׁוּ רַחֲמֶיךָ אֶת כַּעַסְךָ מֵעָלֵינוּ וְיִגֹּלּוּ רַחֲמֶיךָ עַל מִדּוֹתֶיךָ.
וְתִתְנַהֵג עִמָּנוּ יי אֱלֹהֵינוּ בְּמִדַּת הַחֶסֶד וּבְמִדַּת הָרַחֲמִים
וּבְטוּבְךָ הַגָּדוֹל יָשׁוּב חֲרוֹן אַפְּךָ מֵעַמְּךָ וּמֵעִירְךָ וּמֵאַרְצְךָ וּמִנַּחֲלָתֶךָ.
וְקַיֶּם לָנוּ יי אֱלֹהֵינוּ אֶת הַדָּבָר שֶׁהִבְטַחְתָּנוּ בְּתוֹרָתֶךָ עַל יְדֵי מֹשֶׁה עַבְדֶּךָ
כָּאָמוּר

וְזָכַרְתִּי אֶת בְּרִיתִי יַעֲקוֹב וְאַף אֶת בְּרִיתִי יִצְחָק
וְאַף אֶת בְּרִיתִי אַבְרָהָם אֶזְכֹּר, וְהָאָרֶץ אֶזְכֹּר.

לְעוֹלָם יְהֵא אָדָם יְרֵא שָׁמַיִם בְּסֵתֶר וּבַגָּלוּי
וּמוֹדֶה עַל הָאֱמֶת וְדוֹבֵר אֱמֶת בִּלְבָבוֹ
וְיַשְׁכֵּם וְיֹאמַר

רִבּוֹן כָּל הָעוֹלָמִים
לֹא עַל צִדְקוֹתֵינוּ אֲנַחְנוּ מַפִּילִים תַּחֲנוּנֵינוּ לְפָנֶיךָ
כִּי עַל רַחֲמֶיךָ הָרַבִּים.

מָה אָנוּ, מֶה חַיֵּינוּ, מֶה חַסְדֵּנוּ, מַה צִּדְקוֹתֵינוּ
מַה יְּשׁוּעָתֵנוּ, מַה כֹּחֵנוּ, מַה גְּבוּרָתֵנוּ
מַה נֹּאמַר לְפָנֶיךָ, יי אֱלֹהֵינוּ וֵאלֹהֵי אֲבוֹתֵינוּ
הֲלֹא כָּל הַגִּבּוֹרִים כְּאַיִן לְפָנֶיךָ
וְאַנְשֵׁי הַשֵּׁם כְּלֹא הָיוּ
וַחֲכָמִים כִּבְלִי מַדָּע
וּנְבוֹנִים כִּבְלִי הַשְׂכֵּל

כִּי רֹב מַעֲשֵׂיהֶם תֹּהוּ
וִימֵי חַיֵּיהֶם הֶבֶל לְפָנֶיךָ
וּמוֹתַר הָאָדָם מִן הַבְּהֵמָה אָיִן
כִּי הַכֹּל הָבֶל.

אֲבָל אֲנַחְנוּ עַמְּךָ בְּנֵי בְרִיתֶךָ
בְּנֵי אַבְרָהָם אֹהַבְךָ
שֶׁנִּשְׁבַּעְתָּ לוֹ בְּהַר הַמּוֹרִיָּה
זֶרַע יִצְחָק יְחִידוֹ שֶׁנֶּעֱקַד עַל גַּבֵּי הַמִּזְבֵּחַ
עֲדַת יַעֲקֹב בִּנְךָ בְכוֹרֶךָ
שֶׁמֵּאַהֲבָתְךָ שֶׁאָהַבְתָּ אוֹתוֹ
וּמִשִּׂמְחָתְךָ שֶׁשָּׂמַחְתָּ בּוֹ
קָרָאתָ אֶת שְׁמוֹ יִשְׂרָאֵל וִישֻׁרוּן.

לְפִיכָךְ אֲנַחְנוּ חַיָּבִים
לְהוֹדוֹת לְךָ וּלְשַׁבֵּחֲךָ וּלְפָאֶרְךָ
וּלְבָרֵךְ וּלְקַדֵּשׁ וְלָתֵת שֶׁבַח וְהוֹדָיָה לִשְׁמֶךָ.

אַשְׁרֵינוּ, מַה טּוֹב חֶלְקֵנוּ
וּמַה נָּעִים גּוֹרָלֵנוּ, וּמַה יָּפָה יְרֻשָּׁתֵנוּ.

אַשְׁרֵינוּ, שֶׁאֲנַחְנוּ מַשְׁכִּימִים וּמַעֲרִיבִים עֶרֶב וָבֹקֶר
וְאוֹמְרִים פַּעֲמַיִם בְּכָל יוֹם

שְׁמַע יִשְׂרָאֵל יהוָה אֱלֹהֵינוּ יהוָה ׀ אֶחָ**ד:**

בקול: בָּרוּךְ שֵׁם כְּבוֹד מַלְכוּתוֹ לְעוֹלָם וָעֶד.

אַתָּה הוּא עַד שֶׁלֹּא נִבְרָא הָעוֹלָם
אַתָּה הוּא מִשֶּׁנִּבְרָא הָעוֹלָם
אַתָּה הוּא בָּעוֹלָם הַזֶּה
וְאַתָּה הוּא לָעוֹלָם הַבָּא.

קַדֵּשׁ אֶת שִׁמְךָ עַל מַקְדִּישֵׁי שְׁמֶךָ
וְקַדֵּשׁ אֶת שִׁמְךָ בְּעוֹלָמֶךָ
וּבִישׁוּעָתְךָ תָּרוּם וְתַגְבִּיהַּ קַרְנֵנוּ.
בָּרוּךְ אַתָּה יי
הַמְקַדֵּשׁ אֶת שְׁמוֹ בָּרַבִּים.

אַתָּה הוּא יי אֱלֹהֵינוּ בַּשָּׁמַיִם וּבָאָרֶץ
וּבִשְׁמֵי הַשָּׁמַיִם הָעֶלְיוֹנִים.
אֱמֶת
אַתָּה הוּא רִאשׁוֹן וְאַתָּה הוּא אַחֲרוֹן
וּמִבַּלְעָדֶיךָ אֵין אֱלֹהִים.
קַבֵּץ קֹוֶיךָ מֵאַרְבַּע כַּנְפוֹת הָאָרֶץ.
יַכִּירוּ וְיֵדְעוּ כָּל בָּאֵי עוֹלָם
כִּי אַתָּה הוּא הָאֱלֹהִים לְבַדְּךָ
לְכֹל מַמְלְכוֹת הָאָרֶץ.

אַתָּה עָשִׂיתָ אֶת הַשָּׁמַיִם וְאֶת הָאָרֶץ, אֶת הַיָּם וְאֶת כָּל אֲשֶׁר בָּם
וּמִי בְּכָל מַעֲשֵׂי יָדֶיךָ בָּעֶלְיוֹנִים אוֹ בַתַּחְתּוֹנִים
שֶׁיֹּאמַר לְךָ מַה תַּעֲשֶׂה.

אָבִינוּ שֶׁבַּשָּׁמַיִם, עֲשֵׂה עִמָּנוּ חֶסֶד
בַּעֲבוּר שִׁמְךָ הַגָּדוֹל שֶׁנִּקְרָא עָלֵינוּ, וְקַיֶּם לָנוּ יי אֱלֹהֵינוּ מַה שֶּׁכָּתוּב
בָּעֵת הַהִיא אָבִיא אֶתְכֶם, וּבָעֵת קַבְּצִי אֶתְכֶם
כִּי אֶתֵּן אֶתְכֶם לְשֵׁם וְלִתְהִלָּה בְּכֹל עַמֵּי הָאָרֶץ
בְּשׁוּבִי אֶת שְׁבוּתֵיכֶם לְעֵינֵיכֶם, אָמַר יי.

שמות ל וַיְדַבֵּר יהוה אֶל־מֹשֶׁה לֵּאמֹר: וְעָשִׂיתָ כִּיּוֹר נְחֹשֶׁת וְכַנּוֹ נְחֹשֶׁת לְרָחְצָה וְנָתַתָּ אֹתוֹ בֵּין־אֹהֶל מוֹעֵד וּבֵין הַמִּזְבֵּחַ וְנָתַתָּ שָׁמָּה מָיִם: וְרָחֲצוּ אַהֲרֹן וּבָנָיו מִמֶּנּוּ אֶת־יְדֵיהֶם וְאֶת־רַגְלֵיהֶם: בְּבֹאָם אֶל־אֹהֶל מוֹעֵד יִרְחֲצוּ־מַיִם וְלֹא יָמֻתוּ אוֹ בְגִשְׁתָּם אֶל־הַמִּזְבֵּחַ לְשָׁרֵת לְהַקְטִיר אִשֶּׁה לַיהוה: וְרָחֲצוּ יְדֵיהֶם וְרַגְלֵיהֶם וְלֹא יָמֻתוּ וְהָיְתָה לָהֶם חָק־עוֹלָם לוֹ וּלְזַרְעוֹ לְדֹרֹתָם:

ויקרא ו וַיְדַבֵּר יהוה אֶל־מֹשֶׁה לֵּאמֹר: צַו אֶת־אַהֲרֹן וְאֶת־בָּנָיו לֵאמֹר זֹאת תּוֹרַת הָעֹלָה הִוא הָעֹלָה עַל מוֹקְדָה עַל־הַמִּזְבֵּחַ כָּל־הַלַּיְלָה עַד־הַבֹּקֶר וְאֵשׁ הַמִּזְבֵּחַ תּוּקַד בּוֹ: וְלָבַשׁ הַכֹּהֵן מִדּוֹ בַד וּמִכְנְסֵי־בַד יִלְבַּשׁ עַל־בְּשָׂרוֹ וְהֵרִים אֶת־הַדֶּשֶׁן אֲשֶׁר תֹּאכַל הָאֵשׁ אֶת־הָעֹלָה עַל־הַמִּזְבֵּחַ וְשָׂמוֹ אֵצֶל הַמִּזְבֵּחַ: וּפָשַׁט אֶת־בְּגָדָיו וְלָבַשׁ בְּגָדִים אֲחֵרִים וְהוֹצִיא אֶת־הַדֶּשֶׁן אֶל־מִחוּץ לַמַּחֲנֶה אֶל־מָקוֹם טָהוֹר: וְהָאֵשׁ עַל־הַמִּזְבֵּחַ תּוּקַד־בּוֹ לֹא תִכְבֶּה וּבִעֵר עָלֶיהָ הַכֹּהֵן עֵצִים בַּבֹּקֶר בַּבֹּקֶר וְעָרַךְ עָלֶיהָ הָעֹלָה וְהִקְטִיר עָלֶיהָ חֶלְבֵי הַשְּׁלָמִים: אֵשׁ תָּמִיד תּוּקַד עַל־הַמִּזְבֵּחַ לֹא תִכְבֶּה:

יש מדלגים:

יְהִי רָצוֹן מִלְּפָנֶיךָ יי אֱלֹהֵינוּ וֵאלֹהֵי אֲבוֹתֵינוּ, שֶׁתְּרַחֵם עָלֵינוּ, וְתִמְחֹל לָנוּ עַל כָּל חַטֹּאתֵינוּ וּתְכַפֵּר לָנוּ עַל כָּל עֲוֹנוֹתֵינוּ וְתִסְלַח לָנוּ עַל כָּל פְּשָׁעֵינוּ, וְשֶׁיִּבָּנֶה בֵּית הַמִּקְדָּשׁ בִּמְהֵרָה בְיָמֵינוּ, וְנַקְרִיב לְפָנֶיךָ קָרְבַּן הַתָּמִיד שֶׁיְּכַפֵּר בַּעֲדֵנוּ, כְּמוֹ שֶׁכָּתַבְתָּ עָלֵינוּ בְּתוֹרָתֶךָ עַל יְדֵי מֹשֶׁה עַבְדֶּךָ מִפִּי כְבוֹדֶךָ, כָּאָמוּר

במדבר כח

וַיְדַבֵּר יהוה אֶל־מֹשֶׁה לֵּאמֹר: צַו אֶת־בְּנֵי יִשְׂרָאֵל וְאָמַרְתָּ אֲלֵהֶם אֶת־קָרְבָּנִי לַחְמִי לְאִשַּׁי רֵיחַ נִיחֹחִי תִּשְׁמְרוּ לְהַקְרִיב לִי בְּמוֹעֲדוֹ: וְאָמַרְתָּ לָהֶם זֶה הָאִשֶּׁה אֲשֶׁר תַּקְרִיבוּ לַיהוה כְּבָשִׂים בְּנֵי־שָׁנָה תְמִימִם שְׁנַיִם לַיּוֹם עֹלָה תָמִיד: אֶת־הַכֶּבֶשׂ אֶחָד תַּעֲשֶׂה בַבֹּקֶר וְאֵת הַכֶּבֶשׂ הַשֵּׁנִי תַּעֲשֶׂה בֵּין הָעַרְבָּיִם: וַעֲשִׂירִית הָאֵיפָה סֹלֶת לְמִנְחָה בְּלוּלָה בְּשֶׁמֶן כָּתִית רְבִיעִת הַהִין: עֹלַת תָּמִיד הָעֲשֻׂיָה בְּהַר סִינַי לְרֵיחַ נִיחֹחַ אִשֶּׁה לַיהוה: וְנִסְכּוֹ רְבִיעִת הַהִין לַכֶּבֶשׂ הָאֶחָד בַּקֹּדֶשׁ הַסֵּךְ נֶסֶךְ שֵׁכָר לַיהוה: וְאֵת הַכֶּבֶשׂ הַשֵּׁנִי תַּעֲשֶׂה בֵּין הָעַרְבָּיִם כְּמִנְחַת הַבֹּקֶר וּכְנִסְכּוֹ תַּעֲשֶׂה אִשֵּׁה רֵיחַ נִיחֹחַ לַיהוה:

וְשָׁחַט אֹתוֹ עַל יֶרֶךְ הַמִּזְבֵּחַ צָפֹנָה לִפְנֵי יהוה וְזָרְקוּ בְּנֵי אַהֲרֹן הַכֹּהֲנִים אֶת־דָּמוֹ עַל־הַמִּזְבֵּחַ סָבִיב:

יְהִי רָצוֹן מִלְּפָנֶיךָ יי אֱלֹהֵינוּ וֵאלֹהֵי אֲבוֹתֵינוּ
שֶׁתְּהֵא אֲמִירָה זוֹ חֲשׁוּבָה וּמְקֻבֶּלֶת וּמְרֻצָּה לְפָנֶיךָ
כְּאִלּוּ הִקְרַבְנוּ קָרְבַּן הַתָּמִיד בְּמוֹעֲדוֹ וּבִמְקוֹמוֹ וּכְהִלְכָתוֹ.

אַתָּה הוּא יי אֱלֹהֵינוּ שֶׁהִקְטִירוּ אֲבוֹתֵינוּ לְפָנֶיךָ אֶת קְטֹרֶת הַסַּמִּים בִּזְמַן שֶׁבֵּית הַמִּקְדָּשׁ הָיָה קַיָּם, כַּאֲשֶׁר צִוִּיתָ אוֹתָם עַל יְדֵי מֹשֶׁה נְבִיאֶךָ כַּכָּתוּב בְּתוֹרָתֶךָ

וַיֹּאמֶר יהוה אֶל־מֹשֶׁה
קַח־לְךָ סַמִּים נָטָף וּשְׁחֵלֶת וְחֶלְבְּנָה סַמִּים וּלְבֹנָה זַכָּה בַּד בְּבַד יִהְיֶה: וְעָשִׂיתָ אֹתָהּ קְטֹרֶת רֹקַח מַעֲשֵׂה רוֹקֵחַ מְמֻלָּח טָהוֹר קֹדֶשׁ: וְשָׁחַקְתָּ מִמֶּנָּה הָדֵק וְנָתַתָּה מִמֶּנָּה לִפְנֵי הָעֵדֻת בְּאֹהֶל מוֹעֵד אֲשֶׁר אִוָּעֵד לְךָ שָׁמָּה קֹדֶשׁ קָדָשִׁים תִּהְיֶה לָכֶם:

וְנֶאֱמַר
וְהִקְטִיר עָלָיו אַהֲרֹן קְטֹרֶת סַמִּים בַּבֹּקֶר בַּבֹּקֶר בְּהֵיטִיבוֹ אֶת הַנֵּרֹת יַקְטִירֶנָּה: וּבְהַעֲלֹת אַהֲרֹן אֶת־הַנֵּרֹת בֵּין הָעַרְבַּיִם יַקְטִירֶנָּה קְטֹרֶת תָּמִיד לִפְנֵי יהוה לְדֹרֹתֵיכֶם:

תָּנוּ רַבָּנָן, פִּטּוּם הַקְּטֹרֶת כֵּיצַד. שְׁלֹשׁ מֵאוֹת וְשִׁשִּׁים וּשְׁמוֹנָה מָנִים הָיוּ בָהּ. שְׁלֹשׁ מֵאוֹת וְשִׁשִּׁים וַחֲמִשָּׁה כְּמִנְיַן יְמוֹת הַחַמָּה, מָנֶה לְכָל יוֹם, פְּרַס בְּשַׁחֲרִית וּפְרַס בֵּין הָעַרְבַּיִם, וּשְׁלֹשָׁה מָנִים יְתֵרִים שֶׁמֵּהֶם מַכְנִיס כֹּהֵן גָּדוֹל מְלֹא חָפְנָיו בְּיוֹם הַכִּפּוּרִים וּמַחֲזִירָן לְמַכְתֶּשֶׁת בְּעֶרֶב יוֹם הַכִּפּוּרִים וְשׁוֹחֲקָן יָפֶה יָפֶה כְּדֵי שֶׁתְּהֵא דַקָּה מִן הַדַּקָּה. וְאַחַד עָשָׂר סַמָּנִים הָיוּ בָהּ, וְאֵלּוּ הֵן. הַצֳּרִי, וְהַצִּפֹּרֶן, הַחֶלְבְּנָה, וְהַלְּבוֹנָה מִשְׁקַל שִׁבְעִים שִׁבְעִים מָנֶה, מֹר, וּקְצִיעָה, שִׁבֹּלֶת נֵרְדְּ, וְכַרְכֹּם מִשְׁקַל שִׁשָּׁה עָשָׂר שִׁשָּׁה עָשָׂר מָנֶה, הַקֹּשְׁטְ שְׁנֵים עָשָׂר, קִלּוּפָה שְׁלֹשָׁה, קִנָּמוֹן תִּשְׁעָה, בֹּרִית כַּרְשִׁינָה תִּשְׁעָה קַבִּין, יֵין קַפְרִיסִין סְאִין תְּלָת וְקַבִּין תְּלָתָא, וְאִם לֹא מָצָא יֵין קַפְרִיסִין, מֵבִיא חֲמַר חִוַּרְיָן עַתִּיק. מֶלַח סְדוֹמִית רֹבַע, מַעֲלֶה עָשָׁן כָּל שֶׁהוּא. רַבִּי נָתָן הַבַּבְלִי אוֹמֵר. אַף כִּפַּת הַיַּרְדֵּן כָּל שֶׁהוּא, וְאִם נָתַן בָּהּ דְּבַשׁ פְּסָלָהּ, וְאִם חִסַּר אֶחָד מִכָּל סַמָּנֶיהָ, חַיָּב מִיתָה.

רַבָּן שִׁמְעוֹן בֶּן גַּמְלִיאֵל אוֹמֵר, הַצֳּרִי אֵינוֹ אֶלָּא שְׂרָף הַנּוֹטֵף מֵעֲצֵי הַקְּטָף. בֹּרִית כַּרְשִׁינָה שֶׁשָּׁפִין בָּהּ אֶת הַצִּפֹּרֶן, כְּדֵי שֶׁתְּהֵא נָאָה, יֵין קַפְרִיסִין שֶׁשּׁוֹרִין בּוֹ אֶת הַצִּפֹּרֶן, כְּדֵי שֶׁתְּהֵא עַזָּה. וַהֲלֹא מֵי רַגְלַיִם יָפִין לָהּ, אֶלָּא שֶׁאֵין מַכְנִיסִין מֵי רַגְלַיִם בַּמִּקְדָּשׁ מִפְּנֵי הַכָּבוֹד.

תַּנְיָא, רַבִּי נָתָן אוֹמֵר, כְּשֶׁהוּא שׁוֹחֵק אוֹמֵר, הָדֵק הֵיטֵב, הֵיטֵב הָדֵק, מִפְּנֵי שֶׁהַקּוֹל יָפֶה לַבְּשָׂמִים. פִּטְּמָהּ לַחֲצָאִין כְּשֵׁרָה, לִשְׁלִישׁ וְלִרְבִיעַ לֹא שָׁמָעְנוּ. אָמַר רַבִּי יְהוּדָה, זֶה הַכְּלָל, אִם כְּמִדָּתָהּ כְּשֵׁרָה לַחֲצָאִין, וְאִם חִסַּר אֶחָד מִכָּל סַמָּנֶיהָ, חַיָּב מִיתָה.

תַּנְיָא, בַּר קַפָּרָא אוֹמֵר, אַחַת לְשִׁשִּׁים אוֹ לְשִׁבְעִים שָׁנָה הָיְתָה בָאָה שֶׁל שִׁירַיִם לַחֲצָאִין. וְעוֹד תָּנֵי בַּר קַפָּרָא, אִלּוּ הָיָה נוֹתֵן בָּהּ קוֹרְטוֹב שֶׁל דְּבַשׁ, אֵין אָדָם יָכוֹל לַעֲמֹד מִפְּנֵי רֵיחָהּ. וְלָמָּה אֵין מְעָרְבִין בָּהּ דְּבַשׁ, מִפְּנֵי שֶׁהַתּוֹרָה אָמְרָה, כִּי כָל שְׂאֹר וְכָל דְּבַשׁ לֹא תַקְטִירוּ מִמֶּנּוּ אִשֶּׁה לַיי.

יי צְבָאוֹת עִמָּנוּ, מִשְׂגָּב לָנוּ אֱלֹהֵי יַעֲקֹב סֶלָה. (ג"פ)
יי צְבָאוֹת, אַשְׁרֵי אָדָם בֹּטֵחַ בָּךְ. (ג"פ)
יי הוֹשִׁיעָה, הַמֶּלֶךְ יַעֲנֵנוּ בְיוֹם קָרְאֵנוּ. (ג"פ)

אַתָּה סֵתֶר לִי, מִצַּר תִּצְּרֵנִי, רָנֵּי פַלֵּט תְּסוֹבְבֵנִי סֶלָה.
וְעָרְבָה לַיי מִנְחַת יְהוּדָה וִירוּשָׁלָיִם כִּימֵי עוֹלָם וּכְשָׁנִים קַדְמֹנִיּוֹת.

אַבַּיֵי הֲוָה מְסַדֵּר סֵדֶר הַמַּעֲרָכָה מִשְּׁמָא דִגְמָרָא וְאַלִּבָּא דְאַבָּא שָׁאוּל. מַעֲרָכָה גְדוֹלָה קוֹדֶמֶת לְמַעֲרָכָה שְׁנִיָּה שֶׁל קְטֹרֶת. וּמַעֲרָכָה שְׁנִיָּה שֶׁל קְטֹרֶת קוֹדֶמֶת לְסִדּוּר שְׁנֵי גִזְרֵי עֵצִים, וְסִדּוּר שְׁנֵי גִזְרֵי עֵצִים קוֹדֵם לְדִשּׁוּן מִזְבֵּחַ הַפְּנִימִי, וְדִשּׁוּן מִזְבֵּחַ הַפְּנִימִי קוֹדֵם לַהֲטָבַת חָמֵשׁ נֵרוֹת, וַהֲטָבַת חָמֵשׁ נֵרוֹת קוֹדֶמֶת לְדַם הַתָּמִיד, וְדַם הַתָּמִיד קוֹדֵם לַהֲטָבַת שְׁתֵּי נֵרוֹת, וַהֲטָבַת שְׁתֵּי נֵרוֹת קוֹדֶמֶת לִקְטֹרֶת, וּקְטֹרֶת קוֹדֶמֶת לְאֵבָרִים, וְאֵבָרִים לְמִנְחָה, וּמִנְחָה לַחֲבִתִּין, וַחֲבִתִּין לִנְסָכִין, וּנְסָכִין לְמוּסָפִין וּמוּסָפִין לְבָזִיכִין, וּבָזִיכִין קוֹדְמִין לְתָמִיד שֶׁל בֵּין הָעַרְבָּיִם, שֶׁנֶּאֱמַר: וְעָרַךְ עָלֶיהָ הָעֹלָה וְהִקְטִיר עָלֶיהָ חֶלְבֵי הַשְּׁלָמִים. עָלֶיהָ הַשְׁלֵם כָּל הַקָּרְבָּנוֹת כֻּלָּם.

אָנָּא, בְּכֹחַ גְּדֻלַּת יְמִינְךָ, תַּתִּיר צְרוּרָה.
קַבֵּל רִנַּת עַמְּךָ, שַׂגְּבֵנוּ, טַהֲרֵנוּ, נוֹרָא.
נָא גִבּוֹר, דּוֹרְשֵׁי יִחוּדְךָ כְּבָבַת שָׁמְרֵם.
בָּרְכֵם, טַהֲרֵם, רַחֲמֵם, צִדְקָתְךָ תָּמִיד גָּמְלֵם.
חֲסִין קָדוֹשׁ, בְּרֹב טוּבְךָ נַהֵל עֲדָתֶךָ.
יָחִיד גֵּאֶה, לְעַמְּךָ פְּנֵה, זוֹכְרֵי קְדֻשָּׁתֶךָ.
שַׁוְעָתֵנוּ קַבֵּל וּשְׁמַע צַעֲקָתֵנוּ, יוֹדֵעַ תַּעֲלוּמוֹת.

בָּרוּךְ שֵׁם כְּבוֹד מַלְכוּתוֹ לְעוֹלָם וָעֶד.

יש מדלגים:

רִבּוֹן הָעוֹלָמִים, אַתָּה צִוִּיתָנוּ לְהַקְרִיב קָרְבַּן הַתָּמִיד בְּמוֹעֲדוֹ וְלִהְיוֹת כֹּהֲנִים בַּעֲבוֹדָתָם וּלְוִיִּם בְּדוּכָנָם וְיִשְׂרָאֵל בְּמַעֲמָדָם. וְעַתָּה בַּעֲוֹנוֹתֵינוּ חָרַב בֵּית הַמִּקְדָּשׁ וּבָטַל הַתָּמִיד וְאֵין לָנוּ לֹא כֹהֵן בַּעֲבוֹדָתוֹ וְלֹא לֵוִי בְּדוּכָנוֹ וְלֹא יִשְׂרָאֵל בְּמַעֲמָדוֹ. וְאַתָּה אָמַרְתָּ וּנְשַׁלְּמָה פָרִים שְׂפָתֵינוּ.
לָכֵן יְהִי רָצוֹן מִלְּפָנֶיךָ יי אֱלֹהֵינוּ וֵאלֹהֵי אֲבוֹתֵינוּ שֶׁיְּהֵא שִׂיחַ שִׂפְתוֹתֵינוּ חָשׁוּב וּמְקֻבָּל וּמְרֻצֶּה לְפָנֶיךָ כְּאִלּוּ הִקְרַבְנוּ קָרְבַּן הַתָּמִיד בְּמוֹעֲדוֹ וּבִמְקוֹמוֹ וּכְהִלְכָתוֹ.

בשבת מוסיפים:

וּבְיוֹם הַשַּׁבָּת שְׁנֵי־כְבָשִׂים בְּנֵי־שָׁנָה תְּמִימִם וּשְׁנֵי עֶשְׂרֹנִים סֹלֶת מִנְחָה בְּלוּלָה בַשֶּׁמֶן וְנִסְכּוֹ: עֹלַת שַׁבַּת בְּשַׁבַּתּוֹ עַל־עֹלַת הַתָּמִיד וְנִסְכָּהּ:

אֵיזֶהוּ מְקוֹמָן שֶׁל זְבָחִים. קָדְשֵׁי קָדָשִׁים שְׁחִיטָתָן בַּצָּפוֹן. פַּר וְשָׂעִיר שֶׁל יוֹם הַכִּפּוּרִים שְׁחִיטָתָן בַּצָּפוֹן, וְקִבּוּל דָּמָן בִּכְלֵי שָׁרֵת בַּצָּפוֹן, וְדָמָן טָעוּן הַזָּיָה עַל בֵּין הַבַּדִּים וְעַל הַפָּרֹכֶת וְעַל מִזְבַּח הַזָּהָב. מַתָּנָה אַחַת מֵהֶן מְעַכָּבֶת. שְׁיָרֵי הַדָּם הָיָה שׁוֹפֵךְ עַל יְסוֹד מַעֲרָבִי שֶׁל מִזְבַּח הַחִיצוֹן. אִם לֹא נָתַן לֹא עִכֵּב.

פָּרִים הַנִּשְׂרָפִים וּשְׂעִירִים הַנִּשְׂרָפִים שְׁחִיטָתָן בַּצָּפוֹן, וְקִבּוּל דָּמָן בִּכְלֵי שָׁרֵת בַּצָּפוֹן, וְדָמָן טָעוּן הַזָּיָה עַל הַפָּרֹכֶת וְעַל מִזְבַּח הַזָּהָב. מַתָּנָה אַחַת מֵהֶן מְעַכָּבֶת. שְׁיָרֵי הַדָּם הָיָה שׁוֹפֵךְ עַל יְסוֹד מַעֲרָבִי שֶׁל מִזְבֵּחַ הַחִיצוֹן. אִם לֹא נָתַן לֹא עִכֵּב. אֵלּוּ וָאֵלּוּ נִשְׂרָפִין בְּבֵית הַדָּשֶׁן.

חַטֹּאת הַצִּבּוּר וְהַיָּחִיד, אֵלּוּ הֵן חַטֹּאת הַצִּבּוּר. שְׂעִירֵי רָאשֵׁי חֳדָשִׁים וְשֶׁל מוֹעֲדוֹת, שְׁחִיטָתָן בַּצָּפוֹן, וְקִבּוּל דָּמָן בִּכְלֵי שָׁרֵת בַּצָּפוֹן, וְדָמָן טָעוּן אַרְבַּע מַתָּנוֹת עַל אַרְבַּע קְרָנוֹת. כֵּיצַד, עָלָה בַכֶּבֶשׁ, וּפָנָה לַסּוֹבֵב, וּבָא לוֹ לְקֶרֶן דְּרוֹמִית מִזְרָחִית, מִזְרָחִית צְפוֹנִית, צְפוֹנִית מַעֲרָבִית, מַעֲרָבִית דְּרוֹמִית. שְׁיָרֵי הַדָּם הָיָה שׁוֹפֵךְ עַל יְסוֹד דְּרוֹמִי, וְנֶאֱכָלִין לִפְנִים מִן הַקְּלָעִים, לְזִכְרֵי כְהֻנָּה, בְּכָל מַאֲכָל, לְיוֹם וָלַיְלָה עַד חֲצוֹת.

הָעוֹלָה קֹדֶשׁ קָדָשִׁים, שְׁחִיטָתָהּ בַּצָּפוֹן, וְקִבּוּל דָּמָהּ בִּכְלֵי שָׁרֵת בַּצָּפוֹן, וְדָמָהּ טָעוּן שְׁתֵּי מַתָּנוֹת שֶׁהֵן אַרְבַּע, וּטְעוּנָה הֶפְשֵׁט וְנִתּוּחַ וְכָלִיל לָאִשִּׁים.

זִבְחֵי שַׁלְמֵי צִבּוּר וַאֲשָׁמוֹת. אֵלּוּ הֵן אֲשָׁמוֹת. אֲשַׁם גְּזֵלוֹת, אֲשַׁם מְעִילוֹת, אֲשַׁם שִׁפְחָה חֲרוּפָה, אֲשַׁם נָזִיר, אֲשַׁם מְצֹרָע, אָשָׁם תָּלוּי, שְׁחִיטָתָן בַּצָּפוֹן, וְקִבּוּל דָּמָן בִּכְלֵי שָׁרֵת בַּצָּפוֹן, וְדָמָן טָעוּן שְׁתֵּי מַתָּנוֹת שֶׁהֵן אַרְבַּע, וְנֶאֱכָלִין לִפְנִים מִן הַקְּלָעִים, לְזִכְרֵי כְהֻנָּה, בְּכָל מַאֲכָל, לְיוֹם וָלַיְלָה עַד חֲצוֹת.

הַתּוֹדָה וְאֵיל נָזִיר קָדָשִׁים קַלִּים, שְׁחִיטָתָן בְּכָל מָקוֹם בָּעֲזָרָה, וְדָמָן טָעוּן שְׁתֵּי מַתָּנוֹת שֶׁהֵן אַרְבַּע, וְנֶאֱכָלִין בְּכָל הָעִיר, לְכָל אָדָם, בְּכָל מַאֲכָל, לְיוֹם וָלַיְלָה עַד חֲצוֹת. הַמּוּרָם מֵהֶם כַּיּוֹצֵא בָהֶם, אֶלָּא שֶׁהַמּוּרָם נֶאֱכָל לַכֹּהֲנִים לִנְשֵׁיהֶם וְלִבְנֵיהֶם וּלְעַבְדֵיהֶם.

שְׁלָמִים קָדָשִׁים קַלִּים, שְׁחִיטָתָן בְּכָל מָקוֹם בָּעֲזָרָה, וְדָמָן טָעוּן שְׁתֵּי מַתָּנוֹת שֶׁהֵן אַרְבַּע, וְנֶאֱכָלִין בְּכָל הָעִיר, לְכָל אָדָם, בְּכָל מַאֲכָל, לִשְׁנֵי יָמִים וְלַיְלָה אֶחָד. הַמּוּרָם מֵהֶם כַּיּוֹצֵא בָהֶם, אֶלָּא שֶׁהַמּוּרָם נֶאֱכָל לַכֹּהֲנִים לִנְשֵׁיהֶם וְלִבְנֵיהֶם וּלְעַבְדֵיהֶם.

הַבְּכוֹר וְהַמַּעֲשֵׂר וְהַפֶּסַח קָדָשִׁים קַלִּים, שְׁחִיטָתָן בְּכָל מָקוֹם בָּעֲזָרָה, וְדָמָן טָעוּן מַתָּנָה אֶחָת, וּבִלְבָד שֶׁיִּתֵּן כְּנֶגֶד הַיְסוֹד. שִׁנָּה בַאֲכִילָתָן, הַבְּכוֹר נֶאֱכָל לַכֹּהֲנִים, וְהַמַּעֲשֵׂר לְכָל אָדָם, וְנֶאֱכָלִין בְּכָל הָעִיר, בְּכָל מַאֲכָל, לִשְׁנֵי יָמִים וְלַיְלָה אֶחָד. הַפֶּסַח אֵינוֹ נֶאֱכָל אֶלָּא בַלַּיְלָה, וְאֵינוֹ נֶאֱכָל אֶלָּא עַד חֲצוֹת, וְאֵינוֹ נֶאֱכָל אֶלָּא לִמְנוּיָיו, וְאֵינוֹ נֶאֱכָל אֶלָּא צָלִי.

רַבִּי יִשְׁמָעֵאל אוֹמֵר, בִּשְׁלֹשׁ עֶשְׂרֵה מִדּוֹת הַתּוֹרָה נִדְרֶשֶׁת
מִקַּל וָחֹמֶר
וּמִגְּזֵרָה שָׁוָה
מִבִּנְיַן אָב מִכָּתוּב אֶחָד, וּמִבִּנְיַן אָב מִשְּׁנֵי כְתוּבִים
מִכְּלָל וּפְרָט
וּמִפְּרָט וּכְלָל
כְּלָל וּפְרָט וּכְלָל, אִי אַתָּה דָן אֶלָּא כְּעֵין הַפְּרָט
מִכְּלָל שֶׁהוּא צָרִיךְ לִפְרָט, וּמִפְּרָט שֶׁהוּא צָרִיךְ לִכְלָל
כָּל דָּבָר שֶׁהָיָה בִּכְלָל, וְיָצָא מִן הַכְּלָל לְלַמֵּד
לֹא לְלַמֵּד עַל עַצְמוֹ יָצָא, אֶלָּא לְלַמֵּד עַל הַכְּלָל כֻּלּוֹ יָצָא
כָּל דָּבָר שֶׁהָיָה בִּכְלָל, וְיָצָא לִטְעֹן טֹעַן אֶחָד שֶׁהוּא כְעִנְיָנוֹ
יָצָא לְהָקֵל וְלֹא לְהַחֲמִיר
כָּל דָּבָר שֶׁהָיָה בִּכְלָל, וְיָצָא לִטְעֹן טֹעַן אַחֵר שֶׁלֹּא כְעִנְיָנוֹ,
יָצָא לְהָקֵל וּלְהַחֲמִיר
כָּל דָּבָר שֶׁהָיָה בִּכְלָל, וְיָצָא לִדּוֹן בְּדָבָר הֶחָדָשׁ, אִי אַתָּה יָכוֹל לְהַחֲזִירוֹ לִכְלָלוֹ
עַד שֶׁיַּחֲזִירֶנּוּ הַכָּתוּב לִכְלָלוֹ בְּפֵרוּשׁ
דָּבָר הַלָּמֵד מֵעִנְיָנוֹ, וְדָבָר הַלָּמֵד מִסּוֹפוֹ
וְכֵן שְׁנֵי כְתוּבִים הַמַּכְחִישִׁים זֶה אֶת זֶה, עַד שֶׁיָּבוֹא הַכָּתוּב הַשְּׁלִישִׁי
וְיַכְרִיעַ בֵּינֵיהֶם.

יְהִי רָצוֹן מִלְּפָנֶיךָ יי אֱלֹהֵינוּ וֵאלֹהֵי אֲבוֹתֵינוּ, שֶׁיִּבָּנֶה בֵּית הַמִּקְדָּשׁ בִּמְהֵרָה בְיָמֵינוּ וְתֵן חֶלְקֵנוּ בְּתוֹרָתֶךָ, וְשָׁם נַעֲבָדְךָ בְּיִרְאָה כִּימֵי עוֹלָם וּכְשָׁנִים קַדְמוֹנִיּוֹת.

קדיש דרבנן:

יתגדל ויתקדש שמו הגדול	יִתְגַּדַּל וְיִתְקַדַּשׁ שְׁמֵהּ רַבָּא
בעולם אשר ברא כרצונו וימליך מלכותו	בְּעָלְמָא דִּי בְרָא כִרְעוּתֵהּ וְיַמְלִיךְ מַלְכוּתֵהּ
בחייכם וביומיכם ובחיי כל בית ישראל	בְּחַיֵּיכוֹן וּבְיוֹמֵיכוֹן וּבְחַיֵּי דְכָל בֵּית יִשְׂרָאֵל
במהרה ובזמן קרוב	בַּעֲגָלָא וּבִזְמַן קָרִיב
ואמרו אמן.	וְאִמְרוּ אָמֵן.
יהא שמו הגדול מבורך לעולם ולעולמי עולמים.	יְהֵא שְׁמֵהּ רַבָּא מְבָרַךְ לְעָלַם וּלְעָלְמֵי עָלְמַיָּא.
יתברך וישתבח ויתפאר ויתרומם ויתנשא	יִתְבָּרַךְ וְיִשְׁתַּבַּח וְיִתְפָּאַר וְיִתְרוֹמַם וְיִתְנַשֵּׂא
ויתהדר ויתעלה ויתהלל	וְיִתְהַדָּר וְיִתְעַלֶּה וְיִתְהַלָּל
שמו של הקדוש ברוך הוא	שְׁמֵהּ דְּקֻדְשָׁא בְּרִיךְ הוּא
למעלה למעלה מכל הברכות והשירות	לְעֵלָּא לְעֵלָּא מִכָּל בִּרְכָתָא וְשִׁירָתָא
התשבחות והנחמות האמורות בעולם	תֻּשְׁבְּחָתָא וְנֶחֱמָתָא דַּאֲמִירָן בְּעָלְמָא
ואמרו אמן.	וְאִמְרוּ אָמֵן.
על ישראל ועל רבותינו	עַל יִשְׂרָאֵל וְעַל רַבָּנָן
ועל תלמידיהם ועל כל תלמידי תלמידיהם	וְעַל תַּלְמִידֵיהוֹן וְעַל כָּל תַּלְמִידֵי תַלְמִידֵיהוֹן
ועל כל מי שעוסקים בתורה	וְעַל כָּל מָאן דְּעָסְקִין בְּאוֹרַיְתָא
שבמקום הקדוש* הזה	דִּי בְּאַתְרָא קַדִּישָׁא* הָדֵין
ושבכל מקום ומקום	וְדִי בְּכָל אֲתַר וַאֲתַר
יהא להם ולכם שלום רב	יְהֵא לְהוֹן וּלְכוֹן שְׁלָמָא רַבָּא
חן וחסד	חִנָּא וְחִסְדָּא
ורחמים וחיים ארוכים ומזונות רווחים	וְרַחֲמֵי, וְחַיֵּי אֲרִיכֵי, וּמְזוֹנֵי רְוִיחֵי
וישועה מלפני אביהם שבשמים	וּפֻרְקָנָא מִן קֳדָם אֲבוּהוֹן דִּי בִשְׁמַיָּא
ואמרו אמן.	וְאִמְרוּ אָמֵן.
יהא שלום רב מן השמים	יְהֵא שְׁלָמָא רַבָּא מִן שְׁמַיָּא
וחיים טובים עלינו ועל כל ישראל	וְחַיִּים (טוֹבִים) עָלֵינוּ וְעַל כָּל יִשְׂרָאֵל
ואמרו אמן.	וְאִמְרוּ אָמֵן.

עֹשֶׂה הַשָּׁלוֹם בִּמְרוֹמָיו
הוּא יַעֲשֶׂה בְרַחֲמָיו שָׁלוֹם עָלֵינוּ וְעַל כָּל יִשְׂרָאֵל
וְאִמְרוּ אָמֵן.

* בחו״ל אין אומרים ״קדישא״

ל מִזְמוֹר שִׁיר־חֲנֻכַּת הַבַּיִת לְדָוִד: אֲרוֹמִמְךָ יהוה כִּי דִלִּיתָנִי וְלֹא־שִׂמַּחְתָּ אֹיְבַי לִי: יהוה אֱלֹהָי שִׁוַּעְתִּי אֵלֶיךָ וַתִּרְפָּאֵנִי: יהוה הֶעֱלִיתָ מִן־שְׁאוֹל נַפְשִׁי חִיִּיתַנִי מִיָּרְדִי־בוֹר: זַמְּרוּ לַיהוה חֲסִידָיו וְהוֹדוּ לְזֵכֶר קָדְשׁוֹ: כִּי רֶגַע בְּאַפּוֹ חַיִּים בִּרְצוֹנוֹ בָּעֶרֶב יָלִין בֶּכִי וְלַבֹּקֶר רִנָּה: וַאֲנִי אָמַרְתִּי בְשַׁלְוִי בַּל־אֶמּוֹט לְעוֹלָם: יהוה בִּרְצוֹנְךָ הֶעֱמַדְתָּה לְהַרְרִי עֹז הִסְתַּרְתָּ פָנֶיךָ הָיִיתִי נִבְהָל: אֵלֶיךָ יהוה אֶקְרָא וְאֶל־אֲדֹנָי אֶתְחַנָּן: מַה־בֶּצַע בְּדָמִי בְּרִדְתִּי אֶל שָׁחַת הֲיוֹדְךָ עָפָר הֲיַגִּיד אֲמִתֶּךָ: שְׁמַע־יהוה וְחָנֵּנִי יהוה הֱיֵה־עֹזֵר לִי: הָפַכְתָּ מִסְפְּדִי לְמָחוֹל לִי פִּתַּחְתָּ שַׂקִּי וַתְּאַזְּרֵנִי שִׂמְחָה: לְמַעַן יְזַמֶּרְךָ כָבוֹד וְלֹא יִדֹּם יהוה אֱלֹהַי לְעוֹלָם אוֹדֶךָּ:

קדיש יתום:

יִתְגַּדַּל וְיִתְקַדַּשׁ שְׁמֵהּ רַבָּא
בְּעָלְמָא דִּי בְרָא כִרְעוּתֵהּ וְיַמְלִיךְ מַלְכוּתֵהּ
בְּחַיֵּיכוֹן וּבְיוֹמֵיכוֹן וּבְחַיֵּי דְכָל בֵּית יִשְׂרָאֵל
בַּעֲגָלָא וּבִזְמַן קָרִיב וְאִמְרוּ אָמֵן.
יְהֵא שְׁמֵהּ רַבָּא מְבָרַךְ לְעָלַם וּלְעָלְמֵי עָלְמַיָּא.
יִתְבָּרַךְ וְיִשְׁתַּבַּח וְיִתְפָּאַר וְיִתְרוֹמַם וְיִתְנַשֵּׂא
וְיִתְהַדָּר וְיִתְעַלֶּה וְיִתְהַלָּל
שְׁמֵהּ דְּקֻדְשָׁא בְּרִיךְ הוּא
לְעֵלָּא לְעֵלָּא מִכָּל בִּרְכָתָא וְשִׁירָתָא, תֻּשְׁבְּחָתָא וְנֶחֱמָתָא
דַּאֲמִירָן בְּעָלְמָא וְאִמְרוּ אָמֵן.
יְהֵא שְׁלָמָא רַבָּא מִן שְׁמַיָּא
וְחַיִּים עָלֵינוּ וְעַל כָּל יִשְׂרָאֵל וְאִמְרוּ אָמֵן.
עֹשֶׂה הַשָּׁלוֹם בִּמְרוֹמָיו, הוּא יַעֲשֶׂה שָׁלוֹם עָלֵינוּ
וְעַל כָּל יִשְׂרָאֵל, וְאִמְרוּ אָמֵן.

בָּרוּךְ שֶׁאָמַר

וְהָיָה הָעוֹלָם

בָּרוּךְ הוּא
בָּרוּךְ עוֹשֶׂה בְרֵאשִׁית
בָּרוּךְ אוֹמֵר וְעוֹשֶׂה
בָּרוּךְ גּוֹזֵר וּמְקַיֵּם
בָּרוּךְ מְרַחֵם עַל הָאָרֶץ
בָּרוּךְ מְרַחֵם עַל הַבְּרִיּוֹת
בָּרוּךְ מְשַׁלֵּם שָׂכָר טוֹב לִירֵאָיו
בָּרוּךְ חַי לָעַד וְקַיָּם לָנֶצַח
בָּרוּךְ פּוֹדֶה וּמַצִּיל
בָּרוּךְ שְׁמוֹ

בָּרוּךְ אַתָּה יי אֱלֹהֵינוּ מֶלֶךְ הָעוֹלָם
הָאֵל הָאָב הָרַחֲמָן הַמְהֻלָּל בְּפִי עַמּוֹ
מְשֻׁבָּח וּמְפֹאָר בִּלְשׁוֹן חֲסִידָיו וַעֲבָדָיו
וּבְשִׁירֵי דָוִד עַבְדֶּךָ נְהַלֶּלְךָ יי אֱלֹהֵינוּ
בִּשְׁבָחוֹת וּבִזְמִירוֹת
נְגַדֶּלְךָ וּנְשַׁבֵּחֲךָ וּנְפָאֶרְךָ
וְנַזְכִּיר שִׁמְךָ וְנַמְלִיכְךָ מַלְכֵּנוּ אֱלֹהֵינוּ, יָחִיד חֵי הָעוֹלָמִים
מֶלֶךְ, מְשֻׁבָּח וּמְפֹאָר עֲדֵי עַד שְׁמוֹ הַגָּדוֹל
בָּרוּךְ אַתָּה יי, מֶלֶךְ מְהֻלָּל בַּתִּשְׁבָּחוֹת.

הוֹדוּ לַיְיָ קִרְאוּ בִשְׁמוֹ, הוֹדִיעוּ בָעַמִּים עֲלִילֹתָיו. שִׁירוּ לוֹ, זַמְּרוּ לוֹ, שִׂיחוּ בְּכָל נִפְלְאוֹתָיו. הִתְהַלְלוּ בְּשֵׁם קָדְשׁוֹ, יִשְׂמַח לֵב מְבַקְשֵׁי יְיָ. דִּרְשׁוּ יְיָ וְעֻזּוֹ, בַּקְּשׁוּ פָנָיו תָּמִיד. זִכְרוּ נִפְלְאֹתָיו אֲשֶׁר עָשָׂה, מֹפְתָיו וּמִשְׁפְּטֵי פִיהוּ. זֶרַע יִשְׂרָאֵל עַבְדּוֹ, בְּנֵי יַעֲקֹב בְּחִירָיו. הוּא יְיָ אֱלֹהֵינוּ בְּכָל הָאָרֶץ מִשְׁפָּטָיו. זִכְרוּ לְעוֹלָם בְּרִיתוֹ, דָּבָר צִוָּה לְאֶלֶף דּוֹר. אֲשֶׁר כָּרַת אֶת אַבְרָהָם, וּשְׁבוּעָתוֹ לְיִצְחָק. וַיַּעֲמִידֶהָ לְיַעֲקֹב לְחֹק, לְיִשְׂרָאֵל בְּרִית עוֹלָם. לֵאמֹר, לְךָ אֶתֵּן אֶרֶץ כְּנָעַן, חֶבֶל נַחֲלַתְכֶם. בִּהְיוֹתְכֶם מְתֵי מִסְפָּר, כִּמְעַט וְגָרִים בָּהּ. וַיִּתְהַלְּכוּ מִגּוֹי אֶל גּוֹי, וּמִמַּמְלָכָה אֶל עַם אַחֵר. לֹא הִנִּיחַ לְאִישׁ לְעָשְׁקָם, וַיּוֹכַח עֲלֵיהֶם מְלָכִים. אַל תִּגְּעוּ בִּמְשִׁיחָי, וּבִנְבִיאַי אַל תָּרֵעוּ. שִׁירוּ לַיְיָ כָּל הָאָרֶץ, בַּשְּׂרוּ מִיּוֹם אֶל יוֹם יְשׁוּעָתוֹ. סַפְּרוּ בַגּוֹיִם אֶת כְּבוֹדוֹ, בְּכָל הָעַמִּים נִפְלְאֹתָיו. כִּי גָדוֹל יְיָ וּמְהֻלָּל מְאֹד, וְנוֹרָא הוּא עַל כָּל אֱלֹהִים. כִּי כָּל אֱלֹהֵי הָעַמִּים אֱלִילִים, וַיְיָ שָׁמַיִם עָשָׂה. הוֹד וְהָדָר לְפָנָיו, עֹז וְחֶדְוָה בִּמְקֹמוֹ. הָבוּ לַיְיָ מִשְׁפְּחוֹת עַמִּים, הָבוּ לַיְיָ כָּבוֹד וָעֹז. הָבוּ לַיְיָ כְּבוֹד שְׁמוֹ, שְׂאוּ מִנְחָה וּבֹאוּ לְפָנָיו, הִשְׁתַּחֲווּ לַיְיָ בְּהַדְרַת קֹדֶשׁ. חִילוּ מִלְּפָנָיו כָּל הָאָרֶץ, אַף תִּכּוֹן תֵּבֵל בַּל תִּמּוֹט. יִשְׂמְחוּ הַשָּׁמַיִם וְתָגֵל הָאָרֶץ, וְיֹאמְרוּ בַגּוֹיִם יְיָ מָלָךְ. יִרְעַם הַיָּם וּמְלוֹאוֹ, יַעֲלֹץ הַשָּׂדֶה וְכָל אֲשֶׁר בּוֹ. אָז יְרַנְּנוּ עֲצֵי הַיָּעַר, מִלִּפְנֵי יְיָ כִּי בָא לִשְׁפּוֹט אֶת הָאָרֶץ. הוֹדוּ לַיְיָ כִּי טוֹב, כִּי לְעוֹלָם חַסְדּוֹ. וְאִמְרוּ, הוֹשִׁיעֵנוּ אֱלֹהֵי יִשְׁעֵנוּ, וְקַבְּצֵנוּ וְהַצִּילֵנוּ מִן הַגּוֹיִם, לְהֹדוֹת לְשֵׁם קָדְשֶׁךָ, לְהִשְׁתַּבֵּחַ בִּתְהִלָּתֶךָ. בָּרוּךְ יְיָ אֱלֹהֵי יִשְׂרָאֵל, מִן הָעוֹלָם וְעַד הָעֹלָם, וַיֹּאמְרוּ כָל הָעָם אָמֵן וְהַלֵּל לַיְיָ.

רוֹמְמוּ יְיָ אֱלֹהֵינוּ וְהִשְׁתַּחֲווּ לַהֲדֹם רַגְלָיו, קָדוֹשׁ הוּא. רוֹמְמוּ יְיָ אֱלֹהֵינוּ וְהִשְׁתַּחֲווּ לְהַר קָדְשׁוֹ, כִּי קָדוֹשׁ יְיָ אֱלֹהֵינוּ.

וְהוּא רַחוּם יְכַפֵּר עָוֹן וְלֹא יַשְׁחִית, וְהִרְבָּה לְהָשִׁיב אַפּוֹ, וְלֹא יָעִיר כָּל חֲמָתוֹ. אַתָּה יְיָ לֹא תִכְלָא רַחֲמֶיךָ מִמֶּנִּי, חַסְדְּךָ וַאֲמִתְּךָ תָּמִיד יִצְּרוּנִי. זְכֹר רַחֲמֶיךָ יְיָ וַחֲסָדֶיךָ כִּי מֵעוֹלָם הֵמָּה. תְּנוּ עֹז לֵאלֹהִים. עַל יִשְׂרָאֵל גַּאֲוָתוֹ, וְעֻזּוֹ בַּשְּׁחָקִים. נוֹרָא אֱלֹהִים מִמִּקְדָּשֶׁיךָ, אֵל יִשְׂרָאֵל, הוּא נֹתֵן עֹז וְתַעֲצֻמוֹת לָעָם, בָּרוּךְ

אֱלֹהִים. אֵל נְקָמוֹת יְיָ, אֵל נְקָמוֹת הוֹפִיעַ. הִנָּשֵׂא שֹׁפֵט הָאָרֶץ, הָשֵׁב גְּמוּל עַל גֵּאִים. לַיְיָ הַיְשׁוּעָה, עַל עַמְּךָ בִרְכָתֶךָ סֶּלָה. יְיָ צְבָאוֹת עִמָּנוּ, מִשְׂגָּב לָנוּ אֱלֹהֵי יַעֲקֹב סֶלָה. יְיָ צְבָאוֹת, אַשְׁרֵי אָדָם בֹּטֵחַ בָּךְ. יְיָ הוֹשִׁיעָה, הַמֶּלֶךְ יַעֲנֵנוּ בְיוֹם קָרְאֵנוּ. הוֹשִׁיעָה אֶת עַמֶּךָ, וּבָרֵךְ אֶת נַחֲלָתֶךָ, וּרְעֵם וְנַשְּׂאֵם עַד הָעוֹלָם. נַפְשֵׁנוּ חִכְּתָה לַיְיָ, עֶזְרֵנוּ וּמָגִנֵּנוּ הוּא. כִּי בוֹ יִשְׂמַח לִבֵּנוּ כִּי בְשֵׁם קָדְשׁוֹ בָטָחְנוּ. יְהִי חַסְדְּךָ יְיָ עָלֵינוּ, כַּאֲשֶׁר יִחַלְנוּ לָךְ.

הַרְאֵנוּ יְיָ חַסְדֶּךָ וְיֶשְׁעֲךָ תִּתֶּן לָנוּ. קוּמָה עֶזְרָתָה לָּנוּ, וּפְדֵנוּ לְמַעַן חַסְדֶּךָ. אָנֹכִי יְיָ אֱלֹהֶיךָ, הַמַּעַלְךָ מֵאֶרֶץ מִצְרָיִם, הַרְחֶב פִּיךָ וַאֲמַלְאֵהוּ. אַשְׁרֵי הָעָם שֶׁכָּכָה לּוֹ, אַשְׁרֵי הָעָם שֶׁיְיָ אֱלֹהָיו. וַאֲנִי בְּחַסְדְּךָ בָטַחְתִּי, יָגֵל לִבִּי בִּישׁוּעָתֶךָ, אָשִׁירָה לַיְיָ כִּי גָמַל עָלָי.

יט לַמְנַצֵּחַ מִזְמוֹר לְדָוִד: הַשָּׁמַיִם מְסַפְּרִים כְּבוֹד־אֵל וּמַעֲשֵׂה יָדָיו מַגִּיד הָרָקִיעַ: יוֹם לְיוֹם יַבִּיעַ אֹמֶר וְלַיְלָה לְּלַיְלָה יְחַוֶּה־דָּעַת: אֵין־אֹמֶר וְאֵין דְּבָרִים בְּלִי נִשְׁמָע קוֹלָם: בְּכָל־הָאָרֶץ יָצָא קַוָּם וּבִקְצֵה תֵבֵל מִלֵּיהֶם לַשֶּׁמֶשׁ שָׂם־אֹהֶל בָּהֶם: וְהוּא כְּחָתָן יֹצֵא מֵחֻפָּתוֹ יָשִׂישׂ כְּגִבּוֹר לָרוּץ אֹרַח: מִקְצֵה הַשָּׁמַיִם מוֹצָאוֹ וּתְקוּפָתוֹ עַל־קְצוֹתָם וְאֵין נִסְתָּר מֵחַמָּתוֹ: תּוֹרַת יְהוָה תְּמִימָה מְשִׁיבַת נָפֶשׁ עֵדוּת יְהוָה נֶאֱמָנָה מַחְכִּימַת פֶּתִי: פִּקּוּדֵי יְהוָה יְשָׁרִים מְשַׂמְּחֵי־לֵב מִצְוַת יְהוָה בָּרָה מְאִירַת עֵינָיִם: יִרְאַת יְהוָה טְהוֹרָה עוֹמֶדֶת לָעַד מִשְׁפְּטֵי־יְהוָה אֱמֶת צָדְקוּ יַחְדָּו: הַנֶּחֱמָדִים מִזָּהָב וּמִפַּז רָב וּמְתוּקִים מִדְּבַשׁ וְנֹפֶת צוּפִים: גַּם־עַבְדְּךָ נִזְהָר בָּהֶם בְּשָׁמְרָם עֵקֶב רָב: שְׁגִיאוֹת מִי־יָבִין מִנִּסְתָּרוֹת נַקֵּנִי: גַּם מִזֵּדִים חֲשֹׂךְ עַבְדֶּךָ אַל־יִמְשְׁלוּ־בִי אָז אֵיתָם וְנִקֵּיתִי מִפֶּשַׁע רָב: יִהְיוּ לְרָצוֹן אִמְרֵי־פִי וְהֶגְיוֹן לִבִּי לְפָנֶיךָ יְהוָה צוּרִי וְגֹאֲלִי:

לד לְדָוִד בְּשַׁנּוֹתוֹ אֶת־טַעְמוֹ לִפְנֵי אֲבִימֶלֶךְ וַיְגָרְשֵׁהוּ וַיֵּלַךְ:
אֲבָרְכָה אֶת־יהוה בְּכָל־עֵת תָּמִיד תְּהִלָּתוֹ בְּפִי: בַּיהוה
תִּתְהַלֵּל נַפְשִׁי יִשְׁמְעוּ עֲנָוִים וְיִשְׂמָחוּ: גַּדְּלוּ לַיהוה אִתִּי
וּנְרוֹמְמָה שְׁמוֹ יַחְדָּו: דָּרַשְׁתִּי אֶת־יהוה וְעָנָנִי וּמִכָּל־מְגוּרוֹתַי
הִצִּילָנִי: הִבִּיטוּ אֵלָיו וְנָהָרוּ וּפְנֵיהֶם אַל־יֶחְפָּרוּ: זֶה עָנִי קָרָא
וַיהוה שָׁמֵעַ וּמִכָּל־צָרוֹתָיו הוֹשִׁיעוֹ: חֹנֶה מַלְאַךְ־יהוה סָבִיב
לִירֵאָיו וַיְחַלְּצֵם: טַעֲמוּ וּרְאוּ כִּי־טוֹב יהוה אַשְׁרֵי הַגֶּבֶר יֶחֱסֶה־
בּוֹ: יְראוּ אֶת־יהוה קְדֹשָׁיו כִּי־אֵין מַחְסוֹר לִירֵאָיו: כְּפִירִים
רָשׁוּ וְרָעֵבוּ וְדֹרְשֵׁי יהוה לֹא־יַחְסְרוּ כָל־טוֹב: לְכוּ־בָנִים שִׁמְעוּ־
לִי יִרְאַת יהוה אֲלַמֶּדְכֶם: מִי־הָאִישׁ הֶחָפֵץ חַיִּים אֹהֵב יָמִים
לִרְאוֹת טוֹב: נְצֹר לְשׁוֹנְךָ מֵרָע וּשְׂפָתֶיךָ מִדַּבֵּר מִרְמָה: סוּר
מֵרָע וַעֲשֵׂה־טוֹב בַּקֵּשׁ שָׁלוֹם וְרָדְפֵהוּ: עֵינֵי יהוה אֶל־צַדִּיקִים
וְאָזְנָיו אֶל־שַׁוְעָתָם: פְּנֵי יהוה בְּעֹשֵׂי רָע לְהַכְרִית מֵאֶרֶץ זִכְרָם:
צָעֲקוּ וַיהוה שָׁמֵעַ וּמִכָּל־צָרוֹתָם הִצִּילָם: קָרוֹב יהוה לְנִשְׁבְּרֵי־
לֵב וְאֶת־דַּכְּאֵי־רוּחַ יוֹשִׁיעַ: רַבּוֹת רָעוֹת צַדִּיק וּמִכֻּלָּם יַצִּילֶנּוּ
יהוה: שֹׁמֵר כָּל־עַצְמוֹתָיו אַחַת מֵהֵנָּה לֹא נִשְׁבָּרָה: תְּמוֹתֵת
רָשָׁע רָעָה וְשֹׂנְאֵי צַדִּיק יֶאְשָׁמוּ: פּוֹדֶה יהוה נֶפֶשׁ עֲבָדָיו וְלֹא
יֶאְשְׁמוּ כָּל־הַחֹסִים בּוֹ:

צ תְּפִלָּה לְמֹשֶׁה אִישׁ־הָאֱלֹהִים אֲדֹנָי מָעוֹן אַתָּה הָיִיתָ לָּנוּ בְּדֹר
וָדֹר: בְּטֶרֶם הָרִים יֻלָּדוּ וַתְּחוֹלֵל אֶרֶץ וְתֵבֵל וּמֵעוֹלָם עַד־עוֹלָם
אַתָּה אֵל: תָּשֵׁב אֱנוֹשׁ עַד־דַּכָּא וַתֹּאמֶר שׁוּבוּ בְנֵי־אָדָם: כִּי
אֶלֶף שָׁנִים בְּעֵינֶיךָ כְּיוֹם אֶתְמוֹל כִּי יַעֲבֹר וְאַשְׁמוּרָה בַלָּיְלָה:
זְרַמְתָּם שֵׁנָה יִהְיוּ בַּבֹּקֶר כֶּחָצִיר יַחֲלֹף: בַּבֹּקֶר יָצִיץ וְחָלָף

לָעֶרֶב יְמוֹלֵל וְיָבֵשׁ: כִּי־כָלִינוּ בְאַפֶּךָ וּבַחֲמָתְךָ נִבְהָלְנוּ: שַׁתָּ
עֲוֹנֹתֵינוּ לְנֶגְדֶּךָ עֲלֻמֵנוּ לִמְאוֹר פָּנֶיךָ: כִּי כָל־יָמֵינוּ פָּנוּ בְעֶבְרָתֶךָ
כִּלִּינוּ שָׁנֵינוּ כְמוֹ־הֶגֶה: יְמֵי־שְׁנוֹתֵינוּ בָהֶם שִׁבְעִים שָׁנָה וְאִם
בִּגְבוּרֹת שְׁמוֹנִים שָׁנָה וְרָהְבָּם עָמָל וָאָוֶן כִּי־גָז חִישׁ וַנָּעֻפָה:
מִי־יוֹדֵעַ עֹז אַפֶּךָ וּכְיִרְאָתְךָ עֶבְרָתֶךָ: לִמְנוֹת יָמֵינוּ כֵּן הוֹדַע
וְנָבִא לְבַב חָכְמָה: שׁוּבָה יהוה עַד־מָתָי וְהִנָּחֵם עַל־עֲבָדֶיךָ:
שַׂבְּעֵנוּ בַבֹּקֶר חַסְדֶּךָ וּנְרַנְּנָה וְנִשְׂמְחָה בְּכָל־יָמֵינוּ: שַׂמְּחֵנוּ
כִּימוֹת עִנִּיתָנוּ שְׁנוֹת רָאִינוּ רָעָה: יֵרָאֶה אֶל־עֲבָדֶיךָ פָעֳלֶךָ
וַהֲדָרְךָ עַל־בְּנֵיהֶם: וִיהִי נֹעַם אֲדֹנָי אֱלֹהֵינוּ עָלֵינוּ וּמַעֲשֵׂה
יָדֵינוּ כּוֹנְנָה עָלֵינוּ וּמַעֲשֵׂה יָדֵינוּ כּוֹנְנֵהוּ:

צא יֹשֵׁב בְּסֵתֶר עֶלְיוֹן בְּצֵל שַׁדַּי יִתְלוֹנָן: אֹמַר לַיהוה מַחְסִי
וּמְצוּדָתִי אֱלֹהַי אֶבְטַח־בּוֹ: כִּי הוּא יַצִּילְךָ מִפַּח יָקוּשׁ מִדֶּבֶר
הַוּוֹת: בְּאֶבְרָתוֹ יָסֶךְ לָךְ וְתַחַת־כְּנָפָיו תֶּחְסֶה צִנָּה וְסֹחֵרָה
אֲמִתּוֹ: לֹא־תִירָא מִפַּחַד לָיְלָה מֵחֵץ יָעוּף יוֹמָם: מִדֶּבֶר בָּאֹפֶל
יַהֲלֹךְ מִקֶּטֶב יָשׁוּד צָהֳרָיִם: יִפֹּל מִצִּדְּךָ אֶלֶף וּרְבָבָה מִימִינֶךָ
אֵלֶיךָ לֹא יִגָּשׁ: רַק בְּעֵינֶיךָ תַבִּיט וְשִׁלֻּמַת רְשָׁעִים תִּרְאֶה: כִּי־
אַתָּה יהוה מַחְסִי עֶלְיוֹן שַׂמְתָּ מְעוֹנֶךָ: לֹא־תְאֻנֶּה אֵלֶיךָ רָעָה
וְנֶגַע לֹא־יִקְרַב בְּאָהֳלֶךָ: כִּי מַלְאָכָיו יְצַוֶּה־לָּךְ לִשְׁמָרְךָ בְּכָל־
דְּרָכֶיךָ: עַל־כַּפַּיִם יִשָּׂאוּנְךָ פֶּן־תִּגֹּף בָּאֶבֶן רַגְלֶךָ: עַל־שַׁחַל וָפֶתֶן
תִּדְרֹךְ תִּרְמֹס כְּפִיר וְתַנִּין: כִּי בִי חָשַׁק וַאֲפַלְּטֵהוּ אֲשַׂגְּבֵהוּ
כִּי־יָדַע שְׁמִי: יִקְרָאֵנִי וְאֶעֱנֵהוּ עִמּוֹ־אָנֹכִי בְצָרָה אֲחַלְּצֵהוּ
וַאֲכַבְּדֵהוּ: אֹרֶךְ יָמִים אַשְׂבִּיעֵהוּ וְאַרְאֵהוּ בִּישׁוּעָתִי:
אֹרֶךְ יָמִים אַשְׂבִּיעֵהוּ וְאַרְאֵהוּ בִּישׁוּעָתִי:

קלה הַלְלוּיָהּ הַלְלוּ אֶת־שֵׁם יהוה הַלְלוּ עַבְדֵי יהוה: שֶׁעֹמְדִים
בְּבֵית יהוה בְּחַצְרוֹת בֵּית אֱלֹהֵינוּ: הַלְלוּיָהּ כִּי־טוֹב יהוה זַמְּרוּ
לִשְׁמוֹ כִּי נָעִים: כִּי־יַעֲקֹב בָּחַר לוֹ יָהּ יִשְׂרָאֵל לִסְגֻלָּתוֹ: כִּי אֲנִי
יָדַעְתִּי כִּי־גָדוֹל יהוה וַאֲדֹנֵינוּ מִכָּל־אֱלֹהִים: כֹּל אֲשֶׁר־חָפֵץ
יהוה עָשָׂה בַּשָּׁמַיִם וּבָאָרֶץ בַּיַּמִּים וְכָל־תְּהֹמוֹת: מַעֲלֶה נְשִׂאִים
מִקְצֵה הָאָרֶץ בְּרָקִים לַמָּטָר עָשָׂה מוֹצֵא־רוּחַ מֵאוֹצְרוֹתָיו:
שֶׁהִכָּה בְּכוֹרֵי מִצְרָיִם מֵאָדָם עַד־בְּהֵמָה: שָׁלַח אוֹתֹת וּמֹפְתִים
בְּתוֹכֵכִי מִצְרָיִם בְּפַרְעֹה וּבְכָל־עֲבָדָיו: שֶׁהִכָּה גּוֹיִם רַבִּים וְהָרַג
מְלָכִים עֲצוּמִים: לְסִיחוֹן מֶלֶךְ הָאֱמֹרִי וּלְעוֹג מֶלֶךְ הַבָּשָׁן וּלְכֹל
מַמְלְכוֹת כְּנָעַן: וְנָתַן אַרְצָם נַחֲלָה נַחֲלָה לְיִשְׂרָאֵל עַמּוֹ: יהוה
שִׁמְךָ לְעוֹלָם יהוה זִכְרְךָ לְדֹר־וָדֹר: כִּי־יָדִין יהוה עַמּוֹ וְעַל־
עֲבָדָיו יִתְנֶחָם: עֲצַבֵּי הַגּוֹיִם כֶּסֶף וְזָהָב מַעֲשֵׂה יְדֵי אָדָם: פֶּה־
לָהֶם וְלֹא יְדַבֵּרוּ עֵינַיִם לָהֶם וְלֹא יִרְאוּ: אָזְנַיִם לָהֶם וְלֹא יַאֲזִינוּ
אַף אֵין־יֶשׁ־רוּחַ בְּפִיהֶם: כְּמוֹהֶם יִהְיוּ עֹשֵׂיהֶם כֹּל אֲשֶׁר־בֹּטֵחַ
בָּהֶם: בֵּית יִשְׂרָאֵל בָּרְכוּ אֶת־יהוה בֵּית אַהֲרֹן בָּרְכוּ אֶת־יהוה:
בֵּית הַלֵּוִי בָּרְכוּ אֶת־יהוה יִרְאֵי יהוה בָּרְכוּ אֶת־יהוה: בָּרוּךְ
יהוה מִצִּיּוֹן שֹׁכֵן יְרוּשָׁלָםִ הַלְלוּיָהּ:

תפילת שחרית

הוֹדוּ לַיְיָ כִּי־טוֹב	כִּי לְעוֹלָם חַסְדּוֹ קלו
הוֹדוּ לֵאלֹהֵי הָאֱלֹהִים	כִּי לְעוֹלָם חַסְדּוֹ
הוֹדוּ לַאֲדֹנֵי הָאֲדֹנִים	כִּי לְעוֹלָם חַסְדּוֹ
לְעֹשֵׂה נִפְלָאוֹת גְּדֹלוֹת לְבַדּוֹ	כִּי לְעוֹלָם חַסְדּוֹ
לְעֹשֵׂה הַשָּׁמַיִם בִּתְבוּנָה	כִּי לְעוֹלָם חַסְדּוֹ
לְרוֹקַע הָאָרֶץ עַל־הַמָּיִם	כִּי לְעוֹלָם חַסְדּוֹ
לְעֹשֵׂה אוֹרִים גְּדֹלִים	כִּי לְעוֹלָם חַסְדּוֹ
אֶת־הַשֶּׁמֶשׁ לְמֶמְשֶׁלֶת בַּיּוֹם	כִּי לְעוֹלָם חַסְדּוֹ
אֶת־הַיָּרֵחַ וְכוֹכָבִים לְמֶמְשְׁלוֹת בַּלָּיְלָה	כִּי לְעוֹלָם חַסְדּוֹ
לְמַכֵּה מִצְרַיִם בִּבְכוֹרֵיהֶם	כִּי לְעוֹלָם חַסְדּוֹ
וַיּוֹצֵא יִשְׂרָאֵל מִתּוֹכָם	כִּי לְעוֹלָם חַסְדּוֹ
בְּיָד חֲזָקָה וּבִזְרוֹעַ נְטוּיָה	כִּי לְעוֹלָם חַסְדּוֹ
לְגֹזֵר יַם־סוּף לִגְזָרִים	כִּי לְעוֹלָם חַסְדּוֹ
וְהֶעֱבִיר יִשְׂרָאֵל בְּתוֹכוֹ	כִּי לְעוֹלָם חַסְדּוֹ
וְנִעֵר פַּרְעֹה וְחֵילוֹ בְיַם־סוּף	כִּי לְעוֹלָם חַסְדּוֹ
לְמוֹלִיךְ עַמּוֹ בַּמִּדְבָּר	כִּי לְעוֹלָם חַסְדּוֹ
לְמַכֵּה מְלָכִים גְּדֹלִים	כִּי לְעוֹלָם חַסְדּוֹ
וַיַּהֲרֹג מְלָכִים אַדִּירִים	כִּי לְעוֹלָם חַסְדּוֹ
לְסִיחוֹן מֶלֶךְ הָאֱמֹרִי	כִּי לְעוֹלָם חַסְדּוֹ
וּלְעוֹג מֶלֶךְ הַבָּשָׁן	כִּי לְעוֹלָם חַסְדּוֹ
וְנָתַן אַרְצָם לְנַחֲלָה	כִּי לְעוֹלָם חַסְדּוֹ
נַחֲלָה לְיִשְׂרָאֵל עַבְדּוֹ	כִּי לְעוֹלָם חַסְדּוֹ
שֶׁבְּשִׁפְלֵנוּ זָכַר־לָנוּ	כִּי לְעוֹלָם חַסְדּוֹ
וַיִּפְרְקֵנוּ מִצָּרֵינוּ	כִּי לְעוֹלָם חַסְדּוֹ
נֹתֵן לֶחֶם לְכָל־בָּשָׂר	כִּי לְעוֹלָם חַסְדּוֹ
הוֹדוּ לְאֵל הַשָּׁמָיִם	כִּי לְעוֹלָם חַסְדּוֹ

תפילת שחרית

לג רַנְּנוּ צַדִּיקִים בַּיהוָה לַיְשָׁרִים נָאוָה תְהִלָּה: הוֹדוּ לַיהוָה בְּכִנּוֹר בְּנֵבֶל עָשׂוֹר זַמְּרוּ־לוֹ: שִׁירוּ־לוֹ שִׁיר חָדָשׁ הֵיטִיבוּ נַגֵּן בִּתְרוּעָה: כִּי־יָשָׁר דְּבַר־יְהוָה וְכָל־מַעֲשֵׂהוּ בֶּאֱמוּנָה: אֹהֵב צְדָקָה וּמִשְׁפָּט חֶסֶד יְהוָה מָלְאָה הָאָרֶץ: בִּדְבַר יְהוָה שָׁמַיִם נַעֲשׂוּ וּבְרוּחַ פִּיו כָּל־צְבָאָם: כֹּנֵס כַּנֵּד מֵי הַיָּם נֹתֵן בְּאוֹצָרוֹת תְּהוֹמוֹת: יִירְאוּ מֵיְהוָה כָּל־הָאָרֶץ מִמֶּנּוּ יָגוּרוּ כָּל־יֹשְׁבֵי תֵבֵל: כִּי הוּא אָמַר וַיֶּהִי הוּא־צִוָּה וַיַּעֲמֹד: יְהוָה הֵפִיר עֲצַת־גּוֹיִם הֵנִיא מַחְשְׁבוֹת עַמִּים: עֲצַת יְהוָה לְעוֹלָם תַּעֲמֹד מַחְשְׁבוֹת לִבּוֹ לְדֹר וָדֹר: אַשְׁרֵי הַגּוֹי אֲשֶׁר־יְהוָה אֱלֹהָיו הָעָם בָּחַר לְנַחֲלָה לוֹ: מִשָּׁמַיִם הִבִּיט יְהוָה רָאָה אֶת־כָּל־בְּנֵי הָאָדָם: מִמְּכוֹן־שִׁבְתּוֹ הִשְׁגִּיחַ אֶל כָּל־יֹשְׁבֵי הָאָרֶץ: הַיֹּצֵר יַחַד לִבָּם הַמֵּבִין אֶל־כָּל־מַעֲשֵׂיהֶם: אֵין־הַמֶּלֶךְ נוֹשָׁע בְּרָב־חָיִל גִּבּוֹר לֹא־יִנָּצֵל בְּרָב־כֹּחַ: שֶׁקֶר הַסּוּס לִתְשׁוּעָה וּבְרֹב חֵילוֹ לֹא יְמַלֵּט: הִנֵּה עֵין יְהוָה אֶל־יְרֵאָיו לַמְיַחֲלִים לְחַסְדּוֹ: לְהַצִּיל מִמָּוֶת נַפְשָׁם וּלְחַיּוֹתָם בָּרָעָב: נַפְשֵׁנוּ חִכְּתָה לַיהוָה עֶזְרֵנוּ וּמָגִנֵּנוּ הוּא: כִּי־בוֹ יִשְׂמַח לִבֵּנוּ כִּי בְשֵׁם קָדְשׁוֹ בָטָחְנוּ: יְהִי־חַסְדְּךָ יְהוָה עָלֵינוּ כַּאֲשֶׁר יִחַלְנוּ לָךְ:

צב מִזְמוֹר שִׁיר לְיוֹם הַשַּׁבָּת: טוֹב לְהֹדוֹת לַיהוָה וּלְזַמֵּר לְשִׁמְךָ עֶלְיוֹן: לְהַגִּיד בַּבֹּקֶר חַסְדֶּךָ וֶאֱמוּנָתְךָ בַּלֵּילוֹת: עֲלֵי־עָשׂוֹר וַעֲלֵי־נָבֶל עֲלֵי הִגָּיוֹן בְּכִנּוֹר: כִּי שִׂמַּחְתַּנִי יְהוָה בְּפָעֳלֶךָ בְּמַעֲשֵׂי יָדֶיךָ אֲרַנֵּן: מַה־גָּדְלוּ מַעֲשֶׂיךָ יְהוָה מְאֹד עָמְקוּ מַחְשְׁבֹתֶיךָ: אִישׁ־בַּעַר לֹא יֵדָע וּכְסִיל לֹא־יָבִין אֶת־זֹאת: בִּפְרֹחַ רְשָׁעִים

כְּמוֹ עֵשֶׂב וַיָּצִיצוּ כָּל־פֹּעֲלֵי אָוֶן לְהִשָּׁמְדָם עֲדֵי־עַד׃ וְאַתָּה
מָרוֹם לְעֹלָם יהוה׃ כִּי הִנֵּה אֹיְבֶיךָ יהוה כִּי־הִנֵּה אֹיְבֶיךָ יֹאבֵדוּ
יִתְפָּרְדוּ כָּל־פֹּעֲלֵי אָוֶן׃ וַתָּרֶם כִּרְאֵים קַרְנִי בַּלֹּתִי בְּשֶׁמֶן רַעֲנָן׃
וַתַּבֵּט עֵינִי בְּשׁוּרָי בַּקָּמִים עָלַי מְרֵעִים תִּשְׁמַעְנָה אָזְנָי׃ צַדִּיק
כַּתָּמָר יִפְרָח כְּאֶרֶז בַּלְּבָנוֹן יִשְׂגֶּה׃ שְׁתוּלִים בְּבֵית יהוה
בְּחַצְרוֹת אֱלֹהֵינוּ יַפְרִיחוּ׃ עוֹד יְנוּבוּן בְּשֵׂיבָה דְּשֵׁנִים וְרַעֲנַנִּים
יִהְיוּ׃ לְהַגִּיד כִּי־יָשָׁר יהוה צוּרִי וְלֹא־עַוְלָתָה בּוֹ׃

צג יהוה מָלָךְ גֵּאוּת לָבֵשׁ לָבֵשׁ יהוה עֹז הִתְאַזָּר אַף־תִּכּוֹן תֵּבֵל
בַּל־תִּמּוֹט׃ נָכוֹן כִּסְאֲךָ מֵאָז מֵעוֹלָם אָתָּה׃ נָשְׂאוּ נְהָרוֹת יהוה
נָשְׂאוּ נְהָרוֹת קוֹלָם יִשְׂאוּ נְהָרוֹת דָּכְיָם׃ מִקֹּלוֹת מַיִם רַבִּים
אַדִּירִים מִשְׁבְּרֵי־יָם אַדִּיר בַּמָּרוֹם יהוה׃ עֵדֹתֶיךָ נֶאֶמְנוּ מְאֹד
לְבֵיתְךָ נַאֲוָה־קֹּדֶשׁ יהוה לְאֹרֶךְ יָמִים׃

יְהִי כְבוֹד יי לְעוֹלָם, יִשְׂמַח יי בְּמַעֲשָׂיו. יְהִי שֵׁם יי מְבֹרָךְ מֵעַתָּה וְעַד עוֹלָם. מִמִּזְרַח שֶׁמֶשׁ עַד מְבוֹאוֹ, מְהֻלָּל שֵׁם יי. רָם עַל כָּל גּוֹיִם יי, עַל הַשָּׁמַיִם כְּבוֹדוֹ. יי שִׁמְךָ לְעוֹלָם, יי זִכְרְךָ לְדֹר וָדֹר. יי בַּשָּׁמַיִם הֵכִין כִּסְאוֹ, וּמַלְכוּתוֹ בַּכֹּל מָשָׁלָה. יִשְׂמְחוּ הַשָּׁמַיִם וְתָגֵל הָאָרֶץ, וְיֹאמְרוּ בַגּוֹיִם יי מָלָךְ. יי מֶלֶךְ, יי מָלָךְ, יי יִמְלֹךְ לְעוֹלָם וָעֶד. יי מֶלֶךְ עוֹלָם וָעֶד, אָבְדוּ גוֹיִם מֵאַרְצוֹ. יי הֵפִיר עֲצַת גּוֹיִם, הֵנִיא מַחְשְׁבוֹת עַמִּים. רַבּוֹת מַחֲשָׁבוֹת בְּלֶב אִישׁ, וַעֲצַת יי הִיא תָקוּם. עֲצַת יי לְעוֹלָם תַּעֲמֹד, מַחְשְׁבוֹת לִבּוֹ לְדֹר וָדֹר. כִּי הוּא אָמַר וַיֶּהִי, הוּא צִוָּה וַיַּעֲמֹד. כִּי בָחַר יי בְּצִיּוֹן, אִוָּהּ לְמוֹשָׁב לוֹ. כִּי יַעֲקֹב בָּחַר לוֹ יָהּ, יִשְׂרָאֵל לִסְגֻלָּתוֹ. כִּי לֹא יִטֹּשׁ יי עַמּוֹ, וְנַחֲלָתוֹ לֹא יַעֲזֹב. וְהוּא רַחוּם, יְכַפֵּר עָוֹן וְלֹא יַשְׁחִית וְהִרְבָּה לְהָשִׁיב אַפּוֹ, וְלֹא יָעִיר כָּל חֲמָתוֹ. יי הוֹשִׁיעָה, הַמֶּלֶךְ יַעֲנֵנוּ בְיוֹם קָרְאֵנוּ.

אַשְׁרֵי יוֹשְׁבֵי בֵיתֶךָ עוֹד יְהַלְלוּךָ סֶּלָה:
אַשְׁרֵי הָעָם שֶׁכָּכָה לּוֹ אַשְׁרֵי הָעָם שֶׁיהוה אֱלֹהָיו:
תְּהִלָּה לְדָוִד אֲרוֹמִמְךָ אֱלוֹהַי הַמֶּלֶךְ וַאֲבָרְכָה שִׁמְךָ לְעוֹלָם וָעֶד: קמה
בְּכָל־יוֹם אֲבָרְכֶךָּ וַאֲהַלְלָה שִׁמְךָ לְעוֹלָם וָעֶד:
גָּדוֹל יהוה וּמְהֻלָּל מְאֹד וְלִגְדֻלָּתוֹ אֵין חֵקֶר:
דּוֹר לְדוֹר יְשַׁבַּח מַעֲשֶׂיךָ וּגְבוּרֹתֶיךָ יַגִּידוּ:
הֲדַר כְּבוֹד הוֹדֶךָ וְדִבְרֵי נִפְלְאֹתֶיךָ אָשִׂיחָה:
וֶעֱזוּז נוֹרְאֹתֶיךָ יֹאמֵרוּ וּגְדוּלָּתְךָ אֲסַפְּרֶנָּה:
זֵכֶר רַב־טוּבְךָ יַבִּיעוּ וְצִדְקָתְךָ יְרַנֵּנוּ:
חַנּוּן וְרַחוּם יהוה אֶרֶךְ אַפַּיִם וּגְדָל־חָסֶד:
טוֹב־יהוה לַכֹּל וְרַחֲמָיו עַל־כָּל־מַעֲשָׂיו:
יוֹדוּךָ יהוה כָּל־מַעֲשֶׂיךָ וַחֲסִידֶיךָ יְבָרְכוּכָה:
כְּבוֹד מַלְכוּתְךָ יֹאמֵרוּ וּגְבוּרָתְךָ יְדַבֵּרוּ:
לְהוֹדִיעַ לִבְנֵי הָאָדָם גְּבוּרֹתָיו וּכְבוֹד הֲדַר מַלְכוּתוֹ:
מַלְכוּתְךָ מַלְכוּת כָּל־עֹלָמִים וּמֶמְשַׁלְתְּךָ בְּכָל־דּוֹר וָדֹר:
סוֹמֵךְ יהוה לְכָל־הַנֹּפְלִים וְזוֹקֵף לְכָל־הַכְּפוּפִים:
עֵינֵי־כֹל אֵלֶיךָ יְשַׂבֵּרוּ וְאַתָּה נוֹתֵן־לָהֶם אֶת־אָכְלָם בְּעִתּוֹ:
פּוֹתֵחַ אֶת־יָדֶךָ וּמַשְׂבִּיעַ לְכָל־חַי רָצוֹן:
צַדִּיק יהוה בְּכָל־דְּרָכָיו וְחָסִיד בְּכָל־מַעֲשָׂיו:
קָרוֹב יהוה לְכָל־קֹרְאָיו לְכֹל אֲשֶׁר יִקְרָאֻהוּ בֶאֱמֶת:
רְצוֹן־יְרֵאָיו יַעֲשֶׂה וְאֶת־שַׁוְעָתָם יִשְׁמַע וְיוֹשִׁיעֵם:
שׁוֹמֵר יהוה אֶת־כָּל־אֹהֲבָיו וְאֵת כָּל־הָרְשָׁעִים יַשְׁמִיד:
תְּהִלַּת יהוה יְדַבֶּר פִּי וִיבָרֵךְ כָּל־בָּשָׂר שֵׁם קָדְשׁוֹ לְעוֹלָם וָעֶד:
וַאֲנַחְנוּ נְבָרֵךְ יָהּ מֵעַתָּה וְעַד־עוֹלָם הַלְלוּיָהּ:

קמו הַלְלוּיָהּ הַלְלִי נַפְשִׁי אֶת־יהוה: אֲהַלְלָה יהוה בְּחַיָּי אֲזַמְּרָה לֵאלֹהַי בְּעוֹדִי: אַל־תִּבְטְחוּ בִנְדִיבִים בְּבֶן־אָדָם שֶׁאֵין לוֹ תְשׁוּעָה: תֵּצֵא רוּחוֹ יָשֻׁב לְאַדְמָתוֹ בַּיּוֹם הַהוּא אָבְדוּ עֶשְׁתֹּנֹתָיו: אַשְׁרֵי שֶׁאֵל יַעֲקֹב בְּעֶזְרוֹ שִׂבְרוֹ עַל־יהוה אֱלֹהָיו: עֹשֶׂה שָׁמַיִם וָאָרֶץ אֶת־הַיָּם וְאֶת־כָּל־אֲשֶׁר־בָּם הַשֹּׁמֵר אֱמֶת לְעוֹלָם: עֹשֶׂה מִשְׁפָּט לָעֲשׁוּקִים נֹתֵן לֶחֶם לָרְעֵבִים יהוה מַתִּיר אֲסוּרִים: יהוה פֹּקֵחַ עִוְרִים יהוה זֹקֵף כְּפוּפִים יהוה אֹהֵב צַדִּיקִים: יהוה שֹׁמֵר אֶת־גֵּרִים יָתוֹם וְאַלְמָנָה יְעוֹדֵד וְדֶרֶךְ רְשָׁעִים יְעַוֵּת: יִמְלֹךְ יהוה לְעוֹלָם אֱלֹהַיִךְ צִיּוֹן לְדֹר וָדֹר הַלְלוּיָהּ:

קמז הַלְלוּיָהּ כִּי־טוֹב זַמְּרָה אֱלֹהֵינוּ כִּי־נָעִים נָאוָה תְהִלָּה: בּוֹנֵה יְרוּשָׁלַםִ יהוה נִדְחֵי יִשְׂרָאֵל יְכַנֵּס: הָרֹפֵא לִשְׁבוּרֵי לֵב וּמְחַבֵּשׁ לְעַצְּבוֹתָם: מוֹנֶה מִסְפָּר לַכּוֹכָבִים לְכֻלָּם שֵׁמוֹת יִקְרָא: גָּדוֹל אֲדוֹנֵינוּ וְרַב־כֹּחַ לִתְבוּנָתוֹ אֵין מִסְפָּר: מְעוֹדֵד עֲנָוִים יהוה מַשְׁפִּיל רְשָׁעִים עֲדֵי־אָרֶץ: עֱנוּ לַיהוה בְּתוֹדָה זַמְּרוּ לֵאלֹהֵינוּ בְכִנּוֹר: הַמְכַסֶּה שָׁמַיִם בְּעָבִים הַמֵּכִין לָאָרֶץ מָטָר הַמַּצְמִיחַ הָרִים חָצִיר: נוֹתֵן לִבְהֵמָה לַחְמָהּ לִבְנֵי עֹרֵב אֲשֶׁר יִקְרָאוּ: לֹא בִגְבוּרַת הַסּוּס יֶחְפָּץ לֹא־בְשׁוֹקֵי הָאִישׁ יִרְצֶה: רוֹצֶה יהוה אֶת־יְרֵאָיו אֶת־הַמְיַחֲלִים לְחַסְדּוֹ: שַׁבְּחִי יְרוּשָׁלַםִ אֶת־יהוה הַלְלִי אֱלֹהַיִךְ צִיּוֹן: כִּי־חִזַּק בְּרִיחֵי שְׁעָרָיִךְ בֵּרַךְ בָּנַיִךְ בְּקִרְבֵּךְ: הַשָּׂם־גְּבוּלֵךְ שָׁלוֹם חֵלֶב חִטִּים יַשְׂבִּיעֵךְ: הַשֹּׁלֵחַ אִמְרָתוֹ אָרֶץ עַד־מְהֵרָה יָרוּץ דְּבָרוֹ: הַנֹּתֵן שֶׁלֶג כַּצָּמֶר כְּפוֹר כָּאֵפֶר יְפַזֵּר: מַשְׁלִיךְ קַרְחוֹ כְפִתִּים לִפְנֵי קָרָתוֹ מִי יַעֲמֹד: יִשְׁלַח דְּבָרוֹ וְיַמְסֵם יַשֵּׁב רוּחוֹ יִזְּלוּ־מָיִם: מַגִּיד דְּבָרָו לְיַעֲקֹב חֻקָּיו וּמִשְׁפָּטָיו לְיִשְׂרָאֵל: לֹא עָשָׂה כֵן לְכָל־גּוֹי וּמִשְׁפָּטִים בַּל־יְדָעוּם הַלְלוּיָהּ:

קמח הַלְלוּיָהּ הַלְלוּ אֶת־יהוה מִן־הַשָּׁמַיִם הַלְלוּהוּ בַּמְּרוֹמִים:
הַלְלוּהוּ כָל־מַלְאָכָיו הַלְלוּהוּ כָּל־צְבָאָו: הַלְלוּהוּ שֶׁמֶשׁ וְיָרֵחַ
הַלְלוּהוּ כָּל־כּוֹכְבֵי אוֹר: הַלְלוּהוּ שְׁמֵי הַשָּׁמָיִם וְהַמַּיִם אֲשֶׁר
מֵעַל הַשָּׁמָיִם: יְהַלְלוּ אֶת־שֵׁם יהוה כִּי הוּא צִוָּה וְנִבְרָאוּ:
וַיַּעֲמִידֵם לָעַד לְעוֹלָם חָק־נָתַן וְלֹא יַעֲבוֹר: הַלְלוּ אֶת־יהוה
מִן־הָאָרֶץ תַּנִּינִים וְכָל־תְּהֹמוֹת: אֵשׁ וּבָרָד שֶׁלֶג וְקִיטוֹר רוּחַ
סְעָרָה עֹשָׂה דְבָרוֹ: הֶהָרִים וְכָל־גְּבָעוֹת עֵץ פְּרִי וְכָל־אֲרָזִים:
הַחַיָּה וְכָל־בְּהֵמָה רֶמֶשׂ וְצִפּוֹר כָּנָף: מַלְכֵי־אֶרֶץ וְכָל־לְאֻמִּים
שָׂרִים וְכָל־שֹׁפְטֵי אָרֶץ: בַּחוּרִים וְגַם־בְּתוּלוֹת זְקֵנִים עִם־
נְעָרִים: יְהַלְלוּ אֶת־שֵׁם יהוה כִּי־נִשְׂגָּב שְׁמוֹ לְבַדּוֹ הוֹדוֹ
עַל־אֶרֶץ וְשָׁמָיִם: וַיָּרֶם קֶרֶן לְעַמּוֹ תְּהִלָּה לְכָל־חֲסִידָיו לִבְנֵי
יִשְׂרָאֵל עַם קְרֹבוֹ הַלְלוּיָהּ:

קמט הַלְלוּיָהּ שִׁירוּ לַיהוה שִׁיר חָדָשׁ תְּהִלָּתוֹ בִּקְהַל חֲסִידִים: יִשְׂמַח
יִשְׂרָאֵל בְּעֹשָׂיו בְּנֵי־צִיּוֹן יָגִילוּ בְמַלְכָּם: יְהַלְלוּ שְׁמוֹ בְמָחוֹל
בְּתֹף וְכִנּוֹר יְזַמְּרוּ־לוֹ: כִּי־רוֹצֶה יהוה בְּעַמּוֹ יְפָאֵר עֲנָוִים
בִּישׁוּעָה: יַעְלְזוּ חֲסִידִים בְּכָבוֹד יְרַנְּנוּ עַל־מִשְׁכְּבוֹתָם:
רוֹמְמוֹת אֵל בִּגְרוֹנָם וְחֶרֶב פִּיפִיּוֹת בְּיָדָם: לַעֲשׂוֹת נְקָמָה
בַּגּוֹיִם תּוֹכֵחוֹת בַּלְאֻמִּים: לֶאְסֹר מַלְכֵיהֶם בְּזִקִּים וְנִכְבְּדֵיהֶם
בְּכַבְלֵי בַרְזֶל: לַעֲשׂוֹת בָּהֶם מִשְׁפָּט כָּתוּב הָדָר הוּא לְכָל־
חֲסִידָיו הַלְלוּיָהּ:

קנ הַלְלוּיָהּ הַלְלוּ־אֵל בְּקָדְשׁוֹ הַלְלוּהוּ בִּרְקִיעַ עֻזּוֹ: הַלְלוּהוּ
בִגְבוּרֹתָיו הַלְלוּהוּ כְּרֹב גֻּדְלוֹ: הַלְלוּהוּ בְּתֵקַע שׁוֹפָר הַלְלוּהוּ
בְּנֵבֶל וְכִנּוֹר: הַלְלוּהוּ בְתֹף וּמָחוֹל הַלְלוּהוּ בְּמִנִּים וְעֻגָב:
הַלְלוּהוּ בְצִלְצְלֵי־שָׁמַע הַלְלוּהוּ בְּצִלְצְלֵי תְרוּעָה: כֹּל הַנְּשָׁמָה
תְּהַלֵּל יָהּ הַלְלוּיָהּ: כֹּל הַנְּשָׁמָה תְּהַלֵּל יָהּ הַלְלוּיָהּ:

בָּרוּךְ יְיָ לְעוֹלָם, אָמֵן וְאָמֵן.
בָּרוּךְ יְיָ מִצִּיּוֹן, שֹׁכֵן יְרוּשָׁלָֽיִם, הַלְלוּיָהּ.
בָּרוּךְ יְיָ אֱלֹהִים אֱלֹהֵי יִשְׂרָאֵל, עֹשֵׂה נִפְלָאוֹת לְבַדּוֹ.
וּבָרוּךְ שֵׁם כְּבוֹדוֹ לְעוֹלָם
וְיִמָּלֵא כְבוֹדוֹ אֶת כָּל הָאָֽרֶץ, אָמֵן וְאָמֵן.

וַיְבָרֶךְ דָּוִיד

אֶת־יְהֹוָה לְעֵינֵי כָּל־הַקָּהָל וַיֹּֽאמֶר דָּוִיד בָּרוּךְ אַתָּה יְהֹוָה אֱלֹהֵי יִשְׂרָאֵל אָבִֽינוּ מֵעוֹלָם וְעַד־עוֹלָם: לְךָ יְהֹוָה הַגְּדֻלָּה וְהַגְּבוּרָה וְהַתִּפְאֶֽרֶת וְהַנֵּצַח וְהַהוֹד כִּי־כֹל בַּשָּׁמַֽיִם וּבָאָֽרֶץ לְךָ יְהֹוָה הַמַּמְלָכָה וְהַמִּתְנַשֵּׂא לְכֹל לְרֹאשׁ: וְהָעֹֽשֶׁר וְהַכָּבוֹד מִלְּפָנֶֽיךָ וְאַתָּה מוֹשֵׁל בַּכֹּל וּבְיָדְךָ כֹּחַ וּגְבוּרָה וּבְיָדְךָ לְגַדֵּל וּלְחַזֵּק לַכֹּל: וְעַתָּה אֱלֹהֵֽינוּ מוֹדִים אֲנַֽחְנוּ לָךְ וּמְהַלְלִים לְשֵׁם תִּפְאַרְתֶּֽךָ: אַתָּה־הוּא יְהֹוָה לְבַדֶּֽךָ אַתָּ עָשִֽׂיתָ אֶת־הַשָּׁמַֽיִם שְׁמֵי הַשָּׁמַֽיִם וְכָל־צְבָאָם הָאָֽרֶץ וְכָל־אֲשֶׁר עָלֶֽיהָ הַיַּמִּים וְכָל־אֲשֶׁר בָּהֶם וְאַתָּה מְחַיֶּה אֶת־כֻּלָּם וּצְבָא הַשָּׁמַֽיִם לְךָ מִשְׁתַּחֲוִים: אַתָּה הוּא יְהֹוָה הָאֱלֹהִים אֲשֶׁר בָּחַֽרְתָּ בְּאַבְרָם וְהוֹצֵאתוֹ מֵאוּר כַּשְׂדִּים וְשַֽׂמְתָּ שְּׁמוֹ אַבְרָהָם: וּמָצָֽאתָ אֶת־לְבָבוֹ נֶאֱמָן לְפָנֶֽיךָ וְכָרוֹת עִמּוֹ הַבְּרִית לָתֵת אֶת־אֶֽרֶץ הַכְּנַעֲנִי הַחִתִּי הָאֱמֹרִי וְהַפְּרִזִּי וְהַיְבוּסִי וְהַגִּרְגָּשִׁי לָתֵת לְזַרְעוֹ וַתָּֽקֶם אֶת־דְּבָרֶֽיךָ כִּי צַדִּיק אָֽתָּה: וַתֵּֽרֶא אֶת־עֳנִי אֲבֹתֵֽינוּ בְּמִצְרָֽיִם וְאֶת־זַעֲקָתָם שָׁמַֽעְתָּ עַל־יַם־סוּף: וַתִּתֵּן אֹתֹת וּמֹפְתִים בְּפַרְעֹה וּבְכָל־עֲבָדָיו וּבְכָל־עַם אַרְצוֹ כִּי יָדַֽעְתָּ כִּי הֵזִֽידוּ עֲלֵיהֶם וַתַּֽעַשׂ־לְךָ שֵׁם כְּהַיּוֹם הַזֶּה: וְהַיָּם בָּקַֽעְתָּ לִפְנֵיהֶם וַיַּעַבְרוּ בְתוֹךְ־הַיָּם בַּיַּבָּשָׁה וְאֶת־רֹדְפֵיהֶם הִשְׁלַֽכְתָּ בִמְצוֹלֹת כְּמוֹ־אֶֽבֶן בְּמַֽיִם עַזִּים:

וַיּוֹשַׁע יהוה בַּיּוֹם הַהוּא שמות יד
אֶת־יִשְׂרָאֵל מִיַּד מִצְרָיִם וַיַּרְא יִשְׂרָאֵל אֶת־מִצְרַיִם מֵת עַל־
שְׂפַת הַיָּם: וַיַּרְא יִשְׂרָאֵל אֶת־הַיָּד הַגְּדֹלָה אֲשֶׁר עָשָׂה יהוה
בְּמִצְרַיִם וַיִּירְאוּ הָעָם אֶת־יהוה וַיַּאֲמִינוּ בַּיהוה וּבְמֹשֶׁה עַבְדּוֹ:

אָז יָשִׁיר־מֹשֶׁה וּבְנֵי יִשְׂרָאֵל אֶת־הַשִּׁירָה הַזֹּאת לַיהוה וַיֹּאמְרוּ טו
לֵאמֹר   אָשִׁירָה לַיהוה כִּי־גָאֹה גָּאָה   סוּס
וְרֹכְבוֹ רָמָה בַיָּם: עָזִּי וְזִמְרָת יָהּ וַיְהִי־לִי
לִישׁוּעָה   זֶה אֵלִי וְאַנְוֵהוּ   אֱלֹהֵי
אָבִי וַאֲרֹמְמֶנְהוּ:   יהוה אִישׁ מִלְחָמָה יהוה
שְׁמוֹ:   מַרְכְּבֹת פַּרְעֹה וְחֵילוֹ יָרָה בַיָּם   וּמִבְחַר
שָׁלִשָׁיו טֻבְּעוּ בְיַם־סוּף: תְּהֹמֹת יְכַסְיֻמוּ יָרְדוּ בִמְצוֹלֹת כְּמוֹ־
אָבֶן: יְמִינְךָ יהוה נֶאְדָּרִי בַּכֹּחַ   יְמִינְךָ
יהוה תִּרְעַץ אוֹיֵב: וּבְרֹב גְּאוֹנְךָ תַּהֲרֹס
קָמֶיךָ   תְּשַׁלַּח חֲרֹנְךָ יֹאכְלֵמוֹ כַּקַּשׁ:   וּבְרוּחַ
אַפֶּיךָ נֶעֶרְמוּ מַיִם   נִצְּבוּ כְמוֹ־נֵד
נֹזְלִים   קָפְאוּ תְהֹמֹת בְּלֶב־יָם: אָמַר
אוֹיֵב אֶרְדֹּף אַשִּׂיג   אֲחַלֵּק שָׁלָל תִּמְלָאֵמוֹ
נַפְשִׁי   אָרִיק חַרְבִּי תּוֹרִישֵׁמוֹ יָדִי: נָשַׁפְתָּ
בְרוּחֲךָ כִּסָּמוֹ יָם   צָלְלוּ כַּעוֹפֶרֶת בְּמַיִם
אַדִּירִים: מִי־כָמֹכָה בָּאֵלִם יהוה   מִי
כָּמֹכָה נֶאְדָּר בַּקֹּדֶשׁ   נוֹרָא תְהִלֹּת עֹשֵׂה

תפילת שחרית 163

פֶּלֶא: נָטִיתָ יְמִינְךָ תִּבְלָעֵמוֹ אָרֶץ: נָחִיתָ
בְחַסְדְּךָ עַם־זוּ גָּאָלְתָּ   נֵהַלְתָּ בְעָזְּךָ אֶל־נְוֵה
קָדְשֶׁךָ:   שָׁמְעוּ עַמִּים יִרְגָּזוּן   חִיל
אָחַז יֹשְׁבֵי פְּלָשֶׁת: אָז נִבְהֲלוּ אַלּוּפֵי
אֱדוֹם   אֵילֵי מוֹאָב יֹאחֲזֵמוֹ רָעַד   נָמֹגוּ
כֹּל יֹשְׁבֵי כְנָעַן: תִּפֹּל עֲלֵיהֶם אֵימָתָה
וָפַחַד   בִּגְדֹל זְרוֹעֲךָ יִדְּמוּ כָּאָבֶן   עַד־
יַעֲבֹר עַמְּךָ יהוה   עַד־יַעֲבֹר עַם־זוּ
קָנִיתָ:   תְּבִאֵמוֹ וְתִטָּעֵמוֹ בְּהַר נַחֲלָתְךָ   מָכוֹן
לְשִׁבְתְּךָ פָּעַלְתָּ יהוה   מִקְּדָשׁ אֲדֹנָי כּוֹנְנוּ
יָדֶיךָ:   יהוה ׀ יִמְלֹךְ לְעֹלָם וָעֶד:

יי יִמְלֹךְ לְעֹלָם וָעֶד. יי מַלְכוּתֵהּ קָאֵם לְעָלַם וּלְעָלְמֵי עָלְמַיָּא.

כִּי בָא סוּס פַּרְעֹה בְּרִכְבּוֹ וּבְפָרָשָׁיו בַּיָּם   וַיָּשֶׁב יהוה עֲלֵהֶם אֶת־מֵי
הַיָּם   וּבְנֵי יִשְׂרָאֵל הָלְכוּ בַיַּבָּשָׁה בְּתוֹךְ   הַיָּם:

כִּי לַיי הַמְּלוּכָה וּמשֵׁל בַּגּוֹיִם.
וְעָלוּ מוֹשִׁעִים בְּהַר צִיּוֹן לִשְׁפֹּט אֶת הַר עֵשָׂו
וְהָיְתָה לַיי הַמְּלוּכָה.
וְהָיָה יי לְמֶלֶךְ עַל כָּל הָאָרֶץ
בַּיּוֹם הַהוּא יִהְיֶה יי אֶחָד וּשְׁמוֹ אֶחָד.

(וּבְתוֹרָתְךָ כָּתוּב לֵאמֹר, שְׁמַע יִשְׂרָאֵל יי אֱלֹהֵינוּ יי אֶחָד.)

נִשְׁמַת

כָּל חַי תְּבָרֵךְ אֶת שִׁמְךָ, יי אֱלֹהֵינוּ
וְרוּחַ כָּל בָּשָׂר תְּפָאֵר וּתְרוֹמֵם זִכְרְךָ מַלְכֵּנוּ תָּמִיד
מִן הָעוֹלָם וְעַד הָעוֹלָם אַתָּה אֵל.
וּמִבַּלְעָדֶיךָ אֵין לָנוּ מֶלֶךְ
גּוֹאֵל וּמוֹשִׁיעַ, פּוֹדֶה וּמַצִּיל וּמְפַרְנֵס וּמְרַחֵם
בְּכָל עֵת צָרָה וְצוּקָה אֵין לָנוּ מֶלֶךְ אֶלָּא אָתָּה.
אֱלֹהֵי הָרִאשׁוֹנִים וְהָאַחֲרוֹנִים, אֱלוֹהַּ כָּל בְּרִיּוֹת
אֲדוֹן כָּל תּוֹלָדוֹת הַמְהֻלָּל בְּרֹב הַתִּשְׁבָּחוֹת
הַמְנַהֵג עוֹלָמוֹ בְּחֶסֶד וּבְרִיּוֹתָיו בְּרַחֲמִים.
וַיי לֹא יָנוּם וְלֹא יִישָׁן
הַמְעוֹרֵר יְשֵׁנִים וְהַמֵּקִיץ נִרְדָּמִים
וְהַמֵּשִׂיחַ אִלְּמִים וְהַמַּתִּיר אֲסוּרִים
וְהַסּוֹמֵךְ נוֹפְלִים וְהַזּוֹקֵף כְּפוּפִים.
לְךָ לְבַדְּךָ אֲנַחְנוּ מוֹדִים.
אִלּוּ פִינוּ מָלֵא שִׁירָה כַּיָּם
וּלְשׁוֹנֵנוּ רִנָּה כַּהֲמוֹן גַּלָּיו
וְשִׂפְתוֹתֵינוּ שֶׁבַח כְּמֶרְחֲבֵי רָקִיעַ
וְעֵינֵינוּ מְאִירוֹת כַּשֶּׁמֶשׁ וְכַיָּרֵחַ
וְיָדֵינוּ פְרוּשׂוֹת כְּנִשְׁרֵי שָׁמָיִם
וְרַגְלֵינוּ קַלּוֹת כָּאַיָּלוֹת
אֵין אֲנַחְנוּ מַסְפִּיקִים לְהוֹדוֹת לְךָ
יי אֱלֹהֵינוּ וֵאלֹהֵי אֲבוֹתֵינוּ
וּלְבָרֵךְ אֶת שְׁמֶךָ
עַל אַחַת מֵאָלֶף אֶלֶף אַלְפֵי אֲלָפִים וְרִבֵּי רְבָבוֹת פְּעָמִים
הַטּוֹבוֹת, שֶׁעָשִׂיתָ עִם אֲבוֹתֵינוּ וְעִמָּנוּ

מִמִּצְרַיִם גְּאַלְתָּנוּ, יי אֱלֹהֵינוּ
וּמִבֵּית עֲבָדִים פְּדִיתָנוּ
בְּרָעָב זַנְתָּנוּ וּבְשָׂבָע כִּלְכַּלְתָּנוּ
מֵחֶרֶב הִצַּלְתָּנוּ וּמִדֶּבֶר מִלַּטְתָּנוּ
וּמֵחֳלָיִים רָעִים וְנֶאֱמָנִים דִּלִּיתָנוּ.
עַד הֵנָּה עֲזָרוּנוּ רַחֲמֶיךָ וְלֹא עֲזָבוּנוּ חֲסָדֶיךָ
וְאַל תִּטְּשֵׁנוּ, יי אֱלֹהֵינוּ, לָנֶצַח.
עַל כֵּן אֵבָרִים שֶׁפִּלַּגְתָּ בָּנוּ
וְרוּחַ וּנְשָׁמָה שֶׁנָּפַחְתָּ בְּאַפֵּנוּ
וְלָשׁוֹן אֲשֶׁר שַׂמְתָּ בְּפִינוּ
הֵן הֵם יוֹדוּ וִיבָרְכוּ וִישַׁבְּחוּ וִיפָאֲרוּ
וִירוֹמְמוּ וְיַעֲרִיצוּ וְיַקְדִּישׁוּ וְיַמְלִיכוּ אֶת שִׁמְךָ מַלְכֵּנוּ
כִּי כָל פֶּה לְךָ יוֹדֶה וְכָל לָשׁוֹן לְךָ תִשָּׁבַע
וְכָל בֶּרֶךְ לְךָ תִכְרַע וְכָל קוֹמָה לְפָנֶיךָ תִשְׁתַּחֲוֶה
וְכָל לְבָבוֹת יִירָאוּךָ וְכָל קֶרֶב וּכְלָיוֹת יְזַמְּרוּ לִשְׁמֶךָ
כַּדָּבָר שֶׁכָּתוּב
כָּל עַצְמֹתַי תֹּאמַרְנָה יי מִי כָמוֹךָ
מַצִּיל עָנִי מֵחָזָק מִמֶּנּוּ וְעָנִי וְאֶבְיוֹן מִגֹּזְלוֹ.
מִי יִדְמֶה לָּךְ וּמִי יִשְׁוֶה לָּךְ וּמִי יַעֲרָךְ לָךְ
הָאֵל הַגָּדוֹל, הַגִּבּוֹר וְהַנּוֹרָא, אֵל עֶלְיוֹן, קוֹנֵה שָׁמַיִם וָאָרֶץ.
נְהַלֶּלְךָ וּנְשַׁבֵּחֲךָ וּנְפָאֶרְךָ וּנְבָרֵךְ אֶת שֵׁם קָדְשֶׁךָ,
כָּאָמוּר
לְדָוִד בָּרְכִי נַפְשִׁי אֶת יי וְכָל קְרָבַי אֶת שֵׁם קָדְשׁוֹ

הָאֵל בְּתַעֲצוּמוֹת עֻזֶּךָ
הַגָּדוֹל בִּכְבוֹד שְׁמֶךָ
הַגִּבּוֹר לָנֶצַח וְהַנּוֹרָא בְּנוֹרְאוֹתֶיךָ

הַמֶּלֶךְ:

יוֹשֵׁב עַל כִּסֵּא רָם וְנִשָּׂא
שׁוֹכֵן עַד מָרוֹם וְקָדוֹשׁ שְׁמוֹ
וְכָתוּב
רַנְּנוּ צַדִּיקִים בַּיי לַיְשָׁרִים נָאוָה תְהִלָּה

בְּפִי	יְשָׁרִים	תִּתְהַלָּל
וּבְדִבְרֵי	צַדִּיקִים	תִּתְבָּרַךְ
וּבִלְשׁוֹן	חֲסִידִים	תִּתְרוֹמָם
וּבְקֶרֶב	קְדוֹשִׁים	תִּתְקַדָּשׁ

וּבְמַקְהֲלוֹת רִבְבוֹת עַמְּךָ בֵּית יִשְׂרָאֵל
בְּרִנָּה יִתְפָּאַר שִׁמְךָ מַלְכֵּנוּ בְּכָל דּוֹר וָדוֹר
שֶׁכֵּן חוֹבַת כָּל הַיְצוּרִים
לְפָנֶיךָ יי אֱלֹהֵינוּ וֵאלֹהֵי אֲבוֹתֵינוּ
לְהוֹדוֹת, לְהַלֵּל, לְשַׁבֵּחַ, לְפָאֵר, לְרוֹמֵם
לְהַדֵּר, לְבָרֵךְ, לְעַלֵּה וּלְקַלֵּס
עַל כָּל דִּבְרֵי שִׁירוֹת וְתִשְׁבְּחוֹת
דָּוִד בֶּן יִשַׁי, עַבְדְּךָ מְשִׁיחֶךָ.

יִשְׁתַּבַּח שִׁמְךָ לָעַד מַלְכֵּנוּ
הָאֵל, הַמֶּלֶךְ, הַגָּדוֹל וְהַקָּדוֹשׁ בַּשָּׁמַיִם וּבָאָרֶץ
כִּי לְךָ נָאֶה יי אֱלֹהֵינוּ וֵאלֹהֵי אֲבוֹתֵינוּ
שִׁיר וּשְׁבָחָה, הַלֵּל וְזִמְרָה
עֹז וּמֶמְשָׁלָה, נֶצַח, גְּדֻלָּה וּגְבוּרָה
תְּהִלָּה וְתִפְאֶרֶת, קְדֻשָּׁה וּמַלְכוּת

בְּרָכוֹת וְהוֹדָאוֹת
מֵעַתָּה וְעַד עוֹלָם.
בָּרוּךְ אַתָּה יי
אֵל מֶלֶךְ גָּדוֹל בַּתִּשְׁבָּחוֹת
אֵל הַהוֹדָאוֹת
אֲדוֹן הַנִּפְלָאוֹת
הַבּוֹחֵר בְּשִׁירֵי זִמְרָה
מֶלֶךְ, אֵל, חֵי הָעוֹלָמִים.

יש שנוהגים לומר את המזמור הבא.
פותחים את ארון הקודש

שִׁיר הַמַּעֲלוֹת, מִמַּעֲמַקִּים קְרָאתִיךָ יהוה:
אֲדֹנָי שִׁמְעָה בְקוֹלִי תִּהְיֶינָה אָזְנֶיךָ קַשֻּׁבוֹת
לְקוֹל תַּחֲנוּנָי:
אִם־עֲוֹנוֹת תִּשְׁמָר־יָהּ, אֲדֹנָי מִי יַעֲמֹד:
כִּי־עִמְּךָ הַסְּלִיחָה, לְמַעַן תִּוָּרֵא:
קִוִּיתִי יהוה קִוְּתָה נַפְשִׁי, וְלִדְבָרוֹ הוֹחָלְתִּי:
נַפְשִׁי לַאדֹנָי, מִשֹּׁמְרִים לַבֹּקֶר שֹׁמְרִים לַבֹּקֶר:
יַחֵל יִשְׂרָאֵל אֶל־יהוה כִּי־עִם־יהוה הַחֶסֶד
וְהַרְבֵּה עִמּוֹ פְדוּת:
וְהוּא יִפְדֶּה אֶת־יִשְׂרָאֵל מִכֹּל עֲוֹנוֹתָיו:

סוגרים את ארון הקודש

הש״ץ אומר: יִתְגַּדַּל וְיִתְקַדַּשׁ שְׁמֵהּ רַבָּא
בְּעָלְמָא דִּי בְרָא כִרְעוּתֵהּ
וְיַמְלִיךְ מַלְכוּתֵהּ
בְּחַיֵּיכוֹן וּבְיוֹמֵיכוֹן וּבְחַיֵּי דְכָל בֵּית יִשְׂרָאֵל
בַּעֲגָלָא וּבִזְמַן קָרִיב
וְאִמְרוּ אָמֵן.
יְהֵא שְׁמֵהּ רַבָּא מְבָרַךְ לְעָלַם וּלְעָלְמֵי עָלְמַיָּא.
יִתְבָּרַךְ וְיִשְׁתַּבַּח וְיִתְפָּאַר וְיִתְרוֹמַם וְיִתְנַשֵּׂא
וְיִתְהַדַּר וְיִתְעַלֶּה וְיִתְהַלָּל שְׁמֵהּ דְּקֻדְשָׁא בְּרִיךְ הוּא
לְעֵלָּא לְעֵלָּא מִכָּל בִּרְכָתָא וְשִׁירָתָא
תֻּשְׁבְּחָתָא וְנֶחֱמָתָא
דַּאֲמִירָן בְּעָלְמָא וְאִמְרוּ אָמֵן.

שליח הציבור: **בָּרְכוּ**

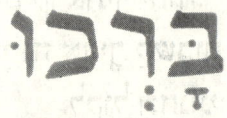

אֶת יי הַמְבֹרָךְ.

הקהל: **בָּרוּךְ יי הַמְבֹרָךְ לְעוֹלָם וָעֶד.**

שליח הציבור: **בָּרוּךְ יי הַמְבֹרָךְ לְעוֹלָם וָעֶד.**

פותחים את ארון הקודש

בָּרוּךְ אַתָּה יי אֱלֹהֵינוּ מֶלֶךְ הָעוֹלָם
הַפּוֹתֵחַ לָנוּ שַׁעֲרֵי רַחֲמִים וּמֵאִיר עֵינֵי הַמְחַכִּים לִסְלִיחָתוֹ.
יוֹצֵר אוֹר וּבוֹרֵא חֹשֶׁךְ, עֹשֶׂה שָׁלוֹם וּבוֹרֵא אֶת הַכֹּל.
אוֹר עוֹלָם בְּאוֹצַר חַיִּים, אוֹרוֹת מֵאֹפֶל אָמַר וַיֶּהִי.

סוגרים את ארון הקודש

סְלַח לְגוֹי קָדוֹשׁ / בְּיוֹם קָדוֹשׁ / מָרוֹם וְקָדוֹשׁ.
חָטָאנוּ צוּרֵנוּ / סְלַח לָנוּ יוֹצְרֵנוּ.

סימן: א״ב.

אָז בְּיוֹם כִּפּוּר סְלִיחָה הוֹרֵיתָ / אוֹר וּמְחִלָּה לְעַם זוּ קָנִיתָ.
בְּסָלְחֲךָ לַעֲוֹנוֹת וַחֲטָאֵי עֵדָה / בֶּעָשׂוֹר סְמוּכִים בְּבֵית הַוַּעֲדָה.
סְלַח לְגוֹי קָדוֹשׁ / בְּיוֹם קָדוֹשׁ / מָרוֹם וְקָדוֹשׁ.

גָּבְרוּ חֲטָאִים בְּאָנִי יְשֵׁנָה / גָּשׁ יוֹם אֶחָד בִּימֵי שָׁנָה.
דּוֹבְבוּ בְּתַחֲנוּן לְמוֹחֵל וְסוֹלֵחַ / דּוֹפְקֵי בִתְשׁוּבָה לְיוֹצֵר אוֹר וְסַלָּח.
חָטָאנוּ צוּרֵנוּ / סְלַח לָנוּ יוֹצְרֵנוּ.

הַמְתֵּק הָאוֹר לִסְלִיחָתִי / הָעֵת תַּעֲנֶה וְתֹאמַר סָלַחְתִּי.
וְתָאִיר עֵינֵינוּ וְתַעֲבֹר עַל פֶּשַׁע
וְחוֹטְאֵי בִשְׁגָגָה אַל נָא תָמִית בְּרֶשַׁע.
סְלַח לְגוֹי קָדוֹשׁ / בְּיוֹם קָדוֹשׁ / מָרוֹם וְקָדוֹשׁ.

סלח לגוי קדוש ע״ש שמות יט ו.

1 **אז ביום כפור סליחה הורית** ע״פ סדר עולם רבה ו׳ ירד משה מן ההר בי׳ בתשרי והוא היה יום הכפורים, ובישרם שנתרצה לפני המקום, שנא׳ (שמות לד ט) וסלחת לעוננו ולחטאתנו ונחלתנו, לפיכך נתקיים יום זה חוק וזכרון לדורות, שנא׳ (ויק׳ טז כט) והיתה לכם לחקת עולם. ויש שמוצאים כאן רמז למה שדרשו חז״ל על שמות לג יג הודיעני נא את דרכיך, ומה שכתוב שם לד ו ויעבור ה׳ על פניו, שהראה למשה סדרי הסליחה, כאילו גם מעשה זה היה ביום הכפורים, אבל כנראה אין זה לקחת מדברי הפייטן. **אור ומחילה** התורה הנקראת אור (משלי ו כג) והמחילה הבאת **לעם זו קנית** לישראל, ע״ש שמות טו טז (אבל הפייטן תפסו בתחביר שונה: קנית אותם

זַדְנוּ וְהִרְשַׁעְנוּ בְּרֹעַ מַעֲלָלֵינוּ / זֶה צַדִּיק אַתָּה עַל כָּל הַבָּא עָלֵינוּ.
חָטָאנוּ לְךָ מֶלֶךְ עוֹלָמִים / חָנְכֵנוּ בְּאוֹרְךָ וְלֹא נֵצֵא נִכְלָמִים.
חָטָאנוּ צוּרֵנוּ / סְלַח לָנוּ יוֹצְרֵנוּ.

טוֹב וְסַלָּח לְךָ הִיא הַצְּדָקָה / טַהֲרֵנוּ בְּמַעְיָנְךָ לוֹבֵשׁ צְדָקָה.
יוֹמָם וָלַיְלָה שָׁפַכְנוּ לֵב וָנֶפֶשׁ / יִזְרַח לָנוּ אוֹר בְּכִפּוּר עִנּוּי נֶפֶשׁ.
סְלַח לְגוֹי קָדוֹשׁ / בְּיוֹם קָדוֹשׁ / מָרוֹם וְקָדוֹשׁ.

כְּחַנּוּן תְּחַפֵּשׂ סִתְרֵי מַעֲשִׂים / כְּרַחוּם תְּסַלַּח עֲוֹנוֹת עֲמוּסִים.
לְמַעַן נָרוּץ בְּאוֹר פָּנֶיךָ / לֹא נֵצֵא הַיּוֹם רֵיקָם מִלְּפָנֶיךָ.
חָטָאנוּ צוּרֵנוּ / סְלַח לָנוּ יוֹצְרֵנוּ.

לדורות לישראל, הנקרא עם זו). **2 בסלחך** ר״ל גם היום ולעתיד ביום הכפורים לקהל **בעשור סמוכים בבית הועדה** הנמצאים בבית הכנסת להתפלל ועומדים שם סמוכים. **3 באני ישנה** בישראל, ע״ש שה״ש ה ב. **3 גש יום אחד בימי שנה** הגיע יום הכפורים שבו נאמר אחת בשנה (ויק׳ טז לד). **5 המתק האור לסליחתי** הלשון ע״ש קהל׳ יא ז ומתוק האור וטוב לעינים, שדרשוהו במדרש רבה (שם) מתוק אורה של תורה וטוב לעינים, אשרי שתלמודו מאיר לו כשמש. וייתכן שלזה מתכוון הפייטן, ויש לפרש: תהא סליחתי בזכות תלמוד תורה. אבל ייתכן ג״כ שלפי פשוטו יש להבין: יהא מתוק אור היום הזה לסליחת עוננו. **העת** ר״ל היום הזה. **6 ותעבור על פשע** ע״ש מיכה ז יח. **וחוטאי בשגגה אל נא תמית ברשע** אל ימותו כאילו הם רשעים (והתחביר דוגמת במד׳ כז ג כי בחטאו מת). **7 צדיק אתה על כל הבא עלינו** נחמ׳ ט לג. **8 חנכנו** הדריכנו. **9 טוב וסלח** תהל׳ פו ה. **לך היא הצדקה** דני׳ ט ז. **טהרנו במעיינך** רומז כנראה ליחזק׳ לו כה וזרקתי עליכם מים טהורים וטהרתם וכו׳, ולמה שנדרש במשנה (סוף יומא) מקוה ישראל (ירמ׳ יד ח) מה מקוה מטהר את הטמאים אף הקב״ה מטהר את ישראל. **לובש צדקה** ע״ש ישע׳ נט יז וילבש צדקה כשרין. **11 כחנון... כרחום** לפי מדתך הידועה שאתה רחום וחנון (שמות לד ו). **עמוסים** ישראל, ע״ש ישע׳ מו ג שארית בית ישראל העמוסים מני בטן.

מַלְבִּין כַּשֶּׁלֶג חֲטָאֵי עַמָּךְ / מְקוֹר חַיִּים וְחֶסֶד עִמָּךְ.
נְבוּאָה עָדֶיךָ זוֹכֵר הַבְּרִית / נַהֲלֵנוּ בְּאוֹרָךְ כְּמוֹ נִסְתַּר בְּנַחַל כְּרִית.
סְלַח לְגוֹי קָדוֹשׁ / בְּיוֹם קָדוֹשׁ / מָרוֹם וְקָדוֹשׁ.

שַׂר הַמְכַפֵּר בְּעַד צֹאן מַרְעִית / סָמְכֵנוּ בְּאוֹרָךְ כְּסוּכַּת מַרְאִית.
עֲנֵנוּ אָבִינוּ מִמַּעֲמַקִּים / עוֹרֵר כְּאוֹר נֹגַהּ שׁוֹשַׁנַּת הָעֲמָקִים.
חָטָאנוּ צוּרֵנוּ / סְלַח לָנוּ יוֹצְרֵנוּ.

פְּתַח לָנוּ שַׁעַר וְתַעֲלֶה תְּפִלָּה / פָּנֶיךָ נְחַלֶּה שׁוֹכֵן מַעְלָה.
צֵאתֵנוּ תְּנַקֶּה וּבְחֵטְא לֹא נִתְנַזֵּק / צְרָפֵנוּ כַּכֶּסֶף שִׁבְעָתַיִם מְזֻקָּק.
סְלַח לְגוֹי קָדוֹשׁ / בְּיוֹם קָדוֹשׁ / מָרוֹם וְקָדוֹשׁ.

קָרְבֵנוּ לְיִשְׁעֲךָ בְּאוֹר שְׁנֵי עֳפָרִים / קוֹרְאֵי קְדֻשַּׁת יוֹם כִּפּוּרִים.
רְעֵנוּ כְּמִקֶּדֶם וְתָאֳרֵנוּ יִנְהַר / רַחוּם הַקְשִׁיבָה וַעֲשֵׂה אַל תְּאַחַר.
חָטָאנוּ צוּרֵנוּ / סְלַח לָנוּ יוֹצְרֵנוּ.

12 למען נרוץ באור פניך ע״ש תהל׳ פט טז ה׳ באור פניך יהלכון. **13 מלבין כשלג חטאי עמך** ע״ש ישע׳ א יח אם יהיו חטאיכם כשנים כשלג ילבינו. **מקור חיים וחסד עמך** ע״ש תהל׳ לו י כי עמך מקור חיים. **14 נבואה עדיך** ע״ש תהל׳ סה ג עדיך כל בשר יבאו. **כמו נסתר בנחל כרית** אליהו הנביא, ע״פ מ״א יז ג ונסתרת בנחל כרית וכו׳. **שר** כינוי להקב״ה. **15 בעד צאן מרעית** ע״ש ירמ׳ כג א ועוד. **סמכנו** (וי״ג סוככנו) **באורך כסוכת מראית** כמו שסמכת במשה רבנו כששמע את מראית ה׳. **16 עננו אבינו ממעמקים** בקראנו ממעמקים (כנראה כצ״ל), ע״ש תהל׳ קל א. **עורר כאור נגה** ע״ש משלי ד יח וארח צדיקים כאור נגה. **שושנת העמקים** ישראל, ע״ש שה״ש ב א. **18 צאתנו** לכלוכנו, ר״ל חטאינו. **צרפנו ככסף שבעתים מזוקק** (ל׳ תהל׳ יב

שָׁפַכְנוּ כַמַּיִם אַבְנֵי לִבּוֹת / שַׁחַר אוֹר יַגִּיהַּ בּוֹחֵן לְבָבוֹת.
תְּחַטְּאֵנוּ בְּאֵזוֹב וְנִטְהַר בְּיוֹם סְלִיחָתִי
תַּקְשִׁיב סְלַח נָא וְתֹאמַר סָלַחְתִּי.

סְלַח לְגוֹי קָדוֹשׁ / בְּיוֹם קָדוֹשׁ / מָרוֹם וְקָדוֹשׁ.

ז), הענין ע״ש מלאכי ג ג וישב מצרף ומטהר כסף וטהר את בני לוי... כזהב וככסף. **19 באור שני עפרים** ע״ש שה״ש ד ה שני שדיך כשני עפרים תאומי צביה, שדרשוהו במדרש על משה ואהרן, ר״ל בזכות משה ואהרן קרבנו לישעך. **20 ותארנו יונהר** פנינו יואר (מל׳ נהורא). **הקשיבה ועשה אל תאחר** דני׳ ט יט. **21 אבני לבות** את לב האבן אשר בקרבנו, ע״ש יחזק׳ יא יט ועוד. **שחר אור יגיה** תאיר לנו את היום הזה כאור השחר **בוחן לבבות** ע״ש תהל׳ ז י ובוחן לבות וכליות ה׳ צדיק. **22 תחטאנו באזוב ונטהר** ע״ש תהל׳ נא ט תחטאני באזוב ואטהר. **תקשיב סלח נא ותאמר סלחתי** ע״ש במד׳ יד יט-כ.

בשבת:

הַכֹּל יוֹדוּךָ וְהַכֹּל יְשַׁבְּחוּךָ, וְהַכֹּל יֹאמְרוּ אֵין קָדוֹשׁ כַּיי
הַכֹּל יְרוֹמְמוּךָ סֶּלָה, יוֹצֵר הַכֹּל.
הָאֵל הַפּוֹתֵחַ בְּכָל יוֹם דַּלְתוֹת שַׁעֲרֵי מִזְרָח
וּבוֹקֵעַ חַלּוֹנֵי רָקִיעַ
מוֹצִיא חַמָּה מִמְּקוֹמָהּ וּלְבָנָה מִמְּכוֹן שִׁבְתָּהּ
וּמֵאִיר לָעוֹלָם כֻּלּוֹ וּלְיוֹשְׁבָיו שֶׁבָּרָא בְּמִדַּת הָרַחֲמִים.
הַמֵּאִיר לָאָרֶץ וְלַדָּרִים עָלֶיהָ בְּרַחֲמִים
וּבְטוּבוֹ מְחַדֵּשׁ בְּכָל יוֹם תָּמִיד מַעֲשֵׂה בְרֵאשִׁית.
הַמֶּלֶךְ הַמְרוֹמָם לְבַדּוֹ מֵאָז, הַמְשֻׁבָּח וְהַמְפֹאָר וְהַמִּתְנַשֵּׂא מִימוֹת עוֹלָם.
אֱלֹהֵי עוֹלָם, בְּרַחֲמֶיךָ הָרַבִּים רַחֵם עָלֵינוּ
אֲדוֹן עֻזֵּנוּ, צוּר מִשְׂגַּבֵּנוּ, מָגֵן יִשְׁעֵנוּ, מִשְׂגָּב בַּעֲדֵנוּ.

הַמֵּאִיר לָאָרֶץ וְלַדָּרִים עָלֶיהָ בְּרַחֲמִים, וּבְטוּבוֹ מְחַדֵּשׁ בְּכָל יוֹם תָּמִיד מַעֲשֵׂה בְרֵאשִׁית. מָה רַבּוּ מַעֲשֶׂיךָ יי, כֻּלָּם בְּחָכְמָה עָשִׂיתָ, מָלְאָה הָאָרֶץ קִנְיָנֶךָ. הַמֶּלֶךְ הַמְרוֹמָם לְבַדּוֹ מֵאָז, הַמְשֻׁבָּח וְהַמְפֹאָר וְהַמִּתְנַשֵּׂא מִימוֹת עוֹלָם. אֱלֹהֵי עוֹלָם, בְּרַחֲמֶיךָ הָרַבִּים רַחֵם עָלֵינוּ, אֲדוֹן עֻזֵּנוּ, צוּר מִשְׂגַּבֵּנוּ, מָגֵן יִשְׁעֵנוּ, מִשְׂגָּב בַּעֲדֵנוּ. אֵל בָּרוּךְ גְּדוֹל דֵּעָה, הֵכִין וּפָעַל זָהֳרֵי חַמָּה, טוֹב יָצַר כָּבוֹד לִשְׁמוֹ, מְאוֹרוֹת נָתַן סְבִיבוֹת עֻזּוֹ, פִּנּוֹת צְבָאָיו קְדוֹשִׁים, רוֹמְמֵי שַׁדַּי, תָּמִיד מְסַפְּרִים כְּבוֹד אֵל וּקְדֻשָּׁתוֹ. תִּתְבָּרַךְ יי אֱלֹהֵינוּ עַל שֶׁבַח מַעֲשֵׂה יָדֶיךָ וְעַל מְאוֹרֵי אוֹר שֶׁעָשִׂיתָ יְפָאֲרוּךָ סֶּלָה.

בשבת

אֵין כְּעֶרְכְּךָ
וְאֵין זוּלָתֶךָ
אֶפֶס בִּלְתֶּךָ
וּמִי דּוֹמֶה לָּךְ.

אֵין כְּעֶרְכְּךָ, יי אֱלֹהֵינוּ, בָּעוֹלָם הַזֶּה
וְאֵין זוּלָתְךָ, מַלְכֵּנוּ, לְחַיֵּי הָעוֹלָם הַבָּא
אֶפֶס בִּלְתְּךָ, גּוֹאֲלֵנוּ, לִימוֹת הַמָּשִׁיחַ
וְאֵין דּוֹמֶה לְּךָ, מוֹשִׁיעֵנוּ, לִתְחִיַּת הַמֵּתִים.

אֵל אָדוֹן עַל כָּל הַמַּעֲשִׂים
בָּרוּךְ וּמְבֹרָךְ בְּפִי כָּל נְשָׁמָה
גָּדְלוֹ וְטוּבוֹ מָלֵא עוֹלָם
דַּעַת וּתְבוּנָה סוֹבְבִים אוֹתוֹ.

תִּתְבָּרַךְ צוּרֵנוּ מַלְכֵּנוּ וְגוֹאֲלֵנוּ בּוֹרֵא קְדוֹשִׁים
יִשְׁתַּבַּח שִׁמְךָ לָעַד מַלְכֵּנוּ יוֹצֵר מְשָׁרְתִים
וַאֲשֶׁר מְשָׁרְתָיו כֻּלָּם עוֹמְדִים בְּרוּם עוֹלָם
וּמַשְׁמִיעִים בְּיִרְאָה יַחַד בְּקוֹל
דִּבְרֵי אֱלֹהִים חַיִּים וּמֶלֶךְ עוֹלָם.
כֻּלָּם אֲהוּבִים, כֻּלָּם בְּרוּרִים, כֻּלָּם גִּבּוֹרִים
וְכֻלָּם עוֹשִׂים בְּאֵימָה וּבְיִרְאָה רְצוֹן קוֹנָם
וְכֻלָּם פּוֹתְחִים אֶת פִּיהֶם
בִּקְדֻשָּׁה וּבְטָהֳרָה
בְּשִׁירָה וּבְזִמְרָה
וּמְבָרְכִים וּמְשַׁבְּחִים וּמְפָאֲרִים
וּמַעֲרִיצִים וּמַקְדִּישִׁים וּמַמְלִיכִים

בשבת

הַמִּתְגָּאֶה עַל חַיּוֹת הַקֹּדֶשׁ
וְנֶהְדָּר בְּכָבוֹד עַל הַמֶּרְכָּבָה
זְכוּת וּמִישׁוֹר לִפְנֵי כִסְאוֹ
חֶסֶד וְרַחֲמִים לִפְנֵי כְבוֹדוֹ.

טוֹבִים מְאוֹרוֹת שֶׁבָּרָא אֱלֹהֵינוּ
יְצָרָם בְּדַעַת בְּבִינָה וּבְהַשְׂכֵּל
כֹּחַ וּגְבוּרָה נָתַן בָּהֶם
לִהְיוֹת מוֹשְׁלִים בְּקֶרֶב תֵּבֵל.

מְלֵאִים זִיו וּמְפִיקִים נֹגַהּ
נָאֶה זִיוָם בְּכָל הָעוֹלָם
שְׂמֵחִים בְּצֵאתָם וְשָׂשִׂים בְּבוֹאָם
עוֹשִׂים בְּאֵימָה רְצוֹן קוֹנָם.

פְּאֵר וְכָבוֹד נוֹתְנִים לִשְׁמוֹ
צָהֳלָה וְרִנָּה לְזֵכֶר מַלְכוּתוֹ
קָרָא לַשֶּׁמֶשׁ וַיִּזְרַח אוֹר
רָאָה וְהִתְקִין צוּרַת הַלְּבָנָה.

שֶׁבַח נוֹתְנִים לוֹ כָּל צְבָא מָרוֹם
תִּפְאֶרֶת וּגְדֻלָּה, שְׂרָפִים וְאוֹפַנִּים וְחַיּוֹת הַקֹּדֶשׁ.

אֶת שֵׁם הָאֵל הַמֶּלֶךְ הַגָּדוֹל
הַגִּבּוֹר וְהַנּוֹרָא, קָדוֹשׁ הוּא.

וְכֻלָּם מְקַבְּלִים עֲלֵיהֶם עֹל מַלְכוּת שָׁמַיִם זֶה מִזֶּה
וְנוֹתְנִים רְשׁוּת זֶה לָזֶה
לְהַקְדִּישׁ לְיוֹצְרָם בְּנַחַת רוּחַ
בְּשָׂפָה בְרוּרָה וּבִנְעִימָה
קְדֻשָּׁה כֻּלָּם כְּאֶחָד
עוֹנִים וְאוֹמְרִים בְּיִרְאָה

קָדוֹשׁ, קָדוֹשׁ, קָדוֹשׁ יי צְבָאוֹת
מְלֹא כָל הָאָרֶץ כְּבוֹדוֹ.

בשבת

לָאֵל אֲשֶׁר שָׁבַת מִכָּל הַמַּעֲשִׂים
בַּיּוֹם הַשְּׁבִיעִי נִתְעַלָּה וְיָשַׁב עַל כִּסֵּא כְבוֹדוֹ.
תִּפְאֶרֶת עָטָה לְיוֹם הַמְּנוּחָה עֹנֶג קָרָא לְיוֹם הַשַּׁבָּת.
זֶה שֶׁבַח שֶׁלַּיּוֹם הַשְּׁבִיעִי שֶׁבּוֹ שָׁבַת אֵל מִכָּל מְלַאכְתּוֹ
וְיוֹם הַשְּׁבִיעִי מְשַׁבֵּחַ וְאוֹמֵר
מִזְמוֹר שִׁיר לְיוֹם הַשַּׁבָּת, טוֹב לְהֹדוֹת לַיי.
לְפִיכָךְ יְפָאֲרוּ וִיבָרְכוּ לָאֵל כָּל יְצוּרָיו
שֶׁבַח יְקָר וּגְדֻלָּה יִתְּנוּ לָאֵל מֶלֶךְ יוֹצֵר כֹּל
הַמַּנְחִיל מְנוּחָה לְעַמּוֹ יִשְׂרָאֵל בִּקְדֻשָּׁתוֹ בְּיוֹם שַׁבַּת קֹדֶשׁ.
שִׁמְךָ יי אֱלֹהֵינוּ יִתְקַדַּשׁ וְזִכְרְךָ מַלְכֵּנוּ יִתְפָּאַר
בַּשָּׁמַיִם מִמַּעַל וְעַל הָאָרֶץ מִתָּחַת.
תִּתְבָּרַךְ מוֹשִׁיעֵנוּ עַל שֶׁבַח מַעֲשֵׂה יָדֶיךָ וְעַל מְאוֹרֵי אוֹר שֶׁעָשִׂיתָ
יְפָאֲרוּךָ סֶּלָה.

ממשיכים "תתברך צורנו" (בראש העמוד – ממול).

בָּרוּךְ שֵׁם כְּבוֹד מַלְכוּתוֹ.

מַלְכוּתוֹ בִּקְהַל עֲדָתִי / וּכְבוֹדוֹ הִיא אֱמוּנָתִי

אֵלָיו בִּקַּשְׁתִּי / לְכַפֵּר עֲוֹן חַטָּאתִי

וּבְיוֹם צוֹם כִּפּוּר סְלִיחָתִי / יַעֲנֶה וְיֹאמַר סָלַחְתִּי.

סימן: א״ב.

קָדוֹשׁ אַדִּיר בַּעֲלִיָּתוֹ — בָּרוּךְ שֵׁם כְּבוֹד מַלְכוּתוֹ.

קָדוֹשׁ בִּתְשׁוּבָה שָׁת סְלִיחָתוֹ — בָּרוּךְ שֵׁם כְּבוֹד מַלְכוּתוֹ.

מַלְכוּתוֹ בִּקְהַל עֲדָתִי / וּכְבוֹדוֹ הִיא אֱמוּנָתִי

אֵלָיו בִּקַּשְׁתִּי / לְכַפֵּר עֲוֹן חַטָּאתִי

וּבְיוֹם צוֹם כִּפּוּר סְלִיחָתִי / יַעֲנֶה וְיֹאמַר סָלַחְתִּי.

קָדוֹשׁ גִּלָּה לְעַמּוֹ סוֹד דָּתוֹ — בָּרוּךְ שֵׁם כְּבוֹד מַלְכוּתוֹ.

קָדוֹשׁ דָּן עַל כַּפֹּרֶת צֹאן מַרְעִיתוֹ — בָּרוּךְ שֵׁם כְּבוֹד מַלְכוּתוֹ.

מַלְכוּתוֹ בִּקְהַל עֲדָתִי / וּכְבוֹדוֹ הִיא אֱמוּנָתִי

אֵלָיו בִּקַּשְׁתִּי / לְכַפֵּר עֲוֹן חַטָּאתִי

וּבְיוֹם צוֹם כִּפּוּר סְלִיחָתִי / יַעֲנֶה וְיֹאמַר סָלַחְתִּי.

ברוך שם כבוד מלכותו פיוט זה בנוי על מנהג ישראל לומר ביוה״כ את המענה ׳ברוך שם כבוד מלכותו׳ בקול רם, לעומת קביעת החכמים פסח׳ דף נ״ו א׳, ע״פ המדרש דברים רבה ב׳ ל״ו, שביום הכפורים שהן נקיים כמלאכי השרת אומרים אותו בפרהסיא. **מלכותו בקהל עדתי** דברי הש״ץ. **אליו בקשתי** כנראה ׳בקשתי׳ במשמעות ׳התפללתי׳, ולפי זה נקשר ל׳אליו׳, במקום ׳מאתו בקשתי׳. **וביום צום כפור סליחתי** ר״ל תהא סליחתי היום.

1 אדיר בעלייתו ע״ש תהל׳ צג ד אדיר במרום ה׳. **2 בתשובה שת סליחתו** נימוק ידוע מכמה מאמרי חז״ל, לדוגמא ירו׳ מכות ב׳ ו׳ דף ל״א ד׳ שאלו לחכמה חוטא מהו עונשו. אמרה להן

177 תפילת שחרית

קָדוֹשׁ הַסּוֹלֵחַ לַאֲיֻמָּתוֹ בָּרוּךְ שֵׁם כְּבוֹד מַלְכוּתוֹ.
קָדוֹשׁ וְעַמּוֹ יְמַלְּלוּ גְבוּרָתוֹ בָּרוּךְ שֵׁם כְּבוֹד מַלְכוּתוֹ.

מַלְכוּתוֹ בִּקְהַל עֲדָתִי / וּכְבוֹדוֹ הִיא אֱמוּנָתִי
אֵלָיו בְּקַשְׁתִּי / לְכַפֵּר עֲוֹן חַטָּאתִי
וּבְיוֹם צוֹם כִּפּוּר סְלִיחָתִי / יַעֲנֶה וְיֹאמַר סָלַחְתִּי.

קָדוֹשׁ זוֹכֵר אֲיֻמָּה בְּאַהֲבָתוֹ בָּרוּךְ שֵׁם כְּבוֹד מַלְכוּתוֹ.
קָדוֹשׁ חָפֵץ בְּעִנּוּי נֶפֶשׁ תַּמָּתוֹ בָּרוּךְ שֵׁם כְּבוֹד מַלְכוּתוֹ.

מַלְכוּתוֹ בִּקְהַל עֲדָתִי / וּכְבוֹדוֹ הִיא אֱמוּנָתִי
אֵלָיו בְּקַשְׁתִּי / לְכַפֵּר עֲוֹן חַטָּאתִי
וּבְיוֹם צוֹם כִּפּוּר סְלִיחָתִי / יַעֲנֶה וְיֹאמַר סָלַחְתִּי.

קָדוֹשׁ טַהֵר טְמֵאִים בְּמֵי זְרִיקָתוֹ בָּרוּךְ שֵׁם כְּבוֹד מַלְכוּתוֹ.
קָדוֹשׁ יַלְבִּין כַּשֶּׁלֶג חֲטָאֵי סְגֻלָּתוֹ בָּרוּךְ שֵׁם כְּבוֹד מַלְכוּתוֹ.

מַלְכוּתוֹ בִּקְהַל עֲדָתִי / וּכְבוֹדוֹ הִיא אֱמוּנָתִי
אֵלָיו בְּקַשְׁתִּי / לְכַפֵּר עֲוֹן חַטָּאתִי
וּבְיוֹם צוֹם כִּפּוּר סְלִיחָתִי / יַעֲנֶה וְיֹאמַר סָלַחְתִּי.

חטאים תרדוף רעה. שאלו לנבואה חוטא מהו עונשו אמרה להם הנפש החוטאת היא תמות (יחזק׳ יח ד). שאלו לקודשא בריך הוא חוטא מהו עונשו. אמר להן יעשה תשובה ויתכפר לו. **3 גלה לעמו סוד דתו** ייתכן שהפייטן רומז לסוד י״ג מדות שאינן חוזרות ריקם (ר״ה דף י״ז ב׳). **4 דץ** שמח, קפץ, מפני שהוא רוצה בתשובת השבים ובכפרתם. **5 לאיומתו** לישראל, ע״ש שה״ש ו ד. **6 ימללו גבורתו** ע״ש תהל׳ קו ב מי ימלל גבורות ה׳. **8 בעינוי נפש תמתו** ע״ש ויק׳ כג כז. ותמתו ע״ש שה״ש ה ב. **טהר (יטהר)** טמאים במי זריקתו, ע״ש יחזק׳ לו כה וזרקתי עליכם מים טהורים וטהרתם. **10 ילבין כשלג חטאי סגולתו** ע״ש ישע׳ א יח אם יהיו חטאיכם כשנים

קָדוֹשׁ כִּפֵּר לְעַמְּךָ יִשְׂרָאֵל שִׁגְגָתוֹ   בָּרוּךְ שֵׁם כְּבוֹד מַלְכוּתוֹ.
קָדוֹשׁ לְיוֹם אֶחָד בַּשָּׁנָה שָׁת קְרִיאָתוֹ   בָּרוּךְ שֵׁם כְּבוֹד מַלְכוּתוֹ.

מַלְכוּתוֹ בִּקְהַל עֲדָתִי / וּכְבוֹדוֹ הִיא אֱמוּנָתִי
אֵלָיו בַּקָּשָׁתִי / לְכַפֵּר עֲוֹן חַטָּאתִי
וּבְיוֹם צוֹם כִּפּוּר סְלִיחָתִי / יַעֲנֶה וְיֹאמַר סָלַחְתִּי.

קָדוֹשׁ מוֹחֵל וְסוֹלֵחַ לַעֲדָתוֹ   בָּרוּךְ שֵׁם כְּבוֹד מַלְכוּתוֹ.
קָדוֹשׁ נִרְאָה בְּהַר מְרוֹם הָרִים עֲמִידָתוֹ   בָּרוּךְ שֵׁם כְּבוֹד מַלְכוּתוֹ.

מַלְכוּתוֹ בִּקְהַל עֲדָתִי / וּכְבוֹדוֹ הִיא אֱמוּנָתִי
אֵלָיו בַּקָּשָׁתִי / לְכַפֵּר עֲוֹן חַטָּאתִי
וּבְיוֹם צוֹם כִּפּוּר סְלִיחָתִי / יַעֲנֶה וְיֹאמַר סָלַחְתִּי.

קָדוֹשׁ סוֹלֵחַ וְטוֹב לְסוֹבְלֵי עֹל יִרְאָתוֹ   בָּרוּךְ שֵׁם כְּבוֹד מַלְכוּתוֹ.
קָדוֹשׁ עָוֹן יְכַפֵּר וְלֹא יָעִיר כָּל חֲמָתוֹ   בָּרוּךְ שֵׁם כְּבוֹד מַלְכוּתוֹ.

מַלְכוּתוֹ בִּקְהַל עֲדָתִי / וּכְבוֹדוֹ הִיא אֱמוּנָתִי
אֵלָיו בַּקָּשָׁתִי / לְכַפֵּר עֲוֹן חַטָּאתִי
וּבְיוֹם צוֹם כִּפּוּר סְלִיחָתִי / יַעֲנֶה וְיֹאמַר סָלַחְתִּי.

קָדוֹשׁ פְּשָׁעִים מַעֲבִיר בְּצִדְקָתוֹ   בָּרוּךְ שֵׁם כְּבוֹד מַלְכוּתוֹ.
קָדוֹשׁ צוֹם הֶעָשׂוֹר יְקַבֵּל לִתְשׁוּבָתוֹ   בָּרוּךְ שֵׁם כְּבוֹד מַלְכוּתוֹ.

מַלְכוּתוֹ בִּקְהַל עֲדָתִי / וּכְבוֹדוֹ הִיא אֱמוּנָתִי
אֵלָיו בַּקָּשָׁתִי / לְכַפֵּר עֲוֹן חַטָּאתִי
וּבְיוֹם צוֹם כִּפּוּר סְלִיחָתִי / יַעֲנֶה וְיֹאמַר סָלַחְתִּי.

כשלג ילבינו. ו׳סגולתו׳ ע״ש שמות יט ה. **11 כפר** (יכפר) **לעמו ישראל שגגתו** כ״ה בקצת כ״י. **12 ליום אחד בשנה שת קריאתו** ע״פ הדרשה פסיקתא רבתי כ״ג דף קט״ו א׳ ימים יוצרו ולא (ולו ק׳) אחד בהם (תהל׳ קלט טז)... שלש מאות וששים וחמש ימים הם ימות החמה. ליחידו של עולם אחד מהם. ואיזו זה... ר׳ לוי אומר זה יום הכפורים. **14 נראה בהר מרום הרים**

קָדוֹשׁ קְדוֹשִׁים יַעֲרִיצוּ קְדֻשָּׁתוֹ בָּרוּךְ שֵׁם כְּבוֹד מַלְכוּתוֹ.

קָדוֹשׁ רַחוּם וְחַנּוּן וְאֵין זוּלָתוֹ בָּרוּךְ שֵׁם כְּבוֹד מַלְכוּתוֹ.

מַלְכוּתוֹ בִּקְהַל עֲדָתִי / וּכְבוֹדוֹ הִיא אֱמוּנָתִי
אֵלָיו בַּקָּשָׁתִי / לְכַפֵּר עֲוֹן חַטָּאתִי
וּבְיוֹם צוֹם כִּפּוּר סְלִיחָתִי / יַעֲנֶה וְיֹאמַר סָלַחְתִּי.

קָדוֹשׁ שׁוֹכֵן שְׁחָקִים בִּמְכוֹן שִׁבְתּוֹ בָּרוּךְ שֵׁם כְּבוֹד מַלְכוּתוֹ.

קָדוֹשׁ תַּרְשִׁישִׁים יַגִּידוּ תִּפְאַרְתּוֹ בָּרוּךְ שֵׁם כְּבוֹד מַלְכוּתוֹ.

מַלְכוּתוֹ בִּקְהַל עֲדָתִי / וּכְבוֹדוֹ הִיא אֱמוּנָתִי
אֵלָיו בַּקָּשָׁתִי / לְכַפֵּר עֲוֹן חַטָּאתִי
וּבְיוֹם צוֹם כִּפּוּר סְלִיחָתִי / יַעֲנֶה וְיֹאמַר סָלַחְתִּי.

אם אומרים אופן יש נוהגים לומר נוסח זה:

וְהַחַיּוֹת יְשׁוֹרֵרוּ / וּכְרוּבִים יְפָאֵרוּ
וּשְׂרָפִים יָרֹנּוּ / וְאֶרְאֶלִּים יְבָרֵכוּ
פְּנֵי כָל חַיָּה וְאוֹפָן וּכְרוּב / לְעֻמַּת שְׂרָפִים
לְעֻמָּתָם מְשַׁבְּחִים וְאוֹמְרִים

ממשיכים ב״ברוך כבוד יי ממקומו״.

עמידתו בזמן מתן תורה על הר סיני, והלשון ע״ש מ״ב יט כג מרום הרים ירכתי לבנון. **16 עון יכפר ולא יעיר כל חמתו** תהל׳ עח לח. **17 פשעים מעביר** וי״ג עובר, ושמא זה עיקר, ע״ש מיכה ז יח ועובר על פשע **19 קדושים יעריצו קדושתו** וי״ג קבל קהל קדושים בחמלתו. **21 שוכן שחקים** ע״ש דבר׳ לג כו ובגאותו שחקים. **22 תרשישים מלאכים**, ע״ש דני׳ י ו וגויתו כתרשיש.

וְהָאוֹפַנִּים וְחַיּוֹת הַקֹּדֶשׁ
בְּרַעַשׁ גָּדוֹל מִתְנַשְּׂאִים לְעֻמַּת שְׂרָפִים
לְעֻמָּתָם מְשַׁבְּחִים וְאוֹמְרִים

בָּרוּךְ כְּבוֹד יי מִמְּקוֹמוֹ.

לְאֵל בָּרוּךְ נְעִימוֹת יִתֵּנוּ, לְמֶלֶךְ אֵל חַי וְקַיָּם
זְמִירוֹת יֹאמֵרוּ וְתִשְׁבָּחוֹת יַשְׁמִיעוּ
כִּי הוּא לְבַדּוֹ
פּוֹעֵל גְּבוּרוֹת, עוֹשֶׂה חֲדָשׁוֹת, בַּעַל מִלְחָמוֹת
זוֹרֵעַ צְדָקוֹת, מַצְמִיחַ יְשׁוּעוֹת, בּוֹרֵא רְפוּאוֹת
נוֹרָא תְהִלּוֹת, אֲדוֹן הַנִּפְלָאוֹת
הַמְחַדֵּשׁ בְּטוּבוֹ בְּכָל יוֹם תָּמִיד מַעֲשֵׂה בְרֵאשִׁית, כָּאָמוּר
לְעֹשֵׂה אוֹרִים גְּדֹלִים, כִּי לְעוֹלָם חַסְדּוֹ.
אוֹר חָדָשׁ עַל צִיּוֹן תָּאִיר וְנִזְכֶּה כֻלָּנוּ מְהֵרָה לְאוֹרוֹ.
בָּרוּךְ אַתָּה יי, יוֹצֵר הַמְּאוֹרוֹת.

אַהֲבָה רַבָּה אֲהַבְתָּנוּ יי אֱלֹהֵינוּ
חֶמְלָה גְדוֹלָה וִיתֵרָה חָמַלְתָּ עָלֵינוּ.
אָבִינוּ מַלְכֵּנוּ
בַּעֲבוּר אֲבוֹתֵינוּ שֶׁבָּטְחוּ בְךָ
וַתְּלַמְּדֵם חֻקֵּי חַיִּים
כֵּן תְּחָנֵּנוּ וּתְלַמְּדֵנוּ.
אָבִינוּ, הָאָב הָרַחֲמָן, הַמְרַחֵם
רַחֵם עָלֵינוּ וְתֵן בְּלִבֵּנוּ לְהָבִין וּלְהַשְׂכִּיל
לִשְׁמֹעַ, לִלְמֹד וּלְלַמֵּד
לִשְׁמֹר וְלַעֲשׂוֹת וּלְקַיֵּם
אֶת כָּל דִּבְרֵי תַלְמוּד תּוֹרָתֶךָ בְּאַהֲבָה.
וְהָאֵר עֵינֵינוּ בְּתוֹרָתֶךָ וְדַבֵּק לִבֵּנוּ בְּמִצְוֹתֶיךָ
וְיַחֵד לְבָבֵנוּ לְאַהֲבָה וּלְיִרְאָה אֶת שְׁמֶךָ
וְלֹא נֵבוֹשׁ לְעוֹלָם וָעֶד.
כִּי בְשֵׁם קָדְשְׁךָ הַגָּדוֹל וְהַנּוֹרָא בָּטָחְנוּ
נָגִילָה וְנִשְׂמְחָה בִּישׁוּעָתֶךָ.
וַהֲבִיאֵנוּ לְשָׁלוֹם מֵאַרְבַּע כַּנְפוֹת הָאָרֶץ
וְתוֹלִיכֵנוּ קוֹמְמִיּוּת לְאַרְצֵנוּ.

כִּי אֵל פּוֹעֵל יְשׁוּעוֹת אָתָּה, וּבָנוּ בָחַרְתָּ מִכָּל עַם וְלָשׁוֹן
וְקֵרַבְתָּנוּ לְשִׁמְךָ הַגָּדוֹל סֶלָה בֶּאֱמֶת
לְהוֹדוֹת לְךָ וּלְיַחֶדְךָ בְּאַהֲבָה.
בָּרוּךְ אַתָּה יי, הַבּוֹחֵר בְּעַמּוֹ יִשְׂרָאֵל בְּאַהֲבָה.

(יחיד אומר: אֵל מֶלֶךְ נֶאֱמָן)

דברים ו שְׁמַע יִשְׂרָאֵל יהוה אֱלֹהֵינוּ יהוה ׀ אֶחָד:
בקול: בָּרוּךְ שֵׁם כְּבוֹד מַלְכוּתוֹ לְעוֹלָם וָעֶד.

וְאָהַבְתָּ אֵת יהוה אֱלֹהֶיךָ בְּכָל־לְבָבְךָ וּבְכָל־נַפְשְׁךָ וּבְכָל־
מְאֹדֶךָ: וְהָיוּ הַדְּבָרִים הָאֵלֶּה אֲשֶׁר אָנֹכִי מְצַוְּךָ הַיּוֹם עַל־לְבָבֶךָ:
וְשִׁנַּנְתָּם לְבָנֶיךָ וְדִבַּרְתָּ בָּם בְּשִׁבְתְּךָ בְּבֵיתֶךָ וּבְלֶכְתְּךָ בַדֶּרֶךְ
וּבְשָׁכְבְּךָ וּבְקוּמֶךָ: וּקְשַׁרְתָּם לְאוֹת עַל־יָדֶךָ וְהָיוּ לְטֹטָפֹת בֵּין
עֵינֶיךָ: וּכְתַבְתָּם עַל־מְזֻזוֹת בֵּיתֶךָ וּבִשְׁעָרֶיךָ:

דברים יא וְהָיָה אִם־שָׁמֹעַ תִּשְׁמְעוּ אֶל־מִצְוֹתַי אֲשֶׁר אָנֹכִי מְצַוֶּה אֶתְכֶם
הַיּוֹם לְאַהֲבָה אֶת־יהוה אֱלֹהֵיכֶם וּלְעָבְדוֹ בְּכָל־לְבַבְכֶם וּבְכָל־
נַפְשְׁכֶם: וְנָתַתִּי מְטַר־אַרְצְכֶם בְּעִתּוֹ יוֹרֶה וּמַלְקוֹשׁ וְאָסַפְתָּ
דְגָנֶךָ וְתִירֹשְׁךָ וְיִצְהָרֶךָ: וְנָתַתִּי עֵשֶׂב בְּשָׂדְךָ לִבְהֶמְתֶּךָ וְאָכַלְתָּ
וְשָׂבָעְתָּ: הִשָּׁמְרוּ לָכֶם פֶּן־יִפְתֶּה לְבַבְכֶם וְסַרְתֶּם וַעֲבַדְתֶּם
אֱלֹהִים אֲחֵרִים וְהִשְׁתַּחֲוִיתֶם לָהֶם: וְחָרָה אַף־יהוה בָּכֶם וְעָצַר
אֶת־הַשָּׁמַיִם וְלֹא־יִהְיֶה מָטָר וְהָאֲדָמָה לֹא תִתֵּן אֶת־יְבוּלָהּ
וַאֲבַדְתֶּם מְהֵרָה מֵעַל הָאָרֶץ הַטֹּבָה אֲשֶׁר יהוה נֹתֵן לָכֶם:
וְשַׂמְתֶּם אֶת־דְּבָרַי אֵלֶּה עַל־לְבַבְכֶם וְעַל־נַפְשְׁכֶם וּקְשַׁרְתֶּם
אֹתָם לְאוֹת עַל־יֶדְכֶם וְהָיוּ לְטוֹטָפֹת בֵּין עֵינֵיכֶם: וְלִמַּדְתֶּם
אֹתָם אֶת־בְּנֵיכֶם לְדַבֵּר בָּם בְּשִׁבְתְּךָ בְּבֵיתֶךָ וּבְלֶכְתְּךָ בַדֶּרֶךְ
וּבְשָׁכְבְּךָ וּבְקוּמֶךָ: וּכְתַבְתָּם עַל־מְזוּזוֹת בֵּיתֶךָ וּבִשְׁעָרֶיךָ:
לְמַעַן יִרְבּוּ יְמֵיכֶם וִימֵי בְנֵיכֶם עַל הָאֲדָמָה אֲשֶׁר נִשְׁבַּע יהוה
לַאֲבֹתֵיכֶם לָתֵת לָהֶם כִּימֵי הַשָּׁמַיִם עַל־הָאָרֶץ:

במדבר טו

וַיֹּאמֶר יהוה אֶל־מֹשֶׁה לֵּאמֹר: דַּבֵּר אֶל־בְּנֵי יִשְׂרָאֵל וְאָמַרְתָּ
אֲלֵהֶם וְעָשׂוּ לָהֶם צִיצִת עַל־כַּנְפֵי בִגְדֵיהֶם לְדֹרֹתָם וְנָתְנוּ עַל־
צִיצִת הַכָּנָף פְּתִיל תְּכֵלֶת: וְהָיָה לָכֶם לְצִיצִת וּרְאִיתֶם אֹתוֹ
וּזְכַרְתֶּם אֶת־כָּל־מִצְוֺת יהוה וַעֲשִׂיתֶם אֹתָם וְלֹא תָתוּרוּ אַחֲרֵי
לְבַבְכֶם וְאַחֲרֵי עֵינֵיכֶם אֲשֶׁר־אַתֶּם זֹנִים אַחֲרֵיהֶם: לְמַעַן תִּזְכְּרוּ
וַעֲשִׂיתֶם אֶת־כָּל־מִצְוֺתָי וִהְיִיתֶם קְדֹשִׁים לֵאלֹהֵיכֶם: אֲנִי יהוה
אֱלֹהֵיכֶם אֲשֶׁר הוֹצֵאתִי אֶתְכֶם מֵאֶרֶץ מִצְרַיִם לִהְיוֹת לָכֶם
לֵאלֹהִים אֲנִי יהוה אֱלֹהֵיכֶם

אֱמֶת

וְיַצִּיב, וְנָכוֹן וְקַיָּם, וְיָשָׁר וְנֶאֱמָן
וְאָהוּב וְחָבִיב וְנֶחְמָד וְנָעִים
וְנוֹרָא וְאַדִּיר וּמְתֻקָּן וּמְקֻבָּל
וְטוֹב וְיָפֶה
הַדָּבָר הַזֶּה עָלֵינוּ לְעוֹלָם וָעֶד.

אֱמֶת אֱלֹהֵי עוֹלָם מַלְכֵּנוּ
צוּר יַעֲקֹב מָגֵן יִשְׁעֵנוּ
לְדֹר וָדֹר הוּא קַיָּם וּשְׁמוֹ קַיָּם
וְכִסְאוֹ נָכוֹן
וּמַלְכוּתוֹ וֶאֱמוּנָתוֹ לָעַד קַיֶּמֶת.
וּדְבָרָיו חָיִים וְקַיָּמִים
נֶאֱמָנִים וְנֶחֱמָדִים
לָעַד וּלְעוֹלְמֵי עוֹלָמִים
עַל אֲבוֹתֵינוּ וְעָלֵינוּ
עַל בָּנֵינוּ וְעַל דּוֹרוֹתֵינוּ
וְעַל כָּל דּוֹרוֹת זֶרַע יִשְׂרָאֵל עֲבָדֶיךָ
עַל הָרִאשׁוֹנִים וְעַל הָאַחֲרוֹנִים
דָּבָר טוֹב וְקַיָּם לְעוֹלָם וָעֶד.

אֱמֶת וֶאֱמוּנָה, חֹק וְלֹא יַעֲבֹר

אֱמֶת שָׁאַתָּה הוּא יי אֱלֹהֵינוּ וֵאלֹהֵי אֲבוֹתֵינוּ
מַלְכֵּנוּ מֶלֶךְ אֲבוֹתֵינוּ
גּוֹאֲלֵנוּ גּוֹאֵל אֲבוֹתֵינוּ
יוֹצְרֵנוּ צוּר יְשׁוּעָתֵנוּ
פּוֹדֵנוּ וּמַצִּילֵנוּ מֵעוֹלָם שְׁמֶךָ
אֵין אֱלֹהִים זוּלָתֶךָ.

עֶזְרַת אֲבוֹתֵינוּ אַתָּה הוּא מֵעוֹלָם
מָגֵן וּמוֹשִׁיעַ לִבְנֵיהֶם אַחֲרֵיהֶם בְּכָל דּוֹר וָדוֹר.
בְּרוּם עוֹלָם מוֹשָׁבֶךָ
וּמִשְׁפָּטֶיךָ וְצִדְקָתְךָ עַד אַפְסֵי אָרֶץ.
אַשְׁרֵי אִישׁ שֶׁיִּשְׁמַע לְמִצְוֹתֶיךָ
וְתוֹרָתְךָ וּדְבָרְךָ יָשִׂים עַל לִבּוֹ.

אֱמֶת אַתָּה הוּא אָדוֹן לְעַמֶּךָ
וּמֶלֶךְ גִּבּוֹר לָרִיב רִיבָם.

אֱמֶת אַתָּה הוּא רִאשׁוֹן וְאַתָּה הוּא אַחֲרוֹן
וּמִבַּלְעָדֶיךָ אֵין לָנוּ מֶלֶךְ גּוֹאֵל וּמוֹשִׁיעַ.
מִמִּצְרַיִם גְּאַלְתָּנוּ יי אֱלֹהֵינוּ
וּמִבֵּית עֲבָדִים פְּדִיתָנוּ
כָּל בְּכוֹרֵיהֶם הָרָגְתָּ, וּבְכוֹרְךָ גָּאָלְתָּ
וְיַם סוּף בָּקַעְתָּ
וְזֵדִים טִבַּעְתָּ, וִידִידִים הֶעֱבַרְתָּ
וַיְכַסּוּ מַיִם צָרֵיהֶם, אֶחָד מֵהֶם לֹא נוֹתָר.

עַל זֹאת שִׁבְּחוּ אֲהוּבִים וְרוֹמְמוּ אֵל
וְנָתְנוּ יְדִידִים זְמִירוֹת, שִׁירוֹת וְתִשְׁבָּחוֹת
בְּרָכוֹת וְהוֹדָאוֹת לְמֶלֶךְ אֵל חַי וְקַיָּם
רָם וְנִשָּׂא, גָּדוֹל וְנוֹרָא
מַשְׁפִּיל גֵּאִים וּמַגְבִּיהַ שְׁפָלִים
מוֹצִיא אֲסִירִים, וּפוֹדֶה עֲנָוִים וְעוֹזֵר דַּלִּים
וְעוֹנֶה לְעַמּוֹ בְּעֵת שַׁוְּעָם אֵלָיו.

תְּהִלּוֹת לְאֵל עֶלְיוֹן, בָּרוּךְ הוּא וּמְבֹרָךְ
מֹשֶׁה וּבְנֵי יִשְׂרָאֵל
לְךָ עָנוּ שִׁירָה בְּשִׂמְחָה רַבָּה
וְאָמְרוּ כֻלָּם
מִי כָמֹכָה בָּאֵלִם, יי
מִי כָּמֹכָה נֶאְדָּר בַּקֹּדֶשׁ, נוֹרָא תְהִלֹּת, עֹשֵׂה פֶלֶא.
שִׁירָה חֲדָשָׁה שִׁבְּחוּ גְאוּלִים
לְשִׁמְךָ עַל שְׂפַת הַיָּם
יַחַד כֻּלָּם הוֹדוּ וְהִמְלִיכוּ
וְאָמְרוּ
יי יִמְלֹךְ לְעֹלָם וָעֶד.
צוּר יִשְׂרָאֵל, קוּמָה בְּעֶזְרַת יִשְׂרָאֵל
וּפְדֵה כִנְאֻמֶךָ יְהוּדָה וְיִשְׂרָאֵל.
גֹּאֲלֵנוּ יי צְבָאוֹת שְׁמוֹ קְדוֹשׁ יִשְׂרָאֵל.
בָּרוּךְ אַתָּה יי, גָּאַל יִשְׂרָאֵל.

אֲדֹנָי, שְׂפָתַי תִּפְתָּח וּפִי יַגִּיד תְּהִלָּתֶךָ

בָּרוּךְ אַתָּה יי, אֱלֹהֵינוּ וֵאלֹהֵי אֲבוֹתֵינוּ
אֱלֹהֵי אַבְרָהָם, אֱלֹהֵי יִצְחָק, וֵאלֹהֵי יַעֲקֹב
הָאֵל הַגָּדוֹל הַגִּבּוֹר וְהַנּוֹרָא, אֵל עֶלְיוֹן
גּוֹמֵל חֲסָדִים טוֹבִים, וְקֹנֵה הַכֹּל
וְזוֹכֵר חַסְדֵי אָבוֹת וּמֵבִיא גוֹאֵל לִבְנֵי בְנֵיהֶם
לְמַעַן שְׁמוֹ בְּאַהֲבָה.
זָכְרֵנוּ לְחַיִּים, מֶלֶךְ חָפֵץ בַּחַיִּים
וְכָתְבֵנוּ בְּסֵפֶר הַחַיִּים, לְמַעַנְךָ אֱלֹהִים חַיִּים.
מֶלֶךְ עוֹזֵר וּמוֹשִׁיעַ וּמָגֵן.
בָּרוּךְ אַתָּה יי, מָגֵן אַבְרָהָם.

אַתָּה גִּבּוֹר לְעוֹלָם אֲדֹנָי
מְחַיֵּה מֵתִים אַתָּה, רַב לְהוֹשִׁיעַ
בא"י: מוֹרִיד הַטָּל.
מְכַלְכֵּל חַיִּים בְּחֶסֶד
מְחַיֵּה מֵתִים בְּרַחֲמִים רַבִּים
סוֹמֵךְ נוֹפְלִים, וְרוֹפֵא חוֹלִים
וּמַתִּיר אֲסוּרִים, וּמְקַיֵּם אֱמוּנָתוֹ לִישֵׁנֵי עָפָר.
מִי כָמוֹךָ בַּעַל גְּבוּרוֹת וּמִי דוֹמֶה לָּךְ
מֶלֶךְ מֵמִית וּמְחַיֶּה וּמַצְמִיחַ יְשׁוּעָה.

מִי כָמוֹךָ אַב הָרַחֲמִים
זוֹכֵר יְצוּרָיו לְחַיִּים בְּרַחֲמִים.
וְנֶאֱמָן אַתָּה לְהַחֲיוֹת מֵתִים.
בָּרוּךְ אַתָּה יי, מְחַיֵּה הַמֵּתִים.

אַתָּה קָדוֹשׁ וְשִׁמְךָ קָדוֹשׁ
וּקְדוֹשִׁים בְּכָל יוֹם יְהַלְלוּךָ סֶּלָה.

וּבְכֵן תֵּן פַּחְדְּךָ יי אֱלֹהֵינוּ עַל כָּל מַעֲשֶׂיךָ
וְאֵימָתְךָ עַל כָּל מַה שֶּׁבָּרָאתָ
וְיִירָאוּךָ כָּל הַמַּעֲשִׂים
וְיִשְׁתַּחֲווּ לְפָנֶיךָ כָּל הַבְּרוּאִים
וְיֵעָשׂוּ כֻלָּם אֲגֻדָּה אֶחָת
לַעֲשׂוֹת רְצוֹנְךָ בְּלֵבָב שָׁלֵם
כְּמוֹ שֶׁיָּדַעְנוּ יי אֱלֹהֵינוּ שֶׁהַשִּׁלְטָן לְפָנֶיךָ
עֹז בְּיָדְךָ וּגְבוּרָה בִּימִינֶךָ
וְשִׁמְךָ נוֹרָא עַל כָּל מַה שֶּׁבָּרָאתָ.

וּבְכֵן תֵּן כָּבוֹד יי לְעַמֶּךָ
תְּהִלָּה לִירֵאֶיךָ וְתִקְוָה טוֹבָה לְדוֹרְשֶׁיךָ
וּפִתְחוֹן פֶּה לַמְיַחֲלִים לָךְ

שִׂמְחָה לְאַרְצֶךָ, וְשָׂשׂוֹן לְעִירֶךָ
וּצְמִיחַת קֶרֶן לְדָוִד עַבְדֶּךָ
וַעֲרִיכַת נֵר לְבֶן יִשַׁי מְשִׁיחֶךָ בִּמְהֵרָה בְיָמֵינוּ.

וּבְכֵן צַדִּיקִים יִרְאוּ וְיִשְׂמָחוּ, וִישָׁרִים יַעֲלֹזוּ
וַחֲסִידִים בְּרִנָּה יָגִילוּ, וְעוֹלָתָה תִּקְפָּץ פִּיהָ
וְכָל הָרִשְׁעָה כֻּלָּהּ כֶּעָשָׁן תִּכְלֶה
כִּי תַעֲבִיר מֶמְשֶׁלֶת זָדוֹן מִן הָאָרֶץ.

וְתִמְלֹךְ אַתָּה יי לְבַדֶּךָ
עַל כָּל מַעֲשֶׂיךָ
בְּהַר צִיּוֹן מִשְׁכַּן כְּבוֹדֶךָ
וּבִירוּשָׁלַיִם עִיר קָדְשֶׁךָ
כַּכָּתוּב בְּדִבְרֵי קָדְשֶׁךָ
יִמְלֹךְ יי לְעוֹלָם, אֱלֹהַיִךְ צִיּוֹן לְדֹר וָדֹר, הַלְלוּיָהּ.

קָדוֹשׁ אַתָּה וְנוֹרָא שְׁמֶךָ, וְאֵין אֱלוֹהַּ מִבַּלְעָדֶיךָ
כַּכָּתוּב
וַיִּגְבַּהּ יי צְבָאוֹת בַּמִּשְׁפָּט
וְהָאֵל הַקָּדוֹשׁ נִקְדַּשׁ בִּצְדָקָה.
בָּרוּךְ אַתָּה יי, הַמֶּלֶךְ הַקָּדוֹשׁ.

אַתָּה בְחַרְתָּנוּ מִכָּל הָעַמִּים
אָהַבְתָּ אוֹתָנוּ וְרָצִיתָ בָּנוּ, וְרוֹמַמְתָּנוּ מִכָּל הַלְּשׁוֹנוֹת
וְקִדַּשְׁתָּנוּ בְּמִצְוֹתֶיךָ, וְקֵרַבְתָּנוּ מַלְכֵּנוּ לַעֲבוֹדָתֶךָ
וְשִׁמְךָ הַגָּדוֹל וְהַקָּדוֹשׁ עָלֵינוּ קָרָאתָ.

וַתִּתֶּן לָנוּ יי אֱלֹהֵינוּ בְּאַהֲבָה אֶת יוֹם
בשבת: הַשַּׁבָּת הַזֶּה לִקְדֻשָּׁה וְלִמְנוּחָה וְאֶת יוֹם
הַכִּפּוּרִים הַזֶּה, לִמְחִילָה וְלִסְלִיחָה וּלְכַפָּרָה
וְלִמְחָל בּוֹ אֶת כָּל עֲוֹנוֹתֵינוּ /בשבת: בְּאַהֲבָה/
מִקְרָא קֹדֶשׁ, זֵכֶר לִיצִיאַת מִצְרָיִם.

אֱלֹהֵינוּ וֵאלֹהֵי אֲבוֹתֵינוּ
יַעֲלֶה וְיָבוֹא וְיַגִּיעַ, וְיֵרָאֶה וְיֵרָצֶה וְיִשָּׁמַע
וְיִפָּקֵד וְיִזָּכֵר זִכְרוֹנֵנוּ וּפִקְדוֹנֵנוּ וְזִכְרוֹן אֲבוֹתֵינוּ
וְזִכְרוֹן מָשִׁיחַ בֶּן דָּוִד עַבְדֶּךָ, וְזִכְרוֹן יְרוּשָׁלַיִם עִיר קָדְשֶׁךָ
וְזִכְרוֹן כָּל עַמְּךָ בֵּית יִשְׂרָאֵל, לְפָנֶיךָ
לִפְלֵיטָה לְטוֹבָה, לְחֵן וּלְחֶסֶד וּלְרַחֲמִים, לְחַיִּים וּלְשָׁלוֹם
בְּיוֹם הַכִּפּוּרִים הַזֶּה.
זָכְרֵנוּ יי אֱלֹהֵינוּ בּוֹ לְטוֹבָה, וּפָקְדֵנוּ בוֹ לִבְרָכָה
וְהוֹשִׁיעֵנוּ בוֹ לְחַיִּים.
וּבִדְבַר יְשׁוּעָה וְרַחֲמִים
חוּס וְחָנֵּנוּ וְרַחֵם עָלֵינוּ וְהוֹשִׁיעֵנוּ כִּי אֵלֶיךָ עֵינֵינוּ
כִּי אֵל מֶלֶךְ חַנּוּן וְרַחוּם אָתָּה.

אֱלֹהֵינוּ וֵאלֹהֵי אֲבוֹתֵינוּ

מְחַל לַעֲוֹנוֹתֵינוּ בְּיוֹם /בשבת: הַשַּׁבָּת הַזֶּה וּבְיוֹם/

הַכִּפּוּרִים הַזֶּה

מְחֵה וְהַעֲבֵר פְּשָׁעֵינוּ וְחַטֹּאתֵינוּ מִנֶּגֶד עֵינֶיךָ

כָּאָמוּר

אָנֹכִי אָנֹכִי הוּא מֹחֶה פְשָׁעֶיךָ לְמַעֲנִי, וְחַטֹּאתֶיךָ לֹא אֶזְכֹּר.

וְנֶאֱמַר

מָחִיתִי כָעָב פְּשָׁעֶיךָ וְכֶעָנָן חַטֹּאתֶיךָ, שׁוּבָה אֵלַי כִּי גְאַלְתִּיךָ.

וְנֶאֱמַר

כִּי בַיּוֹם הַזֶּה יְכַפֵּר עֲלֵיכֶם לְטַהֵר אֶתְכֶם, מִכֹּל חַטֹּאתֵיכֶם לִפְנֵי יי תִּטְהָרוּ.

בשבת: אֱלֹהֵינוּ וֵאלֹהֵי אֲבוֹתֵינוּ, רְצֵה בִמְנוּחָתֵנוּ

קַדְּשֵׁנוּ בְּמִצְוֹתֶיךָ וְתֵן חֶלְקֵנוּ בְּתוֹרָתֶךָ

שַׂבְּעֵנוּ מִטּוּבֶךָ וְשַׂמְּחֵנוּ בִּישׁוּעָתֶךָ

בשבת: וְהַנְחִילֵנוּ, יי אֱלֹהֵינוּ, בְּאַהֲבָה וּבְרָצוֹן שַׁבַּת קָדְשֶׁךָ
וְיָנוּחוּ בוֹ יִשְׂרָאֵל מְקַדְּשֵׁי שְׁמֶךָ

וְטַהֵר לִבֵּנוּ לְעָבְדְּךָ בֶּאֱמֶת

כִּי אַתָּה סָלְחָן לְיִשְׂרָאֵל וּמָחֳלָן לְשִׁבְטֵי יְשֻׁרוּן בְּכָל דּוֹר וָדוֹר

וּמִבַּלְעָדֶיךָ אֵין לָנוּ מֶלֶךְ מוֹחֵל וְסוֹלֵחַ אֶלָּא אָתָּה.

בָּרוּךְ אַתָּה יי, מֶלֶךְ מוֹחֵל וְסוֹלֵחַ לַעֲוֹנוֹתֵינוּ וְלַעֲוֹנוֹת עַמּוֹ בֵּית יִשְׂרָאֵל

וּמַעֲבִיר אַשְׁמוֹתֵינוּ בְּכָל שָׁנָה וְשָׁנָה

מֶלֶךְ עַל כָּל הָאָרֶץ, מְקַדֵּשׁ /בשבת: הַשַּׁבָּת וְ/

יִשְׂרָאֵל וְיוֹם הַכִּפּוּרִים.

רְצֵה יי אֱלֹהֵינוּ בְּעַמְּךָ יִשְׂרָאֵל וּבִתְפִלָּתָם
וְהָשֵׁב אֶת הָעֲבוֹדָה לִדְבִיר בֵּיתֶךָ
וְאִשֵּׁי יִשְׂרָאֵל וּתְפִלָּתָם בְּאַהֲבָה תְקַבֵּל בְּרָצוֹן
וּתְהִי לְרָצוֹן תָּמִיד עֲבוֹדַת יִשְׂרָאֵל עַמֶּךָ.
וְתֶחֱזֶינָה עֵינֵינוּ בְּשׁוּבְךָ לְצִיּוֹן בְּרַחֲמִים.
בָּרוּךְ אַתָּה יי, הַמַּחֲזִיר שְׁכִינָתוֹ לְצִיּוֹן.

מוֹדִים אֲנַחְנוּ לָךְ
שָׁאַתָּה הוּא יי אֱלֹהֵינוּ וֵאלֹהֵי אֲבוֹתֵינוּ לְעוֹלָם וָעֶד
צוּר חַיֵּינוּ, מָגֵן יִשְׁעֵנוּ אַתָּה הוּא לְדוֹר וָדוֹר.
נוֹדֶה לְּךָ וּנְסַפֵּר תְּהִלָּתֶךָ עַל חַיֵּינוּ הַמְּסוּרִים בְּיָדֶךָ
וְעַל נִשְׁמוֹתֵינוּ הַפְּקוּדוֹת לָךְ
וְעַל נִסֶּיךָ שֶׁבְּכָל יוֹם עִמָּנוּ
וְעַל נִפְלְאוֹתֶיךָ וְטוֹבוֹתֶיךָ שֶׁבְּכָל עֵת, עֶרֶב וָבֹקֶר וְצָהֳרָיִם.
הַטּוֹב כִּי לֹא כָלוּ רַחֲמֶיךָ, וְהַמְרַחֵם כִּי לֹא תַמּוּ חֲסָדֶיךָ
מֵעוֹלָם קִוִּינוּ לָךְ.
וְעַל כֻּלָּם יִתְבָּרַךְ וְיִתְרוֹמַם שִׁמְךָ מַלְכֵּנוּ תָּמִיד לְעוֹלָם וָעֶד.
וּכְתֹב לְחַיִּים טוֹבִים כָּל בְּנֵי בְרִיתֶךָ.
וְכֹל הַחַיִּים יוֹדוּךָ סֶּלָה
וִיהַלְלוּ אֶת שִׁמְךָ בֶּאֱמֶת
הָאֵל יְשׁוּעָתֵנוּ וְעֶזְרָתֵנוּ סֶלָה.
בָּרוּךְ אַתָּה יי, הַטּוֹב שִׁמְךָ וּלְךָ נָאֶה לְהוֹדוֹת.

שִׂים שָׁלוֹם טוֹבָה וּבְרָכָה, חֵן וָחֶסֶד וְרַחֲמִים
עָלֵינוּ וְעַל כָּל יִשְׂרָאֵל עַמֶּךָ.
בָּרְכֵנוּ אָבִינוּ כֻּלָּנוּ כְּאֶחָד בְּאוֹר פָּנֶיךָ
כִּי בְאוֹר פָּנֶיךָ נָתַתָּ לָּנוּ יי אֱלֹהֵינוּ
תּוֹרַת חַיִּים וְאַהֲבַת חֶסֶד
וּצְדָקָה וּבְרָכָה וְרַחֲמִים וְחַיִּים וְשָׁלוֹם.
וְטוֹב בְּעֵינֶיךָ
לְבָרֵךְ אֶת עַמְּךָ יִשְׂרָאֵל
בְּכָל עֵת וּבְכָל שָׁעָה בִּשְׁלוֹמֶךָ.
בְּסֵפֶר חַיִּים, בְּרָכָה וְשָׁלוֹם, וּפַרְנָסָה טוֹבָה
נִזָּכֵר וְנִכָּתֵב לְפָנֶיךָ
אֲנַחְנוּ וְכָל עַמְּךָ בֵּית יִשְׂרָאֵל
לְחַיִּים טוֹבִים וּלְשָׁלוֹם.*
בָּרוּךְ אַתָּה יי, הַמְבָרֵךְ אֶת עַמּוֹ יִשְׂרָאֵל בַּשָּׁלוֹם.

* בחו״ל מסיימים: בָּרוּךְ אַתָּה יי, עוֹשֵׂה הַשָּׁלוֹם.

אֱלֹהֵינוּ וֵאלֹהֵי אֲבוֹתֵינוּ
אָנָּא תָּבֹא לְפָנֶיךָ תְּפִלָּתֵנוּ, וְאַל תִּתְעַלַּם מִתְּחִנָּתֵנוּ
שֶׁאֵין אֲנַחְנוּ עַזֵּי פָנִים וּקְשֵׁי עֹרֶף לוֹמַר לְפָנֶיךָ
יי אֱלֹהֵינוּ וֵאלֹהֵי אֲבוֹתֵינוּ
צַדִּיקִים אֲנַחְנוּ וְלֹא חָטָאנוּ
אֲבָל אֲנַחְנוּ וַאֲבוֹתֵינוּ חָטָאנוּ.

אָשַׁמְנוּ. בָּגַדְנוּ. גָּזַלְנוּ. דִּבַּרְנוּ דֹפִי.
הֶעֱוִינוּ. וְהִרְשַׁעְנוּ. זַדְנוּ. חָמַסְנוּ. טָפַלְנוּ שֶׁקֶר.
יָעַצְנוּ רָע. כִּזַּבְנוּ. לַצְנוּ. מָרַדְנוּ. נִאַצְנוּ. סָרַרְנוּ.
עָוִינוּ. פָּשַׁעְנוּ. צָרַרְנוּ. קִשִּׁינוּ עֹרֶף.
רָשַׁעְנוּ. שִׁחַתְנוּ. תִּעַבְנוּ. תָּעִינוּ. תִּעְתָּעְנוּ.

סַרְנוּ מִמִּצְוֹתֶיךָ וּמִמִּשְׁפָּטֶיךָ הַטּוֹבִים
וְלֹא שָׁוָה לָנוּ.
וְאַתָּה צַדִּיק עַל כָּל הַבָּא עָלֵינוּ
כִּי אֱמֶת עָשִׂיתָ וַאֲנַחְנוּ הִרְשָׁעְנוּ.

מַה נֹּאמַר לְפָנֶיךָ יוֹשֵׁב מָרוֹם
וּמַה נְּסַפֵּר לְפָנֶיךָ שׁוֹכֵן שְׁחָקִים
הֲלֹא כָּל הַנִּסְתָּרוֹת וְהַנִּגְלוֹת אַתָּה יוֹדֵעַ.

אַתָּה יוֹדֵעַ רָזֵי עוֹלָם וְתַעֲלוּמוֹת סִתְרֵי כָּל חָי.
אַתָּה חוֹפֵשׂ כָּל חַדְרֵי בָטֶן וּבוֹחֵן כְּלָיוֹת וָלֵב.
אֵין דָּבָר נֶעְלָם מִמֶּךָּ וְאֵין נִסְתָּר מִנֶּגֶד עֵינֶיךָ.
וּבְכֵן
יְהִי רָצוֹן מִלְּפָנֶיךָ
יי אֱלֹהֵינוּ וֵאלֹהֵי אֲבוֹתֵינוּ
שֶׁתִּסְלַח לָנוּ עַל כָּל חַטֹּאתֵינוּ
וְתִמְחַל לָנוּ עַל כָּל עֲוֹנוֹתֵינוּ
וּתְכַפֵּר לָנוּ עַל כָּל פְּשָׁעֵינוּ.

עַל חֵטְא שֶׁחָטָאנוּ לְפָנֶיךָ בְּאֹנֶס וּבְרָצוֹן
וְעַל חֵטְא שֶׁחָטָאנוּ לְפָנֶיךָ בְּאִמּוּץ הַלֵּב
עַל חֵטְא שֶׁחָטָאנוּ לְפָנֶיךָ בִּבְלִי דָעַת
וְעַל חֵטְא שֶׁחָטָאנוּ לְפָנֶיךָ בְּבִטּוּי שְׂפָתָיִם
עַל חֵטְא שֶׁחָטָאנוּ לְפָנֶיךָ בְּגָלוּי וּבַסָּתֶר
וְעַל חֵטְא שֶׁחָטָאנוּ לְפָנֶיךָ בְּגִלּוּי עֲרָיוֹת
עַל חֵטְא שֶׁחָטָאנוּ לְפָנֶיךָ בְּדִבּוּר פֶּה
וְעַל חֵטְא שֶׁחָטָאנוּ לְפָנֶיךָ בְּדַעַת וּבְמִרְמָה
עַל חֵטְא שֶׁחָטָאנוּ לְפָנֶיךָ בְּהִרְהוּר הַלֵּב
וְעַל חֵטְא שֶׁחָטָאנוּ לְפָנֶיךָ בְּהוֹנָאַת רֵעַ
עַל חֵטְא שֶׁחָטָאנוּ לְפָנֶיךָ בְּוִדּוּי פֶּה
וְעַל חֵטְא שֶׁחָטָאנוּ לְפָנֶיךָ בִּוְעִידַת זְנוּת
עַל חֵטְא שֶׁחָטָאנוּ לְפָנֶיךָ בְּזָדוֹן וּבִשְׁגָגָה
וְעַל חֵטְא שֶׁחָטָאנוּ לְפָנֶיךָ בְּזִלְזוּל הוֹרִים וּמוֹרִים
עַל חֵטְא שֶׁחָטָאנוּ לְפָנֶיךָ בְּחֹזֶק יָד
וְעַל חֵטְא שֶׁחָטָאנוּ לְפָנֶיךָ בְּחִלּוּל הַשֵּׁם
עַל חֵטְא שֶׁחָטָאנוּ לְפָנֶיךָ בְּטִפְשׁוּת פֶּה
וְעַל חֵטְא שֶׁחָטָאנוּ לְפָנֶיךָ בְּטֻמְאַת שְׂפָתָיִם
עַל חֵטְא שֶׁחָטָאנוּ לְפָנֶיךָ בְּיֵצֶר הָרָע
וְעַל חֵטְא שֶׁחָטָאנוּ לְפָנֶיךָ בְּיוֹדְעִים וּבְלֹא יוֹדְעִים

וְעַל כֻּלָּם אֱלוֹהַּ סְלִיחוֹת סְלַח לָנוּ, מְחַל לָנוּ, כַּפֶּר לָנוּ.

עַל חֵטְא שֶׁחָטָאנוּ לְפָנֶיךָ בְּכַפַּת שֹׁחַד
וְעַל חֵטְא שֶׁחָטָאנוּ לְפָנֶיךָ בְּכַחַשׁ וּבְכָזָב
עַל חֵטְא שֶׁחָטָאנוּ לְפָנֶיךָ בְּלָשׁוֹן הָרָע
וְעַל חֵטְא שֶׁחָטָאנוּ לְפָנֶיךָ בְּלָצוֹן
עַל חֵטְא שֶׁחָטָאנוּ לְפָנֶיךָ בְּמַשָּׂא וּבְמַתָּן
וְעַל חֵטְא שֶׁחָטָאנוּ לְפָנֶיךָ בְּמַאֲכָל וּבְמִשְׁתֶּה
עַל חֵטְא שֶׁחָטָאנוּ לְפָנֶיךָ בְּנֶשֶׁךְ וּבְמַרְבִּית
וְעַל חֵטְא שֶׁחָטָאנוּ לְפָנֶיךָ בִּנְטִיַּת גָּרוֹן
עַל חֵטְא שֶׁחָטָאנוּ לְפָנֶיךָ בְּשִׂקּוּר עָיִן
וְעַל חֵטְא שֶׁחָטָאנוּ לְפָנֶיךָ בְּשִׂיחַ שִׂפְתוֹתֵינוּ
עַל חֵטְא שֶׁחָטָאנוּ לְפָנֶיךָ בְּעֵינַיִם רָמוֹת
וְעַל חֵטְא שֶׁחָטָאנוּ לְפָנֶיךָ בְּעַזּוּת מֵצַח

וְעַל כֻּלָּם אֱלוֹהַּ סְלִיחוֹת סְלַח לָנוּ, מְחַל לָנוּ, כַּפֶּר לָנוּ.

עַל חֵטְא שֶׁחָטָאנוּ לְפָנֶיךָ בִּפְרִיקַת עֹל
וְעַל חֵטְא שֶׁחָטָאנוּ לְפָנֶיךָ בִּפְלִילוּת
עַל חֵטְא שֶׁחָטָאנוּ לְפָנֶיךָ בִּצְדִיַּת רֵעַ
וְעַל חֵטְא שֶׁחָטָאנוּ לְפָנֶיךָ בְּצָרוּת עָיִן
עַל חֵטְא שֶׁחָטָאנוּ לְפָנֶיךָ בְּקַלּוּת רֹאשׁ
וְעַל חֵטְא שֶׁחָטָאנוּ לְפָנֶיךָ בְּקַשְׁיוּת עֹרֶף

עַל חֵטְא שֶׁחָטָאנוּ לְפָנֶיךָ בְּרִיצַת רַגְלַיִם לְהָרַע
וְעַל חֵטְא שֶׁחָטָאנוּ לְפָנֶיךָ בִּרְכִילוּת

עַל חֵטְא שֶׁחָטָאנוּ לְפָנֶיךָ בִּשְׁבוּעַת שָׁוְא
וְעַל חֵטְא שֶׁחָטָאנוּ לְפָנֶיךָ בְּשִׂנְאַת חִנָּם

עַל חֵטְא שֶׁחָטָאנוּ לְפָנֶיךָ בִּתְשׂוּמֶת יָד
וְעַל חֵטְא שֶׁחָטָאנוּ לְפָנֶיךָ בְּתִמְהוֹן לֵבָב

וְעַל כֻּלָּם אֱלוֹהַ סְלִיחוֹת סְלַח לָנוּ, מְחַל לָנוּ, כַּפֶּר לָנוּ.

וְעַל חֲטָאִים שֶׁאָנוּ חַיָּבִים עֲלֵיהֶם עוֹלָה
וְעַל חֲטָאִים שֶׁאָנוּ חַיָּבִים עֲלֵיהֶם חַטָּאת
וְעַל חֲטָאִים שֶׁאָנוּ חַיָּבִים עֲלֵיהֶם קָרְבַּן עוֹלֶה וְיוֹרֵד
וְעַל חֲטָאִים שֶׁאָנוּ חַיָּבִים עֲלֵיהֶם אָשָׁם וַדַּאי וְתָלוּי
וְעַל חֲטָאִים שֶׁאָנוּ חַיָּבִים עֲלֵיהֶם מַכַּת מַרְדּוּת
וְעַל חֲטָאִים שֶׁאָנוּ חַיָּבִים עֲלֵיהֶם מַלְקוּת אַרְבָּעִים
וְעַל חֲטָאִים שֶׁאָנוּ חַיָּבִים עֲלֵיהֶם מִיתָה בִּידֵי שָׁמַיִם
וְעַל חֲטָאִים שֶׁאָנוּ חַיָּבִים עֲלֵיהֶם כָּרֵת וַעֲרִירִי
וְעַל חֲטָאִים שֶׁאָנוּ חַיָּבִים עֲלֵיהֶם אַרְבַּע מִיתוֹת בֵּית דִּין
סְקִילָה, שְׂרֵפָה, הֶרֶג, וְחֶנֶק.
עַל מִצְוַת עֲשֵׂה וְעַל מִצְוַת לֹא תַעֲשֶׂה.
בֵּין שֶׁיֵּשׁ בָּהּ קוּם עֲשֵׂה וּבֵין שֶׁאֵין בָּהּ קוּם עֲשֵׂה.

אֶת הַגְּלוּיִים לָנוּ וְאֶת שֶׁאֵינָם גְּלוּיִים לָנוּ
אֶת הַגְּלוּיִים לָנוּ כְּבָר אֲמַרְנוּם לְפָנֶיךָ וְהוֹדִינוּ לְךָ עֲלֵיהֶם
וְאֶת שֶׁאֵינָם גְּלוּיִים לָנוּ
לְפָנֶיךָ הֵם גְּלוּיִים וִידוּעִים
כַּדָּבָר שֶׁנֶּאֱמַר
הַנִּסְתָּרֹת לַיי אֱלֹהֵינוּ
וְהַנִּגְלֹת לָנוּ וּלְבָנֵינוּ עַד עוֹלָם
לַעֲשׂוֹת אֶת כָּל דִּבְרֵי הַתּוֹרָה הַזֹּאת.
כִּי אַתָּה סָלְחָן לְיִשְׂרָאֵל וּמָחֳלָן לְשִׁבְטֵי יְשֻׁרוּן
בְּכָל דּוֹר וָדוֹר
וּמִבַּלְעָדֶיךָ אֵין לָנוּ מֶלֶךְ מוֹחֵל וְסוֹלֵחַ
אֶלָּא אָתָּה.

אֱלֹהַי
עַד שֶׁלֹּא נוֹצַרְתִּי אֵינִי כְדַאי
וְעַכְשָׁיו שֶׁנּוֹצַרְתִּי כְּאִלּוּ לֹא נוֹצַרְתִּי.
עָפָר אֲנִי בְּחַיַּי קַל וָחֹמֶר בְּמִיתָתִי.
הֲרֵי אֲנִי לְפָנֶיךָ כִּכְלִי מָלֵא בּוּשָׁה וּכְלִמָּה.
יְהִי רָצוֹן מִלְּפָנֶיךָ יי אֱלֹהַי וֵאלֹהֵי אֲבוֹתַי
שֶׁלֹּא אֶחֱטָא עוֹד.
וּמַה שֶּׁחָטָאתִי לְפָנֶיךָ מְחֹק בְּרַחֲמֶיךָ הָרַבִּים
אֲבָל לֹא עַל יְדֵי יִסּוּרִים וָחֳלָיִים רָעִים.

תפילת שחרית 197

אֱלֹהַי, נְצֹר לְשׁוֹנִי מֵרָע וּשְׂפָתַי מִדַּבֵּר מִרְמָה, וְלִמְקַלְלַי נַפְשִׁי תִדֹּם, וְנַפְשִׁי כֶּעָפָר לַכֹּל תִּהְיֶה. פְּתַח לִבִּי בְּתוֹרָתֶךָ, וּבְמִצְוֹתֶיךָ תִּרְדֹּף נַפְשִׁי. וְכָל הַחוֹשְׁבִים עָלַי רָעָה, מְהֵרָה הָפֵר עֲצָתָם וְקַלְקֵל מַחֲשַׁבְתָּם. עֲשֵׂה לְמַעַן שְׁמֶךָ, עֲשֵׂה לְמַעַן יְמִינֶךָ, עֲשֵׂה לְמַעַן קְדֻשָּׁתֶךָ, עֲשֵׂה לְמַעַן תּוֹרָתֶךָ. לְמַעַן יֵחָלְצוּן יְדִידֶיךָ הוֹשִׁיעָה יְמִינְךָ וַעֲנֵנִי. יִהְיוּ לְרָצוֹן אִמְרֵי פִי וְהֶגְיוֹן לִבִּי לְפָנֶיךָ, יי צוּרִי וְגֹאֲלִי. עֹשֶׂה הַשָּׁלוֹם בִּמְרוֹמָיו, הוּא יַעֲשֶׂה שָׁלוֹם עָלֵינוּ וְעַל כָּל יִשְׂרָאֵל, וְאִמְרוּ אָמֵן.

יְהִי רָצוֹן מִלְּפָנֶיךָ יי אֱלֹהֵינוּ וֵאלֹהֵי אֲבוֹתֵינוּ, שֶׁיִּבָּנֶה בֵּית הַמִּקְדָּשׁ בִּמְהֵרָה בְיָמֵינוּ, וְתֵן חֶלְקֵנוּ בְּתוֹרָתֶךָ. וְשָׁם נַעֲבָדְךָ בְּיִרְאָה כִּימֵי עוֹלָם וּכְשָׁנִים קַדְמֹנִיּוֹת. וְעָרְבָה לַיי מִנְחַת יְהוּדָה וִירוּשָׁלָיִם כִּימֵי עוֹלָם וּכְשָׁנִים קַדְמֹנִיּוֹת.

פותחים את ארון הקודש

אֲדֹנָי, שְׂפָתַי תִּפְתָּח וּפִי יַגִּיד תְּהִלָּתֶךָ

בָּרוּךְ אַתָּה יְיָ, אֱלֹהֵינוּ וֵאלֹהֵי אֲבוֹתֵינוּ, אֱלֹהֵי אַבְרָהָם, אֱלֹהֵי יִצְחָק, וֵאלֹהֵי יַעֲקֹב, הָאֵל הַגָּדוֹל הַגִּבּוֹר וְהַנּוֹרָא, אֵל עֶלְיוֹן, גּוֹמֵל חֲסָדִים טוֹבִים, וְקוֹנֵה הַכֹּל, וְזוֹכֵר חַסְדֵי אָבוֹת וּמֵבִיא גוֹאֵל לִבְנֵי בְנֵיהֶם לְמַעַן שְׁמוֹ בְּאַהֲבָה.

מִסּוֹד חֲכָמִים וּנְבוֹנִים / וּמִלֶּמֶד דַּעַת מְבִינִים
אֶפְתְּחָה פִּי בִּתְפִלָּה וּבְתַחֲנוּנִים
לְחַלּוֹת וּלְחַנֵּן פְּנֵי מֶלֶךְ מוֹחֵל וְסוֹלֵחַ לַעֲוֹנִים.

סימן: א״ב. [מחברו: משלם בר קלונימוס.]

1 אֵימֶיךָ נָשָׂאתִי חִין בְּעֶרְכִּי / בְּמַלְאֲכוּת עַמְּךָ בֶּרֶךְ בְּבָרְכִּי
גּוֹחִי מִבֶּטֶן הַגִּיהַּ חָשְׁכִּי / דַּבֵּר צָחוֹת וּבַאֲמִתְּךָ הַדְרִיכִי.

מסוד חכמים ונבונים הש״ץ נוטל רשות להפסיק את הברכה בפיוט מענינא דיומא, והוא מצהיר שלא בדה מלבו את הדרשות הכלולות בו אלא לקחם ממה שדרשו חז״ל, והוא מסוד חכמים ונבונים. מסוד ל׳ בסודם אל תבא נפשי (ברא׳ מט ו), ר״ל מתוך מה שדרשו חכמים ונבונים בבית מדרשם. **אפתחה ... לחלות ולחנן פני מלך מוחל** ... התאמה של הנוסח הכללי (אפתחה פי בשיר ורננים / להודות ולהלל פני שוכן מעונים) לצרכי יום הכפורים. **לחלות** ל׳ ויחל משה (שמות לב יא), ואצל הפייטנים בלי ׳פני׳. **לחנן** להתחנן.

1 **אימיך נשאתי** ע״ש תהל׳ פח טז נשאתי אמיך אָפונה. **חין בערכי** (ע״ש איוב מא ד וחין ערכו) כשאני עורך את תחינתי. **במלאכות** בשליחות. **ברך בברכי** כשאני כורע את ברכי. 2 **גוחי** בוראי, מוציאי, ע״ש תהל׳ כב י כי אתה גוחי מבטן. **הגיה חשכי** ע״ש תהל׳ יח כט אלהי יגיה חשכי. **דבר צחות** ישע׳ לב ד. 3 **לשפוך שיח ערב** ע״ש תהל׳ קב א ישפוך שיחו. ושם קד לד יערב עליו

199 חזרת הש״ץ לשחרית

הוֹרֵנִי שְׁפוֹךְ שִׂיחַ עָרֵב / וְלוֹנְנֵי בְּצִלְּךָ אוֹתִי לְקָרֵב
זַעַק יוֹפַק בְּכִוּוּן קֶרֶב / חֲלוֹתִי פָּנֶיךָ צִדְקָתְךָ תְּקָרֵב.

טְהוֹר עֵינַיִם מְאֹד נַעֲלָה / יַדְּעֵנִי בִּין עֶרֶךְ תְּפִלָּה
כַּדָּת לְחַנֵּן בְּלִי תִפְלָה / לְהַמְצִיא שׁוֹלְחַי אֶרֶךְ וּתְעָלָה.

מִפְתַּח שְׂפָתַי תְּבָרֵר וּתְיַשֵּׁר / נִדְבוֹת פִּי רְצֵה וְהַכְשֵׁר
סֵדֶר הֲגִיגִי כְּשַׁי יִתָּשֵׁר / עֶתֶר פִּצְחִי כִּזִילַת חֶשֶׁר.

פְּעָמַי הָכֵן פְּצוּתִי מִכֶּשֶׁל / צוּר תְּמוֹךְ אֲשׁוּרַי מֵהִנָּשֵׁל
קוֹמְמֵנִי וְחַזְּקֵנִי מֵרִפְיוֹן וָחֵשֶׁל / רְצוֹת אֲמָרַי וְלֹא אֶכָּשֵׁל.

שָׁמְרֵנִי כְּאִישׁוֹן מִפֶּלֶץ וּבְעָתָה / שׁוּר שִׁפְלוּתִי וּלְכָה לִישׁוּעָתָה
תָּחוֹן דִּכְאוּתִי כִּלְחוֹזָךְ פַּצְתָּ / תְּרַחֵם עַל בֵּן אִמַּצְתָּ.

סוגרים את ארון הקודש

שיחי. **ולונני בצלך** תושיב אותי בצלך, ע״ש תהל׳ צא א בצל שדי יתלונן. **4 זעק יופק בכיוון קרב** תפלתי תבוצע בכוונת הלב, ע״ש תהל׳ קג א ברכי נפשי את ה׳ וכל קרבי את שם קדשו. **חלותי** בחלותי. **צדקתך תקרב** ר״ל תקרבני. **5 טהור עינים** חבק׳ א יג. **מאד נעלה** תהל׳ מז י. **ידעני בין** הודיעני להבין. **6 בלי תפלה** בלי דופי. **ארך ותעלה** ארוכה ורפואה (תעלה ע״ש ירמ׳ ל יג). **7 מפתח שפתי** ע״ש תהל׳ נא יז שפתי תפתח. **נדבות פי רצה** תהל׳ קיט קח. **8 סדר הגיגי** ע״ש תהל׳ ה ב בינה הגיגי **כשי יתשר** תהי תשורה (ע״ש ש״א ט ז, מזה יצרו מלת ׳תשר׳ דוגמת ׳תרם׳ מתרומה). **עתר פצחי** עתירתי. **כזילת חשר** כנזילת מטר (הענין ע״פ דבר׳ לב ב יערף כמטר לקחי תזל כטל אמרתי) ע״ש חשרת מים (ש״ב כב יב). **9 פצותי מכשל** להציל אותי מכשלון (ע״ש תהל׳ קמד ז פצני והצילני). **תמוך אשורי** תהל׳ יז ה תמוך אשורי במעגלותיך בל נמוטו פעמי. **מהנשל** שלא ימעדו (המלה במשמעות זו מחודשת היא). **10 וחשל** וחולשה, ע״ש דבר׳ כה יח כל הנחשלים אחריך. **11 שמרני כאישון** ע״ש תהל׳ יז ח שמרני כאישון בת עין. **מפלץ ובעתה** מפלצות (ע״ש ישע׳ כא ד פלצות בעתתני). **ולכה לישועתה** תהל׳ פ ג. **12 דכאותי** דכאות לבי. **כלחוזך פצת** כמו שאמרת לנביאך (ישע׳ נז טו) כי כה אמר רם ונשא שכן עד וקדוש שמו מרום וקדוש אשכון, ואת דכא ושפל רוח וכו׳. **תרחם על בן אמצת** על ישראל, ע״ש תהל׳ פ טז.

סימן: א״ב.

אִמַּצְתָּ עָשׂוֹר לְכִפּוּר תַּמָּה / בּוֹ לְצַחְצֵחַ צָאוּי כְּתֶמָה
גְּהוֹץ צַחֲנָהּ עִוּוּיָהּ לְהָתֵמָה / דִּינָהּ לְהָאִיר לִתְחִי לְחָתְמָה.

הַחֲרָדָה מִתֵּקַע יוֹם תְּרוּעָה / וּדְבָרִים קָחָה סַרְעַף לְקָרְעָה
זֶה אֵלִי לְצֶדֶק הַכְרִיעָה / חַי חַי יוֹדְךָ בַּהֲרִיעָה.

טַפֶּיהָ וִישִׁישֶׁיהָ בְּעִנּוּי עֲיֵפִים / יְצִיגָתָם שׁוּר בְּיָחֵף יְחֵפִים
כֻּלָּם צָגִים וְלֹבֶן מְעֻטָּפִים / לְאַדֶּרְךָ בְּקֹדֶשׁ כִּשְׂרָפִים עָפִים.

מָגֵן עִקָּרֵמוֹ בָּךְ חוֹסִים / נִשְׁעָנִים בְּתֻמָּם וּבְצִלְּךָ חָסִים
סְמוּכִים בִּבְרִית שְׁלֹשֶׁת יְחוּסִים / עוֹדְדֵם הֱיוֹת שֹׁטְנֵימוֹ הָסִים.

פְּנֵה בְּצִדְקַת אָת מֵעֵבֶר / צֹאנְךָ תַּחַת שֵׁבֶט כְּהַעֲבֵר
קַדְּמֵם רַחֲמֶיךָ בְּלִי הִתְעַבֵּר / רַחוּם עַל פֶּשַׁע עוֹבֵר.

1 אימצת החזקת, ייעדת. **עשור** יום הכפורים, ע״ש ויק׳ כג כז. **לכפור תמה** כינוי לישראל, ע״ש שה״ש ה ב. **לצחצח צאוי כתמה** לנקות את זוהמת החטא. **2 גהוץ צחנה** הלבן חטאה. **עיוויה להתמה** לבטל את עונה (ע״ש איכה ד כב תם עונך). **לתחי** לתחיה. **3 מתקע** מתקיעה. **ודברים קחה** ע״ש הושע יד ג קחו עמכם דברים. **סרעף לקרעה** לקרע את לבה, ע״ש יואל ב יג וקרעו לבבכם ואל בגדיכם, וסרעף (פי׳ מחשבה, ע״ש תהל׳ צד יט ברב שרעפי בקרבי, ושגור אצל הפייטנים לשון סרעפי לב) בא כאן ככינוי ללב. **4 זה אלי** שמות טו ב. **חי חי יודך** ע״ש ישע׳ לח יט חי חי הוא יודך. **5 טפיה וישישיה** צעירים וזקנים. **יציגתם שור** ראה עמידתם. **ביחף יחפים** מפני שנעילת הסנדל אסורה ביום כפור. **6 כולם צגים** ניצבים. **ולובן מוצעפים** לפי מנהג עתיק לובשים לבנים. **כשרפים עפים** כמלאכים, שביו״כ ישראל נקיים כמלאכי השרת. **7 מגן עיקרימו בך חוסים** סומכים עליך שאתה הוא מגן אברהם יצחק ויעקב עיקרם, והלשון ע״ש תהל׳ יח לא מגן הוא לכל החוסים בו. **נשענים בתומם** בצדקם. **ובצלך חסים** ע״ש תהל׳ נז ב ובצל כנפיך אחסה, וכדומה (וצורת חסים על דרך שרשי ע״ו במקום חוסים, כרגיל אצל פייטנים). **8 בברית שלשת יחוסים** שלשת האבות שהם המיוחסים. **הסים** שותקים (ל׳ הס מפניו, חבק׳ ב כ וכדומה). **9 את מעבר** אברהם שבא מעבר לנהר (׳את׳ במקום אתה, דבר׳ לג ב). **צאנך תחת שבט כהעבר** בהעבירך את בני אדם כצאן תחת שבט, ע״ש ויק׳ כז לב כל אשר יעבר תחת השבט.

חזרת הש״ץ לשחרית 201

11 שֶׁמֶץ זְדוֹנָם תְּכַבֵּס וּתְטַהֵר / שׁוֹעָם קְשׁוֹב וְאַל תְּאַחֵר
תְּמוּכֵי יְמִינְךָ פְּנֵיהֶם נַהֵר / תַּעְתּוּעַ חֶטְאָם תְּכַפֵּר לְטַהֵר.

כַּצָּהֳרַיִם מִשְׁפָּטֵנוּ הָאֵר / חוֹכֶיךָ לְטוֹב תַּשְׁאֵר
צִדְקֵנוּ תְּחַפֵּשׂ וּתְבָאֵר / בְּמָגִנְּךָ נִתְגּוֹנֵן לְהִתְפָּאֵר.

זָכְרֵנוּ לְחַיִּים, מֶלֶךְ חָפֵץ בַּחַיִּים
וְכָתְבֵנוּ בְּסֵפֶר הַחַיִּים, לְמַעַנְךָ אֱלֹהִים חַיִּים.
מֶלֶךְ עוֹזֵר וּמוֹשִׁיעַ וּמָגֵן. בָּרוּךְ אַתָּה יי, מָגֵן אַבְרָהָם.

אַתָּה גִּבּוֹר לְעוֹלָם אֲדֹנָי, מְחַיֵּה מֵתִים אַתָּה, רַב לְהוֹשִׁיעַ
בא״י: מוֹרִיד הַטָּל.
מְכַלְכֵּל חַיִּים בְּחֶסֶד, מְחַיֵּה מֵתִים בְּרַחֲמִים רַבִּים, סוֹמֵךְ נוֹפְלִים, וְרוֹפֵא חוֹלִים, וּמַתִּיר אֲסוּרִים, וּמְקַיֵּם אֱמוּנָתוֹ לִישֵׁנֵי עָפָר. מִי כָמוֹךָ בַּעַל גְּבוּרוֹת וּמִי דּוֹמֶה לָּךְ, מֶלֶךְ מֵמִית וּמְחַיֶּה וּמַצְמִיחַ יְשׁוּעָה.

סימן: תשר״ק.

1 תַּאֲוַת נֶפֶשׁ לְשִׁמְךָ וּלְזִכְרְךָ / שְׁקוֹד לְרַחֵם מְבָרְכֵי זָכְרְךָ
רְצוּיֵי אֱהַב כְּנַעַר וָרַךְ / קְרוּאִים וּנְקוּבִים בְּנָךְ בְּכוֹרְךָ.

10 קדמם רחמיך ר״ל תגרום שיקדמו אותם רחמיך, ע״ש תהל׳ עט ח מהר יקדמונו רחמיך. ושמא ר״ל קדמם ברחמיך. **בלי התעבר** בלי לכעוס, ע״ש דבר׳ ג כו ויתעבר ה׳ בי. **על פשע עובר** מיכה ז יח. **נהר** תאיר, מל׳ נהורא. **12 תעתוע** רמאות, ע״ש ירמ׳ י טו. **13 כצהרים משפטנו האר** ע״ש תהל׳ לז ו והוציא כאור צדקך ומשפטך כצהרים. **חוכיך לטוב תשאר** המקוים לך תשאיר בחתימה טובה.

1 תאות נפש לשמך ולזכרך ע״ש ישע׳ כו ח, וכאן הוא בא ככינוי להקב״ה. **2 רצויי אהב כנער ורך** ע״ש הושע יא א כי נער ישראל ואהבהו. **קרואים ונקובים** (פי׳ מצויינים, מל׳ אשר נקבו בשמות, במד׳ א יז) **בנך בכורך** ע״ש שמות ד כב. **3 צבאות הוצאת מכור אונים** ע״ש שמות יב

צְבָאוֹת הוֹצֵאתָ מִכּוּר אוֹנִים / פְּדוּתָם מִפֶּרֶךְ הָלְכוּ שִׁנְאַנִּים
עֲמוּסִים מִבֶּטֶן פֶּצֶם מְשָׁאוֹנִים / סְעָדֵם בַּל לָמוֹד כְּסְאוֹנִים.

נְתוּנָה בְּרִיתְךָ חֹק בִּשְׁאֵרָם / מִמַּחְצֶבֶת צוּרָם מוֹלֶדֶת שְׁאוּרָם
לַבְּרִית הַבֵּט וְתָדִיחַ כְּאוּרָם / כְּבַסֵּם הֶרֶב וְתַבְהִיק אוּרָם.

יֵרָאֶה לְפָנֶיךָ עֵקֶד מְיֻחָד / טוֹבֵחַ וְטָבוּחַ מִדַּבְּרְךָ פָּחַד
חֲנִיטָיו חָלֵץ מֵאֵימָתָהּ וָפַחַד / זְבוּחוֹ וְדִשּׁוּנוֹ לְפָנֶיךָ יִתְיַחַד.

וְאִם הֶעֱוּוּ אֹרַח לְסַלֵּף / הִזָּכֵר רַחֲמֶיךָ חֹק מִלְּחַלֵּף
דְּרִישַׁת צֶדֶק מֵלִיץ יְאַלֵּף / גְּנוּנֶיךָ לְחַזֵּק בְּמָגִנַּת אֶלֶף.

בַּדֵּי יְדִידֶיךָ הֲגִיגָם בִּין / בְּצוּרָם תִּשַׁע וְחֵטְא תַּלְבִּין
אָוֶן מִתְחַנְנֶיךָ בְּלִי תָבִין / אֶנֶק שְׁמַע וְלַחַשׁ הָבִין.

מא יצאו כל צבאות ה׳ מארץ מצרים, ודבר׳ ד כ ואתכם לקח ה׳ ויוציא אתכם מכור הברזל ממצרים, ומצרים נקראים אונים ע״ש העיר און (ברא׳ מא מה ועוד), ויש מפרשים אונים מל׳ אָוֶן, שעשו המצרים לישראל און, ומ״מ נשמע רמז לישע׳ מח י בחרתיך בכור עני. **פדותם מפרך הלכו שנאנים** המלאכים הלכו לפדות אותם. **4 עמוסים מבטן** ישע׳ מו ג. **פצם משאונים** הוציאם מהרעש. **סעדם בל למוד כסאונים** תושיעם בלי למדוד להם סאה בסאה. **5 חק בשארם** ברית מילה היא חק בבשרם, והוא נוסח הברכה ׳אשר קדש׳ בטכס ברית מילה. **ממחצבת צורם** ע״ש ישע׳ נא א הביטו אל צור חוצבתם, והוא אברהם אבינו. **מולדת שאורם** שארית מולדתם, ר״ל שארית ישראל שהם מולדת אברהם אבינו. **6 לברית הבט** תהל׳ עד כ. **ותדיח כאורם** ותכבס (ל׳ ישע׳ ד ד דמי ירושלם ידיח) את טינופם (כאור, כמו כעור, לשון המשנה, ב״ק ט׳ ד׳). **כבסם הרב** ע״ש תהל׳ נא ד הרב כבסני מעוני. **7 עקד מיוחד** עקידת היחיד. **טובח וטבוח מדברך פחד** גם אברהם גם יצחק היו חרדים לדברך. **8 חניטיו חלץ מאימתה ופחד** (ל׳ שמות טו טז) בניו תפדה. **זיבוחו ודישונו לפניך יתיחד** לפי דרשת חז״ל רואין אפרו של יצחק כאילו צבור על גבי המזבח, עי׳ ירו׳ תענית ב׳ א׳ דף ס״ה א׳. ספרא בחוקותי ח׳ ז׳. ויק״ר ל״ו ה׳ (ע׳ תתמט). תנחומא וירא סוף כ״ג, ועוד. ועי׳ שפיגל, מאגדות העקדה, ס׳ היובל לא. מרכס, תש״י, ע׳ תפד־תצ. **9 חוק מלחלף** שלא תחליף את השבועה שנשבעת. **10 דרישת צדק מליץ יאלף** אברהם שהיה מליץ בעד סדום ודרש צדק בעדם יאלף, ר״ל ילמד איך לדרוש בעדנו **גנוניך לחזק במגנת אלף** ע״ש שה״ש ד ד אלף המגן תלוי עליו, ודרשוהו על אברהם שאמר לפני הקב״ה רבש״ע לי נעשית מגן ולבני אין אתה נעשה מגן, אמר לו הקב״ה לך הייתי מגן אחד שנא׳ (ברא׳ טו א) אנכי מגן לך, אבל

13 נֶפֶשׁ נַעֲנָה תְּבַשֵּׂר סְלִיחָה / פַּלְּטֵם מֵעֵמֶק שׁוּחָה

מִתְקוֹמְמֵינוּ יְהוּ כַּסּוּחָה / הַחֲיֵינוּ בְּטַל אֱמוּנָתְךָ לְשׁוּחֵחָה.

לבניך אני נעשה מגינים הרבה, הה"ד אלף המגן תלוי עליו... **11 בדי ידידיך** בני אוהביך (בדים, פי' ענפים, דוגמת יחזק' יז ו ועוד). **הגיגם בין** ע"ש תהל' ה ב בינה הגיגי. **ביצורם תשע** תפנה אל תפלתם, וביצור הוא אחד מי' לשונות של תפלה (דברים רבה ב' א'). **12 און מתחנניך בלי תבין** אל תשים לב אליו, ע"ש איוב יא יא וירא און ולא יתבונן. **אנק** אנקה. **13 נפש נענה** ישע' נח י. **מעמק שוחה** ע"ש משלי כג כז שוחה עמוקה. **14 כסוחה** (ישע' ה כה) כסחי ומאוס. **אמונתך לשוחחה** כדי שיספרו אמונתך.

ש"ץ וקהל:

עַד יוֹם מוֹתוֹ תְּחַכֶּה לוֹ לִתְשׁוּבָה / לְהַנְטוֹתוֹ לִתְחִיָּה.

עד יום מותו תחכה לו לתשובה (עי' בתפלת 'ונתנה תוקף', כמעט באותו הלשון) שידו של הקב"ה פרושה לקבל בעלי תשובה (עירובין דף י"ג ב. ועי' ג"כ קידושין דף מ' א'). **להנטותו לתחיה** להטות אותו לדרך הישרה כדי שיחיה, ע"ש יחזק' לג יא כי אם בשוב רשע מדרכו וחיה, וכדומה.

סימן: א"ב.

1 אֱנוֹשׁ מַה יִּזְכֶּה / וּצְבָא דֹק / לֹא זַכּוּ בְעֵינֶיךָ.

בַּלְּחִים אִם / תִּבְעַר הָאֵשׁ / מַה בֶּחָצִיר יָבֵשׁ.

עַד יוֹם מוֹתוֹ תְּחַכֶּה לוֹ לִתְשׁוּבָה / לְהַנְטוֹתוֹ לִתְחִיָּה.

גָּלוּי לְךָ / חֹשֶׁךְ כְּמוֹ אוֹר / מְשׁוֹטֵט כֹּל בָּעַיִן.

דִּירָתְךָ בַּסֵּתֶר / וּגְלוּיוֹת לְךָ / כָּל נִסְתָּרוֹת.

עַד יוֹם מוֹתוֹ תְּחַכֶּה לוֹ לִתְשׁוּבָה / לְהַנְטוֹתוֹ לִתְחִיָּה.

1 אנוש מה יזכה ע"ש איוב טו יד מה אנוש כי יזכה וכי יצדק ילוד אשה. **וצבא דוק** צבא השמים, ע"ש ישע' מ כב הנוטה כדק שמים. **לא זכו בעיניך** ע"ש איוב טו טו הן בקדושיו לא יאמין ושמים לא זכו בעיניו. **2 בלחים אם תבער אש** אם אתה מדקדק עם הצדיקים, קל וחומר **בחציר יבש** בבינוניים וברשעים. **3 גלוי לך חשך כמו אור** הנסתרות גלויות לך. **משוטט כל בעין** ע"ש זכר' ד י עיני ה' המה משוטטים בכל הארץ. **4 דירתך בסתר** ע"ש תהל' צא א יושב בסתר עליון.

הַדָּן יְחִידִי / וְהוּא בְאֶחָד / וּמִי יְשִׁיבֶנּוּ.
וְעַל גּוֹי וְעַל אָדָם / יַחַד יִנְטֶה קָו / וְאֵין מִי יַרְשִׁיעַ.
עַד יוֹם מוֹתוֹ תְּחַכֶּה לוֹ לִתְשׁוּבָה / לְהַנְטוֹתוֹ לִתְחִיָּה.

זֹאת יָבִין יְצִיר / וְלֹא יִתְעוּ יֵצֶר / לַחֲטֹא לַיּוֹצֵר.
חֲתֻלַּת בְּאֵרוֹ / חֲפִירַת בּוֹרוֹ / חֶשְׁבּוֹן בּוֹרְאוֹ.
עַד יוֹם מוֹתוֹ תְּחַכֶּה לוֹ לִתְשׁוּבָה / לְהַנְטוֹתוֹ לִתְחִיָּה.

טָמֵא מִשְּׁאֵרוֹ / וּמְטַמֵּא בְּעוֹדוֹ / וּמְטַמֵּא בְּמוֹתוֹ.
יְמֵי חַיָּיו תֹּהוּ / וְלֵילוֹתָיו בֹּהוּ / וְעִנְיָנָיו הָבֶל.
עַד יוֹם מוֹתוֹ תְּחַכֶּה לוֹ לִתְשׁוּבָה / לְהַנְטוֹתוֹ לִתְחִיָּה.

כַּחֲלוֹם מֵהָקִיץ / נִדְמֶה, בַּלָּהוֹת / יְבַעֲתוּהוּ תָמִיד.
לַיְלָה לֹא יִשְׁכַּב / יוֹמָם לֹא יָנוּחַ / עַד יֵרֵדֶם בַּקָּבֶר.
עַד יוֹם מוֹתוֹ תְּחַכֶּה לוֹ לִתְשׁוּבָה / לְהַנְטוֹתוֹ לִתְחִיָּה.

5 הדן יחידי ע׳ אבות ד׳ ה׳ שאין דן יחידי אלא אחד. **והוא באחד ומי ישיבנו** איוב כג יג, ר״ל מי יכול לשנות את דעתו. **6 ועל גוי ועל אדם יחד** ל׳ איוב לד כט **ינטה קו** ע״ש איכה ב ח נטה קו, ר״ל את קו הדין. **ואין מי ירשיע** ע״ש איוב לד יז ואם צדיק כביר תרשיע. **7 זאת יבין יציר** בן אדם ישים זאת אל לבו **ולא יתעו יצר לחטוא ליוצר** משחק מלים ידוע, כגון ברכות דף ס״א א׳ אוי לי מיוצרי ואוי לי מיצרי. והענין הוא מאמר עקביה בן מהללאל (אבות ג׳ א׳) הסתכל בשלשה דברים ואין אתה בא לידי עברה דע מאין באת וכו׳, ובמדרש קהלת י״ב א׳ אמר ר׳ יהושע בן לוי דסכנין שלשתן דרש עקיבא מתוך תיבה אחת (ר״ל מהפסוק קהל׳ יב א וזכר את בוראיך) בורך בארך בוראך. בארך (לפי תיקון הרזו״א, וכן כנראה גירסת הפייטן) זו לחה סרוחה. בורך זו רמה ותולעה. בוראך זה מלך מלכי המלכים הקב״ה שאתה עתיד ליתן לפניו דין וחשבון, עכ״ל. ולפי זה אומר הפייטן **8 חתולת בארו** (חתולה ל׳ איוב לח ט, פי׳ כסוי, חיתול) יצירתו במעי אמו. **חפירת בורו** שסופו בקבר. **וחשבון בוראו** שהוא צריך לתת דו״ח. **9 טמא משארו** ר״ל טמא הוא ע״י טומאה היוצאת מבשרו, כגון זיבה. **ומיטמא בעודו** הוא מקבל טומאה במגע ובמשא. **ומטמא במותו** שהמת הוא אבי אבות הטומאה. **10 ימי חייו תוהו ולילותיו בוהו** המונחים ידועים מהמקרא (ברא׳ א ב. ירמ׳ ד כג ועוד), והעבירום הפייטן לחיי האדם. **11 כחלום מהקיץ** ל׳ תהל׳ עג כ. **בלהות יבעתוהו תמיד** ע״ש איוב יח יא סביב בעתהו בלהות, ר״ל הוא נדמה למי

מַה יִּתְאוֹנֵן / אָדָם חָי / דַּיּוֹ אֲשֶׁר הוּא חָי.
נוֹלַד לְעָמָל / אַשְׁרָיו אִם יְהִי / יְגִיעוֹ בְּדַת אֱמֶת.
עַד יוֹם מוֹתוֹ תְּחַכֶּה לוֹ לִתְשׁוּבָה / לְהַנְטוֹתוֹ לִתְחִיָּה.

סוֹפוֹ / עַל רֹאשׁוֹ מוֹכִיחַ / וְלָמָּה יַחֲנִיף.
עוֹד חוֹתְמוֹ / מְעִידוֹ עַל פָּעֳלוֹ / וּמַה יִּגְנֹב דָּעַת.
עַד יוֹם מוֹתוֹ תְּחַכֶּה לוֹ לִתְשׁוּבָה / לְהַנְטוֹתוֹ לִתְחִיָּה.

פּוֹעֵל צְדָקוֹת / אִם יְהִי, יְלַוּוּהוּ / לְבֵית עוֹלָמוֹ.
צוֹפֶה בְחָכְמָה / אִם יְהִי, עִמּוֹ / תִּתְלוֹנֵן בְּכֶלַח.
עַד יוֹם מוֹתוֹ תְּחַכֶּה לוֹ לִתְשׁוּבָה / לְהַנְטוֹתוֹ לִתְחִיָּה.

קָצוּף בְּדָמִים / וּמִרְמָה אִם יְהִי / חֲרוּצִים יָמָיו.
רְצוֹנוֹ וְחֶפְצוֹ / בִּהְיוֹת בְּמוּסָר / יָנוּב בְּשֵׂיבָה טוֹבָה.
עַד יוֹם מוֹתוֹ תְּחַכֶּה לוֹ לִתְשׁוּבָה / לְהַנְטוֹתוֹ לִתְחִיָּה.

שנתעורר מהחלום, ופחד מטריד אותו תמיד. **13 מה יתאונן אדם חי** איכה ג לט. **דיו אשר הוא חי** דרשת ר׳ יודן במדרש רבה שם. **14 נולד לעמל** ע״ש איוב ה ז כי אדם לעמל יולד. **אשריו אם יגיעו בדת אמת** שיקבל את שכר עמלו. **15 סופו על ראשו מוכיח** סופו של האדם מוכיח אל תחילתו שהוא להבל דמה. **ולמה יחניף** (ל׳ במד׳ לה לג ולא תחניפו את הארץ, או כדומה) ר״ל למה יחניף להקב״ה כאילו הוא צדיק. **16 עוד חותמו מעידו על פעלו** ע״ש איוב לז ז ביד כל אדם יחתום לדעת כל אנשי מעשהו, ודרשת חז״ל תענית דף י״א א׳. **ומה יגנוב דעת** המונח התלמודי של גניבת דעת הבריות (תוספתא ב״ק ז׳ ח׳. חולין דף צ״ד א׳) העבר ע״י הפייטן לרמאות כלפי הגבוה. **17 פועל צדקות אם יהי ילווהו לבית עולמו** ר״ל הצדקות שעשה ילווהו, ע״פ מאמר חז״ל בפרק קנין תורה ט׳ שבשעת פטירתו של אדם אין מלווים לו לאדם לא כסף ולא זהב לא אבנים טובות ומרגליות אלא תורה ומעשים טובים בלבד. שנא׳ (משלי ו כב) בהתהלכך תנחה אותך... בעולם הזה. בשכבך תשמר עליך... בקבר. והקיצות היא תשיחך... לעולם הבא. ולשון ׳לבית עולמו׳ ע״ש קהל׳ יב ה. **18 צופה בחכמה אם יהי** אם יתעסק בתורה ובחכמה **עמו תתלונן בכלחו** בזקנתו תתמוך בו, ע״ש איוב ה כו תבוא בכלח אלי קבר. **14 קצוף בדמים ומרמה אם יהי** אם ינהג בקצף. **חרוצים ימיו** מל׳ כלה ונחרצה (ישע׳ י כג), ר״ל ימי חייו קצרים, ע״ש משלי י כז יראת ה׳ תוסיף ימים ושנות רשעים תקצרנה. **20 ינוב בשיבה טובה**

21 שֵׁם טוֹב אִם יִקְנֶה / מִשֵּׁמוֹת נָעִים / אֲשֶׁר יִקָּרֵא.
תַּחַת כֵּן / מִיּוֹם לֵדָה / יוֹם מִיתָה הוּטָב.
עַד יוֹם מוֹתוֹ תְּחַכֶּה לוֹ לִתְשׁוּבָה / לְהַנְטוֹתוֹ לִתְחִיָּה.

ע״ש תהל׳ צב טו עוד ינובון בשיבה. **21 שם טוב אם יקנה** עי׳ אבות ב׳ ח׳ קנה שם טוב קנה לעצמו, ואם יקנה אדם שם טוב **משמות נעים** הוא נעים מכל השמות (וי״ג משם נעים, מכל שם שהוא) **אשר יקרא** עי׳ תנחומא ויקהל א׳ שלשה שמות נקראו לו לאדם. אחד מה שקוראים לו אביו ואמו. ואחד מה שקוראים לו בני אדם. ואחד מה שקונה הוא לעצמו. טוב מכולן מה שקונה הוא לעצמו... זש״ה טוב שם משמן טוב ויום המות מיום הולדו (קהל׳ ז א). אמרו לשלמה מהו טוב שם משמן טוב. אמר להם בשעה שאדם נולד אין הכל יודעין מי הוא. נפטר בשם טוב משפיע מעשים טובים וכו׳. **22 תחת כן מיום לידה יום מיתה הוטב** לפי הנ״ל. ותחת כן פי׳ לכן.

מִי כָמוֹךָ אַב הָרַחֲמִים, זוֹכֵר יְצוּרָיו לְחַיִּים בְּרַחֲמִים.
וְנֶאֱמָן אַתָּה לְהַחֲיוֹת מֵתִים.
בָּרוּךְ אַתָּה יְיָ, מְחַיֵּה הַמֵּתִים.

סימן: א״ת ב״ש.

1 אַחֲדוּת יוֹם זֶה בַּשָּׁנָה   תְּרוּפָה וּצְרִי שַׂמְתּוֹ לַשּׁוֹשַׁנָּה
בְּשָׁלֵם בִּהְיוֹת סֻכָּךְ בָּרִאשׁוֹנָה   שֵׁרוּתוֹ כִּפֵּר פִּשְׁעֵי יְשֵׁנָה.
גּוֹלִים מִנָּוֶךָ זְרוּיִם מֵהַלְאָה   רֹן מְפִיקִים לַחְתֹּל תְּלָאָה
דְּכָאוּת רוּחַ וְשֶׁבֶר נַהֲלָאָה   קָדוֹשׁ חֲשֹׁב כְּזִבְחֵי הָעֹלָה.

1 איחדת יום זה בשנה ע״פ דרשת חז״ל פסיקתא רבתי כ״ג דף קט״ו א׳ ימים יוצרו ולא (ולו ק׳) אחד בהם (תהל׳ קלט טז)... שלש מאות וששים וחמש ימים הם ימות החמה. ליחידו של עולם אחד מהם. ואיזה זה... ר׳ לוי אומר זה יום הכפורים. ולפי זה אומר הפייטן: איחדת יום זה. **לשושנה** לישראל, ע״פ שה״ש ב א. **2 בשלם בהיות סוכך בראשונה** (ע״ש תהל׳ עו ג ויהי בשלם סוכו) ר״ל בהיות בית המקדש בירושלם קיים. **שרותו** ר״ל שרות יום הכיפורים. **פשעי ישנה** פשעי ישראל, ע״ש שה״ש ה ב אני ישנה ולבי ער. **3 גולים מנוך** מנוה קדשך, ע״ש שמות טו יג. **זרויים מהלאה** ע״ש ויק׳ כו לג ואתכם אזרה בגוים. **רון מפיקים** מוציאים רנה ותפלה מפיהם. **לחתל תלאה** לחבוש את שברם. **4 דכאות רוח ושבר נהלאה** ישראל נקראת נהלאה

חזרת הש״ץ לשחרית 207

הִתַּמֵּם מֵרֶחֶם יוֹשֵׁב אֹהָלִים צוּרָתוֹ בְּכִסְאֲךָ חֲקוּקָה בְּהִלּוּלִים
וְלָדָיו חוֹן בְּעֹצֶר נִקְהָלִים פְּאֵרְךָ מַבִּיעִים וְשִׁמְךָ מְהַלְלִים.

זֶבֶד שִׁמְךָ שִׁתַּפְתָּ בִּשְׁמָם עֲמוּתִים לְךָ כַּחוֹתָם לְשׂוּמָם
חָשְׁכֵם מֵאֱנֹף בְּלִי לְהַאֲשִׁימָם סֵפֶר חַיִּים יְהִי רְשׁוּמָם.

טֹרַח עָוֹן וְכֹבֶד מַשָּׂא נַעַר בְּצוּל מְחוֹת בַּהֲמָסָּה
יֶעֱרַב שִׂיחַ עֲנִיָּה וּרְמוּסָה מְנִיחָחֵי כָּלִיל בְּאֶבֶן מַעֲמָסָה.

כְּלוּלַת אֲהָבִים אָנָּא זְכֹר כְּלִמַּת נְעוּרִים עוֹד מִלִּזְכּוֹר
לְבֵן יַקִּירְךָ זָכוֹר תִּזְכֹּר לְמַעַן חֶלְךָ לַעֲבָדֶיךָ זְכֹר.

ש״ץ וקהל: **יִמְלֹךְ יי לְעוֹלָם, אֱלֹהַיִךְ צִיּוֹן לְדֹר וָדֹר הַלְלוּיָהּ.**

וְאַתָּה קָדוֹשׁ, יוֹשֵׁב תְּהִלּוֹת יִשְׂרָאֵל.

(הזרויה הלאה), מיכה ד ז, והדכאון שלה ורוחה הנשברה קדוש **חשוב כזבחי העלאה** ע״ש תהל׳ נא יט זבחי אלהים רוח נשברה לב נשבר ונדכה אלהים לא תבזה. **5 התמם מרחם** יעקב שהיה איש תם **יושב אהלים** ברא׳ כה כז. **צורתו בכסאך חקתה** כמו שנזכר בכמה מקורות, כגון תנחומא במד׳ י״ט. ב״ר ע״ח ג׳ (ע׳ 921). פ״ב ב׳ (ע׳ 978). **בהלים** ע״ש איוב כט ג בהלו נרו עלי ראשי, ר״ל בבהירות (כנראה משם עצם ׳הל׳, עי׳ מלון בן־יהודה במקום). **6 בעוצר** בעצרת. **7 זבד שמך שתפת בשמם** מתנת שמך חילקת להם ששלבת אותו בשם ישראל. **עמותים** מחוברים אליך (משרש ׳עמת׳, כגון עמיתך). **כחותם לשומם** ע״ש שה״ש ח ו שימני כחותם על לבך וכו׳. **8 חשכם מאנף** מקצף (מל׳ אנפת, תהל׳ ס ג ועוד). **9 טורח עון וכובד משא** ע״ש תהל׳ לח ה כי עונותי עברו ראשי כמשא כבד יכבדו ממני. **נער בצול** השלך במצולות ים. **מחות בהמסה** למחות אותם (ל׳ ישע׳ מד כב ועוד) כדבר נמס. **10 יערב שיח** ע״ש תהל׳ קד לד. **באבן מעמסה** בירושלם, ע״ש זכר׳ יב ג אשים את ירושלם אבן מעמסה לכל העמים וכו׳. **11 כלולת אהבים אנא זכור** ע״ש ירמ׳ ב ב זכרתי לך חסד נעוריך אהבת כלולתיך. **כלימת נעורים עוד מלזכור** בלי לזכור עוד חטא העגל. **12 לבן יקירך** ישראל, ע״ש ירמ׳ לא יט הבן יקיר לי אפרים וכו׳. **למען חלך** למען משה שחילה פניך (ע״ש שמות לב יא ויחל משה) **לעבדיך זכור** דבר׳ ט כז.

פותחים את ארון הקודש

אֵל נָא.

סימן: א״ב.

הש״ץ: **אַתָּה הוּא אֱלֹהֵינוּ**

הקהל: **בַּשָּׁמַיִם וּבָאָרֶץ.**

הש״ץ: **גִּבּוֹר וְנַעֲרָץ**

הקהל: **דָּגוּל מֵרְבָבָה.**

הש״ץ: **הוּא שָׂח וַיֶּהִי**

הקהל: **וְצִוָּה וְנִבְרָאוּ.**

הש״ץ: **זִכְרוֹ לָנֶצַח**

הקהל: **חַי עוֹלָמִים.**

הש״ץ: **טְהוֹר עֵינַיִם**

הקהל: **יוֹשֵׁב סֵתֶר.**

הש״ץ: **כִּתְרוֹ יְשׁוּעָה**

הקהל: **לְבוּשׁוֹ צְדָקָה.**

הש״ץ: **מַעֲטֵהוּ קִנְאָה**

הקהל: **נֶאְפַּד נְקָמָה.**

הש״ץ: **סִתְרוֹ יֹשֶׁר**

הקהל: **עֲצָתוֹ אֱמוּנָה.**

הש״ץ: **פְּעֻלָּתוֹ אֱמֶת**

הקהל: **צַדִּיק וְיָשָׁר.**

הש״ץ: **קָרוֹב לְקוֹרְאָיו בֶּאֱמֶת**

הקהל: **רָם וּמִתְנַשֵּׂא.**

הש״ץ: **שׁוֹכֵן שְׁחָקִים**

הקהל: **תּוֹלֶה אֶרֶץ עַל בְּלִימָה.**

קהל וש״ץ: **חַי וְקַיָּם נוֹרָא וּמָרוֹם וְקָדוֹשׁ.**

סוגרים את ארון הקודש

1 **אתה הוא אלהינו בשמים ובארץ** דבר׳ ג כד. 2 **גבור** דבר׳ י יז ועוד. **ונערץ** תהל׳ פט ח. **דגול מרבבה** שה״ש ה י. 3 **הוא שח ויהי. וצוה ונבראו** תהל׳ לג ט. קמח ה. 4 **זכרו לנצח** שמות ג טו. תהל׳ קלה יג ועוד. **חי עולמים** לשון התלמוד, כגון ירו׳ סנהד׳ ח׳ ט׳ דף כ״ו ג׳, וטופס ידוע לברכות, כגון בורא נפשות רבות, ירו׳ ברכות ו׳ א׳ דף י׳ ב׳, וישתבח. 5 **טהור עינים** חבק׳ א יג. **יושב סתר** (עבים סתר לו, איוב כב יד) הלשון ע״פ תהל׳ צא א. 6 **כתרו ישועה. לבושו צדקה. מעטהו קנאה. נאפד נקמה** ישע׳ נט יז. 8 **סתרו יושר** אין לו מקור בכתובים, ושמא יש כאן שיבוש (סתרו חשך? תהל׳ יח יב), או הפייטן תפס ׳סתרו׳ במובן ׳סודו׳. **עצתו אמונה** ישע׳ כה א. 9 **פעולתו אמת** ע״ש ישע׳ מ י פעולתו לפניו, ותהל׳ קיא ז מעשי ידיו אמת ומשפט. **צדיק וישר** דבר׳ לב ד. 10 **קרוב לקוראיו באמת** תהל׳ קמה יח. **רם ומתנשא** ישע׳ נז טו רם ונשא, ודה״א כט יא. 11 **שוכן שחקים** ע״ש תהל׳ סח לה ועוזו בשחקים. **תולה ארץ על בלימה** איוב כו ז.

אָנָּא סְלַח נָא / פֶּשַׁע וְעָוֹן שָׂא נָא
וְכֹחֲךָ יִגְדַּל נָא.
קָדוֹשׁ.

אָנָּא רַחוּם כַּפֵּר / עֲוֹן צֹאנְךָ צְגִים תְּהִלָּתְךָ לְסַפֵּר
וִיחַכּוּ לְחַיִּים בַּסֵּפֶר.
קָדוֹשׁ.

סימן: מש״לס בירבי קלונימוס חזק [כפול].

1 מוֹרֶה חַטָּאִים סְלוֹל לְהִתְהַלֵּךְ מְלַמֵּד לְהַדְרִיכִי בְּדֶרֶךְ אֵלֵךְ
אֲרוֹמִמְךָ אֱלֹהַי הַמֶּלֶךְ.

שַׁחַר וָנֶשֶׁף אֲיַחֵד לְהַמְלִיכָךְ שׁוֹכֵן עַד וְאֵין כְּעֶרְכָּךְ
בְּכָל יוֹם אֲבָרְכֶךָּ.

לִבִּי חָרֵד עֲבוֹדָתְךָ לְתָמוּד לְהַעֲרִיץ קְדֻשָּׁתְךָ בְּמִשְׁמָר אֶעֱמֹד
גָּדוֹל יי וּמְהֻלָּל מְאֹד.

אָנָּא סְלַח נָא / פֶּשַׁע וְעָוֹן שָׂא נָא / וְכֹחֲךָ יִגְדַּל נָא. קָדוֹשׁ.

מְיַחֲלִים לְחַסְדְּךָ זֶרַע עֲמוּסֶיךָ מַלֵּא מִשְׁאֲלוֹתָם וְיִשְׂמְחוּ חוֹסֶיךָ
דּוֹר לְדוֹר יְשַׁבַּח מַעֲשֶׂיךָ.

וכחך יגדל נא ע״ש במד׳ יד יז. **צגים** נקהלים.
1 **מורה חטאים** ע״ש תהל׳ כה ח יורה חטאים בדרך. **סלול להתהלך** לסלול להם דרך שיתהלכו בה. **מלמד להדריכי בדרך אלך** ע״ש ישע׳ מח יז אני ה׳ אלהיך מלמדך להועיל מדריכך בדרך תלך. **ארוממך אלהי המלך** תהל׳ קמה א, וכן כל הבאים אחריו לקוחים מתהל׳ קמה. 2 **שחר ונשף** בקר וערב. **שוכן עד** ישע׳ נז טו. 3 **עבודתך לתמוד** לעסוק תמיד בעבודתך. 4 **מיחלים לחסדך** ע״ש תהל׳ לג יח למיחלים לחסדו. **עמוסיך** ישראל העמוסים מני בטן, ישע׳ מו ג. **מלא משאלותם** ע״ש תהל׳ כ ו ימלא ה׳ כל משאלותיך. **חוסיך** החוסים בך. 5 **ברואים כי הם**

210 חזרת הש״ץ לשחרית

בְּחִלּוּי וָצוֹם גָּשִׁים לְעָבְדָךְ   בְּרוּאִים כִּי הֵם לִכְבוֹדָךְ
הֲדַר כְּבוֹד הוֹדָךְ.

יְקָר מַלְכוּתְךָ בְּרַעַד יַאֲמִירוּ   יִחוּדְךָ בְּזָר לֹא יָמִירוּ
וֶעֱזוּז נוֹרְאוֹתֶיךָ יֹאמֵרוּ.

אָנָּא רַחוּם כַּפֵּר / עֲוֹן צָגִים תְּהִלָּתְךָ לְסַפֵּר / וְיָחֹקוּ לְחַיִּים בַּסֵּפֶר. קָדוֹשׁ.

רֹן פְּגִיעוֹת לְפָנֶיךָ יַרְבִּיעוּ   רַחַשׁ הִלּוּלְךָ בַּיּוֹם יְשַׁבֵּעוּ
זֵכֶר רַב טוּבְךָ יַבִּיעוּ.

בֹּקֶר אֶעֱרָךְ לְךָ חִנּוּנַי   בִּפְנוֹת עֶרֶב תִּמְחֶה זְדוֹנַי
חַנּוּן וְרַחוּם יי.

יָהּ צוּר כֹּפֶר אֶשְׁכֹּל   יִכְבּשׁ עֲוֹנֵינוּ וְיֹאמְרוּ הַכֹּל
טוֹב יי לַכֹּל.

אָנָּא סְלַח נָא / פֶּשַׁע וְעָוֹן שָׂא נָא / וְכֹחֲךָ יִגְדַּל נָא. קָדוֹשׁ.

קוֹמֵם אִוּוּי קִרְיַת מְשׂוֹשֶׂךָ   קְדֻשַּׁת אַבְנֵי נֵזֶר בְּנוֹסְסָךְ
יוֹדוּךָ יי כָּל מַעֲשֶׂיךָ.

לכבודך ע״ש ישע׳ מג ז כל הנקרא בשמי ולכבודי בראתיו. **6 ברעד** ברעדה. **יאמירו** יכבדו, ע״ש דבר׳ כו יז את ה׳ האמרת היום וכו׳. **7 רון פגיעות לפניך ירבעו** אומרים לפניך ארבע תפלות שחרית מוסף מנחה ונעילה, ופגיעה לשון תפלה, כדברי רז״ל (תענית דף ז׳ ב׳) אין פגיעה אלא תפלה. **רחש הילולך ביום ישבעו** ומהללים אותך שבע פעמים, ע״ש תהל׳ קיט קסד שבע ביום הללתיך, ודרשוהו בירושלמי ברכות א׳ ח׳ (דף ג׳ ג׳) על ברכות ק״ש, בשחר שתים לפניה ואחת לאחריה ובערב שתים לפניה ושתים לאחריה. **8 בקר אערך לך חנוני** ע״ש תהל׳ ה ד בקר אערך לך ואצפה. **9 כופר אשכול** תאר להקב״ה ע״ש שה״ש א יד אשכל הכפר דודי לי. וע״פ דרשת חז״ל (שבת דף פ״ח ב׳) מי שהכל שלו מכפר לי וכו׳... **10 קומם איווי** בית המקדש שאוה למושב לו, ת״ל׳ קלב יג. **קרית משושך** ע״ש תהל׳ מח ג יפה נוף משוש כל הארץ הר ציון... קרית

לְוִיֶּיךָ וַחֲסִידֶיךָ בְּנֹעַם יְזַמֵּרוּ   לְבוּשֵׁי שְׂרָד רֶקַח יְתַמֵּרוּ
כְּבוֹד מַלְכוּתְךָ יֹאמֵרוּ.

וּשְׁתוּלִים בְּנָוְךָ יַפְרִיחוּ בַּחֲצֵרוֹתָיו   וְיָנוּבוּן בְּשֵׂיבָה דְּשֵׁנִים בְּטִירוֹתָיו
לְהוֹדִיעַ לִבְנֵי הָאָדָם גְּבוּרֹתָיו.

אָנָּא רַחוּם כַּפֵּר / עָוֹן צָגִים תְּהִלָּתְךָ לְסַפֵּר / וְיָחֹקּוּ לַחַיִּים בְּסֵפֶר. קָדוֹשׁ.

נִצְחֲךָ יְנַגְּנוּ תְּמִימִים וּשְׁלֵמִים   נִשְׁאַךְ כִּסְאֲךָ בְּבֵית עוֹלָמִים
מַלְכוּתְךָ מַלְכוּת כָּל עֹלָמִים.

יַחַד בְּכַנֶּסְךָ לְשִׁכְנְךָ גְּאוּלִים   יַלְבִּישׁוּךָ עֹז כְּעוֹבְרֵי גַלִּים
סוֹמֵךְ יי לְכָל הַנֹּפְלִים.

מַבִּיעֵי טוּבְךָ בְּוַעַד יִתְחַבֵּרוּ   מֵחִים חֵשֹׁב תַּחַן יְדַבֵּרוּ
עֵינֵי כֹל אֵלֶיךָ יְשַׂבֵּרוּ.

אָנָּא סְלַח נָא / פֶּשַׁע וְעָוֹן שָׂא נָא / וְכֹחֲךָ יִגְדַּל נָא. קָדוֹשׁ.

וְדוּיִם יְנוּחַח שַׁי עָדֶיךָ   וִישַׁלֵּם פָּרִים אֶרֶשׁ עֵדֶיךָ
פּוֹתֵחַ אֶת יָדֶךָ.

מלך רב. **קדושת אבני נזר בנוסך** בהרימך, ע״ש זכר׳ ט טז כי אבני נזר מתנוססות על אדמתו. **11 בנועם** בנעימה. **לבושי שרד** ר״ל לבושי בגדי שרד, שמות לא י ועוד. **רקח יתמרו** יקטרו מרקחת בתמרות עשן. **12 ושתולים בנוך יפרחו בחצרותיו** ע״ש תהל׳ צב יד. **וינובון בשיבה דשנים בטירותיו** שם טו. **13 נשאך כסאך** בנשאך. **בבית עולמים** ע״ש מ״א ח יג מכון לשבתך עולמים. **14 לשכנך** ע״ש דבר׳ יב ה לשכנו תדרשו. **ילבישוך עוז** ע״ש תהל׳ צג א לבש ה׳ עוז התאזר. **כעוברי גלים** כאז שעברו על ים סוף. **15 מביעי טובך** ע״ש תהל׳ קמה ז זכר רב טובך יביעו. **מחים חשוב תחן ידברו** חשוב אתה את תחנתם שהם מדברים כעולות מחים (ע״ש תהל׳ סו טו). **16 ינוחח** יהא כריח ניחוח (הפועל חידוש הפייטן הוא). **וישלם פרים ארש עדיך** ארשת ישראל שהם עדיך (ע״ש ישע׳ מג י אתם עדי) יהי במקום עולת פרים (ע״ש הושע יד ג

סֶלָה בְּרַחֲמָיו יָצִיץ מֵחֲרַכָּיו   סָלוֹחַ יַרְבֶּה לְעַם מְבָרְכָיו
צַדִּיק יי בְּכָל דְּרָכָיו.

חִין יֶשַׁע מְגוּי מְקֹרָאָיו   חֹן יָחֹן קוֹרְאֵי מִקְרָאָיו
קָרוֹב יי לְכָל קֹרְאָיו.

אָנָּא רַחוּם כַּפֵּר / עֲוֹן צָגִים תְּהִלָּתְךָ לְסַפֵּר / וְיֵחָקוּ לְחַיִּים בַּסֵּפֶר. קָדוֹשׁ.

זֶה אֵלִי פֶּלֶא עוֹשֶׂה   זַעֲקֵנוּ יֵרֶץ וְשׂוֹטְנֵינוּ יְעַשֶּׂה
רְצוֹן יְרֵאָיו יַעֲשֶׂה.

קִוּוּי יִתֵּן לְלוֹ מַשְׁלִיךְ יְהָבָיו   קָדוֹשׁ פְּשָׁעֵינוּ יְכַסֶּה בַּאֲהָבָיו
שׁוֹמֵר יי אֶת כָּל אֹהֲבָיו

קַבֵּל צִקּוּנִי כִּבְמִכְלַל יֹפִי   קוֹלִי תַּאֲזִין וְתַצְלִיל דֹּפִי
תְּהִלַּת יי יְדַבֶּר פִּי.

אָנָּא סְלַח נָא / פֶּשַׁע וְעָוֹן שָׂא נָא / וְכֹחֲךָ יִגְדַּל נָא. קָדוֹשׁ.

ונשלמה פרים שפתינו). **17 יציץ מחרכיו** ע״ש שה״ש ב ט מציץ מן החרכים. **סלוח ירבה** ע״ש ישע׳ נה ז כי ירבה לסלוח. **18 חין ישע** ישעה אל תחנון יוצא **מגוי מקוראיו** ע״ש ישע׳ מח יב וישראל מקוראי. **קוראי מקוראיו** יש מפרשים קוראי מקראי קדש שלו, ר״ל מקדשי מועדי ה׳, וי״מ הקוראים אותו בכל עת (לפי הפסוק המובא שם: קרוב ה׳ לכל קוראיו). וי״מ קוראי פרשיות סדר היום (כ״ה בכ״י ואט. 306), והוּא מסתבר יותר מכולם. **19 זה אלי** שמות טו ב. **פלא עושה** שם טו יא. **ושוטנינו יעשה** (או בכתיב שונה ״יעסה״) ידחה, ילחץ. מלה זו מפרשים בב״ר ע״ט ז׳ (ע׳ 946) בקשר למלאכי ג כא ועסותם רשעים, וכ״ה בפירוש כ״י ואט. 306, ועי׳ לאחרונה נ. ברגגרין, לשוננו ל״ב (תשכ״ח), ע׳ 117-118. **20 קיווי יתן** ה׳ יתן מה שמקווים. **ללו משליך יהביו** ע״ש תהל׳ נה כג השלך על ה׳ יהבך והוא יכלכלך. **פשעינו יכסה באהביו** ע״ש משלי י יב על כל פשעים תכסה אהבה. **21 קבל צקוני** ר״ל צקון לחשי, ע״ש ישע׳ כו טז צקון לחש (הפייטנים משתמשים במלה צקון כבשם עצם). **כבמכלל יופי** כמו בציון מכלל יופי (תהל׳ נ ב). **ותצליל דופי** תשליך למצולת ים.

סימן: משלם א"ב (כפול).

מֶלֶךְ שׁוֹכֵן עַד / לְבַדְּךָ מְלוֹךְ עֲדֵי עַד
הָאֵל קָדוֹשׁ.
מֶלֶךְ מַאֲזִין שַׁוְעָה / לְעַמּוֹ מֵחִישׁ יְשׁוּעָה
נוֹרָא וְקָדוֹשׁ.

אֶדֶר יְקָר אֵלִי / אֲחַוֶּה בְּאֶרֶשׁ מִלּוּלִי.

מֶלֶךְ שׁוֹכֵן עַד / לְבַדְּךָ מְלוֹךְ עֲדֵי עַד / הָאֵל קָדוֹשׁ.

בְּחֵךְ אַנְעִים זֶמֶר / בְּנִיב אַבִּיעַ אֹמֶר.

מֶלֶךְ מַאֲזִין שַׁוְעָה / לְעַמּוֹ מֵחִישׁ יְשׁוּעָה / נוֹרָא וְקָדוֹשׁ.

גְּבוּרוֹתָיו מִי יְמַלֵּל / גָּדְלוֹ מִי יְפַלֵּל.

מֶלֶךְ שׁוֹכֵן עַד / לְבַדְּךָ מְלוֹךְ עֲדֵי עַד / הָאֵל קָדוֹשׁ.

דֹּק מְרוֹפֵף בְּגַעֲרָה / דַּרְכּוֹ סוּפָה וּסְעָרָה.

מֶלֶךְ מַאֲזִין שַׁוְעָה / לְעַמּוֹ מֵחִישׁ יְשׁוּעָה / נוֹרָא וְקָדוֹשׁ.

הַנֶּאְדָּר מִקּוֹלוֹת מַיִם / הוֹדוֹ כִּסָּה שָׁמַיִם.

מֶלֶךְ שׁוֹכֵן עַד / לְבַדְּךָ מְלוֹךְ עֲדֵי עַד / הָאֵל קָדוֹשׁ.

1 **אדר יקר אלי** ע"ש זכר׳ יא יג. **בארש מילולי** בארשת שפתי. 2 **אנעים זמר** רומז ללשון נעים זמירות ישראל, ש"ב כג א. **בניב** ר"ל בניב שפתי. **אביע אומר** ע"ש תהל׳ יט ג יום ליום יביע אמר. 3 **גבורותיו מי ימלל** תהל׳ קו ב. **גדלו מי יפלל** מי יתפס במחשבה (ל׳ לא פללתי, ברא׳ מח יא). 4 **דוק מרופף בגערה** מרעיד שמים (דוק, ל׳ ישע׳ מ כב) בגערתו, ע"ש איוב כו יא עמודי שמים ירופפו ויתמהו מגערתו. **דרכו סופה וסערה** ע"ש נחום א ג ה׳ בסופה ובשערה דרכו. 5 **הנאדר מקולות מים** ע"ש תהל׳ צג ד מקולות מים רבים... אדיר במרום ה׳. **הודו כסה שמים** חבק׳ ג ג

וּסְבִיבָיו שַׂרְפֵי אֵלִים / וּמִפַּחְדּוֹ זָעִים וְחָלִים.

מֶלֶךְ מַאֲזִין שַׁוְעָה / לְעַמּוֹ מֵחִישׁ יְשׁוּעָה / נוֹרָא וְקָדוֹשׁ.

זָךְ בִּשְׁמֵי מְעוֹנִים / זַעַק שְׁעֵה מִמִּתְעַנִּים.

מֶלֶךְ שׁוֹכֵן עַד / לְבַדְּךָ מְלוֹךְ עֲדֵי עַד / הָאֵל קָדוֹשׁ.

חַשְׁרַת סְבִיב סֻכּוֹ / חַשְׁמַל בְּלִי לְסוֹכוֹ.

מֶלֶךְ מַאֲזִין שַׁוְעָה / לְעַמּוֹ מֵחִישׁ יְשׁוּעָה / נוֹרָא וְקָדוֹשׁ.

טוֹב יוֹדֵעַ חוֹסָיו / טָהוֹר מַצְדִּיק עֲמוּסָיו.

מֶלֶךְ שׁוֹכֵן עַד / לְבַדְּךָ מְלוֹךְ עֲדֵי עַד / הָאֵל קָדוֹשׁ.

יוֹשֵׁב בְּסֵתֶר עֶלְיוֹן / יְקַר עֹז חֶבְיוֹן.

מֶלֶךְ מַאֲזִין שַׁוְעָה / לְעַמּוֹ מֵחִישׁ יְשׁוּעָה / נוֹרָא וְקָדוֹשׁ.

כּוֹנֵן שַׁחַק בִּתְבוּנָה / כָּל מַעֲשֵׂהוּ בֶּאֱמוּנָה.

מֶלֶךְ שׁוֹכֵן עַד / לְבַדְּךָ מְלוֹךְ עֲדֵי עַד / הָאֵל קָדוֹשׁ.

לוֹבֵשׁ עֹז וּגְדֻלָּה / לוֹ נָאוָה תְהִלָּה.

מֶלֶךְ מַאֲזִין שַׁוְעָה / לְעַמּוֹ מֵחִישׁ יְשׁוּעָה / נוֹרָא וְקָדוֹשׁ.

כסה שמים הודו. 6 **וסביביו שרפי אלים** ע״ש ישע׳ ו ב שרפים עומדים ממעל לו. 7 **זעק שעה** צ״ל שועה או שומע. 8 **חשרת סביב סוכו** ע״ש ש״ב כב יב וישת חשך סביבותיו סכות חשרת מים עבי שחקים, פי׳ קישור העבים. **חשמל בלי לסוכו** בלי שיסתכל בו אפילו חשמל, וחשמל שם לסוג מלאכים לפי מאמר חז״ל (חגיגה דף י״ג א׳ עתים חשות ועתים ממללות) לסוכו (במקום לסכות אותו, משרש סכה, כגון ספרי במד׳ צ״ט שהכל סוכין ביפיה) להביט בו (וידועה עובדת החלפת שרשי ע״י ול״ה אצל הפייטנים). 9 **טוב יודע חוסיו** ע״ש נחום א ז טוב ה׳ למעוז ביום צרה ויודע חוסי בו. **מצדיק עמוסיו** ישראל, ע״ש ישע׳ מו ג. 10 **יושב בסתר עליון** תהל׳ צא א, לפי תפיסת הפייטן: העליון היושב בסתר. **יקר עוז חביון** ע״ש חבק׳ ג ד ושם חביון עזה, ר״ל מקום שעוזו חבוי שם. 11 **כונן שחק בתבונה** ע״ש משלי ג יט כונן שמים בתבונה. **כל מעשהו באמונה** תהל׳ לג ד. 12 **לבש עוז וגדולה** ע״ש תהל׳ צג א ה׳ מלך גאות לבש... עוז התאזר. **לו**

מוֹשֵׁל עוֹלָם בִּגְבוּרָה / מוֹחֶה פִּשְׁעֵי בָּרָה.

מֶלֶךְ שׁוֹכֵן עַד / לְבַדְּךָ מְלוֹךְ עֲדֵי עַד / הָאֵל קָדוֹשׁ.

נָאוֹר וְאַדִּיר בַּהֲדָרוֹ / נוֹשֵׂא עֲוֹן עֶדְרוֹ.

מֶלֶךְ מַאֲזִין שַׁוְעָה / לְעַמּוֹ מֵחִישׁ יְשׁוּעָה / נוֹרָא וְקָדוֹשׁ.

סוֹכֵת שִׂיחוֹת עֲרֵבוֹת / סֹלּוּ לָרוֹכֵב בָּעֲרָבוֹת.

מֶלֶךְ שׁוֹכֵן עַד / לְבַדְּךָ מְלוֹךְ עֲדֵי עַד / הָאֵל קָדוֹשׁ.

עָף עַל כְּרוּבוֹ / עוֹנֶה לְעַם קְרוֹבוֹ.

מֶלֶךְ מַאֲזִין שַׁוְעָה / לְעַמּוֹ מֵחִישׁ יְשׁוּעָה / נוֹרָא וְקָדוֹשׁ.

פּוֹקֵד צְבָאוֹת גְּדוּדָיו / פּוֹדֶה נֶפֶשׁ עֲבָדָיו.

מֶלֶךְ שׁוֹכֵן עַד / לְבַדְּךָ מְלוֹךְ עֲדֵי עַד / הָאֵל קָדוֹשׁ.

צִדְקוֹ עֶלְיוֹנִים מַגִּידִים / צְבָא תַחְתּוֹנִים מוֹדִים.

מֶלֶךְ מַאֲזִין שַׁוְעָה / לְעַמּוֹ מֵחִישׁ יְשׁוּעָה / נוֹרָא וְקָדוֹשׁ.

קָדוֹשׁ יוֹשֵׁב תְּהִלּוֹת / קְנוּיָיו מַשִּׂיג מְחִילוֹת.

מֶלֶךְ שׁוֹכֵן עַד / לְבַדְּךָ מְלוֹךְ עֲדֵי עַד / הָאֵל קָדוֹשׁ.

נאוה תהלה תהל׳ קמז א. **13 מושל עולם בגבורה** תהל׳ סו ז. **מוחה פשעי ברה** ע״ש ישע׳ מג כה אנכי הוא מוחה פשעיך וכו׳, וברה כינוי לישראל ע״ש שה״ש ו י ברה כחמה. **14 נאור ואדיר בהדרו** ע״ש תהל׳ עו ה נאור אתה אדיר. **נושא עון עדרו** ישראל, ע״ש זכר׳ י ג כי פקד ה׳ צבאות את עדרו את בית יהודה. **15 סוכת** שומע, מל׳ הסכת ושמע, דבר׳ כז ט. **סולו לרוכב בערבות** תהל׳ סח ה. **16 עף על כרובו** ע״ש ש״ב כב יא. **עונה לעם קרובו** ע״ש תהל׳ קמח יד ישראל עם קרובו. **17 פוקד צבאות גדודיו** ע״ש ישע׳ יג ד ה׳ צבאות מפקד צבא מלחמה. **פודה נפש עבדיו** תהל׳ לד כג. **18 צדקו עליונים מגידים** ע״ש תהל׳ נ ו ויגידו שמים צדקו. **צבא תחתונים** בני אדם. **19 קדוש יושב תהלות** תהל׳ כב ד. **קנוייו** עם ישראל שקנה (ע״ש שמות טו טז עם זו קנית). **משיג מחילות** (במשמעות קאוסטיבית) גורם להם שישיגו סליחה. **20 רם ונשא... רואה שפל ונכאה** ע״ש ישע׳ נז טו רם ונשא שוכן עד וכו׳, ואת דכא ושפל רוח, וע״ש תהל׳ קלח

רָם וְנִשָּׂא וְגֵאֶה / רוֹאֶה שָׁפָל וְנִכְאֶה.

מֶלֶךְ מַאֲזִין שַׁוְעָה / לְעַמּוֹ מֵחִישׁ יְשׁוּעָה / נוֹרָא וְקָדוֹשׁ.

שׁוֹכֵן בְּרוּם עֲלִיּוֹת / שַׁלִּיט בְּדוּךְ תַּחְתִּיּוֹת.

מֶלֶךְ שׁוֹכֵן עַד / לְבַדְּךָ מְלוֹךְ עֲדֵי עַד / הָאֵל קָדוֹשׁ.

תּוֹמֵךְ זְרוֹעוֹת עוֹלָם / תַּקִּיף וּמִכֹּל נֶעְלָם.

מֶלֶךְ מַאֲזִין שַׁוְעָה / לְעַמּוֹ מֵחִישׁ יְשׁוּעָה / נוֹרָא וְקָדוֹשׁ.

ו כי רם ה׳ ושפל יראה. **21 שוכן ברום עליות** בשמי מרום. **שליט בדוך תחתיות** בעומק התחתית (דוך = דוכתא מלה ארמית היא, וחידש אותה הפייטן במשמעות מקום נמוך). **22 זרועות עולם** דבר׳ לג כז. **ומכל נעלם** לפי ישע׳ מה טו אכן אתה אל מסתתר.

הַיּוֹם יִכָּתֵב / בְּסֵפֶר הַזִּכְרוֹנוֹת

הַחַיִּים וְהַמָּוֶת.

אָנָּא כַנָּה / עוּרִי נָא / הִתְעוֹרְרִי נָא

עִמְדִי נָא

הִתְיַצְּבִי נָא / קוּמִי נָא / חַלִּי נָא

בְּעַד הַנֶּפֶשׁ חַנִּי נָא

פְּנֵי דָר עֶלְיוֹן.

היום יכתב בספר הזכרונות ע״ש מלאכי ג טז ויכתב ספר זכרון לפניו. **החיים והמות** ע״ש דבר׳ ל יט החיים והמות נתתי לפניך. **אנא כנה** התעוררות הש״ץ בפני הקהל ופנייה אליה. כנה ע״ש תהל׳ פ טז וכנה אשר נטעה ימינך, פי׳ ענף הגפן. **חני נא** התחנני. **דר עליון** הקב״ה, ע״ש תהל׳ צא א יושב בסתר עליון.

פותחים את ארון הקודש

וּבְכֵן אִמְרוּ לֵאלֹהִים
מַה נּוֹרָא מַעֲשֶׂיךָ

סימן: א״ב.

אִמְרוּ לֵאלֹהִים

אֶרֶךְ אַפַּיִם וּגְדָל כֹּחַ / מֵכִין הָרִים בְּכֹחַ
חֲכַם לֵבָב וְאַמִּיץ כֹּחַ / נוֹתֵן לַיָּעֵף כֹּחַ
לָכֵן יִתְגָּאֶה גָּדוֹל אֲדוֹנֵינוּ וְרַב כֹּחַ.

אִמְרוּ לֵאלֹהִים

בּוֹנֶה בַשָּׁמַיִם מַעֲלוֹתָיו / מַשְׁקֶה הָרִים מֵעֲלִיּוֹתָיו
זֵכֶר עָשָׂה לְנִפְלְאוֹתָיו / וְלוֹ נִתְכְּנוּ עֲלִילוֹתָיו
לָכֵן יִתְגָּאֶה הַמְקָרֶה בַמַּיִם עֲלִיּוֹתָיו.

אִמְרוּ לֵאלֹהִים

גֵּאֶה וְגָבֹהַּ בִּשְׁמֵי מַעְלָה / עוֹטֶה אוֹר כַּשַּׂלְמָה
לוֹ הַגְּבוּרָה וְהַגְּדֻלָּה / וְהָעֹז וְהַמֶּמְשָׁלָה
לָכֵן יִתְגָּאֶה וּמַלְכוּתוֹ בַּכֹּל מָשָׁלָה.

אמרו לאלהים מה נורא מעשיך תהל׳ סו ג, פי׳ שבחוהו.

הפיוט מורכב מובאות מהמקרא ומתבאר ברובו בציון המקורות. את הפסוק שבסוגר כל בית מביא הפייטן לפי נוסח המקרא, בלי להתאימו לנוסח ׳לכן יתגאה׳ בשינוי הגיוני (עי׳ 66.42.25.11).

1 ארך ... נחום א ג. **מכין**... תהל׳ סה ז. **2 חכם**... איוב ט ד. **נותן**... ישע׳ מ כט. **3 גדול**... תהל׳ קמז ה. **4 בונה**... עמוס ט ו. **משקה**... תהל׳ קד יג. **5 זכר** ... תהל׳ קיא ד. **ולו**... ש״א ב ג. **6 המקרה** ... תהל׳ קד ג. **7 גאה וגבוה בשמי מעלה** ע״ש איוב כב יב הלא אלוה גבה שמים.

אֱמְרוּ לֵאלֹהִים

דָּגוּל מֵרְבָבוֹת קֹדֶשׁ / וְנֶאְדָּר בַּקֹּדֶשׁ
דְּרָכוֹ בַּקֹּדֶשׁ / וּמִשְׁתַּחֲוִים לוֹ בְּהַדְרַת קֹדֶשׁ
לָכֵן יִתְגָּאֶה הֲלִיכוֹת אֵלִי מַלְכִּי בַקֹּדֶשׁ.

אֱמְרוּ לֵאלֹהִים

הוֹדוֹ כִּסָּה שָׁמַיִם / וְהָאָרֶץ רוֹקַע עַל הַמָּיִם
יַרְעֵם מִשָּׁמַיִם / לְקוֹל תִּתּוֹ הֲמוֹן מַיִם
לָכֵן יִתְגָּאֶה הַנּוֹטֶה כַדֹּק שָׁמַיִם.

אֱמְרוּ לֵאלֹהִים

וְכָל בַּשָּׁלִישׁ עֲפַר הָאָרֶץ / יָדוֹ יָסְדָה אָרֶץ
וִימִינוֹ טִפְּחָה שְׁמֵי עֶרֶץ / וְהֶעֱמִידָם בְּלִי פֶרֶץ
לָכֵן יִתְגָּאֶה הַיּוֹשֵׁב עַל חוּג הָאָרֶץ.

עוטה אור כשמלה ע״ש תהל׳ קד ב עוטה אור כשלמה. **8 לו** ... דה״א כט יא. **והעוז** ע״ש איוב יב טז עמו עוז. **והממשלה** ע״ש דה״א כט יב ואתה מושל בכל. **9 ומלכותו** ... תהל׳ קג יט. **10 דגול** ... שה״ש ה י ודבר׳ לג ב. **ונאדר**... שמות טו יא. **דרכו**... תהל׳ עז יד אלהים בקדש דרכך. **ומשתחוים** ... ע״ש תהל׳ צו ט השתחוו לה׳ בהדרת קדש. **12 הליכות**... תהל׳ סח כה. **13 הודו**... חבק׳ ג ג. **והארץ רוקע**... תהל׳ קלו ו. **14 ירעם**... ש״ב כב יד. **לקול**... ירמ׳ נא טז. **15 הנוטה**... ישע׳ מ כב. **16 וכל**... ישע׳ מ יב. **ידו**... ע״ש ישע׳ מח יג אף ידי יסדה ארץ וימיני טפחה שמים. **17 והעמידם בלי פרץ** ע״ש המשך הפסוק (שם) קורא אני אליהם יעמדו יחדו. **18 היושב**... ישע׳ מ כב. **19 זהר**... ע״ש דני׳ ז ט כרסיה שביבין די נור. **משרתיו**... ע״ש תהל׳ קד ד משרתיו אש להט. **20 נוגה**... ע״ש יחזק׳ א יג ונגה לאש ומן האש יוצא ברק. **לפניו**... ע״ש דני׳ ז י נהר דינור נגד ונפק מן קדמוהי. **21 אש אוכלה אש** ע״ש דבר׳ ד כד כי ה׳ אלהיך אש אוכלה הוא, ע״פ דרשת חז״ל (יומא דף כ״א ב׳) שש אשות הן... ויש אש אוכלת אש דשכינה.

אִמְרוּ לֵאלֹהִים

זֹהַר כִּסְאוֹ שְׁבִיבֵי אֵשׁ / מְשָׁרְתָיו לוֹהֵט אֵשׁ
נֹגַהּ לְאֵשׁ וּמַבְרִיק הָאֵשׁ / לְפָנָיו נִמְשָׁכִים נַהֲרֵי אֵשׁ
לָכֵן יִתְגָּאֶה אֵשׁ אֹכְלָה אֵשׁ.

אִמְרוּ לֵאלֹהִים

חַי עוֹלָמִים / צָר בְּיָהּ עוֹלָמִים
אִוָּה בֵּית עוֹלָמִים / מָכוֹן לְשִׁבְתּוֹ עוֹלָמִים
לָכֵן יִתְגָּאֶה עַתִּיק יוֹמִין.

אִמְרוּ לֵאלֹהִים

טְהוֹר עֵינַיִם / סְבִיבוֹתָיו חַשְׁרַת מַיִם
עָבֵי שַׁחַק חֶשְׁכַת מַיִם / טוֹעֲנֵי מֶרְכַּבְתּוֹ גַּבּוֹתָם מְלֵאוֹת עֵינַיִם
לָכֵן יִתְגָּאֶה מִצְוַת יי בָּרָה מְאִירַת עֵינָיִם.

22 **חי עולמים** ע"ש דני' יב ז (שם נמצא הלשון חי העולם) ובלשון התלמוד ירו' סנהד' ח' ט' (דף כ"ו ג'). ברכות ו' א' (דף י' ב'). **צר...** ע"ש ישע' כו ד כי ביה ה' צור עולמים, ועי' מה שדרשו מנחות דף כ"ט ב', שעולם הזה ועולם הבא ברא הקב"ה בשם י"ה. ולשון צר משרש צור (במשמעות 'יצר') כמו בתהל' קלט ה אחור וקדם צרתני, ושימושו רב בדברי חז"ל. **23 אוה** ע"ש תהל' קלב יג אוה למושב לו, ובית עולמים כינוי לבית המקדש בפי חז"ל, עי' מכילתא פסח' א' (ע' 2) עד שלא נבחר בית עולמים וכו'. זבחים דף קי"ח ב' בשלשה מקומות שרתה שכינה על ישראל בשילה ונוב וגבעון ובית עולמים. **מכון לשבתו** שמות טו יז (ההמשך: הקב"ה אוה את ביהמ"ק למכון שבתו, ואם לא שמר הפייטן על לשון 'לשבתך' למרות הקושי הלשוני, גירסת קצת כי"י 'מכון לשבתו' נראית נכונה). **24 עתיק יומין** דני' ז ט. **25 טהור...** חבק' א יג. **סביבותיו...** ע"ש ש"ב כב יב וישת חשך סביבותיו סכות חשרת מים עבי שחקים. **26 עבי שחק חשכת מים** שם ותהל' יח יב. **טועני מרכבתו** נושאי המרכבה. **גבותם מלאות עינים** יחזק' א יח. **27 מצות**

אִמְרוּ לֵאלֹהִים

יוֹדֵעַ מַה בְּסִתְרֵי חֹשֶׁךְ / לֹא יַחְשִׁיךְ מֶנּוּ חֹשֶׁךְ
קֵץ שָׂם לַחֹשֶׁךְ / הוֹפֵךְ לַבֹּקֶר צַלְמָוֶת וְחֹשֶׁךְ
לָכֵן יִתְגָּאֶה יוֹצֵר אוֹר וּבוֹרֵא חֹשֶׁךְ.

אִמְרוּ לֵאלֹהִים

כּוֹנֵן כִּסְאוֹ לַמִּשְׁפָּט / מְכוֹן כִּסְאוֹ צֶדֶק וּמִשְׁפָּט
אֱלֹהֵי הַמִּשְׁפָּט / תֹּאחֵז יָדוֹ בְּמִשְׁפָּט
לָכֵן יִתְגָּאֶה וַיִּגְבַּה יי צְבָאוֹת בַּמִּשְׁפָּט.

אִמְרוּ לֵאלֹהִים

לוֹ יָאֲתָה מְלוּכָה / שׁוֹכֵן עַד וְאֶת דַּכָּא
מֵשִׁיב אֱנוֹשׁ עַד דַּכָּא / וְאוֹמֵר שׁוּבוּ בְּרוּחַ נְמוּכָה
לָכֵן יִתְגָּאֶה כִּי לַיי הַמְּלוּכָה.

אִמְרוּ לֵאלֹהִים

מוֹשֵׁל בִּגְבוּרָתוֹ עוֹלָם / הַכֹּל צָפוּי וְלֹא נֶעְלָם
זֶה שְׁמוֹ לְעוֹלָם / חַסְדּוֹ מֵעוֹלָם וְעַד עוֹלָם
לָכֵן יִתְגָּאֶה בָּרוּךְ יי אֱלֹהֵי יִשְׂרָאֵל מֵהָעוֹלָם וְעַד הָעוֹלָם.

ה׳... תהל׳ יט ט. **28 יודע מה בסתרי חשך** ע״ש דני׳ ב כב ידע מה בחשוכא. **לא יחשיך מנו חשך** ע״ש תהל׳ קלט יב גם חשך לא יחשיך ממך. **29 קץ שם לחשך** איוב כח ג. **הופך**... עמוס ה ח. **30 יוצר**... ישע׳ מה ז. **31 כונן**... תהל׳ ט ח. **מכון**... תהל׳ צז ב. **32 אלהי המשפט** ע״ש ישע׳ ל יח כי אלהי משפט ה׳. **תאחז**... ע״ש דבר׳ לב מא ותאחז במשפט ידי. **33 ויגבה**... ישע׳ ה טז. **34 לו יאתה מלוכה** ע״ש ירמ׳ י ז מי לא יראך מלך הגוים כי לך יאתה. **שוכן**... ישע׳

אִמְרוּ לֵאלֹהִים

נוֹצֵר חֶסֶד לְאֶלֶף דּוֹר / לוֹחֵם קָמָיו מִדּוֹר לְדוֹר
מֵקִים סֻכַּת מְשִׁיחוֹ לְגָדוֹר / הָאוֹר חוֹנֶה עִמּוֹ בְּמָדוֹר
לָכֵן יִתְגָּאֶה וְזֶה זִכְרִי לְדֹר דֹּר.

אִמְרוּ לֵאלֹהִים

סוֹבֵל עֶלְיוֹנִים וְתַחְתּוֹנִים / שׁוֹמֵעַ אֶל אֶבְיוֹנִים
מַאֲזִין שִׂיחַ חִנּוּנִים / מַקְשִׁיב שֶׁוַע רְנָנִים
לָכֵן יִתְגָּאֶה אֱלֹהֵי הָאֱלֹהִים וַאֲדֹנֵי הָאֲדוֹנִים.

אִמְרוּ לֵאלֹהִים

עִזּוּז וְגִבּוֹר מִלְחָמָה / נוֹקֵם לְצָרָיו וּבַעַל חֵמָה
מַכְרִית קָמִים בִּמְהוּמָה / נוֹהֵם עֲלֵיהֶם בִּנְהִימָה
לָכֵן יִתְגָּאֶה יי אִישׁ מִלְחָמָה.

נז טו. **35 משיב...** תהל׳ צ ג. **ואומר שובו** שם. **36 כי לה׳ המלוכה** תהל׳ כב כט. **37 מושל...** תהל׳ סו ז. **הכל צפוי** לשון המשנה (אבות ג׳ ט"ו) ורגיל במדרש (כגון במד׳ רבה ט"ז ט׳ שהכל צפוי היה לפני הקב"ה). **38 זה שמו לעולם** ע"ש שמות ג טו. **חסדו...** ע"ש תהל׳ קג יז. **39 ברוך ה׳...** תהל׳ מא יד. **40 נוצר...** שמות לד ז ודבר׳ ז ט. **לוחם קמיו מדור לדור** כנראה ע"ש שמות יז טז מלחמה לה׳ בעמלק מדר דר. **41 מקים סוכת משיחו לגדור** ע"ש עמוס ט יא ביום ההוא אקים את סכת דוד הנפלת וגדרתי את פרציהן וכו׳. **האור חונה עמו במדור** ע"ש דני׳ ב כב ונהורא עמה שרא. **42 וזה זכרי...** שמות ג טו. **43 סובל עליונים ותחתונים** צבא השמים ויושבי הארץ, ולשון חכמים הוא, כגון ב"ר ב׳ ב׳ (ע׳ 15) העליונים והתחתונים נבראו בבת אחת. **שומע אל אביונים** תהל׳ סט לד. **44 מאזין...** הלשון ע"ש תהל׳ קמ ז האזינה ה׳ קול תחנוני, וכדומה. **45 אלהי...** דבר׳ י יז. **46 עזוז וגבור מלחמה** תהל׳ כד ח. **נוקם...** נחום א ב. **47 מכרית קמים במהומה** ע"ש דבר׳ ז כג והמם מהומה גדולה, או כדומה. **נוהם עליהם בנהימה** ע"ש ישע׳ ה ל וינהום עליו ביום ההוא כנהמת ים. **49 פועל ועושה הכל** ע"ש ישע׳ מד

אֱמְרוּ לֵאלֹהִים

פּוֹעֵל וְעוֹשֶׂה הַכֹּל / בְּיָדוֹ לְגַדֵּל וּלְחַזֵּק לַכֹּל
אֵלָיו יְשַׂבֵּרוּ עֵינֵי כֹל / עֵינָיו מְשׁוֹטְטוֹת בַּכֹּל
לָכֵן יִתְגָּאֶה עֶלְיוֹן עַל כֹּל.

אֱמְרוּ לֵאלֹהִים

צַדִּיק בְּכָל דְּרָכָיו / יָשָׁר מֵצִיץ מֵחֲרַכָּיו
חָפֵץ בְּעַם מַמְלִיכָיו / יִירְשׁוּ אֶרֶץ מְבֹרָכָיו
לָכֵן יִתְגָּאֶה בָּרְכוּ יי מַלְאָכָיו.

אֱמְרוּ לֵאלֹהִים

קוֹרֵא הַדּוֹרוֹת מֵרֹאשׁ / מַגִּיד אַחֲרִית מֵרֹאשׁ
בָּחַר בְּאֹם דַּלַּת רֹאשׁ / עֻזּוֹ יוֹם יוֹם לִדְרוֹשׁ
לָכֵן יִתְגָּאֶה וְהַמִּתְנַשֵּׂא לְכֹל לְרֹאשׁ.

כד אנכי ה׳ עושה כל. **בידו**... דה״א כט יב. **50 אליו**... תהל׳ קמה טו. **ועיניו**... דה״ב טז ט. **51 עליון**... תהל׳ פג יט. **52 צדיק**... תהל׳ קמה יז. **ישר מציץ**... שה״ש ב ט. **53 חפץ בעם ממליכיו** ע״ש ישע׳ סב ד כי חפץ ה׳ בך. **יירשו ארץ מבורכיו** ע״ש תהל׳ לז כב כי מבורכיו יירשו ארץ. **54 ברכו**... תהל׳ קג כ. **55 קורא**... ישע׳ מא ד. **מגיד**... שם מו י מגיד מראשית אחרית. **56**בחר באום דלת ראש ע״ש שה״ש ז ו ודלת ראשך כארגמן, ע״פ דרשת חז״ל ויק״ר ל״א ד׳ (ע׳ תשיח) אמר הקב״ה הדלים שבכם חביבין עלי כדוד (ועי׳ ג״כ שה״ש רבה במקום. תנחומא [בובר] תצוה דף מ״ח ב׳), ולפי זה ר״ל בחר בעם של דלים ועניים. ורוו״ה פי׳ דלת ראש דלת מספר (ראש ע״ש שמות ל יב כי תשא את ראש), והוא ע״פ דבר׳ ז ו־ז בך בחר ה׳... לא מרובכם... כי אתם המעט מכל העמים, והענין אחד. **עזו יום יום לדרוש** ע״ש תהל׳ קה ד דרשו ה׳ ועזו בקשו פניו תמיד. **57 והמתנשא**... דה״א כט יא. **58 רם**... ישע׳ נז טו. **בטחו**... ישע׳ כו ד. **59 כבודו**...

אִמְרוּ לֵאלֹהִים

רָם וְנִשָּׂא שׁוֹכֵן עַד / בִּטְחוּ בוֹ עֲדֵי עַד
כְּבוֹדוֹ בְּסוֹד קְדוֹשִׁים וַעַד / וּלְעַם קְדוֹשׁוֹ נוֹעַד
לָכֵן יִתְגָּאֶה הַמַּבִּיט לָאָרֶץ וַתִּרְעָד.

אִמְרוּ לֵאלֹהִים

שְׁבִילוֹ בְּמַיִם רַבִּים / שָׁמָיו מַרְעִיף רְבִיבִים
שְׁמוֹ מְיַחֲדִים שַׁחַר וַעֲרָבִים / בְּשַׁעַר בַּת רַבִּים
לָכֵן יִתְגָּאֶה יי צְבָאוֹת יוֹשֵׁב הַכְּרוּבִים.

אִמְרוּ לֵאלֹהִים

תְּהִלָּתוֹ מָלְאָה הָאָרֶץ / מַעֲבִיר כִּלָּיוֹן וְחָרֶץ
מֵשִׁיב חֲרוֹן אַף וָקֶרֶץ / שֶׁוַע מְחַנְּנָיו יֵרֶץ
לָכֵן יִתְגָּאֶה יי אֲדֹנֵינוּ מָה אַדִּיר שִׁמְךָ בְּכָל הָאָרֶץ.

ע״ש תהל׳ פט ח אל נערץ בסוד קדושים רבה. **ולעם קדושו** ע״ש דבר׳ ז ו וכדומה. **נועד** ע״ש שמות כה כב ונועדתי לך שם. **60 המביט...** תהל׳ קד לב. **61 שבילו...** תהל׳ עז כ. **שמיו מרעיף רביבים** (כ״ה בכל כי״) ר״ל הוא גורם לשמים שיערפו רביבים, ע״ש דבר׳ לג כח אף שמיו יערפו טל, וע״ש ישע׳ מה ח הרעיפו שמים... ירמ׳ יד כב ואם השמים יתנו רביבים. **62 שמו מיחדים...** כלשון חז״ל, כגון ב״ר כ׳ י׳ (ע׳ 191) מיחדים שמו בכל יום, ר״ל מביעים את יחודך בקריאת שמע שחרית וערבית. **בשער בת רבים** שה״ש ז ה, ר״ל בבתי כנסיות ובבתי מדרשות. **63 ה׳ צבאות...** ש״ב ו ב. **64 תהלתו...** חבק׳ ג ג. **מעביר כליון וחרץ** ע״ש ישע׳ י כב כליון חרוץ. **65 משיב חרון אף וקרץ** ע״ש תהל׳ עח לח והרבה להשיב אפו. קרץ (ע״ש ירמ׳ מו כ קרץ מצפון בא) פי׳ הרס. **66 ה׳ אדונינו...** תהל׳ ח ב.

וּבְכֵן גְּדוֹלִים מַעֲשֵׂי אֱלֹהֵינוּ.

סימן: א״ב בשילוב עם תשר״ק.

מַעֲשֵׂה אֱלֹהֵינוּ
אֵין מִי בַּשַּׁחַק יַעֲרֹךְ לוֹ / בִּבְנֵי אֵלִים יִדְמֶה לוֹ
גְּבֹהִים עִלָּה לְמוֹשָׁב לוֹ / דָּרֵי גַיְא כַּחֲגָבִים לְמוּלוֹ
לָכֵן יִתְגָּאֶה הַצּוּר תָּמִים פָּעֳלוֹ.

2 מַעֲשֵׂה אֱנוֹשׁ
תַּחְבּוּלוֹתָיו מְזִמָּה / שִׁבְתּוֹ בְּתוֹךְ מִרְמָה
רְפִידָתוֹ רִמָּה / קָבוּר בִּסְעִיף אֲדָמָה
וְאֵיךְ יִתְגָּאֶה אָדָם לַהֶבֶל דָּמָה.

3 מַעֲשֵׂה אֱלֹהֵינוּ
הַמֹּשֵׁל וָפַחַד עִמּוֹ / וְהַרְבֵּה פְדוּת עִמּוֹ
זָעַק וְלַחַשׁ עִמּוֹ / חָשׁ וּמַאֲזִין מִמְּרוֹמוֹ
לָכֵן יִתְגָּאֶה יי צְבָאוֹת שְׁמוֹ.

4 מַעֲשֵׂה אֱנוֹשׁ
צְעָדָיו דַּרְכֵי תֹהוּ / פְּעֻלָּתוֹ מַעֲשֵׂה בֹהוּ
עֶשְׁתּוֹנוֹתָיו אָבְדוּ וְנָדְהוּ / סַרְעַפָּיו בָּטְלוּ וְדָהוּ
וְאֵיךְ יִתְגָּאֶה הֶבֶל וְעִנְיַן רָע הוּא.

מעשה אלהינו. **1 אין מי בשחק... בבני אלים...** ע״ש תהל׳ פט ז כי מי בשחק יערך לה׳ ידמה לה׳ בבני אלים. **גבוהים עילה** העלה את השמים, ע״ש תהל׳ קג יט בשמים הכין כסאו **למושב לו** לשון תהל׳ קלב יג. **דרי גיא** יושבי הארץ **כחגבים למולו** ע״ש ישע׳ מ כב היושב על חוג הארץ ויושביה כחגבים. **הצור...** דבר׳ לב ד. **2 מעשה אנוש. תחבולותיו מזמה שבתו בתוך מרמה** ע״ש משלי יב ה תחבולות רשעים מרמה. **רפידתו רמה** סמיכת משכבו רימה ותולעה, לעומת שה״ש ג י רפידתו זהב. **בסעיף אדמה** בסדק שבארץ (ע״ש ישע׳ ב כא ועוד). **אדם להבל דמה** תהל׳ קמד ד. **3 המשל...** איוב כה ב. **והרבה...** תהל׳ קל ז. **חש** ממהר. **ה׳ צבאות שמו** ישע׳

5 מַעֲשֵׂה אֱלֹהֵינוּ

טֶרֶף נָתַן לִירֵאָיו / יוֹבִילוּ שַׁי לְמוֹרָאָיו

כִּתֵּי גְדוּדֵי צְבָאָיו / לֹא יְשׁוּרוּ כְּבוֹד מַרְאָיו

לָכֵן יִתְגָּאֶה הִנֵּה עֵין יי אֶל יְרֵאָיו.

6 מַעֲשֵׂה אֱנוֹשׁ

נִרְדָּם בִּתְנוּמוֹת / מָלֵא חֵמוֹת

לוֹבֵשׁ חֵטְא וַאֲשָׁמוֹת / כַּעַס וּכְלִמּוֹת

וְאֵיךְ יִתְגָּאֶה נִמְשַׁל כַּבְּהֵמוֹת.

7 מַעֲשֵׂה אֱלֹהֵינוּ

מַלְאָכָיו עוֹשֶׂה רוּחוֹת / נִקְדָּשׁ בְּשִׁירוֹת וְתִשְׁבָּחוֹת

סוֹכֵת שְׁפִיכַת שִׂיחוֹת / עוֹנֶה וּמַעֲמִיד רְוָחוֹת

לָכֵן יִתְגָּאֶה אֱלֹהֵי הָרוּחוֹת.

8 מַעֲשֵׂה אֱנוֹשׁ

יָמָיו גְּרוּעִים / טוֹבָה חֲשׂוּכִים וּמְנוּעִים

חֲטָאָיו מַכְרִיעִים / זְכֻיּוֹתָיו מְגֹרָעִים

וְאֵיךְ יִתְגָּאֶה כָּל יְמֵי עָנִי רָעִים.

מח ב. 4 **תהו... בהו** ע״ש ברא׳ א ב. ירמ׳ ד כג. **עשתונותיו אבדו** ע״ש תהל׳ קמו ד, ר״ל ביום שובו לאדמתו. **ונדהו** נהיו דהים, חיורו. **סרעפיו** מחשבותיו, ע״ש תהל׳ צד יט ברוב שרעפי בקרבי. **ודהו** כלו ונחלשו (שניהם לשונות דיהוי, כלשון המשנה, נגעים א׳ ב׳ ושל סיד דהה ממנו, סוטה ג׳ ה׳ מדהה אתה את המים). **הבל וענין רע הוא** קהל׳ ד ח. 5 **טרף...** תהל׳ קיא ה. **יובילו...** תהל׳ עו יב. **כתי גדודי צבאיו. לא ישורו כבוד מראיו** גם מלאכי השרת אינם יכולים לראות את פני השכינה. **הנה עין...** תהל׳ לג יח. 6 **מלא חמות** ע״ש אסתר ג ה וימלא המן חמה. **לובש... וכלימות** ע״ש תהל׳ לה כו ילבשו בשת וכלמה. **נמשל כבהמות** תהל׳ מט יג. 7 **מלאכיו...** תהל׳ קד ד. **סוכת** שומע, ל׳ הסכת ושמע (דבר׳ כז ט). **שפיכת שיחות** ע״ש תהל׳ קב א ולפני ה׳ ישפוך שיחו. **עונה** ר״ל במרחב (ע״ש תהל׳ קיח ה ענני במרחב) **ומעמיד רוחות** ע״ש אסתר ד יד רוח והצלה יעמוד. **אלהי הרוחות** במד׳ טז כב. 8 **ימיו גרועים** ר״ל רעים. **טובה חשוכים ומנועים** חשוכי טובה ומנועים מטובה. מוגרעים מתמעטים. **כל ימי עני רעים**

9 מַעֲשֵׂה אֱלֹהֵינוּ

פּוֹדֶה מִשַּׁחַת עֲמוּסָיו / צוּר יוֹדֵעַ חוֹסָיו

קָדוֹשׁ מַפְלִיא נִסָּיו / רַחוּם לִמְרַצָּיו וּמַכְעִיסָיו

לָכֵן יִתְגָּאֶה וְרַחֲמָיו עַל כָּל מַעֲשָׂיו.

סוגרים את ארון הקודש

10 מַעֲשֵׂה אֱנוֹשׁ

וּמִתְאַוֶּה לַכֹּל / הֶשֵּׂג תַּאֲוָה לֹא יָכוֹל

דְּוֶה וְדוֹאֵג מִכֹּל / גּוֹוֵעַ אַחַר כֹּל

וְאֵיךְ יִתְגָּאֶה כִּי לֹא בְמוֹתוֹ יִקַּח הַכֹּל.

מַעֲשֵׂה אֱנוֹשׁ

תַּחְבּוּלוֹתָיו מְזִמָּה / שִׁבְתּוֹ בְּתוֹךְ מִרְמָה

רְפִידָתוֹ רִמָּה / קָבוּר בִּסְעִיף אֲדָמָה

וְאֵיךְ יִתְגָּאֶה אָדָם לַהֶבֶל דָּמָה.

פותחים את ארון הקודש

11 אֲבָל מַעֲשֵׂה אֱלֹהֵינוּ

שׁוֹמֵעַ שַׁוְעוֹת / שׁוֹעֶה עֵרֶךְ שׁוֹעוֹת

תּוֹרוֹתָיו מְשַׁעַשְׁעוֹת / תַּכְסִיסוֹ כּוֹבַע יְשׁוּעוֹת

לָכֵן יִתְגָּאֶה הָאֵל לָנוּ אֵל לְמוֹשָׁעוֹת.

סוגרים את ארון הקודש

משלי טו טו. **9 פודה...** ע״ש איוב לג כד פדעהו מרדת שחת. **עמוסיו** ישראל, ע״ש ישע׳ מו ג העמוסים מני בטן. **צור יודע חוסיו** ע״ש נחום א ז וידע חוסי בו. **מפליא נסיו** ע״ש שופט׳ יג יט ומפליא לעשות. **רחום למרציו ולמכעיסיו** ע״פ דרשת חז״ל סנהד׳ דף קי״א א׳ ארץ אפים... אף לרשעים. **ורחמיו...** תהל׳ קמה ט. **10 השג תאוה לא יכול** להשיג את נושא תאותו אינו יכול. **כי לא במותו יקח הכל** תהל׳ מט יח. **11 שועה ערך שועות** פונה אל העורכים שועתם אליו, ע״ש איוב לו יט היערך שועך לא בצר. **תורותיו משעשעות** ע״ש תהל׳ קיט ע אני תורתך שעשעתי. **תכסיסו** (כמו טכסיסו, מלה יונית שפירושה מערך למלחמה) **כובע ישועות** ע״ש ישע׳

חזרת הש״ץ לשחרית 227

12 מַעֲשֵׂה אֱנוֹשׁ
בָּהוּל בְּפַחְדּוֹ / בְּחַיִּים בְּעוֹדוֹ
אָצוּר בְּחֶלְדּוֹ / אֶבֶן נֶגֶף לְאֵידוֹ
וְאֵיךְ יִתְגָּאֶה לֹא יֵרֵד אַחֲרָיו כְּבוֹדוֹ.

נט יז וכובע ישועה בראשו, ר״ל בטכסיסו, כשהוא יוצא למלחמה יש לו כובע ישועה. **האל לנו...** תהל׳ סח כא. **12 בהול** נבהל. **אצור בחלדו** מאוסף בימי חייו (ע״ש תהל׳ פט מח זכר אני מה חלד). וייתכן שהפייטן תפסו במשמעות עצור ועזוב (דבר׳ לב לו). **אבן נגף** (ע״ש ישע׳ ח יד) **לאידו** לרעתו, ע״ש דבר׳ לב לה כי קרוב יום אידם. **לא ירד אחריו כבודו** תהל׳ מט יח.

וּבְכֵן לְנוֹרָא עֲלֵיהֶם בְּאֵימָה יַעֲרִיצוּ.

סימן: א״ב.

אֲשֶׁר אֹמֶץ תְּהִלָּתְךָ בְּאֵילֵי שַׁחַק / בְּבִרְקֵי נֹגַהּ
בִּגְדוּדֵי גֹּבַהּ / בִּדְמָמָה דַקָּה וּקְדֻשָּׁתְךָ בְּפִיהֶם.

וְרִצִּיתָ שֶׁבַח מֵהוֹמֵי בְרֶגֶשׁ / וְעוֹרְכֵי שֶׁוַע
זוֹעֲקֵי תְחִנָּה / חוֹכֵי חֲנִינָה וְהִיא כְבוֹדֶךָ.

אֲשֶׁר אֹמֶץ תְּהִלָּתְךָ בְּטַפְסְרֵי טֹהַר / בִּידִידוּן יְדִדוּן
בִּכְרוּבֵי כָבוֹד / בִּלְגְיוֹנֵי לַהַב וּקְדֻשָּׁתְךָ בְּפִיהֶם.

לנורא עליהם ע״ש צפנ׳ ב יא נורא ה׳ עליהם. **יעריצו** ע״ש ישע׳ כט כג.
אשר אומץ תהלתך בצבא מעלה שבתיאורם מתעמק הפייטן ומסיים כל בית בדבור **וקדושתך בפיהם**. וכנגדם **ואבית תהלה** מבני אדם אע״פ שהם חשובים כאפס. **והיא** (צ״ל והוא ?) **כבודך**.
1 באילי שחק במלאכי שמים. **בברקי נוגה** מלאכי אש, ע״ש דני׳ י ו ופניו כמראה ברק וכו׳.
2 בגדודי גבה חיילים גבוהים בקומתם, ע״ש יחזק׳ א יח וגובה להם. **בדממה דקה** קול דממה דקה היוצאת מהשכינה (ע״ש מ״א יט יב), ועי׳ ברכות דף נ״ח א׳. **3 מהומי ברגש** מישראל המרעישים ברגש (ע״ש תהל׳ נה טו בבית אלהים נהלך ברגש), כנראה במשמעות: הבאים בהמון. **ועורכי שוע** ע״ש איוב לו יט היערוך שועך. **5 בטפסרי טהר** במלאכים הטהורים. **בידודון ידודון** ע״ש תהל׳ סח יג מלכי צבאות ידודון ידודון, שדרשוהו חז״ל על מלאכי השרת שבת דף

וְרָצִיתָ שֶׁבַח   מִמְעוּטֵי יָמִים / נְשׁוּיֵי טוֹבָה
שְׂבֵעֵי רֹגֶז / עֲגוּמֵי נֶפֶשׁ   וְהִיא כְבוֹדֶךָ.

אֲשֶׁר אֹמֶץ תְּהִלָּתֶךָ   בִּפְלִיאֵי שֵׁמוֹת / בִּצְבָאוֹת עִירִין
בִּקְדוֹשֵׁי קֶדֶם / בְּרֶכֶב רִבֹּתַיִם   וּקְדֻשָּׁתְךָ בְּפִיהֶם.

וְרָצִיתָ שֶׁבַח   מְשׁוֹקְדֵי דְלָתוֹת / שׁוֹפְכֵי שִׂיחַ
תּוֹבְעֵי סְלִיחָה / תְּאֵבֵי כַפָּרָה   וְהִיא כְבוֹדֶךָ.

פ״ח ב׳ ועוד. 7 **ממעוטי ימים** בני אדם, ויש גורסין ממעוטי עמים, ר״ל ישראל, ע״ש דבר׳ ז ז כי אתם המעט מכל העמים. **נשויי טובה** ע״ש איכה ג יז נשיתי טובה. 8 **שבעי רוגז** ע״ש איוב יד א אדם... קצר ימים ושבע רגז. **עגומי נפש** ע״ש איוב ל כה עגמה נפשי. 9 **בפליאי שמות** ע״ש שופט׳ יג יח למה זה תשאל לשמי והוא פלאי. **בצבאות עירין** תאר למלאכים, ע״ש דני׳ ד יד בגזרת עירין פתגמא. 10 **ברכב רבותים** ע״ש תהל׳ סח יח רכב אלהים רבותים אלפי שנאן. 11 **משוקדי דלתות** ישראל, ע״ש משלי ח לד אשרי אדם שומע לי לשקוד על דלתותי יום יום. **שופכי שיח** ע״ש תהל׳ קב א ולפני ה׳ ישפך שיחו.

וּבְכֵן תְּנוּ עֹז לֵאלֹהִים עַל יִשְׂרָאֵל גַּאֲוָתוֹ.

סימן: א״ב.

עַל יִשְׂרָאֵל אֱמוּנָתוֹ   עַל יִשְׂרָאֵל בִּרְכָתוֹ
עַל יִשְׂרָאֵל גַּאֲוָתוֹ   עַל יִשְׂרָאֵל דִּבְרָתוֹ
עַל יִשְׂרָאֵל הֲדָרָתוֹ   עַל יִשְׂרָאֵל וְעִידָתוֹ

הפייטן סומך בפסוק תנו עז לאלהים על ישראל גאותו ועזו בשחקים (תהל׳ סח לה), ודוגמתו הוא מונה שורת תכונות על סדר א״ב. מפרשי הפיוט השתדלו למצוא מסמך לכל אחד ואחד במקרא, והנה המסמכים, לפי רוו״ה ע״פ רוב.

עַל יִשְׂרָאֵל זְכִירָתוֹ עַל יִשְׂרָאֵל חֶמְלָתוֹ
עַל יִשְׂרָאֵל טַהֲרָתוֹ עַל יִשְׂרָאֵל יְשָׁרָתוֹ
עַל יִשְׂרָאֵל כַּנָּתוֹ עַל יִשְׂרָאֵל לְאֻמָּתוֹ
עַל יִשְׂרָאֵל מַלְכוּתוֹ עַל יִשְׂרָאֵל נְעִימָתוֹ
עַל יִשְׂרָאֵל סְגֻלָּתוֹ עַל יִשְׂרָאֵל עֲדָתוֹ
עַל יִשְׂרָאֵל פְּעֻלָּתוֹ עַל יִשְׂרָאֵל צִדְקָתוֹ
עַל יִשְׂרָאֵל קְדֻשָּׁתוֹ עַל יִשְׂרָאֵל רוֹמְמוּתוֹ
עַל יִשְׂרָאֵל שְׁכִינָתוֹ עַל יִשְׂרָאֵל תִּפְאַרְתּוֹ.

הפיוט "אפסי ארץ" בעמ' 568.
הפיוט "מי כמוך" בעמ' 568.
הפיוט "אין כמוך" בעמ' 569.

1 אמונתו ע"ש תהל' פט ו אף אמונתך בקהל קדושים. **ברכתו** ע"ש במד' ו כז ואני אברכם. **2 גאותו** כנ"ל. **דברתו** דיבורו (עי' לדוגמא מכילתא בא, ע' 1, שכשם שהיה משה כלל לדברות וכו'), וכל דברה ודברה שהיתה מכוונת למשה היתה על ישראל. **3 הדרתו** ע"ש תהל' צ טז והדרך על בניהם, ומשלי יד כח ברב עם הדרת מלך. **ועידתו** (המלה מחודשת היא ע"י הפייטנים) ע"ש שמות כט מג ונועדתי שמה לבני ישראל. **4 זכירתו** ע"ש ירמ' לא יט זכור אזכרנו עוד, וכדומה. **חמלתו** ע"ש ישע' סג ט באהבתו ובחמלתו הוא גאלם. **5 טהרתו** ע"ש יחזק' לו כה מכל טמאותיכם... אטהר אתכם. **ישרתו** ישרו (דוגמת מ"א ג ו), ע"ש דבר' לב ד צדיק וישר הוא. **6 כנתו** ע"ש תהל' פ טז וכנה אשר נטעה ימינך, וכנראה יש להבין: על ישראל נאמר 'כנתו', וכן **לאומתו** (יצירה חפשית מהמלה לאום), ע"ש ישע' נא ד ולאומי אלי האזינו. **7 מלכותו** ע"ש תהל' קמה יא כבוד מלכותך יאמרו, ובלשון רז"ל ישראל מקבלים עליהם עול מלכות שמים (במשנה, ברכות ב' ב', ועוד). **נעימתו** ע"ש תהל' טז יא נעימות בימינך נצח. **8 סגולתו** ע"ש שמות יט ה והייתם לי סגולה, וגם כאן צריכין להבין: על ישראל נאמר: סגולתו, וכן **עדתו** ע"ש תהל' פב א אלהים נצב בעדת אל. **9 פעולתו** ע"ש ישע' סב יא הנה שכרו אתו ופעולתו לפניו. **צדקתו** ע"ש תהל' קג יז וחסד ה'... על יראיו וצדקתו לבני בנים. **10 קדושתו** ע"ש ויק' כב לב ונקדשתי בתוך בני ישראל, וכן לעיל בפיוט 'אשר אומץ תהלתך': וקדושתך בפיהם. **רוממותו** ע"ש תהל' קמט ו רוממות אל בגרונם. **11 שכינתו** ע"ש שמות כה ח ושכנתי בתוכם. **תפארתו** ע"ש ישע' מו יג ונתתי בציון תשועה לישראל תפארתי.

פותחים את ארון הקודש

וּבְכֵן נְאַדֶּרְךָ חַי עוֹלָמִים.

סימן: א״ב כפול.

1 הָאַדֶּרֶת וְהָאֱמוּנָה
לְחַי עוֹלָמִים
הַבִּינָה וְהַבְּרָכָה
לְחַי עוֹלָמִים

2 הַגַּאֲוָה וְהַגְּדֻלָּה
לְחַי עוֹלָמִים
הַדֵּעָה וְהַדִּבּוּר
לְחַי עוֹלָמִים

3 הַהוֹד וְהֶהָדָר
לְחַי עוֹלָמִים
הַוַּעַד וְהַוָּתִיקוּת
לְחַי עוֹלָמִים

4 הַזּוֹךְ וְהַזֹּהַר
לְחַי עוֹלָמִים
הַחַיִל וְהַחֹסֶן
לְחַי עוֹלָמִים

5 הַטֶּכֶס וְהַטֹּהַר
לְחַי עוֹלָמִים
הַיִּחוּד וְהַיִּרְאָה
לְחַי עוֹלָמִים

6 הַכֶּתֶר וְהַכָּבוֹד
לְחַי עוֹלָמִים
הַלֶּקַח וְהַלִּבּוּב
לְחַי עוֹלָמִים

האדרת והאמונה שיר זה שייך לספרות הנסתר (מקורות ספר היכלות רבתי פרק כ״ח) ונחשב בחוגי חסידי אשכנז כשיר המלאכים. המפרשים, החל מימי הבנים, השתדלו למצוא קשר מסויים בין שורות השיר, היינו בין תכונות הקב״ה הכלולות בה, אבל נראה יותר שאין קשר הגיוני בין השורות, אלא יש לפנינו סתם שבחות (עי׳ ג״כ שלום, Major trends ע׳ 58). ניתן אפוא כאן רק ביאור למלים אחדות שמשמעותן לא ברורה מאליה. בכמה מקומות שונה נוסח המסורת האשכנזית מהמקור שב׳היכלות׳.

1 האדרת הכח והעצמה. **לחי עולמים** כינוי להקב״ה, והתחביר הוא דוגמת דה״א כט יא לך ה׳ הגדולה והגבורה והתפארת והנצח וההוד, וכדומה. וע״פ הקבלה פירשו שהקב״ה נקרא חי עולמים מפני שיש לו ח״י אלף עולמות (כמאמר חז״ל ע״ז דף ג׳ ב׳). **2 הגאוה והגדולה** ר״ל

7 הַמְּלוּכָה וְהַמֶּמְשָׁלָה
לְחַי עוֹלָמִים
הַנּוֹי וְהַנֵּצַח
לְחַי עוֹלָמִים

8 הַשִּׂגּוּי וְהַשֶּׂגֶב
לְחַי עוֹלָמִים
הָעֹז וְהָעֲנָוָה
לְחַי עוֹלָמִים

9 הַפְּדוּת וְהַפְּאֵר
לְחַי עוֹלָמִים
הַצְּבִי וְהַצֶּדֶק
לְחַי עוֹלָמִים

10 הַקְּרִיאָה וְהַקְּדֻשָּׁה
לְחַי עוֹלָמִים
הָרוֹן וְהָרוֹמֵמוּת
לְחַי עוֹלָמִים

11 הַשִּׁיר וְהַשֶּׁבַח
לְחַי עוֹלָמִים
הַתְּהִלָּה וְהַתִּפְאֶרֶת
לְחַי עוֹלָמִים.

סוגרים את ארון הקודש

הפיוט ״נאמירך באימה״ בעמ׳ 569.
הפיוט ״רוממו אל״ בעמ׳ 570.
הפיוט ״רוממו אדיר״ בעמ׳ 570.
הפיוט ״אמונתך בעליונים״ בעמ׳ 571.
הפיוט ״הנקדש באלפי אלפים״ בעמ׳ 571.

הגיאות, וי״ג הגדולה והגבורה, ע״ש דה״א כט יא. **3 ההוד וההדר** ע״ש תהל׳ קד א הוד והדר לבשת. **הועד** י״מ ייעוד הזמן, שרק הוא מסוגל לכך, וי״מ ועד המלאכים הוא שלו. **והותיקות** הרצינות והנאמנות (מל׳ תלמיד ותיק, ירו׳ ברכות ב׳ ח׳ דף ה׳ ג׳). **4 הזוך** הזכות **והזהר,** וי״ג הזיו והזהר, וי״ג הזכות והזכרון. **החיל והחסן,** וי״ג החן והחסד. **5 הטכס** הסדר, מל׳ טכסים ביונית. **והטוהר,** וי״ג הטהרה והטוב. **היחוד** שמיחדים אותו, ר״ל מכירים ביחודו. **והיראה,** וי״ג היקר והישועה. **6 הלקח והלבוב** הלימוד והחכמה, לקח ע״ש משלי ד ב כי לקח טוב נתתי לכם. לבוב ע״ש שה״ש ד ט לבבתיני אחותי כלה. **7 המלוכה** (וי״ג המלכות) **והממשלה** ע״ש דה״א כט יא לך ה׳ הממלכה. **8 השיגוי** ע״ש איוב לו כו הן אל שגיא. **והשגב** ע״ש ישע׳ ב יא ונשגב ה׳ לבדו (וי״ג הסוד והשכל). **העוז והענוה** כמאמר חז״ל מגילה דף ל״א א׳ בכל מקום שאתה מוצא גבורתו של הקב״ה שם אתה מוצא ענותנותו (וי״ג העוז והעטרה). **9 הפדות** ע״ש תהל׳ קל ז והרבה עמו פדות. **והפאר** (וי״ג והפלא). **הצבי** החפץ (ל׳ צבי לצדיק, ישע׳ כד טז) **והצדק** (וי״ג הצהלה והצדקה). **10 הקריאה** (וי״ג הקילוס) **והקדושה,** והענין שקוראים זה אל זה קדוש (ישע׳ ו ג). **הרון והרוממות** (וי״ג הרננות והרחמים). **11 השיר והשבח** וי״ג השקט והשאנן.

לְיוֹשֵׁב תְּהִלּוֹת / לְרוֹכֵב עֲרָבוֹת / קָדוֹשׁ וּבָרוּךְ.

ליושב תהלות ע״ש תהל׳ כב ד. **לרוכב ערבות** ע״ש תהל׳ סח ה. **קדוש וברוך** ר״ל להקב״ה אומרים קדוש (ישע׳ ו ג) וברוך (יחזק׳ ג יב). והולך הפייטן ומתאר את כתות המלאכים האומרים קדוש (טור 1, 3 בכל בית) לעומת בני ישראל האומרים קדוש וברוך ביחד (טור 2, 4).

סימן: א״ב כפול.

אֵילֵי שַׁחַק חֲצוּבֵי לֶהָבִים — אוֹמְרִים קָדוֹשׁ
אַדִּירֵי כָל חֵפֶץ הַנֶּאֱהָבִים — אוֹמְרִים בָּרוּךְ
בְּלוּלֵי קֶרַח וָשֶׁלֶג וְשַׁלְהָבִים — אוֹמְרִים קָדוֹשׁ
בַּדֵּי צֶדֶק גָּזֵי רְהָבִים — קָדוֹשׁ וּבָרוּךְ.

לְיוֹשֵׁב תְּהִלּוֹת / לְרוֹכֵב עֲרָבוֹת / קָדוֹשׁ וּבָרוּךְ.

גֹּבַהּ לָהֶם וְיִרְאָה לָהֶם — אוֹמְרִים קָדוֹשׁ
גִּבּוֹרֵי כֹחַ בְּמִשְׁכְּנוֹת אָהֳלֵיהֶם — אוֹמְרִים בָּרוּךְ
דָּאֵי בְכָנָף מְכַסִּים פְּנֵיהֶם — אוֹמְרִים קָדוֹשׁ
דּוֹרְשֵׁי דָתוֹת דְּבֵקִים בֵּאלֹהֵיהֶם — קָדוֹשׁ וּבָרוּךְ.

לְיוֹשֵׁב תְּהִלּוֹת / לְרוֹכֵב עֲרָבוֹת / קָדוֹשׁ וּבָרוּךְ.

1 **אילי שחק** ע״ש תהל׳ פט ז כי מי בשחק יערך לה׳ בבני אלים. **חצובי להבים** (ע״ש תהל׳ כט ז קול ה׳ חוצב להבות אש) תאר למלאכי אש, ע״ש תהל׳ קד ד משרתיו אש לוהט. 2 **אדירי כל חפץ** תהל׳ טז ג לקדושים אשר בארץ המה ואדירי כל חפצי בם, והפייטן דורש אותו על ישראל. 3 **בלולי קרח ושלג ושלהבים** מלאכי אש וברד וכו׳ (תהל׳ קמח ח). 4 **בדי צדק** בני צדיקים (בדים, פי׳ ענפים, ר״ל בנים, ע״ש איוב יח יג יאכל בדיו). **גזי רהבים** עוברי ימים. גז, פי׳ עבר, כגון תהל׳ צ י גז חיש, ורהב סימון לים, על שם שר הים (ב״ב דף ע״ד ב׳), ושמא רומז הפייטן לעוברי ים סוף. 5 **גובה להם ויראה להם** יחזק׳ א יח. 6 **גבורי כח** תהל׳ קג כ ברכו ה׳ מלאכיו גבורי כח עושי דברו לשמוע בקול דברו, ודרשוהו על התחתונים דוקא (ויק״ר א׳ א׳ ע׳ א׳. תנחומא ויק׳ א׳. מדרש תהל׳ במקום)... 7 **דאי בכנף** פורחים, ע״ש תהל׳ יח יא וידא על כנפי רוח. **מכסים פניהם** ע״ש ישע׳ ו ב בשתים יכסה פניו. 8 **דורשי דתות** ישראל דורשי התורה.

הֲמוֹנֵי עִירִין וְסוֹד קַדִּישִׁין   אוֹמְרִים קָדוֹשׁ
הוֹגֵי שַׁעֲשׁוּעַ מַטַּע קְדוֹשִׁים   אוֹמְרִים בָּרוּךְ
וְעוֹדֵי מַעַל גְּוִיָּתָם כְּתַרְשִׁישִׁים   אוֹמְרִים קָדוֹשׁ
וְחוֹלֵי אַהַב סְמוּכֵי בָאֲשִׁישִׁים   קָדוֹשׁ וּבָרוּךְ.
לְיוֹשֵׁב תְּהִלּוֹת / לְרוֹכֵב עֲרָבוֹת / קָדוֹשׁ וּבָרוּךְ.

זְבוּדֵי זֹהַר כְּעֵין חַשְׁמַלִּים   אוֹמְרִים קָדוֹשׁ
זוֹקְקֵי שִׂבְעָתַיִם בֵּרוּר מִלִּים   אוֹמְרִים בָּרוּךְ
חֹסֶן חֲיָלִים רִבְבוֹת אֵלִים   אוֹמְרִים קָדוֹשׁ
חֲנִיטֵי כֹשֶׁר בְּנֵי אֵלִים   קָדוֹשׁ וּבָרוּךְ.
לְיוֹשֵׁב תְּהִלּוֹת / לְרוֹכֵב עֲרָבוֹת / קָדוֹשׁ וּבָרוּךְ.

טְכוּסֵי טֹהַר חֲדָשֵׁי בְקָרִים   אוֹמְרִים קָדוֹשׁ
טְעוּנֵי מוֹרָאֲךָ בְּצִוּוּי עִקָּרִים   אוֹמְרִים בָּרוּךְ
יְדוּדוּן יִדּוֹדוּן בְּחִיל נִזְקָרִים   אוֹמְרִים קָדוֹשׁ
יוֹדְעֵי בִין מִפְּנִינִים יְקָרִים   קָדוֹשׁ וּבָרוּךְ.
לְיוֹשֵׁב תְּהִלּוֹת / לְרוֹכֵב עֲרָבוֹת / קָדוֹשׁ וּבָרוּךְ.

דבקים באלהיהם ע״ש דבר׳ ד ד ואתם הדבקים בה׳ אלהיכם. 9 **המוני עירין וסוד קדישין** עירין וקדישין שמות המלאכים ע״ש דני׳ ד יד, וסוד ע״ש תהל׳ פט ח אל נערץ בסוד קדושים רבה. **10 הוגי שעשוע** ההוגים בתורה הנקראת שעשועים, ע״ש משלי ח ל ואהיה שעשועים יום יום, שדרשוהו על התורה בב״ר ח׳ ב׳ ע׳ 57 ועוד. 11 **ועודי מעל** המתאספים למעלה. **גוייתם כתרשישים** ע״ש דני׳ י ו וגויתו כתרשיש. 12 **וחולי אהב סמוכי באשישים** ישראל, ע״ש שה״ש ב ה סמכוני באשישות... כי חולת אהבה אני, שדרשוהו על ישראל והתורה שבכתב ובעל פה (מדרש שה״ש רבה). 13 **זבודי זהר כעין חשמלים** מלאכי אש שחלקם (ע״ש ברא׳ ל כ זבדני אלהים זבד טוב) זהר, עי׳ יחזק׳ ח ב ואראה והנה דמות כמראה אש... וממתניו ולמעלה כמראה זהר כעין החשמלה. 14 **זוקקי שבעתים ברור מלים** ישראל העוסקים בתורה ובברור מליה, ע״ש תהל׳ יב ז אמרות ה׳ אמרות טהורות כסף צרוף... מזוקק שבעתים. 16 **חניטי כושר** יוצאי זרע כשר. **בני אלים** ע״ש תהל׳ כט א הבו לה׳ בני אלים, שדרשוהו על האבות (כגון ר״ה דף

כְּסוּיֵי אַרְבַּע מְרֻבְּעֵי פָנִים אוֹמְרִים קָדוֹשׁ
כְּרוּתֵי בְרִית פָּנִים בְּפָנִים אוֹמְרִים בָּרוּךְ
לְבוּשֵׁי בַדִּים זַכִּים וַחֲפִים אוֹמְרִים קָדוֹשׁ
לוֹבְשֵׁי לְבָנִים נְעִימִים וְיָפִים קָדוֹשׁ וּבָרוּךְ.
לְיוֹשֵׁב תְּהִלּוֹת / לְרוֹכֵב עֲרָבוֹת / קָדוֹשׁ וּבָרוּךְ.

מְשָׁרְתִים נָאִים רָמִים וּגְבוֹהִים אוֹמְרִים קָדוֹשׁ
מְלַמְּדֵי חֻקִּים מְשִׁיבֵי נְכוֹחִים אוֹמְרִים בָּרוּךְ
נוֹגְנֵי נֹעַם סִפִּים מְרוֹפְפִים אוֹמְרִים קָדוֹשׁ
נָאווּ לְחָיַיִם כְּעָגוּר מְצַפְצְפִים קָדוֹשׁ וּבָרוּךְ.
לְיוֹשֵׁב תְּהִלּוֹת / לְרוֹכֵב עֲרָבוֹת / קָדוֹשׁ וּבָרוּךְ.

ל״ב א׳ מנין שאומרים אבות. שנא׳ הבו לה׳ בני אלים, ועי׳ ג״כ במדרש תהלים במקום). **17 טכוסי טוהר** המסודרים בתכסיסי טהרה. **חדשי בקרים** ע״ש איכה ג כג חדשים לבקרים, שדרשוהו בחגיגה דף י״ד א׳ כל יומא ויומא נבראין מלאכי השרת מהר דינור. **18 טעוני מוראך בצווי עקרים** ישראל, שמורא שמים הוא מעיקרי דתו. **19 ידודון ידודון** ע״ש תהל׳ סח יג מלכי צבאות ידודון ידודון, ו״ידודון׳ משמש כשם המלאכים אצל הפייטנים. **בחיל נזקרים** (כמו נזרקים, דוגמת יומא דף ל״ח ב׳ אחיו הכהנים נזרקים בבת ראש אחוריהם), נרתעים באימה. **20 יודעי בין מפנינים יקרים** המבינים את דברי התורה שהם יקרים מפנינים, ע״ש משלי ג טו יקרה היא מפנינים. **21 כסויי ארבע מרובעי פנים** ע״ש יחזק׳ א ו וארבעה פנים לאחת וארבע כנפים לאחת להם, ובהן מכסות את גויותיהן (שם יא). **22 כרותי ברית פנים בפנים** ע״ש דבר׳ ה ג-ד לא את אבותינו כרת ה׳ את הברית הזאת כי אתנו... פנים בפנים דבר ה׳ עמכם... **23 לבושי בדים** כגון המלאך לבוש הבדים הנזכר ביחזק׳ ט ב-ג. י א. **זכים וחפים** ע״ש איוב לג ט זך אני בלי פשע חף אנכי. **24 לובשי לבנים** לפי מנהג ישראל ללבוש לבנים ביום הכפורים. **נעימים ויפים** ע״ש שה״ש ז ז מה יפית ומה נעמת. **25 משרתים נאים** וי״ג ׳נעים׳, מלאכים מתנועעים ומסתובבים למלא פקודות. **רמים וגבוהים** שהם עומדים ממעל לכסא הכבוד, ע״ש ישע׳ ו ב שרפים עומדים ממעל לו. **26 מלומדי חוקים** ישראל שהם בקיאים בחוקי התורה. **משיבי**

סְכוּכֵי אֶבְרָה כְּקָלָל נוֹצְצִים אוֹמְרִים קָדוֹשׁ
סְגוּלֵי מֵעַמִּים בְּיִרְאָה מַעֲרִיצִים אוֹמְרִים בָּרוּךְ
עוֹמְדִים מִמַּעַל בִּדְבָרוֹ נְחוּצִים אוֹמְרִים קָדוֹשׁ
עוֹרְכֵי עֹז בְּרַעַד שְׁבוּצִים קָדוֹשׁ וּבָרוּךְ.
לְיוֹשֵׁב תְּהִלּוֹת / לְרוֹכֵב עֲרָבוֹת / קָדוֹשׁ וּבָרוּךְ.

פָּנִים וְלֹא עֹרֶף נִתְאָמִים אוֹמְרִים קָדוֹשׁ
פְּרוּשִׁים לְךָ אֲחוּיִם וּמְתֻאָמִים אוֹמְרִים בָּרוּךְ
צְבָאוֹת עֶלְיוֹנִים גֵּאִים וְרָמִים אוֹמְרִים קָדוֹשׁ
צְבָאוֹת תַּחְתּוֹנִים לִרְצוֹתְךָ מַעֲרִימִים קָדוֹשׁ וּבָרוּךְ.
לְיוֹשֵׁב תְּהִלּוֹת / לְרוֹכֵב עֲרָבוֹת / קָדוֹשׁ וּבָרוּךְ.

נכוחים ע״ש משלי כד כו משיב דברים נכחים, ובלשון חז״ל במשנה שואל כענין ומשיב כהלכה (אבות ה׳ ז׳). **27 נוגני נועם** משוררי נעימות בשמים. **ספים מרופפים** ע״ש איוב כו יא עמודי שמים ירופפו, וישע׳ ו ד וינועו אמות הספים מקול הקורא, והתחביר הוא כנראה: נועם של ספים מרופפים, ר״ל נועם חזק עד שהספים מרופפים, (או דילמא ׳ספים מרופפים׳ משפט בפני עצמו הוא, שלא כמבנה שאר השורות). **28 נאוו לחיים** ע״ש שה״ש א י נאוו לחייך בתורים, ר״ל ישראל שנאוו לחייהם והם מסוגלים לדבר בשתי תורות שבכתב ושבעל פה, לפי מה שדרשו במדרש שם. **כעגור מצפצפים** ע״ש ישע׳ לח יד כסוס עגור כן אצפצף. **29 סכוכי אברה** המלאכים המכוסים בכנפיהם. **כקלל נוצצים** ע״ש יחזק׳ א ז ונוצצים כעין נחושת קלל. **30 סגולי מעמים** ישראל, ע״ש שמות יט ה והייתם לי סגולה מכל העמים. **31 עומדים ממעל** ישע׳ ו ב. **בדברו נחוצים** ע״ש ש״א כא ט כי היה דבר המלך נחוץ, ר״ל ממהרים לעשות דברו. **32 עורכי עוז** עורכי התורה, שאין עוז אלא תורה, שנא׳ (תהל׳ כט יא) ה׳ עז לעמו יתן, כמו שדרשו חז״ל במכילתא בשלח שירתא ג׳ (ע׳ 126) ועוד. **ברעד שבוצים** אחוזים, ל׳ אחזני השבץ, ש״ב א ט. **33 פנים ולא עורף נתאמים** המלאכים הנתאמים מארבע פנים ואין להם עורף, כמתואר ביחזק׳ א ז-ט, ושם כתוב: לא יסבו בלכתן, מפני שאין להם עורף. **34 פרושים** מובדלים, ר״ל מן העמים. (ויש מצרפים ׳פרושים לך׳, ר״ל מובדלים לעבודתך, ע״ש ויק׳ כ כו

קוֹרְאֵי בְשִׁלּוּשׁ זֵר תִּפְאָרָה אוֹמְרִים קָדוֹשׁ
קוֹרְאֵי פַּעֲמַיִם חֲטִיבַת אֲמִירָה אוֹמְרִים בָּרוּךְ
רַגְלֵיהֶם עֲמִידַת רֶגֶל יְשָׁרָה אוֹמְרִים קָדוֹשׁ
רְצוּיֵי שַׁדַּי מְשׁוֹרְרֵי שִׁירָה קָדוֹשׁ וּבָרוּךְ.
לְיוֹשֵׁב תְּהִלּוֹת / לְרוֹכֵב עֲרָבוֹת / קָדוֹשׁ וּבָרוּךְ.

שַׁנְאַנֵּי שֶׁקֶט שָׁלוֹם בְּמַחֲנָם אוֹמְרִים קָדוֹשׁ
שׁוֹקְדֵי דְלָתוֹת בְּשִׂיחַ מַעֲנָם אוֹמְרִים בָּרוּךְ
תְּלוּלֵי תַעַף בְּשֶׁפֶר הֶגְיוֹנָם אוֹמְרִים קָדוֹשׁ
תְּמִימֵי דֶרֶךְ לְרִבּוֹנָם וְקוֹנָם קָדוֹשׁ וּבָרוּךְ.
לְיוֹשֵׁב תְּהִלּוֹת / לְרוֹכֵב עֲרָבוֹת / קָדוֹשׁ וּבָרוּךְ.

ואבדיל אתכם מן העמים להיות לי). **לך אחויים** מחוברים. **36 לרצותך מערימים** מרצים אותך בהערמה, כמו שדרשו חז״ל ויק״ר כ״ט ד׳ (ע׳ תרעד) אשרי העם יודעי תרועה... אשרי העם שהן יודעים לרצות את בוראן בתרועה. **37 קוראי בשילוש** קדוש קדוש קדוש, והוא זר תפארה וכתר להקב״ה. **38 קוראי פעמים חטיבת אמירה** ישראל הקוראים קריאת שמע ערב ובקר, והפייטן קורא לקריאת שמע חטיבת אמירה, ע״פ מה שדרשו חז״ל (ברכות דף ו׳ א׳) משתבח הקב״ה בשבחייהו דישראל... דכתיב (דבר׳ כו יז-יח) את ה׳ האמרת היום... וה׳ האמירך היום. אמר להם הקב״ה לישראל אתם עשיתוני חטיבה אחת בעולם, שנא׳ (דבר׳ ו ד) שמע ישראל ה׳ אלהינו ה׳ אחד, ואני אעשה אתכם חטיבה אחת בעולם, שנא׳ (דה״א יז כא) ומי כעמך ישראל גוי אחד בארץ. **39 רגליהם עמידת רגל ישרה** ע״ש יחזק׳ א ז ורגליהם רגל ישרה, ודרשו רז״ל (ירו׳ ברכות א׳ א׳ דף ב׳ ג׳ ועוד) שאין להם קפיצין, לכן עומדים הם תמיד. **40 רצויי שדי משוררי שירה** ששירתם רצויה להקב״ה, לפי מאמר חז״ל חולין דף צ״א ב׳ חביבין ישראל לפני הקב״ה יותר ממלאכי השרת שישראל אומרים שירה בכל שעה וכו׳. **41 שנאני שקט שלום במחנם** שאפילו העליונים צריכין שלום (תנחומא בראש׳ י״ג דף ה׳ ב׳ בובר), ע״ש איוב כה ב עושה שלום במרומיו. **42 שוקדי דלתות** ר״ל דלתות בית הכנסת, ע״ש משלי ח לד אשרי אדם שומע לי לשקד על דלתותי יום יום. **43 תלולי תעף** מלאכים הגבוהים בתעופה (תלול פי׳ גבוה, יחזק׳ יז כב), ע״ש איוב ה ז ובני רשף יגביהו עוף. **44 תמימי דרך** תהל׳ קיט א.

וּבְכֵן שְׂרָפִים עוֹמְדִים מִמַּעַל לוֹ.

זֶה אֶל זֶה שׁוֹאֲלִים / אַיֵּה אֵל אֵלִים
אָנָה שׁוֹכֵן מְעֻלִּים / וְכֻלָּם מַעֲרִיצִים וּמַקְדִּישִׁים וּמְהַלְלִים.

הפיוט ״אין מספר״ בעמ׳ 572.

פותחים את ארון הקודש **וּבְכֵן לְךָ הַכֹּל יַכְתִּירוּ.**

סימן: א״ב.

1 הש״ץ: **לְאֵל עוֹרֵךְ דִּין**
הקהל: **לְבוֹחֵן לְבָבוֹת בְּיוֹם דִּין.**

הש״ץ: **לְגוֹלֶה עֲמֻקּוֹת בַּדִּין**
הקהל: **לְדוֹבֵר מֵישָׁרִים בְּיוֹם דִּין.**

הש״ץ: **לְהוֹגֶה דֵעוֹת בַּדִּין**
הקהל: **לְוָתִיק וְעוֹשֶׂה חֶסֶד בְּיוֹם דִּין.**

הש״ץ: **לְזוֹכֵר בְּרִיתוֹ בַּדִּין**
הקהל: **לְחוֹמֵל מַעֲשָׂיו בְּיוֹם דִּין.**

שרפים עומדים ממעל לו ישע׳ ו ב, וכל הפיוט נבנה על פסוק זה ושלאחריו. **זה אל זה שואלים** (ודומה לו בנוסח הקדושה: משרתיו שואלים זה לזה איה מקום כבודו) ע״פ התיאור בפרקי ר״א ד׳: והחיות עומדות אצל כסא כבודו ואין יודעות מקום כבודו... ומעריצים ומקדישים את שמו הגדול זה עונה וזה קורא ואומרים קדוש ק״ק... **איה אל אלים** ע״ש דני׳ יא לו. **אנה שוכן מעולים** איה מקום כבוד ה׳ השוכן בשמים המעולים. ׳אנה׳ במשמעות ׳איפה׳ דוגמת רות ב יט איפה לקטת היום ואנה עשית.

ובכן לך הכל יכתירו, ומצורף לו: **לאל עורך דין** ר״ל עורך משפט, ע״ש איוב יג יח הנה נא ערכתי משפט. **לבוחן לבבות** ע״ש משלי יז ג ובוחן לבות ה׳. 2 **לגולה עמוקות** ע״ש איוב יב כב מגלה עמוקות מני חשך, ודני׳ ב כב גלי עמיקתא ומסתרתא. **לדובר מישרים** ע״ש ישע׳ לג טו. 3 **להוגה דעות** ע״ש ש״א ב ג כי אל דעות ה׳. **לותיק** פי׳ רציני, זריז. **ועושה חסד** ירמ׳ ט כג ועוד. 4 **לזוכר בריתו** ע״ש תהל׳ קיא ה יזכר לעולם בריתו. **לחומל מעשיו** ע״ש מלאכי ג יז

הש״ץ: לְטַהֵר חוֹסָיו בַּדִּין
הקהל: לְיוֹדֵעַ מַחֲשָׁבוֹת בְּיוֹם דִּין.

הש״ץ: לְכוֹבֵשׁ כַּעְסוֹ בַּדִּין
הקהל: לְלוֹבֵשׁ צְדָקוֹת בְּיוֹם דִּין.

הש״ץ: לְמוֹחֵל עֲוֹנוֹת בַּדִּין
הקהל: לְנוֹרָא תְהִלּוֹת בְּיוֹם דִּין.

הש״ץ: לְסוֹלֵחַ לַעֲמוּסָיו בַּדִּין
הקהל: לְעוֹנֶה לְקוֹרְאָיו בְּיוֹם דִּין.

הש״ץ: לְפוֹעֵל רַחֲמָיו בַּדִּין
הקהל: לְצוֹפֶה נִסְתָּרוֹת בְּיוֹם דִּין.

הש״ץ: לְקוֹנֶה עֲבָדָיו בַּדִּין
הקהל: לְרַחֵם עַמּוֹ בְּיוֹם דִּין.

הש״ץ: לְשׁוֹמֵר אֹהֲבָיו בַּדִּין
הקהל: לְתוֹמֵךְ תְּמִימָיו בְּיוֹם דִּין.

סוגרים את ארון הקודש

וחמלתי עליהם. **5 לטהר חוסיו** במקום ׳למטהר׳ החוסים בו (וייתכן שהוא בא בניקוד טָהַר, ר״ל מטהר, ועי׳ את גירסת כי״י הצרפתיים) ויש שפירש אותו על דוגמת קהל׳ ד ב ושבח אני את המתים... שמות י ד כי אם מאן אתה לשלח, אבל אינו מסתבר שזה מתאים לסגנון הפיוט העתיק. **לידע מחשבות** ע״ש תהל׳ צד יא ה׳ יודע מחשבות אדם. **6 ללובש צדקות** ע״ש ישעי׳ נט יז וילבש צדקה כשרין. **7 לנורא תהלות** שמות טו יא. **8 לסולח לעמוסיו** לישראל העמוסים מני בטן (ישע׳ מו ג). **לעונה לקוראיו** ע״ש ישע׳ סה כד והיה טרם יקראו ואני אענה וכו׳. **9 לפועל רחמיו** דוגמת פועל ישועות, תהל׳ עד יב. **לצופה נסתרות** ע״ש דבר׳ כט כח הנסתרות לה׳ אלהינו. **10 לקונה עבדיו** ע״ש ישע׳ יא יא יוסיף ה׳ שנית ידו לקנות את שאר עמו. **לרחם עמו** למרחם על עמו, ועי׳ לעיל 5 על לטהר. **11 לשומר אוהביו** ע״ש תהל׳ קמה כ שומר ה׳ את כל אוהביו. **לתומך תמימיו** ע״ש ישע׳ מא י אף תמכתיך בימין צדקי.

וּבְכֵן לְךָ תַעֲלֶה קְדֻשָּׁה, כִּי אַתָּה אֱלֹהֵינוּ מֶלֶךְ מוֹחֵל וְסוֹלֵחַ.

הסילוק "מי יתנה" בעמ׳ 573.

נַעֲרִיצְךָ וְנַקְדִּישְׁךָ כְּסוֹד שִׂיחַ שַׂרְפֵי קֹדֶשׁ
הַמַּקְדִּישִׁים שִׁמְךָ בַּקֹּדֶשׁ
כַּכָּתוּב עַל יַד נְבִיאֶךָ
וְקָרָא זֶה אֶל זֶה וְאָמַר
קָדוֹשׁ, קָדוֹשׁ, קָדוֹשׁ יְיָ צְבָאוֹת
מְלֹא כָל הָאָרֶץ כְּבוֹדוֹ.

כְּבוֹדוֹ מָלֵא עוֹלָם, מְשָׁרְתָיו שׁוֹאֲלִים זֶה לָזֶה
אַיֵּה מְקוֹם כְּבוֹדוֹ
לְעֻמָּתָם בָּרוּךְ יֹאמֵרוּ
בָּרוּךְ כְּבוֹד יְיָ מִמְּקוֹמוֹ.

מִמְּקוֹמוֹ הוּא יִפֶן בְּרַחֲמִים וְיָחֹן עַם הַמְיַחֲדִים שְׁמוֹ
עֶרֶב וָבֹקֶר בְּכָל יוֹם תָּמִיד
פַּעֲמַיִם בְּאַהֲבָה שְׁמַע אוֹמְרִים
שְׁמַע יִשְׂרָאֵל, יְיָ אֱלֹהֵינוּ, יְיָ אֶחָד.

הוּא אֱלֹהֵינוּ, הוּא אָבִינוּ, הוּא מַלְכֵּנוּ, הוּא מוֹשִׁיעֵנוּ
וְהוּא יַשְׁמִיעֵנוּ בְּרַחֲמָיו שֵׁנִית לְעֵינֵי כָּל חָי
לִהְיוֹת לָכֶם לֵאלֹהִים
אֲנִי יְיָ אֱלֹהֵיכֶם.

אַדִּיר אַדִּירֵנוּ יְיָ אֲדוֹנֵינוּ מָה אַדִּיר שִׁמְךָ בְּכָל הָאָרֶץ.
וְהָיָה יְיָ לְמֶלֶךְ עַל כָּל הָאָרֶץ בַּיּוֹם הַהוּא יִהְיֶה יְיָ אֶחָד וּשְׁמוֹ אֶחָד.

וּבְדִבְרֵי קָדְשְׁךָ כָּתוּב לֵאמֹר
יִמְלֹךְ יְיָ לְעוֹלָם, אֱלֹהַיִךְ צִיּוֹן לְדֹר וָדֹר, הַלְלוּיָהּ.

לְדוֹר וָדוֹר נַגִּיד גָּדְלֶךָ
וּלְנֵצַח נְצָחִים קְדֻשָּׁתְךָ נַקְדִּישׁ
וְשִׁבְחֲךָ אֱלֹהֵינוּ מִפִּינוּ לֹא יָמוּשׁ לְעוֹלָם וָעֶד
כִּי אֵל מֶלֶךְ גָּדוֹל וְקָדוֹשׁ אָתָּה.

חֲמוֹל עַל מַעֲשֶׂיךָ
וְתִשְׂמַח בְּמַעֲשֶׂיךָ
וְיֹאמְרוּ לְךָ חוֹסֶיךָ
בְּצַדֶּקְךָ עֲמוּסֶיךָ
תֻּקְדַּשׁ אָדוֹן עַל כָּל מַעֲשֶׂיךָ.

פיוט מורכב מחלקים שונים.

כִּי מַקְדִּישֶׁיךָ בִּקְדֻשָּׁתְךָ קְדַשְׁתָּ
נָאֶה לְקָדוֹשׁ פְּאֵר מִקְּדוֹשִׁים.
בְּאֵין מֵלִיץ יֹשֶׁר
מוּל מַגִּיד פֶּשַׁע

1 חמול על מעשיך ע״ש תהל׳ קמה ט ורחמיו על כל מעשיו. **2 ותשמח במעשיך** ע״ש תהל׳ קד לא ישמח ה׳ במעשיו. **3 חוסיך** החוסים בך (ע״ש תהל׳ יח לא וכדומה). **4 עמוסיך** ישראל, ע״ש ישע׳ מו ג העמוסים מני בטן.

1 כי מקדישיך עי׳ תנחומא ריש קדושים אמר הקב״ה לישראל אני מתקדש בכם, שנ׳ (ישע׳ כט כג) כי בראותו ילדיו מעשה ידי בקרבו יקדישו שמי, וכן הוא אומר (שם מט ג) ישראל אשר בך אתפאר, ואתם מתקדשים בי, שנא׳ (ויק׳ יא מד) והתקדשתם והייתם קדושים. **2 נאה לקדוש**

241 חזרת הש"ץ לשחרית

תַּגִּיד לְיַעֲקֹב דְּבַר חֹק וּמִשְׁפָּט
וְצַדְּקֵנוּ בַּמִּשְׁפָּט הַמֶּלֶךְ הַמִּשְׁפָּט.

עוֹד יִזְכֹּר לָנוּ אַהֲבַת אֵיתָן, אֲדוֹנֵינוּ
וּבַבֵּן הַנֶּעֱקָד יַשְׁבִּית מְדַיְּנֵינוּ
וּבִזְכוּת הַתָּם יוֹצִיא הַיּוֹם לְצֶדֶק דִּינֵנוּ
כִּי קָדוֹשׁ הַיּוֹם לַאֲדוֹנֵינוּ.

וּבְכֵן יִתְקַדַּשׁ שִׁמְךָ יי אֱלֹהֵינוּ
עַל יִשְׂרָאֵל עַמֶּךָ
וְעַל יְרוּשָׁלַיִם עִירֶךָ
וְעַל צִיּוֹן מִשְׁכַּן כְּבוֹדֶךָ
וְעַל מַלְכוּת בֵּית דָּוִד מְשִׁיחֶךָ
וְעַל מְכוֹנְךָ וְהֵיכָלֶךָ.

הפיוט "מי אדיר אפסך" בעמ' 581.

פאר מקדושים ע"ש ישע' מט ג ישראל אשר בך אתפאר. **3 באין מליץ יושר** (לשון מחודש ע"י הפייטן) ע"פ איוב לג כג אם יש עליו מלאך מליץ אחד מני אלף להגיד לאדם ישרו. **4 מול מגיד פשע** מול הקטיגור. **5 תגיד ליעקב דבר חק ומשפט** ע"פ תהל' קמז יט, ודרשו בתנחומא בחקותי א' (ע' 108 בובר)... ולמי נתנם לישראל, שנאמר מגיד דבריו ליעקב חקיו ומשפטיו לישראל... אמר הקב"ה לישראל אם עשיתם חוקי אין השטן נוגע בכם. **6 וצדקנו במשפט המלך המשפט** נוסח תפלת י"ח לחול; ועל צורת 'המלך המשפט' עי' סדור עבודת ישראל ע' 93. ברם יותר מתקבלת על הדעת גירסת קצת כי"י **וצדקנו המלך הקדוש במשפט**, המתאימה לברכת קדושת השם. **7 עוד יזכר לנו אהבת איתן אדונינו** עוד יזכר לנו אדונינו את אהבתו של אברהם הנקרא איתן האזרחי ע"פ תהל' פט א ודרשת חז"ל ב"ב דף ט"ו א'. **8 ובבן הנעקד** למען יצחק הנעקד על גבי המזבח יושיע את ישראל. **9 ובזכות התם** יעקב (ברא' כה כז). ויש שהוסיפו ביום כפור (או גם בר"ה) היום, מה ששינו אח"כ לנוסח **איום**, ע"ש חבק' א ז (והמלה נראית מיותרת). **10 כי קדוש היום לאדונינו** לה"כ נחמ' ח י. **11 ובכן יתקדש שמך וכו'** נוסח ידוע גם מתפלות אחרות. **14 משכן כבודך** תהל' כו ח. **16 מכונך והיכלך** ע"ש ישע' ד ה. שמות טו יז.

וּבְכֵן תֵּן פַּחְדְּךָ יי אֱלֹהֵינוּ עַל כָּל מַעֲשֶׂיךָ
וְאֵימָתְךָ עַל כָּל מַה שֶּׁבָּרָאתָ
וְיִירָאוּךָ כָּל הַמַּעֲשִׂים
וְיִשְׁתַּחֲווּ לְפָנֶיךָ כָּל הַבְּרוּאִים
וְיֵעָשׂוּ כֻלָּם אֲגֻדָּה אֶחָת לַעֲשׂוֹת רְצוֹנְךָ בְּלֵבָב שָׁלֵם
כְּמוֹ שֶׁיָּדַעְנוּ יי אֱלֹהֵינוּ שֶׁהַשִּׁלְטָן לְפָנֶיךָ
עֹז בְּיָדְךָ וּגְבוּרָה בִּימִינֶךָ
וְשִׁמְךָ נוֹרָא עַל כָּל מַה שֶּׁבָּרָאתָ.

וּבְכֵן תֵּן כָּבוֹד יי לְעַמֶּךָ
תְּהִלָּה לִירֵאֶיךָ וְתִקְוָה טוֹבָה לְדוֹרְשֶׁיךָ
וּפִתְחוֹן פֶּה לַמְיַחֲלִים לָךְ
שִׂמְחָה לְאַרְצֶךָ, וְשָׂשׂוֹן לְעִירֶךָ וּצְמִיחַת קֶרֶן לְדָוִד עַבְדֶּךָ
וַעֲרִיכַת נֵר לְבֶן יִשַׁי מְשִׁיחֶךָ בִּמְהֵרָה בְיָמֵינוּ.

וּבְכֵן צַדִּיקִים יִרְאוּ וְיִשְׂמָחוּ, וִישָׁרִים יַעֲלֹזוּ
וַחֲסִידִים בְּרִנָּה יָגִילוּ, וְעוֹלָתָה תִּקְפָּץ פִּיהָ
וְכָל הָרִשְׁעָה כֻּלָּהּ כְּעָשָׁן תִּכְלֶה
כִּי תַעֲבִיר מֶמְשֶׁלֶת זָדוֹן מִן הָאָרֶץ.

וְתִמְלֹךְ אַתָּה יי לְבַדֶּךָ עַל כָּל מַעֲשֶׂיךָ
בְּהַר צִיּוֹן מִשְׁכַּן כְּבוֹדֶךָ, וּבִירוּשָׁלַיִם עִיר קָדְשֶׁךָ
כַּכָּתוּב בְּדִבְרֵי קָדְשֶׁךָ
יִמְלֹךְ יי לְעוֹלָם, אֱלֹהַיִךְ צִיּוֹן לְדֹר וָדֹר, הַלְלוּיָהּ.

קָדוֹשׁ אַתָּה וְנוֹרָא שְׁמֶךָ, וְאֵין אֱלוֹהַּ מִבַּלְעָדֶיךָ
כַּכָּתוּב, וַיִּגְבַּהּ יי צְבָאוֹת בַּמִּשְׁפָּט, וְהָאֵל הַקָּדוֹשׁ נִקְדַּשׁ בִּצְדָקָה.
בָּרוּךְ אַתָּה יי, הַמֶּלֶךְ הַקָּדוֹשׁ.

חזרת הש״ץ לשחרית

אַתָּה בְחַרְתָּנוּ מִכָּל הָעַמִּים
אָהַבְתָּ אוֹתָנוּ וְרָצִיתָ בָּנוּ
וְרוֹמַמְתָּנוּ מִכָּל הַלְּשׁוֹנוֹת
וְקִדַּשְׁתָּנוּ בְּמִצְוֹתֶיךָ
וְקֵרַבְתָּנוּ מַלְכֵּנוּ לַעֲבוֹדָתֶךָ
וְשִׁמְךָ הַגָּדוֹל וְהַקָּדוֹשׁ עָלֵינוּ קָרָאתָ.

וַתִּתֶּן לָנוּ יי אֱלֹהֵינוּ בְּאַהֲבָה אֶת יוֹם
בשבת: הַשַּׁבָּת הַזֶּה לִקְדֻשָּׁה וְלִמְנוּחָה וְאֶת יוֹם
הַכִּפּוּרִים הַזֶּה, לִמְחִילָה וְלִסְלִיחָה וּלְכַפָּרָה
וְלִמְחָל בּוֹ אֶת כָּל עֲוֹנוֹתֵינוּ /בשבת: בְּאַהֲבָה/
מִקְרָא קֹדֶשׁ, זֵכֶר לִיצִיאַת מִצְרָיִם.

אֱלֹהֵינוּ וֵאלֹהֵי אֲבוֹתֵינוּ
יַעֲלֶה וְיָבוֹא וְיַגִּיעַ, וְיֵרָאֶה וְיֵרָצֶה וְיִשָּׁמַע
וְיִפָּקֵד וְיִזָּכֵר זִכְרוֹנֵנוּ וּפִקְדוֹנֵנוּ וְזִכְרוֹן אֲבוֹתֵינוּ
וְזִכְרוֹן מָשִׁיחַ בֶּן דָּוִד עַבְדֶּךָ, וְזִכְרוֹן יְרוּשָׁלַיִם עִיר קָדְשֶׁךָ
וְזִכְרוֹן כָּל עַמְּךָ בֵּית יִשְׂרָאֵל, לְפָנֶיךָ
לִפְלֵיטָה לְטוֹבָה, לְחֵן וּלְחֶסֶד וּלְרַחֲמִים, לְחַיִּים וּלְשָׁלוֹם
בְּיוֹם הַכִּפּוּרִים הַזֶּה.
זָכְרֵנוּ יי אֱלֹהֵינוּ בּוֹ לְטוֹבָה, וּפָקְדֵנוּ בוֹ לִבְרָכָה
וְהוֹשִׁיעֵנוּ בוֹ לְחַיִּים.
וּבִדְבַר יְשׁוּעָה וְרַחֲמִים
חוּס וְחָנֵּנוּ וְרַחֵם עָלֵינוּ וְהוֹשִׁיעֵנוּ
כִּי אֵלֶיךָ עֵינֵינוּ
כִּי אֵל מֶלֶךְ חַנּוּן וְרַחוּם אָתָּה.

זְכֹר רַחֲמֶיךָ יי וַחֲסָדֶיךָ, כִּי מֵעוֹלָם הֵמָּה.
אַל תִּזְכָּר לָנוּ עֲוֹנוֹת רִאשׁוֹנִים, מַהֵר יְקַדְּמוּנוּ רַחֲמֶיךָ כִּי דַלּוֹנוּ מְאֹד.
זָכְרֵנוּ יי בִּרְצוֹן עַמֶּךָ, פָּקְדֵנוּ בִּישׁוּעָתֶךָ.
זְכֹר עֲדָתְךָ קָנִיתָ קֶּדֶם גָּאַלְתָּ שֵׁבֶט נַחֲלָתֶךָ, הַר צִיּוֹן זֶה שָׁכַנְתָּ בּוֹ.
זְכֹר יי חִבַּת יְרוּשָׁלָיִם, אַהֲבַת צִיּוֹן אַל תִּשְׁכַּח לָנֶצַח.
זְכֹר יי לִבְנֵי אֱדוֹם אֵת יוֹם יְרוּשָׁלָיִם הָאֹמְרִים עָרוּ עָרוּ, עַד הַיְסוֹד בָּהּ.
אַתָּה תָקוּם תְּרַחֵם צִיּוֹן, כִּי עֵת לְחֶנְנָהּ כִּי בָא מוֹעֵד.
זְכֹר לְאַבְרָהָם לְיִצְחָק וּלְיִשְׂרָאֵל עֲבָדֶיךָ, אֲשֶׁר נִשְׁבַּעְתָּ לָהֶם בָּךְ
וַתְּדַבֵּר אֲלֵיהֶם אַרְבֶּה אֶת זַרְעֲכֶם כְּכוֹכְבֵי הַשָּׁמָיִם
וְכָל הָאָרֶץ הַזֹּאת אֲשֶׁר אָמַרְתִּי אֶתֵּן לְזַרְעֲכֶם וְנָחֲלוּ לְעוֹלָם.
זְכֹר לַעֲבָדֶיךָ לְאַבְרָהָם לְיִצְחָק וּלְיַעֲקֹב
אַל תֵּפֶן אֶל קְשִׁי הָעָם הַזֶּה וְאֶל רִשְׁעוֹ וְאֶל חַטָּאתוֹ.

אַל נָא תָשֵׁת עָלֵינוּ חַטָּאת אֲשֶׁר נוֹאַלְנוּ וַאֲשֶׁר חָטָאנוּ.
חָטָאנוּ צוּרֵנוּ, סְלַח לָנוּ יוֹצְרֵנוּ.

סימן: א"ב קלונימוס [בן יהודה] חזק.

ו אַדַבְּרָה תַחֲנוּנִים כְּרָשׁ וְאֶבְכֶּה / בְּעִנּוּי נֶפֶשׁ קְהָלִי אֲבַכֶּה
כִּי נִקַּף כְּבַרְזֶל סִבְכֵי / בָּכוּ הָעָם הַרְבֵּה בָכֹה.

בָּכֹה הִשְׂבִּיעַנִי כְּגָדַע קַרְנִי / לַעֲנָה וָרֹאשׁ וּמְרוֹרִים הִרְוַנִי
הִדְמַמְתִּי וְנָם קוּמִי רֹנִּי / יָגַעְתִּי בְקָרְאִי נִחַר גְּרוֹנִי.
חָטָאנוּ צוּרֵנוּ, סְלַח לָנוּ יוֹצְרֵנוּ.

245 חזרת הש״ץ לשחרית

גְּרוֹנִי הֻנְשַׁת קְרוֹא אֲרוּכָה / קַוֵּה נַחַת וְהִנֵּה פְרוּכָה
נוֹדַדְתִּי כְּצִפּוֹר וַדְרָכַי נִסְרָכָה / מִפְּנֵי קֶשֶׁת דְּרוּכָה.

דְּרוּכָה לְשׁוֹן מְקַנְאַי וּרְחָבָה / מְצָרֶבֶת פָּנִים כַּחֲשַׁשׁ לֶהָבָה
נִתְּקַם מִמַּצָּבָם בְּהַשְׁלֵךְ וּסְחִיבָה / וְלִהֵט אוֹתָם הַיּוֹם הַבָּא.

חָטָאנוּ צוּרֵנוּ, סְלַח לָנוּ יוֹצְרֵנוּ.

הַבָּא כְּאַרְיֵה בְּמַאֲרָב לָדוּר / וְהַיּוֹצֵא צוֹדֶה תִּתִּי לְמָגוֹר
כָּל רָעָתָם לְפָנֶיךָ תֵּאָגוֹר / וְהָרֵק חֲנִית וּסְגֹר.

וּסְגֹר מוֹצָאָם וּמוֹבָאָם וְיִדְמוּ / בַּלַּע פַּלַּג לְשׁוֹנָם וְיֻזְמָמוּ
הֲרֹס שִׁנֵּימוֹ בְּפִימוֹ וְיֶהֱמָמוּ / לָקַחַת נַפְשִׁי זָמָמוּ.

חָטָאנוּ צוּרֵנוּ, סְלַח לָנוּ יוֹצְרֵנוּ.

1 אדברה תחנונים כרש ע״ש משלי יח כג תחנונים ידבר רש. **בעינוי נפש** בצום, ע״ש ויק׳ כג כז ועוד. **2 כי ניקף כברזל סבכי** ע״ש ישע׳ י לד ונקף סבכי היער בברזל. **בכו העם הרבה בכה** עזרא י א. **3 כגדע קרני** ע״ש איכה ב ג גדע... קרן ישראל. **לענה וראש ומרורים הרוני** ע״ש איכה ג טו. יט. **4 הודממתי** מהאסון, **ונם קומי רוני** איכה ב יט. **יגעתי בקראי נחר גרוני** תהל׳ סט ד. **5 הונשת** יבש, ע״ש ישע׳ מא יז לשונם בצמא נשתה. **קרוא ארוכה** ממה שקראתי לרפואה... **קוה נחת** דוגמת קוה לשלום, ירמ׳ ח טו. **פרוכה** שבורה (מלה תלמודית, כגון ברכות דף ל״ז ב׳). **6 נודדתי כצפור** ע״ש משלי כז ח כצפור נודדת מן קנה. **ודרכי נסרכה** נתעקמה, ע״ש ירמ׳ ב כג משרכת דרכיה. **מפני קשת דרוכה** ישע׳ כא טו. **7 דרוכה לשון מקניאי** ע״ש ירמ׳ ט ב וידרכו את לשונם. **מצרבת פנים** ע״ש יחז׳ כא ג ונצרבו בה כל פנים, ר״ל שורפת. **כחשש להבה** ישע׳ ה כד. **8 בהשלך וסחיבה** ע״ש ירמ׳ כב יט סחוב והשלך. **ולהט אותם היום הבא** מלאכי ג יט. **9 במארב לדגור** להיות צודה במארב (ל׳ ישע׳ לד טו ודגרה בצלה, וכנראה תפס הפייטן את המלה במשמעות מצב השכיבה, דוגמת העוף הרובץ על ביציו). **תתי למגור** לתת אותי למורא ופחד, ע״ש ירמ׳ כ ד הנני נותנך למגור לך. **10 כל רעתם לפניך תאגור** ע״ש איכה א כב תבא כל רעתם לפניך. **והרק חנית וסגור** תהל׳ לה ג. **11 מוצאם ומובאם** (ל׳ יחזק׳ מג יא) ר״ל עכבם מלצאת ולבוא. **בלע פלג לשונם** ל׳ תהל׳ נה י. **ויוזממו** יוכחשו כעדים זוממים. **12 הרוס שנימו בפימו** תהל׳ נח ז. **לקחת נפשי זממו** תהל׳ לא יד. **13 לרוץ בצואר**

זָמְמוּ לָרוּץ בְּצַוָּאר אֵלֶיךָ / נוֹעֲצוּ לִכְרוֹת בְּרִית עָלֶיךָ
הֳדִיחוּ מִמְּעוֹנְךָ צִבְאוֹת חֲיָלֶיךָ / עָלֶיךָ יַעֲזֹב חֵלֶכָה.

חֵילְךָ מִתְחַבֵּא מִפַּחַד קָטְבְךָ / בְּךָ יָרוּץ לְהִשְׂתַּגֵּב בְּהַחֲטִיבְךָ
בְּשַׁעַן וַאֲהֵבְךָ וְהִרְבְּךָ וְהֵיטִבְךָ / מָה רַב טוּבְךָ.
חָטָאנוּ צוּרֵנוּ, סְלַח לָנוּ יוֹצְרֵנוּ.

טוּבְךָ יֹאבֶה שְׁאָר יָשׁוּב / מִתְנַפֵּל בְּהִמָּצְאָךְ אֵלֶיךָ לָשׁוּב
קוֹחַ דִּבְרֵי כְבוּשִׁים וָשׁוּב / מִי יוֹדֵעַ יָשׁוּב.

יָשׁוּב חֲרוֹנְךָ וְאַל תְּכַלֵּנוּ / כִּי שָׁנֵינוּ כְּהֶגֶה כִּלִּינוּ
בְּדֶרֶךְ זוּ נֵלֵךְ הַשְׂכִּילֵנוּ / הֵן הַבֶּט נָא עַמְּךָ כֻלָּנוּ.
חָטָאנוּ צוּרֵנוּ, סְלַח לָנוּ יוֹצְרֵנוּ.

אליך ע״ש איוב טו כו ירוץ אליו בצואר, ר״ל רצים נגדך בקומה זקופה. **נועצו לכרות ברית עליך** ע״ש תהל׳ פג ו כי נועצו לב יחדו עליך ברית יכרתו. 14 **עליך יעזב חלכה** תהל׳ י יד, ר״ל החלש סומך על ה׳, והכוונה על ישראל. 15 **חלכה** (כנראה תפסו הפייטן במשמעות ׳חילך׳, ר״ל ישראל) **מתחבא מפחד קטבך** מפחד גיהנם, ע״ש הושע יג יד אהי קטבך שאול. **בך ירוץ** ע״ש תהל׳ יח ל כי בך ארוץ גדוד. **בהחטיבך** בהעריצך, מל׳ חטיבה (חגיגה דף ג׳ א׳) שפירושו ׳דבר חשוב׳. 16 **בשען ואהבך והרבך** בסמכו על הבטחת דבר׳ ז יג ואהבך... והרבך, ל ה והיטבך והרבך מאבותיך, וח טז להיטבך באחריתך. **מה רב טובך** תהל׳ לא כ. 17 **טובך יאבה** ירצה. **שאר ישוב** ישראל, ישע׳ י כא. **בהמצאך אליך לשוב** ע״ש ישע׳ נה ו. 18 **קוח דברי כבושים** ע״ש הושע יד ג קחו עמכם דברים, ודברי כבושים לפי המשנה (תענית ב׳ א׳), דברים שכובשין את הלב. **מי יודע ישוב** יונה ג ט, ר״ל מי יודע ישוב ונחם האלהים. 19 **כי שנינו כהגה כלינו** תהל׳ צ ט. 20 **בדרך זו נלך השכילנו** ע״ש תהל׳ לב ח אשכילך... בדרך זו תלך. **הן הבט נא עמך כולנו** ישע׳ סד ח. 21 **נזכיר ברית יקרת פניניו** ברית התורה שהיא יקרה מפנינים (משלי ג טו). 22 **בצדק לחזותינו אור פניו** ע״ש תהל׳ יז טו אני בצדק אחזה פניך. **יקימנו ונחיה לפניו** הושע

כֻּלָּנוּ יַחַד נְחַלֶּה פָנָיו / נַזְכִּיר בְּרִית יְקָרַת פְּנִינָיו
בְּצֶדֶק לַחֲזוֹתֵנוּ אוֹר פָּנָיו / יְקִימֵנוּ וְנִחְיֶה לְפָנָיו.

לְפָנָיו מְצַפְצֵף מֵעָפָר לַהֲקִימוֹ / עַם מְיַחֲדוֹ בְּשָׁכְבּוֹ וּבְקוּמוֹ
נֶצַח מְחַכִּים לְיוֹם קוּמוֹ / בָּרוּךְ כְּבוֹד יי מִמְּקוֹמוֹ.
חָטָאנוּ צוּרֵנוּ, סְלַח לָנוּ יוֹצְרֵנוּ.

מִמְּקוֹמוֹ יָצֵף כַּחַשׁ רִטְפּוּשִׁי / לְפָאֵר יָמִיר אֵפֶר כִּפּוּשִׁי
מֵעֹצֶב עֲבוֹדָה קָשָׁה לְהַנְפִּישִׁי / כִּי שָׂבְעָה בְרָעוֹת נַפְשִׁי.

נַפְשִׁי תִשְׁתּוֹחָח לְשִׁמּוּם מְסִלָּה / דִּדּוּי סָךְ לָנוּךְ סְלוּלָה
מַשְׁמִיעֵי שָׁלוֹם מְשׁוּב לְכִסְלָה / יְכוֹנְנֶהָ עַד עוֹלָם סֶלָה.
חָטָאנוּ צוּרֵנוּ, סְלַח לָנוּ יוֹצְרֵנוּ.

ו ב. 23 **לפניו מצפצף מעפר להקימו** ע״ש ישע׳ כט ד ומעפר אמרתך תצפצף, ר״ל עם ישראל מתפלל לפניו שיקים אותו מן העפר. **עם מיחדו בשכבו ובקומו** בקריאת שמע, ע״ש דבר׳ ו ז. **24 נצח מחכים ליום קומו** ע״ש צפנ׳ ג ח לכן חכו לי... ליום קומי לעד. **ברוך כבוד ה׳ ממקומו** יחזק׳ ג יב, ר״ל בכל מקום שהוא. **25 ממקומו יצף** יביט (ברא׳ לא מט). **כחש רטפושי** חולשתי, ע״ש איוב לג כה רטפש בשרו מנוער, שתרגומו אתחליש בסריה. **לפאר ימיר אפר כפושי** ע״ש ישע׳ סא ג לתת להם פאר תחת אפר, ואיכה ג טז הכפישני באפר. **26 להנפישי** לתת לי נופש. **כי שבעה ברעות נפשי** תהל׳ פח ד. **27 נפשי תשתוחח** ע״ש תהל׳ מב יב מה תשתוחחי נפשי. **לשימום מסילה** על חורבן הבית, ע״ש ישע׳ לג ח נשמו מסלות. **דידוי סך לנוך סלולה** שהיתה פעם סלולה לעלות לרגל, ע״ש תהל׳ מב ה כי אעבר בסך אדדם עד בית אלהים. **28 משמיעי שלום** ישע׳ נב ז. **משוב לכסלה** ע״ש תהל׳ פה ט אשמעה מה ידבר האל ה׳ כי ידבר שלום... ואל ישובו לכסלה. **יכוננה עד עולם סלה** תהל׳ מח ט. **29 סלה דרשתיך** ע״ש תהל׳ קיט י בכל לבי דרשתיך, שם לד ה דרשתי את ה׳ ועני, וכדומה. **בהתפשטי** כשפשטתי את כתנתי, ר״ל כשהייתי בעוני. **בצל ידך כסיתני** ע״ש ישע׳ נא טז ובצל ידי כסיתיך. **30 מאש וממים**

סֶלָה דְרַשְׁתִּיךָ וְלֹא נְטַשְׁתָּנִי / בְּהִתְפַּשְּׁטִי בְּצֵל יָדְךָ כִּסִּיתָנִי
מֵאֵשׁ וּמִמַּיִם לָרְוָיָה הוֹצֵאתָנִי / וּמִקַּרְנֵי רֵמִים עֲנִיתָנִי.

עֲנִיתָנִי בְּכָל עֵת בְּהִתְעַטְּפִי / הוֹשַׁטְתָּ יְמִינְךָ בְּאַהַב לְגַפְּפִי
וְעַתָּה מוֹשִׁיעִי לֹא תַרְפִּי / תְּהִלַּת יי יְדַבֶּר פִּי.

חָטָאנוּ צוּרֵנוּ, סְלַח לָנוּ יוֹצְרֵנוּ.

פִּי יַגִּיד תְּהִלָּתְךָ תִּקְוָתֵנוּ / אַל יִמְעַטוּ לְפָנֶיךָ תְּלָאוֹתֵינוּ
כְּגֹדֶל חַסְדְּךָ מַלֵּט מִשְּׁחִיתוֹתֵינוּ / כִּי לֹא עַל צִדְקוֹתֵינוּ.

צִדְקוֹתֵינוּ דַלּוּ וְלִמְאֹד קָצְרוּ / עֲוֹנֵינוּ רַבּוּ וְהַטּוֹב עָצָרוּ
חַטָּאֵי אָבוֹת לַבָּנִים נֶאֱצָרוּ / זָרְעוּ חִטִּים וְקוֹצִים קָצָרוּ.

חָטָאנוּ צוּרֵנוּ, סְלַח לָנוּ יוֹצְרֵנוּ.

קָצְרוּ יְרִיבֵי קָמוֹת אִבִּי / דָּמוּ לְהַכְרִית יְשִׁישַׁי וְרוֹבִי
קְרָאתִיךָ מֵעֹשֶׁק זֵדִים לְעָרְבִי / שָׁפְטֵנִי אֱלֹהִים וְרִיבָה רִיבִי.

רִיבִי בְּחַפְּשְׂךָ יְשָׁרַי תְּבַקֵּר / צִדְקַת הוֹרִים לְפָנֶיךָ תֵּחָקֵר
מַצְדִּיקַי יְקָרֵב וּמַרְשִׁיעַי יְעַקֵּר / יִסָּכֵר פִּי דוֹבְרֵי שָׁקֶר.

חָטָאנוּ צוּרֵנוּ, סְלַח לָנוּ יוֹצְרֵנוּ.

לרויה הוצאתני ע״ש תהל׳ סו יב באנו באש ובמים ותוציאני לרויה. **ומקרני רמים עניתני** תהל׳ כב כב, ר״ל הצלתנו מאומות העולם. **31 עניתני בכל עת בהתעטפי** ע״ש יונה ב ח בהתעטף עלי נפשי. **לגפפי** לחבקני (כגון במשנה, סנהד׳ ז׳ ז׳ המגפף והמנשק). **32 לא תרפי** אל תרפני (ל׳ לא ירפך, דבר׳ לא ו ועוד). **תהלת ה׳ ידבר פי** תהל׳ קמה כא. **33 פי יגיד תהלתך** תהל׳ נא יז. **אל ימעטו לפניך תלאותינו** ע״ש נחמ׳ ט לב אל ימעט לפניך את כל התלאה. **34 כגודל חסדך** במד׳ יד יט. **מלט משחיתותינו** ע״ש תהל׳ קז כ וימלט משחיתותם. **כי לא על צדקותינו** דני׳ ט יח. **35 עונינו רבו** ע״ש עזרא ט ו. **והטוב עצרו** דוגמת ירמ׳ ה כה וחטאותיכם מנעו הטוב מכם. **36 חטאי אבות לבנים נאצרו** נשמרו, והם סובלים מחטאות אבותם. **זרעו חטים וקוצים קצרו**

שֶׁקֶר דּוֹבֵר לֹא יָבֹא / לְנֶגֶד עֵינֶיךָ כִּי תְתַעֲבוֹ
שָׁמְרֵנִי רֶגֶל גַּאֲוָה מִבּוֹא / וּמִשֹּׁאַת רְשָׁעִים כִּי תָבֹא.

תָּבוֹא לְפָנֶיךָ אֱלֹהֵי קֶדֶם / תַּאֲוַת מִתְעַנְּגִים פָּנֶיךָ לְקַדֵּם
תֶּעֱרַב מִנְחָתָם כְּשָׁנִים מִקֶּדֶם / זְכוֹר עֲדָתְךָ קָנִיתָ קֶּדֶם.
חָטָאנוּ צוּרֵנוּ, סְלַח לָנוּ יוֹצְרֵנוּ.

45 קֶדֶם מִפְּעָלֶיךָ יי אֲדוֹנִי / עַצְתָּ לִכְתּוֹב כְּתוּבַּת נְדָנִי
בַּנְתָּה מֵרָחוֹק חֻקֶּיךָ לַהֲעִידֵנִי / בָּרוּךְ אַתָּה יי לַמְּדֵנִי.

לַמְּדֵנִי לְהוֹעִיל מֵמִית וּמְחַיֶּה / צִוִּיתָ וַיַּעֲמֹד אִמְרָתְךָ וַיְהִיֶה
הוֹרֵנִי דְּרָכֶיךָ וְתָמִים אֶהְיֶה / עֵדְוֹתֶיךָ לְעוֹלָם הֲבִינֵנִי וְאֶחְיֶה.
חָטָאנוּ צוּרֵנוּ, סְלַח לָנוּ יוֹצְרֵנוּ.

ירמ׳ יב יג. 37 קמות **אבי** הדגן שזרעתי (ל׳ באבי הנחל, שה״ש ו יא). **ישישי ורובי** זקן ונער. 38 מעושק **זדים לערבי** ע״ש תהל׳ קיט קכב ערוב עבדך לטוב אל יעשקוני זדים. **שפטני אלהים וריבה ריבי** תהל׳ מג א. 39 **ריבי בחפשך** כשתערוך את דיני. **ישרי תבקר** תבחון זכותי. **צדקת הורים** זכות אבות. 40 **מצדיקי יקרב** ע״ש ישע׳ נ ח קרוב מצדיקי. (ברוב כי״י מנוקד יְקָרֵב, וייתכן שהוא במקום בנין הקל, ויש שהגיהו ׳תְּקָרֵב׳.) **יסכר פי דוברי שקר** תהל׳ סג יב. 41 **שקר דובר לא יבא לנגד עיניך** ע״ש תהל׳ קא ז דובר שקרים לא יכון לנגד עיני. 42 **רגל גאוה מבוא** ע״ש תהל׳ לו יב אל תבואני רגל גאוה. **ומשואת רשעים כי תבוא** משלי ג כה. 43 **אלהי קדם** דבר׳ לג כז. **לקדם** ע״ש מיכה ו ו במה אקדם ה׳. 44 **תערב מנחתם כשנים מקדם** ע״ש מלאכי ג ד וערבה לה׳ מנחת יהודה וירושלם כימי עולם וכשנים קדמוניות. **זכור עדתך קנית קדם** תהל׳ עד ב. 45 **קדם מפעליך** ע״ש משלי ח כב ה׳ קנני ראשית דרכו קדם מפעליו מאז, והכוונה על התורה שנבראה קודם בריאת העולם, כדרשת חז״ל פסח׳ דף נ״ד א׳. **עצת** יעצת, החלטת. **לכתוב כתובת נדני** התורה. 46 **בנתה מרחוק** תהל׳ קלט ב, וכנראה במשמעות ״מזמן קדום״. **חוקיך להעידני** להעמיד חוקיך לעדים עלינו. **ברוך אתה ה׳ למדני** חוקיך, תהל׳ קיט יב. 47 **למדני להועיל** ע״ש ישע׳ מח יז אני... מלמדך להועיל. **ממית ומחיה** ש״א ב ו. **צוית ויעמוד אמרת ויהיה** ע״ש תהל׳ לג ט. 48 **הוריני דרכיך** תהל׳ כז יא. פו יא. **ותמים אהיה** ש״ב כב כד. **עדותיך לעולם הבינני ואחיה** תהל׳ קיט קמד. 49 **וזרעי לפניך יכון** ע״ש תהל׳ קב כט. **ותפלתי כקטורת... תכון** ע״ש תהל׳ קמא ב. 50 **לרכון** להשתחוות, להרכין את עצמו (מלה ארמית, כגון במשנה, תרומ׳

וְאֶחְיֶה וְזַרְעִי לְפָנֶיךָ יִכּוֹן / וּתְפִלָּתִי כִּקְטֹרֶת תָּמִיד תִּכּוֹן
בְּעַד עֲנָיֶיךָ בְּבֹאִי לְרְכוֹן / נָכוֹן לִבִּי אֱלֹהִים נָכוֹן.

נָכוֹן וְקַיָּם אֲבוֹתֵינוּ סִפֵּרוּ / עֹדֶף טוּבוֹתֶיךָ חֲטָאֵינוּ כִּפֵּרוּ
לַבְּנִם גַּם עַתָּה וְיִפָּרוּ / וּפְנֵיהֶם אַל יֶחְפָּרוּ.
חָטָאנוּ צוּרֵנוּ, סְלַח לָנוּ יוֹצְרֵנוּ.

יַחְפְּרוּ פְּנֵי מַכְבִּידֵי מוּעָקֵנוּ / יִלְבְּשׁוּ בֹּשֶׁת בְּהוֹצָאַת צִדְקֵנוּ
יָבוֹא וְאַל יֶחֱרַשׁ לְצַדְּקֵנוּ / יי שׁוֹפְטֵנוּ יי מְחוֹקְקֵנוּ.

מְחוֹקְקֵנוּ הַדְּרֵשׁ לְאֹם נוֹשָׁעָה
הַשְׁאִיבָהּ בְּשָׂשׂוֹן מִמַּעַיְנֵי הַיְשׁוּעָה
שַׂמַּח נַפְשׁוֹתֵינוּ בְּחֻקֶּיךָ לְהִשְׁתַּעְשְׁעָה / וְהָאֵר פָּנֶיךָ וְנִוָּשֵׁעָה.
חָטָאנוּ צוּרֵנוּ, סְלַח לָנוּ יוֹצְרֵנוּ.

וְנִוָּשֵׁעָה בְּשָׁפְכֵנוּ לְפָנֶיךָ שִׂיחָה / הֵעָתֵר לָנוּ עֲוֹנֵינוּ לִסְלִיחָה
חַנּוּן כִּי עִמְּךָ הַסְּלִיחָה / אֲדֹנָי שְׁמָעָה אֲדֹנָי סְלָחָה.

סְלָחָה וְלֹא נֵצֵא דְּחוּיִם / פְּשָׁעֵינוּ יִהוּ כָּעָב מְחוּיִם
נִחְיֶה לֵאוֹר בְּאוֹר הַחַיִּים / כִּי עִמְּךָ מְקוֹר חַיִּים.
חָטָאנוּ צוּרֵנוּ, סְלַח לָנוּ יוֹצְרֵנוּ.

י״א ח׳ ועוד). **נכון לבי...** תהל׳ נז ח. 51 **נכון וקיים** לקוח מנוסח אמת ויציב. **אבותינו ספרו** תהל׳ מד ב. עח ג, שמקדם סלחת לנו. **עודף טובותיך חטאינו כפרו** מה שמידת החסד מתגברת על מידת הדין. 52 **לבנם** ע״ש ישע׳ א יח כשלג ילבינו. **ופניהם אל יחפרו** תהל׳ לד ו. 53 **מועקנו** צרתנו (הפייטן כתב ׳מועק׳ במקום ׳מועקה׳ [תהל׳ סו יא] במשמעות ׳עקה׳ מחמת החרוז). **ילבשו בשת** תהל׳ לה כו ועוד. **בהוצאת צדקנו** ע״ש תהל׳ לז ה והוציא כאור צדקך.

חַיִּים וָחֶסֶד אֵלִי זֶה / תָּחוֹן שְׁאֵרִית הָעָם הַזֶּה
גָּשִׁים לְהַקְדִּישׁ בְּקוֹל זֶה / וְקָרָא זֶה אֶל זֶה.

זֶה יִכְתֹּב יָדוֹ לְקָדוֹשׁ / וְזֶה חָדָשׁ לַבֹּקֶר יְגַדֵּשׁ
מִזֶּה וּמִזֶּה שִׁלּוּשׁ קָדוֹשׁ / וְאָמַר קָדוֹשׁ קָדוֹשׁ קָדוֹשׁ.

חָטָאנוּ צוּרֵנוּ, סְלַח לָנוּ יוֹצְרֵנוּ.

קָדוֹשׁ בְּבוֹא אֵלָיו הַקּוֹל / כַּף שִׁבֹּלֶת יַכְרִיעַ לִשְׁקוֹל
נַקּוּת קוֹרְאָיו כְּמַרְעִישֵׁי קוֹל / וָאֶשְׁמַע אַחֲרַי קוֹל.

קוֹל גָּדוֹל כְּהַשְׁמִיעַ לִרְחוּמִים / קַבְּלוּ מַלְכוּתִי מִמְּקוֹרֵי רְחָמִים
יִזְכֹּר הַיּוֹם לְסָבִיב מִתְחָמִים / אֵל מֶלֶךְ יוֹשֵׁב עַל כִּסֵּא רַחֲמִים.

חָטָאנוּ צוּרֵנוּ, סְלַח לָנוּ יוֹצְרֵנוּ.

54 יבוא ואל יחרש תהל׳ נ ג יבא אלהינו ואל יחרש. **ה׳ שופטינו ה׳ מחוקקנו** ישע׳ לג כב. **55 הידרש לאום נושעה** ע״ש יחזק׳ לו לז אדרש לבית ישראל, וע״ש דבר׳ לג כט עם נושע בה׳, וכדומה. **השאיבה בששון ממעיני הישועה** ע״ש ישע׳ יב ג. **56 בחוקיך להשתעשעה** ע״ש תהל׳ קיט טז. **והאר פניך ונושעה** תהל׳ פ כ. **57 בשפכנו לפניך שיחה** ע״ש תהל׳ קב א. **העתר לנו** ע״ש עזרא ח כג. **58 כי עמך הסליחה** תהל׳ קל ד. **אדני שמעה...** דנ׳ ט יט. **59 פשעינו יהו כעב מחויים** ע״ש ישע׳ מד כב. **60 נחנו ליאור באור החיים** איוב לג ל. **כי עמך מקור חיים** תהל׳ לו י. **61 חיים וחסד** איוב י יב. **אלי זה** שמות טו ב. **שארית העם הזה** זכר׳ ח יא. **62 גשים להקדיש** לומר קדושת השם. **וקרא זה אל זה** ישע׳ ו ג. **63 זה יכתוב ידו לקדוש** ישע׳ מד ה. **וזה חדש לבקר יגדוש** יאסוף. ע״ש איכה ג כג, ר״ל יתגבר בכל יום מחדש לעבודת ה׳. **64 ואמר קדוש קדוש** ישע׳ ו ג. **65 בבוא אליו הקול** קול המקדשים שמו. **כף שבולת** כף המבחן, כנראה על סמך הסיפור על בני אפרים (שופט׳ יב ו). **66 כמרעישי קול** המלאכים הנותנים קול רעש גדול. **ואשמע אחרי קול** יחזק׳ ג יב. **67 קול גדול כהשמיע לרחומים** ר״ל לאהובים, בשעת מתן תורה, דכתיב (דבר׳ ה יט) קול גדול ולא יסף. **68 לסביב מותחמים** לישראל שקבעו להם גבולות ותחומין מכל הצדדים. וי״מ שהיו מוגבלים מסביב להר.

זְכֹר לָנוּ בְּרִית אָבוֹת כַּאֲשֶׁר אָמַרְתָּ
וְזָכַרְתִּי אֶת בְּרִיתִי יַעֲקוֹב, וְאַף אֶת בְּרִיתִי יִצְחָק
וְאַף אֶת בְּרִיתִי אַבְרָהָם אֶזְכֹּר וְהָאָרֶץ אֶזְכֹּר.
זְכֹר לָנוּ בְּרִית רִאשׁוֹנִים כַּאֲשֶׁר אָמַרְתָּ
וְזָכַרְתִּי לָהֶם בְּרִית רִאשׁוֹנִים
אֲשֶׁר הוֹצֵאתִי אֹתָם מֵאֶרֶץ מִצְרַיִם לְעֵינֵי הַגּוֹיִם
לִהְיוֹת לָהֶם לֵאלֹהִים אֲנִי יי.
עֲשֵׂה עִמָּנוּ כְּמָה שֶׁהִבְטַחְתָּנוּ
וְאַף גַּם זֹאת בִּהְיוֹתָם בְּאֶרֶץ אֹיְבֵיהֶם לֹא מְאַסְתִּים וְלֹא גְעַלְתִּים לְכַלֹּתָם
לְהָפֵר בְּרִיתִי אִתָּם, כִּי אֲנִי יי אֱלֹהֵיהֶם.
רַחֵם עָלֵינוּ וְאַל תַּשְׁחִיתֵנוּ כְּמָה שֶׁכָּתוּב
כִּי אֵל רַחוּם יי אֱלֹהֶיךָ לֹא יַרְפְּךָ וְלֹא יַשְׁחִיתֶךָ
וְלֹא יִשְׁכַּח אֶת בְּרִית אֲבֹתֶיךָ אֲשֶׁר נִשְׁבַּע לָהֶם.
וּמוֹל אֶת לְבָבֵנוּ לְאַהֲבָה אֶת שְׁמֶךָ כְּמָה שֶׁכָּתוּב
וּמָל יי אֱלֹהֶיךָ אֶת לְבָבְךָ וְאֶת לְבַב זַרְעֶךָ
לְאַהֲבָה אֶת יי אֱלֹהֶיךָ בְּכָל לְבָבְךָ וּבְכָל נַפְשְׁךָ לְמַעַן חַיֶּיךָ.
הָשֵׁב שְׁבוּתֵנוּ וְרַחֲמֵנוּ כְּמָה שֶׁכָּתוּב
וְשָׁב יי אֱלֹהֶיךָ אֶת שְׁבוּתְךָ וְרִחֲמֶךָ
וְשָׁב וְקִבֶּצְךָ מִכָּל הָעַמִּים אֲשֶׁר הֱפִיצְךָ יי אֱלֹהֶיךָ שָׁמָּה.
קַבֵּץ נִדָּחֵינוּ כְּמָה שֶׁכָּתוּב
אִם יִהְיֶה נִדַּחֲךָ בִּקְצֵה הַשָּׁמָיִם, מִשָּׁם יְקַבֶּצְךָ יי אֱלֹהֶיךָ וּמִשָּׁם יִקָּחֶךָ.
הִמָּצֵא לָנוּ בְּבַקָּשָׁתֵנוּ כְּמָה שֶׁכָּתוּב
וּבִקַּשְׁתֶּם מִשָּׁם אֶת יי אֱלֹהֶיךָ וּמָצָאתָ
כִּי תִדְרְשֶׁנּוּ בְּכָל לְבָבְךָ וּבְכָל נַפְשֶׁךָ.
מְחֵה פְשָׁעֵינוּ לְמַעַנְךָ כַּאֲשֶׁר אָמַרְתָּ
אָנֹכִי אָנֹכִי הוּא מֹחֶה פְשָׁעֶיךָ לְמַעֲנִי, וְחַטֹּאתֶיךָ לֹא אֶזְכֹּר.

253 חזרת הש״ץ לשחרית

מְחֵה פְשָׁעֵינוּ כָּעָב וְכֶעָנָן כְּמָה שֶׁכָּתוּב
מָחִיתִי כָעָב פְּשָׁעֶיךָ וְכֶעָנָן חַטֹּאותֶיךָ, שׁוּבָה אֵלַי כִּי גְאַלְתִּיךָ.
הַלְבֵּן חֲטָאֵינוּ כַּשֶּׁלֶג וְכַצֶּמֶר כְּמָה שֶׁכָּתוּב, לְכוּ נָא וְנִוָּכְחָה יֹאמַר יי
אִם יִהְיוּ חֲטָאֵיכֶם כַּשָּׁנִים כַּשֶּׁלֶג יַלְבִּינוּ, אִם יַאְדִּימוּ כַתּוֹלָע כַּצֶּמֶר יִהְיוּ.
זְרֹק עָלֵינוּ מַיִם טְהוֹרִים וְטַהֲרֵנוּ כְּמָה שֶׁכָּתוּב, וְזָרַקְתִּי עֲלֵיכֶם מַיִם טְהוֹרִים
וּטְהַרְתֶּם, מִכֹּל טֻמְאוֹתֵיכֶם וּמִכָּל גִּלּוּלֵיכֶם אֲטַהֵר אֶתְכֶם.
כַּפֵּר חֲטָאֵינוּ בַּיּוֹם הַזֶּה וְטַהֲרֵנוּ כְּמָה שֶׁכָּתוּב
כִּי בַיּוֹם הַזֶּה יְכַפֵּר עֲלֵיכֶם לְטַהֵר אֶתְכֶם, מִכֹּל חַטֹּאתֵיכֶם לִפְנֵי יי תִּטְהָרוּ.
תְּבִיאֵנוּ אֶל הַר קָדְשֶׁךָ וְשַׂמְּחֵנוּ בְּבֵית תְּפִלָּתֶךָ כְּמָה שֶׁכָּתוּב
וַהֲבִיאוֹתִים אֶל הַר קָדְשִׁי וְשִׂמַּחְתִּים בְּבֵית תְּפִלָּתִי
עוֹלֹתֵיהֶם וְזִבְחֵיהֶם לְרָצוֹן עַל מִזְבְּחִי
כִּי בֵיתִי בֵּית תְּפִלָּה יִקָּרֵא לְכָל הָעַמִּים.

פותחים את ארון הקודש

שְׁמַע קוֹלֵנוּ, יי אֱלֹהֵינוּ, חוּס וְרַחֵם עָלֵינוּ
וְקַבֵּל בְּרַחֲמִים וּבְרָצוֹן אֶת תְּפִלָּתֵנוּ.
הֲשִׁיבֵנוּ יי אֵלֶיךָ וְנָשׁוּבָה, חַדֵּשׁ יָמֵינוּ כְּקֶדֶם.
אַל תַּשְׁלִיכֵנוּ מִלְּפָנֶיךָ, וְרוּחַ קָדְשְׁךָ אַל תִּקַּח מִמֶּנּוּ.
אַל תַּשְׁלִיכֵנוּ לְעֵת זִקְנָה, כִּכְלוֹת כֹּחֵנוּ אַל תַּעַזְבֵנוּ.

סוגרים את ארון הקודש

אַל תַּעַזְבֵנוּ יי, אֱלֹהֵינוּ אַל תִּרְחַק מִמֶּנּוּ.
עֲשֵׂה עִמָּנוּ אוֹת לְטוֹבָה וְיִרְאוּ שׂוֹנְאֵינוּ וְיֵבֹשׁוּ
כִּי אַתָּה יי עֲזַרְתָּנוּ וְנִחַמְתָּנוּ.
אֲמָרֵינוּ הַאֲזִינָה יי בִּינָה הֲגִיגֵנוּ.
יִהְיוּ לְרָצוֹן אִמְרֵי פִינוּ וְהֶגְיוֹן לִבֵּנוּ לְפָנֶיךָ, יי צוּרֵנוּ וְגוֹאֲלֵנוּ.
כִּי לְךָ יי הוֹחָלְנוּ, אַתָּה תַעֲנֶה אֲדֹנָי אֱלֹהֵינוּ.

אֱלֹהֵינוּ וֵאלֹהֵי אֲבוֹתֵינוּ
אַל תַּעַזְבֵנוּ, וְאַל תִּטְּשֵׁנוּ
וְאַל תַּכְלִימֵנוּ, וְאַל תָּפֵר בְּרִיתְךָ אִתָּנוּ
קָרְבֵנוּ לְתוֹרָתֶךָ, לַמְּדֵנוּ מִצְוֹתֶיךָ
הוֹרֵנוּ דְרָכֶיךָ, הַט לִבֵּנוּ לְיִרְאָה אֶת שְׁמֶךָ
וּמוֹל אֶת לְבָבֵנוּ לְאַהֲבָתֶךָ
וְנָשׁוּב אֵלֶיךָ בֶּאֱמֶת וּבְלֵב שָׁלֵם
וּלְמַעַן שִׁמְךָ הַגָּדוֹל תִּמְחוֹל וְתִסְלַח לַעֲוֹנֵינוּ
כַּכָּתוּב בְּדִבְרֵי קָדְשֶׁךָ
לְמַעַן שִׁמְךָ יְיָ, וְסָלַחְתָּ לַעֲוֹנִי כִּי רַב הוּא.

אֱלֹהֵינוּ וֵאלֹהֵי אֲבוֹתֵינוּ
סְלַח לָנוּ, מְחַל לָנוּ, כַּפֶּר לָנוּ.

כִּי אָנוּ עַמֶּךָ וְאַתָּה אֱלֹהֵינוּ אָנוּ בָנֶיךָ וְאַתָּה אָבִינוּ
אָנוּ עֲבָדֶיךָ וְאַתָּה אֲדוֹנֵנוּ אָנוּ קְהָלֶךָ וְאַתָּה חֶלְקֵנוּ
אָנוּ נַחֲלָתֶךָ וְאַתָּה גוֹרָלֵנוּ אָנוּ צֹאנֶךָ וְאַתָּה רוֹעֵנוּ
אָנוּ כַרְמֶךָ וְאַתָּה נוֹטְרֵנוּ אָנוּ פְעֻלָּתֶךָ וְאַתָּה יוֹצְרֵנוּ
אָנוּ רַעְיָתֶךָ וְאַתָּה דוֹדֵנוּ אָנוּ סְגֻלָּתֶךָ וְאַתָּה אֱלֹהֵינוּ
אָנוּ עַמֶּךָ וְאַתָּה מַלְכֵּנוּ אָנוּ מַאֲמִירֶךָ וְאַתָּה מַאֲמִירֵנוּ.

אָנוּ עַזֵּי פָנִים וְאַתָּה רַחוּם וְחַנּוּן
אָנוּ קְשֵׁי עֹרֶף וְאַתָּה אֶרֶךְ אַפַּיִם
אָנוּ מְלֵאֵי עָוֹן וְאַתָּה מָלֵא רַחֲמִים
אָנוּ יָמֵינוּ כְּצֵל עוֹבֵר וְאַתָּה הוּא וּשְׁנוֹתֶיךָ לֹא יִתָּמּוּ.

אֱלֹהֵינוּ וֵאלֹהֵי אֲבוֹתֵינוּ
אָנָּא תָּבֹא לְפָנֶיךָ תְּפִלָּתֵנוּ
וְאַל תִּתְעַלַּם מִתְּחִנָּתֵנוּ
שֶׁאֵין אֲנַחְנוּ עַזֵּי פָנִים וּקְשֵׁי עֹרֶף לוֹמַר לְפָנֶיךָ
יי אֱלֹהֵינוּ וֵאלֹהֵי אֲבוֹתֵינוּ
צַדִּיקִים אֲנַחְנוּ וְלֹא חָטָאנוּ
אֲבָל אֲנַחְנוּ וַאֲבוֹתֵינוּ חָטָאנוּ.

אָשַׁמְנוּ. בָּגַדְנוּ. גָּזַלְנוּ. דִּבַּרְנוּ דֹפִי.
הֶעֱוִינוּ. וְהִרְשַׁעְנוּ. זַדְנוּ. חָמַסְנוּ. טָפַלְנוּ שֶׁקֶר.
יָעַצְנוּ רָע. כִּזַּבְנוּ. לַצְנוּ. מָרַדְנוּ. נִאַצְנוּ. סָרַרְנוּ.
עָוִינוּ. פָּשַׁעְנוּ. צָרַרְנוּ. קִשִּׁינוּ עֹרֶף.
רָשַׁעְנוּ. שִׁחַתְנוּ. תִּעַבְנוּ. תָּעִינוּ. תִּעְתָּעְנוּ.

סַרְנוּ מִמִּצְוֹתֶיךָ וּמִמִּשְׁפָּטֶיךָ הַטּוֹבִים וְלֹא שָׁוָה לָנוּ.
וְאַתָּה צַדִּיק עַל כָּל הַבָּא עָלֵינוּ
כִּי אֱמֶת עָשִׂיתָ וַאֲנַחְנוּ הִרְשָׁעְנוּ.

הִרְשַׁעְנוּ וּפָשַׁעְנוּ
לָכֵן לֹא נוֹשָׁעְנוּ
וְתֵן בְּלִבֵּנוּ לַעֲזֹב דֶּרֶךְ רֶשַׁע
וְחִישׁ לָנוּ יֶשַׁע
כַּכָּתוּב עַל יַד נְבִיאֶךָ
יַעֲזֹב רָשָׁע דַּרְכּוֹ וְאִישׁ אָוֶן מַחְשְׁבֹתָיו
וְיָשֹׁב אֶל יי וִירַחֲמֵהוּ
וְאֶל אֱלֹהֵינוּ כִּי יַרְבֶּה לִסְלוֹחַ.

אֱלֹהֵינוּ וֵאלֹהֵי אֲבוֹתֵינוּ
סְלַח וּמְחַל לַעֲוֹנוֹתֵינוּ בְּיוֹם /בשבת: הַשַּׁבָּת הַזֶּה וּבְיוֹם/
הַכִּפּוּרִים הַזֶּה
וְהֵעָתֵר לָנוּ בִּתְפִלָּתֵנוּ
מְחֵה וְהַעֲבֵר פְּשָׁעֵינוּ וְחַטֹּאתֵינוּ מִנֶּגֶד עֵינֶיךָ
וְכֹף אֶת יִצְרֵנוּ לְהִשְׁתַּעְבֶּד לָךְ
וְהַכְנַע עָרְפֵּנוּ לָשׁוּב אֵלֶיךָ בֶּאֱמֶת
וְחַדֵּשׁ כִּלְיוֹתֵינוּ לִשְׁמֹר פִּקּוּדֶיךָ
וּמוֹל אֶת לְבָבֵנוּ לְאַהֲבָה וּלְיִרְאָה אֶת שְׁמֶךָ
כַּכָּתוּב בְּתוֹרָתֶךָ
וּמָל יי אֱלֹהֶיךָ אֶת לְבָבְךָ וְאֶת לְבַב זַרְעֶךָ
לְאַהֲבָה אֶת יי אֱלֹהֶיךָ בְּכָל לְבָבְךָ וּבְכָל נַפְשְׁךָ לְמַעַן חַיֶּיךָ.
הַזְּדוֹנוֹת וְהַשְּׁגָגוֹת אַתָּה מַכִּיר
הָרָצוֹן וְהָאֹנֶס, הַגְּלוּיִים וְהַנִּסְתָּרִים
לְפָנֶיךָ הֵם גְּלוּיִים וִידוּעִים.
מָה אָנוּ
מֶה חַיֵּינוּ, מֶה חַסְדֵּנוּ
מַה צִּדְקוֹתֵינוּ, מַה יְשׁוּעָתֵנוּ
מַה כֹּחֵנוּ, מַה גְּבוּרָתֵנוּ
מַה נֹּאמַר לְפָנֶיךָ יי אֱלֹהֵינוּ וֵאלֹהֵי אֲבוֹתֵינוּ
הֲלֹא כָּל הַגִּבּוֹרִים כְּאַיִן לְפָנֶיךָ, וְאַנְשֵׁי הַשֵּׁם כְּלֹא הָיוּ
וַחֲכָמִים כִּבְלִי מַדָּע, וּנְבוֹנִים כִּבְלִי הַשְׂכֵּל
כִּי רֹב מַעֲשֵׂיהֶם תֹּהוּ, וִימֵי חַיֵּיהֶם הֶבֶל לְפָנֶיךָ
וּמוֹתַר הָאָדָם מִן הַבְּהֵמָה אָיִן, כִּי הַכֹּל הָבֶל.

מַה נֹּאמַר לְפָנֶיךָ יוֹשֵׁב מָרוֹם, וּמַה נְּסַפֵּר לְפָנֶיךָ שׁוֹכֵן שְׁחָקִים
הֲלֹא כָּל הַנִּסְתָּרוֹת וְהַנִּגְלוֹת אַתָּה יוֹדֵעַ.

סימן: א"ב (כפול).

אַתָּה מֵבִין תַּעֲלוּמוֹת לֵב / אֶפֶס לְךָ נִגְלוֹת וְגַם נִסְתָּרוֹת.
בָּאנוּ בִדְבָרִים לְפַתּוֹתְךָ בָם / בְּרִשְׁעֵנוּ אַל תֵּפֶן וְלֹא בְּמַעֲלָלֵינוּ.
גִּשְׁתֵּנוּ בְּיוֹם זֶה כְּיָרֵא וְחָרֵד / גְּאֵה כְּרַחוּם לְמַעַנְךָ עֲשֵׂה חֶסֶד.
דִּין אַל תִּמְתַּח מוּל עָפָר וָאֵפֶר / דַּע אַחֲרִיתֵנוּ רִמָּה וְתוֹלֵעָה.
הַאִם שָׁגַגְנוּ וְנֶעְלַם מִמֶּנּוּ / הֲלֹא אַתָּה לְבַד מֵבִין שְׁגִיאוֹת.
וְאַל תַּחְשֹׁב לָנוּ כְּעוֹשֶׂה בְזָדוֹן / וִדּוּי שְׂפָתֵינוּ שְׁעֵה בְּעֵת רָצוֹן.
זֶה כַּפֵּר לָנוּ הוֹדַע וְלֹא הוֹדַע / זָדוֹן וְנֶעְלָם עֲשֵׂה וְלֹא תַעֲשֶׂה.
חַלְּצֵנוּ מֵעֹנֶשׁ כָּרֵת וּמִיתָה / חֲמֹל עַל חֹמֶר מַעֲשֵׂה יָדֶיךָ.
טָפַשְׁנוּ בְּרֹעַ יֵצֶר אֲשֶׁר מִנְּעוּרֵינוּ / טָמוּן בְּקִרְבֵּנוּ כְּרֶשֶׁת לִפְעָמֵינוּ.
יוֹצְרֵנוּ וְעוֹשֵׂנוּ יוֹדֵעַ יִצְרֵנוּ / יֶהֱמוּ רַחֲמֶיךָ וְאַל תַּשְׁחִיתֵנוּ.
כִּי מִלְּפָנֶיךָ מִי יִסָּתֵר / כֹּל גָּלוּי לְךָ כָּאוֹר וְכַצָּהֳרָיִם.
לְבֵית דִּין הוֹרֵיתָ אַרְבַּע מִיתוֹת / לְמַעַנְךָ עֲשֵׂה וּמֵהֶם חַלְּצֵנוּ.
מֵאָז יְצַרְתָּנוּ חֲקַרְתָּנוּ וַתֵּדַע / מַעֲשֵׂינוּ כִּי הֵמָּה עָמָל וָאָוֶן.
נְצֹר נַפְשׁוֹתֵינוּ כִּי בְיָדְךָ כָּל נֶפֶשׁ / נָא תִיקַר נֶפֶשׁ מִמַּעֲנֵי לְךָ נָפֶשׁ.
סְקִילָה שְׂרֵפָה הֶרֶג וָחֶנֶק / סוֹדָם גִּלִּיתָ לְיוֹדְעֵי אֲמִתֶּךָ.
עַל כָּל פְּשָׁעֵינוּ אֱלוֹהַּ כַּפֵּר לָנוּ / עַל יָדוּעַ לָנוּ וְעַל נֶעְלָם מִמֶּנּוּ.
פְּשָׁעֵינוּ הוֹדִינוּ לְךָ חוֹקֵר לֵב / פְּדֵנוּ מֵחֵטְא נַקֵּנוּ מֵעָוֹן.
צוּר אַל תֵּפֶן בֶּאֱנוֹשׁ חָצִיר / צְדָקָה עֲשֵׂה עִמָּנוּ כַּעֲשִׂיתָ עִם כָּל חָי.
קִדַּמְנוּ בְּנֶשֶׁף קָרַבְנוּ בְשֶׁוַע / קָרְבֵנוּ אֵלֶיךָ קְשֹׁב קְרִיאָתֵנוּ.
רִשְׁעֵנוּ אַל תֵּפֶן רַחֲמֵנוּ וְנִצְטַדְּקָה / רַחֲמֶיךָ יְבֹאוּנוּ רַחוּם וְחַנּוּן.

שִׁמְךָ מֵעוֹלָם עוֹבֵר עַל פֶּשַׁע

שַׁוְעָתֵנוּ תַּאֲזִין בְּעָמְדֵנוּ לְפָנֶיךָ בִּתְפִלָּה.
תַּעֲבֹר עַל פֶּשַׁע לְעַם שָׁבֵי פֶשַׁע / תִּמְחֶה פְּשָׁעֵינוּ מִנֶּגֶד עֵינֶיךָ.

אַתָּה יוֹדֵעַ רָזֵי עוֹלָם וְתַעֲלוּמוֹת סִתְרֵי כָּל חָי.
אַתָּה חוֹפֵשׂ כָּל חַדְרֵי בָטֶן וּבוֹחֵן כְּלָיוֹת וָלֵב.
אֵין דָּבָר נֶעְלָם מִמְּךָ וְאֵין נִסְתָּר מִנֶּגֶד עֵינֶיךָ.
וּבְכֵן, יְהִי רָצוֹן מִלְּפָנֶיךָ, יי אֱלֹהֵינוּ וֵאלֹהֵי אֲבוֹתֵינוּ
שֶׁתִּסְלַח לָנוּ עַל כָּל חַטֹּאתֵינוּ
וְתִמְחַל לָנוּ עַל כָּל עֲוֹנוֹתֵינוּ
וּתְכַפֵּר לָנוּ עַל כָּל פְּשָׁעֵינוּ.

עַל חֵטְא שֶׁחָטָאנוּ לְפָנֶיךָ בְּאֹנֶס וּבְרָצוֹן
וְעַל חֵטְא שֶׁחָטָאנוּ לְפָנֶיךָ בְּאִמּוּץ הַלֵּב

עַל חֵטְא שֶׁחָטָאנוּ לְפָנֶיךָ בִּבְלִי דָעַת
וְעַל חֵטְא שֶׁחָטָאנוּ לְפָנֶיךָ בְּבִטּוּי שְׂפָתָיִם

עַל חֵטְא שֶׁחָטָאנוּ לְפָנֶיךָ בְּגָלוּי וּבַסָּתֶר
וְעַל חֵטְא שֶׁחָטָאנוּ לְפָנֶיךָ בְּגִלּוּי עֲרָיוֹת

עַל חֵטְא שֶׁחָטָאנוּ לְפָנֶיךָ בְּדִבּוּר פֶּה
וְעַל חֵטְא שֶׁחָטָאנוּ לְפָנֶיךָ בְּדַעַת וּבְמִרְמָה

עַל חֵטְא שֶׁחָטָאנוּ לְפָנֶיךָ בְּהַרְהוֹר הַלֵּב
וְעַל חֵטְא שֶׁחָטָאנוּ לְפָנֶיךָ בְּהוֹנָאַת רֵעַ

עַל חֵטְא שֶׁחָטָאנוּ לְפָנֶיךָ בְּוִדּוּי פֶּה
וְעַל חֵטְא שֶׁחָטָאנוּ לְפָנֶיךָ בִּוְעִידַת זְנוּת

עַל חֵטְא שֶׁחָטָאנוּ לְפָנֶיךָ בְּזָדוֹן וּבִשְׁגָגָה
וְעַל חֵטְא שֶׁחָטָאנוּ לְפָנֶיךָ בְּזִלְזוּל הוֹרִים וּמוֹרִים

עַל חֵטְא שֶׁחָטָאנוּ לְפָנֶיךָ בְּחֹזֶק יָד
וְעַל חֵטְא שֶׁחָטָאנוּ לְפָנֶיךָ בְּחִלּוּל הַשֵּׁם

עַל חֵטְא שֶׁחָטָאנוּ לְפָנֶיךָ בְּטִפְשׁוּת פֶּה
וְעַל חֵטְא שֶׁחָטָאנוּ לְפָנֶיךָ בְּטֻמְאַת שְׂפָתָיִם

עַל חֵטְא שֶׁחָטָאנוּ לְפָנֶיךָ בְּיֵצֶר הָרָע
וְעַל חֵטְא שֶׁחָטָאנוּ לְפָנֶיךָ בְּיוֹדְעִים וּבְלֹא יוֹדְעִים

וְעַל כֻּלָּם אֱלוֹהַּ סְלִיחוֹת סְלַח לָנוּ, מְחַל לָנוּ, כַּפֶּר לָנוּ.

עַל חֵטְא שֶׁחָטָאנוּ לְפָנֶיךָ בְּכַפַּת שֹׁחַד
וְעַל חֵטְא שֶׁחָטָאנוּ לְפָנֶיךָ בְּכַחַשׁ וּבְכָזָב

עַל חֵטְא שֶׁחָטָאנוּ לְפָנֶיךָ בְּלָשׁוֹן הָרָע
וְעַל חֵטְא שֶׁחָטָאנוּ לְפָנֶיךָ בְּלָצוֹן

עַל חֵטְא שֶׁחָטָאנוּ לְפָנֶיךָ בְּמַשָּׂא וּבְמַתָּן
וְעַל חֵטְא שֶׁחָטָאנוּ לְפָנֶיךָ בְּמַאֲכָל וּבְמִשְׁתֶּה

עַל חֵטְא שֶׁחָטָאנוּ לְפָנֶיךָ בְּנֶשֶׁךְ וּבְמַרְבִּית
וְעַל חֵטְא שֶׁחָטָאנוּ לְפָנֶיךָ בִּנְטִיַּת גָּרוֹן

עַל חֵטְא שֶׁחָטָאנוּ לְפָנֶיךָ בְּשִׂקּוּר עָיִן
וְעַל חֵטְא שֶׁחָטָאנוּ לְפָנֶיךָ בְּשִׂיחַ שִׂפְתוֹתֵינוּ

עַל חֵטְא שֶׁחָטָאנוּ לְפָנֶיךָ בְּעֵינַיִם רָמוֹת
וְעַל חֵטְא שֶׁחָטָאנוּ לְפָנֶיךָ בְּעַזּוּת מֵצַח

וְעַל כֻּלָּם אֱלוֹהַּ סְלִיחוֹת סְלַח לָנוּ, מְחַל לָנוּ, כַּפֶּר לָנוּ.

עַל חֵטְא שֶׁחָטָאנוּ לְפָנֶיךָ בִּפְרִיקַת עֹל
וְעַל חֵטְא שֶׁחָטָאנוּ לְפָנֶיךָ בִּפְלִילוּת

עַל חֵטְא שֶׁחָטָאנוּ לְפָנֶיךָ בִּצְדִיַּת רֵעַ
וְעַל חֵטְא שֶׁחָטָאנוּ לְפָנֶיךָ בְּצָרוּת עָיִן

עַל חֵטְא שֶׁחָטָאנוּ לְפָנֶיךָ בְּקַלּוּת רֹאשׁ
וְעַל חֵטְא שֶׁחָטָאנוּ לְפָנֶיךָ בְּקַשְׁיוּת עֹרֶף

עַל חֵטְא שֶׁחָטָאנוּ לְפָנֶיךָ בְּרִיצַת רַגְלַיִם לְהָרַע
וְעַל חֵטְא שֶׁחָטָאנוּ לְפָנֶיךָ בִּרְכִילוּת

עַל חֵטְא שֶׁחָטָאנוּ לְפָנֶיךָ בִּשְׁבוּעַת שָׁוְא
וְעַל חֵטְא שֶׁחָטָאנוּ לְפָנֶיךָ בְּשִׂנְאַת חִנָּם

עַל חֵטְא שֶׁחָטָאנוּ לְפָנֶיךָ בִּתְשׂוּמֶת יָד
וְעַל חֵטְא שֶׁחָטָאנוּ לְפָנֶיךָ בְּתִמְהוֹן לֵבָב

וְעַל כֻּלָּם אֱלוֹהַּ סְלִיחוֹת סְלַח לָנוּ, מְחַל לָנוּ, כַּפֶּר לָנוּ.

וְעַל חֲטָאִים שֶׁאָנוּ חַיָּבִים עֲלֵיהֶם עוֹלָה
וְעַל חֲטָאִים שֶׁאָנוּ חַיָּבִים עֲלֵיהֶם חַטָּאת
וְעַל חֲטָאִים שֶׁאָנוּ חַיָּבִים עֲלֵיהֶם קָרְבָּן עוֹלֶה וְיוֹרֵד
וְעַל חֲטָאִים שֶׁאָנוּ חַיָּבִים עֲלֵיהֶם אָשָׁם וַדַּאי וְתָלוּי
וְעַל חֲטָאִים שֶׁאָנוּ חַיָּבִים עֲלֵיהֶם מַכַּת מַרְדּוּת
וְעַל חֲטָאִים שֶׁאָנוּ חַיָּבִים עֲלֵיהֶם מַלְקוּת אַרְבָּעִים
וְעַל חֲטָאִים שֶׁאָנוּ חַיָּבִים עֲלֵיהֶם מִיתָה בִּידֵי שָׁמָיִם
וְעַל חֲטָאִים שֶׁאָנוּ חַיָּבִים עֲלֵיהֶם כָּרֵת וַעֲרִירִי
וְעַל חֲטָאִים שֶׁאָנוּ חַיָּבִים עֲלֵיהֶם אַרְבַּע מִיתוֹת בֵּית דִּין
סְקִילָה, שְׂרֵפָה, הֶרֶג, וְחֶנֶק.

עַל מִצְוַת עֲשֵׂה וְעַל מִצְוַת לֹא תַעֲשֶׂה.
בֵּין שֶׁיֵּשׁ בָּהּ קוּם עֲשֵׂה וּבֵין שֶׁאֵין בָּהּ קוּם עֲשֵׂה.
אֶת הַגְּלוּיִים לָנוּ וְאֶת שֶׁאֵינָם גְּלוּיִים לָנוּ
אֶת הַגְּלוּיִים לָנוּ כְּבָר אֲמַרְנוּם לְפָנֶיךָ וְהוֹדִינוּ לְךָ עֲלֵיהֶם, וְאֶת שֶׁאֵינָם גְּלוּיִים לָנוּ, לְפָנֶיךָ הֵם גְּלוּיִים וִידוּעִים, כַּדָּבָר שֶׁנֶּאֱמַר, הַנִּסְתָּרֹת לַיְיָ אֱלֹהֵינוּ וְהַנִּגְלֹת לָנוּ וּלְבָנֵינוּ עַד עוֹלָם, לַעֲשׂוֹת אֶת כָּל דִּבְרֵי הַתּוֹרָה הַזֹּאת.

וְדָוִד עַבְדְּךָ אָמַר לְפָנֶיךָ, שְׁגִיאוֹת מִי יָבִין, מִנִּסְתָּרוֹת נַקֵּנִי.
נַקֵּנוּ יְיָ אֱלֹהֵינוּ מִכָּל פְּשָׁעֵינוּ, וְטַהֲרֵנוּ מִכָּל טֻמְאוֹתֵינוּ
וּזְרֹק עָלֵינוּ מַיִם טְהוֹרִים וְטַהֲרֵנוּ
כַּכָּתוּב עַל יַד נְבִיאֶךָ, וְזָרַקְתִּי עֲלֵיכֶם מַיִם טְהוֹרִים וּטְהַרְתֶּם מִכֹּל טֻמְאוֹתֵיכֶם וּמִכָּל גִּלּוּלֵיכֶם אֲטַהֵר אֶתְכֶם.

אַל תִּירָא יַעֲקֹב
שׁוּבוּ בָנִים שׁוֹבָבִים שׁוּבָה יִשְׂרָאֵל.
הִנֵּה לֹא יָנוּם וְלֹא יִישָׁן שׁוֹמֵר יִשְׂרָאֵל.
כַּכָּתוּב עַל יַד נְבִיאֶךָ, שׁוּבָה יִשְׂרָאֵל עַד יְיָ אֱלֹהֶיךָ כִּי כָשַׁלְתָּ בַּעֲוֹנֶךָ.
וְנֶאֱמַר, קְחוּ עִמָּכֶם דְּבָרִים וְשׁוּבוּ אֶל יְיָ
אִמְרוּ אֵלָיו כָּל תִּשָּׂא עָוֹן וְקַח טוֹב וּנְשַׁלְּמָה פָרִים שְׂפָתֵינוּ.
וְאַתָּה רַחוּם מְקַבֵּל שָׁבִים
וְעַל הַתְּשׁוּבָה מֵרֹאשׁ הִבְטַחְתָּנוּ
וְעַל הַתְּשׁוּבָה עֵינֵינוּ מְיַחֲלוֹת לָךְ.

וּמֵאַהֲבָתְךָ יְיָ אֱלֹהֵינוּ שֶׁאָהַבְתָּ אֶת יִשְׂרָאֵל עַמֶּךָ
וּמֵחֶמְלָתְךָ מַלְכֵּנוּ שֶׁחָמַלְתָּ עַל בְּנֵי בְרִיתֶךָ
נָתַתָּ לָנוּ יְיָ אֱלֹהֵינוּ אֶת /בשבת: יוֹם הַשַּׁבָּת הַזֶּה לִקְדֻשָּׁה וְלִמְנוּחָה וְאֶת/
יוֹם צוֹם הַכִּפּוּרִים הַזֶּה לִמְחִילַת חֵטְא וְלִסְלִיחַת עָוֹן וּלְכַפָּרַת פֶּשַׁע.

סימן: א״ת ב״ש.

1 יוֹם אֲשֶׁר אֲשָׁמֵנוּ יִצְלַל וְיִסָּגֵר
הַיּוֹם תִּסְלַח לְכָל עֲדַת בְּנֵי יִשְׂרָאֵל וְלַגֵּר הַגָּר.
כַּכָּתוּב בְּתוֹרָתֶךָ
וְנִסְלַח לְכָל עֲדַת בְּנֵי יִשְׂרָאֵל וְלַגֵּר הַגָּר בְּתוֹכָם
כִּי לְכָל הָעָם בִּשְׁגָגָה.

2 יוֹם בָּגַדְנוּ תִּשָּׂא וְתִסְלַח / הַיּוֹם שִׁמְךָ יֵאָמֵן אֵל טוֹב וְסַלָּח.
כַּכָּתוּב בְּדִבְרֵי קָדְשֶׁךָ
כִּי אַתָּה אֲדֹנָי טוֹב וְסַלָּח וְרַב חֶסֶד לְכָל קוֹרְאֶיךָ.

3 יוֹם גָּעַלְנוּ חֻקֶּיךָ שַׁכַּח וַעֲזוֹב / הַיּוֹם רַחֲמֵנוּ וְנָשׁוּב וְדֶרֶךְ רֶשַׁע נַעֲזוֹב.
כַּכָּתוּב עַל יַד נְבִיאֶךָ
יַעֲזֹב רָשָׁע דַּרְכּוֹ וְאִישׁ אָוֶן מַחְשְׁבֹתָיו
וְיָשֹׁב אֶל יי וִירַחֲמֵהוּ וְאֶל אֱלֹהֵינוּ כִּי יַרְבֶּה לִסְלוֹחַ.

4 יוֹם דְּפִינוּ אָנָּא שָׂא נָא / הַיּוֹם קְשׁוֹב תַּחֲנוּנֵינוּ וּבְתַחֲנוּן סְלַח נָא.
כַּכָּתוּב בְּתוֹרָתֶךָ
סְלַח נָא לַעֲוֹן הָעָם הַזֶּה כְּגֹדֶל חַסְדֶּךָ
וְכַאֲשֶׁר נָשָׂאתָה לָעָם הַזֶּה מִמִּצְרַיִם וְעַד הֵנָּה
וְשָׁם נֶאֱמַר
וַיֹּאמֶר יי סָלַחְתִּי כִּדְבָרֶךָ.

בַּעֲבוּר כְּבוֹד שְׁמֶךָ
הַמָּצֵא לָנוּ מוֹחֵל וְסוֹלֵחַ / סְלַח נָא לְמַעַן שְׁמֶךָ.

1 **יום אשר אשמנו יוצלל** יושלך במצולה. **ויוסגר** שלא יצא עוד לעולם. 2 **בגדנו** שבגדנו בך.
3 **געלנו חוקיך שכח ועזוב** שיישכח שגעלנו חוקיך. 5 **בריתך להפר** ע״ש דבר׳ לא טז ועוד.

5 **יוֹם הֱזַדְנוּ בְּרִיתְךָ לְהָפֵר / הַיּוֹם צוּל עָוֹן יְבֻלַּע וּכְרַחוּם כַּפֵּר.**

כַּכָּתוּב בְּדִבְרֵי קָדְשֶׁךָ

וְהוּא רַחוּם יְכַפֵּר עָוֹן וְלֹא יַשְׁחִית וְהִרְבָּה לְהָשִׁיב אַפּוֹ

וְלֹא יָעִיר כָּל חֲמָתוֹ.

6 **יוֹם וְעוּתֵנוּ יְשֻׁכַּח וְיִתְעָב / הַיּוֹם פְּשָׁעֵינוּ מְחֵה כָּעָב.**

כַּכָּתוּב עַל יַד נְבִיאֶךָ

מָחִיתִי כָעָב פְּשָׁעֶיךָ וְכֶעָנָן חַטֹּאתֶיךָ שׁוּבָה אֵלַי כִּי גְאַלְתִּיךָ.

7 **יוֹם זְדוֹנֵנוּ הַעֲבֵר כֶּעָנָן / הַיּוֹם עֲנֵנוּ כְּיוֹם רִדְתְּךָ בֶּעָנָן.**

כַּכָּתוּב בְּתוֹרָתֶךָ

וַיֵּרֶד יי בֶּעָנָן וַיִּתְיַצֵּב עִמּוֹ שָׁם וַיִּקְרָא בְשֵׁם יי

וַיַּעֲבֹר יי עַל פָּנָיו וַיִּקְרָא

יי יי אֵל רַחוּם וְחַנּוּן אֶרֶךְ אַפַּיִם וְרַב חֶסֶד וֶאֱמֶת

נֹצֵר חֶסֶד לָאֲלָפִים נֹשֵׂא עָוֹן וָפֶשַׁע וְחַטָּאָה וְנַקֵּה.

בַּעֲבוּר כְּבוֹד שְׁמֶךָ

הַמְצֵא לָנוּ רַחוּם וְחַנּוּן / רַחֵם נָא לְמַעַן שְׁמֶךָ.

8 **יוֹם חִנְנָךְ עָנָו בַּעֲדֵנוּ תִּזְכֹּר / הַיּוֹם סְלַח לַעֲוֹנֵנוּ וְחֵטְא אַל תִּזְכֹּר.**

כַּכָּתוּב בְּדִבְרֵי קָדְשֶׁךָ

אַל תִּזְכָּר לָנוּ עֲוֹנֹת רִאשֹׁנִים

מַהֵר יְקַדְּמוּנוּ רַחֲמֶיךָ כִּי דַלּוֹנוּ מְאֹד.

צול עון יבולע העון יבולע במצולה. 6 **ויעותנו** עוותנו. 8 **חננך ענו בעדנו תזכור** תזכור מה שהתחנן בפניך משה הענו בעדנו. 10 **מצרף ומטהר** ע״ש מלאכי ג ג וישב מצרף ומטהר כסף. **כל תשא עון** הושע יד ג.

9 יוֹם טָעוּתֵנוּ יְבֻקַּשׁ וָאָיִן / הַיּוֹם נְאֻם הֻקַּם יְבֻקַּשׁ עָוֹן וָאָיִן.

כַּכָּתוּב עַל יַד נְבִיאֶךָ
בַּיָּמִים הָהֵם וּבָעֵת הַהִיא נְאֻם יי
יְבֻקַּשׁ אֶת עֲוֹן יִשְׂרָאֵל וְאֵינֶנּוּ
וְאֶת חַטֹּאת יְהוּדָה וְלֹא תִמָּצֶאנָה
כִּי אֶסְלַח לַאֲשֶׁר אַשְׁאִיר.

10 יוֹם יְדְרְשׁוּן מְצָרֵף וּמְטַהֵר / הַיּוֹם מִכָּל חַטֹּאתֵינוּ אוֹתָנוּ תְּטַהֵר.

כַּכָּתוּב בְּתוֹרָתֶךָ
כִּי בַיּוֹם הַזֶּה יְכַפֵּר עֲלֵיכֶם לְטַהֵר אֶתְכֶם מִכֹּל חַטֹּאתֵיכֶם
לִפְנֵי יי תִּטְהָרוּ.

11 יוֹם כָּל תִּשָּׂא עָוֹן בְּתַחֲנוּן אֲבַטֶּה / הַיּוֹם לְשַׁוְעָתֵנוּ אֹזֶן הַטֵּה.

כַּכָּתוּב בְּדִבְרֵי קָדְשֶׁךָ
הַטֵּה אֱלֹהַי אָזְנְךָ וּשְׁמָע
פְּקַח עֵינֶיךָ וּרְאֵה שֹׁמְמֹתֵינוּ
וְהָעִיר אֲשֶׁר נִקְרָא שִׁמְךָ עָלֶיהָ
כִּי לֹא עַל צִדְקֹתֵינוּ אֲנַחְנוּ מַפִּילִים תַּחֲנוּנֵינוּ לְפָנֶיךָ
כִּי עַל רַחֲמֶיךָ הָרַבִּים.
אֲדֹנָי שְׁמָעָה
אֲדֹנָי סְלָחָה
אֲדֹנָי הַקְשִׁיבָה
וַעֲשֵׂה אַל תְּאַחַר
לְמַעַנְךָ אֱלֹהַי
כִּי שִׁמְךָ נִקְרָא עַל עִירְךָ וְעַל עַמֶּךָ.

בַּעֲבוּר כְּבוֹד שְׁמֶךָ

הִמָּצֵא לָנוּ שׁוֹמֵעַ תְּפִלָּה / שְׁמַע תְּפִלָּתֵנוּ לְמַעַן שְׁמֶךָ.

סימן: א״ב [מחברו ר׳ אלעזר ב״ר קליר]. על סדר ברכות העמידה לימות החול.

מִי אֵל כָּמוֹךָ.

אֲהַלֶּלְךָ בְּקוֹל רָם / מָגֵן אַבְרָהָם מִי אֵל כָּמוֹךָ
בְּיָדְךָ מְמִתִים / מְחַיֵּה הַמֵּתִים מִי אֵל כָּמוֹךָ
גָּדְלְךָ אֶדְרֹשׁ / הַמֶּלֶךְ הַקָּדוֹשׁ מִי אֵל כָּמוֹךָ
דּוֹרֵשׁ אִמְרֵי דַעַת / חוֹנֵן הַדָּעַת מִי אֵל כָּמוֹךָ
הָאוֹמֵר שׁוּבָה / הָרוֹצֶה בִּתְשׁוּבָה מִי אֵל כָּמוֹךָ
וּמוֹחֵל וְסוֹלֵחַ / הַמַּרְבֶּה לִסְלוֹחַ מִי אֵל כָּמוֹךָ
זַךְ וּמִתְהַלֵּל / גּוֹאֵל יִשְׂרָאֵל מִי אֵל כָּמוֹךָ
חוֹבֵשׁ וּמְבַלֶּה / רוֹפֵא חוֹלֵי מִי אֵל כָּמוֹךָ
טוֹב יָמִים וְשָׁנִים / מְבָרֵךְ הַשָּׁנִים מִי אֵל כָּמוֹךָ
יָהּ לְיִשְׂרָאֵל / מְקַבֵּץ נִדְחֵי יִשְׂרָאֵל מִי אֵל כָּמוֹךָ
כּוֹנֵן כֵּס מִשְׁפָּט / הַמֶּלֶךְ הַמִּשְׁפָּט מִי אֵל כָּמוֹךָ
לְךָ לְבַדְּךָ מְיַחֲדִים / מַכְנִיעַ זֵדִים מִי אֵל כָּמוֹךָ
מְדַבֵּר וּמֵקִים / מִבְטָח לַצַּדִּיקִים מִי אֵל כָּמוֹךָ

אהללך בקול רם על סדר ברכות העמידה לימות החול.
2 **בידך ממתים** ע״ש תהל׳ יז יד ממתים ידך ה׳, לפי הפירוש המקובל (עי׳ פירש״י) יה״ר שיהא חלקי מהממתים ביד ה׳, שהוא מחיה המתים. 3 **המלך הקדוש** (כך בכי״י) כנראה תיקון מאוחר של הגירסא המקורית האל הקדוש, כפי שהיתה בא״י. 4 **דורש אמרי דעת** ע״ש משלי כג יב ואזנך לאמרי דעת. 8 **חובש ומבלה** ע״ש איכה ג ד בלה בשרי ועורי, והענין ע״פ הושע ו א כי הוא טרף וירפאנו יך ויחבשנו. **רופא חולי** עמו ישראל. 10 **יה לישראל** ע״ש ישע׳ כו ד כי ביה ה׳ צור עולמים, ר״ל ה׳ בטחון לישראל. 11 **כונו כס משפט** ע״ש תהל׳ ט ח כונן למשפט כסאו. **המלך המשפט** כנראה שוב תיקון, במקום הגירסא הארצישראלית אוהב המשפט (עי׳ שכטר, JQR כ׳ X ע׳ 657. מאן, HUCA כרך II, ע׳ 306). 14 **נותן אור יומים** נותן התורה הנקראת אור (משלי ו כג),

נוֹתֵן אוֹר יוֹמָיִם / בּוֹנֵה יְרוּשָׁלָיִם מִי אֵל כָּמוֹךָ
סֹלֵחַ לַנִּדְגָּלָה / שׁוֹמֵעַ תְּפִלָּה מִי אֵל כָּמוֹךָ
עֶלְיוֹן אֱמוּנוֹת / סוֹלֵחַ עֲוֹנוֹת מִי אֵל כָּמוֹךָ
פִּינוּ תְּפִלָּה יְמַלֵּל / לִמְקַדֵּשׁ יִשְׂרָאֵל מִי אֵל כָּמוֹךָ
צְפֵה נָא בְּמַאֲבַד / שֶׁאוֹתְךָ לְבַדְּךָ בְּיִרְאָה נַעֲבֹד מִי אֵל כָּמוֹךָ

קוֹל רִנָּה וְתוֹדוֹת / הַטּוֹב לְךָ לְהוֹדוֹת מִי אֵל כָּמוֹךָ
רָם בָּרֵךְ קְהַל הֲמוֹנַי / יְבָרֶכְךָ יי מִי אֵל כָּמוֹךָ
שְׁכִינָתְךָ שָׂלוֹם / עוֹשֵׂה הַשָּׁלוֹם מִי אֵל כָּמוֹךָ
תָּבֹא בְרָכָה אֲלֵיכֶם / וְנֹאמַר תְּפִלָּה עֲלֵיכֶם מִי אֵל כָּמוֹךָ
תַּעֲבֹר עַל פֶּשַׁע / לְעַם שָׁבֵי פֶשַׁע מִי אֵל כָּמוֹךָ

כַּכָּתוּב עַל יַד נְבִיאֶךָ
מִי אֵל כָּמוֹךָ נֹשֵׂא עָוֹן וְעֹבֵר עַל פֶּשַׁע לִשְׁאֵרִית נַחֲלָתוֹ
לֹא הֶחֱזִיק לָעַד אַפּוֹ כִּי חָפֵץ חֶסֶד הוּא.
יָשׁוּב יְרַחֲמֵנוּ יִכְבֹּשׁ עֲוֹנֹתֵינוּ, וְתַשְׁלִיךְ בִּמְצֻלוֹת יָם כָּל חַטֹּאתָם.
וְכָל חַטֹּאת עַמְּךָ בֵּית יִשְׂרָאֵל תַּשְׁלִיךְ בִּמְקוֹם אֲשֶׁר לֹא יִזָּכְרוּ וְלֹא יִפָּקְדוּ
וְלֹא יַעֲלוּ עַל לֵב לְעוֹלָם.
תִּתֵּן אֱמֶת לְיַעֲקֹב חֶסֶד לְאַבְרָהָם, אֲשֶׁר נִשְׁבַּעְתָּ לַאֲבוֹתֵינוּ מִימֵי קֶדֶם.

והיא קדמה לבריאת עולם אלפים שנה, ע״פ דרשת חז״ל ויק״ר י״ט א׳ ע׳ תיג, ויומו של הקב״ה אלף שנים (שם). **בונה ירושלם** בכי״י מח׳ רומא: אלהי דוד ובונה ירושלם, לפי נוסח הברכה העתיקה בא״י. **15 סלח לנדגלה** לישראל, ע״ש שה״ש ו ד איומה כנדגלות. **16 עליון אמונות** ע״ש דבר׳ לב ד אל אמונה ואין עול. כנראה השלים הפייטן את הא״ב בשורות נוספות, ואינו ברור לאיזו ברכה רומז חרוז זה (לפי השערת רוו״ה הוא כנגד חתימת ׳האל הסולחן׳, בה חתמו חוגים מסויימים את וידוי היחיד, ואינו מסתבר מדוע העמיד אותו הפייטן באמצע). **17 למקדש ישראל** כנגד קדושת היום בשבת ויו״ט. **18 במאבוד** באבדן ישראל הנקרא צאן אובדות (ירמ׳ נ ו), והמלה מחודשת היא. **שאותך ביראה נעבוד** נוסח ברכת העבודה בא״י (ובאשכנז תפסוה בתוספת ׳לבדך׳ כידוע).

חזרת הש״ץ לשחרית

אֱלֹהֵינוּ וֵאלֹהֵי אֲבוֹתֵינוּ
מְחַל לַעֲוֹנוֹתֵינוּ בְּיוֹם /בשבת: הַשַּׁבָּת הַזֶּה וּבְיוֹם/
הַכִּפּוּרִים הַזֶּה
מְחֵה וְהַעֲבֵר פְּשָׁעֵינוּ וְחַטֹּאתֵינוּ מִנֶּגֶד עֵינֶיךָ
כָּאָמוּר
אָנֹכִי אָנֹכִי הוּא מֹחֶה פְשָׁעֶיךָ לְמַעֲנִי, וְחַטֹּאתֶיךָ לֹא אֶזְכֹּר.
וְנֶאֱמַר
מָחִיתִי כָעָב פְּשָׁעֶיךָ וְכֶעָנָן חַטֹּאתֶיךָ, שׁוּבָה אֵלַי כִּי גְאַלְתִּיךָ.
וְנֶאֱמַר
כִּי בַיּוֹם הַזֶּה יְכַפֵּר עֲלֵיכֶם לְטַהֵר אֶתְכֶם, מִכֹּל חַטֹּאתֵיכֶם
לִפְנֵי יְיָ תִּטְהָרוּ.
בשבת: אֱלֹהֵינוּ וֵאלֹהֵי אֲבוֹתֵינוּ, רְצֵה בִמְנוּחָתֵנוּ
קַדְּשֵׁנוּ בְּמִצְוֹתֶיךָ וְתֵן חֶלְקֵנוּ בְּתוֹרָתֶךָ
שַׂבְּעֵנוּ מִטּוּבֶךָ וְשַׂמְּחֵנוּ בִּישׁוּעָתֶךָ
בשבת: וְהַנְחִילֵנוּ, יְיָ אֱלֹהֵינוּ, בְּאַהֲבָה וּבְרָצוֹן שַׁבַּת קָדְשֶׁךָ
וְיָנוּחוּ בוֹ יִשְׂרָאֵל מְקַדְּשֵׁי שְׁמֶךָ

וְטַהֵר לִבֵּנוּ לְעָבְדְּךָ בֶּאֱמֶת
כִּי אַתָּה סָלְחָן לְיִשְׂרָאֵל וּמָחֳלָן לְשִׁבְטֵי יְשֻׁרוּן בְּכָל דּוֹר וָדוֹר
וּמִבַּלְעָדֶיךָ אֵין לָנוּ מֶלֶךְ מוֹחֵל וְסוֹלֵחַ אֶלָּא אָתָּה.
בָּרוּךְ אַתָּה יְיָ, מֶלֶךְ מוֹחֵל וְסוֹלֵחַ לַעֲוֹנוֹתֵינוּ וְלַעֲוֹנוֹת עַמּוֹ בֵּית יִשְׂרָאֵל
וּמַעֲבִיר אַשְׁמוֹתֵינוּ בְּכָל שָׁנָה וְשָׁנָה
מֶלֶךְ עַל כָּל הָאָרֶץ, מְקַדֵּשׁ /בשבת: הַשַּׁבָּת וְ/
יִשְׂרָאֵל וְיוֹם הַכִּפּוּרִים.

רְצֵה יְיָ אֱלֹהֵינוּ בְּעַמְּךָ יִשְׂרָאֵל וּבִתְפִלָּתָם, וְהָשֵׁב אֶת הָעֲבוֹדָה לִדְבִיר
בֵּיתֶךָ, וְאִשֵּׁי יִשְׂרָאֵל וּתְפִלָּתָם בְּאַהֲבָה תְקַבֵּל בְּרָצוֹן, וּתְהִי לְרָצוֹן תָּמִיד
עֲבוֹדַת יִשְׂרָאֵל עַמֶּךָ.

וְתֶחֱזֶינָה עֵינֵינוּ בְּשׁוּבְךָ לְצִיּוֹן בְּרַחֲמִים.
בָּרוּךְ אַתָּה יי, הַמַּחֲזִיר שְׁכִינָתוֹ לְצִיּוֹן.

מוֹדִים אֲנַחְנוּ לָךְ שָׁאַתָּה הוּא יי אֱלֹהֵינוּ וֵאלֹהֵי אֲבוֹתֵינוּ לְעוֹלָם וָעֶד, צוּר חַיֵּינוּ, מָגֵן יִשְׁעֵנוּ אַתָּה הוּא לְדוֹר וָדוֹר. נוֹדֶה לְּךָ וּנְסַפֵּר תְּהִלָּתֶךָ עַל חַיֵּינוּ הַמְּסוּרִים בְּיָדֶךָ וְעַל נִשְׁמוֹתֵינוּ הַפְּקוּדוֹת לָךְ, וְעַל נִסֶּיךָ שֶׁבְּכָל יוֹם עִמָּנוּ, וְעַל נִפְלְאוֹתֶיךָ וְטוֹבוֹתֶיךָ שֶׁבְּכָל עֵת, עֶרֶב וָבֹקֶר וְצָהֳרָיִם.

מודים דרבנן:

מוֹדִים אֲנַחְנוּ לָךְ שָׁאַתָּה הוּא יי אֱלֹהֵינוּ וֵאלֹהֵי אֲבוֹתֵינוּ, אֱלֹהֵי כָל בָּשָׂר, יוֹצְרֵנוּ יוֹצֵר בְּרֵאשִׁית. בְּרָכוֹת וְהוֹדָאוֹת לְשִׁמְךָ הַגָּדוֹל וְהַקָּדוֹשׁ עַל שֶׁהֶחֱיִיתָנוּ וְקִיַּמְתָּנוּ. כֵּן תְּחַיֵּנוּ וּתְקַיְּמֵנוּ וְתֶאֱסֹף גָּלֻיּוֹתֵינוּ לְחַצְרוֹת קָדְשֶׁךָ לִשְׁמֹר חֻקֶּיךָ וְלַעֲשׂוֹת רְצוֹנֶךָ וּלְעָבְדְּךָ בְּלֵבָב שָׁלֵם, עַל שֶׁאֲנַחְנוּ מוֹדִים לָךְ, בָּרוּךְ אֵל הַהוֹדָאוֹת.

הַטּוֹב כִּי לֹא כָלוּ רַחֲמֶיךָ, וְהַמְרַחֵם כִּי לֹא תַמּוּ חֲסָדֶיךָ מֵעוֹלָם קִוִּינוּ לָךְ.

וְעַל כֻּלָּם יִתְבָּרַךְ וְיִתְרוֹמַם שִׁמְךָ מַלְכֵּנוּ תָּמִיד לְעוֹלָם וָעֶד.

קהל וש"ץ:

אָבִינוּ מַלְכֵּנוּ, זְכֹר רַחֲמֶיךָ וּכְבֹשׁ כַּעַסְךָ, וְכַלֵּה דֶבֶר, וְחֶרֶב, וְרָעָב, וּשְׁבִי, וּמַשְׁחִית, וְעָוֹן, וּמַגֵּפָה, וּפֶגַע רַע, וְכָל מַחֲלָה, וְכָל תַּקָּלָה, וְכָל קְטָטָה, וְכָל מִינֵי פֻרְעָנִיּוֹת, וְכָל גְּזֵרָה רָעָה, וְשִׂנְאַת חִנָּם, מֵעָלֵינוּ וּמֵעַל כָּל בְּנֵי בְרִיתֶךָ.

וּכְתֹב לְחַיִּים טוֹבִים כָּל בְּנֵי בְרִיתֶךָ.
וְכֹל הַחַיִּים יוֹדוּךָ סֶּלָה
וִיהַלְלוּ אֶת שִׁמְךָ בֶּאֱמֶת
הָאֵל יְשׁוּעָתֵנוּ וְעֶזְרָתֵנוּ סֶלָה.
בָּרוּךְ אַתָּה יי
הַטּוֹב שִׁמְךָ וּלְךָ נָאֶה לְהוֹדוֹת.

ברכת כהנים - בארץ ישראל

בָּרוּךְ אַתָּה יי אֱלֹהֵינוּ מֶלֶךְ הָעוֹלָם, אֲשֶׁר קִדְּשָׁנוּ בִּקְדֻשָּׁתוֹ שֶׁל אַהֲרֹן, וְצִוָּנוּ לְבָרֵךְ אֶת עַמּוֹ יִשְׂרָאֵל בְּאַהֲבָה.

הש״ץ מקריא מלה במלה: יְבָרֶכְךָ יי וְיִשְׁמְרֶךָ.
יָאֵר יי פָּנָיו אֵלֶיךָ וִיחֻנֶּךָּ.
יִשָּׂא יי פָּנָיו אֵלֶיךָ וְיָשֵׂם לְךָ שָׁלוֹם.

הכהנים אומרים:

רִבּוֹנוֹ שֶׁל עוֹלָם, עָשִׂינוּ מַה שֶּׁגָּזַרְתָּ עָלֵינוּ, אַף אַתָּה עֲשֵׂה עִמָּנוּ כְּמוֹ שֶׁהִבְטַחְתָּנוּ, הַשְׁקִיפָה מִמְּעוֹן קָדְשְׁךָ מִן הַשָּׁמַיִם וּבָרֵךְ אֶת עַמְּךָ אֶת יִשְׂרָאֵל וְאֵת הָאֲדָמָה אֲשֶׁר נָתַתָּה לָנוּ, כַּאֲשֶׁר נִשְׁבַּעְתָּ לַאֲבוֹתֵינוּ אֶרֶץ זָבַת חָלָב וּדְבָשׁ.

הציבור אומר:

אַדִּיר בַּמָּרוֹם שׁוֹכֵן בִּגְבוּרָה, אַתָּה שָׁלוֹם וְשִׁמְךָ שָׁלוֹם. יְהִי רָצוֹן שֶׁתָּשִׂים עָלֵינוּ וְעַל כָּל עַמְּךָ בֵּית יִשְׂרָאֵל חַיִּים וּבְרָכָה לְמִשְׁמֶרֶת שָׁלוֹם.

אם אין כהנים, וכן בחו״ל (שאין הכהנים עולים לדוכן), אומר הש״ץ:

אֱלֹהֵינוּ וֵאלֹהֵי אֲבוֹתֵינוּ, בָּרְכֵנוּ בַּבְּרָכָה הַמְשֻׁלֶּשֶׁת בַּתּוֹרָה הַכְּתוּבָה עַל יְדֵי מֹשֶׁה עַבְדֶּךָ, הָאֲמוּרָה מִפִּי אַהֲרֹן וּבָנָיו כֹּהֲנִים עַם קְדוֹשֶׁךָ, כָּאָמוּר, יְבָרֶכְךָ יי וְיִשְׁמְרֶךָ. יָאֵר יי פָּנָיו אֵלֶיךָ וִיחֻנֶּךָּ. יִשָּׂא יי פָּנָיו אֵלֶיךָ וְיָשֵׂם לְךָ שָׁלוֹם.

שִׂים שָׁלוֹם טוֹבָה וּבְרָכָה, חֵן וָחֶסֶד וְרַחֲמִים עָלֵינוּ וְעַל כָּל יִשְׂרָאֵל עַמֶּךָ. בָּרְכֵנוּ אָבִינוּ כֻּלָּנוּ כְּאֶחָד בְּאוֹר פָּנֶיךָ, כִּי בְאוֹר פָּנֶיךָ נָתַתָּ לָּנוּ יי אֱלֹהֵינוּ תּוֹרַת חַיִּים וְאַהֲבַת חֶסֶד, וּצְדָקָה וּבְרָכָה וְרַחֲמִים וְחַיִּים וְשָׁלוֹם. וְטוֹב בְּעֵינֶיךָ לְבָרֵךְ אֶת עַמְּךָ יִשְׂרָאֵל בְּכָל עֵת וּבְכָל שָׁעָה בִּשְׁלוֹמֶךָ.
בְּסֵפֶר חַיִּים, בְּרָכָה וְשָׁלוֹם, וּפַרְנָסָה טוֹבָה, נִזָּכֵר וְנִכָּתֵב לְפָנֶיךָ, אֲנַחְנוּ וְכָל עַמְּךָ בֵּית יִשְׂרָאֵל, לְחַיִּים טוֹבִים וּלְשָׁלוֹם.*
בָּרוּךְ אַתָּה יי, הַמְבָרֵךְ אֶת עַמּוֹ יִשְׂרָאֵל בַּשָּׁלוֹם.

* בחו״ל מסיים הש״ץ: בָּרוּךְ אַתָּה יי, עוֹשֵׂה הַשָּׁלוֹם.

בשבת אין אומרים "אבינו מלכנו"

פותחים את ארון הקודש

אָבִינוּ מַלְכֵּנוּ, חָטָאנוּ לְפָנֶיךָ.
אָבִינוּ מַלְכֵּנוּ, אֵין לָנוּ מֶלֶךְ אֶלָּא אָתָּה.
אָבִינוּ מַלְכֵּנוּ, עֲשֵׂה עִמָּנוּ לְמַעַן שְׁמֶךָ.
אָבִינוּ מַלְכֵּנוּ, חַדֵּשׁ עָלֵינוּ שָׁנָה טוֹבָה.
אָבִינוּ מַלְכֵּנוּ, בַּטֵּל מֵעָלֵינוּ כָּל גְּזֵרוֹת קָשׁוֹת.
אָבִינוּ מַלְכֵּנוּ, בַּטֵּל מַחְשְׁבוֹת שׂוֹנְאֵינוּ.
אָבִינוּ מַלְכֵּנוּ, הָפֵר עֲצַת אוֹיְבֵינוּ.
אָבִינוּ מַלְכֵּנוּ, כַּלֵּה כָּל צַר וּמַשְׂטִין מֵעָלֵינוּ.
אָבִינוּ מַלְכֵּנוּ, סְתֹם פִּיּוֹת מַשְׂטִינֵנוּ וּמְקַטְרְגֵינוּ.
אָבִינוּ מַלְכֵּנוּ, כַּלֵּה דֶּבֶר וְחֶרֶב וְרָעָב וּשְׁבִי וּמַשְׁחִית וְעָוֹן וּשְׁמַד מִבְּנֵי בְרִיתֶךָ.
אָבִינוּ מַלְכֵּנוּ, מְנַע מַגֵּפָה מִנַּחֲלָתֶךָ.
אָבִינוּ מַלְכֵּנוּ, סְלַח וּמְחַל לְכָל עֲוֹנוֹתֵינוּ.
אָבִינוּ מַלְכֵּנוּ, מְחֵה וְהַעֲבֵר פְּשָׁעֵינוּ וְחַטֹּאתֵינוּ מִנֶּגֶד עֵינֶיךָ.
אָבִינוּ מַלְכֵּנוּ, מְחֹק בְּרַחֲמֶיךָ הָרַבִּים כָּל שִׁטְרֵי חוֹבוֹתֵינוּ.
אָבִינוּ מַלְכֵּנוּ, הַחֲזִירֵנוּ בִּתְשׁוּבָה שְׁלֵמָה לְפָנֶיךָ.
אָבִינוּ מַלְכֵּנוּ, שְׁלַח רְפוּאָה שְׁלֵמָה לְחוֹלֵי עַמֶּךָ.
אָבִינוּ מַלְכֵּנוּ, קְרַע רֹעַ גְּזַר דִּינֵנוּ.
אָבִינוּ מַלְכֵּנוּ, זָכְרֵנוּ בְּזִכָּרוֹן טוֹב לְפָנֶיךָ.
אָבִינוּ מַלְכֵּנוּ, כָּתְבֵנוּ בְּסֵפֶר חַיִּים טוֹבִים.
אָבִינוּ מַלְכֵּנוּ, כָּתְבֵנוּ בְּסֵפֶר גְּאֻלָּה וִישׁוּעָה.
אָבִינוּ מַלְכֵּנוּ, כָּתְבֵנוּ בְּסֵפֶר פַּרְנָסָה וְכַלְכָּלָה.

תפילת שחרית

אָבִינוּ מַלְכֵּנוּ, כָּתְבֵנוּ בְּסֵפֶר זְכֻיּוֹת.
אָבִינוּ מַלְכֵּנוּ, כָּתְבֵנוּ בְּסֵפֶר סְלִיחָה וּמְחִילָה.
אָבִינוּ מַלְכֵּנוּ, הַצְמַח לָנוּ יְשׁוּעָה בְּקָרוֹב.
אָבִינוּ מַלְכֵּנוּ, הָרֵם קֶרֶן יִשְׂרָאֵל עַמֶּךָ.
אָבִינוּ מַלְכֵּנוּ, הָרֵם קֶרֶן מְשִׁיחֶךָ.
אָבִינוּ מַלְכֵּנוּ, מַלֵּא יָדֵינוּ מִבִּרְכוֹתֶיךָ.
אָבִינוּ מַלְכֵּנוּ, מַלֵּא אֲסָמֵינוּ שָׂבָע.
אָבִינוּ מַלְכֵּנוּ, שְׁמַע קוֹלֵנוּ, חוּס וְרַחֵם עָלֵינוּ.
אָבִינוּ מַלְכֵּנוּ, קַבֵּל בְּרַחֲמִים וּבְרָצוֹן אֶת תְּפִלָּתֵנוּ.
אָבִינוּ מַלְכֵּנוּ, פְּתַח שַׁעֲרֵי שָׁמַיִם לִתְפִלָּתֵנוּ.
אָבִינוּ מַלְכֵּנוּ, זְכֹר כִּי עָפָר אֲנָחְנוּ.
אָבִינוּ מַלְכֵּנוּ, נָא אַל תְּשִׁיבֵנוּ רֵיקָם מִלְּפָנֶיךָ.
אָבִינוּ מַלְכֵּנוּ, תְּהֵא הַשָּׁעָה הַזֹּאת שְׁעַת רַחֲמִים וְעֵת רָצוֹן מִלְּפָנֶיךָ.
אָבִינוּ מַלְכֵּנוּ, חֲמֹל עָלֵינוּ וְעַל עוֹלָלֵינוּ וְטַפֵּנוּ.
אָבִינוּ מַלְכֵּנוּ, עֲשֵׂה לְמַעַן הֲרוּגִים עַל שֵׁם קָדְשֶׁךָ.
אָבִינוּ מַלְכֵּנוּ, עֲשֵׂה לְמַעַן טְבוּחִים עַל יִחוּדֶךָ.
אָבִינוּ מַלְכֵּנוּ, עֲשֵׂה לְמַעַן בָּאֵי בָאֵשׁ וּבַמַּיִם עַל קִדּוּשׁ שְׁמֶךָ.
אָבִינוּ מַלְכֵּנוּ, נְקֹם לְעֵינֵינוּ נִקְמַת דַּם עֲבָדֶיךָ הַשָּׁפוּךְ.
אָבִינוּ מַלְכֵּנוּ, עֲשֵׂה לְמַעַנְךָ אִם לֹא לְמַעֲנֵנוּ.
אָבִינוּ מַלְכֵּנוּ, עֲשֵׂה לְמַעַנְךָ וְהוֹשִׁיעֵנוּ.
אָבִינוּ מַלְכֵּנוּ, עֲשֵׂה לְמַעַן רַחֲמֶיךָ הָרַבִּים.
אָבִינוּ מַלְכֵּנוּ, עֲשֵׂה לְמַעַן שִׁמְךָ הַגָּדוֹל הַגִּבּוֹר וְהַנּוֹרָא, שֶׁנִּקְרָא עָלֵינוּ.
אָבִינוּ מַלְכֵּנוּ, חָנֵּנוּ וַעֲנֵנוּ, כִּי אֵין בָּנוּ מַעֲשִׂים
עֲשֵׂה עִמָּנוּ צְדָקָה וָחֶסֶד וְהוֹשִׁיעֵנוּ.

סוגרים את ארון הקודש

תפילת שחרית

קדיש שלם:

יִתְגַּדַּל וְיִתְקַדַּשׁ שְׁמֵהּ רַבָּא
בְּעָלְמָא דִּי בְרָא כִרְעוּתֵהּ
וְיַמְלִיךְ מַלְכוּתֵהּ
בְּחַיֵּיכוֹן וּבְיוֹמֵיכוֹן וּבְחַיֵּי דְכָל בֵּית יִשְׂרָאֵל
בַּעֲגָלָא וּבִזְמַן קָרִיב
וְאִמְרוּ אָמֵן.

יְהֵא שְׁמֵהּ רַבָּא מְבָרַךְ לְעָלַם וּלְעָלְמֵי עָלְמַיָּא.

יִתְבָּרַךְ וְיִשְׁתַּבַּח וְיִתְפָּאַר וְיִתְרוֹמַם וְיִתְנַשֵּׂא
וְיִתְהַדָּר וְיִתְעַלֶּה וְיִתְהַלָּל שְׁמֵהּ דְּקֻדְשָׁא בְּרִיךְ הוּא
לְעֵלָּא לְעֵלָּא מִכָּל בִּרְכָתָא וְשִׁירָתָא
תֻּשְׁבְּחָתָא וְנֶחֱמָתָא דַּאֲמִירָן בְּעָלְמָא
וְאִמְרוּ אָמֵן.

תִּתְקַבַּל צְלוֹתְהוֹן וּבָעוּתְהוֹן דְּכָל יִשְׂרָאֵל
קֳדָם אֲבוּהוֹן דִּי בִשְׁמַיָּא
וְאִמְרוּ אָמֵן.

יְהֵא שְׁלָמָא רַבָּא מִן שְׁמַיָּא
וְחַיִּים עָלֵינוּ וְעַל כָּל יִשְׂרָאֵל
וְאִמְרוּ אָמֵן.

עֹשֶׂה הַשָּׁלוֹם בִּמְרוֹמָיו
הוּא יַעֲשֶׂה שָׁלוֹם עָלֵינוּ וְעַל כָּל יִשְׂרָאֵל
וְאִמְרוּ אָמֵן.

בקצת קהילות אומרים שיר של יום לפי סדר ימות השבוע (בעמוד הבא).
ובקצת קהילות אין אומרים שיר של יום ביום כיפור כלל.
אם יום כיפור חל בשבת אומרים:

הַיּוֹם יוֹם שַׁבַּת קֹדֶשׁ, שֶׁבּוֹ הָיוּ הַלְוִיִּם אוֹמְרִים בְּבֵית הַמִּקְדָּשׁ.

צב מִזְמוֹר שִׁיר לְיוֹם הַשַּׁבָּת: טוֹב לְהֹדוֹת לַיהוָה וּלְזַמֵּר לְשִׁמְךָ עֶלְיוֹן: לְהַגִּיד בַּבֹּקֶר חַסְדֶּךָ וֶאֱמוּנָתְךָ בַּלֵּילוֹת: עֲלֵי־עָשׂוֹר וַעֲלֵי־נָבֶל עֲלֵי הִגָּיוֹן בְּכִנּוֹר: כִּי שִׂמַּחְתַּנִי יהוה בְּפָעֳלֶךָ בְּמַעֲשֵׂי יָדֶיךָ אֲרַנֵּן: מַה־גָּדְלוּ מַעֲשֶׂיךָ יְהוָה מְאֹד עָמְקוּ מַחְשְׁבֹתֶיךָ: אִישׁ־בַּעַר לֹא יֵדָע וּכְסִיל לֹא־יָבִין אֶת־זֹאת: בִּפְרֹחַ רְשָׁעִים כְּמוֹ עֵשֶׂב וַיָּצִיצוּ כָּל־פֹּעֲלֵי אָוֶן לְהִשָּׁמְדָם עֲדֵי־עַד: וְאַתָּה מָרוֹם לְעֹלָם יהוה: כִּי הִנֵּה אֹיְבֶיךָ יהוה כִּי־הִנֵּה אֹיְבֶיךָ יֹאבֵדוּ יִתְפָּרְדוּ כָּל־פֹּעֲלֵי אָוֶן: וַתָּרֶם כִּרְאֵים קַרְנִי בַּלֹּתִי בְּשֶׁמֶן רַעֲנָן: וַתַּבֵּט עֵינִי בְּשׁוּרָי בַּקָּמִים עָלַי מְרֵעִים תִּשְׁמַעְנָה אָזְנָי: צַדִּיק כַּתָּמָר יִפְרָח כְּאֶרֶז בַּלְּבָנוֹן יִשְׂגֶּה: שְׁתוּלִים בְּבֵית יְהוָה בְּחַצְרוֹת אֱלֹהֵינוּ יַפְרִיחוּ: עוֹד יְנוּבוּן בְּשֵׂיבָה דְּשֵׁנִים וְרַעֲנַנִּים יִהְיוּ: לְהַגִּיד כִּי־יָשָׁר יְהוָה צוּרִי וְלֹא־עַוְלָתָה בּוֹ:

אם יום כיפור אינו חל בשבת אומרים:

לב לְדָוִד מַשְׂכִּיל אַשְׁרֵי נְשׂוּי־פֶּשַׁע כְּסוּי חֲטָאָה: אַשְׁרֵי־אָדָם לֹא יַחְשֹׁב יהוה לוֹ עָוֹן וְאֵין בְּרוּחוֹ רְמִיָּה: כִּי־הֶחֱרַשְׁתִּי בָּלוּ עֲצָמָי בְּשַׁאֲגָתִי כָּל־הַיּוֹם: כִּי ׀ יוֹמָם וָלַיְלָה תִּכְבַּד עָלַי יָדֶךָ נֶהְפַּךְ לְשַׁדִּי בְּחַרְבֹנֵי קַיִץ סֶלָה: חַטָּאתִי אוֹדִיעֲךָ וַעֲוֹנִי לֹא־כִסִּיתִי אָמַרְתִּי אוֹדֶה עֲלֵי פְשָׁעַי לַיהוָה וְאַתָּה נָשָׂאתָ עֲוֹן חַטָּאתִי סֶלָה: עַל־זֹאת יִתְפַּלֵּל כָּל־חָסִיד ׀ אֵלֶיךָ לְעֵת מְצֹא רַק לְשֵׁטֶף מַיִם רַבִּים אֵלָיו לֹא יַגִּיעוּ: אַתָּה ׀ סֵתֶר לִי מִצַּר תִּצְּרֵנִי רָנֵּי פַלֵּט תְּסוֹבְבֵנִי סֶלָה: אַשְׂכִּילְךָ ׀ וְאוֹרְךָ בְּדֶרֶךְ־זוּ תֵלֵךְ אִיעֲצָה עָלֶיךָ עֵינִי: אַל־תִּהְיוּ ׀ כְּסוּס כְּפֶרֶד אֵין הָבִין בְּמֶתֶג־וָרֶסֶן עֶדְיוֹ לִבְלוֹם בַּל קְרֹב אֵלֶיךָ: רַבִּים מַכְאוֹבִים לָרָשָׁע וְהַבּוֹטֵחַ בַּיהוָה חֶסֶד יְסוֹבְבֶנּוּ: שִׂמְחוּ בַיהוה וְגִילוּ צַדִּיקִים וְהַרְנִינוּ כָּל־יִשְׁרֵי־לֵב:

קדיש יתום בעמוד 276.

שיר של יום לפי סדר ימות השבוע.

ליום ב׳: **הַיּוֹם יוֹם שֵׁנִי בְּשַׁבָּת, שֶׁבּוֹ הָיוּ הַלְוִיִּם אוֹמְרִים בְּבֵית הַמִּקְדָּשׁ:**

מח שִׁיר מִזְמוֹר לִבְנֵי־קֹרַח: גָּדוֹל יהוה וּמְהֻלָּל מְאֹד בְּעִיר אֱלֹהֵינוּ
הַר־קָדְשׁוֹ: יְפֵה נוֹף מְשׂוֹשׂ כָּל־הָאָרֶץ הַר־צִיּוֹן יַרְכְּתֵי צָפוֹן
קִרְיַת מֶלֶךְ רָב: אֱלֹהִים בְּאַרְמְנוֹתֶיהָ נוֹדַע לְמִשְׂגָּב: כִּי־הִנֵּה
הַמְּלָכִים נוֹעֲדוּ עָבְרוּ יַחְדָּו: הֵמָּה רָאוּ כֵּן תָּמָהוּ נִבְהֲלוּ נֶחְפָּזוּ:
רְעָדָה אֲחָזָתַם שָׁם חִיל כַּיּוֹלֵדָה: בְּרוּחַ קָדִים תְּשַׁבֵּר אֳנִיּוֹת
תַּרְשִׁישׁ: כַּאֲשֶׁר שָׁמַעְנוּ כֵּן רָאִינוּ בְּעִיר־יהוה צְבָאוֹת בְּעִיר
אֱלֹהֵינוּ אֱלֹהִים יְכוֹנְנֶהָ עַד־עוֹלָם סֶלָה: דִּמִּינוּ אֱלֹהִים חַסְדֶּךָ
בְּקֶרֶב הֵיכָלֶךָ: כְּשִׁמְךָ אֱלֹהִים כֵּן תְּהִלָּתְךָ עַל־קַצְוֵי־אֶרֶץ צֶדֶק
מָלְאָה יְמִינֶךָ: יִשְׂמַח הַר־צִיּוֹן תָּגֵלְנָה בְּנוֹת יְהוּדָה לְמַעַן
מִשְׁפָּטֶיךָ: סֹבּוּ צִיּוֹן וְהַקִּיפוּהָ סִפְרוּ מִגְדָּלֶיהָ: שִׁיתוּ לִבְּכֶם
לְחֵילָה פַּסְּגוּ אַרְמְנוֹתֶיהָ לְמַעַן תְּסַפְּרוּ לְדוֹר אַחֲרוֹן: כִּי זֶה
אֱלֹהִים אֱלֹהֵינוּ עוֹלָם וָעֶד הוּא יְנַהֲגֵנוּ עַל־מוּת:

ליום ד׳: **הַיּוֹם יוֹם רְבִיעִי בְּשַׁבָּת, שֶׁבּוֹ הָיוּ הַלְוִיִּם אוֹמְרִים בְּבֵית הַמִּקְדָּשׁ:**

צד אֵל־נְקָמוֹת יהוה אֵל נְקָמוֹת הוֹפִיעַ: הִנָּשֵׂא שֹׁפֵט הָאָרֶץ הָשֵׁב
גְּמוּל עַל־גֵּאִים: עַד־מָתַי רְשָׁעִים יהוה עַד־מָתַי רְשָׁעִים יַעֲלֹזוּ:
יַבִּיעוּ יְדַבְּרוּ עָתָק יִתְאַמְּרוּ כָּל־פֹּעֲלֵי אָוֶן: עַמְּךָ יהוה יְדַכְּאוּ
וְנַחֲלָתְךָ יְעַנּוּ: אַלְמָנָה וְגֵר יַהֲרֹגוּ וִיתוֹמִים יְרַצֵּחוּ: וַיֹּאמְרוּ לֹא
יִרְאֶה־יָּהּ וְלֹא־יָבִין אֱלֹהֵי יַעֲקֹב: בִּינוּ בֹּעֲרִים בָּעָם וּכְסִילִים
מָתַי תַּשְׂכִּילוּ: הֲנֹטַע אֹזֶן הֲלֹא יִשְׁמָע אִם־יֹצֵר עַיִן הֲלֹא יַבִּיט:
הֲיֹסֵר גּוֹיִם הֲלֹא יוֹכִיחַ הַמְלַמֵּד אָדָם דָּעַת: יהוה יֹדֵעַ מַחְשְׁבוֹת
אָדָם כִּי־הֵמָּה הָבֶל: אַשְׁרֵי הַגֶּבֶר אֲשֶׁר־תְּיַסְּרֶנּוּ יָּהּ וּמִתּוֹרָתְךָ
תְלַמְּדֶנּוּ: לְהַשְׁקִיט לוֹ מִימֵי רָע עַד יִכָּרֶה לָרָשָׁע שָׁחַת: כִּי
לֹא־יִטֹּשׁ יהוה עַמּוֹ וְנַחֲלָתוֹ לֹא יַעֲזֹב: כִּי־עַד־צֶדֶק יָשׁוּב מִשְׁפָּט
וְאַחֲרָיו כָּל־יִשְׁרֵי־לֵב: מִי־יָקוּם לִי עִם־מְרֵעִים מִי־יִתְיַצֵּב לִי
עִם־פֹּעֲלֵי אָוֶן: לוּלֵי יהוה עֶזְרָתָה לִּי כִּמְעַט שָׁכְנָה דוּמָה

נַפְשִׁי: אִם־אָמַרְתִּי מָטָה רַגְלִי חַסְדְּךָ יהוה יִסְעָדֵנִי: בְּרֹב
שַׂרְעַפַּי בְּקִרְבִּי תַּנְחוּמֶיךָ יְשַׁעַשְׁעוּ נַפְשִׁי: הַיְחָבְרְךָ כִּסֵּא הַוּוֹת
יֹצֵר עָמָל עֲלֵי־חֹק: יָגוֹדּוּ עַל־נֶפֶשׁ צַדִּיק וְדָם נָקִי יַרְשִׁיעוּ: וַיְהִי
יהוה לִי לְמִשְׂגָּב וֵאלֹהַי לְצוּר מַחְסִי: וַיָּשֶׁב עֲלֵיהֶם אֶת־אוֹנָם
וּבְרָעָתָם יַצְמִיתֵם יַצְמִיתֵם יהוה אֱלֹהֵינוּ:
לְכוּ נְרַנְּנָה לַיהוה נָרִיעָה לְצוּר יִשְׁעֵנוּ: נְקַדְּמָה פָנָיו בְּתוֹדָה
בִּזְמִרוֹת נָרִיעַ לוֹ: כִּי אֵל גָּדוֹל יהוה וּמֶלֶךְ גָּדוֹל עַל־כָּל־אֱלֹהִים:

ליום ה׳: הַיּוֹם יוֹם חֲמִישִׁי בְּשַׁבָּת, שֶׁבּוֹ הָיוּ הַלְוִיִּם אוֹמְרִים בְּבֵית הַמִּקְדָּשׁ:

פא לַמְנַצֵּחַ עַל־הַגִּתִּית לְאָסָף: הַרְנִינוּ לֵאלֹהִים עוּזֵּנוּ הָרִיעוּ
לֵאלֹהֵי יַעֲקֹב: שְׂאוּ־זִמְרָה וּתְנוּ־תֹף כִּנּוֹר נָעִים עִם־נָבֶל:
תִּקְעוּ בַחֹדֶשׁ שׁוֹפָר בַּכֶּסֶה לְיוֹם חַגֵּנוּ: כִּי חֹק לְיִשְׂרָאֵל הוּא
מִשְׁפָּט לֵאלֹהֵי יַעֲקֹב: עֵדוּת בִּיהוֹסֵף שָׂמוֹ בְּצֵאתוֹ עַל־אֶרֶץ
מִצְרָיִם שְׂפַת לֹא־יָדַעְתִּי אֶשְׁמָע: הֲסִירוֹתִי מִסֵּבֶל שִׁכְמוֹ כַּפָּיו
מִדּוּד תַּעֲבֹרְנָה: בַּצָּרָה קָרָאתָ וָאֲחַלְּצֶךָּ אֶעֶנְךָ בְּסֵתֶר רַעַם
אֶבְחָנְךָ עַל־מֵי מְרִיבָה סֶלָה: שְׁמַע עַמִּי וְאָעִידָה בָּךְ יִשְׂרָאֵל
אִם־תִּשְׁמַע־לִי: לֹא־יִהְיֶה בְךָ אֵל זָר וְלֹא תִשְׁתַּחֲוֶה לְאֵל נֵכָר:
אָנֹכִי יהוה אֱלֹהֶיךָ הַמַּעַלְךָ מֵאֶרֶץ מִצְרָיִם הַרְחֶב־פִּיךָ
וַאֲמַלְאֵהוּ: וְלֹא־שָׁמַע עַמִּי לְקוֹלִי וְיִשְׂרָאֵל לֹא־אָבָה לִי:
וָאֲשַׁלְּחֵהוּ בִּשְׁרִירוּת לִבָּם יֵלְכוּ בְּמוֹעֲצוֹתֵיהֶם: לוּ עַמִּי שֹׁמֵעַ
לִי יִשְׂרָאֵל בִּדְרָכַי יְהַלֵּכוּ: כִּמְעַט אוֹיְבֵיהֶם אַכְנִיעַ וְעַל־צָרֵיהֶם
אָשִׁיב יָדִי: מְשַׂנְאֵי יהוה יְכַחֲשׁוּ־לוֹ וִיהִי עִתָּם לְעוֹלָם:
וַיַּאֲכִילֵהוּ מֵחֵלֶב חִטָּה וּמִצּוּר דְּבַשׁ אַשְׂבִּיעֶךָ:

קדיש יתום בעמוד הבא.

קדיש יתום:

יִתְגַּדַּל וְיִתְקַדַּשׁ שְׁמֵהּ רַבָּא, בְּעָלְמָא דִּי בְרָא כִרְעוּתֵהּ וְיַמְלִיךְ מַלְכוּתֵהּ, בְּחַיֵּיכוֹן וּבְיוֹמֵיכוֹן וּבְחַיֵּי דְכָל בֵּית יִשְׂרָאֵל, בַּעֲגָלָא וּבִזְמַן קָרִיב, וְאִמְרוּ אָמֵן.
יְהֵא שְׁמֵהּ רַבָּא מְבָרַךְ לְעָלַם וּלְעָלְמֵי עָלְמַיָּא.
יִתְבָּרַךְ וְיִשְׁתַּבַּח וְיִתְפָּאַר וְיִתְרוֹמַם וְיִתְנַשֵּׂא, וְיִתְהַדָּר וְיִתְעַלֶּה וְיִתְהַלָּל שְׁמֵהּ דְּקֻדְשָׁא, בְּרִיךְ הוּא, לְעֵלָּא לְעֵלָּא מִכָּל בִּרְכָתָא וְשִׁירָתָא תֻּשְׁבְּחָתָא וְנֶחֱמָתָא, דַּאֲמִירָן בְּעָלְמָא, וְאִמְרוּ אָמֵן.
יְהֵא שְׁלָמָא רַבָּא מִן שְׁמַיָּא, וְחַיִּים עָלֵינוּ וְעַל כָּל יִשְׂרָאֵל, וְאִמְרוּ אָמֵן.
עֹשֶׂה הַשָּׁלוֹם בִּמְרוֹמָיו, הוּא יַעֲשֶׂה שָׁלוֹם עָלֵינוּ וְעַל כָּל יִשְׂרָאֵל, וְאִמְרוּ אָמֵן.

כז לְדָוִד יְהוָה אוֹרִי וְיִשְׁעִי מִמִּי אִירָא יְהוָה מָעוֹז־חַיַּי מִמִּי אֶפְחָד: בִּקְרֹב עָלַי מְרֵעִים לֶאֱכֹל אֶת־בְּשָׂרִי צָרַי וְאֹיְבַי לִי הֵמָּה כָּשְׁלוּ וְנָפָלוּ: אִם־תַּחֲנֶה עָלַי מַחֲנֶה לֹא־יִירָא לִבִּי אִם־תָּקוּם עָלַי מִלְחָמָה בְּזֹאת אֲנִי בוֹטֵחַ: אַחַת שָׁאַלְתִּי מֵאֵת־יְהוָה אוֹתָהּ אֲבַקֵּשׁ שִׁבְתִּי בְּבֵית־יְהוָה כָּל־יְמֵי חַיַּי לַחֲזוֹת בְּנֹעַם־יְהוָה וּלְבַקֵּר בְּהֵיכָלוֹ: כִּי יִצְפְּנֵנִי בְּסֻכֹּה בְּיוֹם רָעָה יַסְתִּרֵנִי בְּסֵתֶר אָהֳלוֹ בְּצוּר יְרוֹמְמֵנִי: וְעַתָּה יָרוּם רֹאשִׁי עַל אֹיְבַי סְבִיבוֹתַי וְאֶזְבְּחָה בְאָהֳלוֹ זִבְחֵי תְרוּעָה אָשִׁירָה וַאֲזַמְּרָה לַיהוָה: שְׁמַע־יְהוָה קוֹלִי אֶקְרָא וְחָנֵּנִי וַעֲנֵנִי: לְךָ אָמַר לִבִּי בַּקְּשׁוּ פָנָי אֶת־פָּנֶיךָ יְהוָה אֲבַקֵּשׁ: אַל־תַּסְתֵּר פָּנֶיךָ מִמֶּנִּי אַל תַּט־בְּאַף עַבְדֶּךָ עֶזְרָתִי הָיִיתָ אַל־תִּטְּשֵׁנִי וְאַל־תַּעַזְבֵנִי אֱלֹהֵי יִשְׁעִי: כִּי־אָבִי וְאִמִּי עֲזָבוּנִי וַיהוָה יַאַסְפֵנִי: הוֹרֵנִי יְהוָה דַּרְכֶּךָ וּנְחֵנִי בְּאֹרַח מִישׁוֹר לְמַעַן שׁוֹרְרָי: אַל־תִּתְּנֵנִי בְּנֶפֶשׁ צָרָי כִּי קָמוּ־בִי עֵדֵי־שֶׁקֶר וִיפֵחַ חָמָס: לוּלֵא הֶאֱמַנְתִּי לִרְאוֹת בְּטוּב־יְהוָה בְּאֶרֶץ חַיִּים: קַוֵּה אֶל־יְהוָה חֲזַק וְיַאֲמֵץ לִבֶּךָ וְקַוֵּה אֶל־יְהוָה:

קדיש יתום

הוצאת ספר תורה

אֵין כָּמוֹךָ בָאֱלֹהִים, אֲדֹנָי, וְאֵין כְּמַעֲשֶׂיךָ.
מַלְכוּתְךָ מַלְכוּת כָּל עֹלָמִים, וּמֶמְשַׁלְתְּךָ בְּכָל דּוֹר וָדֹר.
יי מֶלֶךְ, יי מָלָךְ, יי יִמְלֹךְ לְעוֹלָם וָעֶד. יי עֹז לְעַמּוֹ יִתֵּן, יי יְבָרֵךְ אֶת עַמּוֹ בַשָּׁלוֹם.
אַב הָרַחֲמִים הֵיטִיבָה בִרְצוֹנְךָ אֶת צִיּוֹן תִּבְנֶה חוֹמוֹת יְרוּשָׁלָיִם.
כִּי בְךָ לְבַד בָּטָחְנוּ, מֶלֶךְ אֵל רָם וְנִשָּׂא, אֲדוֹן עוֹלָמִים.

בפתיחת ארון הקודש אומרים:

וַיְהִי בִּנְסֹעַ הָאָרֹן וַיֹּאמֶר מֹשֶׁה.
קוּמָה יי וְיָפֻצוּ אֹיְבֶיךָ וְיָנֻסוּ מְשַׂנְאֶיךָ מִפָּנֶיךָ.
כִּי מִצִּיּוֹן תֵּצֵא תוֹרָה, וּדְבַר יי מִירוּשָׁלָיִם.
בָּרוּךְ שֶׁנָּתַן תּוֹרָה לְעַמּוֹ יִשְׂרָאֵל בִּקְדֻשָּׁתוֹ.

בשבת אין אומרים "י"ג מידות".

ג' פעמים: יי, יי, אֵל רַחוּם וְחַנּוּן, אֶרֶךְ אַפַּיִם וְרַב חֶסֶד וֶאֱמֶת.
נֹצֵר חֶסֶד לָאֲלָפִים, נֹשֵׂא עָוֹן וָפֶשַׁע וְחַטָּאָה, וְנַקֵּה.

רִבּוֹנוֹ שֶׁל עוֹלָם, מַלֵּא מִשְׁאֲלוֹתַי לְטוֹבָה, וְהָפֵק רְצוֹנִי, וְתֵן שְׁאֵלָתִי, וּמְחוֹל לִי עַל כָּל עֲוֹנוֹתַי וְעַל כָּל עֲוֹנוֹת אַנְשֵׁי בֵיתִי, מְחִילָה בְּחֶסֶד מְחִילָה בְּרַחֲמִים, וְטַהֲרֵנִי מֵחֲטָאַי וּמֵעֲוֹנַי וּמִפְּשָׁעַי, וְזָכְרֵנִי בְּזִכְּרוֹן טוֹב לְפָנֶיךָ, וּפָקְדֵנִי בִּפְקֻדַּת יְשׁוּעָה וְרַחֲמִים. וְזָכְרֵנוּ לְחַיִּים טוֹבִים וּלְשָׁלוֹם וּפַרְנָסָה וְכַלְכָּלָה וְלֶחֶם לֶאֱכוֹל וּבֶגֶד לִלְבּוֹשׁ, וְעוֹשֶׁר וְכָבוֹד וַאֲרִיכַת יָמִים בְּתוֹרָתֶךָ וּבְמִצְוֹתֶיךָ, וְשֵׂכֶל וּבִינָה לְהָבִין וּלְהַשְׂכִּיל עִמְקֵי סוֹדוֹתֶיךָ. וְהָפֵק רְפוּאָה לְכָל מַכְאוֹבֵינוּ, וּבָרֵךְ כָּל מַעֲשֵׂה יָדֵינוּ, וּגְזוֹר עָלֵינוּ גְּזֵרוֹת טוֹבוֹת יְשׁוּעוֹת וְנֶחָמוֹת, וּבַטֵּל מֵעָלֵינוּ כָּל גְּזֵרוֹת קָשׁוֹת וְרָעוֹת, וְתֵן בְּלֵב הַמַּלְכוּת וְיוֹעֲצָיו וְשָׂרָיו עָלֵינוּ לְטוֹבָה. אָמֵן וְכֵן יְהִי רָצוֹן.

יִהְיוּ לְרָצוֹן אִמְרֵי פִי וְהֶגְיוֹן לִבִּי לְפָנֶיךָ, יי צוּרִי וְגֹאֲלִי.

ג' פעמים: וַאֲנִי תְפִלָּתִי לְךָ, יי, עֵת רָצוֹן, אֱלֹהִים בְּרָב חַסְדֶּךָ
עֲנֵנִי בֶּאֱמֶת יִשְׁעֶךָ.

בְּרִיךְ שְׁמֵהּ דְּמָרֵא עָלְמָא, בְּרִיךְ כִּתְרָךְ וְאַתְרָךְ. יְהֵא רְעוּתָךְ עִם עַמָּךְ יִשְׂרָאֵל לְעָלַם, וּפֻרְקַן יְמִינָךְ אַחֲזֵי לְעַמָּךְ בְּבֵית מַקְדְּשָׁךְ וּלְאַמְטוֹיֵי לָנָא מִטּוּב נְהוֹרָךְ וּלְקַבֵּל צְלוֹתָנָא בְּרַחֲמִין. יְהֵא רַעֲוָא קֳדָמָךְ דְּתוֹרִיךְ לָן חַיִּין בְּטִיבוּ וְלֶהֱוֵי אֲנָא פְּקִידָא בְּגוֹ צַדִּיקַיָּא לְמִרְחַם עָלַי וּלְמִנְטַר יָתִי וְיָת כָּל דִּי לִי וְדִי לְעַמָּךְ יִשְׂרָאֵל. אַנְתְּ הוּא זָן לְכֹלָּא וּמְפַרְנֵס לְכֹלָּא, אַנְתְּ הוּא שַׁלִּיט עַל כֹּלָּא אַנְתְּ הוּא דְּשַׁלִּיט עַל מַלְכַיָּא וּמַלְכוּתָא דִּילָךְ הִיא. אֲנָא עַבְדָּא דְקֻדְשָׁא בְּרִיךְ הוּא, דְּסָגִידְנָא קַמֵּהּ וּמִקַּמֵּי דִּיקַר אוֹרַיְתֵהּ בְּכָל עִדָּן וְעִדָּן. לָא עַל אֱנָשׁ רָחִיצְנָא וְלָא עַל בַּר אֱלָהִין סָמִיכְנָא, אֶלָּא בֶּאֱלָהָא דִשְׁמַיָּא, דְּהוּא אֱלָהָא קְשׁוֹט וְאוֹרַיְתֵהּ קְשׁוֹט, וּנְבִיאוֹהִי קְשׁוֹט, וּמַסְגֵּא לְמֶעְבַּד טָבְוָן וּקְשׁוֹט. בֵּהּ אֲנָא רָחִיץ, וְלִשְׁמֵהּ קַדִּישָׁא יַקִּירָא אֲנָא אֵמַר תֻּשְׁבְּחָן. יְהֵא רַעֲוָא קֳדָמָךְ דְּתִפְתַּח לִבָּאִי בְּאוֹרַיְתָא וְתַשְׁלִים מִשְׁאֲלִין דְּלִבָּאִי וְלִבָּא דְכָל עַמָּךְ יִשְׂרָאֵל לְטָב וּלְחַיִּין וְלִשְׁלָם.

מוציאים שני ספרי תורה, והש"ץ נוטל ספר התורה הראשון ואומר:

שְׁמַע יִשְׂרָאֵל, יְיָ אֱלֹהֵינוּ, יְיָ אֶחָד. הקהל חוזר

אֶחָד אֱלֹהֵינוּ, גָּדוֹל אֲדוֹנֵינוּ, קָדוֹשׁ וְנוֹרָא שְׁמוֹ. הקהל חוזר

גַּדְּלוּ לַייָ אִתִּי וּנְרוֹמְמָה שְׁמוֹ יַחְדָּו.

הקהל עונה:

לְךָ יְיָ הַגְּדֻלָּה וְהַגְּבוּרָה וְהַתִּפְאֶרֶת וְהַנֵּצַח וְהַהוֹד, כִּי כֹל בַּשָּׁמַיִם וּבָאָרֶץ, לְךָ יְיָ הַמַּמְלָכָה וְהַמִּתְנַשֵּׂא לְכֹל לְרֹאשׁ. רוֹמְמוּ יְיָ אֱלֹהֵינוּ וְהִשְׁתַּחֲווּ לַהֲדֹם רַגְלָיו, קָדוֹשׁ הוּא. רוֹמְמוּ יְיָ אֱלֹהֵינוּ וְהִשְׁתַּחֲווּ לְהַר קָדְשׁוֹ, כִּי קָדוֹשׁ יְיָ אֱלֹהֵינוּ.

עַל הַכֹּל יִתְגַּדַּל וְיִתְקַדַּשׁ וְיִשְׁתַּבַּח וְיִתְפָּאֵר וְיִתְרוֹמַם וְיִתְנַשֵּׂא שְׁמוֹ שֶׁל מֶלֶךְ מַלְכֵי הַמְּלָכִים הַקָּדוֹשׁ בָּרוּךְ הוּא, בָּעוֹלָמוֹת שֶׁבָּרָא, הָעוֹלָם הַזֶּה וְהָעוֹלָם הַבָּא, כִּרְצוֹנוֹ וְכִרְצוֹן יְרֵאָיו וְכִרְצוֹן כָּל בֵּית יִשְׂרָאֵל. צוּר הָעוֹלָמִים, אֲדוֹן כָּל הַבְּרִיּוֹת, אֱלוֹהַּ כָּל הַנְּפָשׁוֹת, הַיּוֹשֵׁב בְּמֶרְחֲבֵי מָרוֹם, הַשּׁוֹכֵן בִּשְׁמֵי שְׁמֵי קֶדֶם, קְדֻשָּׁתוֹ עַל הַחַיּוֹת, וּקְדֻשָּׁתוֹ עַל כִּסֵּא הַכָּבוֹד. וּבְכֵן יִתְקַדַּשׁ שִׁמְךָ בָּנוּ יְיָ אֱלֹהֵינוּ לְעֵינֵי כָּל חָי, וְנֹאמַר לְפָנָיו שִׁיר חָדָשׁ, כַּכָּתוּב, שִׁירוּ לֵאלֹהִים זַמְּרוּ שְׁמוֹ, סֹלּוּ לָרֹכֵב בָּעֲרָבוֹת, בְּיָהּ שְׁמוֹ, וְעִלְזוּ לְפָנָיו. וְנִרְאֵהוּ עַיִן בְּעַיִן בְּשׁוּבוֹ אֶל נָוֵהוּ, כַּכָּתוּב, כִּי עַיִן בְּעַיִן יִרְאוּ בְּשׁוּב יְיָ צִיּוֹן. וְנֶאֱמַר, וְנִגְלָה כְּבוֹד יְיָ, וְרָאוּ כָל בָּשָׂר יַחְדָּו כִּי פִּי יְיָ דִּבֵּר.

אַב הָרַחֲמִים הוּא יְרַחֵם עַם עֲמוּסִים, וְיִזְכֹּר בְּרִית אֵיתָנִים, וְיַצִּיל נַפְשׁוֹתֵינוּ מִן הַשָּׁעוֹת הָרָעוֹת, וְיִגְעַר בְּיֵצֶר הָרָע מִן הַנְּשׂוּאִים, וְיָחֹן אוֹתָנוּ לִפְלֵיטַת עוֹלָמִים, וִימַלֵּא מִשְׁאֲלוֹתֵינוּ בְּמִדָּה טוֹבָה יְשׁוּעָה וְרַחֲמִים.

הש״ץ מניח את הספר על שולחן הקריאה, והקורא את העולים אומר:

וְיַעֲזֹר וְיָגֵן וְיוֹשִׁיעַ לְכֹל הַחוֹסִים בּוֹ, וְנֹאמַר אָמֵן. הַכֹּל הָבוּ גֹדֶל לֵאלֹהֵינוּ וּתְנוּ כָבוֹד לַתּוֹרָה. כֹּהֵן קְרַב, יַעֲמֹד (פלוני בן פלוני) הַכֹּהֵן. בָּרוּךְ שֶׁנָּתַן תּוֹרָה לְעַמּוֹ יִשְׂרָאֵל בִּקְדֻשָּׁתוֹ.

הקהל: **וְאַתֶּם הַדְּבֵקִים בַּיי אֱלֹהֵיכֶם חַיִּים כֻּלְּכֶם הַיּוֹם.**

לפני הקריאה

אומר העולה: **בָּרְכוּ אֶת יי הַמְבֹרָךְ.**

ועונים הקהל: **בָּרוּךְ יי הַמְבֹרָךְ לְעוֹלָם וָעֶד.** והעולה חוזר

ומברך: **בָּרוּךְ אַתָּה יי אֱלֹהֵינוּ מֶלֶךְ הָעוֹלָם**
אֲשֶׁר בָּחַר בָּנוּ מִכָּל הָעַמִּים וְנָתַן לָנוּ אֶת תּוֹרָתוֹ.
בָּרוּךְ אַתָּה יי, נוֹתֵן הַתּוֹרָה.

לאחר הקריאה: **בָּרוּךְ אַתָּה יי אֱלֹהֵינוּ מֶלֶךְ הָעוֹלָם**
אֲשֶׁר נָתַן לָנוּ תּוֹרַת אֱמֶת וְחַיֵּי עוֹלָם נָטַע בְּתוֹכֵנוּ.
בָּרוּךְ אַתָּה יי, נוֹתֵן הַתּוֹרָה.

ברכת הגומל

בָּרוּךְ אַתָּה יי אֱלֹהֵינוּ מֶלֶךְ הָעוֹלָם, הַגּוֹמֵל לְחַיָּבִים טוֹבוֹת, שֶׁגְּמָלַנִי כָּל טוּב.

ועונים הקהל: **אָמֵן. מִי שֶׁגְּמָלְךָ טוֹב, הוּא יִגְמָלְךָ כָּל טוּב, סֶלָה.**

מי שברך לעולה לתורה:

מִי שֶׁבֵּרַךְ אֲבוֹתֵינוּ אַבְרָהָם יִצְחָק וְיַעֲקֹב

הוּא יְבָרֵךְ אֶת (פלוני בן פלוני), **בַּעֲבוּר שֶׁעָלָה לִכְבוֹד הַמָּקוֹם וְלִכְבוֹד הַתּוֹרָה וְלִכְבוֹד יוֹם הַדִּין. בִּשְׂכַר זֶה הַקָּדוֹשׁ בָּרוּךְ הוּא יִשְׁמְרֵהוּ וְיַצִּילֵהוּ מִכָּל צָרָה וְצוּקָה וּמִכָּל נֶגַע וּמַחֲלָה, וְיִשְׁלַח בְּרָכָה וְהַצְלָחָה בְּכָל מַעֲשֵׂה יָדָיו וְיִכְתְּבֵהוּ וְיַחְתְּמֵהוּ לְחַיִּים טוֹבִים בְּיוֹם הַדִּין הַזֶּה עִם כָּל יִשְׂרָאֵל אֶחָיו, וְנֹאמַר אָמֵן.**

מי שברך 280

מי שברך לחיילי צה״ל:

מִי שֶׁבֵּרַךְ אֲבוֹתֵינוּ אַבְרָהָם יִצְחָק וְיַעֲקֹב
הוּא יְבָרֵךְ אֶת חַיָּלֵי צְבָא הַהֲגָנָה לְיִשְׂרָאֵל, הָעוֹמְדִים עַל מִשְׁמַר אַרְצֵנוּ וְעָרֵי אֱלֹהֵינוּ, מִגְּבוּל הַלְּבָנוֹן וְעַד מִדְבַּר מִצְרַיִם וּמִן הַיָּם הַגָּדוֹל עַד לְבוֹא הָעֲרָבָה, בַּיַּבָּשָׁה, בָּאֲוִיר וּבַיָּם. יִתֵּן יי אֶת אוֹיְבֵינוּ הַקָּמִים עָלֵינוּ נִגָּפִים לִפְנֵיהֶם. הַקָּדוֹשׁ בָּרוּךְ הוּא יִשְׁמֹר וְיַצִּיל אֶת חַיָּלֵינוּ מִכָּל צָרָה וְצוּקָה וּמִכָּל נֶגַע וּמַחֲלָה, וְיִשְׁלַח בְּרָכָה וְהַצְלָחָה בְּכָל מַעֲשֵׂי יְדֵיהֶם. יַדְבֵּר שׂוֹנְאֵינוּ תַּחְתֵּיהֶם וִיעַטְּרֵם בְּכֶתֶר יְשׁוּעָה וּבַעֲטֶרֶת נִצָּחוֹן. וִיקֻיַּם בָּהֶם הַכָּתוּב, כִּי יי אֱלֹהֵיכֶם הַהֹלֵךְ עִמָּכֶם לְהִלָּחֵם לָכֶם עִם אֹיְבֵיכֶם לְהוֹשִׁיעַ אֶתְכֶם, וְנֹאמַר אָמֵן.

ליולדת בן: מִי שֶׁבֵּרַךְ אֲבוֹתֵינוּ אַבְרָהָם יִצְחָק וְיַעֲקֹב
מֹשֶׁה וְאַהֲרֹן דָּוִד וּשְׁלֹמֹה, שָׂרָה רִבְקָה רָחֵל וְלֵאָה
הוּא יְבָרֵךְ אֶת הָאִשָּׁה הַיּוֹלֶדֶת (פלונית בת פלוני) וְאֶת בְּנָהּ שֶׁנּוֹלַד לָהּ לְמַזָּל טוֹב בַּעֲבוּר שֶׁבַּעְלָהּ וְאָבִיו נוֹדֵר צְדָקָה בַּעֲדָם. בִּשְׂכַר זֶה יִזְכּוּ אָבִיו וְאִמּוֹ לְהַכְנִיסוֹ בִּבְרִיתוֹ שֶׁל אַבְרָהָם אָבִינוּ וּלְגַדְּלוֹ לְתוֹרָה וּלְחֻפָּה וּלְמַעֲשִׂים טוֹבִים, וְנֹאמַר אָמֵן.

ליולדת בת: מִי שֶׁבֵּרַךְ אֲבוֹתֵינוּ אַבְרָהָם יִצְחָק וְיַעֲקֹב
מֹשֶׁה וְאַהֲרֹן דָּוִד וּשְׁלֹמֹה, שָׂרָה רִבְקָה רָחֵל וְלֵאָה
הוּא יְבָרֵךְ אֶת הָאִשָּׁה הַיּוֹלֶדֶת (פלונית בת פלוני) וְאֶת בִּתָּהּ שֶׁנּוֹלְדָה לָהּ לְמַזָּל טוֹב וְיִקָּרֵא שְׁמָהּ בְּיִשְׂרָאֵל (פלונית בת פלוני) בַּעֲבוּר שֶׁבַּעְלָהּ וְאָבִיהָ נוֹדֵר צְדָקָה בַּעֲדָן. בִּשְׂכַר זֶה יִזְכּוּ אָבִיהָ וְאִמָּהּ לְגַדְּלָהּ לְתוֹרָה וּלְחֻפָּה וּלְמַעֲשִׂים טוֹבִים, וְנֹאמַר אָמֵן.

לחולה:

מִי שֶׁבֵּרַךְ אֲבוֹתֵינוּ אַבְרָהָם יִצְחָק וְיַעֲקֹב, מֹשֶׁה וְאַהֲרֹן דָּוִד וּשְׁלֹמֹה
הוּא יְבָרֵךְ וִירַפֵּא אֶת הַחוֹלֶה (פלוני בן פלונית) / לנקבה: הַחוֹלָה (פלונית בת פלונית)
בַּעֲבוּר (שפלוני בן פלוני) נוֹדֵר צְדָקָה בַּעֲבוּרוֹ / לנקבה: בַּעֲבוּרָהּ /.
בִּשְׂכַר זֶה הַקָּדוֹשׁ בָּרוּךְ הוּא יִמָּלֵא רַחֲמִים

לזכר: עָלָיו לְהַחֲלִימוֹ וּלְרַפֹּאתוֹ וּלְהַחֲזִיקוֹ וּלְהַחֲיוֹתוֹ וְיִשְׁלַח לוֹ מְהֵרָה רְפוּאָה שְׁלֵמָה מִן הַשָּׁמַיִם לִרְמַ״ח אֵבָרָיו וּשְׁסָ״ה גִּידָיו

לנקבה: עָלֶיהָ לְהַחֲלִימָהּ וּלְרַפֹּאתָהּ וּלְהַחֲזִיקָהּ וּלְהַחֲיוֹתָהּ וְיִשְׁלַח לָהּ מְהֵרָה רְפוּאָה שְׁלֵמָה מִן הַשָּׁמַיִם לְכָל אֵבָרֶיהָ וּלְכָל גִּידֶיהָ

בְּתוֹךְ שְׁאָר חוֹלֵי יִשְׂרָאֵל, רְפוּאַת הַנֶּפֶשׁ וּרְפוּאַת הַגּוּף.
הַשְׁתָּא בַּעֲגָלָא וּבִזְמַן קָרִיב, וְנֹאמַר אָמֵן.

קריאת התורה

ויקרא טז

וַיְדַבֵּ֤ר יְהֹוָה֙ אֶל־מֹשֶׁ֔ה אַחֲרֵ֣י מ֔וֹת שְׁנֵ֖י בְּנֵ֣י אַהֲרֹ֑ן בְּקׇרְבָתָ֥ם לִפְנֵי־יְהֹוָ֖ה וַיָּמֻֽתוּ׃ וַיֹּ֨אמֶר יְהֹוָ֜ה אֶל־מֹשֶׁ֗ה דַּבֵּר֮ אֶל־אַהֲרֹ֣ן אָחִ֒יךָ֒ וְאַל־יָבֹ֤א בְכׇל־עֵת֙ אֶל־הַקֹּ֔דֶשׁ מִבֵּ֖ית לַפָּרֹ֑כֶת אֶל־פְּנֵ֨י הַכַּפֹּ֜רֶת אֲשֶׁ֤ר עַל־הָאָרֹן֙ וְלֹ֣א יָמ֔וּת כִּ֚י בֶּֽעָנָ֔ן אֵרָאֶ֖ה עַל־הַכַּפֹּֽרֶת׃ בְּזֹ֛את יָבֹ֥א אַהֲרֹ֖ן אֶל־הַקֹּ֑דֶשׁ בְּפַ֧ר בֶּן־בָּקָ֛ר לְחַטָּ֖את וְאַ֥יִל לְעֹלָֽה׃

בשבת שני

כְּתֹֽנֶת־בַּ֨ד קֹ֜דֶשׁ יִלְבָּ֗שׁ וּמִֽכְנְסֵי־בַד֮ יִהְי֣וּ עַל־בְּשָׂרוֹ֒ וּבְאַבְנֵ֥ט בַּד֙ יַחְגֹּ֔ר וּבְמִצְנֶ֥פֶת בַּ֖ד יִצְנֹ֑ף בִּגְדֵי־קֹ֣דֶשׁ הֵ֔ם וְרָחַ֥ץ בַּמַּ֛יִם אֶת־בְּשָׂר֖וֹ וּלְבֵשָֽׁם׃ וּמֵאֵ֗ת עֲדַת֙ בְּנֵ֣י יִשְׂרָאֵ֔ל יִקַּ֛ח שְׁנֵֽי־שְׂעִירֵ֥י עִזִּ֖ים לְחַטָּ֑את וְאַ֥יִל אֶחָ֖ד לְעֹלָֽה׃ וְהִקְרִ֧יב אַהֲרֹ֛ן אֶת־פַּ֥ר הַחַטָּ֖את אֲשֶׁר־ל֑וֹ וְכִפֶּ֥ר בַּעֲד֖וֹ וּבְעַ֥ד בֵּיתֽוֹ׃

שני
בשבת שלישי

וְלָקַ֖ח אֶת־שְׁנֵ֣י הַשְּׂעִירִ֑ם וְהֶעֱמִ֤יד אֹתָם֙ לִפְנֵ֣י יְהֹוָ֔ה פֶּ֖תַח אֹ֥הֶל מוֹעֵֽד׃ וְנָתַ֧ן אַהֲרֹ֛ן עַל־שְׁנֵ֥י הַשְּׂעִירִ֖ם גֹּרָל֑וֹת גּוֹרָ֤ל אֶחָד֙ לַיהֹוָ֔ה וְגוֹרָ֥ל אֶחָ֖ד לַעֲזָאזֵֽל׃ וְהִקְרִ֤יב אַהֲרֹן֙ אֶת־הַשָּׂעִ֔יר אֲשֶׁ֨ר עָלָ֥ה עָלָ֛יו הַגּוֹרָ֖ל לַיהֹוָ֑ה וְעָשָׂ֖הוּ חַטָּֽאת׃ וְהַשָּׂעִ֗יר אֲשֶׁר֩ עָלָ֨ה עָלָ֤יו הַגּוֹרָל֙ לַעֲזָאזֵ֔ל יׇֽעֳמַד־חַ֛י לִפְנֵ֥י יְהֹוָ֖ה לְכַפֵּ֣ר עָלָ֑יו לְשַׁלַּ֥ח אֹת֛וֹ לַעֲזָאזֵ֖ל הַמִּדְבָּֽרָה׃

שלישי
בשבת רביעי

וְהִקְרִ֨יב אַהֲרֹ֜ן אֶת־פַּ֤ר הַֽחַטָּאת֙ אֲשֶׁר־ל֔וֹ וְכִפֶּ֥ר בַּעֲד֖וֹ וּבְעַ֣ד בֵּית֑וֹ וְשָׁחַ֛ט אֶת־פַּ֥ר הַֽחַטָּ֖את אֲשֶׁר־לֽוֹ׃ וְלָקַ֣ח מְלֹֽא־הַ֠מַּחְתָּ֠ה גַּֽחֲלֵי־אֵ֞שׁ מֵעַ֤ל הַמִּזְבֵּ֙חַ֙ מִלִּפְנֵ֣י יְהֹוָ֔ה וּמְלֹ֣א חׇפְנָ֔יו קְטֹ֥רֶת סַמִּ֖ים דַּקָּ֑ה וְהֵבִ֖יא מִבֵּ֥ית לַפָּרֹֽכֶת׃ וְנָתַ֧ן אֶֽת־הַקְּטֹ֛רֶת עַל־הָאֵ֖שׁ לִפְנֵ֣י יְהֹוָ֑ה וְכִסָּ֣ה ׀ עֲנַ֣ן הַקְּטֹ֗רֶת אֶת־הַכַּפֹּ֛רֶת אֲשֶׁ֥ר עַל־הָעֵד֖וּת וְלֹ֥א יָמֽוּת׃ וְלָקַח֙ מִדַּ֣ם הַפָּ֔ר וְהִזָּ֧ה בְאֶצְבָּע֛וֹ עַל־פְּנֵ֥י הַכַּפֹּ֖רֶת קֵ֑דְמָה וְלִפְנֵ֣י הַכַּפֹּ֗רֶת יַזֶּ֧ה שֶֽׁבַע־פְּעָמִ֛ים מִן־הַדָּ֖ם בְּאֶצְבָּעֽוֹ׃ וְשָׁחַ֞ט אֶת־שְׂעִ֤יר הַֽחַטָּאת֙ אֲשֶׁ֣ר לָעָ֔ם וְהֵבִיא֙ אֶת־דָּמ֔וֹ אֶל־מִבֵּ֖ית לַפָּרֹ֑כֶת וְעָשָׂ֣ה אֶת־דָּמ֗וֹ כַּאֲשֶׁ֤ר עָשָׂה֙ לְדַ֣ם הַפָּ֔ר וְהִזָּ֥ה אֹת֛וֹ עַל־הַכַּפֹּ֖רֶת וְלִפְנֵ֥י הַכַּפֹּֽרֶת׃ וְכִפֶּ֣ר עַל־הַקֹּ֗דֶשׁ מִטֻּמְאֹת֙ בְּנֵ֣י יִשְׂרָאֵ֔ל וּמִפִּשְׁעֵיהֶ֖ם לְכׇל־חַטֹּאתָ֑ם וְכֵ֤ן יַעֲשֶׂה֙ לְאֹ֣הֶל מוֹעֵ֔ד הַשֹּׁכֵ֣ן אִתָּ֔ם

בְּת֖וֹךְ טֻמְאֹתָֽם׃ וְכׇל־אָדָ֞ם לֹא־יִהְיֶ֣ה ׀ בְּאֹ֣הֶל מוֹעֵ֗ד בְּבֹא֛וֹ
לְכַפֵּ֥ר בַּקֹּ֖דֶשׁ עַד־צֵאת֑וֹ וְכִפֶּ֤ר בַּעֲדוֹ֙ וּבְעַ֣ד בֵּית֔וֹ וּבְעַ֖ד כׇּל־
רביעי בשבת חמישי
קְהַ֥ל יִשְׂרָאֵֽל׃ וְיָצָ֗א אֶל־הַמִּזְבֵּ֛חַ אֲשֶׁ֥ר לִפְנֵי־יְהֹוָ֖ה וְכִפֶּ֣ר עָלָ֑יו
וְלָקַ֞ח מִדַּ֤ם הַפָּר֙ וּמִדַּ֣ם הַשָּׂעִ֔יר וְנָתַ֛ן עַל־קַרְנ֥וֹת הַמִּזְבֵּ֖חַ סָבִֽיב׃
וְהִזָּ֨ה עָלָ֧יו מִן־הַדָּ֛ם בְּאֶצְבָּע֖וֹ שֶׁ֣בַע פְּעָמִ֑ים וְטִהֲר֣וֹ וְקִדְּשׁ֔וֹ
מִטֻּמְאֹ֖ת בְּנֵ֥י יִשְׂרָאֵֽל׃ וְכִלָּה֙ מִכַּפֵּ֣ר אֶת־הַקֹּ֔דֶשׁ וְאֶת־אֹ֥הֶל
מוֹעֵ֖ד וְאֶת־הַמִּזְבֵּ֑חַ וְהִקְרִ֖יב אֶת־הַשָּׂעִ֥יר הֶחָֽי׃ וְסָמַ֨ךְ אַהֲרֹ֜ן
אֶת־שְׁתֵּ֣י יָדָ֗ו עַ֣ל־רֹ֣אשׁ הַשָּׂעִיר֮ הַחַי֒ וְהִתְוַדָּ֣ה עָלָ֗יו אֶת־כׇּל־
עֲוֺנֹת֙ בְּנֵ֣י יִשְׂרָאֵ֔ל וְאֶת־כׇּל־פִּשְׁעֵיהֶ֖ם לְכׇל־חַטֹּאתָ֑ם וְנָתַ֨ן אֹתָ֜ם
עַל־רֹ֣אשׁ הַשָּׂעִ֔יר וְשִׁלַּ֛ח בְּיַד־אִ֥ישׁ עִתִּ֖י הַמִּדְבָּֽרָה׃ וְנָשָׂ֨א
הַשָּׂעִ֥יר עָלָ֛יו אֶת־כׇּל־עֲוֺנֹתָ֖ם אֶל־אֶ֣רֶץ גְּזֵרָ֑ה וְשִׁלַּ֥ח אֶת־הַשָּׂעִ֖יר
בַּמִּדְבָּֽר׃ וּבָ֤א אַהֲרֹן֙ אֶל־אֹ֣הֶל מוֹעֵ֔ד וּפָשַׁט֙ אֶת־בִּגְדֵ֣י הַבָּ֔ד
אֲשֶׁ֥ר לָבַ֖שׁ בְּבֹא֣וֹ אֶל־הַקֹּ֑דֶשׁ וְהִנִּיחָ֖ם שָֽׁם׃ וְרָחַ֨ץ אֶת־בְּשָׂר֤וֹ
בַמַּ֙יִם֙ בְּמָק֣וֹם קָד֔וֹשׁ וְלָבַ֖שׁ אֶת־בְּגָדָ֑יו וְיָצָ֗א וְעָשָׂ֤ה אֶת־עֹֽלָתוֹ֙
חמישי בשבת ששי
וְאֶת־עֹלַ֣ת הָעָ֔ם וְכִפֶּ֥ר בַּֽעֲד֖וֹ וּבְעַ֥ד הָעָֽם׃ וְאֵ֛ת חֵ֥לֶב הַֽחַטָּ֖את
יַקְטִ֥יר הַמִּזְבֵּֽחָה׃ וְהַֽמְשַׁלֵּ֤חַ אֶת־הַשָּׂעִיר֙ לַֽעֲזָאזֵ֔ל יְכַבֵּ֣ס בְּגָדָ֔יו
וְרָחַ֥ץ אֶת־בְּשָׂר֖וֹ בַּמָּ֑יִם וְאַחֲרֵי־כֵ֖ן יָב֥וֹא אֶל־הַֽמַּחֲנֶֽה׃ וְאֵ֞ת
פַּ֣ר הַֽחַטָּ֗את וְאֵ֣ת ׀ שְׂעִ֣יר הַֽחַטָּ֗את אֲשֶׁ֨ר הוּבָ֤א אֶת־דָּמָם֙ לְכַפֵּ֣ר
בַּקֹּ֔דֶשׁ יוֹצִ֖יא אֶל־מִח֣וּץ לַֽמַּחֲנֶ֑ה וְשָׂרְפ֣וּ בָאֵ֔שׁ אֶת־עֹרֹתָ֥ם וְאֶת־
בְּשָׂרָ֖ם וְאֶת־פִּרְשָֽׁם׃ וְהַשֹּׂרֵ֣ף אֹתָ֔ם יְכַבֵּ֣ס בְּגָדָ֔יו וְרָחַ֥ץ אֶת־
בְּשָׂר֖וֹ בַּמָּ֑יִם וְאַחֲרֵי־כֵ֖ן יָב֥וֹא אֶל־הַֽמַּחֲנֶֽה׃ וְהָיְתָ֥ה לָכֶ֖ם לְחֻקַּ֣ת
עוֹלָ֑ם בַּחֹ֣דֶשׁ הַ֠שְּׁבִיעִ֠י בֶּֽעָשׂ֨וֹר לַחֹ֜דֶשׁ תְּעַנּ֣וּ אֶת־נַפְשֹֽׁתֵיכֶ֗ם
וְכׇל־מְלָאכָה֙ לֹ֣א תַעֲשׂ֔וּ הָֽאֶזְרָ֔ח וְהַגֵּ֖ר הַגָּ֥ר בְּתוֹכְכֶֽם׃ כִּֽי־בַיּ֥וֹם
הַזֶּ֛ה יְכַפֵּ֥ר עֲלֵיכֶ֖ם לְטַהֵ֣ר אֶתְכֶ֑ם מִכֹּל֙ חַטֹּ֣אתֵיכֶ֔ם לִפְנֵ֥י יְהֹוָ֖ה
ששי בשבת שביעי
תִּטְהָֽרוּ׃ שַׁבַּ֨ת שַׁבָּת֥וֹן הִיא֙ לָכֶ֔ם וְעִנִּיתֶ֖ם אֶת־נַפְשֹֽׁתֵיכֶ֑ם חֻקַּ֖ת

עוֹלָֽם׃ וְכִפֶּ֨ר הַכֹּהֵ֜ן אֲשֶׁר־יִמְשַׁ֣ח אֹת֗וֹ וַאֲשֶׁ֤ר יְמַלֵּא֙ אֶת־יָד֔וֹ לְכַהֵ֖ן תַּ֣חַת אָבִ֑יו וְלָבַ֛שׁ אֶת־בִּגְדֵ֥י הַבָּ֖ד בִּגְדֵ֥י הַקֹּֽדֶשׁ׃ וְכִפֶּר֙ אֶת־מִקְדַּ֣שׁ הַקֹּ֔דֶשׁ וְאֶת־אֹ֧הֶל מוֹעֵ֛ד וְאֶת־הַמִּזְבֵּ֖חַ יְכַפֵּ֑ר וְעַ֧ל הַכֹּהֲנִ֛ים וְעַל־כָּל־עַ֥ם הַקָּהָ֖ל יְכַפֵּֽר׃ וְהָֽיְתָה־זֹּ֨את לָכֶ֜ם לְחֻקַּ֣ת עוֹלָ֗ם לְכַפֵּ֞ר עַל־בְּנֵ֤י יִשְׂרָאֵל֙ מִכָּל־חַטֹּאתָ֔ם אַחַ֖ת בַּשָּׁנָ֑ה וַיַּ֕עַשׂ כַּאֲשֶׁ֛ר צִוָּ֥ה יְהוָ֖ה אֶת־מֹשֶֽׁה׃

מניחים את הספר השני ליד הראשון, הקורא אומר חצי קדיש.

מגביהים את הספר הראשון והקהל אומרים:

וְזֹאת הַתּוֹרָה אֲשֶׁר שָׂם מֹשֶׁה לִפְנֵי בְּנֵי יִשְׂרָאֵל (עַל פִּי יי בְּיַד מֹשֶׁה).

ויש מוסיפים:

עֵץ חַיִּים הִיא לַמַּחֲזִיקִים בָּהּ וְתֹמְכֶיהָ מְאֻשָּׁר. דְּרָכֶיהָ דַרְכֵי נֹעַם וְכָל נְתִיבוֹתֶיהָ שָׁלוֹם. אֹרֶךְ יָמִים בִּימִינָהּ בִּשְׂמֹאלָהּ עֹשֶׁר וְכָבוֹד. יי חָפֵץ לְמַעַן צִדְקוֹ יַגְדִּיל תּוֹרָה וְיַאְדִּיר.

קוראים למפטיר בספר שני

וּבֶֽעָשׂ֡וֹר במדבר כט

לַחֹ֨דֶשׁ הַשְּׁבִיעִ֜י הַזֶּ֗ה מִֽקְרָא־קֹ֙דֶשׁ֙ יִהְיֶ֣ה לָכֶ֔ם וְעִנִּיתֶ֖ם אֶת־נַפְשֹׁתֵיכֶ֑ם כָּל־מְלָאכָ֖ה לֹ֥א תַעֲשֽׂוּ׃ וְהִקְרַבְתֶּ֨ם עֹלָ֤ה לַֽיהוָה֙ רֵ֣יחַ נִיחֹ֔חַ פַּ֧ר בֶּן־בָּקָ֛ר אֶחָ֖ד אַ֣יִל אֶחָ֑ד כְּבָשִׂ֤ים בְּנֵֽי־שָׁנָה֙ שִׁבְעָ֔ה תְּמִימִ֖ם יִהְי֥וּ לָכֶֽם׃ וּ֨מִנְחָתָ֔ם סֹ֖לֶת בְּלוּלָ֣ה בַשָּׁ֑מֶן שְׁלֹשָׁ֤ה עֶשְׂרֹנִים֙ לַפָּ֔ר שְׁנֵי֙ עֶשְׂרֹנִ֔ים לָאַ֖יִל הָאֶחָֽד׃ עִשָּׂרוֹן֙ עִשָּׂר֔וֹן לַכֶּ֖בֶשׂ הָאֶחָ֑ד לְשִׁבְעַ֖ת הַכְּבָשִֽׂים׃ שְׂעִיר־עִזִּ֥ים אֶחָ֖ד חַטָּ֑את מִלְּבַ֞ד חַטַּ֤את הַכִּפֻּרִים֙ וְעֹלַ֣ת הַתָּמִ֔יד וּמִנְחָתָ֖הּ וְנִסְכֵּיהֶֽם׃

מגביהים ספר תורה ("וזאת התורה")

לפני קריאת ההפטרה מברך המפטיר:

בָּרוּךְ אַתָּה יי אֱלֹהֵינוּ מֶלֶךְ הָעוֹלָם, אֲשֶׁר בָּחַר בִּנְבִיאִים טוֹבִים וְרָצָה בְדִבְרֵיהֶם הַנֶּאֱמָרִים בֶּאֱמֶת. בָּרוּךְ אַתָּה יי, הַבּוֹחֵר בַּתּוֹרָה וּבְמֹשֶׁה עַבְדּוֹ וּבְיִשְׂרָאֵל עַמּוֹ וּבִנְבִיאֵי הָאֱמֶת וָצֶדֶק.

ישעיהו נז וְאָמַר סֹלּוּ־סֹלּוּ פַּנּוּ־דָרֶךְ הָרִימוּ
מִכְשׁוֹל מִדֶּרֶךְ עַמִּי׃ כִּי כֹה אָמַר רָם וְנִשָּׂא שֹׁכֵן
עַד וְקָדוֹשׁ שְׁמוֹ מָרוֹם וְקָדוֹשׁ אֶשְׁכּוֹן וְאֶת־דַּכָּא וּשְׁפַל־רוּחַ
לְהַחֲיוֹת רוּחַ שְׁפָלִים וּלְהַחֲיוֹת לֵב נִדְכָּאִים׃ כִּי לֹא לְעוֹלָם
אָרִיב וְלֹא לָנֶצַח אֶקְּצוֹף כִּי־רוּחַ מִלְּפָנַי יַעֲטוֹף וּנְשָׁמוֹת אֲנִי
עָשִׂיתִי׃ בַּעֲוֺן בִּצְעוֹ קָצַפְתִּי וְאַכֵּהוּ הַסְתֵּר וְאֶקְצֹף וַיֵּלֶךְ שׁוֹבָב
בְּדֶרֶךְ לִבּוֹ׃ דְּרָכָיו רָאִיתִי וְאֶרְפָּאֵהוּ וְאַנְחֵהוּ וַאֲשַׁלֵּם נִחֻמִים
נִיב לוֹ וְלַאֲבֵלָיו׃ בּוֹרֵא נוּב שְׂפָתָיִם שָׁלוֹם ׀ שָׁלוֹם לָרָחוֹק וְלַקָּרוֹב
אָמַר יְהֹוָה וּרְפָאתִיו׃ וְהָרְשָׁעִים כַּיָּם נִגְרָשׁ כִּי הַשְׁקֵט לֹא
יוּכָל וַיִּגְרְשׁוּ מֵימָיו רֶפֶשׁ וָטִיט׃ אֵין שָׁלוֹם אָמַר אֱלֹהַי
לָרְשָׁעִים׃ קְרָא בְגָרוֹן אַל־תַּחְשֹׂךְ כַּשּׁוֹפָר הָרֵם
קוֹלֶךָ וְהַגֵּד לְעַמִּי פִּשְׁעָם וּלְבֵית יַעֲקֹב חַטֹּאתָם׃ וְאוֹתִי יוֹם יוֹם
יִדְרֹשׁוּן וְדַעַת דְּרָכַי יֶחְפָּצוּן כְּגוֹי אֲשֶׁר־צְדָקָה עָשָׂה וּמִשְׁפַּט
אֱלֹהָיו לֹא עָזָב יִשְׁאָלוּנִי מִשְׁפְּטֵי־צֶדֶק קִרְבַת אֱלֹהִים יֶחְפָּצוּן׃
לָמָּה צַּמְנוּ וְלֹא רָאִיתָ עִנִּינוּ נַפְשֵׁנוּ וְלֹא תֵדָע הֵן בְּיוֹם צֹמְכֶם
תִּמְצְאוּ־חֵפֶץ וְכָל־עַצְּבֵיכֶם תִּנְגֹּשׂוּ׃ הֵן לְרִיב וּמַצָּה תָּצוּמוּ
וּלְהַכּוֹת בְּאֶגְרֹף רֶשַׁע לֹא־תָצוּמוּ כַיּוֹם לְהַשְׁמִיעַ בַּמָּרוֹם
קוֹלְכֶם׃ הֲכָזֶה יִהְיֶה צוֹם אֶבְחָרֵהוּ יוֹם עַנּוֹת אָדָם נַפְשׁוֹ הֲלָכֹף
כְּאַגְמֹן רֹאשׁוֹ וְשַׂק וָאֵפֶר יַצִּיעַ הֲלָזֶה תִּקְרָא־צוֹם וְיוֹם רָצוֹן
לַיהֹוָה׃ הֲלוֹא זֶה צוֹם אֶבְחָרֵהוּ פַּתֵּחַ חַרְצֻבּוֹת רֶשַׁע הַתֵּר

אֲגֻדּוֹת מוֹטָה וְשַׁלַּח רְצוּצִים חָפְשִׁים וְכָל־מוֹטָה תְּנַתֵּקוּ: הֲלוֹא פָרֹס לָרָעֵב לַחְמֶךָ וַעֲנִיִּים מְרוּדִים תָּבִיא בָיִת כִּי־תִרְאֶה עָרֹם וְכִסִּיתוֹ וּמִבְּשָׂרְךָ לֹא תִתְעַלָּם: אָז יִבָּקַע כַּשַּׁחַר אוֹרֶךָ וַאֲרֻכָתְךָ מְהֵרָה תִצְמָח וְהָלַךְ לְפָנֶיךָ צִדְקֶךָ כְּבוֹד יְהֹוָה יַאַסְפֶךָ: אָז תִּקְרָא וַיהֹוָה יַעֲנֶה תְּשַׁוַּע וְיֹאמַר הִנֵּנִי אִם־תָּסִיר מִתּוֹכְךָ מוֹטָה שְׁלַח אֶצְבַּע וְדַבֶּר־אָוֶן: וְתָפֵק לָרָעֵב נַפְשֶׁךָ וְנֶפֶשׁ נַעֲנָה תַּשְׂבִּיעַ וְזָרַח בַּחֹשֶׁךְ אוֹרֶךָ וַאֲפֵלָתְךָ כַּצָּהֳרָיִם: וְנָחֲךָ יְהֹוָה תָּמִיד וְהִשְׂבִּיעַ בְּצַחְצָחוֹת נַפְשֶׁךָ וְעַצְמֹתֶיךָ יַחֲלִיץ וְהָיִיתָ כְּגַן רָוֶה וּכְמוֹצָא מַיִם אֲשֶׁר לֹא־יְכַזְּבוּ מֵימָיו: וּבָנוּ מִמְּךָ חָרְבוֹת עוֹלָם מוֹסְדֵי דוֹר־וָדוֹר תְּקוֹמֵם וְקֹרָא לְךָ גֹּדֵר פֶּרֶץ מְשׁוֹבֵב נְתִיבוֹת לָשָׁבֶת: אִם־תָּשִׁיב מִשַּׁבָּת רַגְלֶךָ עֲשׂוֹת חֲפָצֶיךָ בְּיוֹם קָדְשִׁי וְקָרָאתָ לַשַּׁבָּת עֹנֶג לִקְדוֹשׁ יְהֹוָה מְכֻבָּד וְכִבַּדְתּוֹ מֵעֲשׂוֹת דְּרָכֶיךָ מִמְּצוֹא חֶפְצְךָ וְדַבֵּר דָּבָר: אָז תִּתְעַנַּג עַל־יְהֹוָה וְהִרְכַּבְתִּיךָ עַל־בָּמֳתֵי אָרֶץ וְהַאֲכַלְתִּיךָ נַחֲלַת יַעֲקֹב אָבִיךָ כִּי פִּי יְהֹוָה דִּבֵּר:

אחרי קריאת ההפטרה מברך המפטיר:

בָּרוּךְ אַתָּה יְיָ אֱלֹהֵינוּ מֶלֶךְ הָעוֹלָם, צוּר כָּל הָעוֹלָמִים, צַדִּיק בְּכָל הַדּוֹרוֹת, הָאֵל הַנֶּאֱמָן, הָאוֹמֵר וְעוֹשֶׂה, הַמְדַבֵּר וּמְקַיֵּם, שֶׁכָּל דְּבָרָיו אֱמֶת וָצֶדֶק.
נֶאֱמָן אַתָּה הוּא יְיָ אֱלֹהֵינוּ וְנֶאֱמָנִים דְּבָרֶיךָ, וְדָבָר אֶחָד מִדְּבָרֶיךָ אָחוֹר לֹא יָשׁוּב רֵיקָם, כִּי אֵל מֶלֶךְ נֶאֱמָן וְרַחֲמָן אָתָּה.
בָּרוּךְ אַתָּה יְיָ, הָאֵל הַנֶּאֱמָן בְּכָל דְּבָרָיו.

רַחֵם עַל צִיּוֹן, כִּי הִיא בֵּית חַיֵּינוּ, וְלַעֲלוּבַת נֶפֶשׁ תּוֹשִׁיעַ בִּמְהֵרָה בְיָמֵינוּ.
בָּרוּךְ אַתָּה יְיָ, מְשַׂמֵּחַ צִיּוֹן בְּבָנֶיהָ.

שַׂמְּחֵנוּ יְיָ אֱלֹהֵינוּ בְּאֵלִיָּהוּ הַנָּבִיא עַבְדֶּךָ, וּבְמַלְכוּת בֵּית דָּוִד מְשִׁיחֶךָ, בִּמְהֵרָה יָבוֹא וְיָגֵל לִבֵּנוּ. עַל כִּסְאוֹ לֹא יֵשֵׁב זָר, וְלֹא יִנְחֲלוּ עוֹד אֲחֵרִים אֶת כְּבוֹדוֹ. כִּי בְשֵׁם קָדְשְׁךָ נִשְׁבַּעְתָּ לּוֹ, שֶׁלֹּא יִכְבֶּה נֵרוֹ לְעוֹלָם וָעֶד. בָּרוּךְ אַתָּה יְיָ, מָגֵן דָּוִד.

עַל הַתּוֹרָה וְעַל הָעֲבוֹדָה וְעַל הַנְּבִיאִים וְעַל יוֹם /בשבת: הַשַּׁבָּת הַזֶּה וְעַל יוֹם/ הַכִּפּוּרִים הַזֶּה, שֶׁנָּתַתָּ לָּנוּ, יְיָ אֱלֹהֵינוּ, /בשבת: לִקְדֻשָּׁה וְלִמְנוּחָה/ לִמְחִילָה וְלִסְלִיחָה וְלִכַפָּרָה וְלִמְחָל בּוֹ אֶת כָּל עֲוֹנוֹתֵינוּ, לְכָבוֹד וּלְתִפְאָרֶת. עַל הַכֹּל, יְיָ אֱלֹהֵינוּ, אֲנַחְנוּ מוֹדִים לָךְ וּמְבָרְכִים אוֹתָךְ. יִתְבָּרַךְ שִׁמְךָ בְּפִי כָּל חַי תָּמִיד לְעוֹלָם וָעֶד, וּדְבָרְךָ אֱמֶת וְקַיָּם לָעַד. בָּרוּךְ אַתָּה יְיָ, מֶלֶךְ מוֹחֵל וְסוֹלֵחַ לַעֲוֹנוֹתֵינוּ וְלַעֲוֹנוֹת עַמּוֹ בֵּית יִשְׂרָאֵל וּמַעֲבִיר אַשְׁמוֹתֵינוּ בְּכָל שָׁנָה וְשָׁנָה מֶלֶךְ עַל כָּל הָאָרֶץ, מְקַדֵּשׁ /בשבת: הַשַּׁבָּת וְ/ יִשְׂרָאֵל וְיוֹם הַכִּפּוּרִים.

ביום כיפור שאינו חל בשבת ממשיכים ב"תפילה לשלום המדינה" (עמ' 288).

אם חל יום כיפור בשבת אומרים:

יְקוּם פֻּרְקָן מִן שְׁמַיָּא, חִנָּא וְחִסְדָּא וְרַחֲמֵי וְחַיֵּי אֲרִיכֵי וּמְזוֹנֵי רְוִיחֵי, וְסִיַּעְתָּא דִשְׁמַיָּא, וּבַרְיוּת גּוּפָא וּנְהוֹרָא מַעַלְיָא, זַרְעָא חַיָּא וְקַיָּמָא, זַרְעָא דִּי לָא יִפְסוּק וְדִי לָא יִבְטוּל מִפִּתְגָּמֵי אוֹרַיְתָא, לְמָרָנָן וְרַבָּנָן חֲבוּרָתָא קַדִּישָׁתָא, דִּי בְאַרְעָא דְיִשְׂרָאֵל וְדִי בְּבָבֶל, לְרֵישֵׁי כַלָּה, וּלְרֵישֵׁי גַלְוָתָא, וּלְרֵישֵׁי מְתִיבָתָא, וּלְדַיָּנֵי דְבָבָא, לְכָל תַּלְמִידֵיהוֹן, וּלְכָל תַּלְמִידֵי תַלְמִידֵיהוֹן, וּלְכָל מָאן דְּעָסְקִין בְּאוֹרַיְתָא. מַלְכָּא דְעָלְמָא יְבָרֵךְ יָתְהוֹן, יַפִּישׁ חַיֵּיהוֹן, וְיַסְגֵּא יוֹמֵיהוֹן, וְיִתֵּן אַרְכָא לִשְׁנֵיהוֹן, וְיִתְפָּרְקוּן וְיִשְׁתֵּזְבוּן מִן כָּל עָקָא וּמִן כָּל מַרְעִין בִּישִׁין. מָרָן דִּי בִשְׁמַיָּא יְהֵא בְסַעְדְּהוֹן כָּל זְמַן וְעִדָּן, וְנֹאמַר אָמֵן.

(תרגום לעברית)

יקום פורקן מן השמים, חן וחסד ורחמים וחיים ארוכים ומזונות רווחים וסיוע מן השמים, ובריאות הגוף ואור מעולה, זרע חי וקיים, זרע שלא יפסוק ושלא יבטל מדברי תורה, למורינו ורבותינו החבורות הקדושות אשר בארץ־ישראל ואשר בבבל, לראשי כלה ולראשי גלויות ולראשי הישיבות ולדייני השער, לכל תלמידיהם, ולכל תלמידי תלמידיהם, ולכל מי שעוסקים בתורה. מלך העולם יברך אותם, ירבה חייהם ויגדיל ימיהם ויתן אריכות לשנותיהם. ויִוָשעו ויינצלו מכל צרה ומכל חליים רעים. אדוננו שבשמים יהיה בעזרתם בכל זמן ועת, ונאמר אמן.

יְקוּם פֻּרְקָן מִן שְׁמַיָּא, חִנָּא וְחִסְדָּא וְרַחֲמֵי וְחַיֵּי אֲרִיכֵי וּמְזוֹנֵי רְוִיחֵי, וְסִיַּעְתָּא דִשְׁמַיָּא וּבַרְיוּת גּוּפָא וּנְהוֹרָא מַעַלְיָא, זַרְעָא חַיָּא וְקַיָּמָא, זַרְעָא דִּי לָא יִפְסוּק וְדִי לָא יִבְטוּל מִפִּתְגָּמֵי אוֹרַיְתָא, לְכָל קְהָלָא קַדִּישָׁא הָדֵין, רַבְרְבַיָּא עִם זְעֵרַיָּא, טַפְלָא וּנְשַׁיָּא. מַלְכָּא דְעָלְמָא יְבָרֵךְ יָתְכוֹן, יַפִּישׁ חַיֵּיכוֹן וְיַסְגֵּא יוֹמֵיכוֹן, וְיִתֵּן אַרְכָא לִשְׁנֵיכוֹן, וְתִתְפָּרְקוּן וְתִשְׁתֵּזְבוּן מִן כָּל עָקָא וּמִן כָּל מַרְעִין בִּישִׁין. מָרָן דִּי בִשְׁמַיָּא יְהֵא בְסַעְדְּכוֹן כָּל זְמַן וְעִדָּן, וְנֹאמַר אָמֵן.

(תרגום לעברית)

יקום פורקן מן השמים, חן וחסד ורחמים וחיים ארוכים ומזונות רווחים וסיוע מן השמים ובריאות הגוף ואור מעולה, זרע חי וקיים, זרע שלא יפסוק ושלא יבטל מדברי תורה, לכל הקהל הקדוש הזה, הגדולים עם הקטנים, הטף והנשים. מלך העולם יברך אתכם, ירבה חייכם ויגדיל ימיכם ויתן אריכות לשנותיכם, ותִוָשעו ותינצלו מכל צרה ומכל חליים רעים. אדוננו שבשמים יהיה בעזרתכם בכל זמן ועת, ונאמר אמן.

ברכה לקהל

מִי שֶׁבֵּרַךְ אֲבוֹתֵינוּ אַבְרָהָם יִצְחָק וְיַעֲקֹב, הוּא יְבָרֵךְ אֶת כָּל הַקָּהָל הַקָּדוֹשׁ הַזֶּה עִם כָּל קְהִלּוֹת הַקֹּדֶשׁ, הֵם וּנְשֵׁיהֶם וּבְנֵיהֶם וּבְנוֹתֵיהֶם וְכֹל אֲשֶׁר לָהֶם, וּמִי שֶׁמְּיַחֲדִים בָּתֵּי כְנֵסִיּוֹת לִתְפִלָּה, וּמִי שֶׁבָּאִים בְּתוֹכָם לְהִתְפַּלֵּל, וּמִי שֶׁנּוֹתְנִים נֵר לַמָּאוֹר וְיַיִן לְקִדּוּשׁ וּלְהַבְדָּלָה וּפַת לָאוֹרְחִים וּצְדָקָה לָעֲנִיִּים, וְכָל מִי שֶׁעוֹסְקִים בְּצָרְכֵי צִבּוּר בֶּאֱמוּנָה, הַקָּדוֹשׁ בָּרוּךְ הוּא יְשַׁלֵּם שְׂכָרָם, וְיָסִיר מֵהֶם כָּל מַחֲלָה, וְיִרְפָּא לְכָל גּוּפָם, וְיִסְלַח לְכָל עֲוֹנָם, וְיִשְׁלַח בְּרָכָה וְהַצְלָחָה בְּכָל מַעֲשֵׂי יְדֵיהֶם עִם כָּל יִשְׂרָאֵל אֲחֵיהֶם, וְנֹאמַר אָמֵן.

תפילה לשלום המדינה

אָבִינוּ שֶׁבַּשָּׁמַיִם, צוּר יִשְׂרָאֵל וְגוֹאֲלוֹ, בָּרֵךְ אֶת מְדִינַת יִשְׂרָאֵל, רֵאשִׁית צְמִיחַת גְּאֻלָּתֵנוּ. הָגֵן עָלֶיהָ בְּאֶבְרַת חַסְדֶּךָ וּפְרֹשׂ עָלֶיהָ סֻכַּת שְׁלוֹמֶךָ וּשְׁלַח אוֹרְךָ וַאֲמִתְּךָ לְרָאשֶׁיהָ, שָׂרֶיהָ וְיוֹעֲצֶיהָ, וְתַקְּנֵם בְּעֵצָה טוֹבָה מִלְּפָנֶיךָ.

חַזֵּק אֶת יְדֵי מְגִנֵּי אֶרֶץ קָדְשֵׁנוּ וְהַנְחִילֵם אֱלֹהֵינוּ יְשׁוּעָה וַעֲטֶרֶת נִצָּחוֹן תְּעַטְּרֵם, וְנָתַתָּ שָׁלוֹם בָּאָרֶץ, וְשִׂמְחַת עוֹלָם לְיוֹשְׁבֶיהָ.

וְאֶת אַחֵינוּ כָּל בֵּית יִשְׂרָאֵל, פְּקָד נָא בְּכָל אַרְצוֹת פְּזוּרֵיהֶם וְתוֹלִיכֵם מְהֵרָה קוֹמְמִיּוּת לְצִיּוֹן עִירֶךָ וְלִירוּשָׁלַיִם מִשְׁכַּן שְׁמֶךָ, כַּכָּתוּב בְּתוֹרַת מֹשֶׁה עַבְדֶּךָ, אִם יִהְיֶה נִדַּחֲךָ בִּקְצֵה הַשָּׁמָיִם, מִשָּׁם יְקַבֶּצְךָ יי אֱלֹהֶיךָ וּמִשָּׁם יִקָּחֶךָ. וֶהֱבִיאֲךָ יי אֱלֹהֶיךָ אֶל הָאָרֶץ, אֲשֶׁר יָרְשׁוּ אֲבֹתֶיךָ וִירִשְׁתָּהּ, וְהֵיטִבְךָ וְהִרְבְּךָ מֵאֲבֹתֶיךָ.

וּמָל יי אֱלֹהֶיךָ אֶת לְבָבְךָ וְאֶת לְבַב זַרְעֶךָ, לְאַהֲבָה אֶת יי אֱלֹהֶיךָ בְּכָל לְבָבְךָ וּבְכָל נַפְשְׁךָ לְמַעַן חַיֶּיךָ.

וְיַחֵד לְבָבֵנוּ לְאַהֲבָה וּלְיִרְאָה אֶת שְׁמֶךָ, וְלִשְׁמֹר אֶת כָּל דִּבְרֵי תּוֹרָתֶךָ, וּשְׁלַח לָנוּ מְהֵרָה בֶּן דָּוִד מְשִׁיחַ צִדְקֶךָ, לִפְדּוֹת מְחַכֵּי קֵץ יְשׁוּעָתֶךָ.

וְהוֹפַע בַּהֲדַר גְּאוֹן עֻזֶּךָ עַל כָּל יוֹשְׁבֵי תֵבֵל אַרְצֶךָ וְיֹאמַר כֹּל אֲשֶׁר נְשָׁמָה בְאַפּוֹ, יי אֱלֹהֵי יִשְׂרָאֵל מֶלֶךְ וּמַלְכוּתוֹ בַּכֹּל מָשָׁלָה, אָמֵן סֶלָה.

הזכרת נשמות

לזכרון אב

יִזְכֹּר אֱלֹהִים נִשְׁמַת אָבִי מוֹרִי /פלוני בן פלוני/ שֶׁהָלַךְ לְעוֹלָמוֹ, בַּעֲבוּר שֶׁבְּלִי נֶדֶר אֶתֵּן צְדָקָה בַּעֲדוֹ. בִּשְׂכַר זֶה תְּהֵא נַפְשׁוֹ צְרוּרָה בִּצְרוֹר הַחַיִּים עִם נִשְׁמוֹת אַבְרָהָם יִצְחָק וְיַעֲקֹב, שָׂרָה רִבְקָה רָחֵל וְלֵאָה, וְעִם שְׁאָר צַדִּיקִים וְצִדְקָנִיּוֹת שֶׁבְּגַן עֵדֶן, וְנֹאמַר אָמֵן.

לזכרון אם

יִזְכֹּר אֱלֹהִים נִשְׁמַת אִמִּי מוֹרָתִי /פלונית בת פלוני/ שֶׁהָלְכָה לְעוֹלָמָהּ, בַּעֲבוּר שֶׁבְּלִי נֶדֶר אֶתֵּן צְדָקָה בַּעֲדָהּ. בִּשְׂכַר זֶה תְּהֵא נַפְשָׁהּ צְרוּרָה בִּצְרוֹר הַחַיִּים עִם נִשְׁמוֹת אַבְרָהָם יִצְחָק וְיַעֲקֹב, שָׂרָה רִבְקָה רָחֵל וְלֵאָה, וְעִם שְׁאָר צַדִּיקִים וְצִדְקָנִיּוֹת שֶׁבְּגַן עֵדֶן, וְנֹאמַר אָמֵן.

לזכרון קדושים

יִזְכֹּר אֱלֹהִים נִשְׁמַת /פלוני בן פלוני/ /לנקבה: פלונית בת פלוני/ וְנִשְׁמוֹת כָּל קְרוֹבַי וּקְרוֹבוֹתַי, הֵן מִצַּד אָבִי, הֵן מִצַּד אִמִּי, שֶׁהוּמְתוּ וְשֶׁנֶּהֶרְגוּ וְשֶׁנִּשְׁחֲטוּ וְשֶׁנִּשְׂרְפוּ וְשֶׁנִּטְבְּעוּ וְשֶׁנֶּחְנְקוּ עַל קִדּוּשׁ הַשֵּׁם, בַּעֲבוּר שֶׁבְּלִי נֶדֶר אֶתֵּן צְדָקָה בְּעַד הַזְכָּרַת נִשְׁמוֹתֵיהֶם. בִּשְׂכַר זֶה תִּהְיֶינָה נַפְשׁוֹתֵיהֶם צְרוּרוֹת בִּצְרוֹר הַחַיִּים עִם נִשְׁמוֹת אַבְרָהָם יִצְחָק וְיַעֲקֹב, שָׂרָה רִבְקָה רָחֵל וְלֵאָה, וְעִם שְׁאָר צַדִּיקִים וְצִדְקָנִיּוֹת שֶׁבְּגַן עֵדֶן, וְנֹאמַר אָמֵן.

אזכרה לקרוב

אֵל מָלֵא רַחֲמִים, שׁוֹכֵן בַּמְּרוֹמִים, הַמְצֵא מְנוּחָה נְכוֹנָה עַל כַּנְפֵי הַשְּׁכִינָה, בְּמַעֲלוֹת קְדוֹשִׁים וּטְהוֹרִים, כְּזֹהַר הָרָקִיעַ מַזְהִירִים, לְנִשְׁמַת /פלוני בן פלוני/ שֶׁהָלַךְ לְעוֹלָמוֹ, בַּעֲבוּר שֶׁבְּלִי נֶדֶר אֶתֵּן צְדָקָה בְּעַד הַזְכָּרַת נִשְׁמָתוֹ, בְּגַן עֵדֶן תְּהֵא מְנוּחָתוֹ. לָכֵן, בַּעַל הָרַחֲמִים, יַסְתִּירֵהוּ בְּסֵתֶר כְּנָפָיו לְעוֹלָמִים וְיִצְרֹר בִּצְרוֹר הַחַיִּים אֶת נִשְׁמָתוֹ, יי הוּא נַחֲלָתוֹ, וְיָנוּחַ בְּשָׁלוֹם עַל מִשְׁכָּבוֹ, וְנֹאמַר אָמֵן.

אזכרה לקרובה

אֵל מָלֵא רַחֲמִים, שׁוֹכֵן בַּמְּרוֹמִים, הַמְצֵא מְנוּחָה נְכוֹנָה עַל כַּנְפֵי הַשְּׁכִינָה, בְּמַעֲלוֹת קְדוֹשִׁים וּטְהוֹרִים, כְּזֹהַר הָרָקִיעַ מַזְהִירִים, לְנִשְׁמַת /פלונית בת פלוני/ שֶׁהָלְכָה לְעוֹלָמָהּ, בַּעֲבוּר שֶׁבְּלִי נֶדֶר אֶתֵּן צְדָקָה בְּעַד הַזְכָּרַת נִשְׁמָתָהּ, בְּגַן עֵדֶן תְּהֵא מְנוּחָתָהּ. לָכֵן, בַּעַל הָרַחֲמִים, יַסְתִּירֶהָ בְּסֵתֶר כְּנָפָיו לְעוֹלָמִים וְיִצְרוֹר בִּצְרוֹר הַחַיִּים אֶת נִשְׁמָתָהּ, יי הוּא נַחֲלָתָהּ, וְתָנוּחַ בְּשָׁלוֹם עַל מִשְׁכָּבָהּ, וְנֹאמַר אָמֵן.

אזכרה לחללי צה״ל

אֵל מָלֵא רַחֲמִים, שׁוֹכֵן בַּמְּרוֹמִים, הַמְצֵא מְנוּחָה נְכוֹנָה עַל כַּנְפֵי הַשְּׁכִינָה, בְּמַעֲלוֹת קְדוֹשִׁים טְהוֹרִים וְגִבּוֹרִים, כְּזֹהַר הָרָקִיעַ מַזְהִירִים, לְנִשְׁמוֹת הַקְּדוֹשִׁים שֶׁנִּלְחֲמוּ בְּכָל מַעַרְכוֹת יִשְׂרָאֵל, בַּמַּחְתֶּרֶת וּבִצְבָא הַהֲגָנָה לְיִשְׂרָאֵל וְשֶׁנָּפְלוּ בְּמִלְחַמְתָּם וּמָסְרוּ נַפְשָׁם עַל קְדֻשַּׁת הַשֵּׁם, הָעָם וְהָאָרֶץ, בַּעֲבוּר שֶׁאָנוּ מִתְפַּלְּלִים לְעִלּוּי נִשְׁמוֹתֵיהֶם. לָכֵן, בַּעַל הָרַחֲמִים, יַסְתִּירֵם בְּסֵתֶר כְּנָפָיו לְעוֹלָמִים וְיִצְרוֹר בִּצְרוֹר הַחַיִּים אֶת נִשְׁמוֹתֵיהֶם, יי הוּא נַחֲלָתָם, בְּגַן עֵדֶן תְּהֵא מְנוּחָתָם, וְיָנוּחוּ בְּשָׁלוֹם עַל מִשְׁכְּבוֹתֵיהֶם וְיַעַמְדוּ לְגוֹרָלָם לְקֵץ הַיָּמִין, וְנֹאמַר אָמֵן.

אזכרה לקדושי השואה

אֵל מָלֵא רַחֲמִים דַּיַּן אַלְמָנוֹת וַאֲבִי יְתוֹמִים אַל נָא תֶחֱשֶׁה וְתִתְאַפַּק לְדַם יִשְׂרָאֵל שֶׁנִּשְׁפַּךְ כַּמַּיִם. הַמְצֵא מְנוּחָה נְכוֹנָה עַל כַּנְפֵי הַשְּׁכִינָה, בְּמַעֲלוֹת קְדוֹשִׁים וּטְהוֹרִים כְּזֹהַר הָרָקִיעַ מְאִירִים וּמַזְהִירִים לְנִשְׁמוֹתֵיהֶם שֶׁל רִבְבוֹת אַלְפֵי יִשְׂרָאֵל, אֲנָשִׁים וְנָשִׁים, יְלָדִים וִילָדוֹת, שֶׁנֶּהֶרְגוּ וְנִשְׁחֲטוּ וְנִשְׂרְפוּ וְנֶחְנְקוּ וְנִקְבְּרוּ חַיִּים בַּאֲרָצוֹת אֲשֶׁר נָגְעָה בָהֶן יַד הַצּוֹרֵר הַגֶּרְמָנִי וְגוֹרָרָיו. כֻּלָּם קְדוֹשִׁים וּטְהוֹרִים, וּבָהֶם גְּאוֹנִים וְצַדִּיקִים אַרְזֵי הַלְּבָנוֹן אַדִּירֵי הַתּוֹרָה. בְּגַן עֵדֶן תְּהֵא מְנוּחָתָם. לָכֵן, בַּעַל הָרַחֲמִים, יַסְתִּירֵם בְּסֵתֶר כְּנָפָיו לְעוֹלָמִים וְיִצְרוֹר בִּצְרוֹר הַחַיִּים אֶת נִשְׁמָתָם, יי הוּא נַחֲלָתָם וְיָנוּחוּ בְשָׁלוֹם עַל מִשְׁכְּבָם, וְנֹאמַר אָמֵן.

ואומר הקהל:

אַב הָרַחֲמִים שׁוֹכֵן מְרוֹמִים, בְּרַחֲמָיו הָעֲצוּמִים הוּא יִפְקֹד בְּרַחֲמִים הַחֲסִידִים וְהַיְשָׁרִים וְהַתְּמִימִים, קְהִלּוֹת הַקֹּדֶשׁ שֶׁמָּסְרוּ נַפְשָׁם עַל קְדֻשַּׁת הַשֵּׁם, הַנֶּאֱהָבִים וְהַנְּעִימִים בְּחַיֵּיהֶם, וּבְמוֹתָם לֹא נִפְרָדוּ, מִנְּשָׁרִים קַלּוּ וּמֵאֲרָיוֹת גָּבֵרוּ לַעֲשׂוֹת רְצוֹן קוֹנָם וְחֵפֶץ צוּרָם. יִזְכְּרֵם אֱלֹהֵינוּ לְטוֹבָה עִם שְׁאָר צַדִּיקֵי עוֹלָם, וְיִנְקֹם לְעֵינֵינוּ נִקְמַת דַּם עֲבָדָיו הַשָּׁפוּךְ, כַּכָּתוּב בְּתוֹרַת מֹשֶׁה אִישׁ הָאֱלֹהִים, הַרְנִינוּ גוֹיִם עַמּוֹ, כִּי דַם עֲבָדָיו יִקּוֹם, וְנָקָם יָשִׁיב לְצָרָיו, וְכִפֶּר אַדְמָתוֹ עַמּוֹ. וְעַל יְדֵי עֲבָדֶיךָ הַנְּבִיאִים כָּתוּב לֵאמֹר, וְנִקֵּיתִי דָּמָם לֹא נִקֵּיתִי, וַיי שֹׁכֵן בְּצִיּוֹן. וּבְכִתְבֵי הַקֹּדֶשׁ נֶאֱמַר, לָמָּה יֹאמְרוּ הַגּוֹיִם אַיֵּה אֱלֹהֵיהֶם, יִוָּדַע בַּגּוֹיִם לְעֵינֵינוּ נִקְמַת דַּם עֲבָדֶיךָ הַשָּׁפוּךְ. וְאוֹמֵר, כִּי דֹרֵשׁ דָּמִים אוֹתָם זָכָר, לֹא שָׁכַח צַעֲקַת עֲנָוִים. וְאוֹמֵר, יָדִין בַּגּוֹיִם מָלֵא גְוִיּוֹת, מָחַץ רֹאשׁ עַל אֶרֶץ רַבָּה. מִנַּחַל בַּדֶּרֶךְ יִשְׁתֶּה, עַל כֵּן יָרִים רֹאשׁ.

אַשְׁרֵי יוֹשְׁבֵי בֵיתֶךָ עוֹד יְהַלְלוּךָ סֶּלָה:
אַשְׁרֵי הָעָם שֶׁכָּכָה לּוֹ אַשְׁרֵי הָעָם שֶׁיהוה אֱלֹהָיו:
קמה תְּהִלָּה לְדָוִד אֲרוֹמִמְךָ אֱלוֹהַי הַמֶּלֶךְ וַאֲבָרְכָה שִׁמְךָ לְעוֹלָם וָעֶד:
בְּכָל־יוֹם אֲבָרְכֶךָּ וַאֲהַלְלָה שִׁמְךָ לְעוֹלָם וָעֶד:
גָּדוֹל יהוה וּמְהֻלָּל מְאֹד וְלִגְדֻלָּתוֹ אֵין חֵקֶר:
דּוֹר לְדוֹר יְשַׁבַּח מַעֲשֶׂיךָ וּגְבוּרֹתֶיךָ יַגִּידוּ:
הֲדַר כְּבוֹד הוֹדֶךָ וְדִבְרֵי נִפְלְאֹתֶיךָ אָשִׂיחָה:
וֶעֱזוּז נוֹרְאֹתֶיךָ יֹאמֵרוּ וּגְדוּלָּתְךָ אֲסַפְּרֶנָּה:
זֵכֶר רַב־טוּבְךָ יַבִּיעוּ וְצִדְקָתְךָ יְרַנֵּנוּ:
חַנּוּן וְרַחוּם יהוה אֶרֶךְ אַפַּיִם וּגְדָל־חָסֶד:
טוֹב־יהוה לַכֹּל וְרַחֲמָיו עַל־כָּל־מַעֲשָׂיו:
יוֹדוּךָ יהוה כָּל־מַעֲשֶׂיךָ וַחֲסִידֶיךָ יְבָרְכוּכָה:
כְּבוֹד מַלְכוּתְךָ יֹאמֵרוּ וּגְבוּרָתְךָ יְדַבֵּרוּ:
לְהוֹדִיעַ לִבְנֵי הָאָדָם גְּבוּרֹתָיו וּכְבוֹד הֲדַר מַלְכוּתוֹ:
מַלְכוּתְךָ מַלְכוּת כָּל־עֹלָמִים וּמֶמְשַׁלְתְּךָ בְּכָל־דּוֹר וָדֹר:
סוֹמֵךְ יהוה לְכָל־הַנֹּפְלִים וְזוֹקֵף לְכָל־הַכְּפוּפִים:
עֵינֵי־כֹל אֵלֶיךָ יְשַׂבֵּרוּ וְאַתָּה נוֹתֵן־לָהֶם אֶת־אָכְלָם בְּעִתּוֹ:
פּוֹתֵחַ אֶת־יָדֶךָ וּמַשְׂבִּיעַ לְכָל־חַי רָצוֹן:
צַדִּיק יהוה בְּכָל־דְּרָכָיו וְחָסִיד בְּכָל־מַעֲשָׂיו:
קָרוֹב יהוה לְכָל־קֹרְאָיו לְכֹל אֲשֶׁר יִקְרָאֻהוּ בֶאֱמֶת:
רְצוֹן־יְרֵאָיו יַעֲשֶׂה וְאֶת־שַׁוְעָתָם יִשְׁמַע וְיוֹשִׁיעֵם:
שׁוֹמֵר יהוה אֶת־כָּל־אֹהֲבָיו וְאֵת כָּל־הָרְשָׁעִים יַשְׁמִיד:
תְּהִלַּת יהוה יְדַבֶּר פִּי וִיבָרֵךְ כָּל־בָּשָׂר שֵׁם קָדְשׁוֹ לְעוֹלָם וָעֶד:
וַאֲנַחְנוּ נְבָרֵךְ יָהּ מֵעַתָּה וְעַד־עוֹלָם הַלְלוּיָהּ:

לפני החזרת ספרי התורה לארון הקודש אומר הש״ץ:

יְהַלְלוּ אֶת שֵׁם יי, כִּי נִשְׂגָּב שְׁמוֹ לְבַדּוֹ

ואומרים הקהל:

הוֹדוֹ עַל אֶרֶץ וְשָׁמָיִם. וַיָּרֶם קֶרֶן לְעַמּוֹ, תְּהִלָּה לְכָל חֲסִידָיו לִבְנֵי יִשְׂרָאֵל עַם קְרֹבוֹ, הַלְלוּיָהּ.

ביום כיפור שלא חל בשבת:

כד לְדָוִד מִזְמוֹר לַיהוה הָאָרֶץ וּמְלוֹאָהּ תֵּבֵל וְיֹשְׁבֵי בָהּ: כִּי־הוּא
עַל־יַמִּים יְסָדָהּ וְעַל־נְהָרוֹת יְכוֹנְנֶהָ: מִי־יַעֲלֶה בְהַר־יהוה וּמִי־
יָקוּם בִּמְקוֹם קָדְשׁוֹ: נְקִי כַפַּיִם וּבַר־לֵבָב אֲשֶׁר לֹא־נָשָׂא לַשָּׁוְא
נַפְשִׁי וְלֹא נִשְׁבַּע לְמִרְמָה: יִשָּׂא בְרָכָה מֵאֵת יהוה וּצְדָקָה
מֵאֱלֹהֵי יִשְׁעוֹ: זֶה דּוֹר דֹּרְשָׁו מְבַקְשֵׁי פָנֶיךָ יַעֲקֹב סֶלָה:
שְׂאוּ שְׁעָרִים רָאשֵׁיכֶם וְהִנָּשְׂאוּ פִּתְחֵי עוֹלָם וְיָבוֹא מֶלֶךְ
הַכָּבוֹד: מִי זֶה מֶלֶךְ הַכָּבוֹד יהוה עִזּוּז וְגִבּוֹר יהוה גִּבּוֹר
מִלְחָמָה: שְׂאוּ שְׁעָרִים רָאשֵׁיכֶם וּשְׂאוּ פִּתְחֵי עוֹלָם וְיָבֹא
מֶלֶךְ הַכָּבוֹד: מִי הוּא זֶה מֶלֶךְ הַכָּבוֹד יהוה צְבָאוֹת הוּא
מֶלֶךְ הַכָּבוֹד סֶלָה:

בשבת:

כט מִזְמוֹר לְדָוִד הָבוּ לַיהוה בְּנֵי אֵלִים הָבוּ לַיהוה כָּבוֹד וָעֹז: הָבוּ
לַיהוה כְּבוֹד שְׁמוֹ הִשְׁתַּחֲווּ לַיהוה בְּהַדְרַת־קֹדֶשׁ: קוֹל יהוה
עַל־הַמָּיִם אֵל־הַכָּבוֹד הִרְעִים יהוה עַל־מַיִם רַבִּים: קוֹל־יהוה
בַּכֹּחַ קוֹל יהוה בֶּהָדָר: קוֹל יהוה שֹׁבֵר אֲרָזִים וַיְשַׁבֵּר יהוה
אֶת־אַרְזֵי הַלְּבָנוֹן: וַיַּרְקִידֵם כְּמוֹ־עֵגֶל לְבָנוֹן וְשִׂרְיוֹן כְּמוֹ בֶן־
רְאֵמִים: קוֹל־יהוה חֹצֵב לַהֲבוֹת אֵשׁ: קוֹל יהוה יָחִיל מִדְבָּר
יָחִיל יהוה מִדְבַּר קָדֵשׁ: קוֹל יהוה יְחוֹלֵל אַיָּלוֹת וַיֶּחֱשֹׂף
יְעָרוֹת וּבְהֵיכָלוֹ כֻּלּוֹ אֹמֵר כָּבוֹד: יהוה לַמַּבּוּל יָשָׁב וַיֵּשֶׁב
יהוה מֶלֶךְ לְעוֹלָם: יהוה עֹז לְעַמּוֹ יִתֵּן יהוה יְבָרֵךְ אֶת־
עַמּוֹ בַשָּׁלוֹם:

וּבְנֻחֹה יֹאמַר. שׁוּבָה יי רִבְבוֹת אַלְפֵי יִשְׂרָאֵל.
קוּמָה יי לִמְנוּחָתֶךָ, אַתָּה וַאֲרוֹן עֻזֶּךָ.
כֹּהֲנֶיךָ יִלְבְּשׁוּ צֶדֶק, וַחֲסִידֶיךָ יְרַנֵּנוּ.
בַּעֲבוּר דָּוִד עַבְדֶּךָ אַל תָּשֵׁב פְּנֵי מְשִׁיחֶךָ.
כִּי לֶקַח טוֹב נָתַתִּי לָכֶם, תּוֹרָתִי אַל תַּעֲזֹבוּ.
עֵץ חַיִּים הִיא לַמַּחֲזִיקִים בָּהּ, וְתֹמְכֶיהָ מְאֻשָּׁר.
דְּרָכֶיהָ דַרְכֵי נֹעַם וְכָל נְתִיבוֹתֶיהָ שָׁלוֹם.
הֲשִׁיבֵנוּ יי אֵלֶיךָ וְנָשׁוּבָה, חַדֵּשׁ יָמֵינוּ כְּקֶדֶם.

תפילת מוסף

297 תפילה לשליח ציבור

לפני תפילת מוסף אומר הש״ץ תפילה זו:

הִנְנִי הֶעָנִי מִמַּעַשׂ וְנִרְעָשׁ וְנִפְחָד מִפַּחַד יוֹשֵׁב תְּהִלּוֹת יִשְׂרָאֵל, בָּאתִי לַעֲמוֹד וּלְהִתְחַנֵּן לְפָנֶיךָ עַל עַמְּךָ יִשְׂרָאֵל אֲשֶׁר שְׁלָחוּנִי, וְאַף עַל פִּי שֶׁאֵינִי כְּדַי וְהָגוּן לְכָךְ. עַל כֵּן אֲבַקֶּשְׁךָ אֱלֹהֵי אַבְרָהָם אֱלֹהֵי יִצְחָק וֵאלֹהֵי יַעֲקֹב, יי יי, אֵל רַחוּם וְחַנּוּן, אֱלֹהִים, שַׁדַּי אָיוֹם וְנוֹרָא, הֱיֵה נָא מַצְלִיחַ דַּרְכִּי אֲשֶׁר אָנֹכִי הוֹלֵךְ לַעֲמוֹד לְבַקֵּשׁ רַחֲמִים עָלַי וְעַל שׁוֹלְחַי, וְנָא אַל תַּפְשִׁיעֵם בְּחַטֹּאתַי וְאַל תְּחַיְּבֵם בַּעֲוֹנוֹתַי כִּי חוֹטֵא וּפוֹשֵׁעַ אָנִי, וְאַל יִכָּלְמוּ בִּפְשָׁעַי וְאַל יֵבֹשׁוּ בִי וְאַל אֵבוֹשָׁה בָּהֶם, וְקַבֵּל תְּפִלָּתִי כִּתְפִלַּת זָקֵן וְרָגִיל וּפִרְקוֹ נָאֶה וּזְקָנוֹ מְגֻדָּל וְקוֹלוֹ נָעִים וּמְעֹרָב בְּדַעַת עִם הַבְּרִיּוֹת, וְתִגְעַר בְּשָׂטָן לְבַל יַשְׂטִינֵנוּ, וִיהִי נָא דִּגְלֵנוּ עָלֶיךָ אַהֲבָה, לְכָל פְּשָׁעִים תְּכַסֶּה בְּאַהֲבָה, וְכָל צוֹמוֹתֵינוּ וְעִנּוּיֵינוּ הֲפֹךְ לָנוּ וּלְכָל יִשְׂרָאֵל לְשָׂשׂוֹן וּלְשִׂמְחָה לְחַיִּים וּלְשָׁלוֹם, הָאֱמֶת וְהַשָּׁלוֹם אֱהָבוּ, וְאַל יְהִי שׁוּם מִכְשׁוֹל בִּתְפִלָּתִי.

וִיהִי רָצוֹן לְפָנֶיךָ יי אֱלֹהֵי אַבְרָהָם אֱלֹהֵי יִצְחָק וֵאלֹהֵי יַעֲקֹב הָאֵל הַגָּדוֹל הַגִּבּוֹר וְהַנּוֹרָא אֵל עֶלְיוֹן אֶהְיֶה אֲשֶׁר אֶהְיֶה, שֶׁכָּל הַמַּלְאָכִים שֶׁהֵם בַּעֲלֵי תְפִלּוֹת יָבִיאוּ תְפִלָּתִי לִפְנֵי כִּסֵּא כְבוֹדֶךָ וְיָפִיצוּ אוֹתָהּ לְפָנֶיךָ, בַּעֲבוּר כָּל הַצַּדִּיקִים וְהַחֲסִידִים הַתְּמִימִים וְהַיְשָׁרִים וּבַעֲבוּר כְּבוֹד שִׁמְךָ הַגָּדוֹל הַגִּבּוֹר וְהַנּוֹרָא, כִּי אַתָּה שׁוֹמֵעַ תְּפִלַּת עַמְּךָ יִשְׂרָאֵל בְּרַחֲמִים, בָּרוּךְ אַתָּה שׁוֹמֵעַ תְּפִלָּה.

יש שמוסיפים פסוקים אלה:

יָדַעְתִּי יי כִּי צֶדֶק מִשְׁפָּטֶיךָ וֶאֱמוּנָה עִנִּיתָנִי.
הַקְשִׁיבָה לִּי וַעֲנֵנִי, אָרִיד בְּשִׂיחִי וְאָהִימָה.
וְנַפְשִׁי תָּגִיל בַּיי תָּשִׂישׂ בִּישׁוּעָתוֹ.
הַנּוֹתֵן תְּשׁוּעָה לַמְּלָכִים, הַפּוֹצֶה אֶת דָּוִד עַבְדּוֹ מֵחֶרֶב רָעָה.

הש״ץ אומר חצי קדיש:

יִתְגַּדַּל וְיִתְקַדַּשׁ שְׁמֵהּ רַבָּא בְּעָלְמָא דִּי בְרָא כִרְעוּתֵהּ וְיַמְלִיךְ מַלְכוּתֵהּ, בְּחַיֵּיכוֹן וּבְיוֹמֵיכוֹן וּבְחַיֵּי דְכָל בֵּית יִשְׂרָאֵל, בַּעֲגָלָא וּבִזְמַן קָרִיב, וְאִמְרוּ אָמֵן.

יְהֵא שְׁמֵהּ רַבָּא מְבָרַךְ לְעָלַם וּלְעָלְמֵי עָלְמַיָּא.

יִתְבָּרַךְ וְיִשְׁתַּבַּח וְיִתְפָּאַר וְיִתְרוֹמַם וְיִתְנַשֵּׂא, וְיִתְהַדָּר וְיִתְעַלֶּה וְיִתְהַלָּל שְׁמֵהּ דְּקֻדְשָׁא, בְּרִיךְ הוּא, לְעֵלָּא לְעֵלָּא מִכָּל בִּרְכָתָא וְשִׁירָתָא, תֻּשְׁבְּחָתָא וְנֶחֱמָתָא דַּאֲמִירָן בְּעָלְמָא, וְאִמְרוּ אָמֵן.

כִּי שֵׁם יי אֶקְרָא הָבוּ גֹדֶל לֵאלֹהֵינוּ
אֲדֹנָי, שְׂפָתַי תִּפְתָּח וּפִי יַגִּיד תְּהִלָּתֶךָ

בָּרוּךְ אַתָּה יי, אֱלֹהֵינוּ וֵאלֹהֵי אֲבוֹתֵינוּ
אֱלֹהֵי אַבְרָהָם, אֱלֹהֵי יִצְחָק, וֵאלֹהֵי יַעֲקֹב
הָאֵל הַגָּדוֹל הַגִּבּוֹר וְהַנּוֹרָא, אֵל עֶלְיוֹן
גּוֹמֵל חֲסָדִים טוֹבִים, וְקוֹנֵה הַכֹּל
וְזוֹכֵר חַסְדֵי אָבוֹת וּמֵבִיא גוֹאֵל לִבְנֵי בְנֵיהֶם
לְמַעַן שְׁמוֹ בְּאַהֲבָה.
זָכְרֵנוּ לְחַיִּים, מֶלֶךְ חָפֵץ בַּחַיִּים
וְכָתְבֵנוּ בְּסֵפֶר הַחַיִּים לְמַעַנְךָ אֱלֹהִים חַיִּים.
מֶלֶךְ עוֹזֵר וּמוֹשִׁיעַ וּמָגֵן.
בָּרוּךְ אַתָּה יי, מָגֵן אַבְרָהָם.

אַתָּה גִּבּוֹר לְעוֹלָם אֲדֹנָי
מְחַיֵּה מֵתִים אַתָּה, רַב לְהוֹשִׁיעַ
בא"י: מוֹרִיד הַטָּל.
מְכַלְכֵּל חַיִּים בְּחֶסֶד
מְחַיֵּה מֵתִים בְּרַחֲמִים רַבִּים
סוֹמֵךְ נוֹפְלִים, וְרוֹפֵא חוֹלִים
וּמַתִּיר אֲסוּרִים, וּמְקַיֵּם אֱמוּנָתוֹ לִישֵׁנֵי עָפָר.
מִי כָמוֹךָ בַּעַל גְּבוּרוֹת וּמִי דוֹמֶה לָּךְ
מֶלֶךְ מֵמִית וּמְחַיֶּה וּמַצְמִיחַ יְשׁוּעָה.

מִי כָמוֹךָ אַב הָרַחֲמִים, זוֹכֵר יְצוּרָיו לְחַיִּים בְּרַחֲמִים.
וְנֶאֱמָן אַתָּה לְהַחֲיוֹת מֵתִים.
בָּרוּךְ אַתָּה יי, מְחַיֵּה הַמֵּתִים.

אַתָּה קָדוֹשׁ וְשִׁמְךָ קָדוֹשׁ
וּקְדוֹשִׁים בְּכָל יוֹם יְהַלְלוּךָ סֶּלָה.

וּבְכֵן תֵּן פַּחְדְּךָ יי אֱלֹהֵינוּ עַל כָּל מַעֲשֶׂיךָ
וְאֵימָתְךָ עַל כָּל מַה שֶּׁבָּרָאתָ
וְיִירָאוּךָ כָּל הַמַּעֲשִׂים
וְיִשְׁתַּחֲווּ לְפָנֶיךָ כָּל הַבְּרוּאִים
וְיֵעָשׂוּ כֻלָּם אֲגֻדָּה אֶחָת
לַעֲשׂוֹת רְצוֹנְךָ בְּלֵבָב שָׁלֵם
כְּמוֹ שֶׁיָּדַעְנוּ יי אֱלֹהֵינוּ שֶׁהַשָּׁלְטָן לְפָנֶיךָ
עֹז בְּיָדְךָ וּגְבוּרָה בִּימִינֶךָ
וְשִׁמְךָ נוֹרָא עַל כָּל מַה שֶּׁבָּרָאתָ.

וּבְכֵן תֵּן כָּבוֹד יי לְעַמֶּךָ
תְּהִלָּה לִירֵאֶיךָ וְתִקְוָה טוֹבָה לְדוֹרְשֶׁיךָ
וּפִתְחוֹן פֶּה לַמְיַחֲלִים לָךְ
שִׂמְחָה לְאַרְצֶךָ, וְשָׂשׂוֹן לְעִירֶךָ
וּצְמִיחַת קֶרֶן לְדָוִד עַבְדֶּךָ
וַעֲרִיכַת נֵר לְבֶן יִשַׁי מְשִׁיחֶךָ
בִּמְהֵרָה בְיָמֵינוּ.

וּבְכֵן צַדִּיקִים יִרְאוּ וְיִשְׂמָחוּ
וִישָׁרִים יַעֲלֹזוּ וַחֲסִידִים בְּרִנָּה יָגִילוּ
וְעוֹלָתָה תִּקְפָּץ פִּיהָ, וְכָל הָרִשְׁעָה כֻּלָּהּ כְּעָשָׁן תִּכְלֶה
כִּי תַעֲבִיר מֶמְשֶׁלֶת זָדוֹן מִן הָאָרֶץ.

וְתִמְלֹךְ אַתָּה יי לְבַדֶּךָ עַל כָּל מַעֲשֶׂיךָ
בְּהַר צִיּוֹן מִשְׁכַּן כְּבוֹדֶךָ, וּבִירוּשָׁלַיִם עִיר קָדְשֶׁךָ
כַּכָּתוּב בְּדִבְרֵי קָדְשֶׁךָ
יִמְלֹךְ יי לְעוֹלָם, אֱלֹהַיִךְ צִיּוֹן לְדֹר וָדֹר, הַלְלוּיָהּ.

קָדוֹשׁ אַתָּה וְנוֹרָא שְׁמֶךָ, וְאֵין אֱלוֹהַּ מִבַּלְעָדֶיךָ
כַּכָּתוּב
וַיִּגְבַּהּ יי צְבָאוֹת בַּמִּשְׁפָּט, וְהָאֵל הַקָּדוֹשׁ נִקְדַּשׁ בִּצְדָקָה.
בָּרוּךְ אַתָּה יי, הַמֶּלֶךְ הַקָּדוֹשׁ.

אַתָּה בְחַרְתָּנוּ מִכָּל הָעַמִּים, אָהַבְתָּ אוֹתָנוּ וְרָצִיתָ בָּנוּ
וְרוֹמַמְתָּנוּ מִכָּל הַלְּשׁוֹנוֹת, וְקִדַּשְׁתָּנוּ בְּמִצְוֹתֶיךָ
וְקֵרַבְתָּנוּ מַלְכֵּנוּ לַעֲבוֹדָתֶךָ
וְשִׁמְךָ הַגָּדוֹל וְהַקָּדוֹשׁ עָלֵינוּ קָרָאתָ.

וַתִּתֶּן לָנוּ יי אֱלֹהֵינוּ בְּאַהֲבָה אֶת יוֹם
בשבת: הַשַּׁבָּת הַזֶּה לִקְדֻשָּׁה וְלִמְנוּחָה וְאֶת יוֹם
הַכִּפּוּרִים הַזֶּה, לִמְחִילָה וְלִסְלִיחָה וּלְכַפָּרָה
וְלִמְחָל בּוֹ אֶת כָּל עֲוֹנוֹתֵינוּ /בשבת: בְּאַהֲבָה/
מִקְרָא קֹדֶשׁ, זֵכֶר לִיצִיאַת מִצְרָיִם.

תפילת מוסף

וּמִפְּנֵי חֲטָאֵינוּ גָּלִינוּ מֵאַרְצֵנוּ וְנִתְרַחַקְנוּ מֵעַל אַדְמָתֵנוּ
וְאֵין אֲנַחְנוּ יְכוֹלִים לַעֲשׂוֹת חוֹבוֹתֵינוּ בְּבֵית בְּחִירָתֶךָ
בַּבַּיִת הַגָּדוֹל וְהַקָּדוֹשׁ שֶׁנִּקְרָא שִׁמְךָ עָלָיו
מִפְּנֵי הַיָּד שֶׁנִּשְׁתַּלְּחָה בְּמִקְדָּשֶׁךָ.

יְהִי רָצוֹן מִלְּפָנֶיךָ יְיָ אֱלֹהֵינוּ וֵאלֹהֵי אֲבוֹתֵינוּ, מֶלֶךְ רַחֲמָן
שֶׁתָּשׁוּב וּתְרַחֵם עָלֵינוּ וְעַל מִקְדָּשְׁךָ בְּרַחֲמֶיךָ הָרַבִּים
וְתִבְנֵהוּ מְהֵרָה וּתְגַדֵּל כְּבוֹדוֹ.

אָבִינוּ מַלְכֵּנוּ, גַּלֵּה כְּבוֹד מַלְכוּתְךָ עָלֵינוּ מְהֵרָה
וְהוֹפַע וְהִנָּשֵׂא עָלֵינוּ לְעֵינֵי כָּל חָי
וְקָרֵב פְּזוּרֵינוּ מִבֵּין הַגּוֹיִם וּנְפוּצוֹתֵינוּ כַּנֵּס מִיַּרְכְּתֵי אָרֶץ.
וַהֲבִיאֵנוּ לְצִיּוֹן עִירְךָ בְּרִנָּה, וְלִירוּשָׁלַיִם בֵּית מִקְדָּשְׁךָ בְּשִׂמְחַת עוֹלָם
וְשָׁם נַעֲשֶׂה לְפָנֶיךָ אֶת קָרְבְּנוֹת חוֹבוֹתֵינוּ
תְּמִידִים כְּסִדְרָם וּמוּסָפִים כְּהִלְכָתָם.
וְאֶת מוּסַף יוֹם

בשבת: וְאֶת מוּסְפֵי יוֹם הַשַּׁבָּת הַזֶּה וְיוֹם

הַכִּפּוּרִים הַזֶּה
נַעֲשֶׂה וְנַקְרִיב לְפָנֶיךָ בְּאַהֲבָה כְּמִצְוַת רְצוֹנֶךָ
כְּמוֹ שֶׁכָּתַבְתָּ עָלֵינוּ בְּתוֹרָתֶךָ
עַל יְדֵי מֹשֶׁה עַבְדֶּךָ מִפִּי כְבוֹדֶךָ, כָּאָמוּר

בשבת מוסיפים:
וּבְיוֹם הַשַּׁבָּת שְׁנֵי כְבָשִׂים בְּנֵי שָׁנָה תְּמִימִם, וּשְׁנֵי עֶשְׂרֹנִים סֹלֶת מִנְחָה
בְּלוּלָה בַשֶּׁמֶן וְנִסְכּוֹ. עֹלַת שַׁבַּת בְּשַׁבַּתּוֹ, עַל עֹלַת הַתָּמִיד וְנִסְכָּהּ.

וּבֶעָשׂוֹר לַחֹדֶשׁ הַשְּׁבִיעִי הַזֶּה
מִקְרָא קֹדֶשׁ יִהְיֶה לָכֶם
וְעִנִּיתֶם אֶת נַפְשֹׁתֵיכֶם, כָּל מְלָאכָה לֹא תַעֲשׂוּ.
וְהִקְרַבְתֶּם עֹלָה לַיי רֵיחַ נִיחֹחַ
פַּר בֶּן בָּקָר אֶחָד, אַיִל אֶחָד
כְּבָשִׂים בְּנֵי שָׁנָה שִׁבְעָה, תְּמִימִם יִהְיוּ לָכֶם.
וּמִנְחָתָם וְנִסְכֵּיהֶם כִּמְדֻבָּר
שְׁלֹשָׁה עֶשְׂרֹנִים לַפָּר, וּשְׁנֵי עֶשְׂרֹנִים לָאָיִל
וְעִשָּׂרוֹן לַכֶּבֶשׂ, וְיַיִן כְּנִסְכּוֹ
וּשְׁנֵי שְׂעִירִים לְכַפֵּר, וּשְׁנֵי תְמִידִים כְּהִלְכָתָם.

בשבת מוסיפים:

יִשְׂמְחוּ בְמַלְכוּתְךָ שׁוֹמְרֵי שַׁבָּת וְקוֹרְאֵי עֹנֶג. עַם מְקַדְּשֵׁי שְׁבִיעִי, כֻּלָּם יִשְׂבְּעוּ וְיִתְעַנְּגוּ מִטּוּבֶךָ, וּבַשְּׁבִיעִי רָצִיתָ בּוֹ וְקִדַּשְׁתּוֹ, חֶמְדַּת יָמִים אוֹתוֹ קָרָאתָ, זֵכֶר לְמַעֲשֵׂה בְרֵאשִׁית.

אֱלֹהֵינוּ וֵאלֹהֵי אֲבוֹתֵינוּ
מְחַל לַעֲוֹנוֹתֵינוּ בְּיוֹם /בשבת: הַשַּׁבָּת הַזֶּה וּבְיוֹם/
הַכִּפּוּרִים הַזֶּה
מְחֵה וְהַעֲבֵר פְּשָׁעֵינוּ וְחַטֹּאתֵינוּ מִנֶּגֶד עֵינֶיךָ
כָּאָמוּר
אָנֹכִי אָנֹכִי הוּא מֹחֶה פְשָׁעֶיךָ לְמַעֲנִי, וְחַטֹּאתֶיךָ לֹא אֶזְכֹּר.
וְנֶאֱמַר
מָחִיתִי כָעָב פְּשָׁעֶיךָ וְכֶעָנָן חַטֹּאתֶיךָ, שׁוּבָה אֵלַי כִּי גְאַלְתִּיךָ.

וְנֶאֱמַר
כִּי בַיּוֹם הַזֶּה יְכַפֵּר עֲלֵיכֶם לְטַהֵר אֶתְכֶם, מִכֹּל חַטֹּאתֵיכֶם לִפְנֵי יְיָ תִּטְהָרוּ.

בשבת: אֱלֹהֵינוּ וֵאלֹהֵי אֲבוֹתֵינוּ, רְצֵה בִמְנוּחָתֵנוּ
קַדְּשֵׁנוּ בְּמִצְוֹתֶיךָ וְתֵן חֶלְקֵנוּ בְּתוֹרָתֶךָ
שַׂבְּעֵנוּ מִטּוּבֶךָ וְשַׂמְּחֵנוּ בִּישׁוּעָתֶךָ

בשבת: וְהַנְחִילֵנוּ, יְיָ אֱלֹהֵינוּ, בְּאַהֲבָה וּבְרָצוֹן שַׁבַּת קָדְשֶׁךָ
וְיָנוּחוּ בוֹ יִשְׂרָאֵל מְקַדְּשֵׁי שְׁמֶךָ

וְטַהֵר לִבֵּנוּ לְעָבְדְּךָ בֶּאֱמֶת
כִּי אַתָּה סָלְחָן לְיִשְׂרָאֵל וּמָחֳלָן לְשִׁבְטֵי יְשֻׁרוּן בְּכָל דּוֹר וָדוֹר
וּמִבַּלְעָדֶיךָ אֵין לָנוּ מֶלֶךְ מוֹחֵל וְסוֹלֵחַ אֶלָּא אָתָּה.
בָּרוּךְ אַתָּה יְיָ, מֶלֶךְ מוֹחֵל וְסוֹלֵחַ לַעֲוֹנוֹתֵינוּ וְלַעֲוֹנוֹת עַמּוֹ בֵּית יִשְׂרָאֵל
וּמַעֲבִיר אַשְׁמוֹתֵינוּ בְּכָל שָׁנָה וְשָׁנָה
מֶלֶךְ עַל כָּל הָאָרֶץ, מְקַדֵּשׁ /בשבת: הַשַּׁבָּת וְ/
יִשְׂרָאֵל וְיוֹם הַכִּפּוּרִים.

רְצֵה יְיָ אֱלֹהֵינוּ בְּעַמְּךָ יִשְׂרָאֵל וּבִתְפִלָּתָם
וְהָשֵׁב אֶת הָעֲבוֹדָה לִדְבִיר בֵּיתֶךָ
וְאִשֵּׁי יִשְׂרָאֵל וּתְפִלָּתָם בְּאַהֲבָה תְקַבֵּל בְּרָצוֹן
וּתְהִי לְרָצוֹן תָּמִיד עֲבוֹדַת יִשְׂרָאֵל עַמֶּךָ.
וְתֶחֱזֶינָה עֵינֵינוּ בְּשׁוּבְךָ לְצִיּוֹן בְּרַחֲמִים.
בָּרוּךְ אַתָּה יְיָ, הַמַּחֲזִיר שְׁכִינָתוֹ לְצִיּוֹן.

מוֹדִים אֲנַחְנוּ לָךְ
שָׁאַתָּה הוּא יי אֱלֹהֵינוּ וֵאלֹהֵי אֲבוֹתֵינוּ לְעוֹלָם וָעֶד
צוּר חַיֵּינוּ, מָגֵן יִשְׁעֵנוּ אַתָּה הוּא לְדוֹר וָדוֹר.
נוֹדֶה לְּךָ וּנְסַפֵּר תְּהִלָּתֶךָ עַל חַיֵּינוּ הַמְּסוּרִים בְּיָדֶךָ
וְעַל נִשְׁמוֹתֵינוּ הַפְּקוּדוֹת לָךְ
וְעַל נִסֶּיךָ שֶׁבְּכָל יוֹם עִמָּנוּ
וְעַל נִפְלְאוֹתֶיךָ וְטוֹבוֹתֶיךָ שֶׁבְּכָל עֵת, עֶרֶב וָבֹקֶר וְצָהֳרָיִם.
הַטּוֹב כִּי לֹא כָלוּ רַחֲמֶיךָ, וְהַמְרַחֵם כִּי לֹא תַמּוּ חֲסָדֶיךָ
מֵעוֹלָם קִוִּינוּ לָךְ.
וְעַל כֻּלָּם יִתְבָּרַךְ וְיִתְרוֹמַם שִׁמְךָ מַלְכֵּנוּ
תָּמִיד לְעוֹלָם וָעֶד.
וּכְתֹב לְחַיִּים טוֹבִים כָּל בְּנֵי בְרִיתֶךָ.
וְכֹל הַחַיִּים יוֹדוּךָ סֶּלָה
וִיהַלְלוּ אֶת שִׁמְךָ בֶּאֱמֶת
הָאֵל יְשׁוּעָתֵנוּ וְעֶזְרָתֵנוּ סֶלָה.
בָּרוּךְ אַתָּה יי, הַטּוֹב שִׁמְךָ וּלְךָ נָאֶה לְהוֹדוֹת.

שִׂים שָׁלוֹם טוֹבָה וּבְרָכָה, חֵן וָחֶסֶד וְרַחֲמִים
עָלֵינוּ וְעַל כָּל יִשְׂרָאֵל עַמֶּךָ.
בָּרְכֵנוּ אָבִינוּ כֻּלָּנוּ כְּאֶחָד בְּאוֹר פָּנֶיךָ
כִּי בְאוֹר פָּנֶיךָ נָתַתָּ לָּנוּ יי אֱלֹהֵינוּ תּוֹרַת חַיִּים וְאַהֲבַת חֶסֶד
וּצְדָקָה וּבְרָכָה וְרַחֲמִים וְחַיִּים וְשָׁלוֹם.
וְטוֹב בְּעֵינֶיךָ לְבָרֵךְ אֶת עַמְּךָ יִשְׂרָאֵל
בְּכָל עֵת וּבְכָל שָׁעָה בִּשְׁלוֹמֶךָ.

בְּסֵפֶר חַיִּים, בְּרָכָה וְשָׁלוֹם, וּפַרְנָסָה טוֹבָה
נִזָּכֵר וְנִכָּתֵב לְפָנֶיךָ
אֲנַחְנוּ וְכָל עַמְּךָ בֵּית יִשְׂרָאֵל, לְחַיִּים טוֹבִים וּלְשָׁלוֹם.*
בָּרוּךְ אַתָּה יי, הַמְבָרֵךְ אֶת עַמּוֹ יִשְׂרָאֵל בַּשָּׁלוֹם.

* בחו״ל מסיימים: בָּרוּךְ אַתָּה יי, עוֹשֵׂה הַשָּׁלוֹם.

אֱלֹהֵינוּ וֵאלֹהֵי אֲבוֹתֵינוּ
אָנָּא תָּבֹא לְפָנֶיךָ תְּפִלָּתֵנוּ, וְאַל תִּתְעַלַּם מִתְּחִנָּתֵנוּ
שֶׁאֵין אֲנַחְנוּ עַזֵּי פָנִים וּקְשֵׁי עֹרֶף לוֹמַר לְפָנֶיךָ
יי אֱלֹהֵינוּ וֵאלֹהֵי אֲבוֹתֵינוּ
צַדִּיקִים אֲנַחְנוּ וְלֹא חָטָאנוּ
אֲבָל אֲנַחְנוּ וַאֲבוֹתֵינוּ חָטָאנוּ.

אָשַׁמְנוּ. בָּגַדְנוּ. גָּזַלְנוּ. דִּבַּרְנוּ דֹפִי.
הֶעֱוִינוּ. וְהִרְשַׁעְנוּ. זַדְנוּ. חָמַסְנוּ. טָפַלְנוּ שֶׁקֶר.
יָעַצְנוּ רָע. כִּזַּבְנוּ. לַצְנוּ. מָרַדְנוּ. נִאַצְנוּ. סָרַרְנוּ.
עָוִינוּ. פָּשַׁעְנוּ. צָרַרְנוּ. קִשִּׁינוּ עֹרֶף.
רָשַׁעְנוּ. שִׁחַתְנוּ. תִּעַבְנוּ. תָּעִינוּ. תִּעְתָּעְנוּ.

סַרְנוּ מִמִּצְוֹתֶיךָ וּמִמִּשְׁפָּטֶיךָ הַטּוֹבִים וְלֹא שָׁוָה לָנוּ.
וְאַתָּה צַדִּיק עַל כָּל הַבָּא עָלֵינוּ
כִּי אֱמֶת עָשִׂיתָ וַאֲנַחְנוּ הִרְשָׁעְנוּ.

מַה נֹּאמַר לְפָנֶיךָ יוֹשֵׁב מָרוֹם, וּמַה נְּסַפֵּר לְפָנֶיךָ שׁוֹכֵן שְׁחָקִים
הֲלֹא כָּל הַנִּסְתָּרוֹת וְהַנִּגְלוֹת אַתָּה יוֹדֵעַ.

אַתָּה יוֹדֵעַ רָזֵי עוֹלָם וְתַעֲלוּמוֹת סִתְרֵי כָּל חָי.
אַתָּה חוֹפֵשׂ כָּל חַדְרֵי בָטֶן וּבוֹחֵן כְּלָיוֹת וָלֵב.
אֵין דָּבָר נֶעְלָם מִמָּךְ וְאֵין נִסְתָּר מִנֶּגֶד עֵינֶיךָ.
וּבְכֵן, יְהִי רָצוֹן מִלְּפָנֶיךָ, יי אֱלֹהֵינוּ וֵאלֹהֵי אֲבוֹתֵינוּ
שֶׁתִּסְלַח לָנוּ עַל כָּל חַטֹּאתֵינוּ
וְתִמְחַל לָנוּ עַל כָּל עֲוֹנוֹתֵינוּ
וּתְכַפֵּר לָנוּ עַל כָּל פְּשָׁעֵינוּ.

עַל חֵטְא שֶׁחָטָאנוּ לְפָנֶיךָ בְּאֹנֶס וּבְרָצוֹן
וְעַל חֵטְא שֶׁחָטָאנוּ לְפָנֶיךָ בְּאִמּוּץ הַלֵּב
עַל חֵטְא שֶׁחָטָאנוּ לְפָנֶיךָ בִּבְלִי דָעַת
וְעַל חֵטְא שֶׁחָטָאנוּ לְפָנֶיךָ בְּבִטּוּי שְׂפָתָיִם
עַל חֵטְא שֶׁחָטָאנוּ לְפָנֶיךָ בְּגָלוּי וּבַסָּתֶר
וְעַל חֵטְא שֶׁחָטָאנוּ לְפָנֶיךָ בְּגִלּוּי עֲרָיוֹת
עַל חֵטְא שֶׁחָטָאנוּ לְפָנֶיךָ בְּדִבּוּר פֶּה
וְעַל חֵטְא שֶׁחָטָאנוּ לְפָנֶיךָ בְּדַעַת וּבְמִרְמָה
עַל חֵטְא שֶׁחָטָאנוּ לְפָנֶיךָ בְּהַרְהוֹר הַלֵּב
וְעַל חֵטְא שֶׁחָטָאנוּ לְפָנֶיךָ בְּהוֹנָאַת רֵעַ
עַל חֵטְא שֶׁחָטָאנוּ לְפָנֶיךָ בְּוִדּוּי פֶּה
וְעַל חֵטְא שֶׁחָטָאנוּ לְפָנֶיךָ בִּוְעִידַת זְנוּת
עַל חֵטְא שֶׁחָטָאנוּ לְפָנֶיךָ בְּזָדוֹן וּבִשְׁגָגָה
וְעַל חֵטְא שֶׁחָטָאנוּ לְפָנֶיךָ בְּזִלְזוּל הוֹרִים וּמוֹרִים

עַל חֵטְא שֶׁחָטָאנוּ לְפָנֶיךָ בְּחֹזֶק יָד
וְעַל חֵטְא שֶׁחָטָאנוּ לְפָנֶיךָ בְּחִלּוּל הַשֵּׁם
עַל חֵטְא שֶׁחָטָאנוּ לְפָנֶיךָ בְּטִפְשׁוּת פֶּה
וְעַל חֵטְא שֶׁחָטָאנוּ לְפָנֶיךָ בְּטֻמְאַת שְׂפָתָיִם
עַל חֵטְא שֶׁחָטָאנוּ לְפָנֶיךָ בְּיֵצֶר הָרָע
וְעַל חֵטְא שֶׁחָטָאנוּ לְפָנֶיךָ בְּיוֹדְעִים וּבְלֹא יוֹדְעִים

וְעַל כֻּלָּם אֱלוֹהַּ סְלִיחוֹת סְלַח לָנוּ, מְחַל לָנוּ, כַּפֶּר לָנוּ.

עַל חֵטְא שֶׁחָטָאנוּ לְפָנֶיךָ בְּכַפַּת שֹׁחַד
וְעַל חֵטְא שֶׁחָטָאנוּ לְפָנֶיךָ בְּכַחַשׁ וּבְכָזָב
עַל חֵטְא שֶׁחָטָאנוּ לְפָנֶיךָ בְּלָשׁוֹן הָרָע
וְעַל חֵטְא שֶׁחָטָאנוּ לְפָנֶיךָ בְּלָצוֹן
עַל חֵטְא שֶׁחָטָאנוּ לְפָנֶיךָ בְּמַשָּׂא וּבְמַתָּן
וְעַל חֵטְא שֶׁחָטָאנוּ לְפָנֶיךָ בְּמַאֲכָל וּבְמִשְׁתֶּה
עַל חֵטְא שֶׁחָטָאנוּ לְפָנֶיךָ בְּנֶשֶׁךְ וּבְמַרְבִּית
וְעַל חֵטְא שֶׁחָטָאנוּ לְפָנֶיךָ בִּנְטִיַּת גָּרוֹן
עַל חֵטְא שֶׁחָטָאנוּ לְפָנֶיךָ בְּשִׂקּוּר עָיִן
וְעַל חֵטְא שֶׁחָטָאנוּ לְפָנֶיךָ בְּשִׂיחַ שִׂפְתוֹתֵינוּ
עַל חֵטְא שֶׁחָטָאנוּ לְפָנֶיךָ בְּעֵינַיִם רָמוֹת
וְעַל חֵטְא שֶׁחָטָאנוּ לְפָנֶיךָ בְּעַזּוּת מֵצַח

וְעַל כֻּלָּם אֱלוֹהַּ סְלִיחוֹת סְלַח לָנוּ, מְחַל לָנוּ, כַּפֶּר לָנוּ.

עַל חֵטְא שֶׁחָטָאנוּ לְפָנֶיךָ בִּפְרִיקַת עֹל
וְעַל חֵטְא שֶׁחָטָאנוּ לְפָנֶיךָ בִּפְלִילוּת
עַל חֵטְא שֶׁחָטָאנוּ לְפָנֶיךָ בִּצְדִיַּת רֵעַ
וְעַל חֵטְא שֶׁחָטָאנוּ לְפָנֶיךָ בְּצָרוּת עָיִן
עַל חֵטְא שֶׁחָטָאנוּ לְפָנֶיךָ בְּקַלּוּת רֹאשׁ
וְעַל חֵטְא שֶׁחָטָאנוּ לְפָנֶיךָ בְּקַשְׁיוּת עֹרֶף
עַל חֵטְא שֶׁחָטָאנוּ לְפָנֶיךָ בְּרִיצַת רַגְלַיִם לְהָרַע
וְעַל חֵטְא שֶׁחָטָאנוּ לְפָנֶיךָ בִּרְכִילוּת
עַל חֵטְא שֶׁחָטָאנוּ לְפָנֶיךָ בִּשְׁבוּעַת שָׁוְא
וְעַל חֵטְא שֶׁחָטָאנוּ לְפָנֶיךָ בְּשִׂנְאַת חִנָּם
עַל חֵטְא שֶׁחָטָאנוּ לְפָנֶיךָ בִּתְשׂוּמֶת יָד
וְעַל חֵטְא שֶׁחָטָאנוּ לְפָנֶיךָ בְּתִמְהוֹן לֵבָב

וְעַל כֻּלָּם אֱלוֹהַּ סְלִיחוֹת סְלַח לָנוּ, מְחַל לָנוּ, כַּפֶּר לָנוּ.

וְעַל חֲטָאִים שֶׁאָנוּ חַיָּבִים עֲלֵיהֶם עוֹלָה
וְעַל חֲטָאִים שֶׁאָנוּ חַיָּבִים עֲלֵיהֶם חַטָּאת
וְעַל חֲטָאִים שֶׁאָנוּ חַיָּבִים עֲלֵיהֶם קָרְבָּן עוֹלֶה וְיוֹרֵד
וְעַל חֲטָאִים שֶׁאָנוּ חַיָּבִים עֲלֵיהֶם אָשָׁם וַדַּאי וְתָלוּי
וְעַל חֲטָאִים שֶׁאָנוּ חַיָּבִים עֲלֵיהֶם מַכַּת מַרְדּוּת
וְעַל חֲטָאִים שֶׁאָנוּ חַיָּבִים עֲלֵיהֶם מַלְקוּת אַרְבָּעִים
וְעַל חֲטָאִים שֶׁאָנוּ חַיָּבִים עֲלֵיהֶם מִיתָה בִּידֵי שָׁמָיִם
וְעַל חֲטָאִים שֶׁאָנוּ חַיָּבִים עֲלֵיהֶם כָּרֵת וַעֲרִירִי
וְעַל חֲטָאִים שֶׁאָנוּ חַיָּבִים עֲלֵיהֶם אַרְבַּע מִיתוֹת בֵּית דִּין
סְקִילָה, שְׂרֵפָה, הֶרֶג, וְחֶנֶק.

עַל מִצְוַת עֲשֵׂה וְעַל מִצְוַת לֹא תַעֲשֶׂה.
בֵּין שֶׁיֵּשׁ בָּהּ קוּם עֲשֵׂה וּבֵין שֶׁאֵין בָּהּ קוּם עֲשֵׂה.
אֶת הַגְּלוּיִים לָנוּ וְאֶת שֶׁאֵינָם גְּלוּיִים לָנוּ
אֶת הַגְּלוּיִים לָנוּ כְּבָר אֲמַרְנוּם לְפָנֶיךָ וְהוֹדִינוּ לְךָ עֲלֵיהֶם
וְאֶת שֶׁאֵינָם גְּלוּיִים לָנוּ
לְפָנֶיךָ הֵם גְּלוּיִים וִידוּעִים
כַּדָּבָר שֶׁנֶּאֱמַר
הַנִּסְתָּרֹת לַיי אֱלֹהֵינוּ
וְהַנִּגְלֹת לָנוּ וּלְבָנֵינוּ עַד עוֹלָם
לַעֲשׂוֹת אֶת כָּל דִּבְרֵי הַתּוֹרָה הַזֹּאת.
כִּי אַתָּה סָלְחָן לְיִשְׂרָאֵל וּמָחֳלָן לְשִׁבְטֵי יְשֻׁרוּן
בְּכָל דּוֹר וָדוֹר
וּמִבַּלְעָדֶיךָ אֵין לָנוּ מֶלֶךְ מוֹחֵל וְסוֹלֵחַ אֶלָּא אָתָּה.

אֱלֹהַי
עַד שֶׁלֹּא נוֹצַרְתִּי אֵינִי כְדַאי
וְעַכְשָׁיו שֶׁנּוֹצַרְתִּי כְּאִלּוּ לֹא נוֹצַרְתִּי.
עָפָר אֲנִי בְּחַיַּי
קַל וָחֹמֶר בְּמִיתָתִי.
הֲרֵי אֲנִי לְפָנֶיךָ כִּכְלִי מָלֵא בוּשָׁה וּכְלִמָּה.

יְהִי רָצוֹן מִלְּפָנֶיךָ, יי אֱלֹהַי וֵאלֹהֵי אֲבוֹתַי
שֶׁלֹּא אֶחֱטָא עוֹד.
וּמַה שֶּׁחָטָאתִי לְפָנֶיךָ מְחֹק בְּרַחֲמֶיךָ הָרַבִּים
אֲבָל לֹא עַל יְדֵי יִסּוּרִים וָחֳלָיִם רָעִים.

אֱלֹהַי, נְצֹר לְשׁוֹנִי מֵרָע וּשְׂפָתַי מִדַּבֵּר מִרְמָה, וְלִמְקַלְלַי נַפְשִׁי תִדֹּם, וְנַפְשִׁי כֶּעָפָר לַכֹּל תִּהְיֶה. פְּתַח לִבִּי בְּתוֹרָתֶךָ, וּבְמִצְוֹתֶיךָ תִּרְדֹּף נַפְשִׁי. וְכָל הַחוֹשְׁבִים עָלַי רָעָה, מְהֵרָה הָפֵר עֲצָתָם וְקַלְקֵל מַחֲשַׁבְתָּם. עֲשֵׂה לְמַעַן שְׁמֶךָ, עֲשֵׂה לְמַעַן יְמִינֶךָ, עֲשֵׂה לְמַעַן קְדֻשָּׁתֶךָ, עֲשֵׂה לְמַעַן תּוֹרָתֶךָ. לְמַעַן יֵחָלְצוּן יְדִידֶיךָ הוֹשִׁיעָה יְמִינְךָ וַעֲנֵנִי. יִהְיוּ לְרָצוֹן אִמְרֵי פִי וְהֶגְיוֹן לִבִּי לְפָנֶיךָ, יי צוּרִי וְגֹאֲלִי. עֹשֶׂה הַשָּׁלוֹם בִּמְרוֹמָיו, הוּא יַעֲשֶׂה שָׁלוֹם עָלֵינוּ וְעַל כָּל יִשְׂרָאֵל, וְאִמְרוּ אָמֵן.

יְהִי רָצוֹן מִלְּפָנֶיךָ יי אֱלֹהֵינוּ וֵאלֹהֵי אֲבוֹתֵינוּ, שֶׁיִּבָּנֶה בֵּית הַמִּקְדָּשׁ בִּמְהֵרָה בְיָמֵינוּ, וְתֵן חֶלְקֵנוּ בְּתוֹרָתֶךָ. וְשָׁם נַעֲבָדְךָ בְּיִרְאָה כִּימֵי עוֹלָם וּכְשָׁנִים קַדְמֹנִיּוֹת. וְעָרְבָה לַיי מִנְחַת יְהוּדָה וִירוּשָׁלָיִם כִּימֵי עוֹלָם וּכְשָׁנִים קַדְמֹנִיּוֹת.

חזרת הש"ץ למוסף 311

פותחים את ארון הקודש

אֲדֹנָי, שְׂפָתַי תִּפְתָּח וּפִי יַגִּיד תְּהִלָּתֶךָ

בָּרוּךְ אַתָּה יי, אֱלֹהֵינוּ וֵאלֹהֵי אֲבוֹתֵינוּ, אֱלֹהֵי אַבְרָהָם, אֱלֹהֵי יִצְחָק, וֵאלֹהֵי יַעֲקֹב, הָאֵל הַגָּדוֹל הַגִּבּוֹר וְהַנּוֹרָא, אֵל עֶלְיוֹן, גּוֹמֵל חֲסָדִים טוֹבִים, וְקוֹנֵה הַכֹּל, וְזוֹכֵר חַסְדֵי אָבוֹת וּמֵבִיא גוֹאֵל לִבְנֵי בְנֵיהֶם לְמַעַן שְׁמוֹ בְּאַהֲבָה.

מִסּוֹד חֲכָמִים וּנְבוֹנִים / וּמִלֶּמֶד דַּעַת מְבִינִים
אֶפְתְּחָה פִּי בִּתְפִלָּה וּבְתַחֲנוּנִים
לְחַלּוֹת וּלְחַנֵּן פְּנֵי מֶלֶךְ מוֹחֵל וְסוֹלֵחַ לַעֲוֹנִים.

סוגרים את ארון הקודש

סימן: שבת שבתון (מרובע). [מחברו: ר' אלעזר ב"ר קליר.]

1 שׁוֹשַׁן עֵמֶק אִיֻמָּה / שַׁבַּת שַׁבָּתוֹן לְקַיְּמָה
שֹׁרֶשׁ וְעָנָף סִיְּמָה / שָׁוִים יַחַד לְצַיְּמָה.

בְּעֵת מָטוּ יְסוֹדוֹתֶיהָ / בָּטְחָה בְּחִין מוֹסְדוֹתֶיהָ
בָּם תָּקְעָה יְתֵדוֹתֶיהָ / בְּכֶפֶל לְהַשְׁעִין יְדוֹתֶיהָ.

מסוד חכמים ונבונים הש"ץ נוטל רשות להפסיק את הברכה בפיוט מענינא דיומא, והוא מצהיר שלא בדה מלבו את הדרשות הכלולות בו אלא לקחם ממה שדרשו חז"ל, והוא מסוד חכמים ונבונים, מסוד ל' בסודם אל תבא נפשי (ברא' מט ו), ר"ל מתוך מה שדרשו חכמים ונבונים בבית מדרשם. **אפתחה ... לחלות ולחנן פני מלך מוחל** ... התאמה של הנוסח הכללי (אפתחה פי בשיר ורננים / להודות ולהלל פני שוכן מעונים) לצרכי יום הכפורים. **לחלות** ל' ויחל משה (שמות לב יא), ואצל הפייטנים בלי 'פני'. **לחנן** להתחנן.

1 שושן עמק כנסת ישראל, ע"ש שה"ש ב א אני חבצלת השרון שושנת העמקים, שדרשוהו על ישראל. **איימה** הוזהרה, הופחדה (עי' ג"כ בקרובה לסוכות לר"א הקלירי: איימתי בחיל כפור). והפייטן כתב ל' נקבה 'איימה' לפי כנסת ישראל. **שבת שבתון לקיימה** לקיים את יום כפור

תָּמְכָה פֹּעַל צוּרִים / תֻּמַּת הֵמָּה הַיּוֹצְרִים
תְּרוּפָה תֵּת לַעֲצוּרִים / תֵּבֵל לְהַאֲפִיל לְצָרִים.

שְׁתִילֵי גְּבָעוֹת אַרְבַּע / שַׁאַג סֵפֶר הַמְרֻבָּע
שֶׁוַע פְּגִיעוֹת אַרְבַּע / שְׁעֵה צִדְקָם לְתַבַּע.

בִּיטָה בְּמִתְהַלֵּךְ תָּמִים / בְּמוּסַר לְחֵמוֹ חֲתוּמִים
בְּצִדְקוֹ תָּדִיחַ כְּתָמִים / בְּאֶפֶס אוּרִים וְתֻמִּים.

הנקרא שבת שבתון (ויקר׳ כג לב). **2 שורש וענף** מלאכי ג יט, ותרגום יונתן שם: בר ובר בר, ר״ל זקנים וצעירים. **סיימה** החליטה, קבעה כנסת ישראל (וי״ג סויימה, נקבעה). **לציימה** לצום (וחידש הפייטן בנין פיעל זה). **3 בעת מטו יסודותיה** משנחרב בית המקדש. **בטחה בחין מוסדותיה** נשענת בתחנוני האבות, ע״ש מיכה ו ב שמעו הרים את ריב ה׳ והאיתנים מוסדי ארץ, שדרשוהו על האבות תנחומא כי תשא כ״ח. ש״ר ט״ו ד׳. ד׳ ועוד. וי״מ בתפלות שאבות תקנום (כ״ה בפירוש כ״י וטיקאן 306). **4 בם תקעה יתדותיה** (הלשון ע״ש ישע׳ כב כג ותקעתיו יתד במקום נאמן), ר״ל בהם שמה בטחונה. **בכפל** במערת המכפלה, ר״ל באבות ואמהות השוכנים שם. **להשעין ידותיה** ידות הקרשים שעליהם יש לתלות בטחונם. וכל הביטויים מכוונים למדרש המובא בכ״י הנ״ל ובפירוש ״מעשה ארג״: אמר להן הקב״ה לישראל הזכירו לפני האבות לעולם בראש התפלה שאין לך יתד תקועה להתלות בה כהזכרת אבות (ולא הצלחתי למצוא מדרש זה במקורות הידועים). **5 תמכה פועל צורים** כנסת ישראל אחזה, הביעה מעשי האבות (׳תמך׳ במשמעות זו כמו באפן לר״ה: תפן בתומכי ברוך). **תומת המה היוצרים** על תומת האבות שבזכותם נברא העולם, כדרשת חז״ל ב״ר ח׳ ז׳ (ע׳ 61) בנפשותן שלצדיקים נמלך, ה״ה המה היוצרים ויושבי נטעים... (דה״א ד כג). **6 תרופה תת לעצורים** ר״ל לעצורים בגלות (וי״מ הנעצרים בצום ועצרה). **תבל להאפיל לצרים** לאומות העולם המשעבדים אותם. **7 שתילי גבעות ארבע** בני ארבע האמהות שנקראו גבעות (ע׳ ספרי דברים שנ״ג וממגד גבעות עולם, מלמד שאבות ואמהות קרוים הרים וגבעות וכו׳). **שאג ספר המרובע** צעקת ישראל, ע״ש במד׳ כג י ומספר את רובע ישראל. **8 שוע פגיעות ארבע שעה** שעה לארבע התפלות של יו״כ, שחרית מוסף מנחה ונעילה. **צדקם לתבע** להצדיקם בדין. **9 ביטה** הביטה **במתהלך תמים** באברהם, ע״ש בראׄ יז א התהלך לפני והיה תמים. **במוסר לחומו חתומים** ר״ל הביטה בישראל החתומים בחותם שבבשרו, היינו המילה, והפייטן תפס ׳מוסר׳ במשמעות ׳מסורת׳ (מל׳ מסר), או שיש לפרשו ע״ש איוב לג טז ובמוסרם יחתם, לפי פירושי המפרשים ׳ביסורין׳ (ולפי זה יש לנקד בְּמֻוסָר); ולחום פי׳ בשר, ע״ש צפני׳ א יז. **בצדקו תדיח כתמים** בזכותו תטהר את לכלוך העונות, ע״ש ירמ׳ ב כב נכתם עונך לפני. **באפס אורים ותומים** היום שאין לנו בית המקדש. **11 תמור תשלומי פר** תמורת פרים וכבשים, ר״ל תמורת זבחים ועולות. **תבן הגג המסופר** תבין הגיגנו,

תְּמוּר תַּשְׁלוּמֵי פָּר / תִּבֶן הֶגֶג הַמְּסֻפָּר
תּוֹקְעֵי בַּחֹדֶשׁ שׁוֹפָר / תַּלְאוּבָם בְּכִפּוּר יְכֻפָּר.

וְשַׁכֵּךְ חֲמַת זַעְמָךְ / וְתָחֹן שְׂרִידֵי עַמָּךְ
וְעָלֵינוּ יְהִי נָעֳמָךְ / וְנִחְיֶה מִמְּקוֹר עִמָּךְ.

נָאוֹר עִמְּךָ הַסְּלִיחָה / נָכוֹן מַהֵר לִסְלָחָה
נִיב שְׂפָתֵינוּ הַצְלִיחָה / נַאַק שְׁמָעָה וּסְלָחָה.

שְׂפָתֵינוּ מְדוֹבְבוֹת יְשֵׁנִים / יְנַצְּחוּךָ כְּבַעַל שׁוֹשַׁנִּים
חֲדָשִׁים גַּם יְשָׁנִים / בְּמָגִנַּת אָב נִשְׁעָנִים.

זָכְרֵנוּ לְחַיִּים, מֶלֶךְ חָפֵץ בַּחַיִּים
וְכָתְבֵנוּ בְּסֵפֶר הַחַיִּים, לְמַעַנְךָ אֱלֹהִים חַיִּים.
מֶלֶךְ עוֹזֵר וּמוֹשִׁיעַ וּמָגֵן. בָּרוּךְ אַתָּה יי, מָגֵן אַבְרָהָם.

אַתָּה גִּבּוֹר לְעוֹלָם אֲדֹנָי, מְחַיֵּה מֵתִים אַתָּה, רַב לְהוֹשִׁיעַ
בא״י: מוֹרִיד הַטָּל.

מְכַלְכֵּל חַיִּים בְּחֶסֶד, מְחַיֵּה מֵתִים בְּרַחֲמִים רַבִּים, סוֹמֵךְ נוֹפְלִים, וְרוֹפֵא חוֹלִים, וּמַתִּיר אֲסוּרִים, וּמְקַיֵּם אֱמוּנָתוֹ לִישֵׁנֵי עָפָר. מִי כָמוֹךָ בַּעַל גְּבוּרוֹת וּמִי דּוֹמֶה לָּךְ, מֶלֶךְ מֵמִית וּמְחַיֶּה וּמַצְמִיחַ יְשׁוּעָה.

היינו תפלתנו, שאנו מספרים לפניך, ע״ש תהל׳ ה ב בינה הגיגי, והענין ע״ש הושע יד ג ונשלמה פרים שפתינו. (הצורה ׳תיבן׳ במקום תבין חידוש הפייטן הוא שהעביר פועל ע״ו לל״ה). **12 תוקעי בחדש שופר** ישראל שתוקעים בר״ה, ע״ש תהל׳ פא ד תקעו בחדש שופר. **תלאובם** צמאם, צרתם. **14 ועלינו יהי נעמך** ע״ש תהל׳ צ יז ויהי נועם ה׳ אלהינו עלינו. **ונחיה ממקור עמך** ע״ש תהל׳ לו י כי עמך מקור חיים. **15 נאור** כינוי להקב״ה, ע״ש תהל׳ עו ה נאור אתה. **עמך הסליחה** תהל׳ קל ד. **נכון** ר״ל אתה שהוא מוכן לסלוח **תמהר לסלחה**. **16 ניב שפתינו הצליחה** ע״ש ישע׳ נז יט בורא ניב שפתים. **נאק שמעה וסלחה** ע״ש דני׳ ט יט. **17 שפתינו מדובבות ישנים** מזכירות האבות ישיני מערת מכפלה. **ינצחוך כעל שושנים** יזמרו לך, ע״ש תהל׳ מה א (ועוד) למנצח על שושנים. **18 חדשים גם ישנים במגנת אב נשענים** דור אחר דור נשענים במגן אברהם.

סימן: יוס כפוריס (מרובע).

יוֹם מִיָּמִים הוּחַס / יוֹם כִּפּוּר הַמְיֻחָס
יוֹדְעָיו חֲמוֹל וְחַס / יוֹקְשָׁיו לְפוֹעֶרֶת הַס.

וּבוֹ בְּתַחְבּוּלוֹת יוּעָצוּ / וִדּוּי בְּתַחַן יָאִיצוּ
וְשׁוֹכְנֵי עָפָר יָקִיצוּ / וּמֵרֹאשׁ הָרִים יָלִיצוּ.

מִפְּעֻלּוֹת עוֹקֵד וְעָקוּד / מֵאָז בְּיָדָם פָּקוּד
מוֹפֵת הַכָּמוּס לְפִקּוּד / מוּקָשׁ לְהַבְעִית בְּסִקּוּד.

כְּהַבְטָחַת סְבִיכַת אַיִל / כָּפְרוֹ הַנָּצוּר לְחַיִל
כֵּן תַּעֲצִים חַיִל / כּוֹרְעֶיךָ בְּעֶצֶם וָלַיִל.

1 יום מימים הוחס נתיחס והועד מכל הימים, ע״פ דרשת חז״ל פסיקתא רבתי כ״ג (דף קט״ו א׳) ימים יוצרו ולו (ולא כ׳) אחד בהם (תהל׳ קלט טז)... ר״י אומר שס״ה ימים הם ימות החמה. ליחידו של עולם אחד מהם. ואיזו זה... ר׳ לוי אומר זה יום הכפורים וכו׳. ועל זה אומר הפייטן **יום כפור המיוחס.** **2 יודעיו חמול** ר״ל חמול על יודעי דין יום הכפורים ושומריו. **וחס** קריאה לרחמים (והוא שם עצם, ברוב המקורות בקשר ׳חס ושלום׳ במשמעות ׳חלילה׳ שבמקרא, וייתכן שגם כאן צריכין להשלים את המחשבה: חס ושלום שיקרה אותם משהו). **יוקשיו** (ע״ש תהל׳ קכד ז) **לפוערת** ר״ל את המבזים אותו ושמים מוקשים לשומריו, השליכם לגיהנם הפוערת פיה, ע״ש ישע׳ ה יד לכן הרחיבה שאול ופערה פיה לבלי חק. **הס** קריאה לשתיקה דוגמת עמוס ח ג רב הפגר בכל מקום השליך הס. **3 ובו בתחבולות יועצו** להטעות את השטן המקטרג נועצים בחכמה. **וידוי בתחן יאיצו** למהר להתודות באמצע התפלה, לפי מה ששנינו בברייתא (יומא דף פ״ז ב׳)... ואע״פ שהתודה ערבית יתודה שחרית, שחרית יתודה במוסף... והיכן אמרו? יחיד אחר תפלתו ושליח צבור אומרו באמצע. והשטן שרצה לקטרג בשעת הוידוי טועה מפני שהוא חושב שגם בתפלה בקול הוידוי בסוף. זהו הפירוש המקובל מימי הבינים, ומסתבר. **4 ושוכני עפר יקיצו** האבות. **ומראש הרים יליצו** יליצו על עצמם כאילו מראש הרים (הלשון לפי ישע׳ מב יא), ז״א בזכות האבות הנקראים הרים (ספרי דברים שנ״ג). **5 מפעלות עוקד ועקוד** מעשה אברהם ויצחק. **מאז בידם פקוד / 6 מופת הכמוס לפיקוד** כנראה יש לחבר: מפעלות אברהם ויצחק הלא הם מופת שהוא מאז בידם פקוד, ר״ל בידי ישראל, שמור וגנוז (כמוס ע״ש דבר׳ לב לד) לזכירה. וי״ג בפיקוד, ר״ל שמור בקפדנות ופקידה (ושמא זה עיקר). **מוקש להבעית בסיקוד** כדי להחריד את השטן בייסור (סיקוד מל׳ סקד בהמה, לנהל אותה בדרבן שנקרא מסקד, ועי׳ ת״י דבר׳ ח ה כי כאשר ייסר איש את בנו — היכמא דמסקד גבר ית בריה). **7 כהבטחת סביכת איל** כשם שהבטחת לאברהם במצאו את האיל נאחז בסבך, והוא **כפרו הנצור לחיל** כופר ליצחק שיהיה לנצור לחיל ישראל. **8 כן תעצים חיל** תגביר עוצם ישראל **כורעיך בעצם וליל** ביום (ע״ש

פַּחְדּוֹ יָחִיל שׁוֹטְמִים / פִּיּוֹתָם הֱיוֹת אֲטוּמִים
פְּרָחָיו בְּמִשְׁעֲנוֹתָם חֲטוּמִים / פַּלְטֵם מֵרֶכֶל פִּטּוּמִים.

וְאִם אֵין מַעֲשִׂים / וְזֶבַח מִבְּלִי מֵשִׂים
וְזָכְרָה לִנְבָזִים וּמְאוּסִים / וּמִגְּזְעָם הָפֵר כְּעָסִים.

רָם קֹשֶׁט מַעְבָדֶיךָ / רְאֵה תִרְאֶה עוֹבְדֶיךָ
רֵעִים בָּאֵי עָדֶיךָ / רַחוּם זְכֹר לַעֲבָדֶיךָ.

יְבֻקַּשׁ עָוֹן וְאֵינֶנּוּ / יָמָה בִּמְצוּלוֹת תְּנֶנּוּ
יֶלֶד בְּשַׁעֲשׁוּעָיו תַּעֲנֶנּוּ / יֹשֶׁר מֵלִיץ יְחָנֶּנּוּ.

מִבְּרַק חֶרֶב הַשָּׁנוּן / מַלֵּט מַאֲרִיכֵי רִנּוּן
מַלֵּא מִשְׁאֲלוֹתָם בְּתַחֲנוּן / מֶלֶךְ רַחוּם וְחַנּוּן.

כֹּפֶר פִּדְיוֹן נֶפֶשׁ / פְּדֵה מִטְּבִיעַת רֶפֶשׁ
מְיַחֲלֶיךָ בְּעִנּוּי וְכֹפֶשׁ / הַחַיִּים בְּטַלְלֵי נֹפֶשׁ.

בעצם היום הזה, ברא׳ ז יג ועוד) ובלילה... **9 פחדו יחיל שוטמים** פחד יצחק (ברא׳ לא מב) יפחיד את המלשינים. **פיותם היות אטומים** סתומים. **10 פרחיו במשענותם חטומים** בניו שהם מוגנים וסגורים (חטומים ע״ש ישע׳ מח ט למען שמי אאריך אפי ותהלתי אחטם לך) במשענת שלהם שהוא הקב״ה, וי״מ זכות אבות (וי״ג במשענותינו, ר״ל זכותו של אברהם). **פלטם מרכל פיטומים** מרכילות דברים (פיטומים ע״ש הביטוי התלמודי פטומי מילי, ב״מ דף ס״ו א׳ ועוד). **11 ואם אין מעשים** ר״ל אם אין בנו מעשים **וזבח מבלי משים** (הלשון ע״ש איוב ד כ) ואם אין היום זבח להשלים. **12 וזכרה לנבזים ומאוסים** לישראל. **הפר כעסים** ע״ש תהל׳ פה ה והפר כעסך עמנו. **13 קושט מעבדיך** ע״ש תהל׳ קיא ז מעשי ידיו אמת ומשפט, וכנראה יש לחבר: עובדיך, שהם קושט מעבדיך, ראה תראה. וי״ג קושט מעבדיך רָאֹה תַרְאֶה לעובדיך, ומסתבר (אם אפשר ליחס לפייטן חידוש נועז זה). **14 באי עדיך** ע״ש תהל׳ סה ג. **15 יבוקש עון ואיננו** ע״ש ירמ׳ נ כ. **ימה במצולות תננו** ע״ש מיכה ז יט. **16 ילד בשעשועיו תעננו** ע״ש ירמ׳ לא יט הבן יקיר לי אפרים אם ילד שעשועים. **יושר מליץ יחוננו** יחונן אותו ישרו של מליץ, ע״ש איוב לג כג־כד אם יש עליו מלאך מליץ אחד מני אלף להגיד לאדם ישרו. ויחננו וכו׳. **17 מברק חרב השנון** ע״ש דבר׳ לב מא אם שנותי ברק חרבי. **19 כופר פדיון נפש** (ע״ש שמות ל יב כפר נפשו. שם כא ל אם כופר... ונתן פדיון נפשו, ותהל׳ מט ח־ט לא יתן לאלהים כפרו. ויקר פדיון נפשם) ר״ל ככופר נפשם **פדם מטביעת רפש** הוצא אותם מגלותם הנמשל לרפש וטיט (ישע׳ נז כ). **20 בעינוי וכופש** בצום קשה (כופש מל׳ הכפישני באפר, איכה ג טז).

עוֹד בּוֹ נִשְׁמָתוֹ / יְקַו תְּשׁוּבַת יְצִיר אַדְמָתוֹ
לְהַחֲיוֹתוֹ לְהֵיטִיב אַחֲרִיתוֹ.

סימן: א"ב.

אֱנוֹשׁ אֵיךְ יִצְדַּק פְּנֵי יוֹצְרוֹ / וְהַכֹּל גָּלוּי לוֹ תַּעֲלוּמוֹ וְסִתְרוֹ
בְּזֹאת יְכֻפַּר עֲוֹנוֹ וְיִגָּהֶה מְזוֹרוֹ / אִם יָשׁוּב טֶרֶם יִכְבֶּה נֵרוֹ.

גַּם חֹשֶׁךְ לֹא יַחֲשִׁיךְ מִמֶּנּוּ / אִם יַסְתִּיר פָּנִים הוּא יְשׁוּרֶנּוּ
דְּפִיו וְרִשְׁעוֹ עַל פָּנָיו יַעֲנֶנּוּ / יִתְרוֹן לוֹ אִם בְּחַיָּיו יוֹדֶנּוּ.

הֵן שָׁמַיִם לֹא זַכּוּ בְּעֵינָיו / וְאַף כִּי נִתְעָב בַּאֲשָׁמָיו וּבַעֲוֹנָיו
וְזֵד לָמָּה לֹא יָבִין בְּרַעְיוֹנָיו / הֲלֹא יוֹמוֹ וְאֵידוֹ נֹכַח פָּנָיו.

זְהָבוֹ וּסְגֻלַּת עָשְׁרוֹ לֹא יוֹעִילֶנּוּ / לָתֵת כָּפְרוֹ בְּיוֹם עֶבְרָה לְהוֹעִילֶנּוּ
חֶסֶד וּצְדָקָה אִם רוֹדֵף בְּעוֹדֶנּוּ / לְפָנָיו יַהֲלֹךְ וּכְבוֹד בּוֹרְאוֹ יַאַסְפֶנּוּ.

עוד בו נשמתו באדם **יקו** יקוה הקב"ה. **לתשובת יציר אדמתו** ע"שברא' ב ז וייצר ה' אלהים את האדם עפר מן האדמה. **להחיותו להיטיב אחריתו** ע"ש דבר' ח טז להיטבך באחריתך. **1 אנוש איך יצדק פניו יוצרו** ע"ש איוב ט ב ומה יצדק אנוש עם אל. **והכל גלוי לו תעלומו וסתרו** לשון הוידוי "הזדונות והשגגות": הגלוים והנסתרים לפניך הם גלוים וידועים, ובפיוט ר' יוסי בן יוסי: אתה מבין תעלומות לב. אפס לך נגלות וגם נסתרות. **2 ויגהה מזורו** ויסור מכאובו, ע"ש הושע ה יג ולא יגהה מכם מזור. **טרם יכבה נרו** לפני מותו (הלשון לקוח מברכות עתיקות, כגון: שלא יכבה נרו לעולם ועד, בברכות ההפטרה). **3 גם חשך לא יחשיך ממנו** תהל' קלט יב. **אם יסתיר פנים הוא ישורנו** ע"ש איוב לד כט ויסתר פנים ומי ישורנו. **4 דפיו ורשעו על פניו יעננו** יעיד נגדו. **יתרון לו** (הלשון לקוח מספר קהלת, כגון ב יג) **אם בחייו יודנו** טוב לו אם יתודה. **5 הן שמים לא זכו בעיניו** איוב טו טו. **ואף כי נתעב באשמיו ובעוניו** איוב טו טז אף כי נתעב ונאלח וכו'. **6 וזד** ר"ל הפושע ברצון. **ברעיוניו** במחשבותיו. **יומו ואידו** ע"ש משלי ו טו פתאום יבוא אידו. **7 זהבו וסגולת עשרו** (ע"ש קהל' ב ח כנסתי לי גם כסף וזהב וסגולת מלכים)... **לתת כפרו ביום עברה להועילנו** ע"ש משלי יא ד לא יועיל הון ביום עברה וצדקה תציל ממות. לפי זה הוא ממשיך: **8 חסד וצדקה אם רודף** ע"ש משלי כא כא רודף צדקה וחסד. **לפניו יהלוך וכבוד בוראו יאספנו** ע"ש ישע' נח ח והלך לפניך צדקך כבוד ה' יאספך. **9 טוב**

טוב לַגֶּבֶר לִשָּׂא עֹל תּוֹרָה
לְקַיֵּם חֻקֶּיהָ בְּאַהֲבָה וּבְיִרְאָה וּבְטָהֳרָה
יְמֵי חַיָּיו תַּנְחֶנּוּ מְסִלָּה יְשָׁרָה
תִּנְצְרֶנּוּ בִקְבוּרָה וּלְתְחִי תְשִׂיחֶנּוּ לְעֶזְרָה.

כָּשַׁל בְּיִצְרוֹ וְלֵב הוֹתַל הִטָּהוּ / יִתְאוֹנֵן עַל חֶטְאוֹ אֲשֶׁר חָטָא
לֹא יִשְׁנֶה בְּאִוַּלְתּוֹ בָּהּ לְשׁוֹטְטָה / וְקוֹנוֹ יְקַבְּלוֹ כִּי יְמִינוֹ פְשׁוּטָה.

מְצַפֶּה לַאֲדָמָה וְגַם לְרִמָּה וְרִקָּבוֹן / וְלָמָּה לֹא יָשִׁית לְלִבּוֹ עֶלְבּוֹן
נִבְעָר מִדַּעַת וְלָמָּה מוֹסִיף עָוֹן / וְהוּא עָתִיד לִתֵּן דִּין וְחֶשְׁבּוֹן.

סוֹפוֹ וּתְחִלָּתוֹ יְהִרְהֵר בְּכָל עוֹנָתוֹ
לֹא יַשִּׁיאֶנּוּ יִצְרוֹ לְהַחֲטִיאוֹ וּלְעַוְּתוֹ
עֲבוּר עַל פָּנָיו תִּהְיֶה יִרְאָתוֹ / אַשְׁרָיו אִם יַשְׁלִים בְּטָהֳרָה יְחִידָתוֹ.

לגבר לשא עול תורה ע״ש איכה ג כז טוב לגבר כי ישא עול בנעוריו. **10 ימי חייו תנחנו מסילה ישרה. תנצרנו בקבורה ולתחי תשיחנו לעזרה** ע״ש משלי ו כב בהתהלכך תנחה אותך וכו׳ לפי מה שדרשו חז״ל בברייתא (פרק קנין התורה ט׳) בהתהלכך תנחה אותך, בעולם הזה. בשכבך תשמור עליך, בקבר. והקיצות היא תשיחך, לעולם הבא. **11 כשל ביצרו** בעונו. **ולב הותל הטה** ע״ש ישע׳ מד כ לב הותל הטהו. **12 לא ישנה באולתו** ע״ש משלי כו יא ככלב שב על קאו כסיל שונה באולתו. ***כי ימינו פשוטה*** עי׳ פרקי ר״א מ״ג ר׳ עקיבא אומר נבראת התשובה וימינו של הקב״ה פשוטה לקבל שבים בכל יום. **13 וגם לרימה ורקבון** עי׳ איוב כא כו יחד על עפר ישכבו ורמה תכסה עליהם, וכדומה. **ולמה לא ישית ללבו עלבון** למה לא יהיה נעלב בתקוה לרמה (הלשון מושפע ע״י משלי כד לב אנכי אשית לבי). **14 נבער מדעת** ע״ש ירמ׳ י יד נבער כל אדם מדעת. **ולמה מוסיף עון** כנראה רואה הפייטן החריזה ־בון ־ון כמותרת (וכן גם אחרים). **והוא עתיד ליתן דין וחשבון** ע״פ אבות ג׳ א׳, ולפי משנה זו נאמר גם החרוז הבא: **15 סופו ותחלתו יהרהר** דוגמת דע מאין באת ולאן אתה הולך... ואין אתה בא לידי עבירה. **בכל עונתו** כל ימי חייו. **16 עבור על פניו תהיה יראתו** ע״ש שמות כ יז ובעבור תהיה יראתו על פניכם לבלתי תחטאו. **אשריו אם ישלים בטהרה יחידתו** אם ימסור את נפשו למות בטהרה, ועל משמעות זו של המלה ׳השלים׳ עי׳ בפיוט הקלירי ׳אומץ אדירי כל חפץ׳ (מוסף א׳ דר״ה), 7.

פִּתְחֵי פִיו יִשְׁמֹר הֱיוֹת בְּנַחַת / וְלֹא בְּגַאֲוָה וָבוּז וְלָשׁוֹן נִצַּחַת
צַעֲדוֹ בְּבוֹאוֹ לֹא יָקוּץ בְּתוֹכַחַת / יִזְכֶּה לְהָשִׁיב נַפְשׁוֹ מֶנּוּ שַׁחַת.

קִוּוּי לְעַצְמוֹ לֹא יִמְנַע מֵרֵעוֹ / וְלִזְכוּת יְדִינֶנּוּ וְיַעֲבֹר עַל פִּשְׁעוֹ
20 רַחוּם בָּהּ בְּמִדָּה בְּצֶדֶק יַכְרִיעוֹ / וְלֹא יְשַׁלֵּם לוֹ כִּגְמוּלוֹ לְפָרְעוֹ.

21 שַׁדַּי הִנְנוּ בְיָדְךָ כְּיוֹצֵר חֹמֶר / רְצוֹנְךָ לְהַחֲיוֹת וְלֹא לְהָמִית וּלְגַמֵּר
22 תְּיַשֵּׁר לְבָבֵנוּ בְּיִרְאָתְךָ לְהַחֲטִיב וּלְהַאֲמֵר
וְקַיְּמֵנוּ לַחַיִּים וְנוֹדְךָ לְעוֹלָם וּנְזַמֵּר.

עוֹד בּוֹ נִשְׁמָתוֹ / יְקַו תְּשׁוּבַת יְצִיר אֲדָמָתוֹ
לְהַחֲיוֹתוֹ לְהֵיטִיב אַחֲרִיתוֹ.

מִי כָמוֹךָ אַב הָרַחֲמִים, זוֹכֵר יְצוּרָיו לְחַיִּים בְּרַחֲמִים.
וְנֶאֱמָן אַתָּה לְהַחֲיוֹת מֵתִים.
בָּרוּךְ אַתָּה יְיָ, מְחַיֵּה הַמֵּתִים.

17 פתחי פיו ישמור ל׳ מיכה ז ה שמור פתחי פיך. **ולא בגאוה ובוז** ל׳ תהל׳ לא יט. **ולשון נצחת** דוגמת תשובה נצחת (סנהד׳ דף ק״ה א׳), לשון סופית, בלי ויכוח. **18 צעדו בבואו** בבואו בצעדו. **לא יקוץ בתוכחת** ע״ש משלי ג יא ואל תקוץ בתוכחתו. **19 קיווי לעצמו לא ימנע מרעו** מה שהוא מקוה לעצמו לא ימנע מרעהו (היפוך מאמר הלל הזקן: דעלך סני לחברך לא תעביד, שבת דף ל״א א׳). **ולזכות ידיננו** ע״פ אבות א׳ ו׳ והוה דן כל אדם לכף זכות. **20 ולא ישלם לו כגמולו** ע״ש משלי יט יז וגמולו ישלם לו. **21 כיוצר חומר** כביד יוצר חומר, ר״ל כחומר ביד היוצר, ע״ש ירמ׳ יח ו. **רצונך להחיות ולא להמית ולגמר** הענין לפי יחזק׳ יח כג החפץ אחפץ מות רשע וכו׳. ולגמר, ל׳ כלה וגמירא. **22 להחטיב ולהאמר** ע״ש דבר׳ כו יז את ה׳ האמרת היום... וה׳ האמירך היום, שדרשוהו (חגיגה דף ג׳ א׳) אתם עשיתוני חטיבה אחת בעולם..., ולפי זה יצר הפייטן מלת ׳להחטיב׳.

סימן: לוס העשור (מרובע).

צְפֵה בְּבַת תְּמוּתָה / צוֹם הֶעָשׂוֹר עֲמוּתָה
צֹאן בְּהֵעָנְשָׁהּ מִיתָה / צְדָקָה מִמֶּכֶר צְמִיתָה.

וּבְבֹא שׂוֹטֵן לִנְקוֹב / וְלַחֲשׂוֹף שַׂרְעַף עָקֹב
וּבַל יֵרָשֶׁה לָקוֹב / וְכֵחַ תּוֹלְדוֹת יַעֲקֹב.

מָכוֹן לְשִׁבְתְּךָ בִּשּׁוּמֶךָ / מֵאָז חֲקַקְתּוֹ בִּרְשׁוּמֶךָ
מוֹלְדוֹתָיו הַכְּלוּלִים בְּשִׁמְךָ / מַלְּטֵם לְמַעַן שְׁמֶךָ.

1 **צפה בבת תמותה** ישראל, והלשון ע"ש תהל' עט יא הותר בני תמותה. **צום העשור עמותה** המתחברת ומשתתפת בצום (עמות מל' עמיתך, ויק' יט טו ועוד). 2 **צאן** ישראל, שנקרא צאן מרעיתך תהל' צה ז. ק ג ועוד. **בהענשה מיתה** אם הם חייבין מיתה על פשעיהם. **צדקה ממכר צמיתה** שלא יהיו נמכרים לצמיתות (ל' ויק' כה כג), וייתכן שיש כאן רמז לאגדה ב"ר מ"ד כ"א ע' 433 אמר לו (הקב"ה לאברהם) במה אתה רוצה שירדו בניך בגיהנם או במלכיות. אברהם בירר לו את המלכיות... שנא' (דבר' לב ל) אם לא כי צורם מכרם. וייתכן שיש להבין שלא יהא שיעבוד מלכיות לצמיתות. 3 **ובבוא שוטן לנקוב** לפרש ולפרוט (ל' נקבה שכרך, ברא' ל כח), ר"ל את החטאים. **ולחשוף סרעף עקוב** ולגלות (ל' חשף ה' את זרוע קדשו, ישע' נב י) את הלב העקוב (ירמ' יז ט). 4 **ובל ירשה לקוב** לא יינתן לו רשות לקלל (ע"ש מה אקב לא קבה אל במד' כג ח). **וכח תולדות יעקב** הוכחה לזרע יעקב. 5 **מכון לשבתך בשומך** כשכוננת את כסאך (ע"ש שמות טו יז מכון לשבתך פעלת ה'). **מאז חקקתו ברשומך** ע"פ הדרשה ב"ר פ"ב ב' ע' 978 יעקב שאיקונין שלו חקוקה בכסאי, ועי' ג"כ שם ע"ח ג' ע' 921 וביתר אריכות תנחומא במד' כ"ב (דף י"ט א' בובר) אמר הקב"ה ליעקב יעקב... כביכול שקבעתי איקונין שלך בכסא כבודי, ועוד. 6 **מולדותיו הכלולים בשמך** בניו (ל' ומולדתך אשר הולדת אחריהם, ברא' מח ו) ששם הקב"ה כלול בשמם ישראל ושהם כאילו כלולים בשמו. 7 **הזכר ישיבת אהל** (צורה זו היא ל' יחיד לפי ל' רבים אֹהָלִים לדעת המדקדקים אבן גנאח ורד"ק, וכ"ה בכי"י) ישיבת יעקב שהיה יושב אהלים, ברא' כה כז. **המאבק לשר גחל** היאבקותו של יעקב עם המלאך הנקרא כאן שר של אש וגחלים. ויש קושי בפתרון צורת המאבק המופיעה בכל הדפוסים: ייתכן שהפייטן כתב המאביק ביחס ליעקב ובצורת הפעיל במקום הנפעל, או שהוא חידש המאבק כעין בינוני לצורה ויאבק (ברא' לב

הַזָּכֵר יְשִׁיבַת אֹהַל / הַמַּאֲבֵק לְשַׁר גַּחַל
הַצִּילָה שְׁאוֹנוֹ מִבַּהַל / הַצָּגִים לְהַרְטוֹת מַחַל.

עִנּוּי נֶפֶשׁ שׁוּר / עָוֹן בְּלִי תָשׁוּר
עוֹרְכֵי שֶׁוַע בְּיִשּׁוּר / עֲנֵם בֶּאֱמֶת וְאִשּׁוּר.

סְלַח לְשָׁבֵי פֶשַׁע / סְלִיחָה תַּכְרִיעַ רֶשַׁע
סִדּוּר תְּשׁוּבָה תְּשַׁע / שֵׂבֶר פְּדוּת לְיֶשַׁע.

וְאִם הֵמָּה כְּאָדָם / וּמוּעֲדָה וּמַטֵּה יָדָם
וְאַתָּה נוֹצֵר הָאָדָם / וְתָרוֹן תְּנֵה לְעוֹדְדָם.

רְעֵבָם וּצְמֵאָם חֲזֵה / רְעָתָם בְּלִי תֶחֱזֶה
רֶגֶשׁ רַחֲשָׁם מִלְּבְזֶה / רוֹנְנִים סְלַח נָא לַעֲוֹן הָעָם הַזֶּה.

יִמְלֹךְ יי לְעוֹלָם, אֱלֹהַיִךְ צִיּוֹן לְדֹר וָדֹר, הַלְלוּיָהּ.
וְאַתָּה קָדוֹשׁ
יוֹשֵׁב תְּהִלּוֹת יִשְׂרָאֵל.
אֵל נָא.

כד), או חידש שם מַאֲבֵק (על משקל משבר) לסימון ההיאבקות. **8 הצילה שאונו מבהל** שאונו פי׳ המונו, והפייטן משתמש במלה כמקביל להמון, ע״ש ישע׳ ה יד והמונה ושאונה. מבהל פי׳ מבהלה. **הצגים** המתאספים **להרטות מחל** לתת רטיה למחלה, ר״ל לבקש סליחה לעונות. **9 ענוי נפש** ע״ש ויקר׳ כג כז ועוד. **10 עורכי שוע בישור** בישרות (וי״ג באשור, וי״ג בכישור, ר״ל בכשרון). **11 סלח לשבי פשע** ל׳ ישע׳ נט כ. **סליחה תכריע רשע** לכף זכות. **12 סדור תשובה תשע** שעה למעמד התפלה והסליחות שישראל מסדרים (וי״ג סדר תפלה או סדר סליחה, ומסתבר). **שבר** תקוה. **13 ואם המה כאדם** ע״ש הושע ו ז כאדם עברו ברית. **ומטה ידם** ל׳ ויק׳ כה לה. **14 ותרון** ויתור, סליחה (הפייטנים משתמשים במלת ׳ותר׳ במשמעות ׳סלח׳, עי׳ על זה זולאי, ידיעות המכון ו׳ ע׳ קצ). **לעודדם** ל׳ תהל׳ קמז ו מעודד ענוים ה׳. **16 מלבזה** מלבזות, ע״ש תהל׳ כב כה כי לא בזה ולא שקץ ענות עני.

נֶחֱשַׁב כְּצָג בָּאִיתוֹן / דְּחוֹת בִּפְלִילֵי עֲקַלָּתוֹן
וְנַקְדִּישְׁךָ בְּשַׁבַּת שַׁבָּתוֹן / קָדוֹשׁ.

הַיּוֹם בְּפִתְחֲךָ סְפָרִים / חֹן אוֹם שִׁמְךָ מְפָאֲרִים
וְנַקְדִּישְׁךָ בְּיוֹם הַכִּפּוּרִים / קָדוֹשׁ.

מַשְׂטִין בְּכֶבֶל אֱסֹר / וְתִקְוַת אֲסִירֵי בְּשׂוֹר
וְנַקְדִּישְׁךָ בְּצוֹם הֶעָשׂוֹר / קָדוֹשׁ.

נחשב כצג באיתון יה״ר שניחשב ככהן שניצב בשער האיתון (יחזק׳ מ טו), והוא בא לסמן את בית המקדש כולו. **דחות בפללי עקלתון** כדי לדחות את נחש עקלתון (ישע׳ כז א), כינוי למקטרג, בפלל, ר״ל בתפלה, שלי. **בכבל** בכבלי ברזל (תהל׳ קמט ח).

סימן: אלעזר בירבי קליר (בתלכו כפול).

אֶשָּׂא דֵעִי לְמֵרָחוֹק / שְׁעוֹן בְּאָת מֵרָחוֹק / בְּפָעֳלוֹ צָרִי דְחוֹק.
אֲסַפְּרָה אֶל חֹק / מִסֻּכּוֹ בְּלִי לְרָחוֹק / חַיִּים לִי לָחֹק.
לָשׁוּד כְּחֶתֶף יִמְחֹק / לוֹחֲמִי לְבַל יִשְׂחַק / וִימָלֵא פִּי שְׂחוֹק.

נֶחֱשַׁב כְּצָג בָּאִיתוֹן / דְּחוֹת בִּפְלִילֵי עֲקַלָּתוֹן
וְנַקְדִּישְׁךָ בְּשַׁבַּת שַׁבָּתוֹן / קָדוֹשׁ.

עוֹרְכֵי שֶׁוַע לָרֹב / חִין עֶרְכָּם יֶעֱרַב / פְּנֵי אֱלֹהֵי מִקָּרוֹב.
עֲתִירָתִי אָז תִּקְרוֹב / עֲבָרָתִי בַּל תֶּאֱרֹב / אֵלַי לְבַל קְרֹב.
זוֹמֵם אִם יְזֹרֵב / עֲדַת אֵל לַחֲרֹב / אֶשָּׁעֵן בְּמַצְדִּיק וְקָרוֹב.

הַיּוֹם בְּפִתְחֲךָ סְפָרִים / חֹן אוֹם שִׁמְךָ מְפָאֲרִים
וְנַקְדִּישְׁךָ בְּיוֹם הַכִּפּוּרִים / קָדוֹשׁ.

1 אשא דעי למרחוק איוב לו ג, ר״ל אשים דעתי לימי קדם. **שעון באת מרחוק** להיות נשען בזכותו של אברהם שבא מרחוק. ועי׳ מה שדרשו ויק״ר י״ד ב׳ (ע׳ ש) מחשבין אנו לשמו שלאבינו אברהם אותו שבא מרחוק וכו׳. **בפעלו צרי דחוק** בזכותו לדחוק את הצר. **2 אספרה אל חוק** תהל׳ ב ז, ר״ל אתפלל תמיד. **מסוכו בלי לרחוק** שלא יתרחק הקב״ה מסוכו, היינו

רֶשַׁע אִם הִכְרִיעִי / זְכָר לִי רוֹעִי / צִדְקוֹ עַתָּה לְרוֹעֲעִי.
רְעֵה צֹאן מַרְעִי / בְּמִרְעֶה טוֹב לְהַרְעִי / וּבְאוֹר חַיִּים לְזָרְעִי.
בַּעֲוֹן אֹרַח רִבְעִי / וּבְקַו נְטִיַּת מְרֵעִי / נָא אַל יְאָרְעִי.
מַשְׂטִין בְּכֶבֶל אֱסֹר / וְתִקְוַת אֲסִירַי בַּשֵּׂר
וְנַקְדִּישְׁךָ בִּצוֹם הֶעָשׂוֹר / קָדוֹשׁ.

יַסְכִּיתוּ שׁוּבוּ לְבִצָּרוֹן / גָּשִׁים פְּנֵי אָרוֹן / לְהַעֲצִים אֲרֶשֶׁת רֹן.
יְחַלּוּ רִאשׁוֹן וְאַחֲרוֹן / מַשְׁבִּית אַף וְחָרוֹן / בְּזֹאת יָבֹא אַהֲרֹן.
רוֹעֲשִׁים קְרֹא בְגָרוֹן / פִּלּוּס אֲטוּמֵי חֶבְרוֹן / מְצוֹא מְחִילַת וִתָּרוֹן.
נֶחֱשַׁב כְּצָג בְּאֵיתוֹן / דְּחוֹת בִּפְלִילֵי עֲקַלָּתוֹן
וְנַקְדִּישְׁךָ בְּשַׁבַּת שַׁבָּתוֹן / קָדוֹשׁ.

מירושלם, שנא׳ (תהל׳ עו ג) ויהי בשלם סוכו. **חיים לי לחוק** לכתוב אותי בספר החיים. **3 לשוד כחתף ימחוק** לשטן (הנקרא שוד בפי הפייטנים, ע״ש חבק׳ א ג ושוד וחמס לנגדי) ימחק אותו בחטיפה (לפי הפירוש המקובל של המלה משלי כג כח). **לוחמי לבל ישחוק** השטן. **וימלא פי שחוק** ע״ש תהל׳ קכו ב. **4 עורכי שוע לרוב** ע״ש איוב לו יט היערוך שועך. **חין ערכם יערוב** ע״ש איוב מא ד וחין ערכו. **פני אלהים מקרוב** ע״ש ירמ׳ כג כג האלהי מקרוב אני נאום ה׳, וכאן ר״ל מלפניו שאקרב אליו. **5 עבירתי בל תארוב** לא תהיה לי כאורב. **6 זומם אם יזרוב** ע״ש תהל׳ לז יב זומם רשע לצדיק, ודרשוהו בפרקי ר״א ל״ז על עשו הזומם ליעקב, וכנראה מתכוון הפייטן גם כאן לזה, באמרו **עדת אל לחרוב** (עדת אל ע״ש תהל׳ פב א). **יזרוב** פי׳ ישרוף. **אשען במצדיק וקרוב** בהקב״ה, ע״ש ישע׳ נ ח קרוב מצדיקי מי יריב אתי. **7 רשע אם הכריעי** אם רשע יכריע אותי שלא לכף זכות. **זכר לי רועי** זכור לי זכותו של אברהם, וי״מ של משה רבנו (ע״ש במד׳ כז י?). **צדקו** זכותו היא **עתה לרועעי** שתקרב אותי כריע. **8 רעה צאן מרעי** צאן מרעיתי (ע״ש תהל׳ ק ג וכדומה). **במרעה טוב להרעי** ע״ש יחזק׳ לד יד במרעה טוב ארעה אותם. **ובאור חיים לזרעי** ע״ש תהל׳ צז יא אור זרוע לצדיק, ר״ל שיזרע לי אור החיים. **9 בעון ארח רבעי** ע״ש קהל׳ קלט ג ארחי ורבעי זרית, ר״ל בעון דרכי (ומה שפירשוהו על עון תשמיש המיטה ע״פ מה שדרשו ויק״ר י״ד ו׳ [ע׳ שט ובמקבילות] אינו מתקבל על הדעת). **ובקו נטית מרעי** ובנטיית קו לרעתי, היינו אם יתגברו הפשעים. **נא אל יארעי** יה״ר שלא יקרה אותי. **10 יסכיתו** ישמעו. **שובו לבצרון** זכר׳ ט יב, ר״ל ישראל ישמעו את הבשורה אשר הם **גשים פני ארון להעצים ארשת רון** דיבור של תפלה. **11 יחלו ראשון ואחרון** יחלו פני הקב״ה שהוא ראשון

בְּשִׁבְתּוֹ בְּכֵס רִיב / יְרִיבַי לְעֵינַי יָרִיב / יָהּ נִצָּב לָרִיב.
בּוֹזְזַי חָרוֹב יַחֲרִיב / כְּמוֹ קַדְמוֹנִים הֶחֱרִיב / וְנַאֲקִי לְפָנָיו יַקְרִיב.
יַצִּג אִתִּי בְּרִיב / מְלִיצַי שַׁי לְהַקְרִיב / וְשִׂיחִי לְגֹחִי יַעֲרִיב.

הַיּוֹם בְּפִתְחֲךָ סְפָרִים / חֹן אוֹם שִׁמְךָ מְפָאֲרִים
וְנַקְדִּישְׁךָ בְּיוֹם הַכִּפּוּרִים / קָדוֹשׁ.

קוֹל אֲרִים כַּשּׁוֹפָר / בְּמַתַּן אִמְרֵי שְׁפָר / לִפְנֵי חֲזָקִים שִׁפָּר.
קֶצֶב שְׂעִירִים וָפָר / בְּנִיב שְׂפָתַיִם יְסֻפָּר / וּבְכֵן שׂוֹטֵן יֶחְפָּר.
לִפְלוּסִים כְּכוֹכְבֵי מִסְפָּר / וְשָׁחִים עַד עָפָר / בִּצְעָם וְעִוּוּיָם יְכֻפָּר.

מַשְׂטִין בְּכֶבֶל אֱסֹר / וְתִקְוַת אֲסִירַי בְּשׂוֹר
וְנַקְדִּישְׁךָ בְּצוֹם הֶעָשׂוֹר / קָדוֹשׁ.

ואחרון, ע״ש ישע׳ מד ו. **בזאת יבא אהרן** ויקר׳ טז ג, ודרשוהו במדרש (ויק״ר כ״א ט׳ ע׳ תפז. פסיקתא רבתי מ״ז דף קצ״א א׳-ב׳ ובעוד מקורות) בזאת בצורת גימטריא על מספר ארבע מאות ועשר שנים שבית המקדש היה קיים, וכנראה רומז הפייטן כאן על חידוש בית המקדש אחרי מספר שנים. וייתכן ג״כ שהוא רומז לאחת הדרשות שבפסיקתא (שם) בהן היו דורשין ״בזאת״ בזכות השבטים, שנא׳ (בראש׳ מט כח) כל אלה שבטי ישראל שנים עשר וזאת, או בזכות התורה, שנא׳ (דבר׳ ד מד) וזאת התורה, או בזכות ישראל, שנא׳ (שה״ש ז ח) זאת קומתך דמתה לתמר, ועוד. **12 רועשים,** קוראים ברעש. וי״ג **רוגשים** מתאספים, ע״ש תהל׳ ב א למה רגשו גוים. **קרוא בגרון** ע״ש ישע׳ נח א. **פילוס אטומי חברון** פלוס ל׳ פלס ומאזנים (משלי טז יא), וכ״ה בקרובה ׳אופד מאז׳ (שחרית ר״ה, מגן 3: בפלוס יושפט). ר״ל שישקול במאזני צדק זכות אבות שהם אטומים וסתומים בקברי חברון. וי״ג פלוש, ר״ל גילוי, וגם הוא מסתבר. **מצוא מחילת ויתרון** מחילת העוון, ויתרון ל׳ ויתור שהוא מקביל לסליחה בשפת הפייטן (עי׳ זולאי, ידיעות המכון ו׳, ע׳ קצ). **13 בשבתו בכס ריב** בכסא הדין. **יריבי לעיני יריב** ע״ש תהל׳ לה א ריבה ה׳ את יריבי. **יה ניצב לריב** ע״ש ישע׳ ג יג נצב לריב ה׳. **14 בוזזי חרוב יחריב** ע״ש ירמ׳ ל טז וכל בוזזיך אתן לבז, וישע׳ ס יב והגוים חרוב יחרבו. **כמו קדמונים החריב** במשך הדורות. **ונאקי לפני יקריב** דוגמת תהל׳ קיט קסט תקרב רנתי לפניך ה׳. **15 יוצג אתי בריב** יעמוד אתי בדין. **מליצי שי להקריב** כדי שיקריבו מליצי שי, ר״ל כדי שיגישו את המלצותיהם לטובת ישראל. **ושיחי לגוחי יעריב** ע״ש תהל׳ קד לד יערב עליו שיחי. לגוחי פי׳ לבוראי, ע״ש תהל׳ כב י. **16 קול ארים כשופר** ע״ש ישע׳ נח א כשופר הרם קולך. **במתן אמרי שפר** ע״ש בראש׳ מט כא

יַשְׁלִגוּ אֲדֻמֵּי שָׁנִים / שֶׁל כָּל יְמוֹת הַשָּׁנִים / חֲדָשִׁים וְגַם יְשָׁנִים.
יַלְבִּנוּ כְּתַמֵּי שׁוֹשַׁנִּים / וְיוּשְׁבוּ לְתַעְרָם שְׁנוּנִים
בְּפִלּוּל אֲשֶׁר מְשַׁנְּנִים.
רַחֲצוּ וְהִזַּכּוּ מֵעִשּׁוּנִים / לְאִוֶּלֶת מִהְיוֹת שׁוֹנִים
וְעַל מִבְטָחֵימוֹ שְׁעוּנִים.

נֶחְשַׁב כְּצָג בְּאֵיתוֹן / דְּחוּת בְּפִלְלֵי עֲקַלָּתוֹן
וְנַקְדִּישְׁךָ בְּשַׁבַּת שַׁבָּתוֹן / קָדוֹשׁ.

הנותן אמרי שפר, פי׳ קולי ארים כשופר שקולו היה חזק במתן תורה, ע״פ הדרשה מדרש תהלים פ״א ד׳ (דף קפ״ג ב׳) הנותן אמרי שפר, אלו דברי תורה שנתנו בתרועה ובקול שופר. **לפני חזקים שיפר** לפני מי ששיפר את השמים הנקראים חזקים (איוב לז יח חזקים כראי מוצק), ע״ש איוב כו יג ברוחו שמים שפרה. **17 קצב שעירים ופר** שיעור הקרבנות. **בניב שפתים** (ל׳ ישע׳ נז יט) **יסופר**, הענין לפי הושע יד ג ונשלמה פרים שפתינו. **ובכן שוטן יוחפר** יבוש. **18 לפלוסים ככוכבי מספר** לישראל ששקולים ככוכבים (פלוסים מל׳ פלס שמשמעותו מאזנים), ע״ש תהל׳ קמז ד מונה מספר לכוכבים, ועי׳ מה שדרשו חז״ל תנחומא שמות ב׳ (דף א׳ ב׳ בובר) ...אלו השבטים, מה הכוכבים הללו אינן יוצאין אלא בשמות, שנא׳ לכולם שמות יקרא, וכן בכניסתן נכנסין במנין... וי״ג ככוכבי צפר, ר״ל ככוכבי בקר. **ושחים עד עפר** ע״ש תהל׳ מד כו כי שחה לעפר נפשנו, ר״ל ישראל בגלות. **בצעם ועיווים יכופר** ע״ש ישע׳ נז יז בעון בצעו קצפתי, ר״ל יכופר להם בצעם שלא בצדק... **19 יושלגו אדמי שנים** יולבנו כשלג, ע״ש ישע׳ א יח אם יהיו חטאיכם כשנים כשלג ילבינו. **20 יולבנו כתמי שושנים** חטאי ישראל הנקראת שושנה (שה״ש ב א). **ויושבו לתערם שנונים** החרב השנונה המוטלת עלינו (ע״ש אם שנותי ברק חרבי, דבר׳ לב מא) או החצים השנונים (ע״ש תהל׳ מה ו חציך שנונים עמים תחתיך יפלו) יושבו לתיקם (תער, ע״ש יחזק׳ כא ח והוצאתי חרבי מתערה... שם לה השב אל תערה). **בפילול אשר משננים** בתפלתם התמידית. **21 רחצו והזכו** ישע׳ א טז. **מעישונים** מעישון החטא, המתואר כאילו מעלה עשן אף ה׳ (ע״ש דבר׳ כט יט כי אז יעשן אף ה׳ וקנאתו). (וי״מ עישון ל׳ עזות ועריצות, כגון משלי יח כג עזות, שתרגומו עזינתא, ואין זה מתקבל על הדעת). **לאולת מהיות שונים** כדי שלא תחטאו שוב באוולת שלכם, ע״ש משלי כו יא כסיל שונה באוולתו. **ועל מבטחימו שעונים** כ״ה בכל כי״, וכנראה ר״ל שעונים על הקב״ה, ע״ש ירמ׳ יז ז והיה ה׳ מבטחו (ברם קשה לבאר לשון רבים, וגם אינו ברור למה התכוון הפייטן בכתבו ׳מבטחימו׳ במקום ׳מבטחכם׳, וצ״ע).

סימן: אלעזר (כפול) א״ב.

אֶת לַחֲשִׁי עֲנֵה נָא
זַעֲקִי רְצֵה נָא
הָאֵל קָדוֹשׁ.
אָדוֹן לְקוֹל עַמֶּךָ
זְכוֹר רַחֲמֶיךָ
נוֹרָא וְקָדוֹשׁ.

אֵין עֲרוֹךְ אֵלֶיךָ / בִּין עֹצֶם מִפְעָלֶיךָ 1
גִּישַׁת הֲמוֹן מְיַחֲלֶיךָ / דְּרוֹשׁ לְגַבֵּר חֲיָלֶיךָ.
אֶת לַחֲשִׁי עֲנֵה נָא / זַעֲקִי רְצֵה נָא / הָאֵל קָדוֹשׁ.

הוֹגֵי הֲמֻלַּת קֹדֶשׁ / וּמְהַלְלִים בְּהַדְרַת קֹדֶשׁ
זֶרַע תְּבוּאַת קֹדֶשׁ / חֲשֹׁב כְּאֵילֵי קֹדֶשׁ.
אָדוֹן לְקוֹל עַמֶּךָ / זְכוֹר רַחֲמֶיךָ / נוֹרָא וְקָדוֹשׁ.

1 אין ערוך אליך ע״ש תהל׳ פט ז מי בשחק יערוך לה׳. **בין עוצם מפעליך** להבין גבורות מעשיך. **2 גישת המון מיחליך** עת גישת ישראל שהם המון מיחליך לתפלה. **דרוש לגבר חייליך** ע״ש קהל׳ י י וחילים יגבר, ר״ל לעודדם. **3 הוגי המולת קדש** ע״ש יחזק׳ א כד קול המולה כקול מחנה, ולשון דומה בפיוט ׳אאפיד׳ 3 (שחרית א׳ דר״ה) הוגי הגה המולה, ר״ל הוגים בתורה. **ומהללים בהדרת קדש** ע״ש תהל׳ כט ב השתחוו לה׳ בהדרת קדש. **4 זרע תבואת קדש** ע״ש ירמ׳ ב ג קדש ישראל לה׳ ראשית תבואתה, וע״ש ישע׳ ו יג זרע קדש מצבתה, ר״ל ישראל. **5 טפסרי מרובעי פנים** המלאכים שיש להם ארבעה פנים, יחזק׳ א ו. **יישירוך** יצדקוך. **6 כל**

טַפְסְרֵי מַרְבְּעֵי פָנִים / יְיַשְּׁירוּךָ עִם אוֹפַנִּים
כְּבַקָּרְךָ כָּל פְּנִים / לְבִלְתִּי נְשׂוֹא פָנִים.
אֶת לַחֲשִׁי עֲנֵה נָא / וְזַעֲקִי רְצֵה נָא / הָאֵל קָדוֹשׁ.

מִתְנַשֵּׂא לְכֹל לְרֹאשׁ / נוֹעֵץ אַחֲרִית מֵרֹאשׁ
סְלִיחָה לַשּׁוֹבָבִים דְּרוֹשׁ / עֲוֹנָם לָשֵׂאת כְּמֵרֹאשׁ.
אָדוֹן לְקוֹל עַמֶּךָ / זְכוֹר רַחֲמֶיךָ / נוֹרָא וְקָדוֹשׁ.

פְּרוּדֵי כְנַף רְנָנִים / צִדְקוֹתֶיךָ חַי מְרַנְּנִים
קוֹל שַׁאַג מְחַנְּנִים / רְצֵה בְּחִין וּבְתַחֲנוּנִים.
אֶת לַחֲשִׁי עֲנֵה נָא / וְזַעֲקִי רְצֵה נָא / הָאֵל קָדוֹשׁ.

שִׁנְאַן רִבְבוֹת אֲלָפִים / שׁוֹאֲגִים וְלַבְּקָרִים מִתְחַלְּפִים
תֹּקֶף יַשִּׁיגוּ אַלּוּפִים / תּוֹדָה וְזִמְרָה מְאַלְּפִים.
אָדוֹן לְקוֹל עַמֶּךָ / זְכוֹר רַחֲמֶיךָ / נוֹרָא וְקָדוֹשׁ.

פנים כל פנות. 7 **מתנשא לכל לראש** דה״א כט יא. **נועץ אחרית מראש** ע״ש ישע׳ מו י מגיד מראשית אחרית. 8 **עונם לשאת כמראש** כמקדם. 9 **פרודי כנף רננים** ע״ש יחזק׳ א יא וכנפיהם פרודות, וכנף רננים ע״ש איוב לט יג. **צדקותיך חי מרננים** ע״ש תהל׳ קמה ז וצדקתך ירננו. 11 **שנאן רבבות אלפים** ע״ש תהל׳ סח יח רבותים אלפי שנאן. **ולבקרים מתחלפים** ע״ש איכה ג כג חדשים לבקרים, וע״פ דרשת חז״ל ב״ר ע״ח א׳ ע׳ 916 בכל יום הקב״ה בורא כת מלאכים חדשים... וע״ש במקבילים וחגיגה דף י״ד א׳. 12 **תוקף ישיגו אלופים** ישראל, ע״ש תהל׳ קמד יד אלופינו מסובלים. **מאלפים** מלמדים.

וּבְכֵן וְאַתָּה כְּרַחוּם סְלַח לָנוּ.

סימן: א״ב.

אַל תִּזְכָּר לָנוּ עֲוֹנוֹתֵינוּ / הִנָּקֵם לָנוּ מִצָּרֵינוּ
כְּכֹל אֲשֶׁר גָּמְלוּ עָלֵינוּ. וְאַתָּה כְּרַחוּם סְלַח לָנוּ.

בְּשִׁמְךָ נִקְרָא וְתַעֲנֵנוּ / וְתִשְׁבֹּר אֶת עֻלֵּנוּ
וְאַתָּה תִּמְלֹךְ עָלֵינוּ. וְאַתָּה כְּרַחוּם סְלַח לָנוּ.

גֹּדֶל רַחֲמֶיךָ תּוֹדִיעַ / וּמַלְכוּתְךָ עָלֵינוּ תּוֹפִיעַ
וּכְאָז אוֹתָנוּ תּוֹשִׁיעַ. וְאַתָּה כְּרַחוּם סְלַח לָנוּ.

דְּבָרְךָ נִצָּב לְעוֹלָם / זְכָר נָא אֲבוֹת הָעוֹלָם
וְהָקֵם בְּרִיתְךָ לְעוֹלָם. וְאַתָּה כְּרַחוּם סְלַח לָנוּ.

הֵרָצֵה לָנוּ כְּמֵאָז / וְהַשְׁמֵד הַגּוֹי הָעָז
וְנִלְמַד נֶחֱמָדִים מִפָּז. וְאַתָּה כְּרַחוּם סְלַח לָנוּ.

וְהַשְׁקִיפָה מִמְּעוֹן קָדְשֶׁךָ / וְקוֹמֵם אֶת מִקְדָּשֶׁךָ
וְנַעֲרִיץ בְּכָל יוֹם קְדֻשָּׁתֶךָ. וְאַתָּה כְּרַחוּם סְלַח לָנוּ.

זְכֹר צִדְקַת רִאשׁוֹנִים / וּסְלַח נָא לָאַחֲרוֹנִים
וְתוֹשִׁיבֵם אֶל אֲרֻבּוֹתֵיהֶם כְּיוֹנִים. וְאַתָּה כְּרַחוּם סְלַח לָנוּ.

1 **אל תזכר לנו עונותינו** ע״ש תהל׳ עט ח. 2 **בשמך נקרא** תהל׳ פ יט. **ותשבור את עולנו** ע״ש ויק׳ כו יג ואשבור מוטות עולכם. 4 **דברך נצב לעולם** ע״ש תהל׳ קיט פט לעולם ה׳ דברך נצב בשמים. 5 **ונלמד נחמדים מפז** דברי תורה, ע״ש תהל׳ יט יא הנחמדים מזהב ומפז. 6 **והשקיפה ממעון קדשך** דבר׳ כו טו. 7 **ותושיבם אל ארובותיהם כיונים** ע״ש ישע׳ ס ח.

חוּסָה עַל צֹאן מַרְעִיתֶךָ / וּבָרֵךְ אֶת נַחֲלָתֶךָ
וְלַמְדֵם כְּאָז דָּתֶךָ. וְאַתָּה כְּרַחוּם סְלַח לָנוּ.

טָהוֹר תַּרְאֶה כְּבוֹדֶךָ / וְתוֹדִיעַ בָּנוּ הוֹדֶךָ
וְנִסְבֹּל עֹל מוֹרָאֲךָ וְיִחוּדֶךָ. וְאַתָּה כְּרַחוּם סְלַח לָנוּ.

יְרֵאֶיךָ יִשְׂמְחוּ בָךְ / וּבְכָל יוֹם יִשְׁתַּחֲווּ לָךְ
וְגוֹי וּמַמְלָכָה יַעַבְדוּ לָךְ. וְאַתָּה כְּרַחוּם סְלַח לָנוּ.

כְּרַחֲמֶיךָ עֲשֵׂה עִמָּנוּ / כִּי בְכָל יוֹם לְךָ קְרָאנוּ
יי צְבָאוֹת עִמָּנוּ. וְאַתָּה כְּרַחוּם סְלַח לָנוּ.

לְבַדְּךָ תִּמְלֹךְ כְּמֵרֵאשִׁית / וְתָשִׁית עֵינֶיךָ בְּרֵאשִׁית
בִּמְקוֹם כּוֹנַנְתָּ מֵרֵאשִׁית. וְאַתָּה כְּרַחוּם סְלַח לָנוּ.

מַלְכוּתְךָ עָלֵינוּ תִּגָּלֶה / נוֹרְאוֹתֶיךָ נֶחֱזֶה וְנִתְעַלֶּה
וּמִצִּיּוֹן בְּרַחֲמֶיךָ תִּגָּלֶה. וְאַתָּה כְּרַחוּם סְלַח לָנוּ.

נְחֵנוּ בַּאֲמִתֶּךָ / וְשַׂמְּחֵנוּ בִּישׁוּעָתֶךָ
כִּי אֲנַחְנוּ עַמְּךָ וְנַחֲלָתֶךָ. וְאַתָּה כְּרַחוּם סְלַח לָנוּ.

שִׂימֵנוּ בְּרָכָה בָּאָרֶץ / וּתְנַעֵר רְשָׁעִים מֵאֶרֶץ
וְנֵשֵׁב לָבֶטַח בָּאָרֶץ. וְאַתָּה כְּרַחוּם סְלַח לָנוּ.

8 **חוסה על צאן מרעיתך** ל׳ תהל׳ עט יג. **וברך את נחלתך** תהל׳ כח ט. 10 **יראיך ישמחו בך** ע״ש תהל׳ קיט עד. **וגוי וממלכה יעבדו לך** הלשון ע״ש ישע׳ ס יב כי הגוי והממלכה אשר לא יעבדוך יאבדו. 11 **כי בכל יום לך קראנו** ע״ש תהל׳ פח י קראתיך ה׳ בכל יום. **ה׳ צבאות עמנו** תהל׳ מו יב. 12 **ותשית עיניך בראשית** ר״ל **במקום כוננת מראשית** בית המקדש, ע״פ ברייתא פסח׳ דף נ״ד א׳ שבעה דברים נבראו קודם שנברא העולם, ואלו הן תורה ותשובה וגן עדן וגיהנם וכסא הכבוד ובית המקדש ושמו של משיח. 14 **נחנו באמתך** ע״ש תהל׳ כה ה הדריכני באמתך.

עֲנֵנוּ בִּדְבַר אֲמִתֶּךָ / וְהוֹשִׁיעֵנוּ בֶּאֱמוּנָתֶךָ
כִּי אֲנַחְנוּ צֹאן מַרְעִיתֶךָ. וְאַתָּה כְּרַחוּם סְלַח לָנוּ.

פָּנֶיךָ הָאֵר בְּצִיּוֹן / וּמְלֹךְ עָלֵינוּ בְּצִבְיוֹן
וְתָסִיר טֻמְאָה מִצִּיּוֹן. וְאַתָּה כְּרַחוּם סְלַח לָנוּ.

צַדִּיק אַתָּה בַּכֹּל / וְרַחֲמֶיךָ גְדוֹלִים עַל כֹּל
מִיָּדְךָ הוּא וּלְךָ הַכֹּל. וְאַתָּה כְּרַחוּם סְלַח לָנוּ.

קָרוֹב אַתָּה לְכָל קוֹרְאֶיךָ / רַחֵם עַל מַמְלִיכֶיךָ
כִּי הֵם מַעֲשֵׂה יָדֶיךָ. וְאַתָּה כְּרַחוּם סְלַח לָנוּ.

20 רַחוּם סְלַח נָא לְעָוֹן / כִּי כָל אָדָם מְלֵא עָוֹן
וְאַתָּה תְּכַפֵּר עָוֹן. וְאַתָּה כְּרַחוּם סְלַח לָנוּ.

שִׁמְךָ בָּנוּ נִקְרָא וְאַל תַּנִּיחֵנוּ / נִקְרָאֲךָ וְאַתָּה תַעֲנֵנוּ
וּלְמַעַנְךָ הָאֵר עֵינֵינוּ. וְאַתָּה כְּרַחוּם סְלַח לָנוּ.

תֹּאַר פָּנֶיךָ תַּרְאֵנוּ / וּבְתוֹרָתְךָ תְּחַכְּמֵנוּ
וּבְמִרְעֶה טוֹב וְשָׁמֵן תַּרְעֵנוּ. וְאַתָּה כְּרַחוּם סְלַח לָנוּ.

ושמחנו בישועתך ע"ש ישע' כה ט נגילה ונשמחה בישועתו. **כי אנחנו עמך ונחלתך** ע"ש דבר' ט כט. **15 שימנו ברכה בארץ** ע"ש ישע' יט כד ברכה בקרב הארץ. **ותנער רשעים** ע"ש איוב לח יג וינערו רשעים ממנו. **ונשב לבטח בארץ** ע"ש ויק' כו ה וישבתם לבטח בארצכם. **16 עננו בדבר אמתך** ע"ש תהל' סט יד ענני באמת ישעך. **אנחנו צאן מרעיתך** תהל' עט יג. **17 פניך האר בציון** ע"ש דני' ט יז והאר פניך על מקדשך השמם. **בצביון** ברצון. **18 מידך הוא ולך הכל** ע"ש דה"א כט יד כי ממך הכל ומידך נתנו לך. **19 קרוב אתה לכל קוראיך** ע"ש תהל' קמה יח. **כי הם מעשה ידיך** ע"ש תהל' קלח ח מעשי ידיך אל תרף. **20 ואתה תכפר עון** ע"ש תהל' עח לח והוא רחום יכפר עון. **21 שמך בנו נקרא ואל תניחנו** ירמ' יד ט. **נקראך ואתה תעננו** ע"ש ישע' סה כד והיה טרם יקראו וכו'. **ולמענך האר עינינו** ע"ש עזרא ט ח להאיר עינינו וכו'. **ובמרעה טוב תרענו** ע"ש יחזק' לד יד במרעה טוב ארעה אותם.

וּבְכֵן אַךְ חַנּוּן אַתָּה וְרַחוּם לְכָל פֹּעַל.

סימן: א״ב.

אַךְ אוֹמְרִים בְּחִין לְפָנֶיךָ / כִּי אַתָּה רַחוּם לְכָל פֹּעַל.
אַךְ בָּאִים וּמִשְׁתַּחֲוִים לְפָנֶיךָ / כִּי אַתָּה רַחוּם לְכָל פֹּעַל.
אַךְ גָּשִׁים בִּתְפִלָּה לְפָנֶיךָ / כִּי אַתָּה רַחוּם לְכָל פֹּעַל.
אַךְ דּוֹרְשִׁים בְּדָתְךָ יוֹמָם וָלַיְלָה / חַנּוּן וְרַחוּם לְכָל פֹּעַל.
אַךְ הוֹגִים בְּהַלֵּל וּבְתִשְׁבָּחוֹת / כִּי אַתָּה רַחוּם לְכָל פֹּעַל.
אַךְ וְאוֹמְרִים סְלַח נָא לַעֲוֹנֵנוּ / כִּי אַתָּה רַחוּם לְכָל פֹּעַל.
אַךְ זוֹעֲקִים בִּתְחִנָּה וּבְתַחֲנוּנִים לְפָנֶיךָ
כִּי אַתָּה רַחוּם לְכָל פֹּעַל.
אַךְ חוֹקְרִים סוֹד בְּרִיתְךָ / כִּי אֵין בִּלְתֶּךָ
חַנּוּן וְרַחוּם לְכָל פֹּעַל.
אַךְ טוֹעֲנִים שְׁמַע יִשְׂרָאֵל / כִּי אֵין כָּאֵל
כִּי אַתָּה רַחוּם לְכָל פֹּעַל.
אַךְ יוֹדְעִים שֵׁם הַמְפֹרָשׁ / וּבְפִיהֶם יִתְפָּרַשׁ
כִּי אַתָּה רַחוּם לְכָל פֹּעַל.

1 בחין בתחינה. **9** טוענים טענת יחוד ה׳. **10** יודעים שם המפורש. **ובפיהם יתפרש** רומז לאיזה מאמר חז״ל, כגון פסח׳ דף נ׳ א׳ לא כעולם הזה העולם הבא, העוה״ז נכתב ביו״ד ה״י ונקרא באל״ף דל״ת וכו׳ מדרש תהל׳ צ״א ח׳ (דף ר׳ ב׳ בובר) [ובשינוי פסיקתא רבתי כ״א דף ק״ד ב׳] מפני מה מתפללין ישראל ואינן נענין, על ידי שאינן יודעין בשם המפורש. אבל לעתיד לבוא הקב״ה מודיע להם שמו, שנא׳ (ישע׳ נב ו) לכן ידע עמי שמי, באותה שעה הן מתפללין ונענין, שנא׳ (תהל׳ צא טו) יקראני ואענהו. **11** כולם היום כמלאכים ע׳ פרקי ר״א מ״ו מה

אַךְ כֻּלָּם הַיּוֹם כְּמַלְאָכִים / קְדֻשָּׁה לְפָנֶיךָ עוֹרְכִים
כִּי אַתָּה רַחוּם לְכָל פֹּעַל.
אַךְ לְבוּשֵׁיהֶם נְקִיִּים / וְכֻלָּם צָמִים וּמִתְעַנִּים
חַנּוּן וְרַחוּם לְכָל פֹּעַל.
אַךְ מַעֲשֵׂיהֶם מַגִּידִים / וַחֲטָאֵיהֶם בְּפִיהֶם מְתַנִּים
סְלַח נָא עוֹנִים כִּי אַתָּה רַחוּם לְכָל פֹּעַל.
אַךְ נִקְרָאִים הַיּוֹם / וְסָלַחְתִּי לָכֶם הַיּוֹם
וּטְהַרְתֶּם לִפְנֵי הַיּוֹם כִּי אַתָּה רַחוּם לְכָל פֹּעַל.
אַךְ סְפוּרִים כְּחוֹל הַיָּם / וַעֲוֹנוֹתֵיהֶם תַּשְׁלִיךְ בִּמְצוּלוֹת יָם
בְּשָׁפְכָם לֵב כַּמַּיִם כִּי אַתָּה רַחוּם לְכָל פֹּעַל.
אַךְ עוֹנִים אַרְבַּע קְדֻשּׁוֹת / לִפְנֵי חוֹקֵר כְּלָיוֹת
וְיוֹדֵעַ כָּל נִסְתָּרוֹת חַנּוּן וְרַחוּם לְכָל פֹּעַל.

אַךְ פְּקֻדִּים לְחַיִּים / וְטָהֳרִים בְּמַיִם חַיִּים
כִּי עִמְּךָ מְקוֹר חַיִּים כִּי אַתָּה רַחוּם לְכָל פֹּעַל.
אַךְ צוֹעֲקִים אָנָּא אֵל נָא / וְחֵטְא כַּפֵּר נָא
לַעֲדַת מִי מָנָה כִּי אַתָּה רַחוּם לְכָל פֹּעַל.

מלאכי השרת אין להם קפיצין כך ישראל עומדין על רגליהם ביוה״כ, מה מלאכי השרת אין להם אכילה ושתיה וכו׳, ועי׳ דברים רבה ג׳ ל״ו בשעה שעלה משה למרום שמע למלאכי השרת שהיו אומרים להקב״ה ברוך שם כבוד מלכותו לעולם ועד, והוריד אותו לישראל, ולמה אין ישראל אומרים אותו בפרהסיא... אבל ביום הכפורים שהן נקיים כמלאכי השרת הן אומרים אותו בפרהסיא... **14 נקראים היום** פירושו מפוקפק. ייתכן שר״ל כולם נפגשים ומתאחדים בבשורת הסליחה, ושמא ר״ל נקראים כולם לשמוע את הבשורה. **וסלחתי לכם היום** ע״פ ויק׳ טז ל.

אַךְ קוֹלָם בְּרַעַשׁ מַרְעִישִׁים / קָדוֹשׁ קָדוֹשׁ קָדוֹשׁ קוֹרְאִים
אָבוֹת וּבָנִים   כִּי אַתָּה רַחוּם לְכָל פֹּעַל.
אַךְ רִאשׁוֹן וְאַחֲרוֹן אַתָּה / חַנּוּן וְרַחוּם אַתָּה
לְמַעַנְךָ עֲשֵׂה גַּם עַתָּה   כִּי אַתָּה רַחוּם לְכָל פֹּעַל.
אַךְ שְׁמַע תְּפִלָּתֵנוּ / בְּקָרְאֵנוּ אֵלֶיךָ עֲנֵנוּ
אֱלֹהֵי צִדְקֵנוּ   כִּי אַתָּה רַחוּם לְכָל פֹּעַל.
אַךְ תּוֹלִים לְךָ עֵינֵיהֶם / עֲנֵם וּשְׁמַע בְּקוֹל תְּפִלּוֹתֵיהֶם
סְלַח נָא לַעֲוֹנוֹתֵיהֶם   חַנּוּן וְרַחוּם לְכָל פֹּעַל.

15 כחול הים ברא׳ לב יב ועוד. **ועונותיהם תשליך...** מיכה ז יט. **16 עונים ארבע קדושות** שמא צ״ל עתירות, ר״ל תפלות של יוה״כ (לפי החריזה). **חוקר כליות** ירמ׳ יז י אני ה׳ חוקר לב בוחן כליות. **ויודע כל נסתרות** ע״ש דבר׳ כט כח הנסתרות לה׳ אלהינו. **17 וטהרם במים חיים** ע״ש יחזק׳ לו כה וזרקתי עליכם מים טהורים וטהרתם. **כי עמך מקור חיים** תהל׳ לו י. **18 למי מנה** לישראל שנאמר עליו מי מנה עפר יעקב, במד׳ כג י. **20 ראשון ואחרון אתה** ע״ש ישע׳ מד ו אני ראשון ואני אחרון.

פותחים את ארון הקודש

וּבְכֵן אִמְרוּ לֵאלֹהִים מַה נּוֹרָא מַעֲשֶׂיךָ.

סימן: א״ב (אותיות מנצפ״ך.ש.ת כפולות).

1 אִמְרוּ לֵאלֹהִים
אֵל מֶלֶךְ בְּעוֹלָמוֹ / מֵחִישׁ פְּדוּת עַמּוֹ
לְקַיֵּם אֶת דְּבַר נְאֻמוֹ / כִּי סְלִיחָה עִמּוֹ
הוֹדוּ לַיי קִרְאוּ בִשְׁמוֹ.

2 אִמְרוּ לֵאלֹהִים
בָּרוּךְ וּמְהֻלָּל בְּרֹב גָּדְלוֹ / מֵחִישׁ סְלִיחָה לִקְהָלוֹ
לְהַרְאוֹת לַכֹּל גָּדְלוֹ / מָדַד מַיִם בְּשָׁעֳלוֹ
שִׁירוּ לוֹ זַמְּרוּ לוֹ.

3 אִמְרוּ לֵאלֹהִים
גּוֹאֵל עַם קְדוֹשׁוֹ / בִּסְלִיחָה לְהַקְדִּישׁוֹ
לְכוֹנֵן בֵּית מִקְדָּשׁוֹ / לָכֵן זֶרַע אַבְרָהָם קְדוֹשׁוֹ
הִתְהַלְלוּ בְּשֵׁם קָדְשׁוֹ.

אמרו לאלהים מה נורא מעשיך תהל׳ סו ג.

1 **מחיש פדות עמו** ע״ש תהל׳ קיא ט פדות שלח לעמו. **לקיים דבר נאמו** כגון ירמ׳ טו כא והצלתיך מיד רעים ופדיתיך מכף עריצים. **כי סליחה עמו** ע״ש תהל׳ קל ד כי עמך הסליחה למען תורא. 2 **מדד מים בשעלו** ישע׳ מ יב. 3 **גואל עם קדושו** ע״ש ישע׳ מט ז גואל ישראל קדושו. 4 **מהולל ברקיע עוזו** ע״ש תהל׳ קנ א הללוהו ברקיע עוזו. **סולח לעם זו בזו** לישראל (ע״ש שמות טו טז עם זו קנית, או ישע׳ מג כא עם זו יצרתי לי) בזו השעה (או בזכות תפלה זו, ודוגמתו

4 אִמְרוּ לֵאלֹהִים

דָּגוּל וּמְהֻלָּל בִּרְקִיעַ עֻזּוֹ / סוֹלֵחַ לְעַם זוּ בְּזוֹ
בִּדְבַר עֻזּוֹ וּמָעֻזּוֹ / לָכֵן אַתֶּם עַם עֲדַת מָעֻזּוֹ
דִּרְשׁוּ יי וְעֻזּוֹ.

5 אִמְרוּ לֵאלֹהִים

הַכֹּל בְּמַאֲמָר עָשָׂה / וְהוּא פָּעַל וְעָשָׂה
סוֹלֵחַ לְאֹם עֲמוּסָה / לָכֵן עַם בּוֹ חָסָה
זִכְרוּ נִפְלְאוֹתָיו אֲשֶׁר עָשָׂה.

6 אִמְרוּ לֵאלֹהִים

וּמֵקִים דְּבַר עַבְדּוֹ / עַל אֶרֶץ וְשָׁמַיִם הוֹדוֹ
סוֹלֵחַ לְעַם מְיַחֲדוֹ / אֲשֶׁר נִקְרְאוּ בִּדְבַר סוֹדוֹ
זֶרַע יִשְׂרָאֵל עַבְדּוֹ.

7 אִמְרוּ לֵאלֹהִים

זֶה רֹקַע הָאָרֶץ / הַיּוֹשֵׁב עַל חוּג הָאָרֶץ
סוֹלֵחַ לְגוֹי אֶחָד בָּאָרֶץ / לָכֵן אִמְרוּ לְיוֹסֵד אָרֶץ
הוּא יי אֱלֹהֵינוּ בְּכָל הָאָרֶץ.

בתפלת טל לר״א הקלירי: בדעתו אביעה חידות / בעם זו בזו בטל להחדות), ומה שפירשו ׳בזו׳ בזכות התורה או בזכות המילה, אינו מסתבר. **בדבר עוזו ומעוזו** בדבר ה׳ שהוא עוזו ומעוזו, ע״ש ירמ׳ טז יט. **אתם עם חוזו** כנראה זה עיקר, והגירסא המקובלת נבעה ממה שלפניה. **5 הכל במאמר עשה** עי׳ אבות ה׳ א׳ בעשרה מאמרות נברא העולם... והלא במאמר אחד יכול להיבראות... **פעל ועשה** ישע׳ מא ד. **לאום עמוסה** לישראל, ע״ש ישע׳ מו ג וכל שארית בית ישראל העמוסים מני בטן... **6 ומקים דבר עבדו** ישע׳ מד כו. **על ארץ ושמים הודו** תהל׳ קמח יג. **אשר נקראו בדבר סודו** בכתבי הקדש נקראו ׳זרע ישראל עבדו׳. (וי״מ נקראו לסוד ה׳, ואין זה מסתבר.) **7 זה** הקב״ה, ע״ש שמות טו ב זה אלי. **רוקע הארץ** ישע׳ מב ה. תהל׳ קלו ו. **היושב על חוג הארץ** ישע׳ מ כב. **לגוי אחד בארץ** ש״ב ז כג. דה״א יז כא. **ליוסד ארץ** ישע׳ נא יג.

335 חזרת הש״ץ למוסף

8 אִמְרוּ לֵאלֹהִים

חַי בִּמְעוֹנָתוֹ / חַנּוּן וְחוֹנֵן עֲדָתוֹ

יָשׁוּב בְּרַחֲמִים לְבֵיתוֹ / לָכֵן בָּאֵי בִּבְרִיתוֹ

זִכְרוּ לְעוֹלָם בְּרִיתוֹ.

9 אִמְרוּ לֵאלֹהִים

טַפֵּי נַחֲלָתוֹ / טְלָאֵי יְרֻשָּׁתוֹ

יְקַיֵּם עֲלֵימוֹ אִמְרָתוֹ / כְּחָקוּק בְּתוֹרָתוֹ

אֲשֶׁר כָּרַת אֶת אַבְרָהָם וּשְׁבוּעָתוֹ.

10 אִמְרוּ לֵאלֹהִים

יוֹעֵץ מֵישָׁרִים לְחֹק / יְרֵאָיו לְחַיִּים לָחֹק

סוֹלֵחַ חֵטְא הַנֵּחוּק / כְּנִשְׁמַע לָרוֹעֶה מֵרָחוֹק

וַיַּעֲמִידֶהָ לְיַעֲקֹב לְחֹק.

11 אִמְרוּ לֵאלֹהִים

כָּל יְצִיר בָּרָא בְּמַעַן / סוֹלֵחַ לָעָם עֻלּוֹ טָעַן

וְלֹא יִזָּכֵר עוֹד יַעַן וּבְיַעַן / כְּהַבְטִיחַ לָעָם בּוֹ שָׁעַן

לֵאמֹר לְךָ אֶתֵּן אֶת אֶרֶץ כְּנָעַן.

8 חי במעונתו שוכן בציון, ע״ש תהל׳ עו ג ויהי בשלם סוכו ומעונתו בציון. **ישוב ברחמים לביתו** יחזיר שכינתו לציון. **באי בבריתו** ע״ש דה״ב טו יב ויבאו בברית. (וי״ג לבאי, ומתלבטין בביאורו.) **9 טפי נחלתו. טלאי ירושתו** ילדיו שירשו את התורה. טלאי פי׳ צאן. וכל החרוז בא במקום החרוז המקורי כדלקמן — **טלאיו מחיש כמיהם** צאן מרעיתו ישראל, יחיש למלא תאותם (כמיהם ע״ש כמה לך בשרי, תהל׳ סג ב). **בסליחה להגיהם** להארים, וזוהי תאותם. **כאור זרוע נגהם** ע״ש תהל׳ צז יא אור זרוע לצדיק. **בברית אשר מפיו הגיהם. אשר כרת** וכו׳. **10 לחיים לחוק** לחוקק. **סולח לחטא הניחוק** הנחקק בספר הזכרונות. **כנשמע לרועה** למשה שהוא רועה נאמן לישראל, ונאמר לו סלחתי כדברך. **11 כל יציר ברא במען** במענה, ר״ל בדיבור. **לעם עולו טען** ישראל שהטעין על עצמו עול מצוות. **ולא יזכר עוד יען וביען** ר״ל יען

12 אִמְרוּ לֵאלֹהִים

כָּל בַּשָּׁלִישׁ עָפָר / סוֹלֵחַ לָעָם וְהָיָה מִסְפַּר
וּפִשְׁעָם עוֹד לֹא יְסֻפַּר / לְהַרְבּוֹתָם כַּחוֹל וְאֵין מִסְפָּר
בִּהְיוֹתְכֶם מְתֵי מִסְפָּר.

13 אִמְרוּ לֵאלֹהִים

לֹא עָשָׂה כֵן לְכָל גּוֹי / לָקַחַת לוֹ גּוֹי מִקֶּרֶב גּוֹי
סוֹלֵחַ עֲוֹנוֹת גּוֹי / עַם חָכָם וְנָבוֹן הַגּוֹי
וַיִּתְהַלְּכוּ מִגּוֹי אֶל גּוֹי.

14 אִמְרוּ לֵאלֹהִים

מֵחִישׁ לְעַמּוֹ הוּקָם / וּמְכַפֵּר פִּשְׁעֵי חֵיקָם
מַטְרִיפָם לֶחֶם חֻקָּם / וּמְמַהֵר יוֹם נָקָם
לֹא הִנִּיחַ לְאִישׁ לְעָשְׁקָם.

15 אִמְרוּ לֵאלֹהִים

מֶלֶךְ לְעוֹלָמִים חַי / מֵמִית וּמְחַיֶּה כָּל חַי
לָכֵן יוֹדוּהוּ חַי חַי / וְהִזְהִיר לְרֵעַי וְאַחַי
אַל תִּגְעוּ בִּמְשִׁיחָי.

וביען במשפטי מאסו ואת חקותי געלה נפשם, ויק׳ כו מג. **בו שען נשען.** **12 כל בשליש עפר** ישע׳ מ יב. **לעם והיה מספר** ישראל, ע״ש הושע ב א והיה מספר בני ישראל כחול הים וכו׳. **להרבותם כחול ואין מספר** (שם) כחול הים אשר לא ימד ולא יספר. **13 לא עשה כן לכל גוי** תהל׳ קמז כ. **לקחת לו גוי מקרב גוי** דבר׳ ד לד. **עם חכם ונבון הגוי** דבר׳ ד ו. **14 מחיש לעמו הוקם** המשיח, ע״ש ש״ב כג א נאום... ונאום הגבר הוקם על משיח אלהי יעקב. **ומכפר פשעי חיקם** הפשעים שבלב. **מטריפם לחם חוקם** ע״ש משלי ל ח הטריפני לחם חוקי. **וממהר יום נקם** ע״ש ישע׳ לד ח. סג ד. **15 ממית ומחיה** ש״א ב ו. **לכן יודוהו חי חי** ע״ש ישע׳ לח

16 אִמְרוּ לֵאלֹהִים

נוֹרָא חָזָק וְאָיֹם / וְהוּא אֵל עֶלְיוֹן

וּמַנְחִיל עֹז חֶבְיוֹן / וּמְשׁוֹרְרִים לְפָנָיו בְּכָל יוֹם

שִׁירוּ לַיי כָּל הָאָרֶץ בַּשְּׂרוּ מִיּוֹם אֶל יוֹם.

17 אִמְרוּ לֵאלֹהִים

נוֹרָא שׁוֹכֵן מְרוֹמִים / סוֹלֵחַ פִּשְׁעֵי אֲשֵׁמִים

וּמְפַעְנֵחַ נֶעֱלָמִים / וְאַתֶּם מְעוּטֵי עַמִּים

סַפְּרוּ בַגּוֹיִם אֶת כְּבוֹדוֹ בְּכָל הָעַמִּים.

18 אִמְרוּ לֵאלֹהִים

סֶלָה מְשֻׁבָּח וּמְהֻלָּל / בְּפִי כָל נְשָׁמָה יִתְהַלָּל

סוֹלֵחַ לְעָם יְהֻלָּל / כְּשֶׁיַּעֲטֹף וְיִתְפַּלָּל

כִּי גָדוֹל יי וּמְהֻלָּל.

19 אִמְרוּ לֵאלֹהִים

עֶלְיוֹן עַל כָּל אֵלִים / הַנִּכְתָּר בְּהִלּוּלִים

סוֹלֵחַ לְעַם נִגְאָלִים / וּמַעֲבִיר מֵאֶרֶץ גִּלּוּלִים

כִּי כָּל אֱלֹהֵי הָעַמִּים אֱלִילִים.

יט. **לרעי ואחי** תהל׳ קכב ח. **16 נורא חזק ואיום** חבק׳ א ז איום ונורא הוא. **אל עליון** ברא׳ יד יט. **ומנחיל עוז חביון** ע״ש חבק׳ ג ד ושם חביון עוזה, ר״ל מנחיל את התורה הנקראת עוז, והוא הוריד אותה ממקום חביון עוזו. **17 מפענח נעלמים** מגלה צפונות (משמעות מלת ׳פענח׳ אצל הפייטנים יוצאת מתפיסת שם יוסף ׳צפנת פענח׳ שתרגמו ׳גברא דמטמרן גלין ליה, עי׳ ס׳ השרשים לר׳ יונה בן גנאח, מהד׳ בכר, ע׳ 419). **מעוטי עמים** ע״ש דבר׳ ז ז כי אתם המעט מכל העמים. **18 בפי כל נשמה יתהלל** ע״ש תהל׳ קנ ו כל הנשמה תהלל יה. **לעם יהולל** ר״ל אשר יהולל. **כשיעטוף ויתפלל** ע״ש תהל׳ קב א תפלה לעני כי יעטף... **19 עליון על כל אלים** ע״ש

20 אִמְרוּ לֵאלֹהִים

פּוֹעֵל יְשׁוּעוֹת צְפוּנָיו / וּמִסְתַּכֵּל בְּכָל פְּנָיו
סוֹלֵחַ לְעַם עָנָיו / וּבְכָל יוֹם מְשׁוֹרְרִים לְפָנָיו
הוֹד וְהָדָר לְפָנָיו.

21 אִמְרוּ לֵאלֹהִים

פֶּלֶא עֹשֶׂה עַד מְאֹד / נִקְרָא מֶלֶךְ הַכָּבוֹד
סוֹלֵחַ לְעַמּוֹ לוֹ הוֹד / הַלּוֹבֵשׁ הָדָר וָהוֹד
הָבוּ לַייָ מִשְׁפְּחוֹת עַמִּים הָבוּ לַייָ כָּבוֹד.

22 אִמְרוּ לֵאלֹהִים

צוּר אַכְבְּדֶנּוּ בְּמִנְחָה / מֵסִיר יָגוֹן וַאֲנָחָה
מֵחִישׁ לְעַמּוֹ רְוָחָה / בֹּאוּ שְׁעָרָיו בְּשִׂמְחָה
הָבוּ לַייָ כְּבוֹד שְׁמוֹ שְׂאוּ מִנְחָה.

23 אִמְרוּ לֵאלֹהִים

צוּר עוֹלָמִים בְּכֵס נָכוֹן / בֵּית עוֹלָמִים לְשִׁבְתּוֹ מָכוֹן
סוֹלֵחַ לְאוֹמְרֵי תְּפִלָּתִי תִכּוֹן / לָנֶצַח נְצָחִים מַלְכוּתוֹ תִכּוֹן
חִילוּ מִלְּפָנָיו כָּל הָאָרֶץ אַף תִּכּוֹן.

שמות טו יא מי כמוך באלים. **מעביר מארץ גילולים** לשון היכלות (עלינו לשבח): להעביר גילולים מן הארץ. **20 פועל ישועות** תהל׳ עד יב. **צפוניו** ישראל המסתתרים תחת כנפי השכינה, ע״ש תהל׳ פג ד ויתיעצו על צפוניך. **בכל פיניו** בכל פינותינו. **21 פלא עשה** תהל׳ עח יב. **נקרא מלך הכבוד** תהל׳ כד ז. **הלובש הדר והוד** ע״ש תהל׳ קד א הוד והדר לבשת. (בית זה חורג מהחריזה הרגילה, והנוסח חשוד הוא.) **22 מסיר ממנו יגון ואנחה** ע״ש ישע׳ לה י ונסו יגון

24 אִמְרוּ לֵאלֹהִים

קָדוֹשׁ יוֹשֵׁב שָׁמַיִם / בַּמָּרוֹם אַדִּיר כַּמַּיִם

סוֹלֵחַ לְעוֹבְרֵי בַמַּיִם / מְכוֹנֵן לַנֶּחֱרָב פַּעֲמַיִם

בְּיָסְדוֹ יְרוּשָׁלַיִם לָעַד, יִשְׂמְחוּ הַשָּׁמַיִם.

25 אִמְרוּ לֵאלֹהִים

רָם דָּרַךְ סוּסָו בַּיָּם / לִגְזָרִים גָּזַר יָם

וּמַשְׁלִיךְ בִּמְצוּלוֹת יָם / עַד לֹא יוֹדֵעַ אִיָּם

כְּפָרְרוֹ בְעֻזּוֹ יָם, יִרְעַם הַיָּם.

26 אִמְרוּ לֵאלֹהִים

שַׁדַּי כְּיָשֵׁן נֵעוֹר / לְכוֹנֵן בֵּית הַיַּעַר

כִּי כִרְסְמוֹ חֲזִיר מִיַּעַר / וּפָנָה אֶל תְּפִלַּת הָעַרְעָר

אָז יְרַנְּנוּ עֲצֵי הַיָּעַר.

27 אִמְרוּ לֵאלֹהִים

שַׁדַּי אֵין בִּלְעָדוֹ / הַכֹּל פֹּעַל יָדוֹ

סוֹלֵחַ לִקְהַל יְדִידוֹ / הַמּוֹדִים עַל טוּבוֹ וְחַסְדּוֹ

הוֹדוּ לַיי כִּי טוֹב כִּי לְעוֹלָם חַסְדּוֹ.

ואנחה (והלשון חוזר בתפלת העמידה לחול: והסר ממנו יגון ואנחה). **באו שעריו בשמחה** ע״ש תהל׳ ק ד באו שעריו בתודה. 23 **צור עולמים** ישע׳ כו ד. **בכס נכון** ע״ש תהל׳ צג ב נכון כסאך מאז. **בית עולמים לשבתו מכון** ע״ש שמות טו יז מכון לשבתך פעלת ה׳. **לאומרי תפלתי תכון** תהל׳ קמא ב תכון תפלתי קטרת לפניך. **לנצח נצחים מלכותו תכון** ע״ש תהל׳ קמה יג מלכותך מלכות כל עולמים. 24 **במרום אדיר כמים** ע״ש תהל׳ צג ד מקולות מים רבים אדירים משברי

28 אִמְרוּ לֵאלֹהִים

תָּמִים אֵל יִשְׁעֵנוּ / מִצָּרָה תּוֹשִׁיעֵנוּ

וּמְכַפֵּר חַטֹּאת פְּשָׁעֵינוּ / וּמַאֲזִין שִׂיחַ שַׁוְעֵנוּ

וְאִמְרוּ הוֹשִׁיעֵנוּ אֱלֹהֵי יִשְׁעֵנוּ.

29 אִמְרוּ לֵאלֹהִים

תַּקִּיף אֱלֹהֵי עוֹלָם

דְּבָרוֹ נִצָּב לְעוֹלָם

וְהוּא מִכֹּל נֶעֱלָם

וַאֲנוּ מְהַלְלִים שְׁמוֹ לְעוֹלָם

בָּרוּךְ יי אֱלֹהֵי יִשְׂרָאֵל

מִן הָעוֹלָם וְעַד הָעוֹלָם.

ים אדיר במרום ה׳. **לעוברי במים** בקריעת ים סוף. **מכונן לנחרב פעמיים** יכין ויבנה שוב את בית המקדש שחרב פעמיים. **25 דרך סוסו בים** ע״ש חבק׳ ג טו דרכת בים סוסיך, ודרשוהו על מעשה ים סוף, עי׳ מכילתא בשלח מס׳ ב, ו׳ (לפסוק יד כח) ועוד. **לגזרים גזר ים** ע״ש תהל׳ קלו יג לגוזר ים סוף לגזרים. **ומשליך עונות במצולות ים** ע״ש מיכה ז יט ותשליך במצולות ים כל חטאותם. **עד לא יודע אים** הענין לפי ירמ׳ נ כ יבוקש את עון ישראל ואיננו וכו׳. **כפררו בעוזו ים** ע״ש תהל׳ עד יג אתה פוררת בעוזך ים. **26 כישן נוער** כאיש אשר יעור משנתו, זכר׳ ד א. **לכונן בית היער** בית המקדש שקויימה בו הנבואה (הושע ב יד) ושמתים ליער. **כי כרסמו חזיר מיער** ע״ש תהל׳ פ יד יכרסמנה חזיר מיער. **ופנה אל תפלת הערער** תהל׳ קב יח. **27 אין בלעדו** ע״ש ישע׳ מה ו כי אפס בלעדי. **הכל פועל ידו** ע״ש ישע׳ מה יא ועל פעל ידי תצוני. **28 אל ישענו** ע״ש תהל׳ סח כ האל ישועתנו סלה. **29 דברו נצב לעולם** ע״ש תהל׳ קיט פט לעולם ה׳ דברך נצב בשמים.

וּבְכֵן גְּדוֹלִים מַעֲשֵׂי אֱלֹהֵינוּ.

סימן: א"ב, בשילוב עם תשר"ק.

1 מַעֲשֵׂה אֱלֹהֵינוּ

אַדִּיר בְּוַעֲדוֹ / בְּרוּם וּבְתַחַת הוֹדוֹ
גִּלָּה אוֹר לְעוֹבְדוֹ / דְּבָרוֹ מֵקִים לְעַבְדּוֹ
לָכֵן יִתְגָּאֶה אֵין עוֹד מִלְּבַדּוֹ.

2 מַעֲשֵׂה אֱנוֹשׁ

תַּחֲרוּת רַחֲמָיו / שֶׁקֶר נְאֻמָיו
רַבִּים אֲשָׁמָיו / קֹצֶר יָמָיו
וְאֵיךְ יִתְגָּאֶה אֱנוֹשׁ כֶּחָצִיר יָמָיו.

3 מַעֲשֵׂה אֱלֹהֵינוּ

הַמַּכִּיר עוֹלְמֵי עַד / וְסוֹפֵר וּמוֹנֶה עֲדֵי עַד
זִיו מוֹשָׁבוֹ נוֹעַד / חֶלֶד צוֹפֶה בְּמִסְעָד
לָכֵן יִתְגָּאֶה הַמַּבִּיט לָאָרֶץ וַתִּרְעָד.

ובכן גדולים מעשי אלהינו. ע"ש תהל' קיא ב גדולים מעשי ה'. (נ"א מה נוראים מעשיך, ע"ש תהל' סו ג אמרו לאלהים מה נורא מעשיך. נ"א ובכן נאדרך מלכנו, בלי התייחסות למעשיו.) והחוזר נכתב בכל כי"י "מעשה אלהינו" (במשמעות המעשה בכלל, דוגמת שמות לד י. יהושע כד לא), ומה שתקנו 'מעשי אלהינו' נראה למיותר.

1 אדיר בויעודו ע"ש שמות כט מג ונועדתי שמה לבני ישראל. **ברום ובתחת הודו** ע"ש תהל' קמח יג הודו על ארץ ושמים. **גילה אור לעובדו** דוגמת גלה סודו אל עבדיו הנביאים (עמוס ג ז). ושמא הכונה אל גילוי אור התורה למשה עבדו. **דברו מקים לעבדו** ע"ש ישע' מד כו מקים דבר עבדו. **אין עוד מלבדו** דבר' ד לה. **2 מעשה אנוש. תחרות** התרגשות, רוגז. **רבים אשמיו קוצר ימיו** ר"ל ע"י אשמיו הרבים הוא מקצר ימיו. **אנוש כחציר ימיו** תהל' קג טו. **3 המכיר**

4 מַעֲשֵׂה אֱנוֹשׁ

צִמָּאוֹן בְּקִרְבּוֹ / פַּחַד בְּלִבּוֹ

עָוֹן בְּחֻבּוֹ / שִׂנְאָה בְּאִבּוֹ

וְאֵיךְ יִתְגָּאֶה כִּי רוּחַ עָבְרָה בּוֹ.

5 מַעֲשֵׂה אֱלֹהֵינוּ

טוֹעֵן הֲדוֹמוֹ / יוֹדֵעַ עוֹלָמוֹ

כְּלָלוֹ בְּנָאֳמוֹ / לָעַד לַהֲקִימוֹ

לָכֵן יִתְגָּאֶה יי צְבָאוֹת שְׁמוֹ.

6 מַעֲשֵׂה אֱנוֹשׁ

נִכְנָס עִמּוֹ / מְזוֹן לַחְמוֹ

לוֹהֵט בְּנָאֳמוֹ / כּוֹעֵס בְּיוֹמוֹ

וְאֵיךְ יִתְגָּאֶה וְלֹא יַכִּירֶנּוּ עוֹד מְקוֹמוֹ.

7 מַעֲשֵׂה אֱלֹהֵינוּ

מוֹשֵׁל בְּמִפְעָלוֹ / נוֹרָא עַל זְבוּלוֹ

סִלּוּדוֹ כְּגָדְלוֹ / עֻזּוֹ בְּרֹב חֵילוֹ

לָכֵן יִתְגָּאֶה שְׂרָפִים עוֹמְדִים מִמַּעַל לוֹ.

עולמי עד עולם העליון והתחתון. **וסופר ומונה עדי עד** עולמי עולמים הם לפניו מנויים וספורים. וי״מ סופר ומונה את מעשי בני אדם. **זיו מושבו נועד** זיו השכינה מופיע לבריות. **חלד צופה במסעד** מביט על כל העולם (חלד ע״ש תהל׳ מט ב כל יושבי חלד) לסעדו. **המביט לארץ ותרעד** תהל׳ קד לב. **4 עון בחובו** ע״ש איוב לא לג לטמון בחובי עוני. **שנאה באבו** ברעננותו, ע״ש איוב ח יב עודנו באבו. **כי רוח עברה בו** תהל׳ קג טז. **5 טוען הדומו** טוען על עצמו ונושא את הארץ שהיא הדום רגליו (ישע׳ סו א). **יודע עולמו. כללו בנאמו. לעד להקימו** הוא כלל כל העולם בנאום אחד בבריאתו, בהשקפת חז״ל על בריאת שמים וארץ, עי׳ ב״ר א׳ ט״ו (ע׳ 14) שלא

8 מַעֲשֵׂה אֱנוֹשׁ

יִשְׁתַּחֲוֶה לַמֶּלֶךְ / טַרְפּוֹ לִמְצוֹא מְהַלֵּךְ
חִבּוּר עֲצָבוֹ מַשְׁלֵךְ / זֶה עֲמָלוֹ לְרִיק יֵלֵךְ
וְאֵיךְ יִתְגָּאֶה כִּי בַהֶבֶל בָּא וּבַחֹשֶׁךְ יֵלֵךְ.

9 **מַעֲשֵׂה אֱלֹהֵינוּ**

פְּאֵרוֹ בִּשְׁמֵי מְעוֹנַי / צוֹפֶה וּמַבִּיט לְעֵינַי
קִלּוּס שְׁמוֹ בַּהֲמוֹנַי / רוֹדֶה בְּקֶרֶב מוֹנַי
לָכֵן יִתְגָּאֶה גְּדוֹלִים מַעֲשֵׂי יי.

סוגרים את ארון הקודש

10 מַעֲשֵׂה אֱנוֹשׁ

וּמְבַקֵּשׁ חַיִל וּמַחְסֶה / הוּא פְּשָׁעָיו יְכַסֶּה
דּוֹרֵךְ וּבָא עִם חוֹמְסֵי / גּוֹזֵל עֲנִיֵּי וּמוּסֵי
וְאֵיךְ יִתְגָּאֶה וּבַחֹשֶׁךְ שְׁמוֹ יְכֻסֶּה.

נבראו שניהם אלא כאילפס וכיסויה, ועי׳ ירו׳ חגיגה ב׳ א׳ (דף ע״ז ג׳) בשתי אותיות נבראו שתי עולמות העה״ז והעוה״ב. חגיגה דף י״ב א׳ וכח״א זה וזה כאחת נבראו, שנא׳ (ישע׳ מח יג) אף ידי יסדה ארץ וימיני טפחה שמים. **ה׳ צבאות שמו** ישע׳ מח ב ועוד. **6 נכנס עמו מזון לחמו** ר״ל פרנסתו באה יחד עמו לעולם, כמאמר חז״ל נידה דף ל״א ב׳ בא זכר לעולם בא ככרו בידו. וי״ג מזון לחומו, ר״ל פרנסת בשרו (לחום פי׳ בשר, צפנ׳ א יז ועוד). **לוהט בנאמו** מדבר מכעס ומתלהט. וי״ג לוקט, ואינו ברור (שמא ר״ל לוקט דבריו, מגמגם). **כועס ביומו** דוגמת איוב ג א ויקלל את יומו. **ולא יכירנו עוד מקומו** תהל׳ קג טז. **7 מושל במפעלו** ע״ש תהל׳ סו ז מושל בגבורותו עולם. **ונורא על זבולו** ע״ש תהל׳ פט ח ונורא על כל סביביו. **סילודו כגדלו** שבחו כגדלו, ע״ש תהל׳ קנ ב הללוהו כרב גדלו. **עוזו ברוב חילו** ע״ש יואל ב יא וה׳ נתן קולו לפני חילו כי רב מאד מחנהו. **שרפים עומדים ממעל לו** ישע׳ ו ב. **8 ישתחוה למולך** שם אליל (וייתכן

מַעֲשֵׂה אֱנוֹשׁ
תַּחְבּוּלוֹתָיו מְזִמָּה / שִׁבְתּוֹ בְּתוֹךְ מִרְמָה
רִפִידָתוֹ רִמָּה / קָבוּר בִּסְעִיף אֲדָמָה
וְאֵיךְ יִתְגָּאֶה אָדָם לַהֶבֶל דָּמָה.

פותחים את ארון הקודש

11 אֲבָל מַעֲשֵׂה אֱלֹהֵינוּ
שַׁדַּי רוֹקַע אֶרֶץ עַל בְּלִימָה / שׁוֹכְנֶיהָ בְּלִי הֱיוֹת לְשַׁמָּה
תִּכֵּן עַל מַיִם אֲדָמָה / תֹּקֶף שְׁמוֹ לְרוֹמְמָה
לָכֵן יִתְגָּאֶה עוֹטֶה אוֹר כַּשַּׂלְמָה.

סוגרים את ארון הקודש

12 מַעֲשֵׂה אֱנוֹשׁ
בְּנָע וָנָד בָּאָרֶץ / בְּקוּמוֹ לְשׁוֹטֵט בָּאָרֶץ
אִם עוֹדֶנּוּ הַיּוֹם בָּאָרֶץ / אֵינֶנּוּ מָחָר עֲלֵי אֶרֶץ
וְאֵיךְ יִתְגָּאֶה כִּי אָדָם אֵין צַדִּיק בָּאָרֶץ.

שר״ל למולך שלו, היינו רודף אחר הבצע, כפי שהוא ממשיך) **טרפו למצוא מהלך** דוגמת ישע׳ לא ד האריה והכפיר על טרפו. **חבור עצבו משלך** חיבור פסלו, ע״ש ישע׳ מח ה פן תאמר עצבי עשם ופסלי ונסכי צום. והפסל מחובר חלקים חלקים, ובסוף הוא משליך אותו. **כי בהבל בא ובחשך ילך** קהל׳ ו ד. **9 בשמי מעוני** בשמי מעונים (הצורה מעוני מחמת החרוז), והשמים מעון לו. **צופה ומביט לעיני** העובדה שהוא רואה הכל היא לעיני; וי״ג לענייני, ומסתבר. **קילוס** שבח. **רודה בקרב מוני** ע״ש תהל׳ קי ב רדה בקרב אויביך, ומוני פי׳ המציקים לי, ע״ש ישע׳ מט כו והאכלתי את מוניך את בשרם. **גדולים מעשי ה׳** תהל׳ קיא ב. **10 פשעיו יכסה** ע״ש משלי כח יג מכסה פשעיו לא יצליח. **דורך ובא עם חומסי** הולך ובא עם גזלנים ועושי חמס. **ובחשך שמו יכוסה** קהל׳ ו ד. **11 רוקע ארץ על בלימה** ע״ש תהל׳ קלו ו לרוקע הארץ על המים, ואיוב כו ז תולה ארץ על בלימה. **בלי היות לשמה** ע״ש היתה לשמה, ירמ׳ נ כג ועוד. **עוטה אור כשלמה** תהל׳ קד ב. **12 בנע ונד בארץ** הוא נמצא בארץ במצב נע ונד, ע״ש ברא׳ ד יב. **כי אדם אין צדיק בארץ** קהל׳ ז כ.

וּבְכֵן, לְנוֹרָא עֲלֵיהֶם בְּאֵימָה יַעֲרִיצוּ.

סימן: א"ב כפול [מחברו: ייני(?)].

1 אֲשֶׁר אֵימָתְךָ בְּאֶרְאֶלֵּי אֹמֶן / בְּאַבִּירֵי אֹמֶץ
בִּבְלוּלֵי קֶרַח / בִּבְדוּדֵי קֶדַח וּמוֹרָאֲךָ עֲלֵיהֶם.

2 וְאָבִיתָ תְּהִלָּה מִגְּלוּמֵי גוּשׁ / מִגָּרֵי גַיְא
מִדְּלוּלֵי פֹעַל / מִדַּלֵּי מַעַשׂ וְהִיא תְהִלָּתֶךָ.

3 אֲשֶׁר אֵימָתְךָ בַּהֲמוֹן מַלְאָכִים / בְּהִלּוּךְ מַחֲנוֹת
בְּוַעַד אֲלָפִים / בְּוֹכַח רְבָבוֹת וּמוֹרָאֲךָ עֲלֵיהֶם.

4 וְאָבִיתָ תְּהִלָּה מִזִּיו שׁוֹנֶה / מִזֹּהַר כָּבֶה
מֵחַסְרֵי שֵׂכֶל / מֵחוֹרְשֵׁי רֶשַׁע וְהִיא תְהִלָּתֶךָ.

5 אֲשֶׁר אֵימָתְךָ בְּטִפּוּחַ עֲרָבוֹת / בְּטִכּוּס שְׁחָקִים
בִּיקְרַת עֲרָפֶל / בִּירִיעַת מְעוֹנָה וּמוֹרָאֲךָ עֲלֵיהֶם.

6 וְאָבִיתָ תְּהִלָּה מִכְּתוּמֵי שֶׁמֶץ / מִכְּמוּסֵי כֶתֶם
מִלְּכוּדֵי פַח / מִלְּעוּנֵי מַר וְהִיא תְהִלָּתֶךָ.

1 אשר אימתך בצבא המלאכים. **באראלי אומן** במלאכים העושים שליחותם באמונה. **באבירי אומץ** בגבורי כח. **בבלולי קרח בבדודי קדח** מלאכים שנבראו מקרח ואש ('קדח' חידוש הפייטן במשמעות 'אש', ע"ש דבר' לב כב כי אש קדחה באפי). **ואבית תהלה** אתה רוצה בשבח בני אדם. 2 **מגלומי גוש** מיצורי אדמה. **מגרי גיא** מיושבי הארץ. **מדלולי פועל** מעוטי מעשים טובים. 3 **בועד אלפים בוכח רבבות** באסיפת המלאכים ובהתוכחותם. כ"ה גירסת הדפוסים והיא מסתברת לפי מבנה הפיוט. 4 **מזיו שונה מזהר כבה** מבני אדם שזיום עובר ונרם כבה. **מחורשי רשע** שחושבים מעשים רעים. 5 **בטיפוח ערבות** ברקיע המטופח, ע"ש ישע' מח יג וימיני טפחה שמים. **בטיכוס שחקים** בסידור הרקיע (טיכוס מל' טכסיס). **ביקרת ערפל** בעננים הכבדים והכהים, ע"ש זכר' יד ו ...לא יהיה אור יקרות וקפאון. וערבות שחקים ומעונה הם כינויים לרקיע, עי' חגיגה דף י"ב ב'. 6 **מכתומי שמץ** כתומי עון, ע"ש ירמ' ב כב נכתם עונך. **מכמוסי**

7 אֲשֶׁר אֵימָתְךָ בִּמְסִלּוּלֵי זְבוּל / בִּמְרוֹמֵי שֶׁפֶר
בִּנְטִיַּת דֹּק / בְּנִחִיַּת עָבִים וּמוֹרָאֲךָ עֲלֵיהֶם.

8 וְאָבִיתָ תְּהִלָּה מִסְּרוּחֵי מַעַשׂ / מִשְּׂבְעֵי רֹגֶז
מֵעֲדוּרֵי אֱמֶת / מֵעֲמוּסֵי בָטֶן וְהִיא תְהִלָּתֶךָ.

9 אֲשֶׁר אֵימָתְךָ בְּפוֹתְחֵי קָדוֹשׁ / בְּפוֹצְחֵי בָרוּךְ
בִּצְדוּדֵי אַרְבַּע / בִּצְנוּפֵי שֵׁשׁ שֵׁשׁ וּמוֹרָאֲךָ עֲלֵיהֶם.

10 וְאָבִיתָ תְּהִלָּה מִקְּרוּאֵי עַיִן / מִקּוֹרְאֵי בְחִנּוּף
מְרַחֲקֵי אֱמֶת / מְרִיקֵי צֶדֶק וְהִיא תְהִלָּתֶךָ.

11 אֲשֶׁר אֵימָתְךָ בִּשְׁבִיבֵי אֵשׁ / בִּשְׁבִילֵי מַיִם
בְּתַלְתּוּלֵי רוּם / בְּתַלְתַּלֵּי גֹבַהּ וּמוֹרָאֲךָ עֲלֵיהֶם.

12 וְאָבִיתָ תְּהִלָּה מִבְּשַׂר וָדָם / מֵהֶבֶל וָתֹהוּ
מֵחָצִיר יָבֵשׁ / מִצֵּל עוֹבֵר

דופי שדפיים נסתר (ע״ש דבר׳ לב לד הלא הוא כמוס עמדי), היינו שחוטאים בסתר. **מלכודי פח** (ע״ש ישע׳ כד יח ילכד בפח) לכודי יצר הרע. **מלעוני מר** לעון הוא חידוש הפייטן מל׳ לענה, ר״ל רוויי לענה. 7 **במסלולי זבול** גם זה כינוי לרקיע. **במרומי שפר** במרומי השמים, ע״ש איוב כו יג שמים שפרה. **בנטית דוק** ע״ש ישע׳ מ כב הנוטה כדוק שמים. **בנחיית עבים** בניהול העבים במסלולם. 8 **משבעי רוגז** ע״ש איוב יד א קצר ימים ושבע רוגז. **מעדורי אמת** ע״ש ישע׳ נט טו ותהי האמת נעדרת. **מעמוסי בטן** מילודי אשה, והלשון ע״ש ישע׳ מו ג העמוסים מני בטן. 9 **בפותחי קדוש** ע״ש ישע׳ ו ג. **בפוצחי ברוך** ע״ש יחזק׳ ג יב. **בצדודי ארבע** שיש להם פנים מארבעה צדדים, יחזק׳ א ו. **בצנופי שש שש** מוגנים (צנופי ע״ש ישע׳ כב יח צנף יצנפך צנפה) שש כנפים כל אחד. 10 **מקרואי אין** ע״ש ישע׳ מא כד הן אתם מאין. **מקוראי בחינוף** מהקוראים אותך בחטא (דוגמת ישע׳ נט ד אין קורא בצדק). **מרחיקי אמת** שהאמת רחוקה מהם. 11 **בשביבי אש** ע״ש דני׳ ז ט כרסיה שביבין דינור. **בשבילי מים** ע״ש תהל׳ עז כ ושבילך במים רבים. **בתלולי רום** בגובהי מרומים (ל׳ הר גבוה ותלול, יחזק׳ יז כב). **בתלתלי גובה** זה כינוי לשמים. וי״ג בתלויי גובה, כינוי לעננים או לכוכבים. 12 **מחציר יבש** ע״ש ישע׳ מ ז יבש חציר.

וּמִצִּיץ נוֹבֵל / מַשְׁלִימֵי נֶפֶשׁ
מַפְרִיחֵי רוּחַ / וּמְעִיפֵי חַיָּה
וַחֲנִיטֵי נְשָׁמָה / וּמוֹצִיאֵי יְחִידָה
וְנִשְׁמָעִים בַּדִּין / וּמֵתִים בְּמִשְׁפָּט
וְחַיִּים בְּרַחֲמִים / וְנוֹתְנִים לְךָ פְּאֵר חַי עוֹלָמִים
וְתִפְאַרְתְּךָ עֲלֵיהֶם.

מצל עובר ע״ש תהל׳ קמד ד כצל עובר. **ומציץ נובל** ע״ש ישע׳ מ ז נבל ציץ. **ממשלימי נפש** ממוסרים את נפשם (על משמעות זו עי׳ צונץ, ל.ג. 641 ואילך), והפייטן הולך ומתאר השלמת הנפש. **ממפריחי רוח** שרוחם פורח מהם. **מעיפי חיה** שחיתם (ר״ל נפשם) עפה מהם. **ומחניטי נשמה ומוציאי יחידה** כולם ביטויי יציאת הנשמה (ל׳ חנט, פי׳ יציאת הפרי, מושאל על יציאת הנשמה), והפייטן קורא הנפש בחמשה שמות: נפש רוח נשמה יחידה חיה (ב״ר י״ד ט׳ ע׳ 132).

לְיוֹשֵׁב תְּהִלּוֹת / לְרוֹכֵב עֲרָבוֹת / קָדוֹשׁ וּבָרוּךְ.

סימן: א״ב כפול.

אֲמִיצֵי שְׁחָקִים מִמַּעַל / וְכָל צְבָא מַעַל — אוֹמְרִים קָדוֹשׁ
אֱמוּנֵי אַהֲבָה / וְצִמְחֵי רְבָבָה — אוֹמְרִים בָּרוּךְ
בְּכִתֵּי מַלְאָכִים / שְׁמוֹ מַמְלִיכִים — אוֹמְרִים קָדוֹשׁ
בְּנֵי בְחוּרֵי בְרִית / לְזוֹכֵר הַבְּרִית — קָדוֹשׁ וּבָרוּךְ.

לְיוֹשֵׁב תְּהִלּוֹת / לְרוֹכֵב עֲרָבוֹת / קָדוֹשׁ וּבָרוּךְ.

1 **אמיצי שחקים ממעל** המלאכים, ע״ש משלי ח כח באמצו שחקים ממעל. 2 **אמוני אהבה** ישראל. **וצמחי רבבה** ע״ש יחזק׳ טז ז רבבה כצמח השדה נתתיך. וכן הולך הפייטן ומחלק טור אחד למלאכים וטור אחד לישראל. 4 **בני בחורי ברית** ע״ש דבר׳ ז ו בך בחר ה׳ אלהיך וכו׳,

348 חזרת הש״ץ למוסף

גִּבּוֹרֵי כֹחַ / לְאַמִּיץ וְשַׂגִּיא כֹחַ אוֹמְרִים קָדוֹשׁ
גְּדוֹלֵי צְדָקָה / לַנִּקְדָּשׁ בִּצְדָקָה אוֹמְרִים בָּרוּךְ
דְּמוּת אַרְבַּע פָּנִים / לְכָל צַד פּוֹנִים אוֹמְרִים קָדוֹשׁ
דִּגְלֵי נְצוּרָה / לְעִמָּם בְּצָרָה קָדוֹשׁ וּבָרוּךְ.

לְיוֹשֵׁב תְּהִלּוֹת / לְרוֹכֵב עֲרָבוֹת / קָדוֹשׁ וּבָרוּךְ.

הֲמוֹן צְבָא הַמֻּלָּה / לְשׁוֹכֵן מַעְלָה אוֹמְרִים קָדוֹשׁ
הוֹלְכֵי דֶרֶךְ תָּמִים / לְהַצּוּר תָּמִים אוֹמְרִים בָּרוּךְ
וְרָצִים וְשָׁבִים / טַעַם צוּר מַקְשִׁיבִים אוֹמְרִים קָדוֹשׁ
וְקוֹוֵי יְשׁוּעוֹת / וְחוֹכֵי סְלִיחוֹת קָדוֹשׁ וּבָרוּךְ.

לְיוֹשֵׁב תְּהִלּוֹת / לְרוֹכֵב עֲרָבוֹת / קָדוֹשׁ וּבָרוּךְ.

זְמִירוֹת רַבּוֹת / זַכֵּי שְׁמֵי עֲרָבוֹת אוֹמְרִים קָדוֹשׁ
זֶרַע מַטַּע אֱמֶת / לְאֵל אֱלֹהִים אֱמֶת אוֹמְרִים בָּרוּךְ
חַשְׁמַלִּים עַזִּים / לְעוֹשֵׂה חֲזִיזִים אוֹמְרִים קָדוֹשׁ
חוֹנִים וְנוֹשְׂאִים / לְמַעְלָה נְשִׂיאִים קָדוֹשׁ וּבָרוּךְ.

לְיוֹשֵׁב תְּהִלּוֹת / לְרוֹכֵב עֲרָבוֹת / קָדוֹשׁ וּבָרוּךְ.

וכדומה. וי״ג בחוני ברית, ומסתבר. **לזוכר הברית** ע״ש ויק׳ כו מב ועוד. **5 גבורי כח** תהל׳ קג כ. **ושגיא כח** ע״ש איוב לז כג. **6 לנקדש בצדקה** ע״ש ישע׳ ה טז. **7 דמות ארבע פנים** ע״ש יחזק׳ א ו וארבעה פנים לאחת. **8 דגלי נצורה** דגלי ישראל, ע״ש דבר׳ לב י יצרנהו כאישון עינו. **לעמם בצרה** להקב״ה שהוא עמם בצרה, ע״ש תהל׳ צא טו עמו אנכי בצרה. **9 צבא המולה**

טַפְסְרֵי מְרוֹמִים / לְרָם עַל רָמִים אוֹמְרִים קָדוֹשׁ
טֹבוּ אֹהָלָיו / יוֹנְקָיו וְעוֹלָלָיו אוֹמְרִים בָּרוּךְ
יְדִדוּן הוֹלְכִים / כּוֹרְעִים וּבוֹרְכִים אוֹמְרִים קָדוֹשׁ
יוֹשְׁבֵי אֹהֶל וּמִשְׁכָּן / לְבְתוֹכָם שָׁכָן קָדוֹשׁ וּבָרוּךְ.

לְיוֹשֵׁב תְּהִלּוֹת / לְרוֹכֵב עֲרָבוֹת / קָדוֹשׁ וּבָרוּךְ.

כִּתֵּי הֲמוֹנִים / עִם חַיּוֹת וְאוֹפַנִּים אוֹמְרִים קָדוֹשׁ
כֶּתֶר נוֹתְנִים / בְּנֵי אֵיתָנִים אוֹמְרִים בָּרוּךְ
לַהֲקַת שְׁבִיבִים / וְאֵשׁ לְהָבִים אוֹמְרִים קָדוֹשׁ
לְמַעֲנוֹ גּוֹי אֶחָד / לְשֵׁם אֵל הַמְיֻחָד קָדוֹשׁ וּבָרוּךְ.

לְיוֹשֵׁב תְּהִלּוֹת / לְרוֹכֵב עֲרָבוֹת / קָדוֹשׁ וּבָרוּךְ.

ע״ש יחזק׳ א כד קול המולה כקול מחנה. **10 להצור תמים** דבר׳ לב ד. **11 טעם צור מקשיבים** שומעים למצות המלך (׳טעם׳ במשמעות זו יונה ג ז ועוד). **12 וחוכי סליחות** הנוסח חשוד בגלל החריזה הפסולה. וי״ג לאל מושעות, ע״ש תהל׳ סח כא, ומסתבר. **13 זמירותם רבות** המלאכים שזמירותם רבות. **זכי שמי ערבות** הזכים הדרים ברקיע הערבות (והוא אחד מז׳ הרקיעים ע״פ חגיגה דף י״ב ב׳). **15 חשמלים** סוג מלאכים (במדרשים ובלשון פייטנים). **לעושה חזיזים** ע״ש זכר׳ י א, פי׳ ברקים. **16 חונים ונושאים** כנראה תפס אותו הפייטן במשמעות ׳נוסעים׳ כרמז להילוכם במדבר, ע״ש במד׳ ט כ על פי ה׳ יחנו ועל פי ה׳ יסעו. ויש שתקנו נוסעים שלא לפי החרוז. וי״ג ונישאים, ע״ש שמות יט ד ואשא אתכם על כנפי נשרים. **למעלה נשיאים** פי׳ עננים, ע״ש תהל׳ קלה ז מעלה נשיאים מקצה הארץ. **17 טפסרי מרומים** סוג מלאכים. **18 טובו אהליו** ישראל, ע״ש במד׳ כד ה מה טובו אהליך יעקב. **יונקיו ועולליו** ע״ש תהל׳ ח ג מפי עוללים ויונקים... **19 ידודון** ע״ש תהל׳ סח יג מלכי צבאות ידדון ידדון, פי׳ מתנועעים. **ובורכים** כורעים ברך. **20 יושבי אהל ומשכן** ישראל. **22 בני איתנים** בני האבות, ע״ש מיכה ו ב והאיתנים מוסדי ארץ, שדרשוהו על האבות. **23 להקת שביבים** מלאכים העשויים אש, וי״ג

מְסוֹכְכִים מְרוּפְפִים / בְּכַנְפֵיהֶם מְעוֹפְפִים אוֹמְרִים קָדוֹשׁ
מְנַצְּחִים לְהַתְמִיד / בְּכָל יוֹם תָּמִיד אוֹמְרִים בָּרוּךְ
נוֹרָאִים בְּנִפְלָאוֹת / לְצֶדֶק נוֹרָאוֹת אוֹמְרִים קָדוֹשׁ
נְדִיבֵי עַמְּךָ / מְסַלְסְלִים לִשְׁמֶךָ קָדוֹשׁ וּבָרוּךְ.

לְיוֹשֵׁב תְּהִלּוֹת / לְרוֹכֵב עֲרָבוֹת / קָדוֹשׁ וּבָרוּךְ.

שְׂרָפִים עוֹמְדִים / מִשְׁתַּחֲוִים וּמוֹדִים אוֹמְרִים קָדוֹשׁ
סוֹלְדֵי בְחִילָה / לְנוֹרָא עֲלִילָה אוֹמְרִים בָּרוּךְ
עֵינַיִם מְלֵאִים / כְּתַרְשִׁישׁ מְמֻלָּאִים אוֹמְרִים קָדוֹשׁ
עוֹנִים בְּמַקְהֵלוֹת / בְּלַחַשׁ וְקוֹלוֹת קָדוֹשׁ וּבָרוּךְ.

לְיוֹשֵׁב תְּהִלּוֹת / לְרוֹכֵב עֲרָבוֹת / קָדוֹשׁ וּבָרוּךְ.

פְּנֵיהֶם כִּבְרָקִים מְאִירִים / וּפַז בֶּגֶד פְּאוּרִים אוֹמְרִים קָדוֹשׁ
פְּדוּיֵי בִזְרוֹעַ חָזָק / לְגוֹאֲלָם חָזָק אוֹמְרִים בָּרוּךְ
צְבָאוֹת שָׁמַיִם / לְרוֹכֵב שָׁמַיִם אוֹמְרִים קָדוֹשׁ
צֹאן קָדָשִׁים / מֵטַע קְדוֹשִׁים קָדוֹשׁ וּבָרוּךְ.

לְיוֹשֵׁב תְּהִלּוֹת / לְרוֹכֵב עֲרָבוֹת / קָדוֹשׁ וּבָרוּךְ.

לוהטי שביבים. **25 מסוככים** מכסים את גופם בכנפיהם. **מרופפים** מתנועעים ע״ש איוב כו יא עמודי שמים ירופפו. **27 לצדק נוראות** להקב״ה שנוראותיו הן צדק, ע״ש תהל׳ סה ו נוראות בצדק תעננו. **28 נדיבי עמך** ע״ש תהל׳ מז י נדיבי עמים נאספו. **29 שרפים עומדים** ישע׳ ו ב. **30 סולדי בחילה** ע״ש איוב ו י ואסלדה בחילה. **לנורא עלילה** ע״ש תהל׳ סו ה נורא עלילה על בני אדם. **עינים מלאים** מלאי עינים, ע״ש יחזק׳ א יח וגבותם מלאות עינים. **כתרשיש ממולאים** ע״ש יחזק׳ א טז ומעשיהם כעין תרשיש, והלשון ע״ש שה״ש ה יד ממולאים בתרשיש. **33 פניהם כברקים מאירים** ע״ש יחזק׳ א יד כמראה הבזק. **ופז בגד** ובגד פז. **34 פדויי בזרוע**

קַלִּים לְצוּרָם / קוֹרְאִים לְיוֹצְרָם אוֹמְרִים קָדוֹשׁ
קְהִלּוֹת יַעֲקֹב / בְּלִי לֵב עָקֹב אוֹמְרִים בָּרוּךְ
רַגְלֵיהֶם כְּעֵגֶל / וְאוֹפָן מִתְגַּלְגֵּל אוֹמְרִים קָדוֹשׁ
רְצוּיִים לְבוֹרְאָם / לְרָם אֲשֶׁר בְּרָאָם קָדוֹשׁ וּבָרוּךְ.

לְיוֹשֵׁב תְּהִלּוֹת / לְרוֹכֵב עֲרָבוֹת / קָדוֹשׁ וּבָרוּךְ.

שׁוֹכְנֵי בְּצֵל שַׁדַּי / שְׁנוֹתָם אֵין דַּי אוֹמְרִים קָדוֹשׁ
שׁוֹמְרִים חֲקוּקִים / מִצְוֹת וְחֻקִּים אוֹמְרִים בָּרוּךְ
תֹּקֶף תַּרְשִׁישִׁים / בַּמָּרוֹם חָשִׁים אוֹמְרִים קָדוֹשׁ
תְּמִימִים בִּדְרָכֵיהֶם / וּבְמַעֲשֵׂה יְדֵיהֶם קָדוֹשׁ וּבָרוּךְ.

לְיוֹשֵׁב תְּהִלּוֹת / לְרוֹכֵב עֲרָבוֹת / קָדוֹשׁ וּבָרוּךְ.

וּבְכֵן, שְׂרָפִים עוֹמְדִים מִמַּעַל לוֹ.

אֵלּוּ לְאֵלּוּ שׁוֹאֲלִים / אֵלּוּ לְאֵלּוּ מְמַלְּלִים
אָנָה שׁוֹכֵן מְעֻלִּים / לְהַעֲרִיצוֹ לְהַקְדִּישׁוֹ בִּפְאֵר מְסַלְסְלִים.

חזק בזרוע הקב״ה שידו חזקה. **לגואלם חזק** ירמ׳ נ לד גואלם חזק ה׳. **35 לרוכב שמים** דבר׳ לג כו. **36 צאן קדושים** ע״ש יחזק׳ לו לח. **37 קלים לצורם** ע״ש ישע׳ יח ב לכו מלאכים קלים. **38 קהלות יעקב** ע״ש דבר׳ לג ד. **בלי לב עקוב** ע״ש ירמ׳ יז ט עקוב הלב. **39 רגליהם כעגל** ע״ש יחזק׳ א ז וכף רגליהם ככף רגל עגל. **ואופן מתגלגל** ע״ש יחזק׳ א טו-כ. **41 שוכני שדי** (וי״ג בצל שדי ע״ש תהל׳ צא א בצל שדי יתלונן) המלאכים השוכנים מסביב לכסא הכבוד. **שנותם אין די** אין קצבה לשנותם. **42 שומרים חקוקים** שומרים חוקי התורה החקוקים בספר. **43 תוקף תרשישים** סוג מלאכים.

סימן: אא״ב גג״ד.

אֵילֵי מָרוֹם אוֹמְרִים הִלּוּלוֹ / אוֹפָן וְגַלְגַּל מַבִּיעִים סִלְסוּלוֹ
בְּאֵימָה וּבְיִרְאָה מַכְתִּירִים שֵׁם גָּדְלוֹ / שְׂרָפִים עוֹמְדִים מִמַּעַל לוֹ.
אֵלּוּ לְאֵלּוּ שׁוֹאֲלִים / אֵלּוּ לְאֵלּוּ מְמַלְּלִים
אָנָה שׁוֹכֵן מְעֹלִים / לְהַעֲרִיצוֹ לְהַקְדִּישׁוֹ בִּפְאֵר מְסַלְסְלִים.

גִּבּוֹרֵי כֹחַ בְּרַעַד וּבְפַחַד / גֵּאֶה וְגָבֹהַּ לְיַחֵד לְאֶחָד
דְּמָמָה דַקָּה דָּאִים בְּלִי כַחַד / שֵׁשׁ כְּנָפַיִם שֵׁשׁ כְּנָפַיִם לְאֶחָד.
אֵלּוּ לְאֵלּוּ שׁוֹאֲלִים / אֵלּוּ לְאֵלּוּ מְמַלְּלִים
אָנָה שׁוֹכֵן מְעֹלִים / לְהַעֲרִיצוֹ לְהַקְדִּישׁוֹ בִּפְאֵר מְסַלְסְלִים.

הַיּוֹשֵׁב יְחִידִי עַל אוֹפַנָּיו / הַדּוֹבֵר דָּבָר דָּבֻר עַל אָפְנָיו
וְרָצוֹא וָשׁוֹב כַּבָּזָק לְפָנָיו / בִּשְׁתַּיִם יְכַסֶּה פָנָיו.
אֵלּוּ לְאֵלּוּ שׁוֹאֲלִים / אֵלּוּ לְאֵלּוּ מְמַלְּלִים
אָנָה שׁוֹכֵן מְעֹלִים / לְהַעֲרִיצוֹ לְהַקְדִּישׁוֹ בִּפְאֵר מְסַלְסְלִים.

זֹהַר הָרָקִיעַ כְּעֵין חַשְׁמַלָּיו / זוֹעֵף בַּיָּם וַיֶּהֱמוּ גַלָּיו
חִיל שָׂרָף אֵימָה עָלָיו / וּבִשְׁתַּיִם יְכַסֶּה רַגְלָיו.
אֵלּוּ לְאֵלּוּ שׁוֹאֲלִים / אֵלּוּ לְאֵלּוּ מְמַלְּלִים
אָנָה שׁוֹכֵן מְעֹלִים / לְהַעֲרִיצוֹ לְהַקְדִּישׁוֹ בִּפְאֵר מְסַלְסְלִים.

1 **אילי מרום** המלאכים. **אופן וגלגל** ע״ש יחזק׳ א טז. י יג. 3 **גבורי כח** תהל׳ קג כ. 4 **דממה דקה** (ע״ש מ״א יט יב) **דאים בלי כחד** ר״ל בקול דממה דקה הם מעופפים. 5 **הדובר דבר דבור על אפניו** משלי כה יא. 6 **ורצוא ושוב כבזק לפניו** יחזק׳ א יד. 7 **זהר הרקיע** דני׳ יב ג. **כעין חשמליו** ע״ש יחזק׳ ח ב כמראה זהר כעין החשמלה. **זועף בים ויהמו גליו** ע״ש ישע׳ נא טו רוגע הים ויהמו גליו. 8 **חיל שרף אימה עליו** כנראה ר״ל השרף — חיל ואימה עליו. 9 **טפסרי קלל כעין נחושת** ע״ש יחזק׳ א ז ונוצצים כעין נחשת קלל, וטפסרים (נחום ג יז) הם

טַפְסְרֵי קָלָל כְּעֵין נְחֹשֶׁת יְצַפְצֵף / טְהוֹר עֵינַיִם עֲלֵיהֶם יְחוֹפֵף
יְדוֹד יְכַסֶּה פָּנָיו בְּלִי מִתְרוֹפֵף / וּבִשְׁתַּיִם יְעוֹפֵף.
אֵלּוּ לְאֵלּוּ שׁוֹאֲלִים / אֵלּוּ לְאֵלּוּ מְמַלְלִים
אָנָה שׁוֹכֵן מְעָלִים / לְהַעֲרִיצוֹ לְהַקְדִּישׁוֹ בִּפְאֵר מְסַלְסְלִים.

כַּבִּיר כֹּחַ הוּא אֵלִי זֶה / כִּי לֹא בָזָה עֱנוּת עַם עָנִי וְנִבְזֶה
לְהַקְדִּישׁוֹ יַחַד נִרְשִׁים זֶה מִזֶּה / וְקָרָא זֶה אֶל זֶה.
אֵלּוּ לְאֵלּוּ שׁוֹאֲלִים / אֵלּוּ לְאֵלּוּ מְמַלְלִים
אָנָה שׁוֹכֵן מְעָלִים / לְהַעֲרִיצוֹ לְהַקְדִּישׁוֹ בִּפְאֵר מְסַלְסְלִים.

מֶלֶךְ מְהֻלָּל בְּפִיהֶם גָּמַר / מוֹרָאוֹ עֲלֵיהֶם תָּמִיד לְהִשְׁתַּמַּר
נִשָּׂא וְנֶעְלָם הִלּוּלוֹ לוֹמַר / וְקָרָא זֶה אֶל זֶה וְאָמַר.
אֵלּוּ לְאֵלּוּ שׁוֹאֲלִים / אֵלּוּ לְאֵלּוּ מְמַלְלִים
אָנָה שׁוֹכֵן מְעָלִים / לְהַעֲרִיצוֹ לְהַקְדִּישׁוֹ בִּפְאֵר מְסַלְסְלִים.

שָׂרָף מְכֻנֶּה אֶחָד קָדוֹשׁ / סְלוּד אוֹמֵר לְבָרוּךְ וְקָדוֹשׁ
עוֹנִים בִּקְדֻשָּׁה לָאֵל הַקָּדוֹשׁ / קָדוֹשׁ קָדוֹשׁ קָדוֹשׁ.
אֵלּוּ לְאֵלּוּ שׁוֹאֲלִים / אֵלּוּ לְאֵלּוּ מְמַלְלִים
אָנָה שׁוֹכֵן מְעָלִים / לְהַעֲרִיצוֹ לְהַקְדִּישׁוֹ בִּפְאֵר מְסַלְסְלִים.

סוג מלאכים בלשון הפייטנים. **טהור עינים** הקב״ה, ע״ש חבק׳ א יג. **עליהם יחופף** ע״ש דבר׳ לג יב חופף עליו. **10 ידוד** יתנועע, ע״ש תהל׳ סח יג. **יכסה פניו** ישע׳ ו ב. **בלי מתרופף** בלי למוט. **11 כביר כח** איוב לו ה. **הוא אלי זה** שמות טו ב. **כי לא בזה (ענות) עם עני ונבזה** תהל׳ כב כה. **12 יחד נרשים זה מזה** נותנים רשות זה לזה, ע״פ ישע׳ ו ג וקרא זה אל זה, ותרגומו ומקבלין דין מן דין. **13 מלך מהולל בפיהם גמר** דוגמת ׳גמר בלבו׳ (במשמעות ׳החליט׳) בא כאן ׳גמר בפיהם׳ במשמעות ׳שם בפיהם׳ (וייתכן שיש כאן השפעת המלה הארמית גמר = למד).

פְּאֵר וְשֶׁבַח לַאֲדוֹן הַצְּבָאוֹת / פּוֹצְחִים בְּרִנָּה מַלְאֲכֵי צְבָאוֹת
צְבָא מָרוֹם גְּדֻלָּתָם מַצְבִּיאוֹת / יי צְבָאוֹת.

אֵלּוּ לְאֵלּוּ שׁוֹאֲלִים / אֵלּוּ לְאֵלּוּ מְמַלְלִים
אָנָה שׁוֹכֵן מְעָלִים / לְהַעֲרִיצוֹ לְהַקְדִּישׁוֹ בִּפְאֵר מְסַלְסְלִים.

קָדוֹשׁ שׁוֹכֵן עֲלֵיהֶם בָּאָרֶץ / קַלִּים לָרוּץ עַד קְצֵה הָאָרֶץ
רָם וְנִשָּׂא יוֹשֵׁב עַל חוּג הָאָרֶץ / מְלֹא כָל הָאָרֶץ.

אֵלּוּ לְאֵלּוּ שׁוֹאֲלִים / אֵלּוּ לְאֵלּוּ מְמַלְלִים
אָנָה שׁוֹכֵן מְעָלִים / לְהַעֲרִיצוֹ לְהַקְדִּישׁוֹ בִּפְאֵר מְסַלְסְלִים.

שָׁמַיִם וּשְׁמֵי שָׁמַיִם כִּסָּה הוֹדוֹ / שְׁחָקִים מִמַּעַל פֹּעַל יָדוֹ
תּוֹלֶה תֵבֵל בִּזְרוֹעַ יָדוֹ / מְלֹא כָל הָאָרֶץ כְּבוֹדוֹ.

אֵלּוּ לְאֵלּוּ שׁוֹאֲלִים / אֵלּוּ לְאֵלּוּ מְמַלְלִים
אָנָה שׁוֹכֵן מְעָלִים / לְהַעֲרִיצוֹ לְהַקְדִּישׁוֹ בִּפְאֵר מְסַלְסְלִים.

ויש מוסיפים (או אומרים במקום שתי השורות הקודמות)

שִׁנְאַן רִבּוֹתַיִם אַלְפֵי וְעוּדוֹ / שָׁבִים כַּבָּזָק לְפָאֵר הוֹדוֹ
תַּקִּיף אֵין עוֹד מִלְּבַדּוֹ / מְלֹא כָל הָאָרֶץ כְּבוֹדוֹ.

אֵלּוּ לְאֵלּוּ שׁוֹאֲלִים / אֵלּוּ לְאֵלּוּ מְמַלְלִים
אָנָה שׁוֹכֵן מְעָלִים / לְהַעֲרִיצוֹ לְהַקְדִּישׁוֹ בִּפְאֵר מְסַלְסְלִים.

וי״ג בפיהם נגמר, ומסתבר. **15 שרף מכונה אחד קדוש** והוא מתחיל באמירת הקדושה. **18 גדולתם מצביאות** מגייסים את גדולתם לשרות ה׳. **19 בערץ** בשמים. **20 יושב על חוג הארץ** ישע׳ מ כב. **21 שמים ושמי השמים** דבר׳ י יד ועוד. **כסה הודו** חבק׳ ג ג. **שחקים ממעל** תהל׳ עח כג. משלי ח כח. **22 תולה תבל** ע״ש איוב כו ז תולה ארץ על בלימה. **בזרוע ידו** (במקום בזרועו ובידו) ע״פ הדרשה המובאת בילקוט שמעוני ח״א רמז תתקסד כל העולם תלוי בזרועו של הקב״ה (בתלמוד חגיגה דף י״ב ב׳ הגירסא: סערה תלויה...) שנא׳ (דבר׳ לג כז) ומתחת זרועות עולם. [**23 שנאן רבותים אלפי ויעודו** ע״ש תהל׳ סח יח רכב אלהים רבותים אלפי שנאן. **כבזק** כברק, ע״ש יחזק׳ א יד.]

פותחים את ארון הקודש

וּבְכֵן לְךָ תַעֲלֶה קְדֻשָּׁה, כִּי אַתָּה אֱלֹהֵינוּ מֶלֶךְ מוֹחֵל וְסוֹלֵחַ.

בלי סימן ותרוז.

וּנְתַנֶּה תֹּקֶף קְדֻשַּׁת הַיּוֹם / כִּי הוּא נוֹרָא וְאָיֹם
וּבוֹ תִנָּשֵׂא מַלְכוּתֶךָ / וְיִכּוֹן בְּחֶסֶד כִּסְאֶךָ
וְתֵשֵׁב עָלָיו בֶּאֱמֶת / אֱמֶת כִּי אַתָּה הוּא דַיָּן
וּמוֹכִיחַ וְיוֹדֵעַ וָעֵד / וְכוֹתֵב וְחוֹתֵם וְסוֹפֵר וּמוֹנֶה
וְתִזְכֹּר כָּל הַנִּשְׁכָּחוֹת / וְתִפְתַּח אֶת סֵפֶר הַזִּכְרוֹנוֹת
וּמֵאֵלָיו יִקָּרֵא / וְחוֹתַם יַד כָּל אָדָם בּוֹ
וּבְשׁוֹפָר גָּדוֹל יִתָּקַע / וְקוֹל דְּמָמָה דַקָּה יִשָּׁמַע
וּמַלְאָכִים יֵחָפֵזוּן / וְחִיל וּרְעָדָה יֹאחֵזוּן
וְיֹאמְרוּ הִנֵּה יוֹם הַדִּין / לִפְקוֹד עַל צְבָא מָרוֹם בַּדִּין
כִּי לֹא יִזְכּוּ בְעֵינֶיךָ בַּדִּין / וְכָל בָּאֵי עוֹלָם יַעַבְרוּן לְפָנֶיךָ כִּבְנֵי מָרוֹן.

ונתנה תוקף. לפי הרוו״ה מוסב החלק הראשון על יום הדין שלעתיד לבא (עי׳ שם), ומהפיסקא ׳וכל באי עולם׳ עובר המחבר לר״ה של כל השנה, מה שאינו מתקבל על הדעת. ויותר נראה שהוא מתאר את סדר ר״ה של כל השנה בשמים בתמונת יום הדין הסופי שבמקרא, בלי שיש מקור לזה באגדה ידועה.

1 **ונתנה תוקף קדושת היום,** ר״ל נספר קדושת ר״ה. ובקטע הגניזה הוא ממשיך: כנגד שלש תקיעות היום, לפי הרעיון הידוע. **כי הוא** ר״ל היום. **נורא ואיום** לשון חבקוק א ז. 2 **ובו תנשא מלכותך** במד׳ כז ז. **ויכון בחסד כסאך** 3 **ותשב עליו באמת** ע״ש ישע׳ טז ה והוכן בחסד כסא וישב עליו באמת. **אמת כי אתה הוא דיין ומוכיח ויודע ועד** כמאמר חז״ל (אבות ד׳ כ״ב) לידע להודיע ולהודע שהוא... הוא הדיין והוא עד הוא בעל דין וכו׳. 5 **ותזכור כל הנשכחות** ע״פ נוסח הברכה הנשנית במשנה (תענית ב׳ ד׳) זוכר הנשכחות. **ותפתח את ספר הזכרונות** (ל׳ אסתר ו א) ע״פ מאמר חז״ל ירו׳ ר״ה א׳ ג׳ דף נ״ז א׳ שלש פינקסיות הם... 6 **ומאליו יקרא** מעצמו נקרא. **וחותם יד כל אדם בו** ע״ש איוב לז ז ודרשת חז״ל (ספרי דברים ש״ז, ועוד) שהחוטא בעצמו חותם (בשעת פטירתו מן העולם, והפייטנים העבירו כלל זה לר״ה) על מעשיו. 7 **ובשופר גדול יתקע** ע״ש והיה ביום ההוא יתקע בשופר גדול, ישע׳ כז יג. **וקול דממה דקה ישמע** ע״ש איוב ד טז דממה וקול אשמע. 8 **ומלאכים יחפזון** איוב ד יח הן בעבדיו לא יאמין ובמלאכיו ישים תהלה. **וחיל ורעדה יאחזון** (הלשון ע״ש תהל׳ מח ז רעדה אחזתם שם חיל כיולדה, והיה צ״ל יאחז אותם). 9 **ויאמרו הנה יום הדין.**

כְּבַקָּרַת רוֹעֶה עֶדְרוֹ / מַעֲבִיר צֹאנוֹ תַּחַת שִׁבְטוֹ
כֵּן תַּעֲבִיר וְתִסְפֹּר וְתִמְנֶה / וְתִפְקֹד נֶפֶשׁ כָּל חָי
וְתַחְתֹּךְ קִצְבָה לְכָל בְּרִיָּה / וְתִכְתֹּב אֶת גְּזַר דִּינָם.

בְּרֹאשׁ הַשָּׁנָה יִכָּתֵבוּן / וּבְיוֹם צוֹם כִּפּוּר יֵחָתֵמוּן
כַּמָּה יַעַבְרוּן וְכַמָּה יִבָּרֵאוּן / מִי יִחְיֶה וּמִי יָמוּת
מִי בְקִצּוֹ וּמִי לֹא בְקִצּוֹ / מִי בַמַּיִם וּמִי בָאֵשׁ
מִי בַחֶרֶב וּמִי בַחַיָּה / מִי בָרָעָב וּמִי בַצָּמָא
מִי בָרַעַשׁ וּמִי בַמַּגֵּפָה / מִי בַחֲנִיקָה וּמִי בַסְּקִילָה
מִי יָנוּחַ וּמִי יָנוּעַ / מִי יַשְׁקִיט וּמִי יִטָּרֵף
מִי יִשָּׁלֵו וּמִי יִתְיַסָּר / מִי יַעֲנִי וּמִי יַעֲשִׁיר / מִי יִשָּׁפֵל וּמִי יָרוּם.

לפקוד על צבא מרום בדין ע״ש ישע׳ והיה ביום ההוא יפקוד ה׳ על צבא מרום במרום... **10 כי לא יזכו בעיניך בדין** ע״ש איוב טו טו הן בקדושיו לא יאמין ושמים לא זכו בעיניו. **וכל באי עולם יעברון לפניך כבני מרון** לשון המשנה ר״ה א׳ ב׳. **11 כבקרת רועה עדרו** יחזק׳ לד יב. **מעביר צאנו תחת שבטו** ע״ש ויק׳ כז לב כל אשר יעבור תחת השבט, והתמונה לקוחה מפעולת העישור. **12 כן תעביר ותספור ותמנה** ע״ש ירמ׳ לג יג עוד תעבורנה הצאן על ידי מונה. **13 ותחתוך קצבה לכל בריה** תפסוק ותקציב להם (במשמעות זו של חתיכת הדין ל׳ התלמוד, סנהד׳ דף ז׳ ב׳ צדק את הדין וחתכהו). **ותכתב את גזר דינם** ע״פ הדיעה המקובלת (ירו׳ ר״ה א׳ ג׳ דף נ״ז א׳) כולהם נידונין בר״ה וגזר דינו של כאו״א מתחתם ביה״כ. **14 בראש השנה יכתבון וביו״כ...** דובר כאן על הבינוניים, לפי המאמר (ירו׳ ר״ה שם) ...צדיקים גמורים כבר נטלו איפופיס (פי׳ פסק דין) של חיים מר״ה... רשעים גמורין כבר נטלו אפופיס שלהן מר״ה... בינוניים כבר ניתן להם עשרת ימי תשובה שבין ר״ה ליוה״כ. אם עשו תשובה נכתבין עם הצדיקים ואם לאו נכתבין עם הרשעים. **15 כמה יעבורון** מן העולם (לשון המשנה אבות ה׳ כ״א, ועבר ובטל מן העולם.) (וי״מ יַעֲבְרוּן או יְעוּבְּרוּן, ר״ל כמה יאבדו במעי אמם, עי׳ ברלינר, ראנד־בעמערקונגען כרך ב, 1912, ע׳ 63, וקשה להצדיק צורה שכזו.) **וכמה יבראון** כמה יוולדו. **16 מי בקצו** בקץ המיועד לו. **מי במים ומי באש** תהל׳ סו יב באנו באש ובמים. **17 מי בחרב ומי בחיה** (נ״א **ברעב**) ע״ש יחזק׳ ה יז ושלחתי עליכם רעב וחיה רעה... וחרב אביא עליך... **19 מי ינוח ומי ינוע** ע״ש תהל׳ קז כז יחוגו וינועו כשכור, וכדומה. **מי ישקיט (ישקוט?) ומי יטורף** מי יחיה בשקט (ע״ש ישע׳ ל טו בהשקט ובבטחה) ומי יהיה מטולטל ממקום למקום. **20 מי יעשיר** מי יהיה עשיר (לפי שמוש בנין הפעיל גם בתנ״ך (כגון תהל׳ מט יז) גם בשפת המשנה (כגון גטין ג׳ ז׳). **21 ותשובה ותפלה וצדקה מעבירין את רוע הגזירה** ע״פ מאמר חז״ל בב״ר מ״ד י״ג ע׳

צום קול ממון

וּתְשׁוּבָה וּתְפִלָּה וּצְדָקָה / מַעֲבִירִין אֶת רֹעַ הַגְּזֵרָה.

כִּי כְּשִׁמְךָ כֵּן תְּהִלָּתֶךָ / קָשֶׁה לִכְעוֹס וְנוֹחַ לִרְצוֹת

כִּי לֹא תַחְפֹּץ בְּמוֹת הַמֵּת / כִּי אִם בְּשׁוּבוֹ מִדַּרְכּוֹ וְחָיָה

וְעַד יוֹם מוֹתוֹ תְּחַכֶּה לוֹ / אִם יָשׁוּב מִיָּד תְּקַבְּלוֹ

אֱמֶת כִּי אַתָּה הוּא יוֹצְרָם / וְיוֹדֵעַ יִצְרָם

כִּי הֵם בָּשָׂר וָדָם.

אָדָם יְסוֹדוֹ מֵעָפָר / וְסוֹפוֹ לֶעָפָר

בְּנַפְשׁוֹ יָבִיא לַחְמוֹ / מָשׁוּל כַּחֶרֶס הַנִּשְׁבָּר

כְּחָצִיר יָבֵשׁ וּכְצִיץ נוֹבֵל / כְּצֵל עוֹבֵר וּכְעָנָן כָּלֶה

וּכְרוּחַ נוֹשָׁבֶת וּכְאָבָק פּוֹרֵחַ / וְכַחֲלוֹם יָעוּף.

434 שלשה דברים מבטלים את הגזירה, ואילו הן תפלה וצדקה ותשובה, ושלשתן בפסוק אחד: ויכנעו עמי אשר נקרא שמי עליו ויתפללו (דה״ב ז יד) הרי תפלה, ויבקשו פני, הרי צדקה... וישובו מדרכם הרעה, הרי תשובה, ואחר כך אסלח לעונם. וע׳ ג״כ ר״ה דף יז ב׳ גדולה תשובה שמקרעת גזר דינו של אדם. שם ט״ז ב׳ ד׳ דברים מקרעין גזר דינו של אדם. אלו הן צדקה צעקה שנוי השם ושנוי המעשה. צדקה דכתיב (משלי י ב) וצדקה תציל ממות. צעקה דכתיב (תהל׳ קז כח) ויצעקו אל ה׳ בצר להם וממצוקותיהם יוציאם וכו׳. 22 **כי כשמך כן תהלתך** תהל׳ מח יא, וכנראה רומז לשמות הידועים ה׳ ה׳ אל רחום וחנון וכו׳. **קשה לכעוס ונוח לרצות** לשון המשנה אבות ה׳ י״א, והיא מדת החסידות. 23 **כי לא תחפוץ במות המת** ע״ש יחזק׳ יח לב **כי אם בשובו מדרכו וחיה** ע״ש יחזק׳ יח כג. לג יא. **ועד יום מותו תחכה לו אם ישוב מיד תקבלו** שימינו של הקב״ה פשוטה לקבל שבים בכל יום (פרקי ר׳ אליעזר מ״ג). 25 **אמת כי אתה הוא יוצרם ויודע יצרם** ע״פ תהל׳ לג טו היוצר יחד לבם וכו׳. 26 **כי הם בשר ודם** הכינוי הרגיל לבן אדם (באפסיותו) באגדה. 27 **אדם יסודו מעפר וסופו לעפר** ע״פ בראשית ג יט כי עפר אתה ואל עפר תשוב. 28 **בנפשו יביא לחמו** ע״ש איכה ה ט. **משול כחרס הנשבר** שאין לו תקנה, בניגוד לכלי זכוכית שנשבר שיש לו תקנה (ב״ר י״ד ז׳ ע׳ 130). 29 **כחציר יבש וכציץ נובל** ע״ש תהל׳ קג טו אנוש כחציר ימיו כציץ השדה כן יציץ. כי רוח עברה בו ואיננו... ויותר ע״ש ישע׳ מ ו-ז כל הבשר חציר וכל חסדו כציץ השדה. יבש חציר נבל ציץ... **כצל עובר** תהל׳ קמד ד. **וכענן כלה** ע״ש איוב ז ט כלה ענן וילך כן יורד שאול לא יעלה. 30 **וכרוח נושבת** הלשון ע״ש ישע׳ מ׳ ז כי רוח ה׳ נשבה בו. **וכאבק פורח** ע״ש ישע׳ ה כד ופרחם כאבק יעלה. **וכחלום יעוף** לה״כ איוב כ

וְאַתָּה הוּא מֶלֶךְ / אֵל חַי וְקַיָּם.

סוגרים את ארון הקודש

אֵין קִצְבָה לִשְׁנוֹתֶיךָ / וְאֵין קֵץ לְאֹרֶךְ יָמֶיךָ
וְאֵין לְשַׁעֵר מַרְכְּבוֹת כְּבוֹדֶךָ / וְאֵין לְפָרֵשׁ עֵילוּם שְׁמֶךָ
שִׁמְךָ נָאֶה לְךָ / וְאַתָּה נָאֶה לִשְׁמֶךָ
וּשְׁמֵנוּ קָרָאתָ בִשְׁמֶךָ / עֲשֵׂה לְמַעַן שְׁמֶךָ
וְקַדֵּשׁ אֶת שִׁמְךָ / עַל מַקְדִּישֵׁי שְׁמֶךָ
בַּעֲבוּר כְּבוֹד שִׁמְךָ / הַנַּעֲרָץ וְהַנִּקְדָּשׁ
כְּסוֹד שִׂיחַ שַׂרְפֵי קֹדֶשׁ / הַמַּקְדִּישִׁים שִׁמְךָ בַּקֹּדֶשׁ
דָּרֵי מַעְלָה עִם דָּרֵי מַטָּה
קוֹרְאִים וּמְשַׁלְּשִׁים בְּשִׁלּוּשׁ קְדֻשָּׁה בַּקֹּדֶשׁ.

ח. **31 ואתה הוא מלך אל חי וקיים** שבח רגיל להקב״ה באגדה (כגון ברכות דף ל״ב א׳ מה שמך הגדול חי וקיים לעולם...) ובתפלה (כגון בתפלת שחרית למלך אל חי וקיים זמירות יאמרו...). **32 אין קצבה לשנותיך ואין קץ לארך ימיך** ע״ש תהל׳ קב כח ואתה הוא ושנותיך לא יתמו. **33 ואין לשער מרכבות כבודך** לה״כ ישע׳ כב יח, וכאן פי׳ אין לקבוע שיעור לגדודי המלאכים המשרתים את כבודו. **ואין לפרש עילום שמך** שניתן להעלמה ולא לפירוש ברבים, עי׳ מה שדרשו קהלת רבה ג׳ ג׳ (על קהל׳ ג יא גם את העלם נתן בלבם, שכתיב חסר) העולם הועלם מהם שם המפורש, ובירושלמי יומא ג׳ ז׳ דף מ׳ ד׳ (על וידוי כ״ג בשם המפורש) לא היו זזים משם עד שהוא מתעלם מהן... זה שמי לעלם. ובבבלי דרשו (פסח׳ דף נ׳ א׳ = קדושין דף ע״א א׳) סבר רבא למדרשה בפירקא, א״ל ההוא סבא לעלם כתיב (ר״ל בפסוק שמות ג טו כתיב זה שמי לעלם, חסר וא״ו) היינו להעלמה. ושם ממשיכים ר׳ אבינא רמי כתיב זה שמי לעלם וזה זכרי לדור דור, אמר הקב״ה לא כשאני נכתב אני נקרא. נכתב אני ביו״ד ה״א ונקרא אני באל״ף דל״ת. ולשון הפייטן ע״פ דה״ב לג ז אשים את שמי לעילום. השינוי ׳ואין לפרש׳ ע״פ תשב״ץ סי׳ קי״ט. **34 שמך נאה לך** מתאים לך, מפני שהוא מעיד על תכונותיך, וכן **אתה נאה לשמך**. ומה שנוסף **35 ושמנו קראת בשמך** מוסב על שם ישראל ששמו של הקב״ה כלול בו, כדכתיב (דבר׳ כח י) כי שם ה׳ נקרא עליך, ועוד בכמה מקומות במקרא. **עשה...** **36 וקדש את שמך על מקדישי שמך** על ישראל שמקדשים את שם הקב״ה בכל יום כשם כשמקדשין אותו בשמים. **38 כסוד שיח שרפי קדש המקדישים שמך בקדש** ההקדמה לקדושה הרגילה בנוסח ׳נעריצך׳ בתוספת המלים **39 דרי מעלה עם דרי מטה** ר״ל יחד המלאכים ובני אדם.

כַּכָּתוּב עַל יַד נְבִיאֶךָ
וְקָרָא זֶה אֶל זֶה וְאָמַר
קָדוֹשׁ, קָדוֹשׁ, קָדוֹשׁ יְיָ צְבָאוֹת, מְלֹא כָל הָאָרֶץ כְּבוֹדוֹ.

כְּבוֹדוֹ מָלֵא עוֹלָם, מְשָׁרְתָיו שׁוֹאֲלִים זֶה לָזֶה
אַיֵּה מְקוֹם כְּבוֹדוֹ
לְעֻמָּתָם בָּרוּךְ יֹאמֵרוּ
בָּרוּךְ כְּבוֹד יְיָ מִמְּקוֹמוֹ.

מִמְּקוֹמוֹ הוּא יִפֶן בְּרַחֲמִים
וְיָחֹן עַם הַמְיַחֲדִים שְׁמוֹ
עֶרֶב וָבֹקֶר בְּכָל יוֹם תָּמִיד
פַּעֲמַיִם בְּאַהֲבָה שְׁמַע אוֹמְרִים
שְׁמַע יִשְׂרָאֵל, יְיָ אֱלֹהֵינוּ, יְיָ אֶחָד.

הוּא אֱלֹהֵינוּ, הוּא אָבִינוּ, הוּא מַלְכֵּנוּ, הוּא מוֹשִׁיעֵנוּ
וְהוּא יַשְׁמִיעֵנוּ בְּרַחֲמָיו שֵׁנִית לְעֵינֵי כָּל חָי
לִהְיוֹת לָכֶם לֵאלֹהִים
אֲנִי יְיָ אֱלֹהֵיכֶם.

אַדִּיר אַדִּירֵנוּ יְיָ אֲדוֹנֵינוּ
מָה אַדִּיר שִׁמְךָ בְּכָל הָאָרֶץ.
וְהָיָה יְיָ לְמֶלֶךְ עַל כָּל הָאָרֶץ
בַּיּוֹם הַהוּא יִהְיֶה יְיָ אֶחָד וּשְׁמוֹ אֶחָד.

וּבְדִבְרֵי קָדְשְׁךָ כָּתוּב לֵאמֹר
יִמְלֹךְ יְיָ לְעוֹלָם, אֱלֹהַיִךְ צִיּוֹן לְדֹר וָדֹר, הַלְלוּיָהּ.

לְדוֹר וָדוֹר נַגִּיד גָּדְלֶךָ, וּלְנֵצַח נְצָחִים קְדֻשָּׁתְךָ נַקְדִּישׁ
וְשִׁבְחֲךָ אֱלֹהֵינוּ מִפִּינוּ לֹא יָמוּשׁ לְעוֹלָם וָעֶד
כִּי אֵל מֶלֶךְ גָּדוֹל וְקָדוֹשׁ אָתָּה.

חֲמוֹל עַל מַעֲשֶׂיךָ
וְתִשְׂמַח בְּמַעֲשֶׂיךָ
וְיֹאמְרוּ לְךָ חוֹסֶיךָ
בְּצַדֶּקְךָ עֲמוּסֶיךָ
תֻּקְדַּשׁ אָדוֹן עַל כָּל מַעֲשֶׂיךָ.

1 **חמול על מעשיך** ע״ש תהל׳ קמה ט ורחמיו על כל מעשיו. 2 **ותשמח במעשיך** ע״ש תהל׳ קד לא ישמח ה׳ במעשיו. 3 **חוסיך** החוסים בך (ע״ש תהל׳ יח לא וכדומה). 4 **עמוסיך** ישראל, ע״ש ישע׳ מו ג העמוסים מני בטן.

פיוט מורכב מחלקים שונים.

כִּי מַקְדִּישֶׁיךָ בִּקְדֻשָּׁתְךָ קִדַּשְׁתָּ
נָאֶה לְקָדוֹשׁ פְּאֵר מִקְּדוֹשִׁים.
וּבְכֵן יִתְקַדַּשׁ שִׁמְךָ יי אֱלֹהֵינוּ
עַל יִשְׂרָאֵל עַמֶּךָ

1 **כי מקדישיך** עי׳ תנחומא ריש קדושים אמר הקב״ה לישראל אני מתקדש בכם, שנ׳ (ישע׳ כט כג) כי בראותו ילדיו מעשה ידי בקרבו יקדישו שמי, וכן הוא אומר (שם מט ג) ישראל אשר בך אתפאר, ואתם מתקדשים בי, שנא׳ (ויק׳ יא מד) והתקדשתם והייתם קדושים. 2 **נאה לקדוש פאר מקדושים** ע״ש ישע׳ מט ג ישראל אשר בך אתפאר. 3 **ובכן יתקדש שמך וכו׳** נוסח ידוע גם מתפלות אחרות. 6 **משכן כבודך** תהל׳ כו ח. 8 **מכונך והיכלך** ע״ש ישע׳ ד ה. שמות טו יז.

361 חזרת הש״ץ למוסף

וְעַל יְרוּשָׁלַיִם עִירֶךָ
וְעַל צִיּוֹן מִשְׁכַּן כְּבוֹדֶךָ
וְעַל מַלְכוּת בֵּית דָּוִד מְשִׁיחֶךָ
וְעַל מְכוֹנְךָ וְהֵיכָלֶךָ.

עוֹד יִזְכֹּר לָנוּ אַהֲבַת אֵיתָן, אֲדוֹנֵינוּ
וּבַבֵּן הַנֶּעֱקָד יַשְׁבִּית מְדַיְּנֵינוּ
וּבִזְכוּת הַתָּם יוֹצִיא הַיּוֹם לְצֶדֶק דִּינֵנוּ
כִּי קָדוֹשׁ הַיּוֹם לַאֲדוֹנֵינוּ.

בְּאֵין מֵלִיץ יֹשֶׁר
מוּל מַגִּיד פֶּשַׁע
תַּגִּיד לְיַעֲקֹב דְּבַר חֹק וּמִשְׁפָּט
וְצַדְּקֵנוּ בַּמִּשְׁפָּט הַמֶּלֶךְ הַמִּשְׁפָּט.

9 **עוד יזכר לנו אהבת איתן אדונינו** עוד יזכר לנו אדונינו את אהבתו של אברהם הנקרא איתן האזרחי ע״פ תהל׳ פט א ודרשת חז״ל ב״ב דף ט״ו א׳. **10 ובבן הנעקד** למען יצחק הנעקד על גבי המזבח יושיע את ישראל. **11 ובזכות התם** יעקב (בראׁ כה כז). ויש שהוסיפו ביום כפור (או גם בר״ה) היום, מה ששינו אח״כ לנוסח **איום,** ע״ש חבק׳ א ז (והמלה נראית מיותרת). **12 כי קדוש היום לאדונינו** לה״כ נחמ׳ ח י. **13 באין מליץ יושר** (לשון מחודש ע״י הפייטן) ע״פ איוב לג כג אם יש עליו מלאך מליץ אחד מני אלף להגיד לאדם ישרו. **14 מול מגיד פשע** מול הקטיגור. **15 תגיד ליעקב דבר חק ומשפט** ע״פ תהל׳ קמז יט, ודרשו בתנחומא בחקותי א׳ (ע׳ 108 בובר)... ולמי נתנם לישראל, שנאמר מגיד דבריו ליעקב חקיו ומשפטיו לישראל... אמר הקב״ה לישראל אם עשיתם חוקי אין השטן נוגע בכם. **16 וצדקנו במשפט המלך המשפט** נוסח תפלת י״ח לחול; ועל צורת ׳המלך המשפט׳ עי׳ סדור עבודת ישראל ע׳ 93. ברם יותר מתקבלת על הדעת גירסת קצת כי״י **וצדקנו המלך הקדוש במשפט,** המתאימה לברכת קדושת השם.

פותחים את ארון הקודש

סימן: ה״ב. [מחברו: ייני(?)].

הש״ץ: הָאוֹחֵז בְּיָד מִדַּת מִשְׁפָּט
הקהל: וְכֹל מַאֲמִינִים שֶׁהוּא אֵל אֱמוּנָה.

הש״ץ: הַבּוֹחֵן וּבוֹדֵק גִּנְזֵי נִסְתָּרוֹת
הקהל: וְכֹל מַאֲמִינִים שֶׁהוּא בּוֹחֵן כְּלָיוֹת.

הש״ץ: הַגּוֹאֵל מִמָּוֶת וּפוֹדֶה מִשַּׁחַת
הקהל: וְכֹל מַאֲמִינִים שֶׁהוּא גּוֹאֵל חָזָק.

הש״ץ: הַדָּן יְחִידִי לְבָאֵי עוֹלָם
הקהל: וְכֹל מַאֲמִינִים שֶׁהוּא דַּיַּן אֱמֶת.

5 הש״ץ: הֶהָגוּי בְּאֶהְיֶה אֲשֶׁר אֶהְיֶה
הקהל: וְכֹל מַאֲמִינִים שֶׁהוּא הָיָה וְהֹוֶה וְיִהְיֶה.

הש״ץ: הַוַּדַּי כִּשְׁמוֹ כֵּן תְּהִלָּתוֹ
הקהל: וְכֹל מַאֲמִינִים שֶׁהוּא וְאֵין בִּלְתּוֹ.

1 **האוחז ביד מדת משפט** ע״ש דבר׳ לב מא ותאחז במשפט ידי, וע״פ הדרשה שמו״ר ל׳ א׳ אמר הקב״ה לישראל כשם שאני יכול לעבור את הדין על האומות ואני איני מעביר אלא תופס אני בדין, כך אתם לא תצאו חוץ לדין. **אל אמונה** דבר׳ לב ד. 2 **גנזי נסתרות** מה שנסתר בלב האדם. **בוחן כליות** ירמ׳ יא כ. 3 **הגואל ממות ופודה משחת** הושע יג יד מיד שאול אפדם ממות אגאלם. **גואל חזק** ירמ׳ נ לד גאלם חזק. 4 **הדן יחידי** עי׳ אבות ד׳ ח׳ שאין דן יחידי אלא אחד. **לבאי עולם** לשון המשנה, ר״ה א׳ ב׳. **דין אמת** ל׳ המשנה ברכות ט׳ ב׳. 5 **ההגוי באהיה אשר אהיה** ששמו מתבטא במלים אהיה... (שמות ג יד) **היה ויהי** (כצ״ל). 6 **הודאי** אחד הכינויים של הקב״ה השנויים בתלמוד (ברכות ל״ג ב׳) בתפלת ההוא דנחית קמיה דר׳ חנינא: האל הגדול הגבור והנורא והאדיר ... והודאי והנכבד. **כשמו כן תהלתו** ע״ש תהל׳ מח יא. **אין בלתו** ע״ש ש״א ב ב

הש״ץ: **הַזּוֹכֵר לְמַזְכִּירָיו טוֹבוֹת זִכְרוֹנוֹת**
הקהל: **וְכֹל מַאֲמִינִים שֶׁהוּא זוֹכֵר הַבְּרִית.**

הש״ץ: **הַחוֹתֵךְ חַיִּים לְכָל חָי**
הקהל: **וְכֹל מַאֲמִינִים שֶׁהוּא חַי וְקַיָּם.**

הש״ץ: **הַטּוֹב וּמֵטִיב לָרָעִים וְלַטּוֹבִים**
הקהל: **וְכֹל מַאֲמִינִים שֶׁהוּא טוֹב לַכֹּל.**

הש״ץ: **הַיּוֹדֵעַ יֵצֶר כָּל יְצוּרִים**
הקהל: **וְכֹל מַאֲמִינִים שֶׁהוּא יוֹצְרָם בַּבָּטֶן.**

הש״ץ: **הַכֹּל יָכוֹל וְכוֹלְלָם יַחַד**
הקהל: **וְכֹל מַאֲמִינִים שֶׁהוּא כֹּל יָכוֹל.**

הש״ץ: **הַלָּן בְּסֵתֶר בְּצֵל שַׁדָּי**
הקהל: **וְכֹל מַאֲמִינִים שֶׁהוּא לְבַדּוֹ הוּא.**

כי אין בלתך. 7 **הזוכר למזכיריו טובות זכרונות** הלשון ע״ש תפלה עתיקה: זכרנו בזכרון טוב לפניך (בתפלת מוסף ר״ה בברכת הזכרונות וגם בתפלת א״מ) ר״ל הזוכר את ישראל המזכירים את שמו (ע״ש ישע׳ סב ו המזכירים את ה׳) לטובה. **זוכר הברית** ע״ש ברא׳ ט טו (לשון הברכה, ברכות דף נ״ט א׳) ועוד. 8 **החותך חיים לכל חי** להקציב את הקצבה (עי׳ לעיל בפיוט ונתנה תוקף, 13) לכל חי (לה״כ ברא׳ ג כ. ה ה. איוב ל כג ועוד.) **חי וקיים** ע״ש דני׳ ו כז חיא וקים לעלמין. 9 **הטוב ומטיב לרעים ולטובים** וע״ש תהל׳ קכה ד היטיבה ה׳ לטובים וכו׳, וכנראה דורש הפייטן את הכתוב ׳טוב ה׳ לכל׳ בכוון זה. ודומה לו עירובין דף כ״ב א׳ ארך אפים לצדיקים אף לרשעים. **טוב לכל** תהל׳ קמה ט. 10 **היודע יצר כל יצורים** ע״ש תהל׳ קג יד כי הוא ידע יצרנו. **יוצרם בבטן** ע״ש ישע׳ מט ה יוצרי מבטן לעבד לו, וכן מד ב. כד. תהל׳ כב י גוחי מבטן. **11 הכל יכול** ע״ש איוב מב ב ידעתי כי כל תוכל (ע״ס זה כתב הרוו״ה **הכל יוכל**). **וכוללם יחד** כילה וגמר יצירתם כאחד, עי׳ פרקי ר״א ג׳ בעשרה מאמרות נברא העולם... ובשלושה כוללו (פי׳ נגמרו), ועי׳ על הוראה זו זולאי, ידיעות המכון ו׳ ע׳ קצט-רא. **12 הלן בסתר בצל שדי** ע״ש תהל׳ צא א יושב בסתר עליון בצל שדי יתלונן, והפייטן תפס את הכתוב מוסב על הקב״ה שהוא

הש״ץ: **הַמַּמְלִיךְ מְלָכִים וְלוֹ הַמְּלוּכָה**

הקהל: **וְכֹל מַאֲמִינִים שֶׁהוּא מֶלֶךְ עוֹלָם.**

הש״ץ: **הַנּוֹהֵג בְּחַסְדּוֹ עִם כָּל דּוֹר**

הקהל: **וְכֹל מַאֲמִינִים שֶׁהוּא נוֹצֵר חֶסֶד.**

הש״ץ: **הַסּוֹבֵל וּמַעְלִים עַיִן מִסּוֹרְרִים**

הקהל: **וְכֹל מַאֲמִינִים שֶׁהוּא סוֹלֵחַ סֶלָה.**

הש״ץ: **הָעֶלְיוֹן וְעֵינָיו עַל יְרֵאָיו**

הקהל: **וְכֹל מַאֲמִינִים שֶׁהוּא עוֹנֶה לָחַשׁ.**

הש״ץ: **הַפּוֹתֵחַ שַׁעַר לְדוֹפְקֵי בִתְשׁוּבָה**

הקהל: **וְכֹל מַאֲמִינִים שֶׁהוּא פְּתוּחָה יָדוֹ.**

הש״ץ: **הַצּוֹפֶה רָשָׁע וְחָפֵץ לְהַצְדִּיקוֹ**

הקהל: **וְכֹל מַאֲמִינִים שֶׁהוּא צַדִּיק וְיָשָׁר.**

עצמו מתלונן בסתר בצל שדי (לפי הגירסא העתיקה!), כלשון התרגום שם: דאשרי שכינתיה ברזא עלאה בטלל ענני יקרא דשדי יבית. **לבדו הוא** ע״ש נחמי׳ ט ו אתה הוא ה׳ לבדך. **13 הממליך מלכים** ע״ש איוב לו ז ואת מלכים לכסא ויושיבם לנצח... **ולו המלוכה** ע״ש תהל׳ כב כט כי לה׳ המלוכה. עובד׳ א כא. **מלך עולם** ע״ש תהל׳ כט י וישב ה׳ מלך לעולם. **14 נוצר חסד** שמות לד ז. **15 הסובל** ל׳ חכמים (כגון תנחומא במד׳ ע׳ 80 (בובר) עד מתי אני סובל, עד מתי לעדה הרעה הזאת. **ומעלים עין** ל׳ הכתוב ישע׳ א טו. **מסוררים** ישע׳ ל א ועוד, פי׳ הקב״ה נוהג בהם בסבלנות שמא ישובו. **סולח** ע״ש תהל׳ פו ה כי אתה ה׳ טוב וסלח. **16 העליון** בראשית יד כב ועוד. **ועיניו על יראיו** תהל׳ לג יח, ולפיו שינו את הנוסח: עינו אל יראיו. **עונה לחש** עונה תפלה, ע״פ ישע׳ כו טז צקון לחש. **17 הפותח שער לדופקי בתשובה** תמונת פתח של התשובה שהקב״ה פותח לחוטאים ידועה מהמדרש העתיק, ע׳ ב״ר כא ו (ע׳ 201) לח ט (ע׳ 359). מט ו (ע׳ 504) ועוד. **פתוחה ידו** ע״ש תהל׳ קמה טז פותח את ידך. **18 הצופה רשע** התמונה לקוחה מיחזק׳ ג יז ואילך בן אדם צופה נתתיך לבית ישראל... באמרי לרשע מות תמות, ולא הזהרתו... **וחפץ להצדיקו** שם יח כג. לג יא, ר״ל אם עשה תשובה (והלשון ע״פ שמות כג ז

הש״ץ: הַקָּצָר בְּזַעַם וּמַאֲרִיךְ אַף
הקהל: וְכֹל מַאֲמִינִים שֶׁהוּא קָשֶׁה לִכְעוֹס.

הש״ץ: הָרַחוּם וּמַקְדִּים רַחֲמִים לְרֹגֶז
הקהל: וְכֹל מַאֲמִינִים שֶׁהוּא רַךְ לִרְצוֹת.

הש״ץ: הַשָּׁוֶה וּמַשְׁוֶה קָטֹן וְגָדוֹל
הקהל: וְכֹל מַאֲמִינִים שֶׁהוּא שׁוֹפֵט צֶדֶק.

הש״ץ: הַתָּם וּמִתַּמֵּם עִם תְּמִימִים
הקהל: וְכֹל מַאֲמִינִים שֶׁהוּא תָּמִים פָּעֳלוֹ.

סוגרים את ארון הקודש

תִּשְׂגַּב לְבַדֶּךָ וְתִמְלֹךְ עַל כֹּל בְּיִחוּד.
כַּכָּתוּב עַל יַד נְבִיאֶךָ
וְהָיָה יי לְמֶלֶךְ עַל כָּל הָאָרֶץ
בַּיּוֹם הַהוּא יִהְיֶה יי אֶחָד וּשְׁמוֹ אֶחָד.

כי לא אצדיק רשע.) **צדיק וישר** דבר׳ לב ד. **19 הקוצף בזעף** כך כנראה הגירסא המקורית, והוא ע״פ תהל׳ ז יב אלהים שופט צדיק ואל זועם בכל יום. את הנוסח הזה (המופיע בקצת כי״י בשיבוש קל (הקופץ) שינו כנראה בכוונה לנוסח ׳הקוצר׳ (ר״ל המקצר) — נוסחה זו נדחתה ע״י מהר״ם מרוטנבורג, עי׳ תשב״ץ סי׳ קי״ט, ונשתבשה לצורת ׳הקְצַר בזעם׳ או הקְצַר זעם׳ (שניהם נגד חוקי הלשון) או הקָצָר בזעם — כדי להבליט את הרעיון כי רגע הוא רותח, לפי דרשת חז״ל (ברכות דף ז׳ א׳ ועוד) ע״פ תהל׳ ל ו כי רגע באפו וכו׳. **ומאריך אף** ע״ש ישע׳ מח ט למען שמי אאריך אפי. **קשה לכעוס** לשון המשנה, אבות ה׳ י״א, והיא מדת חסידות. **20 הרחום ומקדים רחמים לרוגז** ע״פ שמות לד ו אל רחום, ומדה זו קודמת למדת ׳נקה לא ינקה׳ לפי דרשת חז״ל (יומא דף פ״ו א׳) מנקה הוא לשבין ואינו מנקה לשאינן שבין. **רך לרצות** במקום ׳נוח לרצות׳ שבלשון המשנה שם, בנגוד ל׳קשה׳ הקודם. **21 השוה** שאינו משתנה, ע״פ מלאכי ג ו אני ה׳ לא שניתי. **ומשוה קטון וגדול** בלי הכרת פנים. ע״פ דבר׳ א יז כקטן כגדול תשמעון. **שופט צדק** תהל׳ ט ה ישבת לכסא שופט צדק. **22 התם** כנראה במשמעות ׳תמים׳ ע״ש דבר׳ לב ד הצור תמים פעלו. **ומתמם עם תמימים** ע״ש ש״ב כב כו עם גבור תמים תתמם. **תמים פעלו** דבר׳ לב ד.

וּבְכֵן תֵּן פַּחְדְּךָ יי אֱלֹהֵינוּ עַל כָּל מַעֲשֶׂיךָ, וְאֵימָתְךָ עַל כָּל מַה שֶּׁבָּרָאתָ
וְיִירָאוּךָ כָּל הַמַּעֲשִׂים, וְיִשְׁתַּחֲווּ לְפָנֶיךָ כָּל הַבְּרוּאִים
וְיֵעָשׂוּ כֻלָּם אֲגֻדָּה אַחַת לַעֲשׂוֹת רְצוֹנְךָ בְּלֵבָב שָׁלֵם
כְּמוֹ שֶׁיָּדַעְנוּ יי אֱלֹהֵינוּ שֶׁהַשִּׁלְטָן לְפָנֶיךָ, עֹז בְּיָדְךָ וּגְבוּרָה בִּימִינֶךָ
וְשִׁמְךָ נוֹרָא עַל כָּל מַה שֶּׁבָּרָאתָ.

וּבְכֵן תֵּן כָּבוֹד יי לְעַמֶּךָ, תְּהִלָּה לִירֵאֶיךָ וְתִקְוָה טוֹבָה לְדוֹרְשֶׁיךָ
וּפִתְחוֹן פֶּה לַמְיַחֲלִים לָךְ
שִׂמְחָה לְאַרְצֶךָ, וְשָׂשׂוֹן לְעִירֶךָ, וּצְמִיחַת קֶרֶן לְדָוִד עַבְדֶּךָ
וַעֲרִיכַת נֵר לְבֶן יִשַׁי מְשִׁיחֶךָ, בִּמְהֵרָה בְיָמֵינוּ.

וּבְכֵן צַדִּיקִים יִרְאוּ וְיִשְׂמָחוּ, וִישָׁרִים יַעֲלֹזוּ וַחֲסִידִים בְּרִנָּה יָגִילוּ
וְעוֹלָתָה תִּקְפָּץ פִּיהָ, וְכָל הָרִשְׁעָה כֻּלָּהּ כְּעָשָׁן תִּכְלֶה
כִּי תַעֲבִיר מֶמְשֶׁלֶת זָדוֹן מִן הָאָרֶץ.

סימן: א״ב.

1 וְיֶאֱתָיוּ כֹל לְעָבְדֶךָ / וִיבָרְכוּ שֵׁם כְּבוֹדֶךָ
וְיַגִּידוּ בָאִיִּים צִדְקֶךָ / וְיִדְרְשׁוּךָ עַמִּים לֹא יְדָעוּךָ
וִיהַלְלוּךָ כָּל אַפְסֵי אָרֶץ / וְיֹאמְרוּ תָמִיד יִגְדַּל יי
וְיִזְנְחוּ אֶת עֲצַבֵּיהֶם / וְיַחְפְּרוּ עִם פְּסִילֵיהֶם

תשגב לבדך ע״ש ישע׳ ב יא ונשגב ה׳ לבדו.

1 **ויאתיו** ויבאו, כגון ישע׳ מא ה קרבו ויאתיון. **ויברכו שם כבודך** נחמ׳ ט ה. 2 **ויגידו באיים צדקך** ע״ש ישע׳ מב יב ותהלתו באיים יגידו. **וידרשוך עמים לא ידעוך** ע״ש ישע׳ נה ה וגוי לא ידעוך אליך ירוצו. 3 **ויהללוך כל אפסי ארץ** דוגמת תהל׳ סז ח וייראו אותו כל אפסי ארץ, או כדומה. **ויאמרו תמיד יגדל ה׳** תהל׳ לה כז ועוד. 4 **ויזבחו לך את זבחיהם** דוגמת ויזבחו זבחי תודה תהל׳ קז כב, או כדומה (**ויזנחו את עצביהם** עי׳ ש״ב ה כא.) **ויחפרו** ויבושו, כגון תהל׳ פג

חזרת הש״ץ למוסף 367

וְיַטּוּ שְׁכֶם אֶחָד לְעָבְדֶךָ / וְיִירָאוּךָ עִם שֶׁמֶשׁ מְבַקְשֵׁי פָנֶיךָ
וְיַכִּירוּ כֹּחַ מַלְכוּתֶךָ / וְיִלְמְדוּ תוֹעִים בִּינָה
וִימַלְּלוּ אֶת גְּבוּרָתֶךָ / וִינַשְּׂאוּךָ מִתְנַשֵּׂא לְכֹל לְרֹאשׁ
וִיסַלְּדוּ בְחִילָה פָּנֶיךָ / וִיעַטְּרוּךָ נֵזֶר תִּפְאָרָה
וְיִפְצְחוּ הָרִים רִנָּה / וְיִצְהֲלוּ אִיִּים בְּמָלְכֶךָ
וִיקַבְּלוּ עֹל מַלְכוּתְךָ עֲלֵיהֶם / וִירוֹמְמוּךָ בִּקְהַל עָם
וְיִשְׁמְעוּ רְחוֹקִים וְיָבוֹאוּ / וְיִתְּנוּ לְךָ כֶּתֶר מְלוּכָה.

וְתִמְלֹךְ אַתָּה יי לְבַדֶּךָ עַל כָּל מַעֲשֶׂיךָ
בְּהַר צִיּוֹן מִשְׁכַּן כְּבוֹדֶךָ, וּבִירוּשָׁלַיִם עִיר קָדְשֶׁךָ
כַּכָּתוּב בְּדִבְרֵי קָדְשֶׁךָ
יִמְלֹךְ יי לְעוֹלָם, אֱלֹהַיִךְ צִיּוֹן לְדֹר וָדֹר, הַלְלוּיָהּ.

קָדוֹשׁ אַתָּה וְנוֹרָא שְׁמֶךָ, וְאֵין אֱלוֹהַּ מִבַּלְעָדֶיךָ
כַּכָּתוּב
וַיִּגְבַּהּ יי צְבָאוֹת בַּמִּשְׁפָּט, וְהָאֵל הַקָּדוֹשׁ נִקְדַּשׁ בִּצְדָקָה.
בָּרוּךְ אַתָּה יי, הַמֶּלֶךְ הַקָּדוֹשׁ.

יח, והענין ע״פ תהל׳ צז ז יבושו כל עובדי פסל. 5 **ויטו שכם אחד לעבדך** ע״ש צפני׳ ג ט לעבדו שכם אחד. **וייראוך עם שמש** תהל׳ עב ה. **מבקשי פניך** תהל׳ כד ו. 6 **ויכירו כח מלכותך** ויכירו כי אתה מלך (דוגמת מ״א כ מא), והצורה דוגמת תהל׳ קמה יא כבוד מלכותך יאמרו. **וילמדו תועים בינה** ע״ש ישע׳ כט כד וידעו תועי רוח בינה ורוגנים ילמדו לקח. 7 **וימללו את גבורתך** (צ״ל גבורותיך?) ע״ש תהל׳ קו ב מי ימלל גבורות ה׳. **וינשאוך מתנשא לכל לראש** ע״ש דה״א כט יא. 8 **ויסלדו בחילה פניך** ע״ש איוב ו י ואסלדה בחילה. **ויעטרוך נזר תפארה** עטרת תפארה (ישע׳ סב ג). 9 **ויפצחו הרים רנה** ישע׳ מד כג. **ויצהלו איים במלכך** ע״ש ישע׳ נד א פצחי רנה וצהלי, ושם צז א שמחו איים רבים. 10 **ויקבלו עול מלכותך [עליהם]** לשון המשנה, כגון ברכות ב׳ ב׳ כדי שמקבל עליו עול מלכות שמים תחלה, וכן בתפלות עתיקות. **וירוממוך בקהל עם** תהל׳ קז לא. 11 **וישמעו רחוקים ויבואו** ע״ש ישע׳ לג יג שמעו רחוקים אשר עשיתי. **ויתנו לך כתר מלוכה** ע״ש עובד׳ א כא והיתה לה׳ המלוכה.

אַתָּה בְחַרְתָּנוּ מִכָּל הָעַמִּים, אָהַבְתָּ אוֹתָנוּ וְרָצִיתָ בָּנוּ
וְרוֹמַמְתָּנוּ מִכָּל הַלְּשׁוֹנוֹת, וְקִדַּשְׁתָּנוּ בְּמִצְוֹתֶיךָ
וְקֵרַבְתָּנוּ מַלְכֵּנוּ לַעֲבוֹדָתֶךָ וְשִׁמְךָ הַגָּדוֹל וְהַקָּדוֹשׁ עָלֵינוּ קָרָאתָ.

וַתִּתֶּן לָנוּ יי אֱלֹהֵינוּ בְּאַהֲבָה אֶת יוֹם
בשבת: הַשַּׁבָּת הַזֶּה לִקְדֻשָּׁה וְלִמְנוּחָה וְאֶת יוֹם
הַכִּפּוּרִים הַזֶּה, לִמְחִילָה וְלִסְלִיחָה וּלְכַפָּרָה
וְלִמְחָל בּוֹ אֶת כָּל עֲוֹנוֹתֵינוּ /בשבת: בְּאַהֲבָה/
מִקְרָא קֹדֶשׁ, זֵכֶר לִיצִיאַת מִצְרָיִם.

וּמִפְּנֵי חֲטָאֵינוּ גָּלִינוּ מֵאַרְצֵנוּ וְנִתְרַחַקְנוּ מֵעַל אַדְמָתֵנוּ
וְאֵין אֲנַחְנוּ יְכוֹלִים לַעֲשׂוֹת חוֹבוֹתֵינוּ בְּבֵית בְּחִירָתֶךָ
בַּבַּיִת הַגָּדוֹל וְהַקָּדוֹשׁ שֶׁנִּקְרָא שִׁמְךָ עָלָיו
מִפְּנֵי הַיָּד שֶׁנִּשְׁתַּלְּחָה בְּמִקְדָּשֶׁךָ.

יְהִי רָצוֹן מִלְּפָנֶיךָ יי אֱלֹהֵינוּ וֵאלֹהֵי אֲבוֹתֵינוּ, מֶלֶךְ רַחֲמָן
שֶׁתָּשׁוּב וּתְרַחֵם עָלֵינוּ וְעַל מִקְדָּשְׁךָ בְּרַחֲמֶיךָ הָרַבִּים
וְתִבְנֵהוּ מְהֵרָה וּתְגַדֵּל כְּבוֹדוֹ.

אָבִינוּ מַלְכֵּנוּ, גַּלֵּה כְּבוֹד מַלְכוּתְךָ עָלֵינוּ מְהֵרָה
וְהוֹפַע וְהִנָּשֵׂא עָלֵינוּ לְעֵינֵי כָּל חָי
וְקָרֵב פְּזוּרֵינוּ מִבֵּין הַגּוֹיִם וּנְפוּצוֹתֵינוּ כַּנֵּס מִיַּרְכְּתֵי אָרֶץ.
וַהֲבִיאֵנוּ לְצִיּוֹן עִירְךָ בְּרִנָּה, וְלִירוּשָׁלַיִם בֵּית מִקְדָּשְׁךָ בְּשִׂמְחַת עוֹלָם
וְשָׁם נַעֲשֶׂה לְפָנֶיךָ אֶת קָרְבְּנוֹת חוֹבוֹתֵינוּ
תְּמִידִים כְּסִדְרָם וּמוּסָפִים כְּהִלְכָתָם.

וְאֶת מוּסַף יוֹם

בשבת: וְאֶת מוּסְפֵי יוֹם הַשַּׁבָּת הַזֶּה וְיוֹם

הַכִּפּוּרִים הַזֶּה
נַעֲשֶׂה וְנַקְרִיב לְפָנֶיךָ בְּאַהֲבָה כְּמִצְוַת רְצוֹנֶךָ
כְּמוֹ שֶׁכָּתַבְתָּ עָלֵינוּ בְּתוֹרָתֶךָ
עַל יְדֵי מֹשֶׁה עַבְדֶּךָ מִפִּי כְבוֹדֶךָ, כָּאָמוּר

בשבת מוסיפים:

וּבְיוֹם הַשַּׁבָּת שְׁנֵי כְבָשִׂים בְּנֵי שָׁנָה תְּמִימִם, וּשְׁנֵי עֶשְׂרֹנִים סֹלֶת מִנְחָה בְּלוּלָה בַשֶּׁמֶן וְנִסְכּוֹ. עֹלַת שַׁבַּת בְּשַׁבַּתּוֹ, עַל עֹלַת הַתָּמִיד וְנִסְכָּהּ.

וּבֶעָשׂוֹר לַחֹדֶשׁ הַשְּׁבִיעִי הַזֶּה
מִקְרָא קֹדֶשׁ יִהְיֶה לָכֶם
וְעִנִּיתֶם אֶת נַפְשֹׁתֵיכֶם, כָּל מְלָאכָה לֹא תַעֲשׂוּ.
וְהִקְרַבְתֶּם עֹלָה לַיי רֵיחַ נִיחֹחַ
פַּר בֶּן בָּקָר אֶחָד, אַיִל אֶחָד
כְּבָשִׂים בְּנֵי שָׁנָה שִׁבְעָה, תְּמִימִם יִהְיוּ לָכֶם.
וּמִנְחָתָם וְנִסְכֵּיהֶם כִּמְדֻבָּר
שְׁלֹשָׁה עֶשְׂרֹנִים לַפָּר, וּשְׁנֵי עֶשְׂרֹנִים לָאָיִל
וְעִשָּׂרוֹן לַכֶּבֶשׂ, וְיַיִן כְּנִסְכּוֹ
וּשְׁנֵי שְׂעִירִים לְכַפֵּר, וּשְׁנֵי תְמִידִים כְּהִלְכָתָם.

בשבת מוסיפים:

יִשְׂמְחוּ בְמַלְכוּתְךָ שׁוֹמְרֵי שַׁבָּת וְקוֹרְאֵי עֹנֶג. עַם מְקַדְּשֵׁי שְׁבִיעִי, כֻּלָּם יִשְׂבְּעוּ וְיִתְעַנְּגוּ מִטּוּבֶךָ, וּבַשְּׁבִיעִי רָצִיתָ בּוֹ וְקִדַּשְׁתּוֹ, חֶמְדַּת יָמִים אוֹתוֹ קָרָאתָ, זֵכֶר לְמַעֲשֵׂה בְרֵאשִׁית.

פותחים את ארון הקודש

עָלֵינוּ לְשַׁבֵּחַ לַאֲדוֹן הַכֹּל, לָתֵת גְּדֻלָּה לְיוֹצֵר בְּרֵאשִׁית
שֶׁלֹּא עָשָׂנוּ כְּגוֹיֵי הָאֲרָצוֹת, וְלֹא שָׂמָנוּ כְּמִשְׁפְּחוֹת הָאֲדָמָה

סוגרים את ארון הקודש

שֶׁלֹּא שָׂם חֶלְקֵנוּ כָּהֶם וְגוֹרָלֵנוּ כְּכָל הֲמוֹנָם.
שֶׁהֵם מִשְׁתַּחֲוִים לְהֶבֶל וָרִיק וּמִתְפַּלְּלִים אֶל אֵל לֹא יוֹשִׁיעַ.

פותחים את ארון הקודש, וכורעים

וַאֲנַחְנוּ כּוֹרְעִים וּמִשְׁתַּחֲוִים וּמוֹדִים לִפְנֵי מֶלֶךְ מַלְכֵי הַמְּלָכִים הַקָּדוֹשׁ
בָּרוּךְ הוּא, שֶׁהוּא נוֹטֶה שָׁמַיִם וְיוֹסֵד אָרֶץ וּמוֹשַׁב יְקָרוֹ בַּשָּׁמַיִם מִמַּעַל,
וּשְׁכִינַת עֻזּוֹ בְּגָבְהֵי מְרוֹמִים.
הוּא אֱלֹהֵינוּ, אֵין עוֹד.
אֱמֶת מַלְכֵּנוּ, אֶפֶס זוּלָתוֹ, כַּכָּתוּב בְּתוֹרָתוֹ, וְיָדַעְתָּ הַיּוֹם וַהֲשֵׁבֹתָ אֶל
לְבָבֶךָ, כִּי יְיָ הוּא הָאֱלֹהִים בַּשָּׁמַיִם מִמַּעַל וְעַל הָאָרֶץ מִתָּחַת, אֵין עוֹד.

בזמן שהציבור אומר ״הוא אלהינו״, אומר הש״ץ:

אַתָּה הָרְאֵתָ לָדַעַת כִּי יְיָ הוּא הָאֱלֹהִים, אֵין עוֹד מִלְּבַדּוֹ.
וְיָדַעְתָּ הַיּוֹם וַהֲשֵׁבֹתָ אֶל לְבָבֶךָ, כִּי יְיָ הוּא הָאֱלֹהִים בַּשָּׁמַיִם מִמַּעַל וְעַל
הָאָרֶץ מִתָּחַת, אֵין עוֹד.
שְׁמַע יִשְׂרָאֵל, יְיָ אֱלֹהֵינוּ, יְיָ אֶחָד.
הֵן לַיְיָ אֱלֹהֶיךָ הַשָּׁמַיִם וּשְׁמֵי הַשָּׁמַיִם, הָאָרֶץ וְכָל אֲשֶׁר בָּהּ.
כִּי יְיָ אֱלֹהֵיכֶם הוּא אֱלֹהֵי הָאֱלֹהִים וַאֲדֹנֵי הָאֲדֹנִים, הָאֵל הַגָּדֹל הַגִּבֹּר
וְהַנּוֹרָא אֲשֶׁר לֹא יִשָּׂא פָנִים וְלֹא יִקַּח שֹׁחַד.
כִּי שֵׁם יְיָ אֶקְרָא, הָבוּ גֹדֶל לֵאלֹהֵינוּ.
יְהִי שֵׁם יְיָ מְבֹרָךְ מֵעַתָּה וְעַד עוֹלָם.

סוגרים את ארון הקודש

נוסח מורכב.

אֱלֹהֵינוּ וֵאלֹהֵי אֲבוֹתֵינוּ

הֱיֵה עִם פִּיפִיּוֹת שְׁלוּחֵי עַמְּךָ בֵּית יִשְׂרָאֵל
הָעוֹמְדִים לְבַקֵּשׁ תְּפִלָּה וְתַחֲנוּנִים מִלְּפָנֶיךָ עַל עַמְּךָ בֵּית יִשְׂרָאֵל.

הוֹרֵם מַה שֶׁיֹּאמְרוּ / הֲבִינֵם מַה שֶׁיְּדַבֵּרוּ
הֲשִׁיבֵם מַה שֶּׁיִּשְׁאֲלוּ / יַדְּעֵם הֵיךְ יְפָאֵרוּ.

בְּאוֹר פָּנֶיךָ יְהַלֵּכוּן / בֶּרֶךְ לְךָ יִבְרְכוּן
עַמְּךָ בְּפִיהֶם יְבָרְכוּן / וּמִבִּרְכוֹת פִּיךָ כֻּלָּם יִתְבָּרְכוּן.

עַמְּךָ לְפָנֶיךָ יַעֲבִירוּן / וְהֵם בַּתָּוֶךְ יַעֲבוֹרוּן
עֵינֵי עַמְּךָ בָּם תְּלוּיוֹת / וְעֵינֵיהֶם לְךָ מְיַחֲלוֹת.

כל תפלת ש״ץ זו מבוססת על מאמר המשנה (ברכות ה׳ ה׳) המתפלל וטעה סימן רע לו, ואם שליח צבור הוא סימן רע לשולחיו, מפני ששלוחו של אדם כמותו.

1 **או״א היה עם פיפיות שלוחי עמך בית ישראל** ע״ש שמות ד טו ואנכי אהיה עם פיך ועם פיהו, ול׳ פיפיות (הנאמר במקרא על החרב, כגון ישע׳ מא טו. תהל׳ קמט ו) במקום ׳פיות׳ בלשון חכמים, כגון בברכת התורה ׳הערב נא...את דברי תורתך בפינו ובפיפיות עמך בית ישראל (ברכ׳ דף י״א ב׳). שלוחי עמך, ר״ל שלוחי הצבור, כלשון המשנה (יומא א׳ ה׳) אנו שלוחי בית דין ואתה שלוחנו. **לבקש תפלה ותחנונים** לה״כ דני׳ ט ג ובמדרש ויק״ר י״א ו׳ ע׳ רכח. 3 **הורם מה שיאמרו** שמות (שם) והוריתי אתכם את אשר תעשון. **הבינם** למדם כמו ישע׳ מ יד את מי נועץ ויבינהו וילמדהו בארח משפט. 4 **השיבם** ע״ש והשיבני דבר, בראׄ לז יד, פי׳ הודיעם. **מה שישאלו** מה שיבקשו. **ידעם** הודע אותם, כמו איוב לח ידעתה השחר מקומו. 5 **באור פניך יהלכון** לה״כ תהל׳ פט טז. **ברך לך יברכון** ע״ש תהל׳ צה ו נברכה לפני ה׳ (כ״ה הגירסא העתיקה, וברוב כי״י נשתנתה ל׳כרעון׳ ע״פ ישע׳ מה כג כי לי תכרע כל ברך, שלא לפי החריזה).

6 **עמך בפיהם יברכון** (ע״ש תהל׳ סב ה בפיו יברכו) ר״ל שלוחי צבור מברכין את העם בברכות שהם מתפללים בפניהם. **ומברכות פיך כלם יתברכון** ע״ש ש״ב ז כט ומברכתך יבורך בית עבדך.

7 **עמך לפניך יעבירון והם בתוך יעבורון** באמצע העם, כי ש״ץ עומד באמצע והעם משני הצדדים. 8 **עיני עמך בם** (נ״א בך) **תלויות ועיניהם לך מיחלות** עי׳ מדרש תהלים כ״ה דף ק״ו א׳ ש״ץ יורד לפני התיבה לפי שעיניהם של צבור תלויות בו ועיניו תלויות בהקב״ה שהוא שומע

גָּשִׁים מוּל אֲרוֹן הַקֹּדֶשׁ בְּאֵימָה / לְשַׁכֵּךְ כַּעַס וְחֵימָה
וְעַמְּךָ מְסַבְּבִים אוֹתָם כַּחוֹמָה

וְאַתָּה מִן הַשָּׁמַיִם תַּשְׁגִּיחַ אוֹתָם לְרַחֲמָה.

עַיִן נוֹשְׂאִים לְךָ לַשָּׁמַיִם / לֵב שׁוֹפְכִים נִכְחֲךָ כַּמַּיִם
וְאַתָּה תִּשְׁמַע מִן הַשָּׁמַיִם.

שֶׁלֹּא יִכָּשְׁלוּ בִּלְשׁוֹנָם / וְלֹא יִנָּקְשׁוּ בְּשִׁנּוּנָם
וְלֹא יֵבוֹשׁוּ בְּמַשְׁעֵנָם / וְלֹא יִכָּלְמוּ בָם שְׁאוֹנָם
וְאַל יֹאמַר פִּיהֶם דָּבָר שֶׁלֹּא כִרְצוֹנֶךָ.

כִּי חֲנוּנֶיךָ יי אֱלֹהֵינוּ הֵמָּה חֲנוּנִים / וּמְלֻמָּדֶיךָ הֵמָּה מְלֻמָּדִים.

כְּמָה שֶׁיָּדַעְנוּ יי אֱלֹהֵינוּ, אֶת אֲשֶׁר תָּחוֹן יוּחָן, וְאֵת אֲשֶׁר תְּרַחֵם יְרֻחָם. כַּכָּתוּב בְּתוֹרָתֶךָ, וַיֹּאמֶר, אֲנִי אַעֲבִיר כָּל טוּבִי עַל פָּנֶיךָ, וְקָרָאתִי בְשֵׁם יי לְפָנֶיךָ, וְחַנֹּתִי אֶת אֲשֶׁר אָחֹן וְרִחַמְתִּי אֶת אֲשֶׁר אֲרַחֵם. וְנֶאֱמַר, אַל יֵבֹשׁוּ בִי קֹוֶיךָ, אֲדֹנָי אֱלֹהִים צְבָאוֹת, אַל יִכָּלְמוּ בִי מְבַקְשֶׁיךָ, אֱלֹהֵי יִשְׂרָאֵל.

תפלתם. **9 לשכך כעס וחימה** ע״ש אסתר ז י וחמת המלך שככה. **10 ועמך מסביבים אותם כחומה** (במקום סובבים אותם) כחומה סביב, ויק׳ כה לא ועוד. **ואתה מן השמים תשגיח** ע״ש תהל׳ לג יד ממכון שבתו השגיח (וכאן בלי משלים, כמו שה״ש ב ט משגיח מן החלונות). **אותם לרחמה** לרחם עליהם (אותם כמו ירמ׳ מב יב ועוד). **11 עין נושאים לך לשמים** ע״ש ישע׳ נא ו שאו לשמים עיניכם. **לב שופכים נכחך כמים** ע״ש איכה ב יט שפכי כמים לבך. **12 ואתה תשמע השמים** לה״כ מ״א ח לב ועוד (מן השמים דה״ב ו כג ועוד). **13 שלא יכשלו בלשונם** (ע״ש תהל׳ סד ט ויכשילוהו עלימו לשונם). **ולא ינקשו בשינונם** (ע״ש דבר׳ יב ל פן תנקש אחריהם) במה שהם משננים לעם. **14 ולא יבושו במשענם** בקהלם השולח אותם שהם נשענים עליו, וי״מ בהקב״ה שהוא משען ומשענה (ישע׳ ג א). **ולא יכלמו בם שאונם** קהלם, המונם (ע״ש ישע׳ סו ו קול שאון מעיר, וכדומה) ומסמך לו הכתוב תהל׳ סט ז אל יבושו בי קויך וכו׳. **15 ואל יאמר פיהם דבר שלא כרצונך** פירוש למלים שלא יכשלו בלשונם? **16 כי חנוניך המה חנונים ומלומדיך המה מלומדים** (כ״ה הגירסא העתיקה ששינו אח״כ: ומרוחמיך המה מרוחמים, בהתאם לפסוק המובא). **כמו שידענו** כלשון תפלת ׳ובכן תן פחדך׳.

פותחים את ארון הקודש

סימן: א מרובע.

1 אוֹחִילָה לָאֵל אֲחַלֶּה פָנָיו
אֶשְׁאֲלָה מִמֶּנּוּ מַעֲנֵה לָשׁוֹן
אֲשֶׁר בִּקְהַל עָם אָשִׁירָה עֻזּוֹ
אַבִּיעָה רְנָנוֹת בְּעַד מִפְעָלָיו.

לְאָדָם מַעַרְכֵי לֵב, וּמֵיי מַעֲנֵה לָשׁוֹן.
אֲדֹנָי, שְׂפָתַי תִּפְתָּח וּפִי יַגִּיד תְּהִלָּתֶךָ.
יִהְיוּ לְרָצוֹן אִמְרֵי פִי וְהֶגְיוֹן לִבִּי לְפָנֶיךָ יי צוּרִי וְגֹאֲלִי.

סוגרים את ארון הקודש

1 **אוחילה לאל** ע״ש מיכה ז ז אוחילה לאלהי ישעי. **אחלה פניו** ע״ש מלאכי א ט חלו נא פני אל, ועוד. 2 **אשאלה ממנו מענה לשון** אבקש שיענה את תפלתי, ע״ש משלי טז א. 3 **בקהל עם** שופ׳ כ ב. **אשירה עוזו** ע״ש תהל׳ נט יז ואני אשיר עזך. 4 **אביעה רננות** ע״ש תהל׳ סג ו ושפתי רננות יהלל פי.

סדר העבודה

סימן: א״ב מרובע. משלם בירבי קלונימוס חזק.

1 אַמִּיץ כֹּחַ כַּבִּיר וְרַב אוֹנִים / אֲשֶׁר מִי יַעֲשֶׂה כְּמַעַשׂ גְּבוּרוֹתֶיךָ
אֹמֶץ עֲלִיּוֹת קֵרִיתָ עַל קָרִים / אַף יִסַּדְתָּ תֵּבֵל עַל בְּלִימָה.

1 **אמיץ כח** ישע׳ מ כו. **כביר** איוב לו ה. **ורב אונים** ישע׳ שם. **אשר מי יעשה כמעש גבורותיך** דבר׳ ג כד. 2 **אומץ עליות קירית על קרים** ע״ש תהל׳ קד ג המקרה במים עליותיו, ר״ל יסדת את העולם על מים קרים, ועי׳ ב״ר ד׳ א׳ עמ׳ 23 בנוהג העולם מלך בשר ודם בונה פלאטין ומקרה באבנים ובעצים ובעפר, אבל הקב״ה לא קירה עולמו אלא במים, שנ׳ המקרה במים וכו׳. **אף**

בִּהְיוֹת עוֹלָם חֹשֶׁךְ צַלְמָוֶת וְעֵיפָה
בְּמַעֲטֵה לְבוּשְׁךָ אוֹר בֹּקֶר הִגַּהְתָּ
בֵּין זֵידוֹנִים חַצְתָּ כְּקֶרַח הַנּוֹרָא / בְּצוּל הִקְוִיתָם לְבַל יְכַסּוּן חָלֶד.
גִּלִּיתָ פְּנֵי נֶשִׁי וְהֵנֵצָה תְנוּבָה / גַּן מִקֶּדֶם טַעְתָּ לְשַׁעֲשׁוּעַ מַאֲמִירֶיךָ
גֹּדֶל מְאוֹרוֹת תַּתָּה בִּרְקִיעַ עֻזֶּךָ / גַּם צְבָא מַזָּרוֹת עִמָּם צִוִּיתָ.
דֵּי שָׂחִים וְדָאִים מִשֹּׁעַל צַרְתָּ / דְּמִיוֹן בָּרִיחַ לְכֵרַת יוֹשְׁבֵי גַנִּים
דְּבוּקַת רְגָבִים הוֹצִיאָה רוֹמְשִׂים וְשׁוֹאֲפִים
דָּר קָנֶה וּבִצָּה לַאֲרוּחַת קְרוּאֶיךָ.

יסדת תבל על בלימה ע"ש איוב כו ז תולה ארץ על בלימה. 3 **בהיות עולם חשך וצלמות ועיפה** שלשה מקבילים, ע"ש איוב י כא-כב אל ארץ חשך וצלמות ארץ עפתה (וכידוע תפסו הפייטנים ומפרשים קדמונים עיפה כלשון אפילה). **במעטה לבושך אור בקר הגהת** הארת (ע"ש תהל' יח כט יגיה חשכי) והענין ע"פ הדרשה ב"ר ג' ד' עמ' 20 מהיכן נברא האור... נתעטף הקב"ה בה כשלמה והבהיק זיו הדרו מסוף העולם ועד סופו (ועי' ג"כ במקבילים שם). 4 **בין זידונים חצת** הבדלת וחצית בין המים העליונים לתחתונים (המים הזדונים ע"ש תהל' קכד ה) בעשותך רקיע **כקרח הנורא** (ע"ש יחזק' א כב רקיע כעין הקרח הנורא). **בצול הקויתם** במצולה. **לבל יכסון חלד** ע"ש תהל' קד ט בל ישובון לכסות הארץ, וחלד, פי' ארץ, ע"ש תהל' מט ב. 5 **גילית פני נשי** פני הארץ, ע"ש תהל' פח יג בארץ נשיה. **והנצה תנובה** והוציאה (ע"ש שה"ש ו יא הנצו הרמונים). **גן מקדם טעת** נטעת, ברא' ב ח. **לשעשוע מאמיריך** המשבחים אותך (ע"ש דבר' כו יז). 6 **גודל מאורות תתה ברקיע עוזך** נתת המאורות הגדולים ברקיע, ברא' א טז-יז, וברקיע עוזך ע"ש תהל' קנ א. **צבא מזרות** הכוכבים (איוב לח לב). 7 **די שחים ודאים משועל צרת** יצרת דגים ושאר בעלי חיים ששוחים (השוחה, ישע' כה יא) ועופות הדאים (כאשר ידאה הנשר, דבר' כח מט) משועל, ע"ש ישע' מ יב מי מדד בשעלו מים. **דמיון בריח** לויתן, ע"ש ישע' כז א על לויתן נחש בריח ועל לויתן נחש עקלתון, ולפי האגדה פרקי ר"א ט' מדורו במים התחתונים ובין שני סנפיריו הבריח התיכון של הארץ עומד (לפי זה אמר הפייטן דמיון הבריח). **לכירת יושבי גנים** לסעודתם, ע"ש מ"ב ו כג ויכרה להם כרה גדולה וכו', והענין ע"פ דרשת חז"ל ב"ב דף ע"ה א' עתיד הקב"ה לעשות סעודה לצדיקים מבשרו של לויתן, שנא' (איוב מ ל) יכרו עליו חברים. ואין כרה אלא סעודה, שנא' ויכרה להם כרה גדולה ויאכלו וישתו... ואין חברים אלא תלמידי חכמים, שנא' (שה"ש ח יג) היושבת בגנים חברים מקשיבים לקולך השמיעיני; ולפי זה הוא אומר **יושבי גנים,** ר"ל תלמידי חכמים. 8 **דבוקת רגבים** הארץ, ע"ש איוב לח לח ורגבים ידובקו. **הוציאה רומשים ושואפים** רמשים וחיות (שואפים ע"ש ירמ' ב כד פרה... באות נפשה שאפה

הֵכַנְתָּ טֶבַח וָמֶסֶךְ וְסוֹעֵד אָיִן
הִקְרַצְתָּ גֹּלֶם מֵחֹמֶר בְּתַבְנִית חוֹתָמֶךָ
הִפַּחְתָּ בְחֶלְדּוֹ טֹהַר נֶשֶׁם מִזְּבוּלֶךָ / הִרְדַּם וּמִצַּלְעוֹ עֵזֶר לוֹ יִעַדְתָּ.
וְצִוִּיתוֹ בְּלִי לְעוּט מֵעֵץ הַדַּעַת / וְהֵפֵר צִוּוּי כְּפֶתִי בְּהַשָּׁאַת זוֹחֵל
וְנֶעֱנַשׁ בְּזֵעַת אַף לִטְרוֹף חֻקּוֹ / וְאִוֶּלֶת בְּצִירִים וְעָרוּם עָפָר לַחְמוֹ.
זֵרוּי רִבְעוֹ הִקְפֵּיתָ בְּבֶטֶן חוֹמֶדֶת / זָרְעָה וְהוֹלִידָה אִכָּר וְרוֹעֵה צֹאן
זֶבַח וָשַׁי הִגִּישׁוּ לְמוֹלְכָךְ יַחַד / זָעַמְתָּ בְּרַב וְשָׁעִתָּ תְּשׁוּרַת צָעִיר.

רוח). **דר קנה ובצה** ע״ש איוב מ כא בסתר קנה ובצה, והוא לפי דרשות חז״ל בהמות בהררי אלף (תהל׳ נ י) — במקורות אחדים נקרא שור הבר — שגם הוא מיועד לארוחת הצדיקים לעתיד לבא, עי׳ ויק״ר כ״ב י׳ עמ׳ כג-כד והמקבילות שנרשמו שם, בפרט פסיקתא דר״כ דף נ״ח א׳. פסיקתא רבתי ט״ז דף פ׳ ב׳. ועי׳ ג״כ בבא בתרא דף ע״ד ב׳. **לארוחת קרואיך** הצדיקים הקרואים לסעודה. **9 הכנת טבח ומסך** מאכל ומשתה, ע״ש משלי ט ב טבחה טבחה מסכה יינה (׳טבח׳ גם ברא׳ מג טז). **וסועד אין** כי האדם לא נברא אלא ביום ששי, ועי׳ מה שדרשו על זה סנהד׳ דף ל״ח א׳. **הקרצת גולם מחומר** ע״ש איוב לג ו מחומר קורצתי גם אני, וגולם ע״ש תהל׳ קלט טז גלמי ראו עיניך. **בתבנית חותמך** בצלם אלהים, ע״ש ברא׳ א כז, ולשון התלמוד (סנהד׳ שם) ...הקב״ה טובע כל אדם בחותמו של אדם הראשון ואין אחד מהן דומה לחברו, שנא׳ (איוב לח יד) תתהפך כחומר חותם. **10 הפחת בחלדו** בגופו (שהוא החלק הקשור לזמן מוגבל לעומת הנשמה הנצחית, וכנראה חידש הפייטן משמעות זו של המלה ע״פ תהל׳ יז יד ממתים מחלד). **טוהר נשם** הנשמה הטהורה, ע״פ המאמר נדה דף ל׳ ב׳ ...ונשמה שנתן בך טהורה היא, ושבת דף קנ״ב ב׳ והרוח תשוב אל האלהים... כמו שנתנה לך בטהרה אף אתה בטהרה. **מזבולך** מן השמים, והזבול הוא אחד מז׳ הרקיעים ע״פ חגיגה דף י״ב א׳. **הרדם ומצלעו עזר לו יעדת** ברא׳ ב כ-כב, ו׳ידעת׳ ע״פ שמות כא ח ולשון התלמוד, קדושין דף י״ט א׳ ועוד. **11 בלי לעוט** שלא לאכול, ע״ש ברא׳ כה ל הלעיטני נא. **והפר ציווי כפתי** ע״ש משלי ט ד מי פתי יסור הנה, שדרשוהו (סנהד׳ דף ל״ח א׳) אומר הקב״ה מי פתאו לזה. **בהשאת זוחל** ע״ש ברא׳ ג יג והנחש השיאני ואוכל. **12 וענש בזיעת אף לטרוף חוקו** ע״ש ברא׳ ג יט בזעת אפך תאכל לחם, ומשלי ל ח הטריפני לחם חוקי. **ואולת בצירים** האשה הטפשה (הפייטן תפס אולת במשמעות נקבה מאויל כדעת ר״י אבן ג׳נאח משלי יד א, עי׳ ספר השרשים עמ׳ 16) נענשה בצירי לידה (ע״ש ישע׳ כא ג). **וערום** הנחש, ע״ש ברא׳ ג א. **עפר לחמו** שם ג יד. **13 זרוי רבעו** זריית משכבו, ע״ש תהל׳ קלט ג ארחי ורבעי זרית, שדרשוהו על תשמיש המטה נדה דף ל״א א׳. ויק״ר י״ד ו׳ ע׳ שט. **הקפית בבטן חומדת** הקשית (ע״ש איוב י י וכגבינה תקפיאני) בבטן האשה שתשוקתה אל אישה (ברא׳ ג טז). **זרעה והולידה** כלשון התלמוד (נדה דף ל״א א׳) אשה מזרעת תחלה וכו׳. **אכר** קין שהיה עובד אדמה **ורועה צאן**

חֶמֶל רַחֲמָיו שִׁחֵת וְעָרַף אָח / חִלָּה פָּנֶיךָ וְשַׂמְתָּ לוֹ אוֹת
חַלּוּ שְׁלִישִׁים קְרוֹא בְּשִׁמְךָ לַסָּמֶל
חֵיל נוֹזְלִים קָרָאתָ וּשְׁטָפוּם וְאָבָדוּ.
טָעוּ גֵאִים וּפָצוּ סוּר לְנֶגְדֶּךָ / טֹרְפוּ בְּחֹם הוֹמִים יְזֹרְבוּ נִצְמָתוּ
טְעוּן גֹּפֶר נוֹשַׁע כְּסַגֶּרֶת בַּעֲדוֹ / טְפוּלָיו הִפְרֵיתָ וּמָלְאוּ פְּנֵי צִיָּה.
יָעֲצוּ נֶאֱחָדִים לָרוּם עַד לַשַּׁחַק / יֻקְשׁוּ נְפֹצוּ בְּרוּחַ סֹעָה וָסַעַר
יְדִיד אִתּוּי עֵבֶר יְדַעֲךָ בָּעוֹלָם / יְחוּם זְקֵנָיו הֶעֱלָה לְךָ לְכָלִיל.

הבל, ברא׳ ד ב. **14 זבח ושי** מנחה. **ברב... צעיר** דוגמת ברא׳ כה כג. **ושעת** ע"ש ברא׳ ד ד וישע ה׳. **15 חמל רחמיו שחת** ע"ש עמוס א יא ושחת רחמיו (וחמל ל׳ חמלה). **וערף אח** הרג. **ושמת לו אות** ברא׳ ד טו. **16 חלו שלישים קרוא בשמך לסמל** דור שלישי, הוא דור אנוש, החלו לקרוא בשם ה׳ לצלמים שלהם, לפי דרשת חז"ל ספרי דברים מ"ג (=מכילתא דבחדש ו׳ ע׳ 223) ...ואימתי נקרא [אלהים אחרים] בשמו, בימי דור אנוש, שנא׳ (ברא׳ ד כו) ...אז הוחל לקרוא בשם ה׳, באותה שעה עלה אוקיינוס והציף שלישו של עולם (ובעוד מקורות, עי׳ גינצבורג, אגדות היהודים ד׳ ע׳ 131). **חיל נוזלים קראת ושטפום ואבדו** עי׳ ב"ר כ"ג ז׳ ע׳ 228 ...אתם עשיתם עבודה זרה וקראתם לשמכם אף אני אקרא למי הים לשמי ואכלה אותן הרשעים מן העולם... (שם) דרש ר׳ אבהו אוקיינוס גבוה מכל העולם... ולא מקרא מלא הוא (עמוס ה ח) הקורא למי הים וישפכם על פני הארץ... וחיל נוזלים פי׳ כח המים, המון המים (וי"ג חיל, ואין לו שחר). **17 טעו גיאים** דור המבול. **ופצו סור לנגדך** ואמרו אליך 'סור', עי׳ תנחומא בראשית י"ב הנפילים היו בארץ בימים ההם... המה הגבורים אשר מעולם אנשי השם (ברא׳ ו ד) מלמד שהיו רואים חמה ולבנה ועושין כשפים עליהם. הוא שאמר (איוב כד יג) המה היו במורדי אור... (שם כא יד) ויאמרו לאל סור ממנו ודעת דרכיך לא חפצנו. מה שדי כי נעבדנו. **טורפו** נטרדו **בחום הומים** במים חמים (ע"ש ישע׳ יז יב כהמות ימים יהמיון), לפי אגדת חז"ל שהמבול היה ברותחין (ר"ה דף י"ב א׳ = סנהד׳ דף ק"ח ב׳ ברותחין קלקלו וברותחין נידונו). **יזורבו נצמתו** ע"ש איוב ו יז בעת יזורבו (פי׳ נשרפו) נצמתו, עי׳ ויק"ר ז׳ ו׳ (ע׳ קסא) דור המבול ע"י שנתגאו ואמרו מה שדי כי נעבדנו לא נידונו אלא באש. הה"ד בעת יזורבו נצמתו בחומו נדעכו ממקומם. מהו בחומו, ברותחין... כל טיפה וטיפה שהיה הק׳ מורידה עליהן היה מרתיחה בתוך גיהנם. ועי׳ ג"כ ב"ר כ"ח ט׳ (ע׳ 267). **18 טעון גופר נושע** נח שהיה טעון תיבת עצי גופר, ר"ל טעון עשיית תיבה, מצווה על עשייתה, נושע. **כסגרת בעדו** ברא׳ ז טז. **טפוליו הפרית** בניו הטפולים לו פרו ורבו. **ומלאו פני ציה** פני הארץ (ע"ש ישע׳ מא יח ועוד). **19 יעצו נאחדים** התיעצו, התכוונו דור ההפלגה שהיו בעלי שפה אחת ודברים אחדים (ברא׳ יא א) **לרום עד שחק** בבניית מגדל שראשו בשמים (שם). **יוקשו** נוקשו, דיבור פיהם היה להם למוקש. **נופצו** ע"ש ברא׳ יא ח ויפץ ה׳ אותם משם.

כְּשֵׂה תָמִים בֵּחַר אִישׁ תָּם / כְּחָשַׁק יְשִׁיבַת אֹהֶל וְנִמְשַׁךְ אַחֲרֶיךָ

כֹּשֶׁר חֲנִיטֵי יוֹף הוֹצֵאתָ מֵחֲלָצָיו / כֻּלּוֹ זֶרַע אֱמֶת וְאֵין דֹּפִי.

לְשָׁרֶתְךָ אִוִּיתָ לֵוִי אִישׁ חֲסִידֶךָ

לְהַבְדִּיל מִגִּזְעוֹ מֻקְדָּשׁ קֹדֶשׁ קָדָשִׁים

לִקְשׁוֹר נֵזֶר קֹדֶשׁ וְלַעֲטוֹת אוּרִים

לֵישֵׁב כִּכְבוּדָה פְּנִימָה יָמִים שִׁבְעָה.

מַחֲזִיקֵי אֲמָנָה שָׁבוּעַ קֹדֶם לֶעָשׂוֹר

מַפְרִישִׁים כֹּהֵן הָרֹאשׁ כְּדַת הַמִּלּוּאִים

מַזִּים עָלָיו מֵי חַטָּאת לְטַהֲרוֹ

מַקְטִיר וּמֵיטִיב וְזוֹרֵק לְהִתְרַגֵּל בַּעֲבוֹדָה.

כַּכָּתוּב בְּתוֹרָתֶךָ

כַּאֲשֶׁר עָשָׂה בַּיּוֹם הַזֶּה, צִוָּה יי לַעֲשׂת לְכַפֵּר עֲלֵיכֶם.

ברוח סועה וסער ע״ש תהל׳ נה ט. 20 **ידיד אתוי עבר** אברהם שבא מעבר לנהר. **ידעך בעולם** הודיע את שמך. **יחום זקוניו** בן זקונים שלו (יחום ע״ש תהל׳ נא ז ובחטא יחמתני אמי). 21 **כשה תמים** ר״ל בלי מום, ע״ש שמות יב ה. **בוחר איש תם** בראש׳ כה כז. **כחשק ישיבת אהל** שם. 22 **כושר חניטי יוף** בנים כשרים ויפים, והוא ע״פ שה״ש רבה ד ז כולך יפה רעיתי, זה אבינו יעקב שהיתה מטתו שלמה וכו׳. **כולו זרע אמת** ירמ׳ ב כא. **ואין דופי** שלא היה בהם יוצא לתרבות רעה. 23 **לשרתך אוית לוי איש חסידך** ל׳ דבר׳ לג ח. ר״ל זימנת (אוית ל׳ תהל׳ קלב יג אוה למושב לו) כהן גדול משבט לוי לשרתך. **להבדיל מגזעו מוקדש קדש קדשים** ע״ש דה״א כג יג ויבדל אהרן להקדישו קדש קדשים. 24 **לקשור נזר קדש** ר״ל הציץ, ע״ש ויק׳ ח ט. **ולעטות אורים** שם ח ח. **לישב** (הצורה כלשון חכמים, במקום ׳לשבת׳) **ככבודה פנימה** (ע״ש תהל׳ מה יד כל כבודה בת מלך פנימה) **ימים שבעה** ימי המילואים, ויק׳ ח לה; מכאן ואילך הולך הפייטן ומתאר את עבודת יום הכפורים לפי המשנה. 25 **מחזיקי אמנה** זקני בית דין. **שבוע קודם לעשור מפרישים כהן הראש** יומא א׳ א׳, **כדת המילואים** ע״ש ויק׳ ח לה כאשר עשה ביום הזה צוה ה׳ לעשות לכפר עליכם, שדרשוהו (יומא דף ב׳ א׳) לעשות. אלו מעשי פרה, לכפר. אלו מעשי יום הכפורים. 26 **מזים עליו מי חטאת לטהרו** לפי ברייתא (יומא דף ד׳ א׳) מזים עליו מכל מי חטאת. **מקטיר ומטיב וזורק** ע״פ המשנה (א׳ ב׳: כל שבעת הימים הוא זורק את הדם ומקטיר את הקטרת ומטיב את הנרות) בשינוי הסדר לפי צרכי הא״ב. ובמחזורים שינו את

נִלְוִים אֵלָיו נְבוֹנִים יְשִׁישֵׁי שַׁעַר / נֶאֱמִים לוֹ קְרָא נָא בְּפִיךָ
נֹגַהּ תְּשִׁיעִי יַעֲמִידוּהוּ בְּשַׁעַר קָדִים / נוֹי זִבְחֵי יוֹם לְפָנָיו יַעֲבִירוּ.
סֶמֶךְ בִּיאַת שֶׁמֶשׁ צֵידוֹ יַמְעִיטוּ / סַאַב לֹבֶן פֶּן בְּרֶדֶם יִקְרֵהוּ
סָבֵי שִׁבְטוֹ לְלַמֵּד חֵפֶן יוֹלִיכוּהוּ
סַמִּים לְתַמֵּר בִּפְנִים אוֹתוֹ יַשְׁבִּיעוּ.
סָמַר בְּשָׂרוֹ וְהִדְמִיעַ כִּי נֶחְשַׁד / סָרוּ גַּם הֵם וּבֶכֶה הִגִּירוּ
שִׂיחַ מִדְרָשׁ בְּפֶה וּבִכְתָב הִגָּיוֹן / סְבִיבָיו יְשַׁנְּנוּ לְעוֹרְרוֹ עַד חֲצוֹת.
עָלְצוּ תְּרוּם דֶּשֶׁן בְּפַיִס רִאשׁוֹן / עוֹד יָפִיסוּ לְדִשּׁוּן פְּנִימִי וּמְנוֹרָה

הנוסח ע״פ בעלי ההלכה ללא צורך. **27 נלוים אליו נבונים ישישי שער** זקני ב״ד (שער כמקום משפט, ע״ש דבר׳ כה ז השערה אל הזקנים. איכה ה יד זקנים משער שבתו). **נואמים לו קרא נא בפיך** בלשון המשנה (א׳ ג׳) קרא אתה בפיך, ר״ל בסדר היום. **28 נוגה תשיעי** ערב יוה״כ שחרית. **יעמידוהו בשער קדים** בשער מזרח (שם). **נוי זבחי יום לפניו יעבירו** פרים ואילים וכבשים, ורק אלה הוא כולל ב׳נוי זבחי יום׳, ולא את השעירים, ועי׳ יומא דף י״ח א׳. **29 סמך ביאת שמש צידו ימעיטו** כדברי המשנה (א׳ ה׳) ערב יוה״כ עם חשיכה לא היו מניחים אותו לאכול הרבה. **סאב לובן פן ברדם יקרהו** כדי שלא יבא לידי שינה וטומאת קרי (ולובן פי׳ שכבת זרע, כלשון התלמוד, נדה דף ל״ד א׳ ועוד). **30 סבי שבטו** זקני כהונה **ללמד חפן יוליכוהו** אחרי שמסרוהו להם זקני ב״ד (א׳ ה׳) ללמדו חפינה (יומא דף י״ט א׳). **סמים לתמר בפנים אותו ישביעו** ישביעוהו שלא לשנות דבר מכל מה שאמרו לו (א׳ ה׳), וכל כך למה, שלא יתקן מבחוץ ויכניס כדרך שהצדוקין עושין, שהיו מכינים ומקטירים את הקטרת מבחוץ ומכניסים את ענן הקטרת, לעומת הסדר הנקבע בהלכה להעלותה (לתמר, פי׳ להעלות את ענן הקטרת כתמר) רק בפנים. **31 סמר בשרו** ע״ש תהל׳ קיט קכ. **והדמיע** ובכה **כי נחשד** כצדוקי. **סרו גם הם** הלכו להם **ובכה הגירו** (מל׳ גורר) על שחשדו כביכול בכשר, לפי המשנה: הוא פורש ובוכה והן פורשין ובוכין. **32 שיח מדרש בפה ובכתב הגיון סביביו ישננו** ר״ל דורשין לפניו וקורין לפניו (הגיון, פי׳ מקרא, עי׳ פרקי ר״א ל״ב הקול קול יעקב בהגיון תורה), ולפי המשנה הוא בעצמו קורא ודורש, אם הוא מוכשר לכך, ואם לאו קורין ודורשין לפניו. **לעוררו עד חצות** במשנה (א׳ ז׳): ומעסיקין אותו עד שיגיע זמן השחיטה, אבל הפייטן אומר עד חצות, מפני שמחצות ואילך הוא עסוק בהכנת העבודה ומתחיל בתרומת הדשן (שם א׳ ח׳). **33 עלצו תרום דשן בפיס ראשון** כאן מסדר הפייטן את סדר ארבע הפייסות שהיו במקדש בכל יום ושהם שנויים גם במסכת יומא (ב׳ ב׳-ד׳) אע״פ שביום הכפורים כל העבודות אינן כשרות אלא בכהן גדול ואין מקום לפייסות, או שהוא (כמו כמה פייטנים אחרים שהזכירו את הפייסות בסדרי העבודה שלהם, כגון ר׳ יוסי בן יוסי, ר׳ יצחק ן׳ אביתור, ר׳ שלמה הבבלי) לא דייק בעניני הלכה (תירוץ זה ניתן

עֵקֶב קְטוֹרָה פַּיִס חֲדָשִׁים יְשַׁלֵּשׁוּ / עֲרוֹךְ נְתָחִים יַחַד פַּיִס הָרְבִיעִי.
עָלָה בְּרַק הַשַּׁחַר כְּנָם הַצּוֹפֶה / עָלָיו פֵּרְשׂוּ מָסָךְ בּוּץ לְהַצְנֵעַ
עֵרָה סוּתוֹ טָבַל וְעָט זְהָבִים / עָמַד וְקִדֵּשׁ וְקֵרֵץ תְּמִיד הַשַּׁחַר.
פִּקֵּד לְמָרְקוֹ וְהוּא קִבֵּל וְזָרַק / פֵּרַשׁ הִקְטִיר וְהֵטִיב הִקְרִיב וְנִסֵּךְ
פְּעֻלַּת כָּלִיל הִשְׁלִים וְעָשׂ כְּסֵדֶר

פֵּרְשׂוּ סָדִין לָבָן עוֹד כְּבָרִאשׁוֹנָה.
פָּרְוָה בַּקֹּדֶשׁ שָׁם קִדֵּשׁ וּפָשַׁט / פָּסַע וְטָבַל לְבָנִים עָט וְקִדֵּשׁ
פְּלוּסִים עֶרְכָּם מָנִים שְׁמֹנָה עָשָׂר

פְּאוּרִים לְשָׁרֵת בָּם לְמֶלֶךְ הַכָּבוֹד.

בענין אחר בתוס׳ יומא דף ח׳ א׳ ד״ה דכולי עלמא), או שלפי שיטתו יש להבין שגם ביוה״כ סידרו הפייסות, כדי שיזכו בהם הכהנים בהכנת העבודות ובעניינים הכשרים בכהן הדיוט ובעמידה על יד הכהן הגדול. **עלצו** הלכו בשמחה, וכנראה לפי שיטת הפייטן תרומת הדשן כשרה בכהן הדיוט. **עוד יפיסו לדישון פנימי ומנורה** לדישון מזבח פנימי ולהטבת חמש הנרות הקודמות לקטרת, וגם הם עבודות כשרות בכהן הדיוט לפי שיטתו. **34 עקב קטורה פיס חדשים ישלשו** ר״ל בפייס השלישי משתתפים רק חדשים שעדיין לא זכו בה, והוא עקב הקטורה, ר״ל שכר מצות הקטרת, וכנראה דובר כאן על הכנת המחתה והקומץ. **ערוך נתחים יחד פיס הרביעי** בפייס הרביעי משתתפים שוב יחד כל הכהנים בענין עריכת נתחים, והיא העלאת האברים של התמיד, כנראה כדי לעזור לכ״ג. **35 עלה ברק השחר כנם הצופה** לפי המשנה (ג׳ א׳) כשעלה עמוד השחר אומר הרואה ברקאי. **עליו פירסו מסך בוץ להצניע** שם ג׳ ד׳ פרסו סדין של בוץ בינו לבין העם. **36 ערה סותו** פשט בגדו, סותו ע״ש בראי׳ מט יא ועירה פי׳ הסיר ממנו, כלשון התלמוד (שבת דף ט׳ ב׳) מאימתי התחלת מרחץ... משיערה מעפרתו הימנו. **טבל ועט זהבים** לפי המשנה (ג׳ ד׳) ירד וטבל... הביאו לו בגדי זהב ולבש (בלשון הפייטן עט = עטה). **עמד וקידש** ר״ל קידש ידיו ורגליו (שם). **וקירץ תמיד השחר** (שם) הביאו לו את התמיד קרצו, ומרק אחר שחיטה על ידו, ולפי זה הוא ממשיך. **37 פקד למרקו** ר״ל פקד לכהן אחר לגמור השחיטה בשבילו. **והוא קבל וזרק** את הדם. **פירש והקטיר והיטיב וניסך** (שם) נכנס להקטיר קטרת של שחר ולהיטיב את הנרות ולהקריב את הראש ואת האיברים ואת החבתין ואת היין. **38 פעולת כליל השלים** ר״ל של תמיד של שחר. **פירשו סדין לבן** שם א׳ ו׳. **39 פרוה בקדש** (שם) הביאוהו לבית הפרוה, ללשכה שכך היה שמה, וטבילה זו והבאות אחריה כולן בקדש היו. **פסע** את הפסיעות לרדת לטבילה. **וטבל** (שם) ירד וטבל עלה והסתפג. **לבנים עט וקידש** (שם) הביאו לו בגדי לבן וקדש ידיו ורגליו. **40 פלוסים ערכם מנים שמונה עשר** לדעת החכמים, שם ג׳ ז׳: בשחר היה לובש פלוסין (פי׳ בגדי בוץ הבאים מעיר פלוסין שבמצרים)... של י״ח מנה. **פאורים** מפוארים.

פָּרוֹ מֻצָּב בֵּין אוּלָם לַמִּזְבֵּחַ / פָּנָיו יָמָּה וְרֹאשׁוֹ נֶגְבָּה מְעֻקָּם
פָּגַשׁ וְסָמַךְ יָדָיו עַל רֹאשׁוֹ / פְּשָׁעָיו הוֹדָה וּבְחֻבּוֹ לֹא טָמָן.

וְכָךְ הָיָה אוֹמֵר
אָנָּא הַשֵּׁם / חָטָאתִי, עָוִיתִי, פָּשַׁעְתִּי לְפָנֶיךָ אֲנִי וּבֵיתִי.
אָנָּא בַשֵּׁם / כַּפֶּר נָא לַחֲטָאִים וְלַעֲוֹנוֹת וְלַפְּשָׁעִים
שֶׁחָטָאתִי וְשֶׁעָוִיתִי וְשֶׁפָּשַׁעְתִּי לְפָנֶיךָ אֲנִי וּבֵיתִי.
כַּכָּתוּב בְּתוֹרַת מֹשֶׁה עַבְדֶּךָ מִפִּי כְבוֹדֶךָ
כִּי בַיּוֹם הַזֶּה יְכַפֵּר עֲלֵיכֶם לְטַהֵר אֶתְכֶם
מִכֹּל חַטֹּאתֵיכֶם לִפְנֵי יי.

[8] וְהַכֹּהֲנִים וְהָעָם הָעוֹמְדִים בָּעֲזָרָה
כְּשֶׁהָיוּ שׁוֹמְעִים אֶת הַשֵּׁם הַנִּכְבָּד וְהַנּוֹרָא
מְפֹרָשׁ יוֹצֵא מִפִּי כֹהֵן גָּדוֹל בִּקְדֻשָּׁה וּבְטָהֳרָה

למלך הכבוד תהל׳ כד ז. **41 פרו מוצב בין אולם למזבח. פניו ימה וראשו נגבה מעוקם** שם ג׳ ח׳, ומעוקם ע״פ התלמוד (דף ל״ו א׳) בעוקם את ראשו. **42 פגש** התקרב אליו עד שפגש בו. **וסמך ידיו על ראשו** במשנה שם. **פשעיו הודה** התודה (בלשון המשנה ומתודה) ע״ש תהל׳ לב ה אודה עלי פשעי. **ובחובו לא טמן** לא הסתיר אותם בקרבו, ע״ש איוב לא לג לטמון בחובי עוני.

[1] וכך היה אומר... הנוסח שבמשנה (ג׳ ח׳) כפי שהוא מתוקן בברייתא לפי דעת החכמים (ירוש׳ יומא ג׳ ז׳ דף מ׳ ד׳ — בבלי דף ל״ו ב׳), ולפי פירושם: עונות אלו הזדונות... פשעים אלו המרדים... חטאות אלו השגגות. **אנא השם... אנא בשם...** כך הגירסא ברוב המחזורים לפי קביעת ר׳ חגי בירוש׳ (שם) בראשונה הוא אומר אנא השם ובשנייה הוא אומר אנא בשם, עי׳ אלבק, ששה סדרי משנה, מועד, השלמות והוספות ע׳ 470, ושם הוא מפרש: אנא בשם, ר״ל בשם ה׳ אני קורא (ע״ש שמות לד ה). בשם ה׳ אני משביע. ועי׳ באריכות ליברמן, תוספתא כפשוטה ד׳ ע׳ 735 — 736. **[8] והכהנים...** נוסח דפוסי המשנה (ו׳ ב׳), בקצת שינויים ותוספות, כגון ׳את השם הנכבד והנורא׳ (ל׳ דבר׳ כח נח), אבל לפי מה שקבע י״נ אפשטיין, מבוא לנוסח המשנה, ע׳

הקהל והחזן כורעים ומשתחווים

הָיוּ כּוֹרְעִים וּמִשְׁתַּחֲוִים וּמוֹדִים וְנוֹפְלִים עַל פְּנֵיהֶם וְאוֹמְרִים

בָּרוּךְ שֵׁם כְּבוֹד מַלְכוּתוֹ לְעוֹלָם וָעֶד.

וְאַף הוּא הָיָה מִתְכַּוֵּן לִגְמוֹר אֶת הַשֵּׁם כְּנֶגֶד הַמְבָרְכִים וְאוֹמֵר לָהֶם, תִּטְהָרוּ.

וְאַתָּה בְּטוּבְךָ הַגָּדוֹל מְעוֹרֵר רַחֲמֶיךָ וְסוֹלֵחַ לְאִישׁ חֲסִידֶךָ.

43 צָעַד לֵילֵךְ לוֹ לְמִזְרַח עֲזָרָה / צֶמֶד שְׂעִירִים שָׁם מֵהוֹן עֵדָה
צְמוּדִים אֲחוּיִם שָׁוִים בְּתֹאַר וּבְקוֹמָה
צָגִים לְכַפֵּר עֲוֹן בַּת הַשּׁוֹבֵבָה.

971 ואילך, אינו שייך לנוסח המשנה אלא לקוח הוא מסדרי העבודה של הפייטנים, וכנראה נקבע הנוסח מכבר והיה ערוך לפני מחבר סדר העבודה העתיק ביותר שבידינו, סדר "שבעת ימים" (אלבוגן, סטודיען ע' 105-106). והשם הנרמז בשני המקומות 'אנא השם' ו'אנא בשם' הוא השם המפורש (ולא כינויו) שלא הוציאו אותו אלא כ"ג ביום הכפורים והכהנים שבמקדש בנשיאת כפים, וכ"ג הזכיר אותו עשר פעמים ביום הכפורים, שש בפר וג' בשעיר ואחת בגורלות (ירוש' שם), ר"ל בכל וידוי פעמיים ובפסוק כי ביום הזה אחת. **ואף הוא היה מתכון לומר את השם כנגד המברכים** ר"ל כנגד האומרים בשכמל"ו, והיה מאריך בשם המפורש שבפסוק 'לפני ה'' עד שגמרו את ענייתם וגמר גם הוא את הפסוק. פיסקא זו אינה נמצאת בכי"י המשנה ולא בתלמודים (והעירו על כך ראשונים, כגון הראב"ן), אבל היא נמצאת בכל תיאורי העבודה הידועים, בהמשך הפיסקא הקודמת לה. **ואתה בטובך**... זוהי כנראה תוספת פייטן עתיק (בקצת כי"י בצורת תפלת הכהן הגדול...: תעורר רחמיך וסלח...) שקבלו שאר הפייטנים.

43 צעד לילך לו למזרח עזרה לפי המשנה (ג' ט') בא לו למזרח העזרה לצפון המזבח. **צמד שעירים שם** שני שעירים (דוגמת צמד בקר, ש"א יא ז וכדומה), כלשון המשנה: ושם שני שעירים. **מהון עדה** ויק' טז ה, ועי' מה שדרשו חז"ל שבועות דף י"ד א'. **44 צמודים** לקוחים כזוג. **אחויים** רומז כנראה למצוה שיהיו שוים בדמים. **שוים בתואר ובקומה** הכל לפי המשנה (ו' א') שני שעירי יום הכפורים מצותן שיהיו שניהם שוין במראה ובקומה ובדמים ובלקיחתן כאחד.

45 צָהוּב חֲלָשִׁים טָרַף וְהֶעֱלָה מִקַּלְפִּי
צָנַח וְהִגְרִיל לְשֵׁם גָּבוֹהַּ וְלַצּוּק.

צָעַק בְּקוֹל רָם לַיי חַטָּאת / צוֹתְתָיו עָנוּ וּבֵרְכוּ אֶת הַשֵּׁם.

צֶבַע זְהוֹרִית קָשַׁר בְּרֹאשׁ מִשְׁתַּלֵּחַ / צִיגָתוֹ אִמֵּן נֶגֶד בֵּית שִׁלּוּחַ

צָלַח וּבָא אֵצֶל פָּרוֹ שֵׁנִית / צַחֲנָתוֹ וְשֶׁלְּמַטֵּהוּ פְּנֵי צוּר הִתְוַדָּה.

וְכָךְ הָיָה אוֹמֵר

אָנָּא הַשֵּׁם / חָטָאתִי, עָוִיתִי, פָּשַׁעְתִּי לְפָנֶיךָ
אֲנִי וּבֵיתִי וּבְנֵי אַהֲרֹן עַם קְדוֹשֶׁךָ.
אָנָּא בַשֵּׁם / כַּפֶּר נָא לַחֲטָאִים וְלַעֲוֹנוֹת וְלַפְּשָׁעִים
שֶׁחָטָאתִי וְשֶׁעָוִיתִי וְשֶׁפָּשַׁעְתִּי לְפָנֶיךָ
אֲנִי וּבֵיתִי וּבְנֵי אַהֲרֹן עַם קְדוֹשֶׁךָ.
כַּכָּתוּב בְּתוֹרַת מֹשֶׁה עַבְדֶּךָ מִפִּי כְבוֹדֶךָ
כִּי בַיּוֹם הַזֶּה יְכַפֵּר עֲלֵיכֶם לְטַהֵר אֶתְכֶם
מִכֹּל חַטֹּאתֵיכֶם לִפְנֵי יי.

עון בת השובבה ע״ש ירמ׳ לא כא. **45 ציהוב חלשים טרף** הניע ועירבב את הגורלות העשויות זהב צהוב. חלשים פי׳ גורלות (ע״פ ישע׳ יד יב חולש על גוים), והוא אחד מד׳ שמות שנקראו לגורל שהן חלש פור גורל חבל (פסיקתא דר״כ ג׳ דף כ״ב א׳). הגורלות היו לכתחלה של אשכרוע, ועשאן בן גמלא של זהב (ג׳ ט׳). **והעלה מקלפי** מהתיבה שהיו בה, והמלה היא יונית. **צנח** הניח (ל׳ ותצנח בארץ, שופט׳ ד כא), ר״ל הניח אחד על כל שעיר, לפי המשנה: נתנן על שני השעירים. **לשם גבוה ולצוק** לה׳ ולעזאזל, והוא לדחיפה מהסלע, והסלע נקרא צוק כלשון המשנה (ו׳ ד׳. ו׳), ויש מנקדין צוֹק. **46 צעק בקול רם לה׳ חטאת,** שם ד׳ א׳, כדעת תנא קמא. **צותתיו** שומעיו (מל׳ צות). **ענו וברכו את השם** בעניית בשכמל״ו (שם). **47 צבע זהורית קשר בראש המשתלח** שם ד׳ ב׳ קשר לשון של זהורית, ר״ל חוט של צבע אדום. **ציגתו אימן נגד בית שילוח** שם: והעמידו כנגד בית שילוחו. **48 צלח** הצליח לפי התכנית. **ובא אצל פרו שנית** שם. **צחן**

וְהַכֹּהֲנִים וְהָעָם הָעוֹמְדִים בָּעֲזָרָה
כְּשֶׁהָיוּ שׁוֹמְעִים אֶת הַשֵּׁם הַנִּכְבָּד וְהַנּוֹרָא
מְפֹרָשׁ יוֹצֵא מִפִּי כֹהֵן גָּדוֹל בִּקְדֻשָּׁה וּבְטָהֳרָה

הקהל והחזן כורעים ומשתחוים

הָיוּ כּוֹרְעִים וּמִשְׁתַּחֲוִים וּמוֹדִים וְנוֹפְלִים עַל פְּנֵיהֶם
וְאוֹמְרִים

בָּרוּךְ שֵׁם כְּבוֹד מַלְכוּתוֹ לְעוֹלָם וָעֶד.

וְאַף הוּא הָיָה מִתְכַּוֵּן לִגְמוֹר אֶת הַשֵּׁם כְּנֶגֶד הַמְבָרְכִים
וְאוֹמֵר לָהֶם, תִּטְהָרוּ.
וְאַתָּה בְּטוּבְךָ הַגָּדוֹל
מְעוֹרֵר רַחֲמֶיךָ וְסוֹלֵחַ לְשֵׁבֶט מְשָׁרְתֶךָ.

קָח מַאֲכֶלֶת חַדָּה וּשְׁחָטוֹ כְּסֵדֶר / קִבֵּל דָּם בְּמִזְרָק וּנְתָנוֹ לַמְּמָרֵס
קְרִישָׁתוֹ יָמֵס עַד עֵת הַזָּיָה / קָפוּי פֶּן יְהִי וְתֵעָדֵר סְלִיחָה.
קַח לוֹחֲשׁוֹת חַת בְּמַחְתַּת פְּרוּיִם / קַלָּה וְגֶלֶד רַךְ וַאֲרֻכַּת יָד

מטהו פני צור התודה חטא הכהנים (וי״ג צחנתו ושל מטהו, וגם זה מסתבר). **49 קח מאכלת חדה ושחטו כסדר** בלי לשתף כהן אחר (שלא כדרך תמיד של שחר, שקרצו וגמר אחר שחיטתו). **קבל דם במזרק ונתנו לממרס** ו׳ ג׳. **50** קרישתו **ימס עד עת הזיה** שימס את הדם העלול לקרוש. **קפוי פן יהי** כדי שלא יקרש (שם) **ותועדר סליחה** ותימנע סליחה מפני שאי אפשר להזותו. **51 קוח לוחשות חת** קיחת גחלים לוחשות חתה **במחתת פרויים** במחתה של זהב (ל׳ דה״ב ג ו והזהב זהב פרוים), לפי המשנה (ד׳ ג׳. ד׳), ו׳גחלים לוחשות׳ כלשון הספרא (אחרי מות פרש׳ ב׳ פ״ג ד׳) גחלי, יכול עוממות, ת״ל אש. אי אש יכול שלהבת, ת״ל גחלי אש. הא כיצד, מן הלוחשות הללו. **קלה** המחתה היתה קלה, כדברי המשנ., שם. **וגלד רך** כלשון הברייתא (יומא דף מ״ד ב׳) בכל יום היתה גלדה עבה (פי׳ רש״י דופנה עבה) והיום רך. לפי זה יש להבין: בעלת גלד

384 חזרת הש״ץ למוסף

קָדַר לְתוֹכָהּ שְׁלֹשֶׁת קַבִּין גֶּחָלִים / קֵרְבוּ לוֹ בָּזָךְ וּגְדוּשַׁת דַּקָּה.
קָלַט וְחָפַן וְהֵרִיק לְתוֹךְ בָּזָךְ / קָפַץ מַחְתָּה בַּיָּמִין וּבָזָךְ בַּשְּׂמֹאל
קִישׁ צְעָדָיו בַּפְּרָכוֹת וְקָרַב לַבַּדִּים / קְטֹרֶת שָׂם בֵּינֵימוֹ וְעִשֵּׁן וְיָצָא.
רוֹבֶה מְמָרֵס מֶנּוּ נָטַל דָּם / רִצֵּף וְנִכְנַס וְקָם בֵּין שָׁדַיִם
רִצּוּי הַזָּיוֹת טָבַל וְהִצְלִיף בְּמִנְיָן / רוּם מַעְלָה אַחַת וּמַטָּה שֶׁבַע.

וְכָךְ הָיָה מוֹנֶה אַחַת אַחַת וְאַחַת
אַחַת וּשְׁתַּיִם אַחַת וְשָׁלֹשׁ
אַחַת וְאַרְבַּע אַחַת וְחָמֵשׁ
אַחַת וָשֵׁשׁ אַחַת וָשֶׁבַע.

רך. **וארוכת יד** לפי המשנה שם. 52 **קדר לתוכה שלשת קבין גחלים** ע״פ המשנה (ד׳ ד׳) והיום חותה בשל שלשת קבין ובה היה מכניס, ובמקום ׳חותה׳ אומר הפייטן ׳קדר׳ (כנראה משובש במקום ׳קדד׳, פי׳ גזר, דקר, כמו בכמה מקומות בתלמודים), ר״ל עשה גומא בגחלים והכניס מהם ג׳ קבין לתוך המחתה. **קירבו לו בזך וגדושת דקה** ע״פ המשנה (ה׳ א׳) הוציאו לו את הכף ואת המחתה, שפירשו בדרך שונה בירושלמי (שם, דף מ״ב ב׳ כיני מתניתא את הכף ואת הבזך) ובבלי (דף מ״ז הכא מחתה דקטורת, דתניא הוציאו לו כף ריקן מלשכת הכלים ומחתה גדושה של קטורת...), עי׳ אפשטיין, מבוא לנוסח המשנה, ע׳ 465 ואילך, ולפי זה יש להבין: בזך (שבא כאן במקום הכף אע״פ שבמשנת תמיד ה׳ ד׳ בזך הוא כלי קטן המונח בתוך הכף) ומתחת קטורת דקה גדושה. 53 **קלט וחפן** בידו. **והריק לתוך בזך** במשנה (שם): ונתן לתוך הכף. **קפץ** מהר. **מחתה בימין ובזך בשמאל** שם. 54 **קיש צעדיו בפרכות** שם: היה מהלך בהיכל עד שמגיע לבין שתי הפרכות..., וקיש צעדיו ר״ל קול הקשת צעדיו היה נשמע בין פרכות. **וקרב לבדים** שם: נותן את המחתה בין שני הבדים... **קטורת שם בינימו ועישן ויצא** שם: צבר את הקטורת ע״ג גחלים ונתמלא הבית עשן, ויצא... 55 **רובה ממרס** (לשון המשנה, תמיד א׳ א׳, והתרגום) היה ממרס בו (כנראה מייחס הפייטן תפקיד זה לאחד מפרחי הכהונה ע״פ סברא, אבל במשנה, ה׳ ג׳, נזכר סתם הממרס). **מנו נטל דם** שם. **ריצף ונכנס** ר״ל ריצף כניסה זו לקודמת, נכנס פעמיים רצופות. **וקם בין שדים** ועמד בין שני הבדים, ע״ש שה״ש א יג בין שדי ילין, שדרשוהו (יומא דף

רָץ וְהִנִּיחוֹ בַּכֵּן וְשָׁחַט שָׂעִיר / רִצָּה וְקִבֵּל דָּמוֹ בְּאַגַּן קֹדֶשׁ
רִגֵּל וְעָמַד מְקוֹם וִעוּד אָרוֹן / רִצָּה הַזָּיוֹת כְּמַעֲשֵׂה דַּם פָּר.

וְכָךְ הָיָה מוֹנֶה אַחַת אַחַת וְאַחַת
אַחַת וּשְׁתַּיִם אַחַת וְשָׁלשׁ
אַחַת וְאַרְבַּע אַחַת וְחָמֵשׁ
אַחַת וָשֵׁשׁ אַחַת וָשֶׁבַע.

רָהַט וְהִנִּיחוֹ וְדַם פָּר נָטַל / רַגְלָיו הֵרִיץ וְצָג חוּץ לַבּוֹדֶלֶת
רִקְמֵי פָּרֹכֶת יַז כְּמִשְׁפַּט כַּפֹּרֶת / רִגֵּשׁ שֵׁנָה וְהִזָּה מִדַּם שָׂעִיר.
שָׁב וּבְלָלָם וְחִטֵּא מִזְבַּח סָגוּר / שֶׁבַע עַל טָהֳרוֹ וּבְקַרְנָיו אַרְבַּע
שָׁקַד וּבָא אֵצֶל שְׂעִיר הֶחָי / שִׁגְיוֹן עָם וּזְדוֹנוֹ יוֹדֶה לָאֵל.

נ״ד א׳) על שני הבדים שהיו נראין כשני דדי אשה... **56 ריצוי הזיות טבל** ר״ל טבל את אצבעו בדם המרצה בהזיה. **והצליף במנין רום מעלה אחת ומטה שבע** במשנה (ה׳ ד׳): והזה ממנה א׳ למעלה וז׳ למטה. ולא היה מתכון להזות לא למעלה ולא למטה אלא כמצליף. **57 רץ והניחו בכן** לפי המשנה (ה׳ ג׳) יצא והניחו על כן הזהב שבהיכל. **ושחט שעיר. ריצה וקבל דמו באגן קדש** שם (ה׳ ד׳) הביאו את השעיר, שחטו וקבל במזרק דמו. **ריגל** הלך, פסע. **ועמד מקום ויעוד ארון** במשנה: נכנס למקום שנכנס ועמד במקום שעמד, היינו היה מכוון לעמוד באותו מקום. **ריצה הזיות...** שם. **59 רהט והניחו ודם פר נטל** שם, (׳רהט׳ פי׳ רץ בארמית) וכנראה כדעת תנא קמא שהניחו על כן שני. **רגליו הריץ** רץ ברגליו. **וצג חוץ לבודלת** ועמד חוץ לפרוכת המבדילה בין הקדש לבין קדשי קדשים. **60 רקמי פרוכת יז** היה מזה על הפרוכת המרוקמת **כמשפט כפורת** שם. **ריגש** את הדם באגן **שנה והזה מדם שעיר** שם. **61 שב ובללם** שם: עירה דם הפר לתוך דם השעיר וכו׳. **וחיטא מזבח סגור** מזבח של זהב סגור, אחד מז׳ הזהבים לפי המאמר יומא דף מ״ה א׳, והכל ע״פ המשנה (ה׳ ה׳). **שבע על טהרו ובקרניו ארבע** שם ה׳ ה׳-ו׳, והתחיל בקרניו ואח״כ הזה ז׳ על טהרו. **62 שקד ובא אצל שעיר החי** שם ו׳ ב׳. **יודה**

וְכָךְ הָיָה אוֹמֵר

אָנָּא הַשֵּׁם / חָטְאוּ, עָווּ, פָּשְׁעוּ לְפָנֶיךָ עַמְּךָ בֵּית יִשְׂרָאֵל.
אָנָּא בַשֵּׁם / כַּפֶּר נָא לַחֲטָאִים וְלַעֲוֹנוֹת וְלַפְּשָׁעִים
שֶׁחָטְאוּ וְשֶׁעָווּ וְשֶׁפָּשְׁעוּ לְפָנֶיךָ עַמְּךָ בֵּית יִשְׂרָאֵל.
כַּכָּתוּב בְּתוֹרַת מֹשֶׁה עַבְדֶּךָ מִפִּי כְבוֹדֶךָ
כִּי בַיּוֹם הַזֶּה יְכַפֵּר עֲלֵיכֶם לְטַהֵר אֶתְכֶם
מִכֹּל חַטֹּאתֵיכֶם לִפְנֵי יי.

וְהַכֹּהֲנִים וְהָעָם הָעוֹמְדִים בָּעֲזָרָה
כְּשֶׁהָיוּ שׁוֹמְעִים אֶת הַשֵּׁם הַנִּכְבָּד וְהַנּוֹרָא
מְפֹרָשׁ יוֹצֵא מִפִּי כֹהֵן גָּדוֹל בִּקְדֻשָּׁה וּבְטָהֳרָה

הקהל והחזן כורעים ומשתחוים

הָיוּ כּוֹרְעִים וּמִשְׁתַּחֲוִים וּמוֹדִים וְנוֹפְלִים עַל פְּנֵיהֶם
וְאוֹמְרִים

בָּרוּךְ שֵׁם כְּבוֹד מַלְכוּתוֹ לְעוֹלָם וָעֶד.

וְאַף הוּא הָיָה מִתְכַּוֵּן לִגְמוֹר אֶת הַשֵּׁם כְּנֶגֶד הַמְבָרְכִים
וְאוֹמֵר לָהֶם, תִּטְהָרוּ.

וְאַתָּה בְּטוּבְךָ הַגָּדוֹל מְעוֹרֵר רַחֲמֶיךָ וְסוֹלֵחַ לַעֲדַת יְשֻׁרוּן.

שִׁגְּרוּ בְּיַד עִתִּי לְמִדְבַּר עַז / שֶׁמֶץ כְּתָמֵי זוּ שְׂאֵת לִגְזֵרָה
שֵׁן סֶלַע הֲדָפוֹ וְגִלְגֵּל וְיָרַד / שֻׁבְּרוּ עֲצָמָיו כְּנֶפֶץ כְּלִי יוֹצֵר.
שְׁחוּזָה אָחַז פַּר וְשָׂעִיר קָרַע / שָׁלַף אֵמוּרִים וּגְוִיּוֹת קָלַע לִשְׂרוֹף
שָׁאַג סִדְרֵי יוֹם קֹדֶשׁ וּפָשַׁט / שָׁלֵשׁ וְטָבַל פַּזִּים עֵט וְקִדֵּשׁ.

תָּכַף וְעָשׂ אֵילוֹ וְאֵיל עָם / תְּרַב חַטָּאוֹת וּמוּסָפִין הִקְרִיב כַּחֹק
תָּר וְקִדֵּשׁ פָּשַׁט וְטָבַל וְקִדֵּשׁ / תַּכְרִיךְ בַּדִּים עָט וְנִכְנַס לַדְּבִיר.
תְּכוּנַת כְּלֵי קְטֹרֶת הוֹצִיא וְקִדֵּשׁ
תִּלְבֹּשֶׁת מַדָּיו הִפְשִׁיט וְגָנַז נֶצַח.
תִּרְגֵּל וְטָבַל חֲרוּצִים עָט וְקִדֵּשׁ / תָּמִיד הִסְדִּיר וְתִמֵּר וְנֵרוֹת הֶעֱלָה.
תֶּכֶל עֲבוֹדוֹת יָד וְרֶגֶל קִדֵּשׁ / תִּמֵּם טְבִילוֹת חָמֵשׁ וְקִדּוּשִׁים עֲשָׂרָה
תֹּאַר מְגַמָּתוֹ כְּצֵאת הַשֶּׁמֶשׁ בִּגְבוּרָה / תָּקַף וְדָץ וְעָטָה בִּגְדֵי הוֹנוֹ.

לאל ע״ש תהל׳ לב ה אודה עלי פשעי. **63 שגרו ביד עתי למדבר עז** ע״פ ויק׳ טז כא ושלח ביד איש עתי המדברה, ובלשון המשנה (ו׳ ג׳) מסרו למי שהיה מוליכו. **שמץ כתמי זו שאת לגזרה** כדי שישא את חטאי עם זו לארץ גזרה, כלשון הכתוב ויק׳ טז כב. **64 שן סלע הדפו וגולגל וירד** לפי המשנה (ו׳ ו׳) ודחפו לאחוריו והוא מתגלגל ויורד, ושן סלע ע״ש ש״א יד ד, ור״ל מהסלע הדפו או דרך הסלע הדפו. **שוברו עצמותיו** שנעשה אברים אברים. **כנפץ כלי יוצר** ע״ש תהל׳ ב ט ככלי יוצר תנפצם (ו״נפץ״ במשמעות ניפוץ חידוש הפייטן הוא, או שצ״ל כְּנַפֵּץ, ר״ל כנפץ המנפץ). **65 שחוזה אחז** סכין מושחזת וחדה. **פר ושעיר קרע** לפי המשנה (ו׳ ז׳) בא לו אצל פר ושעיר הנשרפים, קרען והוציא את אימוריהן וכו׳, ולפי זה הוא ממשיך **שלף אימורים וגויות קלע לשרוף** (שם) קלען במקלעות (וי״ג במקלות) והוציאן לבית השריפה. **66 שאג סדרי יום** קרא בקול את פרשת אחרי מות ואך בעשור שבפ׳ אמר (שם ז׳ א׳). **קידש ופשט שילש וטבל** שם ז׳ ג׳. **פזים עט** לבש בגדי זהב (פזים ל׳ פז, כגון תהל׳ יט יא מזהב ומפז רב). **67 תכף** המשיך מיד. **ועש אילו ואיל העם** שם. **תרב חטאות** לפי ויק׳ טז כה ואת חלב החטאת יקטיר המזבחה, ת״א וית תרבי חטותא. **ומוספים הקריב כחוק** שם. **68 תר** בירר והתכון (במשמעות זו גם בעבודה ׳אשוחח נפלאותיך׳ [של אותו המחבר], 131: תר ויז...) **וקדש פשט וטבל וקדש** לפי המשנה (ז׳ ד׳). **תכריך בדים עד** בגדי לבן (שם) לבש (עד = עדה) ע״ש ישע׳ סא י וככלה תעדה כליה. וי״ג עט. **ונכנס לדביר** כדי להוציא משם כף ומחתה (שם). **69 תכונת כלי קטורת הוציא** היינו כף ומחתה. **תלבושת מדיו הפשיט וגנז נצח** בגדי לבן הפשיט, שנא׳ (ויק׳ טז כג) ופשט את בגדי הבד אשר לבש בבאו אל הקדש והניחם שם, ודרשוהו (יומא דף כ״ד א׳) מלמד שטעונין גניזה. **70 תרגל וטבל חרוצים עט וקדש** הלך (תרגל, ר״ל תרגל את אשוריו — לשון עבודת ״אשוחח״ של המחבר, 13) ולבש בגדי זהב (במשנה, שם), וחרוץ הוא שם מליצי לזהב, תהל׳ סח יד. משלי ח י ועוד. **תמיד הסדיר ותימר ונרות העלה** במשנה (שם) ונכנס להקטיר קטורת של בין הערבים ולהטיב את הנרות, ותמיד של בין הערבים לא נזכר בפירוש במשנה זו (אלא בקודמת נאמר שלדעת ר׳ עקיבא פר והעולה ושעיר הנעשה בחוץ היו קרבין עם תמיד של בין הערבים), אבל הוא נזכר בברייתא המובא בתלמוד דף ע׳ א׳-ב׳. ותימר, פי׳ העלה את הקטורת כתמר. **71 תכל עבודות** בסוף כל העבודות. **תימם טבילות חמש וקידושים עשרה** כלשון המשנה (ג׳ ג׳) חמש טבילות ועשרה קדושין טובל כהן גדול ומקדש בו ביום. **72 תואר מגמתו** תאר פניו,

תַּמָּה תְּלֻוֶּה צִיר נֶאֱמָן לַבַּיִת / תָּגֵל בְּהִתְבַּשֵּׂר הַשֶּׁלֶג אֹדֶם תּוֹלָע
תַּעְדֶּה יֶשַׁע תַּעְטֶה מְעִיל צֶדֶק / תָּפִיק צָהֳלָה תַּבִּיעַ דִּיץ וְחֶדְוָה.
תִּלּוּלֵי רוּם הִרְעִיפוּ זַרְזִיף טַלָּם / תַּלְמֵי שָׂדַי רָווּ תֵּת יְבוּלָם
תּוֹדָה נָתְנוּ אוֹסְפֵי זֶרַע שָׁלוֹם / תְּהִלָּה בִּשְּׂרוּ נוֹשְׂאֵי אֲלֻמּוֹת בְּרֶנֶן.
תַּחְתִּיּוֹת אֶרֶץ צְבִי זֶמֶר שִׁמֵּעוּ / תִּנּוּ צִדְקוֹתָיו חֲצַץ הוֹלְכֵי נְתִיבוֹת.
תִּקְוַת שׁוֹלְחָיו אֵמוּן לֹא אַכְזָב / תּוֹחַלְתָּם כְּצִנַּת שֶׁלֶג בְּיוֹם קָצִיר.
מְצוֹאָתָם רֵחֲצוּ מִטֶּנֶף צַחֲנָם זַכּוּ
שְׁלֵמִים תְּמִימִים בְּבֹר כַּפֵּימוֹ זִכְּכוּ

ע״ש חבק׳ א ט מגמת פניהם קדימה **כצאת השמש בגבורה** ר״ל פניו הזהירו כאור השמש (ולאו דוקא לפי מה שאמרו ויק״ר כ״א י״ב [ע׳ תצג] בשעה שהיתה רוח הקדש שורה עליו היו פניו בוערות כלפידים, שרמז עליו הרוו״ה), מחמת שמחתו על שיצא בשלום מן הקדש. **תקף ודץ** קפץ בתוקף, מיהר. **ועטה בגדי הונו** לפי המשנה (ז׳ ד׳) הביאו לו בגדי עצמו ולבש. **73 תמה** ישראל, ע״ש שה״ש ה ב. **תלוה ציר נאמן לבית** במשנה (שם): ומלוין אותו עד ביתו. ציר נאמן, משלי כה יג. **תגל בהתבשר השלג אודם תולע** שחוט השני הלבין, והלשון ע״ש ישע׳ א יח אם יהיו חטאיכם כשנים כשלג ילבינו אם יאדימו כתולע כצמר יהיו. **74 תעדה ישע תעטה מעיל צדק** ע״ש ישע׳ סא י כי הלבישני בגדי ישע מעיל צדקה יעטני. **תפיק צהלה** תוציא. **75 תלולי רום** גבהי מרומים (ל׳ יחזק׳ יז כב על הר גבוה ותלול), ר״ל השמים. **הרעיפו זרזיף טלם** ע״ש ישע׳ מה ח הרעיפו שמים ממעל, משלי ג כ ושחקים ירעפו טל, וזרזיף לשון תהל׳ עב ו כרביבים זרזיף ארץ, ר״ל טל בשפע. **תלמי שדי** ל׳ הושע י ד. **רוו תת יבולם** ל׳ ישע׳ נה י הרוה את הארץ, ר״ל רוו טל ומטר כדי לתת את יבולם (ל׳ ויק׳ כו ד ועוד). **76 אוספי זרע שלום** ע״ש זכר׳ ח יב כי זרע השלום הגפן תתן פריה והארץ תתן את יבולה והשמים יתנו טלם. **תהלה בשרו** ספרו תהלות. **נושאי אלומות ברנן** ע״ש תהל׳ קכו ו יבא ברנה נושא אלומותיו. **77 תחתיות ארץ צבי** ע״ש ישע׳ מד כג הריעו תחתיות ארץ, ויחזק׳ כ ו צבי היא לכל הארצות וכדומה. **וזמר שימעו** ע״ש ישע׳ כד טז מכנף הארץ זמירות שמענו. **תינו צדקותיו** ע״ש שופט׳ ה יא שם יתנו צדקות ה׳. **חצץ הולכי נתיבות** ע״ש שופט׳ שם מקול מחצצים, ושם ה ו והולכי נתיבות, ר״ל ישראל הולכי נתיבות יתנו צדקות ה׳, ואינו ברור על מה רומזת מלת ״חצץ״: ייתכן שהפייטן תפס ״מחצצים״ לפי פירוש מנחם (מובא ברש״י שם) במשמעות עורכי גדודי מלחמה. אבל המבארים את דבריו פירשו ברובם הולכי נתיבות חצץ (או חצץ נתיבות) מל׳ ויגרס בחצץ שני וכדומה. **78 תקות שולחיו** תקות ישראל, ע״ש משלי כה יג ציר נאמן לשולחיו. **אמון לא אכזב** (ע״ש משלי יד ה עד אמונים לא יכזב) ר״ל תקוה שלא נכזבה. **תוחלתם כצנת שלג ביום קציר** ל׳ משלי כה יג, שם: ונפש אדניו ישיב. **79 מצואתם רוחצו** ע״ש משלי ל יב ומצואתו לא רוחץ. **מטנף צחנם זכו** ר״ל מחטאם, ע״ש יואל ב כ ותעל צחנתו. **בבור כפימו זוכזכו** ע״ש איוב ט ל והזכותי בבור כפי. **80 להגיד כי מטהרם מקור מים חיים** לפי המשנה (יומא ח׳ ט׳) א״ר עקיבא אשריכם ישראל

389 חזרת הש"ץ למוסף

לְהַגִּיד כִּי מְטַהֲרָם מְקוֹר מַיִם חַיִּים

מִקְוֵה יִשְׂרָאֵל מְנֻקָּם מַיִם נֶאֱמָנוּ.

בְּטֹהַר וּבְנִקָּיוֹן יִנָּקוּ וְיִטְהָרוּ

יְחֻדְּשׁוּ כַּחֲדָשֵׁי בְקָרִים מִכֶּתֶם יִצְחָצָחוּ

רוֹמְמוֹת אֵל יֶהְגּוּ בִגְרוֹנָם / בִּלְשׁוֹנָם רֹן בְּפִימוֹ שִׁיר חָדָשׁ.

יָגִילוּ בְרַעַד יַעַבְדוּ בְּיִרְאָה / קְדוֹשׁ יִשְׂרָאֵל מְקַדֵּשׁ קְדוֹשִׁים

לְשַׁנֵּן לְרַנֵּן לְתוֹפֵף וּלְצַלְצֵל / וּלְנַצֵּחַ בִּנְגִינוֹת וּלְהַנְעִים זֶמֶר.

נֶחְבָּקִים בְּעֹז יָמִין רוֹמֵמָה / יַחַד נִתְמָכִים בִּמְלֵאָה צֶדֶק.

מְשׁוּכִים לָבוֹא שְׁעָרָיו בִּרְנָנָה / וְשָׂשׂוֹן וְשִׂמְחָה יַשִּׂיגוּ נֶצַח.

שָׂשִׂים וְגָלִים בִּשְׁמוֹ כָּל הַיּוֹם / חָדִים בְּשִׂמְחָה אֶת פָּנָיו

זִיו אוֹרָם כַּשַּׁחַר יִבָּקַע / קוֹלָם יִשְׂאוּ וְיָרֹנּוּ בִּגְאוֹן צוּר עוֹלָמִים.

אַשְׁרֵי הָעָם שֶׁכָּכָה לוֹ / אַשְׁרֵי הָעָם שֶׁיְיָ אֱלֹהָיו.

לפני מי אתם מטהרים ומי מטהר אתכם אביכם שבשמים שנאמר (יחזק' לו כה) וזרקתי עליכם מים טהורים. ואומר (ירמ' יד ח) מקוה ישראל. מה מקוה מטהר את הטמאים אף הקב"ה מטהר את ישראל. לפי זה הוא ממשיך **מקוה ישראל מנקם מים נאמנו** (ע"ש ירמ' טו יח מים לא נאמנו) מים שיש אמון בם. **81 יחודשו כחדשי בקרים** כמלאכי השרת שמתחדשים בכל יום, והלשון ע"פ איכה ג כג חדשים לבקרים. **82 רוממות אל יהגו בגרונם** ל' תהל' קמט ו, ותהל' קטו ז. **בלשונם רון** ע"ש תהל' קכו ב ולשוננו רנה. **בפימו שיר חדש** ע"ש תהל' מ ד ויתן בפי שיר חדש. **83 יגילו ברעד יעבדו ביראה** ע"ש תהל' ב יא עבדו את ה' ביראה וגילו ברעדה. **קדוש ישראל** ישע' יב ו ועוד. **מקדש קדושים** מקדש ישראל שהוא עם קדוש (דבר' יד ב). **84 לרנן לתופף ולצלצל** לנגן בתופים ובצלצלים. **ולנצח בנגינות** ע"ש תהל' ד א ועוד. **ולהנעים זמר** ע"ש ש"ב כג א ונעים זמירות ישראל. **85 נחבקים בעוז ימין רוממה** ע"ש שה"ש ב ו וימינו תחבקני, ותהל' קיח טז ימין ה' רוממה. **יחד נתמכים במלאה צדק** בימין ה', ע"ש תהל' סג ט בי תמכה ימינך, ותהל' מח יא צדק מלאה ימינך. **86 משוכים לבא שעריו ברננה** ע"ש שה"ש א ד משכני אחריך נרוצה, ותהל' ק ב באו לפניו ברננה וק ד באו שעריו בתודה. **וששון ושמחה ישיגו** ישע' לה י. **87 ששים וגלים בשמו כל היום** ע"ש תהל' פט יז בשמך יגילון כל היום. **חדים בשמחה את פניו** ע"ש תהל' כא ז תחדהו בשמחה את פניך, ר"ל שהם שמחים לעמוד לפניו. **88 זיו אורם כשחר יבקע** ישע' נח ח אז יבקע כשחר אורך. **קולם ישאו וירונו בגאון צור עולמים** ע"ש ישע' כד יד ישאו קולם ירונו בגאון ה', וישע' כו ד כי ביה ה' צור עולמים. [**אשרי...** תהל' קמד טו, ואינו שייך לפיוט].

וְיוֹם טוֹב הָיָה עוֹשֶׂה כֹּהֵן גָּדוֹל לְכָל אוֹהֲבָיו
כְּשֶׁנִּכְנַס בְּשָׁלוֹם וְיָצָא בְשָׁלוֹם בְּלִי פֶגַע.

וְכָךְ הָיְתָה תְּפִלָּתוֹ שֶׁל כֹּהֵן גָּדוֹל בְּיוֹם הַכִּפּוּרִים
בְּצֵאתוֹ מִבֵּית קֹדֶשׁ הַקֳּדָשִׁים בְּשָׁלוֹם בְּלִי פֶגַע.
יְהִי רָצוֹן מִלְּפָנֶיךָ יי אֱלֹהֵינוּ וֵאלֹהֵי אֲבוֹתֵינוּ
שֶׁתְּהִי הַשָּׁנָה הַזֹּאת הַבָּאָה עָלֵינוּ וְעַל כָּל עַמְּךָ בֵּית יִשְׂרָאֵל

סימן: א"ב.

שְׁנַת אוֹצָרְךָ הַטּוֹב תִּפְתַּח לָנוּ
שְׁנַת אֹסֶם / שְׁנַת בְּרָכָה / שְׁנַת גְּזֵרוֹת טוֹבוֹת מִלְּפָנֶיךָ
שְׁנַת דָּגָן תִּירוֹשׁ וְיִצְהָר / שְׁנַת הַרְוָחָה וְהַצְלָחָה

וכך היתה תפלתו של כ"ג ביוה"כ בצאתו מבית קדש הקדשים בשלום בלי פגע ר"ל אחר הקטרת הקטורת, לפי זה היה מקומה באמצע תיאור עבודת יום הכפורים, והעבירוה הנה בכל המנהגים כדי שלא להפסיק את התיאור. גרסינן בירושלמי יומא ה׳ ג׳ (דף מ"ב ג׳) וכך היתה תפלתו של כ"ג ביוה"כ בצאתו בשלום מן הקודש יה"ר מלפניך ה׳ או"א שלא תצא עלינו גלות... שלא יצא עלינו חסרון... שתהא השנה הזאת שנת זול שנת שובע שנת משא ומתן שנה גשומה ושחונה וטלולה ושלא יצטרכו עמך ישראל אלו לאלו ואל תפנה לתפלת יוצאי דרכים (ר"ל לענין הגשם בלבד בעת שהעולם צריך לו, וכן השלימו במחזור רומא) ...ועל אנשי השרון היה אומר יה"ר... שלא יעשו בתיהן קבריהן. ובבבלי יומא דף נ"ג ב׳ (=תענית דף כ"ד ב׳) יה"ר מלפניך... שתהא שנה זו גשומה ושחונה, ובנוסח מתוקן שם: אם שחונה תהא גשומה (׳גשומה וטלולה׳ הגירסא בתענית שם). במד׳ תנחומא אחרי מות ג׳ נמצא הענין (כנראה ע"פ הירושלמי) בקצת שינוי לשון: ...שתהא השנה הזאת דשונה גשומה טלולה שנת זול שנת שובע שנת רצון שנת ברכה שנת משא ומתן באמונה שנה שלא יצטרכו בה עמך ישראל... הפייטנים בנו על זה פיוטים שונים שנשארו במחזורי אשכנז רומא ורומניא בשינויים רבים, וכללו בם ענייני תקופות שלאחר החורבן, באופן שאין שחר לכותרת ׳וכך היתה תפלתו של כהן גדול...׳, ובצדק הוסיפו, כגון במנהג צרפת, ׳וכן אנחנו מתפללים לפניך׳, או שינו את הכותרת, כגון בספרד, כדלקמן: ובכן כמו ששמעת תפלת כהן גדול בהיכל כמו כן מפינו תשמע ותושיע׳.

1 **שנת אוצרך הטוב תפתח לנו** ע"ש דבר׳ כח יב יפתח ה׳ לך את אוצרו הטוב את השמים וכו׳.

3 **שנת דגן ותירוש ויצהר** ע"ש דבר׳ יא יד ואספת דגנך ותירושך ויצהרך. 4 **שנת ויעוד בית**

שְׁנַת וְעוּד בֵּית מִקְדָּשֶׁךָ / שְׁנַת זוֹל / שְׁנַת חַיִּים טוֹבִים מִלְּפָנֶיךָ
שָׁנָה טְלוּלָה וּגְשׁוּמָה אִם שְׁחוּנָה
שְׁנַת יַמְתִּיקוּ מְגָדִים אֶת תְּנוּבָתָם
שְׁנַת כַּפָּרָה עַל כָּל עֲוֹנוֹתֵינוּ / שְׁנַת לַחְמֵנוּ וּמֵימֵינוּ תְּבָרֵךְ
שְׁנַת מַשָּׂא וּמַתָּן / שְׁנַת נָבוֹא לְמִקְדָּשֵׁנוּ
שְׁנַת שֹׂבַע / שְׁנַת עֹנֶג
שְׁנַת פְּרִי בִטְנֵנוּ וּפְרִי אַדְמָתֵנוּ תְּבָרֵךְ
שְׁנַת צֵאתֵנוּ וּבוֹאֵנוּ תְּבָרֵךְ / שְׁנַת קְהָלֵנוּ תּוֹשִׁיעַ
שְׁנַת רַחֲמֶיךָ יִכָּמְרוּ עָלֵינוּ / שְׁנַת שָׁלוֹם וְשַׁלְוָה
שָׁנָה שֶׁלֹּא תַפִּיל אִשָּׁה אֶת פְּרִי בִטְנָהּ
שָׁנָה שֶׁתּוֹלִיכֵנוּ קוֹמְמִיּוּת לְאַרְצֵנוּ
שָׁנָה שֶׁלֹּא יִצְטָרְכוּ עַמְּךָ בֵּית יִשְׂרָאֵל זֶה לָזֶה וְלֹא לְעַם אַחֵר
בְּתִתְּךָ בְּרָכָה בְּמַעֲשֵׂה יְדֵיהֶם.
וְעַל אַנְשֵׁי הַשָּׁרוֹן הָיָה אוֹמֵר
יְהִי רָצוֹן מִלְּפָנֶיךָ יי אֱלֹהֵינוּ וֵאלֹהֵי אֲבוֹתֵינוּ
שֶׁלֹּא יֵעָשׂוּ בָתֵּיהֶם קִבְרֵיהֶם.

מקדשך שיקויים בנו הכתוב ונועדתי שמה לבני ישראל (שמות כט מג). **5 שנה טלולה וגשומה אם שחונה** ע״פ הירושלמי הנזכר (וייתכן שהגירסא המקורית היא גשומה ושחונה, והיא תוקנה ע״פ הבבלי הנזכר). **שנת ימתיקו מגדים את תנובתם** מפני שלפי המשנה (סוטה ט׳ י״ב) מזמן חורבן ביהמ״ק ניטל טעם הפירות. **6 שנת לחמנו ומימינו תברך** ע״ש הושע ב ז נותני לחמי ומימי. **9 שנת פרי בטננו ופרי אדמתנו תברך** ע״ש דבר׳ כח ד ברוך פרי בִטנך ופרי אדמתך וכו׳. **10 שנת צאתנו ובואנו תברך** ע״ש דבר׳ כח ו ברוך אתה בבאך וברוך אתה בצאתך. **13 שנה שתוליכנו קוממיות** ע״ש ויק׳ כו יג ואולך אתכם קוממיות. **14 שנה שלא יצטרכו...** ע״פ הירושלמי הנזכר לעיל. **ועל אנשי השרון היה אומר...** שם. והטעם הוא שהקרקע בשרון לא היה מתאים לבנינים והבתים היו רעועים ועלולים לנפול מחמת הגשמים, והיו צריכין לחדש אותם פעמיים בשבע שנים (סוטה דף מ״ד א׳).

אֱמֶת, מַה נֶּהְדָּר הָיָה כֹּהֵן גָּדוֹל
בְּצֵאתוֹ מִבֵּית קָדְשֵׁי הַקֳּדָשִׁים בְּשָׁלוֹם בְּלִי פֶגַע.

סימן: א״ב.

כְּאֹהֶל הַנִּמְתָּח בְּדָרֵי מַעְלָה מַרְאֵה כֹהֵן
כִּבְרָקִים הַיּוֹצְאִים מִזִּיו הַחַיּוֹת מַרְאֵה כֹהֵן
כְּגֹדֶל גְּדִילִים בְּאַרְבַּע קְצָווֹת מַרְאֵה כֹהֵן
כִּדְמוּת הַקֶּשֶׁת בְּתוֹךְ הֶעָנָן מַרְאֵה כֹהֵן
כְּהוֹד אֲשֶׁר הִלְבִּישׁ צוּר לִיצוּרִים מַרְאֵה כֹהֵן
כְּוֶרֶד הַנָּתוּן בְּתוֹךְ גִּנַּת חֶמֶד מַרְאֵה כֹהֵן
כְּזֵר הַנָּתוּן עַל מֵצַח מֶלֶךְ מַרְאֵה כֹהֵן
כְּחֶסֶד הַנִּתָּן עַל פְּנֵי חָתָן מַרְאֵה כֹהֵן
כְּטֹהַר הַנָּתוּן בְּצָנִיף טָהוֹר מַרְאֵה כֹהֵן
כְּיוֹשֵׁב בְּסֵתֶר לְחַלּוֹת פְּנֵי מֶלֶךְ מַרְאֵה כֹהֵן
כְּכוֹכַב הַנֹּגַהּ בִּגְבוּל מִזְרָח מַרְאֵה כֹהֵן

אמת מה נהדר... כאהל הנמתח ע״ש ישע׳ מ כב וימתחם כאהל לשבת, ר״ל כהוד השמים, והפייטן הולך ומונה דברים מעולים ביפיים וגאונם להשוות אותם למראה הכהן, בלי תכנית מסויימת. **2 כברקים...** ע״ש יחזק׳ א יג ודמות החיות... ונוגה לאש ומן האש יוצא ברק. **3 כגודל גדילים בארבע קצוות** כחוטי התכלת שבציצית של ארבע כנפות הבגד, שהתכלת דומה לים וים דומה לרקיע ורקיע לכסא הכבוד, כדרשת ר׳ מאיר (מנחות דף מ״ג ב). **4 כדמות הקשת בתוך הענן** ע״ש יחזק׳ א כח כמראה הקשת אשר יהיה בענן ביום הגשם כן מראה הנגה סביב... **5 כהוד אשר הלביש צור ליצורים** ככתנות עור שהלביש הקב״ה לאדם וחוה (ברא׳ ג כא) שהיו מלבושי הוד, ובתורתו של ר׳ מאיר נקראו כתנות אור שדומין לפנס, כדאיתא בב״ר כ׳ י״ב ע׳ 196, ועוד דרשות דומות שם ובתנחומא דף ט׳ א׳־ב׳ (בובר). **6 כורד הנתון בתוך גנת חמד** שהוא משיב נפש (ויק״ר כ״ג ג׳ ע׳ תקכט). **7 כזר** ככתר. **8 כחסד הנתן על פני חתן** ע״ש ישע׳ סא כחתן יכהן פאר. **9 כטוהר הנתון בצניף טהור** לפי זכר׳ ג ה, כטהרה הניתנת ליהושע הכהן שם כששמו צניף טהור על ראשו. **10 כיושב בסתר לחלות פני מלך** כמשה שהיה יושב בסתר (ל׳ תהל׳ צא א) בהר לחלות פני ה׳ (דבר׳ ט כה ואתנפל לפני ה׳...) ובצאתו קרן עור פניו (שמות לד כט). **11 ככוכב הנוגה בגבול**

כִּלְבוּשׁ מְעִיל וּכְשִׁרְיַן צְדָקָה מַרְאֵה כֹהֵן
כְּמַלְאָךְ הַנִּצָּב עַל רֹאשׁ דֶּרֶךְ מַרְאֵה כֹהֵן
כְּנֵר הַמֵּצִיץ מִבֵּין הַחַלּוֹנוֹת מַרְאֵה כֹהֵן
כְּשָׂרֵי צְבָאוֹת בְּרֹאשׁ עַם קֹדֶשׁ מַרְאֵה כֹהֵן
כְּעֹז אֲשֶׁר הִלְבִּישׁ טָהוֹר לַמִּטַּהֵר מַרְאֵה כֹהֵן
כְּפַעֲמוֹנֵי זָהָב בְּשׁוּלֵי הַמְּעִיל מַרְאֵה כֹהֵן
כְּצוּרַת הַבַּיִת וּפָרֹכֶת הָעֵדוּת מַרְאֵה כֹהֵן
כִּקְהִלָּה מְכֻסָּה תְּכֵלֶת וְאַרְגָּמָן מַרְאֵה כֹהֵן
כְּרוֹאֵי זְרִיחַת שֶׁמֶשׁ עַל הָאָרֶץ מַרְאֵה כֹהֵן
כְּשׁוֹשַׁנַּת גַּן מִבֵּין הַחוֹחִים מַרְאֵה כֹהֵן
כְּתַבְנִית כְּסִיל וְכִימָה מִתֵּימָן מַרְאֵה כֹהֵן

כָּל אֵלֶּה בִּהְיוֹת הַהֵיכָל עַל יְסוֹדוֹתָיו / וּמִקְדַּשׁ הַקֹּדֶשׁ עַל מְכוֹנוֹתָיו
וְכֹהֵן גָּדוֹל עוֹמֵד וּמְשָׁרֵת / דּוֹרוֹ רָאוּ וְשָׂמֵחוּ.

מזרח שממזרח אורו יוצא. **12 כלבוש מעיל ושריון צדקה** ע״ש ישע׳ סא י כי הלבישני בגדי ישע מעיל צדקה יעטני, ושם נט יז וילבש צדקה כשרין. **13 כמלאך הנצב על ראש דרך** רומז כנראה למלאך הנצב בדרך מול בלעם (במד׳ כב כב־לא). **14 כנר המציץ מבין החלונות** ל׳ שה״ש ב ט. **15 כשרי צבאות בראש עם קדש** ע״ש דבר׳ כ ט. **16 כעוז אשר הלביש טהור למיטהר** רומז כנראה לימי המילואים, כשלבש אהרן את בגדי הכהונה בפעם הראשונה, ויק׳ ח ו־ט. **17 כפעמוני זהב בשולי המעיל** של הכהן הגדול, שמות כח לד. **18 כצורת הבית ופרוכת העדות** שהיו בתכלית היופי מחמת רבוי הצבעים שבם. **19 כקהלה** למלה זו אין שחר, ותיקנוה כקילה, ר״ל כחדר (לשון קילין ומדורין, ב״ר ל״א ט׳ ע׳ 281), ויש גורסין ״כקעילה״ שדומה במשמעותה (עי׳ עירובין דף ס״ג ב׳ הישן בקעילה [וכן גירסת הערוך] שאיש ואשתו שרויין בה), וי״ג כקהילת, ושמא צ״ל כְּקֹהֶלֶת, במשמעות ׳שר׳. **20 כרואי זריחת שמש על הארץ** לשון המדרש, ב״ר ס״ח ט׳ ע׳ 779 כשם שזיכיתני לראות חמה בזריחתה... **21 כשושנת גן בין החוחים** ל׳ שה״ש ב ב. **22 כתבנית כסיל וכימה מתימן** (וי״ג עש כימה וכסיל) ע״ש איוב ט ט עושה עש כסיל וכימה וחדרי תימן, והם שמות מזרות.

אַשְׁרֵי עַיִן רָאֲתָה כָּל אֵלֶּה
הֲלֹא לְמִשְׁמַע אֹזֶן דָּאֲבָה נַפְשֵׁנוּ.

סימן: א״ב.

אַשְׁרֵי עַיִן רָאֲתָה אָהֳלֵנוּ / בְּשִׂמְחַת קְהָלֵנוּ
הֲלֹא לְמִשְׁמַע אֹזֶן דָּאֲבָה נַפְשֵׁנוּ.

אַשְׁרֵי עַיִן רָאֲתָה גִּילֵנוּ / דִּיצַת צָהֳלֵנוּ
הֲלֹא לְמִשְׁמַע אֹזֶן דָּאֲבָה נַפְשֵׁנוּ.

אַשְׁרֵי עַיִן רָאֲתָה הַמְשׁוֹרְרִים / וְכָל מִינֵי שִׁירִים
הֲלֹא לְמִשְׁמַע אֹזֶן דָּאֲבָה נַפְשֵׁנוּ.

אַשְׁרֵי עַיִן רָאֲתָה זְבוּל הַמְּתֻכָּן / חַי בּוֹ שָׁכָן
הֲלֹא לְמִשְׁמַע אֹזֶן דָּאֲבָה נַפְשֵׁנוּ.

אַשְׁרֵי עַיִן רָאֲתָה טִירוֹת כְּגֶלֶף
יוֹנְקֵי כֹּהֲנִים עֶשְׂרִים וְאַרְבָּעָה אֶלֶף
הֲלֹא לְמִשְׁמַע אֹזֶן דָּאֲבָה נַפְשֵׁנוּ.

אַשְׁרֵי עַיִן רָאֲתָה כְּבוֹד מְנוֹרוֹת / לְאֶחָד וַעֲשָׂרָה כִּיּוֹרוֹת
הֲלֹא לְמִשְׁמַע אֹזֶן דָּאֲבָה נַפְשֵׁנוּ.

אשרי עין ראתה... הלא למשמע און ל׳ ישע׳ יא ג.

1 אהלנו בית המקדש, ע״ש תהל׳ טו א ה׳ מי יגור באהלך (או כדומה). **4 זבול המתוכן** הבית בבניינו, ע״ש מ״א ח יג בנה בניתי בית זבול לך. **5 טירות כגלף** הארמנות ביפיים כעין גלף. **יונקי כהנים ארבעה ועשרים אלף** לעומת ירוש׳ תענ׳ ד׳ ח׳ דף ס״ט ב׳ = איכה רבה ב׳ סי׳ תי״ז (ע׳ 108), שם דובר על שמונים אלף פרחי כהונה, וכנראה יש כאן שינויי נוסחאות. **6 כבוד מנורות** המנורות המכובדות והמפוארות. **לאחד ועשרה כיורות** (כך גירסת כ״י מחזור נירנברג) ע״פ מ״א ז לח ויעש עשרה כיורות נחושת (בבית השני לא היה כנראה יותר מאחד לפי המשנה, יומא ג׳ ט׳), ובשאר כי״י

אַשְׁרֵי עַיִן רָאֲתָה מִזְבֵּחַ מִקְטַר קְטוֹרֶת / נֵזֶר עָלָיו כַּעֲטֶרֶת
הֲלֹא לְמִשְׁמַע אֹזֶן דָּאֲבָה נַפְשֵׁנוּ.

אַשְׁרֵי עַיִן רָאֲתָה שִׂמְחַת בֵּית הַשּׁוֹאֵבָה
עִם שׁוֹאֶבֶת רוּחַ הַקֹּדֶשׁ רוּחַ נְדִיבָה
הֲלֹא לְמִשְׁמַע אֹזֶן דָּאֲבָה נַפְשֵׁנוּ.

אַשְׁרֵי עַיִן רָאֲתָה פְּרִישַׁת כֹּהֵן בְּרֶשֶׁם / צוֹעֵק אָנָּא הַשֵּׁם
הֲלֹא לְמִשְׁמַע אֹזֶן דָּאֲבָה נַפְשֵׁנוּ.

אַשְׁרֵי עַיִן רָאֲתָה קְהַל קְדוֹשִׁים / רוֹגְשִׁים בְּבֵית קֹדֶשׁ הַקֳּדָשִׁים
הֲלֹא לְמִשְׁמַע אֹזֶן דָּאֲבָה נַפְשֵׁנוּ.

אַשְׁרֵי עַיִן רָאֲתָה שְׁנֵי הַמְּלֻבָּן / מִשְּׂעִיר הַקָּרְבָּן
הֲלֹא לְמִשְׁמַע אֹזֶן דָּאֲבָה נַפְשֵׁנוּ.

אַשְׁרֵי עַיִן רָאֲתָה תְּמִידִים קְרֵבִים / בְּשַׁעַר בַּת רַבִּים
הֲלֹא לְמִשְׁמַע אֹזֶן דָּאֲבָה נַפְשֵׁנוּ.

הגירסה משובשת: לאחת עשרה מכונות. **7 מזבח מקטר קטורת** שמות ל א. **נזר עליו כעטרת** ר״ל זר עליו, שם ל ג. (וי״ג מחמד שלש קנים נכונים ללחם הפנים, ע״פ המשנה, מנחות י״א ו׳). **8 שמחת בית השואבה** במשנה, סוכה ה׳ א׳. **עם שואבת רוח הקדש רוח נדיבה** [וכך גירסת הדפוסים, ובכ״יי לא מצאתי אותה], כנראה ע״פ מה שדרשו בירו׳ סוכה ה׳ א׳ דף נ״ה א׳ אריב״ל למה נקרא שמה בית שואבה, שמשם שואבים רוח הקדש, על שם (ישע׳ יב ג) ושאבתם מים בששון ממעיני הישועה. ברם המשך הדברים אינו ברור. **9 פרישת כהן ברשם. צועק אנא השם** כהן גדול כשהוא מבטא את שם המפורש לפי אותיותיו (ע״ש דני׳ י כא את הרשום בכתב אמת). **10 רוגשים** באים בהמון, ע״ש תהל׳ ב א למה רגשו גוים. **11 שני המלובן** החוט השני (לשון של זהורית) הנקשר בשעיר המשתלח ומתלבן (לפי המשנה, יומא ז׳ ח׳). **12 תמידין קרבים בשער בת רבים** ל׳ שה״ש ז ה, ר״ל בהמון עם.

עֲוֹנוֹת אֲבוֹתֵינוּ הֶחֱרִיבוּ נָוֶה / וְחַטֹּאתֵינוּ הֶאֱרִיכוּ קִצּוֹ
אֲבָל זִכְרוֹן דְּבָרִים תְּהֵא סְלִיחָתֵנוּ / וְעִנּוּי נַפְשֵׁנוּ תְּהֵא כַּפָּרָתֵנוּ

עַל כֵּן בְּרַחֲמֶיךָ הָרַבִּים נָתַתָּ לָנוּ אֶת יוֹם הַכִּפּוּרִים הַזֶּה
וְאֶת יוֹם מְחִילַת הֶעָוֹן הַזֶּה / לִסְלִיחַת עָוֹן וּלְכַפָּרַת פֶּשַׁע

יוֹם אָסוּר בַּאֲכִילָה / יוֹם אָסוּר בִּשְׁתִיָּה
יוֹם אָסוּר בִּרְחִיצָה / יוֹם אָסוּר בְּסִיכָה

יוֹם אָסוּר בְּתַשְׁמִישׁ הַמִּטָּה / יוֹם אָסוּר בִּנְעִילַת הַסַּנְדָּל
יוֹם שִׂימַת אַהֲבָה וְרֵעוּת / יוֹם עֲזִיבַת קִנְאָה וְתַחֲרוּת
יוֹם שֶׁתִּמְחַל לְכָל עֲוֹנוֹתֵינוּ.

וּבְעֵת וּבְעוֹנָה הַזֹּאת
גָּלוּי וְיָדוּעַ לִפְנֵי כִסֵּא כְבוֹדֶךָ
שֶׁאֵין לָנוּ כְּיָמִים רִאשׁוֹנִים
לֹא כֹהֵן גָּדוֹל לְהַקְרִיב קָרְבָּן
וְלֹא מִזְבֵּחַ לְהַעֲלוֹת עָלָיו עוֹלָה וְכָלִיל.

עונות אבותינו החריבו נוה, וחטאתינו האריכו קצו שריד מפיוט ר׳ שלמה בן גבירול, כמו שנמצא בגניזה (אלבוגן, שטודיען ע׳ 140) וייתכן שגם שם קטוע הוא. והוסיפו אליו במנהג אשכנז צרפת ופולין פיסקא אחרת. **5 יום אסור באכילה...** במשנה, יומא ח׳ א׳. **8 יום שימת... יום עזיבת...** כנראה גם זה שריד משורה אלפביתית.

ובעת ובעונה הזאת גלוי וידוע לפני כסא כבודך... כותרת לכמה פיוטים המתארים את האבידה שנגרמה על ידי חורבן הבית, מחוברת לפי טופס תפלות עתיקות המתואר ע״י היינימן, התפילה בתקופת התנאים והאמוראים, ע׳ 121 ואילך. הכותרת מתחלפת עם כותרת שנייה ׳ומרוב עונינו אין לנו׳, הנמצאת בעיקר במקורות שצירפו בהם שני פיוטים שונים זה אחר זה והבחינו בין הכותרות.

וּמֵרֹב עֲוֹנֵינוּ אֵין לָנוּ

סימן: א״ב כפול.

לֹא אִשִּׁים וְלֹא אָשָׁם   לֹא בַדִּים וְלֹא בְלוּלָה
לֹא גוֹרָל וְלֹא גַחֲלֵי אֵשׁ   לֹא דְבִיר וְלֹא דַקָּה

לֹא הֵיכָל וְלֹא הַזָּיָה   לֹא וִדּוּי וְלֹא וָעַד
לֹא זֶבַח וְלֹא זְרִיקָה   לֹא חַטָּאת וְלֹא חֲלָבִים

לֹא טְבִילָה וְלֹא טָהֳרָה   לֹא יְרוּשָׁלֵם וְלֹא יַעַר הַלְּבָנוֹן
לֹא כִיּוֹר וְלֹא כַנּוֹ   לֹא לְבוֹנָה וְלֹא לֶחֶם הַפָּנִים

לֹא מִזְבֵּחַ וְלֹא מִנְחָה   לֹא נִיחֹחַ וְלֹא נְסָכִים
לֹא סֹלֶת וְלֹא סַמִּים   לֹא עֵרֶךְ וְלֹא עוֹלָה

לֹא פָרֹכֶת וְלֹא פַר חַטָּאת   לֹא צִיּוֹן וְלֹא צִיץ הַזָּהָב
לֹא קְטֹרֶת וְלֹא קָרְבָּן   לֹא רֹקַח וְלֹא רֵיחַ נִיחֹחַ

לֹא שַׁי וְלֹא שְׁלָמִים
לֹא תוֹדָה וְלֹא תְמִידִים.

פיוט זה נשמר לנו בכמה מחזורים של מנהגים שונים שהוסיפוהו לסדרי עבודה שלהם, ורבו בו שינויי נוסחאות. הטכסט הניתן הוא הנמצא במחזורי האשכנזים, אחרי תיקון השגיאות הגסות ביותר שבו. רוב הפיוט מתבאר מעצמו. **5 יער הלבנון** בית המקדש.

כִּי בַעֲוֹנוֹתֵינוּ וּבַעֲוֹנוֹת אֲבוֹתֵינוּ חָסַרְנוּ כָּל אֵלֶּה.
וּמֵעֵת חָסַרְנוּ כָּל אֵלֶּה

סימן: תשר״ק (כפול).

תָּכְפוּ עָלֵינוּ צָרוֹת / תְּלָאוֹת עָבְרוּ רֹאשֵׁנוּ
שִׁחַרְנוּ יְשׁוּעָה וָאַיִן / שָׁלוֹם וְהִנֵּה קְפָדָה
רַבּוּ הַקָּמִים עָלֵינוּ / רָמוּ וְגַם נָשְׂאוּ רֹאשׁ
קָצְנוּ בְּעֹל עַלִּיזִים / קָשֶׁה עָלֵינוּ סִבְלָם
צְבִי אֶרֶץ חָנְפָה עָלֵינוּ / צָמְחָה וְלֹא לִבְרָכָה
פָּנִינוּ לְהַרְבֵּה וְהִנֵּה מְעַט / פַּח נֶפֶשׁ בָּא בַּאֲסָמֵינוּ
עָשְׁקוּ זֵיתִים שַׁמְנָם / עֲשׁוֹתָם וְלֹא מְלָאוּ שֶׂפֶק
סְמָדַר אִם יַרְבֶּה כֶרֶם / סָבְאוֹ לֹא יַשְׁפִּיעַ יֶקֶב
נֶאֶרְרוּ אִבֵּי שָׂדֶה / נִלְקְחוּ מַטְעַמֵּי אֹכֶל
מִמִּכְלָאוֹת צֹאן עֲדָרִים דָּלְלוּ / מִגֵּז וּמִמִּיץ וּמֵהֵרָיוֹן

2 שחרנו חפשנו. **שלום והנה קפדה** ע״ש יחזק׳ ז כה קפדה בא ובקשו שלום ואין. **3 רבו הקמים עלינו** ע״ש תהל׳ ב. **נשאו ראש** ע״ש תהל׳ פג ג. **5 צבי ארץ** ל׳ יחזק׳ כה ט. **חנפה עלינו** ע״ש ישע׳ כד ה והארץ חנפה תחת יושביה. **6 פח נפש בא באסמינו** במקום מפח נפש (איוב יא כ), ר״ל אנחה ויגון. **7 עשקו זיתים שמנם** גזלו, לשון עושק וגזל (במשמעות זו כנראה חידוש הפייטן). **עשותם** אפילו אם עשו פרי. **לא מלאו שפק** לא היה לסיפוק (ע״ש איוב כ כב במלאות שפקו). **8 סמדר אם ירבה כרם** ע״ש שה״ש ב טו וכרמינו סמדר. **סבאו** (ל׳ ישע׳ א כב סבאך מהול במים) ר״ל יינו. **לא ישפיע יקב** לא ימלא את היקב. **9 נאררו אבי השדה** (ל׳ שה״ש ו יא) ארורים פירות השדה. **10 ממכלאות צאן** ל׳ תהל׳ עח ע. **עדרים דללו מגז וממיץ ומהריון** דלו העדרים מלתת גז צמר ומיץ חלב וולדות. וכל התיאור מבוסס על חבק׳ ג יז כי תאנה לא תפרח ואין יבול בגפנים כחש מעשה זית ושדמות לא עשה אכל גזר ממכלה צאן ואין בקר ברפתים, ועל מאמר חז״ל במשנה סוטה ט׳ י״ב

לְזָנָב וְלֹא לְרֹאשׁ הוּשַׁתְנוּ / לַעֲבֹט וְלֹא הֶעֱבַט לָנוּ
כֹּחֵנוּ לָרִיק וּבֶהָלָה / כָּלָה מִבְּלִי שָׂכָר
יַד כָּל עָמֵל בְּכִשְׁרוֹן / יָרְדָה וְאֵין מִי יַחֲזִיק
טִלְטְלוּ מִיָּם וְעַד יָם / טַרְפָּם לֹא סֻפַּק לָמוֹ
חֲשֵׁכָה לְעֵין מִשְׂתַּכֵּר / חִשֵּׁב שְׂכָרוֹ לְמַפָּח
זֹעֲמוּ מַלְוֶה וְלֹוֶה / זֶה בְּזֶה שִׁלְּחוּ מֵעַתָּה
וְנִלְאוּ יְדֵי מַמְצִיאֵי יָד / וְעָשִׁיר לֹא חוֹנֵן רָשׁ
הֵן אֶרֶץ נִמְכְּרָה בְּיַד רָעִים / הָמוֹן בָּהּ לֹא מָצְאוּ רֶוַח
דְּבִיר בֵּית אֱלֹהֵינוּ שָׁמֵם / דְּרָכֵינוּ מֵאֲנוּ לְהַצְלִיחַ
גִּיל נָוֶה שַׁבַּת / גִּילָה לִלְבָבֵנוּ מַה נַּעַל
בְּאֵין אֲרֻחַת אָב תָּמִיד / בְּכֵן בֶּטֶן בָּנִים תֶּחְסַר
אֲדוֹן בַּיִת כְּאוֹרֵחַ בַּמָּלוֹן / אֵיפֹה נִמְצָא מָנוֹחַ.

מיום שחרב בית המקדש אין יום שאין בו קללה ולא ירד הטל לברכה וניטל טעם הפירות... אף ניטל שומן הפירות. **11 לזנב ולא לראש הושתנו** ע״ש דבר׳ כח יג. מד. **לעבוט ולא הועבט לנו** היפך הברכה דבר׳ טו ו והעבטת גוים רבים ואתה לא תעבט. **12 כחנו לריק ובהלה** ע״ש ויק׳ כו כ ותם לריק כחכם. **כלה** ע״ש תהל׳ עא ט בכלות כחי. **13 יד כל עמל בכשרון** ע״ש קהל׳ ב כא אדם שעמלו בחכמה ובדעת ובכשרון. **14 טולטלו מים ועד ים** ע״ש עמוס ח יב ונעו מים עד ים. **טרפם לא סופק למו** פרנסתם לא הספיקה (ל׳ טרף נתן ליראיו, תהל׳ קיא ה). **15 חשכה לעין משתכר** שחשב להשתכר בעמלו ולבסוף חשכו עיניו. **חישב שכרו למפח** השכר שהוא חשב להשתכר נהפך ונחשב למפח נפש. **16 זועמו** מלאי זעם. **זה בזה** (וי״ג זה וזה) **שולחו מעתה** כנראה ר״ל זה וזה מתרחקים איש מרעהו. **17 ונלאו ידי ממציאי יד** הממציאים לעניים יד משגת (דוגמת ממציא מעות לעני, חגיגה דף ה׳ א׳ ועוד). **18 לא מצאו רוח** ר״ל רוח והצלה. **20 גיל נוה שבת** משוש נוה הקדש, ר״ל של בית המקדש, ואם כן **גילה ללבבנו מה נעל** מה עלינו להעלות שמחה ללבנו. **21 באין ארוחת אב תמיד** אם אין מזון תמידי לאב **בכן בטן בנים תחסר** אין גם לבנים מה לאכל, והכונה כנראה למה שחדלו הקרבנות. **22 אדון בית כאורח במלון** הדת נמצאת בגלות. **איפה נמצא מנוח** ל׳ איכה א ג ועוד.

וּמִשֶּׁחָרֵב בֵּית מִקְדָּשֵׁנוּ

סימן: תשר״ק.

תַּנּוּת צָרוֹת לֹא נוּכַל / שֶׁבֶר בְּכָל יוֹם וַאֲנָחָה
רָבְתָה בָּנוּ חַלְחָלָה / קֶרֶן יָרְדָה עַד עָפָר
צָרֵי עַיִן מָצְאוּ יָד / פּוֹעֲלֵי שֶׁקֶר עָשׂוּ חָיִל
עוֹשֵׂי צְדָקָה לֹא נִרְאוּ / שׂוֹנְאֵי בֶצַע לֹא עָמָדוּ
נִדְמִינוּ כִּכְלִי רִיק / מִכֹּל נִשְׁאַרְנוּ עֲרֻמִּים
לֹא נָבִיא וְלֹא חָזוֹן בָּנוּ / כַּעִוְּרִים נְגַשֵּׁשׁ וְנֵלֵךְ
יוֹם יוֹם נֹאמַר מַה בְּסוֹפֵנוּ / טוֹב מָוֶת מֵחַיִּים אָמַרְנוּ
חַיֵּינוּ תְּלוּאִים מִנֶּגֶד / זָרִים לְרֹאשׁ וַאֲנַחְנוּ לְזָנָב
וּמַה נַּעֲשֶׂה וְחַטֹּאתֵינוּ עָשׂוּ / הֵן אָנוּ כְּלֹא הָיִינוּ
דַּלִּים נִבְזִים וּשְׁפָלִים / גְּעוּלִים מְאוּסִים וּבְזוּיִים
בְּנֵי נֵכָר מָשְׁלוּ בָנוּ / אָמַרְנוּ נִגְזַרְנוּ אָבָדְנוּ
אָדוֹן הָקֵל עָלֵינוּ / וּשְׁלַח יֶשַׁע לְגָאֳלֵנוּ.

1 תנות צרות לספר (ל׳ שופט׳ ה יא). **3 צרי עין** מונח תלמודי (שבת דף ק״ח ב׳ ועוד). **מצאו יד** הגיעו לשלטון **פועלי שקר** ל׳ הושע ז א. **עשו חיל** ל׳ תהל׳ קיח טו ועוד. **4 עושי צדקה** ל׳ תהל׳ קו ג. **שונאי בצע** ל׳ שמות יח כא. **5 ככלי ריק** ל׳ ירמ׳ נא לד. **6 לא נביא ולא חזון בנו** ע״ש יחזק׳ יב כב ואבד כל חזון. **כעורים נגשש** ע״ש ישע׳ נט י נגששה כעורים קיר. **7 טוב מות מחיים** ע״ש ירמ׳ ח ג ונבחר מות מחיים. **8 חיינו תלואים מנגד** ע״ש דבר׳ כח סו והיו חייך תלאוים לך מנגד. **זרים לראש ואנחנו לזנב** ע״ש דבר׳ כח מד הוא יהיה לראש ואתה תהיה לזנב. **10 נבזים ושפלים** מלאכי ב ט. **11 בני נכר משלו בנו** ע״ש איכה ה ח עבדים משלו בנו. **אמרנו נגזרנו** ע״ש איכה ג נד אמרתי נגזרתי.

אֱלֹהֵינוּ וֵאלֹהֵי אֲבוֹתֵינוּ

סימן: א״ת ב״ש.

אַל תַּעַשׂ עִמָּנוּ כָּלָה / תֹּאחֵז יָדְךָ בַּמִּשְׁפָּט
בְּבֹא תוֹכֵחָה לְנֶגְדְּךָ / שְׁמֵנוּ מִסִּפְרְךָ אַל תִּמַח
גִּשְׁתְּךָ לַחְתֹּם מוּסָר / רַחֲמֶיךָ יְקַדְּמוּ רָגְזֶךָ
דַּלּוּת מַעֲשִׂים בְּשׁוּרְךָ / קָרֵב צֶדֶק מֵאֵלֶיךָ
הוֹרֵנוּ מַה שֶּׁנִּצְעַק לְפָנֶיךָ / צַו יְשׁוּעָתֵנוּ בְּמַפְגִּיעַ
וְתָשִׁיב שְׁבוּת אָהֳלֵי תָם / פְּתָחָיו רְאֵה כִּי שָׁמֵמוּ
זְכֹר שַׁחַת לֹא תִשָּׁכַח / עֵדוּת מִפִּי זַרְעוֹ
חוֹתַם תְּעוּדָה תַּתִּיר / סוֹדְךָ שִׂים בְּלִמּוּדָךְ
טַבּוּר אַגַּן הַסַּהַר / נָא אַל יֶחְסַר הַמָּזֶג

1 אל תעש עמנו כלה ע״ש ירמ׳ ה יח וגם בימים ההמה נאם ה׳ לא אעשה אתכם כלה. **תאחז ידך במשפט** ע״ש דבר׳ לב מא ותאחז במשפט ידי, ר״ל תבטל את הגזירה שנגזרה עלינו, אם עשינו תשובה, או תשלם גמול לאויביך, וזה ע״פ מה שדרשו חז״ל במכילתא בשלח (שירה) ד׳ (ע׳ 130). **2 בבא תוכחה לנגדך** ע״ש הושע ה ט אפרים לשמה תהיה ביום תוכחה, ר״ל אם נגזרה הגזירה. **שמנו מספרך אל תמח** ר״ל מספר החיים, והלשון ע״ש שמות לב לב מחני נא מספרך, או תהל׳ סט כט ימחו מספר חיים. **3 גשתך לחתום מוסר** ע״ש איוב לג טז ובמוסרם יחתום, ר״ל בגשתך לחתום עלינו יסורין. **רחמיך יקדמו רגזך** ע״ש חבק׳ ג ב ברוגז רחם תזכור, וע״ש תהל׳ עט ח מהר יקדמונו רחמיך כי דלונו מאד. ולפי זה הוא ממשיך **4 דלות מעשים בשורך** בראותך כי אנחנו דלים במעשינו. **קרב צדק מאליך** דון אותנו במדת הרחמים. **5 הורנו מה שנצעק לפניך** (עי׳ בתפלת הש״ץ ״היה עם פיפיות...״: הורם מה שיאמרו), וי״מ הורנו, ר״ל אבינו, בזעקנו לך... **צו ישועתנו במפגיע** ע״ש איוב לו לב ויצו עליה במפגיע, כדרשת חז״ל תענית דף ז׳ ב׳ ואין פגיעה אלא תפלה, ר״ל צו ישועתנו בשעה שאנו עומדים לפניך בתפלה. **6 ותשיב שבות אהלי תם** אהלי יעקב הנקרא תם, ע״ש ירמ׳ ל יח הנני שב שבות אהלי יעקב. **7 זכור שחת לא תשכח עדות מפי זרעו** ל׳ דבר׳ לא כא. ו׳עדות׳ היא התורה. **8 חותם תעודה תתיר** ע״ש ישע׳ ח טז צור תעודה חתום תורה בלמודי. ור״ל חותם התורה שהיא חתומה מאין לומדיה (עי׳ מה שדרשו חז״ל בפסוק זה על אחז מלך יהודה שנעל בתי כנסיות ובתי מדרשות, סנהד׳ דף ק״ג ב׳. ויק״ר י״א ז׳ ע׳ רל) תתיר ופתח, כדי שכולנו נהיה למודי ה׳. לפי זה הוא ממשיך: **סודך שים בלימודך**. וי״ג בלימודיך, ר״ל בלמודי ה׳. **9 טבור אגן**

חזרת הש״ץ למוסף 402

יֵדַע אֵת אֲשֶׁר יְדָעוּךָ / מַגֵּר עַם לֹא יְדָעוּךָ
כִּי תָשִׁיב לְבִצָּרוֹן / לְכוּדִים אֲסִירֵי הַתִּקְוָה.

וְהֵן אָנוּ עַתָּה

סימן: תשר״ק.

כְּתוֹעִים וְאֵין לְבַקֵּשׁ / כִּשְׁבוּיִים וְאֵין לְשׁוֹבֵב
כִּרְעֵבִים וְאֵין לְהַאֲכִיל / כִּקְנוּיִים וְאֵין לִקְנוֹת
כִּצְמֵאִים וְאֵין לְהַשְׁקוֹת / כִּפְתָאִים וְאֵין לְלַמֵּד
כַּעֲיֵפִים וְאֵין לְהָשִׁיב / כִּשְׂנוּאִים וְאֵין לֶאֱהֹב
כְּנֶהֱדָפִים וְאֵין לְקָרֵב / כִּמְנֻדִּים וְאֵין לְהַתִּיר
כִּלְקוּחִים וְאֵין אֲדוֹנִים / כִּכְפוּפִים וְאֵין לִזְקוֹף
כִּיתוֹמִים וְאֵין לָהֶם אָב / כִּטְמֵאִים וְאֵין לְטַהֵר
כַּחֲסֵרִים וְאֵין לְמַלְאוֹת / כִּזְנוּחִים וְאֵין לִזְכּוֹר
כְּהוֹמִים וְאֵין לָהֶם מְנוּחָה / כְּדַלִּים וְאֵין לְחָנְנָם
כְּגֵרִים וְאֵין לְקַבֵּל / כִּבְזוּיִים וְאֵין לְכַבֵּד
כַּאֲבֵלִים וְאֵין מְנַחֵם / כַּאֲנוּסִים וְאֵין מָנוֹס.

הסהר נא אל יחסר המזג ע״ש שה״ש ז ג שררך (פי׳ טבורך) אגן הסהר אל יחסר המזג, שדרשוהו בתלמוד סנהד׳ דף ל״ז א׳ ובשה״ש רבה ז׳ ג׳ על סנהדרין גדולה שלא יחסר לו סנהדרין קטנה. וייתכן שהפייטן דרש טבור אגן הסהר על כנסת ישראל שלא יחסרו בו מלומדי תורה **11 כי תשיב לבצרון לכודים אסירי תקוה** ע״ש זכר׳ ט יב שובו לבצרון אסירי התקוה, ר״ל השב ישראל אל מבצרו ובנה את ביהמ״ק.

1 כתועים ואין לבקש אין איש נמצא לבקש אותם, וכן כולם. **ואין לשובב** להשיב. **4 ואין להשיב** ר״ל להשיב נפשם. **5 כמנודים** כאילו הטילו עלינו נידוי, ואין מי יתיר לנו את הנידוי. **7 כיתומים ואין להם אב** איכה ה ג.

אֱלֹהֵינוּ וֵאלֹהֵי אֲבוֹתֵינוּ

סימן: תשר״ק.

אִם תָּעִינוּ לֹא תַתְעֵנוּ / אִם שָׁגַגְנוּ לֹא תַשְׁלֵנוּ
אִם רָחַקְנוּ קָרֵב נָא / אִם קָרַבְנוּ לֹא תִרְחָק
אִם צָעַקְנוּ לֹא תַעְלִים / אִם פָּשַׁעְנוּ לֹא תִפְרָע
אִם עָוִינוּ לֹא תַסְתִּיר / אִם סַרְנוּ לֹא תָסוּר
אִם נָקַמְנוּ לֹא תִטֹּר / אִם מָרִינוּ לֹא כְּמָרְיֵנוּ
אִם לַצְנוּ לֹא תִלְחֹם / אִם כִּחַשְׁנוּ לֹא תְכַלֶּה
אִם יָרַדְנוּ לֹא תַטְבִּיעַ / אִם טָעִינוּ לֹא תְטַאטְאֵנוּ
אִם חָבַלְנוּ לֹא תַחְבֹּל / אִם זַדְנוּ לֹא תִזְכֹּר
אִם וִכַּחְנוּ לֹא תוֹכִיחַ / אִם הִרְשַׁעְנוּ לֹא תֶהְדֹּף
אִם דָּפַקְנוּ לֹא תִדְחֶה / אִם גָּעַלְנוּ לֹא תִגְעַל
אִם בָּאנוּ לֹא תִמְאַס / אִם אָשַׁמְנוּ לֹא תְאַבֵּד.

וּמֵרֹב עֲוֹנֵינוּ

סימן: תשר״ק.

תַּאֲוַת לֵב לֹא הִשַּׂגְנוּ / שֶׁקֶט קִוִּינוּ וַיָּבֹא רֹגֶז
רוּם קֶרֶן וְהִנֵּה שִׁפְלָה / קָרְבָה יְשׁוּעָה אָמַרְנוּ וְנִתְרַחֲקָה
צִפִּינוּ לְטוֹבָה וּבָרְחָה מִמֶּנּוּ / פַּח נֶפֶשׁ בָּא בַּאֲסָמֵינוּ

1 אם תעינו לא תתענו ע״ש ישע׳ סג יז למה תתענו ה׳ מדרכיך. **לא תשלנו** (ל׳ לא תשלה אותי, מ״ב ד כח) לא תטעה אותנו. **3 לא תעלים** אזנך (איכה ג נו). **4 לא תסתיר** פניך, וי״ג לא תשמור. **5 לא כמריינו** לא תגמול לנו מה שמרינו. **7 לא תטאטאנו** במטאטא השמד, ל׳ ישע׳ יד כג. **8 אם חבלנו לא תחבול** אולי משחק מלים: אם עשינו חבלה, לא תחבול אותנו במשכון.

פיוט זה דומה בתכנו לפיוט ׳תכפו עלינו צרות׳, ויש גם דמיון כמה שורות בשניהם. **3 פח נפש בא באסמינו** עי׳ לעיל בפיוט ׳תכפו עלינו צרות׳, 6. **4 עצבון במשלח ידינו** ע״ש ברא׳ ה כט. שמחה

עִצָּבוֹן בְּמִשְׁלַח יָדֵינוּ / שִׂמְחָה עָרְבָה מֵאָרֶץ
נֶאֶרְרוּ יְבוּלֵי בְּרְכוֹתֶיהָ / מְעַט מֵהַרְבֵּה נָבִיא
לַחְמָהּ לְרָזוֹן וְלֹא לָשֹׂבַע / כֹּחָהּ לֹא תוֹסִיף תֵּת
יְדֵי עֲמֵלֶיהָ מוּטָטוּ / טַרְפָּם לֹא יִמְצְאוּ בָהּ
חֵלֶב מִשְׁמַנֶּיהָ לְזָרִים / זְמוֹרוֹת עֲדָנֶיהָ לְנָכְרִים
וְנִמְכְּרָה אֶרֶץ בְּיַד רָעִים / הוֹן בֶּצַע לֹא מָצְאוּ בָהּ
דִּמִּינוּ גַּם מִמְּצוֹא יָד / גָּלָה שְׂכַר הַיְצוּרִים
בֵּית מִקְדַּשׁ אֵל חָרֵב / אֻסַּף חֶסֶד מִכָּל אֱנוֹשׁ.

אֱלֹהֵינוּ וֵאלֹהֵי אֲבוֹתֵינוּ

סימן: א״ב.

תֹּאמַר לִמְחוֹת אֲשָׁמֵינוּ / תָּבֹא לְחַדֵּשׁ יָמֵינוּ
תְּגַלֶּה שְׁנַת שִׁלּוּמֵנוּ / תַּדְגִּיל לְגַדֵּל אֶת שְׁמֵנוּ
תֶּהְדֹּף מֵהֲדוֹם מִתְקוֹמְמֵינוּ / תּוֹפִיעַ מִמָּרוֹם לְרוֹמְמֵנוּ
תִּזְכֹּר רַחֲמֶיךָ לְרַחֲמֵנוּ / תָּחִישׁ מְנַחֵם לְנַחֲמֵנוּ

ערבה מארץ ע״ש ישע׳ כד יא ערבה כל שמחה גלה משוש הארץ. **5 נאררו יבולי שדה** עי׳ לעיל בפיוט ׳תכפו עלינו צרות׳, 9. **6 כחה לא תוסיף תת** ברא׳ ד יב. **7 ידי עמליה מוטטו** ע״ש ויק׳ כה לה ומטה ידו עמך. **טרפם לא ימצאו בה** עי׳ לעיל בפיוט ׳תכפו עלינו צרות׳, 14. **8 זמורות עדניה** הזמורות הנחמדות. **9 ונמכרה ארץ ביד רעים...** עי׳ לעיל בפיוט ׳תכפו עלינו צרות׳, 18 **10 דימינו גם ממצוא יד** כ״ה בכי״, וקשה לבארו, כמו שנהגו לפרש: שתקנו ונתיאשנו ממצוא יד פשוטה לעזרנו. ייתכן שצ״ל דִּמּוּנוּ, ר״ל הכריתו, ניתקו אותנו, או שמא צ״ל דָמִינוּ למצוא יד, ר״ל חשבנו, תיארנו לנו למצוא עזרה. **גלה שכר היצורים** גמילות חסד שבין אדם לחברו גלה וחדל.

1 לחדש ימינו ע״ש איכה ה כא. **2 תגלה שנת שילומינו** ע״ש ישע׳ לד ח כי יום נקם לה׳ שנת שלומים לריב ציון. **תדגיל** תרומם דגל. **לגדל את שמנו** ע״ש ברא׳ יב ב. **3 תהדוף מהדום מתקוממינו** מהארץ, ע״ש ישע׳ סו א. **4 תזכור רחמיך** ע״ש תהל׳ כה ו. **תחיש מנחם** את המשיח.

תְּטַהֵר שְׁמֶצֶת גְּוִיֵּנוּ / תְּיַדַּע כִּי אַתָּה הוּא אֱלֹהֵינוּ
תְּכַפֵּר עֲוֹן זְדוֹנֵנוּ / תִּלּוּי רֹאשׁ תִּתֵּן לְהַחֲיֵנוּ
תִּמְחַל עִקְּשׁוּת מִרְיֵנוּ / תִּנְאַם לְהַעֲצִים פִּרְיֵנוּ
תַּסְכִּית שְׁפִיכַת שִׂיחֵנוּ / תַּעֲנֶה עֶתֶר פִּצְחֵנוּ
תִּפְנֶה לְקוֹמֵם מִזְבְּחֵנוּ / תַּצְדִּיק נִיב שְׂפָתֵינוּ
תְּקָרֵב קֵץ מְשִׁיחֵנוּ / תִּרְצֶה רֵיחַ נִיחֹחֵנוּ
תְּשׁוֹבֵב מִקְּצָווֹת נִדּוּחֵינוּ / תִּתְמְכֵנוּ וְכָאֵזוֹר תַּדְבִּיקֵנוּ.

אֱלֹהֵינוּ וֵאלֹהֵי אֲבוֹתֵינוּ

סימן: א״ב.

אוֹרְךָ תַּזְרִיחַ לַחֲשׁוּכָה / בְּרַחֲמִים תָּשׁוּב אֵלֶיהָ
גַּלֵּה יוֹם נָקָם בְּלֵב / דְּבָרְךָ תִּשְׁלַח וְתִרְפָּאֵנוּ
הָאֵר פָּנֶיךָ אֵלֵינוּ / וְאַל תִּשְׁכָּחֵנוּ לָנֶצַח

5 **תטהר שמצת גוינו** טומאת גופנו. 6 **תילוי ראש** הרמת ראש, כלשון המדרש, (כגון פסיקתא דר״כ ב׳ דף י׳ ב׳ תחת שהייתי חייב לך הרמת ראש נתת לי תילוי ראש, ועי׳ ג״כ תנחומא במדבר ח׳ ועוד). 7 **תנאם** תוציא נאום. **להעצים** לחזק. 8 **תסכית** תקשיב, ע״ש דבר׳ כז ט הסכת ושמע. **שפיכת שיחנו** ע״ש תהל׳ קב א ישפך שיחו. **עתר פצחנו** תפלת קריאתנו (פצחנו ע״ש פצחו ורננו, תהל׳ צח ד). 9 **ניב שפתינו** ע״ש ישע׳ נז יט. 11 **מקצוות** מקצוי הארץ. **נידוחינו** במקום ׳נדחינו׳, כדרך הפייטנים (עי׳ אבינרי, גנזים מגולים, ע׳ 225). **וכאזור תדביקנו** ע״ש ירמ׳ יג יא כי כאשר ידבק האזור אל מתני איש כן הדבקתי אלי את כל בית ישראל וכו׳.

1 **לחשוכה** לכנסת ישראל ההולכת בחשך. וי״ג לַחֲשֵׁכָה, כנראה כלשון יחיד לעם ההולך חשכים (ישע׳ נ י). 2 **גלה יום נקם בלב** ע״ש ישע׳ סג ד כי יום נקם בלבי. **דברך תשלח ותרפאנו** ע״ש תהל׳ קז כ ישלח דברו וירפאם. 3 **האר פניך אלינו** ע״ש במד׳ ו כה ועוד. **ואל תשכחנו לנצח** ע״ש תהל׳

זְכוּת הֲרָרֵי קֶדֶם זְכֹר / חַטֹּאת נְעוּרִים אַל תִּזְכֹּר
טֻמְאָה מֵעָלֵינוּ תָּסִיר / יְדִידוּת נַפְשְׁךָ אַל תִּשְׁכַּח
כְּלוּלוֹת אַהֲבָתֵנוּ תִּזְכֹּר / לֶכְתֵּנוּ אַחֲרֶיךָ בַּמִּדְבָּר
מָשְׁכֵנוּ וְנָרוּץ אַחֲרֶיךָ / נְחֵנוּ וַהֲבִיאֵנוּ אֶל חֲדָרֶיךָ
סְעָדֵנוּ וְסָמְכֵנוּ וּנְחִיֶה / עֵת כִּי תַשְׁמִיעֵנוּ קוֹלֶךָ
פְּצֵנוּ מִשְּׁאוֹן גַּלִּים / צוֹלָה תַּחֲרִיב בְּאַפֶּךָ
קוּמָה בַּחֲרוֹנְךָ עַל גֵּאִים / רוֹמָה בְּעֻזְּךָ וְרוֹמֵם שְׁפָלִים
שְׁבֹר זְרוֹעַ מַלְכוּת רֶשַׁע / תִּמְלֹךְ לְבַדְּךָ בְּקוֹרְאֵי שְׁמֶךָ
תּוֹדִיעַ לְעֵין כָּל אֻמִּים / כִּי אֵין אֱלוֹהַּ בִּלְעָדֶיךָ
כִּי תְבִיאֵנוּ לְהַר קָדְשֶׁךָ / וּתְשַׂמְּחֵנוּ בְּבֵית תְּפִלָּתֶךָ.

אֱלֹהֵינוּ וֵאלֹהֵי אֲבוֹתֵינוּ

סימן: א״ב משולש.

אֹפֶל אַלְמָנָה תָּאִיר / בֹּהוּ בּוֹכִיָּה תַּבְהִיק
גִּיל גַּלְמוּדָה תַּגִּישׁ / דֶּלֶף דִּמְעָתָהּ תַּדְמִים

יג ב. **4 זכות הררי קדם** זכות האבות, ע״ש דבר׳ לג טו ומראש הררי קדם, שדרשוהו על האבות (ספרי דברים שנ״ג). **חטאת נעורים אל תזכור** תהל׳ כה ז. **5 ידידות נפשך** ע״ש ירמ׳ יב ז. **6 כלולות אהבתנו תזכור** אהבת כלולותינו, ע״ש ירמ׳ ב ב. **לכתנו אחריך במדבר** שם. **7 משכנו ונרוץ אחריך** ע״ש שה״ש א ד. **נחנו והביאנו אל חדריך** שם. **9 פצנו משאון גלים** ע״ש תהל׳ סה ח. **צולה תחריב באפך** ע״ש ישע׳ מד כז האומר לצולה חרבי, ר״ל תעשה נס להינקם באויביך. **10 רומה בעוזך** תהל׳ כא יד. **ורומם שפלים** ע״ש איוב ה יא. **11 שבור זרוע מלכות רשע** ע״ש תהל׳ י טו. **13** כנראה הוספה מאוחרת החסרה ברוב כ״י, ועי׳ ג״כ בסוף הפיוט הבא אחריו.

הַר הַשָּׁמֵם תְּהַדֵּר / וְתָשׁוּב וְאֵלָיו תּוֹפִיעַ
זֹהַר זְבוּלְךָ תַּזְרִיחַ / חֲדַר חֻפָּתְךָ תְּחַדֵּשׁ
טֶנֶף טֻמְאָתָהּ תְּטַהֵר / יְפִי יְקָרַת תְּיַסְּדָהּ
כַּדְכֹּד כְּבוּדָהּ תְּכוֹנְנֶהָ / לְאוֹרָהּ לְאֻמִּים תְּלַוֶּה
מֶלֶךְ מִכְּבוֹדְךָ תְּמַלְּאֶהָ / נֵצַח נְצָחִים תְּנוֹסְסָהּ
שֹׂבַע שְׂמָחוֹת תַּשְׂבִּיעֶהָ / עֲנַן עָשָׁן תְּעַטְּרָהּ
פִּנַּת פְּתָחֶיהָ תְּפָאֵר / צֶדֶק צְנוּעִים תַּצְמִיחַ
קָמֵי קְהָלֶיהָ תָּקִיא / רֶגֶשׁ רְגָלִים תָּרִיץ
שְׁבָטִים שְׁכַחַת תְּשׁוֹבֵב / תִּקְרָא תִּשְׁרֹק תִּתְקַע
תְּבִיאֵם לְהַר קָדְשֶׁךָ / וּתְשַׂמְּחֵם בְּבֵית תְּפִלָּתֶךָ.

1 אופל אלמנה תאיר אלמנה כינוי לירושלים, ע״ש איכה א א. **בוהו בוכיה תבהיק** תאיר את חשכת העיר הבוכיה (ע״ש איכה א טז), ותבהיק פי׳ תאיר, כלשון התלמוד והמדרשים (סנהד׳ דף ק׳ א׳ הקב״ה מבהיק זיויו לעוה״ב. שמות רבה נ׳ א׳ הקב״ה... הבהיק העולם מזיוו). **2 גיל גלמודה** ירושלם, ע״ש ישע׳ מט כא ואני שכולה וגלמודה. **דלף דמעתה תדמים** נזילת דמעתה (ע״ש דלפה עיני, איוב טז כ). **3 הר השמם** איכה ה יח. **4 זבולך** ע״ש מ״א ח יג בנה בניתי בית זבול לך. **חדר חופתך** בית המקדש. **5 טנף טומאתה תטהר** ע״ש יחזק׳ לו כה. **יפי יקרת תיסדה** ע״ש ישע׳ כח טז הנני יסד בציון אבן אבן בחן פנת יקרת..., וע״ש תהל׳ נ ב מציון מכלל יפי. **6 כדכוד כבודה תכוננה** כדכוד הוא שם אבן טובה (ישע׳ נד יב) וסימן לזוהר. **לאורה לאומים תלוה** ע״ש ישע׳ ס ג והלכו גוים לאורך. **7 מלך** פנייה להקב״ה. **מכבודך תמלאה** ע״ש ישע׳ שם ב וכבודו עליך יראה. **תנוססה** תרים אותה, ע״ש תהל׳ ס ו נתתה ליראיך נס להתנוסס. **8 שובע שמחות** ל׳ תהל׳ טז יא. **ענן עשן תעטרה** ע״ש ישע׳ ד ה וברא ה׳ על כל מכון הר ציון ועל מקראיה ענן יומם ועשן ונוגה אש להבה לילה. **9 צדק צנועים תצמיח** צדקם של ישראל שהם צנועים בהתנהגותם. (ויש גורסין ׳צמח צדקה תצמיח׳ ע״ש ירמ׳ לג טו אצמיח לדוד צמח צדקה, עי׳ בפירושו של ר״מ בידינגן, מיץ תקע״ז, ולא מצאתי גירסה זו בכי״י.) **10 תקיא** ע״ש ויק׳ יח כה ותקא הארץ את יושביה. **רגש רגלים תריץ** תגרום לרגש העם, ר״ל לאספת עם רב, ברגלים (ע״ש תהל׳ נה טו בבית אלהים נהלך ברגש). **11 תשובב** תשיב. **תקרא** ע״ש ישע׳ סא א לקרא לשבויים דרור... **תשרוק** ע״ש זכר׳ י ח אשרקה להם ואקבצם. **תתקע** ע״ש זכר׳ ט יד וה׳ אלהים בשופר יתקע... וי״ג תשאג, ע״ש הושע יא י אחרי ה׳ ילכו כאריה ישאג. **12 תביאם אל הר קדשך ותשמחם...** ע״ש ישע׳ נו ז והביאותים אל הר קדשי ושמחתים בבית תפלתי, והוסיפוהו גם לפיוט הקודם.

אֱלֹהֵינוּ וֵאלֹהֵי אֲבוֹתֵינוּ

סימן: תשר״ק.

תִּתֵּן אַחֲרִית לְעַמֶּךָ / תָּשִׁיב מִקְדָּשׁ לְתוֹכֵנוּ
תְּרוֹמֵם הַר מְרוֹם הָרִים / תְּקוֹמֵם קֶרֶן גְּדוּעָה
תַּצְהִיר מַחְשַׁכֵּי אִוּוּי / תְּפָאֵר יוֹשֶׁבֶת בָּדָד
תַּעְטֶה בָּהּ מְלוּכָה לְבַדֶּךָ / תָּסִיר חֶרְפָּה מֵעִיר
תְּנַעֵר זֵדִים מִזְּבוּלֶךָ / תַּמְצִיא צְדָקָה לַעֲדָתֶךָ
תְּלַבֵּב אֶת רַעְיָתֶךָ / תִּכְרוֹת לָהּ בְּרִית חֲדָשָׁה
תֵּיקַר נַפְשָׁהּ בְּעֵינֶיךָ / תְּטַהֲרֶנָּה בְּמַיִם טְהוֹרִים
תַּחֲנֶה בְּעִיר חָנָה דָוִד / תִּזְקוֹף קוֹמַת תְּמָרָה
תּוֹדִיעַ לַכֹּל אַהֲבָתֵנוּ / תְּהַלֵּךְ בְּקֶרֶב מַחֲנוֹתֵינוּ
תִּדְרוֹשׁ גְּאֻלָּה לְגָלוּתֵנוּ / תְּגַלֶּה קֵץ לְקִוּוּתֵנוּ
תָּבֹא מְהֵרָה לְנַחֲמֵנוּ / תַּאֲמִירֵנוּ לָךְ וְנַאֲמִירְךָ לָנוּ.

1 תתן אחרית לעמך ע״ש ירמ׳ כט יא לתת לכם אחרית ותקוה. **2 תרומם הר מרום הרים** ע״ש מ״ב יט כג עליתי מרום הרים... ר״ל את הר ציון. **קרן גדועה** ע״ש איכה ב ג גדע בחרי אף כל קרן ישראל. **3 תצהיר** תאיר. **מחשכי אווי** חשך בית המקדש, ע״ש תהל׳ קלב יג אוה למושב לו. **תפאר יושבת בדד** ע״ש איכה א א. **4 תסיר חרפה מעיר** ע״ש ש״א יז כו והסיר חרפה מעל ישראל. **6 תלבב את רעיתך** ע״ש שה״ש ד ט לבבתני אחותי כלה. **תכרת לה ברית חדשה** ע״ש ירמ׳ לא ל וכרתי את בית ישראל ואת בית יהודה ברית חדשה. **7 תיקר נפשה בעיניך** ל׳ מ״ב א יד. **תטהרנה במים טהורים** ע״ש יחזק׳ לה כה. **8 בעיר חנה דוד** ע״ש ישע׳ כט א קרית חנה דוד. **תזקוף קומת תמרה** ר״ל את ישראל, ע״ש שה״ש ז ח זאת קומתך דמתה לתמר, שדרשוהו על ישראל מדרש תהלים כ״ב י״א (דף צ״ג א׳). שמות רבה ל״ו א׳ ועוד. **9 תהלך בקרב**

וּמֵרֹב עֲוֹנֵינוּ

סימן: תשר״ק.

תָּעִינוּ מֵאַחֲרֶיךָ / שָׁגַגְנוּ מִמִּצְוֹתֶיךָ
רִחַקְנוּ מִבֵּית חַיֵּינוּ / קִלְקַלְנוּ אָרְחוֹת עוֹלָם
צְעָדֵינוּ לֹא יִשַּׁרְנוּ / פָּשַׁעְנוּ לְשֵׁם קָדְשֶׁךָ
עָזַבְנוּ תּוֹרָתֶךָ / סַרְנוּ מֵאִמְרֵי פִיךָ
נִאַצְנוּךָ בְּמַעֲשֵׂה יָדֵינוּ / מָרִינוּ וּמָרַדְנוּ בָךְ
לֹא הִקְשַׁבְנוּ לְדִבְרֵי נְבִיאֶיךָ / כִּעַסְנוּךָ וְלֹא בִקַּשְׁנוּךָ
יִרְאָתְךָ מִלֵּב שָׁכַחְנוּ / טָהֳרָתְךָ בְּמַעֲשֵׂינוּ טִמֵּאנוּ
חָטָאנוּ לְךָ יי אֱלֹהֵינוּ / זְעַמְנוּךָ מֵרֹב עֲוֹנֵינוּ
וְאִמַּצְנוּ אֶת לְבָבֵנוּ / הִקְשִׁינוּ אֶת עָרְפֵּנוּ
דַּרְכְּךָ אָחוֹר הִשְׁלַכְנוּ / גְּדֻלָּתְךָ לֹא הִגַּדְנוּ
בֵּיתְךָ נֶהֱרַס בַּעֲוֹנֵינוּ / אִוּוּיךָ נִתַּץ בַּחֲטָאֵינוּ.

מחנותינו ע״ש דבר׳ כג טו כי ה׳ אלהיך מתהלך בקרב מחנך. **10 תגלה קץ לקנותנו** ע״ש ישע׳ יא יא והיה ביום ההוא יוסיף ה׳ שנית ידו לקנות את שאר עמו. **11 תאמירנו לך ונאמירך לנו** ע״ש דבר׳ כו יז־יח את ה׳ האמרת היום... וה׳ האמירך היום...

1 תעינו מאחריך ע״ש יחזק׳ מד י בתעות ישראל אשר תעו מעלי. **2 רוחקנו מבית חיינו** לשון התלמוד, ב״ק דף ק׳ א׳. ב״מ דף ל׳ ב׳ והודעת להם זה בית חייהם. **7 מלב שכחנו** ל׳ תהל׳ לא יג נשכחתי כמת מלב. **9 ואמצנו את לבבנו** ל׳ דבר׳ טו ז לא תאמץ את לבבך. **הקשינו את ערפנו** ל׳ דבר׳ י טז וערפכם לא תקשו עוד. **10 דברך אחור השלכנו** ע״ש תהל׳ נ יז ותשלך דברי אחריך. **גדולתך לא הגדנו** ע״ש תהל׳ קמה ד וגבורותיך יגידו, ושם ו וגדולתך אספרנה.

מַה נְּדַבֵּר / פְּנֵי מֵישָׁרִים דּוֹבֵר
וּמַה נֵּעָנֶה / לְמִמֶּנּוּ מַעֲנֶה
וּמַה נִּצְטַדָּקָה / פְּנֵי לוֹבֵשׁ צְדָקָה
גְּמָלָנוּ טוֹבוֹת וְשִׁלַּמְנוּ רָעוֹת
וּמַה יֶּשׁ לָנוּ עוֹד צְדָקָה לִזְעוֹק פְּנֵי מֶלֶךְ.

זְכֹר רַחֲמֶיךָ יי וַחֲסָדֶיךָ, כִּי מֵעוֹלָם הֵמָּה.
אַל תִּזְכָּר לָנוּ עֲוֹנוֹת רִאשׁוֹנִים
מַהֵר יְקַדְּמוּנוּ רַחֲמֶיךָ כִּי דַלּוֹנוּ מְאֹד.
זָכְרֵנוּ יי בִּרְצוֹן עַמֶּךָ, פָּקְדֵנוּ בִּישׁוּעָתֶךָ.
זְכֹר עֲדָתְךָ קָנִיתָ קֶּדֶם גָּאַלְתָּ שֵׁבֶט נַחֲלָתֶךָ
הַר צִיּוֹן זֶה שָׁכַנְתָּ בּוֹ.
זְכֹר יי חִבַּת יְרוּשָׁלָיִם, אַהֲבַת צִיּוֹן אַל תִּשְׁכַּח לָנֶצַח.
זְכֹר יי לִבְנֵי אֱדוֹם אֵת יוֹם יְרוּשָׁלָיִם
הָאֹמְרִים עָרוּ עָרוּ, עַד הַיְסוֹד בָּהּ.
אַתָּה תָקוּם תְּרַחֵם צִיּוֹן, כִּי עֵת לְחֶנְנָהּ כִּי בָא מוֹעֵד.
זְכֹר לְאַבְרָהָם לְיִצְחָק וּלְיִשְׂרָאֵל עֲבָדֶיךָ אֲשֶׁר נִשְׁבַּעְתָּ לָהֶם בָּךְ
וַתְּדַבֵּר אֲלֵיהֶם אַרְבֶּה אֶת זַרְעֲכֶם כְּכוֹכְבֵי הַשָּׁמָיִם
וְכָל הָאָרֶץ הַזֹּאת אֲשֶׁר אָמַרְתִּי אֶתֵּן לְזַרְעֲכֶם וְנָחֲלוּ לְעוֹלָם.
זְכֹר לַעֲבָדֶיךָ לְאַבְרָהָם לְיִצְחָק וּלְיַעֲקֹב
אַל תֵּפֶן אֶל קְשִׁי הָעָם הַזֶּה וְאֶל רִשְׁעוֹ וְאֶל חַטָּאתוֹ.

מה נדבר... ומה נצטדקה ע"ש בראי מד טז. **פני מישרים דובר** ל' ישע' לג טו. **לממנו מענה** ע"ש משלי טז א ומה' מענה לשון. **ומה יש לנו עוד צדקה לזעוק פני המלך** ש"ב יט כט (בשינוי).

אַל נָא תָשֵׁת עָלֵינוּ חַטָּאת אֲשֶׁר נוֹאַלְנוּ וַאֲשֶׁר חָטָאנוּ.

חָטָאנוּ צוּרֵנוּ / סְלַח לָנוּ יוֹצְרֵנוּ.

סימן: א״ב יהודה חזק.

אֵלֶּה אֶזְכְּרָה וְנַפְשִׁי עָלַי אֶשְׁפְּכָה
כִּי בְלָעוּנוּ זֵדִים כְּעוּגָה בְּלִי הֲפוּכָה
כִּי בִימֵי קֵיסָר לֹא עָלְתָה אֲרוּכָה / לַעֲשָׂרָה הֲרוּגֵי מְלוּכָה.

בְּלָמְדוֹ סֵפֶר מִפִּי מְשׁוּלֵי עֲרֵמַת / וְהֵבִין וְדִקְדֵּק בְּדָת רְשׁוּמַת
וּפָתַח בְּוְאֵלֶּה הַמִּשְׁפָּטִים וְחָשַׁב מְזִמַּת
וְגֹנֵב אִישׁ וּמְכָרוֹ וְנִמְצָא בְיָדוֹ מוֹת יוּמָת.

חָטָאנוּ צוּרֵנוּ / סְלַח לָנוּ יוֹצְרֵנוּ.

גָּבַהּ לֵב בְּלִיַּעַל עוֹבֵד אֱלִילִים / וְצִוָּה לְמַלְאוֹת פַּלְטֵירוֹ נְעָלִים
וְקָרָא לַעֲשָׂרָה חֲכָמִים גְּדוֹלִים / מְבִינֵי דָת וּטְעָמֶיהָ בְּפִלְפּוּלִים.

דִּינוּ מִשְׁפָּט זֶה לַאֲשׁוּרוֹ
וְאַל תְּעַוְּתוּהוּ בְּכָזָב לְאָמְרוֹ כִּי אִם הוֹצִיאוּהוּ לַאֲמִתּוֹ וּלְאוֹרוֹ
כִּי יִמָּצֵא אִישׁ גֹּנֵב נֶפֶשׁ מֵאֶחָיו מִבְּנֵי יִשְׂרָאֵל וְהִתְעַמֶּר בּוֹ וּמְכָרוֹ.

חָטָאנוּ צוּרֵנוּ / סְלַח לָנוּ יוֹצְרֵנוּ.

1 אלה אזכרה ונפשי עלי אשפכה תהל׳ מב ה. **כעוגה בלי הפוכה** הושע ז ח, ר״ל הנאכלת קודם גמר האפיה, ועי׳ שם התרגום. **2 לא עלתה ארוכה** ע״ש ירמ׳ ח כב. **3 בלמדו ספר מפי משולי ערימת** (ר״ל ערימת חטים) בלמדו תורה מפי תלמידי חכמים וזקנים (מדרש אלה אזכרה, ילינק, בית המדרש, ח״ב ע׳ 64) שהם משולים לערמת חטים (שה״ש ז ג) לפי הדרשה סנהד׳ דף ל״ז א׳ (שנמשלה הסנהדרין לערמת חטים), ובתנחומא כי תשא ב׳ דורשים מה חטים אלו עולות במדה כך היו עולין במנין הזקנים והתלמידים וחכמים וכו׳. **בדת רשומת** בתורה שבכתב. **4 מזימת** מחשבות רעות (ע״ש תהל׳ י ב). **וגונב איש...** שמות כא טז. **5 פלטירו** ארמון המלך (פלטר היא צורה

הֵם כְּעָנוּ לוֹ וּמֵת הַגַּנָּב הַהוּא
נָם אַיֵּה אֲבוֹתֵיכֶם אֲשֶׁר אֲחִיהֶם מְכָרוּהוּ
לְאֹרְחַת יִשְׁמְעֵאלִים סְחָרוּהוּ / וּבְעַד נַעֲלַיִם נְתָנוּהוּ.

וְאַתֶּם קַבְּלוּ דִין שָׁמַיִם עֲלֵיכֶם / כִּי מִימֵיהֶם לֹא נִמְצָא כָּכֶם
וְאִם הָיוּ בַּחַיִּים הָיִיתִי דָנָם לִפְנֵיכֶם / וְאַתֶּם תִּשְׂאוּ עֲוֹן אֲבוֹתֵיכֶם.
חָטָאנוּ צוּרֵנוּ / סְלַח לָנוּ יוֹצְרֵנוּ.

זְמַן תְּנָה לָנוּ שְׁלֹשָׁה יָמִים / עַד שֶׁנֵּדַע אִם נִגְזַר הַדָּבָר מִמְּרוֹמִים
אִם אֲנַחְנוּ חַיָּבִים וַאֲשֵׁמִים / נִסְבֹּל בִּגְזֵרַת מָלֵא רַחֲמִים.

חָלוּ וְזָעוּ וְנָעוּ כֻלָּמוֹ / עַל רַבִּי יִשְׁמָעֵאל כֹּהֵן גָּדוֹל נָתְנוּ עֵינֵימוֹ
לְהַזְכִּיר אֶת הַשֵּׁם לַעֲלוֹת לַאֲדוֹנֵימוֹ
לָדַעַת אִם יָצְאָה הַגְּזֵרָה מֵאֵת אֱלֹהֵימוֹ.
חָטָאנוּ צוּרֵנוּ / סְלַח לָנוּ יוֹצְרֵנוּ.

מקוצרת של המלה פלטורין). **8 כי ימצא...** דבר׳ כד ז. **10 לאורחת ישמעאלים**ברא׳ לז כה. **ובעד נעלים נתנוהו** עי׳ פרקי׳ ר׳ אליעזר ל״ח כל אחד ואחד נטל שני כספים לקנות מנעלים ברגליהם, שנא׳ (עמוס ב ו) על מכרם בכסף צדיק ואביון בעבור נעלים, ועי׳ ג״כ תרגום יונתן ברא׳ לז כח. **12 ואם היו בחיים...** לפי דברי המדרש: ואם הם היו בחיים הייתי דן אותם, ועתה שאינם חיים אתם תשאו עון אבותיכם. **13 עד שנדע...** במדרש: אם נמצא זכות על עצמנו מוטב ואם לאו, עשה מה שתחפץ. **15 על ר׳ ישמעאל... נתנו עינימו...** במדרש: וחילו את פני ר׳ ישמעאל כ״ג שיזכיר השם הגדול ויעלה לרקיע ויחקור אם נגזרה גזירה מאת הש״י. **17 טיהר ר״י עצמו** במדרש הוא ממשיך: בטבילה ובקדושין, ונתעטף בטלית ובתפלין והזכיר השם המפורש בפירושו. **בסילודים** בחרדה (ל׳ ואסלדה בחילה, איוב ו י). **ועלה למרום** במדרש: מיד נשאו הרוח והביאו למעלה עד הרקיע הששי. **ושאל מאת [האיש] לבוש הבדים** גבריאל המלאך, ע״פ יחזק׳ ט יא ודרשת חז״ל שבת דף נ״ה א׳, וכן הוא במדרש: ופגע בו גבריאל המלאך. **18 מאחורי הפרגוד** המחיצה המבדלת בין מקום השכינה לרקיע (ברכות דף י״ח ב׳). **כי בזאת אתם נלכדים** דוגמת וילכד שבט יהודה, יהושע ז טז. בדברי המדרש: כי שמעתי מאחורי הפרגוד שעשרה חכמי ישראל נמסרו

טִהֵר רַבִּי יִשְׁמָעֵאל עַצְמוֹ וְהִזְכִּיר אֶת הַשֵּׁם בְּסִלּוּדִים
וְעָלָה לַמָּרוֹם וְשָׁאַל מֵאֵת הָאִישׁ לְבוּשׁ הַבַּדִּים
וְנָם לוֹ קַבְּלוּ עֲלֵיכֶם צַדִּיקִים וִידִידִים
כִּי שָׁמַעְתִּי מֵאֲחוֹרֵי הַפַּרְגּוֹד כִּי בְּזֹאת אַתֶּם נִלְכָּדִים.
יָרַד וְהִגִּיד לַחֲבֵרָיו מַאֲמַר אֵל / וְצִוָּה בְּלִיַּעַל לְהָרְגָם בְּכֹחַ וְלָאֵל
וּשְׁנַיִם מֵהֶם הוֹצִיאוּ תְּחִלָּה שֶׁהֵם גְּדוֹלֵי יִשְׂרָאֵל
רַבִּי יִשְׁמָעֵאל כֹּהֵן גָּדוֹל וְרַבָּן שִׁמְעוֹן בֶּן גַּמְלִיאֵל נְשִׂיא יִשְׂרָאֵל.
חָטָאנוּ צוּרֵנוּ / סְלַח לָנוּ יוֹצְרֵנוּ.

כְּרוֹת רֹאשׁוֹ תְּחִלָּה הִרְבָּה מְנוֹ לְבְעוֹן
וְנָם הֲרְגֵנִי תְחִלָּה וְאַל אֶרְאֶה בְּמִיתַת מְשָׁרֵת דָּר מָעוֹן
לְהַפִּיל גּוֹרָלוֹת צִוָּה צִפְעוֹן / וְנָפַל הַגּוֹרָל עַל רַבָּן שִׁמְעוֹן.
לִשְׁפֹּךְ דָּמוֹ מִהֵר כְּשׁוֹר פָּר
וּכְשֶׁנֶּחְתַּךְ רֹאשׁוֹ נְטָלוֹ וְצָרַח עָלָיו בְּקוֹל מַר כַּשּׁוֹפָר
אֵי הַלָּשׁוֹן הַמְמַהֶרֶת לְהוֹרוֹת אִמְרֵי שֶׁפֶר
בַּעֲוֹנוֹת אֵיךְ עַתָּה לוֹחֶכֶת אֶת הֶעָפָר.
חָטָאנוּ צוּרֵנוּ / סְלַח לָנוּ יוֹצְרֵנוּ.

להריגה ביד מלכות הרשעה... על מכירת יוסף שמכרוהו אחיו וכו׳. **19 ולאל** ל׳ כח וגבורה, במקרא (ברא׳ לא כט יש לאל ידי, ועוד) רק בחיבור עם מלת ״יד״, והפייטן תפס בו סתם. **21 כרות ראשו תחלה הרבה מנו לבעון** ר׳ ישמעאל בקש ממנו (׳בעון׳ הוא חידוש הפייטן במשמעות בקש, התחנן, ע״ש ישע׳ כא יב אם תבעיון בעיו) לכרות את ראשו תחלה. **ונם** רבן שמעון **הרגני תחלה**, כך סופר במדרש, ומאחר ששניהם רצו ליהרג תחלה הפיל גורל. **משרת דר מעון** כהן גדול המשרת לפני השכינה. **22 צפעון** הנחש, ע״ש ירמ׳ ח יז. **23 כשור פר** ע״ש תהל׳ סט לב. **נטלו** ר׳ ישמעאל בין יריכיו וצוח עליו במר נפש (כ״ה במדרש). **24 להורות אמרי שפר** ע״ש ברא׳ מט כא הנותן

מַה מְּאֹד בָּכָה עָלָיו בַּחֲרָדָה / בַּת בְּלִיַּעַל לְקוֹל בְּכִיָּתוֹ עָמְדָה
תֹּאַר יָפְיוֹ בְּלִבָּהּ חָמְדָה / וְשָׁאֲלָה מֵאֵת אָבִיהָ חַיָּתוֹ לְהַעֲמִידָה.
נִאֵץ בְּלִיַּעַל דָּבָר זֶה לַעֲשׂוֹתוֹ
לְהַפְשִׁיט עוֹרוֹ מֵעַל פָּנָיו שֶׁאֲלָה מֵאִתּוֹ
וְלֹא עִכֵּב דָּבָר זֶה לַעֲשׂוֹתוֹ
וּכְשֶׁהִגִּיעַ לִמְקוֹם תְּפִלִּין וְצָרַח בְּקוֹל מַר לְיוֹצֵר נִשְׁמָתוֹ.
חָטָאנוּ צוּרֵנוּ / סְלַח לָנוּ יוֹצְרֵנוּ.

שַׂרְפֵי מַעְלָה צָעֲקוּ בְּמָרָה
זוֹ תּוֹרָה וְזוֹ שְׂכָרָהּ עוֹטֶה כַּשַּׂלְמָה אוֹרָה
אוֹיֵב מְנַאֵץ שִׁמְךָ הַגָּדוֹל וְהַנּוֹרָא / וּמְחָרֵף וּמְגַדֵּף עַל דִּבְרֵי תוֹרָה.
עָנְתָה בַּת קוֹל מִשָּׁמַיִם
אִם אֶשְׁמַע קוֹל אַחֵר אֶהְפֹּךְ אֶת הָעוֹלָם לְמַיִם
לְתֹהוּ וָבֹהוּ אָשִׁית הֲדוֹמַיִם
גְּזֵרָה הִיא מִלְּפָנַי קַבְּלוּהָ מְשַׁעַשְׁעֵי דָּת יוֹמָיִם.
חָטָאנוּ צוּרֵנוּ / סְלַח לָנוּ יוֹצְרֵנוּ.

אמרי שפר (ושינה את הניקוד לארמית לטובת החרוז). **בעונות** בעוונותינו הרבים. **איך עתה לוחכת את העפר** דברי המדרש. **25 בת בליעל** בתו של הקיסר. **26 חיתו להעמידה** להחיות אותו. **27 ניאץ** סירב. **להפשיט עורו...** במדרש: אבקש לך א"כ שתצוה להפשיט את עור פניו כדי להסתכל במקום מראה. מיד צוה... וכיון שהגיע למקום תפלין צעק צעקה גדולה ומרה. **29 שרפי מעלה צעקו...** לפי המדרש: אמרו מלאכי השרת לפני הקב"ה וכו' **זו תורה וזו שכרה** שם. **עוטה כשלמה אורה** קריאה להקב"ה, תהל' קד ב. **31 ענתה בת קול... אם אשמע קול אחר אהפוך את העולם למים** שם. **לתוהו ובוהו** שם. **אשית הדומים** את הארץ שהיא הדום רגליו (ישע' סו א). **משעשעי דת יומים** את התורה שקדמה אלפים שנה, שהן יומים של הקב"ה, לבריאת העולם, לפי

פְּקִידִים נֶהֶרְגוּ מֵאַחֲרֵי שֶׁבֶת בָּתֵּי כְנֵסִיּוֹת
מְלֵאֵי מִצְוֹת כְּרִמּוֹן וּכְזָוִיּוֹת
וְהוֹצִיאוּ אֶת רַבִּי עֲקִיבָא דּוֹרֵשׁ כִּתְרֵי אוֹתִיּוֹת
וְסָרְקוּ בְשָׂרוֹ בְּמַסְרְקוֹת פִּיפִיּוֹת.

צִוָּה לְהוֹצִיא רַבִּי חֲנַנְיָא בֶּן תְּרַדְיוֹן מִבֵּית אוּלַמּוֹ
וּבַחֲבִילֵי זְמוֹרוֹת שָׂרְפוּ גָלְמוֹ
וּסְפוֹגִין שֶׁל צֶמֶר שָׂמוּ עַל לִבּוֹ לְעַכֵּב עַצְמוֹ
וּכְשֶׁנִּסְתַּלְּקוּ מִיָּד נִשְׂרַף וְסֵפֶר תּוֹרָה עִמּוֹ.

חָטָאנוּ צוּרֵנוּ / סְלַח לָנוּ יוֹצְרֵנוּ.

קוֹנְנוּ קְדוֹשִׁים עַם לֹא אַלְמָן / כִּי עַל דָּבָר מוּעָט נֶהֶרְגוּ וְנִשְׁפַּךְ דָּמָן
לְקַדֵּשׁ שֵׁם שָׁמַיִם מָסְרוּ עַצְמָן / בַּהֲרִיגַת רַבִּי חוּצְפִּית הַמְתֻרְגְּמָן.

רְעָדָה תֹּאחֵז כָּל שׁוֹמֵעַ שְׁמוּעַ / וְתִזַּל כָּל עַיִן דִּמּוּעַ
וְנֶהְפַּךְ לְאֵבֶל כָּל שַׁעֲשׁוּעַ / בַּהֲרִיגַת רַבִּי אֶלְעָזָר בֶּן שַׁמּוּעַ.

חָטָאנוּ צוּרֵנוּ / סְלַח לָנוּ יוֹצְרֵנוּ.

דרשות חז״ל, כגון ויק״ר י״ט א׳ (ע׳ תיג), על הכתוב משלי ח ל ואהיה שעשועים יום יום. **33 פקידים** מנהיגי העם. **מאחרי שבת** תהל׳ קכז ב. **מלאי מצות כרמון** לשון התלמוד, ברכות דף נ״ז א׳. **וכזויות** ר״ל כזויות המזבח שהן מלאות דם הקרבנות, ע״ש זכר׳ ט טו ומלאו כמזרק כזויות מזבח. **34 והוציאו את ר׳ עקיבא דורש כתרי אותיות. וסרקו בשרו במסרקות פיפיות** במדרש שם (ושם הוא גורס במסרקות ברזל). **35 ר׳ חנניא** (במדרש הוא גורס ׳חנינא׳) **בן תרדיון** שלפי המדרש הקהיל קהילות ברבים וספר תורה מונח לו בחיקו. **ובחבילי זמורות שרפו גולמו** אין פרט זה במדרש הנ״ל אלא בעריכה שונה (ילינק, בית המדרש ח״ו ע׳ 28), שם הוא גורס: והקיפוהו בחבלי זמורות והציתו בהן את האור ושרפוהו. **36 וספוגין של צמר שמו על לבו לעכב עצמו** בלשון המדרש: כדי שלא תצא נשמתו מהרה. **וכשנסתלקו** הספוגין. **37 קוננו עם לא אלמן** ישראל, ע״ש ירמ׳ נא ה. מכאן ואילך סוטה הפייטן מסדר המדרש, בו באו ההרוגים בסדר זה: ר׳ יודא בן בבא, ר׳

שְׁחָתוּנִי צוֹרְרַי וּמְעַנַּי / וּמִלְאוּ כְרֵסָם מֵעֲדָנַי
וְהִשְׁקוּנִי מֵי רוֹשׁ וְלַעֲנַי / בַּהֲרִיגַת רַבִּי חֲנִינָא בֶּן חֲכִינָי.

תָּקְפוּ עָלֵינוּ מִצְוֹת לְהָפֵר / וּמֵאֲנוּ לָקַחַת הוֹן וָכֹפֶר
כִּי אִם נְפָשׁוֹת הַהוֹגוֹת אִמְרֵי שֶׁפֶר / כְּמוֹ רַבִּי יְשֵׁבָב הַסּוֹפֵר.

חָטָאנוּ צוּרֵנוּ / סְלַח לָנוּ יוֹצְרֵנוּ.

יְחָתוּנוּ בְּנֵי עֲדִינָה הַשּׁוֹמֵמָה / הֵרֵעוּ לָנוּ מִכָּל מַלְכֵי אֲדָמָה
וְהָרְגוּ מֶנּוּ כַּמָּה וְכַמָּה / בַּהֲרִיגַת רַבִּי יְהוּדָה בֶּן דָּמָה.

דִּבְרַתְּ בֵּית יַעֲקֹב אֵשׁ וּבֵית יוֹסֵף לֶהָבָה
הֵן עַתָּה קַשׁ אוּרָם כָּבָה
חַי זְעָךְ קוֹמָתָם בְּבִיעוּר יוֹם הַבָּא
כִּי הֵמָּה הִסְכִּימוּ לַהֲרוֹג עֲשָׂרָה צַדִּיקִים עִם רַבִּי יְהוּדָה בֶּן בָּבָא.

חָטָאנוּ צוּרֵנוּ / סְלַח לָנוּ יוֹצְרֵנוּ.

יודא בן דמא, ר׳ חוצפית, ר׳ חנינא בן חכינאי, ר׳ ישבב הסופר, ר׳ אלעזר בן שמוע. **39 רעדה תאחז** ע״ש תהל׳ מח ז. **שימוע... דימוע** חידושי הפייטן לטובת החרוז. **41 ומלאו כרסם מעדני** ע״ש ירמ׳ נא לד. **והשקוני מי רוש ולעני** (במקום ׳ולענה׳) ע״ש ירמ׳ כג טו. **43 תקפו עלינו** לחצו עלינו. **44 ההוגות אמרי שפר** (ע״ש ברא׳ מט כא) דברי תורה. **45 יחתונו** יתנפלו עלינו, מהשרש נחת (ל׳ מי יחת עלינו, ירמ׳ כא יג, בתחביר דוגמת כל זאת באתנו, תהל׳ מד יח); ונראה יותר לנקד יְחִיתּוּנוּ, פי׳ יפחידונו, מל׳ חתת (כגון ירמ׳ א יז פן אחתך לפניהם). **בני עדינה** מלכות אדום, ע״ש ישע׳ מז ח. **47 דברת בית יעקב אש ובית יוסף להבה** ע״ש עובד׳ א יח והיה בית יעקב אש ובית יוסף להבה ובית עשו לקש ודלקו בהם ואכלום, והנה עתה להיפך **קש אורם כבה** וידו של עשו על העליונה. **48 זעוך קומתם** השפל אותם. **בביעור היום הבא** ע״ש מלאכי ג יט כי הנה היום בא בוער כתנור והיו כל זדים וכל עושי רשעה קש ולהט אותם היום הבא וכו׳.

52-49 חרוזים אלה כנראה אינם שייכים לפיוט. **49 בשינון** מל׳ ושננתם לבניך (דבר׳ ו ז), ועי׳ ספרי דבר׳ ל״ד. **52 והעבר כתמים** סלח לעונות.

זֹאת קְרָאתְנוּ וְסִפַּרְנוּ בְּשִׁנּוּן / וְשָׁפַכְנוּ לֵב שָׁפוּל וְאָנוּן
מִמָּרוֹם הַסְכֵּת תַּחֲנוּן / יי יי אֵל רַחוּם וְחַנּוּן.

חַנּוּן הַבִּיטָה מִמְּרוֹמִים / תִּשְׁפֹּכֶת דַּם הַצַּדִּיקִים וְתַמְצִית דָּמִים
תִּרְאֶה בְּפַרְגּוֹדָךְ וְהַעֲבֵר כְּתָמִים / אֵל מֶלֶךְ יוֹשֵׁב עַל כִּסֵּא רַחֲמִים.

חָטָאנוּ צוּרֵנוּ / סְלַח לָנוּ יוֹצְרֵנוּ.

זְכֹר לָנוּ בְּרִית אָבוֹת כַּאֲשֶׁר אָמַרְתָּ
וְזָכַרְתִּי אֶת בְּרִיתִי יַעֲקוֹב, וְאַף אֶת בְּרִיתִי יִצְחָק
וְאַף אֶת בְּרִיתִי אַבְרָהָם אֶזְכֹּר וְהָאָרֶץ אֶזְכֹּר.
זְכֹר לָנוּ בְּרִית רִאשׁוֹנִים כַּאֲשֶׁר אָמַרְתָּ
וְזָכַרְתִּי לָהֶם בְּרִית רִאשׁוֹנִים
אֲשֶׁר הוֹצֵאתִי אֹתָם מֵאֶרֶץ מִצְרַיִם לְעֵינֵי הַגּוֹיִם
לִהְיוֹת לָהֶם לֵאלֹהִים אֲנִי יי.
עֲשֵׂה עִמָּנוּ כְּמָה שֶׁהִבְטַחְתָּנוּ
וְאַף גַּם זֹאת בִּהְיוֹתָם בְּאֶרֶץ אֹיְבֵיהֶם
לֹא מְאַסְתִּים וְלֹא גְעַלְתִּים לְכַלֹּתָם
לְהָפֵר בְּרִיתִי אִתָּם, כִּי אֲנִי יי אֱלֹהֵיהֶם.
רַחֵם עָלֵינוּ וְאַל תַּשְׁחִיתֵנוּ כְּמָה שֶׁכָּתוּב
כִּי אֵל רַחוּם יי אֱלֹהֶיךָ לֹא יַרְפְּךָ וְלֹא יַשְׁחִיתֶךָ
וְלֹא יִשְׁכַּח אֶת בְּרִית אֲבֹתֶיךָ אֲשֶׁר נִשְׁבַּע לָהֶם.
וּמוֹל אֶת לְבָבֵנוּ לְאַהֲבָה אֶת שְׁמֶךָ כְּמָה שֶׁכָּתוּב
וּמָל יי אֱלֹהֶיךָ אֶת לְבָבְךָ וְאֶת לְבַב זַרְעֶךָ
לְאַהֲבָה אֶת יי אֱלֹהֶיךָ בְּכָל לְבָבְךָ וּבְכָל נַפְשְׁךָ לְמַעַן חַיֶּיךָ.
הָשֵׁב שְׁבוּתֵנוּ וְרַחֲמֵנוּ כְּמָה שֶׁכָּתוּב

וְשָׁב יְיָ אֱלֹהֶיךָ אֶת שְׁבוּתְךָ וְרִחֲמֶךָ
וְשָׁב וְקִבֶּצְךָ מִכָּל הָעַמִּים אֲשֶׁר הֱפִיצְךָ יְיָ אֱלֹהֶיךָ שָׁמָּה.
קַבֵּץ נִדָּחֵינוּ כְּמָה שֶׁכָּתוּב
אִם יִהְיֶה נִדַּחֲךָ בִּקְצֵה הַשָּׁמָיִם
מִשָּׁם יְקַבֶּצְךָ יְיָ אֱלֹהֶיךָ וּמִשָּׁם יִקָּחֶךָ.
הִמָּצֵא לָנוּ בְּבַקָּשָׁתֵנוּ כְּמָה שֶׁכָּתוּב
וּבִקַּשְׁתֶּם מִשָּׁם אֶת יְיָ אֱלֹהֶיךָ וּמָצָאתָ
כִּי תִדְרְשֶׁנּוּ בְּכָל לְבָבְךָ וּבְכָל נַפְשֶׁךָ.
מְחֵה פְּשָׁעֵינוּ לְמַעַנְךָ כַּאֲשֶׁר אָמַרְתָּ
אָנֹכִי אָנֹכִי הוּא מֹחֶה פְשָׁעֶיךָ לְמַעֲנִי, וְחַטֹּאתֶיךָ לֹא אֶזְכֹּר.
מְחֵה פְשָׁעֵינוּ כָּעָב וְכֶעָנָן כְּמָה שֶׁכָּתוּב
מָחִיתִי כָעָב פְּשָׁעֶיךָ וְכֶעָנָן חַטֹּאתֶיךָ, שׁוּבָה אֵלַי כִּי גְאַלְתִּיךָ.
הַלְבֵּן חֲטָאֵינוּ כַּשֶּׁלֶג וְכַצֶּמֶר כְּמָה שֶׁכָּתוּב
לְכוּ נָא וְנִוָּכְחָה יֹאמַר יְיָ
אִם יִהְיוּ חֲטָאֵיכֶם כַּשָּׁנִים כַּשֶּׁלֶג יַלְבִּינוּ, אִם יַאְדִּימוּ כַתּוֹלָע כַּצֶּמֶר יִהְיוּ.
זְרֹק עָלֵינוּ מַיִם טְהוֹרִים וְטַהֲרֵנוּ כְּמָה שֶׁכָּתוּב
וְזָרַקְתִּי עֲלֵיכֶם מַיִם טְהוֹרִים
וּטְהַרְתֶּם, מִכֹּל טֻמְאוֹתֵיכֶם וּמִכָּל גִּלּוּלֵיכֶם אֲטַהֵר אֶתְכֶם.
כַּפֵּר חֲטָאֵינוּ בַּיּוֹם הַזֶּה וְטַהֲרֵנוּ כְּמָה שֶׁכָּתוּב
כִּי בַיּוֹם הַזֶּה יְכַפֵּר עֲלֵיכֶם לְטַהֵר אֶתְכֶם
מִכֹּל חַטֹּאתֵיכֶם לִפְנֵי יְיָ תִּטְהָרוּ.
תְּבִיאֵנוּ אֶל הַר קָדְשֶׁךָ וְשַׂמְּחֵנוּ בְּבֵית תְּפִלָּתֶךָ כְּמָה שֶׁכָּתוּב
וַהֲבִיאוֹתִים אֶל הַר קָדְשִׁי וְשִׂמַּחְתִּים בְּבֵית תְּפִלָּתִי
עוֹלֹתֵיהֶם וְזִבְחֵיהֶם לְרָצוֹן עַל מִזְבְּחִי
כִּי בֵיתִי בֵּית תְּפִלָּה יִקָּרֵא לְכָל הָעַמִּים.

פותחים את ארון הקודש

שְׁמַע קוֹלֵנוּ, יְיָ אֱלֹהֵינוּ, חוּס וְרַחֵם עָלֵינוּ
וְקַבֵּל בְּרַחֲמִים וּבְרָצוֹן אֶת תְּפִלָּתֵנוּ.
הֲשִׁיבֵנוּ יְיָ אֵלֶיךָ וְנָשׁוּבָה, חַדֵּשׁ יָמֵינוּ כְּקֶדֶם.
אַל תַּשְׁלִיכֵנוּ מִלְּפָנֶיךָ, וְרוּחַ קָדְשְׁךָ אַל תִּקַּח מִמֶּנּוּ.
אַל תַּשְׁלִיכֵנוּ לְעֵת זִקְנָה, כִּכְלוֹת כֹּחֵנוּ אַל תַּעַזְבֵנוּ.

סוגרים את ארון הקודש

אַל תַּעַזְבֵנוּ יְיָ, אֱלֹהֵינוּ אַל תִּרְחַק מִמֶּנּוּ.
עֲשֵׂה עִמָּנוּ אוֹת לְטוֹבָה וְיִרְאוּ שׂוֹנְאֵינוּ וְיֵבֹשׁוּ
כִּי אַתָּה יְיָ עֲזַרְתָּנוּ וְנִחַמְתָּנוּ.
אֲמָרֵינוּ הַאֲזִינָה יְיָ בִּינָה הֲגִיגֵנוּ.
יִהְיוּ לְרָצוֹן אִמְרֵי פִינוּ וְהֶגְיוֹן לִבֵּנוּ לְפָנֶיךָ, יְיָ צוּרֵנוּ וְגוֹאֲלֵנוּ.
כִּי לְךָ יְיָ הוֹחָלְנוּ, אַתָּה תַעֲנֶה אֲדֹנָי אֱלֹהֵינוּ.

אֱלֹהֵינוּ וֵאלֹהֵי אֲבוֹתֵינוּ
אַל תַּעַזְבֵנוּ, וְאַל תִּטְּשֵׁנוּ
וְאַל תַּכְלִימֵנוּ, וְאַל תָּפֵר בְּרִיתְךָ אִתָּנוּ
קָרְבֵנוּ לְתוֹרָתֶךָ, לַמְּדֵנוּ מִצְוֹתֶיךָ
הוֹרֵנוּ דְּרָכֶיךָ, הַט לִבֵּנוּ לְיִרְאָה אֶת שְׁמֶךָ
וּמוֹל אֶת לְבָבֵנוּ לְאַהֲבָתֶךָ, וְנָשׁוּב אֵלֶיךָ בֶּאֱמֶת וּבְלֵב שָׁלֵם
וּלְמַעַן שִׁמְךָ הַגָּדוֹל תִּמְחוֹל וְתִסְלַח לַעֲוֹנֵינוּ
כַּכָּתוּב בְּדִבְרֵי קָדְשֶׁךָ
לְמַעַן שִׁמְךָ יְיָ, וְסָלַחְתָּ לַעֲוֹנִי כִּי רַב הוּא.

אֱלֹהֵינוּ וֵאלֹהֵי אֲבוֹתֵינוּ
סְלַח לָנוּ, מְחַל לָנוּ, כַּפֶּר לָנוּ.

כִּי אָנוּ עַמֶּךָ וְאַתָּה אֱלֹהֵינוּ אָנוּ בָנֶיךָ וְאַתָּה אָבִינוּ
אָנוּ עֲבָדֶיךָ וְאַתָּה אֲדוֹנֵינוּ אָנוּ קְהָלֶךָ וְאַתָּה חֶלְקֵנוּ
אָנוּ נַחֲלָתֶךָ וְאַתָּה גוֹרָלֵנוּ אָנוּ צֹאנֶךָ וְאַתָּה רוֹעֵנוּ
אָנוּ כַרְמֶךָ וְאַתָּה נוֹטְרֵנוּ אָנוּ פְעֻלָּתֶךָ וְאַתָּה יוֹצְרֵנוּ
אָנוּ רַעְיָתֶךָ וְאַתָּה דוֹדֵנוּ אָנוּ סְגֻלָּתֶךָ וְאַתָּה אֱלֹהֵינוּ
אָנוּ עַמֶּךָ וְאַתָּה מַלְכֵּנוּ אָנוּ מַאֲמִירֶךָ וְאַתָּה מַאֲמִירֵנוּ.

אָנוּ עַזֵּי פָנִים וְאַתָּה רַחוּם וְחַנּוּן
אָנוּ קְשֵׁי עֹרֶף וְאַתָּה אֶרֶךְ אַפַּיִם
אָנוּ מְלֵאֵי עָוֹן וְאַתָּה מָלֵא רַחֲמִים
אָנוּ יָמֵינוּ כְּצֵל עוֹבֵר
וְאַתָּה הוּא וּשְׁנוֹתֶיךָ לֹא יִתָּמּוּ.

אֱלֹהֵינוּ וֵאלֹהֵי אֲבוֹתֵינוּ
אָנָּא תָּבֹא לְפָנֶיךָ תְּפִלָּתֵנוּ, וְאַל תִּתְעַלַּם מִתְּחִנָּתֵנוּ
שֶׁאֵין אֲנַחְנוּ עַזֵּי פָנִים וּקְשֵׁי עֹרֶף לוֹמַר לְפָנֶיךָ
יי אֱלֹהֵינוּ וֵאלֹהֵי אֲבוֹתֵינוּ
צַדִּיקִים אֲנַחְנוּ וְלֹא חָטָאנוּ
אֲבָל אֲנַחְנוּ וַאֲבוֹתֵינוּ חָטָאנוּ.

אָשַׁמְנוּ. בָּגַדְנוּ. גָּזַלְנוּ. דִּבַּרְנוּ דֹפִי.
הֶעֱוִינוּ. וְהִרְשַׁעְנוּ. זַדְנוּ. חָמַסְנוּ. טָפַלְנוּ שֶׁקֶר.
יָעַצְנוּ רָע. כִּזַּבְנוּ. לַצְנוּ. מָרַדְנוּ. נִאַצְנוּ. סָרַרְנוּ.
עָוִינוּ. פָּשַׁעְנוּ. צָרַרְנוּ. קִשִּׁינוּ עֹרֶף.
רָשַׁעְנוּ. שִׁחַתְנוּ. תִּעַבְנוּ. תָּעִינוּ. תִּעְתָּעְנוּ.

סַרְנוּ מִמִּצְוֹתֶיךָ וּמִמִּשְׁפָּטֶיךָ הַטּוֹבִים וְלֹא שָׁוָה לָנוּ.
וְאַתָּה צַדִּיק עַל כָּל הַבָּא עָלֵינוּ, כִּי אֱמֶת עָשִׂיתָ וַאֲנַחְנוּ הִרְשָׁעְנוּ.

הִרְשַׁעְנוּ וּפָשַׁעְנוּ, לָכֵן לֹא נוֹשָׁעְנוּ
וְתֵן בְּלִבֵּנוּ לַעֲזֹב דֶּרֶךְ רֶשַׁע, וְחִישׁ לָנוּ יֶשַׁע
כַּכָּתוּב עַל יַד נְבִיאֶךָ, יַעֲזֹב רָשָׁע דַּרְכּוֹ וְאִישׁ אָוֶן מַחְשְׁבֹתָיו
וְיָשֹׁב אֶל יי וִירַחֲמֵהוּ, וְאֶל אֱלֹהֵינוּ כִּי יַרְבֶּה לִסְלוֹחַ.

אֱלֹהֵינוּ וֵאלֹהֵי אֲבוֹתֵינוּ
סְלַח וּמְחַל לַעֲוֹנוֹתֵינוּ בְּיוֹם /בשבת: הַשַּׁבָּת הַזֶּה וּבְיוֹם/
הַכִּפּוּרִים הַזֶּה
וְהֵעָתֵר לָנוּ בִּתְפִלָּתֵנוּ
מְחֵה וְהַעֲבֵר פְּשָׁעֵינוּ וְחַטֹּאתֵינוּ מִנֶּגֶד עֵינֶיךָ
וְכֹף אֶת יִצְרֵנוּ לְהִשְׁתַּעְבֶּד לָךְ
וְהַכְנַע עָרְפֵּנוּ לָשׁוּב אֵלֶיךָ בֶּאֱמֶת, וְחַדֵּשׁ כִּלְיוֹתֵינוּ לִשְׁמֹר פִּקּוּדֶיךָ
וּמוֹל אֶת לְבָבֵנוּ לְאַהֲבָה וּלְיִרְאָה אֶת שְׁמֶךָ
כַּכָּתוּב בְּתוֹרָתֶךָ
וּמָל יי אֱלֹהֶיךָ אֶת לְבָבְךָ וְאֶת לְבַב זַרְעֶךָ
לְאַהֲבָה אֶת יי אֱלֹהֶיךָ בְּכָל לְבָבְךָ וּבְכָל נַפְשְׁךָ לְמַעַן חַיֶּיךָ.

הַזְּדוֹנוֹת וְהַשְּׁגָגוֹת אַתָּה מַכִּיר
הָרָצוֹן וְהָאֹנֶס, הַגְּלוּיִים וְהַנִּסְתָּרִים
לְפָנֶיךָ הֵם גְּלוּיִים וִידוּעִים.
מָה אָנוּ
מֶה חַיֵּינוּ, מֶה חַסְדֵּנוּ
מַה צִּדְקוֹתֵינוּ, מַה יְּשׁוּעָתֵנוּ
מַה כֹּחֵנוּ, מַה גְּבוּרָתֵנוּ
וּמַה נֹּאמַר לְפָנֶיךָ יי אֱלֹהֵינוּ וֵאלֹהֵי אֲבוֹתֵינוּ
הֲלֹא כָּל הַגִּבּוֹרִים כְּאַיִן לְפָנֶיךָ, וְאַנְשֵׁי הַשֵּׁם כְּלֹא הָיוּ
וַחֲכָמִים כִּבְלִי מַדָּע, וּנְבוֹנִים כִּבְלִי הַשְׂכֵּל
כִּי רֹב מַעֲשֵׂיהֶם תֹּהוּ, וִימֵי חַיֵּיהֶם הֶבֶל לְפָנֶיךָ
וּמוֹתַר הָאָדָם מִן הַבְּהֵמָה אָיִן, כִּי הַכֹּל הָבֶל.

מַה נֹּאמַר לְפָנֶיךָ יוֹשֵׁב מָרוֹם, וּמַה נְּסַפֵּר לְפָנֶיךָ שׁוֹכֵן שְׁחָקִים
הֲלֹא כָּל הַנִּסְתָּרוֹת וְהַנִּגְלוֹת אַתָּה יוֹדֵעַ.

סימן: א"ב (כפול).

אַתָּה מֵבִין תַּעֲלוּמוֹת לֵב / אֶפֶס לְךָ נִגְלוֹת וְגַם נִסְתָּרוֹת.
בָּאנוּ בִּדְבָרִים לְפַתּוֹתְךָ בָּם / בְּרִשְׁעֵנוּ אַל תֵּפֶן וְלֹא בְּמַעֲלָלֵינוּ.
גִּשְׁתֵּנוּ בְּיוֹם זֶה כִּירֵא וְחָרֵד / גֵּאֶה כְּרַחוּם לְמַעַנְךָ עֲשֵׂה חָסֶד.
דִּין אַל תִּמְתַּח מוּל עָפָר וָאֵפֶר / דַּע אַחֲרִיתֵנוּ רִמָּה וְתוֹלֵעָה.
הַאִם שָׁגַגְנוּ וְנֶעְלַם מִמֶּנּוּ / הֲלֹא אַתָּה לְבַד מֵבִין שְׁגִיאוֹת
וְאַל תַּחְשֹׁב לָנוּ כְּעוֹשֶׂה בְזָדוֹן / וִדּוּי שְׂפָתֵינוּ שְׁעֵה בְּעֵת רָצוֹן.
זֶה כַּפֵּר לָנוּ הוֹדַע וְלֹא הוֹדַע / זָדוֹן וְנֶעְלָם עֲשֵׂה וְלֹא תַעֲשֶׂה.
חַלְּצֵנוּ מֵעֹנֶשׁ כָּרֵת וּמִיתָה / חֲמֹל עַל חֹמֶר מַעֲשֵׂה יָדֶיךָ.

טָפַשְׁנוּ בְּרֹעַ יֵצֶר אֲשֶׁר מִנְּעוּרֵינוּ / טָמוּן בְּקִרְבֵּנוּ כְּרֶשֶׁת לִפְעָמֵינוּ.
יוֹצְרֵנוּ וְעוֹשֵׂנוּ יוֹדֵעַ יִצְרֵנוּ / יֶהֱמוּ רַחֲמֶיךָ וְאַל תַּשְׁחִיתֵנוּ.
כִּי מִלְּפָנֶיךָ מִי יִסָּתֵר / כֹּל גָּלוּי לְךָ כָּאוֹר וְכַצָּהֳרָיִם.
לְבֵית דִּין הוֹרֵיתָ אַרְבַּע מִיתוֹת / לְמַעַנְךָ עֲשֵׂה וּמֵהֶם חַלְּצֵנוּ.
מֵאָז יְצַרְתָּנוּ חֲקַרְתָּנוּ וַתֵּדַע / מַעֲשֵׂינוּ כִּי הֵמָּה עָמָל וָאָוֶן.
נְצֹר נַפְשׁוֹתֵינוּ כִּי בְיָדְךָ כָּל נֶפֶשׁ / נָא תִיקַר נֶפֶשׁ מִמְּעַנֵּי לְךָ נָפֶשׁ.
סְקִילָה שְׂרֵפָה הֶרֶג וְחֶנֶק / סוֹדָם גִּלִּיתָ לְיוֹדְעֵי אֲמִתֶּךָ.
עַל כָּל פְּשָׁעֵינוּ אֱלוֹהַּ כַּפֶּר לָנוּ / עַל יָדוּעַ לָנוּ וְעַל נֶעְלָם מִמֶּנּוּ.
פְּשָׁעֵינוּ הוֹדִינוּ לְךָ חוֹקֵר לֵב / פְּדֵנוּ מֵחֵטְא נַקֵּנוּ מֵעָוֹן.
צוּר אַל תֵּפֶן בֶּאֱנוֹשׁ חָצִיר / צְדָקָה עֲשֵׂה עִמָּנוּ כַּעֲשִׂיתָ עִם כָּל חָי.
קִדַּמְנוּ בְנֶשֶׁף קָרַבְנוּ בְשֶׁוַע / קָרְבֵנוּ אֵלֶיךָ קְשֹׁב קְרִיאָתֵנוּ.
רִשְׁעֵנוּ אַל תֵּפֶן רַחֲמֵנוּ וְנִצְטַדְּקָה / רַחֲמֶיךָ יְבֹאוּנוּ רַחוּם וְחַנּוּן.

שִׁמְךָ מֵעוֹלָם עוֹבֵר עַל פֶּשַׁע
שַׁוְעָתֵנוּ תַאֲזִין בְּעָמְדֵנוּ לְפָנֶיךָ בִּתְפִלָּה.
תַּעֲבֹר עַל פֶּשַׁע לְעַם שָׁבֵי פֶשַׁע / תִּמְחֶה פְּשָׁעֵינוּ מִנֶּגֶד עֵינֶיךָ.

אַתָּה יוֹדֵעַ רָזֵי עוֹלָם וְתַעֲלוּמוֹת סִתְרֵי כָּל חָי.
אַתָּה חוֹפֵשׂ כָּל חַדְרֵי בָטֶן וּבוֹחֵן כְּלָיוֹת וָלֵב.
אֵין דָּבָר נֶעְלָם מִמְּךָ וְאֵין נִסְתָּר מִנֶּגֶד עֵינֶיךָ.
וּבְכֵן, יְהִי רָצוֹן מִלְּפָנֶיךָ, יי אֱלֹהֵינוּ וֵאלֹהֵי אֲבוֹתֵינוּ
שֶׁתִּסְלַח לָנוּ עַל כָּל חַטֹּאתֵינוּ
וְתִמְחַל לָנוּ עַל כָּל עֲוֹנוֹתֵינוּ
וּתְכַפֵּר לָנוּ עַל כָּל פְּשָׁעֵינוּ.

עַל חֵטְא שֶׁחָטָאנוּ לְפָנֶיךָ בְּאֹנֶס וּבְרָצוֹן
וְעַל חֵטְא שֶׁחָטָאנוּ לְפָנֶיךָ בְּאִמּוּץ הַלֵּב
עַל חֵטְא שֶׁחָטָאנוּ לְפָנֶיךָ בִּבְלִי דָעַת
וְעַל חֵטְא שֶׁחָטָאנוּ לְפָנֶיךָ בְּבִטּוּי שְׂפָתָיִם
עַל חֵטְא שֶׁחָטָאנוּ לְפָנֶיךָ בְּגָלוּי וּבַסָּתֶר
וְעַל חֵטְא שֶׁחָטָאנוּ לְפָנֶיךָ בְּגִלּוּי עֲרָיוֹת
עַל חֵטְא שֶׁחָטָאנוּ לְפָנֶיךָ בְּדִבּוּר פֶּה
וְעַל חֵטְא שֶׁחָטָאנוּ לְפָנֶיךָ בְּדַעַת וּבְמִרְמָה
עַל חֵטְא שֶׁחָטָאנוּ לְפָנֶיךָ בְּהַרְהוּר הַלֵּב
וְעַל חֵטְא שֶׁחָטָאנוּ לְפָנֶיךָ בְּהוֹנָאַת רֵעַ
עַל חֵטְא שֶׁחָטָאנוּ לְפָנֶיךָ בְּוִדּוּי פֶּה
וְעַל חֵטְא שֶׁחָטָאנוּ לְפָנֶיךָ בִּוְעִידַת זְנוּת
עַל חֵטְא שֶׁחָטָאנוּ לְפָנֶיךָ בְּזָדוֹן וּבִשְׁגָגָה
וְעַל חֵטְא שֶׁחָטָאנוּ לְפָנֶיךָ בְּזִלְזוּל הוֹרִים וּמוֹרִים
עַל חֵטְא שֶׁחָטָאנוּ לְפָנֶיךָ בְּחֹזֶק יָד
וְעַל חֵטְא שֶׁחָטָאנוּ לְפָנֶיךָ בְּחִלּוּל הַשֵּׁם
עַל חֵטְא שֶׁחָטָאנוּ לְפָנֶיךָ בְּטִפְשׁוּת פֶּה
וְעַל חֵטְא שֶׁחָטָאנוּ לְפָנֶיךָ בְּטֻמְאַת שְׂפָתָיִם
עַל חֵטְא שֶׁחָטָאנוּ לְפָנֶיךָ בְּיֵצֶר הָרָע
וְעַל חֵטְא שֶׁחָטָאנוּ לְפָנֶיךָ בְּיוֹדְעִים וּבְלֹא יוֹדְעִים

וְעַל כֻּלָּם אֱלוֹהַּ סְלִיחוֹת סְלַח לָנוּ, מְחַל לָנוּ, כַּפֶּר לָנוּ.

עַל חֵטְא שֶׁחָטָאנוּ לְפָנֶיךָ בְּכַפַּת שֹׁחַד
וְעַל חֵטְא שֶׁחָטָאנוּ לְפָנֶיךָ בְּכַחַשׁ וּבְכָזָב

עַל חֵטְא שֶׁחָטָאנוּ לְפָנֶיךָ בְּלָשׁוֹן הָרָע
וְעַל חֵטְא שֶׁחָטָאנוּ לְפָנֶיךָ בְּלָצוֹן

עַל חֵטְא שֶׁחָטָאנוּ לְפָנֶיךָ בְּמַשָּׂא וּבְמַתָּן
וְעַל חֵטְא שֶׁחָטָאנוּ לְפָנֶיךָ בְּמַאֲכָל וּבְמִשְׁתֶּה

עַל חֵטְא שֶׁחָטָאנוּ לְפָנֶיךָ בְּנֶשֶׁךְ וּבְמַרְבִּית
וְעַל חֵטְא שֶׁחָטָאנוּ לְפָנֶיךָ בִּנְטִיַּת גָּרוֹן

עַל חֵטְא שֶׁחָטָאנוּ לְפָנֶיךָ בְּשִׂקּוּר עָיִן
וְעַל חֵטְא שֶׁחָטָאנוּ לְפָנֶיךָ בְּשִׂיחַ שִׂפְתוֹתֵינוּ

עַל חֵטְא שֶׁחָטָאנוּ לְפָנֶיךָ בְּעֵינַיִם רָמוֹת
וְעַל חֵטְא שֶׁחָטָאנוּ לְפָנֶיךָ בְּעַזּוּת מֵצַח

וְעַל כֻּלָּם אֱלוֹהַּ סְלִיחוֹת סְלַח לָנוּ, מְחַל לָנוּ, כַּפֶּר לָנוּ.

עַל חֵטְא שֶׁחָטָאנוּ לְפָנֶיךָ בִּפְרִיקַת עֹל
וְעַל חֵטְא שֶׁחָטָאנוּ לְפָנֶיךָ בִּפְלִילוּת

עַל חֵטְא שֶׁחָטָאנוּ לְפָנֶיךָ בִּצְדִיַּת רֵעַ
וְעַל חֵטְא שֶׁחָטָאנוּ לְפָנֶיךָ בְּצָרוּת עָיִן

עַל חֵטְא שֶׁחָטָאנוּ לְפָנֶיךָ בְּקַלּוּת רֹאשׁ
וְעַל חֵטְא שֶׁחָטָאנוּ לְפָנֶיךָ בְּקַשְׁיוּת עֹרֶף

עַל חֵטְא שֶׁחָטָאנוּ לְפָנֶיךָ בְּרִיצַת רַגְלַיִם לְהָרַע
וְעַל חֵטְא שֶׁחָטָאנוּ לְפָנֶיךָ בִּרְכִילוּת

עַל חֵטְא שֶׁחָטָאנוּ לְפָנֶיךָ בִּשְׁבוּעַת שָׁוְא
וְעַל חֵטְא שֶׁחָטָאנוּ לְפָנֶיךָ בְּשִׂנְאַת חִנָּם
עַל חֵטְא שֶׁחָטָאנוּ לְפָנֶיךָ בִּתְשׂוּמֶת יָד
וְעַל חֵטְא שֶׁחָטָאנוּ לְפָנֶיךָ בְּתִמְהוֹן לֵבָב

וְעַל כֻּלָּם אֱלוֹהַ סְלִיחוֹת סְלַח לָנוּ, מְחַל לָנוּ, כַּפֶּר לָנוּ.

וְעַל חֲטָאִים שֶׁאָנוּ חַיָּבִים עֲלֵיהֶם עוֹלָה
וְעַל חֲטָאִים שֶׁאָנוּ חַיָּבִים עֲלֵיהֶם חַטָּאת
וְעַל חֲטָאִים שֶׁאָנוּ חַיָּבִים עֲלֵיהֶם קָרְבָּן עוֹלֶה וְיוֹרֵד
וְעַל חֲטָאִים שֶׁאָנוּ חַיָּבִים עֲלֵיהֶם אָשָׁם וַדַּאי וְתָלוּי
וְעַל חֲטָאִים שֶׁאָנוּ חַיָּבִים עֲלֵיהֶם מַכַּת מַרְדּוּת
וְעַל חֲטָאִים שֶׁאָנוּ חַיָּבִים עֲלֵיהֶם מַלְקוּת אַרְבָּעִים
וְעַל חֲטָאִים שֶׁאָנוּ חַיָּבִים עֲלֵיהֶם מִיתָה בִּידֵי שָׁמָיִם
וְעַל חֲטָאִים שֶׁאָנוּ חַיָּבִים עֲלֵיהֶם כָּרֵת וַעֲרִירִי
וְעַל חֲטָאִים שֶׁאָנוּ חַיָּבִים עֲלֵיהֶם אַרְבַּע מִיתוֹת בֵּית דִּין
סְקִילָה, שְׂרֵפָה, הֶרֶג, וְחֶנֶק.

עַל מִצְוַת עֲשֵׂה וְעַל מִצְוַת לֹא תַעֲשֶׂה.
בֵּין שֶׁיֵּשׁ בָּהּ קוּם עֲשֵׂה וּבֵין שֶׁאֵין בָּהּ קוּם עֲשֵׂה.
אֶת הַגְּלוּיִים לָנוּ וְאֶת שֶׁאֵינָם גְּלוּיִים לָנוּ
אֶת הַגְּלוּיִים לָנוּ כְּבָר אֲמַרְנוּם לְפָנֶיךָ וְהוֹדִינוּ לְךָ עֲלֵיהֶם
וְאֶת שֶׁאֵינָם גְּלוּיִים לָנוּ, לְפָנֶיךָ הֵם גְּלוּיִים וִידוּעִים
כַּדָּבָר שֶׁנֶּאֱמַר
הַנִּסְתָּרֹת לַיי אֱלֹהֵינוּ וְהַנִּגְלֹת לָנוּ וּלְבָנֵינוּ עַד עוֹלָם
לַעֲשׂוֹת אֶת כָּל דִּבְרֵי הַתּוֹרָה הַזֹּאת.

וְדָוִד עַבְדְּךָ אָמַר לְפָנֶיךָ, שְׁגִיאוֹת מִי יָבִין, מִנִּסְתָּרוֹת נַקֵּנִי.
נַקֵּנוּ יי אֱלֹהֵינוּ מִכָּל פְּשָׁעֵינוּ, וְטַהֲרֵנוּ מִכָּל טֻמְאוֹתֵינוּ
וּזְרֹק עָלֵינוּ מַיִם טְהוֹרִים וְטַהֲרֵנוּ
כַּכָּתוּב עַל יַד נְבִיאֶךָ
וְזָרַקְתִּי עֲלֵיכֶם מַיִם טְהוֹרִים וּטְהַרְתֶּם
מִכֹּל טֻמְאוֹתֵיכֶם וּמִכָּל גִּלּוּלֵיכֶם אֲטַהֵר אֶתְכֶם.

אַל תִּירָא יַעֲקֹב, שׁוּבוּ בָנִים שׁוֹבָבִים שׁוּבָה יִשְׂרָאֵל.
הִנֵּה לֹא יָנוּם וְלֹא יִישָׁן שׁוֹמֵר יִשְׂרָאֵל.
כַּכָּתוּב עַל יַד נְבִיאֶךָ
שׁוּבָה יִשְׂרָאֵל עַד יי אֱלֹהֶיךָ כִּי כָשַׁלְתָּ בַּעֲוֺנֶךָ.
וְנֶאֱמַר, קְחוּ עִמָּכֶם דְּבָרִים וְשׁוּבוּ אֶל יי
אִמְרוּ אֵלָיו כָּל תִּשָּׂא עָוֺן וְקַח טוֹב וּנְשַׁלְּמָה פָרִים שְׂפָתֵינוּ.
וְאַתָּה רַחוּם מְקַבֵּל שָׁבִים
וְעַל הַתְּשׁוּבָה מֵרֹאשׁ הִבְטַחְתָּנוּ, וְעַל הַתְּשׁוּבָה עֵינֵינוּ מְיַחֲלוֹת לָךְ.

מְנוּיָה וּגְמוּרָה, בְּסוֹד חַכְמֵי תוֹרָה, אַשְׁרֵי מִי שֶׁלֹּא נִבְרָא.

וּמֵאַהֲבָתְךָ יי אֱלֹהֵינוּ שֶׁאָהַבְתָּ אֶת יִשְׂרָאֵל עַמֶּךָ
וּמֵחֶמְלָתְךָ מַלְכֵּנוּ שֶׁחָמַלְתָּ עַל בְּנֵי בְרִיתֶךָ
נָתַתָּ לָנוּ יי אֱלֹהֵינוּ אֶת /בשבת: יוֹם הַשַּׁבָּת הַזֶּה לִקְדֻשָּׁה וְלִמְנוּחָה וְאֶת/
יוֹם צוֹם הַכִּפּוּרִים הַזֶּה לִמְחִילַת חֵטְא וְלִסְלִיחַת עָוֺן וּלְכַפָּרַת פָּשַׁע.

מנויה וגמורה בסוד חכמי תורה... אשרי מי שלא נברא ר״ל דעת חכמים היא מנויה וגמורה, עי׳ מה ששנו עירובין דף י״ג ב׳ ת״ר שתי שנים ומחצה נחלקו ב״ש וב״ה, הללו אומרים נוח לו לאדם שלא נברא יותר משנברא, והללו אומרים נוח לו שנברא יותר משלא נברא, נמנו וגמרו נוח לו לאדם שלא נברא יותר משנברא, עכשיו שנברא יפשפש במעשיו.

סימן: א״ב.

1 **יוֹם אָתָא לְכַפֵּר פִּשְׁעֵי יְשֵׁנָה / הַיּוֹם בִּיאָתוֹ אַחַת בַּשָּׁנָה.**

כַּכָּתוּב בְּתוֹרָתֶךָ
וְהָיְתָה זֹּאת לָכֶם לְחֻקַּת עוֹלָם
לְכַפֵּר עַל בְּנֵי יִשְׂרָאֵל מִכָּל חַטֹּאתָם אַחַת בַּשָּׁנָה.

2 **יוֹם גְּשְׁתֵּנוּ בְּתַחֲנוּנִים לַעֲמוֹד / הַיּוֹם דָּפְיֵנוּ אִם תִּשְׁמֹר מִי יַעֲמֹד.**

כַּכָּתוּב בְּדִבְרֵי קָדְשֶׁךָ
אִם עֲוֹנוֹת תִּשְׁמָר יָהּ, אֲדֹנָי מִי יַעֲמֹד.

3 **יוֹם הֲגִיגֵנוּ תַּאֲזִין וְתָבִין / הַיּוֹם וִדּוּיֵנוּ תִּשְׁמַע וְחַטֹּאתֵינוּ תַּלְבִּין.**

כַּכָּתוּב עַל יַד נְבִיאֶךָ
לְכוּ נָא וְנִוָּכְחָה יֹאמַר יי
אִם יִהְיוּ חֲטָאֵיכֶם כַּשָּׁנִים כַּשֶּׁלֶג יַלְבִּינוּ, אִם יַאְדִּימוּ כַתּוֹלָע כַּצֶּמֶר יִהְיוּ.

4 **יוֹם זֶה נִתַּן תְּעוּדָה לָעָם זֶה**
הַיּוֹם חַל בּוֹ צִיר סְלַח נָא לַעֲוֹן הָעָם הַזֶּה.

כַּכָּתוּב בְּתוֹרָתֶךָ
סְלַח נָא לַעֲוֹן הָעָם הַזֶּה כְּגֹדֶל חַסְדֶּךָ
וְכַאֲשֶׁר נָשָׂאתָה לָעָם הַזֶּה מִמִּצְרַיִם וְעַד הֵנָּה
וְשָׁם נֶאֱמַר, וַיֹּאמֶר יי סָלַחְתִּי כִּדְבָרֶךָ.

בַּעֲבוּר כְּבוֹד שְׁמֶךָ
הַמְצֵא לָנוּ מוֹחֵל וְסוֹלֵחַ / סְלַח נָא לְמַעַן שְׁמֶךָ.

1 יום אתא בא, דוגמת ישע׳ כא יב. **פשעי ישנה** פשעי ישראל, ע״ש שה״ש ה ב אני ישנה ולבי ער, שדרשוהו בשה״ש רבה (שם) על כנסת ישראל שישנה מן המצות... מן הצדקות... מן הקרבנות... מבית המקדש... מן הגאולה... **ביאתו אחת בשנה** ויק׳ טז לד, וכן כל טורי פיוט זה מתבארים ע״י הפסוקים המובאים. **4 ניתן תעודה** ר״ל יום כפורים ניתן לישראל להיות תעודה על הבטחת הקב״ה

5 יוֹם טוֹב מֵאֶלֶף הוֹרֵיתָ לְעַמָּךְ / הַיּוֹם יְוָּדַע כִּי הַסְּלִיחָה עִמָּךְ.

כַּכָּתוּב בְּדִבְרֵי קָדְשָׁךְ

כִּי עִמְּךָ הַסְּלִיחָה לְמַעַן תִּוָּרֵא.

6 יוֹם כּוֹנַנְתָּ לְהַצְלִיל כְּתָמִים

הַיּוֹם לִמְחוֹת כָּעָב פֶּשַׁע בְּחוּרֵי מֵעַמִּים.

כַּכָּתוּב עַל יַד נְבִיאָךְ

מָחִיתִי כָעָב פְּשָׁעֶיךָ וְכֶעָנָן חַטֹּאתֶיךָ

שׁוּבָה אֵלַי כִּי גְאַלְתִּיךָ.

7 יוֹם מְחִילָה בִּשַּׂרְתָּ לְצִיר בְּרֶשֶׁם

הַיּוֹם נִתְיַצַּבְתָּ עִמּוֹ וְקָרָאתָ בְּשֵׁם.

כַּכָּתוּב בְּתוֹרָתֶךָ

וַיֵּרֶד יי בֶּעָנָן וַיִּתְיַצֵּב עִמּוֹ שָׁם

וַיִּקְרָא בְשֵׁם יי.

וַיַּעֲבֹר יי עַל פָּנָיו וַיִּקְרָא

יי יי אֵל רַחוּם וְחַנּוּן

אֶרֶךְ אַפַּיִם וְרַב חֶסֶד וֶאֱמֶת

נֹצֵר חֶסֶד לָאֲלָפִים נֹשֵׂא עָוֹן וָפֶשַׁע וְחַטָּאָה וְנַקֵּה.

בַּעֲבוּר כְּבוֹד שְׁמֶךָ

הַמְצֵא לָנוּ רַחוּם וְחַנּוּן / רַחֶם נָא לְמַעַן שְׁמֶךָ.

לכפר אותם. וי״ג נתנה תורה לעם, וכנראה רומז גם זה לסדר עולם רבה ו׳ ירד [משה] בי׳ בתשרי והוא היה יוה״כ ובישרם שנתרצה לפני המקום, שנאמר וסלחת לעוננו ולחטאתנו ונחלתנו, לפיכך נתקיים יום זה חוק וזכרון לדורות וכו׳. 5 **יום טוב מאלף** ע״ש תהל׳ פד יא כי טוב יום בחצריך מאלף. 6 **להצליל כתמים** להשליך את החטאים למצולה. 7 **מחילה בישרת לציר ברשם** במה שכתוב בתורה נושא עון ופשע, וזה מה שבישרת למשה ביוה״כ.

8 יוֹם שַׁמְתּוֹ לִסְלִיחָה סוֹלֵחַ וּמוֹחֵל / הַיּוֹם עַמְּךָ פְּדוּת וּלְךָ אֲיַחֵל.

כַּכָּתוּב בְּדִבְרֵי קָדְשֶׁךָ
יַחֵל יִשְׂרָאֵל אֶל יי
כִּי עִם יי הַחֶסֶד, וְהַרְבֵּה עִמּוֹ פְדוּת.

9 יוֹם פְּשָׁעֵינוּ בְּלֵב יָם תְּמַצֶּה / הַיּוֹם צֶדֶק תְּחַפֵּשׂ וְרַע לֹא יִמָּצֵא.

כַּכָּתוּב עַל יַד נְבִיאֶךָ
בַּיָּמִים הָהֵם וּבָעֵת הַהִיא נְאֻם יי
יְבֻקַּשׁ אֶת עֲוֹן יִשְׂרָאֵל וְאֵינֶנּוּ
וְאֶת חַטֹּאת יְהוּדָה וְלֹא תִמָּצֶאנָה
כִּי אֶסְלַח לַאֲשֶׁר אַשְׁאִיר.

10 יוֹם קְרִיאַת תַּחֲנוּנִים לְסַפֵּר / הַיּוֹם רִשְׁעֵנוּ בּוֹ יִתְכַּפֵּר.

כַּכָּתוּב בְּתוֹרָתֶךָ
כִּי בַיּוֹם הַזֶּה יְכַפֵּר עֲלֵיכֶם לְטַהֵר אֶתְכֶם
מִכֹּל חַטֹּאתֵיכֶם לִפְנֵי יי תִּטְהָרוּ.

11 יוֹם שׁוֹמְמוֹת הֵיכָלְךָ הַבִּיטָה / הַיּוֹם תָּחֹן אָזְנְךָ הַטֵּה לְהַבִּיטָה.

כַּכָּתוּב בְּדִבְרֵי קָדְשֶׁךָ
הַטֵּה אֱלֹהַי אָזְנְךָ וּשְׁמָע
פְּקַח עֵינֶיךָ וּרְאֵה שֹׁמְמֹתֵינוּ
וְהָעִיר אֲשֶׁר נִקְרָא שִׁמְךָ עָלֶיהָ
כִּי לֹא עַל צִדְקֹתֵינוּ אֲנַחְנוּ מַפִּילִים תַּחֲנוּנֵינוּ לְפָנֶיךָ
כִּי עַל רַחֲמֶיךָ הָרַבִּים.
אֲדֹנָי שְׁמָעָה אֲדֹנָי סְלָחָה אֲדֹנָי הַקְשִׁיבָה וַעֲשֵׂה אַל תְּאַחַר
לְמַעַנְךָ אֱלֹהַי, כִּי שִׁמְךָ נִקְרָא עַל עִירְךָ וְעַל עַמֶּךָ.

בַּעֲבוּר כְּבוֹד שְׁמֶךָ

הַמָּצֵא לָנוּ שׁוֹמֵעַ תְּפִלָּה / שְׁמַע תְּפִלָּתֵנוּ לְמַעַן שְׁמֶךָ.

מִי אֵל כָּמוֹךָ

סימן: א״ב.

אַדִּיר וְנָאוֹר / בּוֹרֵא דֹּק וָחֶלֶד מִי אֵל כָּמוֹךָ
גּוֹלֶה עֲמֻקּוֹת / דּוֹבֵר צְדָקוֹת מִי אֵל כָּמוֹךָ
הָדוּר בִּלְבוּשׁוֹ / וְאֵין זוּלָתוֹ מִי אֵל כָּמוֹךָ
זוֹקֵף כְּפוּפִים / חוֹנֵן דַּלִּים מִי אֵל כָּמוֹךָ
טְהוֹר עֵינַיִם / יוֹשֵׁב שָׁמַיִם מִי אֵל כָּמוֹךָ
כּוֹבֵשׁ עֲוֹנוֹת / לוֹבֵשׁ צְדָקוֹת מִי אֵל כָּמוֹךָ
מֶלֶךְ מְלָכִים / נוֹרָא וְנִשְׂגָּב מִי אֵל כָּמוֹךָ
סוֹמֵךְ נוֹפְלִים / עוֹנֶה עֲשׁוּקִים מִי אֵל כָּמוֹךָ
פּוֹדֶה וּמַצִּיל / צוֹעֶה בְּרֹב כֹּחוֹ מִי אֵל כָּמוֹךָ
קָרוֹב לְקוֹרְאָיו / רָם וּמַאֲזִין שַׁוְעָה מִי אֵל כָּמוֹךָ
שׁוֹכֵן שְׁחָקִים / תּוֹמֵךְ תְּמִימִים מִי אֵל כָּמוֹךָ
נוֹשֵׂא עָוֹן / וְעוֹבֵר עַל פֶּשַׁע מִי אֵל כָּמוֹךָ

1 אדיר ונאור ע״ש תהל׳ עו ה. **בורא דוק וחלד** שמים וארץ, דוק ע״ש ישע׳ מ כב הנוטה כדוק שמים, וחלד ע״ש תהל׳ מט ב כל יושבי חלד **2 גולה עמוקות** ע״ש איוב יב כב מגלה עמוקות מני חשך. **דובר צדקות** ע״ש ישע׳ סג א אני מדבר בצדקה. **3 הדור בלבושו** שם. **4 זוקף כפופים** תהל׳ קמו ח. **חונן דלים** ל׳ משלי יט יז. **5 טהור עינים** חבק׳ א יג. **יושב שמים** ע״ש תהל׳ ב ד. **6 כובש עונות** ע״ש מיכה ז יט. **לובש צדקות** ע״ש ישע׳ נט יז וילבש צדקה כשרין. **8 סומך נופלים** ע״ש תהל׳ קמה יד. **עונה עשוקים** ע״ש תהל׳ קמו ז עושה משפט לעשוקים. **9 צועה ברב כחו** ישע׳ סג א. **10 קרוב לקוראיו** תהל׳ קמה יח. **11 שוכן שחקים** ע״ש דבר׳ לג כו ובגאותו שחקים. **תומך תמימים** ע״ש ש״ב כב כו עם גבור תמים תתמם. **12 נושא עון ועובר על פשע** מיכה ז יח.

כַּכָּתוּב עַל יַד נְבִיאֶךָ
מִי אֵל כָּמוֹךָ נֹשֵׂא עָוֹן וְעֹבֵר עַל פֶּשַׁע לִשְׁאֵרִית נַחֲלָתוֹ
לֹא הֶחֱזִיק לָעַד אַפּוֹ כִּי חָפֵץ חֶסֶד הוּא.
יָשׁוּב יְרַחֲמֵנוּ יִכְבֹּשׁ עֲוֹנֹתֵינוּ, וְתַשְׁלִיךְ בִּמְצֻלוֹת יָם כָּל חַטֹּאתָם.
וְכָל חַטֹּאת עַמְּךָ בֵּית יִשְׂרָאֵל תַּשְׁלִיךְ בִּמְקוֹם אֲשֶׁר לֹא יִזָּכְרוּ וְלֹא יִפָּקְדוּ
וְלֹא יַעֲלוּ עַל לֵב לְעוֹלָם.
תִּתֵּן אֱמֶת לְיַעֲקֹב חֶסֶד לְאַבְרָהָם, אֲשֶׁר נִשְׁבַּעְתָּ לַאֲבֹתֵינוּ מִימֵי קֶדֶם.

אֱלֹהֵינוּ וֵאלֹהֵי אֲבוֹתֵינוּ
מְחַל לַעֲוֹנוֹתֵינוּ בְּיוֹם /בשבת: הַשַּׁבָּת הַזֶּה וּבְיוֹם/
הַכִּפּוּרִים הַזֶּה
מְחֵה וְהַעֲבֵר פְּשָׁעֵינוּ וְחַטֹּאתֵינוּ מִנֶּגֶד עֵינֶיךָ
כָּאָמוּר
אָנֹכִי אָנֹכִי הוּא מֹחֶה פְשָׁעֶיךָ לְמַעֲנִי, וְחַטֹּאתֶיךָ לֹא אֶזְכֹּר.
וְנֶאֱמַר
מָחִיתִי כָעָב פְּשָׁעֶיךָ וְכֶעָנָן חַטֹּאותֶיךָ, שׁוּבָה אֵלַי כִּי גְאַלְתִּיךָ.
וְנֶאֱמַר
כִּי בַיּוֹם הַזֶּה יְכַפֵּר עֲלֵיכֶם לְטַהֵר אֶתְכֶם, מִכֹּל חַטֹּאתֵיכֶם
לִפְנֵי יי תִּטְהָרוּ.

בשבת: אֱלֹהֵינוּ וֵאלֹהֵי אֲבוֹתֵינוּ, רְצֵה בִמְנוּחָתֵנוּ

קַדְּשֵׁנוּ בְּמִצְוֹתֶיךָ וְתֵן חֶלְקֵנוּ בְּתוֹרָתֶךָ
שַׂבְּעֵנוּ מִטּוּבֶךָ וְשַׂמְּחֵנוּ בִּישׁוּעָתֶךָ

בשבת: וְהַנְחִילֵנוּ, יי אֱלֹהֵינוּ, בְּאַהֲבָה וּבְרָצוֹן שַׁבַּת קָדְשֶׁךָ
וְיָנוּחוּ בוֹ יִשְׂרָאֵל מְקַדְּשֵׁי שְׁמֶךָ

וְטַהֵר לִבֵּנוּ לְעָבְדְּךָ בֶּאֱמֶת
כִּי אַתָּה סָלְחָן לְיִשְׂרָאֵל

וּמָחֳלָן לְשִׁבְטֵי יְשֻׁרוּן בְּכָל דּוֹר וָדוֹר
וּמִבַּלְעָדֶיךָ אֵין לָנוּ מֶלֶךְ מוֹחֵל וְסוֹלֵחַ אֶלָּא אָתָּה.
בָּרוּךְ אַתָּה יי, מֶלֶךְ מוֹחֵל וְסוֹלֵחַ לַעֲוֹנוֹתֵינוּ וְלַעֲוֹנוֹת עַמּוֹ בֵּית יִשְׂרָאֵל
וּמַעֲבִיר אַשְׁמוֹתֵינוּ בְּכָל שָׁנָה וְשָׁנָה
מֶלֶךְ עַל כָּל הָאָרֶץ, מְקַדֵּשׁ /בשבת: הַשַּׁבָּת וְ/
יִשְׂרָאֵל וְיוֹם הַכִּפּוּרִים.

רְצֵה יי אֱלֹהֵינוּ בְּעַמְּךָ יִשְׂרָאֵל וּבִתְפִלָּתָם, וְהָשֵׁב אֶת הָעֲבוֹדָה לִדְבִיר בֵּיתֶךָ, וְאִשֵּׁי יִשְׂרָאֵל וּתְפִלָּתָם בְּאַהֲבָה תְקַבֵּל בְּרָצוֹן, וּתְהִי לְרָצוֹן תָּמִיד עֲבוֹדַת יִשְׂרָאֵל עַמֶּךָ.

* אם כהנים עולים לברך, אומרים כאן הקהל והחזן "ותערב".

* **בארץ ישראל**

קהל וחזן: וְתֶעֱרַב עָלֶיךָ עֲתִירָתֵנוּ כְּעוֹלָה וּכְקָרְבָּן. אָנָּא רַחוּם בְּרַחֲמֶיךָ הָרַבִּים, הָשֵׁב שְׁכִינָתְךָ לְצִיּוֹן עִירְךָ וְסֵדֶר הָעֲבוֹדָה לִירוּשָׁלָיִם. וְשָׁם נַעֲבָדְךָ בְּיִרְאָה כִּימֵי עוֹלָם וּכְשָׁנִים קַדְמוֹנִיּוֹת.

והש״ץ מסיים: וְתֶחֱזֶינָה עֵינֵינוּ בְּשׁוּבְךָ לְצִיּוֹן בְּרַחֲמִים.
בָּרוּךְ אַתָּה יי, הַמַּחֲזִיר שְׁכִינָתוֹ לְצִיּוֹן.

* **בחו״ל**

קהל וחזן: וְתֶעֱרַב עָלֶיךָ עֲתִירָתֵנוּ כְּעוֹלָה וּכְקָרְבָּן. אָנָּא רַחוּם בְּרַחֲמֶיךָ הָרַבִּים הָשֵׁב שְׁכִינָתְךָ לְצִיּוֹן עִירְךָ וְסֵדֶר הָעֲבוֹדָה לִירוּשָׁלָיִם. וְתֶחֱזֶינָה עֵינֵינוּ בְּשׁוּבְךָ לְצִיּוֹן בְּרַחֲמִים. וְשָׁם נַעֲבָדְךָ בְּיִרְאָה כִּימֵי עוֹלָם וּכְשָׁנִים קַדְמוֹנִיּוֹת.

והש״ץ מסיים: בָּרוּךְ אַתָּה יי שֶׁאוֹתְךָ לְבַדְּךָ בְּיִרְאָה נַעֲבוֹד.

מודים אֲנַחְנוּ לָךְ שָׁאַתָּה הוּא יי אֱלֹהֵינוּ וֵאלֹהֵי אֲבוֹתֵינוּ לְעוֹלָם וָעֶד, צוּר חַיֵּינוּ, מָגֵן יִשְׁעֵנוּ אַתָּה הוּא לְדוֹר וָדוֹר. נוֹדֶה לְּךָ וּנְסַפֵּר תְּהִלָּתֶךָ עַל חַיֵּינוּ הַמְּסוּרִים בְּיָדֶךָ וְעַל נִשְׁמוֹתֵינוּ הַפְּקוּדוֹת לָךְ וְעַל נִסֶּיךָ שֶׁבְּכָל יוֹם עִמָּנוּ וְעַל נִפְלְאוֹתֶיךָ וְטוֹבוֹתֶיךָ שֶׁבְּכָל עֵת, עֶרֶב וָבֹקֶר וְצָהֳרָיִם.

מודים דרבנן:

מוֹדִים אֲנַחְנוּ לָךְ שָׁאַתָּה הוּא יי אֱלֹהֵינוּ וֵאלֹהֵי אֲבוֹתֵינוּ, אֱלֹהֵי כָל בָּשָׂר, יוֹצְרֵנוּ יוֹצֵר בְּרֵאשִׁית. בְּרָכוֹת וְהוֹדָאוֹת לְשִׁמְךָ הַגָּדוֹל וְהַקָּדוֹשׁ עַל שֶׁהֶחֱיִיתָנוּ וְקִיַּמְתָּנוּ. כֵּן תְּחַיֵּנוּ וּתְקַיְּמֵנוּ וְתֶאֱסֹף גָּלֻיּוֹתֵינוּ לְחַצְרוֹת קָדְשֶׁךָ לִשְׁמֹר חֻקֶּיךָ וְלַעֲשׂוֹת רְצוֹנֶךָ וּלְעָבְדְּךָ בְּלֵבָב שָׁלֵם, עַל שֶׁאֲנַחְנוּ מוֹדִים לָךְ, בָּרוּךְ אֵל הַהוֹדָאוֹת.

הַטּוֹב כִּי לֹא כָלוּ רַחֲמֶיךָ, וְהַמְרַחֵם כִּי לֹא תַמּוּ חֲסָדֶיךָ מֵעוֹלָם קִוִּינוּ לָךְ.

וְעַל כֻּלָּם יִתְבָּרַךְ וְיִתְרוֹמַם שִׁמְךָ מַלְכֵּנוּ תָּמִיד לְעוֹלָם וָעֶד.

קהל וש"ץ:

אָבִינוּ מַלְכֵּנוּ, זְכֹר רַחֲמֶיךָ וּכְבֹשׁ כַּעַסְךָ, וְכַלֵּה דֶבֶר, וְחֶרֶב, וְרָעָב, וּשְׁבִי, וּמַשְׁחִית, וְעָוֹן, וּמַגֵּפָה, וּפֶגַע רַע, וְכָל מַחֲלָה, וְכָל תַּקָּלָה, וְכָל קְטָטָה, וְכָל מִינֵי פֻּרְעָנִיּוֹת, וְכָל גְּזֵרָה רָעָה, וְשִׂנְאַת חִנָּם, מֵעָלֵינוּ וּמֵעַל כָּל בְּנֵי בְרִיתֶךָ.

וּכְתֹב לְחַיִּים טוֹבִים כָּל בְּנֵי בְרִיתֶךָ.

וְכֹל הַחַיִּים יוֹדוּךָ סֶּלָה, וִיהַלְלוּ אֶת שִׁמְךָ בֶּאֱמֶת, הָאֵל יְשׁוּעָתֵנוּ וְעֶזְרָתֵנוּ סֶלָה. בָּרוּךְ אַתָּה יי, הַטּוֹב שִׁמְךָ וּלְךָ נָאֶה לְהוֹדוֹת.

ברכת כהנים

בָּרוּךְ אַתָּה יי אֱלֹהֵינוּ מֶלֶךְ הָעוֹלָם, אֲשֶׁר קִדְּשָׁנוּ בִּקְדֻשָּׁתוֹ שֶׁל אַהֲרֹן, וְצִוָּנוּ לְבָרֵךְ אֶת עַמּוֹ יִשְׂרָאֵל בְּאַהֲבָה.

הש"ץ מקריא מלה במלה: יְבָרֶכְךָ יי וְיִשְׁמְרֶךָ.
יָאֵר יי פָּנָיו אֵלֶיךָ וִיחֻנֶּךָּ.
יִשָּׂא יי פָּנָיו אֵלֶיךָ וְיָשֵׂם לְךָ שָׁלוֹם.

הכהנים אומרים:

רִבּוֹנוֹ שֶׁל עוֹלָם, עָשִׂינוּ מַה שֶּׁגָּזַרְתָּ עָלֵינוּ, אַף אַתָּה עֲשֵׂה עִמָּנוּ כְּמוֹ שֶׁהִבְטַחְתָּנוּ, הַשְׁקִיפָה מִמְּעוֹן קָדְשְׁךָ מִן הַשָּׁמַיִם וּבָרֵךְ אֶת עַמְּךָ אֶת יִשְׂרָאֵל וְאֵת הָאֲדָמָה אֲשֶׁר נָתַתָּה לָנוּ, כַּאֲשֶׁר נִשְׁבַּעְתָּ לַאֲבוֹתֵינוּ אֶרֶץ זָבַת חָלָב וּדְבָשׁ.

הציבור אומר:

אַדִּיר בַּמָּרוֹם שׁוֹכֵן בִּגְבוּרָה, אַתָּה שָׁלוֹם וְשִׁמְךָ שָׁלוֹם. יְהִי רָצוֹן שֶׁתָּשִׂים עָלֵינוּ וְעַל כָּל עַמְּךָ בֵּית יִשְׂרָאֵל חַיִּים וּבְרָכָה לְמִשְׁמֶרֶת שָׁלוֹם.

אם אין כהנים אומר הש״ץ:

אֱלֹהֵינוּ וֵאלֹהֵי אֲבוֹתֵינוּ, בָּרְכֵנוּ בַּבְּרָכָה הַמְשֻׁלֶּשֶׁת בַּתּוֹרָה הַכְּתוּבָה עַל יְדֵי מֹשֶׁה עַבְדֶּךָ, הָאֲמוּרָה מִפִּי אַהֲרֹן וּבָנָיו כֹּהֲנִים עַם קְדוֹשֶׁךָ, כָּאָמוּר, יְבָרֶכְךָ יְיָ וְיִשְׁמְרֶךָ. יָאֵר יְיָ פָּנָיו אֵלֶיךָ וִיחֻנֶּךָּ. יִשָּׂא יְיָ פָּנָיו אֵלֶיךָ וְיָשֵׂם לְךָ שָׁלוֹם.

שִׂים שָׁלוֹם טוֹבָה וּבְרָכָה, חֵן וָחֶסֶד וְרַחֲמִים עָלֵינוּ וְעַל כָּל יִשְׂרָאֵל עַמֶּךָ. בָּרְכֵנוּ אָבִינוּ כֻּלָּנוּ כְּאֶחָד בְּאוֹר פָּנֶיךָ, כִּי בְאוֹר פָּנֶיךָ נָתַתָּ לָּנוּ יְיָ אֱלֹהֵינוּ תּוֹרַת חַיִּים וְאַהֲבַת חֶסֶד, וּצְדָקָה וּבְרָכָה וְרַחֲמִים וְחַיִּים וְשָׁלוֹם. וְטוֹב בְּעֵינֶיךָ לְבָרֵךְ אֶת עַמְּךָ יִשְׂרָאֵל בְּכָל עֵת וּבְכָל שָׁעָה בִּשְׁלוֹמֶךָ.

בְּסֵפֶר חַיִּים, בְּרָכָה וְשָׁלוֹם, וּפַרְנָסָה טוֹבָה, נִזָּכֵר וְנִכָּתֵב לְפָנֶיךָ, אֲנַחְנוּ וְכָל עַמְּךָ בֵּית יִשְׂרָאֵל, לְחַיִּים טוֹבִים וּלְשָׁלוֹם.

קהל וש״ץ:

וְנֶאֱמַר
כִּי בִי יִרְבּוּ יָמֶיךָ וְיוֹסִיפוּ לְךָ שְׁנוֹת חַיִּים. לְחַיִּים טוֹבִים תִּכְתְּבֵנוּ אֱלֹהִים חַיִּים, כָּתְבֵנוּ בְּסֵפֶר הַחַיִּים.

כַּכָּתוּב
וְאַתֶּם הַדְּבֵקִים בַּיְיָ אֱלֹהֵיכֶם חַיִּים כֻּלְּכֶם הַיּוֹם.

פותחים את ארון הקודש

סימן: א"ב.

קהל וש"ץ:

הַיּוֹם תְּאַמְּצֵנוּ. אמן **הַיּוֹם תְּבָרְכֵנוּ.** אמן

הַיּוֹם תְּגַדְּלֵנוּ. אמן **הַיּוֹם תִּדְרְשֵׁנוּ לְטוֹבָה.** אמן

הַיּוֹם תְּהַדְּרֵנוּ. הַיּוֹם תְּוַעֲדֵנוּ.

הַיּוֹם תִּזְכְּרֵנוּ בְּרַחֲמֶיךָ. הַיּוֹם תְּחַסְּנֵנוּ.

הַיּוֹם תְּטַהֲרֵנוּ מִכָּל חֵטְא. הַיּוֹם תְּיַשְּׁרֵנוּ לְפָנֶיךָ.

הַיּוֹם תְּכַבְּדֵנוּ. הַיּוֹם תְּלַבְּבֵנוּ.

הַיּוֹם תְּמַלְּטֵנוּ מִכָּל רָע. הַיּוֹם תְּנַקֵּנוּ מֵעָוֹן.

הַיּוֹם תִּסְמְכֵנוּ. הַיּוֹם תַּעֲנֵנוּ.

הַיּוֹם תִּפְקְדֵנוּ לְחַיִּים וְלִבְרָכָה. הַיּוֹם תְּצַדְּקֵנוּ.

הַיּוֹם תְּקוֹמְמֵנוּ. הַיּוֹם תְּרַחֲמֵנוּ.

הַיּוֹם תִּשְׁמַע שַׁוְעָתֵנוּ. הַיּוֹם תִּתְמְכֵנוּ.

הַיּוֹם תִּשְׁמַע שַׁוְעָתֵנוּ. אמן **הַיּוֹם תְּקַבֵּל בְּרַחֲמִים וּבְרָצוֹן אֶת תְּפִלָּתֵנוּ.** אמן

הַיּוֹם תִּתְמְכֵנוּ בִּימִין צִדְקֶךָ. אמן

סוגרים את ארון הקודש

1 היום תאמצנו ע"ש ישע' מא י. **2 תגדלנו** ע"ש דה"א כט יב ובידך לגדל ולחזק לכל. **תדרשנו לטובה** תדאג לנו (כמו ירמ' ל יז דורש אין לה). וי"ג **תדגלנו** תפאר אותנו (מל' דגול). **3 תהדרנו** ל' והדרת פני זקן, ויק' יט לב. **תועדנו** תידענו לעבודתך. **5 תישרנו** תישר דרכינו. **6 תלבבנו** ל' לבבתיני, שה"ש ד ט.

תתמכנו בימין צדקך ע"ש ישע' מא י אף תמכתיך בימין צדקי.

קהל וש״ץ:

כְּהַיּוֹם הַזֶּה תְּבִיאֵנוּ שָׂשִׂים וּשְׂמֵחִים בְּבִנְיַן שָׁלֵם.

כַּכָּתוּב

וַהֲבִיאוֹתִים אֶל הַר קָדְשִׁי וְשִׂמַּחְתִּים בְּבֵית תְּפִלָּתִי

עוֹלֹתֵיהֶם וְזִבְחֵיהֶם לְרָצוֹן עַל מִזְבְּחִי

כִּי בֵיתִי בֵּית תְּפִלָּה יִקָּרֵא לְכָל הָעַמִּים.

וְנֶאֱמַר

וַיְצַוֵּנוּ יי לַעֲשׂוֹת אֶת כָּל הַחֻקִּים הָאֵלֶּה

לְיִרְאָה אֶת יי אֱלֹהֵינוּ

לְטוֹב לָנוּ כָּל הַיָּמִים לְחַיֹּתֵנוּ כְּהַיּוֹם הַזֶּה.

וְנֶאֱמַר

וּצְדָקָה תִּהְיֶה לָּנוּ, כִּי נִשְׁמֹר לַעֲשׂוֹת אֶת כָּל הַמִּצְוָה הַזֹּאת

לִפְנֵי יי אֱלֹהֵינוּ כַּאֲשֶׁר צִוָּנוּ.

וּצְדָקָה וּבְרָכָה וְרַחֲמִים וְחַיִּים וְשָׁלוֹם

יִהְיֶה לָנוּ וּלְכָל יִשְׂרָאֵל עַד הָעוֹלָם.*

הש״ץ מסיים:

בָּרוּךְ אַתָּה יי, הַמְבָרֵךְ אֶת עַמּוֹ יִשְׂרָאֵל בַּשָּׁלוֹם.

* בחו״ל מסיים הש״ץ: **בָּרוּךְ אַתָּה יי, עוֹשֵׂה הַשָּׁלוֹם.**

קדיש שלם: יִתְגַּדַּל וְיִתְקַדַּשׁ שְׁמֵהּ רַבָּא
בְּעָלְמָא דִּי בְרָא כִרְעוּתֵהּ וְיַמְלִיךְ מַלְכוּתֵהּ
בְּחַיֵּיכוֹן וּבְיוֹמֵיכוֹן וּבְחַיֵּי דְכָל בֵּית יִשְׂרָאֵל
בַּעֲגָלָא וּבִזְמַן קָרִיב
וְאִמְרוּ אָמֵן.

יְהֵא שְׁמֵהּ רַבָּא מְבָרַךְ לְעָלַם וּלְעָלְמֵי עָלְמַיָּא.

יִתְבָּרַךְ וְיִשְׁתַּבַּח וְיִתְפָּאַר וְיִתְרוֹמַם וְיִתְנַשֵּׂא
וְיִתְהַדָּר וְיִתְעַלֶּה וְיִתְהַלָּל שְׁמֵהּ דְּקֻדְשָׁא
בְּרִיךְ הוּא
לְעֵלָּא לְעֵלָּא מִכָּל בִּרְכָתָא וְשִׁירָתָא
תֻּשְׁבְּחָתָא וְנֶחֱמָתָא דַּאֲמִירָן בְּעָלְמָא
וְאִמְרוּ אָמֵן.

תִּתְקַבַּל צְלוֹתְהוֹן וּבָעוּתְהוֹן
דְּכָל יִשְׂרָאֵל
קֳדָם אֲבוּהוֹן דִּי בִשְׁמַיָּא
וְאִמְרוּ אָמֵן.

יְהֵא שְׁלָמָא רַבָּא מִן שְׁמַיָּא
וְחַיִּים עָלֵינוּ וְעַל כָּל יִשְׂרָאֵל
וְאִמְרוּ אָמֵן.

עֹשֶׂה הַשָּׁלוֹם בִּמְרוֹמָיו
הוּא יַעֲשֶׂה שָׁלוֹם עָלֵינוּ וְעַל כָּל יִשְׂרָאֵל
וְאִמְרוּ אָמֵן.

תפילת מנחה

הוצאת ספר תורה

יש נוהגים לומר לפני תפילת מנחה סדר הקרבנות ופרשת הכיור, פרשת התמיד, סדר הקטרת עד אחרי "אנא בכח".

הוצאת ספר תורה:

וַיְהִי בִּנְסֹעַ הָאָרֹן וַיֹּאמֶר מֹשֶׁה. קוּמָה יְיָ וְיָפֻצוּ אֹיְבֶיךָ וְיָנֻסוּ מְשַׂנְאֶיךָ מִפָּנֶיךָ. כִּי מִצִּיּוֹן תֵּצֵא תוֹרָה וּדְבַר יְיָ מִירוּשָׁלָיִם. בָּרוּךְ שֶׁנָּתַן תּוֹרָה לְעַמּוֹ יִשְׂרָאֵל בִּקְדֻשָּׁתוֹ.

בְּרִיךְ שְׁמֵהּ דְּמָרֵא עָלְמָא, בְּרִיךְ כִּתְרָךְ וְאַתְרָךְ. יְהֵא רְעוּתָךְ עִם עַמָּךְ יִשְׂרָאֵל לְעָלַם, וּפֻרְקַן יְמִינָךְ אַחֲזֵי לְעַמָּךְ בְּבֵית מַקְדְּשָׁךְ וּלְאַמְטוּיֵי לָנָא מִטּוּב נְהוֹרָךְ וּלְקַבֵּל צְלוֹתָנָא בְּרַחֲמִין. יְהֵא רַעֲוָא קֳדָמָךְ דְּתוֹרִיךְ לָן חַיִּין בְּטִיבוּ וְלֶהֱוֵי אֲנָא פְּקִידָא בְּגוֹ צַדִּיקַיָּא לְמִרְחַם עָלַי וּלְמִנְטַר יָתִי וְיָת כָּל דִּי לִי וְדִי לְעַמָּךְ יִשְׂרָאֵל. אַנְתְּ הוּא זָן לְכֹלָּא וּמְפַרְנֵס לְכֹלָּא, אַנְתְּ הוּא שַׁלִּיט עַל כֹּלָּא אַנְתְּ הוּא דְשַׁלִּיט עַל מַלְכַיָּא וּמַלְכוּתָא דִּילָךְ הִיא. אֲנָא עַבְדָּא דְקֻדְשָׁא בְּרִיךְ הוּא, דְּסָגִידְנָא קַמֵּהּ וּמִקַּמֵּי דִּיקַר אוֹרַיְתֵהּ בְּכָל עִדָּן וְעִדָּן. לָא עַל אֱנָשׁ רָחִיצְנָא וְלָא עַל בַּר אֱלָהִין סָמִיכְנָא, אֶלָּא בֶּאֱלָהָא דִשְׁמַיָּא, דְּהוּא אֱלָהָא קְשׁוֹט וְאוֹרַיְתֵהּ קְשׁוֹט, וּנְבִיאוֹהִי קְשׁוֹט, וּמַסְגֵּא לְמֶעְבַּד טָבְוָן וּקְשׁוֹט. בֵּהּ אֲנָא רָחִיץ, וְלִשְׁמֵהּ קַדִּישָׁא יַקִּירָא אֲנָא אֵמַר תֻּשְׁבְּחָן. יְהֵא רַעֲוָא קֳדָמָךְ דְּתִפְתַּח לִבָּאִי בְּאוֹרַיְתָא וְתַשְׁלִים מִשְׁאֲלִין דְּלִבָּאִי וְלִבָּא דְכָל עַמָּךְ יִשְׂרָאֵל לְטָב וּלְחַיִּין וְלִשְׁלָם.

הש"ץ לוקח את ספר התורה בימינו ואומר:

גַּדְּלוּ לַיְיָ אִתִּי וּנְרוֹמְמָה שְׁמוֹ יַחְדָּו.

הש"ץ נושא את הספר אל הבימה והקהל אומר:

לְךָ יְיָ הַגְּדֻלָּה וְהַגְּבוּרָה וְהַתִּפְאֶרֶת וְהַנֵּצַח וְהַהוֹד, כִּי כֹל בַּשָּׁמַיִם וּבָאָרֶץ, לְךָ יְיָ הַמַּמְלָכָה וְהַמִּתְנַשֵּׂא לְכֹל לְרֹאשׁ.
רוֹמְמוּ יְיָ אֱלֹהֵינוּ וְהִשְׁתַּחֲווּ לַהֲדֹם רַגְלָיו קָדוֹשׁ הוּא. רוֹמְמוּ יְיָ אֱלֹהֵינוּ וְהִשְׁתַּחֲווּ לְהַר קָדְשׁוֹ כִּי קָדוֹשׁ יְיָ אֱלֹהֵינוּ.
אַב הָרַחֲמִים הוּא יְרַחֵם עַם עֲמוּסִים, וְיִזְכֹּר בְּרִית אֵיתָנִים, וְיַצִּיל נַפְשׁוֹתֵינוּ מִן הַשָּׁעוֹת הָרָעוֹת, וְיִגְעַר בְּיֵצֶר הָרָע מִן הַנְּשׂוּאִים, וְיָחֹן אוֹתָנוּ לִפְלֵיטַת עוֹלָמִים, וִימַלֵּא מִשְׁאֲלוֹתֵינוּ בְּמִדָּה טוֹבָה יְשׁוּעָה וְרַחֲמִים.

הקורא לעולים לתורה אומר:

וְתִגָּלֶה וְתֵרָאֶה מַלְכוּתוֹ עָלֵינוּ בִּזְמַן קָרוֹב וְיָחֹן פְּלֵיטָתֵנוּ וּפְלֵיטַת עַמּוֹ בֵּית יִשְׂרָאֵל לְחֵן וּלְחֶסֶד וּלְרַחֲמִים וּלְרָצוֹן, וְנֹאמַר אָמֵן.

הַכֹּל הָבוּ גֹדֶל לֵאלֹהֵינוּ וּתְנוּ כָבוֹד לַתּוֹרָה.

כֹּהֵן קְרָב, יַעֲמֹד (פלוני בן פלוני) הַכֹּהֵן.

בָּרוּךְ שֶׁנָּתַן תּוֹרָה לְעַמּוֹ יִשְׂרָאֵל בִּקְדֻשָּׁתוֹ.

הקהל עונה: **וְאַתֶּם הַדְּבֵקִים בַּיי אֱלֹהֵיכֶם חַיִּים כֻּלְּכֶם הַיּוֹם.**

העולה אומר: **בָּרְכוּ אֶת יי הַמְבֹרָךְ.**

ועונים הקהל: **בָּרוּךְ יי הַמְבֹרָךְ לְעוֹלָם וָעֶד.** והעולה חוזר

לפני הקריאה העולה מברך: **בָּרוּךְ אַתָּה יי אֱלֹהֵינוּ מֶלֶךְ הָעוֹלָם**
אֲשֶׁר בָּחַר בָּנוּ מִכָּל הָעַמִּים וְנָתַן לָנוּ אֶת תּוֹרָתוֹ.
בָּרוּךְ אַתָּה יי, נוֹתֵן הַתּוֹרָה.

לאחר הקריאה: **בָּרוּךְ אַתָּה יי אֱלֹהֵינוּ מֶלֶךְ הָעוֹלָם**
אֲשֶׁר נָתַן לָנוּ תּוֹרַת אֱמֶת וְחַיֵּי עוֹלָם נָטַע בְּתוֹכֵנוּ.
בָּרוּךְ אַתָּה יי, נוֹתֵן הַתּוֹרָה.

ויקרא יח **וַיְדַבֵּר יְהוָה אֶל־מֹשֶׁה לֵּאמֹר׃ דַּבֵּר אֶל־בְּנֵי יִשְׂרָאֵל וְאָמַרְתָּ**
אֲלֵהֶם אֲנִי יְהוָה אֱלֹהֵיכֶם׃ כְּמַעֲשֵׂה אֶרֶץ־מִצְרַיִם אֲשֶׁר יְשַׁבְתֶּם־
בָּהּ לֹא תַעֲשׂוּ וּכְמַעֲשֵׂה אֶרֶץ־כְּנַעַן אֲשֶׁר אֲנִי מֵבִיא אֶתְכֶם
שָׁמָּה לֹא תַעֲשׂוּ וּבְחֻקֹּתֵיהֶם לֹא תֵלֵכוּ׃ אֶת־מִשְׁפָּטַי תַּעֲשׂוּ
וְאֶת־חֻקֹּתַי תִּשְׁמְרוּ לָלֶכֶת בָּהֶם אֲנִי יְהוָה אֱלֹהֵיכֶם׃ וּשְׁמַרְתֶּם
אֶת־חֻקֹּתַי וְאֶת־מִשְׁפָּטַי אֲשֶׁר יַעֲשֶׂה אֹתָם הָאָדָם וָחַי בָּהֶם אֲנִי
שני **יְהוָה׃ אִישׁ אִישׁ אֶל־כָּל־שְׁאֵר בְּשָׂרוֹ לֹא תִקְרְבוּ**
לְגַלּוֹת עֶרְוָה אֲנִי יְהוָה׃ עֶרְוַת אָבִיךָ וְעֶרְוַת אִמְּךָ

לֹא תְגַלֵּה אִמְּךָ הִוא לֹא תְגַלֶּה עֶרְוָתָהּ׃ עֶרְוַת
אֵשֶׁת־אָבִיךָ לֹא תְגַלֵּה עֶרְוַת אָבִיךָ הִוא׃ עֶרְוַת
אֲחוֹתְךָ בַת־אָבִיךָ אוֹ בַת־אִמֶּךָ מוֹלֶדֶת בַּיִת אוֹ מוֹלֶדֶת חוּץ
לֹא תְגַלֶּה עֶרְוָתָן׃ עֶרְוַת בַּת־בִּנְךָ אוֹ בַת־
בִּתְּךָ לֹא תְגַלֶּה עֶרְוָתָן כִּי עֶרְוָתְךָ הֵנָּה׃ עֶרְוַת
בַּת־אֵשֶׁת אָבִיךָ מוֹלֶדֶת אָבִיךָ אֲחוֹתְךָ הִוא לֹא תְגַלֶּה
עֶרְוָתָהּ׃ עֶרְוַת אֲחוֹת־אָבִיךָ לֹא תְגַלֵּה שְׁאֵר
אָבִיךָ הִוא׃ עֶרְוַת אֲחוֹת־אִמְּךָ לֹא תְגַלֵּה כִּי־
שְׁאֵר אִמְּךָ הִוא׃ עֶרְוַת אֲחִי־אָבִיךָ לֹא תְגַלֵּה אֶל־
אִשְׁתּוֹ לֹא תִקְרָב דֹּדָתְךָ הִוא׃ עֶרְוַת כַּלָּתְךָ לֹא
תְגַלֵּה אֵשֶׁת בִּנְךָ הִוא לֹא תְגַלֶּה עֶרְוָתָהּ׃ עֶרְוַת
אֵשֶׁת־אָחִיךָ לֹא תְגַלֵּה עֶרְוַת אָחִיךָ הִוא׃ עֶרְוַת
אִשָּׁה וּבִתָּהּ לֹא תְגַלֵּה אֶת־בַּת־בְּנָהּ וְאֶת־בַּת־בִּתָּהּ לֹא
תִקַּח לְגַלּוֹת עֶרְוָתָהּ שַׁאֲרָה הֵנָּה זִמָּה הִוא׃ וְאִשָּׁה אֶל־
אֲחֹתָהּ לֹא תִקָּח לִצְרֹר לְגַלּוֹת עֶרְוָתָהּ עָלֶיהָ בְּחַיֶּיהָ׃ וְאֶל־
אִשָּׁה בְּנִדַּת טֻמְאָתָהּ לֹא תִקְרַב לְגַלּוֹת עֶרְוָתָהּ׃ וְאֶל־אֵשֶׁת
עֲמִיתְךָ לֹא־תִתֵּן שְׁכָבְתְּךָ לְזָרַע לְטָמְאָה־בָהּ׃ וּמִזַּרְעֲךָ לֹא־
תִתֵּן לְהַעֲבִיר לַמֹּלֶךְ וְלֹא תְחַלֵּל אֶת־שֵׁם אֱלֹהֶיךָ אֲנִי יְהוָה׃
וְאֶת־זָכָר לֹא תִשְׁכַּב מִשְׁכְּבֵי אִשָּׁה תּוֹעֵבָה הִוא׃ וּבְכָל־בְּהֵמָה שלישי
לֹא־תִתֵּן שְׁכָבְתְּךָ לְטָמְאָה־בָהּ וְאִשָּׁה לֹא־תַעֲמֹד לִפְנֵי בְהֵמָה
לְרִבְעָהּ תֶּבֶל הוּא׃ אַל־תִּטַּמְּאוּ בְּכָל־אֵלֶּה כִּי בְכָל־אֵלֶּה
נִטְמְאוּ הַגּוֹיִם אֲשֶׁר־אֲנִי מְשַׁלֵּחַ מִפְּנֵיכֶם׃ וַתִּטְמָא הָאָרֶץ
וָאֶפְקֹד עֲוֺנָהּ עָלֶיהָ וַתָּקִא הָאָרֶץ אֶת־יֹשְׁבֶיהָ׃ וּשְׁמַרְתֶּם אַתֶּם
אֶת־חֻקֹּתַי וְאֶת־מִשְׁפָּטַי וְלֹא תַעֲשׂוּ מִכֹּל הַתּוֹעֵבֹת הָאֵלֶּה
הָאֶזְרָח וְהַגֵּר הַגָּר בְּתוֹכְכֶם׃ כִּי אֶת־כָּל־הַתּוֹעֵבֹת הָאֵל עָשׂוּ
אַנְשֵׁי־הָאָרֶץ אֲשֶׁר לִפְנֵיכֶם וַתִּטְמָא הָאָרֶץ׃ וְלֹא־תָקִיא הָאָרֶץ

אֶתְכֶם בְּטַמַּאֲכֶם אֹתָהּ כַּאֲשֶׁר קָאָה אֶת־הַגּוֹי אֲשֶׁר לִפְנֵיכֶם׃
כִּי כָּל־אֲשֶׁר יַעֲשֶׂה מִכֹּל הַתּוֹעֵבֹת הָאֵלֶּה וְנִכְרְתוּ הַנְּפָשׁוֹת
הָעֹשֹׂת מִקֶּרֶב עַמָּם׃ וּשְׁמַרְתֶּם אֶת־מִשְׁמַרְתִּי לְבִלְתִּי עֲשׂוֹת
מֵחֻקּוֹת הַתּוֹעֵבֹת אֲשֶׁר נַעֲשׂוּ לִפְנֵיכֶם וְלֹא תִטַּמְּאוּ בָּהֶם אֲנִי
יהוה אֱלֹהֵיכֶם׃

מגביהים את הספר והקהל אומרים:

וְזֹאת הַתּוֹרָה אֲשֶׁר שָׂם מֹשֶׁה לִפְנֵי בְּנֵי יִשְׂרָאֵל (עַל פִּי יי בְּיַד מֹשֶׁה).

ויש מוסיפים:

עֵץ חַיִּים הִיא לַמַּחֲזִיקִים בָּהּ וְתֹמְכֶיהָ מְאֻשָּׁר. דְּרָכֶיהָ דַרְכֵי נֹעַם וְכָל נְתִיבוֹתֶיהָ שָׁלוֹם. אֹרֶךְ יָמִים בִּימִינָהּ בִּשְׂמֹאלָהּ עֹשֶׁר וְכָבוֹד. יי חָפֵץ לְמַעַן צִדְקוֹ יַגְדִּיל תּוֹרָה וְיַאְדִּיר.

לפני קריאת ההפטרה מברך המפטיר:

בָּרוּךְ אַתָּה יי אֱלֹהֵינוּ מֶלֶךְ הָעוֹלָם, אֲשֶׁר בָּחַר בִּנְבִיאִים טוֹבִים וְרָצָה בְדִבְרֵיהֶם הַנֶּאֱמָרִים בֶּאֱמֶת. בָּרוּךְ אַתָּה יי, הַבּוֹחֵר בַּתּוֹרָה וּבְמֹשֶׁה עַבְדּוֹ וּבְיִשְׂרָאֵל עַמּוֹ וּבִנְבִיאֵי הָאֱמֶת וָצֶדֶק.

יונה וַיְהִי דְּבַר־יהוה אֶל־יוֹנָה בֶן־אֲמִתַּי לֵאמֹר׃ קוּם לֵךְ אֶל־נִינְוֵה
הָעִיר הַגְּדוֹלָה וּקְרָא עָלֶיהָ כִּי־עָלְתָה רָעָתָם לְפָנָי׃ וַיָּקָם יוֹנָה
לִבְרֹחַ תַּרְשִׁישָׁה מִלִּפְנֵי יהוה וַיֵּרֶד יָפוֹ וַיִּמְצָא אָנִיָּה ׀ בָּאָה
תַרְשִׁישׁ וַיִּתֵּן שְׂכָרָהּ וַיֵּרֶד בָּהּ לָבוֹא עִמָּהֶם תַּרְשִׁישָׁה מִלִּפְנֵי
יהוה׃ וַיהוה הֵטִיל רוּחַ־גְּדוֹלָה אֶל־הַיָּם וַיְהִי סַעַר־גָּדוֹל בַּיָּם
וְהָאֳנִיָּה חִשְּׁבָה לְהִשָּׁבֵר׃ וַיִּירְאוּ הַמַּלָּחִים וַיִּזְעֲקוּ אִישׁ אֶל־
אֱלֹהָיו וַיָּטִלוּ אֶת־הַכֵּלִים אֲשֶׁר בָּאֳנִיָּה אֶל־הַיָּם לְהָקֵל
מֵעֲלֵיהֶם וְיוֹנָה יָרַד אֶל־יַרְכְּתֵי הַסְּפִינָה וַיִּשְׁכַּב וַיֵּרָדַם׃ וַיִּקְרַב

אֵלָיו רַב הַחֹבֵל וַיֹּאמֶר לוֹ מַה־לְּךָ נִרְדָּם קוּם קְרָא אֶל־אֱלֹהֶיךָ
אוּלַי יִתְעַשֵּׁת הָאֱלֹהִים לָנוּ וְלֹא נֹאבֵד: וַיֹּאמְרוּ אִישׁ אֶל־רֵעֵהוּ
לְכוּ וְנַפִּילָה גוֹרָלוֹת וְנֵדְעָה בְּשֶׁלְּמִי הָרָעָה הַזֹּאת לָנוּ וַיַּפִּלוּ
גּוֹרָלוֹת וַיִּפֹּל הַגּוֹרָל עַל־יוֹנָה: וַיֹּאמְרוּ אֵלָיו הַגִּידָה־נָּא לָנוּ
בַּאֲשֶׁר לְמִי־הָרָעָה הַזֹּאת לָנוּ מַה־מְּלַאכְתְּךָ וּמֵאַיִן תָּבוֹא מָה
אַרְצֶךָ וְאֵי־מִזֶּה עַם אָתָּה: וַיֹּאמֶר אֲלֵיהֶם עִבְרִי אָנֹכִי וְאֶת־
יְהוָה אֱלֹהֵי הַשָּׁמַיִם אֲנִי יָרֵא אֲשֶׁר־עָשָׂה אֶת־הַיָּם וְאֶת־
הַיַּבָּשָׁה: וַיִּירְאוּ הָאֲנָשִׁים יִרְאָה גְדוֹלָה וַיֹּאמְרוּ אֵלָיו מַה־זֹּאת
עָשִׂיתָ כִּי־יָדְעוּ הָאֲנָשִׁים כִּי־מִלִּפְנֵי יְהוָה הוּא בֹרֵחַ כִּי הִגִּיד
לָהֶם: וַיֹּאמְרוּ אֵלָיו מַה־נַּעֲשֶׂה לָּךְ וְיִשְׁתֹּק הַיָּם מֵעָלֵינוּ כִּי הַיָּם
הוֹלֵךְ וְסֹעֵר: וַיֹּאמֶר אֲלֵיהֶם שָׂאוּנִי וַהֲטִילֻנִי אֶל־הַיָּם וְיִשְׁתֹּק
הַיָּם מֵעֲלֵיכֶם כִּי יוֹדֵעַ אָנִי כִּי בְשֶׁלִּי הַסַּעַר הַגָּדוֹל הַזֶּה עֲלֵיכֶם:
וַיַּחְתְּרוּ הָאֲנָשִׁים לְהָשִׁיב אֶל־הַיַּבָּשָׁה וְלֹא יָכֹלוּ כִּי הַיָּם הוֹלֵךְ
וְסֹעֵר עֲלֵיהֶם: וַיִּקְרְאוּ אֶל־יְהוָה וַיֹּאמְרוּ אָנָּה יְהוָה אַל־נָא
נֹאבְדָה בְּנֶפֶשׁ הָאִישׁ הַזֶּה וְאַל־תִּתֵּן עָלֵינוּ דָּם נָקִיא כִּי־אַתָּה
יְהוָה כַּאֲשֶׁר חָפַצְתָּ עָשִׂיתָ: וַיִּשְׂאוּ אֶת־יוֹנָה וַיְטִלֻהוּ אֶל־הַיָּם
וַיַּעֲמֹד הַיָּם מִזַּעְפּוֹ: וַיִּירְאוּ הָאֲנָשִׁים יִרְאָה גְדוֹלָה אֶת־יְהוָה
וַיִּזְבְּחוּ־זֶבַח לַיהוָה וַיִּדְּרוּ נְדָרִים: וַיְמַן יְהוָה דָּג גָּדוֹל לִבְלֹעַ אֶת־
יוֹנָה וַיְהִי יוֹנָה בִּמְעֵי הַדָּג שְׁלֹשָׁה יָמִים וּשְׁלֹשָׁה לֵילוֹת: וַיִּתְפַּלֵּל
יוֹנָה אֶל־יְהוָה אֱלֹהָיו מִמְּעֵי הַדָּגָה: וַיֹּאמֶר קָרָאתִי מִצָּרָה לִי
אֶל־יְהוָה וַיַּעֲנֵנִי מִבֶּטֶן שְׁאוֹל שִׁוַּעְתִּי שָׁמַעְתָּ קוֹלִי: וַתַּשְׁלִיכֵנִי
מְצוּלָה בִּלְבַב יַמִּים וְנָהָר יְסֹבְבֵנִי כָּל־מִשְׁבָּרֶיךָ וְגַלֶּיךָ עָלַי
עָבָרוּ: וַאֲנִי אָמַרְתִּי נִגְרַשְׁתִּי מִנֶּגֶד עֵינֶיךָ אַךְ אוֹסִיף לְהַבִּיט אֶל־
הֵיכַל קָדְשֶׁךָ: אֲפָפוּנִי מַיִם עַד־נֶפֶשׁ תְּהוֹם יְסֹבְבֵנִי סוּף חָבוּשׁ
לְרֹאשִׁי: לְקִצְבֵי הָרִים יָרַדְתִּי הָאָרֶץ בְּרִחֶיהָ בַעֲדִי לְעוֹלָם
וַתַּעַל מִשַּׁחַת חַיַּי יְהוָה אֱלֹהָי: בְּהִתְעַטֵּף עָלַי נַפְשִׁי אֶת־יְהוָה

זְכַרְתִּי וַתָּבוֹא אֵלֶיךָ תְּפִלָּתִי אֶל־הֵיכַל קָדְשֶׁךָ׃ מְשַׁמְּרִים הַבְלֵי־
שָׁוְא חַסְדָּם יַעֲזֹבוּ׃ וַאֲנִי בְּקוֹל תּוֹדָה אֶזְבְּחָה־לָּךְ אֲשֶׁר נָדַרְתִּי
אֲשַׁלֵּמָה יְשׁוּעָתָה לַיהוָה׃ וַיֹּאמֶר יְהוָה לַדָּג וַיָּקֵא
אֶת־יוֹנָה אֶל־הַיַּבָּשָׁה׃ וַיְהִי דְבַר־יְהוָה אֶל־יוֹנָה
שֵׁנִית לֵאמֹר׃ קוּם לֵךְ אֶל־נִינְוֵה הָעִיר הַגְּדוֹלָה וּקְרָא אֵלֶיהָ
אֶת־הַקְּרִיאָה אֲשֶׁר אָנֹכִי דֹּבֵר אֵלֶיךָ׃ וַיָּקָם יוֹנָה וַיֵּלֶךְ אֶל־נִינְוֵה
כִּדְבַר יְהוָה וְנִינְוֵה הָיְתָה עִיר־גְּדוֹלָה לֵאלֹהִים מַהֲלַךְ שְׁלֹשֶׁת
יָמִים׃ וַיָּחֶל יוֹנָה לָבוֹא בָעִיר מַהֲלַךְ יוֹם אֶחָד וַיִּקְרָא וַיֹּאמַר
עוֹד אַרְבָּעִים יוֹם וְנִינְוֵה נֶהְפָּכֶת׃ וַיַּאֲמִינוּ אַנְשֵׁי נִינְוֵה בֵּאלֹהִים
וַיִּקְרְאוּ־צוֹם וַיִּלְבְּשׁוּ שַׂקִּים מִגְּדוֹלָם וְעַד־קְטַנָּם׃ וַיִּגַּע הַדָּבָר
אֶל־מֶלֶךְ נִינְוֵה וַיָּקָם מִכִּסְאוֹ וַיַּעֲבֵר אַדַּרְתּוֹ מֵעָלָיו וַיְכַס שַׂק
וַיֵּשֶׁב עַל־הָאֵפֶר׃ וַיַּזְעֵק וַיֹּאמֶר בְּנִינְוֵה מִטַּעַם הַמֶּלֶךְ וּגְדֹלָיו
לֵאמֹר הָאָדָם וְהַבְּהֵמָה הַבָּקָר וְהַצֹּאן אַל־יִטְעֲמוּ מְאוּמָה אַל־
יִרְעוּ וּמַיִם אַל־יִשְׁתּוּ׃ וְיִתְכַּסּוּ שַׂקִּים הָאָדָם וְהַבְּהֵמָה וְיִקְרְאוּ
אֶל־אֱלֹהִים בְּחָזְקָה וְיָשֻׁבוּ אִישׁ מִדַּרְכּוֹ הָרָעָה וּמִן־הֶחָמָס אֲשֶׁר
בְּכַפֵּיהֶם׃ מִי־יוֹדֵעַ יָשׁוּב וְנִחַם הָאֱלֹהִים וְשָׁב מֵחֲרוֹן אַפּוֹ וְלֹא
נֹאבֵד׃ וַיַּרְא הָאֱלֹהִים אֶת־מַעֲשֵׂיהֶם כִּי־שָׁבוּ מִדַּרְכָּם הָרָעָה
וַיִּנָּחֶם הָאֱלֹהִים עַל־הָרָעָה אֲשֶׁר־דִּבֶּר לַעֲשׂוֹת־לָהֶם וְלֹא
עָשָׂה׃ וַיֵּרַע אֶל־יוֹנָה רָעָה גְדוֹלָה וַיִּחַר לוֹ׃ וַיִּתְפַּלֵּל אֶל־יְהוָה
וַיֹּאמַר אָנָּה יְהוָה הֲלוֹא־זֶה דְבָרִי עַד־הֱיוֹתִי עַל־אַדְמָתִי עַל־כֵּן
קִדַּמְתִּי לִבְרֹחַ תַּרְשִׁישָׁה כִּי יָדַעְתִּי כִּי אַתָּה אֵל־חַנּוּן וְרַחוּם
אֶרֶךְ אַפַּיִם וְרַב־חֶסֶד וְנִחָם עַל־הָרָעָה׃ וְעַתָּה יְהוָה קַח־נָא
אֶת־נַפְשִׁי מִמֶּנִּי כִּי טוֹב מוֹתִי מֵחַיָּי׃ וַיֹּאמֶר יְהוָה הַהֵיטֵב חָרָה
לָךְ׃ וַיֵּצֵא יוֹנָה מִן־הָעִיר וַיֵּשֶׁב מִקֶּדֶם לָעִיר וַיַּעַשׂ לוֹ שָׁם סֻכָּה
וַיֵּשֶׁב תַּחְתֶּיהָ בַּצֵּל עַד אֲשֶׁר יִרְאֶה מַה־יִּהְיֶה בָּעִיר׃ וַיְמַן יְהוָה־
אֱלֹהִים קִיקָיוֹן וַיַּעַל ׀ מֵעַל לְיוֹנָה לִהְיוֹת צֵל עַל־רֹאשׁוֹ לְהַצִּיל

447 הפטרה

לוֹ מֵרָעָתוֹ וַיִּשְׂמַח יוֹנָה עַל־הַקִּיקָיוֹן שִׂמְחָה גְדוֹלָה: וַיְמַן
הָאֱלֹהִים תּוֹלַעַת בַּעֲלוֹת הַשַּׁחַר לַמָּחֳרָת וַתַּךְ אֶת־הַקִּיקָיוֹן
וַיִּיבָשׁ: וַיְהִי כִּזְרֹחַ הַשֶּׁמֶשׁ וַיְמַן אֱלֹהִים רוּחַ קָדִים חֲרִישִׁית
וַתַּךְ הַשֶּׁמֶשׁ עַל־רֹאשׁ יוֹנָה וַיִּתְעַלָּף וַיִּשְׁאַל אֶת־נַפְשׁוֹ לָמוּת
וַיֹּאמֶר טוֹב מוֹתִי מֵחַיָּי: וַיֹּאמֶר אֱלֹהִים אֶל־יוֹנָה הַהֵיטֵב חָרָה־
לְךָ עַל־הַקִּיקָיוֹן וַיֹּאמֶר הֵיטֵב חָרָה־לִי עַד־מָוֶת: וַיֹּאמֶר יהוה
אַתָּה חַסְתָּ עַל־הַקִּיקָיוֹן אֲשֶׁר לֹא־עָמַלְתָּ בּוֹ וְלֹא גִדַּלְתּוֹ
שֶׁבִּן־לַיְלָה הָיָה וּבִן־לַיְלָה אָבָד: וַאֲנִי לֹא אָחוּס עַל־נִינְוֵה
הָעִיר הַגְּדוֹלָה אֲשֶׁר יֶשׁ־בָּהּ הַרְבֵּה מִשְׁתֵּים־עֶשְׂרֵה רִבּוֹ
אָדָם אֲשֶׁר לֹא־יָדַע בֵּין־יְמִינוֹ לִשְׂמֹאלוֹ וּבְהֵמָה רַבָּה:

ויש שמוסיפים:

מִי־אֵל כָּמוֹךָ נֹשֵׂא עָוֺן וְעֹבֵר עַל־ מיכה ז
פֶּשַׁע לִשְׁאֵרִית נַחֲלָתוֹ לֹא־הֶחֱזִיק לָעַד אַפּוֹ כִּי־חָפֵץ חֶסֶד
הוּא: יָשׁוּב יְרַחֲמֵנוּ יִכְבֹּשׁ עֲוֺנֹתֵינוּ וְתַשְׁלִיךְ בִּמְצֻלוֹת יָם כָּל־
חַטֹּאתָם: תִּתֵּן אֱמֶת לְיַעֲקֹב חֶסֶד לְאַבְרָהָם אֲשֶׁר־נִשְׁבַּעְתָּ
לַאֲבֹתֵינוּ מִימֵי קֶדֶם:

אחרי קריאת ההפטרה מברך המפטיר:

בָּרוּךְ אַתָּה יי אֱלֹהֵינוּ מֶלֶךְ הָעוֹלָם, צוּר כָּל הָעוֹלָמִים, צַדִּיק בְּכָל הַדּוֹרוֹת, הָאֵל הַנֶּאֱמָן, הָאוֹמֵר וְעוֹשֶׂה, הַמְדַבֵּר וּמְקַיֵּם, שֶׁכָּל דְּבָרָיו אֱמֶת וָצֶדֶק. נֶאֱמָן אַתָּה הוּא יי אֱלֹהֵינוּ וְנֶאֱמָנִים דְּבָרֶיךָ, וְדָבָר אֶחָד מִדְּבָרֶיךָ אָחוֹר לֹא יָשׁוּב רֵיקָם, כִּי אֵל מֶלֶךְ נֶאֱמָן וְרַחֲמָן אָתָּה.
בָּרוּךְ אַתָּה יי, הָאֵל הַנֶּאֱמָן בְּכָל דְּבָרָיו.

רַחֵם עַל צִיּוֹן, כִּי הִיא בֵּית חַיֵּינוּ, וְלַעֲלוּבַת נֶפֶשׁ תּוֹשִׁיעַ בִּמְהֵרָה בְיָמֵינוּ.
בָּרוּךְ אַתָּה יי, מְשַׂמֵּחַ צִיּוֹן בְּבָנֶיהָ.

שַׂמְּחֵנוּ יי אֱלֹהֵינוּ בְּאֵלִיָּהוּ הַנָּבִיא עַבְדֶּךָ, וּבְמַלְכוּת בֵּית דָּוִד מְשִׁיחֶךָ, בִּמְהֵרָה יָבוֹא וְיָגֵל לִבֵּנוּ. עַל כִּסְאוֹ לֹא יֵשֵׁב זָר, וְלֹא יִנְחֲלוּ עוֹד אֲחֵרִים אֶת כְּבוֹדוֹ, כִּי בְשֵׁם קָדְשְׁךָ נִשְׁבַּעְתָּ לוֹ, שֶׁלֹּא יִכְבֶּה נֵרוֹ לְעוֹלָם וָעֶד. בָּרוּךְ אַתָּה יי, מָגֵן דָּוִד.

הש״ץ לוקח ס״ת ואומר:

יְהַלְלוּ אֶת שֵׁם יי, כִּי נִשְׂגָּב שְׁמוֹ לְבַדּוֹ

והקהל אתו:

הוֹדוֹ עַל אֶרֶץ וְשָׁמָיִם.

וַיָּרֶם קֶרֶן לְעַמּוֹ

תְּהִלָּה לְכָל חֲסִידָיו

לִבְנֵי יִשְׂרָאֵל עַם קְרֹבוֹ

הַלְלוּיָהּ.

לְדָוִד מִזְמוֹר לַיהוה הָאָרֶץ וּמְלוֹאָהּ תֵּבֵל וְיֹשְׁבֵי בָהּ: כִּי־הוּא עַל־יַמִּים יְסָדָהּ וְעַל־נְהָרוֹת יְכוֹנְנֶהָ: מִי־יַעֲלֶה בְהַר־יְהוָה וּמִי־יָקוּם בִּמְקוֹם קָדְשׁוֹ: נְקִי כַפַּיִם וּבַר־לֵבָב אֲשֶׁר לֹא־נָשָׂא לַשָּׁוְא נַפְשִׁי וְלֹא נִשְׁבַּע לְמִרְמָה: יִשָּׂא בְרָכָה מֵאֵת יְהוָה וּצְדָקָה מֵאֱלֹהֵי יִשְׁעוֹ: זֶה דּוֹר דֹּרְשָׁו מְבַקְשֵׁי פָנֶיךָ יַעֲקֹב סֶלָה: שְׂאוּ שְׁעָרִים רָאשֵׁיכֶם וְהִנָּשְׂאוּ פִּתְחֵי עוֹלָם וְיָבוֹא מֶלֶךְ הַכָּבוֹד: מִי זֶה מֶלֶךְ הַכָּבוֹד יהוה עִזּוּז וְגִבּוֹר יהוה גִּבּוֹר מִלְחָמָה: שְׂאוּ שְׁעָרִים רָאשֵׁיכֶם וּשְׂאוּ פִּתְחֵי עוֹלָם וְיָבֹא מֶלֶךְ הַכָּבוֹד: מִי הוּא זֶה מֶלֶךְ הַכָּבוֹד יהוה צְבָאוֹת הוּא מֶלֶךְ הַכָּבוֹד סֶלָה:

הכנסת ספר תורה 449

מכניסים את ספר התורה לארון הקדש ואומרים:

וּבְנֻחֹה יֹאמַר. שׁוּבָה יי רִבְבוֹת אַלְפֵי יִשְׂרָאֵל.
קוּמָה יי לִמְנוּחָתֶךָ, אַתָּה וַאֲרוֹן עֻזֶּךָ.
כֹּהֲנֶיךָ יִלְבְּשׁוּ צֶדֶק, וַחֲסִידֶיךָ יְרַנֵּנוּ.
בַּעֲבוּר דָּוִד עַבְדֶּךָ אַל תָּשֵׁב פְּנֵי מְשִׁיחֶךָ.
כִּי לֶקַח טוֹב נָתַתִּי לָכֶם, תּוֹרָתִי אַל תַּעֲזֹבוּ.
עֵץ חַיִּים הִיא לַמַּחֲזִיקִים בָּהּ, וְתֹמְכֶיהָ מְאֻשָּׁר.
דְּרָכֶיהָ דַרְכֵי נֹעַם וְכָל נְתִיבֹתֶיהָ שָׁלוֹם.
הֲשִׁיבֵנוּ יי אֵלֶיךָ וְנָשׁוּבָה, חַדֵּשׁ יָמֵינוּ כְּקֶדֶם.

סוגרים את ארון הקודש.

הש״ץ אומר חצי קדיש:

יִתְגַּדַּל וְיִתְקַדַּשׁ שְׁמֵהּ רַבָּא
בְּעָלְמָא דִּי בְרָא כִרְעוּתֵהּ וְיַמְלִיךְ מַלְכוּתֵהּ
בְּחַיֵּיכוֹן וּבְיוֹמֵיכוֹן וּבְחַיֵּי דְכָל בֵּית יִשְׂרָאֵל
בַּעֲגָלָא וּבִזְמַן קָרִיב, וְאִמְרוּ אָמֵן.
יְהֵא שְׁמֵהּ רַבָּא מְבָרַךְ לְעָלַם וּלְעָלְמֵי עָלְמַיָּא.
יִתְבָּרַךְ וְיִשְׁתַּבַּח וְיִתְפָּאַר וְיִתְרוֹמַם וְיִתְנַשֵּׂא
וְיִתְהַדַּר וְיִתְעַלֶּה וְיִתְהַלָּל שְׁמֵהּ דְּקֻדְשָׁא, בְּרִיךְ הוּא
לְעֵלָּא לְעֵלָּא מִכָּל בִּרְכָתָא וְשִׁירָתָא תֻּשְׁבְּחָתָא וְנֶחֱמָתָא
דַּאֲמִירָן בְּעָלְמָא, וְאִמְרוּ אָמֵן.

כִּי שֵׁם יי אֶקְרָא הָבוּ גֹדֶל לֵאלֹהֵינוּ
אֲדֹנָי, שְׂפָתַי תִּפְתָּח וּפִי יַגִּיד תְּהִלָּתֶךָ

בָּרוּךְ אַתָּה יי, אֱלֹהֵינוּ וֵאלֹהֵי אֲבוֹתֵינוּ
אֱלֹהֵי אַבְרָהָם, אֱלֹהֵי יִצְחָק, וֵאלֹהֵי יַעֲקֹב
הָאֵל הַגָּדוֹל הַגִּבּוֹר וְהַנּוֹרָא, אֵל עֶלְיוֹן
גּוֹמֵל חֲסָדִים טוֹבִים, וְקוֹנֵה הַכֹּל
וְזוֹכֵר חַסְדֵי אָבוֹת וּמֵבִיא גוֹאֵל לִבְנֵי בְנֵיהֶם
לְמַעַן שְׁמוֹ בְּאַהֲבָה.
זָכְרֵנוּ לְחַיִּים, מֶלֶךְ חָפֵץ בַּחַיִּים
וְכָתְבֵנוּ בְּסֵפֶר הַחַיִּים, לְמַעַנְךָ אֱלֹהִים חַיִּים.
מֶלֶךְ עוֹזֵר וּמוֹשִׁיעַ וּמָגֵן.
בָּרוּךְ אַתָּה יי, מָגֵן אַבְרָהָם.

אַתָּה גִּבּוֹר לְעוֹלָם אֲדֹנָי
מְחַיֵּה מֵתִים אַתָּה, רַב לְהוֹשִׁיעַ
בא"י: מוֹרִיד הַטָּל.
מְכַלְכֵּל חַיִּים בְּחֶסֶד
מְחַיֵּה מֵתִים בְּרַחֲמִים רַבִּים
סוֹמֵךְ נוֹפְלִים, וְרוֹפֵא חוֹלִים
וּמַתִּיר אֲסוּרִים, וּמְקַיֵּם אֱמוּנָתוֹ לִישֵׁנֵי עָפָר.
מִי כָמוֹךָ בַּעַל גְּבוּרוֹת וּמִי דּוֹמֶה לָּךְ
מֶלֶךְ מֵמִית וּמְחַיֶּה וּמַצְמִיחַ יְשׁוּעָה.

מִי כָמוֹךָ אַב הָרַחֲמִים
זוֹכֵר יְצוּרָיו לְחַיִּים בְּרַחֲמִים.
וְנֶאֱמָן אַתָּה לְהַחֲיוֹת מֵתִים.
בָּרוּךְ אַתָּה יי, מְחַיֵּה הַמֵּתִים.

אַתָּה קָדוֹשׁ וְשִׁמְךָ קָדוֹשׁ
וּקְדוֹשִׁים בְּכָל יוֹם יְהַלְלוּךָ סֶּלָה.

וּבְכֵן תֵּן פַּחְדְּךָ יי אֱלֹהֵינוּ עַל כָּל מַעֲשֶׂיךָ
וְאֵימָתְךָ עַל כָּל מַה שֶּׁבָּרָאתָ
וְיִירָאוּךָ כָּל הַמַּעֲשִׂים
וְיִשְׁתַּחֲווּ לְפָנֶיךָ כָּל הַבְּרוּאִים
וְיֵעָשׂוּ כֻלָּם אֲגֻדָּה אַחַת
לַעֲשׂוֹת רְצוֹנְךָ בְּלֵבָב שָׁלֵם
כְּמוֹ שֶׁיָּדַעְנוּ יי אֱלֹהֵינוּ
שֶׁהַשָּׁלְטָן לְפָנֶיךָ
עֹז בְּיָדְךָ וּגְבוּרָה בִּימִינֶךָ
וְשִׁמְךָ נוֹרָא עַל כָּל מַה שֶּׁבָּרָאתָ.

וּבְכֵן תֵּן כָּבוֹד יי לְעַמֶּךָ
תְּהִלָּה לִירֵאֶיךָ וְתִקְוָה טוֹבָה לְדוֹרְשֶׁיךָ
וּפִתְחוֹן פֶּה לַמְיַחֲלִים לָךְ
שִׂמְחָה לְאַרְצֶךָ, וְשָׂשׂוֹן לְעִירֶךָ
וּצְמִיחַת קֶרֶן לְדָוִד עַבְדֶּךָ
וַעֲרִיכַת נֵר לְבֶן יִשַׁי מְשִׁיחֶךָ בִּמְהֵרָה בְיָמֵינוּ.

וּבְכֵן צַדִּיקִים יִרְאוּ וְיִשְׂמָחוּ, וִישָׁרִים יַעֲלֹזוּ
וַחֲסִידִים בְּרִנָּה יָגִילוּ, וְעוֹלָתָה תִּקְפָּץ פִּיהָ
וְכָל הָרִשְׁעָה כֻּלָּהּ כְּעָשָׁן תִּכְלֶה
כִּי תַעֲבִיר מֶמְשֶׁלֶת זָדוֹן מִן הָאָרֶץ.

וְתִמְלֹךְ אַתָּה יי לְבַדֶּךָ
עַל כָּל מַעֲשֶׂיךָ
בְּהַר צִיּוֹן מִשְׁכַּן כְּבוֹדֶךָ
וּבִירוּשָׁלַיִם עִיר קָדְשֶׁךָ
כַּכָּתוּב בְּדִבְרֵי קָדְשֶׁךָ
יִמְלֹךְ יי לְעוֹלָם, אֱלֹהַיִךְ צִיּוֹן לְדֹר וָדֹר, הַלְלוּיָהּ.

קָדוֹשׁ אַתָּה וְנוֹרָא שְׁמֶךָ, וְאֵין אֱלוֹהַּ מִבַּלְעָדֶיךָ
כַּכָּתוּב
וַיִּגְבַּהּ יי צְבָאוֹת בַּמִּשְׁפָּט
וְהָאֵל הַקָּדוֹשׁ נִקְדַּשׁ בִּצְדָקָה.
בָּרוּךְ אַתָּה יי, הַמֶּלֶךְ הַקָּדוֹשׁ.

אַתָּה בְחַרְתָּנוּ מִכָּל הָעַמִּים
אָהַבְתָּ אוֹתָנוּ וְרָצִיתָ בָּנוּ, וְרוֹמַמְתָּנוּ מִכָּל הַלְּשׁוֹנוֹת
וְקִדַּשְׁתָּנוּ בְּמִצְוֹתֶיךָ, וְקֵרַבְתָּנוּ מַלְכֵּנוּ לַעֲבוֹדָתֶךָ
וְשִׁמְךָ הַגָּדוֹל וְהַקָּדוֹשׁ עָלֵינוּ קָרָאתָ.

453 תפילת מנחה

וַתִּתֶּן לָנוּ יי אֱלֹהֵינוּ בְּאַהֲבָה אֶת יוֹם

בשבת: הַשַּׁבָּת הַזֶּה לִקְדֻשָּׁה וְלִמְנוּחָה וְאֶת יוֹם

הַכִּפּוּרִים הַזֶּה, לִמְחִילָה וְלִסְלִיחָה וּלְכַפָּרָה

וְלִמְחָל בּוֹ אֶת כָּל עֲוֹנוֹתֵינוּ /בשבת: בְּאַהֲבָה/

מִקְרָא קֹדֶשׁ, זֵכֶר לִיצִיאַת מִצְרָיִם.

אֱלֹהֵינוּ וֵאלֹהֵי אֲבוֹתֵינוּ

יַעֲלֶה וְיָבוֹא וְיַגִּיעַ, וְיֵרָאֶה וְיֵרָצֶה וְיִשָּׁמַע

וְיִפָּקֵד וְיִזָּכֵר זִכְרוֹנֵנוּ וּפִקְדוֹנֵנוּ וְזִכְרוֹן אֲבוֹתֵינוּ

וְזִכְרוֹן מָשִׁיחַ בֶּן דָּוִד עַבְדֶּךָ

וְזִכְרוֹן יְרוּשָׁלַיִם עִיר קָדְשֶׁךָ

וְזִכְרוֹן כָּל עַמְּךָ בֵּית יִשְׂרָאֵל, לְפָנֶיךָ

לִפְלֵיטָה לְטוֹבָה, לְחֵן וּלְחֶסֶד וּלְרַחֲמִים, לְחַיִּים וּלְשָׁלוֹם

בְּיוֹם הַכִּפּוּרִים הַזֶּה.

זָכְרֵנוּ יי אֱלֹהֵינוּ בּוֹ לְטוֹבָה

וּפָקְדֵנוּ בוֹ לִבְרָכָה

וְהוֹשִׁיעֵנוּ בוֹ לְחַיִּים.

וּבִדְבַר יְשׁוּעָה וְרַחֲמִים

חוּס וְחָנֵּנוּ וְרַחֵם עָלֵינוּ וְהוֹשִׁיעֵנוּ

כִּי אֵלֶיךָ עֵינֵינוּ

כִּי אֵל מֶלֶךְ חַנּוּן וְרַחוּם אָתָּה.

אֱלֹהֵינוּ וֵאלֹהֵי אֲבוֹתֵינוּ
מְחַל לַעֲוֹנוֹתֵינוּ בְּיוֹם /בשבת: הַשַּׁבָּת הַזֶּה וּבְיוֹם/
הַכִּפּוּרִים הַזֶּה
מְחֵה וְהַעֲבֵר פְּשָׁעֵינוּ וְחַטֹּאתֵינוּ מִנֶּגֶד עֵינֶיךָ
כָּאָמוּר
אָנֹכִי אָנֹכִי הוּא מֹחֶה פְשָׁעֶיךָ לְמַעֲנִי, וְחַטֹּאתֶיךָ לֹא אֶזְכֹּר.
וְנֶאֱמַר
מָחִיתִי כָעָב פְּשָׁעֶיךָ וְכֶעָנָן חַטֹּאתֶיךָ, שׁוּבָה אֵלַי כִּי גְאַלְתִּיךָ.
וְנֶאֱמַר
כִּי בַיּוֹם הַזֶּה יְכַפֵּר עֲלֵיכֶם לְטַהֵר אֶתְכֶם, מִכֹּל חַטֹּאתֵיכֶם
לִפְנֵי יי תִּטְהָרוּ.

בשבת: אֱלֹהֵינוּ וֵאלֹהֵי אֲבוֹתֵינוּ, רְצֵה בִמְנוּחָתֵנוּ

קַדְּשֵׁנוּ בְּמִצְוֹתֶיךָ וְתֵן חֶלְקֵנוּ בְּתוֹרָתֶךָ
שַׂבְּעֵנוּ מִטּוּבֶךָ וְשַׂמְּחֵנוּ בִּישׁוּעָתֶךָ

בשבת: וְהַנְחִילֵנוּ, יי אֱלֹהֵינוּ, בְּאַהֲבָה וּבְרָצוֹן שַׁבְּתוֹת קָדְשֶׁךָ
וְיָנוּחוּ בָם יִשְׂרָאֵל מְקַדְּשֵׁי שְׁמֶךָ

וְטַהֵר לִבֵּנוּ לְעָבְדְּךָ בֶּאֱמֶת
כִּי אַתָּה סָלְחָן לְיִשְׂרָאֵל
וּמָחֳלָן לְשִׁבְטֵי יְשֻׁרוּן בְּכָל דּוֹר וָדוֹר
וּמִבַּלְעָדֶיךָ אֵין לָנוּ מֶלֶךְ מוֹחֵל וְסוֹלֵחַ אֶלָּא אָתָּה.
בָּרוּךְ אַתָּה יי, מֶלֶךְ מוֹחֵל וְסוֹלֵחַ לַעֲוֹנוֹתֵינוּ וְלַעֲוֹנוֹת עַמּוֹ בֵּית יִשְׂרָאֵל
וּמַעֲבִיר אַשְׁמוֹתֵינוּ בְּכָל שָׁנָה וְשָׁנָה
מֶלֶךְ עַל כָּל הָאָרֶץ, מְקַדֵּשׁ /בשבת: הַשַּׁבָּת וְ/
יִשְׂרָאֵל וְיוֹם הַכִּפּוּרִים.

רְצֵה יי אֱלֹהֵינוּ בְּעַמְּךָ יִשְׂרָאֵל וּבִתְפִלָּתָם
וְהָשֵׁב אֶת הָעֲבוֹדָה לִדְבִיר בֵּיתֶךָ
וְאִשֵּׁי יִשְׂרָאֵל וּתְפִלָּתָם בְּאַהֲבָה תְקַבֵּל בְּרָצוֹן
וּתְהִי לְרָצוֹן תָּמִיד עֲבוֹדַת יִשְׂרָאֵל עַמֶּךָ.
וְתֶחֱזֶינָה עֵינֵינוּ בְּשׁוּבְךָ לְצִיּוֹן בְּרַחֲמִים.
בָּרוּךְ אַתָּה יי, הַמַּחֲזִיר שְׁכִינָתוֹ לְצִיּוֹן.

מוֹדִים אֲנַחְנוּ לָךְ
שָׁאַתָּה הוּא יי אֱלֹהֵינוּ וֵאלֹהֵי אֲבוֹתֵינוּ לְעוֹלָם וָעֶד
צוּר חַיֵּינוּ, מָגֵן יִשְׁעֵנוּ אַתָּה הוּא לְדוֹר וָדוֹר.
נוֹדֶה לְּךָ וּנְסַפֵּר תְּהִלָּתֶךָ עַל חַיֵּינוּ הַמְּסוּרִים בְּיָדֶךָ
וְעַל נִשְׁמוֹתֵינוּ הַפְּקוּדוֹת לָךְ
וְעַל נִסֶּיךָ שֶׁבְּכָל יוֹם עִמָּנוּ
וְעַל נִפְלְאוֹתֶיךָ וְטוֹבוֹתֶיךָ שֶׁבְּכָל עֵת, עֶרֶב וָבֹקֶר וְצָהֳרָיִם.
הַטּוֹב כִּי לֹא כָלוּ רַחֲמֶיךָ, וְהַמְרַחֵם כִּי לֹא תַמּוּ חֲסָדֶיךָ
מֵעוֹלָם קִוִּינוּ לָךְ.
וְעַל כֻּלָּם יִתְבָּרַךְ וְיִתְרוֹמַם שִׁמְךָ מַלְכֵּנוּ
תָּמִיד לְעוֹלָם וָעֶד.
וּכְתֹב לְחַיִּים טוֹבִים כָּל בְּנֵי בְרִיתֶךָ.
וְכֹל הַחַיִּים יוֹדוּךָ סֶּלָה
וִיהַלְלוּ אֶת שִׁמְךָ בֶּאֱמֶת
הָאֵל יְשׁוּעָתֵנוּ וְעֶזְרָתֵנוּ סֶלָה.
בָּרוּךְ אַתָּה יי, הַטּוֹב שִׁמְךָ וּלְךָ נָאֶה לְהוֹדוֹת.

שִׂים שָׁלוֹם טוֹבָה וּבְרָכָה, חֵן וָחֶסֶד וְרַחֲמִים
עָלֵינוּ וְעַל כָּל יִשְׂרָאֵל עַמֶּךָ.
בָּרְכֵנוּ אָבִינוּ כֻּלָּנוּ כְּאֶחָד בְּאוֹר פָּנֶיךָ
כִּי בְאוֹר פָּנֶיךָ נָתַתָּ לָנוּ יי אֱלֹהֵינוּ תּוֹרַת חַיִּים וְאַהֲבַת חֶסֶד
וּצְדָקָה וּבְרָכָה וְרַחֲמִים וְחַיִּים וְשָׁלוֹם.
וְטוֹב בְּעֵינֶיךָ לְבָרֵךְ אֶת עַמְּךָ יִשְׂרָאֵל
בְּכָל עֵת וּבְכָל שָׁעָה בִּשְׁלוֹמֶךָ.
בְּסֵפֶר חַיִּים, בְּרָכָה וְשָׁלוֹם, וּפַרְנָסָה טוֹבָה
נִזָּכֵר וְנִכָּתֵב לְפָנֶיךָ
אֲנַחְנוּ וְכָל עַמְּךָ בֵּית יִשְׂרָאֵל, לְחַיִּים טוֹבִים וּלְשָׁלוֹם.*
בָּרוּךְ אַתָּה יי, הַמְבָרֵךְ אֶת עַמּוֹ יִשְׂרָאֵל בַּשָּׁלוֹם.

* בחו״ל מסיימים: בָּרוּךְ אַתָּה יי, עוֹשֵׂה הַשָּׁלוֹם.

אֱלֹהֵינוּ וֵאלֹהֵי אֲבוֹתֵינוּ
אָנָּא תָּבֹא לְפָנֶיךָ תְּפִלָּתֵנוּ, וְאַל תִּתְעַלַּם מִתְּחִנָּתֵנוּ
שֶׁאֵין אֲנַחְנוּ עַזֵּי פָנִים וּקְשֵׁי עֹרֶף לוֹמַר לְפָנֶיךָ
יי אֱלֹהֵינוּ וֵאלֹהֵי אֲבוֹתֵינוּ
צַדִּיקִים אֲנַחְנוּ וְלֹא חָטָאנוּ
אֲבָל אֲנַחְנוּ וַאֲבוֹתֵינוּ חָטָאנוּ.

אָשַׁמְנוּ. בָּגַדְנוּ. גָּזַלְנוּ. דִּבַּרְנוּ דֹפִי.
הֶעֱוִינוּ. וְהִרְשַׁעְנוּ. זַדְנוּ. חָמַסְנוּ. טָפַלְנוּ שֶׁקֶר.
יָעַצְנוּ רָע. כִּזַּבְנוּ. לַצְנוּ. מָרַדְנוּ. נִאַצְנוּ. סָרַרְנוּ.
עָוִינוּ. פָּשַׁעְנוּ. צָרַרְנוּ. קִשִּׁינוּ עֹרֶף.
רָשַׁעְנוּ. שִׁחַתְנוּ. תִּעַבְנוּ. תָּעִינוּ. תִּעְתָּעְנוּ.

סַרְנוּ מִמִּצְוֹתֶיךָ וּמִמִּשְׁפָּטֶיךָ הַטּוֹבִים וְלֹא שָׁוָה לָנוּ.
וְאַתָּה צַדִּיק עַל כָּל הַבָּא עָלֵינוּ
כִּי אֱמֶת עָשִׂיתָ וַאֲנַחְנוּ הִרְשָׁעְנוּ.

מַה נֹּאמַר לְפָנֶיךָ יוֹשֵׁב מָרוֹם, וּמַה נְּסַפֵּר לְפָנֶיךָ שׁוֹכֵן שְׁחָקִים
הֲלֹא כָּל הַנִּסְתָּרוֹת וְהַנִּגְלוֹת אַתָּה יוֹדֵעַ.

אַתָּה יוֹדֵעַ רָזֵי עוֹלָם וְתַעֲלוּמוֹת סִתְרֵי כָּל חָי.
אַתָּה חוֹפֵשׂ כָּל חַדְרֵי בָטֶן וּבוֹחֵן כְּלָיוֹת וָלֵב.
אֵין דָּבָר נֶעְלָם מִמָּךְ וְאֵין נִסְתָּר מִנֶּגֶד עֵינֶיךָ.
וּבְכֵן, יְהִי רָצוֹן מִלְּפָנֶיךָ, יי אֱלֹהֵינוּ וֵאלֹהֵי אֲבוֹתֵינוּ
שֶׁתִּסְלַח לָנוּ עַל כָּל חַטֹּאתֵינוּ
וְתִמְחַל לָנוּ עַל כָּל עֲוֹנוֹתֵינוּ
וּתְכַפֵּר לָנוּ עַל כָּל פְּשָׁעֵינוּ.

עַל חֵטְא שֶׁחָטָאנוּ לְפָנֶיךָ בְּאֹנֶס וּבְרָצוֹן
וְעַל חֵטְא שֶׁחָטָאנוּ לְפָנֶיךָ בְּאִמּוּץ הַלֵּב
עַל חֵטְא שֶׁחָטָאנוּ לְפָנֶיךָ בִּבְלִי דָעַת
וְעַל חֵטְא שֶׁחָטָאנוּ לְפָנֶיךָ בְּבִטּוּי שְׂפָתַיִם
עַל חֵטְא שֶׁחָטָאנוּ לְפָנֶיךָ בְּגָלוּי וּבַסָּתֶר
וְעַל חֵטְא שֶׁחָטָאנוּ לְפָנֶיךָ בְּגִלּוּי עֲרָיוֹת
עַל חֵטְא שֶׁחָטָאנוּ לְפָנֶיךָ בְּדִבּוּר פֶּה
וְעַל חֵטְא שֶׁחָטָאנוּ לְפָנֶיךָ בְּדַעַת וּבְמִרְמָה
עַל חֵטְא שֶׁחָטָאנוּ לְפָנֶיךָ בְּהִרְהוּר הַלֵּב
וְעַל חֵטְא שֶׁחָטָאנוּ לְפָנֶיךָ בְּהוֹנָאַת רֵעַ

עַל חֵטְא שֶׁחָטָאנוּ לְפָנֶיךָ בְּוִדּוּי פֶּה
וְעַל חֵטְא שֶׁחָטָאנוּ לְפָנֶיךָ בִּוְעִידַת זְנוּת
עַל חֵטְא שֶׁחָטָאנוּ לְפָנֶיךָ בְּזָדוֹן וּבִשְׁגָגָה
וְעַל חֵטְא שֶׁחָטָאנוּ לְפָנֶיךָ בְּזִלְזוּל הוֹרִים וּמוֹרִים
עַל חֵטְא שֶׁחָטָאנוּ לְפָנֶיךָ בְּחֹזֶק יָד
וְעַל חֵטְא שֶׁחָטָאנוּ לְפָנֶיךָ בְּחִלּוּל הַשֵּׁם
עַל חֵטְא שֶׁחָטָאנוּ לְפָנֶיךָ בְּטִפְשׁוּת פֶּה
וְעַל חֵטְא שֶׁחָטָאנוּ לְפָנֶיךָ בְּטֻמְאַת שְׂפָתָיִם
עַל חֵטְא שֶׁחָטָאנוּ לְפָנֶיךָ בְּיֵצֶר הָרָע
וְעַל חֵטְא שֶׁחָטָאנוּ לְפָנֶיךָ בְּיוֹדְעִים וּבְלֹא יוֹדְעִים

וְעַל כֻּלָּם אֱלוֹהַּ סְלִיחוֹת סְלַח לָנוּ, מְחַל לָנוּ, כַּפֶּר לָנוּ.

עַל חֵטְא שֶׁחָטָאנוּ לְפָנֶיךָ בְּכַפַּת שֹׁחַד
וְעַל חֵטְא שֶׁחָטָאנוּ לְפָנֶיךָ בְּכַחַשׁ וּבְכָזָב
עַל חֵטְא שֶׁחָטָאנוּ לְפָנֶיךָ בְּלָשׁוֹן הָרָע
וְעַל חֵטְא שֶׁחָטָאנוּ לְפָנֶיךָ בְּלָצוֹן
עַל חֵטְא שֶׁחָטָאנוּ לְפָנֶיךָ בְּמַשָּׂא וּבְמַתָּן
וְעַל חֵטְא שֶׁחָטָאנוּ לְפָנֶיךָ בְּמַאֲכָל וּבְמִשְׁתֶּה
עַל חֵטְא שֶׁחָטָאנוּ לְפָנֶיךָ בְּנֶשֶׁךְ וּבְמַרְבִּית
וְעַל חֵטְא שֶׁחָטָאנוּ לְפָנֶיךָ בִּנְטִיַּת גָּרוֹן
עַל חֵטְא שֶׁחָטָאנוּ לְפָנֶיךָ בְּשִׂקּוּר עָיִן
וְעַל חֵטְא שֶׁחָטָאנוּ לְפָנֶיךָ בְּשִׂיחַ שִׂפְתוֹתֵינוּ

עַל חֵטְא שֶׁחָטָאנוּ לְפָנֶיךָ בְּעֵינַיִם רָמוֹת
וְעַל חֵטְא שֶׁחָטָאנוּ לְפָנֶיךָ בְּעַזּוּת מֵצַח

וְעַל כֻּלָּם אֱלוֹהַּ סְלִיחוֹת סְלַח לָנוּ, מְחַל לָנוּ, כַּפֶּר לָנוּ.

עַל חֵטְא שֶׁחָטָאנוּ לְפָנֶיךָ בִּפְרִיקַת עֹל
וְעַל חֵטְא שֶׁחָטָאנוּ לְפָנֶיךָ בִּפְלִילוּת
עַל חֵטְא שֶׁחָטָאנוּ לְפָנֶיךָ בִּצְדִיַּת רֵעַ
וְעַל חֵטְא שֶׁחָטָאנוּ לְפָנֶיךָ בְּצָרוּת עָיִן
עַל חֵטְא שֶׁחָטָאנוּ לְפָנֶיךָ בְּקַלּוּת רֹאשׁ
וְעַל חֵטְא שֶׁחָטָאנוּ לְפָנֶיךָ בְּקַשְׁיוּת עֹרֶף
עַל חֵטְא שֶׁחָטָאנוּ לְפָנֶיךָ בְּרִיצַת רַגְלַיִם לְהָרַע
וְעַל חֵטְא שֶׁחָטָאנוּ לְפָנֶיךָ בִּרְכִילוּת
עַל חֵטְא שֶׁחָטָאנוּ לְפָנֶיךָ בִּשְׁבוּעַת שָׁוְא
וְעַל חֵטְא שֶׁחָטָאנוּ לְפָנֶיךָ בְּשִׂנְאַת חִנָּם
עַל חֵטְא שֶׁחָטָאנוּ לְפָנֶיךָ בִּתְשׂוּמֶת יָד
וְעַל חֵטְא שֶׁחָטָאנוּ לְפָנֶיךָ בְּתִמְהוֹן לֵבָב

וְעַל כֻּלָּם אֱלוֹהַּ סְלִיחוֹת סְלַח לָנוּ, מְחַל לָנוּ, כַּפֶּר לָנוּ.

וְעַל חֲטָאִים שֶׁאָנוּ חַיָּבִים עֲלֵיהֶם עוֹלָה
וְעַל חֲטָאִים שֶׁאָנוּ חַיָּבִים עֲלֵיהֶם חַטָּאת
וְעַל חֲטָאִים שֶׁאָנוּ חַיָּבִים עֲלֵיהֶם קָרְבָּן עוֹלֶה וְיוֹרֵד
וְעַל חֲטָאִים שֶׁאָנוּ חַיָּבִים עֲלֵיהֶם אָשָׁם וַדַּאי וְתָלוּי

וְעַל חֲטָאִים שֶׁאָנוּ חַיָּבִים עֲלֵיהֶם מַכַּת מַרְדּוּת
וְעַל חֲטָאִים שֶׁאָנוּ חַיָּבִים עֲלֵיהֶם מַלְקוּת אַרְבָּעִים
וְעַל חֲטָאִים שֶׁאָנוּ חַיָּבִים עֲלֵיהֶם מִיתָה בִּידֵי שָׁמַיִם
וְעַל חֲטָאִים שֶׁאָנוּ חַיָּבִים עֲלֵיהֶם כָּרֵת וַעֲרִירִי
וְעַל חֲטָאִים שֶׁאָנוּ חַיָּבִים עֲלֵיהֶם אַרְבַּע מִיתוֹת בֵּית דִּין
סְקִילָה, שְׂרֵפָה, הֶרֶג, וְחֶנֶק.

עַל מִצְוַת עֲשֵׂה וְעַל מִצְוַת לֹא תַעֲשֶׂה.
בֵּין שֶׁיֵּשׁ בָּהּ קוּם עֲשֵׂה וּבֵין שֶׁאֵין בָּהּ קוּם עֲשֵׂה.
אֶת הַגְּלוּיִים לָנוּ וְאֶת שֶׁאֵינָם גְּלוּיִים לָנוּ
אֶת הַגְּלוּיִים לָנוּ כְּבָר אֲמַרְנוּם לְפָנֶיךָ וְהוֹדִינוּ לְךָ עֲלֵיהֶם, וְאֶת שֶׁאֵינָם גְּלוּיִים לָנוּ, לְפָנֶיךָ הֵם גְּלוּיִים וִידוּעִים, כַּדָּבָר שֶׁנֶּאֱמַר, הַנִּסְתָּרֹת לַיי אֱלֹהֵינוּ וְהַנִּגְלֹת לָנוּ וּלְבָנֵינוּ עַד עוֹלָם, לַעֲשׂוֹת אֶת כָּל דִּבְרֵי הַתּוֹרָה הַזֹּאת.

כִּי אַתָּה סָלְחָן לְיִשְׂרָאֵל וּמָחֳלָן לְשִׁבְטֵי יְשֻׁרוּן בְּכָל דּוֹר וָדוֹר, וּמִבַּלְעָדֶיךָ אֵין לָנוּ מֶלֶךְ מוֹחֵל וְסוֹלֵחַ אֶלָּא אָתָּה.

אֱלֹהַי

עַד שֶׁלֹּא נוֹצַרְתִּי אֵינִי כְדַאי, וְעַכְשָׁיו שֶׁנּוֹצַרְתִּי כְּאִלּוּ לֹא נוֹצַרְתִּי. עָפָר אֲנִי בְּחַיַּי, קַל וָחֹמֶר בְּמִיתָתִי. הֲרֵי אֲנִי לְפָנֶיךָ כִּכְלִי מָלֵא בוּשָׁה וּכְלִמָּה.

יְהִי רָצוֹן מִלְּפָנֶיךָ, יי אֱלֹהַי וֵאלֹהֵי אֲבוֹתַי, שֶׁלֹּא אֶחֱטָא עוֹד.
וּמַה שֶּׁחָטָאתִי לְפָנֶיךָ מְחֹק בְּרַחֲמֶיךָ הָרַבִּים
אֲבָל לֹא עַל יְדֵי יִסּוּרִים וָחֳלָיִים רָעִים.

אֱלֹהַי, נְצֹר לְשׁוֹנִי מֵרָע וּשְׂפָתַי מִדַּבֵּר מִרְמָה, וְלִמְקַלְלַי נַפְשִׁי תִדֹּם, וְנַפְשִׁי כֶּעָפָר לַכֹּל תִּהְיֶה. פְּתַח לִבִּי בְּתוֹרָתֶךָ, וּבְמִצְוֹתֶיךָ תִּרְדּוֹף נַפְשִׁי. וְכָל הַחוֹשְׁבִים עָלַי רָעָה, מְהֵרָה הָפֵר עֲצָתָם וְקַלְקֵל מַחֲשַׁבְתָּם. עֲשֵׂה לְמַעַן שְׁמֶךָ, עֲשֵׂה לְמַעַן יְמִינֶךָ, עֲשֵׂה לְמַעַן קְדֻשָּׁתֶךָ, עֲשֵׂה לְמַעַן תּוֹרָתֶךָ. לְמַעַן יֵחָלְצוּן יְדִידֶיךָ הוֹשִׁיעָה יְמִינְךָ וַעֲנֵנִי. יִהְיוּ לְרָצוֹן אִמְרֵי פִי וְהֶגְיוֹן לִבִּי לְפָנֶיךָ, יי צוּרִי וְגֹאֲלִי. עֹשֶׂה הַשָּׁלוֹם בִּמְרוֹמָיו, הוּא יַעֲשֶׂה שָׁלוֹם עָלֵינוּ וְעַל כָּל יִשְׂרָאֵל, וְאִמְרוּ אָמֵן.

יְהִי רָצוֹן מִלְּפָנֶיךָ יי אֱלֹהֵינוּ וֵאלֹהֵי אֲבוֹתֵינוּ, שֶׁיִּבָּנֶה בֵּית הַמִּקְדָּשׁ בִּמְהֵרָה בְיָמֵינוּ, וְתֵן חֶלְקֵנוּ בְּתוֹרָתֶךָ. וְשָׁם נַעֲבָדְךָ בְּיִרְאָה כִּימֵי עוֹלָם וּכְשָׁנִים קַדְמֹנִיּוֹת. וְעָרְבָה לַיי מִנְחַת יְהוּדָה וִירוּשָׁלָיִם כִּימֵי עוֹלָם וּכְשָׁנִים קַדְמֹנִיּוֹת.

פותחים את ארון הקודש

אֲדֹנָי, שְׂפָתַי תִּפְתָּח וּפִי יַגִּיד תְּהִלָּתֶךָ

בָּרוּךְ אַתָּה יי, אֱלֹהֵינוּ וֵאלֹהֵי אֲבוֹתֵינוּ, אֱלֹהֵי אַבְרָהָם, אֱלֹהֵי יִצְחָק, וֵאלֹהֵי יַעֲקֹב, הָאֵל הַגָּדוֹל הַגִּבּוֹר וְהַנּוֹרָא, אֵל עֶלְיוֹן, גּוֹמֵל חֲסָדִים טוֹבִים, וְקֹנֵה הַכֹּל, וְזוֹכֵר חַסְדֵי אָבוֹת וּמֵבִיא גוֹאֵל לִבְנֵי בְנֵיהֶם לְמַעַן שְׁמוֹ בְּאַהֲבָה.

מִסּוֹד חֲכָמִים וּנְבוֹנִים
וּמִלֶּמֶד דַּעַת מְבִינִים
אֶפְתְּחָה פִּי בִּתְפִלָּה וּבְתַחֲנוּנִים
לְחַלּוֹת וּלְחַנֵּן פְּנֵי מֶלֶךְ מוֹחֵל וְסוֹלֵחַ לַעֲוֹנִים.

סוגרים את ארון הקודש

סימן: א״ב.

1 אֵיתָן הִכִּיר אֱמוּנָתֶךָ / בְּדוֹר לֹא יָדְעוּ לִרְצוֹתֶךָ
גָּהַץ בְּךָ וַיֵּדַע יִרְאָתֶךָ / דָּץ לְהוֹדִיעַ לְכֹל הֲדָרָתֶךָ

1 איתן אברהם, ע״פ דרשת חז״ל ב״ב דף ט״ו א׳ איתן האזרחי זהו אברהם. כתיב הכא איתן האזרחי (תהל׳ פט א) וכתיב התם (ישע׳ מא ב) מי העיר ממזרח... **הכיר אמונתך** לפי מאמר חז״ל נדרים דף ל״ב א׳ בן שלש שנים הכיר אברהם את בוראו (ועי׳ מסורת שונה ב״ר ס״ד ד׳ ע׳ 703 ובמקבילים הרשומים שם). **בדור לא ידעו לרצותך** ר״ל בדור הפלגה. **2 גהץ בך** פי׳ שמח בך ובדבורך, ע״פ המדרש ב״ר ל״ט ח׳ ע׳ 371 ואם תאמר גהץ ושמח... (כן גירסת הערוך ועוד מקורות, לפיה פי׳ גהץ = שמח, וכנראה תפסו גם הפייטן במשמעות זו). **דץ** גם זה לשון שמחה.

הִדְרִיךְ תּוֹעִים בִּנְתִיבָתֶךָ / וְנִקְרָא אָב לְאֻמָּתֶךָ
זְהֵר לַעֲשׂוֹת דִּבְרָתֶךָ / חָפֵץ לַחֲסוֹת בְּצֵל שְׁכִינָתֶךָ
טֵעֵם לָעוֹבְרִים כַּלְכָּלָתֶךָ / יִדַּע לַשָּׁבִים כִּי אֵין בִּלְתֶּךָ
כִּי הֶאֱמִין בְּךָ לְחַלּוֹתֶךָ / לִטַּע אֵשֶׁל וּלְהַזְכִּיר גְּבוּרוֹתֶיךָ.
צְדָקָה תֵּחָשֵׁב לָנוּ / בְּצֶדֶק אָב סְלַח לָנוּ
לֹא כַחֲטָאֵינוּ תַּעֲשֶׂה לָנוּ / מָגִנֵּנוּ כִּי לְךָ יִחַלְנוּ.

זָכְרֵנוּ לְחַיִּים, מֶלֶךְ חָפֵץ בַּחַיִּים
וְכָתְבֵנוּ בְּסֵפֶר הַחַיִּים, לְמַעַנְךָ אֱלֹהִים חַיִּים.
מֶלֶךְ עוֹזֵר וּמוֹשִׁיעַ וּמָגֵן. בָּרוּךְ אַתָּה יי, מָגֵן אַבְרָהָם.

אַתָּה גִּבּוֹר לְעוֹלָם אֲדֹנָי, מְחַיֵּה מֵתִים אַתָּה, רַב לְהוֹשִׁיעַ
בא״י: מוֹרִיד הַטָּל.
מְכַלְכֵּל חַיִּים בְּחֶסֶד, מְחַיֵּה מֵתִים בְּרַחֲמִים רַבִּים, סוֹמֵךְ נוֹפְלִים, וְרוֹפֵא חוֹלִים, וּמַתִּיר אֲסוּרִים, וּמְקַיֵּם אֱמוּנָתוֹ לִישֵׁנֵי עָפָר. מִי כָמוֹךָ בַּעַל גְּבוּרוֹת וּמִי דּוֹמֶה לָּךְ, מֶלֶךְ מֵמִית וּמְחַיֶּה וּמַצְמִיחַ יְשׁוּעָה.

3 **הדריך תועים בנתיבתך** שהיה מגייר את האנשים ושרה את הנשים (ב״ר ל״ט י״ד ע׳ 379). **ונקרא אב לאומתך** נקרא אב המון גוים (בראׄ יז ד־ה), ובפרט לעם ישראל. **4 זיהר לעשות דברתך** הזהיר את האחרים. **חפץ לחסות בצל שכינתך** הלשון דוגמת תהל׳ נז ב וכדומה. **5 טיעם לעוברים כלכלתך** האכיל לעוברים ושבים (הפייטן כתב ׳עוברים׳ כאן ו׳שבים׳ אחר כך) והסביר להם שמכלכלתך אכלו, ועי׳ ב״ר נ״ד ו׳ (ע׳ 584) פונדוק אברהם היה מקבל את העוברים ואת השבים ומשהיו אוכלין ושותין אמר להון בריכו, והוון אמרין ליה מה נאמר, אמר לון ברוך אל עולם שאכלנו משלו. והוא על דעתיה דר׳ נחמיה שדרש (שם) אשל פונדוק... **6 כי האמין בך** בראׄ טו ו. **ליטע אשל** ע״פ המדרש הנזכר. **7 צדקה תיחשב לנו** צדקתו. **בצדק אב** בזכות האב (כן גם בפיוט ׳אב ידעך מנוער׳ לנעילה, 4: בצדק יושב כחם היום). **8 לא כחטאינו תעשה לנו** ע״ש תהל׳ קג י.

מָאֳהָב וְיָחִיד לְאִמּוֹ / נַפְשׁוֹ לָטֶבַח בְּהַשְׁלִימוֹ
שְׂרָפִים צָעֲקוּ מִמְּרוֹמוֹ / עוֹנִים חוּסָה לָאֵל מְרַחֲמוֹ
פּוֹדֶה וּמַצִּיל רַחֲמוֹ / צָו שֶׂה תְּמוּרוֹ בִּמְקוֹמוֹ
קָשַׁב אַל תִּשְׁפֹּךְ דָּמוֹ / רִחֲפוּ רַחוּם לִמְרוֹמוֹ
שְׁמָרוֹ וְקִיְּמוֹ לִשְׁמוֹ / שְׁפַר תָּאֳרוֹ כְּנֹגַהּ יוֹמוֹ
תֵּרָאֵהוּ הַיּוֹם כְּשָׂרוּף בְּאוּלַמּוֹ / תִּזְכֹּר עֲקֵדָתוֹ וְתָחוֹן עַמּוֹ.
לְפָנָיו יְקִימֵנוּ וְנִחְיֶה / בְּצֶדֶק אָב נִחְיֶה
יי מֵמִית וּמְחַיֶּה / בְּטְלָלָיו רְדוּמִים יְחַיֶּה.

מִי כָמוֹךָ אַב הָרַחֲמִים, זוֹכֵר יְצוּרָיו לְחַיִּים בְּרַחֲמִים.
וְנֶאֱמָן אַתָּה לְהַחֲיוֹת מֵתִים.
בָּרוּךְ אַתָּה יי, מְחַיֵּה הַמֵּתִים.

9 **מאהב ויחיד לאמו** יצחק, ע״ש ברא׳ כב ב ...קח נא את בנך את יחידך אשר אהבת. **נפשו לטבח בהשלימו** כשמסר את נפשו לטבח (על משמעות מלת ׳השלים נפש׳ עי׳ לעיל, מוסף, בפיוט ׳אשר אימתך׳ 12). **10 שרפים צעקו ממרומו** עי׳ ב״ר נ״ו ה׳ ע׳ 600 ובשעה ששלח אבינו אברהם את ידו ליקח את המאכלת לשחוט את בנו בכו מלאכי שרת, הה״ד (ישע׳ לג ז) הן אראלם צעקו חוצה וגו׳. **עונים חוסה לאל מרחמו** עונים לה׳ (המרחם עליו) חוסה. **11 צו שה תמורו** צוה שה תמורתו. **12 קשב** הקשיב. **אל תשפך דמו** אל תשלח ידך אל הנער. **ריחפו רחום למרומו** הקב״ה נישאו לשמים, עי׳ פרקי ר״א ל״א ר׳ יהודה אומר כיון שהגיע החרב על צוארו פרחה ויצאה נשמתו של יצחק. כיון שהשמיע קולו מבין שני הכרובים ויאמר אל תשלח ידך אל הנער חזרה הנפש לגופו וכו׳. **13 שמרו וקיימו לשמו** כדי שימשיך בבריתו. **שיפר תארו כנוגה יומו** יפיו היה כזריחת החמה. **14 תראהו היום כשרוף באולמו** עי׳ ויק״ר ל״ו ה׳ ע׳ תתמט. ספרא בחוקותי פ״ח ז׳ (ובעוד מקורות מובאים ע״י שפיגל, מאגדות העקדה, ס׳ היובל לא. מרכס, ע׳ תפט) רואין את אפרו (של יצחק) כאילו הוא צבור ע״ג המזבח. **15 לפניו יקימנו ונחיה** הושע ו ב. **בצדק אב** בזכות האב. **16 ה׳ ממית ומחיה** ש״א ב ו. **בטלליו רדומים יחיה** יחיה המתים בטלו, ע״ש ישע׳ כו יט הקיצו ורננו שוכני עפר כי טל אורות טלך.

סימן: אלייה בירבי מרדכי.

אֶרְאֶלִּים בְּשֵׁם תָּם מַמְלִיכִים / לְמֶלֶךְ מַלְכֵי הַמְּלָכִים
יָפְיוֹ לָשׁוּר בַּכֵּס הוֹלְכִים / יְלָדָיו הַיּוֹם צָגִים כְּמַלְאָכִים
הַמַּקְדִּישִׁים וְתַחַן עוֹרְכִים / בְּיוֹם זֶה אֵיבָה מַשְׁלִיכִים
יַחַד בְּשֵׁם אֲבִיהֶם מְבָרְכִים / רָם לְרַצּוֹת בִּדְבָרִים רַכִּים
בִּזְכוּת תָּם יָצִיץ מֵחֲרַכִּים / יָהּ יָאִיר עֵינֵי חֲשֵׁכִים
מֶלֶךְ נִצָּב בַּעֲדַת בְּרוּכִים / רוֹצֶה בְעַמּוֹ יְפָאֵר נְמוּכִים
דּוֹפְקִים בִּתְפִלָּה לְהַשְׁכִּים / כְּטוֹב וְסַלָּח עַמָּם יַסְכִּים
יַשְׁמִיעַ לֹא תֵבוֹשׁוּ דַּכִּים / יֵאָמֵר לָכֵן לְבֵית הַמְחַכִּים.

יִמְלֹךְ יי לְעוֹלָם אֱלֹהַיִךְ צִיּוֹן לְדֹר וָדֹר הַלְלוּיָהּ.
וְאַתָּה קָדוֹשׁ יוֹשֵׁב תְּהִלּוֹת יִשְׂרָאֵל
אֵל נָא.

1 אראלים בשם תם ממליכים למלך מלכי המלכים המלאכים משבחים את הקב״ה בשם אלהי יעקב הנקרא תם (ברא׳ כה כז). (ומה שהציעו לפרש שמלאכים ששמם ישראל ממליכים, ע״פ פרקי היכלות ל״א ד׳ [ורטהיימר, בתי מדרשות, מהד׳ חדשה, ח״א ע׳ קטז], רחוק הוא.) **2 יפיו לשור בכס הולכים** המלאכים הולכים סביב לכסא הכבוד כדי לראות את יפיו של יעקב שהאיקונין שלו חקוקה בכסא (תנחומא במדבר י״ט, ובעוד מקורות). **ילדיו היום צגים כמלאכים** עי׳ פרקי ר״א מ״ו ראה סמאל שלא נמצא בהם חטא ביוה״כ, אמר לפניו רבש״ע יש לך עם אחד בארץ כמלאכי השרת בשמים וכו׳. **3 ביום זה איבה משליכים** שמרצים איש את רעהו, שעבירות שבין אדם לחברו אין יוה״כ מכפר עד שירצה את חברו (לפי המשנה, יומא ח׳ ט׳). **4 בדברים רכים** ע״ש משלי טו א מענה רך ישיב חמה. **5 בזכות תם יציץ מחרכים** ע״ש שה״ש ב ט ...משגיח מן החלונות מציץ מן החרכים, שדרשוהו בשה״ש רבה (שם) משגיח מן החלונות זו זכות אבות מציץ מן החרכים זו זכות אמהות. **6 מלך ניצב בעדת ברוכים** ע״ש תהל׳ פב א אלהים נצב בעדת אל. **רוצה בעמו יפאר נמוכים** ע״ש תהל׳ קמט ד כי רוצה ה׳ בעמו יפאר ענוים בישועה. **7 כטוב וסלח** ע״ש תהל׳ פו ה. **8 ישמיע לא תבושו דכים** ע״ש ישע׳ כט כב, המובא להלן. **יאמר לכן לבית המחכים** מאמר זה ייאמר לישראל המחכים לישועת ה׳.

אֱמוּנַת אֹם נוֹטֶרֶת / לְמַעַנְךָ עֲזוֹר לַנִּשְׁאֶרֶת
זַעֲקָהּ רְצֵה נָא כִּקְטֹרֶת
קָדוֹשׁ

הפיוט ״אדר בתואר מכון״ בעמ׳ 590.

יְכַפֵּר וְיִסְלַח / אֵל טוֹב וְסַלָּח
נוֹרָא וְקָדוֹשׁ.
תְּפִלָּתֵנוּ מִמְּעוֹנוֹת / יְקַבֵּל כְּקָרְבָּנוֹת
הָאֵל קָדוֹשׁ.

הפיוט ״אפאר למלכי בקודש״ בעמ׳ 591.

וּבְכֵן, שְׂרָפִים עוֹמְדִים מִמַּעַל לוֹ.

מִיכָאֵל מִיָּמִין מְהַלֵּל / וְגַבְרִיאֵל מִשְּׂמֹאל מְמַלֵּל
בַּשָּׁמַיִם אֵין כָּאֵל
וּבָאָרֶץ מִי כְּעַמְּךָ יִשְׂרָאֵל.

ובכן שרפים עומדים ממעל לו ישע׳ ו ב, והפיוט בנוי על פסוק זה ושלאחריו. **מיכאל מימין מהלל...** ע״פ מה שדרשו בפרקי ר״א ד׳ ארבע כתות של מלאכי השרת מקלסין לפני הקב״ה. מחנה ראשונה של מיכאל מימינו, מחנה שנייה של גבריאל על שמאלו, מחנה שלישית של אוריאל מלפניו, מחנה רביעית של רפאל מלאחריו, ושכינתו של הקב״ה באמצע... ושם (להלן) והחיות עומדות אצל כבודו ואינן יודעות מקום כבודו, עונות ואומרות בכל מקום שכבודו שם ברוך כבוד ה׳ ממקומו, וישראל גוי אחד בארץ, שהם מיחדים שמו תמיד בכל יום עונים ואומרים שמע ישראל...

סימן: א״ב.

אֶרְאֶלֵּי הוֹד פּוֹצְחִים הִלּוּלוֹ / בְּרֶתֶת וְזִיעַ מְפָאֲרִים סִלְסוּלוֹ
גָּשִׁים וּבָאִים בְּשִׁנּוּן פִּלּוּלוֹ / שְׂרָפִים עֹמְדִים מִמַּעַל לוֹ.
מִיכָאֵל מִיָּמִין מְהַלֵּל / וְגַבְרִיאֵל מִשְּׂמֹאל מְמַלֵּל
בַּשָּׁמַיִם אֵין כָּאֵל / וּבָאָרֶץ מִי כְּעַמְּךָ יִשְׂרָאֵל.

דָּגוּל מֵרְבָבָה הוּא בְּלִי כַחַד / הַמַּבִּיט לָאָרֶץ וַתִּרְעַד וַתִּפְחַד
וְעִמּוֹ צְבָא הַמְשֵׁל וָפַחַד / שֵׁשׁ כְּנָפַיִם שֵׁשׁ כְּנָפַיִם לְאֶחָד.
מִיכָאֵל מִיָּמִין מְהַלֵּל / וְגַבְרִיאֵל מִשְּׂמֹאל מְמַלֵּל
בַּשָּׁמַיִם אֵין כָּאֵל / וּבָאָרֶץ מִי כְּעַמְּךָ יִשְׂרָאֵל.

זִקִּים וּבְרָקִים מַרְעִידִים לְפָנָיו / חֲרֵדִים לְהַרְעִיד כָּל פִּנָּיו
טָסִים בְּאַרְבַּע פִּנּוֹת מַצְפּוּנָיו / בִּשְׁתַּיִם יְכַסֶּה פָנָיו.
מִיכָאֵל מִיָּמִין מְהַלֵּל / וְגַבְרִיאֵל מִשְּׂמֹאל מְמַלֵּל
בַּשָּׁמַיִם אֵין כָּאֵל / וּבָאָרֶץ מִי כְּעַמְּךָ יִשְׂרָאֵל.

יְרֵאִים וַחֲרֵדִים גְּדוּדֵי חֲיָלָיו / כָּל מַלְאָכָיו וְחֵילֵי דְגָלָיו
לְמוּלוֹ יָרוּצוּ לְגַדְּלוֹ בְּמִכְלוּלָיו / וּבִשְׁתַּיִם יְכַסֶּה רַגְלָיו.
מִיכָאֵל מִיָּמִין מְהַלֵּל / וְגַבְרִיאֵל מִשְּׂמֹאל מְמַלֵּל
בַּשָּׁמַיִם אֵין כָּאֵל / וּבָאָרֶץ מִי כְּעַמְּךָ יִשְׂרָאֵל.

1 **אראלי הוד** מלאכי השמים, ע״ש תהל׳ ח ב אשר תנה הודך על השמים. **פוצחים** פותחים. 2 **בשינון פילולו** בדיבור תפלתו, ר״ל בתפלה לפניו. 3 **דגול מרבבה** שה״ש ה י, ודרשוהו על הקב״ה. **בלי כחד** בלי להתעלם. **המביט לארץ ותרעד** תהל׳ קד לב. 4 **ועמו צבא המשל ופחד** איוב כה ב. 5 **זקים** (משלי כו יח) ניצוצות אש. 6 **טסים בארבע פינות מצפוניו** מעופפים בכל רוחות למקומות נסתרים (ל׳ עובד׳ א ו). 8 **במכלוליו** בכל מה שעשה בפאר ובתכלית היופי.

מִיָּם וְעַד יָם בְּרֶגַע מְעוֹפֵף / נוֹרָא בַּל יְכוֹלִים לָשׁוּר וּלְצַפְצֵף
סְבִיבוֹת כִּסֵּא מִתְחוֹפֵף / וּבִשְׁתַּיִם יְעוֹפֵף.
מִיכָאֵל מִיָּמִין מְהַלֵּל / וְגַבְרִיאֵל מִשְּׂמֹאל מְמַלֵּל
בַּשָּׁמַיִם אֵין כָּאֵל / וּבָאָרֶץ מִי כְּעַמְּךָ יִשְׂרָאֵל.

עוֹרְכִים עִנְיַן עִזּוּזוֹ לוֹמַר / פְּאֵר פִּקּוּד פֶּלֶל לִגְמַר
צִפְצוּף צַהַל צֶדֶק כְּנֶאֱמַר / וְקָרָא זֶה אֶל זֶה וְאָמַר.
מִיכָאֵל מִיָּמִין מְהַלֵּל / וְגַבְרִיאֵל מִשְּׂמֹאל מְמַלֵּל
בַּשָּׁמַיִם אֵין כָּאֵל / וּבָאָרֶץ מִי כְּעַמְּךָ יִשְׂרָאֵל.

קִלּוּס קְדֻשּׁוֹת קָדוֹשׁ קוֹרְאוֹת / רִבּוֹ רִבְּוָן עֵינַיִם מְלֵאוֹת
שׁוֹכֵן עַד מַעֲרִיצִים בִּיצִיאוֹת / קָדוֹשׁ קָדוֹשׁ קָדוֹשׁ יי צְבָאוֹת.
מִיכָאֵל מִיָּמִין מְהַלֵּל / וְגַבְרִיאֵל מִשְּׂמֹאל מְמַלֵּל
בַּשָּׁמַיִם אֵין כָּאֵל / וּבָאָרֶץ מִי כְּעַמְּךָ יִשְׂרָאֵל.

9 **נורא בל יכולים לשור** בלי שיוכלו לראות ולהביט את פני הנורא, כפי שדרשו בפרקי ר״א (שם) בשתים יכסה פניו שלא יביטו פני השכינה. לשור, פי׳ לראות (ע״ש איוב ז ח לא תשורנו עין ראי). **ולצפצף** לדבר, ע״ש ישע׳ י יד ופוצה פה ומצפצף. וי״ג ולצופף, ופירשו אותו מל׳ לצפות (עי׳ בן יהודה, מלון 5602), ואין זה מסתבר, אלא פירושו צ״ל להתיצב בצפיפות. **10 סביבות כסא מתחופף** מתכסה, מסתתר (מל׳ **חופף** עליו כל היום, דבר׳ לג יב). **11 עורכים ענין עיזוזו לומר** המלאכים עורכים שבח להקב״ה. **פאר פיקוד פלל לגמר** לגמור התפלה הפקודה עליהם. **12 צפצוף צהל צדק** דיבור בצהלה של צדק. **13 קילוס** מל׳ לקלס, פי׳ ליפות, לשבח, והמלה היא יונית. **רבו רבון** (הצורה ע״פ דני׳ ז י) **עינים מלאות** רבבות מלאכים שגבותם מלאות עינים, ע״פ יחזק׳ א יח. **14 שוכן עד** הקב״ה, ע״ש ישע׳ נז טו. **מעריצים ביציאות** מובן המלה אינו ברור: יש מפרשים ׳בסוף הטכס׳, וי״מ ביציאתם מן החיים (ע״פ האגדה חגיגה דף י״ד א׳ כל יומא ויומא נבראין מלאכי השרת מנהר דינוד ואמרי שירה ובטלי) אבל כנראה ר״ל כל זמן שיוצאים. **15 לסלדו** לשבחו. **תלי תלים** המונים (לשון המדרש, כגון שה״ש רבה ה׳ י״א קווצותיו תלתלים תלי תלים, ועי׳ ג״כ עירובין דף כ״א ב׳. מנחות דף כ״ט ב׳).

תַּקִּיף מֵרְבָבָה מְפָאֲרִים לְסַלְדוֹ / תְּלֵי תִלִּים עוֹמְדִים לְכַבְּדוֹ
תֵּבֵל וְכָל דָּרֶיהָ מַקְדִּישִׁים הוֹדוֹ / מְלֹא כָל הָאָרֶץ כְּבוֹדוֹ.

מִיכָאֵל מִיָּמִין מְהַלֵּל / וְגַבְרִיאֵל מִשְּׂמֹאל מְמַלֵּל
בַּשָּׁמַיִם אֵין כָּאֵל / וּבָאָרֶץ מִי כְּעַמְּךָ יִשְׂרָאֵל.

וּבְכֵן, לְךָ תַעֲלֶה קְדֻשָּׁה
כִּי אַתָּה אֱלֹהֵינוּ מֶלֶךְ מוֹחֵל וְסוֹלֵחַ.

הסילוק ״כי רכובו בערבות״ בעמ׳ 591.

נַעֲרִיצְךָ וְנַקְדִּישְׁךָ כְּסוֹד שִׂיחַ שַׂרְפֵי קֹדֶשׁ
הַמַּקְדִּישִׁים שִׁמְךָ בַּקֹּדֶשׁ
כַּכָּתוּב עַל יַד נְבִיאֶךָ
וְקָרָא זֶה אֶל זֶה וְאָמַר
קָדוֹשׁ, קָדוֹשׁ, קָדוֹשׁ יי צְבָאוֹת
מְלֹא כָל הָאָרֶץ כְּבוֹדוֹ.

כְּבוֹדוֹ מָלֵא עוֹלָם, מְשָׁרְתָיו שׁוֹאֲלִים זֶה לָזֶה
אַיֵּה מְקוֹם כְּבוֹדוֹ
לְעֻמָּתָם בָּרוּךְ יֹאמֵרוּ
בָּרוּךְ כְּבוֹד יי מִמְּקוֹמוֹ.

מִמְּקוֹמוֹ הוּא יִפֶן בְּרַחֲמִים וְיָחֹן עַם הַמְיַחֲדִים שְׁמוֹ
עֶרֶב וָבֹקֶר בְּכָל יוֹם תָּמִיד
פַּעֲמַיִם בְּאַהֲבָה שְׁמַע אוֹמְרִים
שְׁמַע יִשְׂרָאֵל, יי אֱלֹהֵינוּ, יי אֶחָד.

הוּא אֱלֹהֵינוּ, הוּא אָבִינוּ
הוּא מַלְכֵּנוּ, הוּא מוֹשִׁיעֵנוּ
וְהוּא יַשְׁמִיעֵנוּ בְּרַחֲמָיו שֵׁנִית לְעֵינֵי כָּל חָי
לִהְיוֹת לָכֶם לֵאלֹהִים
אֲנִי יי אֱלֹהֵיכֶם.

אַדִּיר אַדִּירֵנוּ יי אֲדוֹנֵינוּ
מָה אַדִּיר שִׁמְךָ בְּכָל הָאָרֶץ.
וְהָיָה יי לְמֶלֶךְ עַל כָּל הָאָרֶץ
בַּיּוֹם הַהוּא יִהְיֶה יי אֶחָד וּשְׁמוֹ אֶחָד.

וּבְדִבְרֵי קָדְשְׁךָ כָּתוּב לֵאמֹר
יִמְלֹךְ יי לְעוֹלָם, אֱלֹהַיִךְ צִיּוֹן לְדֹר וָדֹר, הַלְלוּיָהּ.

לְדוֹר וָדוֹר נַגִּיד גָּדְלֶךָ
וּלְנֵצַח נְצָחִים קְדֻשָּׁתְךָ נַקְדִּישׁ
וְשִׁבְחֲךָ אֱלֹהֵינוּ מִפִּינוּ לֹא יָמוּשׁ לְעוֹלָם וָעֶד
כִּי אֵל מֶלֶךְ גָּדוֹל וְקָדוֹשׁ אָתָּה.

חֲמוֹל עַל מַעֲשֶׂיךָ
וְתִשְׂמַח בְּמַעֲשֶׂיךָ
וְיֹאמְרוּ לְךָ חוֹסֶיךָ
בְּצַדֶּקְךָ עֲמוּסֶיךָ
תֻּקְדַּשׁ אָדוֹן עַל כָּל מַעֲשֶׂיךָ.

חזרת הש״ץ למנחה 471

פיוט מורכב מחלקים שונים.

כִּי מַקְדִּישֶׁיךָ בִּקְדֻשָּׁתְךָ קִדַּשְׁתָּ
נָאֶה לְקָדוֹשׁ פְּאֵר מִקְּדוֹשִׁים.

בְּאֵין מֵלִיץ יֹשֶׁר מוּל מַגִּיד פֶּשַׁע
תַּגִּיד לְיַעֲקֹב דְּבַר חֹק וּמִשְׁפָּט
וְצַדְּקֵנוּ בַּמִּשְׁפָּט הַמֶּלֶךְ הַמִּשְׁפָּט.

עוֹד יִזְכָּר לָנוּ אַהֲבַת אֵיתָן, אֲדוֹנֵינוּ
וּבַבֵּן הַנֶּעֱקָד יַשְׁבִּית מְדַיְּנֵינוּ
וּבִזְכוּת הַתָּם יוֹצִיא הַיּוֹם לְצֶדֶק דִּינֵנוּ
כִּי קָדוֹשׁ הַיּוֹם לַאֲדוֹנֵינוּ.

וּבְכֵן יִתְקַדַּשׁ שִׁמְךָ יי אֱלֹהֵינוּ
עַל יִשְׂרָאֵל עַמֶּךָ, וְעַל יְרוּשָׁלַיִם עִירֶךָ
וְעַל צִיּוֹן מִשְׁכַּן כְּבוֹדֶךָ
וְעַל מַלְכוּת בֵּית דָּוִד מְשִׁיחֶךָ, וְעַל מְכוֹנְךָ וְהֵיכָלֶךָ.

וּבְכֵן תֵּן פַּחְדְּךָ יי אֱלֹהֵינוּ עַל כָּל מַעֲשֶׂיךָ
וְאֵימָתְךָ עַל כָּל מַה שֶּׁבָּרָאתָ
וְיִירָאוּךָ כָּל הַמַּעֲשִׂים, וְיִשְׁתַּחֲווּ לְפָנֶיךָ כָּל הַבְּרוּאִים
וְיֵעָשׂוּ כֻלָּם אֲגֻדָּה אֶחָת לַעֲשׂוֹת רְצוֹנְךָ בְּלֵבָב שָׁלֵם
כְּמוֹ שֶׁיָּדַעְנוּ יי אֱלֹהֵינוּ שֶׁהַשִּׁלְטָן לְפָנֶיךָ
עֹז בְּיָדְךָ וּגְבוּרָה בִּימִינֶךָ
וְשִׁמְךָ נוֹרָא עַל כָּל מַה שֶּׁבָּרָאתָ.

וּבְכֵן תֵּן כָּבוֹד יי לְעַמֶּךָ
תְּהִלָּה לִירֵאֶיךָ וְתִקְוָה טוֹבָה לְדוֹרְשֶׁיךָ
וּפִתְחוֹן פֶּה לַמְיַחֲלִים לָךְ
שִׂמְחָה לְאַרְצֶךָ, וְשָׂשׂוֹן לְעִירֶךָ
וּצְמִיחַת קֶרֶן לְדָוִד עַבְדֶּךָ
וַעֲרִיכַת נֵר לְבֶן יִשַׁי מְשִׁיחֶךָ
בִּמְהֵרָה בְיָמֵינוּ.

וּבְכֵן צַדִּיקִים יִרְאוּ וְיִשְׂמָחוּ, וִישָׁרִים יַעֲלֹזוּ
וַחֲסִידִים בְּרִנָּה יָגִילוּ, וְעוֹלָתָה תִּקְפָּץ פִּיהָ
וְכָל הָרִשְׁעָה כֻּלָּהּ כְּעָשָׁן תִּכְלֶה
כִּי תַעֲבִיר מֶמְשֶׁלֶת זָדוֹן מִן הָאָרֶץ.

וְתִמְלֹךְ אַתָּה יי לְבַדֶּךָ עַל כָּל מַעֲשֶׂיךָ
בְּהַר צִיּוֹן מִשְׁכַּן כְּבוֹדֶךָ
וּבִירוּשָׁלַיִם עִיר קָדְשֶׁךָ
כַּכָּתוּב בְּדִבְרֵי קָדְשֶׁךָ
יִמְלֹךְ יי לְעוֹלָם, אֱלֹהַיִךְ צִיּוֹן לְדֹר וָדֹר, הַלְלוּיָהּ.

קָדוֹשׁ אַתָּה וְנוֹרָא שְׁמֶךָ
וְאֵין אֱלוֹהַּ מִבַּלְעָדֶיךָ
כַּכָּתוּב, וַיִּגְבַּהּ יי צְבָאוֹת בַּמִּשְׁפָּט
וְהָאֵל הַקָּדוֹשׁ נִקְדַּשׁ בִּצְדָקָה.
בָּרוּךְ אַתָּה יי, הַמֶּלֶךְ הַקָּדוֹשׁ.

אַתָּה בְחַרְתָּנוּ מִכָּל הָעַמִּים, אָהַבְתָּ אוֹתָנוּ וְרָצִיתָ בָּנוּ
וְרוֹמַמְתָּנוּ מִכָּל הַלְּשׁוֹנוֹת
וְקִדַּשְׁתָּנוּ בְּמִצְוֹתֶיךָ, וְקֵרַבְתָּנוּ מַלְכֵּנוּ לַעֲבוֹדָתֶךָ
וְשִׁמְךָ הַגָּדוֹל וְהַקָּדוֹשׁ עָלֵינוּ קָרָאתָ.

וַתִּתֶּן לָנוּ, יי אֱלֹהֵינוּ, בְּאַהֲבָה אֶת יוֹם
בשבת: הַשַּׁבָּת הַזֶּה לִקְדֻשָּׁה וְלִמְנוּחָה וְאֶת יוֹם
הַכִּפּוּרִים הַזֶּה, לִמְחִילָה וְלִסְלִיחָה וּלְכַפָּרָה
וְלִמְחָל בּוֹ אֶת כָּל עֲוֹנוֹתֵינוּ /בשבת: בְּאַהֲבָה/
מִקְרָא קֹדֶשׁ, זֵכֶר לִיצִיאַת מִצְרָיִם.

אֱלֹהֵינוּ וֵאלֹהֵי אֲבוֹתֵינוּ
יַעֲלֶה וְיָבוֹא וְיַגִּיעַ, וְיֵרָאֶה וְיֵרָצֶה וְיִשָּׁמַע
וְיִפָּקֵד וְיִזָּכֵר זִכְרוֹנֵנוּ וּפִקְדוֹנֵנוּ וְזִכְרוֹן אֲבוֹתֵינוּ
וְזִכְרוֹן מָשִׁיחַ בֶּן דָּוִד עַבְדֶּךָ, וְזִכְרוֹן יְרוּשָׁלַיִם עִיר קָדְשֶׁךָ
וְזִכְרוֹן כָּל עַמְּךָ בֵּית יִשְׂרָאֵל, לְפָנֶיךָ
לִפְלֵיטָה לְטוֹבָה, לְחֵן וּלְחֶסֶד וּלְרַחֲמִים, לְחַיִּים וּלְשָׁלוֹם
בְּיוֹם הַכִּפּוּרִים הַזֶּה.
זָכְרֵנוּ יי אֱלֹהֵינוּ בּוֹ לְטוֹבָה, וּפָקְדֵנוּ בוֹ לִבְרָכָה
וְהוֹשִׁיעֵנוּ בוֹ לְחַיִּים.
וּבִדְבַר יְשׁוּעָה וְרַחֲמִים
חוּס וְחָנֵּנוּ וְרַחֵם עָלֵינוּ וְהוֹשִׁיעֵנוּ
כִּי אֵלֶיךָ עֵינֵינוּ, כִּי אֵל מֶלֶךְ חַנּוּן וְרַחוּם אָתָּה.

זְכֹר רַחֲמֶיךָ יי וַחֲסָדֶיךָ, כִּי מֵעוֹלָם הֵמָּה.
אַל תִּזְכָּר לָנוּ עֲוֹנוֹת רִאשׁוֹנִים, מַהֵר יְקַדְּמוּנוּ רַחֲמֶיךָ כִּי דַלּוֹנוּ מְאֹד.
זָכְרֵנוּ יי בִּרְצוֹן עַמֶּךָ, פָּקְדֵנוּ בִּישׁוּעָתֶךָ.
זְכֹר עֲדָתְךָ קָנִיתָ קֶּדֶם גָּאַלְתָּ שֵׁבֶט נַחֲלָתֶךָ, הַר צִיּוֹן זֶה שָׁכַנְתָּ בּוֹ.
זְכֹר יי חִבַּת יְרוּשָׁלָיִם, אַהֲבַת צִיּוֹן אַל תִּשְׁכַּח לָנֶצַח.
זְכֹר יי לִבְנֵי אֱדוֹם אֵת יוֹם יְרוּשָׁלָיִם הָאֹמְרִים עָרוּ עָרוּ, עַד הַיְסוֹד בָּהּ.
אַתָּה תָקוּם תְּרַחֵם צִיּוֹן, כִּי עֵת לְחֶנְנָהּ כִּי בָא מוֹעֵד.
זְכֹר לְאַבְרָהָם לְיִצְחָק וּלְיִשְׂרָאֵל עֲבָדֶיךָ, אֲשֶׁר נִשְׁבַּעְתָּ לָהֶם בָּךְ
וַתְּדַבֵּר אֲלֵיהֶם אַרְבֶּה אֶת זַרְעֲכֶם כְּכוֹכְבֵי הַשָּׁמָיִם
וְכָל הָאָרֶץ הַזֹּאת אֲשֶׁר אָמַרְתִּי אֶתֵּן לְזַרְעֲכֶם וְנָחֲלוּ לְעוֹלָם.
זְכֹר לַעֲבָדֶיךָ לְאַבְרָהָם לְיִצְחָק וּלְיַעֲקֹב
אַל תֵּפֶן אֶל קְשִׁי הָעָם הַזֶּה וְאֶל רִשְׁעוֹ וְאֶל חַטָּאתוֹ.

אַל נָא תָשֵׁת עָלֵינוּ חַטָּאת אֲשֶׁר נוֹאַלְנוּ וַאֲשֶׁר חָטָאנוּ.
חָטָאנוּ צוּרֵנוּ, סְלַח לָנוּ יוֹצְרֵנוּ.

ברוב הקהילות אומרים את הפיוט הבא:

סימן: א״ב.

1 **אֵל נָא רְפָא נָא תַחֲלוּאֵי פּוֹרִיָּה / בּוֹשָׁה וַחֲפֵרָה וְאֻמְלַל פִּרְיָהּ**
גְּאָלֶנָּה מִשַּׁחַת וּמִמַּכָּה טְרִיָּה

עֲנֵנוּ כְּשֶׁעָנִיתָ לְאַבְרָהָם אָבִינוּ בְּהַר הַמּוֹרִיָּה.

חָטָאנוּ צוּרֵנוּ, סְלַח לָנוּ יוֹצְרֵנוּ.

כל הפיוט בנוי על שבעת הענינים השנויים במשנה, תענית ב׳ ד׳.

1 פוריה (במקום גפן פוריה, ישע׳ לב יב ועוד) ישראל, ע״ש תהל׳ פ ט גפן ממצרים תסיע, וע״פ דרשות חז״ל, כגון חולין דף צ״ב א׳ א״ר לקיש אומה זו כגפן נמשלה וכו׳. **בושה וחפרה**

דִּגְלֵי עַם פְּדוּיֵי בִּזְרוֹעַ חָשׂוּף / הַצֵּל מִנֶּגֶף וְאַל יֶהוּ לְשִׁסּוּף
וְתַעֲנֶה קְרִיאָתֵנוּ וּלְמַעֲשֵׂה יָדֶיךָ תִּכְסֹף
עֲנֵנוּ כְּשֶׁעָנִיתָ לַאֲבוֹתֵינוּ עַל יַם סוּף.

חָטָאנוּ צוּרֵנוּ, סְלַח לָנוּ יוֹצְרֵנוּ.

זְכוּת צוּר חֻצַּב הַיּוֹם לָנוּ תְּגַל / חָשַׁכְנוּ מֵאָנֶף וּנְחֵנוּ בְּיֹשֶׁר מַעְגָּל
טַהֵר טֻמְאָתֵנוּ וּלְמָאוֹר תּוֹרָתְךָ עֵינֵינוּ גַל
עֲנֵנוּ כְּשֶׁעָנִיתָ לִיהוֹשֻׁעַ בַּגִּלְגָּל.

חָטָאנוּ צוּרֵנוּ, סְלַח לָנוּ יוֹצְרֵנוּ.

יָהּ רְאֵה דֶּשֶׁן עָקוּד וְהַצְמַח תְּרוּפָה / כַּלֵּה שֹׁד וָשֶׁבֶר סַעַר וְסוּפָה
לַמְּדֵנוּ וְחַכְּמֵנוּ אִמְרָתְךָ הַצְּרוּפָה
עֲנֵנוּ כְּשֶׁעָנִיתָ לִשְׁמוּאֵל בַּמִּצְפָּה.

חָטָאנוּ צוּרֵנוּ, סְלַח לָנוּ יוֹצְרֵנוּ.

מִתְּמַם מֵרֶחֶם שָׁרָשָׁיו אַל תְּקַמֵּל / נַקֵּנוּ מִכֶּתֶם וָשֶׁמֶץ וְלֹא נֵאָמֵל
סְעָדֵנוּ וְנִוָּשְׁעָה וְאָרְחוֹת חֲסָדֶיךָ נִגָּמֵל
עֲנֵנוּ כְּשֶׁעָנִיתָ לְאֵלִיָּהוּ בְּהַר הַכַּרְמֶל.

חָטָאנוּ צוּרֵנוּ, סְלַח לָנוּ יוֹצְרֵנוּ.

ואומלל פריה ע"ש ירמ' טו ט. **2 וממכה טריה** ע"ש ישע' א ו. **3 בזרוע חשוף** ע"ש ישע' נב י חשף ה' את זרוע קדשו לעיני כל הגוים (הפייטן כותב ל' זכר, לעומת יחזק' ד ז וזרועך חשופה). **ואל יהו לשיסוף** לאבדון, ל' וישסף שמואל את אגג, ש"א טו לג. **4 ולמעשה ידיך תכסוף** איוב יד טו (החריזה — סוף — סוף נראית כמותרת). **5 זכות צור חוצב** זכות אברהם שהוא הצור שחוצב ממנו העם (הנזכר לעיל 3) (וי"ג חוצבנו, ומסתבר) ע"ש ישע' נא א הביטו אל צור חצבתם. **מאנף** ל' קצף, ע"ש ישע' יב א אודך ה' כי אנפת בי. **6 ולמאור תורתך עינינו גל** ע"ש תהל' קיט יח גל עיני ואביטה נפלאות מתורתך. **7 דשן עקוד** אפרו של יצחק שרואין אותו כאילו צבור על

11 עֲזֵרֵנוּ בְּצֶדֶק מָשׁוּי מִמַּיִם וְכַפֵּר זָדוֹן וּמְשׁוּגָה

פְּדֵנוּ מִמְּהוּמַת מָוֶת וְאָחוֹר בַּל נְסוֹגָה

צַוֵּה יְשׁוּעָתֵנוּ וּבַעֲוֹנוֹתֵינוּ אַל נִתְמוֹגָגָה

עֲנֵנוּ כְּשֶׁעָנִיתָ לְיוֹנָה בִּמְעֵי הַדָּגָה.

חָטָאנוּ צוּרֵנוּ, סְלַח לָנוּ יוֹצְרֵנוּ.

קְדֻשַּׁת אִישׁ חֲסִידְךָ זְכוֹר לִיפַת נְעָלִַים

רַחֲמֶיךָ תְּעוֹרֵר כִּי לָקִינוּ בְּכִפְלַיִם

שׁוֹבְבֵנוּ תַקִּיף לְיִרְאָתְךָ וְלֹא נֶחֱשַׂף שׁוּלַיִם

עֲנֵנוּ כְּשֶׁעָנִיתָ לְדָוִד וּשְׁלֹמֹה בְנוֹ בִּירוּשָׁלָיִם.

חָטָאנוּ צוּרֵנוּ, סְלַח לָנוּ יוֹצְרֵנוּ.

גבי המזבח (ירו׳ תענית ב׳ א׳ דף ס״ח א׳). **שוד ושבר** ישע׳ נא יט. **סער וסופה** ע״ש ישע׳ כט ו. **8 אמרתך הצרופה** ע״ש תהל׳ קיט קמ. **9 מותמם מרחם** יעקב איש תם. **אל תקמל** אל תנבל, ע״ש ישע׳ יט ו קנה וסוף קמלו, נבלו. **מכתם ושמץ** מחטא ואשמה, כתם ע״ש ירמ׳ ב כב נכתם עונך, שמץ במשמעות שמצה (כמו שמות לב כה לשמצה בקמיהם). **ולא נאמל** לא נהיה אומללים. **10 וארחות חסדיך** ע״ש תהל׳ כה י כל ארחות ה׳ חסד ואמת. **11 בצדק משוי ממים** בזכות משה. **זדון ומשוגה** חטאות שוגג ומזיד (משוגה ע״ש איוב יט ד אתי תלין משוגתי). **ממהומת מות** ש״א ה יא. **ואחור בל נסוגה** ע״ש תהל׳ מד יט לא נסוג אחור לבנו. **12 ובעונותינו אל נתמוגגה** ע״ש ישע׳ סד ו ותמוגגנו ביד עונינו. **13 איש חסידך** אהרן, ע״ש דבר׳ לג ח תומיך ואוריך לאיש חסידך. **ליפת נעלים** ע״ש שה״ש ז ב מה יפו פעמיך בנעלים בת נדיב, שדרשוהו על ישראל. **כי לקינו בכפלים** ע״ש ישע׳ מ ב כי לקחה מיד ה׳ כפלים בכל חטאתיה. **14 שובבנו תקיף** (כינוי להקב״ה) **ליראתך** ע״ש ישע׳ מט ה לשובב יעקב אליו. **ולא נחשף שולים** ע״ש ירמ׳ יג כו חשפתי שוליך על פניך, ר״ל אל תגלה את עונותינו.

זְכֹר לָנוּ בְּרִית אָבוֹת כַּאֲשֶׁר אָמַרְתָּ
וְזָכַרְתִּי אֶת בְּרִיתִי יַעֲקוֹב, וְאַף אֶת בְּרִיתִי יִצְחָק
וְאַף אֶת בְּרִיתִי אַבְרָהָם אֶזְכֹּר וְהָאָרֶץ אֶזְכֹּר.
זְכֹר לָנוּ בְּרִית רִאשׁוֹנִים כַּאֲשֶׁר אָמַרְתָּ
וְזָכַרְתִּי לָהֶם בְּרִית רִאשׁוֹנִים
אֲשֶׁר הוֹצֵאתִי אֹתָם מֵאֶרֶץ מִצְרַיִם לְעֵינֵי הַגּוֹיִם
לִהְיוֹת לָהֶם לֵאלֹהִים אֲנִי יי.
עֲשֵׂה עִמָּנוּ כְּמָה שֶׁהִבְטַחְתָּנוּ
וְאַף גַּם זֹאת בִּהְיוֹתָם בְּאֶרֶץ אֹיְבֵיהֶם לֹא מְאַסְתִּים וְלֹא גְעַלְתִּים לְכַלֹּתָם
לְהָפֵר בְּרִיתִי אִתָּם, כִּי אֲנִי יי אֱלֹהֵיהֶם.
רַחֵם עָלֵינוּ וְאַל תַּשְׁחִיתֵנוּ כְּמָה שֶׁכָּתוּב
כִּי אֵל רַחוּם יי אֱלֹהֶיךָ לֹא יַרְפְּךָ וְלֹא יַשְׁחִיתֶךָ
וְלֹא יִשְׁכַּח אֶת בְּרִית אֲבֹתֶיךָ אֲשֶׁר נִשְׁבַּע לָהֶם.
וּמוֹל אֶת לְבָבֵנוּ לְאַהֲבָה אֶת שְׁמֶךָ כְּמָה שֶׁכָּתוּב
וּמָל יי אֱלֹהֶיךָ אֶת לְבָבְךָ וְאֶת לְבַב זַרְעֶךָ
לְאַהֲבָה אֶת יי אֱלֹהֶיךָ בְּכָל לְבָבְךָ וּבְכָל נַפְשְׁךָ לְמַעַן חַיֶּיךָ.
הָשֵׁב שְׁבוּתֵנוּ וְרַחֲמֵנוּ כְּמָה שֶׁכָּתוּב
וְשָׁב יי אֱלֹהֶיךָ אֶת שְׁבוּתְךָ וְרִחֲמֶךָ
וְשָׁב וְקִבֶּצְךָ מִכָּל הָעַמִּים אֲשֶׁר הֱפִיצְךָ יי אֱלֹהֶיךָ שָׁמָּה.
קַבֵּץ נִדָּחֵינוּ כְּמָה שֶׁכָּתוּב
אִם יִהְיֶה נִדַּחֲךָ בִּקְצֵה הַשָּׁמָיִם, מִשָּׁם יְקַבֶּצְךָ יי אֱלֹהֶיךָ וּמִשָּׁם יִקָּחֶךָ.
הִמָּצֵא לָנוּ בְּבַקָּשָׁתֵנוּ כְּמָה שֶׁכָּתוּב
וּבִקַּשְׁתֶּם מִשָּׁם אֶת יי אֱלֹהֶיךָ וּמָצָאתָ
כִּי תִדְרְשֶׁנּוּ בְּכָל לְבָבְךָ וּבְכָל נַפְשֶׁךָ.
מְחֵה פְשָׁעֵינוּ לְמַעַנְךָ כַּאֲשֶׁר אָמַרְתָּ

אָנֹכִי אָנֹכִי הוּא מֹחֶה פְשָׁעֶיךָ לְמַעֲנִי, וְחַטֹּאתֶיךָ לֹא אֶזְכֹּר.
מְחֵה פְשָׁעֵינוּ כָּעָב וְכֶעָנָן כְּמָה שֶׁכָּתוּב
מָחִיתִי כָעָב פְּשָׁעֶיךָ וְכֶעָנָן חַטֹּאתֶיךָ, שׁוּבָה אֵלַי כִּי גְאַלְתִּיךָ.
הַלְבֵּן חֲטָאֵינוּ כַּשֶּׁלֶג וְכַצֶּמֶר כְּמָה שֶׁכָּתוּב, לְכוּ נָא וְנִוָּכְחָה יֹאמַר יי
אִם יִהְיוּ חֲטָאֵיכֶם כַּשָּׁנִים כַּשֶּׁלֶג יַלְבִּינוּ, אִם יַאְדִּימוּ כַתּוֹלָע כַּצֶּמֶר יִהְיוּ.
זְרֹק עָלֵינוּ מַיִם טְהוֹרִים וְטַהֲרֵנוּ כְּמָה שֶׁכָּתוּב, וְזָרַקְתִּי עֲלֵיכֶם מַיִם טְהוֹרִים
וּטְהַרְתֶּם, מִכֹּל טֻמְאוֹתֵיכֶם וּמִכָּל גִּלּוּלֵיכֶם אֲטַהֵר אֶתְכֶם.
כַּפֵּר חֲטָאֵינוּ בַּיּוֹם הַזֶּה וְטַהֲרֵנוּ כְּמָה שֶׁכָּתוּב
כִּי בַיּוֹם הַזֶּה יְכַפֵּר עֲלֵיכֶם לְטַהֵר אֶתְכֶם, מִכֹּל חַטֹּאתֵיכֶם לִפְנֵי יי תִּטְהָרוּ.
תְּבִיאֵנוּ אֶל הַר קָדְשֶׁךָ וְשַׂמְּחֵנוּ בְּבֵית תְּפִלָּתֶךָ כְּמָה שֶׁכָּתוּב
וַהֲבִיאוֹתִים אֶל הַר קָדְשִׁי וְשִׂמַּחְתִּים בְּבֵית תְּפִלָּתִי
עוֹלֹתֵיהֶם וְזִבְחֵיהֶם לְרָצוֹן עַל מִזְבְּחִי
כִּי בֵיתִי בֵּית תְּפִלָּה יִקָּרֵא לְכָל הָעַמִּים.

פותחים את ארון הקודש

שְׁמַע קוֹלֵנוּ, יי אֱלֹהֵינוּ, חוּס וְרַחֵם עָלֵינוּ
וְקַבֵּל בְּרַחֲמִים וּבְרָצוֹן אֶת תְּפִלָּתֵנוּ.
הֲשִׁיבֵנוּ יי אֵלֶיךָ וְנָשׁוּבָה, חַדֵּשׁ יָמֵינוּ כְּקֶדֶם.
אַל תַּשְׁלִיכֵנוּ מִלְּפָנֶיךָ, וְרוּחַ קָדְשְׁךָ אַל תִּקַּח מִמֶּנּוּ.
אַל תַּשְׁלִיכֵנוּ לְעֵת זִקְנָה, כִּכְלוֹת כֹּחֵנוּ אַל תַּעַזְבֵנוּ.

סוגרים את ארון הקודש

אַל תַּעַזְבֵנוּ יי, אֱלֹהֵינוּ אַל תִּרְחַק מִמֶּנּוּ.
עֲשֵׂה עִמָּנוּ אוֹת לְטוֹבָה וְיִרְאוּ שׂוֹנְאֵינוּ וְיֵבֹשׁוּ
כִּי אַתָּה יי עֲזַרְתָּנוּ וְנִחַמְתָּנוּ.
אֲמָרֵינוּ הַאֲזִינָה יי בִּינָה הֲגִיגֵנוּ.
יִהְיוּ לְרָצוֹן אִמְרֵי פִינוּ וְהֶגְיוֹן לִבֵּנוּ לְפָנֶיךָ, יי צוּרֵנוּ וְגוֹאֲלֵנוּ.
כִּי לְךָ יי הוֹחָלְנוּ, אַתָּה תַעֲנֶה אֲדֹנָי אֱלֹהֵינוּ.

חזרת הש״ץ למנחה

אֱלֹהֵינוּ וֵאלֹהֵי אֲבוֹתֵינוּ
אַל תַּעַזְבֵנוּ, וְאַל תִּטְּשֵׁנוּ
וְאַל תַּכְלִימֵנוּ, וְאַל תָּפֵר בְּרִיתְךָ אִתָּנוּ
קָרְבֵנוּ לְתוֹרָתֶךָ, לַמְּדֵנוּ מִצְוֹתֶיךָ
הוֹרֵנוּ דְרָכֶיךָ, הַט לִבֵּנוּ לְיִרְאָה אֶת שְׁמֶךָ
וּמוֹל אֶת לְבָבֵנוּ לְאַהֲבָתֶךָ
וְנָשׁוּב אֵלֶיךָ בֶּאֱמֶת וּבְלֵב שָׁלֵם
וּלְמַעַן שִׁמְךָ הַגָּדוֹל תִּמְחוֹל וְתִסְלַח לַעֲוֹנֵינוּ
כַּכָּתוּב בְּדִבְרֵי קָדְשֶׁךָ
לְמַעַן שִׁמְךָ יְיָ, וְסָלַחְתָּ לַעֲוֹנִי כִּי רַב הוּא.

אֱלֹהֵינוּ וֵאלֹהֵי אֲבוֹתֵינוּ
סְלַח לָנוּ, מְחַל לָנוּ, כַּפֶּר לָנוּ.

כִּי

אָנוּ עַמֶּךָ	וְאַתָּה אֱלֹהֵינוּ	אָנוּ בָנֶיךָ	וְאַתָּה אָבִינוּ
אָנוּ עֲבָדֶיךָ	וְאַתָּה אֲדוֹנֵינוּ	אָנוּ קְהָלֶךָ	וְאַתָּה חֶלְקֵנוּ
אָנוּ נַחֲלָתֶךָ	וְאַתָּה גוֹרָלֵנוּ	אָנוּ צֹאנֶךָ	וְאַתָּה רוֹעֵנוּ
אָנוּ כַרְמֶךָ	וְאַתָּה נוֹטְרֵנוּ	אָנוּ פְעֻלָּתֶךָ	וְאַתָּה יוֹצְרֵנוּ
אָנוּ רַעְיָתֶךָ	וְאַתָּה דוֹדֵנוּ	אָנוּ סְגֻלָּתֶךָ	וְאַתָּה אֱלֹהֵינוּ
אָנוּ עַמֶּךָ	וְאַתָּה מַלְכֵּנוּ	אָנוּ מַאֲמִירֶךָ	וְאַתָּה מַאֲמִירֵנוּ.

אָנוּ עַזֵּי פָנִים	וְאַתָּה רַחוּם וְחַנּוּן
אָנוּ קְשֵׁי עֹרֶף	וְאַתָּה אֶרֶךְ אַפַּיִם
אָנוּ מְלֵאֵי עָוֹן	וְאַתָּה מָלֵא רַחֲמִים
אָנוּ יָמֵינוּ כְּצֵל עוֹבֵר	וְאַתָּה הוּא וּשְׁנוֹתֶיךָ לֹא יִתָּמּוּ.

אֱלֹהֵינוּ וֵאלֹהֵי אֲבוֹתֵינוּ
אָנָּא תָּבֹא לְפָנֶיךָ תְּפִלָּתֵנוּ, וְאַל תִּתְעַלַּם מִתְּחִנָּתֵנוּ
שֶׁאֵין אֲנַחְנוּ עַזֵּי פָנִים וּקְשֵׁי עֹרֶף לוֹמַר לְפָנֶיךָ, יי אֱלֹהֵינוּ וֵאלֹהֵי אֲבוֹתֵינוּ
צַדִּיקִים אֲנַחְנוּ וְלֹא חָטָאנוּ
אֲבָל אֲנַחְנוּ וַאֲבוֹתֵינוּ חָטָאנוּ.

אָשַׁמְנוּ. בָּגַדְנוּ. גָּזַלְנוּ. דִּבַּרְנוּ דֹפִי.
הֶעֱוִינוּ. וְהִרְשַׁעְנוּ. זַדְנוּ. חָמַסְנוּ. טָפַלְנוּ שֶׁקֶר.
יָעַצְנוּ רָע. כִּזַּבְנוּ. לַצְנוּ. מָרַדְנוּ. נִאַצְנוּ. סָרַרְנוּ.
עָוִינוּ. פָּשַׁעְנוּ. צָרַרְנוּ. קִשִּׁינוּ עֹרֶף.
רָשַׁעְנוּ. שִׁחַתְנוּ. תִּעַבְנוּ. תָּעִינוּ. תִּעְתָּעְנוּ.

סַרְנוּ מִמִּצְוֹתֶיךָ וּמִמִּשְׁפָּטֶיךָ הַטּוֹבִים וְלֹא שָׁוָה לָנוּ.
וְאַתָּה צַדִּיק עַל כָּל הַבָּא עָלֵינוּ
כִּי אֱמֶת עָשִׂיתָ וַאֲנַחְנוּ הִרְשָׁעְנוּ.

הִרְשַׁעְנוּ וּפָשַׁעְנוּ, לָכֵן לֹא נוֹשָׁעְנוּ
וְתֵן בְּלִבֵּנוּ לַעֲזֹב דֶּרֶךְ רֶשַׁע, וְחִישׁ לָנוּ יֶשַׁע
כַּכָּתוּב עַל יַד נְבִיאֶךָ
יַעֲזֹב רָשָׁע דַּרְכּוֹ וְאִישׁ אָוֶן מַחְשְׁבֹתָיו, וְיָשֹׁב אֶל יי וִירַחֲמֵהוּ
וְאֶל אֱלֹהֵינוּ כִּי יַרְבֶּה לִסְלוֹחַ.

אֱלֹהֵינוּ וֵאלֹהֵי אֲבוֹתֵינוּ
סְלַח וּמְחַל לַעֲוֹנוֹתֵינוּ בְּיוֹם /בשבת: הַשַּׁבָּת הַזֶּה וּבְיוֹם/
הַכִּפּוּרִים הַזֶּה

וְהֵעָתֵר לָנוּ בִּתְפִלָּתֵנוּ
מְחֵה וְהַעֲבֵר פְּשָׁעֵינוּ וְחַטֹּאתֵינוּ מִנֶּגֶד עֵינֶיךָ
וְכֹף אֶת יִצְרֵנוּ לְהִשְׁתַּעְבֶּד לָךְ
וְהַכְנַע עָרְפֵּנוּ לָשׁוּב אֵלֶיךָ בֶּאֱמֶת
וְחַדֵּשׁ כִּלְיוֹתֵינוּ לִשְׁמֹר פִּקּוּדֶיךָ
וּמוֹל אֶת לְבָבֵנוּ לְאַהֲבָה וּלְיִרְאָה אֶת שְׁמֶךָ
כַּכָּתוּב בְּתוֹרָתֶךָ
וּמָל יי אֱלֹהֶיךָ אֶת לְבָבְךָ וְאֶת לְבַב זַרְעֶךָ
לְאַהֲבָה אֶת יי אֱלֹהֶיךָ בְּכָל לְבָבְךָ וּבְכָל נַפְשְׁךָ לְמַעַן חַיֶּיךָ.
הַזְּדוֹנוֹת וְהַשְּׁגָגוֹת אַתָּה מַכִּיר
הָרָצוֹן וְהָאֹנֶס, הַגְּלוּיִים וְהַנִּסְתָּרִים
לְפָנֶיךָ הֵם גְּלוּיִים וִידוּעִים.
מָה אָנוּ
מֶה חַיֵּינוּ, מֶה חַסְדֵּנוּ
מַה צִּדְקוֹתֵינוּ, מַה יְּשׁוּעָתֵנוּ
מַה כֹּחֵנוּ, מַה גְּבוּרָתֵנוּ
מַה נֹּאמַר לְפָנֶיךָ יי אֱלֹהֵינוּ וֵאלֹהֵי אֲבוֹתֵינוּ
הֲלֹא כָּל הַגִּבּוֹרִים כְּאַיִן לְפָנֶיךָ, וְאַנְשֵׁי הַשֵּׁם כְּלֹא הָיוּ
וַחֲכָמִים כִּבְלִי מַדָּע, וּנְבוֹנִים כִּבְלִי הַשְׂכֵּל
כִּי רֹב מַעֲשֵׂיהֶם תֹּהוּ, וִימֵי חַיֵּיהֶם הֶבֶל לְפָנֶיךָ
וּמוֹתַר הָאָדָם מִן הַבְּהֵמָה אָיִן, כִּי הַכֹּל הָבֶל.

מַה נֹּאמַר לְפָנֶיךָ יוֹשֵׁב מָרוֹם, וּמַה נְּסַפֵּר לְפָנֶיךָ שׁוֹכֵן שְׁחָקִים
הֲלֹא כָּל הַנִּסְתָּרוֹת וְהַנִּגְלוֹת אַתָּה יוֹדֵעַ.

סימן: א״ב (כפול).

אַתָּה מֵבִין תַּעֲלוּמוֹת לֵב / אֶפֶס לְךָ נִגְלוֹת וְגַם נִסְתָּרוֹת.
בָּאנוּ בִדְבָרִים לְפַתּוֹתְךָ בָּם / בְּרִשְׁעֵנוּ אַל תֵּפֶן וְלֹא בְמַעֲלָלֵינוּ.
גִּשְׁתֵּנוּ בְיוֹם זֶה כִּירֵא וְחָרֵד / גֵּאֶה כְּרַחוּם לְמַעַנְךָ עֲשֵׂה חֶסֶד.
דִּין אַל תְּמַתַּח מוּל עָפָר וָאֵפֶר / דַּע אַחֲרִיתֵנוּ רִמָּה וְתוֹלֵעָה.
הַאִם שָׁגַגְנוּ וְנֶעְלַם מִמֶּנּוּ / הֲלֹא אַתָּה לְבַד מֵבִין שְׁגִיאוֹת.
וְאַל תַּחְשֹׁב לָנוּ כְּעוֹשֶׂה בְּזָדוֹן / וִדּוּי שְׂפָתֵינוּ שְׁעֵה בְּעֵת רָצוֹן.
זֶה כַּפֵּר לָנוּ הוֹדַע וְלֹא הוֹדַע / זָדוֹן וְנֶעְלָם עֲשֵׂה וְלֹא תַעֲשֶׂה.
חַלְּצֵנוּ מֵעֹנֶשׁ כָּרֵת וּמִיתָה / חֲמֹל עַל חֹמֶר מַעֲשֵׂה יָדֶיךָ.
טָפַשְׁנוּ בְּרֹעַ יֵצֶר אֲשֶׁר מִנְּעוּרֵינוּ / טָמוּן בְּקִרְבֵּנוּ כְּרֶשֶׁת לְפַעֲמֵינוּ.
יוֹצְרֵנוּ וְעוֹשֵׂנוּ יוֹדֵעַ יִצְרֵנוּ / יֶהֱמוּ רַחֲמֶיךָ וְאַל תַּשְׁחִיתֵנוּ.
כִּי מִלְּפָנֶיךָ מִי יִסָּתֵר / כֹּל גָּלוּי לְךָ כָּאוֹר וְכַצָּהֳרַיִם.
לְבֵית דִּין הוֹרֵיתָ אַרְבַּע מִיתוֹת / לְמַעַנְךָ עֲשֵׂה וּמֵהֶם חַלְּצֵנוּ.
מֵאָז יְצַרְתָּנוּ חֲקַרְתָּנוּ וַתֵּדַע / מַעֲשֵׂינוּ כִּי הֵמָּה עָמָל וָאָוֶן.
נְצֹר נַפְשׁוֹתֵינוּ כִּי בְיָדְךָ כָּל נֶפֶשׁ / נָא תִיקַר נֶפֶשׁ מִמְּעַנֵּי לְךָ נָפֶשׁ.
סְקִילָה שְׂרֵפָה הֶרֶג חֶנֶק / סוֹדָם גִּלִּיתָ לְיוֹדְעֵי אֲמִתֶּךָ.
עַל כָּל פְּשָׁעֵינוּ אֱלוֹהַּ כַּפֵּר לָנוּ / עַל יָדוּעַ לָנוּ וְעַל נֶעְלָם מִמֶּנּוּ.
פְּשָׁעֵינוּ הוֹדִינוּ לְךָ חוֹקֵר לֵב / פְּדֵנוּ מֵחֵטְא נַקֵּנוּ מֵעָוֹן.
צוּר אַל תֵּפֶן בֶּאֱנוֹשׁ חָצִיר / צְדָקָה עֲשֵׂה עִמָּנוּ כַּעֲשִׂיתָ עִם כָּל חָי.
קִדַּמְנוּ בְּנֶשֶׁף קָרַבְנוּ בְשֶׁוַע / קָרְבֵנוּ אֵלֶיךָ קְשֹׁב קְרִיאָתֵנוּ.
רִשְׁעֵנוּ אַל תֵּפֶן רַחֲמֵנוּ וְנִצְטַדְּקָה / רַחֲמֶיךָ יְבֹאוּנוּ רַחוּם וְחַנּוּן.

שִׁמְךָ מֵעוֹלָם עוֹבֵר עַל פֶּשַׁע / שַׁוְעָתֵנוּ תַאֲזִין בְּעָמְדֵנוּ לְפָנֶיךָ בִּתְפִלָּה
תַּעֲבֹר עַל פֶּשַׁע לְעַם שָׁבֵי פֶשַׁע / תִּמְחֶה פְּשָׁעֵינוּ מִנֶּגֶד עֵינֶיךָ.

אַתָּה יוֹדֵעַ רָזֵי עוֹלָם וְתַעֲלוּמוֹת סִתְרֵי כָּל חָי.
אַתָּה חוֹפֵשׂ כָּל חַדְרֵי בָטֶן וּבוֹחֵן כְּלָיוֹת וָלֵב.
אֵין דָּבָר נֶעְלָם מִמָּךְ וְאֵין נִסְתָּר מִנֶּגֶד עֵינֶיךָ.
וּבְכֵן, יְהִי רָצוֹן מִלְּפָנֶיךָ, יי אֱלֹהֵינוּ וֵאלֹהֵי אֲבוֹתֵינוּ
שֶׁתִּסְלַח לָנוּ עַל כָּל חַטֹּאתֵינוּ
וְתִמְחַל לָנוּ עַל כָּל עֲוֹנוֹתֵינוּ
וּתְכַפֵּר לָנוּ עַל כָּל פְּשָׁעֵינוּ.

עַל חֵטְא שֶׁחָטָאנוּ לְפָנֶיךָ בְּאֹנֶס וּבְרָצוֹן
וְעַל חֵטְא שֶׁחָטָאנוּ לְפָנֶיךָ בְּאִמּוּץ הַלֵּב

עַל חֵטְא שֶׁחָטָאנוּ לְפָנֶיךָ בִּבְלִי דָעַת
וְעַל חֵטְא שֶׁחָטָאנוּ לְפָנֶיךָ בְּבִטּוּי שְׂפָתָיִם

עַל חֵטְא שֶׁחָטָאנוּ לְפָנֶיךָ בְּגָלוּי וּבַסָּתֶר
וְעַל חֵטְא שֶׁחָטָאנוּ לְפָנֶיךָ בְּגִלּוּי עֲרָיוֹת

עַל חֵטְא שֶׁחָטָאנוּ לְפָנֶיךָ בְּדִבּוּר פֶּה
וְעַל חֵטְא שֶׁחָטָאנוּ לְפָנֶיךָ בְּדַעַת וּבְמִרְמָה

עַל חֵטְא שֶׁחָטָאנוּ לְפָנֶיךָ בְּהִרְהוּר הַלֵּב
וְעַל חֵטְא שֶׁחָטָאנוּ לְפָנֶיךָ בְּהוֹנָאַת רֵעַ

עַל חֵטְא שֶׁחָטָאנוּ לְפָנֶיךָ בְּוִדּוּי פֶּה
וְעַל חֵטְא שֶׁחָטָאנוּ לְפָנֶיךָ בִּוְעִידַת זְנוּת

עַל חֵטְא שֶׁחָטָאנוּ לְפָנֶיךָ בְּזָדוֹן וּבִשְׁגָגָה
וְעַל חֵטְא שֶׁחָטָאנוּ לְפָנֶיךָ בְּזִלְזוּל הוֹרִים וּמוֹרִים

עַל חֵטְא שֶׁחָטָאנוּ לְפָנֶיךָ בְּחֹזֶק יָד
וְעַל חֵטְא שֶׁחָטָאנוּ לְפָנֶיךָ בְּחִלּוּל הַשֵּׁם

עַל חֵטְא שֶׁחָטָאנוּ לְפָנֶיךָ בְּטִפְשׁוּת פֶּה
וְעַל חֵטְא שֶׁחָטָאנוּ לְפָנֶיךָ בְּטֻמְאַת שְׂפָתָיִם
עַל חֵטְא שֶׁחָטָאנוּ לְפָנֶיךָ בְּיֵצֶר הָרָע
וְעַל חֵטְא שֶׁחָטָאנוּ לְפָנֶיךָ בְּיוֹדְעִים וּבְלֹא יוֹדְעִים

וְעַל כֻּלָּם אֱלוֹהַּ סְלִיחוֹת סְלַח לָנוּ, מְחַל לָנוּ, כַּפֶּר לָנוּ.

עַל חֵטְא שֶׁחָטָאנוּ לְפָנֶיךָ בְּכַפַּת שֹׁחַד
וְעַל חֵטְא שֶׁחָטָאנוּ לְפָנֶיךָ בְּכַחַשׁ וּבְכָזָב
עַל חֵטְא שֶׁחָטָאנוּ לְפָנֶיךָ בְּלָשׁוֹן הָרָע
וְעַל חֵטְא שֶׁחָטָאנוּ לְפָנֶיךָ בְּלָצוֹן
עַל חֵטְא שֶׁחָטָאנוּ לְפָנֶיךָ בְּמַשָּׂא וּבְמַתָּן
וְעַל חֵטְא שֶׁחָטָאנוּ לְפָנֶיךָ בְּמַאֲכָל וּבְמִשְׁתֶּה
עַל חֵטְא שֶׁחָטָאנוּ לְפָנֶיךָ בְּנֶשֶׁךְ וּבְמַרְבִּית
וְעַל חֵטְא שֶׁחָטָאנוּ לְפָנֶיךָ בִּנְטִיַּת גָּרוֹן
עַל חֵטְא שֶׁחָטָאנוּ לְפָנֶיךָ בְּשִׂקּוּר עָיִן
וְעַל חֵטְא שֶׁחָטָאנוּ לְפָנֶיךָ בְּשִׂיחַ שִׂפְתוֹתֵינוּ
עַל חֵטְא שֶׁחָטָאנוּ לְפָנֶיךָ בְּעֵינַיִם רָמוֹת
וְעַל חֵטְא שֶׁחָטָאנוּ לְפָנֶיךָ בְּעַזּוּת מֵצַח

וְעַל כֻּלָּם אֱלוֹהַּ סְלִיחוֹת סְלַח לָנוּ, מְחַל לָנוּ, כַּפֶּר לָנוּ.

עַל חֵטְא שֶׁחָטָאנוּ לְפָנֶיךָ בִּפְרִיקַת עֹל
וְעַל חֵטְא שֶׁחָטָאנוּ לְפָנֶיךָ בִּפְלִילוּת

עַל חֵטְא שֶׁחָטָאנוּ לְפָנֶיךָ בִּצְדִיַּת רֵעַ
וְעַל חֵטְא שֶׁחָטָאנוּ לְפָנֶיךָ בְּצָרוּת עָיִן

עַל חֵטְא שֶׁחָטָאנוּ לְפָנֶיךָ בְּקַלּוּת רֹאשׁ
וְעַל חֵטְא שֶׁחָטָאנוּ לְפָנֶיךָ בְּקַשְׁיוּת עֹרֶף

עַל חֵטְא שֶׁחָטָאנוּ לְפָנֶיךָ בְּרִיצַת רַגְלַיִם לְהָרַע
וְעַל חֵטְא שֶׁחָטָאנוּ לְפָנֶיךָ בִּרְכִילוּת

עַל חֵטְא שֶׁחָטָאנוּ לְפָנֶיךָ בִּשְׁבוּעַת שָׁוְא
וְעַל חֵטְא שֶׁחָטָאנוּ לְפָנֶיךָ בְּשִׂנְאַת חִנָּם

עַל חֵטְא שֶׁחָטָאנוּ לְפָנֶיךָ בִּתְשׂוּמֶת יָד
וְעַל חֵטְא שֶׁחָטָאנוּ לְפָנֶיךָ בְּתִמְהוֹן לֵבָב

וְעַל כֻּלָּם אֱלוֹהַּ סְלִיחוֹת סְלַח לָנוּ, מְחַל לָנוּ, כַּפֶּר לָנוּ.

וְעַל חֲטָאִים שֶׁאָנוּ חַיָּבִים עֲלֵיהֶם עוֹלָה
וְעַל חֲטָאִים שֶׁאָנוּ חַיָּבִים עֲלֵיהֶם חַטָּאת
וְעַל חֲטָאִים שֶׁאָנוּ חַיָּבִים עֲלֵיהֶם קָרְבָּן עוֹלֶה וְיוֹרֵד
וְעַל חֲטָאִים שֶׁאָנוּ חַיָּבִים עֲלֵיהֶם אָשָׁם וַדַּאי וְתָלוּי
וְעַל חֲטָאִים שֶׁאָנוּ חַיָּבִים עֲלֵיהֶם מַכַּת מַרְדּוּת
וְעַל חֲטָאִים שֶׁאָנוּ חַיָּבִים עֲלֵיהֶם מַלְקוּת אַרְבָּעִים
וְעַל חֲטָאִים שֶׁאָנוּ חַיָּבִים עֲלֵיהֶם מִיתָה בִּידֵי שָׁמַיִם
וְעַל חֲטָאִים שֶׁאָנוּ חַיָּבִים עֲלֵיהֶם כָּרֵת וַעֲרִירִי
וְעַל חֲטָאִים שֶׁאָנוּ חַיָּבִים עֲלֵיהֶם אַרְבַּע מִיתוֹת בֵּית דִּין
סְקִילָה, שְׂרֵפָה, הֶרֶג, וְחֶנֶק.

עַל מִצְוַת עֲשֵׂה וְעַל מִצְוַת לֹא תַעֲשֶׂה.
בֵּין שֶׁיֵּשׁ בָּהּ קוּם עֲשֵׂה וּבֵין שֶׁאֵין בָּהּ קוּם עֲשֵׂה.
אֶת הַגְּלוּיִים לָנוּ וְאֶת שֶׁאֵינָם גְּלוּיִים לָנוּ
אֶת הַגְּלוּיִים לָנוּ כְּבָר אֲמַרְנוּם לְפָנֶיךָ וְהוֹדִינוּ לְךָ עֲלֵיהֶם, וְאֶת שֶׁאֵינָם גְּלוּיִים לָנוּ, לְפָנֶיךָ הֵם גְּלוּיִים וִידוּעִים, כַּדָּבָר שֶׁנֶּאֱמַר, הַנִּסְתָּרֹת לַיי אֱלֹהֵינוּ וְהַנִּגְלֹת לָנוּ וּלְבָנֵינוּ עַד עוֹלָם, לַעֲשׂוֹת אֶת כָּל דִּבְרֵי הַתּוֹרָה הַזֹּאת.

וְדָוִד עַבְדְּךָ אָמַר לְפָנֶיךָ
שְׁגִיאוֹת מִי יָבִין, מִנִּסְתָּרוֹת נַקֵּנִי.
נַקֵּנוּ יי אֱלֹהֵינוּ מִכָּל פְּשָׁעֵינוּ, וְטַהֲרֵנוּ מִכָּל טֻמְאוֹתֵינוּ,
וּזְרֹק עָלֵינוּ מַיִם טְהוֹרִים וְטַהֲרֵנוּ
כַּכָּתוּב עַל יַד נְבִיאֶךָ
וְזָרַקְתִּי עֲלֵיכֶם מַיִם טְהוֹרִים וּטְהַרְתֶּם,
מִכֹּל טֻמְאוֹתֵיכֶם וּמִכָּל גִּלּוּלֵיכֶם אֲטַהֵר אֶתְכֶם.

אַל תִּירָא יַעֲקֹב,
שׁוּבוּ בָנִים שׁוֹבָבִים שׁוּבָה יִשְׂרָאֵל.
הִנֵּה לֹא יָנוּם וְלֹא יִישָׁן שׁוֹמֵר יִשְׂרָאֵל.
כַּכָּתוּב עַל יַד נְבִיאֶךָ,
שׁוּבָה יִשְׂרָאֵל עַד יי אֱלֹהֶיךָ כִּי כָשַׁלְתָּ בַּעֲוֹנֶךָ.
וְנֶאֱמַר, קְחוּ עִמָּכֶם דְּבָרִים וְשׁוּבוּ אֶל יי,
אִמְרוּ אֵלָיו כָּל תִּשָּׂא עָוֹן וְקַח טוֹב וּנְשַׁלְּמָה פָרִים שְׂפָתֵינוּ.
וְאַתָּה רַחוּם מְקַבֵּל שָׁבִים,
וְעַל הַתְּשׁוּבָה מֵרֹאשׁ הִבְטַחְתָּנוּ
וְעַל הַתְּשׁוּבָה עֵינֵינוּ מְיַחֲלוֹת לָךְ.

וּמֵאַהֲבָתְךָ יי אֱלֹהֵינוּ שֶׁאָהַבְתָּ אֶת יִשְׂרָאֵל עַמֶּךָ
וּמֵחֶמְלָתְךָ מַלְכֵּנוּ שֶׁחָמַלְתָּ עַל בְּנֵי בְרִיתֶךָ
נָתַתָּ לָנוּ יי אֱלֹהֵינוּ אֶת /בשבת: יוֹם הַשַּׁבָּת הַזֶּה לִקְדֻשָּׁה וְלִמְנוּחָה וְאֶת/
יוֹם צוֹם הַכִּפּוּרִים הַזֶּה לִמְחִילַת חֵטְא וְלִסְלִיחַת עָוֹן וּלְכַפָּרַת פָּשַׁע.

סימן: *א"ב.*

1 יוֹם אֲשֶׁר הוּחַק לְכַפָּרָתֵנוּ / הַיּוֹם בּוֹ תְּבַשְּׂרֵנוּ צוּרֵנוּ תִּטְהָרוּ.

כַּכָּתוּב בְּתוֹרָתֶךָ
כִּי בַיּוֹם הַזֶּה יְכַפֵּר עֲלֵיכֶם לְטַהֵר אֶתְכֶם
מִכֹּל חַטֹּאתֵיכֶם
לִפְנֵי יי תִּטְהָרוּ.

2 יוֹם גְּעוֹל עֲוֹנֵינוּ יְכֻבַּס / הַיּוֹם דְּוּוֹת חֲטָאֵינוּ יְטֹהַר.

כַּכָּתוּב בְּדִבְרֵי קָדְשֶׁךָ
הֶרֶב כַּבְּסֵנִי מֵעֲוֹנִי וּמֵחַטָּאתִי טַהֲרֵנִי.

3 יוֹם הַכְנַע יֵצֶר שׁוֹבָבִים / הַיּוֹם וְיִטְהֲרוּ עֲוֹנָם בְּסָלְחָךְ.

כַּכָּתוּב עַל יַד נְבִיאֶךָ
וְטִהַרְתִּים מִכָּל עֲוֹנָם אֲשֶׁר חָטְאוּ לִי
וְסָלַחְתִּי לְכָל עֲוֹנוֹתֵיהֶם אֲשֶׁר חָטְאוּ לִי וַאֲשֶׁר פָּשְׁעוּ בִי.

2 **דוות חטאינו** מל' דוה, ר"ל לכלוך חטאינו. 5 **גמולנו... לא ישכח** הלשון ע"פ תהל' קג ב. 6 **כעב ימחו פשעינו** ע"ש ישע' מד כב. 7 **מנחיל דת** משה רבנו. **שיוע בעד דור** ביום שירד מן ההר, וזה היה ביום הכפורים לפי סדר עולם רבה ו'. 9 **פתח כיון פתח** פתח מיד, ישר (כלשון המשנה, תמיד ג' ו': אחד פותח כיון). **למיודעיך** לישראל שאתה מכיר אותם והם מכירים אותך, ל' תהל' נה יד ועוד.

4 יוֹם זֶה יַחְמֹל עָלֵינוּ כְּאָב עַל בָּנִים / הַיּוֹם חֵטְא זְדוֹנָם יְכַפֵּר וְיִסְלַח.

כַּכָּתוּב בְּתוֹרָתֶךָ
וְנִסְלַח לְכָל עֲדַת בְּנֵי יִשְׂרָאֵל
וְלַגֵּר הַגָּר בְּתוֹכָם
כִּי לְכָל הָעָם בִּשְׁגָגָה.

5 יוֹם טוֹב גְּמוּלֵנוּ אֵל לֹא יִשְׁכַּח
הַיּוֹם יִרְפָּא וְיִסְלַח לְכָל תַּחֲלוּאֵי נַפְשֵׁנוּ.

כַּכָּתוּב בְּדִבְרֵי קָדְשֶׁךָ
הַסּוֹלֵחַ לְכָל עֲוֹנֵכִי
הָרוֹפֵא לְכָל תַּחֲלוּאָיְכִי

6 יוֹם כָּעָב יִמָּחוּ פְּשָׁעֵינוּ / הַיּוֹם לְבַקֵּשׁ חַטֹּאתֵינוּ וְאֵינָם.

כַּכָּתוּב עַל יַד נְבִיאֶךָ
בַּיָּמִים הָהֵם וּבָעֵת הַהִיא נְאֻם יי
יְבֻקַּשׁ אֶת עֲוֹן יִשְׂרָאֵל וְאֵינֶנּוּ
וְאֶת חַטֹּאת יְהוּדָה וְלֹא תִמָּצֶאינָה
כִּי אֶסְלַח לַאֲשֶׁר אַשְׁאִיר.

7 יוֹם מַנְחִיל דָּת שׁוּעַ בְּעַד דּוֹר / הַיּוֹם נָשָׂא לוֹ בְּבַקְשׁוֹ סְלַח נָא.

כַּכָּתוּב בְּתוֹרָתֶךָ
סְלַח נָא לַעֲוֹן הָעָם הַזֶּה כְּגֹדֶל חַסְדֶּךָ
וְכַאֲשֶׁר נָשָׂאתָה לָעָם הַזֶּה מִמִּצְרַיִם וְעַד הֵנָּה
וְשָׁם נֶאֱמַר
וַיֹּאמֶר יי סָלַחְתִּי כִּדְבָרֶךָ.

בַּעֲבוּר כְּבוֹד שְׁמֶךָ
הַמָּצֵא לָנוּ מוֹחֵל וְסוֹלֵחַ / סְלַח נָא לְמַעַן שְׁמֶךָ.

8 יוֹם סוֹלְחִי יָחִישׁ מִלִּשְׁמוֹר הֶעָוֹן / הַיּוֹם עִמָּנוּ הַשֶּׁוַע וְעִמְּךָ הַסְּלִיחָה.

כַּכָּתוּב בְּדִבְרֵי קָדְשֶׁךָ, כִּי עִמְּךָ הַסְּלִיחָה לְמַעַן תִּוָּרֵא.

9 יוֹם פְּתַח כֵּן פֶּתַח לִמְיַדְּעֶיךָ / הַיּוֹם צָעִיר וְרַב לְסוֹלֵחַ יַכִּירוּ.

כַּכָּתוּב עַל יַד נְבִיאֶךָ
וְלֹא יְלַמְּדוּ עוֹד אִישׁ אֶת רֵעֵהוּ וְאִישׁ אֶת אָחִיו לֵאמֹר, דְּעוּ אֶת יי
כִּי כוּלָּם יֵדְעוּ אוֹתִי לְמִקְטַנָּם וְעַד גְּדוֹלָם נְאֻם יי
כִּי אֶסְלַח לַעֲוֹנָם וּלְחַטָּאתָם לֹא אֶזְכָּר עוֹד.

10 יוֹם קוֹרְאֵי בְּשִׁמְךָ יְמַלֵּטוּ / הַיּוֹם רַחֵם עָלֵינוּ כְּאָז קָרָא בְשֵׁם.

כַּכָּתוּב בְּתוֹרָתֶךָ, וַיֵּרֶד יי בֶּעָנָן וַיִּתְיַצֵּב עִמּוֹ שָׁם, וַיִּקְרָא בְשֵׁם יי.
וַיַּעֲבֹר יי עַל פָּנָיו וַיִּקְרָא
יי יי אֵל רַחוּם וְחַנּוּן, אֶרֶךְ אַפַּיִם וְרַב חֶסֶד וֶאֱמֶת
נוֹצֵר חֶסֶד לָאֲלָפִים נֹשֵׂא עָוֹן וָפֶשַׁע וְחַטָּאָה וְנַקֵּה.

בַּעֲבוּר כְּבוֹד שְׁמֶךָ

הַמָּצָא לָנוּ רַחוּם וְחַנּוּן / רַחֵם נָא לְמַעַן שְׁמֶךָ.

11 יוֹם שׁוֹמְמוֹת הֵיכָלְךָ תַּבִּיט
הַיּוֹם תַּעֲשֶׂה לְמַעַן שִׁמְךָ כְּנַם חֲמוּדוֹת.

כַּכָּתוּב בְּדִבְרֵי קָדְשֶׁךָ, הַטֵּה אֱלֹהַי אָזְנְךָ וּשְׁמָע
פְּקַח עֵינֶיךָ וּרְאֵה שֹׁמְמֹתֵינוּ וְהָעִיר אֲשֶׁר נִקְרָא שִׁמְךָ עָלֶיהָ, כִּי לֹא
עַל צִדְקֹתֵינוּ אֲנַחְנוּ מַפִּילִים תַּחֲנוּנֵינוּ לְפָנֶיךָ, כִּי עַל רַחֲמֶיךָ הָרַבִּים.
אֲדֹנָי שְׁמָעָה, אֲדֹנָי סְלָחָה, אֲדֹנָי הַקְשִׁיבָה וַעֲשֵׂה אַל תְּאַחַר
לְמַעַנְךָ אֱלֹהַי כִּי שִׁמְךָ נִקְרָא עַל עִירְךָ וְעַל עַמֶּךָ.

בַּעֲבוּר כְּבוֹד שְׁמֶךָ

הַמָּצֵא לָנוּ שׁוֹמֵעַ תְּפִלָּה / שְׁמַע תְּפִלָּתֵנוּ לְמַעַן שְׁמֶךָ.

מִי אֵל כָּמוֹךָ.

סימן: א״ב.

אָדוֹן אַבִּיר / בְּמַעֲשָׂיו כַּבִּיר — מִי אֵל כָּמוֹךָ
גּוֹלֶה עֲמֻקּוֹת / דּוֹבֵר צְדָקוֹת — מִי אֵל כָּמוֹךָ
הַצּוּר תָּמִים / וּמָלֵא רַחֲמִים — מִי אֵל כָּמוֹךָ
זוֹכֵר חֲסָדִים / חוֹמֵל חֲסִידִים — מִי אֵל כָּמוֹךָ
טוֹב לַכֹּל / יוֹדֵעַ הַכֹּל — מִי אֵל כָּמוֹךָ
כּוֹבֵשׁ כְּעָסִים / לְהַצְדִּיק עֲמוּסִים — מִי אֵל כָּמוֹךָ
מֶלֶךְ עוֹלָם / נִשָּׂא וְנֶעְלָם — מִי אֵל כָּמוֹךָ
סוֹלֵחַ חֲטָאוֹת / עוֹשֶׂה נִפְלָאוֹת — מִי אֵל כָּמוֹךָ
פּוֹתֵחַ וּמַשְׂבִּיעַ / צַדִּיק וּמוֹשִׁיעַ — מִי אֵל כָּמוֹךָ
קוֹרֵא דוֹרוֹת / רוֹצֶה עֲתִירוֹת — מִי אֵל כָּמוֹךָ
שׁוֹמֵר שְׁבוּעוֹת / שׁוֹמֵעַ שַׁוְעוֹת — מִי אֵל כָּמוֹךָ
תּוֹכֵן עֲלִילוֹת / תַּקִּיף בִּתְהִלּוֹת — מִי אֵל כָּמוֹךָ

כַּכָּתוּב עַל יַד נְבִיאֶךָ מִי אֵל כָּמוֹךָ נֹשֵׂא עָוֺן וְעֹבֵר עַל פֶּשַׁע לִשְׁאֵרִית נַחֲלָתוֹ לֹא הֶחֱזִיק לָעַד אַפּוֹ כִּי חָפֵץ חֶסֶד הוּא.
יָשׁוּב יְרַחֲמֵנוּ יִכְבֹּשׁ עֲוֺנֹתֵינוּ, וְתַשְׁלִיךְ בִּמְצֻלוֹת יָם כָּל חַטֹּאתָם.
וְכָל חַטֹּאת עַמְּךָ בֵּית יִשְׂרָאֵל תַּשְׁלִיךְ בִּמְקוֹם אֲשֶׁר לֹא יִזָּכְרוּ וְלֹא יִפָּקְדוּ וְלֹא יַעֲלוּ עַל לֵב לְעוֹלָם.
תִּתֵּן אֱמֶת לְיַעֲקֹב חֶסֶד לְאַבְרָהָם, אֲשֶׁר נִשְׁבַּעְתָּ לַאֲבוֹתֵינוּ מִימֵי קֶדֶם.

מי אל כמוך... כביר ע״ש איוב לו ה. **2 גולה עמוקות** ע״ש איוב יב כב. **3 הצור תמים** דבר׳ לב ד. **5 טוב לכל** תהל׳ קמה ט. **6 להצדיק עמוסים** ישראל, ע״ש ישע׳ מו ג. **9 פותח ומשביע** תהל׳ קמה טז. **10 קורא דורות** ישע׳ מא ד. **12 תוכן עלילות** חוקר, בוחן, דוגמת משלי כא ב ותוכן לבות ה׳.

אֱלֹהֵינוּ וֵאלֹהֵי אֲבוֹתֵינוּ

מְחַל לַעֲוֹנוֹתֵינוּ בְּיוֹם /בשבת: הַשַּׁבָּת הַזֶּה וּבְיוֹם/

הַכִּפּוּרִים הַזֶּה

מְחֵה וְהַעֲבֵר פְּשָׁעֵינוּ וְחַטֹּאתֵינוּ מִנֶּגֶד עֵינֶיךָ

כָּאָמוּר

אָנֹכִי אָנֹכִי הוּא מֹחֶה פְשָׁעֶיךָ לְמַעֲנִי, וְחַטֹּאתֶיךָ לֹא אֶזְכֹּר.

וְנֶאֱמַר

מָחִיתִי כָעָב פְּשָׁעֶיךָ וְכֶעָנָן חַטֹּאותֶיךָ, שׁוּבָה אֵלַי כִּי גְאַלְתִּיךָ.

וְנֶאֱמַר

כִּי בַיּוֹם הַזֶּה יְכַפֵּר עֲלֵיכֶם לְטַהֵר אֶתְכֶם, מִכֹּל חַטֹּאתֵיכֶם

לִפְנֵי יי תִּטְהָרוּ.

בשבת: אֱלֹהֵינוּ וֵאלֹהֵי אֲבוֹתֵינוּ, רְצֵה בִמְנוּחָתֵנוּ

קַדְּשֵׁנוּ בְּמִצְוֹתֶיךָ וְתֵן חֶלְקֵנוּ בְּתוֹרָתֶךָ

שַׂבְּעֵנוּ מִטּוּבֶךָ וְשַׂמְּחֵנוּ בִּישׁוּעָתֶךָ

בשבת: וְהַנְחִילֵנוּ, יי אֱלֹהֵינוּ, בְּאַהֲבָה וּבְרָצוֹן שַׁבְּתוֹת קָדְשֶׁךָ

וְיָנוּחוּ בָם יִשְׂרָאֵל מְקַדְּשֵׁי שְׁמֶךָ

וְטַהֵר לִבֵּנוּ לְעָבְדְּךָ בֶּאֱמֶת

כִּי אַתָּה סָלְחָן לְיִשְׂרָאֵל

וּמָחֳלָן לְשִׁבְטֵי יְשֻׁרוּן בְּכָל דּוֹר וָדוֹר

וּמִבַּלְעָדֶיךָ אֵין לָנוּ מֶלֶךְ מוֹחֵל וְסוֹלֵחַ אֶלָּא אָתָּה.

בָּרוּךְ אַתָּה יי

מֶלֶךְ מוֹחֵל וְסוֹלֵחַ לַעֲוֹנוֹתֵינוּ וְלַעֲוֹנוֹת עַמּוֹ בֵּית יִשְׂרָאֵל

וּמַעֲבִיר אַשְׁמוֹתֵינוּ בְּכָל שָׁנָה וְשָׁנָה

מֶלֶךְ עַל כָּל הָאָרֶץ, מְקַדֵּשׁ /בשבת: הַשַּׁבָּת וְ/

יִשְׂרָאֵל וְיוֹם הַכִּפּוּרִים.

רְצֵה יי אֱלֹהֵינוּ בְּעַמְּךָ יִשְׂרָאֵל וּבִתְפִלָּתָם, וְהָשֵׁב אֶת הָעֲבוֹדָה לִדְבִיר בֵּיתֶךָ, וְאִשֵּׁי יִשְׂרָאֵל וּתְפִלָּתָם בְּאַהֲבָה תְקַבֵּל בְּרָצוֹן, וּתְהִי לְרָצוֹן תָּמִיד עֲבוֹדַת יִשְׂרָאֵל עַמֶּךָ.

וְתֶחֱזֶינָה עֵינֵינוּ בְּשׁוּבְךָ לְצִיּוֹן בְּרַחֲמִים.

בָּרוּךְ אַתָּה יי, הַמַּחֲזִיר שְׁכִינָתוֹ לְצִיּוֹן.

מוֹדִים אֲנַחְנוּ לָךְ שָׁאַתָּה הוּא יי אֱלֹהֵינוּ וֵאלֹהֵי אֲבוֹתֵינוּ לְעוֹלָם וָעֶד, צוּר חַיֵּינוּ, מָגֵן יִשְׁעֵנוּ אַתָּה הוּא לְדוֹר וָדוֹר. נוֹדֶה לְּךָ וּנְסַפֵּר תְּהִלָּתֶךָ עַל חַיֵּינוּ הַמְּסוּרִים בְּיָדֶךָ וְעַל נִשְׁמוֹתֵינוּ הַפְּקוּדוֹת לָךְ, וְעַל נִסֶּיךָ שֶׁבְּכָל יוֹם עִמָּנוּ, וְעַל נִפְלְאוֹתֶיךָ וְטוֹבוֹתֶיךָ שֶׁבְּכָל עֵת, עֶרֶב וָבֹקֶר וְצָהֳרָיִם.

מודים דרבנן:

מוֹדִים אֲנַחְנוּ לָךְ שָׁאַתָּה הוּא יי אֱלֹהֵינוּ וֵאלֹהֵי אֲבוֹתֵינוּ, אֱלֹהֵי כָל בָּשָׂר, יוֹצְרֵנוּ יוֹצֵר בְּרֵאשִׁית. בְּרָכוֹת וְהוֹדָאוֹת לְשִׁמְךָ הַגָּדוֹל וְהַקָּדוֹשׁ עַל שֶׁהֶחֱיִיתָנוּ וְקִיַּמְתָּנוּ. כֵּן תְּחַיֵּנוּ וּתְקַיְּמֵנוּ וְתֶאֱסֹף גָּלֻיּוֹתֵינוּ לְחַצְרוֹת קָדְשֶׁךָ לִשְׁמֹר חֻקֶּיךָ וְלַעֲשׂוֹת רְצוֹנֶךָ וּלְעָבְדְּךָ בְּלֵבָב שָׁלֵם, עַל שֶׁאֲנַחְנוּ מוֹדִים לָךְ, בָּרוּךְ אֵל הַהוֹדָאוֹת.

הַטּוֹב כִּי לֹא כָלוּ רַחֲמֶיךָ, וְהַמְרַחֵם כִּי לֹא תַמּוּ חֲסָדֶיךָ מֵעוֹלָם קִוִּינוּ לָךְ.

וְעַל כֻּלָּם יִתְבָּרַךְ וְיִתְרוֹמַם שִׁמְךָ מַלְכֵּנוּ תָּמִיד לְעוֹלָם וָעֶד.

קהל וש״ץ:

אָבִינוּ מַלְכֵּנוּ, זְכֹר רַחֲמֶיךָ וּכְבֹשׁ כַּעַסְךָ, וְכַלֵּה דֶּבֶר, וְחֶרֶב, וְרָעָב, וּשְׁבִי, וּמַשְׁחִית, וְעָוֹן, וּמַגֵּפָה, וּפֶגַע רָע, וְכָל מַחֲלָה, וְכָל תַּקָּלָה, וְכָל קְטָטָה, וְכָל מִינֵי פֻרְעָנִיּוֹת, וְכָל גְּזֵרָה רָעָה, וְשִׂנְאַת חִנָּם, מֵעָלֵינוּ וּמֵעַל כָּל בְּנֵי בְרִיתֶךָ.

וּכְתֹב לְחַיִּים טוֹבִים כָּל בְּנֵי בְרִיתֶךָ.

וְכֹל הַחַיִּים יוֹדוּךָ סֶּלָה
וִיהַלְלוּ אֶת שִׁמְךָ בֶּאֱמֶת
הָאֵל יְשׁוּעָתֵנוּ וְעֶזְרָתֵנוּ סֶלָה.
בָּרוּךְ אַתָּה יְיָ, הַטּוֹב שִׁמְךָ וּלְךָ נָאֶה לְהוֹדוֹת.

הכהנים אינם עולים לדוכן, והש״ץ אומר:

אֱלֹהֵינוּ וֵאלֹהֵי אֲבוֹתֵינוּ, בָּרְכֵנוּ בַּבְּרָכָה הַמְשֻׁלֶּשֶׁת בַּתּוֹרָה הַכְּתוּבָה עַל יְדֵי מֹשֶׁה עַבְדֶּךָ, הָאֲמוּרָה מִפִּי אַהֲרֹן וּבָנָיו כֹּהֲנִים עַם קְדוֹשֶׁךָ, כָּאָמוּר
יְבָרֶכְךָ יְיָ וְיִשְׁמְרֶךָ.
יָאֵר יְיָ פָּנָיו אֵלֶיךָ וִיחֻנֶּךָּ.
יִשָּׂא יְיָ פָּנָיו אֵלֶיךָ וְיָשֵׂם לְךָ שָׁלוֹם.

שִׂים שָׁלוֹם טוֹבָה וּבְרָכָה, חֵן וָחֶסֶד וְרַחֲמִים
עָלֵינוּ וְעַל כָּל יִשְׂרָאֵל עַמֶּךָ.
בָּרְכֵנוּ אָבִינוּ כֻּלָּנוּ כְּאֶחָד בְּאוֹר פָּנֶיךָ
כִּי בְאוֹר פָּנֶיךָ נָתַתָּ לָּנוּ יְיָ אֱלֹהֵינוּ תּוֹרַת חַיִּים וְאַהֲבַת חֶסֶד
וּצְדָקָה וּבְרָכָה וְרַחֲמִים וְחַיִּים וְשָׁלוֹם.
וְטוֹב בְּעֵינֶיךָ לְבָרֵךְ אֶת עַמְּךָ יִשְׂרָאֵל
בְּכָל עֵת וּבְכָל שָׁעָה בִּשְׁלוֹמֶךָ.
בְּסֵפֶר חַיִּים, בְּרָכָה וְשָׁלוֹם, וּפַרְנָסָה טוֹבָה
נִזָּכֵר וְנִכָּתֵב לְפָנֶיךָ, אֲנַחְנוּ וְכָל עַמְּךָ בֵּית יִשְׂרָאֵל
לְחַיִּים טוֹבִים וּלְשָׁלוֹם.*
בָּרוּךְ אַתָּה יְיָ, הַמְבָרֵךְ אֶת עַמּוֹ יִשְׂרָאֵל בַּשָּׁלוֹם.

* בחו״ל מסיים הש״ץ: בָּרוּךְ אַתָּה יְיָ, עוֹשֵׂה הַשָּׁלוֹם.

בשבת אין אומרים ״אבינו מלכנו״.
ויש נוהגים לא לומר ״אבינו מלכנו״ במנחה.

פותחים את ארון הקודש

אָבִינוּ מַלְכֵּנוּ, חָטָאנוּ לְפָנֶיךָ.
אָבִינוּ מַלְכֵּנוּ, אֵין לָנוּ מֶלֶךְ אֶלָּא אָתָּה.
אָבִינוּ מַלְכֵּנוּ, עֲשֵׂה עִמָּנוּ לְמַעַן שְׁמֶךָ.
אָבִינוּ מַלְכֵּנוּ, חַדֵּשׁ עָלֵינוּ שָׁנָה טוֹבָה.
אָבִינוּ מַלְכֵּנוּ, בַּטֵּל מֵעָלֵינוּ כָּל גְּזֵרוֹת קָשׁוֹת.
אָבִינוּ מַלְכֵּנוּ, בַּטֵּל מַחְשְׁבוֹת שׂוֹנְאֵינוּ.
אָבִינוּ מַלְכֵּנוּ, הָפֵר עֲצַת אוֹיְבֵינוּ.
אָבִינוּ מַלְכֵּנוּ, כַּלֵּה כָּל צַר וּמַשְׂטִין מֵעָלֵינוּ.
אָבִינוּ מַלְכֵּנוּ, סְתֹם פִּיּוֹת מַשְׂטִינֵנוּ וּמְקַטְרְגֵינוּ.
אָבִינוּ מַלְכֵּנוּ, כַּלֵּה דֶּבֶר וְחֶרֶב וְרָעָב וּשְׁבִי וּמַשְׁחִית וְעָוֹן וּשְׁמַד מִבְּנֵי בְרִיתֶךָ.
אָבִינוּ מַלְכֵּנוּ, מְנַע מַגֵּפָה מִנַּחֲלָתֶךָ.
אָבִינוּ מַלְכֵּנוּ, סְלַח וּמְחַל לְכָל עֲוֹנוֹתֵינוּ.
אָבִינוּ מַלְכֵּנוּ, מְחֵה וְהַעֲבֵר פְּשָׁעֵינוּ וְחַטֹּאתֵינוּ מִנֶּגֶד עֵינֶיךָ.
אָבִינוּ מַלְכֵּנוּ, מְחֹק בְּרַחֲמֶיךָ הָרַבִּים כָּל שִׁטְרֵי חוֹבוֹתֵינוּ.
אָבִינוּ מַלְכֵּנוּ, הַחֲזִירֵנוּ בִּתְשׁוּבָה שְׁלֵמָה לְפָנֶיךָ.
אָבִינוּ מַלְכֵּנוּ, שְׁלַח רְפוּאָה שְׁלֵמָה לְחוֹלֵי עַמֶּךָ.
אָבִינוּ מַלְכֵּנוּ, קְרַע רֹעַ גְּזַר דִּינֵנוּ.
אָבִינוּ מַלְכֵּנוּ, זָכְרֵנוּ בְּזִכָּרוֹן טוֹב לְפָנֶיךָ.
אָבִינוּ מַלְכֵּנוּ, כָּתְבֵנוּ בְּסֵפֶר חַיִּים טוֹבִים.
אָבִינוּ מַלְכֵּנוּ, כָּתְבֵנוּ בְּסֵפֶר גְּאֻלָּה וִישׁוּעָה.
אָבִינוּ מַלְכֵּנוּ, כָּתְבֵנוּ בְּסֵפֶר פַּרְנָסָה וְכַלְכָּלָה.

אָבִינוּ מַלְכֵּנוּ, כָּתְבֵנוּ בְּסֵפֶר זְכֻיּוֹת.
אָבִינוּ מַלְכֵּנוּ, כָּתְבֵנוּ בְּסֵפֶר סְלִיחָה וּמְחִילָה.
אָבִינוּ מַלְכֵּנוּ, הַצְמַח לָנוּ יְשׁוּעָה בְּקָרוֹב.
אָבִינוּ מַלְכֵּנוּ, הָרֵם קֶרֶן יִשְׂרָאֵל עַמֶּךָ.
אָבִינוּ מַלְכֵּנוּ, הָרֵם קֶרֶן מְשִׁיחֶךָ.
אָבִינוּ מַלְכֵּנוּ, מַלֵּא יָדֵינוּ מִבִּרְכוֹתֶיךָ.
אָבִינוּ מַלְכֵּנוּ, מַלֵּא אֲסָמֵינוּ שָׂבָע.
אָבִינוּ מַלְכֵּנוּ, שְׁמַע קוֹלֵנוּ, חוּס וְרַחֵם עָלֵינוּ.
אָבִינוּ מַלְכֵּנוּ, קַבֵּל בְּרַחֲמִים וּבְרָצוֹן אֶת תְּפִלָּתֵנוּ.
אָבִינוּ מַלְכֵּנוּ, פְּתַח שַׁעֲרֵי שָׁמַיִם לִתְפִלָּתֵנוּ.
אָבִינוּ מַלְכֵּנוּ, זְכֹר כִּי עָפָר אֲנָחְנוּ.
אָבִינוּ מַלְכֵּנוּ, נָא אַל תְּשִׁיבֵנוּ רֵיקָם מִלְּפָנֶיךָ.
אָבִינוּ מַלְכֵּנוּ, תְּהֵא הַשָּׁעָה הַזֹּאת שְׁעַת רַחֲמִים וְעֵת רָצוֹן מִלְּפָנֶיךָ.
אָבִינוּ מַלְכֵּנוּ, חֲמוֹל עָלֵינוּ וְעַל עוֹלָלֵינוּ וְטַפֵּנוּ.
אָבִינוּ מַלְכֵּנוּ, עֲשֵׂה לְמַעַן הֲרוּגִים עַל שֵׁם קָדְשֶׁךָ.
אָבִינוּ מַלְכֵּנוּ, עֲשֵׂה לְמַעַן טְבוּחִים עַל יִחוּדֶךָ.
אָבִינוּ מַלְכֵּנוּ, עֲשֵׂה לְמַעַן בָּאֵי בָאֵשׁ וּבַמַּיִם עַל קִדּוּשׁ שְׁמֶךָ.
אָבִינוּ מַלְכֵּנוּ, נְקֹם לְעֵינֵינוּ נִקְמַת דַּם עֲבָדֶיךָ הַשָּׁפוּךְ.
אָבִינוּ מַלְכֵּנוּ, עֲשֵׂה לְמַעַנְךָ אִם לֹא לְמַעֲנֵנוּ.
אָבִינוּ מַלְכֵּנוּ, עֲשֵׂה לְמַעַנְךָ וְהוֹשִׁיעֵנוּ.
אָבִינוּ מַלְכֵּנוּ, עֲשֵׂה לְמַעַן רַחֲמֶיךָ הָרַבִּים.
אָבִינוּ מַלְכֵּנוּ, עֲשֵׂה לְמַעַן שִׁמְךָ הַגָּדוֹל הַגִּבּוֹר וְהַנּוֹרָא, שֶׁנִּקְרָא עָלֵינוּ.
אָבִינוּ מַלְכֵּנוּ, חָנֵּנוּ וַעֲנֵנוּ, כִּי אֵין בָּנוּ מַעֲשִׂים
עֲשֵׂה עִמָּנוּ צְדָקָה וָחֶסֶד וְהוֹשִׁיעֵנוּ.

סוגרים את ארון הקודש

קדיש שלם: יִתְגַּדַּל וְיִתְקַדַּשׁ שְׁמֵהּ רַבָּא
בְּעָלְמָא דִּי בְרָא כִרְעוּתֵהּ וְיַמְלִיךְ מַלְכוּתֵהּ
בְּחַיֵּיכוֹן וּבְיוֹמֵיכוֹן וּבְחַיֵּי דְכָל בֵּית יִשְׂרָאֵל
בַּעֲגָלָא וּבִזְמַן קָרִיב
וְאִמְרוּ אָמֵן.

יְהֵא שְׁמֵהּ רַבָּא מְבָרַךְ לְעָלַם וּלְעָלְמֵי עָלְמַיָּא.

יִתְבָּרַךְ וְיִשְׁתַּבַּח וְיִתְפָּאַר וְיִתְרוֹמַם וְיִתְנַשֵּׂא
וְיִתְהַדָּר וְיִתְעַלֶּה וְיִתְהַלָּל שְׁמֵהּ דְּקֻדְשָׁא
בְּרִיךְ הוּא
לְעֵלָּא לְעֵלָּא מִכָּל בִּרְכָתָא וְשִׁירָתָא
תֻּשְׁבְּחָתָא וְנֶחֱמָתָא דַּאֲמִירָן בְּעָלְמָא
וְאִמְרוּ אָמֵן.

תִּתְקַבַּל צְלוֹתְהוֹן וּבָעוּתְהוֹן דְּכָל יִשְׂרָאֵל
קֳדָם אֲבוּהוֹן דִּי בִשְׁמַיָּא
וְאִמְרוּ אָמֵן.

יְהֵא שְׁלָמָא רַבָּא מִן שְׁמַיָּא
וְחַיִּים עָלֵינוּ
וְעַל כָּל יִשְׂרָאֵל
וְאִמְרוּ אָמֵן.

עֹשֶׂה הַשָּׁלוֹם בִּמְרוֹמָיו
הוּא יַעֲשֶׂה שָׁלוֹם עָלֵינוּ וְעַל כָּל יִשְׂרָאֵל
וְאִמְרוּ אָמֵן.

תפילת נעילה

אַשְׁרֵי יוֹשְׁבֵי בֵיתֶךָ עוֹד יְהַלְלוּךָ סֶּלָה:
אַשְׁרֵי הָעָם שֶׁכָּכָה לּוֹ אַשְׁרֵי הָעָם שֶׁיהוה אֱלֹהָיו:
תְּהִלָּה לְדָוִד אֲרוֹמִמְךָ אֱלוֹהַי הַמֶּלֶךְ וַאֲבָרְכָה שִׁמְךָ לְעוֹלָם וָעֶד: קמה
בְּכָל־יוֹם אֲבָרְכֶךָּ וַאֲהַלְלָה שִׁמְךָ לְעוֹלָם וָעֶד:
גָּדוֹל יהוה וּמְהֻלָּל מְאֹד וְלִגְדֻלָּתוֹ אֵין חֵקֶר:
דּוֹר לְדוֹר יְשַׁבַּח מַעֲשֶׂיךָ וּגְבוּרֹתֶיךָ יַגִּידוּ:
הֲדַר כְּבוֹד הוֹדֶךָ וְדִבְרֵי נִפְלְאֹתֶיךָ אָשִׂיחָה:
וֶעֱזוּז נוֹרְאֹתֶיךָ יֹאמֵרוּ וּגְדוּלָּתְךָ אֲסַפְּרֶנָּה:
זֵכֶר רַב־טוּבְךָ יַבִּיעוּ וְצִדְקָתְךָ יְרַנֵּנוּ:
חַנּוּן וְרַחוּם יהוה אֶרֶךְ אַפַּיִם וּגְדָל־חָסֶד:
טוֹב־יהוה לַכֹּל וְרַחֲמָיו עַל־כָּל־מַעֲשָׂיו:
יוֹדוּךָ יהוה כָּל־מַעֲשֶׂיךָ וַחֲסִידֶיךָ יְבָרְכוּכָה:
כְּבוֹד מַלְכוּתְךָ יֹאמֵרוּ וּגְבוּרָתְךָ יְדַבֵּרוּ:
לְהוֹדִיעַ לִבְנֵי הָאָדָם גְּבוּרֹתָיו וּכְבוֹד הֲדַר מַלְכוּתוֹ:
מַלְכוּתְךָ מַלְכוּת כָּל־עֹלָמִים וּמֶמְשַׁלְתְּךָ בְּכָל־דּוֹר וָדֹר:
סוֹמֵךְ יהוה לְכָל־הַנֹּפְלִים וְזוֹקֵף לְכָל־הַכְּפוּפִים:
עֵינֵי־כֹל אֵלֶיךָ יְשַׂבֵּרוּ וְאַתָּה נוֹתֵן־לָהֶם אֶת־אָכְלָם בְּעִתּוֹ:
פּוֹתֵחַ אֶת־יָדֶךָ וּמַשְׂבִּיעַ לְכָל־חַי רָצוֹן:
צַדִּיק יהוה בְּכָל־דְּרָכָיו וְחָסִיד בְּכָל־מַעֲשָׂיו:
קָרוֹב יהוה לְכָל־קֹרְאָיו לְכֹל אֲשֶׁר יִקְרָאֻהוּ בֶאֱמֶת:
רְצוֹן־יְרֵאָיו יַעֲשֶׂה וְאֶת־שַׁוְעָתָם יִשְׁמַע וְיוֹשִׁיעֵם:
שׁוֹמֵר יהוה אֶת־כָּל־אֹהֲבָיו וְאֵת כָּל־הָרְשָׁעִים יַשְׁמִיד:
תְּהִלַּת יהוה יְדַבֶּר פִּי וִיבָרֵךְ כָּל־בָּשָׂר שֵׁם קָדְשׁוֹ לְעוֹלָם וָעֶד:
וַאֲנַחְנוּ נְבָרֵךְ יָהּ מֵעַתָּה וְעַד־עוֹלָם הַלְלוּיָהּ:

וּבָא לְצִיּוֹן גּוֹאֵל וּלְשָׁבֵי פֶשַׁע בְּיַעֲקֹב, נְאֻם יְיָ.

וַאֲנִי זֹאת בְּרִיתִי אוֹתָם, אָמַר יְיָ, רוּחִי אֲשֶׁר עָלֶיךָ וּדְבָרַי אֲשֶׁר שַׂמְתִּי בְּפִיךָ, לֹא יָמוּשׁוּ מִפִּיךָ וּמִפִּי זַרְעֲךָ וּמִפִּי זֶרַע זַרְעֲךָ, אָמַר יְיָ, מֵעַתָּה וְעַד עוֹלָם.

וְאַתָּה קָדוֹשׁ יוֹשֵׁב תְּהִלּוֹת יִשְׂרָאֵל. וְקָרָא זֶה אֶל זֶה וְאָמַר. קָדוֹשׁ, קָדוֹשׁ, קָדוֹשׁ יְיָ צְבָאוֹת, מְלֹא כָל הָאָרֶץ כְּבוֹדוֹ.

וּמְקַבְּלִין דֵּין מִן דֵּין וְאָמְרִין. קַדִּישׁ בִּשְׁמֵי מְרוֹמָא עִלָּאָה בֵּית שְׁכִינְתֵּהּ, קַדִּישׁ עַל אַרְעָא עוֹבַד גְּבוּרְתֵּהּ, קַדִּישׁ לְעָלַם וּלְעָלְמֵי עָלְמַיָּא, יְיָ צְבָאוֹת מַלְיָא כָל אַרְעָא זִיו יְקָרֵהּ.

וַתִּשָּׂאֵנִי רוּחַ, וָאֶשְׁמַע אַחֲרַי קוֹל רַעַשׁ גָּדוֹל. בָּרוּךְ כְּבוֹד יְיָ מִמְּקוֹמוֹ.

וּנְטָלַתְנִי רוּחָא, וּשְׁמָעִית בַּתְרַי קָל זִיעַ סַגִּיא דִּמְשַׁבְּחִין וְאָמְרִין. בְּרִיךְ יְקָרָא דַיְיָ מֵאֲתַר בֵּית שְׁכִינְתֵּהּ.

יְיָ יִמְלֹךְ לְעֹלָם וָעֶד.

יְיָ מַלְכוּתֵהּ קָאֵם לְעָלַם וּלְעָלְמֵי עָלְמַיָּא.

יְיָ אֱלֹהֵי אַבְרָהָם יִצְחָק וְיִשְׂרָאֵל אֲבוֹתֵינוּ, שָׁמְרָה זֹּאת לְעוֹלָם לְיֵצֶר מַחְשְׁבוֹת לְבַב עַמֶּךָ, וְהָכֵן לְבָבָם אֵלֶיךָ. וְהוּא רַחוּם יְכַפֵּר עָוֹן וְלֹא יַשְׁחִית, וְהִרְבָּה לְהָשִׁיב אַפּוֹ, וְלֹא יָעִיר כָּל חֲמָתוֹ. כִּי אַתָּה אֲדֹנָי טוֹב וְסַלָּח, וְרַב חֶסֶד לְכָל קֹרְאֶיךָ. צִדְקָתְךָ צֶדֶק לְעוֹלָם וְתוֹרָתְךָ אֱמֶת. תִּתֵּן אֱמֶת לְיַעֲקֹב, חֶסֶד לְאַבְרָהָם, אֲשֶׁר נִשְׁבַּעְתָּ לַאֲבֹתֵינוּ מִימֵי קֶדֶם. בָּרוּךְ אֲדֹנָי יוֹם יוֹם יַעֲמָס לָנוּ, הָאֵל יְשׁוּעָתֵנוּ סֶלָה. יְיָ צְבָאוֹת עִמָּנוּ, מִשְׂגָּב לָנוּ אֱלֹהֵי יַעֲקֹב סֶלָה. יְיָ צְבָאוֹת, אַשְׁרֵי אָדָם בֹּטֵחַ בָּךְ. יְיָ הוֹשִׁיעָה, הַמֶּלֶךְ יַעֲנֵנוּ בְיוֹם קָרְאֵנוּ. בָּרוּךְ הוּא אֱלֹהֵינוּ שֶׁבְּרָאָנוּ לִכְבוֹדוֹ, וְהִבְדִּילָנוּ מִן הַתּוֹעִים, וְנָתַן לָנוּ תּוֹרַת אֱמֶת, וְחַיֵּי עוֹלָם נָטַע בְּתוֹכֵנוּ. הוּא יִפְתַּח לִבֵּנוּ בְּתוֹרָתוֹ, וְיָשֵׂם בְּלִבֵּנוּ אַהֲבָתוֹ וְיִרְאָתוֹ וְלַעֲשׂוֹת רְצוֹנוֹ וּלְעָבְדוֹ בְּלֵבָב שָׁלֵם, לְמַעַן לֹא נִיגַע לָרִיק וְלֹא נֵלֵד לַבֶּהָלָה.

יְהִי רָצוֹן מִלְּפָנֶיךָ יְיָ אֱלֹהֵינוּ וֵאלֹהֵי אֲבוֹתֵינוּ, שֶׁנִּשְׁמֹר חֻקֶּיךָ בָּעוֹלָם הַזֶּה, וְנִזְכֶּה וְנִחְיֶה וְנִרְאֶה וְנִירַשׁ טוֹבָה וּבְרָכָה לִשְׁנֵי יְמוֹת הַמָּשִׁיחַ וּלְחַיֵּי הָעוֹלָם הַבָּא. לְמַעַן יְזַמֶּרְךָ כָבוֹד וְלֹא יִדֹּם, יְיָ אֱלֹהַי לְעוֹלָם אוֹדֶךָּ. בָּרוּךְ הַגֶּבֶר אֲשֶׁר יִבְטַח בַּייָ, וְהָיָה יְיָ מִבְטַחוֹ. בִּטְחוּ בַייָ עֲדֵי עַד, כִּי בְּיָהּ יְיָ צוּר עוֹלָמִים. וְיִבְטְחוּ בְךָ יוֹדְעֵי שְׁמֶךָ, כִּי לֹא עָזַבְתָּ דֹּרְשֶׁיךָ, יְיָ. יְיָ חָפֵץ לְמַעַן צִדְקוֹ, יַגְדִּיל תּוֹרָה וְיַאְדִּיר.

השׁ"ץ אומר חצי קדיש:

יִתְגַּדַּל וְיִתְקַדַּשׁ שְׁמֵהּ רַבָּא
בְּעָלְמָא דִּי בְרָא כִרְעוּתֵהּ
וְיַמְלִיךְ מַלְכוּתֵהּ
בְּחַיֵּיכוֹן וּבְיוֹמֵיכוֹן וּבְחַיֵּי דְכָל בֵּית יִשְׂרָאֵל
בַּעֲגָלָא וּבִזְמַן קָרִיב, וְאִמְרוּ אָמֵן.
יְהֵא שְׁמֵהּ רַבָּא מְבָרַךְ לְעָלַם וּלְעָלְמֵי עָלְמַיָּא.
יִתְבָּרַךְ וְיִשְׁתַּבַּח וְיִתְפָּאַר וְיִתְרוֹמַם וְיִתְנַשֵּׂא
וְיִתְהַדָּר וְיִתְעַלֶּה וְיִתְהַלָּל שְׁמֵהּ דְּקֻדְשָׁא בְּרִיךְ הוּא
לְעֵלָּא לְעֵלָּא מִכָּל בִּרְכָתָא וְשִׁירָתָא
תֻּשְׁבְּחָתָא וְנֶחֱמָתָא דַּאֲמִירָן בְּעָלְמָא
וְאִמְרוּ אָמֵן.

כִּי שֵׁם יי אֶקְרָא הָבוּ גֹדֶל לֵאלֹהֵינוּ
אֲדֹנָי, שְׂפָתַי תִּפְתָּח וּפִי יַגִּיד תְּהִלָּתֶךָ

בָּרוּךְ אַתָּה יי, אֱלֹהֵינוּ וֵאלֹהֵי אֲבוֹתֵינוּ
אֱלֹהֵי אַבְרָהָם, אֱלֹהֵי יִצְחָק, וֵאלֹהֵי יַעֲקֹב
הָאֵל הַגָּדוֹל הַגִּבּוֹר וְהַנּוֹרָא, אֵל עֶלְיוֹן
גּוֹמֵל חֲסָדִים טוֹבִים, וְקֹנֵה הַכֹּל
וְזוֹכֵר חַסְדֵי אָבוֹת וּמֵבִיא גוֹאֵל לִבְנֵי בְנֵיהֶם
לְמַעַן שְׁמוֹ בְּאַהֲבָה.
זָכְרֵנוּ לְחַיִּים, מֶלֶךְ חָפֵץ בַּחַיִּים
וְחָתְמֵנוּ בְּסֵפֶר הַחַיִּים, לְמַעַנְךָ אֱלֹהִים חַיִּים.
מֶלֶךְ עוֹזֵר וּמוֹשִׁיעַ וּמָגֵן.
בָּרוּךְ אַתָּה יי, מָגֵן אַבְרָהָם.

אַתָּה גִּבּוֹר לְעוֹלָם אֲדֹנָי, מְחַיֵּה מֵתִים אַתָּה, רַב לְהוֹשִׁיעַ
באי״: מוֹרִיד הַטָּל.
מְכַלְכֵּל חַיִּים בְּחֶסֶד
מְחַיֵּה מֵתִים בְּרַחֲמִים רַבִּים
סוֹמֵךְ נוֹפְלִים, וְרוֹפֵא חוֹלִים
וּמַתִּיר אֲסוּרִים, וּמְקַיֵּם אֱמוּנָתוֹ לִישֵׁנֵי עָפָר.
מִי כָמוֹךָ בַּעַל גְּבוּרוֹת וּמִי דּוֹמֶה לָּךְ
מֶלֶךְ מֵמִית וּמְחַיֶּה וּמַצְמִיחַ יְשׁוּעָה.
מִי כָמוֹךָ אַב הָרַחֲמִים, זוֹכֵר יְצוּרָיו לְחַיִּים בְּרַחֲמִים.
וְנֶאֱמָן אַתָּה לְהַחֲיוֹת מֵתִים.
בָּרוּךְ אַתָּה יי, מְחַיֵּה הַמֵּתִים.

אַתָּה קָדוֹשׁ וְשִׁמְךָ קָדוֹשׁ
וּקְדוֹשִׁים בְּכָל יוֹם יְהַלְלוּךָ סֶּלָה.

וּבְכֵן תֵּן פַּחְדְּךָ יי אֱלֹהֵינוּ עַל כָּל מַעֲשֶׂיךָ
וְאֵימָתְךָ עַל כָּל מַה שֶּׁבָּרָאתָ
וְיִירָאוּךָ כָּל הַמַּעֲשִׂים, וְיִשְׁתַּחֲווּ לְפָנֶיךָ כָּל הַבְּרוּאִים
וְיֵעָשׂוּ כֻלָּם אֲגֻדָּה אֶחָת לַעֲשׂוֹת רְצוֹנְךָ בְּלֵבָב שָׁלֵם
כְּמוֹ שֶׁיָּדַעְנוּ יי אֱלֹהֵינוּ שֶׁהַשִּׁלְטָן לְפָנֶיךָ
עֹז בְּיָדְךָ וּגְבוּרָה בִּימִינֶךָ
וְשִׁמְךָ נוֹרָא עַל כָּל מַה שֶּׁבָּרָאתָ.

וּבְכֵן תֵּן כָּבוֹד יְיָ לְעַמֶּךָ, תְּהִלָּה לִירֵאֶיךָ וְתִקְוָה טוֹבָה לְדוֹרְשֶׁיךָ
וּפִתְחוֹן פֶּה לַמְיַחֲלִים לָךְ
שִׂמְחָה לְאַרְצֶךָ, וְשָׂשׂוֹן לְעִירֶךָ
וּצְמִיחַת קֶרֶן לְדָוִד עַבְדֶּךָ
וַעֲרִיכַת נֵר לְבֶן יִשַׁי מְשִׁיחֶךָ, בִּמְהֵרָה בְיָמֵינוּ.

וּבְכֵן צַדִּיקִים יִרְאוּ וְיִשְׂמָחוּ, וִישָׁרִים יַעֲלֹזוּ
וַחֲסִידִים בְּרִנָּה יָגִילוּ, וְעוֹלָתָה תִּקְפָּץ פִּיהָ
וְכָל הָרִשְׁעָה כֻּלָּהּ כְּעָשָׁן תִּכְלֶה
כִּי תַעֲבִיר מֶמְשֶׁלֶת זָדוֹן מִן הָאָרֶץ.

וְתִמְלֹךְ אַתָּה יְיָ לְבַדֶּךָ עַל כָּל מַעֲשֶׂיךָ
בְּהַר צִיּוֹן מִשְׁכַּן כְּבוֹדֶךָ
וּבִירוּשָׁלַיִם עִיר קָדְשֶׁךָ
כַּכָּתוּב בְּדִבְרֵי קָדְשֶׁךָ
יִמְלֹךְ יְיָ לְעוֹלָם, אֱלֹהַיִךְ צִיּוֹן לְדֹר וָדֹר, הַלְלוּיָהּ.

קָדוֹשׁ אַתָּה וְנוֹרָא שְׁמֶךָ, וְאֵין אֱלוֹהַּ מִבַּלְעָדֶיךָ
כַּכָּתוּב
וַיִּגְבַּהּ יְיָ צְבָאוֹת בַּמִּשְׁפָּט
וְהָאֵל הַקָּדוֹשׁ נִקְדָּשׁ בִּצְדָקָה.
בָּרוּךְ אַתָּה יְיָ, הַמֶּלֶךְ הַקָּדוֹשׁ.

אַתָּה בְחַרְתָּנוּ מִכָּל הָעַמִּים
אָהַבְתָּ אוֹתָנוּ וְרָצִיתָ בָּנוּ, וְרוֹמַמְתָּנוּ מִכָּל הַלְּשׁוֹנוֹת
וְקִדַּשְׁתָּנוּ בְּמִצְוֹתֶיךָ, וְקֵרַבְתָּנוּ מַלְכֵּנוּ לַעֲבוֹדָתֶךָ
וְשִׁמְךָ הַגָּדוֹל וְהַקָּדוֹשׁ עָלֵינוּ קָרָאתָ.

וַתִּתֶּן לָנוּ יי אֱלֹהֵינוּ בְּאַהֲבָה אֶת יוֹם
בשבת: הַשַּׁבָּת הַזֶּה לִקְדֻשָּׁה וְלִמְנוּחָה וְאֶת יוֹם
הַכִּפּוּרִים הַזֶּה, לִמְחִילָה וְלִסְלִיחָה וּלְכַפָּרָה
וְלִמְחָל בּוֹ אֶת כָּל עֲוֹנוֹתֵינוּ /בשבת: בְּאַהֲבָה/
מִקְרָא קֹדֶשׁ, זֵכֶר לִיצִיאַת מִצְרָיִם.

אֱלֹהֵינוּ וֵאלֹהֵי אֲבוֹתֵינוּ
יַעֲלֶה וְיָבוֹא וְיַגִּיעַ, וְיֵרָאֶה וְיֵרָצֶה וְיִשָּׁמַע
וְיִפָּקֵד וְיִזָּכֵר זִכְרוֹנֵנוּ וּפִקְדוֹנֵנוּ וְזִכְרוֹן אֲבוֹתֵינוּ
וְזִכְרוֹן מָשִׁיחַ בֶּן דָּוִד עַבְדֶּךָ, וְזִכְרוֹן יְרוּשָׁלַיִם עִיר קָדְשֶׁךָ
וְזִכְרוֹן כָּל עַמְּךָ בֵּית יִשְׂרָאֵל, לְפָנֶיךָ
לִפְלֵיטָה לְטוֹבָה, לְחֵן וּלְחֶסֶד וּלְרַחֲמִים, לְחַיִּים וּלְשָׁלוֹם
בְּיוֹם הַכִּפּוּרִים הַזֶּה.
זָכְרֵנוּ יי אֱלֹהֵינוּ בּוֹ לְטוֹבָה, וּפָקְדֵנוּ בוֹ לִבְרָכָה
וְהוֹשִׁיעֵנוּ בוֹ לְחַיִּים.
וּבִדְבַר יְשׁוּעָה וְרַחֲמִים
חוּס וְחָנֵּנוּ וְרַחֵם עָלֵינוּ וְהוֹשִׁיעֵנוּ כִּי אֵלֶיךָ עֵינֵינוּ
כִּי אֵל מֶלֶךְ חַנּוּן וְרַחוּם אָתָּה.

אֱלֹהֵינוּ וֵאלֹהֵי אֲבוֹתֵינוּ

מְחַל לַעֲוֹנוֹתֵינוּ בְּיוֹם /בשבת: הַשַּׁבָּת הַזֶּה וּבְיוֹם/

הַכִּפּוּרִים הַזֶּה

מְחֵה וְהַעֲבֵר פְּשָׁעֵינוּ וְחַטֹּאתֵינוּ מִנֶּגֶד עֵינֶיךָ

כָּאָמוּר

אָנֹכִי אָנֹכִי הוּא מֹחֶה פְשָׁעֶיךָ לְמַעֲנִי, וְחַטֹּאתֶיךָ לֹא אֶזְכֹּר.

וְנֶאֱמַר

מָחִיתִי כָעָב פְּשָׁעֶיךָ וְכֶעָנָן חַטֹּאתֶיךָ, שׁוּבָה אֵלַי כִּי גְאַלְתִּיךָ.

וְנֶאֱמַר

כִּי בַיּוֹם הַזֶּה יְכַפֵּר עֲלֵיכֶם לְטַהֵר אֶתְכֶם, מִכֹּל חַטֹּאתֵיכֶם לִפְנֵי יי תִּטְהָרוּ.

בשבת: אֱלֹהֵינוּ וֵאלֹהֵי אֲבוֹתֵינוּ, רְצֵה בִמְנוּחָתֵנוּ

קַדְּשֵׁנוּ בְּמִצְוֹתֶיךָ וְתֵן חֶלְקֵנוּ בְּתוֹרָתֶךָ

שַׂבְּעֵנוּ מִטּוּבֶךָ וְשַׂמְּחֵנוּ בִּישׁוּעָתֶךָ

בשבת: וְהַנְחִילֵנוּ, יי אֱלֹהֵינוּ, בְּאַהֲבָה וּבְרָצוֹן שַׁבְּתוֹת קָדְשֶׁךָ
וְיָנוּחוּ בָם יִשְׂרָאֵל מְקַדְּשֵׁי שְׁמֶךָ

וְטַהֵר לִבֵּנוּ לְעָבְדְּךָ בֶּאֱמֶת

כִּי אַתָּה סָלְחָן לְיִשְׂרָאֵל וּמָחֳלָן לְשִׁבְטֵי יְשֻׁרוּן בְּכָל דּוֹר וָדוֹר

וּמִבַּלְעָדֶיךָ אֵין לָנוּ מֶלֶךְ מוֹחֵל וְסוֹלֵחַ אֶלָּא אָתָּה.

בָּרוּךְ אַתָּה יי, מֶלֶךְ מוֹחֵל וְסוֹלֵחַ לַעֲוֹנוֹתֵינוּ וְלַעֲוֹנוֹת עַמּוֹ בֵּית יִשְׂרָאֵל

וּמַעֲבִיר אַשְׁמוֹתֵינוּ בְּכָל שָׁנָה וְשָׁנָה

מֶלֶךְ עַל כָּל הָאָרֶץ, מְקַדֵּשׁ /בשבת: הַשַּׁבָּת וְ/

יִשְׂרָאֵל וְיוֹם הַכִּפּוּרִים.

רְצֵה יי אֱלֹהֵינוּ בְּעַמְּךָ יִשְׂרָאֵל וּבִתְפִלָּתָם
וְהָשֵׁב אֶת הָעֲבוֹדָה לִדְבִיר בֵּיתֶךָ
וְאִשֵּׁי יִשְׂרָאֵל וּתְפִלָּתָם בְּאַהֲבָה תְקַבֵּל בְּרָצוֹן
וּתְהִי לְרָצוֹן תָּמִיד עֲבוֹדַת יִשְׂרָאֵל עַמֶּךָ.
וְתֶחֱזֶינָה עֵינֵינוּ בְּשׁוּבְךָ לְצִיּוֹן בְּרַחֲמִים.
בָּרוּךְ אַתָּה יי, הַמַּחֲזִיר שְׁכִינָתוֹ לְצִיּוֹן.

מוֹדִים אֲנַחְנוּ לָךְ
שָׁאַתָּה הוּא יי אֱלֹהֵינוּ וֵאלֹהֵי אֲבוֹתֵינוּ לְעוֹלָם וָעֶד
צוּר חַיֵּינוּ, מָגֵן יִשְׁעֵנוּ אַתָּה הוּא לְדוֹר וָדוֹר.
נוֹדֶה לְּךָ וּנְסַפֵּר תְּהִלָּתֶךָ עַל חַיֵּינוּ הַמְּסוּרִים בְּיָדֶךָ
וְעַל נִשְׁמוֹתֵינוּ הַפְּקוּדוֹת לָךְ
וְעַל נִסֶּיךָ שֶׁבְּכָל יוֹם עִמָּנוּ
וְעַל נִפְלְאוֹתֶיךָ וְטוֹבוֹתֶיךָ שֶׁבְּכָל עֵת, עֶרֶב וָבֹקֶר וְצָהֳרָיִם.
הַטּוֹב כִּי לֹא כָלוּ רַחֲמֶיךָ
וְהַמְרַחֵם כִּי לֹא תַמּוּ חֲסָדֶיךָ
מֵעוֹלָם קִוִּינוּ לָךְ.
וְעַל כֻּלָּם יִתְבָּרַךְ וְיִתְרוֹמַם שִׁמְךָ מַלְכֵּנוּ
תָּמִיד לְעוֹלָם וָעֶד.
וַחֲתֹם לְחַיִּים טוֹבִים כָּל בְּנֵי בְרִיתֶךָ.
וְכֹל הַחַיִּים יוֹדוּךָ סֶּלָה
וִיהַלְלוּ אֶת שִׁמְךָ בֶּאֱמֶת
הָאֵל יְשׁוּעָתֵנוּ וְעֶזְרָתֵנוּ סֶלָה.
בָּרוּךְ אַתָּה יי, הַטּוֹב שִׁמְךָ וּלְךָ נָאֶה לְהוֹדוֹת.

שִׂים שָׁלוֹם טוֹבָה וּבְרָכָה, חֵן וָחֶסֶד וְרַחֲמִים
עָלֵינוּ וְעַל כָּל יִשְׂרָאֵל עַמֶּךָ.
בָּרְכֵנוּ אָבִינוּ כֻּלָּנוּ כְּאֶחָד בְּאוֹר פָּנֶיךָ
כִּי בְאוֹר פָּנֶיךָ נָתַתָּ לָּנוּ יי אֱלֹהֵינוּ תּוֹרַת חַיִּים וְאַהֲבַת חֶסֶד
וּצְדָקָה וּבְרָכָה וְרַחֲמִים וְחַיִּים וְשָׁלוֹם.
וְטוֹב בְּעֵינֶיךָ לְבָרֵךְ אֶת עַמְּךָ יִשְׂרָאֵל
בְּכָל עֵת וּבְכָל שָׁעָה בִּשְׁלוֹמֶךָ.
בְּסֵפֶר חַיִּים, בְּרָכָה וְשָׁלוֹם, וּפַרְנָסָה טוֹבָה
נִזָּכֵר וְנֵחָתֵם לְפָנֶיךָ, אֲנַחְנוּ וְכָל עַמְּךָ בֵּית יִשְׂרָאֵל
לְחַיִּים טוֹבִים וּלְשָׁלוֹם.*
בָּרוּךְ אַתָּה יי, הַמְבָרֵךְ אֶת עַמּוֹ יִשְׂרָאֵל בַּשָּׁלוֹם.

* בחו״ל מסיימים: בָּרוּךְ אַתָּה יי, עוֹשֵׂה הַשָּׁלוֹם.

אֱלֹהֵינוּ וֵאלֹהֵי אֲבוֹתֵינוּ
אָנָּא תָּבֹא לְפָנֶיךָ תְּפִלָּתֵנוּ, וְאַל תִּתְעַלַּם מִתְּחִנָּתֵנוּ
שֶׁאֵין אֲנַחְנוּ עַזֵּי פָנִים וּקְשֵׁי עֹרֶף לוֹמַר לְפָנֶיךָ
יי אֱלֹהֵינוּ וֵאלֹהֵי אֲבוֹתֵינוּ
צַדִּיקִים אֲנַחְנוּ וְלֹא חָטָאנוּ
אֲבָל אֲנַחְנוּ וַאֲבוֹתֵינוּ חָטָאנוּ.

אָשַׁמְנוּ. בָּגַדְנוּ. גָּזַלְנוּ. דִּבַּרְנוּ דֹפִי.
הֶעֱוִינוּ. וְהִרְשַׁעְנוּ. זַדְנוּ. חָמַסְנוּ. טָפַלְנוּ שֶׁקֶר.
יָעַצְנוּ רָע. כִּזַּבְנוּ. לַצְנוּ. מָרַדְנוּ. נִאַצְנוּ. סָרַרְנוּ.
עָוִינוּ. פָּשַׁעְנוּ. צָרַרְנוּ. קִשִּׁינוּ עֹרֶף.
רָשַׁעְנוּ. שִׁחַתְנוּ. תִּעַבְנוּ. תָּעִינוּ. תִּעְתָּעְנוּ.

סַרְנוּ מִמִּצְוֹתֶיךָ וּמִמִּשְׁפָּטֶיךָ הַטּוֹבִים וְלֹא שָׁוָה לָנוּ.
וְאַתָּה צַדִּיק עַל כָּל הַבָּא עָלֵינוּ
כִּי אֱמֶת עָשִׂיתָ וַאֲנַחְנוּ הִרְשָׁעְנוּ.

מַה נֹּאמַר לְפָנֶיךָ יוֹשֵׁב מָרוֹם, וּמַה נְּסַפֵּר לְפָנֶיךָ שׁוֹכֵן שְׁחָקִים
הֲלֹא כָּל הַנִּסְתָּרוֹת וְהַנִּגְלוֹת אַתָּה יוֹדֵעַ.

אַתָּה נוֹתֵן יָד לְפוֹשְׁעִים, וִימִינְךָ פְשׁוּטָה לְקַבֵּל שָׁבִים
וַתְּלַמְּדֵנוּ יי אֱלֹהֵינוּ לְהִתְוַדּוֹת לְפָנֶיךָ עַל כָּל עֲוֹנוֹתֵינוּ
לְמַעַן נֶחְדַּל מֵעֹשֶׁק יָדֵינוּ
וּתְקַבְּלֵנוּ בִּתְשׁוּבָה שְׁלֵמָה לְפָנֶיךָ כְּאִשִּׁים וּכְנִיחוֹחִים
לְמַעַן דְּבָרֶיךָ אֲשֶׁר אָמָרְתָּ.
אֵין קֵץ לְאִשֵּׁי חוֹבוֹתֵינוּ, וְאֵין מִסְפָּר לְנִיחוֹחֵי אַשְׁמוֹתֵינוּ
וְאַתָּה יוֹדֵעַ שֶׁאַחֲרִיתֵנוּ רִמָּה וְתוֹלֵעָה
לְפִיכָךְ הִרְבֵּיתָ סְלִיחָתֵנוּ
מָה אָנוּ
מֶה חַיֵּינוּ, מֶה חַסְדֵּנוּ
מַה צִּדְקוֹתֵינוּ, מַה יְּשׁוּעָתֵנוּ
מַה כֹּחֵנוּ, מַה גְּבוּרָתֵנוּ
מַה נֹּאמַר לְפָנֶיךָ יי אֱלֹהֵינוּ וֵאלֹהֵי אֲבוֹתֵינוּ
הֲלֹא כָּל הַגִּבּוֹרִים כְּאַיִן לְפָנֶיךָ, וְאַנְשֵׁי הַשֵּׁם כְּלֹא הָיוּ
וַחֲכָמִים כִּבְלִי מַדָּע, וּנְבוֹנִים כִּבְלִי הַשְׂכֵּל
כִּי רֹב מַעֲשֵׂיהֶם תֹּהוּ, וִימֵי חַיֵּיהֶם הֶבֶל לְפָנֶיךָ
וּמוֹתַר הָאָדָם מִן הַבְּהֵמָה אָיִן, כִּי הַכֹּל הָבֶל.

אַתָּה הִבְדַּלְתָּ אֱנוֹשׁ מֵרֹאשׁ, וַתַּכִּירֵהוּ לַעֲמוֹד לְפָנֶיךָ.
כִּי מִי יֹאמַר לְךָ מַה תִּפְעָל, וְאִם יִצְדַּק מַה יִּתֶּן לָךְ.
וַתִּתֶּן לָנוּ, יי אֱלֹהֵינוּ, בְּאַהֲבָה אֶת יוֹם צוֹם הַכִּפּוּרִים הַזֶּה
קֵץ וּמְחִילָה וּסְלִיחָה עַל כָּל עֲוֹנוֹתֵינוּ
לְמַעַן נֶחְדַּל מֵעֹשֶׁק יָדֵינוּ
וְנָשׁוּב אֵלֶיךָ לַעֲשׂוֹת חֻקֵּי רְצוֹנְךָ בְּלֵבָב שָׁלֵם.
וְאַתָּה בְּרַחֲמֶיךָ הָרַבִּים רַחֵם עָלֵינוּ כִּי לֹא תַחְפֹּץ בְּהַשְׁחָתַת עוֹלָם
שֶׁנֶּאֱמַר
דִּרְשׁוּ יי בְּהִמָּצְאוֹ, קְרָאֻהוּ בִּהְיוֹתוֹ קָרוֹב.
וְנֶאֱמַר
יַעֲזֹב רָשָׁע דַּרְכּוֹ וְאִישׁ אָוֶן מַחְשְׁבֹתָיו
וְיָשֹׁב אֶל יי וִירַחֲמֵהוּ וְאֶל אֱלֹהֵינוּ כִּי יַרְבֶּה לִסְלוֹחַ.
וְאַתָּה אֱלוֹהַּ סְלִיחוֹת חַנּוּן וְרַחוּם
אֶרֶךְ אַפַּיִם וְרַב חֶסֶד וֶאֱמֶת וּמַרְבֶּה לְהֵיטִיב
וְרוֹצֶה אַתָּה בִּתְשׁוּבַת רְשָׁעִים, וְאֵין אַתָּה חָפֵץ בְּמִיתָתָם
שֶׁנֶּאֱמַר
אֱמֹר אֲלֵיהֶם חַי אָנִי נְאֻם אֲדֹנָי יֱהֹוִה
אִם אֶחְפֹּץ בְּמוֹת הָרָשָׁע כִּי אִם בְּשׁוּב רָשָׁע מִדַּרְכּוֹ וְחָיָה
שׁוּבוּ שׁוּבוּ מִדַּרְכֵיכֶם הָרָעִים וְלָמָּה תָמוּתוּ בֵּית יִשְׂרָאֵל.
וְנֶאֱמַר
הֶחָפֹץ אֶחְפֹּץ מוֹת רָשָׁע נְאֻם אֲדֹנָי יֱהֹוִה
הֲלוֹא בְּשׁוּבוֹ מִדְּרָכָיו וְחָיָה.
וְנֶאֱמַר
כִּי לֹא אֶחְפֹּץ בְּמוֹת הַמֵּת נְאֻם אֲדֹנָי יֱהֹוִה וְהָשִׁיבוּ וִחְיוּ.

כִּי אַתָּה סָלְחָן לְיִשְׂרָאֵל וּמָחֳלָן לְשִׁבְטֵי יְשֻׁרוּן בְּכָל דּוֹר וָדוֹר וּמִבַּלְעָדֶיךָ אֵין לָנוּ מֶלֶךְ מוֹחֵל וְסוֹלֵחַ אֶלָּא אָתָּה.

אֱלֹהַי

עַד שֶׁלֹּא נוֹצַרְתִּי אֵינִי כְדַאי, וְעַכְשָׁיו שֶׁנּוֹצַרְתִּי כְּאִלּוּ לֹא נוֹצַרְתִּי. עָפָר אֲנִי בְּחַיָּי, קַל וָחֹמֶר בְּמִיתָתִי. הֲרֵי אֲנִי לְפָנֶיךָ כִּכְלִי מָלֵא בוּשָׁה וּכְלִמָּה.

יְהִי רָצוֹן מִלְּפָנֶיךָ, יי אֱלֹהַי וֵאלֹהֵי אֲבוֹתַי

שֶׁלֹּא אֶחֱטָא עוֹד. וּמַה שֶּׁחָטָאתִי לְפָנֶיךָ מְחֹק בְּרַחֲמֶיךָ הָרַבִּים, אֲבָל לֹא עַל יְדֵי יִסּוּרִים וָחֳלָיִם רָעִים.

אֱלֹהַי, נְצֹר לְשׁוֹנִי מֵרָע וּשְׂפָתַי מִדַּבֵּר מִרְמָה, וְלִמְקַלְלַי נַפְשִׁי תִדֹּם, וְנַפְשִׁי כֶּעָפָר לַכֹּל תִּהְיֶה. פְּתַח לִבִּי בְּתוֹרָתֶךָ, וּבְמִצְוֹתֶיךָ תִּרְדֹּף נַפְשִׁי. וְכָל הַחוֹשְׁבִים עָלַי רָעָה, מְהֵרָה הָפֵר עֲצָתָם וְקַלְקֵל מַחֲשַׁבְתָּם. עֲשֵׂה לְמַעַן שְׁמֶךָ, עֲשֵׂה לְמַעַן יְמִינֶךָ, עֲשֵׂה לְמַעַן קְדֻשָּׁתֶךָ, עֲשֵׂה לְמַעַן תּוֹרָתֶךָ. לְמַעַן יֵחָלְצוּן יְדִידֶיךָ הוֹשִׁיעָה יְמִינְךָ וַעֲנֵנִי. יִהְיוּ לְרָצוֹן אִמְרֵי פִי וְהֶגְיוֹן לִבִּי לְפָנֶיךָ, יי צוּרִי וְגוֹאֲלִי. עֹשֶׂה הַשָּׁלוֹם בִּמְרוֹמָיו, הוּא יַעֲשֶׂה שָׁלוֹם עָלֵינוּ וְעַל כָּל יִשְׂרָאֵל, וְאִמְרוּ אָמֵן.

יְהִי רָצוֹן מִלְּפָנֶיךָ יי אֱלֹהֵינוּ וֵאלֹהֵי אֲבוֹתֵינוּ, שֶׁיִּבָּנֶה בֵּית הַמִּקְדָּשׁ בִּמְהֵרָה בְיָמֵינוּ, וְתֵן חֶלְקֵנוּ בְּתוֹרָתֶךָ. וְשָׁם נַעֲבָדְךָ בְּיִרְאָה כִּימֵי עוֹלָם וּכְשָׁנִים קַדְמֹנִיּוֹת. וְעָרְבָה לַיי מִנְחַת יְהוּדָה וִירוּשָׁלָיִם כִּימֵי עוֹלָם וּכְשָׁנִים קַדְמֹנִיּוֹת.

511 חזרת הש"ץ לנעילה

פותחים את ארון הקודש

אֲדֹנָי, שְׂפָתַי תִּפְתָּח וּפִי יַגִּיד תְּהִלָּתֶךָ

בָּרוּךְ אַתָּה יי, אֱלֹהֵינוּ וֵאלֹהֵי אֲבוֹתֵינוּ, אֱלֹהֵי אַבְרָהָם, אֱלֹהֵי יִצְחָק, וֵאלֹהֵי יַעֲקֹב, הָאֵל הַגָּדוֹל הַגִּבּוֹר וְהַנּוֹרָא, אֵל עֶלְיוֹן, גּוֹמֵל חֲסָדִים טוֹבִים, וְקוֹנֵה הַכֹּל, וְזוֹכֵר חַסְדֵי אָבוֹת וּמֵבִיא גוֹאֵל לִבְנֵי בְנֵיהֶם לְמַעַן שְׁמוֹ בְּאַהֲבָה.

מִסּוֹד חֲכָמִים וּנְבוֹנִים / וּמִלֶּמֶד דַּעַת מְבִינִים
אֶפְתְּחָה פִּי בִּתְפִלָּה וּבְתַחֲנוּנִים
לְחַלּוֹת וּלְחַנֵּן פְּנֵי מֶלֶךְ מוֹחֵל וְסוֹלֵחַ לַעֲוֹנִים.

סימן: א"ב. [מחברו: ר' אלעזר ב"ר קליר].

1 אָב יְדָעֲךָ מִנֹּעַר / בְּחַנְתּוֹ בְּעֶשֶׂר בַּל עֲבוֹר בְּרֹאשׁ תַּעַר
גָּשׁ לְחַלּוֹתְךָ כְּנַעַר וְלֹא כְבַעַר / דְּגָלָיו לָבֹא בְּזֶה הַשַּׁעַר.
אֱמוּנִים גָּשׁוּ לְנַצְּחָךְ אָיֹם / נֶצַח כָּל הַיּוֹם
עֲבוּר כִּי פָנָה יוֹם / גּוֹנְנֵנוּ בְּצֶדֶק יוֹשֵׁב כְּחֹם הַיּוֹם.

1 **אב ידעך מנוער** אברהם אשר ידעך, ר"ל הכיר אותך בהיותו נער, ע"פ דרשת חז"ל נדרים דף ל"ב א' בן שלש שנים הכיר אברהם את בוראו, שנא' (בראש' כו ה) עקב אשר שמע אברהם בקולי, והמלה 'עקב' רומזת לקע"ב שנה, ואברהם (כפירש"י שם) היה קע"ה, נמצא שבן ג' הכיר את בוראו. **בחנתו בעשר** בעשרה נסיונות נבחן אברהם ועמד בכולם (אבות ה' ג'). **בל עבור בראש תער** מלים אלו עדיין לא נתפרשו כהוגן, וגם בכי"י גם בדפוסים ניתנים פירושים מפירושים שונים. יש מפרשים 'בל עבור בראש תער' בלי לעבור כחוט השערה (המתאים לחוד התער) — כנראה נתקבל פירוש זה אצל רוב המפרשים בתקופה האחרונה — וי"מ שלא יעבור תער על ראש בני ישראל, ותער הוא מקביל לחרב (עי' יחזק' ה א. ישע' ז כ), מפני שצפוי היה לפני הקב"ה שעתידין בניו לנסות את הקב"ה בי' נסיונות והקדים רפואה למכתם ונסהו בי' נסיונות (פרקי ר"א כ"ו), ועוד. 2 **גש לחלותך** ניגש לחלות פניך. **כנער ולא כבער** שלא ידע (תהל' צב ז). **דגליו לבוא בזה השער** שיבואו בניו לשער של ה' כצדיקים, ע"ש תהל' קיח כ. 3 **אמונים** ישראל הנאמנים לדתך. 4 **גוננו בצדק יושב כחום היום** בזכותו של אברהם, ע"ש בראש' יח א.

זָכְרֵנוּ לְחַיִּים, מֶלֶךְ חָפֵץ בַּחַיִּים
וְחָתְמֵנוּ בְּסֵפֶר הַחַיִּים, לְמַעַנְךָ אֱלֹהִים חַיִּים.
מֶלֶךְ עוֹזֵר וּמוֹשִׁיעַ וּמָגֵן. בָּרוּךְ אַתָּה יי, מָגֵן אַבְרָהָם.

אַתָּה גִּבּוֹר לְעוֹלָם אֲדֹנָי, מְחַיֵּה מֵתִים אַתָּה, רַב לְהוֹשִׁיעַ
בא״י: מוֹרִיד הַטָּל.
מְכַלְכֵּל חַיִּים בְּחֶסֶד, מְחַיֵּה מֵתִים בְּרַחֲמִים רַבִּים, סוֹמֵךְ נוֹפְלִים, וְרוֹפֵא חוֹלִים, וּמַתִּיר אֲסוּרִים, וּמְקַיֵּם אֱמוּנָתוֹ לִישֵׁנֵי עָפָר. מִי כָמוֹךָ בַּעַל גְּבוּרוֹת וּמִי דּוֹמֶה לָּךְ, מֶלֶךְ מֵמִית וּמְחַיֶּה וּמַצְמִיחַ יְשׁוּעָה.

הַנִּקְרָא לְאָב זֶרַע / וְנִפְנָה לָסוּר מִמּוֹקְשֵׁי רַע
זָעַק וְחִנֵּן וְשִׂיחָה לֹא גָרַע / חֻסַּן בְּרָכָה בַּאֲשֶׁר זָרַע.
יָהּ שִׁמְךָ בָּנוּ יְעָרֵב / וְיִשְׁעֲךָ לָנוּ תְקָרֵב
גְּאַל נָא מִקֶּרֶב / הַחֲיֵינוּ בְּטַל כְּשָׁח לִפְנוֹת עֶרֶב.

5 **הנקרא לאב זרע** יצחק, ע״ש בראׄ כא יב כי ביצחק יקרא לך זרע. **ונפנה לסור ממוקשי רע** מרעת אבימלך, ע״פ המדרש ב״ר ס״ד ב׳ ע׳ 700 לא ירעיב ה׳ נפש צדיק (משלי י ג) זה יצחק... והות רשעים יהדוף (שם) זה אבימלך, לא יבושו בעת רעה (תהל׳ לז יט) בעת רעתו של אבימלך... (ומה שרצו לפרש שפנה מדרכי ישמעאל ובני קטורה, או ממוקשי אשה מבנות כנען, אין זה מסתבר). 6 **זעק וחינן ושיחה לא גרע** ע״ש בראׄ כד סג ויצא יצחק לשוח בשדה לפנות ערב, שדרשוהו (ברכות דף כ״ו ב׳ ועוד) אין שיחה אלא תפלה. **חוסן ברכה באשר זרע** נתחזק בברכה, כי מצא מאה שערים. 7 **יה שמך בנו יערב** כי שמו של הקב״ה כלול בשם ישראל. 8 **החיינו בטל** ר״ל בטל התחייה, ע״פ מאמר חז״ל פרקי ר״א סוף ל״ד לעתיד לבא הקב״ה מוריד תחיית טל ומחיה המתים. **כשח לפנות ערב** כשם שהחיית את יצחק (השח לפנות ערב, בראׄ כד סג), ע״פ האגדה פרקי ר״א ל״א כיון שהגיע החרב על צוארו פרחה ויצאה נשמתו של יצחק, כיון שהשמיע קולו מבין שני הכרובים ויאמר אל תשלח ידך אל הנער חזרה הנפש לגופו... פתח ואמר בא״י מחיה מתים. 9 **טבע זיו תארה** מטבע של זיו התואר (כנראה כתב הפייטן תארה במשמעות תואר) **יה חקקו בכס יקרה** והכונה היא לאיקונין של יעקב, כדרשת חז״ל תנחומא במדבר י״ט ועוד. 10 **כשר תם מקום מה נורא** כשראה יעקב הנקרא תם (בראׄ כה כז) את המקום ששכב בו (בראׄ כח יז). **לעת קץ** בזמן שיקץ משנתו **חז ויירא** חזה, ר״ל הבית.

מִי כָמוֹךָ אַב הָרַחֲמִים, זוֹכֵר יְצוּרָיו לְחַיִּים בְּרַחֲמִים.
וְנֶאֱמָן אַתָּה לְהַחֲיוֹת מֵתִים.
בָּרוּךְ אַתָּה יי, מְחַיֵּה הַמֵּתִים.

טֶבַע זִיו תָּאֳרָהּ / יָהּ חֲקָקוֹ בְּכֵס יְקָרָה
כְּשָׁר תָּם מְקוֹם מַה נּוֹרָא / לְעֵת קֵץ חָז וַיִּרָא.

יִמְלֹךְ יי לְעוֹלָם אֱלֹהַיִךְ צִיּוֹן לְדֹר וָדֹר הַלְלוּיָהּ.
וְאַתָּה קָדוֹשׁ יוֹשֵׁב תְּהִלּוֹת יִשְׂרָאֵל.
אֵל נָא.

שְׁמַע נָא סְלַח נָא הַיּוֹם / עֲבוּר כִּי פָנָה יוֹם
וּנְהַלֶּלְךָ נוֹרָא וְאָיֹם / קָדוֹשׁ.

וּבְכֵן, לְךָ תַעֲלֶה קְדֻשָּׁה, כִּי אַתָּה אֱלֹהֵינוּ מֶלֶךְ מוֹחֵל וְסוֹלֵחַ.

סימן: א״ב.

שַׁעֲרֵי אַרְמוֹן מְהֵרָה תִפְתַּח לְבוֹאֲרֵי אָמוֹן
שַׁעֲרֵי גְנוּזִים מְהֵרָה תִפְתַּח לְדָתְךָ אֲחוּזִים
שַׁעֲרֵי הֵיכַל הַנֶּחְמָדִים מְהֵרָה תִפְתַּח לְוְעוּדִים

1 **שערי ארמון מהרה תפתח...** תפלה לזמן נעילת שערי שמים לפי השקפת חז״ל, עי׳ ירו׳ ברכות ד׳ א׳ (דף ז׳ ג׳) אימתי היא נעילה... רב אמר בנעילת שערי שמים ור׳ יוחנן אמר בנעילת שערי היכל, והפייטן תפס כנראה הדיעה הראשונה. **לבוארי אמון** לישראל המבארים את התורה שהיתה אמון, ע״ש משלי ח ל ואהיה אצלו אמון וכו׳, שדרשוהו על התורה ב״ר א׳ א׳ (ע׳ 2) ובעוד מקורות. (ויש מי שפירש את כל הפיוט בדרך שונה כמכוון לבנין בית המקדש, אבל אין זה מסתבר

שַׁעֲרֵי זְבוּל מַחֲנַיִם מְהֵרָה תִפְתַּח לְחַכְלִילֵי עֵינַיִם
שַׁעֲרֵי טָהֳרָה מְהֵרָה תִפְתַּח לְיָפָה וּבָרָה
שַׁעֲרֵי כֶּתֶר הַמְיֻמָּן מְהֵרָה תִפְתַּח לְלֹא אַלְמָן.

שַׁעֲרֵי מְקוֹם עֵינֶיךָ וְלִבְּךָ מְהֵרָה תִפְתַּח לְנוֹאֲמֵי טוּבֶךָ
שַׁעֲרֵי סֵפֶר עַל מְהֵרָה תִפְתַּח לְעַמְּךָ לְהַעַל
שַׁעֲרֵי פְּתָחִים סְגוּרִים מְהֵרָה תִפְתַּח לְצַדִּיקִים גְּמוּרִים
שַׁעֲרֵי קִרְיַת חָנָה מְהֵרָה תִפְתַּח לִרְחוּמֶיךָ לְהִתְחַנְּנָה
שַׁעֲרֵי שְׁעָרִים הַקְּבוּעִים מְהֵרָה תִפְתַּח לְאַחִים וְרֵעִים
שַׁעֲרֵי תְשׁוּבָה מְהֵרָה תִפְתַּח לְחוֹלַת אַהֲבָה.

וּבָהֶם תֵּעָרֵץ וְתֻקְדָּשׁ
כְּסוֹד שִׂיחַ שַׂרְפֵי קֹדֶשׁ
הַמַּקְדִּישִׁים שִׁמְךָ בַּקֹּדֶשׁ.

לפי תפיסת הפייטן.) 2 **שערי גנוזים** גם הם שערי שמים, ר״ל שערי הרקיע שגונזים שם גנזי חיים וגנזי שלום וגנזי ברכה (חגיגה דף י״ב ב׳). **לדתך אחוזים** לאוחזים בדתך. 3 **שערי היכל** ר״ל היכל של מעלה. **לוועודים** לעומדים לפניך בועד. 4 **שערי זבול מחנים** שערי הרקיע הנקרא זבול שהוא של מחנות מלאכים. **לחכלילי עינים** לישראל שהן יושבין וסודרין דברי תורה, כדרשת חז״ל ב״ר צ״ח י׳ (ע׳ 1261). 5 **ליפה וברה** ע״ש שה״ש ו י יפה כלבנה ברה כחמה, שדרשוהו על ישראל במדרש שם. 6 **כתר המיומן** י״מ שערי התורה הניתנת בימינו של הקב״ה, ע״ש דבר׳ לג ב מימינו אש דת למו, וי״מ שערי תפלה שתפלתן של ישראל היא כתר בראש הקב״ה לפי דרשת חז״ל שמות רבה כ״א ד׳. **ללא אלמן** ע״ש ירמ׳ נא ה כי לא אלמן ישראל. 7 **מקום עיניך ולבך** בית המקדש, ע״ש מ״א ט ג הקדשתי את הבית הזה... והיו עיני ולבי שם כל הימים. **לנואמי** למביעי. 8 **ספר על** ספר החיים שלפני הקב״ה. 9 **לצדיקים גמורים** שנחתמו לחיים בר״ה. 10 **קרית חנה** בית המקדש הנקרא אריאל קרית חנה דוד, ישע׳ כט א. 12 **לחולת אהבה** ע״ש שה״ש ב ה שדרשוהו על ישראל.

כַּכָּתוּב עַל יַד נְבִיאֶךָ
וְקָרָא זֶה אֶל זֶה וְאָמַר
קָדוֹשׁ, קָדוֹשׁ, קָדוֹשׁ יְיָ צְבָאוֹת
מְלֹא כָל הָאָרֶץ כְּבוֹדוֹ.

כְּבוֹדוֹ מָלֵא עוֹלָם
מְשָׁרְתָיו שׁוֹאֲלִים זֶה לָזֶה
אַיֵּה מְקוֹם כְּבוֹדוֹ
לְעֻמָּתָם בָּרוּךְ יֹאמֵרוּ
בָּרוּךְ כְּבוֹד יְיָ מִמְּקוֹמוֹ.

מִמְּקוֹמוֹ הוּא יִפֶן בְּרַחֲמִים וְיָחֹן עַם הַמְיַחֲדִים שְׁמוֹ
עֶרֶב וָבֹקֶר בְּכָל יוֹם תָּמִיד
פַּעֲמַיִם בְּאַהֲבָה שְׁמַע אוֹמְרִים
שְׁמַע יִשְׂרָאֵל, יְיָ אֱלֹהֵינוּ, יְיָ אֶחָד.

הוּא אֱלֹהֵינוּ, הוּא אָבִינוּ, הוּא מַלְכֵּנוּ, הוּא מוֹשִׁיעֵנוּ
וְהוּא יַשְׁמִיעֵנוּ בְּרַחֲמָיו שֵׁנִית לְעֵינֵי כָּל חָי
לִהְיוֹת לָכֶם לֵאלֹהִים
אֲנִי יְיָ אֱלֹהֵיכֶם.

אַדִּיר אַדִּירֵנוּ יְיָ אֲדוֹנֵינוּ מָה אַדִּיר שִׁמְךָ בְּכָל הָאָרֶץ.
וְהָיָה יְיָ לְמֶלֶךְ עַל כָּל הָאָרֶץ
בַּיּוֹם הַהוּא יִהְיֶה יְיָ אֶחָד וּשְׁמוֹ אֶחָד.

וּבְדִבְרֵי קָדְשְׁךָ כָּתוּב לֵאמֹר
יִמְלֹךְ יְיָ לְעוֹלָם, אֱלֹהַיִךְ צִיּוֹן לְדֹר וָדֹר, הַלְלוּיָהּ.

לְדוֹר וָדוֹר נַגִּיד גָּדְלֶךָ, וּלְנֵצַח נְצָחִים קְדֻשָּׁתְךָ נַקְדִּישׁ
וְשִׁבְחֲךָ אֱלֹהֵינוּ מִפִּינוּ לֹא יָמוּשׁ לְעוֹלָם וָעֶד
כִּי אֵל מֶלֶךְ גָּדוֹל וְקָדוֹשׁ אָתָּה.

חֲמוֹל עַל מַעֲשֶׂיךָ
וְתִשְׂמַח בְּמַעֲשֶׂיךָ
וְיֹאמְרוּ לְךָ חוֹסֶיךָ
בְּצַדֶּקְךָ עֲמוּסֶיךָ
תֻּקְדַּשׁ אָדוֹן עַל כָּל מַעֲשֶׂיךָ.

פיוט מורכב מחלקים שונים.

כִּי מַקְדִּישֶׁיךָ בִּקְדֻשָּׁתְךָ קִדַּשְׁתָּ
נָאֶה לְקָדוֹשׁ פְּאֵר מִקְּדוֹשִׁים.

בְּאֵין מֵלִיץ יֹשֶׁר
מוּל מַגִּיד פֶּשַׁע
תַּגִּיד לְיַעֲקֹב דְּבַר חֹק וּמִשְׁפָּט
וְצַדְּקֵנוּ בַּמִּשְׁפָּט הַמֶּלֶךְ הַמִּשְׁפָּט.

עוֹד יִזְכֹּר לָנוּ אַהֲבַת אֵיתָן, אֲדוֹנֵינוּ
וּבַבֵּן הַנֶּעֱקַד יַשְׁבִּית מְדַיְּנֵינוּ
וּבִזְכוּת הַתָּם יוֹצִיא הַיּוֹם לְצֶדֶק דִּינֵנוּ
כִּי קָדוֹשׁ הַיּוֹם לַאֲדוֹנֵינוּ.

וּבְכֵן יִתְקַדַּשׁ שִׁמְךָ יי אֱלֹהֵינוּ
עַל יִשְׂרָאֵל עַמֶּךָ
וְעַל יְרוּשָׁלַיִם עִירֶךָ
וְעַל צִיּוֹן מִשְׁכַּן כְּבוֹדֶךָ
וְעַל מַלְכוּת בֵּית דָּוִד מְשִׁיחֶךָ
וְעַל מְכוֹנְךָ וְהֵיכָלֶךָ.

וּבְכֵן תֵּן פַּחְדְּךָ יי אֱלֹהֵינוּ עַל כָּל מַעֲשֶׂיךָ
וְאֵימָתְךָ עַל כָּל מַה שֶּׁבָּרָאתָ
וְיִירָאוּךָ כָּל הַמַּעֲשִׂים וְיִשְׁתַּחֲווּ לְפָנֶיךָ כָּל הַבְּרוּאִים
וְיֵעָשׂוּ כֻלָּם אֲגֻדָּה אֶחָת לַעֲשׂוֹת רְצוֹנְךָ בְּלֵבָב שָׁלֵם
כְּמוֹ שֶׁיָּדַעְנוּ יי אֱלֹהֵינוּ שֶׁהַשָּׁלְטָן לְפָנֶיךָ
עֹז בְּיָדְךָ וּגְבוּרָה בִּימִינֶךָ וְשִׁמְךָ נוֹרָא עַל כָּל מַה שֶּׁבָּרָאתָ.

וּבְכֵן תֵּן כָּבוֹד יי לְעַמֶּךָ
תְּהִלָּה לִירֵאֶיךָ וְתִקְוָה טוֹבָה לְדוֹרְשֶׁיךָ
וּפִתְחוֹן פֶּה לַמְיַחֲלִים לָךְ
שִׂמְחָה לְאַרְצֶךָ, וְשָׂשׂוֹן לְעִירֶךָ
וּצְמִיחַת קֶרֶן לְדָוִד עַבְדֶּךָ
וַעֲרִיכַת נֵר לְבֶן יִשַׁי מְשִׁיחֶךָ בִּמְהֵרָה בְיָמֵינוּ.

וּבְכֵן צַדִּיקִים יִרְאוּ וְיִשְׂמָחוּ, וִישָׁרִים יַעֲלֹזוּ
וַחֲסִידִים בְּרִנָּה יָגִילוּ, וְעוֹלָתָה תִּקְפָּץ פִּיהָ
וְכָל הָרִשְׁעָה כֻּלָּהּ כְּעָשָׁן תִּכְלֶה
כִּי תַעֲבִיר מֶמְשֶׁלֶת זָדוֹן מִן הָאָרֶץ.

וְתִמְלֹךְ אַתָּה יי לְבַדֶּךָ עַל כָּל מַעֲשֶׂיךָ
בְּהַר צִיּוֹן מִשְׁכַּן כְּבוֹדֶךָ, וּבִירוּשָׁלַיִם עִיר קָדְשֶׁךָ
כַּכָּתוּב בְּדִבְרֵי קָדְשֶׁךָ
יִמְלֹךְ יי לְעוֹלָם, אֱלֹהַיִךְ צִיּוֹן לְדֹר וָדֹר, הַלְלוּיָהּ.

קָדוֹשׁ אַתָּה וְנוֹרָא שְׁמֶךָ, וְאֵין אֱלוֹהַּ מִבַּלְעָדֶיךָ
כַּכָּתוּב, וַיִּגְבַּהּ יי צְבָאוֹת בַּמִּשְׁפָּט, וְהָאֵל הַקָּדוֹשׁ נִקְדַּשׁ בִּצְדָקָה.
בָּרוּךְ אַתָּה יי, הַמֶּלֶךְ הַקָּדוֹשׁ.

אַתָּה בְחַרְתָּנוּ מִכָּל הָעַמִּים
אָהַבְתָּ אוֹתָנוּ וְרָצִיתָ בָּנוּ
וְרוֹמַמְתָּנוּ מִכָּל הַלְּשׁוֹנוֹת
וְקִדַּשְׁתָּנוּ בְּמִצְוֹתֶיךָ
וְקֵרַבְתָּנוּ מַלְכֵּנוּ לַעֲבוֹדָתֶךָ
וְשִׁמְךָ הַגָּדוֹל וְהַקָּדוֹשׁ עָלֵינוּ קָרָאתָ.

וַתִּתֶּן לָנוּ, יי אֱלֹהֵינוּ, בְּאַהֲבָה אֶת יוֹם
בשבת: הַשַּׁבָּת הַזֶּה לִקְדֻשָּׁה וְלִמְנוּחָה וְאֶת יוֹם
הַכִּפּוּרִים הַזֶּה, לִמְחִילָה וְלִסְלִיחָה וּלְכַפָּרָה
וְלִמְחָל בּוֹ אֶת כָּל עֲוֹנוֹתֵינוּ /בשבת: בְּאַהֲבָה/
מִקְרָא קֹדֶשׁ, זֵכֶר לִיצִיאַת מִצְרָיִם.

אֱלֹהֵינוּ וֵאלֹהֵי אֲבוֹתֵינוּ
יַעֲלֶה וְיָבוֹא וְיַגִּיעַ, וְיֵרָאֶה וְיֵרָצֶה וְיִשָּׁמַע
וְיִפָּקֵד וְיִזָּכֵר זִכְרוֹנֵנוּ וּפִקְדוֹנֵנוּ וְזִכְרוֹן אֲבוֹתֵינוּ
וְזִכְרוֹן מָשִׁיחַ בֶּן דָּוִד עַבְדֶּךָ, וְזִכְרוֹן יְרוּשָׁלַיִם עִיר קָדְשֶׁךָ

וְזִכְרוֹן כָּל עַמְּךָ בֵּית יִשְׂרָאֵל, לְפָנֶיךָ
לִפְלֵיטָה לְטוֹבָה, לְחֵן וּלְחֶסֶד וּלְרַחֲמִים, לְחַיִּים וּלְשָׁלוֹם
בְּיוֹם הַכִּפּוּרִים הַזֶּה.
זָכְרֵנוּ יי אֱלֹהֵינוּ בּוֹ לְטוֹבָה, וּפָקְדֵנוּ בוֹ לִבְרָכָה
וְהוֹשִׁיעֵנוּ בוֹ לְחַיִּים.
וּבִדְבַר יְשׁוּעָה וְרַחֲמִים
חוּס וְחָנֵּנוּ וְרַחֵם עָלֵינוּ וְהוֹשִׁיעֵנוּ
כִּי אֵלֶיךָ עֵינֵינוּ כִּי אֵל מֶלֶךְ חַנּוּן וְרַחוּם אָתָּה.

ש״ץ וקהל: פְּתַח לָנוּ שַׁעַר, בְּעֵת נְעִילַת שַׁעַר
כִּי פָנָה יוֹם.

ש״ץ וקהל: הַיּוֹם יִפְנֶה / הַשֶּׁמֶשׁ יָבֹא וְיִפְנֶה
נָבוֹאָה שְׁעָרֶיךָ.

ש״ץ וקהל: אָנָּא אֵל נָא
שָׂא נָא / סְלַח נָא
מְחַל נָא / חֲמָל נָא
רַחֶם נָא / כַּפֶּר נָא
כְּבֹשׁ חֵטְא וְעָוֹן.

בעת נעילת שער ר״ל בעת נעילת שערי שמים, עי׳ לעיל בפיוט ״שערי ארמון״. **כי פנה יום** ירמ׳ ו ד.

נבואה שעריך ע״ש תהל׳ ק ד. **כבוש חטא ועון** ע״ש מיכה ז יט יכבוש עונותינו.

אֵל מֶלֶךְ יוֹשֵׁב עַל כִּסֵּא רַחֲמִים / מִתְנַהֵג בַּחֲסִידוּת
מוֹחֵל עֲוֹנוֹת עַמּוֹ / מַעֲבִיר רִאשׁוֹן רִאשׁוֹן
מַרְבֶּה מְחִילָה לְחַטָּאִים וּסְלִיחָה לְפוֹשְׁעִים
עוֹשֶׂה צְדָקוֹת עִם כָּל בָּשָׂר וָרוּחַ, וְלֹא כְרָעָתָם תִּגְמֹל.
אֵל הוֹרֵיתָ לָנוּ לוֹמַר שְׁלֹשׁ עֶשְׂרֵה
וּזְכוֹר לָנוּ הַיּוֹם בְּרִית שְׁלֹשׁ עֶשְׂרֵה
כְּמוֹ שֶׁהוֹדַעְתָּ לֶעָנָו מִקֶּדֶם, כְּמוֹ שֶׁכָּתוּב
וַיֵּרֶד יי בֶּעָנָן וַיִּתְיַצֵּב עִמּוֹ שָׁם, וַיִּקְרָא בְשֵׁם יי.
וַיַּעֲבֹר יי עַל פָּנָיו וַיִּקְרָא
יי יי אֵל רַחוּם וְחַנּוּן, אֶרֶךְ אַפַּיִם וְרַב חֶסֶד וֶאֱמֶת.
נֹצֵר חֶסֶד לָאֲלָפִים, נֹשֵׂא עָוֹן וָפֶשַׁע וְחַטָּאָה, וְנַקֵּה
וְסָלַחְתָּ לַעֲוֹנֵנוּ וּלְחַטָּאתֵנוּ וּנְחַלְתָּנוּ.
סְלַח לָנוּ אָבִינוּ כִּי חָטָאנוּ, מְחַל לָנוּ מַלְכֵּנוּ כִּי פָשָׁעְנוּ
כִּי אַתָּה אֲדֹנָי טוֹב וְסַלָּח וְרַב חֶסֶד לְכָל קֹרְאֶיךָ.

כִּי עִמְּךָ הַסְּלִיחָה לְמַעַן תִּוָּרֵא.
אִם עֲוֹנוֹת תִּשְׁמָר יָהּ אֲדֹנָי מִי יַעֲמֹד.

כְּרַחֵם אָב עַל בָּנִים, כֵּן תְּרַחֵם יי עָלֵינוּ.
לַיי הַיְשׁוּעָה עַל עַמְּךָ בִרְכָתֶךָ סֶּלָה.
יי צְבָאוֹת עִמָּנוּ, מִשְׂגָּב לָנוּ אֱלֹהֵי יַעֲקֹב סֶלָה.
יי צְבָאוֹת, אַשְׁרֵי אָדָם בֹּטֵחַ בָּךְ.
יי הוֹשִׁיעָה, הַמֶּלֶךְ יַעֲנֵנוּ בְיוֹם קָרְאֵנוּ.

סְלַח נָא לַעֲוֹן הָעָם הַזֶּה כְּגֹדֶל חַסְדֶּךָ
וְכַאֲשֶׁר נָשָׂאתָה לָעָם הַזֶּה מִמִּצְרַיִם וְעַד הֵנָּה.
וְשָׁם נֶאֱמַר, וַיֹּאמֶר יי סָלַחְתִּי כִּדְבָרֶךָ.

הַטֵּה אֱלֹהַי אָזְנְךָ וּשֲׁמָע
פְּקַח עֵינֶיךָ וּרְאֵה שֹׁמְמֹתֵינוּ וְהָעִיר אֲשֶׁר נִקְרָא שִׁמְךָ עָלֶיהָ
כִּי לֹא עַל צִדְקֹתֵינוּ אֲנַחְנוּ מַפִּילִים תַּחֲנוּנֵינוּ לְפָנֶיךָ, כִּי עַל רַחֲמֶיךָ הָרַבִּים.
אֲדֹנָי שְׁמָעָה, אֲדֹנָי סְלָחָה, אֲדֹנָי הַקְשִׁיבָה, וַעֲשֵׂה אַל תְּאַחַר
לְמַעַנְךָ אֱלֹהַי, כִּי שִׁמְךָ נִקְרָא עַל עִירְךָ וְעַל עַמֶּךָ.

סימן: תשר״ק (כפול) שלמה הקטן [הבבלי].

ו תַּעֲלַת צֳרִי תֶּרֶף וְחוֹבֵשׁ לְמָזוֹר
תַּחְבּוּלוֹת מִלְחֶמֶת וְרַב יוֹעֵץ לַעֲזוֹר
שׁוֹטֵט אַיִן לְבַד בְּךָ לַחֲזוֹר / שַׁעַן שַׁעֲשׁוּעַ תַּנְחוּם דְּבֵקֶיךָ כָּאֵזוֹר.
רָעָתֵנוּ רַבָּה דִּבָּה מִסָּבִיב מָגוֹר / רִפְיוֹן וְרֶטֶט וְאֵין גִּבּוֹר לַחְגּוֹר

1 **תעלת צרי תרף וחובש למזור** פנייה אל הקב״ה: אתה שאתה הוא כעין תעלת צרי למזור (ע״ש ירמ׳ ל יג אין דן דינך למזור רפואות תעלה אין לך) ר״ל שאתה מגיש צרי לפצע, ותרף פי׳ תרופה — המלה היא מחידושי הפייטנים — ואתה חובש למזור. **תחבולות מלחמת ורב יועץ לעזור** ואתה רב יועץ (ע״ש משלי יא יד באין תחבולות יפל עם, ותשועה ברוב יועץ) לעזור במלחמת התחבולות שהאדם נלחם ביצר הרע, ע״פ דרשת חז״ל ויק״ר כ״א ה׳ (ע׳ תפ) כי בתחבולות תעשה לך מלחמה משלי כד ו ... אם עשית חבילות חבילות של עברות עשה כנגדן חבילות חבילות של מצוות... 2 **שוטט אין** אין איש מעורר את העם כשוטט (ר״ל כשוט, יהושע כג יג), וייתכן שצריכין לפרש: אין בדורנו לשוטט בעם ולדאוג לו, ולא נשאר לנו אלא **לבד בך לחזור** ע״ש ישע׳ כו יג לבד בך נזכיר שמך. **שען שעשוע תנחום דבקיך כאזור** שאתה הוא משען (׳שען׳ חידוש הפייטנים הוא) ושעשוע ותנחום לישראל הדבקים בך כאזור, ע״ש ירמ׳ יג יא כי כאשר ידבק האזור אל מתני איש כן הדבקתי אלי את כל בית ישראל..., והכינויים הקודמים ע״ש תהל׳ צד יט תנחומיך ישעשעו נפשי. 3 **רעתנו רבה** ע״ש יואל ד יג כי רבה רעתם. **דבה מסביב מגור** ע״ש תהל׳ לא יד (=ירמ׳ כ י) כי שמעתי דבת רבים מגור מסביב. **רפיון ורטט** אחז בנו, ע״ש ירמ׳ מט כד רפתה דמשק... ורטט החזיקה. **ואין גבור לחגור** לעמוד בפרץ לטובת העם, והלשון ע״ש תהל׳ מה ד חגור חרבך על ירך גבור הודך והדרך. 4 **קושט נושא אלומות** (ל׳ תהל׳ קכו ו) **ידמים קטיגור** ישרו של אברהם ששתק ועשה עצמו כאלם ולא ענה לגזירת העקדה, כדרשת חז״ל

קֹשֶׁט נוֹשֵׂא אֲלֻמּוֹת יְדֻמִּים קָטֵגוֹר

קִיחַת מֶשֶׁךְ הַזֶּרַע לְהַקְנוֹת סָנֵגוֹר.

צִחְצוּחַ תַּצְלִיחַ לְכָלוּךְ גִּנַּת אֱגוֹזֶיךָ

צְרוּפֵי אֵימֶיךָ קְצוּפֵי הֶרְגֵּשׁ רְגָזֶךָ

פְּרוֹט חוֹבָם דַּבְּרָנִים וּכְרָחֵל נִגְזָזֶיךָ / פִּתְחוֹן זְכִיּוֹתָם חוֹן נָא מִגְּזָזֶיךָ.

עָבְרוּ בָּאִים בִּזְרוֹעַ וְנַחַת דָּשֶׁן

עַרְעָר הָעוֹלֵלוֹת וְאָכְלַת שִׁלּוּחַ הַשֵּׁן

תנחומא וירא ל"ט דף נ"ד ב' (בובר), הוא ישתיק את הקטיגור. **קיחת משך הזרע** (ל' תהל' שם) קיחת יצחק זרעו של אברהם לעקידה, כדרשתם בתנחומא שם, **להעמיד סניגור** להעמיד את זכות הקיחה לסניגור בעדנו. **5 צחצוח תצליח לכלוך גינת אגוזך** (במקום אגוז גינתך, עי' צונץ, ל.ג. 642) תצליח את חיטוי פשעיו של עם ישראל המשולים לאגוז בכמה דרשות חז"ל, שה"ש רבה ו' י"א ופסיקתא רבתי י"א דף מ"ב א', ובשה"ש רבה (שם) דרשו כדלקמן: אל גנת אגוז ירדתי. מה אגוז זה את נוטל אחד מחברו וכולן מדרדרין ומתגלגלין זה אחר זה, כך הן ישראל, לקה אחד מהן כולן מרגישין, הה"ד האיש אחד יחטא... (במד' טז כב). וזה שאומר הפייטן **צרופי אימיך קצופי הרגש רגזך** מצורפים יחד באימתך וסובלי קצף (קצופים בלשון הפייטנים) ומרגישים את רגזך. **6 פרוט חובם דברנים** מרבים דברים (דברנים עי' צונץ, ס.פ. 421) כדי לפרוט את החטאים, כלשון התלמוד יומא דף פ"ו ב' וצריך לפרוט את החטא. **וכרחל נגזזיך ע"ש ישע' נג ז כרחל נאלמת לפני גוזזיה. פתחון זכויותם חון נא מגזיך** חננם בפתחך להם זכיות חנם מאוצרותיך (גזיך מל' גזא בארמית, שפירושו אוצר, עי' הוריות דף ט' א'. שבת דף ס"ג א'), ע"פ הדרשה שמות רבה מ"ה ו' אמר לו הקב"ה [למשה] אני מראה לך מתן שכרן של צדיקים... וחנותי את אשר אחון... באותה שעה הראה לו הקב"ה את כל האוצרות... אח"כ ראה אוצר גדול, אמר האוצר הזה של מי הוא, אמר לו מי שיש לו אני נותן לו משכרו, ומי שאין לו, אני עושה לו חנם ונותן לו מזה. **7 עברו באים בזרוע ונחת דשן** אפסו ועברו מן העולם הצדיקים שבאו בכח, ר"ל בכח מעשיהם (כלשון התלמוד ברכות דף י"ז ב' והם ניזונין בזרוע, פירש"י בזכות שבידם), והכהנים שערכו לחם הפנים והקריבו את הקרבנות, ע"ש איוב לו טז ונחת שולחנך מלא דשן. **ערער העוללות** השרידים הנשארים (ע"ש ישע' יז ו ונשאר בו עוללות) הם עזובים בערבה (ע"ש ירמ' יז ו והיה כערער בערבה). **ואכלת שילוח השן** ר"ל אוכל לבהמות, ע"ש שמות כב ד ושלח את בעירה, ולשון המשנה ב"ק ב' ב' כיצד השן מועדת וכו'. וכנראה חידש הפייטן 'אכלת' מל' לאכלה, שמות

סָע חָזוֹן וְרָזוֹן וְזָח הַחֹשֶׁן / שִׂיחַ תְּפִלַּת הָעֲטוּפִים תֵּפֶן מִלְּעַשֵּׁן.

נוֹצֵחַ לוֹ נוֹחַ וּמִדָּתְךָ תִּנָּכֵר / נוֹתֵן כֹּחַ לְהִנָּצֵחַ שָׂמֵחַ וּמִשְׁתַּכֵּר

מִשְׁפְּטֵי צִדְקֶךָ וְלֹא בְשֶׁטֶף וְהַכֵּר

מְדַבֵּר בִּצְדָקָה נֵס לְעֶזְרָה מִלְּנַכֵּר.

לֹא לְעוֹלָם תִּטּוֹר טוּבְךָ כַּבִּיר / לֹא כַחֲטָאֵינוּ תִּגְמוֹל וּמִדָּה תַּחְבִּיר

כִּי כִגְבוֹהַּ שָׁמַיִם חֶסֶד תַּגְבִּיר

כִּרְחוֹק מִזְרָח מִמַּעֲרָב פְּשָׁעֵינוּ תַּעֲבִיר.

יִצְרֵנוּ בְּיֹשֶׁר שְׁבִילְךָ קֶשֶׁט בָּרוּר / יַחַד בְּלִי עֶקֶב אַחֲרֶיךָ גָּרוּר

טז טו ועוד. **8 סע חזון** נפסקה הנבואה, ע״ש יחזק׳ יב כב ואבד כל חזון. סע (במקום ׳נסע׳) עי׳ צונץ, ס.פ. 481. **ורזון** השלטון, משלי יד כח. **וזח החשן** פסקה עבודת הכהן, ע״ש שמות כח כח ולא יזח החשן מעל האפוד. **שיח תפלת העטופים** ע״ש תהל׳ קב א תפלה לעני כי יעטף ולפני ה׳ ישפוך שיחו. **תפן** אליה **מלעשן** (ע״ש תהל׳ פ ה עד מתי עשנת בתפלת עמך) בלי לבזות אותה. **9 נוצח לו נוח** בית זה מעמיד את המפרש בפני קשיים מיוחדים, ורק השערות אפשר לשער על תכנו. נוצח לו נוח ר״ל מה שנוח לכל אדם להיות נוצח (עי׳ ירו׳ ר״ה א׳ ג׳ דף מ׳ א׳ בנוהג שבעולם כל אחד רוצה לנצח לחברו) — **ומדתך תנכר** תנכר מדתך זו שאתה מנצח. **נותן כח** לבני אדם (ע״ש ישע׳ מ כט) לנצח אותך. **להינצח שמח ומשתכר** כדרשת חז״ל פסח׳ דף קי״ט א׳ למנצח מזמור לדוד. זמרו למי שנוצחין אותו ושמח. בוא וראה שלא כמדת הקב״ה מדת בשר ודם. בשר ודם מנצחים אותו ועצב אבל הקב״ה נוצחין אותו ושמח. ועי׳ פסיקתא רבתי דף קס״ו ב׳ בשעה שאני נוצח אני מפסיד ובשעה שאני נצוח אני משתכר... **10 משפטי צדקך** (תהל׳ קיט ז ועוד) **ולא בשטף והכר** שהם ניתנים לא במהירות, עי׳ ויק״ר כ״ד ב׳ (ע׳ תקנ) שהן יודעין שיש שטף בדינו, ר״ל חפזון (ועי׳ במקבילים ובהערות שם), ולא בהכרת פנים, והמשפט לא נשלם, וכנראה ר״ל משפטי צדקך קיימים ועומדים. **מדבר בצדקה** ישע׳ סג א. **נס לעזרה מלנכר** שלא להתנכר כלפי מי שנס לעזרתו (הלשון ע״ש ישע׳ י ג על מי תנוסו לעזרה). **11 לא לעולם תטור** ע״ש תהל׳ קג ט. **טובך כביר** בזה טובך שלא לעולם תטור. **לא כחטאינו תגמול** שם קג י. **ומדה תחביר** ותחזיק במדת הדין. **12 כי כגבוה שמים... כרחוק מזרח ממערב...** שם קג יא-יב. **13 יצרנו ביושר שבילך קשט ברור / יחד בלי עקב אחריך גרור** התקן את יצרנו שיהא ברור וטהור ושיהא משוך אחריך בלי עקיפין (עֶקֶב הוא כנראה חידוש הפייטן מל׳ ויעקבני זה פעמים,

טְעוֹן עֻלְּךָ כֹּף כְּבֹשׁ סֵרוּר / טִיף מֵי טֹהַר לְהַמְתִּיק מֵרוּר.

חָצִיר וְקַשׁ יָבֵשׁ וְנִדָּף עָלֶה / חֲשׁוּבִים הִנֵּנוּ כְּצִיץ הַשָּׂדֶה עוֹלֶה
זְכֹר כִּי אֲנַחְנוּ עָפָר וּבָלֶה / זְכֹר כִּי חַיֵּינוּ צֵל וְכָלֶה.

וּמִי יַעֲמֹד חֵטְא אִם תִּשְׁמֹר / וּמִי יָקוּם דִּין אִם תִּגְמֹר
הַסְּלִיחָה עִמְּךָ הִיא סָלַחְתִּי לֵאמֹר / הָרַחֲמִים גַּם לְךָ מִדָּתְךָ לִכְמוֹר.

דִּכְדּוּךְ דַּלּוּתֵנוּ רְאֵה אַל תַּכְלִים
דַּעַת נְתִיב דְּרָכֶיךָ חֶפְצֵנוּ תַּשְׁלִים
גָּדוֹל וְקָטֹן רוּחַ שֵׂכֶל הַחֲלִים / גִּבּוֹרֵי כֹחַ רְצוֹנְךָ חַזֵּק וְהָאֱלִים.

בְּצִלְּךָ שֶׁבֶת שָׁבִים קַבֵּל נְדָבָה / בֵּיתְךָ יַפְרִיחוּ וְלֹא יוֹסִיפוּ לְדַאֲבָה
אוֹבֵד וְנִדָּח תַּשְׁבִּית נוֹגֵשׂ וּמַדְהֵבָה / אָז יַעֲלוּ וְיֵרָאוּ בְּרוּחַ נְדִיבָה.

ברא׳ כז לו במשמעות ׳רמאות׳, וי״ג עֶקֶף, ומסתבר). **14 טעון עולך כוף כבוש סירור** וכוף וכבוש את יצרנו הסורר ומורה להשתעבד לך ולטעון עולך עליו. **טיף מי טוהר** להטיף עלינו מים טהורים, ע״ש יחזק׳ לו כה וזרקתי עליכם מים טהורים... **להמתיק מירור** את מירור החטא. **15 חציר וקש יבש ונדף עלה חשובים הננו כציץ השדה עולה** ע״ש תהל׳ קג טו אנוש כחציר ימיו כציץ השדה כן יציץ, וע״ש איוב יג כה העלה נדף תערוץ ואת קש יבש תרדוף. **16 זכור כי אנחנו עפר ובלה** ע״ש תהל׳ קג יד זכור כי עפר אנחנו. **זכור כי חיינו צל וכלה** ע״ש איוב ח ט כי צל ימינו עלי ארץ. **17 ומי יעמוד חטא אם תשמור** ע״ש תהל׳ קל ג אם עונות תשמר יה ה׳ מי יעמוד. **ומי יקום** ר״ל מי יתקיים. **18 הסליחה עמך היא** תהל׳ קל ד. **סלחתי לאמר** לומר סלחתי (במד׳ יד כ). **הרחמים גם לך מדתך לכמור** גם מדתך היא לעורר בעצמך את הרחמים (ל׳ נכמרו רחמיו, ברא׳ מג ל ועוד). **19 דכדוך דלותנו מאד אל תכלים** אל תכלים את דכדוך דלותנו הגדול (תחביר נועז, ע״ש תהל׳ עט ח כי דלונו מאד). **דעת נתיב דרכיך חפצנו תשלים** מלא חפצנו לדעת דרכיך. **20 רוח שכל החלים** לחזק קטון וגדול, ע״ש ישע׳ לח טז ותחלימני והחייני. **גבורי כח** ע״ש תהל׳ קג כ מלאכיו גבורי כח עושי דברו רצונך חזק והאלים יהי רצון מלפניך לחזק ולהאלים את ישראל עושי רצונך. **21 בצלך שבת שבים** השבים לשבת בצלך, ע״ש הושע יד ח ישובו ישבו בצלו. **קבל נדבה** ברצון, דוגמת אהבם נדבה, הושע יד ה. **ביתך יפריחו** ע״ש תהל׳ צב יג צדיק כתמר יפרח, והושע יד ח ויפרחו כגפן. **ולא יוסיפו לדאבה** ירמ׳ לא יא. **22 אובד ונדח ישראל** היושב בגלות. **תשבית נוגש ומדהבה** ע״ש ישע׳ יד ד איך שבת

23 שִׁלּוּם פָּרִים שְׂפָתֵינוּ תִּכּוֹן אֱמֶת
לֶכְתֵּנוּ אַחֲרֶיךָ בְּתֹם וְיֹשֶׁר הַעֲמֵת
מֵלִיץ יֹשֶׁר קַבֵּל וּמַלְשִׁנֵי צַמֵּת / הֶחָפֵץ בַּחַיִּים וְלֹא בְּמוֹת הַמֵּת.
25 הֲקִימֵנוּ בְּאוֹר פָּנֶיךָ וְחֶשְׁבּוֹן יִתַּמֵּצָה
קִיּוּם מֵרֶדֶת שַׁחַת כֹּפֶר יִמָּצֵא
טֶרֶם נִקְרָא עוֹד דִּבּוּר יֵצֵא / נִדְבוֹת פִּינוּ יי נָא רְצֵה.

אֵל מֶלֶךְ יוֹשֵׁב עַל כִּסֵּא רַחֲמִים / מִתְנַהֵג בַּחֲסִידוּת
מוֹחֵל עֲוֹנוֹת עַמּוֹ / מַעֲבִיר רִאשׁוֹן רִאשׁוֹן
מַרְבֶּה מְחִילָה לְחַטָּאִים וּסְלִיחָה לְפוֹשְׁעִים
עוֹשֶׂה צְדָקוֹת עִם כָּל בָּשָׂר וָרוּחַ, וְלֹא כְרָעָתָם תִּגְמֹל.
אֵל הוֹרֵיתָ לָנוּ לוֹמַר שְׁלֹשׁ עֶשְׂרֵה
וּזְכֹר לָנוּ הַיּוֹם בְּרִית שְׁלֹשׁ עֶשְׂרֵה
כְּמוֹ שֶׁהוֹדַעְתָּ לֶעָנָו מִקֶּדֶם, כְּמוֹ שֶׁכָּתוּב
וַיֵּרֶד יי בֶּעָנָן וַיִּתְיַצֵּב עִמּוֹ שָׁם, וַיִּקְרָא בְשֵׁם יי.
וַיַּעֲבֹר יי עַל פָּנָיו וַיִּקְרָא

נוגש שבתה מדהבה. **אז יעלו ויראו ברוח נדיבה** ע״ש תהל׳ נא יד. **23 שילום פרים שפתינו** ע״ש הושע יד ג. **תכון אמת** (ע״ש משלי יב יט שפת אמת תכון לעד) יה״ר שתפלתנו תיחשב כאמתית. **לכתנו אחריך** (ע״ש ירמ׳ ב ב) **בתום ויושר העמת** צרף ושתף תום ויושר, והעמת מל׳ עמיתך. **24 ומלשני** השטן המלשין, תהל׳ קא ה. **החפץ בחיים** הלשון ע״ש תהל׳ לד יג מי האיש החפץ חיים. **ולא במות המת** ע״ש יחזק׳ יח לב כי לא אחפץ במות המת... והשיבו וחיו. **25 הקימנו באור פניך** ע״ש תהל׳ פט טז ה׳ באור פניך יהלכון. **וחשבון יתמצה** ישתווה וייגמר, כאילו היסורין כיפרו על העונות, עי׳ ב״ר צ״ב ב׳ (ע׳ 1139) לעת מצוא, לעת מיצוי הדין... לעת מיצוי חשבון, כיון שראה יעקב שנתמצה החשבון התחיל שופך תחנונים... ירו׳ סוטה א׳ ז׳ דף י״ז א׳ והחשבון מתמצה. **קיום** (ר״ל לקיום) **מרדת שחת כופר ימצא** ע״ש איוב לג כד פדעהו מרדת שחת מצאתי כופר. **26 טרם נקרא עוד דיבור יצא** ע״ש ישע׳ סה כד והיה טרם יקראו ואני אענה וכו׳, ר״ל הדיבור סלחתי. **נדבות פינו ה׳ נא רצה** תהל׳ קיט קח.

יי יי אֵל רַחוּם וְחַנּוּן, אֶרֶךְ אַפַּיִם וְרַב חֶסֶד וֶאֱמֶת.
נֹצֵר חֶסֶד לָאֲלָפִים, נֹשֵׂא עָוֹן וָפֶשַׁע וְחַטָּאָה, וְנַקֵּה
וְסָלַחְתָּ לַעֲוֹנֵנוּ וּלְחַטָּאתֵנוּ וּנְחַלְתָּנוּ.
סְלַח לָנוּ אָבִינוּ כִּי חָטָאנוּ, מְחַל לָנוּ מַלְכֵּנוּ כִּי פָשָׁעְנוּ
כִּי אַתָּה אֲדֹנָי טוֹב וְסַלָּח וְרַב חֶסֶד לְכָל קֹרְאֶיךָ.

סימן: א״ב יוסף בר יצחק [מאורליינס].

אֲדוֹן מוֹעֵד כְּתִקַּח מֵישָׁרִים לִשְׁפּוֹט בְּתַעֲצוּמֶיךָ
אֶתְיַצְּבָה בְּפֶלֶץ לְחַלּוֹת פָּנֶיךָ לְרוֹמְמֶךָ
בְּמַעֲשַׂי לֹא נִשְׁעַנְתִּי כִּי אִם בְּרַחֲמֶיךָ / יי עֲשֵׂה לְמַעַן שְׁמֶךָ.

גָּזוּ אֱמוּנִים גִּבּוֹרֵי כֹחַ בְּמֶרֶץ / גַּם גּוֹדְרֵי גָדֵר וְעוֹמְדֵי בַפֶּרֶץ
דּוֹרְשֵׁי חֶפְצָם בְּכֹחַ מְשׁוֹכֵן שְׁמֵי עֶרֶץ / אָבַד חָסִיד מִן הָאָרֶץ.

הֵן קַלּוֹתִי וּמָה אָשִׁיב בְּמוֹ פִי / הִנְנִי צָעִיר וּכְאַיִן מִפְעֲלוֹת כַּפִּי
וְאֵיךְ אֲקַוֶּה וַאֲנִי רַב דֹּפִי / הֱיוֹת לְרָצוֹן אִמְרֵי פִי.

זָחַלְתִּי וָאִירָא מֵחַוּוֹת דֵּעִי / זְדוֹנִי יָגֹרְתִּי וּמֶרֶד פִּשְׁעִי

1 **אדון מועד כתקח מישרים לשפוט** תהל׳ עה ג, ומועד למשפט הוא ראש השנה ע״פ המשנה ר״ה א׳ ב׳. **בפלץ** ברעדה, ל׳ פלצות בעתתני, ישע׳ כא ד. **לחלות פניך** זכר׳ ז ב. 2 **במעשי לא נשענתי כי אם ברחמיך** דוגמת ישע׳ י כ וירמ׳ מח ז. **יי עשה למען שמך** ירמ׳ יד ז. 3 **גזו אמונים** חדלו מהר, ל׳ כי גז חיש, תהל׳ צ י, ע״פ תהל׳ יב ב כי פסו אמונים. **גבורי כח** תהל׳ קג כ. **גודרי גדר ועומדי בפרץ** יחזק׳ כב ל, פי׳ אנשי אמנה שיכולים לבקש רחמים על הצבור. 4 **משוכן שמי ערץ** משוכן בשמים, והשמים נקראים בפי הפייטנים שמי ערץ (ר״ל השמים החזקים, ע״פ תהל׳ פט ח אל נערץ בסוד קדושים) או ׳ערץ׳ בקצור. **אבד חסיד מן הארץ** מיכה ז ב. 5 **הן קלותי ומה אשיב במו פי** איוב מ ד. **הנני צעיר** שם לב ו. **וכאין מפעלות כפי** ומעשי ידי נחשבים כאין. 6 **דופי** הרס (תהל׳ נ כ), והוא כינוי לחטא. **היות לרצון אמרי פי** תהל׳ יט טו. 7 **זחלתי ואירא מחוות דעי** איוב לב ו (וע׳ לעיל 5). **זדוני יגורתי** יראתי. 8 **בהתודותי ועזבי**

חֲנוּן רַחֲמֵנִי בְּהִתְוַדּוּתִי וְעָזְבִי רִשְׁעִי
שְׁמַע קוֹל תַּחֲנוּנַי אֵלֶיךָ בְּשַׁוְּעִי.

טָעִיתִי וְהִנְנִי שָׁב וּמִתְוַדֶּה עֲשׂוֹת רְצוֹנֶךָ
טְהָר עֵינַיִם חָשְׁבֵנִי כְּשָׁלֵם לְפָנֶיךָ
יָהּ הִכָּנֵס לִי לִפְנִים מִשּׁוּרַת דִּינֶךָ / וְאֵדָעֲךָ לְמַעַן אֶמְצָא חֵן בְּעֵינֶיךָ.

כֹּחֲךָ יִגְדַּל נָא וּבִתְפִלָּתִי הִתְנָאֵה / כִּתְפִלַּת זָקֵן וְרָגִיל וּפִרְקוֹ נָאֶה
לְבָבִי הַנִּשְׁבָּר הַנִּדְכֶּה וְהַנִּכְאֶה / הַבֵּט מִשָּׁמַיִם וּרְאֵה.

מְרֻבִּים צָרְכֵי עַמְּךָ וְדַעְתָּם קְצָרָה
מַחְסוֹרָם וּמִשְׁאֲלוֹתָם בַּל יוּכְלוּ לְסַפְּרָה
נָא בִּינָה הֲגִיגֵנוּ טֶרֶם נִקְרָא / הָאֵל הַגָּדוֹל הַגִּבּוֹר וְהַנּוֹרָא.

סָפוּ וְגַם כָּלוּ יוֹדְעֵי פְּגִיעָה / סֵדֶר תְּפִלּוֹת בְּמַעֲנֵה לְשׁוֹנָם לְהַבִּיעָה
עֲרֻמִּים נוֹתַרְנוּ וְרַבְּתָה בָּנוּ הָרָעָה / עַל כֵּן לֹא הִשִּׂיגַתְנוּ יְשׁוּעָה.

ע"פ משלי כח יג ומודה ועוזב ירחם. **שמע קול תחנוני אליך בשועי** תהל׳ כח ב. **9 עשות רצונך** תהל׳ מ ט. **טהר עינים** כינוי להקב"ה, חבק׳ א יג. **חשבני כשלם** כמשולם במדות וראוי להיות ש"ץ. **10 הכנס לי לפנים משורת דינך** לשון התלמוד, ברכות דף ז׳ א׳. **ואדעך למען אמצא חן בעיניך** שמות לג יג. **11 כחך יגדל נא** במד׳ יד יז. **כתפלת זקן ורגיל ופרקו נאה** מדות הש"ץ ע"פ התלמוד, תענ׳ דף ט"ז א׳. **12 לבבי הנשבר הנדכה והנכאה** תהל׳ נא יט. קט טז. **הבט משמים וראה** תהל׳ פ טו. **13 מרובים צרכי עמך ודעתם קצרה** נוסח תפלה קצרה שמתפלל אדם במקום סכנה כדעת ׳אחרים׳, ברכות דף ל׳ ב׳. **מחסורם** (שם) **ומשאלותם בל יוכלו לספרה** מפני קוצר דעתם. **14 נא בינה הגיגנו** תהל׳ ה ב. **טרם נקרא** ישע׳ סה כד. **האל הגדול הגבור והנורא** דבר׳ י יז. **15 ספו וגם כלו** חדלו. **יודעי פגיעה** היודעים להתפלל, עי׳ ברכות דף כ"ו ב׳. תענ׳ דף ז׳ ב׳ אין פגיעה אלא תפלה, שנ׳ (ירמ׳ ז טז) ואתה אל תתפלל... ואל תפגע בי [ועי׳ ג"כ ירו׳ ברכות ד׳ א׳ (דף ז׳ ב׳)], וזוהי אחת מעשרה לשונות שנקראת בהן התפלה לפי המדרש דבר׳ רבה ב׳ א׳. **במענה לשונם** משלי טז א. **16 ערומים נותרנו** נשארנו ערומים

פָּנִים אֵין לָנוּ פָּנֶיךָ לְחַלּוֹת / פָּשַׁעְנוּ וּמָרַדְנוּ וְהֶעֱוִינוּ מְסִלּוֹת
צְדָקָה לְךָ לְבַד נְבַקֵּשׁ בְּמַעַרְכֵי תְהִלּוֹת
הָעוֹמְדִים בְּבֵית יי בַּלֵּילוֹת.

קָדוֹשׁ רְאֵה כִּי פַּס מֵלִיץ כַּשּׁוּרָה / קַבֵּל נִיבִי כְּמַרְבִּית תְּשׁוּרָה
רִנָּתִי הַיּוֹם תְּהֵא בְּכִתְרְךָ קְשׁוּרָה / אֵל נֶאְזָר בִּגְבוּרָה.

שַׁוְעָתִי שְׁעֵה וּתְפִלָּתִי תְהֵא נְעִימָה / שְׁמַע פְּגִיעָתִי כִּפְגִיעָה תַמָּה
תְּחָקְקֵנוּ לְחַיִּים וְתֵיטִיב הַחֲתִימָה / תּוֹלֶה אֶרֶץ עַל בְּלִימָה.

אֵל מֶלֶךְ יוֹשֵׁב עַל כִּסֵּא רַחֲמִים / מִתְנַהֵג בַּחֲסִידוּת
מוֹחֵל עֲוֹנוֹת עַמּוֹ / מַעֲבִיר רִאשׁוֹן רִאשׁוֹן
מַרְבֶּה מְחִילָה לְחַטָּאִים וּסְלִיחָה לְפוֹשְׁעִים
עוֹשֶׂה צְדָקוֹת עִם כָּל בָּשָׂר וָרוּחַ, וְלֹא כְרָעָתָם תִּגְמֹל.
אֵל הוֹרֵיתָ לָנוּ לוֹמַר שְׁלֹשׁ עֶשְׂרֵה
וּזְכֹר לָנוּ הַיּוֹם בְּרִית שְׁלֹשׁ עֶשְׂרֵה
כְּמוֹ שֶׁהוֹדַעְתָּ לֶעָנָו מִקֶּדֶם, כְּמוֹ שֶׁכָּתוּב

ממצוות ומעשים טובים (לשון התלמוד שבת דף י״ד א׳ ערום בלא מצוות). **17 פנים אין לנו** אין לנו אומץ ועזוז פנים. **פניך לחלות** שמות לב יא. **פשענו ומרדנו** יחזק׳ כ לח. **והעוינו מסילות** ע״ש ירמ׳ ג כא העוו את דרכם. ויש גורסין **עקלנו מסילות** הלכנו בדרכים עקלקלות (שופט׳ ה ו). **18 צדקה לך לבד** ע״ש דני׳ ט ז, כך נבקש ונתפלל **במערכי תהלות** בסדר תפלתנו (דוגמת מערכי לב, משלי טז א). **העומדים בבית יי בלילות** תהל׳ קלד א. **19 כי פס** אפס (תהל׳ יב ב). **כשורה** כהוגן (כלשון התלמוד ב״מ דף ע״ג ב׳ אינו נוהג כשורה), פי׳ אין ש״ץ הגון. **ניבי** ניב שפתי, ישע׳ נז יט. **כמרבית תשורה** כריבוי מנחות, ופי׳ תשורה מנחה (ש״א ט ז). **20 רנתי היום תהא בכתרך קשורה** לפי דרשת חז״ל שמות רבה כ״א ו׳ שהמלאך הממונה על התפלות עושה מהן עטרות להקב״ה, ועי׳ ג״כ זהר בשלח דף נ״ח א. פקודי דף רמ״ו א׳. מדרש כונן (ילינק, בית המדרש כרך ב׳) ע׳ 26. **אל נאזר בגבורה** תהל׳ סה ז. **21 שועתי שעה** לשועתי שעה, ר״ל האזן. **כפגיעה תמה** כאילו תפלתי שלימה והגונה. **22 תחקקנו לחיים** כתבנו לחיים בעט ברזל.

וַיֵּרֶד יי בֶּעָנָן וַיִּתְיַצֵּב עִמּוֹ שָׁם, וַיִּקְרָא בְשֵׁם יי.
וַיַּעֲבֹר יי עַל פָּנָיו וַיִּקְרָא
יי יי אֵל רַחוּם וְחַנּוּן, אֶרֶךְ אַפַּיִם וְרַב חֶסֶד וֶאֱמֶת.
נֹצֵר חֶסֶד לָאֲלָפִים, נֹשֵׂא עָוֹן וָפֶשַׁע וְחַטָּאָה, וְנַקֵּה
וְסָלַחְתָּ לַעֲוֹנֵנוּ וּלְחַטָּאתֵנוּ וּנְחַלְתָּנוּ.
סְלַח לָנוּ אָבִינוּ כִּי חָטָאנוּ, מְחַל לָנוּ מַלְכֵּנוּ כִּי פָשָׁעְנוּ
כִּי אַתָּה אֲדֹנָי טוֹב וְסַלָּח וְרַב חֶסֶד לְכָל קֹרְאֶיךָ.

23 יָדְךָ פְּשׁוֹט וְקַבֵּל תְּשׁוּבָתִי בְּמַעֲמָדִי / סְלַח נָא וּמְחַל רֹעַ מַעְבָּדִי
פְּנֵה וַעֲסֹק בְּטוֹבַת מְשַׁחֲרֶיךָ דּוֹדִי וּמְעוֹדְדִי / וְאַתָּה יי מָגֵן בַּעֲדִי.

אֵל מֶלֶךְ יוֹשֵׁב עַל כִּסֵּא רַחֲמִים / מִתְנַהֵג בַּחֲסִידוּת
מוֹחֵל עֲוֹנוֹת עַמּוֹ / מַעֲבִיר רִאשׁוֹן רִאשׁוֹן
מַרְבֶּה מְחִילָה לְחַטָּאִים וּסְלִיחָה לְפוֹשְׁעִים
עוֹשֶׂה צְדָקוֹת עִם כָּל בָּשָׂר וָרוּחַ, וְלֹא כְרָעָתָם תִּגְמֹל.
אֵל הוֹרֵיתָ לָנוּ לוֹמַר שְׁלשׁ עֶשְׂרֵה
וּזְכֹר לָנוּ הַיּוֹם בְּרִית שְׁלשׁ עֶשְׂרֵה
כְּמוֹ שֶׁהוֹדַעְתָּ לֶעָנָו מִקֶּדֶם, כְּמוֹ שֶׁכָּתוּב
וַיֵּרֶד יי בֶּעָנָן וַיִּתְיַצֵּב עִמּוֹ שָׁם, וַיִּקְרָא בְשֵׁם יי.
וַיַּעֲבֹר יי עַל פָּנָיו וַיִּקְרָא

ותיטיב החתימה מכאן שסליחה זו היתה מיועדת לתפלת נעילה ביום כפור. **תולה ארץ על בלימה** איוב כו ז. 23 **ידך פשוט וקבל תשובתי** לקוח מתפלה עתיקה 'אתה נותן יד לפושעים וימינך פשוטה לקבל שבים' (וידוי לנעילה) ע"פ פרקי ר' אליעזר מ"ג ר"ע אומר נבראת התשובה וימינו של הקב"ה פשוטה לקבל שבים בכל יום. והלשון 'פשוט יד' (במקום 'פרש יד') ידוע מלשון המשנה (שבת א' א'). **במעמדי** כשליח צבור. 24 **משחריך** משלי ח יז, פי' מבקשי פניך. **דודי** שה"ש א יג ועוד. **ומעודדי** התומך בי, תהל' קמו ט. **ואתה יי מגן בעדי** תהל' ג ד. 25 **בזה**

יי יי אֵל רַחוּם וְחַנּוּן, אֶרֶךְ אַפַּיִם וְרַב חֶסֶד וֶאֱמֶת.
נֹצֵר חֶסֶד לָאֲלָפִים, נֹשֵׂא עָוֹן וָפֶשַׁע וְחַטָּאָה, וְנַקֵּה
וְסָלַחְתָּ לַעֲוֹנֵנוּ וּלְחַטָּאתֵנוּ וּנְחַלְתָּנוּ.
סְלַח לָנוּ אָבִינוּ כִּי חָטָאנוּ, מְחַל לָנוּ מַלְכֵּנוּ כִּי פָשָׁעְנוּ
כִּי אַתָּה אֲדֹנָי טוֹב וְסַלָּח וְרַב חֶסֶד לְכָל קֹרְאֶיךָ.

בָּזֹה אַל תִּבְזֶה הוֹד מִלּוּלִי / רוֹמַמְתִּי הוֹדְךָ לְפִי עֲנִיּוּת שִׂכְלִי
מַלֵּא לְטוֹבָה תַּאֲוָתִי וּמִשְׁאָלִי / אֱלֹהִים אֲדֹנָי חֵילִי.

יֶעֱרַב שִׂיחִי וְתֵעָתֵר בִּתְפִלָּה / צְרוֹף לְחֶשְׁבּוֹן כָּל מִלָּה וּמִלָּה
חֲשֹׁב קָדוֹשׁ מַעֲמָדִי כְּמִנְחָה בְלוּלָה / הַאֲזִינָה אֱלֹהֵי יַעֲקֹב סֶלָה.

אֵל מֶלֶךְ יוֹשֵׁב עַל כִּסֵּא רַחֲמִים / מִתְנַהֵג בַּחֲסִידוּת
מוֹחֵל עֲוֹנוֹת עַמּוֹ / מַעֲבִיר רִאשׁוֹן רִאשׁוֹן
מַרְבֶּה מְחִילָה לְחַטָּאִים וּסְלִיחָה לְפוֹשְׁעִים
עוֹשֶׂה צְדָקוֹת עִם כָּל בָּשָׂר וָרוּחַ, וְלֹא כְרָעָתָם תִּגְמֹל.
אֵל הוֹרֵיתָ לָנוּ לוֹמַר שְׁלֹשׁ עֶשְׂרֵה
וּזְכֹר לָנוּ הַיּוֹם בְּרִית שְׁלֹשׁ עֶשְׂרֵה
כְּמוֹ שֶׁהוֹדַעְתָּ לֶעָנָו מִקֶּדֶם, כְּמוֹ שֶׁכָּתוּב
וַיֵּרֶד יי בֶּעָנָן וַיִּתְיַצֵּב עִמּוֹ שָׁם, וַיִּקְרָא בְשֵׁם יי.
וַיַּעֲבֹר יי עַל פָּנָיו וַיִּקְרָא

אל תבזה תהל׳ כב כה. **הוד מילולי** השבח שבדיבורי. **26 אלהים יי חילי** חבק׳ ג יט. **27 יערב שיחי** תהל׳ קד לד. **ותעתר בתפלה** ע״פ דה״ב לג יג. **צרוף לחשבון כל מלה ומלה** לחשבון זכויותי, כי מחשבה טובה המקום מצרפה למעשה (ירו׳ פאה א׳ א׳ דף ט״ז ב׳). **28 כמנחה בלולה** כמנחת סולת בלולה בשמן (במד׳ טו ו ועוד). **האזינה אלהי יעקב סלה** תהל׳ פד ט.

יי יי אֵל רַחוּם וְחַנּוּן, אֶרֶךְ אַפַּיִם וְרַב חֶסֶד וֶאֱמֶת.
נֹצֵר חֶסֶד לָאֲלָפִים, נֹשֵׂא עָוֹן וָפֶשַׁע וְחַטָּאָה, וְנַקֵּה
וְסָלַחְתָּ לַעֲוֹנֵנוּ וּלְחַטָּאתֵנוּ וּנְחַלְתָּנוּ.
סְלַח לָנוּ אָבִינוּ כִּי חָטָאנוּ, מְחַל לָנוּ מַלְכֵּנוּ כִּי פָשָׁעְנוּ
כִּי אַתָּה אֲדֹנָי טוֹב וְסַלָּח וְרַב חֶסֶד לְכָל קֹרְאֶיךָ.

זְכֹר בְּרִית אַבְרָהָם וַעֲקֵדַת יִצְחָק
וְהָשֵׁב שְׁבוּת אָהֳלֵי יַעֲקֹב
וְהוֹשִׁיעֵנוּ לְמַעַן שְׁמֶךָ.

סימן: א״ב (כפול) גרשם בר יהודה חזק.

אָבַדְנוּ מֵאֶרֶץ טוֹבָה בְּחִפָּזוֹן / אָרְכוּ הַיָּמִים וְדָבַר כָּל חָזוֹן
בְּיִשְׂרָאֵל חָדְלוּ פְּרָזוֹן / בְּמִשְׁמַנֵּינוּ שִׁלַּח רָזוֹן.
וְשׁוּב בְּרַחֲמִים עַל שְׁאֵרִית יִשְׂרָאֵל / וְהוֹשִׁיעֵנוּ לְמַעַן שְׁמֶךָ.

גּוֹלָה אַחַר גּוֹלָה / גָּלְתָה יְהוּדָה כֻּלָּה
דָּוָה כָּל הַיּוֹם וְכָלָה / דּוֹרֵשׁ וּמְבַקֵּשׁ אֵין לָהּ.
וְהָשֵׁב שְׁבוּת אָהֳלֵי יַעֲקֹב / וְהוֹשִׁיעֵנוּ לְמַעַן שְׁמֶךָ.

זכור ברית אברהם ויק׳ כו מב. **והשב שבות אהלי יעקב** ירמ׳ ל יח. **והושיענו למען שמך** תהל׳ קו ח. ובחרוז השני: **ושוב... על שארית ישראל** יחזק׳ יא יג ועוד (ושוב... על [במקום ׳אל׳] דוגמת דה״ב ל ט).

1 **אבדנו מארץ טובה** דבר׳ יא יז. **ארכו הימים ודבר כל חזון** יחזק׳ יב כב־כג, נבואה זו נתקיימה בנו. 2 **בישראל חדלו פרזון** שופט׳ ה ז, ר״ל חדלה רוח הנבואה, ע״פ הדרשה פסח׳ דף ס״ו ב׳ כל המתיהר... נבואתו מסתלקת ממנו, מדבורה... **במשמנינו שולח רזון** ישע׳ י טז. 3 **גלתה יהודה** איכה א ג. 4 **דוה כל היום** שם א יג. **דורש ומבקש אין לה** ירמ׳ ל יז בצירוף

גּוֹאֵל חָזָק לְמַעַנְךָ פְּדֵנוּ / רְאֵה כִּי אָזְלַת יָדֵנוּ
שׁוּר כִּי אָבְדוּ חֲסִידֵינוּ / מַפְגִּיעַ אֵין בַּעֲדֵנוּ.

וְשׁוּב בְּרַחֲמִים עַל שְׁאֵרִית יִשְׂרָאֵל / וְהוֹשִׁיעֵנוּ לְמַעַן שְׁמֶךָ.

הָעִיר הַקֹּדֶשׁ וְהַמְּחוֹזוֹת / הָיוּ לְחֶרְפָּה וּלְבִזּוֹת
וְכָל מַחֲמַדֶּיהָ טְבוּעוֹת וּגְנוּזוֹת / וְאֵין שִׁיּוּר רַק הַתּוֹרָה הַזֹּאת.

וְהָשֵׁב שְׁבוּת אָהֳלֵי יַעֲקֹב / וְהוֹשִׁיעֵנוּ לְמַעַן שְׁמֶךָ.

זִקְנֵי יְהוּדָה וְיוֹשְׁבֵי יְרוּשָׁלַיִם / זֵר גְּאוֹנָם נִרְמַס בְּרַגְלַיִם
חָטְאוּ בְּכֶפֶל וְלָקוּ בְּכִפְלַיִם / חָשְׂפַת עַל פָּנֵימוֹ שׁוּלַיִם.

וְהָשֵׁב שְׁבוּת אָהֳלֵי יַעֲקֹב / וְהוֹשִׁיעֵנוּ לְמַעַן שְׁמֶךָ.

טָשׂ כְּנֶשֶׁר מְבַקֵּשׁ נַפְשָׁם / טְבוֹחַ בַּחוּרֵיהֶם בְּבֵית מִקְדָּשָׁם
יָסַפְתָּ לְיַסְּרָם וּלְעָנְשָׁם / יְלָדִים עַל אֵם לְרַטְּשָׁם.

וְשׁוּב בְּרַחֲמִים עַל שְׁאֵרִית יִשְׂרָאֵל / וְהוֹשִׁיעֵנוּ לְמַעַן שְׁמֶךָ.

כֻּבַּשְׁנוּ לַעֲבָדִים וְנִתְיַגַּעְנוּ / כְּנַסְנוּ מֵהָאֲרִי הַדֹּב פְּגָעָנוּ
לָחַץ נָמֵר עַד כִּי יָגַעְנוּ / לִבַּט נוּבַר וְלֹא הֻרְגָּעְנוּ.

וְהָשֵׁב שְׁבוּת אָהֳלֵי יַעֲקֹב / וְהוֹשִׁיעֵנוּ לְמַעַן שְׁמֶךָ.

יחזק׳ לד ו. 5 **העיר הקדש והמחוזות** דני׳ ט כו, ר״ל העיר ובית המקדש והסביבה. **היו לחרפה ולבזות** תהל׳ קיט כב או כדומה. 6 **וכל מחמדיה** איכה א י. **ואין שיור** לא נשאר לנו כלום. **רק התורה הזאת** לפי ספרא בחוקותי פרק ח׳ י׳ ואילולי ספר תורה שנשתייר להם לא היו משונים מאומת העולם כלום. 7 **זקני יהודה ויושבי ירושלם** דה״ב לד כט-ל. **נרמס ברגלים** ישע׳ כח ג. 8 **חטאו בכפל** חטא חטאה ירושלם, איכה א ח. **ולקו בכפלים** ישע׳ מ ב, ע״פ הדרשה פסדר״כ דף קכ״ט א׳. **חשפת על פנימו שולים** ירמ׳ יג כו. 9 **טש כנשר** איוב ט כו. **מבקש נפשם** ש״א כ א ועוד. **טבוח בחוריהם בבית מקדשם** דה״ב לו יז. 10 **יספת ליסרם** ויק׳ כו יח. **ילדים על אם לרטשם** ע״ש הושע י יד אם על בנים רטשה. 11 **כובשנו לעבדים** דה״ב כח י. **כנסנו מהארי הדוב פגענו** עמוס ה יט. 12 **לחץ נמר** ע״ש ירמ׳ ה ו. **ליבט נובר** החזיר הנובר באשפה (ב״ק דף

מִכָּל מְשַׁעְבְּדֵי אֹם שְׁלִישִׁיָּה / מָשְׁכָה וְאָרְכָה מַלְכוּת רְבִיעִיָּה
נָתְנָה עֹל בַּרְזֶל עַל עֲנִיָּה / נִהְיְתָה תַּאֲנִיָּה וַאֲנִיָּה.

וְשׁוּב בְּרַחֲמִים עַל שְׁאֵרִית יִשְׂרָאֵל / וְהוֹשִׁיעֵנוּ לְמַעַן שְׁמֶךָ.

שְׂרִידֵי עָם עֹל מַלְכוּתְךָ קִבֵּל / שׂוֹנֵא דוֹחֵק מַשְׁחִית וּמְחַבֵּל
עֻלְּךָ לִפְרוֹק הַנָּאֶה וּמִתְקַבֵּל / עֶצֶב נִבְזֶה לֶאֱלוֹהַּ לְקַבֵּל.

וְהָשֵׁב שְׁבוּת אָהֳלֵי יַעֲקֹב / וְהוֹשִׁיעֵנוּ לְמַעַן שְׁמֶךָ.

פֶּצַע וְחַבּוּרָה וּמַכָּה טְרִיָּה / פְּצְעָה עָלֶיךָ בַּת הָעִבְרִיָּה
צַר לָהּ מַר לָהּ בְּאֶרֶץ נָכְרִיָּה / צָדוּהָ כַּצִּפּוֹר מֵהַר הַמּוֹרִיָּה.

וְשׁוּב בְּרַחֲמִים עַל שְׁאֵרִית יִשְׂרָאֵל / וְהוֹשִׁיעֵנוּ לְמַעַן שְׁמֶךָ.

קֹשֶׁט עָשִׂיתָ כִּי הִרְשָׁעְנוּ / קָצַפְתָּ עָלֵינוּ כִּי פָּשָׁעְנוּ
רְצוֹנְךָ לַעֲשׂוֹת הִרְהַרְנוּ וְחָשַׁבְנוּ / רֶשַׁע נַעֲזֹב וְעָדֶיךָ שַׁבְנוּ.

וְהָשֵׁב שְׁבוּת אָהֳלֵי יַעֲקֹב / וְהוֹשִׁיעֵנוּ לְמַעַן שְׁמֶךָ.

י״ז א׳), כחיה רביעית, הטריח, עינה אותנו. וכל הלשונות האלה מסמנים את שלטונות הגוים ואת רדיפותיהם בהתאם לתיאור ארבע החיות בדני׳ ז ג-ז, וה״ה גם בהמשך. **13 מכל משעבדי אום שלישיה** מלכות יון, השלישית בשורת ארבע המלכויות ששיעבדו את ישראל, עי׳ מכילתא בחדש השלישי ט׳ (לפסוק כ טו). **מלכות רביעיה** מלכות רומי (שם). **14 עול ברזל** דבר׳ כח מח. **על עניה** על ישראל, ישע׳ נד יא. **תאניה ואניה** איכה ב ה. **15 שרידי עם** ירמ׳ לא א. **עול מלכותך קבל** את שרידי העם אשר קיבל עליו עול מלכותך (לשון המשנה ברכות ב׳ ב׳). **שונא דוחק משחית ומחבל** ישע׳ נד טז. **16 עולך לפרוק** בראשית כז מ. **עצב נבזה** ירמ׳ כב כח. **17 פצע וחבורה ומכה טריה** ישע׳ א ו. **פוצעה עליך** למענך, דוגמת תהל׳ מד כג כי עליך הורגנו. **18 צר לה** ש״ב כד יד. **מר לה** איכה א ד. **בארץ נכריה** שמות ב כב. **צדוה כצפור** איכה ג נב. **19 קושט עשית כי הרשענו** נחמ׳ ט לג כי אמת עשית, ותרגום אמת קשוט, בעברית קושט (משלי כב כא). **קצפת עלינו** איכה ה כב. **20 רצונך לעשות** תהל׳ מ ט. **רשע נעזוב** ישע׳ נה ז. **21 שוב מחרון**

שׁוּב מֵחֲרוֹן אַפֶּךָ / שַׁכֵּךְ כַּעַסְךָ וְקִצְפֶּךָ
תִּזְכּוֹר רַחֵם בְּזַעְפֶּךָ / תּוֹשִׁיעַ עַם חוֹסֶיךָ וּמְצַפֶּיךָ.

וְשׁוּב בְּרַחֲמִים עַל שְׁאֵרִית יִשְׂרָאֵל / וְהוֹשִׁיעֵנוּ לְמַעַן שְׁמֶךָ.

גּוֹאֵל חָזָק לְמַעַנְךָ פְּדֵנוּ / רְאֵה כִּי אָזְלַת יָדֵנוּ
שׁוּר כִּי אָבְדוּ חֲסִידֵינוּ / מַפְגִּיעַ אֵין בַּעֲדֵנוּ.

וְהָשֵׁב שְׁבוּת אָהֳלֵי יַעֲקֹב / וְהוֹשִׁיעֵנוּ לְמַעַן שְׁמֶךָ.

בְּרִית אָבוֹת וְאִמָּהוֹת וְהַשְּׁבָטִים / רַחֲמֶיךָ וַחֲסָדֶיךָ בְּרִבּוֹת עִתִּים
יָהּ זְכוֹר לְמֻכִּים וּנְמֹרָטִים / וְעָלֶיךָ כָּל הַיּוֹם נִשְׁחָטִים.

וְשׁוּב בְּרַחֲמִים עַל שְׁאֵרִית יִשְׂרָאֵל / וְהוֹשִׁיעֵנוּ לְמַעַן שְׁמֶךָ.

דּוֹרֵשׁ דָּמִים דּוּן דִּינֵנוּ / הָשֵׁב שִׁבְעָתַיִם אֶל חֵיק מְעַנֵּינוּ
חִנָּם נִמְכַּרְנוּ וְלֹא בְכֶסֶף פְּדֵנוּ / זְקֹף בֵּית מִקְדָּשְׁךָ הַשָּׁמֵם לְעֵינֵינוּ.

וְהָשֵׁב שְׁבוּת אָהֳלֵי יַעֲקֹב / וְהוֹשִׁיעֵנוּ לְמַעַן שְׁמֶךָ.

אפך שמות לב יב. **שכך כעסך** ל׳ אסתר ב א. 22 **תזכור רחם בזעפך** חבק׳ ג ב. **תושיע עם חוסיך** תהל׳ יז ז. 23 **גואל חזק** משלי כג יא. **ראה כי אזלת ידנו** דבר׳ לב לו. 24 **שור** הבט. **כי אבדו חסידינו** מיכה ז ב. **מפגיע כי אין בעדנו** ישע׳ נט טז. 25 **ברית אבות ואמהות** וכו׳ את הברית שכרת עם האבות ואת הרחמים והחסד שנהגת עמהם ועם ישראל במשך הזמנים, את כל אלה זכור לנו היום. **רחמיך... ברבות עתים** בכמה פעמים, נחמ׳ ט כח. 26 **למוכים ונמרטים** ע״ש נחמי׳ יג כה. **ועליך כל היום נשחטים** תהל׳ מד כג. 27 **דורש דמים** תהל׳ ט יג. **השב שבעתים אל חיק מענינו** תהל׳ עט יב. 28 **חנם נמכרנו ולא בכסף פדנו** ישע׳ נב ג. **בית מקדשך השמם לעינינו** דני׳ ט יז.

אֶנְקַת מְסַלְדֶיךָ / תַּעַל לִפְנֵי כִּסֵּא כְבוֹדֶךָ
מַלֵּא מִשְׁאֲלוֹת עַם מְיַחֲדֶיךָ / שׁוֹמֵעַ תְּפִלַּת בָּאֵי עָדֶיךָ.

יִשְׂרָאֵל נוֹשַׁע בַּיי תְּשׁוּעַת עוֹלָמִים
גַּם הַיּוֹם יִוָּשְׁעוּ מִפִּיךָ שׁוֹכֵן מְרוֹמִים
כִּי אַתָּה רַב סְלִיחוֹת וּבַעַל הָרַחֲמִים.

יַחְבִּיאֵנוּ צֵל יָדוֹ / תַּחַת כַּנְפֵי הַשְּׁכִינָה
חוֹן יָחוֹן כִּי יִבְחוֹן / לֵב עָקֹב לְהָכִינָה
קוּמָה נָא אֱלֹהֵינוּ עֻזָּה עֻזִּי נָא / יי לְשַׁוְעָתֵנוּ הַאֲזִינָה.

יַשְׁמִיעֵנוּ סָלַחְתִּי / יוֹשֵׁב בְּסֵתֶר עֶלְיוֹן
בִּימִין יֶשַׁע / לְהִוָּשַׁע / עַם עָנִי וְאֶבְיוֹן
בְּשַׁוְעֵנוּ אֵלֶיךָ / נוֹרָאוֹת בְּצֶדֶק תַּעֲנֵנוּ
יי הֱיֵה עוֹזֵר לָנוּ.

אנקת מסלדיך ע"פ איוב ו י ואסלדה בחילה, פי' מְקופצים ומרננים לפניך. **באי עדיך** ע"ש תהל' סה ג עדיך כל בשר יבאו.

ישמיענו סלחתי ע"פ במד' יד כ. **יושב בסתר עליון** תהל' צא א, ומוסב להקב"ה שהוא יושב בסתר השמים, שלא כפשוטו של המקרא. **בימין ישע** תהל' כ ז. **עם עני ואביון** צפנ' ג יב, בשינוי, פי' כדי שיִושע ישראל, שהוא עם עני ואביון, ע"י יד ה' שהיא ימין הישע. **בשועבו אליך** תהל' כח ב. **נוראות בצדק תעננו** תהל' סה ו, פי' בצדקך תעננו בעשותך נוראות. **יי היה עוזר לנו** תהל' ל יא.

אֵל מֶלֶךְ יוֹשֵׁב עַל כִּסֵּא רַחֲמִים / מִתְנַהֵג בַּחֲסִידוּת
מוֹחֵל עֲוֹנוֹת עַמּוֹ / מַעֲבִיר רִאשׁוֹן רִאשׁוֹן
מַרְבֶּה מְחִילָה לְחַטָּאִים וּסְלִיחָה לְפוֹשְׁעִים
עוֹשֶׂה צְדָקוֹת עִם כָּל בָּשָׂר וָרוּחַ, וְלֹא כְרָעָתָם תִּגְמֹל.
אֵל הוֹרֵיתָ לָּנוּ לוֹמַר שְׁלֹשׁ עֶשְׂרֵה
וּזְכֹר לָנוּ הַיּוֹם בְּרִית שְׁלֹשׁ עֶשְׂרֵה
כְּמוֹ שֶׁהוֹדַעְתָּ לֶעָנָו מִקֶּדֶם, כְּמוֹ שֶׁכָּתוּב
וַיֵּרֶד יי בֶּעָנָן וַיִּתְיַצֵּב עִמּוֹ שָׁם, וַיִּקְרָא בְשֵׁם יי.
וַיַּעֲבֹר יי עַל פָּנָיו וַיִּקְרָא
יי יי אֵל רַחוּם וְחַנּוּן, אֶרֶךְ אַפַּיִם וְרַב חֶסֶד וֶאֱמֶת.
נֹצֵר חֶסֶד לָאֲלָפִים, נֹשֵׂא עָוֹן וָפֶשַׁע וְחַטָּאָה, וְנַקֵּה
וְסָלַחְתָּ לַעֲוֹנֵנוּ וּלְחַטָּאתֵנוּ וּנְחַלְתָּנוּ.
סְלַח לָנוּ אָבִינוּ כִּי חָטָאנוּ, מְחַל לָנוּ מַלְכֵּנוּ כִּי פָשָׁעְנוּ
כִּי אַתָּה אֲדֹנָי טוֹב וְסַלָּח וְרַב חֶסֶד לְכָל קֹרְאֶיךָ.

סימן: אמתי.

1 יי יי אֵל רַחוּם וְחַנּוּן / אֶרֶךְ אַפַּיִם וְרַב חֶסֶד וֶאֱמֶת
נֹצֵר חֶסֶד לָאֲלָפִים / נֹשֵׂא עָוֹן וָפֶשַׁע וְחַטָּאָה וְנַקֵּה.
וְסָלַחְתָּ לַעֲוֹנֵנוּ וּלְחַטָּאתֵנוּ וּנְחַלְתָּנוּ.

1 **יי יי** שמות לד ו. 2 **וסלחת לעוננו...** שמות לד ט. 3 **אזכרה אלהים ואהמיה** תהל׳ עז ד, פי׳ אני נאנח. **בראותי כל עיר על תלה בנויה** ירמ׳ ל יח. 4 **ועיר האלהים** תהל׳ פז ג ...**מושפלת עד שאול תחתיה** ישע׳ נז ט, בצירוף דבר׳ לב כב. **אנו ליה ועינינו ליה** לשון המשנה, סוכה ה׳ ד׳, ר״ל בכל זאת אנו דבקים בה׳. 5 **מדת הרחמים** פנייה אל המידה עצמה, שהפייטן לא ראה בה אסור. **התגלגלי התפתחי**, תשתדלי לטובתנו, לשון התלמוד (ברכות דף ז׳ א׳ ויגולו רחמיך וכו׳). **תחינתך הפילי** דני׳ ט יח. 6 **רחמים שאלי** בקשי, דוגמת תהל׳ כז ד אחת שאלתי מאת ה׳ אותה

אֶזְכְּרָה אֱלֹהִים וְאֶהֱמָיָה
בִּרְאוֹתִי כָּל עִיר עַל תִּלָּהּ בְּנוּיָה
וְעִיר הָאֱלֹהִים מֻשְׁפֶּלֶת עַד שְׁאוֹל תַּחְתִּיָּה
וּבְכָל זֹאת אָנוּ לְיָהּ וְעֵינֵינוּ לְיָהּ.

מִדַּת הָרַחֲמִים עָלֵינוּ הִתְגַּלְגְּלִי
וְלִפְנֵי קוֹנֵךְ תְּחִנָּתֵךְ הַפִּילִי
וּבְעַד עַמֵּךְ רַחֲמִים שַׁאֲלִי
כִּי כָל לֵבָב דַּוָּי וְכָל רֹאשׁ לָחֳלִי.

תָּמַכְתִּי יְתֵדוֹתַי בִּשְׁלֹשׁ עֶשְׂרֵה תֵבוֹת
וּבְשַׁעֲרֵי דְמָעוֹת כִּי לֹא נִשְׁלָבוֹת
לָכֵן שָׁפַכְתִּי שִׂיחַ פְּנֵי בּוֹחֵן לְבוֹת
בָּטוּחַ אֲנִי בְּאֵלֶּה וּבִזְכוּת שְׁלֹשֶׁת אָבוֹת.

יְהִי רָצוֹן מִלְּפָנֶיךָ שׁוֹמֵעַ קוֹל בְּכִיּוֹת
שֶׁתָּשִׂים דִּמְעוֹתֵינוּ בְּנֹאדְךָ לִהְיוֹת
וְתַצִּילֵנוּ מִכָּל גְּזֵרוֹת אַכְזָרִיּוֹת
כִּי לְךָ לְבַד עֵינֵינוּ תְלוּיוֹת.

אבקש. **כי כל לבב דוי וכל ראש לחלי** ישע׳ א ה. 7 **תמכתי יתדותי** את יתדות אהלי, ר״ל יסוד חיי, ע״פ תמונת האהל ישע׳ נד ב. **בשלש עשרה תיבות** של י״ג המדות. **ובשערי דמעות כי לא נשלבות** מחוברות, ר״ל נעולות, ע״פ מאמר חז״ל (ברכות דף ל״ב א׳) שערי דמעות לא ננעלו. 8 **שפכתי שיח** תהל׳ קמב ג. **בוחן לבות** תהל׳ ז י, משלי יז ג. **בטוח אני באלה** ע״פ מאמר חז״ל (ר״ה דף י״ז ב׳) ברית כרותה לי״ג מידות שאינן חוזרות ריקם. **ובזכות שלשת אבות** עי׳ שבת דף ל׳ א׳. נ״ה א׳, ועוד. 9 **שומע קול בכיות** תהל׳ ו ט. **שתשים דמעותינו בנאדך להיות** תהל׳ נו ט, ר״ל שתהיינה שמורות לפניך. 10 **גזרות אכזריות** גזרות קשות (שבת דף מ״ה ב׳. סנהד׳ דף צ״ז ב׳ ועוד). **כי לך לבד עינינו תלויות** עינינו נשואות אליך (לשון התלמוד והמדרש, כגון תלו עיניהם למרום, שמות רבה כ״א ה׳).

אֵל מֶלֶךְ יוֹשֵׁב עַל כִּסֵּא רַחֲמִים / מִתְנַהֵג בַּחֲסִידוּת
מוֹחֵל עֲוֹנוֹת עַמּוֹ / מַעֲבִיר רִאשׁוֹן רִאשׁוֹן
מַרְבֶּה מְחִילָה לַחַטָּאִים וּסְלִיחָה לַפּוֹשְׁעִים
עוֹשֶׂה צְדָקוֹת עִם כָּל בָּשָׂר וָרוּחַ, וְלֹא כְרָעָתָם תִּגְמֹל.
אֵל הוֹרֵיתָ לָּנוּ לוֹמַר שְׁלֹשׁ עֶשְׂרֵה
וּזְכֹר לָנוּ הַיּוֹם בְּרִית שְׁלֹשׁ עֶשְׂרֵה
כְּמוֹ שֶׁהוֹדַעְתָּ לֶעָנָו מִקֶּדֶם, כְּמוֹ שֶׁכָּתוּב
וַיֵּרֶד יְיָ בֶּעָנָן וַיִּתְיַצֵּב עִמּוֹ שָׁם, וַיִּקְרָא בְשֵׁם יְיָ.
וַיַּעֲבֹר יְיָ עַל פָּנָיו וַיִּקְרָא
יְיָ יְיָ אֵל רַחוּם וְחַנּוּן, אֶרֶךְ אַפַּיִם וְרַב חֶסֶד וֶאֱמֶת.
נֹצֵר חֶסֶד לָאֲלָפִים, נֹשֵׂא עָוֹן וָפֶשַׁע וְחַטָּאָה, וְנַקֵּה
וְסָלַחְתָּ לַעֲוֹנֵנוּ וּלְחַטָּאתֵנוּ וּנְחַלְתָּנוּ.
סְלַח לָנוּ אָבִינוּ כִּי חָטָאנוּ, מְחַל לָנוּ מַלְכֵּנוּ כִּי פָשָׁעְנוּ
כִּי אַתָּה אֲדֹנָי טוֹב וְסַלָּח וְרַב חֶסֶד לְכָל קֹרְאֶיךָ.

רַחֵם נָא קְהַל עֲדַת יְשֻׁרוּן
סְלַח וּמְחַל עֲוֹנָם
וְהוֹשִׁיעֵנוּ אֱלֹהֵי יִשְׁעֵנוּ.

שַׁעֲרֵי שָׁמַיִם פְּתַח / וְאוֹצָרְךָ הַטּוֹב לָנוּ תִּפְתַּח
תּוֹשִׁיעַ וְרִיב אַל תִּמְתַּח / וְהוֹשִׁיעֵנוּ אֱלֹהֵי יִשְׁעֵנוּ.

שערי שמים פתח, ואוצרך הטוב לנו תפתח ע"ש דבר' כ"ח י"ב יפתח ה' לך את אוצרו הטוב את השמים... וריב אל תמתח אל תעשה עמנו דין מתוח ומדוקדק.

אֵל מֶלֶךְ יוֹשֵׁב עַל כִּסֵּא רַחֲמִים / מִתְנַהֵג בַּחֲסִידוּת
מוֹחֵל עֲוֹנוֹת עַמּוֹ / מַעֲבִיר רִאשׁוֹן רִאשׁוֹן
מַרְבֶּה מְחִילָה לַחַטָּאִים וּסְלִיחָה לַפּוֹשְׁעִים
עוֹשֶׂה צְדָקוֹת עִם כָּל בָּשָׂר וָרוּחַ, וְלֹא כְרָעָתָם תִּגְמֹל.
אֵל הוֹרֵיתָ לָנוּ לוֹמַר שְׁלֹשׁ עֶשְׂרֵה
וּזְכֹר לָנוּ הַיּוֹם בְּרִית שְׁלֹשׁ עֶשְׂרֵה
כְּמוֹ שֶׁהוֹדַעְתָּ לֶעָנָו מִקֶּדֶם, כְּמוֹ שֶׁכָּתוּב
וַיֵּרֶד יְיָ בֶּעָנָן וַיִּתְיַצֵּב עִמּוֹ שָׁם, וַיִּקְרָא בְשֵׁם יְיָ.
וַיַּעֲבֹר יְיָ עַל פָּנָיו וַיִּקְרָא
יְיָ יְיָ אֵל רַחוּם וְחַנּוּן, אֶרֶךְ אַפַּיִם וְרַב חֶסֶד וֶאֱמֶת.
נֹצֵר חֶסֶד לָאֲלָפִים, נֹשֵׂא עָוֹן וָפֶשַׁע וְחַטָּאָה, וְנַקֵּה
וְסָלַחְתָּ לַעֲוֹנֵנוּ וּלְחַטָּאתֵנוּ וּנְחַלְתָּנוּ.
סְלַח לָנוּ אָבִינוּ כִּי חָטָאנוּ, מְחַל לָנוּ מַלְכֵּנוּ כִּי פָשָׁעְנוּ
כִּי אַתָּה אֲדֹנָי טוֹב וְסַלָּח וְרַב חֶסֶד לְכָל קֹרְאֶיךָ.

אֱלֹהֵינוּ וֵאלֹהֵי אֲבוֹתֵינוּ
סְלַח לָנוּ, מְחַל לָנוּ, כַּפֶּר לָנוּ.

כִּי

אָנוּ עַמֶּךָ	וְאַתָּה אֱלֹהֵינוּ	אָנוּ בָנֶיךָ	וְאַתָּה אָבִינוּ
אָנוּ עֲבָדֶיךָ	וְאַתָּה אֲדוֹנֵינוּ	אָנוּ קְהָלֶךָ	וְאַתָּה חֶלְקֵנוּ
אָנוּ נַחֲלָתֶךָ	וְאַתָּה גוֹרָלֵנוּ	אָנוּ צֹאנֶךָ	וְאַתָּה רוֹעֵנוּ
אָנוּ כַרְמֶךָ	וְאַתָּה נוֹטְרֵנוּ	אָנוּ פְעֻלָּתֶךָ	וְאַתָּה יוֹצְרֵנוּ
אָנוּ רַעְיָתֶךָ	וְאַתָּה דוֹדֵנוּ	אָנוּ סְגֻלָּתֶךָ	וְאַתָּה אֱלֹהֵינוּ
אָנוּ עַמֶּךָ	וְאַתָּה מַלְכֵּנוּ	אָנוּ מַאֲמִירֶךָ	וְאַתָּה מַאֲמִירֵנוּ.

אָנוּ עַזֵּי פָנִים וְאַתָּה רַחוּם וְחַנּוּן
אָנוּ קְשֵׁי עֹרֶף וְאַתָּה אֶרֶךְ אַפַּיִם
אָנוּ מְלֵאֵי עָוֹן וְאַתָּה מָלֵא רַחֲמִים
אָנוּ יָמֵינוּ כְּצֵל עוֹבֵר וְאַתָּה הוּא וּשְׁנוֹתֶיךָ לֹא יִתָּמּוּ.

אֱלֹהֵינוּ וֵאלֹהֵי אֲבוֹתֵינוּ
אָנָּא תָּבֹא לְפָנֶיךָ תְּפִלָּתֵנוּ, וְאַל תִּתְעַלַּם מִתְּחִנָּתֵנוּ
שֶׁאֵין אֲנַחְנוּ עַזֵּי פָנִים וּקְשֵׁי עֹרֶף לוֹמַר לְפָנֶיךָ
יי אֱלֹהֵינוּ וֵאלֹהֵי אֲבוֹתֵינוּ
צַדִּיקִים אֲנַחְנוּ וְלֹא חָטָאנוּ
אֲבָל אֲנַחְנוּ וַאֲבוֹתֵינוּ חָטָאנוּ.

אָשַׁמְנוּ. בָּגַדְנוּ. גָּזַלְנוּ. דִּבַּרְנוּ דֹפִי.
הֶעֱוִינוּ. וְהִרְשַׁעְנוּ. זַדְנוּ. חָמַסְנוּ. טָפַלְנוּ שֶׁקֶר.
יָעַצְנוּ רָע. כִּזַּבְנוּ. לַצְנוּ. מָרַדְנוּ. נִאַצְנוּ. סָרַרְנוּ.
עָוִינוּ. פָּשַׁעְנוּ. צָרַרְנוּ. קִשִּׁינוּ עֹרֶף.
רָשַׁעְנוּ. שִׁחַתְנוּ. תִּעַבְנוּ. תָּעִינוּ. תִּעְתָּעְנוּ.

סַרְנוּ מִמִּצְוֹתֶיךָ וּמִמִּשְׁפָּטֶיךָ הַטּוֹבִים וְלֹא שָׁוָה לָנוּ
וְאַתָּה צַדִּיק עַל כָּל הַבָּא עָלֵינוּ
כִּי אֱמֶת עָשִׂיתָ וַאֲנַחְנוּ הִרְשָׁעְנוּ.

מַה נֹּאמַר לְפָנֶיךָ יוֹשֵׁב מָרוֹם
וּמַה נְּסַפֵּר לְפָנֶיךָ שׁוֹכֵן שְׁחָקִים
הֲלֹא כָּל הַנִּסְתָּרוֹת וְהַנִּגְלוֹת אַתָּה יוֹדֵעַ.

אַתָּה נוֹתֵן יָד לְפוֹשְׁעִים, וִימִינְךָ פְשׁוּטָה לְקַבֵּל שָׁבִים
וַתְּלַמְּדֵנוּ יי אֱלֹהֵינוּ לְהִתְוַדּוֹת לְפָנֶיךָ עַל כָּל עֲוֹנוֹתֵינוּ
לְמַעַן נֶחְדַּל מֵעֹשֶׁק יָדֵינוּ
וּתְקַבְּלֵנוּ בִּתְשׁוּבָה שְׁלֵמָה לְפָנֶיךָ כְּאִשִּׁים וּכְנִיחוֹחִים
לְמַעַן דְּבָרֶיךָ אֲשֶׁר אָמָרְתָּ.
אֵין קֵץ לְאִשֵּׁי חוֹבוֹתֵינוּ, וְאֵין מִסְפָּר לְנִיחוֹחֵי אַשְׁמוֹתֵינוּ
וְאַתָּה יוֹדֵעַ שֶׁאַחֲרִיתֵנוּ רִמָּה וְתוֹלֵעָה
לְפִיכָךְ הִרְבֵּיתָ סְלִיחָתֵנוּ
מָה אָנוּ
מֶה חַיֵּינוּ, מֶה חַסְדֵּנוּ
מַה צִּדְקוֹתֵינוּ, מַה יְשׁוּעָתֵנוּ
מַה כֹּחֵנוּ, מַה גְּבוּרָתֵנוּ
וּמַה נֹּאמַר לְפָנֶיךָ יי אֱלֹהֵינוּ וֵאלֹהֵי אֲבוֹתֵינוּ
הֲלֹא כָּל הַגִּבּוֹרִים כְּאַיִן לְפָנֶיךָ, וְאַנְשֵׁי הַשֵּׁם כְּלֹא הָיוּ
וַחֲכָמִים כִּבְלִי מַדָּע, וּנְבוֹנִים כִּבְלִי הַשְׂכֵּל
כִּי רֹב מַעֲשֵׂיהֶם תֹּהוּ, וִימֵי חַיֵּיהֶם הֶבֶל לְפָנֶיךָ
וּמוֹתַר הָאָדָם מִן הַבְּהֵמָה אָיִן, כִּי הַכֹּל הָבֶל.

אַתָּה הִבְדַּלְתָּ אֱנוֹשׁ מֵרֹאשׁ, וַתַּכִּירֵהוּ לַעֲמוֹד לְפָנֶיךָ.
כִּי מִי יֹאמַר לְךָ מַה תִּפְעַל, וְאִם יִצְדַּק מַה יִּתֶּן לָךְ.
וַתִּתֶּן לָנוּ, יי אֱלֹהֵינוּ, בְּאַהֲבָה אֶת יוֹם /בשבת: הַשַּׁבָּת הַזֶּה וְאֶת יוֹם/
צוֹם הַכִּפּוּרִים הַזֶּה
קֵץ וּמְחִילָה וּסְלִיחָה עַל כָּל עֲוֹנוֹתֵינוּ

לְמַעַן נֶחְדַּל מֵעֹשֶׁק יָדֵינוּ
וְנָשׁוּב אֵלֶיךָ לַעֲשׂוֹת חֻקֵּי רְצוֹנְךָ בְּלֵבָב שָׁלֵם.
וְאַתָּה בְּרַחֲמֶיךָ הָרַבִּים רַחֵם עָלֵינוּ
כִּי לֹא תַחְפֹּץ בְּהַשְׁחָתַת עוֹלָם
שֶׁנֶּאֱמַר
דִּרְשׁוּ יי בְּהִמָּצְאוֹ, קְרָאֻהוּ בִּהְיוֹתוֹ קָרוֹב.
וְנֶאֱמַר
יַעֲזֹב רָשָׁע דַּרְכּוֹ וְאִישׁ אָוֶן מַחְשְׁבֹתָיו
וְיָשֹׁב אֶל יי וִירַחֲמֵהוּ
וְאֶל אֱלֹהֵינוּ כִּי יַרְבֶּה לִסְלוֹחַ.
וְאַתָּה אֱלוֹהַּ סְלִיחוֹת חַנּוּן וְרַחוּם
אֶרֶךְ אַפַּיִם וְרַב חֶסֶד וֶאֱמֶת וּמַרְבֶּה לְהֵיטִיב
וְרוֹצֶה אַתָּה בִּתְשׁוּבַת רְשָׁעִים, וְאֵין אַתָּה חָפֵץ בְּמִיתָתָם
שֶׁנֶּאֱמַר
אֱמֹר אֲלֵיהֶם חַי אָנִי נְאֻם אֲדֹנָי יֱהֹוִה
אִם אֶחְפֹּץ בְּמוֹת הָרָשָׁע כִּי אִם בְּשׁוּב רָשָׁע מִדַּרְכּוֹ וְחָיָה
שׁוּבוּ שׁוּבוּ מִדַּרְכֵיכֶם הָרָעִים וְלָמָּה תָמוּתוּ בֵּית יִשְׂרָאֵל.
וְנֶאֱמַר
הֶחָפֹץ אֶחְפֹּץ מוֹת רָשָׁע נְאֻם אֲדֹנָי יֱהֹוִה הֲלוֹא בְּשׁוּבוֹ מִדְּרָכָיו וְחָיָה.
וְנֶאֱמַר
כִּי לֹא אֶחְפֹּץ בְּמוֹת הַמֵּת נְאֻם אֲדֹנָי יֱהֹוִה
וְהָשִׁיבוּ וִחְיוּ.
כִּי אַתָּה סָלְחָן לְיִשְׂרָאֵל וּמָחֳלָן לְשִׁבְטֵי יְשֻׁרוּן בְּכָל דּוֹר וָדוֹר
וּמִבַּלְעָדֶיךָ אֵין לָנוּ מֶלֶךְ מוֹחֵל וְסוֹלֵחַ אֶלָּא אָתָּה.

אֱלֹהֵינוּ וֵאלֹהֵי אֲבוֹתֵינוּ

מְחַל לַעֲוֹנוֹתֵינוּ בְּיוֹם /בשבת: הַשַּׁבָּת הַזֶּה וּבְיוֹם/

הַכִּפּוּרִים הַזֶּה

מְחֵה וְהַעֲבֵר פְּשָׁעֵינוּ וְחַטֹּאתֵינוּ מִנֶּגֶד עֵינֶיךָ

כָּאָמוּר

אָנֹכִי אָנֹכִי הוּא מֹחֶה פְשָׁעֶיךָ לְמַעֲנִי, וְחַטֹּאתֶיךָ לֹא אֶזְכֹּר.

וְנֶאֱמַר

מָחִיתִי כָעָב פְּשָׁעֶיךָ וְכֶעָנָן חַטֹּאתֶיךָ, שׁוּבָה אֵלַי כִּי גְאַלְתִּיךָ.

וְנֶאֱמַר

כִּי בַיּוֹם הַזֶּה יְכַפֵּר עֲלֵיכֶם לְטַהֵר אֶתְכֶם, מִכֹּל חַטֹּאתֵיכֶם

לִפְנֵי יי תִּטְהָרוּ.

בשבת: אֱלֹהֵינוּ וֵאלֹהֵי אֲבוֹתֵינוּ, רְצֵה בִמְנוּחָתֵנוּ

קַדְּשֵׁנוּ בְּמִצְוֹתֶיךָ וְתֵן חֶלְקֵנוּ בְּתוֹרָתֶךָ

שַׂבְּעֵנוּ מִטּוּבֶךָ וְשַׂמְּחֵנוּ בִּישׁוּעָתֶךָ

בשבת: וְהַנְחִילֵנוּ, יי אֱלֹהֵינוּ, בְּאַהֲבָה וּבְרָצוֹן שַׁבְּתוֹת קָדְשֶׁךָ

וְיָנוּחוּ בָם יִשְׂרָאֵל מְקַדְּשֵׁי שְׁמֶךָ

וְטַהֵר לִבֵּנוּ לְעָבְדְּךָ בֶּאֱמֶת

כִּי אַתָּה סָלְחָן לְיִשְׂרָאֵל

וּמָחֳלָן לְשִׁבְטֵי יְשֻׁרוּן בְּכָל דּוֹר וָדוֹר

וּמִבַּלְעָדֶיךָ אֵין לָנוּ מֶלֶךְ מוֹחֵל וְסוֹלֵחַ אֶלָּא אָתָּה.

בָּרוּךְ אַתָּה יי, מֶלֶךְ מוֹחֵל וְסוֹלֵחַ לַעֲוֹנוֹתֵינוּ וְלַעֲוֹנוֹת עַמּוֹ בֵּית יִשְׂרָאֵל

וּמַעֲבִיר אַשְׁמוֹתֵינוּ בְּכָל שָׁנָה וְשָׁנָה

מֶלֶךְ עַל כָּל הָאָרֶץ, מְקַדֵּשׁ /בשבת: הַשַּׁבָּת וְ/

יִשְׂרָאֵל וְיוֹם הַכִּפּוּרִים.

רְצֵה יי אֱלֹהֵינוּ בְּעַמְּךָ יִשְׂרָאֵל וּבִתְפִלָּתָם, וְהָשֵׁב אֶת הָעֲבוֹדָה לִדְבִיר בֵּיתֶךָ, וְאִשֵּׁי יִשְׂרָאֵל וּתְפִלָּתָם בְּאַהֲבָה תְקַבֵּל בְּרָצוֹן, וּתְהִי לְרָצוֹן תָּמִיד עֲבוֹדַת יִשְׂרָאֵל עַמֶּךָ.

וְתֶחֱזֶינָה עֵינֵינוּ בְּשׁוּבְךָ לְצִיּוֹן בְּרַחֲמִים.

בָּרוּךְ אַתָּה יי, הַמַּחֲזִיר שְׁכִינָתוֹ לְצִיּוֹן.

מוֹדִים אֲנַחְנוּ לָךְ שָׁאַתָּה הוּא יי אֱלֹהֵינוּ וֵאלֹהֵי אֲבוֹתֵינוּ לְעוֹלָם וָעֶד, צוּר חַיֵּינוּ, מָגֵן יִשְׁעֵנוּ אַתָּה הוּא לְדוֹר וָדוֹר. נוֹדֶה לְּךָ וּנְסַפֵּר תְּהִלָּתֶךָ עַל חַיֵּינוּ הַמְּסוּרִים בְּיָדֶךָ וְעַל נִשְׁמוֹתֵינוּ הַפְּקוּדוֹת לָךְ, וְעַל נִסֶּיךָ שֶׁבְּכָל יוֹם עִמָּנוּ, וְעַל נִפְלְאוֹתֶיךָ וְטוֹבוֹתֶיךָ שֶׁבְּכָל עֵת, עֶרֶב וָבֹקֶר וְצָהֳרָיִם.

הַטּוֹב כִּי לֹא כָלוּ רַחֲמֶיךָ, וְהַמְרַחֵם כִּי לֹא תַמּוּ חֲסָדֶיךָ מֵעוֹלָם קִוִּינוּ לָךְ.

מודים דרבנן:

מוֹדִים אֲנַחְנוּ לָךְ שָׁאַתָּה הוּא יי אֱלֹהֵינוּ וֵאלֹהֵי אֲבוֹתֵינוּ, אֱלֹהֵי כָל בָּשָׂר, יוֹצְרֵנוּ יוֹצֵר בְּרֵאשִׁית. בְּרָכוֹת וְהוֹדָאוֹת לְשִׁמְךָ הַגָּדוֹל וְהַקָּדוֹשׁ עַל שֶׁהֶחֱיִיתָנוּ וְקִיַּמְתָּנוּ. כֵּן תְּחַיֵּנוּ וּתְקַיְּמֵנוּ וְתֶאֱסֹף גָּלֻיּוֹתֵינוּ לְחַצְרוֹת קָדְשֶׁךָ לִשְׁמֹר חֻקֶּיךָ וְלַעֲשׂוֹת רְצוֹנֶךָ וּלְעָבְדְּךָ בְּלֵבָב שָׁלֵם, עַל שֶׁאֲנַחְנוּ מוֹדִים לָךְ, בָּרוּךְ אֵל הַהוֹדָאוֹת.

וְעַל כֻּלָּם יִתְבָּרַךְ וְיִתְרוֹמַם שִׁמְךָ מַלְכֵּנוּ תָּמִיד לְעוֹלָם וָעֶד.

קהל וש״ץ:

אָבִינוּ מַלְכֵּנוּ, זְכֹר רַחֲמֶיךָ וּכְבֹשׁ כַּעַסְךָ, וְכַלֵּה דֶבֶר, וְחֶרֶב, וְרָעָב, וּשְׁבִי, וּמַשְׁחִית, וְעָוֹן, וּמַגֵּפָה, וּפֶגַע רַע, וְכָל מַחֲלָה, וְכָל תַּקָּלָה, וְכָל קְטָטָה, וְכָל מִינֵי פֻרְעָנֻיּוֹת, וְכָל גְּזֵרָה רָעָה, וְשִׂנְאַת חִנָּם, מֵעָלֵינוּ וּמֵעַל כָּל בְּנֵי בְרִיתֶךָ.

וַחֲתֹם לְחַיִּים טוֹבִים כָּל בְּנֵי בְרִיתֶךָ.

וְכֹל הַחַיִּים יוֹדוּךָ סֶּלָה
וִיהַלְלוּ אֶת שִׁמְךָ בֶּאֱמֶת
הָאֵל יְשׁוּעָתֵנוּ וְעֶזְרָתֵנוּ סֶלָה.
בָּרוּךְ אַתָּה יְיָ, הַטּוֹב שִׁמְךָ וּלְךָ נָאֶה לְהוֹדוֹת.

ברכת כהנים

בָּרוּךְ אַתָּה יְיָ אֱלֹהֵינוּ מֶלֶךְ הָעוֹלָם, אֲשֶׁר קִדְּשָׁנוּ בִּקְדֻשָּׁתוֹ שֶׁל אַהֲרֹן, וְצִוָּנוּ לְבָרֵךְ אֶת עַמּוֹ יִשְׂרָאֵל בְּאַהֲבָה.

הש״ץ מקריא מלה במלה: יְבָרֶכְךָ יְיָ וְיִשְׁמְרֶךָ.
יָאֵר יְיָ פָּנָיו אֵלֶיךָ וִיחֻנֶּךָּ.
יִשָּׂא יְיָ פָּנָיו אֵלֶיךָ וְיָשֵׂם לְךָ שָׁלוֹם.

הכהנים אומרים:

רִבּוֹנוֹ שֶׁל עוֹלָם, עָשִׂינוּ מַה שֶּׁגָּזַרְתָּ עָלֵינוּ, אַף אַתָּה עֲשֵׂה עִמָּנוּ כְּמוֹ שֶׁהִבְטַחְתָּנוּ, הַשְׁקִיפָה מִמְּעוֹן קָדְשְׁךָ מִן הַשָּׁמַיִם וּבָרֵךְ אֶת עַמְּךָ אֶת יִשְׂרָאֵל וְאֵת הָאֲדָמָה אֲשֶׁר נָתַתָּה לָנוּ, כַּאֲשֶׁר נִשְׁבַּעְתָּ לַאֲבוֹתֵינוּ אֶרֶץ זָבַת חָלָב וּדְבָשׁ.

הציבור אומר:

אַדִּיר בַּמָּרוֹם שׁוֹכֵן בִּגְבוּרָה, אַתָּה שָׁלוֹם וְשִׁמְךָ שָׁלוֹם. יְהִי רָצוֹן שֶׁתָּשִׂים עָלֵינוּ וְעַל כָּל עַמְּךָ בֵּית יִשְׂרָאֵל חַיִּים וּבְרָכָה לְמִשְׁמֶרֶת שָׁלוֹם.

אם אין כהנים אומר הש״ץ:

אֱלֹהֵינוּ וֵאלֹהֵי אֲבוֹתֵינוּ, בָּרְכֵנוּ בַּבְּרָכָה הַמְשֻׁלֶּשֶׁת בַּתּוֹרָה הַכְּתוּבָה עַל יְדֵי מֹשֶׁה עַבְדֶּךָ, הָאֲמוּרָה מִפִּי אַהֲרֹן וּבָנָיו כֹּהֲנִים עַם קְדוֹשֶׁךָ, כָּאָמוּר, יְבָרֶכְךָ יְיָ וְיִשְׁמְרֶךָ. יָאֵר יְיָ פָּנָיו אֵלֶיךָ וִיחֻנֶּךָּ. יִשָּׂא יְיָ פָּנָיו אֵלֶיךָ וְיָשֵׂם לְךָ שָׁלוֹם.

שִׂים שָׁלוֹם טוֹבָה וּבְרָכָה, חֵן וָחֶסֶד וְרַחֲמִים
עָלֵינוּ וְעַל כָּל יִשְׂרָאֵל עַמֶּךָ.
בָּרְכֵנוּ אָבִינוּ כֻּלָּנוּ כְּאֶחָד בְּאוֹר פָּנֶיךָ
כִּי בְאוֹר פָּנֶיךָ נָתַתָּ לָּנוּ יי אֱלֹהֵינוּ תּוֹרַת חַיִּים וְאַהֲבַת חֶסֶד
וּצְדָקָה וּבְרָכָה וְרַחֲמִים וְחַיִּים וְשָׁלוֹם.
וְטוֹב בְּעֵינֶיךָ לְבָרֵךְ אֶת עַמְּךָ יִשְׂרָאֵל
בְּכָל עֵת וּבְכָל שָׁעָה בִּשְׁלוֹמֶךָ.
בְּסֵפֶר חַיִּים, בְּרָכָה וְשָׁלוֹם, וּפַרְנָסָה טוֹבָה
נִזָּכֵר וְנֵחָתֵם לְפָנֶיךָ
אֲנַחְנוּ וְכָל עַמְּךָ בֵּית יִשְׂרָאֵל
לְחַיִּים טוֹבִים וּלְשָׁלוֹם.*
בָּרוּךְ אַתָּה יי, הַמְבָרֵךְ אֶת עַמּוֹ יִשְׂרָאֵל בַּשָּׁלוֹם.

* בחו״ל מסיים הש״ץ: **בָּרוּךְ אַתָּה יי, עוֹשֵׂה הַשָּׁלוֹם.**

אומרים ״אבינו מלכנו״ גם אם חל יום כיפור בשבת.

אָבִינוּ מַלְכֵּנוּ, חָטָאנוּ לְפָנֶיךָ.
אָבִינוּ מַלְכֵּנוּ, אֵין לָנוּ מֶלֶךְ אֶלָּא אָתָּה.
אָבִינוּ מַלְכֵּנוּ, עֲשֵׂה עִמָּנוּ לְמַעַן שְׁמֶךָ.
אָבִינוּ מַלְכֵּנוּ, חַדֵּשׁ עָלֵינוּ שָׁנָה טוֹבָה.
אָבִינוּ מַלְכֵּנוּ, בַּטֵּל מֵעָלֵינוּ כָּל גְּזֵרוֹת קָשׁוֹת.
אָבִינוּ מַלְכֵּנוּ, בַּטֵּל מַחְשְׁבוֹת שׂוֹנְאֵינוּ.
אָבִינוּ מַלְכֵּנוּ, הָפֵר עֲצַת אוֹיְבֵינוּ.
אָבִינוּ מַלְכֵּנוּ, כַּלֵּה כָּל צַר וּמַשְׂטִין מֵעָלֵינוּ.

תפילת נעילה 547

אָבִינוּ מַלְכֵּנוּ, סְתֹם פִּיּוֹת מַשְׂטִינֵינוּ וּמְקַטְרְגֵינוּ.
אָבִינוּ מַלְכֵּנוּ, כַּלֵּה דֶּבֶר וְחֶרֶב וְרָעָב וּשְׁבִי וּמַשְׁחִית וְעָוֹן וּשְׁמַד מִבְּנֵי בְרִיתֶךָ.
אָבִינוּ מַלְכֵּנוּ, מְנַע מַגֵּפָה מִנַּחֲלָתֶךָ.
אָבִינוּ מַלְכֵּנוּ, סְלַח וּמְחַל לְכָל עֲוֹנוֹתֵינוּ.
אָבִינוּ מַלְכֵּנוּ, מְחֵה וְהַעֲבֵר פְּשָׁעֵינוּ וְחַטֹּאתֵינוּ מִנֶּגֶד עֵינֶיךָ.
אָבִינוּ מַלְכֵּנוּ, מְחֹק בְּרַחֲמֶיךָ הָרַבִּים כָּל שִׁטְרֵי חוֹבוֹתֵינוּ.
אָבִינוּ מַלְכֵּנוּ, הַחֲזִירֵנוּ בִּתְשׁוּבָה שְׁלֵמָה לְפָנֶיךָ.
אָבִינוּ מַלְכֵּנוּ, שְׁלַח רְפוּאָה שְׁלֵמָה לְחוֹלֵי עַמֶּךָ.
אָבִינוּ מַלְכֵּנוּ, קְרַע רֹעַ גְּזַר דִּינֵנוּ.
אָבִינוּ מַלְכֵּנוּ, זָכְרֵנוּ בְּזִכְרוֹן טוֹב לְפָנֶיךָ.
אָבִינוּ מַלְכֵּנוּ, חָתְמֵנוּ בְּסֵפֶר חַיִּים טוֹבִים.
אָבִינוּ מַלְכֵּנוּ, חָתְמֵנוּ בְּסֵפֶר גְּאֻלָּה וִישׁוּעָה.
אָבִינוּ מַלְכֵּנוּ, חָתְמֵנוּ בְּסֵפֶר פַּרְנָסָה וְכַלְכָּלָה.
אָבִינוּ מַלְכֵּנוּ, חָתְמֵנוּ בְּסֵפֶר זְכֻיּוֹת.
אָבִינוּ מַלְכֵּנוּ, חָתְמֵנוּ בְּסֵפֶר סְלִיחָה וּמְחִילָה.
אָבִינוּ מַלְכֵּנוּ, הַצְמַח לָנוּ יְשׁוּעָה בְּקָרוֹב.
אָבִינוּ מַלְכֵּנוּ, הָרֵם קֶרֶן יִשְׂרָאֵל עַמֶּךָ.
אָבִינוּ מַלְכֵּנוּ, הָרֵם קֶרֶן מְשִׁיחֶךָ.
אָבִינוּ מַלְכֵּנוּ, מַלֵּא יָדֵינוּ מִבִּרְכוֹתֶיךָ.
אָבִינוּ מַלְכֵּנוּ, מַלֵּא אֲסָמֵינוּ שָׂבָע.
אָבִינוּ מַלְכֵּנוּ, שְׁמַע קוֹלֵנוּ, חוּס וְרַחֵם עָלֵינוּ.
אָבִינוּ מַלְכֵּנוּ, קַבֵּל בְּרַחֲמִים וּבְרָצוֹן אֶת תְּפִלָּתֵנוּ.
אָבִינוּ מַלְכֵּנוּ, פְּתַח שַׁעֲרֵי שָׁמַיִם לִתְפִלָּתֵנוּ.

אָבִינוּ מַלְכֵּנוּ, זְכוֹר כִּי עָפָר אֲנָחְנוּ.
אָבִינוּ מַלְכֵּנוּ, נָא אַל תְּשִׁיבֵנוּ רֵיקָם מִלְּפָנֶיךָ.
אָבִינוּ מַלְכֵּנוּ, תְּהֵא הַשָּׁעָה הַזֹּאת שְׁעַת רַחֲמִים וְעֵת רָצוֹן מִלְּפָנֶיךָ.
אָבִינוּ מַלְכֵּנוּ, חֲמוֹל עָלֵינוּ וְעַל עוֹלָלֵינוּ וְטַפֵּנוּ.
אָבִינוּ מַלְכֵּנוּ, עֲשֵׂה לְמַעַן הֲרוּגִים עַל שֵׁם קָדְשֶׁךָ.
אָבִינוּ מַלְכֵּנוּ, עֲשֵׂה לְמַעַן טְבוּחִים עַל יִחוּדֶךָ.
אָבִינוּ מַלְכֵּנוּ, עֲשֵׂה לְמַעַן בָּאֵי בָאֵשׁ וּבַמַּיִם עַל קִדּוּשׁ שְׁמֶךָ.
אָבִינוּ מַלְכֵּנוּ, נְקֹם לְעֵינֵינוּ נִקְמַת דַּם עֲבָדֶיךָ הַשָּׁפוּךְ.
אָבִינוּ מַלְכֵּנוּ, עֲשֵׂה לְמַעַנְךָ אִם לֹא לְמַעֲנֵנוּ.
אָבִינוּ מַלְכֵּנוּ, עֲשֵׂה לְמַעַנְךָ וְהוֹשִׁיעֵנוּ.
אָבִינוּ מַלְכֵּנוּ, עֲשֵׂה לְמַעַן רַחֲמֶיךָ הָרַבִּים.
אָבִינוּ מַלְכֵּנוּ, עֲשֵׂה לְמַעַן שִׁמְךָ הַגָּדוֹל הַגִּבּוֹר וְהַנּוֹרָא, שֶׁנִּקְרָא עָלֵינוּ.
אָבִינוּ מַלְכֵּנוּ, חָנֵּנוּ וַעֲנֵנוּ, כִּי אֵין בָּנוּ מַעֲשִׂים
עֲשֵׂה עִמָּנוּ צְדָקָה וָחֶסֶד וְהוֹשִׁיעֵנוּ.

הש״ץ והקהל:

שְׁמַע יִשְׂרָאֵל, יי אֱלֹהֵינוּ, יי אֶחָד.

שלוש פעמים:

בָּרוּךְ שֵׁם כְּבוֹד מַלְכוּתוֹ לְעוֹלָם וָעֶד.

שבע פעמים:

יי הוּא הָאֱלֹהִים.

סוגרים את ארון הקודש

הש״ץ אומר קדיש שלם:

יִתְגַּדַּל וְיִתְקַדַּשׁ שְׁמֵהּ רַבָּא
בְּעָלְמָא דִּי בְרָא כִרְעוּתֵהּ וְיַמְלִיךְ מַלְכוּתֵהּ
בְּחַיֵּיכוֹן וּבְיוֹמֵיכוֹן וּבְחַיֵּי דְכָל בֵּית יִשְׂרָאֵל
בַּעֲגָלָא וּבִזְמַן קָרִיב, וְאִמְרוּ אָמֵן.
יְהֵא שְׁמֵהּ רַבָּא מְבָרַךְ לְעָלַם וּלְעָלְמֵי עָלְמַיָּא.
יִתְבָּרַךְ וְיִשְׁתַּבַּח וְיִתְפָּאַר וְיִתְרוֹמַם וְיִתְנַשֵּׂא
וְיִתְהַדָּר וְיִתְעַלֶּה וְיִתְהַלָּל שְׁמֵהּ דְּקֻדְשָׁא, בְּרִיךְ הוּא
לְעֵלָּא לְעֵלָּא מִכָּל בִּרְכָתָא וְשִׁירָתָא תֻּשְׁבְּחָתָא וְנֶחֱמָתָא
דַּאֲמִירָן בְּעָלְמָא, וְאִמְרוּ אָמֵן.
תִּתְקַבַּל צְלוֹתְהוֹן וּבָעוּתְהוֹן דְּכָל יִשְׂרָאֵל
קֳדָם אֲבוּהוֹן דִּי בִשְׁמַיָּא, וְאִמְרוּ אָמֵן.
יְהֵא שְׁלָמָא רַבָּא מִן שְׁמַיָּא
וְחַיִּים עָלֵינוּ וְעַל כָּל יִשְׂרָאֵל, וְאִמְרוּ אָמֵן.
עֹשֶׂה הַשָּׁלוֹם בִּמְרוֹמָיו הוּא יַעֲשֶׂה שָׁלוֹם עָלֵינוּ
וְעַל כָּל יִשְׂרָאֵל, וְאִמְרוּ אָמֵן.

תוקעים: **תקיעה**

ויש מוסיפים: **שברים תרועה תקיעה גדולה**

לַשָּׁנָה הַבָּאָה בִּירוּשָׁלַיִם הַבְּנוּיָה.

תפילת ערבית
למוצאי יום כיפור

וְהוּא רַחוּם יְכַפֵּר עָוֹן וְלֹא יַשְׁחִית, וְהִרְבָּה לְהָשִׁיב אַפּוֹ וְלֹא יָעִיר כָּל חֲמָתוֹ. יְיָ הוֹשִׁיעָה, הַמֶּלֶךְ יַעֲנֵנוּ בְיוֹם קָרְאֵנוּ.

שליח הציבור: **בָּרְכוּ אֶת יְיָ הַמְבֹרָךְ.**
הקהל: **בָּרוּךְ יְיָ הַמְבֹרָךְ לְעוֹלָם וָעֶד.**
שליח הציבור: **בָּרוּךְ יְיָ הַמְבֹרָךְ לְעוֹלָם וָעֶד.**

בָּרוּךְ אַתָּה יְיָ אֱלֹהֵינוּ מֶלֶךְ הָעוֹלָם, אֲשֶׁר בִּדְבָרוֹ מַעֲרִיב עֲרָבִים, בְּחָכְמָה פּוֹתֵחַ שְׁעָרִים וּבִתְבוּנָה מְשַׁנֶּה עִתִּים וּמַחֲלִיף אֶת הַזְּמַנִּים, וּמְסַדֵּר אֶת הַכּוֹכָבִים בְּמִשְׁמְרוֹתֵיהֶם בָּרָקִיעַ כִּרְצוֹנוֹ. בּוֹרֵא יוֹם וָלַיְלָה, גּוֹלֵל אוֹר מִפְּנֵי חֹשֶׁךְ וְחֹשֶׁךְ מִפְּנֵי אוֹר, וּמַעֲבִיר יוֹם וּמֵבִיא לַיְלָה וּמַבְדִּיל בֵּין יוֹם וּבֵין לַיְלָה יְיָ צְבָאוֹת שְׁמוֹ. אֵל חַי וְקַיָּם תָּמִיד יִמְלֹךְ עָלֵינוּ לְעוֹלָם וָעֶד. בָּרוּךְ אַתָּה יְיָ, הַמַּעֲרִיב עֲרָבִים.

אַהֲבַת עוֹלָם בֵּית יִשְׂרָאֵל עַמְּךָ אָהַבְתָּ, תּוֹרָה וּמִצְוֹת חֻקִּים וּמִשְׁפָּטִים אוֹתָנוּ לִמַּדְתָּ, עַל כֵּן יְיָ אֱלֹהֵינוּ בְּשָׁכְבֵנוּ וּבְקוּמֵנוּ נָשִׂיחַ בְּחֻקֶּיךָ, וְנִשְׂמַח בְּדִבְרֵי תוֹרָתֶךָ וּבְמִצְוֹתֶיךָ לְעוֹלָם וָעֶד, כִּי הֵם חַיֵּינוּ וְאֹרֶךְ יָמֵינוּ וּבָהֶם נֶהְגֶּה יוֹמָם וָלָיְלָה. וְאַהֲבָתְךָ אַל תָּסִיר מִמֶּנּוּ לְעוֹלָמִים. בָּרוּךְ אַתָּה יְיָ, אוֹהֵב עַמּוֹ יִשְׂרָאֵל.

(יחיד אומר: אֵל מֶלֶךְ נֶאֱמָן)

דברים ו **שְׁמַע** יִשְׂרָאֵל יְהוָה אֱלֹהֵינוּ יְהוָה ׀ אֶחָֽד:

(בלחש:) בָּרוּךְ שֵׁם כְּבוֹד מַלְכוּתוֹ לְעוֹלָם וָעֶד.

וְאָהַבְתָּ אֵת יְהוָה אֱלֹהֶיךָ בְּכָל־לְבָבְךָ וּבְכָל־נַפְשְׁךָ וּבְכָל־מְאֹדֶֽךָ: וְהָיוּ הַדְּבָרִים הָאֵלֶּה אֲשֶׁר אָנֹכִי מְצַוְּךָ הַיּוֹם עַל־לְבָבֶֽךָ: וְשִׁנַּנְתָּם לְבָנֶיךָ וְדִבַּרְתָּ בָּם בְּשִׁבְתְּךָ בְּבֵיתֶךָ וּבְלֶכְתְּךָ בַדֶּרֶךְ וּבְשָׁכְבְּךָ וּבְקוּמֶֽךָ: וּקְשַׁרְתָּם לְאוֹת עַל־יָדֶךָ וְהָיוּ לְטֹטָפֹת בֵּין עֵינֶֽיךָ: וּכְתַבְתָּם עַל־מְזֻזוֹת בֵּיתֶךָ וּבִשְׁעָרֶֽיךָ:

דברים יא וְהָיָה אִם־שָׁמֹעַ תִּשְׁמְעוּ אֶל־מִצְוֺתַי אֲשֶׁר אָנֹכִי מְצַוֶּה אֶתְכֶם
הַיּוֹם לְאַהֲבָה אֶת־יהוה אֱלֹהֵיכֶם וּלְעָבְדוֹ בְּכָל־לְבַבְכֶם וּבְכָל־
נַפְשְׁכֶם׃ וְנָתַתִּי מְטַר־אַרְצְכֶם בְּעִתּוֹ יוֹרֶה וּמַלְקוֹשׁ וְאָסַפְתָּ
דְגָנֶךָ וְתִירֹשְׁךָ וְיִצְהָרֶךָ׃ וְנָתַתִּי עֵשֶׂב בְּשָׂדְךָ לִבְהֶמְתֶּךָ וְאָכַלְתָּ
וְשָׂבָעְתָּ׃ הִשָּׁמְרוּ לָכֶם פֶּן־יִפְתֶּה לְבַבְכֶם וְסַרְתֶּם וַעֲבַדְתֶּם
אֱלֹהִים אֲחֵרִים וְהִשְׁתַּחֲוִיתֶם לָהֶם׃ וְחָרָה אַף־יהוה בָּכֶם וְעָצַר
אֶת־הַשָּׁמַיִם וְלֹא־יִהְיֶה מָטָר וְהָאֲדָמָה לֹא תִתֵּן אֶת־יְבוּלָהּ
וַאֲבַדְתֶּם מְהֵרָה מֵעַל הָאָרֶץ הַטֹּבָה אֲשֶׁר יהוה נֹתֵן לָכֶם׃
וְשַׂמְתֶּם אֶת־דְּבָרַי אֵלֶּה עַל־לְבַבְכֶם וְעַל־נַפְשְׁכֶם וּקְשַׁרְתֶּם
אֹתָם לְאוֹת עַל־יֶדְכֶם וְהָיוּ לְטוֹטָפֹת בֵּין עֵינֵיכֶם׃ וְלִמַּדְתֶּם
אֹתָם אֶת־בְּנֵיכֶם לְדַבֵּר בָּם בְּשִׁבְתְּךָ בְּבֵיתֶךָ וּבְלֶכְתְּךָ בַדֶּרֶךְ
וּבְשָׁכְבְּךָ וּבְקוּמֶךָ׃ וּכְתַבְתָּם עַל־מְזוּזוֹת בֵּיתֶךָ וּבִשְׁעָרֶיךָ׃
לְמַעַן יִרְבּוּ יְמֵיכֶם וִימֵי בְנֵיכֶם עַל הָאֲדָמָה אֲשֶׁר נִשְׁבַּע יהוה
לַאֲבֹתֵיכֶם לָתֵת לָהֶם כִּימֵי הַשָּׁמַיִם עַל־הָאָרֶץ׃

במדבר טו וַיֹּאמֶר יהוה אֶל־מֹשֶׁה לֵּאמֹר׃ דַּבֵּר אֶל־בְּנֵי יִשְׂרָאֵל וְאָמַרְתָּ
אֲלֵהֶם וְעָשׂוּ לָהֶם צִיצִת עַל־כַּנְפֵי בִגְדֵיהֶם לְדֹרֹתָם וְנָתְנוּ עַל־
צִיצִת הַכָּנָף פְּתִיל תְּכֵלֶת׃ וְהָיָה לָכֶם לְצִיצִת וּרְאִיתֶם אֹתוֹ
וּזְכַרְתֶּם אֶת־כָּל־מִצְוֺת יהוה וַעֲשִׂיתֶם אֹתָם וְלֹא תָתֻרוּ אַחֲרֵי
לְבַבְכֶם וְאַחֲרֵי עֵינֵיכֶם אֲשֶׁר־אַתֶּם זֹנִים אַחֲרֵיהֶם׃ לְמַעַן תִּזְכְּרוּ
וַעֲשִׂיתֶם אֶת־כָּל־מִצְוֺתָי וִהְיִיתֶם קְדֹשִׁים לֵאלֹהֵיכֶם׃ אֲנִי יהוה
אֱלֹהֵיכֶם אֲשֶׁר הוֹצֵאתִי אֶתְכֶם מֵאֶרֶץ מִצְרַיִם לִהְיוֹת לָכֶם
לֵאלֹהִים אֲנִי יהוה אֱלֹהֵיכֶם אֱמֶת

וֶאֱמוּנָה כָּל זֹאת וְקַיָּם עָלֵינוּ
כִּי הוּא יי אֱלֹהֵינוּ וְאֵין זוּלָתוֹ וַאֲנַחְנוּ יִשְׂרָאֵל עַמּוֹ.
הַפּוֹדֵנוּ מִיַּד מְלָכִים, מַלְכֵּנוּ הַגּוֹאֲלֵנוּ מִכַּף כָּל הֶעָרִיצִים
הָאֵל הַנִּפְרָע לָנוּ מִצָּרֵינוּ, וְהַמְשַׁלֵּם גְּמוּל לְכָל אוֹיְבֵי נַפְשֵׁנוּ.
הָעוֹשֶׂה גְדוֹלוֹת עַד אֵין חֵקֶר, וְנִפְלָאוֹת עַד אֵין מִסְפָּר.
הַשָּׂם נַפְשֵׁנוּ בַּחַיִּים, וְלֹא נָתַן לַמּוֹט רַגְלֵנוּ.
הַמַּדְרִיכֵנוּ עַל בָּמוֹת אוֹיְבֵינוּ, וַיָּרֶם קַרְנֵנוּ עַל כָּל שׂוֹנְאֵינוּ.
הָעוֹשֶׂה לָנוּ נִסִּים וּנְקָמָה בְּפַרְעֹה
אוֹתוֹת וּמוֹפְתִים בְּאַדְמַת בְּנֵי חָם.
הַמַּכֶּה בְעֶבְרָתוֹ כָּל בְּכוֹרֵי מִצְרָיִם
וַיּוֹצֵא אֶת עַמּוֹ יִשְׂרָאֵל מִתּוֹכָם לְחֵרוּת עוֹלָם.
הַמַּעֲבִיר בָּנָיו בֵּין גִּזְרֵי יַם סוּף
אֶת רוֹדְפֵיהֶם וְאֶת שׂוֹנְאֵיהֶם בִּתְהוֹמוֹת טִבַּע
וְרָאוּ בָנָיו גְּבוּרָתוֹ, שִׁבְּחוּ וְהוֹדוּ לִשְׁמוֹ
וּמַלְכוּתוֹ בְּרָצוֹן קִבְּלוּ עֲלֵיהֶם

מֹשֶׁה וּבְנֵי יִשְׂרָאֵל לְךָ עָנוּ שִׁירָה בְּשִׂמְחָה רַבָּה
וְאָמְרוּ כֻלָּם

מִי כָמֹכָה בָּאֵלִם יי
מִי כָּמֹכָה נֶאְדָּר בַּקֹּדֶשׁ
נוֹרָא תְהִלֹּת עֹשֵׂה פֶלֶא.

מַלְכוּתְךָ רָאוּ בָנֶיךָ, בּוֹקֵעַ יָם לִפְנֵי מֹשֶׁה
זֶה אֵלִי עָנוּ וְאָמְרוּ

יי יִמְלֹךְ לְעֹלָם וָעֶד.

וְנֶאֱמַר, כִּי פָדָה יי אֶת יַעֲקֹב וּגְאָלוֹ מִיַּד חָזָק מִמֶּנּוּ.
בָּרוּךְ אַתָּה יי, גָּאַל יִשְׂרָאֵל.

הַשְׁכִּיבֵנוּ יי אֱלֹהֵינוּ לְשָׁלוֹם
וְהַעֲמִידֵנוּ מַלְכֵּנוּ לְחַיִּים
וּפְרֹשׂ עָלֵינוּ סֻכַּת שְׁלוֹמֶךָ, וְתַקְּנֵנוּ בְּעֵצָה טוֹבָה מִלְּפָנֶיךָ
וְהוֹשִׁיעֵנוּ לְמַעַן שְׁמֶךָ.
וְהָגֵן בַּעֲדֵנוּ וְהָסֵר מֵעָלֵינוּ אוֹיֵב, דֶּבֶר וְחֶרֶב וְרָעָב וְיָגוֹן
וְהָסֵר שָׂטָן מִלְּפָנֵינוּ וּמֵאַחֲרֵינוּ וּבְצֵל כְּנָפֶיךָ תַּסְתִּירֵנוּ.
כִּי אֵל שׁוֹמְרֵנוּ וּמַצִּילֵנוּ אָתָּה
כִּי אֵל מֶלֶךְ חַנּוּן וְרַחוּם אָתָּה.
וּשְׁמֹר צֵאתֵנוּ וּבוֹאֵנוּ לְחַיִּים וּלְשָׁלוֹם מֵעַתָּה וְעַד עוֹלָם.
בָּרוּךְ אַתָּה יי, שׁוֹמֵר עַמּוֹ יִשְׂרָאֵל לָעַד.

בחוץ לארץ אומרים:

בָּרוּךְ יי לְעוֹלָם אָמֵן וְאָמֵן. בָּרוּךְ יי מִצִּיּוֹן שֹׁכֵן יְרוּשָׁלָיִם הַלְלוּיָהּ. בָּרוּךְ יי אֱלֹהִים אֱלֹהֵי יִשְׂרָאֵל עֹשֵׂה נִפְלָאוֹת לְבַדּוֹ. וּבָרוּךְ שֵׁם כְּבוֹדוֹ לְעוֹלָם וְיִמָּלֵא כְבוֹדוֹ אֶת כָּל הָאָרֶץ, אָמֵן וְאָמֵן. יְהִי כְבוֹד יי לְעוֹלָם, יִשְׂמַח יי בְּמַעֲשָׂיו. יְהִי שֵׁם יי מְבֹרָךְ מֵעַתָּה וְעַד עוֹלָם. כִּי לֹא יִטֹּשׁ יי אֶת עַמּוֹ בַּעֲבוּר שְׁמוֹ הַגָּדוֹל, כִּי הוֹאִיל יי לַעֲשׂוֹת אֶתְכֶם לוֹ לְעָם. וַיַּרְא כָּל הָעָם וַיִּפְּלוּ עַל פְּנֵיהֶם וַיֹּאמְרוּ יי הוּא הָאֱלֹהִים, יי הוּא הָאֱלֹהִים. וְהָיָה יי לְמֶלֶךְ עַל כָּל הָאָרֶץ, בַּיּוֹם הַהוּא יִהְיֶה יי אֶחָד וּשְׁמוֹ אֶחָד. יְהִי חַסְדְּךָ יי עָלֵינוּ כַּאֲשֶׁר יִחַלְנוּ לָךְ. הוֹשִׁיעֵנוּ יי אֱלֹהֵינוּ וְקַבְּצֵנוּ מִן הַגּוֹיִם לְהוֹדוֹת לְשֵׁם קָדְשֶׁךָ, לְהִשְׁתַּבֵּחַ בִּתְהִלָּתֶךָ. כָּל גּוֹיִם אֲשֶׁר עָשִׂיתָ יָבוֹאוּ וְיִשְׁתַּחֲווּ לְפָנֶיךָ, אֲדֹנָי, וִיכַבְּדוּ לִשְׁמֶךָ. כִּי גָדוֹל אַתָּה וְעֹשֵׂה נִפְלָאוֹת, אַתָּה אֱלֹהִים לְבַדֶּךָ. וַאֲנַחְנוּ עַמְּךָ וְצֹאן מַרְעִיתֶךָ נוֹדֶה לְּךָ לְעוֹלָם, לְדוֹר וָדֹר נְסַפֵּר תְּהִלָּתֶךָ. בָּרוּךְ יי בַּיּוֹם, בָּרוּךְ יי בַּלָּיְלָה. בָּרוּךְ יי בְּשָׁכְבֵנוּ, בָּרוּךְ יי בְּקוּמֵנוּ. כִּי בְיָדְךָ נַפְשׁוֹת הַחַיִּים וְהַמֵּתִים אֲשֶׁר בְּיָדוֹ נֶפֶשׁ כָּל חָי וְרוּחַ כָּל בְּשַׂר אִישׁ. בְּיָדְךָ אַפְקִיד רוּחִי, פָּדִיתָה אוֹתִי יי אֵל אֱמֶת. אֱלֹהֵינוּ שֶׁבַּשָּׁמַיִם, יַחֵד שִׁמְךָ וְקַיֵּם מַלְכוּתְךָ תָּמִיד וּמְלֹךְ עָלֵינוּ לְעוֹלָם וָעֶד.

יִרְאוּ עֵינֵינוּ וְיִשְׂמַח לִבֵּנוּ וְתָגֵל נַפְשֵׁנוּ בִּישׁוּעָתְךָ בֶּאֱמֶת, בֶּאֱמֹר לְצִיּוֹן מָלַךְ אֱלֹהָיִךְ. יי מֶלֶךְ, יי מָלָךְ, יי יִמְלֹךְ לְעֹלָם וָעֶד. כִּי הַמַּלְכוּת שֶׁלְּךָ הִיא וּלְעוֹלְמֵי עַד תִּמְלֹךְ בְּכָבוֹד, כִּי אֵין לָנוּ מֶלֶךְ אֶלָּא אָתָּה. בָּרוּךְ אַתָּה יי, הַמֶּלֶךְ בִּכְבוֹדוֹ תָּמִיד יִמְלֹךְ עָלֵינוּ לְעוֹלָם וָעֶד וְעַל כָּל מַעֲשָׂיו.

הש"ץ אומר:

יִתְגַּדַּל וְיִתְקַדַּשׁ שְׁמֵהּ רַבָּא, בְּעָלְמָא דִּי בְרָא כִרְעוּתֵהּ וְיַמְלִיךְ מַלְכוּתֵהּ, בְּחַיֵּיכוֹן וּבְיוֹמֵיכוֹן וּבְחַיֵּי דְכָל בֵּית יִשְׂרָאֵל, בַּעֲגָלָא וּבִזְמַן קָרִיב וְאִמְרוּ אָמֵן.
יְהֵא שְׁמֵהּ רַבָּא מְבָרַךְ לְעָלַם וּלְעָלְמֵי עָלְמַיָּא.
יִתְבָּרַךְ וְיִשְׁתַּבַּח וְיִתְפָּאַר וְיִתְרוֹמַם וְיִתְנַשֵּׂא, וְיִתְהַדָּר וְיִתְעַלֶּה וְיִתְהַלָּל שְׁמֵהּ דְּקֻדְשָׁא בְּרִיךְ הוּא, לְעֵלָּא מִן כָּל בִּרְכָתָא וְשִׁירָתָא, תֻּשְׁבְּחָתָא וְנֶחֱמָתָא דַּאֲמִירָן בְּעָלְמָא וְאִמְרוּ אָמֵן.

אֲדֹנָי, שְׂפָתַי תִּפְתָּח וּפִי יַגִּיד תְּהִלָּתֶךָ.

בָּרוּךְ אַתָּה יְיָ, אֱלֹהֵינוּ וֵאלֹהֵי אֲבוֹתֵינוּ, אֱלֹהֵי אַבְרָהָם, אֱלֹהֵי יִצְחָק, וֵאלֹהֵי יַעֲקֹב, הָאֵל הַגָּדוֹל הַגִּבּוֹר וְהַנּוֹרָא, אֵל עֶלְיוֹן, גּוֹמֵל חֲסָדִים טוֹבִים, וְקוֹנֵה הַכֹּל, וְזוֹכֵר חַסְדֵי אָבוֹת וּמֵבִיא גוֹאֵל לִבְנֵי בְנֵיהֶם לְמַעַן שְׁמוֹ בְּאַהֲבָה. מֶלֶךְ עוֹזֵר וּמוֹשִׁיעַ וּמָגֵן. בָּרוּךְ אַתָּה יְיָ, מָגֵן אַבְרָהָם.

אַתָּה גִּבּוֹר לְעוֹלָם אֲדֹנָי, מְחַיֵּה מֵתִים אַתָּה, רַב לְהוֹשִׁיעַ
בא"י: מוֹרִיד הַטָּל.

מְכַלְכֵּל חַיִּים בְּחֶסֶד, מְחַיֵּה מֵתִים בְּרַחֲמִים רַבִּים, סוֹמֵךְ נוֹפְלִים, וְרוֹפֵא חוֹלִים, וּמַתִּיר אֲסוּרִים, וּמְקַיֵּם אֱמוּנָתוֹ לִישֵׁנֵי עָפָר. מִי כָמוֹךָ בַּעַל גְּבוּרוֹת וּמִי דּוֹמֶה לָּךְ, מֶלֶךְ מֵמִית וּמְחַיֶּה וּמַצְמִיחַ יְשׁוּעָה. וְנֶאֱמָן אַתָּה לְהַחֲיוֹת מֵתִים. בָּרוּךְ אַתָּה יְיָ, מְחַיֵּה הַמֵּתִים.

אַתָּה קָדוֹשׁ וְשִׁמְךָ קָדוֹשׁ, וּקְדוֹשִׁים בְּכָל יוֹם יְהַלְלוּךָ סֶּלָה. בָּרוּךְ אַתָּה יְיָ, הָאֵל הַקָּדוֹשׁ.

אַתָּה חוֹנֵן לְאָדָם דַּעַת וּמְלַמֵּד לֶאֱנוֹשׁ בִּינָה. אַתָּה חוֹנַנְתָּנוּ לְמַדַּע תּוֹרָתֶךָ, וַתְּלַמְּדֵנוּ לַעֲשׂוֹת חֻקֵּי רְצוֹנֶךָ וַתַּבְדֵּל יְיָ אֱלֹהֵינוּ בֵּין קֹדֶשׁ לְחוֹל, בֵּין אוֹר לְחשֶׁךְ, בֵּין יִשְׂרָאֵל לָעַמִּים, בֵּין יוֹם הַשְּׁבִיעִי לְשֵׁשֶׁת יְמֵי הַמַּעֲשֶׂה. אָבִינוּ מַלְכֵּנוּ הָחֵל עָלֵינוּ הַיָּמִים הַבָּאִים לִקְרָאתֵנוּ לְשָׁלוֹם חֲשׂוּכִים מִכָּל חֵטְא וּמְנֻקִּים מִכָּל עָוֹן וּמְדֻבָּקִים בְּיִרְאָתֶךָ. וְחָנֵּנוּ מֵאִתְּךָ דֵּעָה בִּינָה וְהַשְׂכֵּל. בָּרוּךְ אַתָּה יְיָ, חוֹנֵן הַדָּעַת.

הֲשִׁיבֵנוּ אָבִינוּ לְתוֹרָתֶךָ, וְקָרְבֵנוּ מַלְכֵּנוּ לַעֲבוֹדָתֶךָ, וְהַחֲזִירֵנוּ בִּתְשׁוּבָה שְׁלֵמָה לְפָנֶיךָ. בָּרוּךְ אַתָּה יי, הָרוֹצֶה בִּתְשׁוּבָה.

סְלַח לָנוּ אָבִינוּ כִּי חָטָאנוּ, מְחַל לָנוּ מַלְכֵּנוּ כִּי פָשָׁעְנוּ, כִּי מוֹחֵל וְסוֹלֵחַ אָתָּה. בָּרוּךְ אַתָּה יי, חַנּוּן הַמַּרְבֶּה לִסְלֹחַ.

רְאֵה בְעָנְיֵנוּ, וְרִיבָה רִיבֵנוּ, וּגְאָלֵנוּ מְהֵרָה לְמַעַן שְׁמֶךָ, כִּי גּוֹאֵל חָזָק אָתָּה. בָּרוּךְ אַתָּה יי, גּוֹאֵל יִשְׂרָאֵל.

רְפָאֵנוּ יי וְנֵרָפֵא, הוֹשִׁיעֵנוּ וְנִוָּשֵׁעָה, כִּי תְהִלָּתֵנוּ אָתָּה, וְהַעֲלֵה רְפוּאָה שְׁלֵמָה לְכָל מַכּוֹתֵינוּ, כִּי אֵל מֶלֶךְ רוֹפֵא נֶאֱמָן וְרַחֲמָן אָתָּה. בָּרוּךְ אַתָּה יי, רוֹפֵא חוֹלֵי עַמּוֹ יִשְׂרָאֵל.

בָּרֵךְ עָלֵינוּ יי אֱלֹהֵינוּ אֶת הַשָּׁנָה הַזֹּאת וְאֶת כָּל מִינֵי תְבוּאָתָהּ לְטוֹבָה, וְתֵן בְּרָכָה עַל פְּנֵי הָאֲדָמָה וְשַׂבְּעֵנוּ מִטּוּבָהּ, וּבָרֵךְ שְׁנָתֵנוּ כַּשָּׁנִים הַטּוֹבוֹת. בָּרוּךְ אַתָּה יי, מְבָרֵךְ הַשָּׁנִים.

תְּקַע בְּשׁוֹפָר גָּדוֹל לְחֵרוּתֵנוּ, וְשָׂא נֵס לְקַבֵּץ גָּלֻיּוֹתֵינוּ, וְקַבְּצֵנוּ יַחַד מֵאַרְבַּע כַּנְפוֹת הָאָרֶץ. בָּרוּךְ אַתָּה יי, מְקַבֵּץ נִדְחֵי עַמּוֹ יִשְׂרָאֵל.

הָשִׁיבָה שׁוֹפְטֵינוּ כְּבָרִאשׁוֹנָה, וְיוֹעֲצֵינוּ כְּבַתְּחִלָּה, וְהָסֵר מִמֶּנּוּ יָגוֹן וַאֲנָחָה, וּמְלוֹךְ עָלֵינוּ אַתָּה יי לְבַדְּךָ בְּחֶסֶד וּבְרַחֲמִים, וְצַדְּקֵנוּ בַּמִּשְׁפָּט. בָּרוּךְ אַתָּה יי, מֶלֶךְ אוֹהֵב צְדָקָה וּמִשְׁפָּט.

וְלַמַּלְשִׁינִים אַל תְּהִי תִקְוָה, וְכָל הָרִשְׁעָה כְּרֶגַע תֹּאבֵד, וְכָל אוֹיְבֵי עַמְּךָ מְהֵרָה יִכָּרֵתוּ, וְהַזֵּדִים מְהֵרָה תְעַקֵּר וּתְשַׁבֵּר וּתְמַגֵּר וְתַכְנִיעַ בִּמְהֵרָה בְיָמֵינוּ. בָּרוּךְ אַתָּה יי, שׁוֹבֵר אוֹיְבִים וּמַכְנִיעַ זֵדִים.

עַל הַצַּדִּיקִים וְעַל הַחֲסִידִים, וְעַל זִקְנֵי עַמְּךָ בֵּית יִשְׂרָאֵל, וְעַל פְּלֵיטַת סוֹפְרֵיהֶם, וְעַל גֵּרֵי הַצֶּדֶק וְעָלֵינוּ, יֶהֱמוּ רַחֲמֶיךָ יי אֱלֹהֵינוּ, וְתֵן שָׂכָר טוֹב לְכָל הַבּוֹטְחִים בְּשִׁמְךָ בֶּאֱמֶת, וְשִׂים חֶלְקֵנוּ עִמָּהֶם, וּלְעוֹלָם לֹא נֵבוֹשׁ כִּי בְךָ בָטָחְנוּ. בָּרוּךְ אַתָּה יי, מִשְׁעָן וּמִבְטָח לַצַּדִּיקִים.

וְלִירוּשָׁלַיִם עִירְךָ בְּרַחֲמִים תָּשׁוּב, וְתִשְׁכֹּן בְּתוֹכָהּ כַּאֲשֶׁר דִּבַּרְתָּ, וּבְנֵה אוֹתָהּ בְּקָרוֹב בְּיָמֵינוּ בִּנְיַן עוֹלָם, וְכִסֵּא דָוִד מְהֵרָה לְתוֹכָהּ תָּכִין. בָּרוּךְ אַתָּה יְיָ, בּוֹנֵה יְרוּשָׁלָיִם.

אֶת צֶמַח דָּוִד עַבְדְּךָ מְהֵרָה תַצְמִיחַ, וְקַרְנוֹ תָּרוּם בִּישׁוּעָתֶךָ, כִּי לִישׁוּעָתְךָ קִוִּינוּ כָּל הַיּוֹם. בָּרוּךְ אַתָּה יְיָ, מַצְמִיחַ קֶרֶן יְשׁוּעָה.

שְׁמַע קוֹלֵנוּ יְיָ אֱלֹהֵינוּ, חוּס וְרַחֵם עָלֵינוּ, וְקַבֵּל בְּרַחֲמִים וּבְרָצוֹן אֶת תְּפִלָּתֵנוּ, כִּי אֵל שׁוֹמֵעַ תְּפִלּוֹת וְתַחֲנוּנִים אָתָּה, וּמִלְּפָנֶיךָ מַלְכֵּנוּ רֵיקָם אַל תְּשִׁיבֵנוּ, כִּי אַתָּה שׁוֹמֵעַ תְּפִלַּת עַמְּךָ יִשְׂרָאֵל בְּרַחֲמִים. בָּרוּךְ אַתָּה יְיָ, שׁוֹמֵעַ תְּפִלָּה.

רְצֵה יְיָ אֱלֹהֵינוּ בְּעַמְּךָ יִשְׂרָאֵל וּבִתְפִלָּתָם, וְהָשֵׁב אֶת הָעֲבוֹדָה לִדְבִיר בֵּיתֶךָ, וְאִשֵּׁי יִשְׂרָאֵל וּתְפִלָּתָם בְּאַהֲבָה תְקַבֵּל בְּרָצוֹן, וּתְהִי לְרָצוֹן תָּמִיד עֲבוֹדַת יִשְׂרָאֵל עַמֶּךָ. וְתֶחֱזֶינָה עֵינֵינוּ בְּשׁוּבְךָ לְצִיּוֹן בְּרַחֲמִים. בָּרוּךְ אַתָּה יְיָ, הַמַּחֲזִיר שְׁכִינָתוֹ לְצִיּוֹן.

מוֹדִים אֲנַחְנוּ לָךְ שָׁאַתָּה הוּא יְיָ אֱלֹהֵינוּ וֵאלֹהֵי אֲבוֹתֵינוּ לְעוֹלָם וָעֶד, צוּר חַיֵּינוּ, מָגֵן יִשְׁעֵנוּ אַתָּה הוּא לְדוֹר וָדוֹר. נוֹדֶה לְךָ וּנְסַפֵּר תְּהִלָּתֶךָ עַל חַיֵּינוּ הַמְּסוּרִים בְּיָדֶךָ וְעַל נִשְׁמוֹתֵינוּ הַפְּקוּדוֹת לָךְ, וְעַל נִסֶּיךָ שֶׁבְּכָל יוֹם עִמָּנוּ, וְעַל נִפְלְאוֹתֶיךָ וְטוֹבוֹתֶיךָ שֶׁבְּכָל עֵת, עֶרֶב וָבֹקֶר וְצָהֳרָיִם. הַטּוֹב כִּי לֹא כָלוּ רַחֲמֶיךָ, וְהַמְרַחֵם כִּי לֹא תַמּוּ חֲסָדֶיךָ מֵעוֹלָם קִוִּינוּ לָךְ. וְעַל כֻּלָּם יִתְבָּרַךְ וְיִתְרוֹמַם שִׁמְךָ מַלְכֵּנוּ תָּמִיד לְעוֹלָם וָעֶד. וְכֹל הַחַיִּים יוֹדוּךָ סֶּלָה, וִיהַלְלוּ אֶת שִׁמְךָ בֶּאֱמֶת, הָאֵל יְשׁוּעָתֵנוּ וְעֶזְרָתֵנוּ סֶלָה. בָּרוּךְ אַתָּה יְיָ, הַטּוֹב שִׁמְךָ וּלְךָ נָאֶה לְהוֹדוֹת.

שָׁלוֹם רָב עַל יִשְׂרָאֵל עַמְּךָ תָּשִׂים לְעוֹלָם, כִּי אַתָּה הוּא מֶלֶךְ אָדוֹן לְכָל הַשָּׁלוֹם. וְטוֹב בְּעֵינֶיךָ לְבָרֵךְ אֶת עַמְּךָ יִשְׂרָאֵל בְּכָל עֵת וּבְכָל שָׁעָה בִּשְׁלוֹמֶךָ. בָּרוּךְ אַתָּה יְיָ, הַמְבָרֵךְ אֶת עַמּוֹ יִשְׂרָאֵל בַּשָּׁלוֹם.

אֱלֹהַי, נְצֹר לְשׁוֹנִי מֵרָע וּשְׂפָתַי מִדַּבֵּר מִרְמָה, וְלִמְקַלְלַי נַפְשִׁי תִדֹּם, וְנַפְשִׁי כֶּעָפָר לַכֹּל תִּהְיֶה. פְּתַח לִבִּי בְּתוֹרָתֶךָ, וּבְמִצְוֹתֶיךָ תִּרְדֹּף נַפְשִׁי. וְכָל הַחוֹשְׁבִים עָלַי רָעָה, מְהֵרָה הָפֵר עֲצָתָם וְקַלְקֵל מַחֲשַׁבְתָּם. עֲשֵׂה לְמַעַן שְׁמֶךָ, עֲשֵׂה לְמַעַן יְמִינֶךָ, עֲשֵׂה לְמַעַן קְדֻשָּׁתֶךָ, עֲשֵׂה לְמַעַן תּוֹרָתֶךָ. לְמַעַן יֵחָלְצוּן יְדִידֶיךָ הוֹשִׁיעָה יְמִינְךָ וַעֲנֵנִי. יִהְיוּ לְרָצוֹן אִמְרֵי פִי וְהֶגְיוֹן לִבִּי לְפָנֶיךָ, יי צוּרִי וְגֹאֲלִי. עֹשֶׂה שָׁלוֹם בִּמְרוֹמָיו, הוּא יַעֲשֶׂה שָׁלוֹם עָלֵינוּ וְעַל כָּל יִשְׂרָאֵל, וְאִמְרוּ אָמֵן.

יְהִי רָצוֹן מִלְּפָנֶיךָ יי אֱלֹהֵינוּ וֵאלֹהֵי אֲבוֹתֵינוּ, שֶׁיִּבָּנֶה בֵּית הַמִּקְדָּשׁ בִּמְהֵרָה בְיָמֵינוּ, וְתֵן חֶלְקֵנוּ בְּתוֹרָתֶךָ. וְשָׁם נַעֲבָדְךָ בְּיִרְאָה כִּימֵי עוֹלָם וּכְשָׁנִים קַדְמֹנִיּוֹת. וְעָרְבָה לַיי מִנְחַת יְהוּדָה וִירוּשָׁלָיִם כִּימֵי עוֹלָם וּכְשָׁנִים קַדְמֹנִיּוֹת.

קדיש שלם: יִתְגַּדַּל וְיִתְקַדַּשׁ שְׁמֵהּ רַבָּא
בְּעָלְמָא דִּי בְרָא כִרְעוּתֵהּ וְיַמְלִיךְ מַלְכוּתֵהּ
בְּחַיֵּיכוֹן וּבְיוֹמֵיכוֹן וּבְחַיֵּי דְכָל בֵּית יִשְׂרָאֵל
בַּעֲגָלָא וּבִזְמַן קָרִיב וְאִמְרוּ אָמֵן.
יְהֵא שְׁמֵהּ רַבָּא מְבָרַךְ לְעָלַם וּלְעָלְמֵי עָלְמַיָּא.
יִתְבָּרַךְ וְיִשְׁתַּבַּח וְיִתְפָּאַר וְיִתְרוֹמַם וְיִתְנַשֵּׂא
וְיִתְהַדַּר וְיִתְעַלֶּה וְיִתְהַלָּל
שְׁמֵהּ דְּקֻדְשָׁא בְּרִיךְ הוּא
לְעֵלָּא מִן כָּל בִּרְכָתָא וְשִׁירָתָא, תֻּשְׁבְּחָתָא וְנֶחֱמָתָא
דַּאֲמִירָן בְּעָלְמָא וְאִמְרוּ אָמֵן.
תִּתְקַבַּל צְלוֹתְהוֹן וּבָעוּתְהוֹן דְּכָל יִשְׂרָאֵל
קֳדָם אֲבוּהוֹן דִּי בִשְׁמַיָּא וְאִמְרוּ אָמֵן.
יְהֵא שְׁלָמָא רַבָּא מִן שְׁמַיָּא, וְחַיִּים עָלֵינוּ
וְעַל כָּל יִשְׂרָאֵל וְאִמְרוּ אָמֵן.
עֹשֶׂה שָׁלוֹם בִּמְרוֹמָיו, הוּא יַעֲשֶׂה שָׁלוֹם עָלֵינוּ
וְעַל כָּל יִשְׂרָאֵל וְאִמְרוּ אָמֵן.

עָלֵינוּ לְשַׁבֵּחַ לַאֲדוֹן הַכֹּל, לָתֵת גְּדֻלָּה לְיוֹצֵר בְּרֵאשִׁית
שֶׁלֹּא עָשָׂנוּ כְּגוֹיֵי הָאֲרָצוֹת, וְלֹא שָׂמָנוּ כְּמִשְׁפְּחוֹת הָאֲדָמָה
שֶׁלֹּא שָׂם חֶלְקֵנוּ כָּהֶם וְגוֹרָלֵנוּ כְּכָל הֲמוֹנָם.
שֶׁהֵם מִשְׁתַּחֲוִים לְהֶבֶל וָרִיק וּמִתְפַּלְּלִים אֶל אֵל לֹא יוֹשִׁיעַ.
וַאֲנַחְנוּ כּוֹרְעִים וּמִשְׁתַּחֲוִים וּמוֹדִים לִפְנֵי מֶלֶךְ מַלְכֵי הַמְּלָכִים
הַקָּדוֹשׁ בָּרוּךְ הוּא
שֶׁהוּא נוֹטֶה שָׁמַיִם וְיוֹסֵד אָרֶץ וּמוֹשַׁב יְקָרוֹ בַּשָּׁמַיִם מִמַּעַל
וּשְׁכִינַת עֻזּוֹ בְּגָבְהֵי מְרוֹמִים.
הוּא אֱלֹהֵינוּ, אֵין עוֹד.
אֱמֶת מַלְכֵּנוּ, אֶפֶס זוּלָתוֹ, כַּכָּתוּב בְּתוֹרָתוֹ
וְיָדַעְתָּ הַיּוֹם וַהֲשֵׁבֹתָ אֶל לְבָבֶךָ
כִּי יְיָ הוּא הָאֱלֹהִים בַּשָּׁמַיִם מִמַּעַל וְעַל הָאָרֶץ מִתָּחַת, אֵין עוֹד.

עַל כֵּן נְקַוֶּה לְךָ יְיָ אֱלֹהֵינוּ
לִרְאוֹת מְהֵרָה בְּתִפְאֶרֶת עֻזֶּךָ, לְהַעֲבִיר גִּלּוּלִים מִן הָאָרֶץ
וְהָאֱלִילִים כָּרוֹת יִכָּרֵתוּן
לְתַקֵּן עוֹלָם בְּמַלְכוּת שַׁדַּי.
וְכָל בְּנֵי בָשָׂר יִקְרְאוּ בִשְׁמֶךָ לְהַפְנוֹת אֵלֶיךָ כָּל רִשְׁעֵי אָרֶץ.
יַכִּירוּ וְיֵדְעוּ כָּל יוֹשְׁבֵי תֵבֵל
כִּי לְךָ תִּכְרַע כָּל בֶּרֶךְ, תִּשָּׁבַע כָּל לָשׁוֹן.
לְפָנֶיךָ יְיָ אֱלֹהֵינוּ יִכְרְעוּ וְיִפֹּלוּ
וְלִכְבוֹד שִׁמְךָ יְקָר יִתֵּנוּ
וִיקַבְּלוּ כֻלָּם אֶת עֹל מַלְכוּתֶךָ
וְתִמְלֹךְ עֲלֵיהֶם מְהֵרָה לְעוֹלָם וָעֶד.
כִּי הַמַּלְכוּת שֶׁלְּךָ הִיא וּלְעוֹלְמֵי עַד תִּמְלֹךְ בְּכָבוֹד
כַּכָּתוּב בְּתוֹרָתֶךָ, יְיָ יִמְלֹךְ לְעֹלָם וָעֶד.
וְנֶאֱמַר, וְהָיָה יְיָ לְמֶלֶךְ עַל כָּל הָאָרֶץ
בַּיּוֹם הַהוּא יִהְיֶה יְיָ אֶחָד וּשְׁמוֹ אֶחָד.

קדיש יתום

כז לְדָוִד יהוה אוֹרִי וְיִשְׁעִי מִמִּי אִירָא יהוה מָעוֹז־חַיַּי מִמִּי
אֶפְחָד: בִּקְרֹב עָלַי מְרֵעִים לֶאֱכֹל אֶת־בְּשָׂרִי צָרַי וְאֹיְבַי לִי
הֵמָּה כָשְׁלוּ וְנָפָלוּ: אִם־תַּחֲנֶה עָלַי מַחֲנֶה לֹא־יִירָא לִבִּי אִם־
תָּקוּם עָלַי מִלְחָמָה בְּזֹאת אֲנִי בוֹטֵחַ: אַחַת שָׁאַלְתִּי מֵאֵת־
יהוה אוֹתָהּ אֲבַקֵּשׁ שִׁבְתִּי בְּבֵית־יהוה כָּל־יְמֵי חַיַּי לַחֲזוֹת
בְּנֹעַם־יהוה וּלְבַקֵּר בְּהֵיכָלוֹ: כִּי יִצְפְּנֵנִי בְּסֻכֹּה בְּיוֹם רָעָה
יַסְתִּרֵנִי בְּסֵתֶר אָהֳלוֹ בְּצוּר יְרוֹמְמֵנִי: וְעַתָּה יָרוּם רֹאשִׁי עַל
אֹיְבַי סְבִיבוֹתַי וְאֶזְבְּחָה בְאָהֳלוֹ זִבְחֵי תְרוּעָה אָשִׁירָה וַאֲזַמְּרָה
לַיהוה: שְׁמַע־יהוה קוֹלִי אֶקְרָא וְחָנֵּנִי וַעֲנֵנִי: לְךָ אָמַר לִבִּי
בַּקְּשׁוּ פָנָי אֶת־פָּנֶיךָ יהוה אֲבַקֵּשׁ: אַל־תַּסְתֵּר פָּנֶיךָ מִמֶּנִּי אַל
תַּט־בְּאַף עַבְדֶּךָ עֶזְרָתִי הָיִיתָ אַל־תִּטְּשֵׁנִי וְאַל־תַּעַזְבֵנִי אֱלֹהֵי
יִשְׁעִי: כִּי־אָבִי וְאִמִּי עֲזָבוּנִי וַיהוה יַאַסְפֵנִי: הוֹרֵנִי יהוה דַּרְכֶּךָ
וּנְחֵנִי בְּאֹרַח מִישׁוֹר לְמַעַן שׁוֹרְרָי: אַל־תִּתְּנֵנִי בְּנֶפֶשׁ צָרָי כִּי
קָמוּ־בִי עֵדֵי־שֶׁקֶר וִיפֵחַ חָמָס: לוּלֵא הֶאֱמַנְתִּי לִרְאוֹת
בְּטוּב־יהוה בְּאֶרֶץ חַיִּים: קַוֵּה אֶל־יהוה חֲזַק וְיַאֲמֵץ לִבֶּךָ
וְקַוֵּה אֶל־יהוה:

קדיש יתום: יִתְגַּדַּל וְיִתְקַדַּשׁ שְׁמֵהּ רַבָּא
בְּעָלְמָא דִּי בְרָא כִרְעוּתֵהּ וְיַמְלִיךְ מַלְכוּתֵהּ
בְּחַיֵּיכוֹן וּבְיוֹמֵיכוֹן וּבְחַיֵּי דְכָל בֵּית יִשְׂרָאֵל
בַּעֲגָלָא וּבִזְמַן קָרִיב וְאִמְרוּ אָמֵן.
יְהֵא שְׁמֵהּ רַבָּא מְבָרַךְ לְעָלַם וּלְעָלְמֵי עָלְמַיָּא.
יִתְבָּרַךְ וְיִשְׁתַּבַּח וְיִתְפָּאַר וְיִתְרוֹמַם וְיִתְנַשֵּׂא
וְיִתְהַדַּר וְיִתְעַלֶּה וְיִתְהַלָּל שְׁמֵהּ דְּקֻדְשָׁא בְּרִיךְ הוּא
לְעֵלָּא מִן כָּל בִּרְכָתָא וְשִׁירָתָא, תֻּשְׁבְּחָתָא וְנֶחֱמָתָא
דַּאֲמִירָן בְּעָלְמָא וְאִמְרוּ אָמֵן.
יְהֵא שְׁלָמָא רַבָּא מִן שְׁמַיָּא וְחַיִּים עָלֵינוּ
וְעַל כָּל יִשְׂרָאֵל וְאִמְרוּ אָמֵן.
עֹשֶׂה שָׁלוֹם בִּמְרוֹמָיו, הוּא יַעֲשֶׂה שָׁלוֹם עָלֵינוּ
וְעַל כָּל יִשְׂרָאֵל וְאִמְרוּ אָמֵן.

קידוש לבנה

קמח הַלְלוּיָהּ הַלְלוּ אֶת־יהוה מִן־הַשָּׁמַיִם הַלְלוּהוּ בַּמְּרוֹמִים:
הַלְלוּהוּ כָל־מַלְאָכָיו הַלְלוּהוּ כָּל־צְבָאָו: הַלְלוּהוּ שֶׁמֶשׁ וְיָרֵחַ
הַלְלוּהוּ כָּל־כּוֹכְבֵי אוֹר: הַלְלוּהוּ שְׁמֵי הַשָּׁמָיִם וְהַמַּיִם אֲשֶׁר ׀
מֵעַל הַשָּׁמָיִם: יְהַלְלוּ אֶת־שֵׁם יהוה כִּי הוּא צִוָּה וְנִבְרָאוּ:
וַיַּעֲמִידֵם לָעַד לְעוֹלָם חָק־נָתַן וְלֹא יַעֲבוֹר:

בָּרוּךְ אַתָּה יי אֱלֹהֵינוּ מֶלֶךְ הָעוֹלָם, אֲשֶׁר בְּמַאֲמָרוֹ בָּרָא שְׁחָקִים, וּבְרוּחַ פִּיו כָּל צְבָאָם, חֹק וּזְמַן נָתַן לָהֶם שֶׁלֹּא יְשַׁנּוּ אֶת תַּפְקִידָם. שָׂשִׂים וּשְׂמֵחִים לַעֲשׂוֹת רְצוֹן קוֹנָם, פּוֹעֵל אֱמֶת שֶׁפְּעֻלָּתוֹ אֱמֶת; וְלַלְּבָנָה אָמַר שֶׁתִּתְחַדֵּשׁ, עֲטֶרֶת תִּפְאֶרֶת לַעֲמוּסֵי בָטֶן, שֶׁהֵם עֲתִידִים לְהִתְחַדֵּשׁ כְּמוֹתָהּ וּלְפָאֵר לְיוֹצְרָם עַל שֵׁם כְּבוֹד מַלְכוּתוֹ.
בָּרוּךְ אַתָּה יי, מְחַדֵּשׁ חֳדָשִׁים.

ג׳ פעמים: בָּרוּךְ יוֹצְרֵךְ, בָּרוּךְ עוֹשֵׂךְ, בָּרוּךְ קוֹנֵךְ, בָּרוּךְ בּוֹרְאֵךְ.

ג׳ פעמים: כְּשֵׁם שֶׁאֲנִי רוֹקֵד כְּנֶגְדֵּךְ וְאֵינִי יָכוֹל לִנְגֹּעַ בָּךְ
כָּךְ לֹא יוּכְלוּ כָּל אוֹיְבַי לִנְגֹּעַ בִּי לְרָעָה.

ג׳ פעמים: תִּפֹּל עֲלֵיהֶם אֵימָתָה וָפַחַד, בִּגְדֹל זְרוֹעֲךָ יִדְּמוּ כָּאָבֶן.

ג׳ פעמים: כָּאָבֶן יִדְּמוּ זְרוֹעֲךָ בִּגְדֹל, וָפַחַד אֵימָתָה עֲלֵיהֶם תִּפֹּל.

ג׳ פעמים: דָּוִד מֶלֶךְ יִשְׂרָאֵל חַי וְקַיָּם.

לחברו ג׳ פעמים: שָׁלוֹם עֲלֵיכֶם.

וחברו משיב: עֲלֵיכֶם שָׁלוֹם.

ג׳ פעמים: סִימָן טוֹב וּמַזָּל טוֹב יְהֵא לָנוּ וּלְכָל יִשְׂרָאֵל, אָמֵן.

קוֹל דּוֹדִי הִנֵּה זֶה בָּא, מְדַלֵּג עַל הֶהָרִים, מְקַפֵּץ עַל הַגְּבָעוֹת. דּוֹמֶה דוֹדִי לִצְבִי אוֹ לְעֹפֶר הָאַיָּלִים, הִנֵּה זֶה עוֹמֵד אַחַר כָּתְלֵנוּ, מַשְׁגִּיחַ מִן הַחַלֹּנוֹת מֵצִיץ מִן הַחֲרַכִּים.

קכא שִׁיר לַמַּעֲלוֹת אֶשָּׂא עֵינַי אֶל־הֶהָרִים מֵאַיִן יָבֹא עֶזְרִי׃ עֶזְרִי
מֵעִם יְהוָה עֹשֵׂה שָׁמַיִם וָאָרֶץ׃ אַל־יִתֵּן לַמּוֹט רַגְלֶךָ אַל־יָנוּם
שֹׁמְרֶךָ׃ הִנֵּה לֹא־יָנוּם וְלֹא יִישָׁן שׁוֹמֵר יִשְׂרָאֵל׃ יהוה שֹׁמְרֶךָ
יהוה צִלְּךָ עַל־יַד יְמִינֶךָ׃ יוֹמָם הַשֶּׁמֶשׁ לֹא־יַכֶּכָּה וְיָרֵחַ בַּלָּיְלָה׃
יהוה יִשְׁמָרְךָ מִכָּל־רָע יִשְׁמֹר אֶת־נַפְשֶׁךָ׃ יהוה יִשְׁמָר־צֵאתְךָ
וּבוֹאֶךָ מֵעַתָּה וְעַד־עוֹלָם׃

קנ הַלְלוּיָהּ הַלְלוּ־אֵל בְּקָדְשׁוֹ הַלְלוּהוּ בִּרְקִיעַ עֻזּוֹ׃ הַלְלוּהוּ
בִגְבוּרֹתָיו הַלְלוּהוּ כְּרֹב גֻּדְלוֹ׃ הַלְלוּהוּ בְּתֵקַע שׁוֹפָר הַלְלוּהוּ
בְּנֵבֶל וְכִנּוֹר׃ הַלְלוּהוּ בְתֹף וּמָחוֹל הַלְלוּהוּ בְּמִנִּים וְעוּגָב׃
הַלְלוּהוּ בְצִלְצְלֵי־שָׁמַע הַלְלוּהוּ בְּצִלְצְלֵי תְרוּעָה׃ כֹּל הַנְּשָׁמָה
תְּהַלֵּל יָהּ הַלְלוּיָהּ׃

תָּנָא דְבֵי רַבִּי יִשְׁמָעֵאל, אִלְמָלֵי לֹא זָכוּ יִשְׂרָאֵל אֶלָּא לְהַקְבִּיל פְּנֵי אֲבִיהֶם שֶׁבַּשָּׁמַיִם פַּעַם אַחַת בַּחֹדֶשׁ, דַּיָּם. אָמַר אַבַּיֵי, הִלְכָּךְ צָרִיךְ לְמֵימְרָא מְעֻמָּד.
מִי זֹאת עֹלָה מִן הַמִּדְבָּר מִתְרַפֶּקֶת עַל דּוֹדָהּ.

וִיהִי רָצוֹן מִלְּפָנֶיךָ יי אֱלֹהַי וֵאלֹהֵי אֲבוֹתַי, לְמַלֹּאת פְּגִימַת הַלְּבָנָה וְלֹא יִהְיֶה בָּהּ שׁוּם מִעוּט, וִיהִי אוֹר הַלְּבָנָה כְּאוֹר הַחַמָּה וּכְאוֹר שִׁבְעַת יְמֵי בְרֵאשִׁית; כְּמוֹ שֶׁהָיְתָה קֹדֶם מִעוּטָהּ, שֶׁנֶּאֱמַר, אֶת שְׁנֵי הַמְּאוֹרוֹת הַגְּדוֹלִים. וְיִתְקַיֵּם בָּנוּ מִקְרָא שֶׁכָּתוּב, וּבִקְשׁוּ אֶת יי אֱלֹהֵיהֶם וְאֵת דָּוִיד מַלְכָּם, אָמֵן.

סז לַמְנַצֵּחַ בִּנְגִינֹת מִזְמוֹר שִׁיר׃ אֱלֹהִים יְחָנֵּנוּ וִיבָרְכֵנוּ יָאֵר פָּנָיו
אִתָּנוּ סֶלָה׃ לָדַעַת בָּאָרֶץ דַּרְכֶּךָ בְּכָל־גּוֹיִם יְשׁוּעָתֶךָ׃ יוֹדוּךָ
עַמִּים אֱלֹהִים יוֹדוּךָ עַמִּים כֻּלָּם׃ יִשְׂמְחוּ וִירַנְּנוּ לְאֻמִּים כִּי־
תִשְׁפֹּט עַמִּים מִישֹׁר וּלְאֻמִּים בָּאָרֶץ תַּנְחֵם סֶלָה׃ יוֹדוּךָ
עַמִּים אֱלֹהִים יוֹדוּךָ עַמִּים כֻּלָּם׃ אֶרֶץ נָתְנָה יְבוּלָהּ
יְבָרְכֵנוּ אֱלֹהִים אֱלֹהֵינוּ׃ יְבָרְכֵנוּ אֱלֹהִים וְיִירְאוּ אוֹתוֹ כָּל־
אַפְסֵי־אָרֶץ׃

עָלֵינוּ לְשַׁבֵּחַ לַאֲדוֹן הַכֹּל, לָתֵת גְּדֻלָּה לְיוֹצֵר בְּרֵאשִׁית
שֶׁלֹּא עָשָׂנוּ כְּגוֹיֵי הָאֲרָצוֹת, וְלֹא שָׂמָנוּ כְּמִשְׁפְּחוֹת הָאֲדָמָה
שֶׁלֹּא שָׂם חֶלְקֵנוּ כָּהֶם וְגוֹרָלֵנוּ כְּכָל הֲמוֹנָם.
שֶׁהֵם מִשְׁתַּחֲוִים לְהֶבֶל וָרִיק וּמִתְפַּלְלִים אֶל אֵל לֹא יוֹשִׁיעַ.
וַאֲנַחְנוּ כּוֹרְעִים וּמִשְׁתַּחֲוִים וּמוֹדִים לִפְנֵי מֶלֶךְ מַלְכֵי הַמְּלָכִים
הַקָּדוֹשׁ בָּרוּךְ הוּא
שֶׁהוּא נוֹטֶה שָׁמַיִם וְיוֹסֵד אָרֶץ וּמוֹשַׁב יְקָרוֹ בַּשָּׁמַיִם מִמַּעַל
וּשְׁכִינַת עֻזּוֹ בְּגָבְהֵי מְרוֹמִים.
הוּא אֱלֹהֵינוּ, אֵין עוֹד.
אֱמֶת מַלְכֵּנוּ, אֶפֶס זוּלָתוֹ, כַּכָּתוּב בְּתוֹרָתוֹ
וְיָדַעְתָּ הַיּוֹם וַהֲשֵׁבֹתָ אֶל לְבָבֶךָ
כִּי יְיָ הוּא הָאֱלֹהִים בַּשָּׁמַיִם מִמַּעַל וְעַל הָאָרֶץ מִתָּחַת
אֵין עוֹד.

עַל כֵּן נְקַוֶּה לְךָ יְיָ אֱלֹהֵינוּ
לִרְאוֹת מְהֵרָה בְּתִפְאֶרֶת עֻזֶּךָ
לְהַעֲבִיר גִּלּוּלִים מִן הָאָרֶץ
וְהָאֱלִילִים כָּרוֹת יִכָּרֵתוּן
לְתַקֵּן עוֹלָם בְּמַלְכוּת שַׁדַּי.
וְכָל בְּנֵי בָשָׂר יִקְרְאוּ בִשְׁמֶךָ לְהַפְנוֹת אֵלֶיךָ כָּל רִשְׁעֵי אָרֶץ.
יַכִּירוּ וְיֵדְעוּ כָּל יוֹשְׁבֵי תֵבֵל
כִּי לְךָ תִּכְרַע כָּל בֶּרֶךְ, תִּשָּׁבַע כָּל לָשׁוֹן.
לְפָנֶיךָ יְיָ אֱלֹהֵינוּ יִכְרְעוּ וְיִפֹּלוּ
וְלִכְבוֹד שִׁמְךָ יְקָר יִתֵּנוּ
וִיקַבְּלוּ כֻלָּם אֶת עֹל מַלְכוּתֶךָ
וְתִמְלֹךְ עֲלֵיהֶם מְהֵרָה לְעוֹלָם וָעֶד.
כִּי הַמַּלְכוּת שֶׁלְּךָ הִיא וּלְעוֹלְמֵי עַד תִּמְלֹךְ בְּכָבוֹד
כַּכָּתוּב בְּתוֹרָתֶךָ, יְיָ יִמְלֹךְ לְעֹלָם וָעֶד.
וְנֶאֱמַר, וְהָיָה יְיָ לְמֶלֶךְ עַל כָּל הָאָרֶץ
בַּיּוֹם הַהוּא יִהְיֶה יְיָ אֶחָד וּשְׁמוֹ אֶחָד.

קדיש יתום:

יִתְגַּדַּל וְיִתְקַדַּשׁ שְׁמֵהּ רַבָּא
בְּעָלְמָא דִּי בְרָא כִרְעוּתֵהּ וְיַמְלִיךְ מַלְכוּתֵהּ
בְּחַיֵּיכוֹן וּבְיוֹמֵיכוֹן וּבְחַיֵּי דְכָל בֵּית יִשְׂרָאֵל
בַּעֲגָלָא וּבִזְמַן קָרִיב וְאִמְרוּ אָמֵן.
יְהֵא שְׁמֵהּ רַבָּא מְבָרַךְ לְעָלַם וּלְעָלְמֵי עָלְמַיָּא.
יִתְבָּרַךְ וְיִשְׁתַּבַּח וְיִתְפָּאַר וְיִתְרוֹמַם וְיִתְנַשֵּׂא
וְיִתְהַדָּר וְיִתְעַלֶּה וְיִתְהַלָּל שְׁמֵהּ דְּקֻדְשָׁא בְּרִיךְ הוּא
לְעֵלָּא מִן כָּל בִּרְכָתָא וְשִׁירָתָא, תֻּשְׁבְּחָתָא וְנֶחֱמָתָא
דַּאֲמִירָן בְּעָלְמָא וְאִמְרוּ אָמֵן.
יְהֵא שְׁלָמָא רַבָּא מִן שְׁמַיָּא וְחַיִּים עָלֵינוּ
וְעַל כָּל יִשְׂרָאֵל וְאִמְרוּ אָמֵן.
עֹשֶׂה שָׁלוֹם בִּמְרוֹמָיו, הוּא יַעֲשֶׂה שָׁלוֹם עָלֵינוּ
וְעַל כָּל יִשְׂרָאֵל וְאִמְרוּ אָמֵן.

ונוהגים לומר:

טוֹבִים מְאוֹרוֹת שֶׁבָּרָא אֱלֹהֵינוּ
יְצָרָם בְּדַעַת בְּבִינָה וּבְהַשְׂכֵּל
כֹּחַ וּגְבוּרָה נָתַן בָּהֶם
לִהְיוֹת מוֹשְׁלִים בְּקֶרֶב תֵּבֵל.

מְלֵאִים זִיו וּמְפִיקִים נֹגַהּ
נָאֶה זִיוָם בְּכָל הָעוֹלָם
שְׂמֵחִים בְּצֵאתָם וְשָׂשִׂים בְּבוֹאָם
עוֹשִׂים בְּאֵימָה רְצוֹן קוֹנָם.

פְּאֵר וְכָבוֹד נוֹתְנִים לִשְׁמוֹ
צָהֳלָה וְרִנָּה לְזֵכֶר מַלְכוּתוֹ
קָרָא לַשֶּׁמֶשׁ וַיִּזְרַח אוֹר
רָאָה וְהִתְקִין צוּרַת הַלְּבָנָה.

הבדלה

אם יום כיפור חל בשבת מתחילים ב״הנה אל ישועתי״
ואם חל ביום חול מתחילים ב״בורא פרי הגפן״

הִנֵּה אֵל יְשׁוּעָתִי, אֶבְטַח וְלֹא אֶפְחָד, כִּי עָזִּי וְזִמְרָת יָהּ יי וַיְהִי לִי לִישׁוּעָה.
וּשְׁאַבְתֶּם מַיִם בְּשָׂשׂוֹן, מִמַּעַיְנֵי הַיְשׁוּעָה. לַיי הַיְשׁוּעָה, עַל עַמְּךָ בִרְכָתֶךָ סֶּלָה.
יי צְבָאוֹת עִמָּנוּ, מִשְׂגָּב לָנוּ אֱלֹהֵי יַעֲקֹב סֶלָה.
יי צְבָאוֹת אַשְׁרֵי אָדָם בֹּטֵחַ בָּךְ.
יי הוֹשִׁיעָה, הַמֶּלֶךְ יַעֲנֵנוּ בְיוֹם קָרְאֵנוּ.
לַיְּהוּדִים הָיְתָה אוֹרָה וְשִׂמְחָה וְשָׂשׂוֹן וִיקָר.
כֵּן תִּהְיֶה לָּנוּ. כּוֹס יְשׁוּעוֹת אֶשָּׂא וּבְשֵׁם יי אֶקְרָא.

סַבְרִי מָרָנָן
בָּרוּךְ אַתָּה יי אֱלֹהֵינוּ מֶלֶךְ הָעוֹלָם, בּוֹרֵא פְּרִי הַגָּפֶן.

אם יום כיפור חל בשבת מברכים על הבשמים:
בָּרוּךְ אַתָּה יי אֱלֹהֵינוּ מֶלֶךְ הָעוֹלָם, בּוֹרֵא מִינֵי בְשָׂמִים.

ומברכים על נר ששבת:
בָּרוּךְ אַתָּה יי אֱלֹהֵינוּ מֶלֶךְ הָעוֹלָם, בּוֹרֵא מְאוֹרֵי הָאֵשׁ.

בָּרוּךְ אַתָּה יי אֱלֹהֵינוּ מֶלֶךְ הָעוֹלָם,
הַמַּבְדִּיל בֵּין קֹדֶשׁ לְחֹל, בֵּין אוֹר לְחֹשֶׁךְ,
בֵּין יִשְׂרָאֵל לָעַמִּים,
בֵּין יוֹם הַשְּׁבִיעִי לְשֵׁשֶׁת יְמֵי הַמַּעֲשֶׂה.
בָּרוּךְ אַתָּה יי, הַמַּבְדִּיל בֵּין קֹדֶשׁ לְחֹל.

פיוטים שנוהגים לומר בקצת קהילות

וּבְכֵן וְעֻזּוֹ בַּשְּׁחָקִים.

סימן א״ב.

אַפְסֵי אֶרֶץ בִּדְבָרוֹ הֵקִים / בְּיִרְאָה לְעָבְדוֹ מִתְלַהֲקִים
גּוֹלֶה מִנִּי חֹשֶׁךְ עֲמֻקִּים / דְּבַר עַבְדּוֹ מֵקִים
הַחוֹצֵב לֶהָבוֹת וּבְרָקִים / וְתֵבֵל מְאִירִים וּמַבְהִיקִים
זוֹכֵר בְּרִית מְצוּקִים / חַסְדּוֹ גָּדוֹל מֵעַל לְמוּצָּקִים
טוֹב לְמָעוֹז לְאֵלָיו דְּבוּקִים / יְחִיוּ כֹּל בּוֹ דְּבֵקִים
כִּי מֵרוּחוֹ הָרִים מִתְפָּרְקִים / לֹא יָכִילוּ זַעְמוֹ צוּרִים וְצוּקִים
מִפַּחְדּוֹ יִתְבַּקְּעוּ עֲמָקִים / נְמוֹגִים וְכַדּוֹנַג נְמַקִּים
סוּפָה וּסְעָרָה דְּרָכוֹ נֶאֱבָקִים / עָנָן מִדְרַךְ רַגְלָיו כַּאֲבָקִים
פְּדוּת שָׁלַח לְעַם לוֹ חֲשׁוּקִים / צִוָּה לְעוֹלָם בְּרִיתוֹ לִנְשׁוּקִים
קְנוּיִים לוֹ וּבִימִינוֹ נֶחְבָּקִים / רָצִים אַחֲרָיו וּבוֹ נִדְבָּקִים
שַׁוְעָם שׁוֹמֵעַ מִמַּעֲמַקִּים / תִּפְאֶרֶת עֹז לְשׁוֹשַׁנַּת הָעֲמָקִים.

וּבְכֵן יי מִי כָמוֹךָ.

סימן: א״ב.

מִי כָמוֹךָ אַדִּיר בַּמְּרוֹמִים
מִי כָמוֹךָ בּוֹרֵא כֵס וַהֲדוֹמִים
מִי כָמוֹךָ גִּבּוֹר וּמוֹשִׁיעַ
מִי כָמוֹךָ דּוֹבֵר בִּצְדָקָה רַב לְהוֹשִׁיעַ
מִי כָמוֹךָ הוֹד וְהָדָר לוֹבֵשׁ
מִי כָמוֹךָ וְחֵטְא וְעָוֹן כּוֹבֵשׁ
מִי כָמוֹךָ זַךְ בָּעֶלְיוֹנִים
מִי כָמוֹךָ חֲסִין בְּאַלְפֵי שִׁנְאַנִּים
מִי כָמוֹךָ טוֹב וּמֵטִיב
מִי כָמוֹךָ יְשָׁרִים לְהֵיטִיב
מִי כָמוֹךָ כּוֹנֵס כַּנֵּד מֵי הַיָּם
מִי כָמוֹךָ לְהָשִׁיב מִמְּצֻלוֹת יָם
מִי כָמוֹךָ מָדַד בְּשָׁעֳלוֹ מַיִם
מִי כָמוֹךָ נֶאְדָּר מִקּוֹלוֹת מַיִם
מִי כָמוֹךָ שָׂם עָבִים רְכוּבוֹ
מִי כָמוֹךָ עוֹזֵר וְיוֹדֵעַ חוֹסֵי בוֹ
מִי כָמוֹךָ פּוֹעֵל יְשׁוּעוֹת
מִי כָמוֹךָ צוֹעֲקָיו לְהַשְׁעוֹת
מִי כָמוֹךָ קָדוֹשׁ וְנוֹרָא שְׁמוֹ
מִי כָמוֹךָ רוֹצֶה בְּעַמּוֹ
מִי כָמוֹךָ שׁוֹמֵר הַבְּרִית וְהַחֶסֶד
מִי כָמוֹךָ תִּתֵּן אֱמֶת לְיַעֲקֹב וּלְאַבְרָהָם חֶסֶד.

וּבְכֵן אֵין כָּמוֹךָ בָאֱלֹהִים אֲדֹנָי וְאֵין כְּמַעֲשֶׂיךָ.

סימן: א״ב.

אֵין כָּמוֹךָ בְּאַדִּירֵי מַעְלָה וְאֵין כְּמַעֲשֶׂיךָ בִּבְרוּרֵי מַטָּה
אֵין כָּמוֹךָ בִּגְדוּדֵי מַעְלָה וְאֵין כְּמַעֲשֶׂיךָ בְּדָרֵי מַטָּה
אֵין כָּמוֹךָ בַּהֲמוֹנֵי מַעְלָה וְאֵין כְּמַעֲשֶׂיךָ בְּוַעוּדֵי מַטָּה
אֵין כָּמוֹךָ בְּזַכֵּי מַעְלָה וְאֵין כְּמַעֲשֶׂיךָ בַּחֲיָלֵי מַטָּה
אֵין כָּמוֹךָ בִּטְהוֹרֵי מַעְלָה וְאֵין כְּמַעֲשֶׂיךָ בִּיקִירֵי מַטָּה
אֵין כָּמוֹךָ בִּכְרוּבֵי מַעְלָה וְאֵין כְּמַעֲשֶׂיךָ בִּלְגְיוֹנֵי מַטָּה
אֵין כָּמוֹךָ בְּמַלְאֲכֵי מַעְלָה וְאֵין כְּמַעֲשֶׂיךָ בִּנְגִידֵי מַטָּה
אֵין כָּמוֹךָ בְּשַׂרְפֵי מַעְלָה וְאֵין כְּמַעֲשֶׂיךָ בְּעָרִיצֵי מַטָּה
אֵין כָּמוֹךָ בִּפְלִיאֵי מַעְלָה וְאֵין כְּמַעֲשֶׂיךָ בְּצִבְאוֹת מַטָּה
אֵין כָּמוֹךָ בִּקְדוֹשֵׁי מַעְלָה וְאֵין כְּמַעֲשֶׂיךָ בְּרוֹזְנֵי מַטָּה
אֵין כָּמוֹךָ בְּשִׁנְאַנֵּי מַעְלָה וְאֵין כְּמַעֲשֶׂיךָ בְּתַקִּיפֵי מַטָּה.

וּבְכֵן נַאֲמִירְךָ אֱלֹהֵינוּ בְּאֵימָה.

סימן: א״ב כפול.

נַאֲמִירְךָ בְּאֵימָה / נְבָרֶכְךָ בְּבִינָה
נְגַדֶּלְךָ בִּגְדֻלָּה / נִדְרָשְׁךָ בְּדֵעָה
נְהַדֶּרְךָ בְּהוֹדָיָה / נוֹדְךָ בְּוַעִידָה
נְזַכִּירְךָ בְּזִמְרָה / נְחַסֶּנְךָ בַּחִילָה
נַטְעִימְךָ בְּטָהֳרָה / נְיַחֶדְךָ בְּיִרְאָה
נְכַבֶּדְךָ בִּכְרִיעָה / נְלַבֶּבְךָ בִּלְמִידָה
נַמְלִיכְךָ בִּמְלוּכָה / נְנַצֵּחֲךָ בִּנְעִימָה
נְשַׂגֶּבְךָ בְּשִׂירָה / נַעֲרִיצְךָ בַּעֲנָוָה
נְפָאֶרְךָ בִּפְצִיחָה / נְצַלְצֶלְךָ בְּצָהֳלָה
נַקְדִּישְׁךָ בִּקְרִיאָה / נְרוֹמִמְךָ בִּרְנָנָה
נְשׁוֹרֶרְךָ בְּשִׁבְחָה / נַתְמִידְךָ בִּתְהִלָּה.

וּבְכֵן רוֹמְמוּ יי אֱלֹהֵינוּ וְהִשְׁתַּחֲווּ לַהֲדֹם רַגְלָיו קָדוֹשׁ הוּא.

סימן: א״ב.

רוֹמְמוּ אֵל מֶלֶךְ נֶאֱמָן קָדוֹשׁ הוּא בָּרוּךְ בְּכָל זְמָן
רוֹמְמוּ גּוֹמֵל חֲסָדִים קָדוֹשׁ הוּא דָּתוֹתָיו דּוֹדִים
רוֹמְמוּ הַנִּקְדָּשׁ בִּצְדָקָה קָדוֹשׁ הוּא וּמַאֲזִין צְעָקָה
רוֹמְמוּ זֵרַת שְׁחָקִים קָדוֹשׁ הוּא חִכּוֹ מַמְתַקִּים
רוֹמְמוּ טוֹב לַכֹּל קָדוֹשׁ הוּא יוֹדֵעַ הַכֹּל
רוֹמְמוּ כָּבוֹד אוֹמֵר כֻּלּוֹ בְּהֵיכָלוֹ קָדוֹשׁ הוּא לְהַקְדִּישׁוֹ וּלְעַלּוֹ
רוֹמְמוּ מוֹנֶה מִסְפָּר לַכּוֹכָבִים קָדוֹשׁ הוּא נִצָּב בַּעֲדַת כְּרוּבִים
רוֹמְמוּ סוֹבֵל בִּזְרוֹעוֹ עוֹלָם קָדוֹשׁ הוּא עִזּוּז וּמִכֹּל נֶעְלָם
רוֹמְמוּ פּוֹנֶה וְחוֹנֵן יְדִידִים קָדוֹשׁ הוּא צִדְקָתוֹ שָׁמַיִם מַגִּידִים
רוֹמְמוּ קָרוֹב לְקוֹרְאָיו קָדוֹשׁ הוּא רוֹצֶה יְרֵאָיו
רוֹמְמוּ שׁוֹמֵעַ תְּפִלּוֹת קָדוֹשׁ הוּא תִּפְאַרְתּוֹ בְּמַקְהֵלוֹת.

וּבְכֵן רוֹמְמוּ יי אֱלֹהֵינוּ וְהִשְׁתַּחֲווּ לְהַר קָדְשׁוֹ כִּי קָדוֹשׁ יי אֱלֹהֵינוּ.

סימן: א״ב.

רוֹמְמוּ אַדִּיר וְנוֹרָא כִּי קָדוֹשׁ הוּא בְּרוּחוֹ שָׁמַיִם שִׁפְרָה
רוֹמְמוּ גְּדֻלָּתוֹ בִּקְהַל יְשָׁרִים כִּי קָדוֹשׁ הוּא דּוֹבֵר צְדָקוֹת מַגִּיד מֵישָׁרִים
רוֹמְמוּ הַנַּעֲרָץ בִּקְדֻשָּׁה כִּי קָדוֹשׁ הוּא וְהִלּוּכוֹ בִּקְדֻשָּׁה
רוֹמְמוּ זוֹכֵר בְּרִית אָבוֹת כִּי קָדוֹשׁ הוּא חוֹצֵב לֶהָבוֹת
רוֹמְמוּ טָהוֹר שׁוֹלֵחַ בְּרָקִים כִּי קָדוֹשׁ הוּא יוֹסֵד אֲרָקִים
רוֹמְמוּ כִּסְאוֹ הֵכִין בִּשְׁמֵי רוּמָה כִּי קָדוֹשׁ הוּא לוֹכֵד חֲכָמִים בְּעָרְמָה
רוֹמְמוּ מוֹחֶה כָּעָב פְּשָׁעִים כִּי קָדוֹשׁ הוּא נוֹתֵן יָד לְפוֹשְׁעִים
רוֹמְמוּ שַׂגִּיא שָׁנָיו לְאֵין חֵקֶר כִּי קָדוֹשׁ הוּא עֶשְׁתּוֹנוֹת חוֹקֵר
רוֹמְמוּ פּוֹדֶה נֶפֶשׁ עֲבָדָיו כִּי קָדוֹשׁ הוּא צַדִּיק קֹשֶׁט מַעְבָּדָיו
רוֹמְמוּ קוֹנֵה שָׁמַיִם וָאָרֶץ כִּי קָדוֹשׁ הוּא רָם הַמַּבִּיט לִקְצוֹת הָאָרֶץ
רוֹמְמוּ שׁוֹכֵן עַד וְקָדוֹשׁ שְׁמוֹ כִּי קָדוֹשׁ הוּא תְּהִלָּתוֹ כִּשְׁמוֹ.

וּבְכֵן כִּי אַתָּה אֵל אֱמוּנָה.

סימן: א״ב.

אֱמוּנָתְךָ בָּעֶלְיוֹנִים   בְּרִיתְךָ בַּתַּחְתּוֹנִים
גְּדֻלָּתְךָ בָּעֶלְיוֹנִים   דָּתְךָ בַּתַּחְתּוֹנִים
הוֹדְךָ בָּעֶלְיוֹנִים   וְעוּדְךָ בַּתַּחְתּוֹנִים
זְבוּלְךָ בָּעֶלְיוֹנִים   חֲנִיָּתְךָ בַּתַּחְתּוֹנִים
טָהֳרָתְךָ בָּעֶלְיוֹנִים   יִרְאָתְךָ בַּתַּחְתּוֹנִים
כְּבוֹדְךָ בָּעֶלְיוֹנִים   למודך בַּתַּחְתּוֹנִים
מְעוֹנְךָ בָּעֶלְיוֹנִים   נָוְךָ בַּתַּחְתּוֹנִים
סֻכָּתְךָ בָּעֶלְיוֹנִים   עֲדָתְךָ בַּתַּחְתּוֹנִים
פְּאֵרְךָ בָּעֶלְיוֹנִים   צדקתך בַּתַּחְתּוֹנִים
קְדֻשָּׁתְךָ בָּעֶלְיוֹנִים   רוממותך בַּתַּחְתּוֹנִים
שְׁכִינָתְךָ בָּעֶלְיוֹנִים   תְּהִלָּתְךָ בַּתַּחְתּוֹנִים.

וּבְכֵן תֵּעָרַץ וְתֻקְדַּשׁ.

סימן: א״ב.

הַנִּקְדָּשׁ בְּאַלְפֵי אֲלָפִים   הַנֶּעֱרָץ בִּבְרָקִים קַלִּים
הַנִּקְדָּשׁ בְּגַעַשׁ גַּלְגַּלִּים   הַנֶּעֱרָץ בְּדַהֲרַת אוֹפַנִּים
הַנִּקְדָּשׁ בַּהֲמוֹנֵי עִירִין   הַנֶּעֱרָץ בְּוַעַד קַדִּישִׁין
הַנִּקְדָּשׁ בְּזִקִּים זוֹרְחִים   הַנֶּעֱרָץ בַּחֲצוּבֵי לֶהָבִים
הַנִּקְדָּשׁ בְּטֶכֶס טְהוֹרִים   הַנֶּעֱרָץ בִּיקָדִים יוֹקְדִים
הַנִּקְדָּשׁ בְּכִתֵּי כְרוּבִים   הַנֶּעֱרָץ בְּלַהֲקַת לוֹהֲטִים
הַנִּקְדָּשׁ בְּמַחֲנוֹת מַלְאָכִים   הַנֶּעֱרָץ בְּנֹעַם נוֹגְנִים
הַנִּקְדָּשׁ בִּשְׂרָפִים עוֹמְדִים   הַנֶּעֱרָץ בְּעֹז אֶרְאֶלִּים
הַנִּקְדָּשׁ בִּפְרוּדֵי אֲגַפִּים   הַנֶּעֱרָץ בְּצִלְצוּל מְשִׁיקוֹת כְּנָפַיִם
הַנִּקְדָּשׁ בְּקוֹלָם בְּהָמוֹן   הַנֶּעֱרָץ בְּרִבּוֹ רִבְבָן
הַנִּקְדָּשׁ בְּשֶׁקֶט שִׁנְאַנִּים   הַנֶּעֱרָץ בְּתֹכֶן תִּלְתַּלִּים.

לפני הסלוק בשחרית

סימן: אא״ב גג״ד.

אֵין מִסְפָּר לִגְדוּדֵי צְבָא חֵילוֹ / אֲזוּרִים אֵימָה אֲחוּזִים פַּחַד חִילוֹ
בְּרַעַד וְרֶתֶת וְרֶטֶט צָגִים לְעֻלּוֹ / שְׂרָפִים עוֹמְדִים מִמַּעַל לוֹ.
זֶה אֶל זֶה שׁוֹאֲלִים / אַיֵּה אֵל אֵלִים
אָנָה שׁוֹכֵן מְעָלִים / וְכֻלָּם מַעֲרִיצִים וּמַקְדִּישִׁים וּמְהַלְלִים.

גְּוִיָּתָם כַּתַּרְשִׁישׁ תְּהִלָּה יַשְׁמִיעוּ יַחַד / גֹּבַהּ וְגָאוֹן עֲדָיו יְחוּדוֹ לְיַחַד
דּוֹהֲרִים גּוֹהֲרִים לְאֶחָד וּשְׁמוֹ אֶחָד / שֵׁשׁ כְּנָפַיִם שֵׁשׁ כְּנָפַיִם לְאֶחָד.
זֶה אֶל זֶה שׁוֹאֲלִים / אַיֵּה אֵל אֵלִים
אָנָה שׁוֹכֵן מְעָלִים / וְכֻלָּם מַעֲרִיצִים וּמַקְדִּישִׁים וּמְהַלְלִים.

הַנֶּאְדָּר בַּקֹּדֶשׁ רַב טוּב מַצְפּוּנָיו / הוֹד וְהָדָר וָעֹז בְּחֶבְיוֹנֵי פְּנִינָיו
וּמִמֶּנּוּ יָגוּרוּ אֵלִים וְיִתְחַבְּאוּ מִפָּנָיו / בִּשְׁתַּיִם יְכַסֶּה פָנָיו.
זֶה אֶל זֶה שׁוֹאֲלִים / אַיֵּה אֵל אֵלִים
אָנָה שׁוֹכֵן מְעָלִים / וְכֻלָּם מַעֲרִיצִים וּמַקְדִּישִׁים וּמְהַלְלִים.

זְרוּתֵי זֹהַר מַרְעִיף נִטְפֵי אֲגָלָיו / זַכֵּי שְׁמֵי טֹהַר תֻּכּוּ לְרַגְלָיו
חֲלִים חַתִּים חֲפוּזִים אֲיֻמִּים נִדְגָּלָיו / וּבִשְׁתַּיִם יְכַסֶּה רַגְלָיו.
זֶה אֶל זֶה שׁוֹאֲלִים / אַיֵּה אֵל אֵלִים
אָנָה שׁוֹכֵן מְעָלִים / וְכֻלָּם מַעֲרִיצִים וּמַקְדִּישִׁים וּמְהַלְלִים.

טָסִים וְדָאִים בְּדִמְיוֹן נֶשֶׁר מְעוֹפֵף / טִיסָתָם כַּבָּזָק סְבִיב כֵּס לְעוֹפֵף
יַשְׁמִיעוּ הִנֵּנוּ בְּמִשְׁלַחַת קוֹנָם בְּהִתְעוֹפֵף / וּבִשְׁתַּיִם יְעוֹפֵף.
זֶה אֶל זֶה שׁוֹאֲלִים / אַיֵּה אֵל אֵלִים
אָנָה שׁוֹכֵן מְעָלִים / וְכֻלָּם מַעֲרִיצִים וּמַקְדִּישִׁים וּמְהַלְלִים.

כְּסוּיֵי שֵׁשׁ שֵׁשׁ יַעֲרִיצוּ בְּלָאט מֶחֱזֶה / כַּבִּיר וְרַב כֹּחַ וְשַׁפָּל יֶחֱזֶה
לְהַקְדִּישׁוֹ בְּפַחַד נִרְשִׁים זֶה מִזֶּה / וְקָרָא זֶה אֶל זֶה.
זֶה אֶל זֶה שׁוֹאֲלִים / אַיֵּה אֵל אֵלִים
אָנָה שׁוֹכֵן מְעָלִים / וְכֻלָּם מַעֲרִיצִים וּמַקְדִּישִׁים וּמְהַלְלִים.

מוֹשֵׁל בִּגְבוּרָה עָשׁ כֹּל בְּמַאֲמָר / מְנִיעִים אֻמּוֹת הַסְּפִים קְדֻשָּׁתוֹ לוֹמַר
נוֹצְצִים נוֹגְהִים לְפָנָיו יַנְעִימוּ מַאֲמָר / וְקָרָא זֶה אֶל זֶה וְאָמַר.
זֶה אֶל זֶה שׁוֹאֲלִים / אַיֵּה אֵל אֵלִים
אָנָה שׁוֹכֵן מְעָלִים / וְכֻלָּם מַעֲרִיצִים וּמַקְדִּישִׁים וּמְהַלְלִים.

שַׂרְפֵי הוֹד יַכְתִּירוּ זֵר לְקָדוֹשׁ / סֹלּוּ לָרוֹכֵב בָּעֲרָבוֹת מָרוֹם וְקָדוֹשׁ
עוֹנִים כֻּלָּם כְּאֶחָד שִׁלּוּשׁ קָדוֹשׁ / קָדוֹשׁ קָדוֹשׁ קָדוֹשׁ.
זֶה אֶל זֶה שׁוֹאֲלִים / אַיֵּה אֵל אֵלִים
אָנָה שׁוֹכֵן מְעָלִים / וְכֻלָּם מַעֲרִיצִים וּמַקְדִּישִׁים וּמְהַלְלִים.

פְּלִיאִים אַלְפֵי אֲלָפִים וְרִבֵּי רִבּוֹאוֹת / פּוֹצְחִים הַלֵּל וְזִמְרָה לֵאלֹהֵי הַצְּבָאוֹת
צוּר עוֹלָמִים בְּתוֹךְ צְבָאוֹ אוֹת / יי צְבָאוֹת.
זֶה אֶל זֶה שׁוֹאֲלִים / אַיֵּה אֵל אֵלִים
אָנָה שׁוֹכֵן מְעָלִים / וְכֻלָּם מַעֲרִיצִים וּמַקְדִּישִׁים וּמְהַלְלִים.

קוֹרֵא הַדּוֹרוֹת דָּר בִּשְׁמֵי עֶרֶץ / קֹלוֹת סְעָרָה תַּעַשׁ דְּבָרוֹ בְּמֶרֶץ
רָם וְנִשָּׂא דִּבֵּר וַיִּקְרָא אָרֶץ / מְלֹא כָל הָאָרֶץ.
זֶה אֶל זֶה שׁוֹאֲלִים / אַיֵּה אֵל אֵלִים
אָנָה שׁוֹכֵן מְעָלִים / וְכֻלָּם מַעֲרִיצִים וּמַקְדִּישִׁים וּמְהַלְלִים.

שׁוֹכֵן עַד וְנִשְׂגָּב שְׁמוֹ לְבַדּוֹ / שָׁמַיִם וּשְׁמֵי שָׁמַיִם לֹא יְכַלְכְּלוּ הוֹדוֹ
תֹּקֶף תַּרְשִׁישִׁים וְאֵלִים צָר לִכְבוֹדוֹ / מְלֹא כָל הָאָרֶץ כְּבוֹדוֹ.
זֶה אֶל זֶה שׁוֹאֲלִים / אַיֵּה אֵל אֵלִים
אָנָה שׁוֹכֵן מְעָלִים / וְכֻלָּם מַעֲרִיצִים וּמַקְדִּישִׁים וּמְהַלְלִים.

סלוק בשחרית

סימן: תשר"ק משולש.

מִי יְתַנֶּה תֹּקֶף תְּהִלָּתֶךָ / מִי יְשַׁנֵּן שִׁעוּר שִׁבְחָךְ / מִי יְרַנֵּן רֹב רוֹמְמוּתָךְ
מִי יְקַצֵּב קְרִיאַת קְדֻשָּׁתָךְ / מִי יְצַפְצֵף צְבִי צִדְקוֹתֶיךָ / מִי יְפָרֵשׁ פִּלְאֵי פְאֵרָךְ
מִי יַעֲרֹךְ עֶצֶם עֱזוּזָךְ / מִי יָשִׂיחַ שֶׂגֶב סִלְסוּלָךְ / מִי יְנוֹבֵב נוֹי נִצְחָךְ
מִי יְמַלֵּל מַעַשׂ מוֹרָאָךְ / מִי יְלַהֵג לֶמֶד לִקְחָךְ / מִי יָכִיל כִּסֵּא כְבוֹדָךְ

מִי יְיַדַּע יְפִי יְקָרֶךָ / מִי יַטִּיף טוּב טַעֲמֶךָ / מִי יְחַוֶּה חֵקֶר חִידוֹתֶיךָ
מִי יְזִיז זִיו זָהֳרֶךָ / מִי יוֹרֶה וַעַד וָתִיקוֹתֶךָ / מִי יֶהְגֶּה הוֹד הֲדָרָתֶךָ
מִי יְדַלֶּה דֵּעַ דָּתוֹתֶיךָ / מִי יַגִּיד גֹּדֶל גְּבוּרָתֶךָ / מִי יְבָאֵר בֵּאוּר בִּינָתֶךָ
מִי יֹאמַר אֹמֶץ אֱיָלוּתֶךָ.
כִּי כְשִׁמְךָ כֵּן תְּהִלָּתֶךָ / כִּתְהִלָּתְךָ כֵּן אִמְרָתֶךָ

סימן: א״ב.

כְּאִמְרָתְךָ כֵּן בְּרִיָּתֶךָ / כִּבְרִיָּתְךָ כֵּן גְּדֻלָּתֶךָ
כִּגְדֻלָּתְךָ כֵּן דַּעְתֶּךָ / כְּדַעְתְּךָ כֵּן הֲלִיכָתֶךָ
כַּהֲלִיכָתְךָ כֵּן וְעִידָתֶךָ / כְּוְעִידָתְךָ כֵּן זְהָרָתֶךָ
כִּזְהָרָתְךָ כֵּן חִפָּתֶךָ / כְּחִפָּתְךָ כֵּן טְהָרָתֶךָ
כְּטָהֳרָתְךָ כֵּן יְשָׁרָתֶךָ / כִּישָׁרָתְךָ כֵּן כְּמִירָתֶךָ
כִּכְמִירָתְךָ כֵּן לְבִישָׁתֶךָ / כִּלְבִישָׁתְךָ כֵּן מִדָּתֶךָ
כְּמִדָּתְךָ כֵּן נְעִימָתֶךָ / כִּנְעִימָתְךָ כֵּן שְׁרָרוּתֶךָ
כִּשְׁרָרוּתְךָ כֵּן עֲנָוָתֶךָ / כְּעַנְוָתְךָ כֵּן פְּרִישׁוּתֶךָ
כִּפְרִישׁוּתְךָ כֵּן צְנִיעוּתֶךָ / כִּצְנִיעוּתְךָ כֵּן קְדֻשָּׁתֶךָ
כִּקְדֻשָּׁתְךָ כֵּן רוֹמְמוּתֶךָ / כְּרוֹמְמוּתְךָ כֵּן שִׁבְחֶךָ
כְּשִׁבְחֲךָ כֵּן תִּפְאַרְתֶּךָ.

וְשִׁמְךָ מְרוֹמָם עַל כָּל בְּרָכָה וּתְהִלָּה

סימן: תשר״ק כפול.

עַל כָּל תֹּקֶף וְתִפְאָרָה / עַל כָּל שֶׁבַח וְשִׁירָה
עַל כָּל רֶנֶן וּרְחִישָׁה / עַל כָּל קִדּוּשׁ וּקְרִיאָה
עַל כָּל צִפְצוּף וְצָהֳלָה / עַל כָּל פְּאֵר וּפְצִיחָה
עַל כָּל עֹז וַעֲנִיָּה / עַל כָּל סִפּוּר וְשִׂיחָה
עַל כָּל נִצּוּחַ וּנְגִינָה / עַל כָּל מַעַן וּמִלָּה
עַל כָּל לִבּוּב וְלַהֲגָה / עַל כָּל כָּבוֹד וּכְרִיעָה
עַל כָּל יִחוּד וְיִרְאָה / עַל כָּל טַעַם וְטָהֳרָה

עַל כָּל חֹסֶן וְחִידָה / עַל כָּל זֶמֶר וְזִמְרָה
עַל כָּל וִדּוּי וְתוֹדָה / עַל כָּל הַלֵּל וְהוֹדָיָה
עַל כָּל דִּבּוּב וְדֵעָה / עַל כָּל גֹּדֶל וְגַאֲוָה
עַל כָּל בִּטּוּי וּבְרָכָה / עַל כָּל אֹמֶר וַאֲמִירָה.

אֱלֹהֵי הָאֱלֹהִים וַאֲדֹנֵי הָאֲדוֹנִים / מֶלֶךְ עַל כָּל מְלָכִים
מוֹשֵׁל עַל כָּל מוֹשְׁלִים / אָיֹם עַל כָּל אֲיֻמִּים
נוֹרָא עַל כָּל נוֹרָאִים / רָם עַל כָּל רָמִים
גֵּאֶה עַל כָּל גֵּאִים / נִשָּׂא עַל כָּל נִשָּׂאִים
גָּבֹהַּ עַל כָּל גְּבֹהִים / וּמַבִּיט אֶל עֲנִיִּים וּנְכֵאִים
וְאֶת שַׁחִים וְדַכָּאִים / לְהַחֲיוֹת לֵב נִדְכָּאִים
רוּחַ שְׁפָלִים וְחֵלְכָּאִים / עַל כֵּן גָּדַלְתָּ יי אֱלֹהִים
וְנַעֲלֵיתָ עַל כָּל אֱלֹהִים / כִּי אֵין כָּמוֹךָ בָּאֱלֹהִים
וְאֵין זוּלָתְךָ אֱלֹהֵי הָאֱלֹהִים.

שָׁמַיִם וּשְׁמֵי שָׁמַיִם כְּבוֹדְךָ מְסַפְּרִים / כַּנְפוֹת הָאָרֶץ זְמִירוֹת לְךָ מַשְׁמִיעִים
שַׂרְפֵי הַקֹּדֶשׁ קְדֻשָּׁתְךָ מַקְדִּישִׁים / אוֹפַנֵּי הַמֶּרְכָּבָה כְּבוֹדְךָ מְבָרְכִים
כּוֹכְבֵי בֹקֶר יַחַד מְרַנְּנִים / יָרִיעוּ כָּל בְּנֵי אֱלֹהִים
מִשְׁבְּרֵי יָם שִׁמְךָ מְאַדִּרִים / הַרְרֵי גֹבַהּ וַעֲצֵי יַעַר מְרַנְּנִים
נְהָרוֹת כַּף מְמַחֲאִים / חַיְתוֹ אֶרֶץ וְזִיז שָׂדַי שָׂרִים כְּחוֹלְלִים
תַּנִּינִים וְכָל תְּהוֹמוֹת מְהַלְלִים כַּבַּחֲלִילִים / וְכָל יְצוּרֵי בְרֵאשִׁית פּוֹצְחִים הִלּוּלִים
לְשֵׁם קָדְשְׁךָ אֵל אֵלִים / וְכֻלָּם אֵלֶיךָ מְשַׁבְּרִים וּמְיַחֲלִים
לָתֵת לָהֶם צֵיד מַאֲכָלִים / הַתַּחְתּוֹנִים מִפְּתִיחַת יָדְךָ נִזּוֹנִים וּמִתְכַּלְכְּלִים
וְהָעֶלְיוֹנִים מִזִּיו הוֹדְךָ שְׂבֵעִים וּמִתְמַלְּאִים / כִּי כְבוֹדְךָ שָׁמַיִם וָאָרֶץ מְלֵאִים.

וּמִי כְּעַמְּךָ יִשְׂרָאֵל גּוֹי אֶחָד בָּאָרֶץ
הַמַּאֲמִירִים אַדְנוּתְךָ / הַמְיַחֲדִים אֱלָהוּתְךָ / הַמְבָרְכִים שֵׁם כְּבוֹד מַלְכוּתְךָ
הַמְסַפְּרִים תְּהִלָּתְךָ / הָעוֹרְכִים תַּחַן לַחֲלוֹתְךָ / הַמַּנְעִימִים זֶמֶר לְעַלּוֹתֶךָ
הַמַּאֲרִיכִים רֹן לִרְצוֹתְךָ / הַשּׁוֹפְכִים שִׂיחַ לְפַתּוֹתֶךָ / וְהֵם עַמְּךָ וְנַחֲלָתֶךָ
צֹאנְךָ וְצֹאן מַרְעִיתְךָ / קֹדֶשׁ רֵאשִׁית תְּבוּאָתְךָ / קֶדֶם קִנְיָנְךָ וּסְגֻלָּתֶךָ

חֶלְקְךָ וְחֶבֶל שִׁפְרָתֶךָ / יִשְׂרָאֵל תִּפְאַרְתֶּךָ / יְשֻׁרוּן מִבְחַר מְנָתֶךָ
הַדְּבֵקִים בֶּאֱמוּנָתֶךָ / הַהוֹגִים בְּדָתֶךָ / הַחֲפֵצִים בְּתוֹרָתֶךָ
הָעוֹסְקִים בְּיִרְאָתֶךָ / הַתְּמִידִים בַּעֲבוֹדָתֶךָ / הַנִּכְסָפִים לְחַצְרוֹת בֵּיתֶךָ
הַכְּמֵהִים בְּקֹדֶשׁ חֲזוֹתֶךָ / הַתְּאֵבִים לְקִרְבָתֶךָ
הַנֶּהֱרָגִים עַל תּוֹרָתֶךָ / הַנִּסְקָלִים עַל אַהֲבָתֶךָ / הַנִּשְׂרָפִים עַל עֵדוֹתֶיךָ
הַנֶּחְנָקִים וְנִטְבָּחִים וְנִטְבָּעִים וְנִתְלִים וְנִקְבָּרִים חַיִּים עַל יִחוּד קְדֻשָּׁתֶךָ
הַקְּרוּאִים עֲדָתֶךָ / יְסוֹד אֲגֻדָּתֶךָ
וְאַתָּה אֵל גָּדוֹל בִּגְדֻלָּתֶךָ / וְהֵם עֵדֶיךָ כִּי אֵין בִּלְתֶּךָ.

וּמַה יַּעֲצֹר כֹּחַ יְלוּד אִשָּׁה / נוֹצָר מִטִּפָּה בְאוּשָׁה
וּמַה יָּעֹז עֻזְּךָ לִדְרֹשָׁה / שִׁבְחֲךָ בְּפֶה לְפָרְשָׁה
נִצְחֲךָ בְּנִיב לְאָרְשָׁה / לְהַטִּיף צָקוּן וְלַחִישָׁה
לְהַפִּיל תְּחִנָּה וּבַקָּשָׁה / וּמְחִיתוֹ עָלָיו קָשָׁה
וְדַרְכּוֹ מְעֻקָּשָׁה / וּנְתִיבָתוֹ נְתוּסָה וּנְתוּשָׁה
וְחַטָּאתוֹ עַל לוּחַ חֲרוּשָׁה / חֲקוּקָה וּמְפֹרָשָׁה
וְגָז וְעָף בְּחִישָׁה / וְגוֹוֵעַ וּמֵת בַּחֲלוּשָׁה
וּגְוִיָּתוֹ בְּגַיְא נְטוּשָׁה / בְּתַחְתִּית אֶרֶץ רְטוּשָׁה
בְּאִישׁוֹן חֹשֶׁךְ כְּפוּשָׁה / בְּאַשְׁמַנִּים רְפוּשָׁה
בְּטַמּוֹן חֲבוּשָׁה / כְּמֶשֶׁה וִיבֵשָׁה / נְמֵסָה וַעֲבֵשָׁה
בַּיַּבֶּשֶׁת מְיֻבָּשָׁה / וְכֻלּוֹ מָלֵא בוּשָׁה
וּמַה יַּעֲצִים עֶתֶר וּגִישָׁה / וְיָשִׂיחַ וְיֶהֱמֶה בִרְגִישָׁה.

וּמֵאָז הַכֹּל צָפוּי לְפָנֶיךָ / וְאֵין לְהֵחָבֵא מִפָּנֶיךָ
וְאֵין לְהִסָּתֵר מֵעֵינֶיךָ / כִּי בְּכֹל מְשׁוֹטְטוֹת עֵינֶיךָ.
וְגָלוּי לְךָ כִּי יְצִיר חֹמֶר הוּא / הֶבֶל הֲבָלִים הוּא
עָלֶה נִדָּף הוּא / קַשׁ יָבֵשׁ הוּא
חֶרֶשׂ אֶת חַרְשֵׂי אֲדָמָה הוּא / וּבַמֶּה נֶחְשָׁב הוּא
אֱנוֹשׁ אָנוּשׁ הוּא / כִּי כִּשְׁמוֹ כֵּן הוּא
אָדָם אֵפֶר דָּם מָרָה הוּא / בָּשָׂר בּוּשָׁה וּסְרִיחָה רִמָּה הוּא
מְיֻחָם בְּחֵטְא הוּא / מְחוֹלָל בְּעָוֹן הוּא.

וְיֵצֶר לִבּוֹ רַע מִנְּעוּרָיו / חוֹרֵשׁ רַע בִּמְגוּרָיו / אוֹרֵב לוֹ בְּמִסְתָּרָיו
מְקַנֵּן כְּנָחָשׁ בִּסְתָרָיו / כִּזְבוּב בְּמִפְתְּחֵי חֲדָרָיו
מַבְאִישׁ הָעִסָּה בְּזֻהֲמוֹת שְׂאוֹרָיו / מְסִיתוֹ לְהַטּוֹת אֲשׁוּרָיו
הוֹוֶה לוֹ בְּעוֹכְרָיו / חָשׁוּב לוֹ כְּצָרָיו
וְהוּא רֹאשׁ לְכָל צוֹרְרָיו / מֵצַר לוֹ בְּכָל מְצָרָיו
צוֹדֶה לוֹ בְּכָל עֲבָרָיו / מַרְגִּיז בְּכָל אֵבָרָיו
מַעֲצִיבוֹ בִּדְבָרָיו / מַחֲטִיאוֹ בְּרֹעַ הִרְהוּרָיו
מִתְנַקֵּשׁ לְהַפִּילוֹ בְּמַכְמוֹרָיו / מִתְנַכֵּל לְדַחוֹתוֹ בְּמַהֲמֹרָיו
וְצַר עָלָיו בְּמְצוֹרָיו / לוּלֵא אַתָּה עוֹזֵר לוֹ מִצָּרָיו.

וּבְכָל יוֹם וָיוֹם מִתְחַדֵּשׁ עָלָיו / חוֹשֵׁב מַחֲשָׁבוֹת עָלָיו
לְהִתְגּוֹלֵל וּלְהִתְנַפֵּל עָלָיו / לְעַקְּשׁוֹ בְּאָרְחוֹת עֲקוּלָיו
לְהַאֲשִׁימוֹ בְּאַשְׁמַת גְּעוּלָיו / לְהַלְעִינוֹ בְּמֶסֶךְ תַּרְעֵלָיו
וְאֵינֶנּוּ דוֹרֵשׁ לְשָׁלוֹם אֵלָיו / פַּחִים טוֹמֵן לְרַגְלָיו / רֶשֶׁת פּוֹרֵשׂ לְיַד מַעְגָּלָיו
מוֹקְשִׁים שָׁת בְּמַסְלוּלָיו / כּוֹרֶה שַׁחַת בִּשְׁבִילָיו
לָמוֹג לֵב וּלְהַרְבּוֹת מִכְשׁוֹלָיו / וּכְהוֹלֵם פַּעַם הוֹלְמוֹ בְּכֵילַפּוֹת וְכַשִּׁילָיו
עַל כֵּן יֹאמְרוּ מוֹשְׁלֵי מְשָׁלָיו / אִי לַבַּיִת שֶׁמְּהָרְסָיו וּמַחֲרִיבָיו מִשֶּׁלָּיו
וּמַה יִּצְדַּק בְּמִפְעָלָיו / וּמַה יִּזְכֶּה בְּמַעֲלָלָיו
כִּי שׁוֹדֵד בָּא בִּגְבוּלָיו / לְשׁוֹדְדוֹ לְלַחֲמוֹ בְּרֹב תַּחְבּוּלָיו.

לָכֵן הִקְדַּמְתָּ רְפוּאָה וּתְעָלָה / וְהֶעֱלֵיתָ אֲרוּכָה לְנַהֲלָאָה וְנַחְלָה
וְהֵכַנְתָּ צֳרִי וְחִתּוּל לְלֹא חַתָּלָה / וְהִגְהֵתָ מָזוֹר לְהַרְטוֹת מַחֲלָה
וְקָבַעְתָּ יוֹם זֶה לִסְלִיחָה וּמְחִילָה / לָבֹא שְׁעָרֶיךָ בְּתוֹדָה וּבִתְהִלָּה
לְקַדֵּם פָּנֶיךָ בְּתוֹדָה וּבְחִילָה / לְהִזָּכֵר בּוֹ רְבוּצֵי מַכְפֵּלָה
בְּעֵת רָצוֹן לִשְׁמוֹעַ תְּפִלָּה / לְהַעֲבִיר כָּל שֶׁמֶץ וְתִפְלָה
לְהָנִיא כָּל אָוֶן וְתָהֳלָה / לְהַצְמִיחַ צְדָקָה וּתְהִלָּה
לְהָפֵר כַּעַס וּלְהַרְבּוֹת חֶמְלָה / לְהָרִים מִכְשׁוֹל וּלְהָסִיר תַּקָּלָה
לְפַנּוֹת דֶּרֶךְ וּלְיַשֵּׁר מְסִלָּה / לָתֵת לְשׁוֹבָבִים טָהֳרָה וּטְבִילָה
לְהַעֲמִיד רֶוַח וְהַצָּלָה / לְהַשְׁלִיךְ עָוֹן בְּעִמְקֵי מְצוּלָה
לָשֵׂאת זָדוֹן וּמְעִילָה.

וּמִכָּל יָמִים יוֹם זֶה קִדַּשְׁתָּ / וְעַל כָּל יָמִים אוֹתוֹ עִלִּיתָ
וּבוֹ מִכָּל יוֹם בָּחַרְתָּ / וּמִיִּצְרוּ אוֹתוֹ לְךָ יִחַדְתָּ
וְלַדּוֹר דֵּעַ כֹּחוֹ יָדַעְתָּ / וְאָדָם דִּי זָהָב בּוֹ וִתַּרְתָּ
וּמִכְתָּב חָרוּת לַעֲנָו נָתַתָּ / וְסָלַחְתִּי כְּדָבָרְךָ בְּשָׁרֵתָּ
וְעַל הָרָעָה נִחַמְתָּ / וְעַל בָּנֶיךָ רִחַמְתָּ
וְכִגְבֹהַּ שָׁמַיִם חַסְדְּךָ לָמוֹ הִגְבַּרְתָּ / וְכִרְחֹק מִזְרָח מִמַּעֲרָב פִּשְׁעָם הִרְחַקְתָּ
וּזְכוּת הָרֲרֵי קֶדֶם זָכַרְתָּ / וּכְאָב אֶת בֵּן אוֹתָם רָצִיתָ
וְעַל כָּל אִם רֹאשָׁם נִשֵּׂאתָ / וְקַרְנָם בְּכָבוֹד רוֹמַמְתָּ
וּמִשְּׁפַל הַגְבַּהְתָּמוֹ וְהִלַּלְתָּ / וְאוֹת לְטוֹבָה עִמָּהֶם עָשִׂיתָ
וַחֲבַבְתָּם לַכֹּל הֶרְאֵיתָ / וַאֲהַבְתָּם לְעֵין כֹּל גִּלִּיתָ
וְלִשְׁכּוֹן בְּתוֹכָם תָּאַבְתָּ / וְלַחֲנוֹת בֵּינֵימוֹ חָמַדְתָּ
וְלָשֶׁבֶת בְּוַעֲדָם אִוִּיתָ / וְעַיִן בְּעַיִן לָמוֹ נִרְאֵיתָ
וּבֵין כְּרוּבִים כְּבוֹדְךָ צִמְצַמְתָּ / וַעֲנַן יְקָרְךָ עַל כַּפֹּרֶת הִצַּעְתָּ
וַעֲנַן הַקְּטֹרֶת לְכַסּוֹתוֹ הַיּוֹם פָּקַדְתָּ / וּמָאֵז לִסְלִיחָה אוֹתוֹ שַׂמְתָּ
וּלְכַפָּרָה אוֹתוֹ יִסַּדְתָּ / וּמִצְוֹתָיו בְּדָתְךָ צִוִּיתָ
וְכָתַבְתָּ וְשָׁנִיתָ וְשִׁלַּשְׁתָּ / וְאַזְהָרוֹתָיו פֵּרַשְׁתָּ
וַעֲנָשָׁיו פִּלַּשְׁתָּ / וְקָרְבְּנוֹתָיו קָצַבְתָּ
וְעֶרֶךְ עֲבוֹדוֹתָיו סִדַּרְתָּ / וְרָצוּי הַזָּיוֹתָיו סָפַרְתָּ
וְרִקּוּחַ תִּימְרוֹתָיו הֶעֱדַפְתָּ / וְסֵדֶר מַעַרְכוֹתָיו הוֹסַפְתָּ
וְטֹהַר טְבִילוֹתָיו מָנִיתָ / וְקִדּוּשׁ רְחִיצוֹתָיו חָשַׁבְתָּ
וְאַזְכָּרוֹתָיו בְּשֵׂכֶל שַׂמְתָּ / וְתוֹדוֹתָיו וְוִדּוּיָיו סִכַּמְתָּ
וְעִנּוּיָיו בִּפְקֹד רָשַׁמְתָּ / וְלֹבֶן עֲטִיּוֹתָיו חִוִּיתָ
וּפְזוּזֵי שַׂרְדָּיו הוֹרֵיתָ / וְעִלּוּי מַחְלְצוֹתָיו בֵּאַרְתָּ
וְשִׁנּוּי מַחְלִפוֹתָיו לִמַּדְתָּ / וּלְקִדּוּשָׁיךְ אוֹתָם מָסַרְתָּ
וְכָל תּוֹרוֹתָיו הוֹדַעְתָּ / וְכָל דָּתוֹתָיו חָקַרְתָּ
וְכָל מִשְׁפָּטָיו חָרַצְתָּ / וְכָל חֻקּוֹתָיו חָקַקְתָּ
וְכָל גְּזֵרוֹתָיו גָּזַרְתָּ / וְכָל עִנְיָנָיו חָרַתָּ
וַחֲבָלוּ מִכֹּל הֶנֱעַמְתָּ / וְחִלְּשׁוּ לִמְאֹד הִשְׁפַּרְתָּ

חֹפֶשׁ לִרְצוּצִים אוֹתוֹ שִׁוִּיתָ / דְּרוֹר לִשְׁבוּיִים אוֹתוֹ הִתְוֵיתָ
פְּקַח קוֹחַ לַאֲסוּרִים אוֹתוֹ תִּכַּנְתָּ / יוֹם עָשׂוֹר לָעֲשִׂירִיָּה חָקַקְתָּ
שַׁבַּת שַׁבָּתוֹן לְשׁוֹבְתֵי עֹנֶג שַׁתָּה / יוֹם כִּפּוּר לְנוֹתְנֵי כֹּפֶר תַּתָּה

לְכַפֵּר עֲוֹנוֹת / לִמְחוֹל זְדוֹנוֹת
לְכַלֵּא פְשָׁעִים / לְהָתֵם חֲטָאִים
לְטַהֵר טְמֵאִים / לְהָדִיחַ דָּמִים
לְצַחְצֵחַ כְּתָמִים / לְהַרְחִיץ צוֹאִים
לְהַלְבִּין כַּשֶּׁלֶג שָׁנִים / לְצַחֵר כַּצֶּמֶר אֹדָמִים
לְמָרֵק חוֹבִים / לְנַקּוֹת חָבִים
לְזַכּוֹת אֲשֵׁמִים / לְזַכֵּךְ אֲשָׁמִים
לְוַתֵּר לְנִתְאָמִים / לִסְלוֹחַ לְכָל עֲדַת תְּמִימִים.

וְעַמְּךָ בְּיוֹם זֶה יַחַד נֶאֱגָדִים / וּבְחִין לְפָנֶיךָ נוֹעָדִים
וּשְׁכִינָתְךָ עִמָּם מוֹעֲדִים / וְנֶעֱצָרִים וּמִתְוַעֲדִים
וּבְיִרְאָה אוֹתְךָ עוֹבְדִים / וּבְאֵימָה עוֹמְדִים
וּבְגִילָה רוֹעֲדִים / וּבְחִילָה מְסַלְּדִים
וּפִשְׁעֵיהֶם מִתְוַדִּים / וּמִשְׁתַּחֲוִים וּמוֹדִים
וְכוֹרְעִים וּבוֹרְכִים וְסוֹגְדִים / וְאַרְצָה לְךָ קוֹדִים
וְלִתְלוּתֶיךָ שׁוֹקְדִים / וּכְאֶחָד נֶאֱחָדִים
וְיִחוּדְךָ מְיַחֲדִים / וּקְדֻשָּׁתְךָ מְעִידִים
וֶאֱמוּנָתְךָ מְסַהֲדִים / וְצִדְקָתְךָ מַגִּידִים
וְחַסְדְּךָ וַאֲמִתְּךָ לֹא מְכַחֲדִים / וְעוֹרְכִים שׁוּעַ בְּמַעֲמָדִים
וּמִזְרִיחָה וְעַד שְׁקִיעָה שִׁבְחֲךָ מַתְמִידִים / וּפְגִיעוֹת חָמֵשׁ מֵאֶמֶשׁ מְעַתְּדִים
מוּל עֲבוֹדוֹת חָמֵשׁ בְּעִתּוּדִים / וּלְשִׁמְךָ מְהוֹדִים / בְּכָל עֹז וּמְאֹדִים.

וְכֻלָּם צָמִים וּמִתְעַנִּים / יַחַד אָבוֹת וּבָנִים
גְּדוֹלִים וּקְטַנִּים / בַּחוּרִים וּזְקֵנִים
וּמַבִּים חִנּוּנִים / וּמְדַבְּרִים תַּחֲנוּנִים
וְעוֹרְכִים רְנָנִים / וּמְרַנְּנִים וּמִתְחַנְּנִים

לְפָנֶיךָ אֲדֹנֵי הָאֲדוֹנִים / לִפְדּוֹתָם מִכֹּבֶד עֲוֹנִים
וְלִמְחוֹת פְּשָׁעֵימוֹ כַּעֲנָנִים / לִשְׁעוֹת שַׁוְעָם מִמְּעוֹנִים
לְהַאֲזִין מֵהֶם שִׂיחַ מְעַנִּים / כִּי הֵם דַּלִּים וְאֶבְיוֹנִים
וּבְצִלְּךָ מִתְלוֹנְנִים / וּבְאֶבְרָתְךָ מִתְגּוֹנְנִים
וּבְסִתְרְךָ נִצְפָּנִים / וּבְךָ נִשְׁעָנִים
וּכְעֵינֵי עֲבָדִים אֶל יַד אֲדוֹנִים / וּכְעֵינֵי שִׁפְחָה אֶל יַד גְּבִרְתָּהּ לְךָ פּוֹנִים
לְהַרְבּוֹת לָמוֹ פִּדְיוֹנִים / לְכַבְּסָם מִצַּחַן דִּפְיוֹנִים
לְהַצְלִיל בְּצוּל זְדוֹנִים / לְשַׁתֵּק בַּעֲלֵי דִינִים
לְאַלֵּם מַלְשִׁנִים / לוֹטְשֵׁי חִצִּים וְכִידוֹנִים
לְהָשִׁיב חֶרֶב לִנְדָנִים / לְהַגְבִּיר מְלִיצֵי יֹשֶׁר וְזִכְיוֹנִים
וּלְהַחְסִים קַטֵּגוֹרִים עִמָּהֶם מְדִינִים / וְסֵדֶר סְלִיחָה מְכִינִים
וְדִבְרֵי רִצּוּי מְכֻוָּנִים / וּבְרִית שְׁלֹשׁ עֶשְׂרֵה מִדּוֹת אוֹפַנִּים
אֲשֶׁר אִלַּפְתָּ לְנֶאֱמַן בְּחֶזְיוֹנִים / בַּעֲבוּר כְּבוֹדְךָ עַל פָּנִים
בְּדַבֶּרְךָ עִם צִיר פָּנִים אֶל פָּנִים / וְכָל הַיּוֹם בָּם מִתְגַּלְגְּלִים וְנֶאֱפָנִים
וְעֵרֶךְ וִדּוּי מְשַׁנְּנִים / וְצִדְקוֹתֶיךָ מְתַנִּים
לִזְכֹּר לָמוֹ שְׁלֹשֶׁת אֵתָנִים / וְיוֹם קָדוֹשׁ חֲתוּנִים
לְחַלְּצָם מֵרֹאשׁ פְּתָנִים / לְהַדְרִירָם מִפֶּרֶךְ מְעַנִּים
לְדַלּוֹתָם מִדִּכּוּי תַּנִּים / לְהַעֲלוֹתָם מִבּוֹר שְׁאוֹנִים
לְנַתֵּק מֵהֶם מוֹסְרוֹת שׁוֹטְנִים / לִפְצוֹתָם מִלַּעַג שַׁאֲנַנִּים
לְהַצִּילָם מִגַּאֲיוֹנִים / לְהָשִׁיב שְׁבוּתָם כְּיוֹנִים
לְמַלְּטָם מִתֹּפֶת דֵּרָאוֹנִים / מִלַּהַט מִתְהַפֶּכֶת בְּדִמְיוֹנִים
רִשְׁפֵּי לַהַב וְעִשּׁוּנִים / מְדוּרַת אֵשׁ וְאוּדִים עֲשֵׁנִים / לְנַצֵּחֲךָ בְּשִׁיר כְּבַעַל שׁוֹשַׁנִּים
וְרִבּוֹתֵי קֹדֶשׁ צְבָא עֶלְיוֹנִים / בְּשׁוּרָם כִּי תַצְדִּיק בָּנִים
אֲשֶׁר לַעֲבָדִים לְךָ נִקְנִים / יִתְמְהוּ זֶה לָזֶה בְּתִמָּהוֹנִים
וְכִתֵּי כִתִּים הֲמוֹנִים / יִשְׁמְעוּ וְיֹאמְרוּ בְּאֶרֶשׁ שְׁנוּנִים
מִי אֵל כָּמוֹךָ נוֹשֵׂא עֲוֹן זֶרַע אֱמוּנִים / וְעוֹבֵר עַל פֶּשַׁע נִטְעֵי נַעֲמָנִים
אַשְׁרֵי הָעָם שֶׁכָּכָה לוֹ עוֹנִים / וְאַשְׁרֵי הָעָם שֶׁיְיָ אֱלֹהָיו רוֹנְנִים
וְיַקְדִּישׁוּךָ עֶלְיוֹנִים / וְיַעֲרִיצוּךָ תַּחְתּוֹנִים.

סימן: א"ב כפול.

וְאָז אֵילִים יַאְדִּירוּךָ / בְּרָקִים יְבָרְכוּךָ
גְדוּדִים יְגַדְּלוּךָ / דּוֹלְקִים יִדְרְשׁוּךָ
הֲמֻלָּה יְהַדְּרוּךָ / וָתִיקִים יוֹדוּךָ
זַכִּים יְזַכִּירוּךָ / חַיָּלִים יְחַסְּנוּךָ
טְהוֹרִים יַטְעִימוּךָ / יְקָרִים יְיַחֲדוּךָ
כַּבִּירִים יַכְתִּירוּךָ / לְהָטִים יְלַבְּבוּךָ
מַלְאָכִים יַמְלִיכוּךָ / נֹגְנִים יְנַצְּחוּךָ
שְׂרָפִים יְסַלְּדוּךָ / עִירִין יַעֲלוּךָ
פְּלִיאִים יְפָאֲרוּךָ / צְבָאוֹת יְצַלְצְלוּךָ
קַלִּים יַקְדִּישׁוּךָ / רְבָבוֹת יְרוֹמְמוּךָ
שִׁנְאַנִּים יְשַׁבְּחוּךָ / תַּרְשִׁישִׁים יַתְמִידוּךָ / קְדֻשָּׁה מְשֻׁלֶּשֶׁת.

רהיטים:

וּבְכֵן מִי לֹא יִרָאֲךָ מֶלֶךְ הַגּוֹיִם כִּי לְךָ יָאָתָה
כִּי בְכָל חַכְמֵי הַגּוֹיִם וּבְכָל מַלְכוּתָם מֵאֵין כָּמוֹךָ.
וּבְכֵן מִי

סימן: א"ב כפול.

מִי אַדִּיר אַפְסֶךָ	מִי בָרוּךְ בִּלְתֶּךָ	מִי גִבּוֹר כְּגִילֶךָ
מִי דָגוּל כִּדְמוּתֶךָ	מִי הָדוּר כְּהִלּוּלֶךָ	מִי וַדַּי כְּוִעוּדֶךָ
מִי זַכַּי זוּלָתֶךָ	מִי חָסִין חִלּוּפֶךָ	מִי טָהוֹר כְּטַכְסִיסֶךָ
מִי יָרוּי כְּיִחוּדֶךָ	מִי כוֹבֵשׁ כִּכְמִירָתֶךָ	מִי לוֹבֵשׁ כְּלִבְנֶךָ
מִי מָרוֹם מִלְּבַדֶּךָ	מִי נָכוֹן נִכְחֶךָ	מִי סוֹאֵן כְּסָאתֶךָ
מִי עָץ כַּעֲלִילוֹתֶיךָ	מִי פוֹעֵל כְּפִלְאֶךָ	מִי צוֹאֵל כְּצִנָּתֶךָ
מִי קִנֵּץ קְדֻשָּׁתֶךָ	מִי רוֹוֶה רִנְנוֹתֶיךָ	מִי שָׁמַע שִׁירוֹתֶיךָ

מִי תַמִּים תִּפְאַרְתֶּךָ.

וּבְכֵן מִי לֹא

סימן: א״ת ב״ש.

לֹא אֹמֶר אֲמַרְתָּ וְנָפַל דָּבָר / תָּמִיד תְּהִלָּתְךָ בְּפִי כֹל יְדֻבָּר.
לֹא בַּקְשׁוּנִי תֹהוּ הָיָה נְאֻמֶךָ / שִׁמְךָ מִגְדַּל עֹז לָרָצִים לְעַמֶּךָ.
לֹא גְבוּל שַׂמְתָּ וּפָרְצוּ אַדִּירִים / רָבִים וְגוֹעֲשִׁים וְלִשְׁבִירַת חֻקֶּיךָ נִגְרָרִים.
לֹא דָבָר רֵק עֲשׂוֹת מִשְׁמַרְתֶּךָ / קַיָּם סֶלָה וָעֶד קֹשְׁט אִמְרָתֶךָ.
לֹא הַגְּתָּ לִמְחוֹת שֵׁם דְּבֵקֶיךָ / צָמְאָה נַפְשָׁם לִנְעִימַת יְמִין חִבּוּקֶיךָ.
לֹא וִתַּרְתָּ לִשְׁפִיכַת דַּם חֲסִידֶיךָ / פְּקֻדַּת שָׁלוֹם הִבְטַחְתָּ לְיוֹדְעֵי סוֹדֶךָ.
לֹא זִלְזַלְתָּ מַאֲמָרֶיךָ כֶּאֱנוֹשׁ לְכַזֵּב / עֵדוּת דְּבָרְךָ בַּשָּׁמַיִם נִצָּב מֵהַכָּזֵב.
לֹא חָפֵץ רֶשַׁע אַתָּה מֵעוֹלָם / סִתְרְךָ מָנוֹס לָלוּן עַם עוֹלָם.
לֹא טוֹב פַּצְתָּ הֱיוֹת לְבַד / נָאוֹר כִּי לְךָ הַשֶּׂגֶב יְלֻבַּד.
לֹא יֹשֶׁר מִשְׁפָּטֶיךָ לְכָל גּוֹי הוֹדַעְתָּ / מְחִיַּת פֶּשַׁע לְעַם זוּ יָדַעְתָּ.
לֹא כַּחֲטָאֵינוּ תַּעַשׂ לוֹבֵשׁ צְדָקָה / לַחֲשֵׁנוּ הַיּוֹם תְּשַׁע כְּתִמּוּר דַּקָּה מִן הַדַּקָּה.

וּבְכֵן מִי לֹא יְרָאֲךָ

סימן: א״כ.

יְרָאֲךָ אָדוֹן פֹּעַל לְמַעַנְךָ פָּעַלְתָּ / בְּכֹחַ מַעֲשֶׂיךָ גָּדַלְתָּ וּמְאֹד נַעֲלֵיתָ.
יְרָאֲךָ גָּבֹהַּ כָּל אֲשֶׁר תַּחְתֶּיךָ / דָּגוּל בִּמְרוֹמֵי רָמִים הוֹד תַּחֲנוֹתֶיךָ.
יְרָאֲךָ הֲמוֹן עִירִין הַצָּגִים סְבִיבֶךָ / וִינַעִימוּ שִׁיר בְּהִתְחַדְּשָׁם בִּנְהַר שְׁבִיבֶיךָ.
יְרָאֲךָ זֹהַר זִקִּים וְגַלְגַּלֵּי רְעָמֶיךָ / חַי הַצּוּרִים נִתְּצוּ מִפְּנֵי זַעְמֶךָ.
יְרָאֲךָ טִיף בְּרָקִים הַמַּבְרִיקִים לְדַעְתֶּךָ / יֹאמְרוּ הִנֵּנוּ בְּהִשְׁתַּלְּחָם עֲשׂוֹת מִשְׁמַעְתֶּךָ.
יְרָאֲךָ כְּרוּב וְאוֹפָן וְאַלְפֵי שִׁנְאַנֶּיךָ / לַהַב חֲנִית חִצֵּי שְׁנוּנֶיךָ.
יְרָאֲךָ מְלוֹן כִּפָּה וּדְבוּקַת רְגָבֶיךָ / נָסִים מִגַּעֲרָתְךָ זִיב מַשֵּׁק גֵּבֶיךָ.
יְרָאֲךָ סֶגֶל חֶבְלְךָ וְנַחֲלַת שִׁפְרָתֶךָ / עַמְּךָ בְּבֹא לֵבָב יִכּוֹן לִקְרָאתֶךָ.
יְרָאֲךָ פָּקִיד וְשַׂר וְכָל שׁוֹפֵט / צֹאן יָדְךָ הַיּוֹם לְהִשָּׁפֵט.
יְרָאֲךָ קָנוּי וְקוֹנוּ עוֹצֵר וְלִגְיוֹנוֹ / רוֹבֶה וְעַלְמָה חַלָּשׁ וְתוֹפֵשׂ פִּגְיוֹנוֹ.
יְרָאֲךָ שְׁכַן נָפוֹת וְכָל פְּלָכִים / תִּתְרוֹמֵם לָעַד מֶלֶךְ מַלְכֵי הַמְּלָכִים.

וּבְכֵן מִי לֹא יִרָאֲךָ מֶלֶךְ

סימן: תשר״ק.

מֶלֶךְ תָּר כָּל סִתְרֵי גְנָזִים / שִׁמְךָ יִתְפָּאַר נֶצַח חֲכַם הָרָזִים.
מֶלֶךְ רִבּוֹתֵי רֶכֶב מַחֲנוֹת קְדוֹשֶׁיךָ / קְרֵבֶיךָ יֹאמְרוּ נוֹרָא אֱלֹהִים מִמִּקְדָּשֶׁיךָ.
מֶלֶךְ צָר לִכְבוֹדוֹ כָּל יְצוּרִים / פְּלִיאַת מַעֲשָׂיו יוֹדְעִים כְּאִישׁוֹן נְצוּרִים.
מֶלֶךְ עִזּוּז וּגְבוּר לָעַד יִתְהַלָּל / סֶלָה מֶלֶךְ הַכָּבוֹד גָּדוֹל וּמְהֻלָּל.
מֶלֶךְ נוֹרָא תְּהִלָּתוֹ מָלְאָה הָאָרֶץ / מָרוֹם וְקָדוֹשׁ נוֹרָא לְמַלְכֵי אָרֶץ.
מֶלֶךְ לִגְדֻלָּתוֹ אֵין חֵקֶר וְקִצְבָּה / כָּבוֹד בְּהֵיכָלוֹ תְּבַשֵּׂר צָבָא נִצָּבָא.
מֶלֶךְ יְמִינוֹ תָּרוּם יָדוֹ תָּעֹז / טְהוֹרִים יַאְדִּירוּ טוֹב יי לְמָעוֹז.
מֶלֶךְ חֲסִין יָהּ נֶאְדָּר בַּקֹּדֶשׁ / זַכִּים יִשְׁתַּחֲווּ לַיי בְּהַדְרַת קֹדֶשׁ.
מֶלֶךְ וֶאֱמֶת יי לְעוֹלָם הַלְלוּיָהּ / הִלּוּל עָשׂוֹר כֹּל הַנְּשָׁמָה תְּהַלֵּל יָהּ.
מֶלֶךְ דּוֹבֵר צֶדֶק מַגִּיד מֵישָׁרִים / גְּזֵרוֹתָיו תּוֹרוֹת אֱמֶת וּמִשְׁפָּטִים יְשָׁרִים.
מֶלֶךְ בָּרוּךְ בְּפִי כָל גְּוִיָּה / אַדֶּרֶת תִּפְאַרְתּוֹ בְּרוּם וּבְתַחַת חֲוִיָּה.

וּבְכֵן מִי לֹא יִרָאֲךָ מֶלֶךְ הַגּוֹיִם

סימן: ת״ב.

הַגּוֹיִם אֶפֶס וְתֹהוּ נֶגְדְּךָ חֲשׁוּבִים / בְּחוּנֶיךָ בְּדוּדִים וְעִמָּם לֹא נֶחְשָׁבִים.
הַגּוֹיִם גְּדֵלִים מַעֲשֵׂה תַעְתּוּעַ וַהֲבָלִים / דְּבֵקֶיךָ בְּדוּלִים מְסוּגְדֵי לְעֵץ בּוּלִים.
הַגּוֹיִם הָכִין פֶּסֶל מְבַקְשִׁים חָרָשִׁים / וְתִיקֶיךָ בְּהַשְׁכֵּם וְהַעֲרֵב יִחוּדְךָ פּוֹרְשִׂים.
הַגּוֹיִם זָהָבָם לַאֲפֻדַּת מַסֵּכָה מְכִינִים / חֲרֵדֵי דְבָרְךָ לְעָבְדְּךָ בְּיִרְאָה מוּכָנִים.
הַגּוֹיִם טוֹעֲנִים בְּכָתֵף יֶתֶר צְלִיָּתָם / יְדוּעֶיךָ כּוֹרְעִים לְךָ בְּפִקּוּק חֻלְיוֹתָם.
הַגּוֹיִם כֶּסֶף מְצַפִּים עֵץ פִּסְלָם / לְקוּחֶיךָ בְּחֶבְיוֹן עֻזְּךָ יָשִׂימוּ כִסְלָם.
הַגּוֹיִם מְכַנִּים קְדֻשָּׁתְךָ לְעוּל הַזִּמָּה / נְשׂוּאֶיךָ מְשַׁקְּצִים יִחוּם אֵשֶׁת הַזִּמָּה.
הַגּוֹיִם סֶמֶל תְּמוּנַת נֶאֱלָח מַאֲלִיהִים / עַמְּךָ מְעִידִים אֲדוֹנוּתְךָ אֱלֹהֵי הָאֱלֹהִים.
הַגּוֹיִם פֶּגֶר מוּבָס פַּחֲזוּת תַּבְלִיתָם / צְבָאֶיךָ קָדוֹשׁ אַתָּה יוֹשֵׁב תְּהִלּוֹתָם.
הַגּוֹיִם קוֹרְאִים לְלֹא מוֹשִׁיעַ וּמוֹעִיל / רֵעֶיךָ נִשְׁעָנִים בְּךָ מְלַמֵּד לְהוֹעִיל.
הַגּוֹיִם שֶׁקֶר נִסְכָּם וְלֹא אֵמוּן / תְּמִימֶיךָ אוֹמֶן אֱמוּנָתְךָ בְּוַעֲדָם יֵאָמוּן.

וּבְכֵן מִי לֹא יִרָאֲךָ מֶלֶךְ הַגּוֹיִם כִּי

סימן: תשר"ק.

כִּי תוֹדָה יִתְּנוּ לְךָ שָׁבִים / שׁוֹפְכִים לֵב נִכְחֲךָ מִיָּד נִקְשָׁבִים.
כִּי רָם אַתָּה לְכֹל לְרֹאשׁ מִתְנַשֵּׂא / קָדוֹשׁ תְּהִלּוֹת שִׁמְךָ עָוֹן נוֹשֵׂא.
כִּי צִדְקוֹתֶיךָ כְּהַרְרֵי אֵל מְפַרְעִים / פְּרִי נוֹשְׂאִים מִחְיַת תְּנוּב וְזֵרְעִים.
כִּי עִמְּךָ הַחֶסֶד וְהַסְּלִיחָה לְהִוָּרֵא / סְלוֹל חַיֵּי עַד לְחַטָּאִים תּוֹרֶה.
כִּי נְכֵה לֵבָב וּשְׁפַל תִּרְאֶה / מִדָּתְךָ לֹא כְּבָשָׂר לָעֵינַיִם יִרְאֶה.
כִּי לְמַבָּטְךָ כָּל מִפְעַל סָקוּר / כָּמוּס וְגַם סָתוּם אִתְּךָ חָקוּר.
כִּי יָדְךָ פְּשׁוּטָה תּוֹהִים לְקַבֵּל / טֶרֶם יִקְרָא נַעֲנָה לְךָ קוֹבֵל.
כִּי חַסְדְּךָ גָּדוֹל מֵעַל חֲזָקִים / זוֹרְעֵי לִצְדָקָה לְפִיו קְצוֹר זְקוּקִים.
כִּי וְעֹז מַלְכוּתְךָ אָהֵב מִשְׁפָּט / הַעַל כֵּן נִקְרֵאתָ אֱלֹהֵי הַמִּשְׁפָּט.
כִּי דַּרְכְּךָ לְשַׁתֵּף רַחֲמִים בְּדִינֶךָ / גָּדוֹל בִּשְׁתֵּי הַמִּדּוֹת הִטְבַּעְתָּ אֲדָנֶיךָ.
כִּי בְהִכָּנַע עַל הָרָעָה תִּנָּחֵם / אַפְּךָ תָּשִׁיב אֱנוֹפֵי קִצְפְּךָ לְנַחֵם.

וּבְכֵן מִי לֹא יִרָאֲךָ מֶלֶךְ הַגּוֹיִם כִּי לְךָ

סימן: א"ת ב"ש.

לְךָ אֶדֶר נָאֶה מִכָּל פֶּה / כִּי תְּהִלָּתְךָ רַחוּם אַף כּוֹפֶה.
לְךָ בִּגְרוֹן חֲסִידִים רֹן יִתְאָמֵר / כִּי שׁוּעַ לֹא נִכַּר בְּךָ נֶאֱמָר.
לְךָ גֵּאוּת יִתְלַבֵּשׁ וְעֹז יִתְאַזָּר / כִּי רָמִים תִּשְׁפֹּט בִּגְבוּרָה נֶאְזָר.
לְךָ דֻּמִיָּה תְהִלָּה בְּיֹפִי מִכְלָל / כִּי קְדֻשָּׁתְךָ מְשַׁלְּשִׁים נִצְצֵי כְּעֵין קָלָל.
לְךָ הֶמְיַת נִצִּים עֹז מַאֲדִירִים / כִּי צִוִּיתָם חֹק וְלֹא נֶעְדָּרִים.
לְךָ וָוֵי דֹק מִגַּעֲרָתְךָ מִתְרוֹפְפִים / כִּי פָנִים מְכַסִּים מֵאֵימָתְךָ שְׂרָפִים.
לְךָ זְמִירוֹת מִכְּנַף הָאָרֶץ פּוֹשְׁטִים / כִּי עֵינֶיךָ בְּכָל פִּנּוֹתֶיהָ מְשׁוֹטְטִים.
לְךָ חֲדָשֵׁי בְקָרִים אֱמוּנָה מַרְבִּים / כִּי סוּר לְמִשְׁמַעְתְּךָ חָשִׁים כְּרוּבִים.
לְךָ טִפּוּחַ חֲזָקִים וְצָקַת מוּצָקִים / כִּי נָעֳמְךָ פּוֹצְחִים אֶרְאֶלִּים וּמְצוּקִים.
לְךָ יְחַלֵּק עֶצֶם וְאִישׁוֹן יַנְשִׁיף / כִּי מֵאָז גְּבוּלָם רוּחֲךָ הִנְשִׁיף.
לְךָ כֹּחַ וּגְבוּרָה לְחַזֵּק וּלְגַדֵּל / כִּי לְשִׁמְךָ כָּל לָשׁוֹן תְּגַדֵּל.

וּבְכֵן מִי לֹא יִרָאֲךָ מֶלֶךְ הַגּוֹיִם כִּי לְךָ יָאָתָה, כִּי בְכָל

סימן: א״ב.

בְּכָל אוֹן אוֹסִיף אֹמֶץ לְגַדְּלָךְ / בָּרוּךְ בֵּרוּר שֵׁם כְּבוֹד גָּדְלָךְ.
בְּכָל גּוּף וּנְשָׁמָה יְשַׂגֵּב הִלּוּלָךְ / בָּרוּךְ דּוֹבְבִים לְךָ נִטְעֵי אָהֳלָךְ.
בְּכָל הוֹן מִתְאַהֵב מַלְכוּת עֻלָּךְ / בָּרוּךְ וְקָדוֹשׁ פּוֹצְחִים יְרֵאֶיךָ לְעֻלָּךְ.
בְּכָל זָוִית מֻקְטָר וּמֻגָּשׁ לָךְ / בָּרוּךְ חֲרֵדִים לְהַמְאוֹת יוֹדְעֶיךָ בְּשֶׁלָּךְ.
בְּכָל טוֹחַ יוֹעֵץ חָסְיוֹן צִלָּךְ / בָּרוּךְ יֹאמְרוּ מְשַׁעַשְׁעֵי אָמוֹן אֶצְלָךְ.
בְּכָל כֶּסֶל יְיַחֲדוּ אֱלָהוּתְךָ קְהָלָךְ / בָּרוּךְ לַעֲנוֹת אַחַר חֲטִיבַת חֵילָךְ.
בְּכָל מִדַּת חֶסֶד וְקַו מִשְׁקוֹלָךְ / בָּרוּךְ נוֹאֲמִים תְּאֵבֵי אֱזוֹן לְקוֹלָךְ.
בְּכָל שִׂיחַ וָשַׁעַר שָׁמֵי שִׂכְלָךְ / בָּרוּךְ עֲנִיָּתָם בְּאֹמֶר יָפֶה כֻּלָּךְ.
בְּכָל פְּתִיחַת מְפָרֵשׁ צְגֵי מִגְדָּלָךְ / בָּרוּךְ צַהַל הַחִלָּם עֹז לְהַגְדִּילָךְ.
בְּכָל קֵץ הַפְלֵאת נִסִּים לְגַדְּלָךְ / בָּרוּךְ רַחֲשָׁם עַל הַצָּת חֲרוּלָךְ.
בְּכָל שֶׁכֶן בְּהִתְעַדְּנָם מִמִּגְדֵּי אֶשְׁלָךְ / בָּרוּךְ תְּמִימֶיךָ יִתְּנוּ לְךָ מִשֶּׁלָּךְ.

וּבְכֵן מִי לֹא יִרָאֲךָ מֶלֶךְ הַגּוֹיִם כִּי לְךָ יָאָתָה, כִּי בְכָל חַכְמֵי

סימן: תשר״ק.

חַכְמֵי תֹם דֶּרֶךְ הַמְאַחֲלִים לְכוֹן / שַׁחַר מְעוֹרְרִים לִקְרָאתְךָ הִכּוֹן.
חַכְמֵי רֶבִי תוֹרוֹת הַיְשָׁרִים בְּלִבּוֹתָם / קוֹדִים וּמִשְׁתַּחֲוִים רְצוֹת נִדְבָתָם.
חַכְמֵי צֵרוּף אוֹתִיּוֹת שֵׁם עִלּוּמֶךָ / פּוֹקְדִים שְׁקוֹד סַף אוּלָמֶךָ.
חַכְמֵי עֵדוּת קֹשֶׁט אִמְרֵי אֲמִתֶּךָ / סוֹקְדִים שַׁוּוֹת לְנֶגְדָּם אֵימָתֶךָ.
חַכְמֵי נְאֻם צוֹפִים וּפִיּוּף מִדַּבְּרָךְ / מִלְחָמָה מְשִׁיבִים בְּשַׁעֲרֵי דְבִירָךְ.
חַכְמֵי לֶמֶד הַמּוֹעִיל מְפִיקָךְ חַנּוּן / כְּבוֹד שָׁמַיִם לְשִׁמְךָ בְּחִנּוּן.
חַכְמֵי יִרְאַת אֱלֹהִים מוֹשֵׁל צַדִּיק / טוּבְךָ קוֹוִים קָרוֹב וּמַצְדִּיק.
חַכְמֵי חִפּוּשׂ מַטְמוֹנֵי חָכְמָה וָדַעַת / זְקוּקִים זַמֵּר גֵּאוּת מוֹדַעַת.
חַכְמֵי וִדּוּי עֲבוֹדַת יוֹם הַסְּלִיחָה / הוֹמִים בְּתַחֲנוּן שְׁמָעָה וּסְלָחָה.
חַכְמֵי דְבָרִים קַהַת שׁוּב עָדֶיךָ / גּוֹעִים אָנָּא זְכוֹר לַעֲבָדֶיךָ.
חַכְמֵי בְטוּחֵי בִּבְרִית כְּרוּתָה לְמוֹדוֹתֶיךָ / אֶנְקָתָם אֱזוֹן דּוֹפְקֵי דַּלְתוֹתֶיךָ.

וּבְכֵן מִי לֹא יִרָאֲךָ מֶלֶךְ הַגּוֹיִם כִּי לְךָ יָאָתָה

סימן: תשר״ק.

יָאֲתָה תְּהִלָּה וָעֹז לְבַקֹּדֶשׁ נֶאְדָּר / וּמִי שָׁקוּל גֹּשֶׁת גָּדְלוֹ לְאַדֵּר.
יָאֲתָה רוֹמְמוּת לְרָם בְּכֹחוֹ יַשְׂגִּיב / וּמִי קָשׁוּט שְׁנוּן שִׁבְחוֹ לְהַשְׂגִּיב.
יָאֲתָה צְפִירָה וְתִפְאֶרֶת לְמֶלֶךְ הַכָּבוֹד / וּמִי פִּתְחָיו בּוֹא בְּיִרְאָה לַעֲבוֹד.
יָאֲתָה עֲנוּת תּוֹדָה לָאֵל הַנֶּאֱמָן / וּמִי סִפּוּן הֲדַר הוֹדוֹ לְהִתְאַמָּן.
יָאֲתָה נֵצַח וּמֶמְשָׁלָה לְחַי עוֹלָמִים / וּמִי מִלֵּל וְלֹא הֶחְסַם בִּבְלוּמִים.
יָאֲתָה לְסַפֵּר מַלְאֲכוֹת נוֹרָא תְהִלּוֹת / וּמִי כְּעֶרְכְּךָ בְּאוֹרָם בְּשֵׂר בְּמַקְהֵלוֹת.
יָאֲתָה יִחוּד שֵׁם הַנִּכְבָּד לְהָעִידָה / וּמִי טְכוּס טַעַן עֻלּוֹ בִּרְעָדָה.
יָאֲתָה חַסְדֵי צוּר סֶלָה לְהַזְכִּיר / וּמִי זַךְ דֶּרֶךְ דְּבַק דְּרָכָיו לְהַכִּיר.
יָאֲתָה וַדַּאי וָתִיק לְסַלֵּד בְּרִנָּה / וּמִי הָגוּן הֶלֶם הִלּוּלוֹ לְגָרְנָה.
יָאֲתָה דְּרוֹשׁ צַדִּיק בְּכָל עוֹנָה / וּמִי גָּהוּץ שֵׁרוּת שִׁכְנוֹ לְהַמְעִינָה.
יָאֲתָה בְּרָכוֹת הָעֲטוּת צַדִּיק לְעִילּוּם / וּמִי אָנֹכִי בָּא עַד הֲלֹם.

וּבְכֵן מִי לֹא יִרָאֲךָ מֶלֶךְ הַגּוֹיִם כִּי לְךָ יָאָתָה כִּי

סימן: א״ב מרובע.

כִּי אֲדוּקֵי אֵשׁ בְּאֵימָה יְאַפְּדוּךָ / כִּי בְרִיתֵי בָשָׂר בִּבְרָכָה יְבַלְעֲדוּךָ.
כִּי גְדוּדֵי גֹבַהּ בְּגַהַר יַגִּידוּךָ / כִּי דִבְקֵי דִבְרָתְךָ בְּדִיצָה יְדוּדוּךָ.
כִּי הוֹמֵי הֲמֻלָּה בְּהֶגֶה יְהוֹדוּךָ / כִּי וְהוֹגֵי וָתִיקוּתְךָ בְּוַעֲדָם יוֹדוּךָ.
כִּי זַכֵּי זְבוּל בְּזִמְרָתָם יְזַבְּדוּךָ / כִּי חָפֵי חֶלֶד בְּחִכָּם יְחַדּוּךָ.
כִּי טַפְסְרֵי טֹהַר בְּטַעְמָם יְטַיְּדוּךָ / כִּי יוֹדְעֵי יִרְאָתְךָ בְּיִחוּלָם יְיַחֲדוּךָ.
כִּי כִתֵּי כְרוּבִים בְּכַנְפֵיהֶם יְכַבְּדוּךָ / כִּי לְמֵדֵי לִקְחֲךָ בִּלְהַקָם יְלַבְּדוּךָ.
כִּי מַחֲנוֹת מְעוֹפְפִים בִּמְהַלְלָם יְמָאִידוּךָ / כִּי נְשׂוּאֵי נְשָׁרִים בְּנָאֳמָם יְנַגִּידוּךָ.
כִּי סְכוּכֵי סֹךְ בְּסִלּוּד יִסְגְּדוּךָ / כִּי עוֹמְסֵי עֻלְּךָ בְּעֹז יְעִידוּךָ.
כִּי פְלִיאֵי פֶלֶא בְּפֶלֶל יְפַחֲדוּךָ / כִּי צוֹעֲקֵי צָקוּן בְּצָרָתָם יְצַעִידוּךָ.
כִּי קְדוּחֵי קֶדַח בְּקָרְאָם יְקַדּוּךָ / כִּי רוֹגְשֵׁי רִצְפָּתְךָ בְּרֶטֶט יְרַעֲדוּךָ.
כִּי שְׁבִיבֵי שַׁלְהָבוֹת בְּשֵׂכֶל יְשַׁהֲדוּךָ / כִּי תוֹמְכֵי תֹם בִּתְהִלָּה יְתַמִּידוּךָ.

וּבְכֵן מִי לֹא יִרָאֲךָ מֶלֶךְ הַגּוֹיִם כִּי לְךָ יָאָתָה
כִּי בְכָל חַכְמֵי הַגּוֹיִם

סימן: ה״ב.

הַגּוֹיִם אֵימִים זַמְזוּמִים קֵדָר וַאֲדוּמִים / בִּלְעָם קַלְּעֵם גְמוּמִים דְּמוּמִים.
הַגּוֹיִם גוֹמֶר וּמָגוֹג אַשְׁכְּנַז וְרוּמִים / דַּכְּאֵם הַכְּאֵם זְעוּמִים מַחֲרָמִים.
הַגּוֹיִם הַגְּרִים קְטוּרִים לוּדִים וַאֲרָמִים / וְכַחֵם שַׁכְּחֵם מִתַּחַת רָמִים.
הַגּוֹיִם זֶרַח נַחַת מִזִּים וְשַׁמִּים / חַסְּמֵם כַּרְסְמֵם שִׂימֵם שׁוֹמֵמִים.
הַגּוֹיִם טֶבַח גַּחַם וְיֶתֶר רְאוּמִים / יַסְּרֵם הֲסִירֵם מִהְיוֹת אֻמִּים.
הַגּוֹיִם כַּפְתּוֹרִים כַּסְלוּחִים לְטוּשִׁים וּלְאֻמִּים / לַפְּתֵם כַּפְּתֵם סְעוּרִים רְעוּמִים.
הַגּוֹיִם מִבְשָׂם וְאַדְבְּאֵל מִשְׁמָעִים וְדוּמִים / נַפְּצֵם שִׁיתֵם הֲדָמִים.
הַגּוֹיִם סְבָא וַחֲוִילָה סַבְתְּכָא וְרַעְמִים / עַקְּרֵם קַרְקְרֵם דְּוּוּיִם עֲמוּמִים.
הַגּוֹיִם פְּלֶשֶׁת עַמּוֹן אַשּׁוּר וְעֵילָמִים / צַמְּתֵם הֲמִיתֵם תְּנֵם לְמַהֲלוּמִים.
הַגּוֹיִם קִיר וּמוֹאָב לוּדִים וַעֲנָמִים / רַטְּשֵׁם נַטְּשֵׁם דַּקִּים צְנוּמִים.
הַגּוֹיִם שֵׁישַׁךְ וּמָדַי כִּתִּים וְלֵב קָמִים / תַּעֲבֵם הַעִיבֵם לְאֵין תְּקוּמִים.

וּבְכֵן מִי לֹא יִרָאֲךָ מֶלֶךְ הַגּוֹיִם כִּי לְךָ יָאָתָה
כִּי בְכָל חַכְמֵי הַגּוֹיִם וּבְכָל

סימן: תשר״ק.

וּבְכָל תֹּקֶף יְאַמֵּן עֹז הִלּוּלָךְ / שַׁלְוַת שׁוֹדְדִים וְשַׁאֲנַנּוּתָם בְּהֵילִילָךְ.
וּבְכָל רֶגֶשׁ יְמַתֵּק סוֹד אֱמוּנֶיךָ / קַרְנוֹת צַדִּיקִים בְּרוֹמְמָךְ בְּאַרְמוֹנֶיךָ.
וּבְכָל צַעַד יְפַזֵּז וִיכַרְכֵּר לְכַבְּדָךְ / פַּאֲתֵי בוֹגְדִים מֵאֶרֶץ בְּאַבְּדָךְ.
וּבְכָל עֹצֶם יוֹשַׁר שִׁיר לְעַלָּךְ / סְגוּלֶיךָ מִמַּחַץ מַכָּתָם בְּהִתְעַלָּךְ.
וּבְכָל נְפוּת יִנְעַם זֶמֶר לְגַדְּלָךְ / מַלְכֵי אֲדָמָה מִכְּבוֹדָם בְּהֵדַלָּךְ.
וּבְכָל לָשׁוֹן יְשַׂגֵּב שִׁמְךָ לְבַדָּךְ / כַּנַּת נִטְעָךְ בֶּטַח בְּבָדְדָךְ.
וּבְכָל יָד יְהַיֵּד שֵׁמַע צִלְצוּלָךְ / טִירוֹת טְמֵאִים מַחְסָן בְּנַצְּלָךְ.
וּבְכָל חֲנֵה וְסִיעַ קוֹמְךָ וְשׁוּבָךְ / זְרוּיֶיךָ לְרִבְבוֹת אַלְפֵיהֶם בַּהֲשִׁיבָךְ.
וּבְכָל וְכָל יַמְלִיכוּ אֲדוֹנוּת יִחוּדָךְ / הֲמוֹן עָרִיצִים לַאֲבַדּוֹן בְּהַכְחִידָךְ.
וּבְכָל דֶּרֶךְ יוֹשַׁח עֹצֶם חֵילָךְ / גּוֹיֵךְ בְּשַׂמְּחָךְ כְּיַחֵל לָךְ.
וּבְכָל בְּרָכוֹת יִתְרוֹמֵם שֵׁם קָדְשָׁךְ / אֱמוּנֶיךָ נְעוּרֵימוֹ כַּנֶּשֶׁר בְּחַדְּשָׁךְ.

וּבְכֵן מִי לֹא יִרָאֲךָ מֶלֶךְ הַגּוֹיִם כִּי לְךָ יָאָתָה
כִּי בְכָל חַכְמֵי הַגּוֹיִם וּבְכָל מַלְכוּתָם

סימן: א״ת ב״ש.

מַלְכוּתָם בְּאַבְּדְךָ עוֹבְדֵי פְסִילֵי נְסָכִים / תִּכּוֹן מַלְכוּתְךָ מֶלֶךְ מַלְכֵי הַמְּלָכִים.
מַלְכוּתָם בְּבַלְּעֲךָ בּוֹטְחֵי הֶבֶל תַּעְתּוּעִים / שָׁמַיִם וָאָרֶץ שִׁבְחֲךָ יְהוּ מַבִּיעִים.
מַלְכוּתָם בְּגַדְעֲךָ מְקִימֵי אֲשֵׁרִים וְחַמָּנִים / רוֹמְמוֹתֶיךָ יִקְרְאוּ בִגְרוֹן הֲמוֹנִים הֲמוֹנִים.
מַלְכוּתָם בְּדַכְּאֲךָ דוֹרְשֵׁי קֶטֶב תֹּהוּ וּבְעָלִים / קְדֻשָּׁה וָעֹז תְּיַסֵּד כְּמִפִּי עוֹלְלִים.
מַלְכוּתָם בְּהָרְסְךָ הַמִּתְהַלְלִים בָּאֱלִילִים / צִדְקוֹתֶיךָ יַגִּידוּ בָאִיִּים אֵל אֵלִים.
מַלְכוּתָם בְּוִכּוּחֲךָ הַמִּטַּהֲרִים וְהַמִּתְקַדְּשִׁים / פְּאֵר מְלוּכָה יִנְחֲלוּ נִטְעֵי כַנַּת קְדוֹשִׁים.
מַלְכוּתָם בְּזַעַמְךָ שָׁטֵי כָזָב פּוֹנֵי אֶל רְהָבִים / עִלּוּי כְּבוֹד שִׁמְךָ יִתְּנוּ כָּל בְּאַהֲבִים.
מַלְכוּתָם בְּחַשְׁפְּךָ סוֹגְדֵי מַעֲשֵׂה חָרָשִׁים / סִפּוּר מַעֲשֶׂיךָ בְּרִנָּה יִפְצְחוּ מְאוּרָשִׁים.
מַלְכוּתָם בְּטַאטְאֲךָ טוֹעֲנֵי עֲצַבִּים עֲשׂוּיִים פְּרָקִים
נֹעַם דֵּעַ יִרְאָתְךָ יִתְמַלְאוּן אֲרָקִים.
מַלְכוּתָם בְּיַדְּךָ כּוֹרְעֵי נְסַבָּל מַשָּׂא לַעֲיֵפָה
מִשְׁתַּחֲוִים כָּל בָּשָׂר לְפָנֶיךָ עוֹשֵׂה שַׁחַר וְעֵיפָה.
מַלְכוּתָם בְּכַלּוֹתְךָ לְנַעֵר רְשָׁעִים מִן הָאָרֶץ
לָכֵן בְּמָלְכוֹ יִשְׂמְחוּ הַשָּׁמַיִם וְתָגֵל הָאָרֶץ.

וּבְכֵן מִי לֹא יִרָאֲךָ מֶלֶךְ הַגּוֹיִם כִּי לְךָ יָאָתָה
כִּי בְכָל חַכְמֵי הַגּוֹיִם וּבְכָל מַלְכוּתָם מֵאֵין כָּמוֹךָ.

סימן: א״ב.

מֵאֵין כָּמוֹךָ בְּאַמְּצְךָ שָׁמַיִם וּשְׁמֵי שָׁמַיִם / מֵאֵין כָּמוֹךָ בְּבַלְּלְךָ אֵשׁ וּמַיִם.
מֵאֵין כָּמוֹךָ בְּגַלֶּלְךָ אִישׁוֹן חֹשֶׁךְ וָאֹפֶל / מֵאֵין כָּמוֹךָ בְּדַלְּקְךָ אוֹר מִמַּאֲפֵל.
מֵאֵין כָּמוֹךָ בְּהַבְדִּילְךָ רָקִיעַ בְּמַחַץ / מֵאֵין כָּמוֹךָ בְּוַעַדְךָ לְהַקְווֹת זְדוֹנֵי שַׁחַץ.
מֵאֵין כָּמוֹךָ בְּזַכְּךָ צְבָאוֹת זַכִּים וְנוֹרָאִים / מֵאֵין כָּמוֹךָ בְּחַסְּנְךָ חֲיָלֵי פְלִיאִים.

מֵאֵין כָּמוֹךָ בְּטַכְסָךְ מוֹצָא דֶשֶׁא וּוְרָדִים / מֵאֵין כָּמוֹךָ בְּיִצְבָךְ גַּן לְהַצְמִיחַ מְגָדִים.
מֵאֵין כָּמוֹךָ בְּכַלְּלָךְ גֹּדֶל שְׁנֵי הַמְּאוֹרוֹת
מֵאֵין כָּמוֹךָ בְּלַהֲבָךְ עָשׁ כְּסִיל וְכִימָה וּמַזָּרוֹת.
מֵאֵין כָּמוֹךָ בְּמַלְּלָךְ יִשְׁרְצוּ אַדִּירִים / מֵאֵין כָּמוֹךָ בְּנָאֳמָךְ לְעוֹפֵף טָסֵי אֲוִירִים.
מֵאֵין כָּמוֹךָ בְּשַׂגְּבָךְ רֶמֶשׂ מִמְּעֵי צִיָּה / מֵאֵין כָּמוֹךָ בְּעָצְמָךְ נֶפֶשׁ בְּהֵמָה וְחַיָּה.
מֵאֵין כָּמוֹךָ בְּפָקְדָךְ אֵבוּס בְּהַרְרֵי אֶלֶף מִסְּבוֹ
מֵאֵין כָּמוֹךָ בְּצַוּוֹתָךְ לִוְיָתָן זֶה יָצַרְתָּ לְשַׂחֶק בּוֹ.
מֵאֵין כָּמוֹךָ בְּקַבְּצָךְ עָפָר מֵרִגְבֵי אֲדָמָה
מֵאֵין כָּמוֹךָ בְּרִקְמָךְ חוֹתָם תָּכְנִית מָלֵא חָכְמָה.
מֵאֵין כָּמוֹךָ בְּשָׁבְתָךְ יוֹם מִיָּמִים / מֵאֵין כָּמוֹךָ בְּתַקְּנָךְ שִׁכְלוּל שְׁנֵי עוֹלָמִים.

וּבְכֵן שְׁמַע יִשְׂרָאֵל, יי אֱלֹהֵינוּ יי אֶחָד.

סימן: א״ב כפול.

הָאֲזוּרִים בְּאַהַב אוֹמְרִים יי אֱלֹהֵינוּ הַבָּאִים בִּבְרִית עוֹנִים יי אֶחָד.
הַגְּאוּלִים בְּגִיל אוֹמְרִים יי אֱלֹהֵינוּ הַדְּרוּשִׁים בְּדֵעַ עוֹנִים יי אֶחָד.
הַהוֹמִים בְּהֶגֶה אוֹמְרִים יי אֱלֹהֵינוּ הַוָּתִיקִים בְּוַעַד עוֹנִים יי אֶחָד.
הַזְּבוּדִים בְּזֶבֶד אוֹמְרִים יי אֱלֹהֵינוּ הַחֲנוּנִים בְּחַיִל עוֹנִים יי אֶחָד.
הַטְּכוּסִים בְּטַעַם אוֹמְרִים יי אֱלֹהֵינוּ הַיְּחוּסִים בְּיַחַס עוֹנִים יי אֶחָד.
הַכְּלוּלִים בְּכֶתֶר אוֹמְרִים יי אֱלֹהֵינוּ הַלְּקוּחִים לוֹ לְעָם עוֹנִים יי אֶחָד.
הַמּוּלִים בְּמֶתֶק אוֹמְרִים יי אֱלֹהֵינוּ הַנְּשׂוּאִים בְּנֹעַם עוֹנִים יי אֶחָד.
הַסְּגוּלִים בְּסֶגֶל אוֹמְרִים יי אֱלֹהֵינוּ הָעֲמוּסִים בְּעֹז עוֹנִים יי אֶחָד.
הַפְּדוּיִים בִּפְאֵר אוֹמְרִים יי אֱלֹהֵינוּ הַצְּנוּעִים בְּצֶדֶק עוֹנִים יי אֶחָד.
הַקּוֹרְאִים בְּקֶשֶׁב אוֹמְרִים יי אֱלֹהֵינוּ הָרוֹגְשִׁים בְּרֹן עוֹנִים יי אֶחָד.
הַשּׁוֹאֲגִים בְּשֶׁקֶד אוֹמְרִים יי אֱלֹהֵינוּ הַתְּמוּכִים בְּתַאַב עוֹנִים יי אֶחָד.

רהיטים:

סימן: אלעזר בירבי קיליר (משולש).

אֶדֶר בְּתֹאַר מָכוֹן / אֹהֶל בְּאַמְתְּךָ תִּכּוֹן / אֶחָד בּוֹ לִשְׁכּוֹן.
לַחַשׁ לֶקַח יִכּוֹן / לַעַד בְּאִוּוּי לִשְׁכּוֹן / לְעוֹלָמִים שָׁם שְׁכוֹן.
עִתּוּד אָרוֹן יִכּוֹן / עִדּוּר אַרְמוֹן יִתְכּוֹן / עֲתִירָה בּוֹ תִּכּוֹן.
אֱמוּנַת אֹם נוֹטֶרֶת / לְמַעַנְךָ עֵזֶר לַנִּשְׁאֶרֶת
זַעֲקָהּ רְצֵה נָא כִּקְטֹרֶת / קָדוֹשׁ.

זְעוֹק לְפָנֶיךָ בָּאתִי / זַךְ אֱזוֹן זַעֲקָתִי / זַעֲקִי בְּחִין תְּחִנָּתִי.
רְצֵה רֶנֶן רְחִישָׁתִי / רֵאשִׁית רֶגֶשׁ דְּרִישָׁתִי / רִבּוּי רוֹן רְגִישָׁתִי.
בְּחַנֵּנִי לְךָ לְחִישָׁתִי / בְּיֹשֶׁר וְעוֹד תְּהִלָּתִי / בָּרֵר רִצּוּי תְּפִלָּתִי.
אֱמוּנַת אֹם נוֹטֶרֶת / לְמַעַנְךָ עֵזֶר לַנִּשְׁאֶרֶת
זַעֲקָהּ רְצֵה נָא כִּקְטֹרֶת / קָדוֹשׁ.

יַעַל תַּחַן עֲתֶרֶת / יֻצַּג כְּמוֹ עֲטֶרֶת / יָרוֹן בְּכִפּוּר נִשְׁאֶרֶת.
רַחַשׁ בְּמַעֲנֶה עוֹתֶרֶת / רוֹנְנָה בִּמְחִילַת הָעֲתֶרֶת / רָוֵה בְּעֹז וְתִפְאֶרֶת.
בִּיאַת בַּת מְיֻשֶּׁרֶת / בְּמַעֲנֶה לְהִסָּלַח מְשׁוֹרֶרֶת / הֱיוֹת עֲתִירָתָהּ כִּקְטֹרֶת.
אֱמוּנַת אֹם נוֹטֶרֶת / לְמַעַנְךָ עֵזֶר לַנִּשְׁאֶרֶת
זַעֲקָהּ רְצֵה נָא כִּקְטֹרֶת / קָדוֹשׁ.

יָחֳנוּ בְּחִנְּךָ חֲנוּנֶיךָ / יִסְלַח מַעַל מְיַמְּנֶיךָ / יוּזְמוּ שְׁמוֹר שְׁנוּנֶיךָ.
קַלַּע קְשִׁי קְנוּיֶיךָ / קָרֵב אֵלֶיךָ קִנְיָנֶיךָ / קוֹמֵם קְהַל אֱמוּנֶיךָ.
יָבֹא יוֹם רְנוּנֶיךָ / יָרֹנּוּ בוֹ הֲמוֹנֶיךָ / יִהְיוּ נִצָּבִים לְפָנֶיךָ.
אֱמוּנַת אֹם נוֹטֶרֶת / לְמַעַנְךָ עֵזֶר לַנִּשְׁאֶרֶת
זַעֲקָהּ רְצֵה נָא כִּקְטֹרֶת / קָדוֹשׁ.

לְעַם לְךָ קָרֵב / לוֹחֲשֵׁי לְזָר הַחֲרֵב / לְוִוּי רַבָּם זָרֵב.
יִשְׁחַת לִדְרוֹס קוֹרֵב / לְעוֹבְדֶיךָ בְּיִרְאָה עָרֵב / נֶשֶׁף וְשַׁחַר וָעֶרֶב.
רֶגֶשׁ הִנֵּה הִנָּם תְּקָרֵב / קֵץ גְּאֻלָּה וְאוֹרָה קָרֵב / לְמִתְחַנְּנִים בְּמִנְחַת עָרֶב.
אֱמוּנַת אֹם נוֹטֶרֶת / לְמַעַנְךָ עֵזֶר לַנִּשְׁאֶרֶת
זַעֲקָהּ רְצֵה נָא כִּקְטֹרֶת / קָדוֹשׁ.

סימן: א"ב.

אֲפָאֵר לְמַלְכִּי בְּקֹדֶשׁ ביוֹם אַךְ בֶּעָשׂוֹר לַחֹדֶשׁ.
גּוֹאֲלִי וּמוֹשִׁיעִי דָּגוּל רוֹכֵב שְׁבִיעִי.
יְכַפֵּר וְיִסְלַח / אֵל טוֹב וְסַלָּח / נוֹרָא וְקָדוֹשׁ.

הָאֵל יַשְׁקִיף וְיֶחֱזֶה וְיִמְחֹל לַעֲוֹן הָעָם הַזֶּה.
זֶה בְּתוֹדָה עֲנוּהוּ חַלּוּהוּ כִּי יוֹם כִּפּוּרִים הוּא.
תְּפִלָּתֵנוּ מִמְּעוֹנוֹת / יְקַבֵּל כְּקָרְבָּנוֹת / הָאֵל קָדוֹשׁ.

טְעֵנוּ בְּמִקְדַּשׁ קֹדֶשׁ יוֹם מִקְרָא קֹדֶשׁ.
כּוֹנְנוּ לֵב אַתֶּם לָצוּם הַיּוֹם וְעִנִּיתֶם.
יְכַפֵּר וְיִסְלַח / אֵל טוֹב וְסַלָּח / נוֹרָא וְקָדוֹשׁ.

מִפֶּשַׁע לְנַקּוֹתְכֶם נָא כּוֹנְנוּ לָאֵל נַפְשׁוֹתֵיכֶם.
סֶלָה יַאֲזִין שִׂיחַתְכֶם עִבְדוּהוּ בְּהַקְרָבַתְכֶם.
תְּפִלָּתֵנוּ מִמְּעוֹנוֹת / יְקַבֵּל כְּקָרְבָּנוֹת / הָאֵל קָדוֹשׁ.

פְּדוּתֵנוּ לֹא תֶחֱשֶׁה צַעֲקָתֵנוּ קְשֹׁב כְּקָרְבַּן אִשֶּׁה.
קִרְאוּ לְיוֹשֵׁב מְעוֹנַי רוּצוּ לְסַלְסֵל לַיְיָ.
יְכַפֵּר וְיִסְלַח / אֵל טוֹב וְסַלָּח / נוֹרָא וְקָדוֹשׁ.

שׁוֹכֵן שְׁבִעָה תְּחִנָּתֵנוּ שְׁמָעָה.
תְּקַבֵּל תְּפִלָּתֵנוּ תַּעֲבִיר תִּפְלוּתֵנוּ.
תְּפִלָּתֵנוּ מִמְּעוֹנוֹת / יְקַבֵּל כְּקָרְבָּנוֹת / הָאֵל קָדוֹשׁ.

סלוק במנחה

[מחבר: יניי.]

כִּי רְכוּבוֹ בַּעֲרָבוֹת / וְעֻזּוֹ בַּשְּׁחָקִים
וּזְרוֹעוֹ בִּמְעוֹנָה / וְקִדּוּשׁוֹ בִּזְבוּל
וְאֵימָתוֹ בָּעֲרָפֶל / וּמוֹרָאוֹ בִּשְׁמֵי שָׁמַיִם
וְקַשְׁתּוֹ בַּשָּׁמַיִם / וְקוֹלוֹ עַל הַמַּיִם

וּמוֹשָׁבוֹ בְּרוּם / וּמַבָּטוֹ בְּתַחַת
מִמַּעְלָה קָדוֹשׁ / וּמִמַּטָּה בָּרוּךְ
מִמַּיִם אַדִּיר / וּמִנְּהָרוֹת קוֹל
וּמֵאֶרֶץ זֶמֶר / וּמֵעֵצִים רֶנֶן
וּמֵהָרִים רֶקֶד / וּמִגְּבָעוֹת שִׁיר
וּמִכָּל בְּרִיָּה תֹּקֶף / וּמִכָּל רֹאשׁ כֶּפֶף
וּמִכָּל עַיִן רֶמֶז / וּמִכָּל אֹזֶן שֶׁמַע
וּמִכָּל פֶּה הוֹדָיָה / וּמִכָּל לָשׁוֹן שֶׁבַח
וּמִכָּל גָּרוֹן רֹן / וּמִכָּל לֵב רַחַשׁ
וּמִכָּל קֶרֶב הִגָּיוֹן / וּמִכָּל בֶּרֶךְ כְּרִיעָה
וּמִכָּל קוֹמָה הִשְׁתַּחֲוָיָה
וּמִזְּקֵנִים כָּבוֹד / וּמֵאֲנָשִׁים וְנָשִׁים שִׁיר
וּמִבַּחוּרִים וּבְתוּלוֹת הַלֵּל / וּמֵעוֹלְלִים וְיוֹנְקִים עֹז
וּמִדּוֹר לְדוֹר גְּבוּרָה / וּמֵעוֹלָם וְעַד עוֹלָם בְּרָכָה
כִּי כֻלָּם בָּרָאתָ לְמַעַנְךָ
יִקְרְאוּ זֶה לָזֶה / וְיַעֲנוּ זֶה לָזֶה / וְיֹאמְרוּ זֶה לָזֶה
גּוֹשׁוּ עוּשׁוּ חוּשׁוּ / וְנַעֲרִיץ לְמֶלֶךְ הַכָּבוֹד
הָאֵל הַנַּעֲרָץ וְהַנִּקְדָּשׁ בַּקֹּדֶשׁ.